语言生活皮书　　YW E009

XIANDAI HANYU CHANGYONGCIBIAO

现代汉语常用词表

（第2版）

教育部语言文字信息管理司　组编

李行健　苏新春　主编

创于1897 商务印书馆 The Commercial Press

现代汉语常用词表

第1版

顾　　问　许嘉璐　赵沁平

编 委 会

　主　任　李宇明

　副主任　王铁琨

　编　委　陈双新　陈淑梅　戴红亮　李宇明　王翠叶
　　　　　王丹卉　王东海　王　敏　张万彬　周洪波

研 制 人　李行健　苏新春　陈松岑　季恒铨　余志鸿
　　　　　谢自立　张卫国　郑宝倩　孙茂松　程　荣
　　　　　叶根祥　刘开瑛　钮　葆　朱振平　程国煜
　　　　　徐　婷　刘扬涛　钟安妮　李连伟

组　　编　教育部语言文字信息管理司

第2版

学术顾问　许嘉璐　赵沁平

主　　编　李行健　苏新春

编 委 会

　主　任　田立新

　编　委　陈双新　陈淑梅　戴红亮　李宇明　王翠叶
　　　　　王丹卉　王东海　王　敏　王铁琨　张万彬
　　　　　周洪波

研 制 人　李行健　苏新春　张世平　张登岐　朱振平
　　　　　程国煜　孔德成　严小香　龙东华　银　晴
　　　　　赵树元　周　飞　张远洋　白　冰

组　　编　教育部语言文字信息管理司

“语言生活皮书”说明

“语言生活皮书”由国家语言文字工作委员会组织编写，旨在贯彻落实《国家通用语言文字法》，提倡“语言服务”理念，贯彻“大语言文字工作”发展新思路，为语言文字事业更好服务国家发展需求做贡献。

“语言生活皮书”分A、B、C、D、E五个系列，各自连续编号发布出版。其中，A系列为《中国语言文字事业发展报告》(“白皮书”)，B系列为《中国语言生活状况报告》(“绿皮书”)，C系列为《中国语言政策研究报告》(“蓝皮书”)，D系列为《世界语言生活状况报告》(“黄皮书”)，E系列为语言文字规范草案（“规范类”)。

《中国语言生活状况报告》(“绿皮书”)，2004年筹编，2006年出版，是国家语委最早组编的语言生活皮书，目前还出版了相应的英文版、韩文版、日文版和俄文版，并附带编纂了具有资政功能的《中国语言生活要况》。2016年，《中国语言文字政策研究发展报告》(后更名为《中国语言政策研究报告》，“蓝皮书”）出版。2016年，《世界语言生活状况》和《世界语言生活报告》(后合并更名为《世界语言生活状况报告》，“黄皮书”）出版。2017年，《中国语言文字事业发展报告》(“白皮书”）的出版，标志着国家语委的“白、绿、蓝、黄”皮书系列最终形成。

这些皮书各有侧重，相互配合，相得益彰。“绿皮书”主要反映我国语言生活的重大事件、热点问题及各种调查报告和实态数据，为语言研究和语言决策提供参考和服务。它还是其他皮书的“底盘”，在人才、资源、观念等方面为其他皮书提供支撑。“白皮书”主要宣传国家语言文字方针政策，以数据为支撑，记录、展示国家语言文字事业的发展成就。“蓝皮书”主要反映中国语言规划及相关学术研究的实际状况，并对该领域的研究进行评论和引导。“黄皮书”主要介绍世界各国和国际组织的语言生活状况，为我国的语言文字治理和语言政策研究提供参考借鉴，并努力在国际语言生活中发出中国声音。

“语言生活皮书”是开放的，发布的内容不仅局限于工作层面，也吸纳社会优秀成果。许嘉璐先生为“语言生活绿皮书”题字。国家语委历任领导都很关心“语言生活皮书”的编辑出版工作。相关课题组为皮书做出了贡献，一些出版单位和社会人士也给予了支持与关心。在此特致谢忱！

国家语言文字工作委员会

目　　录

《现代汉语常用词表》(第2版)
说明

1. 范围

本词表收录现当代社会生活中比较稳定的、使用频率较高的汉语普通话词语 56 790 个，给出了词语的词形。

本词表可供中小学语文教学、扫盲教育、汉语教育、中文信息处理和辞书编纂等方面参考、采用。

2. 术语和定义

2.1 常用词

现代汉语普通话范畴中使用频率高、适用范围广的词语。

2.2 词形

词语的书写形式。

2.3 词频

在一定数量的语料中同一个词语出现的频次，也叫词频。

2.4 频序号

词语根据频次高低排列的顺序号。

2.5 拼音

全部词语均按《汉语拼音方案》的规定，用汉语拼音字母以普通话语音注音，按四声标调。注音原则依据《汉语拼音方案》(1958 年 2 月 11 日中华人民共和国第一届全国人民代表大会第五次会议批准)、《普通话异读词审音表》(1985 年 12 月 27 日国家语言文字工作委员会、国家教育委员会和广播电视部发布)。具体词语拼音参考《现代汉语词典》《现代汉语规范词典》。

有区别意义作用的轻声和在普通话语音系统中必须读轻声的，按轻声注音；可读轻声也可不读轻声的，一概标注本调。有区别意义作用的儿化音和在普通话语音系统中必须读儿化音的，按儿化音注音；可读儿化音也可不读儿化音的，一概标注本音。

3. 研制原则

3.1 词和语兼顾原则

本词表的词语收录，以单音节词和双音节词为主。同时，根据语言使用的实际情况，也收录一些常用的缩略语、成语、惯用语等熟语，以及表达整体概念名称的其他固定短语。

3.2 系统性和实用性兼顾原则

本词表的词语收录，既注意词语的系统性，又注意词语在语用中的实用性。如以表示季节为根词的一些词，全部收录它的加缀词“初春”“初冬”“初秋”“初夏”，但对于“晚＋季节”的词语，只收录“晚春”“晚秋”，未收录“晚冬”“晚夏”；对于“残＋季节”的词语，只收录“残冬”，未收录“残春”“残秋”“残夏”。

4. 词表说明

4.1 本词表在研制过程中，同国家语委“现代汉语通用语料库”核心语料库、厦门大学研制的新词语语料库、《现代汉语规范词典》、《现代汉语词典》、《新华词典》等所收词语进行了比对，并查验了词语在人民网《人民日报》报系网页以及谷歌网简体中文网页、百度网等常用网页上的使用情况。

4.2 本词表所收词语的词频依据了如下语料库：国家语委“现代汉语通用语料库”中经分词标注的 4 500 万字语料、《人民日报》2001 ～ 2005 年约 1.35 亿字的分词标注语料和厦门大学的现当代文学作品语料库约 7 000 万字的语料。总共 2.5 亿字。

4.3 本词表共收录常用词 56 790 个，包括单音节词 3 149 个，双音节词 40 924 个，三音节词 6 583 个，四音节词 5 966 个，五音节和五音节以上词语 168 个。

4.4 本词表提供了音序索引，按汉语拼音音序排列，同音条目按笔画数由少到多排列。

现代汉语常用词表（第2版）

频序号	词语
1	的
2	是
3	在
4	一
5	不
6	有
7	这
8	个
9	上
10	也
11	他
12	人
13	就
14	对
15	说
16	我
17	要
18	到
19	大
20	我们
21	多
22	把
23	来
24	等
25	年
26	两
27	从
28	而
29	能
30	又
31	他们
32	以
33	时
34	没有
35	会
36	之
37	但
38	三
39	被
40	很
41	下
42	自己
43	后
44	中国
45	并
46	使
47	向
48	已
49	出
50	用
51	新
52	所
53	里
54	给
55	她
56	更
57	次
58	最
59	于
60	可以
61	可
62	去
63	由
64	问题
65	小
66	工作
67	让
68	其
69	你
70	这个
71	生活
72	起
73	这样
74	天
75	它
76	高
77	做
78	家
79	已经
80	再
81	或
82	才
83	前
84	走
85	这些
86	一些
87	却
88	二
89	条
90	位
91	起来
92	各
93	成
94	什么
95	元
96	现在
97	社会
98	比
99	同
100	四
101	关系
102	名
103	想
104	如
105	第一
106	因为
107	该
108	开始
109	许多
110	内
111	时间
112	人们
113	今天
114	国家
115	本
116	点
117	思想
118	至
119	此
120	一定
121	如果
122	副
123	无
124	张
125	同时
126	需要
127	月
128	则
129	重要
130	为了
131	日
132	老
133	就是
134	作
135	五
136	人民
137	事
138	认为
139	成为
140	像
141	北京
142	历史
143	水
144	方面
145	情况
146	而且
147	党
148	学生
149	每
150	这里
151	但是
152	孩子
153	可能
154	发生
155	必须
156	只有
157	外
158	要求
159	全
160	发现
161	进行
162	特别
163	因
164	岁
165	得到
166	件
167	文化
168	分
169	便
170	同志
171	发展
172	即
173	日本
174	总
175	因此
176	对于
177	领导
178	带
179	既
180	时候
181	钱
182	自
183	政府
184	吃
185	非

186 决定
187 进
188 还是
189 受
190 国
191 应该
192 近
193 美
194 政治
195 话
196 公司
197 干部
198 出现
199 开
200 一切
201 研究
202 认识
203 写
204 十分
205 十
206 站
207 之间
208 问
209 希望
210 快
211 虽然
212 相（xiāng）
213 美国
214 知道
215 讲
216 大家
217 学校
218 组织
219 见
220 由于
221 正在
222 法
223 表示
224 一样
225 活动
226 如何
227 教育
228 书
229 据
230 城市
231 道
232 艺术
233 经济
234 以及
235 部
236 影响
237 太
238 其中
239 学
240 先生
241 完全
242 连
243 主要
244 继续
245 头
246 革命
247 之后
248 参加
249 能够
250 住
251 上海
252 经过
253 非常
254 低
255 甚至
256 听
257 先
258 一直
259 学习
260 仍
261 办
262 所以
263 代表
264 变
265 最后
266 一起
267 万
268 所有
269 那么
270 心
271 越
272 较
273 办法
274 路
275 有些
276 未
277 通过
278 找
279 按
280 拿
281 解决
282 一般
283 另
284 经
285 半
286 强
287 或者
288 时代
289 手
290 作品
291 不断
292 以后
293 关于
294 青年
295 各种
296 真
297 其他
298 农民
299 那些
300 余
301 段
302 有的
303 买
304 根本
305 县
306 作者
307 者
308 请
309 叫
310 感到
311 怎么
312 任何
313 六
314 表现
315 反
316 存在
317 然而
318 准备
319 送
320 约
321 比较
322 书记
323 爱
324 单位
325 群众
326 应当
327 王
328 早
329 女
330 门
331 个人
332 座
333 全国
334 意义
335 花
336 条件
337 环境
338 了解
339 搞
340 力量
341 不仅
342 目前
343 经验
344 产生
345 真正
346 回
347 队
348 有关
349 字
350 会议
351 生命
352 今年
353 努力
354 靠
355 八
356 市
357 类
358 共
359 意见
360 死
361 民族
362 块
363 只要
364 文学
365 成功
366 变化
367 句
368 管
369 你们
370 指
371 地区
372 方
373 和（hé）
374 项
375 注意
376 当然
377 达
378 面
379 坐
380 家庭
381 原因
382 进入
383 病
384 介绍
385 下来
386 事情
387 方式
388 首
389 计划
390 人类
391 报告
392 世纪
393 方法
394 入
395 信
396 化
397 步
398 生
399 声
400 图
401 电话
402 能力
403 片
404 作用
405 台
406 如此
407 困难
408 多少
409 打（dǎ）
410 为什么
411 随着
412 谈
413 支
414 村
415 米

416 农村
417 具有
418 现代
419 全部
420 运动
421 原
422 内容
423 帮助
424 文艺
425 放
426 主任
427 别（bié）
428 事业
429 汽车
430 李
431 技术
432 中央
433 口
434 跟
435 极
436 记者
437 只是
438 报
439 人员
440 以来
441 边
442 觉得
443 您
444 双
445 左右
446 建设
447 利用
448 称
449 怎样
450 行为
451 于是
452 朋友
453 正是
454 受到
455 人物
456 深
457 接受
458 来到
459 百
460 这么
461 山
462 电
463 发表
464 些
465 原来
466 生产
467 往
468 大学
469 认真
470 过程
471 有人
472 风
473 创造
474 抓
475 增加
476 不过
477 以上
478 七
479 它们
480 南
481 无法
482 时期
483 更加
484 传统
485 支持
486 根据
487 市场
488 包括
489 直接
490 份
491 机会
492 政策
493 科学
494 几乎
495 提高
496 批
497 金
498 坚持
499 可是
500 实际
501 完成
502 引起
503 代
504 责任
505 后来
506 劳动
507 任务
508 知识
509 周
510 部队
511 底
512 部分
513 母亲
514 首先
515 期
516 保护
517 理论
518 形式
519 医院
520 不可
521 云
522 行动
523 仍然
524 处理
525 远
526 去年
527 形成
528 跑
529 改变
530 那样
531 香港
532 相信
533 九
534 中（zhōng）
535 老师
536 新闻
537 红
538 仅
539 地位
540 除了
541 企业
542 刚
543 加
544 终于
545 主席
546 严重
547 容易
548 法律
549 建立
550 还（hái）
551 其实
552 服务
553 意识
554 自由
555 实现
556 着（zhe）
557 那（nà）
558 光
559 达到
560 然后
561 战争
562 态度
563 改革
564 不是
565 现实
566 种（zhǒng）
567 说明
568 使用
569 初
570 回答
571 马
572 共同
573 卖
574 规定
575 一下
576 管理
577 越来越
578 如今
579 社会主义
580 年代
581 变成
582 中心
583 北
584 东
585 父亲
586 国际
587 高兴
588 理解
589 保持
590 了（le）
591 当（dāng）
592 选择
593 某
594 心理
595 尽管
596 气
597 且
598 斗争
599 反对
600 创作
601 虽
602 造成
603 是否
604 下去
605 总是
606 派
607 获得
608 联系
609 之一
610 也是
611 城
612 所谓
613 安排
614 目的
615 伟大
616 工人
617 制度
618 精神（jīngshén）
619 小时
620 似乎
621 篇
622 制
623 没（méi）
624 下午
625 算
626 乱
627 谁
628 黑
629 尤其
630 老人
631 部门
632 儿
633 水平
634 按照
635 机关
636 心里
637 民
638 离开
639 身体
640 层
641 笑
642 吗（ma）
643 面前
644 基础

645 树
646 别人
647 海
648 常
649 以前
650 军
651 读
652 性
653 价值
654 套
655 干（gàn）
656 结束
657 妇女
658 教授
659 军事
660 基本
661 儿子
662 西
663 除
664 区（qū）
665 改
666 并且
667 那里
668 均
669 画
670 建
671 满
672 统一
673 重新
674 方向
675 活
676 子
677 往往
678 考虑
679 重大
680 收
681 旧
682 之中
683 人才
684 总统
685 感觉
686 清
687 具体
688 式
689 文章
690 现象
691 立即
692 材料
693 不得
694 定
695 证明
696 热
697 年轻
698 接
699 事实
700 白
701 分别
702 矛盾
703 不再
704 积极
705 语言
706 千
707 巨大
708 节
709 安全
710 提供
711 讨论
712 取得
713 始终
714 程度
715 留
716 分析
717 消息
718 检查
719 宣传
720 世界
721 相当
722 好（hǎo）
723 英国
724 合作
725 发出
726 电影
727 另外
728 身上
729 线
730 肯定
731 举行
732 目标
733 反映
734 量（liàng）
735 笔
736 医生
737 成立
738 交
739 充分
740 林
741 突然
742 工程
743 户
744 一边
745 永远
746 标准
747 原则
748 同样
749 控制
750 队伍
751 结构
752 晚上
753 指出
754 调查
755 立
756 农业
757 家里
758 难（nán）
759 清楚
760 采取
761 群
762 集中
763 进一步
764 明显
765 粮食
766 省（shěng）
767 结合
768 保证
769 团
770 过（guò）
771 喜欢
772 动
773 最近
774 穿
775 文
776 收入
777 求
778 实行
779 提
780 及
781 面对
782 愿意
783 厂
784 系统
785 形象
786 竟
787 晚
788 短
789 国内
790 离
791 人生
792 权
793 辆
794 股
795 充满
796 论
797 负责
798 感情
799 利益
800 等等
801 和平
802 声音
803 观念
804 经常
805 敢
806 关心
807 解释
808 道德
809 愿
810 还有
811 情
812 同学
813 进步
814 力
815 她们
816 单（dān）
817 经营
818 作家
819 根
820 占（zhàn）
821 教师
822 记
823 回来
824 场（chǎng）
825 出版
826 组
827 退
828 也许
829 重（zhòng）
830 加强
831 办公室
832 健康
833 换
834 道路
835 完
836 迅速
837 属
838 正确
839 产品
840 信息
841 深入
842 胜利
843 拉（lā）
844 发挥
845 读者
846 眼睛
847 船
848 简单
849 神
850 飞
851 台湾
852 留下
853 怕
854 只（zhǐ）
855 忙
856 女子
857 排
858 偏
859 曾经
860 项目
861 专家
862 重视
863 来自
864 设计
865 黄
866 丰富
867 理想
868 流
869 公
870 双方
871 言
872 刘
873 欢迎
874 恢复

875 院
876 唱
877 不足
878 属于
879 工业
880 音乐
881 主
882 满足
883 掉
884 包
885 战
886 质量
887 自然（zìrán）
888 抓住
889 帮
890 日子
891 期间
892 投资
893 法国
894 过去
895 紧张
896 眼
897 夜
898 平
899 比赛
900 阶段
901 开发
902 范围
903 关
904 分钟
905 不知
906 大会
907 总理
908 江
909 楼
910 全面
911 未来
912 京
913 河
914 人口
915 扩大
916 即使
917 军队
918 难以
919 外国
920 先进
921 银行
922 事件
923 热情
924 常常
925 强烈
926 必要
927 文明
928 手段
929 级
930 亩
931 建议
932 镇
933 女儿
934 特殊
935 装
936 陈
937 复杂
938 战士
939 作为
940 形势
941 无论
942 机构
943 执行
944 讲话
945 以为
946 若
947 乡
948 同意
949 分子（fènzǐ）
950 望
951 摆
952 实践
953 科技
954 建筑
955 尚
956 语
957 之前
958 广大
959 届
960 那个
961 班
962 长期
963 观（guān）
964 专门
965 取
966 大量
967 改造
968 土
969 民主
970 成绩
971 随
972 父母
973 倍
974 史
975 培养
976 哪里
977 杯
978 强调
979 相互
980 毛
981 保
982 超过
983 正式
984 著名
985 诗
986 章
987 批评
988 稳定
989 明白
990 停
991 出口
992 重点
993 朝（cháo）
994 资金
995 指导
996 英
997 状态
998 祖国
999 不但
1000 借
1001 报道
1002 药
1003 开展
1004 投入
1005 身
1006 高度
1007 直
1008 独立
1009 电视
1010 妈妈
1011 职工
1012 男
1013 增长
1014 各地
1015 费
1016 有时
1017 深刻
1018 以下
1019 刚刚
1020 主张
1021 教（jiào）
1022 明确
1023 习惯
1024 调整
1025 交通
1026 因素
1027 养
1028 行政
1029 挂
1030 追求
1031 物
1032 关键
1033 措施
1034 坚决
1035 承认
1036 实
1037 集
1038 效果
1039 德国
1040 草
1041 宣布
1042 上午
1043 知
1044 共产党
1045 失去
1046 资源
1047 减少
1048 断
1049 领域
1050 封
1051 先后
1052 今后
1053 促进
1054 经历
1055 有效
1056 特点
1057 位置
1058 现代化
1059 就要
1060 价格
1061 部长
1062 过来
1063 观众
1064 值得
1065 轮
1066 正常
1067 脚
1068 地方（dìfang）
1069 破坏
1070 看来
1071 适应
1072 战略
1073 天气
1074 急
1075 度
1076 贡献
1077 突出
1078 欧洲
1079 掌握
1080 错误
1081 何
1082 病人
1083 对象
1084 确定
1085 实施
1086 此外
1087 委员会
1088 满意
1089 师
1090 英雄
1091 明
1092 驻
1093 冲（chōng）
1094 在于
1095 合理
1096 普通
1097 竞争
1098 当地
1099 宗教
1100 联合
1101 业务

1102 物质
1103 表明
1104 训练
1105 一致
1106 组成
1107 专业
1108 官
1109 案
1110 网络
1111 洽
1112 权利
1113 前进
1114 成果
1115 版
1116 网
1117 机
1118 显得
1119 脸
1120 自身
1121 指挥
1122 演出
1123 交流
1124 天津
1125 推
1126 设备
1127 哲学
1128 牛
1129 学者
1130 卫生
1131 缺乏
1132 表
1133 真实
1134 体现
1135 酒
1136 飞机
1137 文字
1138 歌
1139 严格
1140 火
1141 依然
1142 称为
1143 工
1144 资料
1145 型
1146 菜
1147 哪（nǎ）
1148 速度
1149 工资
1150 中国梦
1151 至少
1152 儿童
1153 纷纷
1154 产业
1155 明天
1156 开放
1157 集体
1158 体系
1159 德
1160 鱼
1161 召开
1162 设
1163 轻
1164 监督
1165 体
1166 戏
1167 拍
1168 绿
1169 出发
1170 房
1171 实际上
1172 小说
1173 破
1174 兵
1175 现
1176 啊（a）
1177 优秀
1178 必然
1179 业
1180 主动
1181 附近
1182 动物
1183 解放
1184 兼
1185 有所
1186 看见
1187 通知
1188 广告
1189 体制
1190 当前
1191 从事
1192 至今
1193 加入
1194 当年（dāngnián）
1195 财政
1196 颗
1197 为（wéi）
1198 跳
1199 弄（nòng）
1200 广泛
1201 及时
1202 良好
1203 各国
1204 专
1205 普遍
1206 损失
1207 团结
1208 梦
1209 姑娘
1210 需
1211 死亡
1212 毕业
1213 倒（dǎo）
1214 室
1215 比如
1216 名字
1217 职业
1218 角（jiǎo）
1219 杀
1220 从而
1221 应（yīng）
1222 刺（cì）
1223 般
1224 油
1225 制定
1226 华
1227 校（xiào）
1228 互相
1229 上来
1230 加上
1231 参与
1232 苦
1233 男子
1234 面积
1235 直到
1236 出去
1237 符合
1238 本来
1239 架
1240 身边
1241 幸福
1242 确实
1243 状况
1244 空间
1245 都
1246 逐渐
1247 推动
1248 犯罪
1249 美元
1250 打击
1251 危险
1252 说话
1253 表演
1254 报纸
1255 公开
1256 显示
1257 州
1258 采用
1259 最终
1260 运用
1261 久
1262 委员
1263 亦
1264 商品
1265 规律
1266 观察
1267 鼓励
1268 局
1269 优势
1270 体育
1271 大力
1272 自我
1273 不管
1274 马上
1275 走向
1276 西方
1277 合同
1278 空气
1279 为（wèi）
1280 各个
1281 周围
1282 商业
1283 负
1284 古
1285 打开
1286 太阳
1287 选
1288 特色
1289 内部
1290 接着
1291 夫人
1292 石（shí）
1293 给予
1294 亲
1295 居民
1296 亮
1297 不久
1298 故事（gùshi）
1299 顶
1300 差（chā）
1301 维护
1302 似
1303 本身
1304 规模
1305 权力
1306 领
1307 文件
1308 吨
1309 创（chuàng）
1310 阳光
1311 分配
1312 雨
1313 加快
1314 整个
1315 田
1316 社
1317 综合
1318 南京
1319 硬
1320 印
1321 国务院
1322 铁路
1323 拥有
1324 标题
1325 到底
1326 平均
1327 实在（shízài）

1328 附
1329 公路
1330 泥（ní）
1331 居
1332 致
1333 供（gōng）
1334 中间
1335 运
1336 必
1337 制造
1338 方便
1339 例
1340 应用
1341 曾（céng）
1342 热烈
1343 落实
1344 保障
1345 彻底
1346 素质
1347 成员
1348 创新
1349 得了（déle）
1350 贯彻
1351 任（rèn）
1352 局面
1353 观点
1354 象
1355 美丽
1356 电子
1357 方案
1358 功能
1359 懂
1360 成就
1361 忘
1362 服（fú）
1363 增强
1364 降（jiàng）
1365 胜
1366 机制
1367 对方
1368 公里
1369 长(cháng）
1370 呀（ya）
1371 上面
1372 全体
1373 再次
1374 反应
1375 因而
1376 铁
1377 推进
1378 民间
1379 客人
1380 坏
1381 阿
1382 享受
1383 地（de）
1384 印度
1385 消费
1386 广州
1387 意
1388 准
1389 归
1390 照
1391 那时
1392 幅
1393 吸引
1394 完善
1395 行业
1396 改善
1397 某些
1398 引
1399 情绪
1400 党员
1401 尊重
1402 盖
1403 感受
1404 墙
1405 喷（pēn）
1406 为主
1407 响
1408 获
1409 洗
1410 校长
1411 巴
1412 亲自
1413 功
1414 只好
1415 啦
1416 紧
1417 自觉
1418 争
1419 构成
1420 规划
1421 处于
1422 杨
1423 战斗
1424 通（tōng）
1425 世
1426 敌人
1427 眼前
1428 典型
1429 店
1430 广
1431 逐步
1432 把握
1433 词
1434 一部分
1435 错
1436 探索
1437 玩
1438 一旦
1439 生存
1440 感
1441 房子
1442 切（qiē）
1443 访问
1444 展开
1445 之外
1446 加以
1447 关注
1448 读书
1449 方针
1450 早已
1451 有着
1452 一半
1453 西部
1454 规范
1455 绿色
1456 一面
1457 落（luò）
1458 相对
1459 舞台
1460 理由
1461 将（jiāng）
1462 案件
1463 冲突
1464 主义
1465 命运
1466 集团
1467 举
1468 有力
1469 须
1470 里面
1471 压力
1472 圈（quān）
1473 生态
1474 中学
1475 广东
1476 烟
1477 翻
1478 罪
1479 足
1480 仿佛
1481 听说
1482 纸
1483 采访
1484 处（chù）
1485 依法
1486 年龄
1487 相关
1488 国外
1489 小学
1490 谈话
1491 抱
1492 饭
1493 投
1494 停止
1495 绝对
1496 加工
1497 协调
1498 转变
1499 评价
1500 电脑
1501 右
1502 腿
1503 目光
1504 修
1505 颇
1506 小组
1507 治疗
1508 大约
1509 持续
1510 显然
1511 吹
1512 昨天
1513 心情
1514 页
1515 答
1516 面临
1517 总结
1518 百姓
1519 秩序
1520 肉
1521 春
1522 密切
1523 科
1524 导致
1525 今日
1526 道理
1527 各自
1528 左
1529 统计
1530 连续
1531 赴
1532 系（xì）
1533 基地
1534 长（zhǎng）
1535 细
1536 马克思主义
1537 寻找
1538 批准
1539 武器
1540 客观
1541 表达
1542 含
1543 考察
1544 限制
1545 照片
1546 学术
1547 款
1548 山东
1549 整体
1550 大学生
1551 需求
1552 大陆
1553 大事
1554 国民经济
1555 睡
1556 衣服

1557 尚未
1558 贸易
1559 旅游
1560 值
1561 车（chē）
1562 街
1563 演员
1564 商
1565 拒绝
1566 设施
1567 压（yā）
1568 下降
1569 担心
1570 究竟
1571 程序
1572 数量
1573 赵
1574 东西（dōngxi）
1575 故
1576 爸爸
1577 高级
1578 堆
1579 血
1580 顺利
1581 放心
1582 乘
1583 令（lìng）
1584 多种
1585 志愿者
1586 模式
1587 应（yìng）
1588 势力
1589 生物
1590 闹
1591 性质
1592 球
1593 好像
1594 配合
1595 党委
1596 区域
1597 朱
1598 引导
1599 牌
1600 金融
1601 贷款
1602 销售
1603 公共
1604 主体
1605 感谢
1606 东北
1607 番
1608 俱
1609 亚洲
1610 相同
1611 宁（nìng）
1612 具
1613 河南
1614 严肃
1615 龙
1616 上述
1617 担任
1618 污染
1619 喊
1620 至于
1621 成熟
1622 痛苦
1623 地下（dìxià）
1624 哭
1625 票
1626 遍
1627 决心
1628 易
1629 嘴
1630 别的
1631 将来
1632 路线
1633 不得不
1634 折（zhé）
1635 主题
1636 举办
1637 炮（pào）
1638 防
1639 降低
1640 用于
1641 森林
1642 是不是
1643 此时
1644 承担
1645 特
1646 博士
1647 今
1648 落后
1649 人士
1650 动作
1651 科研
1652 安
1653 查
1654 作风
1655 欲
1656 得（de）
1657 大型
1658 尽（jìn）
1659 主持
1660 桥
1661 看（kàn）
1662 床
1663 争取
1664 伤
1665 结果（jiéguǒ）
1666 吃饭
1667 全球
1668 运输
1669 宽
1670 协议
1671 法院
1672 成本
1673 当代
1674 日期
1675 行（xíng）
1676 标志
1677 天下
1678 抢
1679 薄（báo）
1680 吴
1681 食品
1682 警察
1683 培训
1684 决策
1685 避免
1686 核心
1687 接触
1688 依靠
1689 想象
1690 友好
1691 老板
1692 似的
1693 并非
1694 炸（zhà）
1695 色
1696 允许
1697 一生
1698 基层
1699 印象
1700 推广
1701 节目
1702 啥
1703 追
1704 戴
1705 背（bèi）
1706 突破
1707 转移
1708 奋斗
1709 时刻
1710 情感
1711 呢
1712 多么
1713 现场
1714 足球
1715 思考
1716 冷
1717 末
1718 整
1719 利
1720 大小
1721 平衡
1722 国有
1723 出席
1724 富
1725 补
1726 熟悉
1727 医疗
1728 公民
1729 涉及
1730 界
1731 资格
1732 乐（lè）
1733 正文
1734 距离
1735 老百姓
1736 交换
1737 卡（kǎ）
1738 激动
1739 烧
1740 熟
1741 否则
1742 保险
1743 担（dān）
1744 长江
1745 端
1746 意思
1747 财产
1748 凡
1749 能源
1750 趋势
1751 上升
1752 记得
1753 纪念
1754 计
1755 市场经济
1756 法制
1757 奖
1758 亲切
1759 超
1760 狗
1761 不错
1762 俄罗斯
1763 运行
1764 一方面
1765 饮（yǐn）
1766 负责人
1767 日益
1768 义务
1769 比例
1770 生产力
1771 休息
1772 叶
1773 游
1774 办事
1775 试验
1776 品种
1777 的确
1778 患者
1779 考试
1780 数字
1781 武装
1782 枪
1783 几（jǐ）

1784 选举
1785 羊
1786 设立
1787 费用
1788 针对
1789 进展
1790 街道
1791 兴趣
1792 平等
1793 资本
1794 经理
1795 地球
1796 相比
1797 数（shù）
1798 重庆
1799 犯
1800 改进
1801 办理
1802 顿
1803 样子
1804 多次
1805 营
1806 咱们
1807 挑战
1808 少（shǎo）
1809 登
1810 切实
1811 科学家
1812 试
1813 大地
1814 从此
1815 够
1816 中的
1817 复
1818 前面
1819 一阵
1820 女人（nǚrén）
1821 威胁
1822 系列
1823 事故
1824 从来
1825 深深
1826 修改
1827 即将
1828 人家（rénjia）
1829 香
1830 背景
1831 四川
1832 计算机
1833 作战
1834 美好
1835 命令
1836 引进
1837 戏剧
1838 党中央
1839 朝鲜
1840 实验
1841 法规
1842 题
1843 官员
1844 质
1845 造
1846 环
1847 首都
1848 数据
1849 效益
1850 信心
1851 传播
1852 强大
1853 工具
1854 进程
1855 处（chǔ）
1856 穷
1857 气氛
1858 石油
1859 效率
1860 防止
1861 海洋
1862 食
1863 非洲
1864 加大
1865 特征
1866 所在
1867 女士
1868 用户
1869 激烈
1870 执法
1871 贫困
1872 地上
1873 视
1874 喜
1875 使得
1876 北方
1877 宪法
1878 友谊
1879 依据
1880 相应
1881 鸡
1882 联合国
1883 回去
1884 显著
1885 黄河
1886 快速
1887 忘记
1888 失败
1889 小姐
1890 猪
1891 对待
1892 持
1893 负担
1894 青
1895 风格
1896 摄
1897 皆
1898 繁荣
1899 棵
1900 更为
1901 就业
1902 将军
1903 列
1904 地（dì）
1905 土地（tǔdì）
1906 情形
1907 旁
1908 前来
1909 克
1910 例如
1911 会见
1912 推出
1913 替
1914 后面
1915 兴奋
1916 申请
1917 湖
1918 才能
1919 贴
1920 板
1921 仪式
1922 咱
1923 理
1924 妻子
1925 结婚
1926 看法
1927 立场
1928 角度
1929 日前
1930 职务
1931 交给
1932 实力
1933 救
1934 准确
1935 吧
1936 布
1937 成长
1938 凭
1939 俄
1940 春节
1941 跟着
1942 产
1943 众
1944 姓
1945 盘
1946 带领
1947 枚
1948 赶
1949 软件
1950 甚
1951 家长
1952 临时
1953 邀请
1954 发言
1955 谋
1956 以外
1957 巩固
1958 划（huá）
1959 立法
1960 感动
1961 树立
1962 渐渐
1963 形
1964 途径
1965 交往
1966 灯
1967 园
1968 周年
1969 守
1970 阴
1971 围
1972 风险
1973 牺牲
1974 忽然
1975 市民
1976 疾病
1977 本质
1978 发达
1979 律师
1980 白天
1981 接近
1982 团体
1983 围绕
1984 这儿
1985 人数
1986 善
1987 村民
1988 刀
1989 媒体
1990 中华
1991 层次
1992 门口
1993 挖
1994 完整
1995 收到
1996 解（jiě）
1997 大多数
1998 许
1999 少年
2000 指标
2001 计算
2002 爱情
2003 多数
2004 呈
2005 妈
2006 相（xiàng）
2007 治理
2008 放弃
2009 星
2010 两岸

2011 工厂
2012 不必
2013 摸
2014 通信
2015 上去
2016 随后
2017 胡
2018 公斤
2019 爬
2020 尽快
2021 确保
2022 基金
2023 雪
2024 一会儿
2025 挺
2026 心灵
2027 散（sàn）
2028 气候
2029 少数
2030 岗位
2031 思维
2032 初步
2033 供应
2034 记录
2035 到处
2036 反而
2037 诗人
2038 做法
2039 注重
2040 冠（guàn）
2041 大概
2042 农民工
2043 动力
2044 交易
2045 茶
2046 恐怕
2047 青少年
2048 红色
2049 参观
2050 院长
2051 力度
2052 公布
2053 外交
2054 维持
2055 一时
2056 发行
2057 施工
2058 伊
2059 反复
2060 众多
2061 甲
2062 粮
2063 沟
2064 防治
2065 圆
2066 并未
2067 斤
2068 远远
2069 声明
2070 西藏
2071 怪
2072 煤
2073 依
2074 违法
2075 协会
2076 购买
2077 信任
2078 钻（zuān）
2079 性格
2080 招
2081 冠军
2082 核
2083 平时
2084 浙江
2085 夹（jiā）
2086 主人
2087 存
2088 男女
2089 讯
2090 深化
2091 司法
2092 部署
2093 总体
2094 载（zài）
2095 国民
2096 转化
2097 立刻
2098 上下
2099 对话
2100 环节
2101 条例
2102 眼光
2103 国民党
2104 孙
2105 灵魂
2106 近日
2107 愿望
2108 学会
2109 斗（dòu）
2110 顺
2111 失
2112 图片
2113 健全
2114 难道
2115 位于
2116 其次
2117 冒
2118 天地
2119 慢慢
2120 在内
2121 人群
2122 命
2123 大众
2124 适当
2125 合法
2126 吸收
2127 隔
2128 学科
2129 编
2130 升
2131 面向
2132 武汉
2133 瓦（wǎ）
2134 既然
2135 大门
2136 志
2137 敌
2138 种种
2139 仅仅
2140 十一
2141 女性
2142 增速
2143 南方
2144 跨
2145 克服
2146 内心
2147 种植
2148 生动
2149 躺
2150 毕竟
2151 恐怖
2152 移动
2153 检验
2154 义
2155 具备
2156 操作
2157 他人
2158 坚定
2159 预防
2160 流动
2161 资本主义
2162 身份
2163 人大
2164 彼此
2165 木
2166 丝
2167 展示
2168 官兵
2169 缺
2170 样
2171 色彩
2172 课
2173 新疆
2174 漂亮
2175 公园
2176 腐败
2177 职能
2178 累
2179 快乐
2180 势
2181 概念
2182 拖
2183 春天
2184 教学（jiàoxué）
2185 研制
2186 逃
2187 机遇
2188 种子
2189 母
2190 脱
2191 队长
2192 抗
2193 编辑
2194 进攻
2195 取消
2196 强化
2197 东方
2198 公安
2199 现有
2200 进来（jìnlái）
2201 发动
2202 履行
2203 外面
2204 事务
2205 地面
2206 判断
2207 予以
2208 产量
2209 下面
2210 精神文明
2211 危机
2212 温暖
2213 战胜
2214 症
2215 规则
2216 择（zé）
2217 挤
2218 若干
2219 队员
2220 大批
2221 委
2222 明年
2223 改革开放
2224 沿
2225 登记
2226 念
2227 正（zhèng）
2228 紧急
2229 制作
2230 机械
2231 泡（pào）
2232 农产品
2233 和谐
2234 植物
2235 由此
2236 调（tiáo）
2237 治安
2238 积极性

2239 打破
2240 栏目
2241 谈判
2242 利润
2243 仔细
2244 韩国
2245 人民币
2246 皮
2247 城镇
2248 背后
2249 选手
2250 贵
2251 间（jiān）
2252 号（hào）
2253 湖南
2254 考
2255 乃
2256 劳动力
2257 微笑
2258 迎接
2259 配
2260 生长
2261 诸
2262 凉（liáng）
2263 真是
2264 之所以
2265 思
2266 遭
2267 蔬菜
2268 罗
2269 严
2270 文物
2271 碗
2272 社区
2273 个体
2274 嘛
2275 房间
2276 苏联
2277 鸟
2278 舞蹈
2279 资产
2280 公正
2281 运动员
2282 座谈会
2283 思路
2284 司机
2285 闻
2286 事物
2287 积累
2288 智慧
2289 杂志
2290 中华民族
2291 空（kōng）
2292 意志
2293 县委
2294 闯
2295 提前
2296 略
2297 艺术家
2298 之下
2299 非法
2300 推行
2301 对外
2302 温度
2303 前提
2304 搬
2305 怀疑
2306 指示
2307 消失
2308 课题
2309 献
2310 类似
2311 见面
2312 沉重
2313 发布
2314 新型
2315 药品
2316 韩
2317 屏（píng）
2318 教训
2319 透
2320 古代
2321 等于
2322 骂
2323 等待
2324 一行
2325 子女
2326 源
2327 上级
2328 欠
2329 演
2330 舞
2331 独特
2332 随时
2333 本主儿
2334 打算
2335 屋
2336 纪律
2337 爱国
2338 港
2339 曲（qǔ）
2340 启动
2341 活力
2342 迎
2343 脑
2344 分裂
2345 答应
2346 调动
2347 收费
2348 简直
2349 大队
2350 意大利
2351 政协
2352 无疑
2353 患
2354 无数
2355 欣赏
2356 签订
2357 违反
2358 表面
2359 秘密
2360 钟
2361 发（fà）
2362 出来
2363 果
2364 雾霾
2365 消除
2366 服装
2367 军人
2368 接待
2369 海外
2370 经费
2371 公平
2372 执政
2373 记忆
2374 货币
2375 共有
2376 气象
2377 卫星
2378 独
2379 有限
2380 好处
2381 评论
2382 访
2383 损害
2384 懂得
2385 汇报
2386 精
2387 西北
2388 自治区
2389 股指
2390 舆论
2391 来信
2392 愈
2393 人人
2394 要闻
2395 紧密
2396 好几
2397 带动
2398 遇
2399 政权
2400 对手
2401 阶级
2402 遭到
2403 职责
2404 开拓
2405 整顿
2406 展
2407 痛
2408 士兵
2409 玻璃
2410 慢
2411 家乡
2412 主管
2413 善于
2414 光荣
2415 不良
2416 能否
2417 稍
2418 年轻人
2419 冰
2420 哩
2421 弱
2422 江苏
2423 骑
2424 本人
2425 调（diào）
2426 国防
2427 输
2428 手术
2429 奥运会
2430 禁止
2431 绝
2432 个别
2433 微
2434 人均
2435 车辆
2436 制约
2437 继承
2438 各界
2439 伙伴
2440 东西（dōngxī）
2441 总书记
2442 障碍
2443 手续
2444 劝
2445 抽
2446 联
2447 培育
2448 会谈
2449 说法
2450 动员
2451 红军
2452 晴
2453 税收
2454 当时（dāngshí）
2455 旁边
2456 终
2457 刺激
2458 前后
2459 权益
2460 恶
2461 率领
2462 唐
2463 异常
2464 下岗
2465 到来
2466 分布

2467 学院
2468 撒（sā）
2469 害
2470 危害
2471 塞
2472 洋
2473 告
2474 逼
2475 寄
2476 澳门
2477 呈现
2478 增
2479 话题
2480 暂时
2481 乡镇
2482 云南
2483 广播
2484 不幸
2485 估计
2486 小康
2487 哥
2488 环保
2489 毫无
2490 井
2491 肯
2492 人民政府
2493 平方米
2494 广场
2495 房屋
2496 缺少
2497 草原
2498 高校
2499 宏观
2500 少数民族
2501 民众
2502 家属
2503 几（jī）
2504 内地
2505 挑（tiāo）
2506 抬
2507 刚才
2508 徐
2509 岛
2510 共产党员
2511 山区
2512 假（jiǎ）
2513 角色
2514 周刊
2515 总经理
2516 医学
2517 富有
2518 哪儿
2519 西安
2520 有利
2521 得以
2522 流行
2523 采
2524 以往
2525 锻炼
2526 品牌
2527 轻松
2528 意外
2529 步伐
2530 瞧
2531 皇帝
2532 拟
2533 腰
2534 兄弟（xiōngdì）
2535 搭
2536 间（jiàn）
2537 故意
2538 清理
2539 山西
2540 财富
2541 证据
2542 陪
2543 了（liǎo）
2544 前景
2545 装备
2546 赢
2547 之际
2548 建国
2549 可见
2550 杭州
2551 城乡
2552 爆炸
2553 哪个
2554 汉
2555 齐
2556 清醒
2557 优质
2558 林业
2559 漂（piāo）
2560 乡村
2561 败
2562 听见
2563 丢
2564 补充
2565 优化
2566 千万
2567 赢得
2568 住房
2569 影片
2570 中共
2571 草案
2572 成都
2573 摇
2574 双手
2575 论坛
2576 渠道
2577 赛
2578 回忆
2579 婚姻
2580 客
2581 夏
2582 罢
2583 工会
2584 议会
2585 艰难
2586 员
2587 待（dài）
2588 石头
2589 不论
2590 欧盟
2591 考核
2592 体会
2593 强势
2594 银
2595 达成
2596 软
2597 扶贫
2598 机场
2599 同胞
2600 零
2601 厚
2602 场所
2603 节约
2604 头发
2605 曲（qū）
2606 成效
2607 确
2608 如同
2609 福建
2610 暗
2611 前往
2612 奔（bēn）
2613 重复
2614 袭击
2615 流通
2616 一手
2617 知识分子
2618 说道
2619 病毒
2620 广西
2621 擦
2622 显
2623 优良
2624 秋
2625 身子
2626 巴黎
2627 详细
2628 价
2629 太太
2630 外资
2631 秘书长
2632 攻
2633 提醒
2634 货
2635 出版社
2636 有机
2637 喝（hē）
2638 海关
2639 公安局
2640 群体
2641 射
2642 托
2643 真理
2644 当今
2645 固定
2646 安置
2647 条约
2648 照顾
2649 审批
2650 差距
2651 呆
2652 咨询
2653 决议
2654 东部
2655 政
2656 青春
2657 地点
2658 确立
2659 河北
2660 插
2661 目
2662 区别
2663 大胆
2664 人事
2665 适用
2666 发展中国家
2667 辉煌
2668 情节
2669 创建
2670 作业
2671 电力
2672 预报
2673 探讨
2674 鞋
2675 饭店
2676 手机
2677 党支部
2678 俺
2679 境内
2680 自主
2681 适合
2682 营养
2683 上市
2684 同期
2685 咬
2686 结论
2687 头脑
2688 最好
2689 秒
2690 减
2691 活跃
2692 竟然
2693 一律
2694 自行车
2695 再说

2696 礼
2697 议
2698 基因
2699 幕
2700 最初
2701 援助
2702 统
2703 想法
2704 网上
2705 算是
2706 剩下
2707 陆续
2708 信用
2709 普及
2710 俩
2711 审查
2712 平静
2713 移
2714 体验
2715 乃至
2716 勇气
2717 经贸
2718 游客
2719 果然
2720 减轻
2721 整理
2722 著作
2723 过（guo）
2724 自从
2725 请求
2726 奇怪
2727 顾
2728 株
2729 会长
2730 娘
2731 支付
2732 移民
2733 眼泪
2734 发扬
2735 绕
2736 差不多
2737 认
2738 艰苦
2739 一路
2740 丈夫（zhàngfu）
2741 轨道
2742 居住
2743 未能
2744 创业
2745 数学
2746 静
2747 客户
2748 纠纷
2749 含量
2750 合格
2751 广阔
2752 灰
2753 承诺
2754 舍（shè）
2755 自动
2756 遂
2757 耕地
2758 解放军
2759 庆祝
2760 窗口
2761 保留
2762 盐
2763 什么样
2764 专项
2765 人民法院
2766 收购
2767 宋
2768 猫
2769 极其
2770 赶到
2771 写作
2772 亿
2773 陕西
2774 呼吁
2775 常委
2776 试点
2777 空中
2778 党组织
2779 攻击
2780 置
2781 洞
2782 波
2783 发达国家
2784 欧
2785 承包
2786 祝贺
2787 据说
2788 潜力
2789 严厉
2790 当局
2791 预算
2792 配套
2793 节日
2794 出台
2795 农户
2796 闭
2797 旗
2798 听取
2799 内涵
2800 设置
2801 以便
2802 哥哥
2803 鲜明
2804 摆脱
2805 其余
2806 进口
2807 亚
2808 展览
2809 横（héng）
2810 叫做
2811 地理
2812 味
2813 抓紧
2814 扑
2815 通常
2816 中午
2817 难题
2818 正如
2819 审议
2820 湖北
2821 曾（zēng）
2822 奉献
2823 宗旨
2824 感染
2825 签署
2826 大使
2827 大多
2828 奔（bèn）
2829 不禁
2830 中外
2831 吸
2832 一带
2833 要是
2834 夫妇
2835 高原
2836 极为
2837 觉（jué）
2838 相继
2839 失业
2840 飞行
2841 当事人
2842 夺
2843 工艺
2844 剧
2845 税
2846 拉开
2847 恨
2848 预计
2849 局势
2850 流域
2851 精心
2852 宝贵
2853 往来
2854 产业化
2855 货物
2856 出于
2857 摄影
2858 格外
2859 追究
2860 示范
2861 耕
2862 毕业生
2863 循环
2864 旅
2865 网站
2866 研讨会
2867 检测
2868 发射
2869 主办
2870 垃圾
2871 土壤
2872 料
2873 奶奶
2874 爷爷
2875 征
2876 人格
2877 翻译
2878 伤害
2879 大局
2880 秀
2881 处罚
2882 模范
2883 年度
2884 妻
2885 劳动者
2886 旅客
2887 玉
2888 游戏
2889 人权
2890 新鲜
2891 实事求是
2892 支出
2893 早晨
2894 最佳
2895 止
2896 纳入
2897 物资
2898 热闹
2899 人心
2900 怎么样
2901 监管
2902 热爱
2903 查处
2904 总量
2905 回头
2906 加拿大
2907 莫
2908 转（zhuǎn）
2909 权威
2910 审判
2911 考验
2912 舍（shě）
2913 精力
2914 陷入
2915 扎（zhā）
2916 棉花
2917 骨
2918 脱离
2919 鉴定
2920 相反
2921 人次
2922 工商
2923 冲击
2924 发放

2925 此后
2926 族
2927 提升
2928 火车
2929 协商
2930 航母
2931 开会
2932 地震
2933 虎
2934 人工
2935 呵
2936 练
2937 牵
2938 讨
2939 天空
2940 种（zhòng）
2941 素
2942 民警
2943 格局
2944 偷
2945 私
2946 音
2947 技能
2948 藏（cáng）
2949 来源
2950 瓶
2951 不用
2952 带有
2953 竞争力
2954 全局
2955 法官
2956 居然
2957 人体
2958 金牌
2959 公众
2960 监
2961 绿化
2962 江西
2963 遵守
2964 哪些
2965 类型
2966 捧
2967 发明
2968 提倡
2969 严峻
2970 毒
2971 创造性
2972 夫妻
2973 惊
2974 旗帜
2975 面貌
2976 川
2977 联赛
2978 俱乐部
2979 下乡
2980 到达
2981 增收
2982 政党
2983 野
2984 鬼
2985 无产阶级
2986 难得
2987 高新技术
2988 课程
2989 营造
2990 城里
2991 预测
2992 免
2993 护
2994 小雨
2995 衣
2996 细胞
2997 航空
2998 现状
2999 微信
3000 分离
3001 致富
3002 一口
3003 煤矿
3004 安徽
3005 赔偿
3006 骨干
3007 沟通
3008 福
3009 整治
3010 上年
3011 出生
3012 截至
3013 组建
3014 纠正
3015 宜
3016 倾向
3017 怎
3018 着眼
3019 中东
3020 娱乐
3021 扶持
3022 监测
3023 滴
3024 沙
3025 宫
3026 轿车
3027 纪录
3028 必将
3029 评
3030 高尔夫
3031 认定
3032 趟
3033 散（sǎn）
3034 双边
3035 笔者
3036 英语
3037 主权
3038 哈尔滨
3039 分类
3040 成分
3041 哈
3042 财务
3043 依照
3044 江南
3045 累计
3046 总额
3047 麻烦
3048 产权
3049 化学
3050 日常
3051 中文
3052 期待
3053 上学
3054 专利
3055 题材
3056 琼
3057 开幕
3058 加速
3059 埋
3060 扣
3061 情景
3062 长远
3063 开辟
3064 免费
3065 使命
3066 串
3067 凡是
3068 无限
3069 及其
3070 大夫（dàifu）
3071 府
3072 耳
3073 师傅
3074 坡
3075 教练
3076 蓝
3077 待遇
3078 谢
3079 优惠
3080 寻
3081 儿女
3082 各方
3083 退休
3084 不顾
3085 市值
3086 尝
3087 员工
3088 澳大利亚
3089 受伤
3090 粗
3091 美术
3092 事迹
3093 较为
3094 东京
3095 调节
3096 保护区
3097 夜间
3098 纯
3099 副刊
3100 南部
3101 境界
3102 决赛
3103 平台
3104 泪
3105 闪
3106 通讯
3107 产能
3108 本地
3109 处在
3110 永
3111 泰国
3112 露（lù）
3113 人力
3114 爆发
3115 商量
3116 潮
3117 调控
3118 注册
3119 倒是
3120 降水
3121 变革
3122 总之
3123 军区
3124 越南
3125 混乱
3126 个性
3127 埃及
3128 委托
3129 汗
3130 虚
3131 一系列
3132 鼓
3133 撞
3134 信息化
3135 电信
3136 品质
3137 始
3138 席
3139 主导
3140 原有
3141 彩
3142 屋子
3143 可惜
3144 猛
3145 配置
3146 崇高
3147 著
3148 多年
3149 愉快
3150 随便
3151 奶
3152 古老
3153 与此同时

3154 干净
3155 或是
3156 借鉴
3157 振兴
3158 宗
3159 信念
3160 推荐
3161 宝
3162 虫
3163 热点
3164 纵横
3165 养殖
3166 导弹
3167 莫斯科
3168 害怕
3169 南北
3170 秘书
3171 同事
3172 补贴
3173 支撑
3174 奖励
3175 备
3176 海军
3177 真诚
3178 拨
3179 盛(shèng)
3180 窗
3181 堂
3182 生意(shēngyi)
3183 保存
3184 选拔
3185 龙头
3186 激励
3187 固
3188 白色
3189 采购
3190 消灭
3191 倒(dào)
3192 荣誉
3193 原料
3194 批判
3195 施
3196 光明
3197 付出
3198 书籍
3199 检察
3200 沈阳
3201 姐姐
3202 地质
3203 势头
3204 鲜花
3205 扔
3206 安装
3207 前途
3208 共识
3209 爹
3210 定期
3211 总数
3212 临
3213 近来
3214 开创
3215 密
3216 办公
3217 梅
3218 派出所
3219 册
3220 暖
3221 图书
3222 比重
3223 扶
3224 大人(dàrén)
3225 剑
3226 画家
3227 宣言
3228 诞生
3229 象征
3230 院子
3231 醒
3232 最为
3233 海上
3234 论文
3235 要素
3236 卷(juǎn)
3237 激情
3238 县城
3239 理念
3240 躲
3241 促
3242 灯光
3243 冬天
3244 当中
3245 呼吸
3246 肥
3247 发言人
3248 专题
3249 脑袋
3250 煤炭
3251 覆盖
3252 描写
3253 行使
3254 国情
3255 冬
3256 法治
3257 眼里
3258 当作
3259 弘扬
3260 老婆
3261 全年
3262 悄悄
3263 湿
3264 不时
3265 温
3266 沿着
3267 资产阶级
3268 年底
3269 迁
3270 遭受
3271 信仰
3272 可以说
3273 艘
3274 可靠
3275 好好
3276 肚子(dùzi)
3277 更新
3278 敲
3279 顾客
3280 观看
3281 通道
3282 伸
3283 占有
3284 塔
3285 盯
3286 原理
3287 侵略
3288 神秘
3289 玉米
3290 原始
3291 举措
3292 刑事
3293 掏
3294 占领
3295 富裕
3296 差异
3297 苏
3298 转(zhuàn)
3299 概括
3300 领导班子
3301 日报
3302 而已
3303 牙
3304 药物
3305 或许
3306 图书馆
3307 沿海
3308 机器
3309 小伙子
3310 企图
3311 校园
3312 而言
3313 统治
3314 乌
3315 小麦
3316 上半年
3317 布局
3318 诉讼
3319 出门
3320 表情
3321 鼓舞
3322 涌
3323 据悉
3324 妹妹
3325 竞赛
3326 注
3327 档案
3328 残疾人
3329 审美
3330 内在
3331 爸
3332 如下
3333 积
3334 碰
3335 添
3336 辽宁
3337 高效
3338 引发
3339 赋予
3340 虹
3341 邪教
3342 颁布
3343 灭
3344 同情
3345 季节
3346 上班
3347 率先
3348 外来
3349 决
3350 爷
3351 编制
3352 列车
3353 大臣
3354 高中
3355 器
3356 媳妇
3357 浪费
3358 离婚
3359 怀
3360 询问
3361 赞成
3362 场面
3363 生气
3364 列入
3365 堡(bǎo)
3366 协作
3367 研究所
3368 天天
3369 教材
3370 寻求
3371 魅力
3372 疑
3373 可怜
3374 解除
3375 动态
3376 可怕
3377 大厅
3378 证实
3379 互联网
3380 框架

3381 称号
3382 高于
3383 挥
3384 代替
3385 邓小平理论
3386 聪明
3387 毁
3388 号召
3389 黑暗
3390 极端
3391 叙
3392 品
3393 喝（hè）
3394 运作
3395 尺
3396 灾害
3397 工地
3398 支援
3399 返回
3400 单纯
3401 叹
3402 证券
3403 理性
3404 内外
3405 商店
3406 士
3407 外地
3408 风景
3409 净
3410 实验室
3411 西南
3412 名称
3413 此间
3414 走私
3415 效应
3416 藏（zàng）
3417 台阶
3418 博客
3419 枝
3420 助
3421 当选
3422 检察院
3423 主意
3424 处分
3425 后果
3426 一方
3427 默默
3428 速
3429 吐（tǔ）
3430 着手
3431 艾滋病
3432 华盛顿
3433 治国
3434 补偿
3435 嫌
3436 异
3437 沙漠
3438 稳
3439 判决
3440 务
3441 足够
3442 氛围
3443 会计
3444 视为
3445 混（hùn）
3446 首脑
3447 季度
3448 老汉
3449 遗憾
3450 距
3451 合适
3452 院士
3453 全力
3454 顾问
3455 促使
3456 业界
3457 济南
3458 佳
3459 铺（pū）
3460 不安
3461 名义
3462 导演
3463 铜
3464 疫情
3465 阿富汗
3466 老太太
3467 党政
3468 窝
3469 夏天
3470 尾
3471 然
3472 调研
3473 上证
3474 与会
3475 浅
3476 实事
3477 从前
3478 协助
3479 报刊
3480 巴基斯坦
3481 意味着
3482 领土
3483 用人
3484 本届
3485 晚会
3486 透露
3487 正好
3488 口号
3489 喜爱
3490 航天
3491 贸易战
3492 收获
3493 抵
3494 统筹
3495 罚款
3496 组合
3497 清晰
3498 父
3499 历程
3500 一级
3501 可爱
3502 国土
3503 珠
3504 坚强
3505 大都
3506 到位
3507 东盟
3508 华人
3509 医
3510 视点
3511 北部
3512 早就
3513 刻
3514 马路
3515 弹（tán）
3516 抵达
3517 球员
3518 班子
3519 迫切
3520 账
3521 审计
3522 迷
3523 随即
3524 聚
3525 暴力
3526 联盟
3527 低于
3528 矿
3529 宿舍
3530 董事长
3531 混（hún）
3532 一口气
3533 高速公路
3534 平方公里
3535 弟弟
3536 收集
3537 评估
3538 防范
3539 工业化
3540 通报
3541 优
3542 年纪
3543 鼻子
3544 侵犯
3545 从中
3546 人家（rénjiā）
3547 关怀
3548 阵
3549 评选
3550 忧
3551 企业家
3552 壳（ké）
3553 臣
3554 传（chuán）
3555 招待会
3556 大师
3557 拥护
3558 长沙
3559 会晤
3560 水利
3561 高潮
3562 误
3563 慰问
3564 有助于
3565 约束
3566 废
3567 基本上
3568 深处
3569 桌子
3570 证书
3571 市区
3572 粒
3573 为何
3574 电视台
3575 议论
3576 咋
3577 不下
3578 封建
3579 淋（lín）
3580 健身
3581 近年
3582 辐射
3583 黄金
3584 额
3585 增进
3586 耳朵
3587 过渡
3588 奇
3589 百年
3590 小孩儿
3591 己
3592 定位
3593 蹲
3594 格
3595 可谓
3596 民营
3597 社会科学
3598 挣
3599 灵活
3600 认证
3601 姐
3602 大赛
3603 一流
3604 至此
3605 首相
3606 领先
3607 得知
3608 天然
3609 处置

3610 赚
3611 灵
3612 常务
3613 金额
3614 重建
3615 外汇
3616 磨（mó）
3617 忽视
3618 酸
3619 载（zǎi）
3620 保卫
3621 饿
3622 交谈
3623 不利
3624 口气
3625 研究生
3626 演讲
3627 告别
3628 圆满
3629 医药
3630 警告
3631 沉默
3632 创办
3633 一辈子
3634 检
3635 民工
3636 实质
3637 鲜（xiān）
3638 滚
3639 外部
3640 郑
3641 长大
3642 渴望
3643 百分点
3644 武警
3645 济
3646 返
3647 光辉
3648 廉政
3649 未成年人
3650 增多
3651 拆
3652 付
3653 点头
3654 表彰
3655 全民
3656 一贯
3657 装置
3658 专用
3659 钢铁
3660 共产主义
3661 私人
3662 贼
3663 为期
3664 优先
3665 外商
3666 一道
3667 尽量（jǐnliàng）
3668 控
3669 水泥
3670 当初
3671 学员
3672 发起
3673 伏
3674 本事（běnshi）
3675 授予
3676 人文
3677 失望
3678 出色
3679 奏
3680 力争
3681 招标
3682 论述
3683 罚
3684 领袖
3685 救助
3686 申购
3687 哦（ò）
3688 博物馆
3689 激发
3690 遭遇
3691 忽
3692 带头
3693 否定
3694 纲要
3695 高科技
3696 赶紧
3697 阵地
3698 弹（dàn）
3699 记载
3700 丁
3701 新建
3702 奠定
3703 瘦
3704 回归
3705 构建
3706 名单
3707 泰
3708 初期
3709 偶然
3710 此事
3711 近期
3712 帝国主义
3713 许可
3714 展现
3715 信号
3716 车间
3717 成员国
3718 残
3719 租
3720 一下子
3721 党建
3722 再就业
3723 挑（tiǎo）
3724 阐述
3725 昆明
3726 回顾
3727 政委
3728 内蒙古
3729 自治
3730 球队
3731 浪
3732 举报
3733 黑龙江
3734 存款
3735 修建
3736 议员
3737 吉
3738 有益
3739 砍
3740 那边
3741 外出
3742 宇宙
3743 获悉
3744 缝（féng）
3745 平常
3746 家人
3747 众人
3748 股票
3749 险
3750 踏
3751 责任制
3752 尿（niào）
3753 假（jià）
3754 转身
3755 形态
3756 制止
3757 局部
3758 浮
3759 号（háo）
3760 赶快
3761 来访
3762 倡导
3763 骗
3764 袋
3765 人间
3766 锦标赛
3767 新加坡
3768 分散
3769 扯
3770 夫
3771 男友
3772 开口
3773 尊
3774 处处
3775 拓展
3776 趋
3777 一向
3778 诚信
3779 直辖市
3780 贵州
3781 握
3782 故乡
3783 睡觉
3784 顿时
3785 梁
3786 税务
3787 资助
3788 尖
3789 大哥
3790 踢
3791 联邦
3792 早日
3793 拔
3794 伦敦
3795 酒店
3796 黑色
3797 干涉
3798 事项
3799 高速
3800 沉
3801 一一
3802 难度
3803 遵循
3804 上帝
3805 厉害
3806 身后
3807 百万
3808 年级
3809 开通（kāitōng）
3810 蒙古
3811 党风
3812 总部
3813 立方米
3814 二维码
3815 塑造
3816 拒
3817 眼下
3818 竹
3819 全军
3820 之内
3821 建交
3822 岂
3823 引领
3824 锅
3825 世界杯
3826 评为
3827 赞赏
3828 商标
3829 文献
3830 假如
3831 包含
3832 战场
3833 洪水
3834 讲究
3835 重组
3836 享有

3837 国王
3838 宁夏
3839 监察
3840 信贷
3841 中介
3842 亲戚
3843 影
3844 梦想
3845 浑身
3846 消耗
3847 变为
3848 北约
3849 污水
3850 长城
3851 阅读
3852 嫁
3853 责任感
3854 笑容
3855 容
3856 代价
3857 处长
3858 相似
3859 岁月
3860 悲剧
3861 着力
3862 夺得
3863 抢救
3864 街头
3865 食物
3866 南非
3867 惹
3868 法庭
3869 性能
3870 厅
3871 参赛
3872 剩
3873 福利
3874 探
3875 盲目
3876 一同
3877 民兵
3878 丧失
3879 女孩儿
3880 复兴
3881 买家
3882 有序
3883 执
3884 互
3885 陪同
3886 安慰
3887 征求
3888 任命
3889 耐
3890 脸色
3891 遏制
3892 抹（mǒ）
3893 组长
3894 所得
3895 燃烧
3896 只得
3897 忍
3898 经典
3899 盆
3900 摘
3901 景
3902 服从
3903 开工
3904 海南
3905 关闭
3906 联想
3907 吓（xià）
3908 含有
3909 责
3910 禁（jìn）
3911 汤
3912 亲人
3913 外贸
3914 迟
3915 自信
3916 毛泽东思想
3917 一再
3918 特区
3919 制订
3920 海水
3921 宏观调控
3922 精品
3923 凝聚
3924 一体
3925 冬季
3926 小事
3927 皮肤
3928 谷
3929 一体化
3930 动手
3931 栽
3932 勇敢
3933 概率
3934 庙
3935 全身
3936 限度
3937 随意
3938 透明
3939 秦
3940 澳
3941 背（bēi）
3942 水库
3943 精彩
3944 依旧
3945 睁
3946 预备
3947 诸多
3948 承受
3949 暴露
3950 数（shǔ）
3951 上涨
3952 斜
3953 墓
3954 信访
3955 办学
3956 击
3957 临床
3958 禁（jīn）
3959 立足
3960 大海
3961 周边
3962 指定
3963 朵
3964 人民代表大会
3965 发（fā）
3966 陆（lù）
3967 哼
3968 边境
3969 良
3970 公务员
3971 潮流
3972 戏曲
3973 三个代表
3974 生态环境
3975 科教
3976 只（zhī）
3977 连接
3978 欢乐
3979 足以
3980 支队
3981 君
3982 隆重
3983 垄断
3984 飘
3985 标
3986 提案
3987 知名
3988 致使
3989 逻辑
3990 毫不
3991 帝
3992 进出口
3993 业绩
3994 战线
3995 神经
3996 拜
3997 国会
3998 商场
3999 早上
4000 论证
4001 爱国主义
4002 匆匆
4003 现行
4004 松
4005 县长
4006 过于
4007 小子
4008 升级
4009 脚步
4010 扎实
4011 蛋
4012 氏
4013 上网
4014 垂
4015 国家机关
4016 匹
4017 实用
4018 正义
4019 时机
4020 敏感
4021 晓得
4022 排放
4023 延伸
4024 包装
4025 游泳
4026 神圣
4027 公顷
4028 期限
4029 披
4030 散文
4031 投票
4032 呼
4033 气温
4034 缓解
4035 问候
4036 不易
4037 特大
4038 物理
4039 脖子
4040 年初
4041 坚实
4042 深厚
4043 住宅
4044 释放
4045 好事（hǎoshì）
4046 视野
4047 功夫
4048 拖欠
4049 野生
4050 遗产
4051 谴责
4052 杰出
4053 手指
4054 库
4055 不满
4056 抬头
4057 逝世
4058 节能
4059 抗战
4060 分局
4061 打工
4062 主观
4063 猜
4064 醉

4065 砖
4066 气息
4067 造林
4068 汉语
4069 恐怖主义
4070 致力
4071 不曾
4072 操
4073 烂
4074 看望
4075 签
4076 传说
4077 从未
4078 寂寞
4079 欢
4080 对面
4081 揭示
4082 阳
4083 无不
4084 模糊
4085 恐
4086 消防
4087 提交
4088 兄弟（xiōngdi）
4089 出售
4090 特定
4091 抛
4092 粉
4093 重申
4094 小区
4095 受理
4096 金属
4097 军官
4098 赛事
4099 开幕式
4100 产值
4101 测
4102 疾控
4103 村庄
4104 诗歌
4105 从小
4106 叔
4107 投诉
4108 嘴唇
4109 协定
4110 傻
4111 脑子
4112 频繁
4113 产业链
4114 智力
4115 当时（dàngshí）
4116 确认
4117 名人
4118 超越
4119 商务
4120 债务
4121 夜里
4122 空军
4123 公社
4124 为止
4125 后者
4126 晃（huǎng）
4127 唉（ài）
4128 申报
4129 京剧
4130 填
4131 对不起
4132 农药
4133 紫
4134 星期
4135 路子
4136 前夕
4137 大街
4138 护士
4139 政务
4140 薄（bó）
4141 妥善
4142 周期
4143 水果
4144 依赖
4145 监狱
4146 友
4147 绘画
4148 露（lòu）
4149 议长
4150 物品
4151 砸
4152 不然
4153 弯
4154 敢于
4155 差别
4156 踩
4157 突
4158 雾
4159 一度
4160 期望
4161 导
4162 郑州
4163 清洁
4164 识
4165 康
4166 剧本
4167 英文
4168 教室
4169 警方
4170 争夺
4171 琴
4172 流失
4173 补助
4174 担保
4175 天上
4176 室内
4177 壁
4178 开设
4179 侧
4180 法定
4181 对付
4182 码头
4183 鸭
4184 计划生育
4185 甘肃
4186 心头
4187 高尚
4188 甜
4189 画面
4190 原本
4191 不由
4192 安心
4193 辞
4194 未必
4195 起身
4196 高层
4197 小心
4198 好看
4199 有意
4200 孔
4201 导向
4202 感激
4203 老年人
4204 录
4205 滑
4206 稿
4207 运营
4208 忠
4209 发育
4210 抑制
4211 无奈
4212 规范化
4213 加深
4214 衰
4215 退耕
4216 一线
4217 高峰
4218 苗
4219 开发区
4220 微微
4221 掌声
4222 社员
4223 致力于
4224 舒服
4225 千方百计
4226 泪水
4227 泄
4228 出国
4229 胖
4230 初中
4231 糖
4232 箱
4233 拉动
4234 磋商
4235 此刻
4236 巧
4237 厨房
4238 自愿
4239 收拾
4240 椅子
4241 算了
4242 扫
4243 代理
4244 为此
4245 放松
4246 不免
4247 公约
4248 周末
4249 模样
4250 胸
4251 之上
4252 瞪
4253 毒品
4254 单独
4255 连忙
4256 议案
4257 壮大
4258 合
4259 奇迹
4260 花园
4261 违规
4262 咳（ké）
4263 充实
4264 不便
4265 拍摄
4266 转换
4267 风力
4268 大气（dàqì）
4269 法人
4270 社会化
4271 破产
4272 一代
4273 线路
4274 角（jué）
4275 首届
4276 干旱
4277 传递
4278 自杀
4279 大军
4280 称赞
4281 冷静
4282 老爷
4283 谢谢
4284 肩
4285 四周
4286 堵
4287 淘汰
4288 仗
4289 干脆
4290 景象
4291 坑

4292 财经
4293 一大批
4294 警
4295 耐心
4296 谓
4297 测量
4298 会员
4299 干扰
4300 印尼
4301 情报
4302 生日
4303 纲领
4304 施行
4305 诊断
4306 优美
4307 纳
4308 盼
4309 整整
4310 天然气
4311 替代
4312 供给
4313 扬
4314 邻居
4315 若是
4316 牢固
4317 民俗
4318 本领
4319 金钱
4320 限
4321 尤
4322 闷（mēn）
4323 薄弱
4324 明星
4325 引入
4326 视察
4327 熬（áo）
4328 新年
4329 早期
4330 时常
4331 掌
4332 尾巴
4333 桥梁
4334 丝毫
4335 源头
4336 译
4337 转向（zhuànxiàng）
4338 肺炎
4339 聚集
4340 进而
4341 正当（zhèngdàng）
4342 帐
4343 沙发
4344 闲
4345 灾难
4346 上门
4347 夜晚
4348 脏（zāng）
4349 歌曲
4350 桶
4351 平原
4352 支柱
4353 得意
4354 宏伟
4355 审理
4356 水稻
4357 兴起
4358 当即
4359 整改
4360 长春
4361 大幅
4362 贴近
4363 也好
4364 爱心
4365 福州
4366 失误
4367 电视剧
4368 桌
4369 招呼
4370 顽强
4371 评议
4372 认可
4373 锁
4374 宾馆
4375 车站
4376 现金
4377 灿烂
4378 互利
4379 家伙
4380 勉强
4381 地处
4382 转让
4383 财
4384 分歧
4385 报名
4386 边界
4387 使馆
4388 共和国
4389 利于
4390 班长
4391 私营
4392 恶化
4393 深远
4394 尝试
4395 红旗
4396 看（kān）
4397 院校
4398 荷兰
4399 何时
4400 有趣
4401 凑
4402 全都
4403 棋
4404 节奏
4405 活泼
4406 弃
4407 平安
4408 司令
4409 自家
4410 义务教育
4411 股份
4412 课堂
4413 划分
4414 便宜（piányi）
4415 设想
4416 行人
4417 水面
4418 碎
4419 着重
4420 边防
4421 疼
4422 中部
4423 新兴
4424 希腊
4425 过年
4426 骄傲
4427 将（jiàng）
4428 融合
4429 摊
4430 看待
4431 庄严
4432 没什么
4433 等级
4434 延长
4435 刮
4436 佛
4437 要
4438 固然
4439 整合
4440 办案
4441 胳膊
4442 弟
4443 选民
4444 着急
4445 饱
4446 防御
4447 抗日
4448 得（dé）
4449 依托
4450 挨（āi）
4451 东亚
4452 当日（dāngrì）
4453 蛇
4454 工程师
4455 承办
4456 毕
4457 大爷（dàye）
4458 总裁
4459 递
4460 亏损
4461 太原
4462 分明
4463 臭
4464 单一
4465 感慨
4466 杂
4467 针
4468 瓜
4469 养老
4470 珍贵
4471 党组
4472 科普
4473 隔离
4474 缩小
4475 陌生
4476 吐（tù）
4477 救灾
4478 八一
4479 综合治理
4480 调解
4481 指数
4482 内阁
4483 帽子
4484 心态
4485 动摇
4486 佛教
4487 否认
4488 跪
4489 征收
4490 便利
4491 港口
4492 节水
4493 颁发
4494 招生
4495 规矩
4496 乡亲
4497 分工
4498 留学
4499 吊
4500 厕所
4501 景区
4502 应对
4503 自然（zìran）
4504 驾
4505 钢（gāng）
4506 农场
4507 扭
4508 底下
4509 华侨
4510 帮忙
4511 细致
4512 增产
4513 沪
4514 去世
4515 饲料

4516 干警
4517 订
4518 国债
4519 利率
4520 味道
4521 呼唤
4522 向上
4523 不止
4524 旅游业
4525 保健
4526 化肥
4527 模型
4528 好多
4529 会场
4530 愣
4531 学历
4532 海域
4533 建造
4534 凌晨
4535 农田
4536 沈
4537 脚下
4538 传染病
4539 搁
4540 不及
4541 好（hào）
4542 船舶
4543 愁
4544 境外
4545 逆
4546 开办
4547 就此
4548 渗透
4549 布置
4550 观测
4551 娶
4552 维修
4553 青海
4554 占据
4555 筑
4556 许可证
4557 跟踪
4558 年前
4559 渡
4560 出路
4561 灌
4562 树木
4563 浓
4564 盛（chéng）
4565 倘若
4566 辞职
4567 峰
4568 艰巨
4569 强制
4570 扩散
4571 续
4572 演习
4573 觉（jiào）
4574 结果（jiēguǒ）
4575 吉林
4576 避
4577 口袋
4578 初级
4579 深度
4580 动人
4581 神情
4582 估值
4583 测试
4584 回报
4585 答复
4586 地图
4587 修订
4588 摇头
4589 摔
4590 毛病
4591 状
4592 排除
4593 姓名
4594 溜（liū）
4595 公主
4596 大楼
4597 被告
4598 咽（yàn）
4599 大选
4600 屡
4601 下列
4602 人为
4603 横（hèng）
4604 弱势
4605 隐患
4606 风气
4607 环比
4608 细节
4609 公益
4610 民事
4611 近代
4612 实效
4613 城区
4614 暂
4615 血液
4616 过分
4617 能量
4618 影子
4619 自豪
4620 远处
4621 有点儿
4622 捏
4623 汇
4624 月份
4625 崭新
4626 恋爱
4627 学问
4628 草地
4629 候选人
4630 寨
4631 深受
4632 签字
4633 步骤
4634 用来
4635 歌声
4636 欧元
4637 共享
4638 不仅仅
4639 割
4640 业余
4641 干预
4642 书面
4643 开支
4644 待（dāi）
4645 博览会
4646 简称
4647 伴随
4648 寺
4649 任用
4650 兄
4651 涌现
4652 面孔
4653 有名
4654 强度
4655 国产
4656 制品
4657 电台
4658 世界观
4659 怨
4660 狼
4661 支配
4662 七一
4663 首要
4664 命名
4665 抗击
4666 职权
4667 厂家
4668 穿着
4669 直至
4670 黄色
4671 太子
4672 研发
4673 赏
4674 前不久
4675 燃料
4676 馆
4677 兰州
4678 自行
4679 瞅
4680 短期
4681 益
4682 岗
4683 遗址
4684 夺取
4685 对抗
4686 晒
4687 改制
4688 伤亡
4689 批发
4690 注入
4691 地带
4692 描述
4693 育
4694 岸
4695 家园
4696 反恐
4697 假日
4698 驻华
4699 伸手
4700 发电
4701 拳
4702 缓慢
4703 不定
4704 点儿
4705 工夫
4706 全心全意
4707 打听
4708 奖金
4709 少女
4710 传（zhuàn）
4711 本国
4712 准则
4713 起点
4714 师生
4715 拼
4716 奉
4717 军眷
4718 捉
4719 拥
4720 历陈
4721 留学生
4722 违纪
4723 载体
4724 收益
4725 回收
4726 化工
4727 名牌
4728 营业
4729 幽默
4730 花钱
4731 技巧
4732 营销
4733 球迷
4734 叙述
4735 收取
4736 尊严
4737 湿地
4738 受益
4739 讲座
4740 出身
4741 罢了（bàle）
4742 民办
4743 振

4744 融资
4745 政法
4746 呼声
4747 老年
4748 催
4749 接收
4750 空（kòng）
4751 增幅
4752 挨（ái）
4753 婚
4754 夏季
4755 判
4756 程
4757 脾气
4758 伤心
4759 授权
4760 景观
4761 劳务
4762 办公厅
4763 高等教育
4764 眼看
4765 月亮
4766 基于
4767 安理会
4768 应急
4769 衡量
4770 眼镜
4771 召
4772 捐款
4773 房地产
4774 住院
4775 指责
4776 种类
4777 灌溉
4778 丰
4779 姿态
4780 服务业
4781 灾区
4782 恶劣
4783 此前
4784 涉
4785 警惕
4786 唯
4787 层面
4788 验收
4789 嫌疑人
4790 反响
4791 火灾
4792 扩张
4793 讲述
4794 智
4795 范
4796 仇（chóu）
4797 税费
4798 废物（fèiwù）
4799 人手
4800 输出
4801 开门
4802 卫
4803 拓宽
4804 时空
4805 有害
4806 惊讶
4807 即可
4808 解（xiè）
4809 低下
4810 买卖
4811 时节
4812 非典型肺炎
4813 省区
4814 中药
4815 堡（bǔ）
4816 太平洋
4817 打造
4818 刊登
4819 捐赠
4820 润
4821 鸣
4822 剂
4823 蓝色
4824 退耕还林
4825 将士
4826 所有制
4827 用品
4828 干事
4829 掀起
4830 长官
4831 资
4832 姑
4833 肚（dù）
4834 扎（zā）
4835 雅
4836 公告
4837 民航
4838 理事会
4839 合资
4840 察
4841 贯穿
4842 生机
4843 焦点
4844 挖掘
4845 风光（fēngguāng）
4846 何必
4847 办事处
4848 震
4849 高考
4850 当场
4851 愤怒
4852 战友
4853 灾
4854 桩
4855 河流
4856 迷信
4857 意味
4858 平凡
4859 人马
4860 全方位
4861 老实
4862 全新
4863 入党
4864 策
4865 修养
4866 收回
4867 热线
4868 勇于
4869 预期
4870 差（chà）
4871 婴儿
4872 督促
4873 关税
4874 民意
4875 袭
4876 平稳
4877 缺陷
4878 辛苦
4879 嫂
4880 难过
4881 态势
4882 劳
4883 狂
4884 书法
4885 孟
4886 销
4887 跌
4888 台上
4889 遥远
4890 气体
4891 攻关
4892 上课
4893 宣
4894 贤
4895 矿产
4896 心思
4897 获取
4898 对立
4899 困
4900 旨在
4901 无非
4902 仙
4903 记住
4904 练习
4905 系（jì）
4906 屁股
4907 东南
4908 帮扶
4909 稳步
4910 日趋
4911 休
4912 同步
4913 大人（dàren）
4914 斗（dǒu）
4915 不料
4916 兴建
4917 筹备
4918 购
4919 抗议
4920 力气
4921 消
4922 消极
4923 储备
4924 未经
4925 巷
4926 作物
4927 古城
4928 束
4929 对比
4930 总队
4931 凝聚力
4932 监控
4933 心想
4934 价值观
4935 零售
4936 好转
4937 亏
4938 武
4939 寒
4940 参考
4941 碧
4942 哇（wa）
4943 争议
4944 想不到
4945 尽（jǐn）
4946 困境
4947 镜头
4948 盒
4949 无力
4950 发票
4951 走访
4952 后勤
4953 领会
4954 撤销
4955 泉
4956 体坛
4957 物流
4958 立案
4959 学位
4960 勤
4961 超市
4962 通用
4963 劲
4964 为首
4965 人民检察院
4966 拆迁
4967 击败
4968 管道
4969 安定
4970 话剧

4971 幢
4972 五一
4973 制裁
4974 大户
4975 启
4976 华北
4977 审
4978 乙
4979 难免
4980 海峡
4981 对策
4982 地主
4983 笑声
4984 喜悦
4985 珍惜
4986 等候
4987 团购
4988 无人机
4989 联络
4990 肩膀
4991 季
4992 志愿
4993 乐观
4994 昔日
4995 逮捕
4996 崛起
4997 村子
4998 庞大
4999 户口
5000 一身
5001 阻止
5002 肖
5003 一齐
5004 聘请
5005 授
5006 海拔
5007 曹
5008 扩展
5009 勇
5010 墨
5011 核查
5012 孤
5013 特性
5014 小型
5015 微博
5016 响应
5017 礼物
5018 平跟
5019 尴尬
5020 合并
5021 策略
5022 军民
5023 统一战线
5024 例子
5025 中原
5026 时尚
5027 撤
5028 度过
5029 漏
5030 姐妹
5031 无比
5032 晕（yūn）
5033 医务
5034 厘米
5035 增添
5036 平民
5037 哄（hǒng）
5038 展出
5039 主流
5040 独自
5041 乃是
5042 特有
5043 停留
5044 交警
5045 纳税
5046 吵
5047 撑
5048 高温
5049 包围
5050 一国两制
5051 排名
5052 俗
5053 既是
5054 奥斯卡
5055 出发点
5056 窗户
5057 缓
5058 三农
5059 运动会
5060 吃惊
5061 抵抗
5062 晚饭
5063 惯
5064 固定资产
5065 幻想
5066 化解
5067 老人家
5068 挣扎
5069 地域
5070 反动
5071 淡
5072 看作
5073 镜
5074 水土
5075 战斗力
5076 坚定不移
5077 急忙
5078 渔业
5079 传达
5080 压（yà）
5081 拍卖
5082 会同
5083 急需
5084 多元化
5085 起草
5086 魏
5087 柳
5088 商人
5089 客气
5090 链
5091 消毒
5092 丰收
5093 模拟
5094 症状
5095 祝
5096 事先
5097 是非
5098 多边
5099 意愿
5100 诚
5101 思索
5102 混合
5103 挡
5104 每当
5105 结（jié）
5106 研讨
5107 蔓延
5108 幅度
5109 阻碍
5110 也就是说
5111 泛
5112 炒
5113 棋手
5114 客厅
5115 终身
5116 狠抓
5117 祝愿
5118 民心
5119 丈
5120 镜子
5121 蒋
5122 跨越
5123 笑话
5124 纺织
5125 沙龙
5126 场地
5127 推开
5128 本月
5129 配备
5130 助理
5131 安静
5132 缓缓
5133 行列
5134 欲望
5135 妹
5136 不好意思
5137 生命力
5138 封闭
5139 战术
5140 一句话
5141 大自然
5142 救援
5143 摩托车
5144 支部
5145 手法
5146 庆
5147 高大
5148 序
5149 农家
5150 孤独
5151 古人
5152 乡下
5153 饮食
5154 宿（sù）
5155 赐
5156 水质
5157 擅自
5158 何况
5159 争论
5160 缩短
5161 中学生
5162 装饰
5163 高铁
5164 当成
5165 口岸
5166 原油
5167 匆
5168 幸
5169 运转
5170 舟
5171 主力
5172 皱
5173 炕
5174 说不定
5175 飞船
5176 教科书
5177 造就
5178 乐（yuè）
5179 元首
5180 经受
5181 世人
5182 发掘
5183 压迫
5184 息
5185 荒
5186 难点
5187 阶层
5188 热心
5189 库区
5190 责令
5191 座谈
5192 回避
5193 曲折
5194 池
5195 腔
5196 速递
5197 股市
5198 车子
5199 箭
5200 担负

5201	人身
5202	同类
5203	日记
5204	本着
5205	试图
5206	扇（shàn）
5207	家具
5208	政绩
5209	闭幕
5210	吾
5211	奥林匹克
5212	虚假
5213	蓬勃
5214	虽说
5215	助学
5216	片刻
5217	务实
5218	盗
5219	战役
5220	菲律宾
5221	瞎
5222	委屈
5223	影视
5224	乘客
5225	伴
5226	上岗
5227	培训班
5228	短缺
5229	大业
5230	报复
5231	冻
5232	身影
5233	赶上
5234	供（gòng）
5235	歪
5236	工作组
5237	太空
5238	中旬
5239	忠诚
5240	滋味
5241	棉
5242	钥匙
5243	鸡蛋
5244	任（Rén）
5245	倾销
5246	普查
5247	圈（juàn）
5248	再生
5249	产物
5250	恐惧
5251	境
5252	放开
5253	抖
5254	荣获
5255	颜色（yánsè）
5256	空白
5257	成人
5258	民主党派
5259	总算
5260	投产
5261	偷偷
5262	邀
5263	限购
5264	多样
5265	装修
5266	携带
5267	约定
5268	苹果
5269	加紧
5270	抽象
5271	心脏
5272	魂
5273	武术
5274	缘故
5275	缩
5276	染
5277	应付
5278	组委会
5279	仪器
5280	肩负
5281	获奖
5282	纳税人
5283	同行（tóngháng）
5284	启示
5285	违背
5286	生活方式
5287	糊（hú）
5288	先锋
5289	矮
5290	策划
5291	物价
5292	大姐
5293	贫
5294	原先
5295	增长率
5296	凶
5297	无论如何
5298	豆
5299	空前
5300	大厦
5301	契机
5302	后悔
5303	国人
5304	游行
5305	缺点
5306	不觉
5307	赛场
5308	喂
5309	公认
5310	旱
5311	描绘
5312	勒（lè）
5313	开采
5314	捡
5315	取代
5316	互动
5317	表决
5318	必定
5319	叔叔
5320	岩
5321	主教练
5322	取缔
5323	起诉
5324	反抗
5325	塑料
5326	题目
5327	禽流感
5328	条款
5329	抄
5330	悬
5331	从不
5332	线索
5333	强国
5334	名誉
5335	过度
5336	答案
5337	发布会
5338	校车
5339	侦查
5340	术
5341	旅馆
5342	商家
5343	国家队
5344	旺
5345	点击
5346	加剧
5347	态
5348	历来
5349	纵
5350	兰
5351	木兰
5352	抓获
5353	从严
5354	平日
5355	面子
5356	判处
5357	深情
5358	交叉
5359	秋天
5360	祸
5361	莲
5362	煮
5363	间接
5364	人性
5365	良性
5366	亲属
5367	划（huà）
5368	检疫
5369	起步
5370	缴
5371	心上
5372	疏
5373	傍晚
5374	变动
5375	驾驶
5376	趁
5377	消化
5378	前者
5379	事后
5380	况且
5381	空调
5382	生理
5383	中期
5384	念头
5385	号码
5386	旅行
5387	天气预报
5388	汉子
5389	储蓄
5390	训
5391	慌
5392	走路
5393	病情
5394	捕
5395	拉美
5396	景点
5397	围棋
5398	购物
5399	低头
5400	坝
5401	无效
5402	明亮
5403	四处
5404	基金会
5405	病例
5406	承
5407	各位
5408	怎能
5409	娃娃
5410	远离
5411	刊物
5412	电网
5413	收支
5414	水源
5415	整天
5416	哪（na）
5417	誉为
5418	用力
5419	可喜
5420	注视
5421	美学
5422	正面
5423	以至
5424	家族
5425	吩咐
5426	国企
5427	抽查
5428	斩

5429 出租车
5430 剪
5431 扛
5432 姨
5433 前所未有
5434 被迫
5435 其间
5436 迈
5437 接连
5438 不已
5439 皇后
5440 看病
5441 告诉（gàosu）
5442 未免
5443 胡子
5444 实惠
5445 老挝
5446 握手
5447 土地（Tǔdi）
5448 个中
5449 纪委
5450 审核
5451 新人
5452 衷心
5453 悠久
5454 受害人
5455 持久
5456 起义
5457 侵害
5458 文人
5459 债
5460 棒
5461 纯收入
5462 海内外
5463 婆婆
5464 原告
5465 怒
5466 财力
5467 严密
5468 被动
5469 扮演
5470 食堂
5471 越是
5472 犯罪嫌疑人
5473 年均
5474 硕士
5475 常年
5476 没收
5477 赞扬
5478 大于
5479 举动
5480 植树
5481 前列
5482 驴
5483 犹
5484 无从
5485 分解
5486 都市
5487 党校
5488 适宜
5489 缘
5490 构筑
5491 前沿
5492 火箭
5493 做事
5494 散发
5495 篮球
5496 时时
5497 连队
5498 高低
5499 长久
5500 艺
5501 漫长
5502 讨厌
5503 充
5504 牢
5505 化石
5506 歇
5507 经济学
5508 榜样
5509 向着
5510 湾
5511 书店
5512 善良
5513 申办
5514 转达
5515 长征
5516 光彩
5517 爱好
5518 账户
5519 下发
5520 徒
5521 嘴巴
5522 哎
5523 学说
5524 窑
5525 考古
5526 盏
5527 荣
5528 罗马
5529 常见
5530 嗯（éng）
5531 弟兄
5532 上访
5533 从业
5534 多样化
5535 拼命
5536 山水
5537 杆
5538 话语
5539 啊（à）
5540 元素
5541 投降
5542 上游
5543 拐
5544 爱人
5545 召集
5546 惊人
5547 占地
5548 木材
5549 中医
5550 便于
5551 妇人
5552 主场
5553 无偿
5554 一旁
5555 深切
5556 对照
5557 实在（shízai）
5558 乒乓球
5559 恩
5560 研究员
5561 花卉
5562 移植
5563 竣工
5564 风貌
5565 陷
5566 祭
5567 同年
5568 途中
5569 风雨
5570 维和
5571 乌鲁木齐
5572 丰富多彩
5573 油田
5574 历时
5575 小学生
5576 葡萄
5577 即便
5578 先是
5579 纪检
5580 拼搏
5581 邓
5582 沾
5583 谁知
5584 倾听
5585 轻易
5586 养成
5587 彼
5588 多项
5589 糊涂
5590 标准化
5591 偶尔
5592 哪怕
5593 形容
5594 业主
5595 石家庄
5596 叹息
5597 博弈
5598 悲哀
5599 报酬
5600 捐
5601 过后
5602 走廊
5603 议题
5604 开心
5605 网吧
5606 疯
5607 官方
5608 新生
5609 巨
5610 专案组
5611 跟前
5612 温柔
5613 两手
5614 容量
5615 利息
5616 首席
5617 南昌
5618 炸弹
5619 淮河
5620 噢
5621 规章
5622 叠
5623 不妨
5624 浪漫
5625 包袱
5626 明明
5627 连连
5628 恰
5629 特意
5630 偏偏
5631 设法
5632 劳模
5633 播出
5634 不明
5635 时光
5636 规
5637 里边
5638 首位
5639 仁
5640 发动机
5641 借助
5642 如果说
5643 跨国公司
5644 和尚
5645 主持人
5646 增大
5647 楼房
5648 不宜
5649 人选
5650 何以
5651 原子
5652 嚷
5653 新春
5654 合肥
5655 称之为
5656 疯狂

5657 生死
5658 少爷
5659 债券
5660 突发
5661 投身
5662 大致
5663 供水
5664 睡着
5665 打扮
5666 荡
5667 朝廷
5668 查获
5669 逾
5670 郎
5671 犹如
5672 场合
5673 当下
5674 共青团
5675 隐
5676 膜
5677 抵制
5678 真情
5679 威
5680 涂
5681 旨
5682 嫂子
5683 倡议
5684 眉
5685 孙子
5686 输入
5687 太后
5688 年会
5689 受灾
5690 中科院
5691 哈哈
5692 扩
5693 洒
5694 清晨
5695 欺骗
5696 外边
5697 风采
5698 黄昏
5699 提问
5700 贪污
5701 不绝
5702 男孩儿
5703 拉萨
5704 按时
5705 唤
5706 一家人
5707 节省
5708 捞
5709 外界
5710 地址
5711 痛快
5712 入世
5713 掩
5714 力求
5715 常规
5716 机动车
5717 事业单位
5718 诉
5719 震惊
5720 盼望
5721 主编
5722 一眼
5723 疾
5724 密度
5725 甩
5726 融
5727 揭露
5728 帷幕
5729 赠送
5730 胡同
5731 强有力
5732 眼神
5733 津
5734 创立
5735 强劲
5736 物质文明
5737 步入
5738 截
5739 加重
5740 倾
5741 边缘
5742 招聘
5743 股东
5744 万一
5745 隧道
5746 材
5747 庄
5748 敬
5749 丑
5750 关切
5751 京城
5752 欢喜
5753 考生
5754 雕塑
5755 春秋
5756 男人（nánrén）
5757 显出
5758 父子
5759 倾斜
5760 忠实
5761 刑
5762 流传
5763 冷空气
5764 深夜
5765 阅
5766 烈士
5767 进取
5768 持股
5769 浓厚
5770 寸
5771 借口
5772 搜
5773 角落
5774 整齐
5775 要紧
5776 级别
5777 降息
5778 一新
5779 柬埔寨
5780 过多
5781 石（dàn）
5782 任职
5783 畜牧业
5784 大娘
5785 刑法
5786 黎
5787 重重
5788 吸引力
5789 晋
5790 狠
5791 要么
5792 做人
5793 壮
5794 指导员
5795 严打
5796 嗓子
5797 一头
5798 钉（dìng）
5799 份额
5800 逐年
5801 菊
5802 合作社
5803 搂（lǒu）
5804 打假
5805 生产资料
5806 所在地
5807 仅有
5808 来往
5809 印刷
5810 逛
5811 启发
5812 跌破
5813 一举
5814 潜在
5815 播
5816 餐
5817 中医药
5818 中级
5819 战后
5820 蓝天
5821 师长
5822 部位
5823 例外
5824 南宁
5825 中年
5826 邮票
5827 老鼠
5828 土司
5829 达标
5830 娃
5831 仍旧
5832 迄今
5833 纪实
5834 病房
5835 控股
5836 心血
5837 粘
5838 颜色（yánshai）
5839 务工
5840 休闲
5841 股份制
5842 占用
5843 充足
5844 饲养
5845 啤酒
5846 归来
5847 刷
5848 纯粹
5849 惩罚
5850 老区
5851 赚钱
5852 完美
5853 效力
5854 一把手
5855 机组
5856 打下
5857 再度
5858 见解
5859 扇（shān）
5860 眯（mī）
5861 生涯
5862 柴
5863 赌
5864 通（tòng）
5865 着眼于
5866 裁判
5867 强迫
5868 予
5869 政治文明
5870 比分
5871 大半
5872 妙
5873 弥补
5874 来临
5875 凤
5876 合成
5877 国旗
5878 改正
5879 收藏
5880 歌舞
5881 两边
5882 舱
5883 典
5884 物体

5885 维权
5886 无聊
5887 悲
5888 凭借
5889 集会
5890 清除
5891 诸如
5892 爱护
5893 神话
5894 认同
5895 滥
5896 果断
5897 有事
5898 忍受
5899 尸体
5900 先行
5901 起头
5902 法子
5903 仰
5904 国庆
5905 氧
5906 自然科学
5907 孔子
5908 香烟
5909 赤
5910 生前
5911 尖锐
5912 神气
5913 竞选
5914 远程
5915 渝
5916 编写
5917 多久
5918 停牌
5919 一世
5920 瞬间
5921 诱惑
5922 古典
5923 咧
5924 水电
5925 暂行
5926 造福
5927 吻
5928 没事
5929 测绘
5930 难忘
5931 公元
5932 起码
5933 提议
5934 国际化
5935 难受
5936 大豆
5937 绝望
5938 赌博
5939 重任
5940 公有制
5941 诚实
5942 上台
5943 话说
5944 东南亚
5945 游人
5946 栏
5947 跃
5948 涉嫌
5949 马来西亚
5950 烦
5951 好评
5952 淡淡
5953 海湾
5954 含义
5955 在场
5956 保障房
5957 邮政
5958 出资
5959 良心
5960 植被
5961 特困
5962 不懈
5963 行驶
5964 聊
5965 完毕
5966 图案
5967 尊敬
5968 订单
5969 报告会
5970 减免
5971 殿
5972 复苏
5973 音乐会
5974 修复
5975 繁殖
5976 通行
5977 报收
5978 丛书
5979 阴影
5980 敏
5981 双重
5982 园林
5983 赞同
5984 中等
5985 钻（zuàn）
5986 崇拜
5987 牌子
5988 筹集
5989 行（háng）
5990 在座
5991 麻
5992 畅通
5993 下半年
5994 家门
5995 挑选
5996 妇
5997 世界贸易组织
5998 执政党
5999 缴纳
6000 打仗
6001 裹
6002 遗传
6003 值班
6004 洪
6005 任期
6006 田径
6007 民企
6008 一次性
6009 遗
6010 应邀
6011 开玩笑
6012 超出
6013 气味
6014 倘
6015 杜绝
6016 撕
6017 总产值
6018 残酷
6019 届时
6020 风情
6021 良种
6022 动机
6023 关爱
6024 入学
6025 派遣
6026 难民
6027 行李
6028 二者
6029 炉
6030 恰恰
6031 专业化
6032 缅甸
6033 实地
6034 铝
6035 永久
6036 譬如
6037 教员
6038 和谈
6039 部委
6040 奉行
6041 章程
6042 品格
6043 竟是
6044 塘
6045 汗水
6046 滥用
6047 信誉
6048 狠狠
6049 抵御
6050 传输
6051 幼
6052 牢记
6053 拦
6054 后人
6055 滩
6056 公交
6057 净化
6058 缠
6059 冯
6060 下旬
6061 栽培
6062 假冒伪劣
6063 亚太地区
6064 再现
6065 下令
6066 邪
6067 中国画
6068 适时
6069 跳舞
6070 林木
6071 湘
6072 律
6073 大嫂
6074 辖区
6075 可笑
6076 限期
6077 较量
6078 喘
6079 辽
6080 太平
6081 典礼
6082 巡
6083 造型
6084 庄稼
6085 一块儿
6086 发送（fāsòng）
6087 拾
6088 柱
6089 手续费
6090 雷
6091 违章
6092 车队
6093 形状
6094 不惜
6095 两侧
6096 舒适
6097 雄
6098 音像
6099 现任
6100 得罪
6101 录取
6102 来不及
6103 射击
6104 护理
6105 痕迹
6106 棚
6107 闪烁
6108 妇联
6109 仲裁
6110 言论
6111 戒
6112 英勇

6113 信用社
6114 拆除
6115 箱子
6116 剧目
6117 不堪
6118 分行
6119 党性
6120 抗旱
6121 东风
6122 实体
6123 树林
6124 昨晚
6125 自称
6126 肌肉
6127 赔
6128 忧虑
6129 电视机
6130 老头子
6131 侵权
6132 务必
6133 延续
6134 叶子
6135 尤为
6136 折磨
6137 身材
6138 宣告
6139 界限
6140 座位
6141 大片
6142 麦
6143 哟
6144 进度
6145 根源
6146 听众
6147 和解
6148 互助
6149 牙齿
6150 咖啡
6151 原谅
6152 排列
6153 冲动
6154 演变
6155 衣裳
6156 囊
6157 相处
6158 靠近
6159 五星级
6160 汇率
6161 热潮
6162 押
6163 范畴
6164 通俗
6165 严禁
6166 鉴于
6167 下游
6168 下属
6169 振奋
6170 束缚
6171 困扰
6172 月光
6173 封锁
6174 免疫
6175 火星
6176 以致
6177 报社
6178 岂不
6179 抢险
6180 电商
6181 日元
6182 频率
6183 播种（bōzhǒng）
6184 个个
6185 数目
6186 前线
6187 歌唱
6188 房门
6189 心声
6190 计划经济
6191 进军
6192 压缩
6193 屯
6194 灰色
6195 场（cháng）
6196 防护
6197 数额
6198 职位
6199 电报
6200 黄土
6201 那儿
6202 责任人
6203 银川
6204 厂商
6205 某个
6206 颤
6207 查询
6208 犹豫
6209 做主
6210 危
6211 综合国力
6212 合力
6213 高等
6214 恋
6215 人情
6216 伙子
6217 备案
6218 频道
6219 罪犯
6220 康复
6221 疫苗
6222 内政
6223 台北
6224 彩电
6225 门槛
6226 下班
6227 窃
6228 神奇
6229 谈论
6230 团伙
6231 大使馆
6232 供电
6233 舅舅
6234 唱歌
6235 加之
6236 牧
6237 巡逻
6238 抢劫
6239 肺
6240 反腐倡廉
6241 昏
6242 试行
6243 反思
6244 地步
6245 大雨
6246 落（lào）
6247 降（xiáng）
6248 滞后
6249 生产线
6250 核武器
6251 中断
6252 无声
6253 大好
6254 谨慎
6255 拢
6256 身份证
6257 指挥部
6258 演唱
6259 自发
6260 郊区
6261 署
6262 市里
6263 贪
6264 首长
6265 农资
6266 搬迁
6267 供求
6268 至关重要
6269 捆
6270 辅导
6271 触
6272 老虎
6273 演奏
6274 鲁
6275 贵阳
6276 披露
6277 贫穷
6278 吸取
6279 屏幕
6280 上空
6281 伞
6282 不要紧
6283 打断
6284 出动
6285 壶
6286 显现
6287 增持
6288 而后
6289 历
6290 三角
6291 假若
6292 旅行社
6293 覆盖率
6294 索性
6295 窜
6296 暗暗
6297 紧迫
6298 签名
6299 波动
6300 觉悟
6301 说服
6302 一点儿
6303 自觉性
6304 频频
6305 无意
6306 挪
6307 正月
6308 妨碍
6309 聊天儿
6310 不由得
6311 瞒
6312 暗中
6313 贷
6314 侯
6315 参谋
6316 从容
6317 山坡
6318 坟
6319 司令员
6320 拧
6321 田野
6322 亭
6323 满堂
6324 点评
6325 未曾
6326 艰辛
6327 辈
6328 死刑
6329 豪华
6330 分成
6331 疼痛
6332 林场
6333 曼谷
6334 城市化
6335 藏族
6336 器官
6337 头顶
6338 人生观
6339 多半
6340 电池
6341 农作物

6342 灶
6343 烦恼
6344 帽
6345 港澳
6346 转型
6347 批示
6348 领取
6349 惨
6350 温饱
6351 民国
6352 设有
6353 文化大革命
6354 指引
6355 伙
6356 缓和
6357 幼儿园
6358 伦理
6359 大道
6360 向往
6361 登山
6362 伪
6363 流血
6364 风向
6365 反馈
6366 撰写
6367 郭
6368 目录
6369 每逢
6370 教堂
6371 丈夫（zhàngfū）
6372 亚运会
6373 不容
6374 赛季
6375 销售额
6376 半岛
6377 开阔
6378 一带一路
6379 裁
6380 进场
6381 粉碎
6382 抱怨
6383 什么的
6384 普通人
6385 歧视
6386 下达
6387 保安
6388 永恒
6389 天文
6390 公报
6391 血肉
6392 罕见
6393 建筑物
6394 医护
6395 汪
6396 知识产权
6397 征集
6398 年产
6399 激光
6400 飞跃
6401 羡慕
6402 男性
6403 浇
6404 亮点
6405 不至于
6406 人道主义
6407 否
6408 小时候
6409 小声
6410 裤子
6411 向来
6412 唇
6413 扭转
6414 奴隶
6415 无情
6416 郑重
6417 忙碌
6418 震动
6419 盗版
6420 发帖
6421 形式主义
6422 驻地
6423 原材料
6424 意识形态
6425 次日
6426 提拔
6427 不知不觉
6428 数据库
6429 推翻
6430 开车
6431 童年
6432 生意（shēngyì）
6433 甭
6434 颁奖
6435 揉
6436 亮相
6437 携手
6438 结算
6439 高山
6440 洲
6441 先前
6442 颤抖
6443 溪
6444 仓库
6445 大风
6446 迅猛
6447 雇
6448 拣
6449 卧
6450 提取
6451 兜
6452 折（zhē）
6453 年内
6454 客运
6455 葬
6456 上诉
6457 反革命
6458 体力
6459 大部
6460 墙壁
6461 受过
6462 尽力
6463 疑问
6464 永不
6465 基本法
6466 代表性
6467 学费
6468 刹（shā）
6469 大妈
6470 四人帮
6471 祝福
6472 后期
6473 往事
6474 两旁
6475 上山
6476 转（zhuǎi）
6477 公示
6478 防守
6479 贵族
6480 臂
6481 暴雨
6482 无形
6483 堤
6484 中队
6485 指明
6486 正气
6487 武力
6488 延
6489 交代
6490 起初
6491 海岸
6492 脆弱
6493 各种各样
6494 余额
6495 普法
6496 德育
6497 佩服
6498 出任
6499 河边
6500 美化
6501 刻苦
6502 元旦
6503 蹦
6504 变更
6505 侧面
6506 自然界
6507 蛋白质
6508 筷子
6509 舍不得
6510 价钱
6511 分量
6512 女足
6513 生成
6514 咳嗽
6515 采集
6516 日后
6517 焦
6518 处境
6519 碑
6520 特刊
6521 航班
6522 家电
6523 莫名其妙
6524 漫画
6525 前期
6526 克隆
6527 来回
6528 搅
6529 子弟
6530 从实
6531 峰会
6532 评审
6533 因地制宜
6534 售
6535 上演
6536 事宜
6537 春季
6538 接轨
6539 神色
6540 只管
6541 定义
6542 兑现
6543 调度
6544 问世
6545 散户
6546 陶瓷
6547 治沙
6548 卡（qiǎ）
6549 挂牌
6550 攻坚
6551 佩
6552 全会
6553 看好
6554 生育
6555 兽
6556 暗示
6557 点燃
6558 医保
6559 感人
6560 总公司
6561 传销
6562 负有
6563 踊跃
6564 档
6565 案子
6566 天真
6567 海纳百川
6568 膨胀
6569 窄

6570 版次
6571 劲儿
6572 墩
6573 上任
6574 往年
6575 边疆
6576 玩具
6577 占（zhān）
6578 聚焦
6579 离退休
6580 海口
6581 事务所
6582 管制
6583 心愿
6584 优点
6585 腹
6586 日夜
6587 理智
6588 择（zhái）
6589 雷阵雨
6590 预警
6591 决不
6592 征文
6593 廉洁
6594 不正之风
6595 介入
6596 电站
6597 根据地
6598 开除
6599 起伏
6600 妞
6601 个头儿
6602 模
6603 恰好
6604 中毒
6605 逐
6606 肝
6607 罪恶
6608 共建
6609 打量
6610 倚
6611 奥
6612 嘱咐
6613 反倒
6614 不服
6615 彩色
6616 耗
6617 有望
6618 磁
6619 赞助
6620 水位
6621 以内
6622 好奇
6623 老家
6624 主角
6625 禁毒
6626 宣讲
6627 后边
6628 识别
6629 相连
6630 谱
6631 时而
6632 大棚
6633 工商局
6634 半夜
6635 传媒
6636 地铁
6637 集装箱
6638 陵
6639 年间
6640 逢
6641 尸
6642 知青
6643 齐全
6644 烫
6645 担忧
6646 有无
6647 物业
6648 自律
6649 风景区
6650 定点
6651 分流
6652 党报
6653 柏林
6654 共计
6655 救济
6656 示威
6657 官网
6658 拖拉机
6659 挫折
6660 苦难
6661 电流
6662 方才
6663 为难
6664 剥削
6665 互补
6666 垂直
6667 漏洞
6668 探测
6669 外语
6670 子弹
6671 无关
6672 纽带
6673 畜
6674 有待
6675 嚼
6676 天才
6677 征管
6678 吸纳
6679 不准
6680 站住
6681 诞辰
6682 省份
6683 突破口
6684 负面
6685 讲解
6686 引人注目
6687 皮鞋
6688 征服
6689 反倾销
6690 蛮
6691 政治家
6692 手枪
6693 宁静
6694 死者
6695 测定
6696 卵
6697 竞技
6698 电器
6699 迈进
6700 各处
6701 简化
6702 被子
6703 牲畜
6704 耽误
6705 宴会
6706 自在（zìzai）
6707 详
6708 顺应
6709 展望
6710 航线
6711 水分
6712 房企
6713 传授
6714 钢琴
6715 公寓
6716 旋转
6717 兵力
6718 骨头
6719 颈
6720 贺
6721 昼夜
6722 保守
6723 核电站
6724 祖父
6725 消费品
6726 庭
6727 花费
6728 径
6729 忽略
6730 赠
6731 遇见
6732 名将
6733 子孙
6734 女工
6735 夺冠
6736 贺电
6737 自然保护区
6738 通车
6739 奶牛
6740 亿万
6741 品德
6742 翅膀
6743 道歉
6744 落（là）
6745 摄氏度
6746 租赁
6747 河道
6748 纤维
6749 实物
6750 罪行
6751 文书
6752 辩论
6753 稀
6754 瓦（wà）
6755 柱子
6756 持有
6757 下一步
6758 苍白
6759 物种
6760 欣慰
6761 春风
6762 感叹
6763 凭着
6764 逃避
6765 掌柜
6766 跨国
6767 符号
6768 移交
6769 华丽
6770 片面
6771 安宁
6772 抛弃
6773 少有
6774 司令部
6775 死人
6776 盈利
6777 癌症
6778 餐厅
6779 陶
6780 警示
6781 对口
6782 落户
6783 回升
6784 年年
6785 分割
6786 当晚
6787 岭
6788 兔
6789 研究室
6790 懒
6791 在校
6792 太阳能
6793 虾
6794 青年人
6795 西瓜
6796 粤
6797 汝
6798 擒

6799 不忍
6800 透明度
6801 播放
6802 强行
6803 栋
6804 参谋长
6805 大战
6806 改编
6807 趣味
6808 照样
6809 垫
6810 富民
6811 争端
6812 方略
6813 社论
6814 西洋
6815 阴谋
6816 敞开
6817 卒
6818 国务卿
6819 内需
6820 网点
6821 观光
6822 竞
6823 寿命
6824 老大
6825 晨
6826 照例
6827 历经
6828 电灯
6829 半决赛
6830 快活
6831 拨款
6832 热带
6833 董
6834 极力
6835 怀念
6836 转阴
6837 客商
6838 巨额
6839 薪
6840 多方
6841 就算
6842 饮料
6843 挪用
6844 直升机
6845 舌头
6846 寒冷
6847 车厢
6848 短暂
6849 一共
6850 映
6851 护工
6852 门票
6853 盛会
6854 轰炸
6855 遗留
6856 总的
6857 三通
6858 楼梯
6859 水准
6860 此地
6861 睡眠
6862 婚礼
6863 将要
6864 烤
6865 织
6866 骑兵
6867 农业税
6868 征地
6869 繁重
6870 体操
6871 麦子
6872 世上
6873 风暴
6874 真相
6875 南下
6876 行走
6877 降价
6878 乘坐
6879 源泉
6880 趴
6881 聘
6882 直线
6883 机电
6884 抗洪
6885 讽刺
6886 本能
6887 馆长
6888 阿姨
6889 胶
6890 流露
6891 支书
6892 储
6893 颇为
6894 真心
6895 老爷子
6896 增值
6897 挽
6898 剥
6899 第一线
6900 辛勤
6901 常用
6902 茶叶
6903 剧团
6904 柜台
6905 晃（huàng）
6906 惊喜
6907 纪念馆
6908 一番
6909 掠
6910 兼并
6911 勤奋
6912 交管
6913 勾
6914 只顾
6915 卡车
6916 做饭
6917 出面
6918 天堂
6919 右派
6920 起源
6921 教会
6922 名词
6923 想来
6924 公款
6925 尺度
6926 女生
6927 分化
6928 导师
6929 高压
6930 弦
6931 用途
6932 传奇
6933 沙滩
6934 怕是
6935 经纬
6936 牧民
6937 憋
6938 再见
6939 储量
6940 坚信
6941 孤立
6942 油画
6943 互访
6944 纺织品
6945 双向
6946 鬼子
6947 当面
6948 地形
6949 局限
6950 难怪
6951 标语
6952 请问
6953 勒（lēi）
6954 不如
6955 干吗
6956 签约
6957 揪
6958 惩治
6959 糟
6960 拳头
6961 冰雪
6962 驻军
6963 心目中
6964 浓度
6965 团队
6966 网球
6967 连锁
6968 三国
6969 推迟
6970 田间
6971 竭力
6972 后代
6973 图像
6974 氢
6975 简报
6976 女排
6977 数字化
6978 临近
6979 剥夺
6980 绳
6981 治病
6982 专程
6983 将领
6984 山村
6985 削
6986 再三
6987 革新
6988 友人
6989 黑人
6990 幸运
6991 扒（bā）
6992 华夏
6993 平方
6994 衔接
6995 肿瘤
6996 密集
6997 规格
6998 亲密
6999 冷笑
7000 修正案
7001 脱贫致富
7002 提名
7003 器材
7004 传真
7005 公务
7006 编者
7007 上千
7008 社团
7009 不解
7010 输送
7011 徘徊
7012 色情
7013 自然灾害
7014 味儿
7015 自来水
7016 发给
7017 思潮
7018 繁华
7019 损
7020 坛
7021 团中央
7022 吼
7023 阵容
7024 眉头
7025 声称
7026 势必
7027 读物
7028 纯洁

7029 救治
7030 中国人民解放军
7031 奋战
7032 剩余
7033 外科
7034 光线
7035 粪
7036 获胜
7037 吞
7038 手臂
7039 摧毁
7040 珍珠
7041 挣钱
7042 低保
7043 拎
7044 同等
7045 毫米
7046 改良
7047 仇（Qiú）
7048 招待
7049 陆地
7050 一心
7051 姚
7052 辨
7053 帐篷
7054 申诉
7055 越发
7056 证件
7057 逗
7058 固体
7059 江山
7060 相声
7061 光芒
7062 揭开
7063 吸烟
7064 社会效益
7065 心事
7066 硬件
7067 诚意
7068 信赖
7069 沉思
7070 一连
7071 变迁
7072 进化
7073 系统工程
7074 匪
7075 因特网
7076 生效
7077 美德
7078 渔民
7079 燕
7080 熟人
7081 源于
7082 马列主义
7083 区分
7084 修理
7085 清新
7086 雨水
7087 理财
7088 体育场
7089 桂
7090 结局
7091 十足
7092 名列
7093 更换
7094 审视
7095 削弱
7096 反腐
7097 管辖
7098 精美
7099 砂
7100 依次
7101 尽早
7102 资本家
7103 芯片
7104 告知
7105 除非
7106 姜
7107 借款
7108 一角
7109 企事业
7110 企业界
7111 参展
7112 联网
7113 民用
7114 投向
7115 可知
7116 辅助
7117 与其
7118 机械化
7119 温馨
7120 都会
7121 性命
7122 玫瑰
7123 细菌
7124 手下
7125 书房
7126 起床
7127 谨
7128 明日
7129 主线
7130 主席团
7131 扩建
7132 两地
7133 适度
7134 忌
7135 汉族
7136 排队
7137 视线
7138 白云
7139 失业率
7140 削减
7141 绿地
7142 有期徒刑
7143 温室
7144 缝（fèng）
7145 语气
7146 流泪
7147 祖先
7148 剧场
7149 屋顶
7150 哈萨克斯坦
7151 检察官
7152 故障
7153 自动化
7154 动荡
7155 性别
7156 模仿
7157 预定
7158 入驻
7159 常识
7160 将近
7161 疲劳
7162 拥挤
7163 拥抱
7164 位居
7165 特种
7166 经商
7167 机器人
7168 肾
7169 语文
7170 叩
7171 霸
7172 出自
7173 通关
7174 夺金
7175 谋求
7176 第三产业
7177 明朝
7178 这般
7179 扁
7180 出院
7181 酝酿
7182 嫌犯
7183 疑惑
7184 离去
7185 桑
7186 献给
7187 激起
7188 携
7189 朝阳（zhāoyáng）
7190 要务
7191 平壤
7192 邮件
7193 外人
7194 高档
7195 储存
7196 了不起
7197 鲜血
7198 学期
7199 饰
7200 头儿
7201 养老金
7202 辣
7203 生产关系
7204 日渐
7205 盟
7206 摸索
7207 痰
7208 献策
7209 如一
7210 正（zhēng）
7211 联手
7212 猛然
7213 超级
7214 歹徒
7215 取向
7216 高产
7217 杜
7218 村长
7219 溶液
7220 离子
7221 民情
7222 构造
7223 好久
7224 残疾
7225 水土流失
7226 蜀
7227 称呼
7228 挽救
7229 洗澡
7230 桃
7231 乡里
7232 悬挂
7233 法案
7234 案例
7235 投放
7236 胆
7237 绣
7238 亲身
7239 厂房
7240 急剧
7241 现实主义
7242 正值
7243 大为
7244 竖
7245 丫头
7246 西宁
7247 少儿
7248 本科
7249 迫
7250 激
7251 简
7252 勘探
7253 稻
7254 腾
7255 扰乱
7256 伙计

7257 惯例
7258 兵团
7259 军营
7260 精确
7261 理论上
7262 遮
7263 有的是
7264 回馈
7265 缕
7266 潘
7267 下雨
7268 建材
7269 出境
7270 不得已
7271 市中心
7272 行径
7273 四面
7274 改组
7275 打倒
7276 耸
7277 停火
7278 查办
7279 像素
7280 下跌
7281 私家车
7282 午饭
7283 况
7284 阔
7285 展览会
7286 小品
7287 场景
7288 接见
7289 军阀
7290 裂
7291 笼罩
7292 邻
7293 招商
7294 备战
7295 全长
7296 对应
7297 罩
7298 必需
7299 大脑
7300 胃
7301 赖
7302 绘
7303 气势
7304 破获
7305 在线
7306 新能源
7307 核算
7308 研
7309 使劲
7310 苦恼
7311 正规
7312 潜
7313 全程
7314 表态
7315 海底
7316 大伙儿
7317 漫
7318 追赶
7319 民政
7320 全资
7321 解难（jiěnàn）
7322 春运
7323 车型
7324 曝光
7325 沿线
7326 销毁
7327 提请
7328 春耕
7329 情愿
7330 档次
7331 多媒体
7332 困惑
7333 弥漫
7334 免得
7335 书画
7336 稍稍
7337 开业
7338 雄厚
7339 往日
7340 挽回
7341 抢断
7342 内战
7343 官司
7344 脉
7345 农副产品
7346 矿山
7347 贾
7348 开花
7349 一经
7350 增值税
7351 许久
7352 集资
7353 坦克
7354 立体
7355 吱（zhī）
7356 公证
7357 入境
7358 诚恳
7359 简
7360 商议
7361 序幕
7362 分享
7363 翘（qiào）
7364 部落
7365 开学
7366 书写
7367 服饰
7368 气质
7369 陆军
7370 限于
7371 台下
7372 以免
7373 知情
7374 指南
7375 多元
7376 高等学校
7377 属性
7378 充当
7379 揭
7380 排斥
7381 聚会
7382 梨
7383 泥土
7384 钩
7385 彩票
7386 挂钩
7387 岩石
7388 职员
7389 而今
7390 出版物
7391 成才
7392 专职
7393 卧室
7394 驱
7395 剧院
7396 文本
7397 重量
7398 无穷
7399 电路
7400 灾民
7401 市政
7402 均衡
7403 好些
7404 职称
7405 旋
7406 税款
7407 品位
7408 神仙
7409 鹿
7410 帝国
7411 悉
7412 动静
7413 朦胧
7414 震撼
7415 国营
7416 利害
7417 蝴蝶
7418 惊奇
7419 喇叭
7420 保姆
7421 风俗
7422 周到
7423 出访
7424 液体
7425 公仆
7426 寡妇
7427 疲倦
7428 命题
7429 观赏
7430 燃
7431 站立
7432 植
7433 当务之急
7434 眉毛
7435 抽调
7436 练兵
7437 食用
7438 发病
7439 急于
7440 心底
7441 恼
7442 慎重
7443 下决心
7444 暴
7445 打动
7446 宠
7447 场馆
7448 理顺
7449 火炬
7450 棺材
7451 严谨
7452 王国
7453 繁
7454 议程
7455 稿子
7456 时报
7457 打的
7458 出租
7459 汉字
7460 南极
7461 主人公
7462 鼠
7463 雪花
7464 夸张
7465 亚军
7466 致辞
7467 地下水
7468 果树
7469 魔
7470 前方
7471 饥饿
7472 口头
7473 测评
7474 脱颖而出
7475 欺
7476 购销
7477 门诊
7478 终止
7479 宝贝
7480 伪造
7481 足迹
7482 台风
7483 欣喜
7484 罐
7485 巧妙

7486 普通话
7487 曲线
7488 贿赂
7489 盗窃
7490 集合
7491 悟
7492 心目
7493 餐馆
7494 言语（yányu）
7495 奴
7496 得益
7497 拴
7498 不平
7499 帅
7500 敬意
7501 转为
7502 歌剧
7503 坚守
7504 旺盛
7505 旋律
7506 总长
7507 屁
7508 航
7509 分管
7510 慈善
7511 浓郁
7512 做梦
7513 穷人
7514 草根
7515 远方
7516 赞
7517 揭晓
7518 军方
7519 牵头
7520 林区
7521 优异
7522 取胜
7523 着想
7524 流水
7525 生于
7526 别墅
7527 溜（liù）
7528 呼和浩特
7529 股权
7530 选票
7531 唉（āi）
7532 歌手
7533 完备
7534 弟子
7535 富于
7536 撇（piě）
7537 光盘
7538 全线
7539 女婿
7540 料到
7541 往后
7542 捍卫
7543 美洲
7544 鸟类
7545 任意
7546 智能
7547 怔
7548 丰硕
7549 冤
7550 购置
7551 业已
7552 谜
7553 迫使
7554 用心
7555 宿（xiǔ）
7556 一如既往
7557 精简
7558 胸脯
7559 长度
7560 架子
7561 牛奶
7562 填补
7563 误解
7564 小路
7565 爆料
7566 入侵
7567 骆驼
7568 预料
7569 执业
7570 利税
7571 直属
7572 视角
7573 枕
7574 视觉
7575 奋力
7576 新颖
7577 熊
7578 轮流
7579 嫩
7580 身心
7581 富余
7582 海啸
7583 商贸
7584 捐助
7585 嘴角
7586 角逐
7587 交涉
7588 大体
7589 敏锐
7590 置于
7591 氛
7592 傅
7593 久久
7594 掩饰
7595 冒险
7596 慌忙
7597 合作医疗
7598 妹子
7599 喜庆
7600 声响
7601 改为
7602 火焰
7603 乳
7604 祖
7605 亲眼
7606 转晴
7607 右翼
7608 喉咙
7609 如期
7610 土匪
7611 违
7612 兼顾
7613 器械
7614 瞄准
7615 天生
7616 停车位
7617 东海
7618 服务员
7619 搜集
7620 献身
7621 专访
7622 论断
7623 堪称
7624 荒山
7625 文体
7626 结晶
7627 翁
7628 细心
7629 柜
7630 杀害
7631 新西兰
7632 苦笑
7633 老将
7634 假冒
7635 上报
7636 卓越
7637 驾驭
7638 路面
7639 焦急
7640 码
7641 引用
7642 收缴
7643 推销
7644 出入
7645 构
7646 面包
7647 有用
7648 哨
7649 增长点
7650 台商
7651 董事会
7652 科学院
7653 亲情
7654 猛烈
7655 缺口
7656 韵
7657 枣
7658 恕
7659 辩
7660 塌
7661 带头人
7662 农机
7663 绑架
7664 掷
7665 劳力
7666 散步
7667 暑假
7668 熟练
7669 致以
7670 一回事
7671 忧郁
7672 抽烟
7673 情怀
7674 烟草
7675 发作
7676 狮子
7677 通往
7678 乡长
7679 指望
7680 表述
7681 惠
7682 肿
7683 销量
7684 本文
7685 甘心
7686 轴
7687 打架
7688 面对面
7689 禁不住
7690 闻名
7691 可贵
7692 失踪
7693 署名
7694 南亚
7695 稳健
7696 语音
7697 由衷
7698 北风
7699 伯
7700 卫士
7701 掩盖
7702 游览
7703 名城
7704 蓝图
7705 权限
7706 受不了
7707 老一辈
7708 风沙
7709 要不是
7710 革
7711 滚滚
7712 名片
7713 退市
7714 生病

7715 头目
7716 迟疑
7717 人质
7718 情人
7719 剧烈
7720 淌
7721 隐藏
7722 奈何
7723 监督员
7724 过硬
7725 高声
7726 集成
7727 树枝
7728 一味
7729 次数
7730 刊
7731 万物
7732 老乡
7733 无辜
7734 坠
7735 雪白
7736 海面
7737 压抑
7738 前年
7739 不光
7740 好比
7741 体育馆
7742 期盼
7743 衫
7744 屎
7745 玩笑
7746 评定
7747 不比
7748 热议
7749 鼻
7750 迹象
7751 肉体
7752 覆
7753 保密
7754 纳米
7755 双拥
7756 瓶颈
7757 天子
7758 赤字
7759 著作权
7760 搓
7761 兴办
7762 寂静
7763 舌
7764 拿下
7765 潇洒
7766 习
7767 渔船
7768 基
7769 典范
7770 主动性
7771 全文
7772 受贿
7773 拱
7774 汽油
7775 宽阔
7776 小朋友
7777 超标
7778 自强
7779 衰退
7780 迭
7781 响亮
7782 有意思
7783 湖泊
7784 流氓
7785 升华
7786 白宫
7787 长足
7788 公子
7789 裤
7790 吃苦
7791 泼
7792 朴素
7793 趋于
7794 星星
7795 亲友
7796 无可奈何
7797 不力
7798 稳妥
7799 迄今为止
7800 直径
7801 绳子
7802 阐明
7803 监视
7804 解答
7805 手脚
7806 巡警
7807 船只
7808 上马
7809 卸
7810 研究院
7811 债权
7812 夸
7813 导航
7814 赞美
7815 多层
7816 历任
7817 娇
7818 抚摸
7819 回应
7820 欢呼
7821 豆腐
7822 山地
7823 眼珠
7824 银子
7825 防洪
7826 效能
7827 核实
7828 磕
7829 国际法
7830 微生物
7831 大米
7832 基督教
7833 爆
7834 缸
7835 八路军
7836 蔡
7837 笼
7838 特地
7839 提示
7840 长效
7841 议定书
7842 和平共处
7843 党派
7844 期刊
7845 发觉
7846 折腾
7847 戳
7848 水产
7849 习俗
7850 核电
7851 在家
7852 攀
7853 薛
7854 高涨
7855 亨
7856 暂停
7857 放宽
7858 嘿
7859 纲
7860 伟业
7861 陈旧
7862 菊花
7863 碰撞
7864 退回
7865 种族
7866 看台
7867 小将
7868 动用
7869 复制
7870 火车站
7871 情操
7872 筹
7873 告诫
7874 犹太人
7875 好吃
7876 专栏
7877 药店
7878 亲热
7879 商会
7880 华南
7881 高手
7882 山川
7883 叮
7884 茫茫
7885 看重
7886 趋向
7887 仓
7888 黎明
7889 便民
7890 差（chāi）
7891 言语（yányǔ）
7892 国道
7893 衙门
7894 运送
7895 果实
7896 理应
7897 秋季
7898 伟人
7899 失联
7900 亲手
7901 亲爱
7902 守法
7903 富强
7904 查明
7905 注定
7906 干群
7907 解读
7908 客车
7909 隔壁
7910 防线
7911 生殖
7912 官僚主义
7913 悲痛
7914 所有权
7915 赋
7916 高明
7917 寄托
7918 气愤
7919 热量
7920 尼泊尔
7921 干活儿
7922 备受
7923 好似
7924 轻声
7925 系数
7926 营长
7927 腊月
7928 洋溢
7929 优越
7930 浪潮
7931 社会制度
7932 周密
7933 淹没
7934 电厂
7935 下滑
7936 恶性
7937 胸怀
7938 君子
7939 俊
7940 乔
7941 羞
7942 望远镜
7943 重返

7944 句子
7945 长篇
7946 鹤
7947 军用
7948 可观
7949 刨（páo）
7950 漆
7951 四方
7952 巡视
7953 用工
7954 古怪
7955 主旋律
7956 大坝
7957 前边
7958 跟随
7959 关联
7960 雷达
7961 得失
7962 当真
7963 剿
7964 绅士
7965 分手
7966 用药
7967 瞥
7968 库存
7969 肥料
7970 汲取
7971 穆斯林
7972 反正（fǎnzheng）
7973 附加
7974 采纳
7975 水域
7976 总督
7977 茬
7978 何等
7979 晶体
7980 编者按
7981 梳
7982 廉
7983 宣誓
7984 寻常
7985 谣言
7986 迷人
7987 勤劳
7988 深沉
7989 循
7990 洽谈会
7991 二战
7992 逃走
7993 中青年
7994 怀抱
7995 转动（zhuàndòng）
7996 落地
7997 时装
7998 二氧化碳
7999 遇难
8000 忠于
8001 网购
8002 绑
8003 验
8004 冰箱
8005 神社
8006 流程
8007 并举
8008 挟
8009 弹性
8010 大洋
8011 作文
8012 美妙
8013 打招呼
8014 踏实
8015 参拜
8016 畜牧
8017 溢
8018 甘
8019 新娘
8020 埋怨
8021 神态
8022 侮辱
8023 体积
8024 递交
8025 窗子
8026 顺手
8027 泛滥
8028 名家
8029 毅然
8030 阵阵
8031 笔记本
8032 担子
8033 糖尿病
8034 鱼类
8035 样品
8036 堵塞
8037 楚
8038 发财
8039 出场
8040 候
8041 特务（tèwu）
8042 相差
8043 校区
8044 大奖赛
8045 体面
8046 祖宗
8047 滋生
8048 招收
8049 铸
8050 断定
8051 鹰
8052 脱贫
8053 枕头
8054 裁决
8055 经济基础
8056 槽
8057 选用
8058 演绎
8059 弊端
8060 偿还
8061 地板
8062 翻身
8063 分支
8064 过日子
8065 面目
8066 助手
8067 干（gān）
8068 制假
8069 总得
8070 税率
8071 夕
8072 点心
8073 出差
8074 容忍
8075 弱点
8076 地道（dìdao）
8077 解散
8078 月底
8079 孝
8080 碳
8081 富贵
8082 操纵
8083 后腰
8084 感冒
8085 追问
8086 革命家
8087 童话
8088 转入
8089 端正
8090 的当
8091 集训
8092 设计师
8093 合影
8094 风筝
8095 明知
8096 送行
8097 意图
8098 毛巾
8099 体质
8100 晚年
8101 筹资
8102 仆
8103 南海
8104 表率
8105 原子能
8106 误会
8107 可行
8108 乐趣
8109 外婆
8110 有毒
8111 粥
8112 恰当
8113 言行
8114 入户
8115 反之
8116 心疼
8117 轰
8118 谅解
8119 上边
8120 蓄
8121 本色（běnsè）
8122 公然
8123 种田
8124 路上
8125 反射
8126 防汛
8127 象棋
8128 呀（yā）
8129 认知
8130 等到
8131 就职
8132 遗体
8133 毁灭
8134 减弱
8135 渠
8136 文凭
8137 协同
8138 宰
8139 浸
8140 相遇
8141 厌
8142 惧
8143 抽屉
8144 涨停
8145 裁定
8146 惊醒
8147 汇集
8148 相识
8149 收紧
8150 揣
8151 官僚
8152 一早
8153 贬
8154 订阅
8155 哀悼
8156 出让
8157 孤儿
8158 猴子
8159 劫
8160 山路
8161 站长
8162 肠
8163 山顶
8164 投标
8165 下级
8166 杏
8167 虚拟
8168 运气

（yùnqi）
8169 转业
8170 钻研
8171 红十字会
8172 节假日
8173 相见
8174 注资
8175 见识
8176 突击
8177 上当
8178 歪曲
8179 出击
8180 地段
8181 诗词
8182 退化
8183 侦察
8184 正经
8185 社会保险
8186 宪章
8187 疑心
8188 防疫
8189 交际
8190 出土
8191 新房
8192 孕育
8193 背影
8194 驱动
8195 笑脸
8196 促成
8197 无烟
8198 钢材
8199 好听
8200 双赢
8201 理会
8202 不法
8203 撤出
8204 敬业
8205 忍耐
8206 西欧
8207 下边
8208 地毯
8209 磷
8210 侵蚀
8211 炎
8212 报销
8213 年头儿
8214 机动
8215 吃亏
8216 运河
8217 涵盖
8218 后备
8219 眼皮
8220 均匀
8221 督办
8222 重（chóng）
8223 大衣
8224 但愿
8225 深知
8226 时髦
8227 特权
8228 随手
8229 姿势
8230 两清
8231 党史
8232 发光
8233 阁下
8234 才华
8235 花生
8236 声誉
8237 唯有
8238 好坏
8239 物力
8240 雁
8241 造反
8242 宴
8243 涨（zhǎng）
8244 界定
8245 损伤
8246 江河
8247 赶忙
8248 红火
8249 茫然
8250 表扬
8251 普
8252 沿途
8253 粒子（lìzǐ）
8254 裙子
8255 闺女
8256 细则
8257 定额
8258 媒介
8259 完工
8260 比喻
8261 大字
8262 浙
8263 公式
8264 卓有成效
8265 处方
8266 共同体
8267 技术员
8268 攀登
8269 被捕
8270 部下
8271 零部件
8272 体重
8273 沿岸
8274 醒目
8275 拽
8276 自立
8277 笨
8278 豫
8279 总共
8280 饼
8281 开水
8282 木头
8283 水量
8284 文坛
8285 佳节
8286 连夜
8287 亲近
8288 时分
8289 证照
8290 褪
8291 住处
8292 本土
8293 搅
8294 路过
8295 情趣
8296 请教
8297 信封
8298 注意力
8299 开局
8300 专机
8301 快捷
8302 月球
8303 评比
8304 前人
8305 草坪
8306 馒头
8307 齿
8308 堕落
8309 曰
8310 天然林
8311 滑雪
8312 总收入
8313 行之有效
8314 顺序
8315 钟头
8316 惊异
8317 图画
8318 行程
8319 杂交
8320 利用率
8321 娘家
8322 素养
8323 指头
8324 霞
8325 出入境
8326 餐饮
8327 撤军
8328 自驾游
8329 换届
8330 地貌
8331 毙
8332 干啥
8333 方方面面
8334 残留
8335 供销社
8336 进驻
8337 容纳
8338 作案
8339 混凝土
8340 降落
8341 凳
8342 王朝
8343 本就
8344 温和
8345 审定
8346 题词
8347 驾驶员
8348 反感
8349 空虚
8350 礼貌
8351 能手
8352 冶金
8353 医治
8354 遍布
8355 树叶
8356 龟
8357 鲜艳
8358 字样
8359 定价
8360 变相
8361 打发
8362 法西斯
8363 金色
8364 冷战
（lěngzhàn）
8365 请客
8366 狭窄
8367 出卖
8368 发热
8369 航行
8370 稍微
8371 统领
8372 炼
8373 伺候
8374 芽
8375 直播
8376 少量
8377 干燥
8378 城堡
8379 光景
8380 并存
8381 丹
8382 功课
8383 正视
8384 黑夜
8385 路口
8386 搭建
8387 兵士
8388 脱困
8389 举世瞩目
8390 蓄水
8391 选派
8392 入选
8393 报警
8394 教导
8395 嘲笑
8396 服务区

8397 如实
8398 优越性
8399 诈骗
8400 精华
8401 老是
8402 青山
8403 纱
8404 游击队
8405 过剩
8406 听证
8407 氮
8408 吓（hè）
8409 终生
8410 登陆
8411 攻克
8412 宽敞
8413 没用
8414 青睐
8415 满怀
8416 妥协
8417 微观
8418 镇长
8419 里头
8420 并重
8421 筹措
8422 防火
8423 神州
8424 方言
8425 铃
8426 填写
8427 老兵
8428 衔
8429 笔记
8430 礼仪
8431 桃花
8432 梆子
8433 新区
8434 导游
8435 庆典
8436 信托
8437 顾虑
8438 山头
8439 失利
8440 下山
8441 饺子
8442 可望
8443 扎根
8444 参照
8445 诗意
8446 同行（tóngxíng）
8447 学业
8448 恍惚
8449 何不
8450 任免
8451 故居
8452 改建
8453 放映
8454 确切
8455 行事
8456 不乏
8457 成千上万
8458 领略
8459 剖析
8460 同伴
8461 除去
8462 伐
8463 拉（lá）
8464 奸
8465 星子
8466 维生素
8467 话筒
8468 闸
8469 健儿
8470 咸
8471 议事
8472 禅
8473 倒霉
8474 看似
8475 名额
8476 新德里
8477 红娘
8478 测算
8479 巡回
8480 林地
8481 乐器
8482 版本
8483 大雪
8484 鼓吹
8485 花朵
8486 挥手
8487 精致
8488 宽松
8489 有如
8490 风云
8491 要不
8492 在意
8493 保全
8494 币
8495 歌颂
8496 迁移
8497 日程
8498 朴实
8499 首期
8500 砌
8501 煞
8502 书包
8503 诉说
8504 秃
8505 景色
8506 梢
8507 仆人
8508 胖子
8509 日新月异
8510 学风
8511 钞票
8512 饭碗
8513 修正
8514 猜想
8515 性情
8516 也罢
8517 驻扎
8518 境地
8519 宽容
8520 连年
8521 泡沫
8522 少奶奶
8523 秀美
8524 有偿
8525 念书
8526 哎呀
8527 崇尚
8528 归纳
8529 过错
8530 检讨
8531 俏
8532 招牌
8533 密码
8534 期货
8535 人道
8536 简陋
8537 厌恶
8538 祖母
8539 射线
8540 摘编
8541 扣篮
8542 预案
8543 教（jiāo）
8544 沙化
8545 谱写
8546 核准
8547 标本
8548 劳工
8549 嗨
8550 指点
8551 责备
8552 旁人
8553 敦促
8554 碱
8555 票价
8556 穿越
8557 敌对
8558 上场
8559 奔赴
8560 捕捉
8561 录用
8562 手工
8563 急切
8564 促销
8565 业态
8566 立项
8567 构想
8568 海滨
8569 步行
8570 昌
8571 丰厚
8572 轿
8573 赞叹
8574 匾
8575 儒家
8576 伤口
8577 蟹
8578 钢（gàng）
8579 在职
8580 礼品
8581 蒸
8582 丛
8583 喜剧
8584 足额
8585 亟
8586 体检
8587 征用
8588 奖章
8589 学子
8590 质疑
8591 乘车
8592 目的地
8593 捂
8594 心脏病
8595 邮
8596 参军
8597 沉浸
8598 接下来
8599 额头
8600 劣
8601 流量
8602 备忘录
8603 乐团
8604 蛋白
8605 崩
8606 回族
8607 马车
8608 柔软
8609 诚挚
8610 妥
8611 下一代
8612 艺人
8613 战事
8614 总和
8615 传染
8616 反省
8617 欢快
8618 起飞
8619 艳
8620 有理
8621 回落
8622 踱
8623 排污
8624 惩处
8625 寒风

8626 极限
8627 调查组
8628 腐朽
8629 舰
8630 铅
8631 实业
8632 泰山
8633 早点
8634 崔
8635 隆
8636 菩萨
8637 省城
8638 思念
8639 减负
8640 中雨
8641 告辞
8642 把关
8643 荒漠化
8644 制药
8645 工伤
8646 猜测
8647 强制性
8648 鲜活
8649 乐意
8650 偶
8651 下水（xiàshuǐ）
8652 演说
8653 繁忙
8654 历代
8655 指令
8656 疑似
8657 治本
8658 禁令
8659 轮船
8660 其后
8661 擅
8662 寿
8663 木板
8664 吸毒
8665 做生意
8666 哭泣
8667 印发
8668 壁垒
8669 信箱
8670 秀才
8671 知名度
8672 经济特区
8673 阳台
8674 摸着石头过河
8675 在手
8676 餐桌
8677 地狱
8678 威力
8679 无私
8680 经营权
8681 兴奋剂
8682 逮
8683 平面
8684 鞭
8685 焕发
8686 交付
8687 上缴
8688 乡下人
8689 自言自语
8690 杯子
8691 不快
8692 难堪
8693 售价
8694 仇恨
8695 函
8696 回想
8697 闽
8698 热血
8699 史料
8700 大奖
8701 捣
8702 地委
8703 腐蚀
8704 人影儿
8705 统统
8706 侦破
8707 动情
8708 预先
8709 风电
8710 壮观
8711 鼓掌
8712 宣称
8713 宣扬
8714 盈
8715 相等
8716 路段
8717 风尚
8718 隐隐
8719 撤离
8720 陈述
8721 奉命
8722 用以
8723 专人
8724 垒
8725 通红
8726 便道
8727 役
8728 醋
8729 躲避
8730 犯人
8731 讲课
8732 彭
8733 绝杀
8734 收官
8735 由此可见
8736 晕（yùn）
8737 早饭
8738 抵押
8739 地头
8740 轨
8741 猴
8742 辖
8743 想方设法
8744 姊妹
8745 半数
8746 飞行员
8747 隐瞒
8748 制服
8749 配额
8750 加油站
8751 揩
8752 巢
8753 假期
8754 上街
8755 阻力
8756 出头
8757 得力
8758 颠
8759 停车
8760 哑
8761 支付宝
8762 公开赛
8763 资质
8764 腾飞
8765 坏事
8766 坎
8767 顽固
8768 严惩
8769 一时间
8770 教书
8771 轻视
8772 胎
8773 网友
8774 东道主
8775 变形
8776 标兵
8777 博
8778 宁可
8779 贝
8780 草场
8781 萝卜
8782 生活费
8783 停顿
8784 野外
8785 单调
8786 年终
8787 首次
8788 民主集中制
8789 功臣
8790 流浪
8791 相近
8792 大同
8793 进出
8794 膝
8795 询价
8796 拯救
8797 蹬
8798 反击
8799 筛选
8800 未有
8801 落脚点
8802 编织
8803 班主任
8804 回首
8805 笔墨
8806 即日
8807 印度尼西亚
8808 悔
8809 监理
8810 太极拳
8811 停产
8812 轰动
8813 连声
8814 篇章
8815 亲王
8816 理事
8817 巴掌
8818 誓
8819 低温
8820 欺诈
8821 下楼
8822 含糊
8823 舅
8824 钦佩
8825 未尝
8826 化妆品
8827 难看
8828 跳动
8829 铀
8830 如意
8831 生平
8832 注射
8833 心眼儿
8834 科协
8835 序列
8836 别处
8837 恨不得
8838 来得及
8839 名著
8840 沉着
8841 公公
8842 少见
8843 纹
8844 无知
8845 保管
8846 胆子
8847 看不起
8848 坪
8849 上书
8850 下放
8851 述职
8852 广播电台
8853 城门

8854 航运
8855 在学
8856 重心
8857 精细
8858 自学
8859 担当
8860 民歌
8861 迎面
8862 大意（dàyi）
8863 国际象棋
8864 加盟
8865 词汇
8866 古国
8867 录像
8868 天色
8869 新近
8870 所致
8871 以求
8872 平等互利
8873 奖牌
8874 退役
8875 羽毛球
8876 度假
8877 拘留
8878 中西
8879 俘虏
8880 陈列
8881 瓷
8882 当兵
8883 时下
8884 疑虑
8885 新风
8886 杯赛
8887 躬
8888 千家万户
8889 辫子
8890 对称
8891 脑海
8892 哨
8893 盛大
8894 嵌
8895 创汇
8896 叮嘱
8897 非要
8898 解脱
8899 灵感
8900 强硬
8901 深思
8902 整洁
8903 恪守
8904 出事
8905 固有
8906 集体经济
8907 置身
8908 电梯
8909 辜负
8910 四面八方
8911 战绩
8912 出钱
8913 寡
8914 蚂蚁
8915 洽谈
8916 闲话
8917 响声
8918 选定
8919 余地
8920 涨（zhàng）
8921 京师
8922 白白
8923 出具
8924 通知书
8925 行政处罚
8926 焦虑
8927 损坏
8928 报考
8929 雕
8930 疙瘩
8931 老先生
8932 身高
8933 施肥
8934 夕阳
8935 皱纹
8936 常驻
8937 版权
8938 单元
8939 捅
8940 阴阳
8941 在外
8942 瞩目
8943 筹建
8944 粗糙
8945 呻吟
8946 洋人
8947 悲惨
8948 大计
8949 多余
8950 纪念碑
8951 可疑
8952 凄凉
8953 生怕
8954 学术界
8955 凉（liàng）
8956 沙尘暴
8957 总工会
8958 目睹
8959 曲艺
8960 寓
8961 弊
8962 见证
8963 排球
8964 特长
8965 养殖业
8966 出征
8967 灯火
8968 锅炉
8969 洁净
8970 闪闪
8971 氧气
8972 链接
8973 不见得
8974 慷慨
8975 莫非
8976 伤员
8977 验证
8978 一瞬间
8979 远大
8980 计较
8981 左边
8982 稽查
8983 见义勇为
8984 侨胞
8985 好不容易
8986 后方
8987 凭证
8988 忧患
8989 早年
8990 宅
8991 阻挡
8992 丢失
8993 极度
8994 摩擦
8995 悄然
8996 围墙
8997 葫芦
8998 申
8999 盛行
9000 实话
9001 霜
9002 振动
9003 咯（gē）
9004 查找
9005 冰川
9006 犬
9007 指控
9008 单打
9009 绞
9010 野蛮
9011 专政
9012 追踪
9013 大潮
9014 店铺
9015 洁白
9016 便捷
9017 果园
9018 事例
9019 舞剧
9020 心跳
9021 罚单
9022 专员
9023 操心
9024 邮局
9025 乍
9026 猖獗
9027 动向
9028 钙
9029 决战
9030 着（zhāo）
9031 配送
9032 附加值
9033 立方
9034 贩毒
9035 放大
9036 贺信
9037 后退
9038 掀
9039 立马
9040 执勤
9041 总值
9042 徽
9043 渴
9044 屏障
9045 晚报
9046 折射
9047 积蓄
9048 俯
9049 电源
9050 因子
9051 北上
9052 城墙
9053 筐
9054 冷淡
9055 凝视
9056 前头
9057 搜索
9058 童
9059 鸦片
9060 一侧
9061 掘
9062 平和
9063 愚
9064 菌
9065 覆盖面
9066 飞速
9067 流转
9068 外援
9069 揖
9070 追逐
9071 技艺
9072 成败
9073 麻木
9074 硬是
9075 矿业
9076 认得
9077 中巴
9078 免去
9079 信件
9080 独资
9081 恶意
9082 回合
9083 破旧

9084 枢纽
9085 说起来
9086 吆喝
9087 月饼
9088 考研
9089 笔下
9090 废水
9091 荒唐
9092 屈
9093 师资
9094 新任
9095 王爷
9096 户籍
9097 传承
9098 法则
9099 顺便
9100 壮丽
9101 辈子
9102 奔波
9103 打扫
9104 弄虚作假
9105 氧化
9106 初次
9107 打交道
9108 学堂
9109 旬
9110 真切
9111 单项
9112 扰
9113 现出
9114 乐曲
9115 近乎
9116 纠缠
9117 跳水
9118 就医
9119 博士生
9120 茶馆
9121 成交
9122 星期天
9123 大家庭
9124 冻结
9125 供需
9126 欺负
9127 水电站
9128 乐队
9129 花样
9130 货车
9131 揭发
9132 难关
9133 手掌
9134 藤
9135 镇压
9136 正派
9137 特别行政区
9138 提速
9139 几何
9140 不计
9141 唤起
9142 降临
9143 清算
9144 驱逐
9145 相距
9146 周岁
9147 饱满
9148 供销
9149 构思
9150 交织
9151 禁区
9152 里程
9153 胚胎
9154 柔和
9155 土豆
9156 危及
9157 微弱
9158 罪名
9159 丑恶
9160 里程碑
9161 没关系
9162 痛哭
9163 悠悠
9164 电子商务
9165 头痛
9166 献血
9167 隐蔽
9168 众所周知
9169 忆
9170 老头儿
9171 独联体
9172 老太婆
9173 风度
9174 名声
9175 往返
9176 赞誉
9177 罢免
9178 宏大
9179 入伍
9180 鸭子
9181 积分
9182 默
9183 母子
9184 牡丹
9185 往常
9186 检索
9187 出行
9188 疾苦
9189 死亡率
9190 医师
9191 纸条
9192 各行各业
9193 劣质
9194 热门
9195 细腻
9196 潮湿
9197 简易
9198 冷漠
9199 姥姥
9200 曙光
9201 无视
9202 催促
9203 沸腾
9204 廊
9205 翼
9206 渔
9207 下回
9208 经济体制
9209 假设
9210 火山
9211 酒杯
9212 终究
9213 办公楼
9214 腐
9215 士气
9216 外表
9217 威信
9218 无所谓
9219 一二
9220 辩护
9221 饭菜
9222 饭馆
9223 敷衍
9224 民调
9225 素有
9226 噪声
9227 排查
9228 职业病
9229 滚动
9230 课本
9231 手表
9232 崩溃
9233 送礼
9234 天安门
9235 骤然
9236 坐落
9237 畅
9238 老总
9239 手持
9240 私下
9241 下落
9242 意向
9243 加热
9244 丙
9245 文学家
9246 无须
9247 西装
9248 给力
9249 出兵
9250 恐慌
9251 来之不易
9252 奇特
9253 软弱
9254 席位
9255 祥和
9256 昂
9257 尽情
9258 退还
9259 方法论
9260 历届
9261 闪光
9262 商定
9263 财物
9264 甲醛
9265 大腿
9266 归宿
9267 黑白
9268 人头
9269 圈子
9270 人流
9271 综述
9272 伊斯兰堡
9273 蒸发
9274 大炮
9275 兼任
9276 旧社会
9277 落成
9278 匀
9279 大熊猫
9280 交纳
9281 露天
9282 轮廓
9283 上旬
9284 与否
9285 大方
9286 反动派
9287 归还
9288 好笑
9289 骗取
9290 收受
9291 铲除
9292 大红
9293 国务
9294 疗效
9295 胜负
9296 嘎
9297 扫描
9298 打牌
9299 凤凰
9300 心境
9301 支行
9302 长治久安
9303 到手
9304 火光
9305 啪
9306 书本
9307 艾
9308 大纲
9309 高雅
9310 关头
9311 舰队
9312 瓦斯
9313 异议

9314 柄
9315 大肆
9316 溅
9317 卫生院
9318 双开
9319 夹（jiá）
9320 化合物
9321 昆虫
9322 参数
9323 警务
9324 产出
9325 光亮
9326 奇异
9327 释
9328 宣读
9329 杂技
9330 迟迟
9331 复杂性
9332 前行
9333 上将
9334 身亡
9335 边远
9336 打响
9337 开启
9338 蜡烛
9339 姨太太
9340 键
9341 苍蝇
9342 腮
9343 跳跃
9344 兔子
9345 熏
9346 一通
9347 阵了
9348 呗
9349 口吻
9350 碰见
9351 热泪
9352 使者
9353 特使
9354 急救
9355 就任
9356 山谷
9357 政局
9358 电压
9359 平行
9360 工农业
9361 饶
9362 僧
9363 提及
9364 妄
9365 峡谷
9366 冤枉
9367 地表
9368 辣椒
9369 谈心
9370 意境
9371 亟待
9372 源远流长
9373 当天（dàngtiān）
9374 功率
9375 海边
9376 尽头
9377 侵占
9378 烟花
9379 团员
9380 本子
9381 枯
9382 门类
9383 门路
9384 双双
9385 同乡
9386 无线电
9387 跻身
9388 老龄
9389 过问
9390 误区
9391 眼界
9392 云云
9393 踌躇
9394 村镇
9395 得分
9396 留心
9397 庭院
9398 走动
9399 察看
9400 坏人
9401 连同
9402 袖
9403 在建
9404 照料
9405 丞相
9406 接纳
9407 军委
9408 签证
9409 所属
9410 新兵
9411 样式
9412 众议院
9413 废除
9414 泥沙
9415 围攻
9416 公用
9417 脸红
9418 用处
9419 产销
9420 否决
9421 华东
9422 货运
9423 吉利
9424 礼堂
9425 文武
9426 幼儿
9427 壁画
9428 风波
9429 盒子
9430 缩影
9431 天亮
9432 万万
9433 弓
9434 流向
9435 偏见
9436 颗粒
9437 反弹
9438 劳动生产率
9439 确诊
9440 制售
9441 拜年
9442 党章
9443 碟
9444 配偶
9445 后天
9446 某某
9447 疲惫
9448 全力以赴
9449 现成
9450 饷
9451 照明
9452 昨日
9453 暖
9454 蛋糕
9455 枪声
9456 蕴藏
9457 酶
9458 客机
9459 防护林
9460 核定
9461 惊叹
9462 粗暴
9463 号称
9464 凝
9465 怯
9466 外事
9467 迎春
9468 对接
9469 瀑布
9470 前天
9471 行军
9472 幸亏
9473 预言
9474 天体
9475 点子
9476 附属
9477 警报
9478 垮
9479 量化
9480 岂不是
9481 牵动
9482 殊
9483 道道儿
9484 捐献
9485 房产
9486 高龄
9487 缅怀
9488 提炼
9489 专著
9490 撰
9491 相当于
9492 黄金周
9493 演化
9494 爆竹
9495 当年（dàngnián）
9496 官吏
9497 管控
9498 设定
9499 质检
9500 好人
9501 逃跑
9502 大专
9503 哆嗦
9504 火爆
9505 借用
9506 亩产
9507 超载
9508 津贴
9509 绿洲
9510 世俗
9511 崖
9512 终端
9513 大意（dàyì）
9514 方面军
9515 贱
9516 切（qiè）
9517 全然
9518 树种
9519 四海
9520 温泉
9521 先锋队
9522 引向
9523 应酬
9524 原定
9525 精度
9526 奖项
9527 年收入
9528 古今
9529 客场
9530 篮
9531 挠
9532 迫害
9533 热水
9534 尉
9535 阻挠
9536 环球
9537 家务
9538 萎缩
9539 影像
9540 半导体

9541 诧异
9542 飞快
9543 不许
9544 筋
9545 抗拒
9546 流动人口
9547 虐待
9548 偏远
9549 要命
9550 长途
9551 关节
9552 喃喃
9553 商品房
9554 非凡
9555 据此
9556 攀升
9557 搬家
9558 明珠
9559 雌
9560 疾病
9561 防空
9562 喊叫
9563 滑稽
9564 侥幸
9565 媚
9566 旁听
9567 以至于
9568 右边
9569 专制
9570 超额
9571 代理人
9572 梗
9573 后门
9574 天黑
9575 信用卡
9576 耀眼
9577 一概
9578 捕捞
9579 关门
9580 加工厂
9581 尿（suī）
9582 屏（bǐng）
9583 干线
9584 煤气
9585 眼角
9586 共鸣
9587 汁
9588 高贵
9589 汉奸
9590 施展
9591 嫌疑
9592 早晚
9593 小于
9594 稿件
9595 乐得
9596 评奖
9597 轻微
9598 增至
9599 包机
9600 沧桑
9601 固执
9602 火柴
9603 肩头
9604 破除
9605 服务器
9606 民生
9607 掐
9608 拖延
9609 且说
9610 三角形
9611 语法
9612 交替
9613 精明
9614 情谊
9615 陶醉
9616 血管
9617 中长期
9618 同盟
9619 袜子
9620 淫秽
9621 拥军
9622 城建
9623 金子
9624 遥感
9625 珠峰
9626 归根
9627 苦闷
9628 修路
9629 元帅
9630 直觉
9631 痴
9632 歌舞团
9633 酒吧
9634 钱财
9635 奔跑
9636 茶杯
9637 即刻
9638 流派
9639 劈（pī）
9640 随机
9641 兴致
9642 磁场
9643 饮（yìn）
9644 沉吟
9645 捶
9646 带队
9647 十佳
9648 转折
9649 递增
9650 魔鬼
9651 葡萄酒
9652 下手
9653 显露
9654 育种
9655 昨夜
9656 后续
9657 梅花
9658 瘫痪
9659 休假
9660 商品经济
9661 央行
9662 嘿嘿
9663 患有
9664 铺子
9665 凸
9666 忘却
9667 线条
9668 窑洞
9669 遗迹
9670 奋进
9671 冠（guān）
9672 军装
9673 日出
9674 山林
9675 新四军
9676 一整套
9677 预赛
9678 沼气
9679 奔驰
9680 稻田
9681 高楼
9682 气派
9683 清查
9684 手势
9685 外籍
9686 这样一来
9687 国门
9688 闷（mèn）
9689 搜寻
9690 未知
9691 着实
9692 拜访
9693 地名
9694 风流
9695 搞活
9696 苦苦
9697 矿工
9698 体温
9699 外交官
9700 邪恶
9701 幼稚
9702 废止
9703 好日子
9704 合乎
9705 艺术品
9706 议政
9707 狱
9708 创刊
9709 音响
9710 大叔
9711 对子
9712 勾结
9713 婚姻法
9714 精英
9715 酒精
9716 灭亡
9717 使节
9718 首创
9719 网民
9720 相传
9721 岳父
9722 灯笼
9723 多变
9724 乐园
9725 让步
9726 世代
9727 体能
9728 万分
9729 中止
9730 悲观
9731 宽广
9732 纳粹
9733 上路
9734 到期
9735 队友
9736 麻将
9737 深层
9738 阶
9739 闲置
9740 易于
9741 别看
9742 放射性
9743 可行性
9744 门户
9745 投保
9746 望见
9747 惭愧
9748 陡
9749 过时
9750 散布
9751 实说
9752 住宿
9753 精准
9754 蚕
9755 已知
9756 淡水
9757 全球性
9758 庄子
9759 组织上
9760 滨
9761 鹅
9762 交易会
9763 流淌
9764 评论员
9765 现存
9766 羽
9767 苑
9768 到会
9769 懂事
9770 仿

9771 田地
9772 总计
9773 出力
9774 担（dàn）
9775 集贸市场
9776 妓女
9777 军政
9778 条文
9779 陷阱
9780 叙事
9781 悲伤
9782 不以为然
9783 刹（chà）
9784 葱
9785 警力
9786 刻画
9787 联欢
9788 请示
9789 村官
9790 兴旺
9791 养活
9792 傲
9793 公道（gōngdao）
9794 求助
9795 柔
9796 谈及
9797 总署
9798 堡垒
9799 宽大
9800 下场
9801 相通
9802 印制
9803 百官
9804 故宫
9805 布满
9806 脆
9807 拂
9808 改观
9809 真挚
9810 珠江
9811 自费
9812 溶解
9813 后劲
9814 音频
9815 滑坡
9816 军士
9817 品尝
9818 痛心
9819 雪山
9820 再造
9821 自焚
9822 鞭炮
9823 高血压
9824 截止
9825 轮胎
9826 能耗
9827 胡说
9828 花草
9829 灰尘
9830 启迪
9831 热气
9832 秀丽
9833 丢掉
9834 分外
9835 经销商
9836 惊慌
9837 矿井
9838 限额
9839 贬
9840 操场
9841 结实
9842 沮丧
9843 复牌
9844 看守
9845 少于
9846 镇静
9847 自由化
9848 不朽
9849 发抖
9850 既定
9851 接力
9852 耗时
9853 开端
9854 厘
9855 面粉
9856 平息
9857 枪支
9858 诸位
9859 定律
9860 董事
9861 恶心
9862 家家
9863 科室
9864 赛区
9865 通向
9866 战国
9867 总司令
9868 吊销
9869 减灾
9870 空洞
9871 飘扬
9872 前锋
9873 手册
9874 相机
9875 增设
9876 胀
9877 奔走
9878 地方（dìfāng）
9879 变换
9880 负荷
9881 军师
9882 敛
9883 识字
9884 危急
9885 称职
9886 孔雀
9887 娘子
9888 欧美
9889 随身
9890 坦然
9891 屠杀
9892 自力更生
9893 传染性
9894 规律性
9895 名气
9896 误导
9897 动身
9898 贩
9899 扣除
9900 争吵
9901 重伤
9902 电阻
9903 不用说
9904 救国
9905 趣
9906 实质上
9907 迎战
9908 贬值
9909 践踏
9910 交锋
9911 启用
9912 偷渡
9913 灾情
9914 状元
9915 荒凉
9916 通风
9917 药材
9918 方程
9919 分数
9920 感悟
9921 讲台
9922 恐龙
9923 乐于
9924 离休
9925 说到底
9926 图谋
9927 寇
9928 湿润
9929 一大早
9930 渊
9931 争执
9932 中叶
9933 焚
9934 京都
9935 列席
9936 谋划
9937 扭曲
9938 生猪
9939 师范
9940 数码
9941 异样
9942 殖民
9943 自古
9944 函数
9945 拗（ào）
9946 出手
9947 党刊
9948 珍视
9949 不由自主
9950 茶房
9951 查看
9952 钉（dīng）
9953 雕刻
9954 发烧
9955 世间
9956 水流
9957 责任心
9958 行星
9959 报告文学
9960 公共汽车
9961 互惠
9962 接种
9963 戒指
9964 立功
9965 麻雀
9966 为重
9967 用意
9968 瓜子儿
9969 偏僻
9970 破案
9971 群众路线
9972 散打
9973 失学
9974 车票
9975 每每
9976 钠
9977 蓬
9978 虔诚
9979 捎（shāo）
9980 史学
9981 畏
9982 演练
9983 服务费
9984 疫区
9985 做官
9986 驳
9987 贯通
9988 浑
9989 萌芽
9990 匈奴
9991 贯
9992 何在
9993 男生
9994 闪电
9995 眼眶
9996 动武
9997 关照
9998 嘉宾

9999　这就是说
10000　必要性
10001　从头
10002　动工
10003　兼职
10004　空袭
10005　罗盘
10006　呐喊
10007　失职
10008　友情
10009　涨价
10010　江湖
10011　所得税
10012　喜人
10013　大年
10014　酱
10015　立时
10016　其人
10017　摊派
10018　收缩
10019　饱和
10020　岛屿
10021　斗志
10022　鸽子
10023　开赛
10024　傻子
10025　示意
10026　万岁
10027　照相
10028　放学
10029　好心
10030　计量
10031　男朋友
10032　推介
10033　形式上
10034　摆放
10035　工钱
10036　减产
10037　漫步
10038　通货膨胀
10039　橡胶
10040　幸而
10041　自尊
10042　浮动
10043　呼喊
10044　荒地
10045　派别
10046　劝说
10047　嗅
10048　淡化
10049　揭幕
10050　路程
10051　绿色通道
10052　秘
10053　梳理
10054　小心翼翼
10055　致电
10056　凳子
10057　忽而
10058　袖子
10059　怀孕
10060　受损
10061　推测
10062　种地
10063　刀子
10064　发愁
10065　善意
10066　书刊
10067　抒情
10068　膝盖
10069　细化
10070　直奔
10071　查阅
10072　吃力
10073　四季
10074　危房
10075　眼色
10076　恒星
10077　变异
10078　脂肪
10079　病床
10080　步子
10081　财税
10082　伤感
10083　蹄
10084　甜蜜
10085　亲朋好友
10086　虚伪
10087　朝（zhāo）
10088　政治体制
10089　攥
10090　侧重
10091　鼎
10092　废旧
10093　持仓
10094　母女
10095　瓶子
10096　牲口
10097　长寿
10098　腻
10099　有功
10100　本性
10101　错过
10102　大路
10103　个性化
10104　供热
10105　矿区
10106　谋取
10107　陕
10108　以南
10109　银牌
10110　斋
10111　憧憬
10112　创意
10113　腹地
10114　抉择
10115　抿
10116　牧区
10117　慌乱
10118　鞠躬
10119　开庭
10120　慢性
10121　省会
10122　圣地
10123　荧屏
10124　图形
10125　大关
10126　异地
10127　有余
10128　回信
10129　晋级
10130　爽
10131　尺寸
10132　飞翔
10133　好友
10134　愚蠢
10135　预见
10136　力学
10137　安居乐业
10138　出名
10139　符
10140　攻势
10141　激活
10142　辽阔
10143　没错
10144　榜单
10145　探亲
10146　吟
10147　贡
10148　交接
10149　听话
10150　严寒
10151　夜色
10152　科目
10153　吭
10154　中途
10155　自私
10156　叭
10157　饥
10158　埋头
10159　型号
10160　噪音
10161　照耀
10162　手艺
10163　以北
10164　海滩
10165　看中
10166　求得
10167　上层建筑
10168　胸口
10169　烟雾
10170　之首
10171　害虫
10172　兑
10173　该死
10174　坎坷
10175　课题组
10176　凝固
10177　腥
10178　种苗
10179　蠢
10180　防务
10181　飞扬
10182　分头
10183　下巴
10184　低价
10185　积雪
10186　缴费
10187　离家
10188　农历
10189　摘要
10190　学派
10191　标签
10192　长年
10193　拘
10194　美容
10195　享年
10196　资讯
10197　惊动
10198　举重
10199　开枪
10200　脉络
10201　上层
10202　外观
10203　新奇
10204　摇篮
10205　匆忙
10206　对联
10207　乖
10208　皇家
10209　梦见
10210　祈祷
10211　热衷
10212　圣人
10213　纵然
10214　服用
10215　改名
10216　接口
10217　劳动密集型
10218　笑嘻嘻
10219　直观
10220　包裹
10221　渤海
10222　触动
10223　词典
10224　复合
10225　国税
10226　急性
10227　来宾
10228　联席会议

10229 驱车
10230 诠释
10231 条子
10232 小鸟
10233 学界
10234 规模化
10235 僵
10236 洁
10237 首府
10238 无罪
10239 有幸
10240 部件
10241 单边
10242 定居
10243 基建
10244 继而
10245 切断
10246 凿
10247 考评
10248 气力
10249 强盗
10250 驶
10251 大兴
10252 贩卖
10253 感想
10254 刑警
10255 安危
10256 绸
10257 法宝
10258 感染力
10259 廉价
10260 为人
10261 文集
10262 现今
10263 学士
10264 照着
10265 邦交
10266 不敌
10267 长短
10268 大象
10269 短波
10270 缴获
10271 脉搏
10272 盘子
10273 上交
10274 投机
10275 毅力
10276 病虫害
10277 对准
10278 分级
10279 公德
10280 解剖
10281 撩（liāo）
10282 炮兵
10283 篇幅
10284 诗句
10285 忘掉
10286 行政区
10287 板凳
10288 过节
10289 好容易
10290 巨资
10291 首饰
10292 掩护
10293 长子
10294 只怕
10295 别扭
10296 杠杆
10297 高价
10298 侵入
10299 坦诚
10300 过早
10301 要不然
10302 何尝
10303 雷雨
10304 平坦
10305 伊斯兰教
10306 有线电视
10307 肚皮
10308 愤慨
10309 可信
10310 冷却
10311 省（xǐng）
10312 报到
10313 歌词
10314 劈（pǐ）
10315 妖
10316 张望
10317 按摩
10318 颤动
10319 根基
10320 耕作
10321 管家
10322 画像
10323 入库
10324 庄重
10325 气流
10326 画展
10327 开头
10328 私利
10329 鞋子
10330 压倒
10331 涌动
10332 地势
10333 高空
10334 驾车
10335 姐夫
10336 求职
10337 俗话说
10338 印度洋
10339 不可思议
10340 不作声
10341 河滩
10342 奖惩
10343 精髓
10344 开关
10345 喜事
10346 新式
10347 乘机
10348 重温
10349 大西洋
10350 地层
10351 间断
10352 解体
10353 溶
10354 突如其来
10355 着呢
10356 主动权
10357 专款
10358 承载
10359 纠
10360 造假
10361 渣
10362 扳
10363 后院
10364 动画
10365 怪不得
10366 霍
10367 普遍性
10368 墙角
10369 受命
10370 威风
10371 义军
10372 不屑
10373 工商联
10374 姑母
10375 扭头
10376 陪伴
10377 前辈
10378 伊始
10379 值钱
10380 凹
10381 大喜
10382 电动
10383 工农
10384 护照
10385 饮用
10386 油菜
10387 纵深
10388 茎
10389 被窝儿
10390 定向
10391 发泄
10392 宫廷
10393 情不自禁
10394 要点
10395 一并
10396 照亮
10397 初衷
10398 弹药
10399 气概
10400 舔
10401 无序
10402 小雪
10403 致命
10404 编导
10405 铲
10406 单方面
10407 电子邮件
10408 堆积
10409 含笑
10410 嫉妒
10411 经纪人
10412 就读
10413 培植
10414 涉案
10415 首领
10416 探望
10417 镶
10418 活性
10419 客体
10420 沉痛
10421 成天
10422 缚
10423 后世
10424 晋升
10425 精通
10426 美感
10427 奶粉
10428 文化馆
10429 放手
10430 孵化
10431 施政
10432 鲜红
10433 琢磨（zuómo）
10434 天文台
10435 国策
10436 偏差
10437 日月
10438 邀请赛
10439 云集
10440 行车
10441 责成
10442 畅销
10443 风浪
10444 江水
10445 伤愈
10446 实习
10447 未卜
10448 兴致勃勃
10449 肮脏
10450 工作日
10451 古迹
10452 克制
10453 菱
10454 清单
10455 山沟
10456 西边
10457 小儿

10458 一条龙
10459 正中
10460 庄稼人
10461 衬
10462 创伤
10463 及早
10464 经销
10465 牧场
10466 同级
10467 外债
10468 柴油
10469 负债
10470 老远
10471 力图
10472 漆黑
10473 身体力行
10474 产地
10475 长叹
10476 窗帘
10477 激励机制
10478 联名
10479 史诗
10480 板块
10481 编辑部
10482 尘土
10483 发誓
10484 聆听
10485 屡屡
10486 通电
10487 铜牌
10488 畜禽
10489 废墟
10490 抚养
10491 轨迹
10492 红包
10493 腊
10494 勺
10495 时段
10496 想象力
10497 饮酒
10498 果真
10499 煎
10500 开战
10501 夸大
10502 锣
10503 实绩
10504 坦白
10505 一心一意
10506 支流
10507 老爹
10508 水产品
10509 糟糕
10510 报废
10511 搏斗
10512 功勋
10513 患病
10514 俨然
10515 诱人
10516 提振
10517 不复
10518 个子
10519 互为
10520 话音
10521 手帕
10522 坦率
10523 天主教
10524 卫生间
10525 自主权
10526 合唱
10527 及至
10528 疗法
10529 人造
10530 想念
10531 东欧
10532 汇聚
10533 精湛
10534 默然
10535 实情
10536 市场体系
10537 照射
10538 争相
10539 暗地
10540 丑闻
10541 顾不得
10542 火烧
10543 全运会
10544 谭
10545 步兵
10546 出声
10547 楷模
10548 红酒
10549 空间站
10550 炉子
10551 说服力
10552 中资
10553 终点
10554 撞击
10555 总指挥
10556 昂扬
10557 麻子
10558 免不了
10559 宁愿
10560 天性
10561 通告
10562 无权
10563 杂志社
10564 败坏
10565 成年
10566 倒退
10567 怜悯
10568 烈
10569 锣鼓
10570 舒
10571 玄
10572 个体户
10573 机票
10574 芦苇
10575 哪能
10576 特殊性
10577 超前
10578 出线
10579 赶赴
10580 变频
10581 巨人
10582 录音
10583 面容
10584 煽动
10585 作曲家
10586 大将
10587 滇
10588 浮躁
10589 积压
10590 听从
10591 许诺
10592 摇晃
10593 移送
10594 冰冷
10595 企稳
10596 察觉
10597 纪录片
10598 喀布尔
10599 人才市场
10600 扮
10601 采矿
10602 帝王
10603 深山
10604 驮（tuó）
10605 惋惜
10606 营运
10607 优待
10608 淡薄
10609 点缀
10610 桂花
10611 急促
10612 紧缩
10613 凝结
10614 破裂
10615 入股
10616 身躯
10617 洗衣机
10618 远近
10619 殖民地
10620 车轮
10621 脚踏实地
10622 隶属
10623 人世
10624 任教
10625 辩证法
10626 掺
10627 保有量
10628 吵架
10629 举手
10630 杀跌
10631 聘用
10632 忍心
10633 说了算
10634 外围
10635 想必
10636 坟墓
10637 赖以
10638 连任
10639 扫除
10640 头疼
10641 杂文
10642 战机
10643 终日
10644 悲壮
10645 别说
10646 名言
10647 拟定
10648 四肢
10649 微型
10650 香味
10651 胸膛
10652 征程
10653 志愿军
10654 酿成
10655 炮弹
10656 思绪
10657 帮教
10658 沉积
10659 丰满
10660 高官
10661 毁坏
10662 降雨
10663 兽医
10664 肆虐
10665 穴
10666 译本
10667 真实性
10668 正要
10669 政变
10670 碍
10671 车门
10672 风声
10673 航道
10674 快车
10675 面色
10676 名副其实
10677 谦虚
10678 受骗
10679 治愈
10680 传记
10681 自有
10682 变质
10683 残忍
10684 长处
10685 底蕴
10686 受害
10687 通航

10688 锌
10689 不约而同
10690 村落
10691 返乡
10692 后顾之忧
10693 纪念日
10694 假使
10695 苗木
10696 培
10697 张扬
10698 法令
10699 横向
10700 男单
10701 疯子
10702 开国
10703 匮乏
10704 留守
10705 绒
10706 炭
10707 诊所
10708 额度
10709 家禽
10710 单（Shàn）
10711 调配（tiáopèi）
10712 驻外
10713 筹划
10714 辍学
10715 规程
10716 上头（shàngtou）
10717 微妙
10718 辗转
10719 吃喝
10720 出战
10721 归结
10722 迷惑
10723 欣然
10724 成年人
10725 合一
10726 激素
10727 前身
10728 样本
10729 语调
10730 自己
10731 荡荡
10732 基石
10733 庙会
10734 全权
10735 生产方式
10736 手腕
10737 展厅
10738 遵照
10739 好汉
10740 火热
10741 清脆
10742 下意识
10743 自尽
10744 半天
10745 罢工
10746 不公
10747 登台
10748 独有
10749 明月
10750 无需
10751 主人翁
10752 访谈
10753 戈壁
10754 抗争
10755 老者
10756 聋
10757 梦幻
10758 特邀
10759 威严
10760 治污
10761 冬奥会
10762 冷落
10763 首付
10764 舍得
10765 小车
10766 原野
10767 镇定
10768 昂贵
10769 哽咽
10770 脊梁
10771 家政
10772 勘察
10773 求学
10774 试想
10775 暑期
10776 探险
10777 医疗队
10778 白人
10779 放射
10780 谎言
10781 荔枝
10782 人手
10783 私有
10784 作法
10785 做文章
10786 采伐
10787 除夕
10788 加倍
10789 泉水
10790 思想家
10791 打赢
10792 电影院
10793 反问
10794 关中
10795 海岛
10796 觉醒
10797 盲人
10798 事事
10799 淹
10800 蕴含
10801 召回
10802 汽
10803 潜艇
10804 无心
10805 逼人
10806 濒临
10807 户外
10808 加油
10809 区位
10810 书信
10811 苏维埃
10812 下台
10813 印章
10814 自强不息
10815 归侨
10816 花儿（huār）
10817 近似
10818 失衡
10819 守信
10820 错综复杂
10821 款项
10822 难于
10823 施加
10824 手绢
10825 庸俗
10826 共和
10827 团聚
10828 细雨
10829 行进
10830 波浪
10831 出血
10832 归属
10833 紧缺
10834 磕头
10835 清澈
10836 涉外
10837 衰老
10838 意料
10839 凡事
10840 会面
10841 积极分子
10842 正能量
10843 吉祥
10844 倾注
10845 素材
10846 网络化
10847 愚昧
10848 房东
10849 放假
10850 环绕
10851 激战
10852 妥当
10853 雄伟
10854 质问
10855 处以
10856 非但
10857 国产化
10858 数值
10859 月刊
10860 正当（zhèngdāng）
10861 蔽
10862 炒作
10863 讴歌
10864 盛开
10865 西服
10866 下调
10867 咦
10868 桂冠
10869 行情
10870 黑社会
10871 激荡
10872 指挥员
10873 中专
10874 主席台
10875 畅谈
10876 大案
10877 功劳
10878 回扣
10879 机体
10880 加固
10881 膘
10882 随笔
10883 蚊子
10884 午
10885 要害
10886 早餐
10887 知觉
10888 专版
10889 癌
10890 公理
10891 顾及
10892 汉人
10893 旧址
10894 量（liáng）
10895 路灯
10896 求实
10897 事态
10898 朝阳（cháoyáng）
10899 链条
10900 动车
10901 留念
10902 马驹
10903 伍
10904 销路
10905 百分之百
10906 份儿
10907 丰碑
10908 硅谷
10909 警戒
10910 会计师
10911 配件
10912 收割
10913 手心

10914 校舍
10915 紫色
10916 工期
10917 礼拜
10918 列举
10919 放慢
10920 昆曲
10921 热切
10922 善后
10923 社会关系
10924 统战
10925 雅加达
10926 执意
10927 租界
10928 机车
10929 瓢
10930 咱俩
10931 准是
10932 不致
10933 共存
10934 激进
10935 掠夺
10936 失信
10937 丝绸之路
10938 元年
10939 关押
10940 女单
10941 偕
10942 宰相
10943 博士后
10944 阐释
10945 除外
10946 翻盘
10947 焚烧
10948 静悄悄
10949 落幕
10950 双打
10951 无缘
10952 午后
10953 行贿
10954 诱发
10955 自尊心
10956 逼近
10957 常人
10958 地税
10959 河内
10960 舰艇
10961 理所当然
10962 难处（nánchù）
10963 片子
10964 通讯社
10965 泻
10966 报仇
10967 大抵
10968 分辨
10969 好意
10970 桨
10971 年限
10972 审讯
10973 写照
10974 心爱
10975 孕
10976 同比
10977 误差
10978 禀报
10979 沉寂
10980 喘息
10981 云计算
10982 浮现
10983 霉
10984 排练
10985 丧生
10986 突围
10987 办公桌
10988 感触
10989 后台
10990 头颅
10991 心里话
10992 信徒
10993 一连串
10994 招手
10995 中秋
10996 格式
10997 教养
10998 空地
10999 美女
11000 融洽
11001 丝绸
11002 晚期
11003 文盲
11004 羽毛
11005 边区
11006 不等
11007 颊
11008 竞相
11009 可想而知
11010 年中
11011 皖
11012 勋章
11013 中药材
11014 辰
11015 过失
11016 记述
11017 叩头
11018 打捞
11019 洪涝
11020 静止
11021 考证
11022 类别
11023 逆势
11024 三轮车
11025 围剿
11026 虚心
11027 一改
11028 助长
11029 辨别
11030 耻辱
11031 乏
11032 耗费
11033 疆
11034 巨型
11035 林子
11036 埋伏
11037 票子
11038 千千万万
11039 鞘（qiào）
11040 微机
11041 辛亥革命
11042 夜空
11043 质询
11044 国际性
11045 客流
11046 哲理
11047 专科
11048 字母
11049 矗立
11050 考场
11051 满族
11052 徒弟
11053 喜闻乐见
11054 笑意
11055 左翼
11056 完了
11057 传送
11058 公家
11059 看上
11060 两口子
11061 农垦
11062 旗袍
11063 树苗
11064 星光
11065 不得了
11066 衬衫
11067 高超
11068 骨髓
11069 环卫
11070 敬佩
11071 领队
11072 亡国
11073 岳
11074 半点儿
11075 初一
11076 厚重
11077 金奖
11078 时限
11079 营救
11080 集聚
11081 金字塔
11082 劳累
11083 邻近
11084 铺设
11085 失地
11086 先导
11087 定量
11088 福气
11089 还原
11090 诗集
11091 一天到晚
11092 中将
11093 大头
11094 反对党
11095 立志
11096 忙于
11097 炮火
11098 贪婪
11099 航站楼
11100 徐徐
11101 浏览
11102 香气
11103 院落
11104 遍地
11105 存量
11106 独家
11107 轰轰烈烈
11108 祭祀
11109 鉴别
11110 破烂
11111 抢占
11112 视频
11113 西亚
11114 虚构
11115 住户
11116 骚扰
11117 事前
11118 复议
11119 回复
11120 集成电路
11121 蜜
11122 牧师
11123 盆地
11124 去处
11125 天使
11126 西红柿
11127 相邻
11128 支票
11129 鞭子
11130 穿梭
11131 工业品
11132 工业区
11133 紧跟
11134 枯竭
11135 莲花
11136 公馆
11137 欢庆
11138 内陆
11139 骗子
11140 评判
11141 破碎
11142 千古

11143 切身
11144 小分队
11145 寻觅
11146 执著
11147 套现
11148 专利权
11149 遍及
11150 沉淀
11151 光滑
11152 国歌
11153 坚硬
11154 讲授
11155 界线
11156 口音
11157 铃声
11158 盘算
11159 时评
11160 乘势
11161 老太爷
11162 路径
11163 受苦
11164 相貌
11165 有病
11166 自治县
11167 走势
11168 背叛
11169 封堵
11170 大字报
11171 工序
11172 卦
11173 假装
11174 粮油
11175 新药
11176 选购
11177 招待所
11178 氏族
11179 倒塌
11180 放声
11181 付款
11182 宫殿
11183 胡乱
11184 节制
11185 强奸
11186 实战
11187 书桌
11188 术语
11189 音乐家
11190 瘾
11191 琢磨（zhuómó）
11192 编剧
11193 店主
11194 断绝
11195 叫喊
11196 举止
11197 撵
11198 新郎
11199 再有
11200 大婶儿
11201 后继
11202 家用
11203 连续性
11204 随行
11205 索取
11206 无条件
11207 迎合
11208 作声
11209 奥秘
11210 电车
11211 烦躁
11212 画册
11213 懒得
11214 水手
11215 这会儿
11216 氨
11217 鼻孔
11218 彩虹
11219 长廊
11220 成套
11221 从政
11222 面条儿
11223 墓地
11224 平房
11225 清洗
11226 书架
11227 松树
11228 稳固
11229 遗忘
11230 多种多样
11231 风雪
11232 经得起
11233 巨变
11234 流畅
11235 上周
11236 事变
11237 唾沫
11238 陷于
11239 圆形
11240 真空
11241 指向
11242 主业
11243 并肩
11244 出嫁
11245 澄
11246 扶助
11247 篮子
11248 犁
11249 期满
11250 运力
11251 但见
11252 观摩
11253 讲求
11254 解析
11255 进修
11256 勉励
11257 叔父
11258 挑衅
11259 王府
11260 应运而生
11261 炸药
11262 存储
11263 高地
11264 各异
11265 唤醒
11266 蹿
11267 电线
11268 红灯
11269 降水量
11270 硫
11271 秘书处
11272 声势
11273 窒息
11274 中层
11275 嚓（chā）
11276 车祸
11277 工艺品
11278 过往
11279 劲头
11280 拒不
11281 朗诵
11282 漂流
11283 撬
11284 舞厅
11285 息息相关
11286 选取
11287 严防
11288 阴暗
11289 营业额
11290 终结
11291 抱歉
11292 锤
11293 说实话
11294 钉子
11295 反驳
11296 拱手
11297 老化
11298 免征
11299 启程
11300 甚至于
11301 师父
11302 无名
11303 凶手
11304 转机
11305 赤道
11306 宾主
11307 大吃一惊
11308 聚精会神
11309 时政
11310 娃子
11311 义不容辞
11312 音像制品
11313 斩首
11314 注明
11315 总监
11316 钻石
11317 兵器
11318 乖乖
11319 解救
11320 募集
11321 齐声
11322 深信
11323 手榴弹
11324 颜
11325 质朴
11326 厚度
11327 调和
11328 心意
11329 逐一
11330 就诊
11331 络
11332 落叶
11333 驱使
11334 塔吉克斯坦
11335 停电
11336 无端
11337 榜
11338 池塘
11339 督察
11340 辅导员
11341 呼啸
11342 清静
11343 爽快
11344 中年人
11345 沉静
11346 简短
11347 氯
11348 免除
11349 珊瑚
11350 生计
11351 售票
11352 合金
11353 兑换
11354 固守
11355 黑影
11356 弯腰
11357 已然
11358 半截
11359 秤
11360 耕耘
11361 男子汉
11362 排水
11363 无边
11364 因果
11365 专场
11366 观望
11367 私自
11368 参政
11369 钓
11370 分子（fēnzǐ）

11371 和睦
11372 辑
11373 匠
11374 举足轻重
11375 觉察
11376 呕吐
11377 升温
11378 引水
11379 兹
11380 自如
11381 自我批评
11382 废弃
11383 分队
11384 蜂
11385 顾不上
11386 狡猾
11387 亮丽
11388 名目
11389 容器
11390 完好
11391 刑罚
11392 珍藏
11393 公道（gōngdào）
11394 公诉
11395 过重
11396 名次
11397 球场
11398 上衣
11399 习惯于
11400 域名
11401 正直
11402 案情
11403 动感
11404 捐资
11405 指针
11406 暗杀
11407 不善
11408 弧
11409 军校
11410 山羊
11411 玩耍
11412 汹涌
11413 归根到底
11414 海事
11415 好感
11416 换取
11417 就近
11418 流感
11419 民法
11420 女郎
11421 情调
11422 推理
11423 等同
11424 高额
11425 绘制
11426 脑筋
11427 思想性
11428 突变
11429 王子
11430 为数
11431 宣判
11432 延误
11433 有形
11434 复活
11435 副教授
11436 军分区
11437 搜查
11438 泄露
11439 演戏
11440 衣物
11441 空客
11442 勇士
11443 白菜
11444 摒弃
11445 对得起
11446 昏迷
11447 卡通
11448 叛徒
11449 庆幸
11450 致死
11451 对岸
11452 分期
11453 报料
11454 广义
11455 归国
11456 勘查
11457 塑
11458 相辅相成
11459 渲染
11460 版面
11461 除此之外
11462 读书人
11463 雇员
11464 庆贺
11465 淘
11466 簇
11467 褐
11468 击中
11469 精辟
11470 良知
11471 评委
11472 乳房
11473 胜任
11474 丸
11475 限定
11476 作证
11477 分泌
11478 闭幕式
11479 毫
11480 喝彩
11481 开张
11482 试管
11483 艺术性
11484 引渡
11485 中标
11486 专注
11487 不合
11488 打官司
11489 国事
11490 海区
11491 惊恐
11492 军舰
11493 络绎不绝
11494 铜钱
11495 新居
11496 战乱
11497 阵线
11498 指甲
11499 儿媳
11500 感知
11501 见效
11502 留言
11503 入睡
11504 授课
11505 田园
11506 弯曲
11507 校门
11508 叶片
11509 忧伤
11510 政企
11511 坐标
11512 短信
11513 沐浴
11514 树干
11515 细微
11516 报送
11517 不景气
11518 荡漾
11519 继往开来
11520 讲演
11521 失落
11522 演示
11523 愈加
11524 远程教育
11525 高祖
11526 剪纸
11527 解放区
11528 戒毒
11529 开垦
11530 冷暖
11531 例行
11532 磨难
11533 揍
11534 不意
11535 查封
11536 出海
11537 筛查
11538 低迷
11539 简要
11540 裸露
11541 皮包
11542 商讨
11543 头等
11544 相称
11545 野兽
11546 种群
11547 北京时间
11548 便宜（biànyí）
11549 卜
11550 长河
11551 留意
11552 票据
11553 全集
11554 月初
11555 展品
11556 张贴
11557 至上
11558 编号
11559 葛
11560 技工
11561 简洁
11562 厉声
11563 联结
11564 灭绝
11565 品味
11566 狭
11567 搏
11568 不可或缺
11569 广度
11570 经济作物
11571 女兵
11572 囚
11573 日光
11574 天鹅
11575 外在
11576 野心
11577 远东
11578 道士
11579 雕像
11580 机密
11581 开场
11582 浓缩
11583 少不了
11584 压制
11585 增效
11586 挣脱
11587 沉闷
11588 迟早
11589 关口
11590 羁押
11591 傻瓜
11592 实有
11593 悬念
11594 加班
11595 结识
11596 盘旋
11597 深邃
11598 学识

11599 分会
11600 青蛙
11601 特派员
11602 隐约
11603 轧（zhá）
11604 钓鱼
11605 即位
11606 敏捷
11607 想见
11608 姨妈
11609 读本
11610 黄瓜
11611 卷（juàn）
11612 检阅
11613 泪珠
11614 明朗
11615 新意
11616 与众不同
11617 出厂
11618 东边
11619 方位
11620 概
11621 干流
11622 口腔
11623 捻
11624 前程
11625 燃气
11626 相待
11627 高粱
11628 毫升
11629 机能
11630 吉尔吉斯斯坦
11631 军工
11632 问及
11633 广场舞
11634 峡
11635 发亮
11636 贵宾
11637 军国主义
11638 满身
11639 屈服
11640 小院儿
11641 修好
11642 蘸
11643 主力军
11644 专业户
11645 转播
11646 扁担
11647 层出不穷
11648 好话
11649 免职
11650 齐心协力
11651 爪
11652 珍稀
11653 住所
11654 电缆
11655 少（shào）
11656 儿媳妇儿
11657 冲破
11658 荒漠
11659 婚事
11660 偶像
11661 市容
11662 外头
11663 血压
11664 征税
11665 总管
11666 定理
11667 后生
11668 救命
11669 旗号
11670 憔悴
11671 枉
11672 得天独厚
11673 姑姑
11674 古籍
11675 鼓动
11676 嫁接
11677 领悟
11678 判定
11679 启蒙
11680 黔
11681 擅长
11682 少将
11683 深造
11684 晚间
11685 新婚
11686 烟囱
11687 战时
11688 周转
11689 嘈杂
11690 出示
11691 代为
11692 管护
11693 喇嘛
11694 理睬
11695 历年
11696 扭亏
11697 破解
11698 勤政
11699 通话
11700 形体
11701 宇航员
11702 源源不断
11703 政治协商会议
11704 宝珠
11705 编造
11706 拨打
11707 博得
11708 奋勇
11709 骨肉
11710 盘活
11711 纤
11712 请假
11713 劝阻
11714 严正
11715 辨认
11716 军警
11717 扣押
11718 款待
11719 拦截
11720 没法儿
11721 清白
11722 融化
11723 收音机
11724 天明
11725 耶稣
11726 战火
11727 杆子
11728 花圈
11729 可操作性
11730 棉被
11731 颇具
11732 奇妙
11733 躯体
11734 山野
11735 西域
11736 乡间
11737 得主
11738 老少
11739 觅
11740 票房
11741 平平
11742 伤残
11743 冰凉
11744 才干
11745 代谢
11746 多多
11747 分批
11748 国库
11749 俗称
11750 参看
11751 胆怯
11752 督导
11753 假话
11754 冷水
11755 留恋
11756 美观
11757 起见
11758 凸显
11759 邮政局
11760 有得
11761 照相机
11762 足足
11763 手工业
11764 幼虫
11765 安然
11766 毕生
11767 谎
11768 介
11769 丘陵
11770 沙丘
11771 山脉
11772 碎片
11773 一动不动
11774 衣襟
11775 预示
11776 症结
11777 转向（zhuǎnxiàng）
11778 拌
11779 撤职
11780 出奇
11781 繁育
11782 过关
11783 交易所
11784 控告
11785 抡
11786 民主革命
11787 松懈
11788 乌云
11789 午夜
11790 小汽车
11791 用法
11792 一卡通
11793 大街小巷
11794 干劲
11795 公文
11796 国宝
11797 一肚子
11798 诊治
11799 自筹
11800 奔腾
11801 划定
11802 枷
11803 门窗
11804 年份
11805 扫荡
11806 世事
11807 收成
11808 外衣
11809 辛
11810 包揽
11811 搀
11812 存放
11813 荷花
11814 坚固
11815 口罩
11816 结（jiē）
11817 唯物主义
11818 有空儿
11819 主子
11820 爱戴
11821 警觉
11822 居于
11823 绝非
11824 平淡
11825 贴息

11826 闻讯
11827 州长
11828 重现
11829 估算
11830 好歹
11831 间隔
11832 解困
11833 抗灾
11834 男篮
11835 疑难
11836 长发
11837 创始人
11838 分赴
11839 果子
11840 僵局
11841 恳求
11842 人民团体
11843 说明书
11844 穗
11845 铁人
11846 追随
11847 资深
11848 感应
11849 楼道
11850 倾诉
11851 瘸
11852 下文
11853 异性
11854 重托
11855 波长
11856 功绩
11857 环流
11858 任重道远
11859 摊位
11860 透视
11861 自救
11862 作坊
11863 颠倒
11864 肝炎
11865 可取
11866 流星
11867 潜心
11868 全能
11869 发起人
11870 长辈
11871 主攻
11872 薄荷
11873 忏悔
11874 当家
11875 功效
11876 供养
11877 激化
11878 建筑业
11879 降温
11880 微小
11881 芯
11882 召见
11883 工作站
11884 集体主义
11885 建构
11886 理直气壮
11887 领带
11888 内衣
11889 年画
11890 逃脱
11891 无益
11892 新作
11893 标明
11894 横行
11895 见闻
11896 硫酸
11897 面料
11898 特级
11899 新书
11900 炎热
11901 驻守
11902 缴存
11903 不失为
11904 大帅
11905 封面
11906 联谊会
11907 能干
11908 乌鸦
11909 对流
11910 茶几
11911 狂热
11912 吸附
11913 组团
11914 辩解
11915 红卫兵
11916 哗
11917 怀有
11918 太极
11919 体贴
11920 为生
11921 文选
11922 心血管
11923 壮举
11924 子公司
11925 哎哟
11926 驳回
11927 唱片
11928 放眼
11929 牵挂
11930 荣立
11931 熄灭
11932 邮电
11933 跋
11934 标记
11935 对抗赛
11936 副官
11937 红花
11938 教徒
11939 慕
11940 时间表
11941 雪地
11942 殷切
11943 愉悦
11944 专线
11945 出息
11946 厨师
11947 复查
11948 派驻
11949 枪毙
11950 争冠
11951 三角洲
11952 圣经
11953 时事
11954 胎儿
11955 合计（héjì）
11956 瞧见
11957 所有者
11958 特写
11959 壮士断腕
11960 停车场
11961 涂料
11962 钞
11963 崇敬
11964 搭配
11965 废话
11966 咀嚼
11967 扑灭
11968 铅笔
11969 融为一体
11970 天桥
11971 兴高采烈
11972 絮
11973 慰安妇
11974 隐私
11975 总工程师
11976 安全感
11977 查验
11978 船员
11979 惊心动魄
11980 警卫
11981 木刻
11982 同心
11983 午餐
11984 新诗
11985 朝气
11986 中外合资
11987 防控
11988 黑板
11989 奖学金
11990 看护
11991 菜鸟
11992 叫停
11993 年华
11994 气魄
11995 推选
11996 爷们儿
11997 运算
11998 惦记
11999 防备
12000 费力
12001 看热闹
12002 烈日
12003 头号
12004 下层
12005 走强
12006 意象
12007 优雅
12008 照常
12009 制剂
12010 转轨
12011 变幻
12012 穿行
12013 打通
12014 耳光
12015 耗子
12016 禾
12017 护送
12018 机床
12019 假定
12020 交融
12021 叫好
12022 空话
12023 口子
12024 农用
12025 聘任
12026 抒发
12027 税法
12028 团体赛
12029 五星红旗
12030 绚丽
12031 应变
12032 蹭
12033 多发
12034 非得
12035 腹部
12036 工作量
12037 海里
12038 唬
12039 技师
12040 维稳
12041 杰作
12042 截流
12043 零星
12044 契约
12045 强盛
12046 剃
12047 遗弃
12048 政界
12049 报答
12050 伯伯
12051 农家乐
12052 床头
12053 摧残
12054 党总支
12055 返还

12056 刚好
12057 林立
12058 吗（má）
12059 福彩
12060 失掉
12061 详尽
12062 引诱
12063 芝麻
12064 执教
12065 不知所措
12066 差错
12067 既而
12068 夹杂
12069 明智
12070 木匠
12071 申请书
12072 塑像
12073 痒
12074 再接再厉
12075 造价
12076 装作
12077 背离
12078 剧情
12079 美景
12080 情境
12081 胃口
12082 文教
12083 有识之士
12084 著称
12085 做工作
12086 沉甸甸
12087 感性
12088 会展
12089 苦涩
12090 棉袄
12091 清明
12092 伤痕
12093 屠宰
12094 洗礼
12095 险情
12096 行刑
12097 要位
12098 逾期
12099 中立
12100 转眼
12101 滋润
12102 哀求
12103 暴发
12104 裁军
12105 服役
12106 讲学
12107 柯
12108 呕
12109 涩
12110 疏忽
12111 藏书
12112 渎职
12113 个案
12114 广为
12115 横幅
12116 交战
12117 谅
12118 轮椅
12119 蜜蜂
12120 视力
12121 图纸
12122 围困
12123 协办
12124 蛊
12125 重用
12126 撤退
12127 愧
12128 留神
12129 手套
12130 调试
12131 喜讯
12132 殷勤
12133 自然而然
12134 鼻涕
12135 崇
12136 冀
12137 倦
12138 劳改
12139 取证
12140 入口
12141 烧伤
12142 摊子
12143 以权谋私
12144 侄儿
12145 大法
12146 馍
12147 骗人
12148 气象台
12149 友爱
12150 援引
12151 抓手
12152 词语（cíyǔ）
12153 后头
12154 狂风
12155 售货员
12156 乡土
12157 征兵
12158 衬衣
12159 金星
12160 恋人
12161 侨眷
12162 陶冶
12163 停业
12164 消协
12165 凸现
12166 狭隘
12167 檐
12168 不符
12169 佳绩
12170 接班人
12171 明晰
12172 誓言
12173 上牌
12174 酥
12175 中下游
12176 泵
12177 化验
12178 军团
12179 默契
12180 送达
12181 英明
12182 知识经济
12183 执照
12184 酒驾
12185 暗自
12186 触犯
12187 党籍
12188 睹
12189 棍子
12190 检举
12191 精兵
12192 距今
12193 劣势
12194 随口
12195 蜿蜒
12196 自语
12197 罪过
12198 不实
12199 趁机
12200 代表作
12201 单身
12202 底子
12203 奠基
12204 近邻
12205 夸奖
12206 民事诉讼
12207 首选
12208 因之
12209 主要矛盾
12210 准时
12211 长假
12212 出世
12213 稻草
12214 电磁
12215 繁衍
12216 供不应求
12217 活人
12218 交情
12219 农林
12220 网页
12221 威望
12222 主演
12223 自制
12224 采摘
12225 郊外
12226 抢先
12227 随同
12228 写实
12229 循序渐进
12230 一怔
12231 育苗
12232 庵
12233 必由之路
12234 别致
12235 场次
12236 迟到
12237 反面
12238 杠
12239 棍
12240 笼子
12241 毛衣
12242 能耐
12243 微风
12244 宇
12245 重担
12246 把戏
12247 保佑
12248 本意
12249 敞
12250 成品
12251 承建
12252 地热
12253 防卫
12254 飞舞
12255 家家户户
12256 课外
12257 抨击
12258 声调
12259 诈
12260 唱戏
12261 触及
12262 低级
12263 贵重
12264 回味
12265 屡次
12266 筛
12267 说清楚
12268 知晓
12269 中兴
12270 铸造
12271 诚然
12272 大举
12273 当众
12274 服气
12275 畸形
12276 暖和
12277 向导
12278 形形色色
12279 竹林
12280 部将
12281 大拇指
12282 分红
12283 高昂
12284 日产

12285 施用
12286 跃进
12287 自卫
12288 组装
12289 作响
12290 傍
12291 船长
12292 荟萃
12293 适于
12294 下榻
12295 新秀
12296 营地
12297 自幼
12298 不适
12299 订立
12300 合伙
12301 巾帼
12302 枯燥
12303 邻里
12304 轮值
12305 青草
12306 显而易见
12307 樱桃
12308 租金
12309 半径
12310 低谷
12311 额外
12312 粪便
12313 罐头
12314 画卷
12315 警车
12316 可不
12317 来去
12318 涝
12319 撒（sǎ）
12320 寺庙
12321 天线
12322 现役
12323 有史以来
12324 贰
12325 精密
12326 奶妈
12327 轻重
12328 闪亮
12329 虚弱
12330 悬殊
12331 纵队
12332 芭蕾
12333 濒危
12334 光纤
12335 晶莹
12336 麻醉
12337 幕后
12338 女友
12339 情结
12340 深渊
12341 些小
12342 英俊
12343 冲锋
12344 瓷器
12345 大宗
12346 光泽
12347 刻意
12348 升班马
12349 蜡
12350 蒙古族
12351 募捐
12352 确信
12353 佟
12354 统筹兼顾
12355 危难
12356 政府军
12357 登门
12358 风趣
12359 国力
12360 晃动
12361 监事会
12362 栏杆
12363 名利
12364 全员
12365 威武
12366 细小
12367 小提琴
12368 仪表
12369 转制
12370 宝库
12371 测控
12372 插入
12373 成群
12374 共性
12375 接送
12376 劳教
12377 零件
12378 耙（pá）
12379 侍候
12380 室外
12381 脱落
12382 玩弄
12383 用语
12384 抵触
12385 客房
12386 顺差
12387 托管
12388 熏陶
12389 照搬
12390 砖头
12391 桌面
12392 跋涉
12393 倒闭
12394 发病率
12395 各式各样
12396 夯实
12397 航海
12398 好在
12399 集镇
12400 脸庞
12401 水文
12402 思议
12403 转而
12404 搬运
12405 不待
12406 敌军
12407 鄂
12408 国庆节
12409 豪情
12410 花木
12411 哗哗
12412 减缓
12413 理论家
12414 隆隆
12415 亲信
12416 发兵
12417 乱象
12418 惊叫
12419 拍照
12420 螃蟹
12421 牵引
12422 邵
12423 实干
12424 速率
12425 秧
12426 一任
12427 用兵
12428 战斗机
12429 拐点
12430 斟
12431 踪影
12432 背心
12433 表格
12434 繁多
12435 家境
12436 苦心
12437 潜能
12438 亲临
12439 一般来说
12440 忧愁
12441 保养
12442 编排
12443 对峙
12444 互通
12445 积淀
12446 苦干
12447 柳树
12448 盟国
12449 苗族
12450 肆
12451 晚餐
12452 卫冕
12453 下马
12454 安详
12455 不慎
12456 辞退
12457 打印
12458 当心
12459 谷子
12460 浪漫主义
12461 平庸
12462 堂屋
12463 讨好
12464 香蕉
12465 性子
12466 修正主义
12467 志气
12468 北极
12469 并购
12470 得当
12471 多于
12472 迷失
12473 睦邻
12474 三北
12475 盛世
12476 修筑
12477 直言
12478 饱含
12479 必然性
12480 车手
12481 大跃进
12482 复仇
12483 告状
12484 精神病
12485 闹事
12486 收看
12487 突飞猛进
12488 邪说
12489 衣着
12490 兵马
12491 筹办
12492 鸽
12493 检查站
12494 军旅
12495 偏离
12496 接报
12497 摔跤
12498 万国
12499 尾声
12500 不当
12501 交响乐
12502 精选
12503 明了
12504 浓重
12505 挺进
12506 印证
12507 比方
12508 辩证唯物主义
12509 标的
12510 拨付
12511 超导
12512 锄
12513 锯

12514 口径
12515 舒畅
12516 乌龙
12517 妄图
12518 增高
12519 宗教界
12520 资金链
12521 笔直
12522 残余
12523 岔
12524 殿堂
12525 多边贸易
12526 可恶
12527 女篮
12528 洼
12529 无助
12530 子时
12531 白话
12532 澄清（chéngqīng）
12533 和气
12534 寄予
12535 倔强
12536 梦境
12537 商谈
12538 胜地
12539 死伤
12540 停滞
12541 未成年
12542 小贩
12543 严明
12544 菜篮子
12545 叉（chā）
12546 饭桌
12547 回荡
12548 连续剧
12549 赛车
12550 省得
12551 水温
12552 底层
12553 何故
12554 铁军
12555 偷税
12556 腕
12557 熄
12558 形而上学
12559 雄壮
12560 游击
12561 不经意
12562 得手
12563 独到
12564 方圆
12565 高峰期
12566 国立
12567 过大
12568 己任
12569 浪花
12570 冷汗
12571 牧草
12572 舒展
12573 温情
12574 无望
12575 选集
12576 掖
12577 纵容
12578 保证金
12579 伯父
12580 捣乱
12581 悼念
12582 东北亚
12583 肥胖
12584 减税
12585 抠
12586 荣幸
12587 社会福利
12588 狭小
12589 主宰
12590 裁判员
12591 潮水
12592 风范
12593 钢筋
12594 哗啦
12595 活生生
12596 劳动法
12597 旅途
12598 清香
12599 突厥
12600 外形
12601 修缮
12602 银幕
12603 班级
12604 报关
12605 惯性
12606 跌停
12607 河岸
12608 喉
12609 胡闹
12610 秋风
12611 摄制
12612 原子弹
12613 援建
12614 乐章
12615 证人
12616 遵纪守法
12617 保护伞
12618 表哥
12619 泊
12620 痴迷
12621 充斥
12622 低廉
12623 电费
12624 耕种
12625 恭敬
12626 接替
12627 卷烟
12628 千秋
12629 湿度
12630 不愧
12631 草木
12632 公职
12633 缉私
12634 位子
12635 张罗
12636 爆破
12637 嘀咕
12638 攻读
12639 昏暗
12640 火把
12641 就绪
12642 狼狈
12643 灭火
12644 山峰
12645 上阵
12646 时速
12647 疏导
12648 听差
12649 头衔
12650 选题
12651 以期
12652 折合
12653 贮存
12654 报国
12655 答话
12656 憨
12657 获利
12658 殴打
12659 亲生
12660 屈辱
12661 群山
12662 士官
12663 搜救
12664 途经
12665 下棋
12666 先期
12667 消遣
12668 硝烟
12669 彝族
12670 召唤
12671 专心
12672 表妹
12673 波澜
12674 厨子
12675 第三者
12676 结案
12677 流行病
12678 石窟
12679 承接
12680 祠堂
12681 答卷
12682 货款
12683 景气
12684 久远
12685 开眼
12686 年月
12687 潜规则
12688 女神
12689 欠缺
12690 取暖
12691 式样
12692 疏通
12693 险恶
12694 怨恨
12695 指战员
12696 党纪
12697 分区
12698 关乎
12699 莫须有
12700 撒谎
12701 嗓音
12702 失控
12703 手印
12704 特命
12705 挑剔
12706 推诿
12707 驻足
12708 惨重
12709 出神
12710 答辩
12711 叼
12712 机智
12713 景物
12714 贫下中农
12715 水汽
12716 特许
12717 夏令营
12718 养殖场
12719 择优
12720 胆量
12721 道教
12722 幌子
12723 急功近利
12724 居高不下
12725 列强
12726 零下
12727 乞丐
12728 渗
12729 松弛
12730 薪水
12731 自由泳
12732 并列
12733 帆
12734 反差
12735 耗资
12736 佳作
12737 进货
12738 绿叶
12739 采风
12740 出人意料
12741 两极
12742 透彻

12743 兴衰
12744 调子
12745 嘟
12746 卢布
12747 二氧化硫
12748 发扬光大
12749 联营
12750 强力
12751 嫂嫂
12752 社稷
12753 希望工程
12754 拆分
12755 摇动
12756 原则上
12757 跃居
12758 自居
12759 观察员
12760 含蓄
12761 火花
12762 科幻
12763 款式
12764 棉衣
12765 热水器
12766 上司
12767 退伍
12768 胸部
12769 优劣
12770 张嘴
12771 地缘
12772 供奉
12773 后顾
12774 径直
12775 谋生
12776 气压
12777 闪耀
12778 史实
12779 收敛
12780 中（zhòng）
12781 大漠
12782 耽搁
12783 疯牛病
12784 胡须
12785 幻觉
12786 困苦
12787 末期
12788 艇
12789 妩媚
12790 逊
12791 沿用
12792 整修
12793 疤
12794 出游
12795 呼叫
12796 槐
12797 伙食
12798 落泪
12799 莫大
12800 肉类
12801 收录
12802 殊荣
12803 体味
12804 油灯
12805 转交
12806 安康
12807 本科生
12808 波涛
12809 伯母
12810 翅
12811 黑洞
12812 间隙
12813 连锁店
12814 折扣
12815 靶
12816 纳闷
12817 波音
12818 大名
12819 秸秆
12820 配股
12821 金秋
12822 酷
12823 沙尘
12824 税制
12825 稀少
12826 战犯
12827 摆设（bǎishe）
12828 倒好儿
12829 发酵
12830 挂职
12831 国宾馆
12832 黑客
12833 简便
12834 进兵
12835 棱镜
12836 曲子
12837 沙子
12838 夜幕
12839 乙肝
12840 糟蹋
12841 不折不扣
12842 风速
12843 啃
12844 建制
12845 窘
12846 口味
12847 明媚
12848 上房
12849 失眠
12850 问话
12851 戏台
12852 下身
12853 相伴
12854 孕妇
12855 昭示
12856 纸张
12857 按期
12858 多亏
12859 华中
12860 窖
12861 烈火
12862 千瓦
12863 升学
12864 有味儿
12865 看样子
12866 口粮
12867 两端
12868 面试
12869 嚷嚷
12870 无暇
12871 有钱
12872 职业化
12873 成个儿
12874 放牧
12875 何苦
12876 撸
12877 冒充
12878 民族主义
12879 迫不及待
12880 青稞
12881 致病
12882 网格
12883 转发
12884 白酒
12885 光缆
12886 河口
12887 后卫
12888 苦痛
12889 兰花
12890 凝重
12891 齐抓共管
12892 摄像机
12893 探测器
12894 相看
12895 运载火箭
12896 追寻
12897 纵向
12898 吵闹
12899 断面
12900 狐狸
12901 老子（lǎozi）
12902 猛增
12903 碾
12904 畏惧
12905 下头
12906 抚慰
12907 间谍
12908 悬崖
12909 招工
12910 主旨
12911 绊
12912 独立性
12913 瓜果
12914 会诊
12915 内科
12916 劝告
12917 弱者
12918 奢侈
12919 退缩
12920 为时
12921 心得
12922 喧嚣
12923 编纂
12924 称道
12925 管事
12926 年产值
12927 贫乏
12928 契丹
12929 失声
12930 守护
12931 衣袋
12932 簇拥
12933 点火
12934 抖动
12935 港澳台
12936 焊接
12937 锦旗
12938 勤俭
12939 显微镜
12940 心腹
12941 得逞
12942 供货
12943 挥舞
12944 流亡
12945 摞
12946 岁数
12947 甜头
12948 微波
12949 无耻
12950 闲谈
12951 相聚
12952 协议书
12953 厌倦
12954 药房
12955 医德
12956 油漆
12957 韵味
12958 差额
12959 断裂
12960 建树
12961 浇水
12962 救护
12963 抹（mā）
12964 年末
12965 人称
12966 先例
12967 选区
12968 预备役
12969 阵雨
12970 袄

12971 本钱
12972 差事
12973 丑陋
12974 低估
12975 放置
12976 杭
12977 蚀
12978 调剂
12979 兄妹
12980 遗嘱
12981 整风
12982 不一
12983 打扰
12984 交界
12985 戒备
12986 劳作
12987 绵延
12988 入场券
12989 养护
12990 腰带
12991 做工
12992 宾客
12993 不休
12994 工商业
12995 果品
12996 合营
12997 丧事
12998 醒悟
12999 再生产
13000 争光
13001 总揽
13002 迸
13003 表层
13004 段子
13005 国籍
13006 核能
13007 会馆
13008 击剑
13009 开行
13010 客观世界
13011 囚犯
13012 叹气
13013 泄漏
13014 引资
13015 致意
13016 报效
13017 被褥
13018 甘蔗
13019 河谷
13020 人品
13021 算账
13022 添加剂
13023 下流
13024 一伙儿
13025 咒
13026 装扮
13027 国界
13028 开荒
13029 脸蛋儿
13030 灵敏
13031 轻蔑
13032 山河
13033 宛如
13034 旋风
13035 园子
13036 车主
13037 导线
13038 翻阅
13039 公使
13040 建功立业
13041 巨头
13042 练功
13043 批复
13044 缺失
13045 铁道
13046 夏日
13047 预感
13048 自信心
13049 报表
13050 不凡
13051 菜园
13052 重叠
13053 大伯
13054 堤防
13055 附件
13056 灌区
13057 过不去
13058 绩效
13059 脸孔
13060 蘑菇
13061 清凉
13062 洗钱
13063 相爱
13064 淤
13065 找寻
13066 执委会
13067 诸侯
13068 浊
13069 走马
13070 保值
13071 厂子
13072 沉沉
13073 害羞
13074 检修
13075 口语
13076 瓦解
13077 野菜
13078 饱受
13079 电气
13080 公鸡
13081 华裔
13082 咯（kǎ）
13083 欺侮
13084 盛夏
13085 天井
13086 唯物史观
13087 下海
13088 一脉相承
13089 依存
13090 债权人
13091 滞留
13092 中南
13093 动辄
13094 断然
13095 多情
13096 见于
13097 酱油
13098 居民区
13099 萌发
13100 索要
13101 添加
13102 以身作则
13103 制高点
13104 字典
13105 大发
13106 地壳
13107 对阵
13108 过快
13109 尖端
13110 瘤
13111 六一
13112 放量
13113 露面
13114 埋葬
13115 名优
13116 禽
13117 重型
13118 超期
13119 纯净
13120 颠簸
13121 逗留
13122 了不得
13123 栖息
13124 蓝筹
13125 石板
13126 水田
13127 眺望
13128 一刹那
13129 译文
13130 应时
13131 预约
13132 原地
13133 不妥
13134 陡然
13135 堆放
13136 分担
13137 赣
13138 集结
13139 藕
13140 跑道
13141 岂能
13142 着地
13143 榜首
13144 电话机
13145 光顾
13146 较之
13147 跑步
13148 时日
13149 税金
13150 信教
13151 轧（yà）
13152 在即
13153 竹子
13154 班禅
13155 成功率
13156 德才兼备
13157 地盘
13158 名胜
13159 双休日
13160 心地
13161 熊熊
13162 必备
13163 电机
13164 后进
13165 剪刀
13166 吭声
13167 潜伏
13168 突击队
13169 维系
13170 相符
13171 越冬
13172 侦探
13173 自谋
13174 到头来
13175 来稿
13176 收买
13177 痛恨
13178 呜咽
13179 渊源
13180 打火机
13181 电荷
13182 复辟
13183 公事
13184 呼应
13185 略略
13186 奴才
13187 升空
13188 手指头
13189 屋檐
13190 常任
13191 下单
13192 稻谷
13193 刃
13194 团圆
13195 伴奏
13196 触摸
13197 大汉
13198 樊
13199 敬重
13200 扩充

13201 摸底
13202 造血
13203 指使
13204 诅咒
13205 公办
13206 恭维
13207 后盾
13208 来电
13209 眼珠子
13210 真心实意
13211 传单
13212 国画
13213 过滤
13214 呵护
13215 精干
13216 科技界
13217 入住
13218 吻合
13219 肖像
13220 悲愤
13221 个人主义
13222 和服
13223 吉普车
13224 裸
13225 怒气
13226 商界
13227 食盐
13228 势在必行
13229 王八
13230 斡旋
13231 无能
13232 相约
13233 招募
13234 假说
13235 补救
13236 地雷
13237 炖
13238 会师
13239 借贷
13240 剧作
13241 批量
13242 锐气
13243 雷鸣
13244 天赋
13245 欣
13246 直航
13247 诸葛亮
13248 好一会儿
13249 汇款
13250 抗生素
13251 名录
13252 任凭
13253 上方
13254 在乎
13255 支线
13256 拄
13257 唯美
13258 电工
13259 动乱
13260 发球
13261 个儿
13262 根治
13263 光照
13264 健壮
13265 橘子
13266 民居
13267 说谎
13268 下沉
13269 镶嵌
13270 休养
13271 出外
13272 党旗
13273 动听
13274 氟
13275 官邸
13276 聚居
13277 屡禁不止
13278 迁徙
13279 潭
13280 推崇
13281 外方
13282 万众一心
13283 胭脂
13284 珍品
13285 缔结
13286 典雅
13287 防灾
13288 管理员
13289 汇总
13290 集约化
13291 警官
13292 可耻
13293 少妇
13294 手头
13295 疏散
13296 算命
13297 同居
13298 推辞
13299 像样
13300 萧
13301 着落
13302 河床
13303 鉴赏
13304 撅
13305 射箭
13306 书院
13307 怎么着
13308 转告
13309 左侧
13310 包子
13311 不辞
13312 长跑
13313 动不动
13314 姑妈
13315 矿物
13316 好奇心
13317 联合体
13318 年货
13319 司马
13320 刑侦
13321 新冠肺炎
13322 选中
13323 眼圈
13324 着陆
13325 插嘴
13326 搀扶
13327 攻坚战
13328 就餐
13329 失调
13330 蛙
13331 先驱
13332 星系
13333 羞愧
13334 虚报
13335 佝偻
13336 早稻
13337 只因
13338 城管
13339 旦
13340 列出
13341 四化
13342 肆意
13343 肃穆
13344 体裁
13345 违约
13346 要死
13347 应届
13348 杂种
13349 致词
13350 光谱
13351 案值
13352 八字
13353 摆动
13354 病魔
13355 不单
13356 刺刀
13357 开掘
13358 马虎
13359 毗邻
13360 瞧不起
13361 全天候
13362 苏区
13363 同心同德
13364 享乐
13365 一晃
13366 充值
13367 追溯
13368 订货
13369 国民收入
13370 求同存异
13371 审结
13372 机顶盒
13373 锁定
13374 体察
13375 政事
13376 范例
13377 风水
13378 管教
13379 候选
13380 即时
13381 门面
13382 玩法
13383 起立
13384 伪军
13385 凶猛
13386 养分
13387 一丝不苟
13388 悠闲
13389 幼年
13390 支教
13391 补给
13392 洞口
13393 芬芳
13394 歌唱家
13395 获准
13396 棘手
13397 漫漫
13398 破灭
13399 滔滔
13400 下课
13401 序言
13402 帧
13403 金黄
13404 恳切
13405 冷酷
13406 马尼拉
13407 平整
13408 失效
13409 治水
13410 重病
13411 出师
13412 改装
13413 咯咯
13414 更改
13415 僵化
13416 剧种
13417 企业主
13418 生命线
13419 原文
13420 编码
13421 顶多
13422 发疯
13423 槐树
13424 酷暑
13425 琵琶
13426 亲笔
13427 性状
13428 样板
13429 膀子
13430 尘埃

13431 初始
13432 绰号
13433 改用
13434 即令
13435 捆绑
13436 蓦地
13437 气功
13438 清真寺
13439 私营经济
13440 外币
13441 仰望
13442 直达
13443 半空
13444 结对
13445 背包
13446 冲天
13447 公关
13448 公积金
13449 共商
13450 过头
13451 红薯
13452 茧
13453 门房
13454 杀手
13455 尚且
13456 烧饼
13457 胜仗
13458 头头儿
13459 无故
13460 行礼
13461 巡查
13462 养育
13463 河畔
13464 堪培拉
13465 乱七八糟
13466 苗圃
13467 土改
13468 脱节
13469 姓氏
13470 资费
13471 重演
13472 大权
13473 耳目一新
13474 过境
13475 彗星
13476 南边
13477 平地
13478 前任
13479 书名
13480 抑郁
13481 枝叶
13482 中世纪
13483 重力
13484 不畅
13485 道义
13486 控诉
13487 领事
13488 诗文
13489 水晶
13490 推举
13491 袭来
13492 谢绝
13493 炫耀
13494 政坛
13495 宝石
13496 餐饮业
13497 笛
13498 过夜
13499 寒假
13500 好受
13501 难为情
13502 审时度势
13503 守候
13504 喧闹
13505 汛期
13506 终年
13507 不动声色
13508 成活率
13509 调集
13510 高瞻远瞩
13511 观音
13512 害人
13513 缉毒
13514 减肥
13515 窟
13516 灵通
13517 摩托
13518 平反
13519 随军
13520 唯心主义
13521 喂养
13522 阴沉
13523 报案
13524 爹爹
13525 定性
13526 赌气
13527 惠及
13528 基数
13529 刻不容缓
13530 老干部
13531 疲乏
13532 声道
13533 乌黑
13534 英寸
13535 线段
13536 船闸
13537 春联
13538 糕
13539 回音
13540 时辰
13541 晚宴
13542 相承
13543 舀
13544 壮士
13545 自治州
13546 字眼
13547 澳洲
13548 仓储
13549 吃水
13550 出产
13551 打折扣
13552 号令
13553 纪念品
13554 交错
13555 交火
13556 老兄
13557 历次
13558 诺贝尔奖
13559 帕
13560 乞讨
13561 亲家
13562 夜班
13563 保健品
13564 偿
13565 触目惊心
13566 混淆
13567 军备
13568 撂
13569 内行
13570 企盼
13571 升值
13572 实意
13573 小册子
13574 已故
13575 用具
13576 蜘蛛
13577 重镇
13578 周旋
13579 剥离
13580 存折
13581 单产
13582 复习
13583 镁
13584 疲软
13585 潜移默化
13586 有声有色
13587 争辩
13588 追击
13589 彼岸
13590 到场
13591 故里
13592 含泪
13593 家喻户晓
13594 侃
13595 老天爷
13596 美誉
13597 偏重
13598 球星
13599 晌
13600 束手
13601 玩意儿
13602 血脉
13603 摇曳
13604 一阵风
13605 兆
13606 缝隙
13607 海洛因
13608 旱灾
13609 华文
13610 集市
13611 假币
13612 了结
13613 瞄
13614 收复
13615 阁
13616 一如
13617 营业员
13618 残害
13619 持之以恒
13620 漂浮
13621 骄阳
13622 来历
13623 脸面
13624 瘫
13625 顽皮
13626 纬度
13627 浴室
13628 责任书
13629 置换
13630 做客
13631 傲慢
13632 表姐
13633 剥削阶级
13634 活活
13635 轿子
13636 老祖宗
13637 描
13638 轻盈
13639 闪现
13640 实时
13641 手背
13642 毋
13643 依附
13644 迎风
13645 诱导
13646 愈演愈烈
13647 触目
13648 改写
13649 赶走
13650 金边
13651 性病
13652 照旧
13653 袋子
13654 冬日
13655 动物园
13656 防伪
13657 回访
13658 会合
13659 惊愕
13660 警钟

13661 千金
13662 调皮
13663 伪装
13664 猿
13665 怨言
13666 震慑
13667 惊诧
13668 名堂
13669 器具
13670 刑拘
13671 轻快
13672 实则
13673 通讯员
13674 万象
13675 宝座
13676 参股
13677 参战
13678 长虹
13679 长衫
13680 发呆
13681 档期
13682 红叶
13683 街坊
13684 容许
13685 声乐
13686 险些
13687 虞
13688 政要
13689 纵观
13690 北欧
13691 表弟
13692 抽签
13693 电能
13694 拐杖
13695 怪物
13696 劫持
13697 厉
13698 影院
13699 抓捕
13700 作画
13701 不妙
13702 茶水
13703 朝代
13704 凑巧
13705 党务
13706 风云变幻
13707 华尔街
13708 化妆
13709 基准
13710 橹
13711 起劲
13712 前卫
13713 商用
13714 顺畅
13715 天数
13716 吞噬
13717 外向型
13718 学习班
13719 鸳鸯
13720 咂
13721 当天（dàngtiān）
13722 蹈
13723 尔后
13724 给以
13725 公厕
13726 骨架
13727 娇
13728 苛刻
13729 可恨
13730 快感
13731 唠叨
13732 龙舟
13733 如愿
13734 收治
13735 讨价还价
13736 委派
13737 厢房
13738 子宫
13739 臭氧
13740 高开
13741 打折
13742 多功能
13743 火炉
13744 甲板
13745 牢骚
13746 力所能及
13747 掂
13748 偌大
13749 失事
13750 问答
13751 相隔
13752 眼见
13753 悠扬
13754 眨眼
13755 忠臣
13756 苍老
13757 称得上
13758 纯一
13759 工友
13760 赫
13761 栗
13762 穆
13763 恰巧
13764 探究
13765 锡
13766 匣子
13767 小轿车
13768 衣衫
13769 远景
13770 岳母
13771 长袍
13772 颠覆
13773 断言
13774 俘
13775 他指
13776 梯田
13777 务求
13778 先人
13779 有机物
13780 针灸
13781 智能化
13782 罪人
13783 咚
13784 发火
13785 风味
13786 画画儿
13787 欢笑
13788 家教
13789 监护
13790 里屋
13791 密封
13792 气球
13793 侨务
13794 燃油
13795 史册
13796 现场会
13797 咏
13798 阅览室
13799 征战
13800 珠宝
13801 成片
13802 催生
13803 微创
13804 奋发
13805 革命化
13806 黄海
13807 回声
13808 火力
13809 尾气
13810 学府
13811 步枪
13812 成名
13813 驰名
13814 单薄
13815 腐烂
13816 龚
13817 过量
13818 过热
13819 美味
13820 难事
13821 旗帜鲜明
13822 情理
13823 全盘
13824 三维
13825 石灰
13826 幸好
13827 在下
13828 择业
13829 抹（mò）
13830 斑
13831 储户
13832 大元帅
13833 尖子
13834 结尾
13835 短板
13836 据点
13837 呸
13838 求知
13839 食粮
13840 王后
13841 渥太华
13842 细长
13843 小吃
13844 写生
13845 悦耳
13846 自卑
13847 成语
13848 到访
13849 发电机
13850 发问
13851 砰
13852 噗
13853 衰落
13854 死活
13855 寺院
13856 隋
13857 台词
13858 王宫
13859 无尽
13860 咽（yān）
13861 应诉
13862 菜农
13863 灯泡
13864 换个儿
13865 慌张
13866 挤占
13867 醉驾
13868 浸泡
13869 开朗
13870 老弟
13871 毛驴
13872 墓葬
13873 山寨
13874 堂堂
13875 壮烈
13876 包容
13877 倍加
13878 当月
13879 泛起
13880 封建主义
13881 荒谬
13882 几经
13883 普及率
13884 热能
13885 人行道
13886 三更
13887 硕果
13888 索赔
13889 现年

13890 益处
13891 寓意
13892 政客
13893 春雨
13894 存有
13895 犯法
13896 国度
13897 哼哼
13898 敬爱
13899 力作
13900 麻痹
13901 农具
13902 牵涉
13903 熟知
13904 述评
13905 喔
13906 戏剧性
13907 享誉
13908 艳丽
13909 远古
13910 真假
13911 病逝
13912 不胜
13913 出山
13914 待人
13915 冻土
13916 官场
13917 过人
13918 街区
13919 冷清
13920 强壮
13921 全胜
13922 严酷
13923 碧绿
13924 宠物
13925 创举
13926 发脾气
13927 妓
13928 疏远
13929 水井
13930 绿道
13931 统帅
13932 西风
13933 百花齐放
13934 传教士
13935 催化剂
13936 淡漠
13937 点球
13938 干涸
13939 公决
13940 好戏
13941 拘束
13942 窟窿
13943 卤
13944 适龄
13945 拓
13946 台胞
13947 调处
13948 先天
13949 杨树
13950 首秀
13951 直通
13952 逼迫
13953 逼真
13954 大理石
13955 捣毁
13956 乏力
13957 扶贫济困
13958 服侍
13959 规避
13960 尖叫
13961 解说
13962 久而久之
13963 卷入
13964 满载
13965 形象工程
13966 救市
13967 云雾
13968 迸发
13969 馋
13970 成因
13971 持平
13972 醇
13973 打消
13974 点滴
13975 欢度
13976 兢兢业业
13977 空旷
13978 骡子
13979 马铃薯
13980 情势
13981 水池
13982 消磨
13983 直面
13984 白皮书
13985 卑鄙
13986 挫
13987 降级
13988 老母
13989 没奈何
13990 莫不
13991 男排
13992 涉足
13993 时不时
13994 网银
13995 水乡
13996 外企
13997 懈怠
13998 全球化
13999 星级
14000 远见
14001 包办
14002 第三世界
14003 废品
14004 副业
14005 光阴
14006 快餐
14007 迷恋
14008 末了
14009 切除
14010 收容
14011 无以
14012 小溪
14013 欢聚一堂
14014 黄牛
14015 年薪
14016 器重
14017 山城
14018 深秋
14019 天花板
14020 推移
14021 吓人
14022 心肠
14023 译者
14024 遮掩
14025 阵营
14026 肢体
14027 朝野
14028 陈设
14029 此起彼伏
14030 反攻
14031 纺
14032 直选
14033 复原
14034 旱情
14035 厚望
14036 劲旅
14037 料理
14038 蔑视
14039 热身赛
14040 人民公社
14041 套利
14042 双目
14043 逃离
14044 特质
14045 通行证
14046 学徒
14047 演义
14048 邮寄
14049 账目
14050 蒸汽
14051 主渠道
14052 租用
14053 穿戴
14054 磁性
14055 低沉
14056 房市
14057 翻天覆地
14058 放行
14059 家畜
14060 邻邦
14061 旅店
14062 牵连
14063 晴朗
14064 圈儿
14065 上进
14066 巫
14067 血迹
14068 中子
14069 走遍
14070 富人
14071 港币
14072 骨折
14073 回身
14074 简介
14075 试题
14076 稀罕
14077 相会
14078 有色金属
14079 有意识
14080 钢笔
14081 搁置
14082 抗体
14083 全景
14084 却说
14085 输电
14086 率部
14087 小节
14088 半殖民地
14089 参议员
14090 大气污染
14091 道具
14092 方桌
14093 急躁
14094 脊背
14095 紧锣密鼓
14096 框
14097 镰刀
14098 命中
14099 侵袭
14100 确凿
14101 生机勃勃
14102 手巾
14103 瞎子
14104 冲高
14105 油料
14106 案发
14107 出局
14108 公费
14109 雇主
14110 果农
14111 寄生
14112 钾
14113 截留
14114 惬意
14115 倾心
14116 上扬
14117 天边
14118 推算
14119 西夏

14120 一视同仁
14121 应从
14122 用功
14123 战备
14124 诊疗
14125 病症
14126 带兵
14127 道家
14128 过半
14129 红星
14130 境遇
14131 可悲
14132 女主人
14133 烟尘
14134 枝条
14135 重工业
14136 走过场
14137 分家
14138 攻打
14139 管用
14140 精巧
14141 快步
14142 路基
14143 飘荡
14144 寿险
14145 偎
14146 冶炼
14147 一模一样
14148 低压
14149 东洋
14150 动弹
14151 歌星
14152 公章
14153 居多
14154 篱笆
14155 难（nàn）
14156 崎岖
14157 清风
14158 歪理
14159 嘘
14160 眼花缭乱
14161 志向
14162 绷
14163 表白
14164 惆怅
14165 错位
14166 后事
14167 精灵
14168 年审
14169 举例
14170 垦区
14171 全身心
14172 柔情
14173 烧毁
14174 水灾
14175 屠
14176 外加
14177 殷
14178 银杏
14179 园地
14180 远洋
14181 板栗
14182 耳目
14183 格调
14184 焊
14185 火苗
14186 满腔
14187 杨柳
14188 指纹
14189 传闻
14190 毒性
14191 归于
14192 卡片
14193 刊出
14194 苦练
14195 内疚
14196 前去
14197 全额
14198 上身
14199 厮杀
14200 贪图
14201 题写
14202 万千
14203 小偷儿
14204 秧歌
14205 拍品
14206 专电
14207 点赞
14208 足彩
14209 背诵
14210 侧记
14211 称谓
14212 骨骼
14213 艰险
14214 苦战
14215 联合政府
14216 绵绵
14217 免收
14218 试用
14219 挺拔
14220 下载
14221 写字台
14222 修饰
14223 野马
14224 装配
14225 不甘
14226 佛像
14227 购买力
14228 行家
14229 局域网
14230 抗衡
14231 另行
14232 那会儿
14233 农贸市场
14234 坦言
14235 项链
14236 刑事诉讼
14237 亦即
14238 增量
14239 班组
14240 分院
14241 箍
14242 海浪
14243 鸿沟
14244 护卫
14245 舅父
14246 砍伐
14247 南宋
14248 泥泞
14249 晴天
14250 山洞
14251 生硬
14252 首发
14253 探求
14254 通商
14255 文科
14256 燕子
14257 葬礼
14258 整日
14259 助残
14260 迟缓
14261 分发
14262 分娩
14263 高位
14264 焕然一新
14265 恍然大悟
14266 绢
14267 君主
14268 陇
14269 千米
14270 抢修
14271 无赖
14272 无理
14273 紫外线
14274 自查
14275 蝉
14276 窗台
14277 大少爷
14278 掉头
14279 肝脏
14280 稿费
14281 故作
14282 拐卖
14283 海运
14284 好学
14285 活佛
14286 蒙受
14287 猛虎
14288 免不得
14289 名列前茅
14290 扇子
14291 怂恿
14292 推断
14293 议和
14294 屹立
14295 月色
14296 桌椅
14297 比率
14298 大有作为
14299 故土
14300 赫然
14301 候鸟
14302 浦
14303 身价
14304 硕大
14305 淘气
14306 席卷
14307 小看
14308 辛酸
14309 兴隆
14310 胸襟
14311 遗物
14312 追加
14313 鲍
14314 参选
14315 产区
14316 逞
14317 纯属
14318 点名
14319 物权
14320 电场
14321 奋起
14322 涵养
14323 黄沙
14324 混蛋
14325 凉水
14326 马拉松
14327 女王
14328 厚积薄发
14329 入关
14330 师德
14331 羞涩
14332 液晶
14333 用量
14334 掌柜的
14335 版画
14336 长工
14337 凑合
14338 丁粮
14339 雇佣
14340 裂缝
14341 前门
14342 欠款
14343 歉意
14344 蠕动
14345 骚动
14346 商贩
14347 提法
14348 洗手
14349 宣战

14350 宜人
14351 引力
14352 编队
14353 虫子
14354 订购
14355 冠名
14356 荷
14357 急速
14358 家产
14359 棱
14360 南面
14361 起因
14362 王室
14363 物件
14364 血腥
14365 霸权
14366 出没
14367 床单
14368 动画片
14369 对头（duìtóu）
14370 光合作用
14371 归根结底
14372 宦官
14373 结核病
14374 来人
14375 流逝
14376 戚
14377 文艺复兴
14378 病变
14379 地道（dìdào）
14380 动心
14381 盾
14382 挥霍
14383 极地
14384 架设
14385 截住
14386 晾
14387 没完没了
14388 宁肯
14389 平生
14390 守卫
14391 耸立
14392 文风
14393 啸
14394 信奉
14395 宴请
14396 英模
14397 侦察机
14398 逐级
14399 保鲜
14400 婊子
14401 诚心
14402 赤裸裸
14403 可不是
14404 历史唯物主义
14405 良机
14406 滤
14407 埋藏
14408 渺茫
14409 排行榜
14410 热忱
14411 荣耀
14412 受阻
14413 述说
14414 童谣
14415 习性
14416 下大力气
14417 腌
14418 栽种
14419 张口
14420 标价
14421 裁减
14422 初二
14423 分兵
14424 庚
14425 公车
14426 管线
14427 架构
14428 矫正
14429 军衔
14430 铭记
14431 清扫
14432 搔
14433 身世
14434 食指
14435 首付款
14436 协和
14437 中人
14438 苍茫
14439 床位
14440 估量
14441 骨灰
14442 惶恐
14443 激昂
14444 记事
14445 决裂
14446 青铜
14447 书生
14448 算盘
14449 所作所为
14450 文史
14451 无几
14452 星球
14453 修补
14454 冶
14455 有成
14456 持枪
14457 处死
14458 大笔
14459 大势
14460 电气化
14461 豪迈
14462 军医
14463 陋习
14464 落水
14465 苗子
14466 鸣放
14467 没落
14468 人参
14469 糖果
14470 质地
14471 走狗
14472 芭蕾舞
14473 发言权
14474 基本功
14475 坚韧
14476 介意
14477 介质
14478 看起来
14479 例证
14480 魄力
14481 人命
14482 事业心
14483 输液
14484 伪劣
14485 月中
14486 必胜
14487 存心
14488 咕噜（gūlū）
14489 汗珠
14490 贺词
14491 肌肤
14492 敬献
14493 酒楼
14494 凉爽
14495 临终
14496 牌照
14497 三位一体
14498 伤势
14499 头晕
14500 消亡
14501 萧条
14502 纸杯
14503 有为
14504 杂乱
14505 咋办
14506 战马
14507 减仓
14508 暗淡
14509 博大精深
14510 芳香
14511 敷
14512 福祉
14513 孤寂
14514 华诞
14515 击毙
14516 空难
14517 离散
14518 贫农
14519 敲打
14520 酋长
14521 容貌
14522 生力军
14523 手软
14524 吞吐量
14525 下拨
14526 招考
14527 不无
14528 纯真
14529 法语
14530 父老
14531 毫克
14532 好说
14533 浩瀚
14534 暖气
14535 围观
14536 辍
14537 璀璨
14538 撮（cuō）
14539 胆小
14540 当（dàng）
14541 话费
14542 会徽
14543 进士
14544 匹配
14545 评点
14546 享用
14547 野草
14548 治学
14549 追捕
14550 奥委会
14551 城郊
14552 城楼
14553 防病
14554 风潮
14555 歌谣
14556 寒气
14557 美满
14558 配方
14559 奇观
14560 起眼
14561 丘
14562 神灵
14563 石碑
14564 剃头
14565 旺季
14566 一目了然
14567 应试
14568 阅历
14569 罪状
14570 充电
14571 初三
14572 国计民生
14573 河段
14574 麾下
14575 年检

14576 蛐蛐儿
14577 实属
14578 孙女
14579 逃难
14580 徒步
14581 新潮
14582 遗存
14583 寓言
14584 展台
14585 自始至终
14586 比拟
14587 薄膜
14588 餐具
14589 发芽
14590 付给
14591 冠军赛
14592 好生
14593 褐色
14594 花白
14595 僵硬
14596 理发
14597 女双
14598 实例
14599 先烈
14600 心动
14601 咽喉
14602 延期
14603 睁眼
14604 把门
14605 车道
14606 格言
14607 灌木
14608 靠拢
14609 拍打
14610 潜入
14611 帖
14612 鸣
14613 扬言
14614 越野
14615 驰骋
14616 相片
14617 打球
14618 登载
14619 公墓
14620 诙谐
14621 荆
14622 目瞪口呆
14623 逆差
14624 氢气
14625 清早
14626 软实力
14627 赏赐
14628 脱钩
14629 哑巴
14630 雨季
14631 侄女
14632 制备
14633 代办
14634 单单
14635 化学武器
14636 剂量
14637 教条主义
14638 尽如人意
14639 内务
14640 嗜好
14641 收据
14642 水草
14643 水桶
14644 顺从
14645 推敲
14646 喜出望外
14647 喧哗
14648 夜半
14649 主帅
14650 坠毁
14651 废气
14652 脚跟
14653 节俭
14654 良久
14655 韦
14656 一瞥
14657 异国
14658 病菌
14659 超群
14660 丛林
14661 碘
14662 江面
14663 交会
14664 男双
14665 社交
14666 忘我
14667 游玩
14668 战俘
14669 着火
14670 知己
14671 鳖
14672 并用
14673 慈祥
14674 放火
14675 高技术
14676 花粉
14677 烙
14678 免税
14679 暮色
14680 贫苦
14681 牵制
14682 噙
14683 区区
14684 热线电话
14685 文化站
14686 掩映
14687 预订
14688 不祥
14689 粗放
14690 倒逼
14691 渡口
14692 合理化
14693 阶梯
14694 界面
14695 买方
14696 散落
14697 推卸
14698 脏病
14699 抱负
14700 本体
14701 沉没
14702 纯朴
14703 盗贼
14704 番茄
14705 肥皂
14706 估价
14707 和蔼
14708 花纹
14709 技术性
14710 胶囊
14711 教义
14712 猛进
14713 炮台
14714 蹂躏
14715 贪官
14716 外行
14717 相持
14718 厌烦
14719 鼻梁
14720 冲刺
14721 大款
14722 贩子
14723 功力
14724 看透
14725 联防
14726 络绎
14727 漫游
14728 评说
14729 删
14730 弹劾
14731 邢
14732 应力
14733 札记
14734 长者
14735 肇事
14736 注目
14737 安稳
14738 草丛
14739 次要
14740 大作
14741 毒害
14742 功利
14743 豁
14744 扣留
14745 茂密
14746 盟友
14747 扑通
14748 情意
14749 伸展
14750 失守
14751 体谅
14752 警醒
14753 五花八门
14754 烟卷儿
14755 腰包
14756 一席之地
14757 右侧
14758 约合
14759 中小型
14760 嘱托
14761 掰
14762 拨通
14763 嗔
14764 春光
14765 大本营
14766 断断续续
14767 工农兵
14768 借机
14769 老娘
14770 累累（lěilěi）
14771 面世
14772 莫过于
14773 咆哮
14774 起先
14775 稀疏
14776 有赖于
14777 责怪
14778 政工
14779 踪迹
14780 不起眼
14781 大有可为
14782 都城
14783 飞天
14784 工分
14785 共事
14786 鬼神
14787 狐
14788 回旋
14789 煎熬
14790 襟
14791 具体化
14792 牟
14793 人气
14794 狩猎
14795 系统性
14796 余年
14797 炸（zhá）
14798 保湿
14799 涨幅
14800 中游
14801 中指
14802 北宋
14803 背面
14804 草帽

14805 草莓
14806 喘气
14807 房租
14808 沸
14809 核桃
14810 花篮
14811 来意
14812 领衔
14813 浓烈
14814 审问
14815 胜过
14816 诗篇
14817 输血
14818 洗涤
14819 闲暇
14820 心胸
14821 选育
14822 怔怔
14823 周身
14824 专列
14825 报馆
14826 豹子
14827 缠绕
14828 功底
14829 悔恨
14830 紧要
14831 绝迹
14832 世世代代
14833 手稿
14834 税源
14835 无动于衷
14836 西医
14837 有效期
14838 镯子
14839 懊悔
14840 百货
14841 病态
14842 菖蒲
14843 军费
14844 难能可贵
14845 神韵
14846 死神
14847 蒜
14848 值勤
14849 自重
14850 作家协会
14851 北边
14852 充沛
14853 多种经营
14854 而外
14855 火速
14856 旧式
14857 名士
14858 枪口
14859 盛情
14860 滩涂
14861 唯独
14862 畜产品
14863 要脸
14864 硬币
14865 战死
14866 振作
14867 东家
14868 放肆
14869 基调
14870 科委
14871 临死
14872 临行
14873 尼姑
14874 枪击
14875 日日夜夜
14876 市郊
14877 说教
14878 特制
14879 赞许
14880 注释
14881 暗访
14882 大兵
14883 大环境
14884 勾勒
14885 酒席
14886 擂
14887 陪审员
14888 雀
14889 始终不渝
14890 鼠标
14891 网络游戏
14892 唯恐
14893 狭义
14894 暴行
14895 北伐
14896 闭塞
14897 提防
14898 地皮
14899 乏味
14900 奋发有为
14901 古朴
14902 惊呼
14903 开明
14904 看守所
14905 老式
14906 连带
14907 没完
14908 明快
14909 演唱会
14910 应聘
14911 幽静
14912 战前
14913 争斗
14914 烛
14915 自首
14916 暴动
14917 变态
14918 才子
14919 差价
14920 沉醉
14921 淀粉
14922 动脉
14923 纷繁
14924 挥动
14925 或多或少
14926 街巷
14927 节电
14928 精子
14929 跨度
14930 麦当劳
14931 判刑
14932 潜意识
14933 浅薄
14934 热土
14935 玩忽职守
14936 消逝
14937 宣传队
14938 药方
14939 主机
14940 阻拦
14941 巴不得
14942 不消
14943 常住
14944 低矮
14945 电子计算机
14946 咕
14947 郊
14948 睫毛
14949 开销
14950 值守
14951 可可
14952 劝慰
14953 天平
14954 孝敬
14955 行医
14956 硬盘
14957 争先
14958 鞭策
14959 大典
14960 分清
14961 高耸
14962 更名
14963 公有
14964 猫腻
14965 花瓶
14966 简朴
14967 居室
14968 可口
14969 面人儿
14970 排演
14971 叛乱
14972 启事
14973 色泽
14974 山庄
14975 算数
14976 挽留
14977 热钱
14978 显眼
14979 训斥
14980 幽幽
14981 壮族
14982 陆（liù）
14983 病因
14984 掂
14985 儿时
14986 发音
14987 雇用
14988 南瓜
14989 智库
14990 嫖
14991 仁义
14992 拖鞋
14993 祥云
14994 郁
14995 避暑
14996 不振
14997 惨痛
14998 插图
14999 隔绝
15000 工种
15001 航空器
15002 脚印
15003 骏马
15004 来客
15005 鲤鱼
15006 领空
15007 面具
15008 泥石流
15009 色调
15010 声援
15011 涮
15012 验证码
15013 特派
15014 相撞
15015 小鬼
15016 液化
15017 一瞬
15018 硬化
15019 由来
15020 有条不紊
15021 总产
15022 翻滚
15023 撕裂
15024 付诸
15025 灌输
15026 火药
15027 接应
15028 井下
15029 敬礼
15030 口水
15031 矿泉水
15032 累积
15033 内线
15034 皮带

15035 签发
15036 轻型
15037 秋收
15038 深重
15039 说笑
15040 听觉
15041 无能为力
15042 吓唬
15043 原则性
15044 真谛
15045 中坚
15046 卓著
15047 白面
15048 比价
15049 补课
15050 测验
15051 订婚
15052 洞穴
15053 繁荣昌盛
15054 机枪
15055 鲸
15056 路费
15057 悄声
15058 求是
15059 日均
15060 洒脱
15061 乌龟
15062 杂草
15063 争先恐后
15064 知识青年
15065 布景
15066 冲洗
15067 得体
15068 离奇
15069 难听
15070 攀比
15071 拳击
15072 相率
15073 修炼
15074 游离
15075 栽植
15076 知心
15077 总而言之
15078 港元
15079 谷地
15080 狠心
15081 交响曲
15082 冷气
15083 论著
15084 名贵
15085 其时
15086 权势
15087 柔道
15088 生源
15089 柿子
15090 西汉
15091 虚幻
15092 阉
15093 眼球
15094 枣树
15095 震荡
15096 致函
15097 自来
15098 足下
15099 参事
15100 产后
15101 沉睡
15102 丢人
15103 告示
15104 刮目相看
15105 静默
15106 离任
15107 拍手
15108 贫血
15109 书目
15110 通货
15111 铜像
15112 托人
15113 锈
15114 以西
15115 罢休
15116 病理
15117 初夏
15118 灰白
15119 空隙
15120 疟疾
15121 强者
15122 设若
15123 收视
15124 苏醒
15125 探寻
15126 维新
15127 暂且
15128 主妇
15129 卓
15130 伴侣
15131 波及
15132 唱腔
15133 大蒜
15134 堕
15135 古都
15136 划时代
15137 货源
15138 老婆子
15139 泪花
15140 门缝
15141 耐人寻味
15142 男女老少
15143 奴婢
15144 善待
15145 生根
15146 圣火
15147 通则
15148 下床
15149 宪兵
15150 心病
15151 咒骂
15152 字迹
15153 爱惜
15154 宝剑
15155 不要脸
15156 粗壮
15157 党群
15158 登场（dēngchǎng）
15159 反常
15160 肥沃
15161 划拨
15162 叫唤
15163 经济林
15164 巨幅
15165 炼油
15166 年岁
15167 茄子
15168 生态平衡
15169 非遗
15170 实况
15171 赎
15172 太阳系
15173 推倒
15174 香水
15175 争气
15176 房顶
15177 光临
15178 海岸线
15179 家居
15180 公务卡
15181 鞠
15182 亏得
15183 连载
15184 轮子
15185 盆景
15186 全套
15187 唯物论
15188 未可
15189 心连心
15190 野花
15191 医术
15192 语录
15193 原型
15194 庇护
15195 锄头
15196 创收
15197 村寨
15198 倒卖
15199 锋利
15200 估
15201 急事
15202 焦灼
15203 结合部
15204 冷冻
15205 无常
15206 瞎说
15207 绣花
15208 摇摆
15209 阴雨
15210 英镑
15211 宝宝
15212 插手
15213 毒素
15214 恶狠狠
15215 归功
15216 海平面
15217 混杂
15218 火车头
15219 奖状
15220 景致
15221 恐吓
15222 目击者
15223 恼火
15224 骑士
15225 跷
15226 清秀
15227 伤人
15228 外套
15229 幼小
15230 自豪感
15231 避难
15232 服刑
15233 混沌
15234 矜持
15235 宽度
15236 立于
15237 寥寥
15238 没（mò）
15239 女仆
15240 庞
15241 哨兵
15242 巳
15243 象牙
15244 意味深长
15245 装束
15246 成倍
15247 第一手
15248 方便面
15249 方正
15250 浩然
15251 换句话说
15252 黄帝
15253 技法
15254 锹
15255 切合
15256 骚
15257 天河
15258 自考
15259 文官
15260 嬉戏
15261 小报
15262 兴味
15263 以东

15264 安顿
15265 病痛
15266 畅快
15267 单个儿
15268 勾当
15269 会战
15270 借以
15271 决意
15272 科考
15273 建言
15274 美食
15275 日用
15276 赡养
15277 逃亡
15278 疼爱
15279 阳性
15280 站台
15281 征订
15282 粉末
15283 膏
15284 挂帅
15285 糠
15286 理事国
15287 连日
15288 茂盛
15289 迷惘
15290 脾
15291 银河
15292 应声（yìngshēng）
15293 园艺
15294 斟酌
15295 作弊
15296 斑斑
15297 边陲
15298 编撰
15299 不迭
15300 参赞
15301 恶毒
15302 赶不上
15303 光棍儿
15304 回忆录
15305 技术革命
15306 渴求
15307 空荡荡
15308 批斗
15309 飘浮
15310 心绪
15311 行署
15312 研讨班
15313 耀
15314 抑或
15315 硬要
15316 真伪
15317 巴结
15318 波澜壮阔
15319 惨案
15320 晨报
15321 吠
15322 呼吸道
15323 季节性
15324 剧组
15325 老话
15326 联谊
15327 略微
15328 苗头
15329 沤
15330 飘逸
15331 迫在眉睫
15332 切割
15333 切齿
15334 外文
15335 虚实
15336 足坛
15337 本该
15338 不言而喻
15339 茶壶
15340 锤炼
15341 大政方针
15342 调拨
15343 调任
15344 飞奔
15345 高寒
15346 近海
15347 考查
15348 可巧
15349 腼腆
15350 渺小
15351 强加
15352 清廉
15353 山乡
15354 时至今日
15355 现时
15356 忧心忡忡
15357 晕倒
15358 终审
15359 冰雹
15360 杳
15361 改称
15362 孤单
15363 怪事
15364 季风
15365 监禁
15366 主播
15367 句号
15368 诺言
15369 迁入
15370 钱包
15371 切要
15372 锐利
15373 圣洁
15374 庭审
15375 夏粮
15376 血缘
15377 应市
15378 有数
15379 张力
15380 殖民主义
15381 庄园
15382 安放
15383 重振
15384 绸缎
15385 大势所趋
15386 抵挡
15387 粉尘
15388 特稿
15389 话头
15390 决计
15391 老板娘
15392 鳞
15393 任性
15394 商品化
15395 随地
15396 停泊
15397 无异
15398 优于
15399 原子核
15400 憎恨
15401 奔放
15402 瘪
15403 衬托
15404 丰功伟绩
15405 甘于
15406 港人
15407 归功于
15408 柜子
15409 开导
15410 苦衷
15411 满面
15412 桥牌
15413 试制
15414 挺身而出
15415 晚霞
15416 沃土
15417 音符
15418 早起
15419 宅基地
15420 侦探小说
15421 专卖店
15422 总分
15423 嘲弄
15424 程式
15425 串联
15426 大团结
15427 纷争
15428 丰产
15429 丰盛
15430 风能
15431 惊呆
15432 卖淫
15433 士卒
15434 手提
15435 岁末
15436 游泳池
15437 语义
15438 蕴涵
15439 变量
15440 残废
15441 潮汐
15442 筹委会
15443 击退
15444 嘹亮
15445 临时工
15446 落伍
15447 门下
15448 密集型
15449 面包车
15450 剖
15451 潜水
15452 顷
15453 先发制人
15454 小行星
15455 笑眯眯
15456 造诣
15457 政令
15458 包厢
15459 钵
15460 当先
15461 到头
15462 愕然
15463 法纪
15464 共同点
15465 回响
15466 浇灌
15467 螺旋
15468 大江南北
15469 轻工业
15470 审慎
15471 升降
15472 水系
15473 维吾尔族
15474 戏院
15475 小米
15476 眼睁睁
15477 盎然
15478 得胜
15479 负伤
15480 洪灾
15481 及格
15482 酒会
15483 救护车
15484 刊发
15485 扫地
15486 沙沙
15487 时时刻刻
15488 紊乱
15489 问卷
15490 武士
15491 烟袋
15492 瞻仰

15493 展位
15494 族人
15495 表象
15496 床沿
15497 跺
15498 高强
15499 洪流
15500 吉隆坡
15501 捋（lǚ）
15502 秘诀
15503 女将
15504 皮革
15505 取名
15506 三包
15507 特约
15508 天涯
15509 脱口
15510 心甘情愿
15511 珠子
15512 并行
15513 端详（duānxiang）
15514 断流
15515 服药
15516 进退
15517 拉扯
15518 私有制
15519 选编
15520 眼帘
15521 一刀切
15522 营房
15523 友善
15524 着装
15525 出租汽车
15526 初具规模
15527 独占
15528 发源地
15529 仿真
15530 改动
15531 广袤
15532 欢送
15533 涣散
15534 捷径
15535 九州
15536 韭菜
15537 惧怕
15538 可否
15539 宽厚
15540 理论界
15541 沥青
15542 美育
15543 篷
15544 青天
15545 山歌
15546 尸首
15547 藤椅
15548 铁矿
15549 中风
15550 畜生
15551 底细
15552 蹲点
15553 多彩
15554 抄底
15555 根除
15556 孤寡
15557 孤零零
15558 减速
15559 静态
15560 开动
15561 挎
15562 凉风
15563 刷卡
15564 原名
15565 辙
15566 白银
15567 保护价
15568 驳斥
15569 藏身
15570 查实
15571 出狱
15572 厄运
15573 告急
15574 沾
15575 河面
15576 轰鸣
15577 交费
15578 惊险
15579 举世
15580 买主
15581 毛笔
15582 母校
15583 男士
15584 寝室
15585 省事
15586 盛装
15587 停工
15588 头皮
15589 五彩
15590 西非
15591 鞋底
15592 羞辱
15593 演进
15594 引路
15595 游牧
15596 朝气蓬勃
15597 住址
15598 注销
15599 转战
15600 追忆
15601 啊呀
15602 不屈不挠
15603 苍凉
15604 缠绵
15605 厂矿
15606 出众
15607 出主意
15608 大气（dàqi）
15609 机灵
15610 京郊
15611 扣子
15612 立交桥
15613 脸皮
15614 琳琅满目
15615 裸体
15616 满眼
15617 清贫
15618 射门
15619 视而不见
15620 添置
15621 土著
15622 喜气洋洋
15623 有声
15624 战区
15625 氨基酸
15626 悲凉
15627 剁
15628 汞
15629 化身
15630 火气
15631 锦绣
15632 军心
15633 宽裕
15634 礼节
15635 庙宇
15636 亲吻
15637 鲨鱼
15638 爽朗
15639 文化宫
15640 窝囊
15641 须知
15642 幽灵
15643 字形
15644 班车
15645 比不上
15646 常态
15647 初年
15648 错案
15649 短篇
15650 风头
15651 馆子
15652 后裔
15653 集约
15654 教研室
15655 净增
15656 拉力
15657 亮光
15658 绳索
15659 凶狠
15660 照应（zhàoyìng）
15661 包庇
15662 嘲讽
15663 迟钝
15664 府上
15665 官府
15666 核对
15667 集中营
15668 近视
15669 淋漓尽致
15670 绺
15671 逆转
15672 贫瘠
15673 痊愈
15674 人际
15675 水生
15676 挖苦
15677 吁
15678 鸦片战争
15679 养生
15680 有目共睹
15681 阵亡
15682 追悼会
15683 白条
15684 保暖
15685 产妇
15686 橱窗
15687 次序
15688 从重
15689 存活
15690 翡翠
15691 过期
15692 克扣
15693 明儿
15694 配制
15695 起家
15696 桥头
15697 时效
15698 刷新
15699 五彩缤纷
15700 显示器
15701 新编
15702 战功
15703 中性
15704 自由主义
15705 作曲
15706 包干儿
15707 裁缝（cáifeng）
15708 电量
15709 定型
15710 反应堆
15711 古镇
15712 嚎
15713 挤压
15714 录音机
15715 农工
15716 审判长
15717 盛事
15718 收养

15719 应征
15720 游记
15721 原著
15722 装卸
15723 自省
15724 仇人
15725 地价
15726 计策
15727 价位
15728 间或
15729 前脸
15730 帘子
15731 民乐
15732 年长
15733 尿素
15734 怒火
15735 企业化
15736 群落
15737 视听
15738 受罪
15739 铁匠
15740 作成
15741 摆布
15742 饼干
15743 大赦
15744 玖
15745 装甲
15746 老字号
15747 立国
15748 利润率
15749 捏造
15750 浓烟
15751 弱化
15752 手足
15753 书市
15754 坍塌
15755 天皇
15756 无为
15757 仙女
15758 专页
15759 字画
15760 摆弄
15761 比比皆是
15762 步履
15763 大革命
15764 敌机
15765 顶尖
15766 放养
15767 公演
15768 海港
15769 荒芜
15770 黄花
15771 进言
15772 空闲
15773 民风
15774 欠账
15775 儒学
15776 锐意
15777 四合院
15778 委婉
15779 预告
15780 杂物
15781 催化
15782 挫伤
15783 殆尽
15784 扼杀
15785 构图
15786 顾忌
15787 患难
15788 密密麻麻
15789 铺天盖地
15790 人世间
15791 死角
15792 所到之处
15793 挺直
15794 透镜
15795 悉数
15796 悉心
15797 溪水
15798 写意
15799 有别
15800 有礼
15801 杂质
15802 战败
15803 种族主义
15804 主儿
15805 坠落
15806 座无虚席
15807 保温
15808 搏击
15809 沉积物
15810 兑付
15811 赶路
15812 告终
15813 鼾声
15814 笃行
15815 红领巾
15816 开刀
15817 漫天
15818 门框
15819 魔术
15820 瘦弱
15821 行不通
15822 遥望
15823 雨天
15824 标致
15825 篡改
15826 二胡
15827 复审
15828 讥讽
15829 加速度
15830 降幅
15831 进发
15832 拉手（lāshǒu）
15833 涉及面
15834 世家
15835 首发式
15836 数控
15837 医科
15838 征途
15839 植入
15840 纸币
15841 周全
15842 烛光
15843 自然规律
15844 总则
15845 混战
15846 激怒
15847 惊惶
15848 竞争机制
15849 军属
15850 山口
15851 闪动
15852 瓦房
15853 五颜六色
15854 心怀
15855 血吸虫
15856 怨气
15857 约束力
15858 闸门
15859 别开生面
15860 不俗
15861 草草
15862 车展
15863 古董
15864 广交
15865 号角
15866 皇宫
15867 狂欢
15868 拉丁美洲
15869 偏爱
15870 盘整
15871 起始
15872 腔调
15873 取材
15874 取长补短
15875 取经
15876 扫帚
15877 食用菌
15878 位移
15879 无形中
15880 靴
15881 一揽子
15882 专长
15883 版图
15884 病历
15885 初恋
15886 床铺
15887 词句
15888 富翁
15889 纪事
15890 旧时
15891 轮换
15892 漠视
15893 轻而易举
15894 日语
15895 死尸
15896 头绪
15897 漩涡
15898 央求
15899 蚁
15900 紫禁城
15901 宠爱
15902 纷乱
15903 感伤
15904 键盘
15905 敬老院
15906 开具
15907 旷野
15908 拉力赛
15909 连绵
15910 凝望
15911 饰演
15912 听课
15913 相间
15914 招致
15915 朝日
15916 枕头
15917 忠厚
15918 白血病
15919 大众化
15920 复出
15921 敢当
15922 荒诞
15923 歼灭
15924 剪彩
15925 流利
15926 隆起
15927 旅居
15928 恼怒
15929 脑壳
15930 石桥
15931 水路
15932 送交
15933 逃犯
15934 妄想
15935 心坎
15936 长相
15937 正色
15938 中盘
15939 中型
15940 子弟兵
15941 晨曦
15942 法郎
15943 吼叫
15944 机关报
15945 讲理
15946 浸润
15947 久违

15948 决断
15949 可敬
15950 连环
15951 遛
15952 气节
15953 求救
15954 圈套
15955 烧香
15956 蛙泳
15957 映照
15958 猜疑
15959 顶级
15960 独生子女
15961 厄尔尼诺
15962 放纵
15963 共谋
15964 癸
15965 评介
15966 完事
15967 无机
15968 语重心长
15969 运载
15970 不屈
15971 菜地
15972 雏形
15973 登极
15974 调离
15975 赌场
15976 粉红
15977 扶植
15978 过招儿
15979 工匠
15980 忌讳
15981 眷恋
15982 门楼
15983 山水画
15984 舍弃
15985 社会活动
15986 琐碎
15987 桃子
15988 同化
15989 下方
15990 应运
15991 摘取
15992 直流
15993 总厂
15994 帮手
15995 闭门
15996 大人物
15997 大项
15998 地膜
15999 帝制
16000 福音
16001 哥们儿
16002 后背
16003 截断
16004 径流
16005 密布
16006 属实
16007 算计
16008 天命
16009 吐蕃
16010 外力
16011 妖精
16012 衣食
16013 直立
16014 装机
16015 保税区
16016 不亚于
16017 登时
16018 光环
16019 好手
16020 火化
16021 计票
16022 立足点
16023 了事
16024 煤窑
16025 青年团
16026 全权大使
16027 市镇
16028 熟识
16029 同声
16030 统称
16031 相交
16032 烟叶
16033 一色
16034 雨点
16035 中古
16036 诸君
16037 字句
16038 祖祖辈辈
16039 本职
16040 捕获
16041 杜鹃
16042 发稿
16043 封闭式
16044 浸透
16045 老公
16046 老龄化
16047 漫不经心
16048 锐减
16049 赛程
16050 圣诞节
16051 试探（shìtan）
16052 俗语
16053 委任
16054 无畏
16055 银屏
16056 伫立
16057 奏效
16058 打黑
16059 带子
16060 复发
16061 港台
16062 过瘾
16063 良田
16064 麻袋
16065 深海
16066 凌乱
16067 失常
16068 互联网＋
16069 史书
16070 替换
16071 投奔
16072 往昔
16073 新娘子
16074 雄性
16075 元气
16076 记忆犹新
16077 家常
16078 螺
16079 美貌
16080 逆境
16081 清爽
16082 远望
16083 把守
16084 单人
16085 寒暄
16086 胡思乱想
16087 继承人
16088 进行曲
16089 平定
16090 蚯蚓
16091 特产
16092 舞会
16093 眼科
16094 再审
16095 重头戏
16096 孢子
16097 笨拙
16098 仓皇
16099 大堂
16100 肤色
16101 复合型
16102 公债
16103 据称
16104 军情
16105 矿石
16106 奴隶主
16107 随时随地
16108 亵渎
16109 雄风
16110 追查
16111 安居
16112 根子
16113 好儿
16114 金光
16115 联欢会
16116 落空
16117 门帘
16118 那般
16119 内河
16120 评书
16121 青色
16122 燃煤
16123 人治
16124 森严
16125 失明
16126 生鲜
16127 石刻
16128 书斋
16129 信函
16130 夜校
16131 优胜劣汰
16132 振荡
16133 磁带
16134 村头
16135 大刀阔斧
16136 大王（dàwáng）
16137 大戏
16138 滴水
16139 叮咛
16140 高下
16141 行当
16142 积水
16143 金鱼
16144 决算
16145 两翼
16146 屡见不鲜
16147 谋杀
16148 凄惨
16149 呛（qiàng）
16150 骚乱
16151 脱身
16152 栩栩如生
16153 栅栏
16154 正统
16155 专题片
16156 准许
16157 自是
16158 大刀
16159 顶端
16160 繁琐
16161 分校
16162 干枯
16163 勾画
16164 股子
16165 横跨
16166 湖畔
16167 嘉奖
16168 靠山
16169 南洋
16170 囊括
16171 升腾
16172 依恋
16173 依稀
16174 战地
16175 忠心

16176 终极
16177 贮藏
16178 欠薪
16179 总行
16180 纵火
16181 半边
16182 刨子
16183 恶梦
16184 寄宿
16185 竞技体育
16186 老两口
16187 申遗
16188 老奶奶
16189 烙印
16190 没准儿
16191 亲历
16192 膳食
16193 声望
16194 松散
16195 提心吊胆
16196 早熟
16197 绽放
16198 中用
16199 表现力
16200 畅所欲言
16201 传导
16202 官职
16203 何妨
16204 尽心
16205 经济危机
16206 慨然
16207 路途
16208 锰
16209 绵羊
16210 迫于
16211 随从
16212 逃生
16213 五官
16214 心虚
16215 一席话
16216 执笔
16217 装点
16218 不锈钢
16219 成家
16220 大车
16221 贩运
16222 分辩
16223 光头
16224 贵人
16225 哄（hōng）
16226 接管
16227 军火
16228 良策
16229 羚羊
16230 南美洲
16231 气度
16232 身段
16233 瘦小
16234 摊点
16235 先河
16236 学系
16237 营利
16238 云彩
16239 指派
16240 穿插
16241 刺耳
16242 代号
16243 胆识
16244 发包
16245 副总
16246 挂号
16247 花坛
16248 泪眼
16249 灵芝
16250 凝神
16251 铺盖
16252 损耗
16253 台子
16254 外号
16255 信得过
16256 兴盛
16257 幸免
16258 掌管
16259 整夜
16260 正午
16261 大悟
16262 鳄鱼
16263 胳臂
16264 海棠
16265 花瓣
16266 还贷
16267 几分
16268 落日
16269 美金
16270 女方
16271 气焰
16272 人中
16273 三九
16274 水道
16275 探听
16276 滔滔不绝
16277 退休金
16278 下狱
16279 余下
16280 自理
16281 啊（ā）
16282 保龄球
16283 报价
16284 奔流
16285 比武
16286 不败之地
16287 彩旗
16288 插话
16289 过冬
16290 河堤
16291 洪亮
16292 糊里糊涂
16293 继母
16294 静寂
16295 抗癌
16296 嗑
16297 拦阻
16298 立意
16299 茅屋
16300 命脉
16301 枪杀
16302 热泪盈眶
16303 杀伤
16304 上限
16305 完结
16306 无话可说
16307 一星儿
16308 致敬
16309 暗想
16310 罢了（bàliǎo）
16311 帮困
16312 盹儿
16313 附带
16314 关东
16315 核潜艇
16316 经不起
16317 痉挛
16318 快车道
16319 缭绕
16320 路人
16321 末年
16322 器件
16323 牵扯
16324 商城
16325 书局
16326 孝顺
16327 谢罪
16328 一帆风顺
16329 知音
16330 碧波
16331 菜刀
16332 操练
16333 船队
16334 慈爱
16335 底部
16336 典籍
16337 跺脚
16338 画报
16339 环顾
16340 举证
16341 老哥
16342 录像带
16343 马列
16344 海归
16345 袍子
16346 巧合
16347 体态
16348 偷窥
16349 腺
16350 殷墟
16351 拥戴
16352 有意无意
16353 拙
16354 着眼点
16355 抽搐
16356 大干
16357 定时
16358 隔阂
16359 姑息
16360 洪峰
16361 花色
16362 澎湃
16363 认购
16364 瓮
16365 巷子
16366 心甘
16367 亚热带
16368 一朝
16369 右倾
16370 中锋
16371 乘胜
16372 单向
16373 方兴未艾
16374 馆藏
16375 海风
16376 荤
16377 经常化
16378 勘测
16379 玲珑
16380 米饭
16381 熔
16382 湿漉漉
16383 水管
16384 象征性
16385 异口同声
16386 浴场
16387 中草药
16388 大鼓
16389 道口
16390 对不住
16391 甘愿
16392 管子
16393 敬仰
16394 窘迫
16395 民房
16396 墓碑
16397 酿
16398 赔付
16399 区间
16400 权衡
16401 赛马
16402 哨所
16403 盛产
16404 士大夫

16405	馅	16451	动脑筋	16497	限售	16543	十字路口	16589	裁员
16406	孝子	16452	发案	16498	皮箱	16544	肃清	16590	多姿多彩
16407	蓄意	16453	滚烫	16499	婆家	16545	效用	16591	附着
16408	义理	16454	奖杯	16500	青菜	16546	熊猫	16592	感召
16409	侄子	16455	接壤	16501	扫兴	16547	新常态	16593	躬身
16410	撰文	16456	决非	16502	卫兵	16548	烟火	16594	故事片
16411	阿妈	16457	裤裆	16503	五代	16549	英才	16595	画儿
16412	保重	16458	老大难	16504	武艺	16550	鹦鹉	16596	交货
16413	吹牛	16459	木棍	16505	消瘦	16551	原煤	16597	介绍信
16414	大不了	16460	品鉴	16506	行路	16552	杂费	16598	农奴
16415	东汉	16461	曲目	16507	选址	16553	中枢	16599	爬行
16416	分立	16462	日头	16508	音节	16554	猪圈	16600	切忌
16417	和善	16463	盛况	16509	中线	16555	装载	16601	求生
16418	集团军	16464	笋	16510	不遗余力	16556	追缴	16602	束手无策
16419	剪影	16465	无毒	16511	出气	16557	挨饿	16603	弹簧
16420	经办	16466	在逃	16512	大褂	16558	八成	16604	天意
16421	巨龙	16467	备用	16513	毒蛇	16559	保洁	16605	推土机
16422	凯旋	16468	匕首	16514	多头	16560	菜肴	16606	外甥
16423	默默无闻	16469	钢板	16515	复印	16561	沉稳	16607	物化
16424	穷困	16470	后宫	16516	割断	16562	疮	16608	印花
16425	受挫	16471	江北	16517	惶惑	16563	大张旗鼓	16609	榆树
16426	头版	16472	念叨	16518	考取	16564	低垂	16610	战果
16427	阻塞	16473	善恶	16519	酷爱	16565	复员	16611	职守
16428	背道而驰	16474	上浮	16520	派员	16566	各样	16612	竹竿
16429	被害人	16475	睡梦	16521	轻柔	16567	攻占	16613	走时
16430	变故	16476	无公害蔬菜	16522	散会	16568	罐子	16614	作怪
16431	成见	16477	霞光	16523	渗出	16569	红线	16615	抽泣
16432	镀	16478	早春	16524	时局	16570	极点	16616	初春
16433	副作用	16479	转弯	16525	相容	16571	酒馆	16617	导读
16434	记忆力	16480	啄	16526	战舰	16572	蓦然	16618	敌视
16435	矿长	16481	自传	16527	众志成城	16573	泥巴	16619	发卡
16436	面颊	16482	字号	16528	安抚	16574	漂泊	16620	架势
16437	难民营	16483	总站	16529	必得	16575	棋盘	16621	抗病
16438	清退	16484	家底	16530	炽热	16576	抢注	16622	闷热
16439	上风	16485	坐镇	16531	电冰箱	16577	杀毒	16623	名师
16440	绾	16486	矮小	16532	渡船	16578	视窗	16624	偏向
16441	小脚	16487	采写	16533	封山育林	16579	守将	16625	认罪
16442	血汗	16488	发笑	16534	高发	16580	算法	16626	塞外
16443	音调	16489	帆船	16535	高扬	16581	提早	16627	侍女
16444	硬性	16490	感化	16536	红润	16582	贴身	16628	衰竭
16445	育才	16491	核发	16537	灰暗	16583	围巾	16629	头人
16446	咱家	16492	激流	16538	骄人	16584	慰藉	16630	文言
16447	直截了当	16493	艰苦卓绝	16539	跤	16585	星空	16631	显赫
16448	充裕	16494	连累	16540	结业	16586	制宪	16632	相得益彰
16449	第一时间	16495	粮农	16541	馕	16587	半封建	16633	心酸
16450	掉过儿	16496	面面相觑	16542	生产率	16588	并排	16634	异化

16635 指挥官
16636 茁壮
16637 白内障
16638 财会
16639 粗犷
16640 短裤
16641 儿孙
16642 格子
16643 骨子里
16644 惯于
16645 急匆匆
16646 戒烟
16647 空想
16648 空缺
16649 累累（léiléi）
16650 量力而行
16651 落选
16652 富二代
16653 深入浅出
16654 巍峨
16655 五四运动
16656 车友
16657 新生儿
16658 雄心
16659 真个
16660 布鞋
16661 扯皮
16662 定论
16663 丢弃
16664 基点
16665 路网
16666 片断
16667 没劲
16668 难言
16669 酿酒
16670 奴役
16671 喷泉
16672 山峦
16673 树皮
16674 滕
16675 头子
16676 微粒
16677 违禁
16678 学人
16679 政体
16680 主观主义
16681 独一无二
16682 取款机
16683 犯规
16684 荷叶
16685 抗诉
16686 拉拢
16687 免疫力
16688 难保
16689 拍板
16690 皮肉
16691 媲美
16692 青春期
16693 绕道
16694 入狱
16695 铁丝
16696 投递
16697 退货
16698 陷害
16699 小道
16700 羞耻
16701 义诊
16702 植株
16703 转运
16704 处世
16705 存亡
16706 地产
16707 副职
16708 褂子
16709 荒原
16710 火种
16711 接二连三
16712 近处
16713 刊载
16714 老友
16715 脸盆
16716 临界
16717 凭空
16718 如故
16719 入围
16720 上天
16721 上文
16722 堂堂正正
16723 无影无踪
16724 谢意
16725 严守
16726 义无反顾
16727 有气
16728 阻断
16729 病害
16730 堵截
16731 端庄
16732 分居
16733 交互
16734 满目
16735 懦弱
16736 枪炮
16737 清偿
16738 惹人
16739 热力
16740 散乱
16741 生疏
16742 守门员
16743 听力
16744 隐秘
16745 赃款
16746 被害
16747 不配
16748 残暴
16749 抄袭
16750 超人
16751 大田
16752 端坐
16753 废纸
16754 公用事业
16755 肌体
16756 激增
16757 教诲
16758 接济
16759 冷风
16760 遴选
16761 贫寒
16762 强攻
16763 书报
16764 斯文
16765 天际
16766 吐痰
16767 遐想
16768 娴熟
16769 寨子
16770 制动
16771 主干
16772 鄙视
16773 长方形
16774 耳闻目睹
16775 发文
16776 壕
16777 居安思危
16778 勒令
16779 论点
16780 派头
16781 墙根
16782 清一色
16783 如愿以偿
16784 首例
16785 通缉
16786 蟋蟀
16787 唷
16788 秒杀
16789 憎恶
16790 滋养
16791 自责
16792 百般
16793 控球
16794 惨遭
16795 导体
16796 叫卖
16797 利索
16798 林海
16799 论调
16800 目送
16801 扭亏为盈
16802 婆娘
16803 劝解
16804 热诚
16805 神学
16806 栓
16807 说不上
16808 死地
16809 同仁
16810 卫队
16811 橡皮
16812 遥控
16813 暂住
16814 皱眉
16815 变压器
16816 部族
16817 财主
16818 采煤
16819 大惊小怪
16820 斧子
16821 附有
16822 高炉
16823 供暖
16824 画廊
16825 獾
16826 灰心
16827 揭牌
16828 结交
16829 开馆
16830 劳苦
16831 冷冰冰
16832 灵性
16833 轮番
16834 片段
16835 谦逊
16836 胜出
16837 食宿
16838 受难
16839 死守
16840 无期徒刑
16841 稀奇
16842 翔实
16843 小巧
16844 增援
16845 周济
16846 装车
16847 装潢
16848 自然村
16849 标榜
16850 不敢当
16851 赤潮
16852 大气层
16853 动笔
16854 飞驰
16855 计算机网络
16856 领地
16857 露水
16858 能动
16859 牛皮
16860 剖面
16861 前额
16862 外销
16863 小费

16864 幸存者
16865 野猪
16866 置疑
16867 便衣
16868 错觉
16869 根深蒂固
16870 翰林
16871 焦躁
16872 近郊
16873 精益求精
16874 冷门
16875 瞭
16876 没意思
16877 明令
16878 同业
16879 文稿
16880 舞姿
16881 肚（dǔ）
16882 展销
16883 财产权
16884 茶话会
16885 抽样
16886 稠
16887 初冬
16888 粗大
16889 干校
16890 刚性
16891 火锅
16892 敬畏
16893 静谧
16894 极少数
16895 来年
16896 迷茫
16897 密谋
16898 盘问
16899 取笑
16900 认错
16901 回望
16902 素来
16903 素描
16904 掩埋
16905 咬牙切齿
16906 约会
16907 真人
16908 边关
16909 寻租
16910 车身
16911 分列
16912 富足
16913 共商国是
16914 过道
16915 集散地
16916 伎俩
16917 讲师
16918 口令
16919 陆路
16920 门板
16921 木屋
16922 牧业
16923 僻静
16924 删除
16925 双星
16926 天敌
16927 通宵
16928 涂抹
16929 网址
16930 相逢
16931 星火
16932 学年
16933 伊人
16934 主教
16935 坠入
16936 大餐
16937 党代会
16938 驴友
16939 动词
16940 交汇
16941 可汗
16942 冒烟
16943 母爱
16944 勤工俭学
16945 勤于
16946 燃放
16947 食欲
16948 受聘
16949 竖立
16950 跳板
16951 王公
16952 卫视
16953 佣人
16954 元朝
16955 终将
16956 字体
16957 北国
16958 不拘
16959 不治
16960 财源
16961 臭气
16962 处女
16963 加班加点
16964 建筑群
16965 惊天动地
16966 看管
16967 理赔
16968 亲昵
16969 蜻蜓
16970 擎
16971 调停
16972 无味
16973 信纸
16974 选举权
16975 转悠
16976 爆满
16977 肤
16978 旅程
16979 牦牛
16980 强健
16981 撒娇
16982 上吊
16983 生死存亡
16984 未雨绸缪
16985 无阻
16986 柏
16987 报批
16988 北面
16989 惨白
16990 喳喳
16991 冲刷
16992 出庭
16993 恍然
16994 积聚
16995 明摆着
16996 南国
16997 彷徨
16998 墙头
16999 轻信
17000 去路
17001 如火如荼
17002 市面
17003 适量
17004 舒心
17005 闲人
17006 小腿
17007 盐酸
17008 衣冠
17009 游说
17010 鱼塘
17011 原作
17012 质优
17013 桎梏
17014 主页
17015 著述
17016 总领事
17017 茶楼
17018 低落
17019 方能
17020 赶集
17021 更迭
17022 公害
17023 豪爽
17024 好意思
17025 华山
17026 接通
17027 军品
17028 梨园
17029 两弹一星
17030 赔款
17031 皮球
17032 日照
17033 收视率
17034 天国
17035 相助
17036 笑语
17037 寻访
17038 洋车
17039 养人
17040 罂粟
17041 玉兰
17042 责无旁贷
17043 拔地而起
17044 不堪设想
17045 草鞋
17046 大展
17047 道谢
17048 东宫
17049 发售
17050 纷至沓来
17051 根系
17052 棺木
17053 哄（hòng）
17054 化装
17055 愿景
17056 结伴
17057 科举
17058 灵巧
17059 录制
17060 落马
17061 水渠
17062 五色
17063 衍生
17064 怎奈
17065 正宗
17066 忠告
17067 百倍
17068 茶园
17069 槌
17070 从军
17071 丢脸
17072 多谢
17073 法师
17074 分得
17075 活动室
17076 简单化
17077 今人
17078 姥爷
17079 袅袅
17080 蹒跚
17081 散装
17082 吮
17083 天王
17084 相联
17085 颜料
17086 营业税
17087 杂粮
17088 征询
17089 扒（pá）
17090 地下室
17091 俄语
17092 故而
17093 憨厚

17094 火红
17095 慨叹
17096 联姻
17097 零点
17098 能上能下
17099 皮毛
17100 抢夺
17101 收效
17102 武官
17103 欣欣向荣
17104 凶恶
17105 用餐
17106 在野党
17107 淳朴
17108 度假村
17109 古文
17110 记号
17111 荆棘
17112 拘谨
17113 贸易壁垒
17114 魔力
17115 声息
17116 树丛
17117 探头
17118 小商品
17119 须要
17120 学杂费
17121 增殖
17122 政风
17123 本息
17124 常数
17125 炊烟
17126 店员
17127 分辨率
17128 高程
17129 隔膜
17130 各抒己见
17131 功不可没
17132 好事（hàoshì）
17133 活该
17134 即兴
17135 懒洋洋
17136 老农
17137 扫黄
17138 扫盲
17139 提成
17140 围城
17141 喜鹊
17142 辛劳
17143 雪上加霜
17144 愈发
17145 元宵
17146 中秋节
17147 总政
17148 半路
17149 弊病
17150 搭讪
17151 电文
17152 国学
17153 教条
17154 老大爷
17155 弄堂
17156 满心
17157 忙乱
17158 评级
17159 请愿
17160 入室
17161 升旗
17162 提纲
17163 显示屏
17164 新月
17165 炸毁
17166 中篇小说
17167 白眼
17168 变法
17169 藏匿
17170 成像
17171 抽取
17172 耷拉
17173 典故
17174 掉以轻心
17175 发红
17176 滑冰
17177 欢腾
17178 开路
17179 茅草
17180 权责
17181 散射
17182 手铐
17183 衰弱
17184 熙熙攘攘
17185 引种
17186 原籍
17187 自上而下
17188 转眼间
17189 自负
17190 白日
17191 常设
17192 传人
17193 地平线
17194 繁杂
17195 鼓噪
17196 化纤
17197 会费
17198 就地
17199 科学界
17200 联袂
17201 淋漓
17202 美术馆
17203 男儿
17204 扭动
17205 泡（pāo）
17206 热浪
17207 盛名
17208 盛赞
17209 随心所欲
17210 提现
17211 梯子
17212 投稿
17213 微不足道
17214 小菜
17215 义气
17216 藻类
17217 诏书
17218 正版
17219 段落
17220 放屁
17221 坟地
17222 概论
17223 个体经济
17224 公立
17225 厚实
17226 混双
17227 津津有味
17228 空手
17229 老外
17230 肋
17231 离别
17232 粮仓
17233 刹车
17234 殊不知
17235 水龙头
17236 下地
17237 心满意足
17238 荧光
17239 珍宝
17240 自给
17241 蝉联
17242 大西北
17243 烦闷
17244 沟壑
17245 孤岛
17246 广交会
17247 好过
17248 坏蛋
17249 金刚
17250 精深
17251 料想
17252 眉目（méimu）
17253 木料
17254 暖流
17255 破绽
17256 史无前例
17257 颂扬
17258 酸雨
17259 跆拳道
17260 调侃
17261 铜子儿
17262 武侠
17263 吸入
17264 永生
17265 有朝一日
17266 月薪
17267 越加
17268 再者
17269 专卖
17270 暗地里
17271 暴风雨
17272 备耕
17273 焙
17274 哺育
17275 成全
17276 揣摩
17277 堤坝
17278 工作服
17279 古书
17280 国有股
17281 海豚
17282 烘
17283 回话
17284 猎人
17285 情欲
17286 弱小
17287 世道
17288 险胜
17289 游园
17290 稚嫩
17291 重奖
17292 北纬
17293 布告
17294 惩戒
17295 触角
17296 高中生
17297 夯
17298 捷报
17299 精锐
17300 军车
17301 刻骨铭心
17302 客源
17303 纽
17304 柔弱
17305 扫黄打非
17306 痛楚
17307 退却
17308 文雅
17309 务农
17310 咸菜
17311 香火
17312 议席
17313 幼苗
17314 缘由
17315 照看
17316 执导
17317 斥责
17318 打骂
17319 传教
17320 党代表
17321 愤恨

17322 光华
17323 核销
17324 空心（kōngxīn）
17325 强手
17326 说情
17327 私事
17328 文工团
17329 性感
17330 严查
17331 要道
17332 一成不变
17333 懊恼
17334 霸王
17335 板子
17336 菜单
17337 长于
17338 吃食
17339 传感器
17340 凑近
17341 党团
17342 巅
17343 顶风
17344 凡人
17345 浮雕
17346 俯视
17347 归案
17348 去向
17349 缺席
17350 施压
17351 诉苦
17352 头巾
17353 文笔
17354 无害
17355 蓄积
17356 暧昧
17357 报应
17358 定制
17359 发白
17360 割裂
17361 勾引
17362 过敏
17363 合算
17364 红晕
17365 免受
17366 拼音
17367 平均值
17368 前言
17369 探视
17370 偷看
17371 窝棚
17372 一无所知
17373 营区
17374 预想
17375 执拗
17376 总装
17377 闭会
17378 变卖
17379 出乎意料
17380 烽火
17381 感官
17382 哈达
17383 化学反应
17384 怀旧
17385 佳话
17386 枯萎
17387 利弊
17388 闹剧
17389 平添
17390 琐事
17391 新陈代谢
17392 行踪
17393 虚名
17394 液态
17395 衣袖
17396 樱花
17397 中水
17398 滋长
17399 比作
17400 并入
17401 拨乱反正
17402 储备粮
17403 顶峰
17404 定罪
17405 多日
17406 阀
17407 封存
17408 黑名单
17409 黄豆
17410 机关枪
17411 老练
17412 名流
17413 溺
17414 喷发
17415 取舍
17416 商业街
17417 声讨
17418 头像
17419 习气
17420 消沉
17421 逊色
17422 暂缓
17423 长势
17424 照办
17425 主战场
17426 自负盈亏
17427 安葬
17428 不菲
17429 偿付
17430 绸缪
17431 贺卡
17432 会意
17433 急迫
17434 建筑师
17435 教官
17436 眷属
17437 郎中
17438 练就
17439 谬论
17440 判决书
17441 迁就
17442 切磋
17443 情侣
17444 深为
17445 渗入
17446 树梢
17447 肆无忌惮
17448 提包
17449 歪风
17450 铡
17451 直率
17452 较真儿
17453 筑路
17454 白杨
17455 磅
17456 不测
17457 残缺
17458 茶座
17459 成事
17460 缔造
17461 碉堡
17462 对视
17463 冠心病
17464 横渡
17465 私密
17466 火场
17467 兼容
17468 举杯
17469 拦网
17470 雷电
17471 零碎
17472 满月
17473 民事责任
17474 命案
17475 谋略
17476 烹饪
17477 取而代之
17478 昆仑
17479 人像
17480 送别
17481 唐诗
17482 同班
17483 旋即
17484 因公
17485 转包
17486 彩灯
17487 成交额
17488 登高
17489 断送
17490 遏
17491 海鲜
17492 开春
17493 礼金
17494 母体
17495 平素
17496 千瓦时
17497 商品粮
17498 适值
17499 司空见惯
17500 投影
17501 万能
17502 万无一失
17503 雾气
17504 心切
17505 重创
17506 自认
17507 本金
17508 蝙蝠
17509 导管
17510 电线杆
17511 殿下
17512 碟子
17513 回眸
17514 莲子
17515 漫笔
17516 拇指
17517 年龄段
17518 棚子
17519 前台
17520 群岛
17521 丧气（sàngqì）
17522 山门
17523 手轻
17524 枉法
17525 问号
17526 舞弊
17527 歇息
17528 修辞
17529 烟酒
17530 依依
17531 用场
17532 雨雪
17533 远销
17534 展区
17535 纸烟
17536 字条
17537 比画
17538 殡葬
17539 痴呆
17540 纯正
17541 搭乘
17542 大略
17543 分说
17544 择校
17545 吉祥物
17546 满不在乎
17547 某人
17548 霓虹灯
17549 平分

17550 顷刻
17551 深意
17552 甩掉
17553 水陆
17554 倘使
17555 危重
17556 微电子
17557 稀饭
17558 足见
17559 奥妙
17560 脸颊
17561 愁眉
17562 祷告
17563 冬青
17564 耳环
17565 飞越
17566 复核
17567 姑奶奶
17568 马队
17569 墨水
17570 内幕
17571 排头兵
17572 千克
17573 燃眉之急
17574 入网
17575 实感
17576 树根
17577 亭子
17578 下半时
17579 纤细
17580 应得
17581 雨伞
17582 真面目
17583 重逢
17584 川剧
17585 肥大
17586 港湾
17587 告捷
17588 关键词
17589 鬼脸
17590 航空母舰
17591 欢欣鼓舞
17592 积攒
17593 急诊
17594 集思广益
17595 精良
17596 纠葛
17597 矿务局
17598 朗朗
17599 老师傅
17600 炼钢
17601 靓
17602 脉冲
17603 破译
17604 七嘴八舌
17605 树脂
17606 水车
17607 通气
17608 外流
17609 婉转
17610 五角大楼
17611 享福
17612 意念
17613 盈余
17614 油脂
17615 遇险
17616 主观世界
17617 作对
17618 倍增
17619 表皮
17620 补习
17621 大败
17622 大起大落
17623 笛子
17624 兜售
17625 队列
17626 非议
17627 分寸
17628 高薪
17629 何如
17630 犄角
17631 踉跄
17632 燎（liáo）
17633 林带
17634 马匹
17635 水边
17636 水沟
17637 私心
17638 蜕变
17639 无济于事
17640 险种
17641 线性
17642 言谈
17643 沿袭
17644 悠然
17645 知足
17646 止境
17647 吐槽
17648 最低工资
17649 保单
17650 沧海
17651 抽检
17652 打印机
17653 大锅饭
17654 代码
17655 跌落
17656 高烧
17657 更有甚者
17658 护法
17659 咖啡馆
17660 靠不住
17661 库房
17662 劳民伤财
17663 隆冬
17664 马蹄
17665 贸然
17666 磨炼
17667 飘落
17668 蔷薇
17669 趋利避害
17670 伤痛
17671 漱
17672 死灰复燃
17673 四个现代化
17674 听戏
17675 西化
17676 溪流
17677 洗刷
17678 先辈
17679 雪亮
17680 延缓
17681 移居
17682 银色
17683 印第安人
17684 拥堵
17685 游荡
17686 淤积
17687 怎的
17688 助学金
17689 别有用心
17690 出家
17691 大道理
17692 敌意
17693 高能
17694 黑马
17695 互惠互利
17696 还债
17697 寄生虫
17698 平价
17699 破例
17700 肉眼
17701 入场
17702 赛艇
17703 烧火
17704 身手
17705 失灵
17706 唢呐
17707 土坯
17708 写法
17709 一声不响
17710 院墙
17711 允诺
17712 增资
17713 中农
17714 八哥
17715 到任
17716 校正
17717 筋骨
17718 绝活
17719 瞌睡
17720 落座
17721 内脏
17722 脓
17723 评委会
17724 扑救
17725 首演
17726 搜捕
17727 甜美
17728 为着
17729 献礼
17730 相望
17731 遇害
17732 珍爱
17733 制冷
17734 资信
17735 作协
17736 保镖
17737 出栏
17738 敌后
17739 爹娘
17740 躲藏
17741 姑爷
17742 股价
17743 国文
17744 汇编
17745 偶然性
17746 铺张浪费
17747 汽车站
17748 锲而不舍
17749 杀菌
17750 上校
17751 收款
17752 松动
17753 逍遥
17754 小金库
17755 校方
17756 袖口
17757 宣泄
17758 悬赏
17759 贻误
17760 议定
17761 郁郁葱葱
17762 阅兵
17763 韵律
17764 总参
17765 兵法
17766 勃然
17767 当头（dāngtóu）
17768 电讯
17769 饵料
17770 发怒
17771 肤浅
17772 芙蓉
17773 歌咏
17774 公开信
17775 浑浊
17776 几近
17777 祭奠
17778 加价

17779 竞标
17780 可亲
17781 末端
17782 牛棚
17783 品行
17784 乒乓
17785 水火
17786 天职
17787 推论
17788 臀
17789 闲聊
17790 限量
17791 小丑
17792 义和团
17793 约法
17794 运量
17795 左派
17796 成型
17797 赤诚
17798 跌宕
17799 对症
17800 气场
17801 飞跑
17802 高远
17803 功名
17804 古玩
17805 鲫鱼
17806 睛
17807 炮制
17808 前院
17809 倾向性
17810 十字架
17811 手术室
17812 水壶
17813 消散
17814 雄浑
17815 血清
17816 因势利导
17817 资历
17818 黯然
17819 棒子
17820 睬
17821 超常
17822 光源
17823 脚尖
17824 教派
17825 枪弹
17826 窃取
17827 有惊无险
17828 穷苦
17829 臊（sāo）
17830 僧侣
17831 体魄
17832 文化界
17833 言辞
17834 遗像
17835 英烈
17836 站岗
17837 种族歧视
17838 肘
17839 转脸
17840 伴有
17841 啵
17842 财神
17843 查证
17844 朝鲜族
17845 赤脚
17846 传言
17847 大旱
17848 风风雨雨
17849 跟进
17850 军务
17851 磨损
17852 牛犊
17853 气管
17854 若无其事
17855 挺立
17856 退后
17857 退让
17858 无记名
17859 兴许
17860 蓄洪
17861 陨石
17862 自转
17863 白族
17864 败诉
17865 暴躁
17866 粗俗
17867 独唱
17868 噩梦
17869 发难
17870 浮夸
17871 公私
17872 刮风
17873 嫁人
17874 焦炭
17875 竞走
17876 境况
17877 久已
17878 人脉
17879 幕僚
17880 内向
17881 排挤
17882 佩戴
17883 杀戮
17884 沙土
17885 随感
17886 图表
17887 顽症
17888 嗡
17889 心口
17890 虚无
17891 巡捕
17892 焰火
17893 夜总会
17894 总编
17895 八角
17896 不外
17897 踹
17898 大度
17899 度日
17900 放飞
17901 公尺
17902 怪异
17903 国手
17904 胡萝卜
17905 击落
17906 交还
17907 禁忌
17908 舅妈
17909 快递
17910 两难
17911 撒手
17912 推陈出新
17913 星座
17914 一点一滴
17915 沼泽
17916 蒸气
17917 轴心
17918 暗箱操作
17919 被俘
17920 成行
17921 低劣
17922 冬泳
17923 对敌
17924 浮游
17925 赶超
17926 高深
17927 古诗
17928 佼佼者
17929 街心
17930 精光
17931 居高临下
17932 剧变
17933 课文
17934 跑路
17935 款子
17936 例会
17937 试探
（shìtàn）
17938 梳头
17939 顺势
17940 四围
17941 透支
17942 吞吞吐吐
17943 无家可归
17944 无遗
17945 现代派
17946 雪中送炭
17947 预祝
17948 中医院
17949 包扎
17950 冰山
17951 不得而知
17952 粗略
17953 担架
17954 冬训
17955 抚育
17956 高傲
17957 稿纸
17958 何其
17959 价值规律
17960 鞠躬尽瘁
17961 苦于
17962 眉眼
17963 区划
17964 僧人
17965 伤疤
17966 收场
17967 售票员
17968 顺口溜
17969 私立
17970 套路
17971 通明
17972 外公
17973 慰劳
17974 下部
17975 现代戏
17976 消费结构
17977 校友
17978 牙膏
17979 噎
17980 斩钉截铁
17981 镇守
17982 中选
17983 棕色
17984 才智
17985 惨剧
17986 橙
17987 电视片
17988 构件
17989 瑰宝
17990 函授
17991 换言之
17992 家事
17993 兼有
17994 简明
17995 交办
17996 网约车
17997 脚底
17998 接洽
17999 经纪
18000 酒家
18001 了得
18002 冒失
18003 模块
18004 岂非
18005 安然无恙
18006 赏识
18007 圣旨

18008	石膏
18009	讨饭
18010	诬蔑
18011	无用
18012	希冀
18013	仙人
18014	响动
18015	一干
18016	油条
18017	渊博
18018	早先
18019	缜密
18020	正职
18021	支点
18022	周报
18023	逐个
18024	著录
18025	装甲车
18026	并发症
18027	城头
18028	储藏
18029	大踏步
18030	老街
18031	豆子
18032	风韵
18033	广告牌
18034	和议
18035	红枣
18036	蝗虫
18037	搅拌
18038	聚合
18039	绝妙
18040	倔
18041	空谈
18042	联队
18043	美酒
18044	镍
18045	瞥见
18046	溶剂
18047	山岭
18048	同伙
18049	一本正经
18050	车改
18051	淤泥
18052	展览馆
18053	遮盖
18054	纸片
18055	壮美
18056	摆正
18057	斑驳
18058	槟榔
18059	待命
18060	地租
18061	弟妹
18062	集邮
18063	将就
18064	卖国
18065	模具
18066	求婚
18067	山民
18068	摊主
18069	退学
18070	外宾
18071	未然
18072	悟出
18073	由得
18074	圆桌
18075	增补
18076	自助
18077	钻探
18078	报载
18079	并茂
18080	不济
18081	第二产业
18082	东面
18083	独身
18084	搁浅
18085	坚毅
18086	铰
18087	紧急状态
18088	起居
18089	闺蜜
18090	三思
18091	审判员
18092	收割机
18093	熟睡
18094	梯队
18095	万年
18096	嘻嘻哈哈
18097	小弟
18098	信服
18099	学成
18100	应有尽有
18101	赞歌
18102	责任田
18103	专车
18104	宗族
18105	逼供
18106	不孝
18107	称霸
18108	处事
18109	打（dá）
18110	底线
18111	罚金
18112	防盗
18113	国语
18114	海鸥
18115	红脸
18116	会址
18117	激越
18118	街口
18119	挨家挨户
18120	临时性
18121	绿灯
18122	配角
18123	图景
18124	夏收
18125	血色
18126	银元
18127	迂回
18128	展馆
18129	针锋相对
18130	正道
18131	粽子
18132	嘴脸
18133	娼
18134	彻夜
18135	撤并
18136	出品
18137	刺绣
18138	夺目
18139	肺结核
18140	冈
18141	鼓词
18142	怪圈
18143	临别
18144	领教
18145	面庞
18146	屏风
18147	铁丝网
18148	通畅
18149	玩忽
18150	微薄
18151	造谣
18152	责任状
18153	插秧
18154	臭味儿
18155	翠绿
18156	党课
18157	岛国
18158	恩人
18159	诽谤
18160	健美
18161	接吻
18162	镜框
18163	恪尽职守
18164	傀儡
18165	笼统
18166	漏斗
18167	缺憾
18168	性侵
18169	仨
18170	圣诞
18171	投档
18172	师爷
18173	坦荡
18174	剔除
18175	梯度
18176	秃子
18177	序号
18178	悬浮
18179	衍射
18180	姨父
18181	有劲
18182	越权
18183	制衡
18184	捉摸
18185	辎重
18186	播音员
18187	操守
18188	稠密
18189	叨叨
18190	饭盒
18191	抚恤
18192	技术革新
18193	渐进
18194	禁锢
18195	圈（juān）
18196	空子
18197	哭笑不得
18198	李子
18199	怜惜
18200	流落
18201	猛攻
18202	求援
18203	生性
18204	实话实说
18205	土家族
18206	为害
18207	胸有成竹
18208	赞颂
18209	瞻
18210	阵势
18211	综艺
18212	纵横交错
18213	坐牢
18214	昂首
18215	电磁波
18216	独裁
18217	放任
18218	奋发图强
18219	更替
18220	饥民
18221	口述
18222	宽慰
18223	领子
18224	马褂
18225	密林
18226	年迈
18227	强项
18228	入夜
18229	山脚
18230	升官
18231	首任
18232	塌陷
18233	台资
18234	舞美
18235	刑讯
18236	选拔赛
18237	鱼肉

18238 雨后春笋
18239 攒（zǎn）
18240 债务人
18241 诸如此类
18242 自留地
18243 不择手段
18244 超脱
18245 传令
18246 地摊
18247 打针
18248 党费
18249 遏止
18250 儿童节
18251 粉笔
18252 可乘之机
18253 快意
18254 力不从心
18255 面纱
18256 男男女女
18257 喷射
18258 祈求
18259 绒毛
18260 婶子
18261 生母
18262 失足
18263 世面
18264 首战
18265 速滑
18266 他乡
18267 停战
18268 统制
18269 喜怒哀乐
18270 选送
18271 一技之长
18272 与日俱增
18273 跃升
18274 八路
18275 变通
18276 臭氧层
18277 出马
18278 垂头丧气
18279 得病
18280 汇演
18281 两用
18282 铭心
18283 闹市
18284 女佣
18285 侵吞
18286 纱布
18287 声名
18288 瘦削
18289 颓废
18290 未婚
18291 下垂
18292 小妞儿
18293 堰
18294 痒痒
18295 药用
18296 有赖
18297 越剧
18298 针线
18299 重兵
18300 不规则
18301 侧身
18302 长空
18303 出工
18304 低潮
18305 毒气
18306 费时
18307 京戏
18308 惊吓
18309 靠得住
18310 劳资
18311 擂台赛
18312 满腹
18313 蒙
18314 牛马
18315 攀岩
18316 沏
18317 蓝牙
18318 生人
18319 试卷
18320 西侧
18321 小人物
18322 信条
18323 学长
18324 血红
18325 雨量
18326 总的来说
18327 北半球
18328 笔名
18329 鄙夷
18330 长夜
18331 打趣
18332 抵消
18333 独奏
18334 咄咄逼人
18335 恭喜
18336 酣
18337 进逼
18338 惊疑
18339 镌刻
18340 开播
18341 口蹄疫
18342 老伯
18343 蒙蒙
18344 年幼
18345 乒
18346 钱物
18347 清泉
18348 声浪
18349 胜诉
18350 食物中毒
18351 使臣
18352 试问
18353 水珠
18354 谈何容易
18355 下人
18356 宪政
18357 乡情
18358 延迟
18359 阿爸
18360 案头
18361 败仗
18362 宝塔
18363 锻造
18364 锋芒
18365 附则
18366 工头
18367 共处
18368 篝火
18369 欢心
18370 夹击
18371 军代表
18372 开户
18373 开门见山
18374 留校
18375 落脚
18376 挪动
18377 欠佳
18378 曲调
18379 肾脏
18380 工商界
18381 顺理成章
18382 思量
18383 稳重
18384 戏称
18385 学生会
18386 一应俱全
18387 应允
18388 寓所
18389 主干线
18390 转折点
18391 子夜
18392 半生
18393 富饶
18394 少帅
18395 姑且
18396 皇子
18397 交手
18398 两性
18399 年关
18400 铺轨
18401 沙哑
18402 神经病
18403 生来
18404 通货紧缩
18405 汪洋
18406 围坐
18407 五保户
18408 稀有
18409 心田
18410 嗅觉
18411 烟头
18412 一无所有
18413 衣裤
18414 勇猛
18415 哲人
18416 自述
18417 自以为是
18418 尊贵
18419 拜会
18420 不仁
18421 怠慢
18422 法网
18423 妨害
18424 更新换代
18425 好客
18426 厚道
18427 还击
18428 荒野
18429 讥笑
18430 家当
18431 简历
18432 交换机
18433 宽恕
18434 慢吞吞
18435 磨砺
18436 怒吼
18437 破格
18438 扑克
18439 色素
18440 稳居
18441 升迁
18442 生灵
18443 师兄
18444 石雕
18445 心结
18446 水运
18447 啼哭
18448 围栏
18449 斜坡
18450 心平气和
18451 行将
18452 翌日
18453 元件
18454 远道
18455 撮（zuǒ）
18456 作态
18457 做作
18458 拔尖
18459 百家争鸣
18460 办报
18461 辩护人
18462 乘船
18463 次子
18464 大小姐
18465 定格
18466 短促
18467 反顾

18468 海军陆战队
18469 和约
18470 烘托
18471 后腿
18472 化合
18473 晦气
18474 获释
18475 戒严
18476 军训
18477 苦头
18478 拉倒
18479 老牌
18480 炉火
18481 睿智
18482 深浅
18483 停靠
18484 协奏曲
18485 胁迫
18486 萦绕
18487 冤家
18488 元宝
18489 转念
18490 桌面上
18491 白费
18492 白鹭
18493 成材
18494 登录
18495 钝
18496 儿戏
18497 罚没
18498 沸沸扬扬
18499 个例
18500 货架
18501 接续
18502 进食
18503 净土
18504 耐用
18505 平板
18506 上调（shàngtiáo）
18507 省钱
18508 向阳
18509 悻悻
18510 一家一户
18511 战车
18512 啊（ǎ）
18513 丛生
18514 独创
18515 舵
18516 富农
18517 过门
18518 横竖
18519 划船
18520 化疗
18521 兼备
18522 考究
18523 亮度
18524 履约
18525 矛
18526 门将
18527 期末
18528 气恼
18529 琴声
18530 如若
18531 生态工程
18532 诗作
18533 顺眼
18534 酸性
18535 停放
18536 停刊
18537 习以为常
18538 心中有数
18539 行政区划
18540 兴冲冲
18541 性欲
18542 章节
18543 制胜
18544 稚气
18545 中式
18546 座椅
18547 缤纷
18548 不作为
18549 哧
18550 传世
18551 春播
18552 打点
18553 分摊
18554 付费
18555 腹泻
18556 高歌
18557 鼓劲
18558 火器
18559 课余
18560 农运会
18561 呕心沥血
18562 鳍
18563 起哄
18564 恰如
18565 前日
18566 巧克力
18567 热火朝天
18568 奢望
18569 时兴
18570 水土保持
18571 睡衣
18572 投掷
18573 驼背
18574 温带
18575 魔咒
18576 无所作为
18577 虚荣
18578 压根儿
18579 缘分
18580 彰显
18581 之流
18582 智者
18583 终归
18584 白皙
18585 补丁
18586 单据
18587 飞碟
18588 高教
18589 跟头
18590 攻防
18591 环抱
18592 奖品
18593 紧凑
18594 零售额
18595 内乱
18596 烹调
18597 破损
18598 实证
18599 体格
18600 未定
18601 蔚然成风
18602 宣传品
18603 要好
18604 野战
18605 以利于
18606 语句
18607 在押
18608 战战兢兢
18609 遮挡
18610 中肯
18611 白衣天使
18612 采编
18613 插队
18614 传神
18615 大殿
18616 代言人
18617 待业
18618 缎子
18619 改换
18620 割据
18621 枸杞
18622 花子
18623 谎话
18624 祸害
18625 可歌可泣
18626 貌似
18627 苗条
18628 名胜古迹
18629 乞求
18630 情状
18631 全日制
18632 私家
18633 脱胎换骨
18634 威慑
18635 相抵
18636 血浆
18637 殷实
18638 引爆
18639 印记
18640 真善美
18641 助威
18642 自然人
18643 自由自在
18644 组阁
18645 仓促
18646 成活
18647 洞察
18648 风化
18649 斧头
18650 父辈
18651 刚毅
18652 高高在上
18653 瓜分
18654 货轮
18655 获益
18656 坚韧不拔
18657 静脉
18658 开机
18659 力克
18660 粮库
18661 流产
18662 轮训
18663 猫头鹰
18664 慕名
18665 嗫嚅
18666 女朋友
18667 叛变
18668 山石
18669 思忖
18670 特快专递
18671 土质
18672 掠过
18673 外间
18674 鲜为人知
18675 一蹴而就
18676 异乡
18677 异于
18678 引人入胜
18679 臃肿
18680 眨巴
18681 镇子
18682 脂粉
18683 本分
18684 跛
18685 不啻
18686 参评
18687 风车
18688 工兵
18689 过路
18690 花岗岩
18691 霍乱
18692 窘境
18693 可乐
18694 连环画
18695 陵园
18696 骗局

18697 坡地
18698 气田
18699 青工
18700 人缘儿
18701 沙皇
18702 私塾
18703 粟
18704 他日
18705 同名
18706 为患
18707 围裙
18708 小家伙
18709 寻思
18710 严冬
18711 洋房
18712 漾
18713 一望无际
18714 有闲
18715 釉
18716 丈人（zhàngren）
18717 重金
18718 安逸
18719 白花
18720 编后
18721 不依
18722 采暖
18723 赤裸
18724 炊事员
18725 搭档
18726 掸
18727 费解
18728 高悬
18729 革除
18730 格格不入
18731 航空兵
18732 馄饨
18733 吉他
18734 简练
18735 教主
18736 接访
18737 雷同
18738 麻绳
18739 鸟笼
18740 日用品
18741 赏心悦目
18742 睡意
18743 四边形
18744 西面
18745 稀薄
18746 相迎
18747 性急
18748 修剪
18749 羞怯
18750 游动
18751 只身
18752 白领
18753 浩浩荡荡
18754 卑劣
18755 沉沦
18756 地窖
18757 爹妈
18758 顶点
18759 皇室
18760 昏黄
18761 纪要
18762 垮台
18763 忙活
18764 枇杷
18765 坡度
18766 潜逃
18767 侍卫
18768 说真的
18769 算术
18770 逃命
18771 听讲
18772 屯兵
18773 惘然
18774 液化气
18775 游船
18776 诏令
18777 钟表
18778 爱慕
18779 把头
18780 笔记本电脑
18781 笔试
18782 博览
18783 德治
18784 法文
18785 仿效
18786 各司其职
18787 古时
18788 寒冬
18789 竟敢
18790 客观性
18791 口红
18792 廉洁奉公
18793 煤油灯
18794 末日
18795 眸子
18796 然则
18797 热身
18798 摄影师
18799 体校
18800 一针见血
18801 悠长
18802 直角
18803 轴承
18804 钻井
18805 背负
18806 不只
18807 冲撞
18808 垂危
18809 发祥地
18810 公婆
18811 后记
18812 会员国
18813 泪痕
18814 立正
18815 绿色食品
18816 骡马
18817 马桶
18818 男方
18819 迁出
18820 肉牛
18821 锐意进取
18822 瑟瑟
18823 圣贤
18824 失意
18825 天经地义
18826 恬静
18827 违法乱纪
18828 先天性
18829 信守
18830 印行
18831 有感
18832 语境
18833 掌权
18834 终场
18835 周日
18836 搭车
18837 动因
18838 恶果
18839 改版
18840 盖房
18841 阁楼
18842 巷道
18843 黑压压
18844 华美
18845 夹攻
18846 假约
18847 减退
18848 结结巴巴
18849 看得起
18850 量刑
18851 获刑
18852 木工
18853 蔫
18854 年夜饭
18855 酿造
18856 铺路
18857 手忙脚乱
18858 松软
18859 损毁
18860 温热
18861 闲散
18862 心不在焉
18863 新纪元
18864 行头
18865 映衬
18866 豫剧
18867 在先
18868 八旗
18869 掺杂
18870 乘务员
18871 出汗
18872 出谋划策
18873 打猎
18874 点灯
18875 对症下药
18876 高职
18877 耿
18878 后患
18879 后排
18880 极右
18881 假山
18882 尖利
18883 巨款
18884 炕头
18885 燎（liǎo）
18886 零散
18887 萌生
18888 面值
18889 明说
18890 木偶
18891 亲事
18892 让利
18893 忍无可忍
18894 试剂
18895 双层
18896 死罪
18897 嗖
18898 缩减
18899 替补
18900 脱口而出
18901 瘟疫
18902 武功
18903 小字
18904 徇私舞弊
18905 遥遥
18906 黝黑
18907 雨声
18908 雨衣
18909 在世
18910 怎么的
18911 综上所述
18912 百折不挠
18913 地基
18914 二老
18915 法医
18916 工龄
18917 海防
18918 回转
18919 解围
18920 今朝
18921 剧毒
18922 连天
18923 齐备
18924 埋没
18925 驱赶

18926 辱骂
18927 逃窜
18928 温存
18929 详情
18930 严加
18931 一个劲儿
18932 阴郁
18933 愈合
18934 运抵
18935 至多
18936 走好
18937 报请
18938 捕食
18939 肠子
18940 次第
18941 端详（duānxiáng）
18942 分厂
18943 腐化
18944 豪杰
18945 货主
18946 浇筑
18947 军需
18948 看不惯
18949 愧疚
18950 骡
18951 马力
18952 蒙蔽
18953 泥潭
18954 排泄
18955 送电
18956 信息社会
18957 演艺
18958 养料
18959 一家子
18960 隐匿
18961 有的放矢
18962 值班室
18963 报喜
18964 鼻尖
18965 单词
18966 费劲
18967 俯瞰
18968 高危
18969 充电桩
18970 换位
18971 汇票
18972 脊椎动物
18973 惊骇
18974 开山
18975 课时
18976 迷宫
18977 迷离
18978 叁
18979 山腰
18980 胜选
18981 申明
18982 史家
18983 陶器
18984 田头
18985 相接
18986 遗书
18987 盈盈
18988 载歌载舞
18989 之极
18990 挚爱
18991 自打
18992 安息
18993 船夫
18994 得救
18995 恶作剧
18996 花花绿绿
18997 网店
18998 辉映
18999 获救
19000 碱性
19001 讲坛
19002 聚众
19003 评分
19004 匍匐
19005 清高
19006 人民战争
19007 伤兵
19008 设防
19009 收兵
19010 手电筒
19011 手写
19012 疏于
19013 顺心
19014 说理
19015 肃然起敬
19016 铁皮
19017 细说
19018 炎炎
19019 演奏家
19020 幽暗
19021 职代会
19022 徜徉
19023 当差
19024 扼
19025 负重
19026 拐弯
19027 铿锵
19028 乱世
19029 民智
19030 评剧
19031 清点
19032 驱散
19033 设宴
19034 水塘
19035 随之而来
19036 提要
19037 相提并论
19038 雄辩
19039 养病
19040 中路
19041 钟爱
19042 中意
19043 表面文章
19044 不消说
19045 参天
19046 惨败
19047 概况
19048 股民
19049 哈欠
19050 何止
19051 加速器
19052 快攻
19053 历尽
19054 民族英雄
19055 名医
19056 拿手
19057 农业社
19058 弃权
19059 勤务
19060 乳汁
19061 试用期
19062 物色
19063 修长
19064 仪仗队
19065 秉承
19066 成灾
19067 挫败
19068 混搭
19069 而立
19070 浮肿
19071 共生
19072 互换
19073 经由
19074 敬酒
19075 牢房
19076 柳条
19077 落差
19078 冒昧
19079 上等
19080 实测
19081 使然
19082 书屋
19083 水银
19084 随处
19085 突起
19086 退路
19087 些许
19088 夭折
19089 意蕴
19090 应声（yīngshēng）
19091 差评
19092 邮编
19093 余粮
19094 账号
19095 按钮
19096 八方
19097 白昼
19098 断层
19099 躲闪
19100 谷物
19101 关节炎
19102 后遗症
19103 花鸟
19104 火辣辣
19105 监护人
19106 决胜
19107 绿化带
19108 蓬蓬
19109 求证
19110 煽
19111 伤财
19112 商检
19113 俗气
19114 锹
19115 小径
19116 羽绒服
19117 云层
19118 作乱
19119 拜托
19120 冰球
19121 猖狂
19122 调运
19123 嘟囔
19124 过火
19125 航天器
19126 浩劫
19127 衡山
19128 会心
19129 教皇
19130 津津乐道
19131 魁梧
19132 礼教
19133 两头
19134 列队
19135 迷糊
19136 喷洒
19137 撇（piē）
19138 冉冉
19139 容积
19140 商厦
19141 石狮
19142 水泄不通
19143 四散
19144 头骨
19145 兄长
19146 夜以继日
19147 有脸
19148 自嘲
19149 词义
19150 耳机
19151 各负其责
19152 宏图
19153 脍炙人口

19154	弄（lòng）
19155	马达
19156	民意测验
19157	能人
19158	轻巧
19159	深陷
19160	夙愿
19161	速写
19162	探访
19163	同感
19164	吞没
19165	下跪
19166	新老交替
19167	雅致
19168	亚当
19169	眼见得
19170	扬长避短
19171	一清二楚
19172	溢出
19173	原判
19174	赃物
19175	折叠
19176	着哩
19177	中转
19178	自满
19179	纵使
19180	霸占
19181	保有
19182	财团
19183	沉降
19184	抽空
19185	代理商
19186	底气
19187	分层
19188	枫
19189	挂靠
19190	好运
19191	汇合
19192	浑身上下
19193	绝技
19194	空运
19195	诳
19196	老家伙
19197	冷峻
19198	联络员
19199	磷肥
19200	苜蓿
19201	生路
19202	收听
19203	听筒
19204	外线
19205	相思
19206	由此看来
19207	缘于
19208	运费
19209	憎
19210	主将
19211	自小
19212	百科全书
19213	棒球
19214	潺潺
19215	阐发
19216	吹拂
19217	短文
19218	盖章
19219	感慨万千
19220	鼓楼
19221	关外
19222	诡秘
19223	滑落
19224	坏死
19225	进来（jìnlai）
19226	玛瑙
19227	飘动
19228	乾坤
19229	吸金
19230	清淡
19231	情有独钟
19232	日落
19233	失真
19234	饲草
19235	诵读
19236	无神论
19237	现实性
19238	乡民
19239	响彻
19240	檐下
19241	远征
19242	智商
19243	周折
19244	做爱
19245	白脸
19246	不拘一格
19247	产前
19248	常事
19249	城池
19250	池子
19251	刺客
19252	得人心
19253	电子信箱
19254	高消费
19255	旱烟
19256	豪放
19257	花轿
19258	欢声笑语
19259	饥荒
19260	讲义
19261	亮晶晶
19262	临街
19263	凛冽
19264	领头
19265	流星雨
19266	拼装
19267	扰民
19268	摄入
19269	谁料
19270	时代感
19271	洼地
19272	血淋淋
19273	玄机
19274	译作
19275	注水
19276	字里行间
19277	安分
19278	波折
19279	参差不齐
19280	电动机
19281	陡峭
19282	讹
19283	缝纫机
19284	复杂化
19285	胡说八道
19286	佳肴
19287	见证人
19288	静坐
19289	决定权
19290	老小
19291	撇开
19292	千变万化
19293	染色
19294	扫射
19295	上部
19296	生产工具
19297	实处
19298	使唤
19299	事半功倍
19300	剔
19301	铤而走险
19302	王牌
19303	五洲
19304	氧化物
19305	致癌
19306	钟情
19307	昂然
19308	柏油路
19309	炒菜
19310	撤换
19311	大全
19312	肺腑
19313	国法
19314	红木
19315	欢欣
19316	皇城
19317	回回
19318	机警
19319	机型
19320	减员
19321	礁石
19322	陵墓
19323	陆战队
19324	落网
19325	乔木
19326	清明节
19327	融融
19328	若非
19329	晌午
19330	铁青
19331	通达
19332	同位素
19333	尾随
19334	西周
19335	小跑
19336	须臾
19337	宴席
19338	业务员
19339	银匠
19340	油轮
19341	草率
19342	啐
19343	高屋建瓴
19344	镐
19345	活动家
19346	继续教育
19347	见报
19348	进化论
19349	锚
19350	媒人
19351	零容忍
19352	觅食
19353	气化
19354	钳
19355	倾倒（qīngdǎo）
19356	求情
19357	铁锹
19358	下落不明
19359	香甜
19360	协力
19361	支吾
19362	志士
19363	滋事
19364	苍天
19365	地球村
19366	分忧
19367	瑰丽
19368	坏处
19369	尽量（jìnliàng）
19370	禁用
19371	梦寐以求
19372	农闲
19373	葡萄糖
19374	起舞
19375	水落石出
19376	掏腰包
19377	贴心
19378	煨
19379	消融
19380	心烦

19381 休想
19382 绪
19383 药水
19384 优抚
19385 运销
19386 帐子
19387 制片厂
19388 主见
19389 癌细胞
19390 编印
19391 柴油机
19392 沉船
19393 程控
19394 滴灌
19395 地表水
19396 航路
19397 合议庭
19398 劫难
19399 就座
19400 门洞
19401 怕人
19402 限贷
19403 器物
19404 事端
19405 手杖
19406 未便
19407 文具
19408 无谓
19409 小生
19410 形似
19411 幸灾乐祸
19412 眼窝
19413 一言一行
19414 遗失
19415 盈亏
19416 纵身
19417 暴利
19418 仇视
19419 供稿
19420 海带
19421 静电
19422 亢奋
19423 炕沿
19424 刻薄
19425 口碑
19426 酷似
19427 累赘
19428 灵气
19429 麦秸
19430 名作
19431 起兵
19432 四射
19433 无穷无尽
19434 下笔
19435 仙人掌
19436 小媳妇
19437 兴亡
19438 研读
19439 眼巴巴
19440 眼力
19441 一年到头
19442 英里
19443 质变
19444 昼
19445 走投无路
19446 笔法
19447 不可收拾
19448 布衣
19449 车流
19450 恩怨
19451 二话没说
19452 发狂
19453 工事
19454 红肿
19455 甲方
19456 救死扶伤
19457 军服
19458 美称
19459 门市部
19460 内功
19461 俏皮
19462 切入
19463 轻描淡写
19464 山风
19465 烧酒
19466 石林
19467 石榴
19468 树冠
19469 水泵
19470 突兀
19471 万丈
19472 五行
19473 误读
19474 药剂
19475 操劳
19476 大丈夫
19477 傣族
19478 食材
19479 毒药
19480 发愣
19481 防患
19482 共青团员
19483 汉文
19484 厚礼
19485 甲骨文
19486 接手
19487 劳教所
19488 迈步
19489 牌匾
19490 迁都
19491 亲和力
19492 禽兽
19493 倾吐
19494 缺一不可
19495 霎时
19496 说笑话
19497 虽则
19498 随心
19499 台球
19500 桃树
19501 土路
19502 休息室
19503 衣柜
19504 越位
19505 宝藏
19506 笔迹
19507 撤走
19508 晨光
19509 大梁
19510 呆滞
19511 封山
19512 交友
19513 零距离
19514 绿卡
19515 泥浆
19516 念经
19517 浓密
19518 情事
19519 群星
19520 戍边
19521 套话
19522 腿脚
19523 席间
19524 嚣张
19525 刑场
19526 血统
19527 衣领
19528 阴险
19529 勇往直前
19530 荷尔蒙
19531 有据
19532 仲
19533 霸道
（bàdao）
19534 半途
19535 边际
19536 兵营
19537 葱茏
19538 原点
19539 登顶
19540 鼎盛
19541 公证处
19542 广厦
19543 国徽
19544 旱地
19545 活像
19546 火线
19547 激光器
19548 几度
19549 嫁妆
19550 检点
19551 精神
（jīngshen）
19552 圈养
19553 朗读
19554 剩女
19555 耐力
19556 品学兼优
19557 聘任制
19558 扑鼻
19559 球门
19560 蛇头
19561 同源
19562 选聘
19563 疑点
19564 音乐厅
19565 展翅
19566 治标
19567 壮志
19568 综观
19569 爱抚
19570 变数
19571 残存
19572 筹款
19573 放水
19574 非同寻常
19575 扶手
19576 改行
19577 盖子
19578 红霞
19579 欢聚
19580 节拍
19581 就学
19582 拘泥
19583 木船
19584 糯米
19585 烹
19586 日文
19587 山楂
19588 上策
19589 铜板
19590 务要
19591 心房
19592 中常
19593 著书
19594 按说
19595 不兴
19596 残骸
19597 残破
19598 城关
19599 橱
19600 大礼堂
19601 呆板
19602 恶魔
19603 肥肉
19604 金石
19605 驹
19606 起用
19607 汽笛
19608 前驱

19609 壳（qiào）
19610 求教
19611 人尽其才
19612 入院
19613 三三两两
19614 师母
19615 诉求
19616 无可厚非
19617 定损
19618 无形资产
19619 狭长
19620 遐迩
19621 押金
19622 用武之地
19623 在望
19624 长孙
19625 照抄
19626 狰狞
19627 阻隔
19628 悲怆
19629 出书
19630 调换
19631 愤然
19632 俯身
19633 俯首
19634 骨科
19635 海内
19636 寒流
19637 划算
19638 极致
19639 加封
19640 拘禁
19641 垃圾箱
19642 牌坊
19643 牵线搭桥
19644 强敌
19645 人造卫星
19646 悚然
19647 塌方
19648 腾空
19649 同心协力
19650 外孙
19651 民资
19652 无记名投票
19653 血糖
19654 宅子
19655 战局
19656 至高无上
19657 遵从
19658 百合
19659 必修课
19660 病故
19661 唱法
19662 大员
19663 法理
19664 分界线
19665 高亢
19666 股本
19667 浩大
19668 决口
19669 门铃
19670 轻轨
19671 三产
19672 识破
19673 蔚蓝
19674 温差
19675 朽
19676 巡礼
19677 有缘
19678 原委
19679 震颤
19680 争抢
19681 蒸腾
19682 殖民者
19683 姿色
19684 总务
19685 祖传
19686 拜金主义
19687 擦拭
19688 粗鲁
19689 大凡
19690 坟头
19691 后来居上
19692 活捉
19693 尖刀
19694 矫健
19695 惊慌失措
19696 决议案
19697 老大娘
19698 六朝
19699 毛线
19700 青铜器
19701 轻率
19702 求医
19703 全副
19704 生财
19705 瘦肉
19706 舒坦
19707 天时
19708 烟斗
19709 盐碱地
19710 元老
19711 载客
19712 正名
19713 争创
19714 制片
19715 潮头
19716 吃苦耐劳
19717 传呼
19718 辞书
19719 洞房
19720 含金量
19721 还（huán）
19722 荒草
19723 皇亲
19724 火炮
19725 交相辉映
19726 街市
19727 疗养院
19728 流言
19729 笼络
19730 马不停蹄
19731 前前后后
19732 钱币
19733 人力车
19734 如数
19735 神往
19736 生活资料
19737 失恋
19738 师徒
19739 诉诸
19740 突入
19741 拖累
19742 无缘无故
19743 戏子
19744 星云
19745 一意孤行
19746 迎刃而解
19747 游乐
19748 这一阵
19749 主心骨
19750 摩的
19751 必需品
19752 闭合
19753 变种
19754 博爱
19755 车水马龙
19756 城运会
19757 大葱
19758 法典
19759 分社
19760 妇产科
19761 复垦
19762 古墓
19763 活路
19764 家眷
19765 见地
19766 哭诉
19767 快人快语
19768 沦陷
19769 卖弄
19770 难忍
19771 拼凑
19772 千辛万苦
19773 伤寒
19774 始终如一
19775 嘶哑
19776 搪塞
19777 偷懒
19778 文静
19779 无误
19780 下贱
19781 鲜卑
19782 行装
19783 烟灰
19784 有你的
19785 于是乎
19786 榆
19787 在岗
19788 展销会
19789 植物园
19790 笔画
19791 标牌
19792 大烟
19793 方形
19794 服务台
19795 国粹
19796 护栏
19797 三维打印
19798 豁达
19799 口口声声
19800 阔步
19801 离心
19802 牛仔裤
19803 气馁
19804 日夕
19805 桑拿
19806 杉木
19807 深奥
19808 实录
19809 散客
19810 受精
19811 疏松
19812 投射
19813 未了
19814 效仿
19815 新星
19816 薪酬
19817 序曲
19818 腰部
19819 有价证券
19820 这么着
19821 灼热
19822 表露
19823 步行街
19824 充其量
19825 当之无愧
19826 第一流
19827 敢想
19828 花椒
19829 环城
19830 记账
19831 佳人
19832 攫取
19833 卵巢
19834 乱子
19835 欧阳
19836 入门
19837 上传
19838 深恶痛绝

19839 史前
19840 试种
19841 说和
19842 天外
19843 头球
19844 土方
19845 无意识
19846 舞动
19847 稀缺
19848 系统化
19849 显身手
19850 现身说法
19851 相去
19852 小青年
19853 用计
19854 宇航
19855 征兆
19856 把持
19857 碑文
19858 不屑一顾
19859 超负荷
19860 承揽
19861 吃紧
19862 大修
19863 的士
19864 奠基人
19865 动容
19866 短处
19867 发家
19868 杆菌
19869 鬼魂
19870 花生米
19871 继任
19872 见状
19873 降生
19874 开赴
19875 流体
19876 马马虎虎
19877 南北朝
19878 年金
19879 念念不忘
19880 扰动
19881 日历
19882 乳品
19883 失手
19884 适中
19885 守则
19886 说实在的
19887 巍巍
19888 卧房
19889 五保
19890 心慌
19891 快快
19892 仰头
19893 野人
19894 隐性
19895 赞不绝口
19896 逐项
19897 自选
19898 补发
19899 出活儿
19900 存栏
19901 大白菜
19902 登机
19903 方阵
19904 分文
19905 孵
19906 复命
19907 复线
19908 过激
19909 孩子气
19910 海藻
19911 河川
19912 糊口
19913 间距
19914 僵持
19915 飓风
19916 开火
19917 看齐
19918 快棋
19919 老路
19920 怒目
19921 排场
19922 牌楼
19923 批捕
19924 气旋
19925 石器
19926 世袭
19927 属地
19928 讨薪
19929 堂而皇之
19930 无所适从
19931 香炉
19932 行辕
19933 游子
19934 止步
19935 笔触
19936 部属
19937 成形
19938 慈悲
19939 裆
19940 陡坡
19941 恶习
19942 费心
19943 轰炸机
19944 虎口
19945 假象
19946 馈赠
19947 名正言顺
19948 明信片
19949 聂
19950 农机具
19951 平缓
19952 遣送
19953 升学率
19954 石材
19955 时势
19956 先行先试
19957 收发
19958 诉状
19959 酸楚
19960 通路
19961 哇哇
19962 无忧无虑
19963 梧桐
19964 相合
19965 血战
19966 语汇
19967 缘何
19968 远行
19969 专辑
19970 安乐
19971 病危
19972 尾市
19973 从容不迫
19974 代名词
19975 单行本
19976 毒瘤
19977 锻
19978 翻案
19979 防暴
19980 海豹
19981 化学工业
19982 魂灵
19983 货色
19984 机舱
19985 犟
19986 开篇
19987 里外
19988 目不暇接
19989 气色
19990 供给侧
19991 履职
19992 千差万别
19993 千军万马
19994 摄取
19995 手把手
19996 顺口
19997 忐忑不安
19998 炭疽
19999 铁轨
20000 通篇
20001 同龄人
20002 图腾
20003 晚辈
20004 无微不至
20005 心肝
20006 拼车
20007 心领
20008 夜景
20009 义勇军
20010 宰杀
20011 载重
20012 宗室
20013 哀伤
20014 百分
20015 场子
20016 抄写
20017 乘凉
20018 大合唱
20019 氮肥
20020 防腐
20021 风靡
20022 高个子
20023 国防军
20024 花灯
20025 缓冲
20026 婚检
20027 火腿
20028 机井
20029 急流
20030 接任
20031 街面
20032 均可
20033 可读性
20034 离职
20035 迁居
20036 全神贯注
20037 衰败
20038 微量元素
20039 无声无息
20040 凶残
20041 砚
20042 阴霾
20043 阴云
20044 指教
20045 治保
20046 组织生活
20047 安全带
20048 白净
20049 扁平
20050 嫦娥
20051 充饥
20052 代代相传
20053 电光
20054 反右
20055 复印件
20056 合情合理
20057 黄牌
20058 火堆
20059 缰绳
20060 介于
20061 锦上添花
20062 警服
20063 揪心
20064 军部
20065 扩招
20066 煤油
20067 遣返
20068 强忍

20069 亲朋
20070 韧性
20071 若有所思
20072 水力
20073 特技
20074 推销员
20075 脱水
20076 豌豆
20077 微波炉
20078 呜呼
20079 一筹莫展
20080 一塌糊涂
20081 由来已久
20082 糟粕
20083 一声令下
20084 榨
20085 着迷
20086 执掌
20087 转载
20088 暗处
20089 柏树
20090 笨重
20091 冰期
20092 泊位
20093 不外乎
20094 拆借
20095 初稿
20096 船舱
20097 磁悬浮
20098 得心应手
20099 第一产业
20100 垢
20101 即或
20102 军纪
20103 军控
20104 里间
20105 栗子
20106 了如指掌
20107 美梦
20108 蹑
20109 忍痛
20110 设身处地
20111 肃立
20112 童心
20113 椭圆形
20114 座驾
20115 网箱
20116 下颌
20117 相仿
20118 错峰
20119 宣教
20120 选任
20121 要领
20122 原貌
20123 自恃
20124 白茫茫
20125 臂膀
20126 承前启后
20127 大观
20128 电波
20129 独白
20130 飞行器
20131 国别
20132 荒滩
20133 几率
20134 饥渴
20135 角膜
20136 教士
20137 金刚石
20138 经文
20139 井喷
20140 快讯
20141 乐呵呵
20142 礼服
20143 凉快
20144 灵柩
20145 卖力
20146 难以置信
20147 脐橙
20148 岂止
20149 器乐
20150 取信于民
20151 霎时间
20152 申辩
20153 失传
20154 虱子
20155 书稿
20156 水兵
20157 淘金
20158 贺岁档
20159 停办
20160 未果
20161 未决
20162 牺牲品
20163 相亲
20164 雄心勃勃
20165 悬空
20166 硬骨头
20167 诱饵
20168 蒸蒸日上
20169 祖上
20170 鏖战
20171 别样
20172 除名
20173 打磨
20174 防风
20175 复赛
20176 故人
20177 观察家
20178 撼
20179 护林
20180 计议
20181 记性
20182 理科
20183 立论
20184 粮草
20185 披肩
20186 齐备
20187 倾泻
20188 申领
20189 徒劳
20190 胃病
20191 戏弄
20192 仙境
20193 炎症
20194 准予
20195 助人为乐
20196 菜市场
20197 车速
20198 撑腰
20199 储蓄所
20200 刺骨
20201 淡季
20202 当铺
20203 灯塔
20204 独树一帜
20205 恶人
20206 房改
20207 费事
20208 割舍
20209 后任
20210 毁灭性
20211 狡黠
20212 旧事
20213 开饭
20214 狂妄
20215 罗锅儿
20216 矛头
20217 起事
20218 翘（qiáo）
20219 轻取
20220 请安
20221 热销
20222 妊娠
20223 上行
20224 顺风
20225 条幅
20226 嘻
20227 鲜美
20228 相依
20229 小气
20230 信息技术
20231 星夜
20232 增减
20233 地形图
20234 动能
20235 夫子
20236 和亲
20237 价款
20238 迥异
20239 酒菜
20240 绝境
20241 老婆婆
20242 莫如
20243 牛车
20244 神父
20245 甚为
20246 示弱
20247 贴心人
20248 开盘价
20249 听命
20250 外运
20251 污浊
20252 向背
20253 谢恩
20254 心智
20255 巡演
20256 严于律己
20257 养子
20258 把儿
20259 德高望重
20260 低调
20261 奋不顾身
20262 高僧
20263 过意不去
20264 海盗
20265 耗尽
20266 合办
20267 候车室
20268 坏话
20269 幻影
20270 据实
20271 灵动
20272 流放
20273 悲情
20274 旅游团
20275 哪样
20276 奴仆
20277 喷嚏
20278 批驳
20279 偏袒
20280 企鹅
20281 气急
20282 侨民
20283 身先士卒
20284 手足无措
20285 受体
20286 双胞胎
20287 谈天
20288 逃逸
20289 听闻
20290 王储
20291 香菇
20292 野性
20293 胰岛素
20294 引擎
20295 用劲
20296 臧
20297 辩驳
20298 长方

20299 得志
20300 低俗
20301 敌方
20302 敌情
20303 刁难
20304 焚毁
20305 羔羊
20306 挂念
20307 国境
20308 候车
20309 巨著
20310 领海
20311 蛮横
20312 岂可
20313 气呼呼
20314 驱逐舰
20315 血站
20316 熔化
20317 上流
20318 失火
20319 示意图
20320 手笔
20321 书呆子
20322 台灯
20323 特异
20324 题名
20325 温顺
20326 箫
20327 遗漏
20328 月报
20329 章法
20330 做买卖
20331 白细胞
20332 暴风雪
20333 北非
20334 标注
20335 捕杀
20336 车头
20337 沉溺
20338 吹嘘
20339 大手笔
20340 当夜
（dāngyè）
20341 翻腾
20342 副本
20343 厚爱
20344 护航
20345 活计
20346 激愤
20347 脊髓
20348 精打细算
20349 军帽
20350 零钱
20351 藐视
20352 木炭
20353 内资
20354 千姿百态
20355 清冷
20356 全貌
20357 溶化
20358 世故
（shìgu）
20359 守恒
20360 同龄
20361 晚稻
20362 违犯
20363 武将
20364 叙说
20365 血泪
20366 一氧化碳
20367 异军突起
20368 有章可循
20369 渔村
20370 预留
20371 砖瓦
20372 惨叫
20373 磁力
20374 地界
20375 电表
20376 额角
20377 翻来覆去
20378 抚摩
20379 横扫
20380 回娘家
20381 会聚
20382 伙同
20383 警卫员
20384 竞价
20385 拘捕
20386 开外
20387 矿难
20388 牟利
20389 谋利
20390 偏颇
20391 榕树
20392 忘怀
20393 未婚妻
20394 文化人
20395 无妨
20396 下月
20397 兴师
20398 兴修
20399 血汗钱
20400 谣
20401 野战军
20402 夜深人静
20403 这么些
20404 侦察员
20405 指挥家
20406 子系统
20407 自用
20408 案犯
20409 惨烈
20410 策马
20411 趁势
20412 重围
20413 出笼
20414 处方药
20415 垂钓
20416 榜眼
20417 方向盘
20418 分店
20419 戈壁滩
20420 光大
20421 河山
20422 赧然
20423 花布
20424 混合泳
20425 届满
20426 考官
20427 课业
20428 敛财
20429 垄
20430 芦花
20431 轮回
20432 明白人
20433 盆子
20434 情妇
20435 赛跑
20436 示众
20437 室温
20438 挑拨
20439 跳槽
20440 突突
20441 污泥
20442 学以致用
20443 雪峰
20444 鸦雀无声
20445 运动场
20446 张榜
20447 致残
20448 主事
20449 总路线
20450 翱翔
20451 编译
20452 变性
20453 兵马俑
20454 粗细
20455 归队
20456 国都
20457 过活
20458 好天儿
20459 合同制
20460 魂魄
20461 慷慨激昂
20462 窥视
20463 门卫
20464 民谣
20465 女人
（nǚren）
20466 求索
20467 税额
20468 随和
20469 袒护
20470 滔天
20471 天文望远镜
20472 田埂
20473 颓然
20474 褪色
20475 无涯
20476 无照
20477 驿站
20478 因循
20479 邮箱
20480 雨露
20481 郁闷
20482 原意
20483 远见卓识
20484 跃跃欲试
20485 绽开
20486 钟楼
20487 转岗
20488 祖籍
20489 作祟
20490 兵役
20491 大肚子
20492 刀枪
20493 得奖
20494 告成
20495 话把儿
20496 火电
20497 精炼
20498 纠风
20499 举一反三
20500 溜走
20501 棉农
20502 明目张胆
20503 目不转睛
20504 千载难逢
20505 深思熟虑
20506 神志
20507 适得其反
20508 舒缓
20509 听信
20510 外向
20511 五光十色
20512 条码
20513 稀释
20514 限电
20515 消解
20516 心弦
20517 酗酒
20518 要挟
20519 衣食住行
20520 阴冷
20521 拥军优属
20522 约莫
20523 追兵
20524 作答
20525 大动脉

20526 大龄
20527 荡然无存
20528 灯亮儿
20529 缔约国
20530 定局
20531 匪徒
20532 付钱
20533 甘草
20534 工场
20535 后脑勺儿
20536 浑厚
20537 机房
20538 将帅
20539 警备
20540 巨星
20541 剧照
20542 抗御
20543 利剑
20544 龙眼
20545 那阵儿
20546 农夫
20547 岂有此理
20548 软化
20549 生物圈
20550 思辨
20551 未始
20552 学制
20553 印染
20554 油水
20555 囿于
20556 宅基
20557 把子
20558 编修
20559 勃勃
20560 不动产
20561 沉迷
20562 成群结队
20563 纯度
20564 缔约
20565 刁
20566 奉为
20567 层高
20568 呱
20569 海绵
20570 呼噜（hūlū）
20571 胡琴
20572 继父
20573 拷
20574 脸谱
20575 逆袭
20576 卖方
20577 排序
20578 捧场
20579 凭吊
20580 棋子
20581 峭壁
20582 情书
20583 认准
20584 乳头
20585 失色
20586 市话
20587 受制
20588 输赢
20589 颂歌
20590 所以然
20591 天涯海角
20592 徒刑
20593 土生土长
20594 湍流
20595 瓦砾
20596 稳产
20597 问好
20598 物产
20599 唏嘘
20600 犀利
20601 下肢
20602 形象思维
20603 圩
20604 沿江
20605 折服
20606 珍重
20607 并进
20608 成亲
20609 筹码
20610 创优
20611 对垒
20612 大卖场
20613 多极
20614 鬼鬼祟祟
20615 祭祖
20616 结核
20617 救火
20618 拒之门外
20619 连衣裙
20620 名校
20621 摩登
20622 拟订
20623 年少
20624 破天荒
20625 热带雨林
20626 三部曲
20627 食客
20628 视同
20629 收工
20630 思想体系
20631 四通八达
20632 田家
20633 通融
20634 武斗
20635 西药
20636 香料
20637 硝酸
20638 心路
20639 行宫
20640 押解
20641 仰面
20642 要饭
20643 因循守旧
20644 樟树
20645 真菌
20646 中考
20647 忠义
20648 众议员
20649 注解
20650 总责
20651 遨游
20652 把式
20653 草棚
20654 啜泣
20655 辞行
20656 定睛
20657 发黄
20658 翻番
20659 芳草
20660 伟哥
20661 佛经
20662 供过于求
20663 好色
20664 讳
20665 叫嚷
20666 抗原
20667 买办
20668 门子
20669 谬误
20670 磨合
20671 泣不成声
20672 清官
20673 人名
20674 烧饭
20675 奢华
20676 嗣位
20677 俗话
20678 酸甜
20679 弹琴
20680 天象
20681 童子
20682 突袭
20683 托付
20684 先行者
20685 管辖权
20686 星罗棋布
20687 阎王
20688 夜市
20689 回稳
20690 隐私权
20691 宅院
20692 自足
20693 半月刊
20694 镑
20695 北魏
20696 成堆
20697 痴情
20698 冬瓜
20699 毒贩
20700 耳熟能详
20701 光明磊落
20702 国体
20703 候补
20704 划归
20705 降职
20706 接头
20707 苦果
20708 碰壁
20709 欺压
20710 旗子
20711 汽水
20712 染料
20713 时值
20714 四时
20715 松柏
20716 送货
20717 质证
20718 诉讼法
20719 酸痛
20720 托运
20721 委实
20722 先秦
20723 心安理得
20724 赠给
20725 针织
20726 直销
20727 赚取
20728 追杀
20729 备课
20730 大显身手
20731 恩爱
20732 分部
20733 厘清
20734 覆辙
20735 隔开
20736 功用
20737 侃侃而谈
20738 内核
20739 叛军
20740 婆媳
20741 凄然
20742 起早
20743 时钟
20744 填充
20745 围堰
20746 西式
20747 嫌弃
20748 嫌疑犯
20749 相依为命
20750 相宜
20751 心力
20752 薰
20753 余热
20754 主讲

20755 宁（níng）
20756 惨淡
20757 承运
20758 传唱
20759 淡然
20760 德语
20761 登记表
20762 垫付
20763 痘
20764 幡
20765 附录
20766 古往今来
20767 淮海
20768 交售
20769 轿夫
20770 拮据
20771 尽兴
20772 绝缘
20773 可有可无
20774 克里姆林宫
20775 狂奔
20776 历史剧
20777 疗养
20778 裂开
20779 麦收
20780 南朝
20781 上半时
20782 尚待
20783 少许
20784 跳台
20785 萧萧
20786 效忠
20787 一己
20788 游历
20789 招徕
20790 茶碗
20791 柴禾
20792 担保人
20793 瞪眼
20794 非金属
20795 肺病
20796 富含
20797 改口
20798 哥儿们
20799 航程
20800 火势
20801 机要
20802 空域
20803 零配件
20804 留存
20805 闹着玩儿
20806 女真
20807 评述
20808 情思
20809 热乎乎
20810 戎
20811 山崖
20812 试看
20813 耸肩
20814 坛子
20815 投诚
20816 图文并茂
20817 微量
20818 小球
20819 移栽
20820 溢于言表
20821 音色
20822 鱼池
20823 预审
20824 朝夕
20825 霸主
20826 本部
20827 波段
20828 春色
20829 刀刃
20830 斗殴
20831 干杯
20832 货真价实
20833 解冻
20834 旧日
20835 铸
20836 网速
20837 老爷爷
20838 两样
20839 曼丽
20840 自曝
20841 闷气
（mènqì）
20842 蒙骗
20843 目击
20844 内因
20845 农忙
20846 契合
20847 融汇
20848 山洪
20849 摄像
20850 神明
20851 誓死
20852 授意
20853 索道
20854 提意见
20855 舞曲
20856 鲜见
20857 信号灯
20858 学艺
20859 洋服
20860 拥政爱民
20861 有年
20862 域中
20863 圆圈
20864 招数
20865 照会
20866 佐证
20867 哀乐
20868 安检
20869 把柄
20870 并轨
20871 长裙
20872 打基础
20873 东头
20874 动议
20875 废物
（fèiwu）
20876 回廊
20877 回流
20878 混入
20879 尽职
20880 爵士
20881 离异
20882 寥寥无几
20883 毛骨悚然
20884 叛逆
20885 膀
20886 畦
20887 起跑线
20888 古今中外
20889 敲击
20890 热度
20891 蠕虫
20892 升天
20893 实用主义
20894 水花
20895 说开
20896 天灾
20897 铁饭碗
20898 透亮
20899 相视
20900 压岁钱
20901 洋楼
20902 隐居
20903 优厚
20904 知难而进
20905 制图
20906 爪子
20907 自励
20908 字幕
20909 走低
20910 族群
20911 左邻右舍
20912 半信半疑
20913 褒奖
20914 传诵
20915 打成一片
20916 犊
20917 恶霸
20918 慧眼
20919 竭诚
20920 京华
20921 狂飙
20922 连贯
20923 领口
20924 绿油油
20925 卵子
20926 美术家
20927 脑勺儿
20928 平实
20929 前夜
20930 入账
20931 撒尿
20932 三餐
20933 赊
20934 申雪
20935 生息
20936 十二分
20937 刷牙
20938 条理
20939 条纹
20940 铁锹
20941 痛惜
20942 挖潜
20943 炎黄子孙
20944 秧苗
20945 一宿
20946 隐形
20947 迎候
20948 油烟
20949 育龄
20950 增收节支
20951 待客
20952 地块儿
20953 玷污
20954 风尘
20955 风行
20956 佛寺
20957 隔离带
20958 横穿
20959 画院
20960 亟须
20961 奸淫
20962 谨防
20963 哭喊
20964 阔人
20965 肋骨
20966 门锁
20967 糜
20968 名号
20969 木然
20970 霹雳
20971 破败
20972 欠债
20973 染色体
20974 尚存
20975 水肿
20976 死心
20977 伺机
20978 投靠
20979 土层
20980 喜气
20981 戏说
20982 乡音

20983 演剧
20984 硬度
20985 圆脸
20986 支架
20987 转嫁
20988 祖坟
20989 编著
20990 藏品
20991 电动车
20992 草料
20993 插曲
20994 查扣
20995 柴草
20996 称王
20997 地方官
20998 柑
20999 狗屁
21000 滑动
21001 环形
21002 校对
21003 看家
21004 坑害
21005 名分
21006 配发
21007 气泡
21008 缺德
21009 仁慈
21010 认输
21011 收盘
21012 委托人
21013 西门
21014 奚落
21015 摇手
21016 衣裙
21017 英雄主义
21018 有增无减
21019 渔场
21020 自问
21021 走红
21022 补选
21023 不解之缘
21024 仓猝
21025 雌雄
21026 胆敢
21027 递减
21028 典当
21029 帆布
21030 附中
21031 改判
21032 工具书
21033 蛤蟆
21034 怀柔
21035 黄包车
21036 灰烬
21037 胶片
21038 尽忠
21039 进犯
21040 居民楼
21041 开脱
21042 夸耀
21043 冷眼
21044 撇嘴
21045 起死回生
21046 谦恭
21047 前仆后继
21048 入主
21049 身不由己
21050 收留
21051 水缸
21052 水鸟
21053 吞吐
21054 外貌
21055 误国
21056 喜好
21057 小姨
21058 寿司
21059 心扉
21060 一溜烟
21061 义愤
21062 姻缘
21063 有血有肉
21064 匀称
21065 增派
21066 众望
21067 转产
21068 班师
21069 厂方
21070 称颂
21071 大难
21072 得不偿失
21073 短发
21074 多疑
21075 阿弥陀佛
21076 翻越
21077 驸马
21078 航船
21079 油然而生
21080 加德满都
21081 歼
21082 竞猜
21083 老夫
21084 怜爱
21085 流连忘返
21086 麻利
21087 毛发
21088 茅
21089 免遭
21090 碰巧
21091 旗人
21092 器皿
21093 恰似
21094 勤快
21095 倾倒（qīngdào）
21096 润滑油
21097 商榷
21098 侍者
21099 铁锤
21100 铁塔
21101 无怪
21102 五更
21103 小灵通
21104 休克
21105 一分为二
21106 影星
21107 硬环境
21108 幽深
21109 真丝
21110 捉弄
21111 走险
21112 阿Q
21113 班机
21114 暴涨
21115 表征
21116 不绝于耳
21117 不辱使命
21118 催眠
21119 嗒
21120 德行
21121 东张西望
21122 防震
21123 蜂窝
21124 干爹
21125 更正
21126 工棚
21127 公案
21128 供职
21129 古色古香
21130 钾肥
21131 减亏
21132 间歇
21133 教师节
21134 举家
21135 马兰
21136 能见度
21137 碰头
21138 撇下
21139 扑朔迷离
21140 铺垫
21141 潜藏
21142 情急
21143 囚禁
21144 全境
21145 让座
21146 施舍
21147 铁链
21148 裸官
21149 停当
21150 秃头
21151 王妃
21152 舞女
21153 影剧
21154 用字
21155 中高档
21156 主犯
21157 专营
21158 追授
21159 走读
21160 座右铭
21161 斑斓
21162 冰冻
21163 屏息
21164 不胜枚举
21165 长街
21166 仇敌
21167 措手不及
21168 稻米
21169 跍
21170 业户
21171 端倪
21172 飞鸟
21173 观战
21174 冠以
21175 基因工程
21176 酵母
21177 哭叫
21178 老前辈
21179 磷酸
21180 流水线
21181 鸣叫
21182 轻伤
21183 求真
21184 入座
21185 埋头苦干
21186 三资企业
21187 少不得
21188 石料
21189 淘汰赛
21190 土炕
21191 吐露
21192 嗓门儿
21193 五金
21194 午门
21195 泄气
21196 雪片
21197 远眺
21198 自备
21199 白粉
21200 白花花
21201 奔涌
21202 绷带
21203 辨证
21204 饼子
21205 涨停板
21206 插花
21207 尘世
21208 代管
21209 代销
21210 不好说
21211 妒忌

21212 惰性
21213 风姿
21214 高尔夫球
21215 咕咚
21216 国难
21217 画笔
21218 机缘
21219 枷锁
21220 教案
21221 揭穿
21222 结账
21223 局促
21224 脸膛
21225 农妇
21226 飘忽
21227 嗓子眼儿
21228 神童
21229 生还
21230 石壁
21231 世界语
21232 双亲
21233 税种
21234 畏缩
21235 无边无际
21236 兀自
21237 鲜嫩
21238 孝心
21239 杏花
21240 休整
21241 血性
21242 衣料
21243 预谋
21244 远航
21245 再版
21246 遭殃
21247 崭露头角
21248 重金属
21249 作废
21250 爆炸物
21251 不亦乐乎
21252 沉浮
21253 承保
21254 抽动
21255 出处
21256 胆固醇
21257 掂量
21258 定心丸
21259 翻新
21260 饭厅
21261 飞溅
21262 风雅
21263 蜂蜜
21264 感谢信
21265 干道
21266 硅
21267 贵贱
21268 红旗手
21269 花架子
21270 哗众取宠
21271 急于求成
21272 街门
21273 精神抖擞
21274 军嫂
21275 挎包
21276 眉飞色舞
21277 抹杀
21278 木雕
21279 内弟
21280 情面
21281 取样
21282 如数家珍
21283 射手
21284 碎石
21285 缩写
21286 弯路
21287 下水道
21288 絮语
21289 有心人
21290 责任事故
21291 月供
21292 正巧
21293 冰天雪地
21294 草药
21295 侗族
21296 对立面
21297 改选
21298 刚强
21299 滚落
21300 轰击
21301 挥毫
21302 截获
21303 凉气
21304 裂变
21305 排行
21306 蹊跷
21307 切莫
21308 说唱
21309 松鼠
21310 同窗
21311 同性恋
21312 童工
21313 徒然
21314 文娱
21315 蚊帐
21316 驯服
21317 依偎
21318 英武
21319 应承
21320 中庸
21321 保驾
21322 边城
21323 不足为奇
21324 操办
21325 辞呈
21326 大篷车
21327 对虾
21328 恩情
21329 二手
21330 发声
21331 防渗
21332 奉承
21333 管束
21334 海龟
21335 合拍
21336 尖儿
21337 开门红
21338 课桌
21339 狂笑
21340 溃散
21341 励精图治
21342 烈焰
21343 乱糟糟
21344 没脸
21345 美名
21346 门道（méndao）
21347 谜底
21348 民主改革
21349 难熬
21350 暖阁
21351 炮击
21352 枪手
21353 生铁
21354 瘦长
21355 饲养员
21356 退位
21357 污蔑
21358 无损
21359 相加
21360 形容词
21361 雪茄
21362 义务劳动
21363 甬道
21364 迂
21365 铸成
21366 宗庙
21367 把酒
21368 包工头
21369 井然有序
21370 变脸
21371 彬彬有礼
21372 不计其数
21373 不假思索
21374 操持
21375 成心
21376 重合
21377 怵
21378 大饼
21379 堵车
21380 反叛
21381 分派
21382 伏兵
21383 恭候
21384 缓刑
21385 活水
21386 降耗
21387 看准
21388 客家
21389 利落
21390 欺凌
21391 千头万绪
21392 前无古人
21393 入微
21394 上映
21395 使领馆
21396 始祖
21397 条件反射
21398 通令
21399 偷盗
21400 慰安
21401 鞋袜
21402 雪原
21403 殷殷
21404 越级
21405 阵痛
21406 震耳
21407 总领馆
21408 拜谒
21409 别具一格
21410 兵变
21411 不由分说
21412 草图
21413 磁铁
21414 倒计时
21415 等值
21416 耕牛
21417 公粮
21418 孩童
21419 黑土
21420 花盆
21421 化名
21422 计时
21423 家业
21424 假借
21425 交心
21426 娇艳
21427 叫苦
21428 尽是
21429 镜片
21430 居留
21431 橘
21432 迷蒙
21433 抿嘴
21434 年鉴
21435 千里迢迢
21436 轻纺
21437 清纯
21438 情爱
21439 趋同
21440 熔炉

21441 手边
21442 四顾
21443 贴切
21444 听任
21445 图章
21446 哇（wā）
21447 忘情
21448 污秽
21449 污辱
21450 细碎
21451 选调
21452 援兵
21453 湛蓝
21454 株式会社
21455 主顾
21456 安眠药
21457 殡仪馆
21458 彩绘
21459 成文
21460 触电
21461 呆子
21462 德性
21463 平仓
21464 巅峰
21465 防水
21466 国运
21467 居家
21468 懒惰
21469 老早
21470 脸子
21471 绿豆
21472 毛毯
21473 沫
21474 农耕
21475 攀谈
21476 蓬松
21477 票面
21478 守备
21479 受教
21480 素不相识
21481 下辖
21482 仰慕
21483 招降
21484 制种
21485 重压
21486 著者
21487 转账
21488 爱美
21489 比照
21490 鞭挞
21491 菠菜
21492 不像话
21493 灿灿
21494 赤子
21495 初秋
21496 敌我
21497 跌跌撞撞
21498 姑父
21499 何谓
21500 减半
21501 烤烟
21502 款款
21503 矿藏
21504 来龙去脉
21505 来势
21506 逆流
21507 起色
21508 千户
21509 颧骨
21510 荣辱
21511 鳃
21512 市井
21513 托儿所
21514 文摘
21515 相知
21516 翩翩起舞
21517 宣传画
21518 寻根
21519 硬朗
21520 有气无力
21521 原稿
21522 政纪
21523 直言不讳
21524 作业本
21525 败北
21526 兵种
21527 饽饽
21528 不关
21529 不容置疑
21530 采样
21531 缠身
21532 炊事班
21533 错别字
21534 大无畏
21535 大雁
21536 发酸
21537 副标题
21538 膏药
21539 核燃料
21540 疾驰
21541 集子
21542 寄语
21543 久拖不决
21544 开道
21545 棉布
21546 盘踞
21547 齐整
21548 千篇一律
21549 球赛
21550 让位
21551 身居
21552 生生不息
21553 条令
21554 挺身
21555 西餐
21556 舷梯
21557 学籍
21558 营生
21559 摘登
21560 正轨
21561 逐日
21562 壮丁
21563 闭口
21564 标尺
21565 不巧
21566 布袋
21567 蚕食
21568 从属
21569 凑热闹
21570 淡泊
21571 淡忘
21572 灯会
21573 顶替
21574 愤懑
21575 付息
21576 高年级
21577 刽子手
21578 果汁
21579 浩荡
21580 哄笑
21581 将门
21582 可口可乐
21583 口才
21584 框框
21585 老成
21586 撩（liáo）
21587 凌空
21588 零乱
21589 抹布
21590 面谈
21591 暖意
21592 桑叶
21593 受气
21594 通史
21595 退兵
21596 外祖母
21597 闻名遐迩
21598 细密
21599 小寒
21600 邂逅
21601 心计
21602 心神
21603 学分
21604 盐场
21605 摇钱树
21606 游艺
21607 招揽
21608 爪牙
21609 专论
21610 着意
21611 棕榈
21612 阻击
21613 做学问
21614 朝夕相处
21615 白薯
21616 飙升
21617 菜场
21618 蚕豆
21619 瓷砖
21620 大名鼎鼎
21621 二手车
21622 发射场
21623 伐木
21624 翻脸
21625 高音
21626 公署
21627 蚝
21628 豪气
21629 荷包
21630 救急
21631 居民身份证
21632 恋恋不舍
21633 论战
21634 默认
21635 拍案
21636 评语
21637 社会保障
21638 升任
21639 释疑
21640 铜矿
21641 囤（tún）
21642 诬陷
21643 无精打采
21644 戏迷
21645 闲事
21646 阴天
21647 蛹
21648 运动量
21649 增选
21650 中奖
21651 走后门
21652 播报
21653 曾几何时
21654 趁早
21655 出纳
21656 出走
21657 雌性
21658 协警
21659 诋毁
21660 独创性
21661 昏倒
21662 基本点
21663 家访
21664 结冰
21665 警句
21666 立竿见影
21667 猎枪
21668 临头
21669 履历
21670 振奋人心

21671 谩骂
21672 清闲
21673 群策群力
21674 如约
21675 手迹
21676 水仙
21677 跳伞
21678 武断
21679 下同
21680 线虫
21681 沿街
21682 腋下
21683 英尺
21684 由不得
21685 浴血奋战
21686 园丁
21687 原样
21688 原状
21689 正义感
21690 作价
21691 白糖
21692 半死
21693 碧海
21694 苍穹
21695 船体
21696 寸步
21697 大陆架
21698 叠加
21699 恶性肿瘤
21700 旮旯儿
21701 囧
21702 糕点
21703 孤军
21704 关内
21705 归咎
21706 过得去
21707 好端端
21708 黑洞洞
21709 吼声
21710 糊弄
21711 见方
21712 脚趾
21713 口感
21714 快慢
21715 劣迹
21716 琉璃
21717 搂抱
21718 瞒报
21719 末尾
21720 娘儿们
21721 牌位
21722 泼辣
21723 强求
21724 求见
21725 扫清
21726 试验田
21727 熟习
21728 他杀
21729 跳高
21730 万不得已
21731 屋脊
21732 无量
21733 悟性
21734 西天
21735 小钱
21736 养家
21737 有机食品
21738 月末
21739 长老
21740 争鸣
21741 重量级
21742 逐户
21743 走马上任
21744 聚变
21745 安家
21746 八卦
21747 柏油
21748 怅惘
21749 闯荡
21750 大便
21751 地利
21752 独行
21753 耳语
21754 房舍
21755 干妈
21756 海燕
21757 妓院
21758 叫骂
21759 紧逼
21760 卷土重来
21761 狂喜
21762 利己
21763 料子
21764 棉田
21765 泯灭
21766 难耐
21767 耦合
21768 齐鲁
21769 起落
21770 谦让
21771 强悍
21772 轻骑
21773 射程
21774 统率
21775 销声匿迹
21776 行文
21777 性爱
21778 愚弄
21779 冤屈
21780 责问
21781 账面
21782 找事
21783 中老年
21784 中尉
21785 助兴
21786 总归
21787 半成品
21788 报端
21789 贝类
21790 备有
21791 秉性
21792 出洋
21793 词组
21794 刺杀
21795 大相径庭
21796 房主
21797 风箱
21798 火候
21799 架桥
21800 截然
21801 解惑
21802 金发
21803 救星
21804 枯死
21805 夸赞
21806 勒索
21807 临危
21808 龙虾
21809 没问题
21810 面额
21811 明晃晃
21812 漠然
21813 难产
21814 牛鬼蛇神
21815 普选
21816 青衣
21817 散漫
21818 受惠
21819 赎罪
21820 谈吐
21821 透风
21822 唾弃
21823 翔
21824 我行我素
21825 胸腔
21826 移师
21827 隐含
21828 原始社会
21829 云天
21830 折旧
21831 阵脚
21832 证言
21833 郑重其事
21834 织布
21835 直接选举
21836 制导
21837 转会
21838 啄木鸟
21839 字面
21840 拜谢
21841 笔录
21842 贬低
21843 波光
21844 抽水
21845 刺眼
21846 大件
21847 店家
21848 店堂
21849 定名
21850 东道国
21851 督战
21852 多嘴
21853 儿歌
21854 仿制
21855 佛法
21856 古训
21857 好家伙
21858 合作化
21859 狐疑
21860 花市
21861 回绝
21862 祸福
21863 计划单列市
21864 减刑
21865 拦腰
21866 篮板球
21867 冷藏
21868 列传
21869 青山绿水
21870 抢购
21871 群雄
21872 群众运动
21873 人身自由
21874 拍砖
21875 肉鸡
21876 搡
21877 仕途
21878 水蒸气
21879 毯子
21880 喜酒
21881 陷落
21882 血丝
21883 谚语
21884 吟唱
21885 玉石
21886 致谢
21887 走道
21888 兵家
21889 车牌
21890 打手
21891 丹顶鹤
21892 导电
21893 发散
21894 枫树
21895 干练
21896 公房
21897 共产国际
21898 关卡
21899 后妃
21900 绘图

21901 计数
21902 见不得
21903 缴械
21904 借读
21905 旧货
21906 绝食
21907 枯黄
21908 录入
21909 露珠
21910 铝合金
21911 轮岗
21912 模特儿
21913 内分泌
21914 派生
21915 婆娑
21916 气势磅礴
21917 千真万确
21918 商船
21919 伸张
21920 绳之以法
21921 手记
21922 首当其冲
21923 司徒
21924 四角
21925 无所事事
21926 期市
21927 西施
21928 消防队
21929 泄洪
21930 星际
21931 洋鬼子
21932 洋钱
21933 要塞
21934 一劳永逸
21935 元宵节
21936 招架
21937 不屑于
21938 城隍庙
21939 抽打
21940 次长
21941 短评
21942 放炮
21943 废料
21944 改嫁
21945 甘苦
21946 工时
21947 弓箭
21948 管闲事
21949 广博
21950 果敢
21951 海流
21952 黄梅戏
21953 江心
21954 俱全
21955 历历在目
21956 联系人
21957 伶俐
21958 沦落
21959 接地气
21960 泥塑
21961 且慢
21962 群众组织
21963 人山人海
21964 如常
21965 傻笑
21966 升级换代
21967 失实
21968 探问
21969 讨伐
21970 望而却步
21971 先民
21972 先贤
21973 校庆
21974 秀气
21975 音译
21976 约略
21977 仗义
21978 别出心裁
21979 播撒
21980 擦肩而过
21981 长此以往
21982 愁眉苦脸
21983 串通
21984 待发
21985 电极
21986 多姿
21987 方子
21988 感恩
21989 轱辘
21990 谷底
21991 留置
21992 痼疾
21993 惯用
21994 磁条
21995 寒意
21996 核酸
21997 计费
21998 技校
21999 监考
22000 金融危机
22001 尽责
22002 诀窍
22003 军旗
22004 氯气
22005 咪咪
22006 棉絮
22007 脑血管
22008 嫩绿
22009 农庄
22010 赔钱
22011 碰硬
22012 平滑
22013 壬
22014 日见
22015 婶婶
22016 盛宴
22017 套用
22018 同舟共济
22019 吐气
22020 无产者
22021 无中生有
22022 小刀
22023 新词
22024 新生代
22025 宣示
22026 学理
22027 掌心
22028 孜孜不倦
22029 不在话下
22030 称雄
22031 冲击波
22032 抽奖
22033 绸子
22034 定神
22035 鲜（xiǎn）
22036 反贪
22037 古旧
22038 光复
22039 咣
22040 减收
22041 交道
22042 军兵种
22043 酷热
22044 拉关系
22045 了然
22046 盟军
22047 名曲
22048 木桩
22049 内情
22050 批转
22051 凄厉
22052 乞降
22053 轻便
22054 手舞足蹈
22055 思虑
22056 贪赃枉法
22057 唾液
22058 蚊虫
22059 无愧
22060 先遣
22061 相悖
22062 心旷神怡
22063 修宪
22064 学报
22065 牙刷
22066 羊羔
22067 野味
22068 一小撮
22069 义演
22070 印刷品
22071 圆润
22072 圆心
22073 越野车
22074 造访
22075 走高
22076 半辈子
22077 笔会
22078 长卷
22079 叮当
22080 恩赐
22081 绯红
22082 纷飞
22083 附加费
22084 干休所
22085 共度
22086 购物中心
22087 护城河
22088 欢天喜地
22089 间作
22090 一拥而上
22091 惊涛骇浪
22092 口头禅
22093 灵机一动
22094 梅雨
22095 蜜月
22096 妙计
22097 明镜
22098 才华横溢
22099 年富力强
22100 片儿（piànr）
22101 票贩子
22102 清流
22103 求爱
22104 受训
22105 水牛
22106 投案
22107 土星
22108 违抗
22109 文库
22110 笑吟吟
22111 新绿
22112 休眠
22113 靴子
22114 瑶族
22115 意旨
22116 英姿
22117 圆柱
22118 造田
22119 招展
22120 遮蔽
22121 置之不理
22122 专心致志
22123 宝物
22124 背部
22125 拨动
22126 草皮
22127 怅然
22128 出错
22129 搭桥

22130 东经
22131 风起云涌
22132 港商
22133 合约
22134 横贯
22135 籍贯
22136 脊柱
22137 炯炯
22138 举目
22139 苦口婆心
22140 懒散
22141 励
22142 买进
22143 麦穗儿
22144 棉裤
22145 民宅
22146 青苗
22147 请柬
22148 取乐
22149 去留
22150 人才辈出
22151 丧气（sàngqi）
22152 宅男
22153 扫视
22154 神威
22155 神像
22156 死鬼
22157 唐人街
22158 套种
22159 痛心疾首
22160 参访
22161 伪科学
22162 窝囊废
22163 无独有偶
22164 席子
22165 消退
22166 心气
22167 刑律
22168 汛
22169 一尘不染
22170 一五一十
22171 诱因
22172 御寒
22173 在案
22174 不依不饶
22175 真知灼见
22176 整机
22177 旨意
22178 芭蕉
22179 白话文
22180 勃发
22181 不备
22182 查禁
22183 岔开
22184 触发
22185 大西南
22186 大有希望
22187 得用
22188 对抗性
22189 发型
22190 风尘仆仆
22191 峰顶
22192 孵化器
22193 附和
22194 糊糊
22195 华西
22196 架次
22197 今生
22198 敬老
22199 举步维艰
22200 拒收
22201 绝伦
22202 明码
22203 捺
22204 内控
22205 溺爱
22206 农会
22207 蜷缩
22208 善战
22209 省略
22210 他用
22211 退走
22212 吞并
22213 脱产
22214 洗衣粉
22215 险峻
22216 险要
22217 小便
22218 哮喘
22219 写字楼
22220 血泊
22221 一窝蜂
22222 用材林
22223 舆论界
22224 藏文
22225 障碍物
22226 整形
22227 直视
22228 罪责
22229 巴士
22230 差点儿
22231 诚如
22232 愁苦
22233 大捷
22234 大洋洲
22235 当庭
22236 党羽
22237 惦念
22238 蝶泳
22239 方药
22240 橄榄
22241 归口
22242 贵客
22243 红利
22244 后路
22245 机会主义
22246 夹子
22247 胶卷
22248 恳请
22249 胯
22250 窥见
22251 零食
22252 忙不迭
22253 奶油
22254 盘点
22255 贫民
22256 日内
22257 容颜
22258 肉食
22259 丧葬
22260 嗓
22261 山梁
22262 山丘
22263 笙
22264 受奖
22265 袒露
22266 挑逗
22267 无敌
22268 无业
22269 心急如焚
22270 压缩机
22271 依依不舍
22272 阴历
22273 预售
22274 约请
22275 再利用
22276 朝霞
22277 蒸汽机
22278 重地
22279 竹筒
22280 专区
22281 自慰
22282 走人
22283 白蚁
22284 被单
22285 边沿
22286 补助金
22287 布达拉宫
22288 崇山峻岭
22289 存单
22290 打搅
22291 打住
22292 繁茂
22293 放贷
22294 肝胆相照
22295 构架
22296 好恶
22297 挥洒
22298 吉凶
22299 奖赏
22300 绝无仅有
22301 俊俏
22302 苦命
22303 裤腿
22304 力戒
22305 皮质
22306 钱庄
22307 闪开
22308 鼠疫
22309 双语
22310 四出
22311 缩水
22312 温床
22313 无地自容
22314 献艺
22315 心衰
22316 信使
22317 眼红
22318 腰肢
22319 遗言
22320 油污
22321 鱼水
22322 约见
22323 栽倒
22324 澡堂
22325 专柜
22326 咨文
22327 自学考试
22328 坐视
22329 宝山
22330 电饭煲
22331 北美洲
22332 匾额
22333 创设
22334 心痛
22335 粗野
22336 稻子
22337 调遣
22338 动手术
22339 度量
22340 对劲
22341 摁
22342 富豪
22343 诡计
22344 熠熠生辉
22345 河湾
22346 鸡毛
22347 积案
22348 加密
22349 家养
22350 教益
22351 梨花
22352 连通
22353 楼群
22354 名篇
22355 农舍
22356 入寇
22357 三言两语
22358 沙棘

22359 上乘
22360 事与愿违
22361 私下里
22362 天理
22363 跳楼
22364 推波助澜
22365 无关紧要
22366 五星
22367 心急
22368 壹
22369 阴森
22370 有机肥
22371 有生以来
22372 逾越
22373 源流
22374 脂肪酸
22375 懊丧
22376 白大褂
22377 倍感
22378 边缘化
22379 采掘
22380 昌盛
22381 常客
22382 惩办
22383 传旨
22384 串门儿
22385 短小
22386 儿童剧
22387 犯不着
22388 放电
22389 干草
22390 钢丝
22391 高坡
22392 个把
22393 工矿
22394 公私合营
22395 规劝
22396 海报
22397 汗马功劳
22398 后半夜
22399 画眉
22400 画坛
22401 加压
22402 江岸
22403 近在咫尺
22404 聚首
22405 口渴
22406 苦楚
22407 狼狗
22408 内存
22409 怯懦
22410 情歌
22411 山麓
22412 稍后
22413 赦免
22414 身量
22415 馊
22416 天花
22417 通体
22418 通通
22419 统一体
22420 外屋
22421 邪气
22422 薪金
22423 悬而未决
22424 押送
22425 扬弃
22426 腰鼓
22427 一应
22428 原动力
22429 战壕
22430 至极
22431 主食
22432 鼻腔
22433 变样
22434 播音
22435 不伦不类
22436 传球
22437 慈母
22438 带路
22439 底数
22440 放活
22441 风帆
22442 福利彩票
22443 负载
22444 副食
22445 概算
22446 国家赔偿
22447 挥发
22448 夹道
22449 交配
22450 交椅
22451 警犬
22452 军衣
22453 亏空
22454 盔
22455 劳动节
22456 雷厉风行
22457 量词
22458 买断
22459 迷雾
22460 铭刻
22461 墨镜
22462 泥鳅
22463 年轮
22464 情愫
22465 三天两头
22466 山泉
22467 山芋
22468 上工
22469 社火
22470 甚于
22471 生变
22472 市价
22473 书柜
22474 献花
22475 小丫头
22476 行囊
22477 盐湖
22478 腰身
22479 要员
22480 幽雅
22481 处警
22482 悠远
22483 有方
22484 在所难免
22485 葬送
22486 蟑螂
22487 丈量
22488 走村串户
22489 办事员
22490 避孕
22491 陈腐
22492 晨练
22493 大敌
22494 代数
22495 盗用
22496 吨位
22497 犯愁
22498 肝病
22499 告发
22500 功德
22501 汩汩
22502 鬼话
22503 和声
22504 灰蒙蒙
22505 机具
22506 加息
22507 近亲
22508 井口
22509 巨浪
22510 均等
22511 抗震
22512 老鹰
22513 裂痕
22514 流速
22515 面目全非
22516 名下
22517 年号
22518 判官
22519 期望值
22520 强权
22521 庆功
22522 如初
22523 试金石
22524 送葬
22525 通水
22526 偷眼
22527 卫生员
22528 温度计
22529 温室效应
22530 无礼
22531 洗浴
22532 现职
22533 辛辣
22534 殉国
22535 野狗
22536 议决
22537 因故
22538 应答
22539 应战
22540 有若
22541 玉器
22542 正人君子
22543 正事
22544 足不出户
22545 作客
22546 爱恋
22547 白旗
22548 边贸
22549 哺乳
22550 苍翠
22551 超然
22552 吃醋
22553 聪慧
22554 大清早
22555 鼎沸
22556 东晋
22557 发软
22558 繁星
22559 放羊
22560 钢管
22561 光天化日
22562 提款机
22563 弧形
22564 花儿（huā'ér）
22565 还乡
22566 荒废
22567 会期
22568 剪裁
22569 教研
22570 结盟
22571 凯歌
22572 窥探
22573 阔别
22574 泪汪汪
22575 涟漪
22576 晾晒
22577 流行性
22578 面红耳赤
22579 年景
22580 浓墨重彩
22581 旗杆
22582 嵌入
22583 强人
22584 敲诈
22585 青霉素
22586 蛆
22587 入耳

22588 松手
22589 同桌
22590 无余
22591 信笺
22592 修行
22593 斩断
22594 招集
22595 逐月
22596 走笔
22597 走俏
22598 宝玉
22599 不了了之
22600 布料
22601 草拟
22602 禅宗
22603 超声波
22604 尺子
22605 出类拔萃
22606 川流不息
22607 吹捧
22608 道别
22609 低层
22610 伏击
22611 根底
22612 过目
22613 黑市
22614 哗然
22615 画室
22616 家奴
22617 街头巷尾
22618 结集
22619 进退两难
22620 绝顶
22621 军机
22622 开凿
22623 口舌
22624 凛然
22625 毛茸茸
22626 起诉书
22627 摊贩
22628 填报
22629 同归于尽
22630 万众
22631 文豪
22632 文化革命
22633 小人
22634 小兄弟
22635 阳春
22636 预选
22637 战将
22638 正门
22639 制片人
22640 主峰
22641 壮实
22642 疤痕
22643 秉公
22644 吵吵
22645 出风头
22646 处所
22647 船主
22648 创制
22649 方士
22650 奋发向上
22651 腹痛
22652 喉头
22653 恢宏
22654 苦力
22655 领事馆
22656 母语
22657 劝导
22658 人贩子
22659 侍奉
22660 倏地
22661 提留
22662 脱险
22663 外逃
22664 万世
22665 王孙
22666 卧床
22667 乌有
22668 物料
22669 现钞
22670 效法
22671 行凶
22672 演技
22673 一朝一夕
22674 银奖
22675 愈益
22676 元器件
22677 月经
22678 运输机
22679 众生
22680 重罚
22681 主观能动性
22682 助教
22683 自娱
22684 尊崇
22685 彩云
22686 肠胃
22687 车库
22688 充溢
22689 抽身
22690 搭载
22691 胆略
22692 到家
22693 非同一般
22694 伏案
22695 个数
22696 国号
22697 害臊
22698 黑手
22699 花鼓
22700 解渴
22701 金碧辉煌
22702 旧书
22703 军令
22704 空儿
22705 冷不防
22706 恋情
22707 乱哄哄
22708 没命
22709 年下
22710 群情
22711 热腾腾
22712 人意
22713 三令五申
22714 扫雷
22715 守旧
22716 书记员
22717 属下
22718 双刃剑
22719 调理
22720 外国语
22721 危亡
22722 味精
22723 小老婆
22724 训话
22725 唁电
22726 意气风发
22727 责难
22728 震耳欲聋
22729 忠贞
22730 捉拿
22731 作用力
22732 矮子
22733 安生
22734 北洋军阀
22735 背地里
22736 补办
22737 不详
22738 称臣
22739 弹头
22740 狄
22741 噩耗
22742 分隔
22743 分水岭
22744 妇幼
22745 高频
22746 喝令
22747 横亘
22748 喉舌
22749 画图
22750 会商
22751 机敏
22752 纪行
22753 渐次
22754 搅乱
22755 续期
22756 叫嚣
22757 库容
22758 类比
22759 猎物
22760 妹夫
22761 钳工
22762 求解
22763 求人
22764 人海
22765 深情厚谊
22766 酸甜苦辣
22767 通病
22768 信口
22769 休止
22770 烟盒
22771 知趣
22772 追索
22773 祖辈
22774 饱尝
22775 贝壳
22776 病榻
22777 到站
22778 冬小麦
22779 顿觉
22780 发人深省
22781 风衣
22782 复生
22783 甘甜
22784 感言
22785 国货
22786 红烧
22787 快板儿
22788 零花钱
22789 篓
22790 漏税
22791 露骨
22792 论及
22793 尼龙
22794 妻妾
22795 切片
22796 拳脚
22797 日记本
22798 上心
22799 石墨
22800 实权
22801 书画展
22802 抒写
22803 梳洗
22804 水旱
22805 私情
22806 偷偷摸摸
22807 图谱
22808 土特产
22809 完蛋
22810 乌兰巴托
22811 想开
22812 小家庭
22813 谐音
22814 远期
22815 灾祸
22816 滞销
22817 装模作样

22818 备份
22819 唱词
22820 吃不上
22821 初五
22822 辞别
22823 倒行逆施
22824 丁香
22825 发车
22826 防不胜防
22827 房檐
22828 古堡
22829 关山
22830 灌注
22831 划界
22832 减低
22833 年味
22834 剿匪
22835 接生
22836 梨树
22837 论证会
22838 慢条斯理
22839 千里马
22840 认同感
22841 杀头
22842 逃学
22843 团团转
22844 汪汪
22845 袖手旁观
22846 需用
22847 仰光
22848 衣角
22849 优越感
22850 渔政
22851 正传
22852 治罪
22853 祝寿
22854 壮年
22855 追悼
22856 苞
22857 裱
22858 财贸
22859 出迎
22860 错落有致
22861 打探
22862 老赖
22863 点题
22864 吊唁
22865 迭出
22866 捐建
22867 赋诗
22868 绲
22869 寒潮
22870 呵斥
22871 画集
22872 回民
22873 豁免
22874 健在
22875 交加
22876 鸠
22877 居中
22878 骷髅
22879 录音带
22880 欧共体
22881 培养基
22882 皮划艇
22883 青砖
22884 氢弹
22885 清净
22886 诗情画意
22887 水表
22888 天翻地覆
22889 痛定思痛
22890 宛若
22891 万民
22892 文法
22893 下船
22894 消费税
22895 形迹
22896 幸存
22897 雄鹰
22898 修整
22899 虚空
22900 殉难
22901 丫环
22902 宜于
22903 银钱
22904 有机体
22905 直辖
22906 中成药
22907 专有
22908 组队
22909 罪证
22910 标点
22911 碴
22912 车把
22913 瞅见
22914 初创
22915 单价
22916 定金
22917 多端
22918 工贸
22919 归类
22920 归途
22921 红牌
22922 滑行
22923 黄金时代
22924 集散
22925 截面
22926 晶体管
22927 绝路
22928 苛求
22929 浪头
22930 领跑
22931 罗列
22932 劈头
22933 嫖娼
22934 抢眼
22935 清瘦
22936 儒雅
22937 神采
22938 胜败
22939 试飞
22940 四清
22941 天书
22942 偷听
22943 涂层
22944 无意间
22945 毋庸讳言
22946 新手
22947 休养生息
22948 言说
22949 有鬼
22950 账簿
22951 自诩
22952 钻孔
22953 安培
22954 半球
22955 卑微
22956 便当
22957 补足
22958 不丹
22959 朝向
22960 吃穿
22961 传达室
22962 大有人在
22963 翻动
22964 放光
22965 废渣
22966 干等
22967 歌喉
22968 各得其所
22969 海潮
22970 黑心
22971 红尘
22972 弧线
22973 活塞
22974 唧唧
22975 兼程
22976 简略
22977 娇小
22978 借故
22979 舅母
22980 褴褛
22981 联席
22982 匿名
22983 年节
22984 佩带
22985 喷涌
22986 气囊
22987 清丽
22988 任劳任怨
22989 石柱
22990 梳妆
22991 说闲话
22992 痰盂
22993 天幕
22994 通胀
22995 线上
22996 湍急
22997 围拢
22998 慰问品
22999 无悔
23000 现钱
23001 形变
23002 压价
23003 意向书
23004 隐忧
23005 燥热
23006 责骂
23007 正法
23008 紫荆
23009 自拔
23010 百分比
23011 冰盖
23012 不可开交
23013 采油
23014 叉子
23015 陈年
23016 称心
23017 处决
23018 敌手
23019 佃户
23020 浮云
23021 乖巧
23022 好心人
23023 胡杨
23024 缄默
23025 见鬼
23026 经手
23027 警戒线
23028 龃龉
23029 剧增
23030 开幕词
23031 叩首
23032 裤带
23033 滥伐
23034 马夫
23035 麦苗
23036 门牙
23037 棉袍
23038 抹黑
23039 奶子
23040 骑手
23041 晴空
23042 请缨
23043 秋日
23044 人犯
23045 沙场
23046 烧烤
23047 勺子

23048 士绅
23049 首尾
23050 似曾相识
23051 太阳穴
23052 特快
23053 铁锅
23054 歇斯底里
23055 斜阳
23056 虚荣心
23057 选材
23058 岩洞
23059 野地
23060 游击战
23061 鱼苗
23062 战栗
23063 装订
23064 吱声
23065 孜孜以求
23066 把手
23067 爆裂
23068 长龙
23069 超产
23070 锭
23071 风风火火
23072 否决权
23073 攻陷
23074 鼓乐
23075 鬼混
23076 海参
23077 好使
23078 花农
23079 皇冠
23080 记过
23081 拘役
23082 诀别
23083 口服
23084 扩容
23085 利器
23086 灵验
23087 领受
23088 免检
23089 谋反
23090 木马
23091 凄楚
23092 气急败坏
23093 琴弦
23094 请罪
23095 去除
23096 声言
23097 手镯
23098 同僚
23099 为伍
23100 舞场
23101 现货
23102 修身
23103 喧天
23104 学部
23105 讯问
23106 扬手
23107 药费
23108 因缘
23109 猿人
23110 杂剧
23111 直挺挺
23112 终身制
23113 斥资
23114 出其不意
23115 人声鼎沸
23116 打瞌睡
23117 荡平
23118 豆浆
23119 发黑
23120 粉饰
23121 富商
23122 咕嘟
(gūdū)
23123 呱呱
23124 豁然开朗
23125 叽叽喳喳
23126 驾驶室
23127 娇嫩
23128 孔夫子
23129 礼花
23130 灵敏度
23131 落榜
23132 慢性病
23133 恼羞成怒
23134 你死我活
23135 盘查
23136 拼死
23137 躯干
23138 饶恕
23139 如旧
23140 色谱
23141 甚而
23142 实名
23143 受托
23144 数落
23145 死命
23146 炭火
23147 题字
23148 天底下
23149 铁器
23150 听候
23151 信以为真
23152 雄鸡
23153 犹疑
23154 游街
23155 竹笋
23156 装运
23157 族长
23158 白鹤
23159 膘
23160 锤子
23161 打岔
23162 地方病
23163 栋梁
23164 斗篷
23165 不对劲
23166 恶臭
23167 翻山越岭
23168 放大镜
23169 丰年
23170 风骨
23171 缝合
23172 寒心
23173 河马
23174 回放
23175 会客室
23176 活期
23177 舰船
23178 解闷
23179 苦水
23180 雷击
23181 粮田
23182 淋巴
23183 路况
23184 笋
23185 迷路
23186 民力
23187 平心而论
23188 起降
23189 取自
23190 绒线
23191 赛会
23192 上端
23193 释迦牟尼
23194 受审
23195 私欲
23196 肃静
23197 停职
23198 外因
23199 未婚夫
23200 无垠
23201 毋庸置疑
23202 下蛋
23203 想得到
23204 星辰
23205 野鸡
23206 一条心
23207 意气
23208 熠熠
23209 浴池
23210 预付
23211 账单
23212 辈出
23213 比值
23214 闭目
23215 不同凡响
23216 惨死
23217 车行
23218 成批
23219 赤条条
23220 充盈
23221 东非
23222 镀金
23223 反作用
23224 富庶
23225 柑橘
23226 高招儿
23227 各自为政
23228 过世
23229 合眼
23230 黑板报
23231 混为一谈
23232 积肥
23233 箭头
23234 脚板
23235 解毒
23236 绝招儿
23237 军粮
23238 苦不堪言
23239 阔气
23240 老东西
23241 猛兽
23242 纽扣
23243 农事
23244 前妻
23245 欠身
23246 炝
23247 敲定
23248 翘首
23249 石英
23250 疏漏
23251 水波
23252 死因
23253 特设
23254 托盘
23255 椭圆
23256 未遂
23257 稳当
23258 香肠
23259 刑事拘留
23260 烟消云散
23261 奄奄一息
23262 谣传
23263 乙方
23264 抑郁症
23265 月季
23266 直说
23267 中饭
23268 忠心耿耿
23269 转正
23270 自告奋勇
23271 班次
23272 斑点
23273 伯爵
23274 搽
23275 肠道
23276 吵嘴

23277 大同小异
23278 单间
23279 淡雅
23280 订票
23281 拂晓
23282 改任
23283 河套
23284 花边
23285 浑然
23286 明证
23287 漠不关心
23288 木星
23289 浓雾
23290 迫击炮
23291 坯
23292 铺面
23293 曲解
23294 全自动
23295 善本
23296 石匠
23297 适才
23298 水性
23299 弹奏
23300 提货
23301 帖子
23302 统揽
23303 退居
23304 畏难
23305 下行
23306 新著
23307 摇滚
23308 遇事
23309 葬身
23310 宝岛
23311 暴跌
23312 标示
23313 长眠
23314 承袭
23315 点播
23316 电扇
23317 分权
23318 话匣子
23319 径自
23320 就寝
23321 掘进
23322 离岗
23323 偏激
23324 七彩
23325 浅显
23326 热恋
23327 人潮
23328 人和
23329 苫
23330 少校
23331 渗漏
23332 疏浚
23333 数码相机
23334 说不准
23335 套间
23336 厅堂
23337 先天不足
23338 向日葵
23339 血脂
23340 扬眉吐气
23341 隐情
23342 幽默感
23343 邮政编码
23344 元月
23345 蚱蜢
23346 执委
23347 纸箱
23348 租借
23349 坐立不安
23350 按揭
23351 表里
23352 初四
23353 大话
23354 深蓝
23355 单车
23356 单行
23357 顿悟
23358 发奋
23359 发落
23360 斐然
23361 佛学
23362 剐
23363 国书
23364 寒酸
23365 加害
23366 皆大欢喜
23367 纠集
23368 久留
23369 臼
23370 军饷
23371 刻板
23372 口角（kǒujué）
23373 棱角
23374 芦
23375 孪生
23376 妈祖
23377 门牌
23378 命中率
23379 气韵
23380 谦和
23381 取悦
23382 杀虫剂
23383 稍加
23384 舍利
23385 身受
23386 生发
23387 赖以生存
23388 试车
23389 唆使
23390 谈笑风生
23391 停机
23392 挺举
23393 诬告
23394 小戏
23395 雄姿
23396 一往无前
23397 涨落
23398 正方形
23399 自留
23400 自序
23401 醉意
23402 白热化
23403 比例尺
23404 大吃大喝
23405 放荡
23406 非同小可
23407 缝纫
23408 浮桥
23409 高密度
23410 裸照
23411 高升
23412 黑帮
23413 景仰
23414 可怜巴巴
23415 里里外外
23416 痢疾
23417 溜达
23418 楼层
23419 楼盘
23420 母乳
23421 拼抢
23422 青筋
23423 轻薄
23424 趋缓
23425 缺损
23426 上火
23427 生气勃勃
23428 诗书
23429 淑女
23430 死去活来
23431 特聘
23432 外务
23433 细语
23434 相像
23435 小半
23436 小广告
23437 绚丽多彩
23438 循环赛
23439 岩层
23440 佯装
23441 野鸭
23442 宇宙飞船
23443 羽翼
23444 预兆
23445 冤案
23446 易拉罐
23447 造册
23448 摘录
23449 转手
23450 装帧
23451 捉襟见肘
23452 自爱
23453 自相矛盾
23454 宗法
23455 尊称
23456 案卷
23457 变本加厉
23458 兵权
23459 补习班
23460 痴心
23461 虫害
23462 踌躇满志
23463 出毛病
23464 刺鼻
23465 搭理
23466 底片
23467 儿科
23468 丰腴
23469 风骚
23470 宏观经济
23471 音效
23472 集权
23473 驾校
23474 惊扰
23475 剧痛
23476 客栈
23477 冷饮
23478 流浪汉
23479 盲从
23480 毛竹
23481 牡蛎
23482 墓室
23483 孬
23484 评弹
23485 清剿
23486 清洁工
23487 软绵绵
23488 沙石
23489 说三道四
23490 朔方
23491 似是而非
23492 簌簌
23493 叹为观止
23494 特此
23495 外壳
23496 戏文
23497 新名词
23498 洋行
23499 仰视
23500 异物
23501 荧光屏
23502 油品
23503 沾染
23504 中落
23505 主语

23506 自傲
23507 恣意
23508 作罢
23509 坐等
23510 哀怨
23511 宝地
23512 不速之客
23513 惨不忍睹
23514 抄录
23515 掣
23516 打气
23517 低洼
23518 俄文
23519 发麻
23520 粉刷
23521 服（fù）
23522 关里
23523 冤枉钱
23524 官话
23525 黑匣子
23526 红外线
23527 会风
23528 火海
23529 教辅
23530 颈项
23531 科学社会主义
23532 蝌蚪
23533 亏本
23534 劳驾
23535 理当
23536 煤层
23537 美发
23538 平头
23539 悄无声息
23540 擒获
23541 热天
23542 融通
23543 盛典
23544 使用价值
23545 熟虑
23546 透气
23547 吸水
23548 陷阵
23549 眩晕
23550 岩浆
23551 油门
23552 杂感
23553 播发
23554 抄家
23555 出诊
23556 春雷
23557 打赌
23558 担纲
23559 盾牌
23560 发情
23561 繁复
23562 分送
23563 愤愤不平
23564 富丽堂皇
23565 甘当
23566 硌
23567 沟渠
23568 骨质
23569 光年
23570 国耻
23571 赫赫
23572 花蕾
23573 混账
23574 羁绊
23575 家书
23576 将校
23577 酷刑
23578 血拼
23579 离谱
23580 灵堂
23581 米粉
23582 鸟巢
23583 牛仔
23584 佩剑
23585 平川
23586 钱粮
23587 清淤
23588 日食
23589 舍身
23590 伸缩
23591 通信员
23592 推定
23593 卫星电视
23594 无拘无束
23595 无菌
23596 小两口儿
23597 卸任
23598 修道院
23599 血染
23600 咬紧牙关
23601 腋
23602 塬
23603 中枢神经
23604 肿胀
23605 做活儿
23606 爱怜
23607 半夜三更
23608 摈弃
23609 兵丁
23610 参建
23611 参演
23612 城关镇
23613 打鼓
23614 等不及
23615 抵扣
23616 队形
23617 菲菲
23618 缝制
23619 棍棒
23620 佳音
23621 家信
23622 监制
23623 剪子
23624 搅动
23625 街景
23626 开征
23627 坑道
23628 空中客车
23629 狼藉
23630 老夫子
23631 临到
23632 凌驾
23633 轮渡
23634 冒犯
23635 名不见经传
23636 木耳
23637 女伴
23638 配对
23639 平易近人
23640 切勿
23641 上尉
23642 哨卡
23643 声张
23644 事理
23645 书橱
23646 筒子楼
23647 推导
23648 拖拉
23649 外遇
23650 驯化
23651 羊圈
23652 忧心
23653 油墨
23654 红盘
23655 游戏机
23656 招抚
23657 百灵
23658 败退
23659 乘虚
23660 吃透
23661 冲锋陷阵
23662 出使
23663 从天而降
23664 措辞
23665 带状
23666 丁点儿
23667 逗笑
23668 尔等
23669 蜂拥
23670 腹腔
23671 歌厅
23672 公诉人
23673 购得
23674 雇工
23675 拐骗
23676 呼救
23677 光洁
23678 花炮
23679 回敬
23680 家风
23681 角球
23682 禁运
23683 酒量
23684 局外人
23685 哭哭啼啼
23686 自个儿
23687 牢狱
23688 粮票
23689 趔趄
23690 馍馍
23691 模板
23692 前世
23693 让路
23694 饶有
23695 神经质
23696 侍从
23697 丝线
23698 外乡人
23699 望风
23700 效劳
23701 新知
23702 雪灾
23703 寻呼
23704 一干二净
23705 仪仗
23706 银河系
23707 乐坛
23708 残障
23709 只争朝夕
23710 置若罔闻
23711 猪场
23712 住地
23713 抓举
23714 准绳
23715 紫红
23716 傲然
23717 不可告人
23718 成虫
23719 雕花
23720 定势
23721 多寡
23722 复方
23723 概述
23724 告慰
23725 观潮
23726 酣睡
23727 黑车
23728 花丛
23729 华灯
23730 谎称
23731 活命
23732 夹带
23733 诘问
23734 精制

23735 警种
23736 慷慨解囊
23737 刻度
23738 垦荒
23739 口信
23740 雷暴
23741 铃铛
23742 凌辱
23743 卵细胞
23744 糜烂
23745 闹钟
23746 内室
23747 年成
23748 拍手称快
23749 赔本
23750 破浪
23751 忍辱
23752 哨子
23753 深究
23754 生长期
23755 声波
23756 声色
23757 师姐
23758 水城
23759 瞬息万变
23760 四邻
23761 踏板
23762 太爷
23763 特工
23764 调价
23765 起步价
23766 同甘共苦
23767 为所欲为
23768 误事
23769 先知
23770 新功
23771 杨梅
23772 移风易俗
23773 寅
23774 邮购
23775 自习
23776 棒槌
23777 暴徒
23778 菜谱
23779 参议
23780 岔子
23781 吃香
23782 创始
23783 倒置
23784 掉队
23785 额定
23786 风驰电掣
23787 风霜
23788 公论
23789 蛊惑
23790 馆员
23791 光速
23792 汗衫
23793 核裁军
23794 华贵
23795 讳言
23796 活体
23797 祸根
23798 巨轮
23799 拷贝
23800 亏待
23801 落花
23802 满天飞
23803 梦乡
23804 茉莉花
23805 飘散
23806 强强联合
23807 窃窃
23808 权钱交易
23809 软骨
23810 煞有介事
23811 山坳
23812 山势
23813 深加工
23814 失陷
23815 梳子
23816 苔藓
23817 停歇
23818 土豪
23819 土话
23820 宣纸
23821 涌流
23822 柚子
23823 支取
23824 制式
23825 自动控制
23826 皇
23827 板材
23828 毙命
23829 变电站
23830 擦洗
23831 才气
23832 草堂
23833 刹那
23834 拆迁户
23835 叱咤
23836 初八
23837 初选
23838 德政
23839 地力
23840 发号施令
23841 放逐
23842 逛街
23843 好玩儿
23844 合龙
23845 贪玩
23846 甲醇
23847 甲鱼
23848 教程
23849 静候
23850 老大哥
23851 鳞次栉比
23852 盲区
23853 民权
23854 名望
23855 魔术师
23856 怒不可遏
23857 排解
23858 贫困线
23859 清苦
23860 拳头产品
23861 瑞雪
23862 煞白
23863 摄影机
23864 神经衰弱
23865 始发
23866 收税
23867 托词
23868 习惯性
23869 系列化
23870 言中
23871 要件
23872 寓于
23873 月夜
23874 知识面
23875 中山装
23876 重赏
23877 重油
23878 自私自利
23879 拆卸
23880 承包商
23881 冲锋枪
23882 重提
23883 赐予
23884 打铁
23885 灯具
23886 电离
23887 定做
23888 端午节
23889 方寸
23890 服人
23891 服输
23892 格律
23893 湖滨
23894 晃荡
23895 讲师团
23896 讲堂
23897 教学法
23898 接力赛
23899 颈椎
23900 卷宗
23901 开场白
23902 裤脚
23903 老翁
23904 流连
23905 卖艺
23906 弥留
23907 磨蹭
23908 蹑手蹑脚
23909 皮鞭
23910 破口大骂
23911 气喘
23912 轻度
23913 倾家荡产
23914 热烘烘
23915 人心向背
23916 射入
23917 深谷
23918 生养
23919 受宠若惊
23920 瞬时
23921 台式
23922 抬举
23923 体罚
23924 天窗
23925 天神
23926 文采
23927 五谷
23928 五指
23929 先头
23930 絮絮
23931 选登
23932 研修
23933 眼底
23934 灾荒
23935 劲爆
23936 赈灾
23937 整套
23938 织物
23939 质感
23940 安全套
23941 八仙桌
23942 菠萝
23943 不能自拔
23944 不一而足
23945 故事（gùshì）
23946 成风
23947 吃不消
23948 春日
23949 错落
23950 低语
23951 电信局
23952 跌幅
23953 复盘
23954 分数线
23955 奉劝
23956 隔热
23957 耕田
23958 航向
23959 轰隆
23960 回路
23961 贿选
23962 混浊
23963 疆域

23964 口供
23965 炼铁
23966 粼粼
23967 露脸
23968 名句
23969 盘腿
23970 蓬莱
23971 品性
23972 亲口
23973 人样儿
23974 如释重负
23975 受罚
23976 死寂
23977 速成
23978 提价
23979 提琴
23980 土建
23981 卧铺
23982 龌龊
23983 无时无刻
23984 岩画
23985 一举两得
23986 幽会
23987 圆桌会议
23988 整党
23989 纸钱
23990 重读
23991 自得
23992 自食其力
23993 罪魁祸首
23994 陛下
23995 白吃
23996 悲苦
23997 秉公执法
23998 不独
23999 侧耳
24000 打工仔
24001 恩惠
24002 干瘪
24003 工作面
24004 光束
24005 贵姓
24006 惶惶
24007 假释
24008 劫机
24009 竭尽
24010 酒宴
24011 举国上下
24012 刻骨
24013 客座
24014 乐此不疲
24015 流光
24016 煤矸石
24017 煤田
24018 女装
24019 陪衬
24020 剽窃
24021 日臻
24022 涉猎
24023 神速
24024 生吃
24025 失主
24026 双向选择
24027 逃兵
24028 桃李
24029 停息
24030 土人
24031 习作
24032 向心力
24033 星火计划
24034 幸事
24035 仰泳
24036 婴孩
24037 载荷
24038 张灯结彩
24039 甄别
24040 重负
24041 住家
24042 篆刻
24043 钻机
24044 罪孽
24045 保险法
24046 刨（bào）
24047 簸箕
24048 差使
24049 承兑
24050 持久战
24051 初审
24052 打转
24053 发慌
24054 份子
24055 父兄
24056 妇科
24057 肝胆
24058 回击
24059 会堂
24060 浑然一体
24061 奸细
24062 脚手架
24063 剿灭
24064 近况
24065 迥然
24066 掬
24067 礼遇
24068 两栖
24069 流窜
24070 罗锅
24071 马术
24072 强令
24073 轻浮
24074 秋水
24075 闰
24076 绱
24077 授粉
24078 抒情诗
24079 衰减
24080 甩手
24081 睡醒
24082 思乡
24083 肃然
24084 未知数
24085 喜色
24086 迅即
24087 鸭梨
24088 咬定
24089 佣金
24090 云海
24091 诊室
24092 整编
24093 中餐
24094 众说纷纭
24095 自找
24096 背弃
24097 悖论
24098 波纹
24099 柴火
24100 传染源
24101 蠢事
24102 此生
24103 电风扇
24104 恩师
24105 防空洞
24106 亘古
24107 够呛
24108 顾全
24109 国是
24110 骇人听闻
24111 合拢
24112 和衷共济
24113 河蟹
24114 黑猩猩
24115 汲
24116 解雇
24117 解题
24118 客轮
24119 溃疡
24120 疗程
24121 临场
24122 麦克风
24123 媚俗
24124 猕猴桃
24125 怒放
24126 铺张
24127 奇闻
24128 迥然不同
24129 歉疚
24130 人迹
24131 人心所向
24132 上钩
24133 舍生忘死
24134 省吃俭用
24135 拾掇
24136 手书
24137 售货
24138 顺水
24139 体型
24140 通情达理
24141 铜鼓
24142 土坡
24143 吞食
24144 外伤
24145 消化道
24146 要职
24147 一鼓作气
24148 蝇
24149 油罐
24150 油井
24151 有神
24152 熨
24153 脏腑
24154 占便宜
24155 长进
24156 蔗糖
24157 庄稼地
24158 自大
24159 奔忙
24160 本色（běnshǎi）
24161 边民
24162 憋闷
24163 玻璃钢
24164 苍苍
24165 超乎
24166 车费
24167 乘隙
24168 追责
24169 出车
24170 出演
24171 揣测
24172 带电
24173 党心
24174 斗士
24175 豆腐渣
24176 屙
24177 国民待遇
24178 环视
24179 昏睡
24180 婚育
24181 金灿灿
24182 经络
24183 堪忧
24184 拉家常
24185 来函
24186 来着
24187 捞取
24188 卖钱
24189 眉宇
24190 弥合
24191 鸟兽
24192 奇葩

24193 青苔
24194 囚徒
24195 肉麻
24196 世外桃源
24197 腾腾
24198 通力
24199 桐树
24200 推想
24201 万里长城
24202 文理
24203 午睡
24204 现世
24205 相配
24206 香喷喷
24207 心性
24208 新政
24209 凶杀
24210 野兔
24211 液压
24212 一准
24213 议院
24214 异国他乡
24215 异乎寻常
24216 詹
24217 正路
24218 自下而上
24219 最后通牒
24220 作假
24221 小清新
24222 啊哟
24223 报业
24224 笔杆儿
24225 拨号
24226 不相上下
24227 部颁
24228 参见
24229 答疑
24230 单说
24231 灯盏
24232 低空
24233 口哨
24234 地方戏
24235 店面
24236 饭食
24237 飞机场
24238 俘获
24239 高干
24240 公会
24241 光波
24242 汗流浃背
24243 花团锦簇
24244 缓步
24245 婚外恋
24246 进餐
24247 精兵强将
24248 救亡
24249 军械
24250 枯草
24251 老伴儿
24252 立定
24253 临摹
24254 皮大衣
24255 扑倒
24256 前胸
24257 敲锣打鼓
24258 青翠
24259 屈从
24260 躯壳
24261 溶洞
24262 身长
24263 甚或
24264 生肖
24265 钛
24266 土地改革
24267 颓丧
24268 望日
24269 窝点
24270 物美价廉
24271 物欲
24272 心惊肉跳
24273 性灵
24274 亚运村
24275 一无所获
24276 遗志
24277 异彩
24278 阴间
24279 引言
24280 油腻
24281 幼时
24282 原件
24283 月子
24284 整地
24285 正殿
24286 止痛
24287 竹篮
24288 祝词
24289 专刊
24290 哀思
24291 本行
24292 并联
24293 不支
24294 草房
24295 除夕夜
24296 猝不及防
24297 大菜
24298 大忙
24299 大小便
24300 带好儿
24301 得意洋洋
24302 登岸
24303 炒房
24304 点菜
24305 堕入
24306 发人深思
24307 发廊
24308 功业
24309 过当
24310 黄连
24311 火急
24312 伙房
24313 计价
24314 精疲力竭
24315 拘留所
24316 抢位
24317 可控
24318 枯枝
24319 块儿
24320 理发店
24321 力主
24322 赁
24323 票友
24324 聘书
24325 朴实无华
24326 栖身
24327 歧途
24328 前敌
24329 取保
24330 日间
24331 冗长
24332 商行
24333 赏花
24334 尸骨
24335 守望
24336 受惊
24337 死板
24338 嗣后
24339 温习
24340 习武
24341 檄文
24342 小心谨慎
24343 信步
24344 行骗
24345 扬长而去
24346 夜来香
24347 衣兜
24348 逐条
24349 追赠
24350 自流
24351 自命
24352 圣
24353 举世闻名
24354 靶子
24355 长鸣
24356 重整
24357 除此以外
24358 船民
24359 搭话
24360 大志
24361 低年级
24362 顶撞
24363 动怒
24364 毒打
24365 夺权
24366 恶战
24367 方队
24368 肥力
24369 沸点
24370 风寒
24371 风物
24372 复归
24373 干娘
24374 高利贷
24375 共通
24376 壕沟
24377 和（hè）
24378 豁出去
24379 季军
24380 截击
24381 军马
24382 楼板
24383 目的性
24384 令（lǐng）
24385 泡菜
24386 平局
24387 齐心
24388 前列腺
24389 前奏
24390 球形
24391 守军
24392 宿营
24393 酸菜
24394 太公
24395 偷窃
24396 透顶
24397 微乎其微
24398 蜗牛
24399 下述
24400 相中
24401 骁勇
24402 小调
24403 笑呵呵
24404 原罪
24405 写真
24406 心窝
24407 行为能力
24408 寻死
24409 驯养
24410 牙缝
24411 殃及
24412 幺
24413 椰子
24414 胰
24415 轶事
24416 音量
24417 匀速
24418 杂乱无章
24419 针头
24420 指摘
24421 蛛网
24422 专攻

24423 国酒
24424 转学
24425 拔腿
24426 本位
24427 变现
24428 残杀
24429 长枪
24430 厂址
24431 承继
24432 大麦
24433 大是大非
24434 底盘
24435 风发
24436 改天
24437 干儿
24438 感人肺腑
24439 杠子
24440 高见
24441 冠冕堂皇
24442 国史
24443 河源
24444 核弹头
24445 恒定
24446 花季
24447 火盆
24448 教改
24449 考点
24450 考量
24451 良多
24452 列车员
24453 梅花奖
24454 描摹
24455 闹腾
24456 农时
24457 女皇
24458 轻飘飘
24459 热源
24460 身临其境
24461 使团
24462 拜拜
24463 守兵
24464 术后
24465 水墨画
24466 诵经
24467 头昏
24468 头天
24469 闲逛
24470 现代舞
24471 像片
24472 一厢情愿
24473 应验
24474 远门
24475 招惹
24476 铮铮
24477 主客观
24478 败绩
24479 炒股
24480 车灯
24481 沉湎
24482 打包
24483 大夫（dàfū）
24484 扼守
24485 妇女节
24486 观感
24487 汗毛
24488 合议
24489 还报
24490 火葬
24491 夹缝
24492 奸臣
24493 坚挺
24494 狡诈
24495 绞尽脑汁
24496 禁烟
24497 莽莽
24498 冒领
24499 没头没脑
24500 眉开眼笑
24501 名角
24502 明示
24503 魔法
24504 飘然
24505 气血
24506 前哨
24507 浅海
24508 确乎
24509 伤情
24510 上线
24511 生物制品
24512 视网膜
24513 拭目以待
24514 收录机
24515 收尾
24516 水汪汪
24517 体形
24518 通天
24519 痛骂
24520 头盔
24521 威风凛凛
24522 微光
24523 物证
24524 夏娃
24525 现款
24526 烟瘾
24527 要价
24528 一眨眼
24529 阴极
24530 隐士
24531 原审
24532 援军
24533 照面儿
24534 专案
24535 准儿
24536 着力于
24537 自由市场
24538 皇上
24539 补交
24540 不对头
24541 杈
24542 打字
24543 大号
24544 发货
24545 反观
24546 反扑
24547 蜚声
24548 粉丝
24549 复印机
24550 赋税
24551 更易
24552 古物
24553 烘干
24554 红头文件
24555 户主
24556 机务
24557 缉拿
24558 将信将疑
24559 巨匠
24560 拷问
24561 联播
24562 量变
24563 流光溢彩
24564 没趣
24565 美人
24566 明早
24567 喷灌
24568 人杰
24569 升格
24570 首屈一指
24571 唑
24572 宿主
24573 鸵鸟
24574 万般
24575 无与伦比
24576 心服口服
24577 训导
24578 要冲
24579 运价
24580 知识界
24581 中央集权
24582 自给自足
24583 走样
24584 拜见
24585 拆毁
24586 娼妓
24587 长波
24588 冰棍儿
24589 冲毁
24590 名头
24591 初七
24592 大惊失色
24593 大校
24594 淡出
24595 澄清（dèngqīng）
24596 地下党
24597 电炉
24598 顶天立地
24599 洞悉
24600 公牛
24601 官本位
24602 婚纱
24603 甲状腺
24604 俭朴
24605 跨行业
24606 来路
24607 熘
24608 露头
24609 木器
24610 脑力
24611 菩提
24612 妻室
24613 闪失
24614 水势
24615 唐突
24616 躺椅
24617 逃税
24618 闪婚
24619 腿子
24620 慰问电
24621 问津
24622 窝头
24623 无私无畏
24624 献计
24625 相干
24626 消防车
24627 雄心壮志
24628 异域
24629 硬仗
24630 窄小
24631 照理
24632 整肃
24633 支前
24634 置办
24635 吧台
24636 伯乐
24637 不日
24638 出殡
24639 词曲
24640 辞世
24641 大巴
24642 顶棚
24643 冬运会
24644 发话
24645 甘露
24646 如痴如醉
24647 古稀
24648 归附
24649 过眼
24650 合围

24651 哄抬
24652 还本
24653 给养
24654 告诉（gàosù）
24655 金钥匙
24656 聚餐
24657 旷
24658 乱砍滥伐
24659 摸爬滚打
24660 内燃机
24661 泥（nì）
24662 狞笑
24663 排外
24664 陪嫁
24665 披挂
24666 铺位
24667 取信
24668 热风
24669 人氏
24670 散场
24671 折（shé）
24672 誓词
24673 书香
24674 倏忽
24675 限价
24676 相向
24677 笑容可掬
24678 湮没
24679 油路
24680 怨声载道
24681 脏话
24682 志趣
24683 洲际
24684 转送
24685 在心
24686 褒贬（bāobiǎn）
24687 暴发户
24688 北斗
24689 笔挺
24690 草稿
24691 磁化
24692 答言
24693 独木桥
24694 夺眶而出
24695 高压线
24696 归顺
24697 海狮
24698 机身
24699 寄养
24700 见死不救
24701 空灵
24702 两厢
24703 硫磺
24704 枚举
24705 焖
24706 瞑目
24707 男装
24708 娘子军
24709 敲诈勒索
24710 桥墩
24711 切切
24712 窃听
24713 轻装
24714 趣事
24715 荣辱与共
24716 深更半夜
24717 声威
24718 尸身
24719 实心
24720 受用
24721 衰变
24722 水患
24723 司务
24724 俗人
24725 泰斗
24726 蹄子
24727 天籁
24728 脑门儿
24729 挽联
24730 王道
24731 文档
24732 拍拖
24733 无政府主义
24734 物象
24735 相随
24736 凶险
24737 烟气
24738 养老院
24739 营盘
24740 账本
24741 主楼
24742 助攻
24743 八仙
24744 包涵
24745 不可一世
24746 禅师
24747 臭虫
24748 初学
24749 存货
24750 丹青
24751 道喜
24752 凋零
24753 对等
24754 复古
24755 工程队
24756 公益金
24757 光耀
24758 锅盖
24759 荒坡
24760 寄主
24761 家破人亡
24762 校（jiào）
24763 金银花
24764 竟自
24765 咖啡厅
24766 考中
24767 烤鸭
24768 烂熟
24769 老生
24770 利好
24771 粮站
24772 两袖清风
24773 流沙
24774 柳暗花明
24775 龙王
24776 路标
24777 箩筐
24778 麻木不仁
24779 美术界
24780 内蒙
24781 欧姆
24782 攀援
24783 秋千
24784 三五成群
24785 生火
24786 师从
24787 实学
24788 四下里
24789 嵩山
24790 送审
24791 涂改
24792 武林
24793 夕阳红
24794 鲜有
24795 小视
24796 雅俗共赏
24797 严整
24798 一盘棋
24799 一清早
24800 引人瞩目
24801 油光
24802 渔港
24803 郁金香
24804 丈母娘
24805 自控
24806 自刎
24807 遵命
24808 败类
24809 煲
24810 保修
24811 编程
24812 畅饮
24813 初六
24814 传动
24815 粗制滥造
24816 大千世界
24817 单机
24818 雕琢
24819 掉转
24820 返校
24821 分设
24822 干巴巴
24823 工本费
24824 鼓书
24825 光彩照人
24826 蝈蝈儿
24827 过从
24828 寒暑
24829 候审
24830 话别
24831 混混儿
24832 焦黄
24833 咔嚓
24834 考据
24835 口吃
24836 潦倒
24837 留声机
24838 炉灶
24839 冒火
24840 牡丹花
24841 农转非
24842 奴隶社会
24843 判别
24844 迫不得已
24845 瓤子
24846 熔铸
24847 三宝
24848 设卡
24849 生锈
24850 守门
24851 首批
24852 受辱
24853 水层
24854 偷袭
24855 头头是道
24856 推力
24857 亡灵
24858 文职
24859 戏谑
24860 鲜亮
24861 舷
24862 憨态可掬
24863 小工
24864 选修课
24865 洋洋
24866 饮品
24867 鱼种
24868 远非
24869 脏器
24870 锃亮
24871 栈道
24872 照相馆
24873 执迷不悟
24874 朱红
24875 注射液
24876 纵情
24877 辅
24878 爱憎

24879 凹陷
24880 保不住
24881 报章
24882 不敬
24883 待岗
24884 得过且过
24885 垫子
24886 反哺
24887 感性认识
24888 公爵
24889 骨气
24890 挂断
24891 挂历
24892 灌浆
24893 寒光
24894 黑黝黝
24895 恍若
24896 混合物
24897 家什
24898 剪发
24899 结余
24900 解聘
24901 看穿
24902 扣缴
24903 冷遇
24904 里弄
24905 毛豆
24906 梅毒
24907 默许
24908 幕府
24909 年糕
24910 派系
24911 恰如其分
24912 强暴
24913 抢手货
24914 芹菜
24915 屈指可数
24916 融会贯通
24917 柔美
24918 盛衰
24919 拾遗
24920 事由
24921 受热
24922 受刑
24923 双管齐下
24924 水情
24925 逃荒
24926 讨债
24927 啼笑皆非
24928 天真烂漫
24929 透水
24930 屠宰场
24931 颓唐
24932 玩物
24933 违心
24934 巫师
24935 新款
24936 巡游
24937 眼睑
24938 一波三折
24939 有种
24940 震怒
24941 指手画脚
24942 众目睽睽
24943 主队
24944 庄稼汉
24945 自家人
24946 作恶
24947 暗号
24948 博学
24949 瞠目结舌
24950 充血
24951 磁盘
24952 打翻
24953 大杂院
24954 单干
24955 捣蛋
24956 抵赖
24957 老子（Lǎozǐ）
24958 垫底
24959 多边形
24960 风蚀
24961 封顶
24962 抚恤金
24963 擀
24964 告密
24965 格斗
24966 含混
24967 胡扯
24968 华章
24969 煎饼
24970 饯行
24971 街灯
24972 旷日持久
24973 冷轧
24974 马戏
24975 逆向
24976 车（jū）
24977 指指点点
24978 年报
24979 黏
24980 跑马
24981 男人（nánren）
24982 磨（mò）
24983 铺（pù）
24984 扑面
24985 气势汹汹
24986 侨乡
24987 求饶
24988 打铁还需自身硬
24989 酋长国
24990 三军
24991 手提包
24992 所剩无几
24993 同性
24994 线下
24995 统考
24996 退步
24997 完税
24998 威吓
24999 伪书
25000 卫国
25001 握手言和
25002 县官
25003 小生产
25004 一步到位
25005 语种
25006 赠书
25007 沾沾自喜
25008 支离破碎
25009 拙劣
25010 总称
25011 总的说来
25012 百年不遇
25013 保证人
25014 鬓发
25015 并力
25016 不遑
25017 不闻不问
25018 长凳
25019 彻头彻尾
25020 冲杀
25021 出生入死
25022 支支吾吾
25023 船票
25024 船身
25025 单方
25026 电教
25027 冬眠
25028 独霸
25029 放胆
25030 该当
25031 研判
25032 滚蛋
25033 贺喜
25034 赫赫有名
25035 横生
25036 花圃
25037 解忧
25038 近视眼
25039 就势
25040 句法
25041 靠边
25042 联合收割机
25043 临危不惧
25044 旅行包
25045 卵石
25046 螺丝
25047 满口
25048 蟒
25049 命根子
25050 平米
25051 球类
25052 热流
25053 软着陆
25054 煞费苦心
25055 肾病
25056 失措
25057 诗坛
25058 士人
25059 事体
25060 丝绒
25061 瞳孔
25062 妄为
25063 稀里糊涂
25064 洗手间
25065 下风
25066 下水（xiàshui）
25067 显明
25068 校风
25069 协管
25070 仰天
25071 业内
25072 萤火虫
25073 援外
25074 云梯
25075 止血
25076 诸子
25077 蛀
25078 走弯路
25079 嘎巴（gābā）
25080 帮工
25081 包公
25082 剥落
25083 不胫而走
25084 常理
25085 朝拜
25086 除尘
25087 赌注
25088 堆砌
25089 顿足
25090 发端
25091 发家致富
25092 发冷
25093 发霉
25094 返程
25095 仿古
25096 分门别类
25097 扶梯
25098 高风亮节
25099 工程兵
25100 古装
25101 果皮
25102 合法化
25103 核反应堆

25104 护发
25105 换人
25106 交头接耳
25107 旧居
25108 镢头
25109 军售
25110 坑坑洼洼
25111 扣人心弦
25112 力保
25113 绿茶
25114 卖命
25115 满分
25116 秘方
25117 打盹
25118 命中注定
25119 南半球
25120 扭亏增盈
25121 皮袄
25122 权贵
25123 褥子
25124 上不去
25125 上档次
25126 上古
25127 上好
25128 深省
25129 施放
25130 实业家
25131 试样
25132 书页
25133 堂皇
25134 体例
25135 亡国奴
25136 围垦
25137 位次
25138 无价
25139 吸食
25140 想入非非
25141 绚烂
25142 扬尘
25143 一事无成
25144 异同
25145 阴森森
25146 鱼翅
25147 知情人
25148 主因
25149 助推器
25150 追肥
25151 紫菜
25152 醉心
25153 碍事
25154 白痴
25155 崩塌
25156 笔谈
25157 长存
25158 掣肘
25159 女汉子
25160 沉郁
25161 赤手空拳
25162 传颂
25163 船尾
25164 猝然
25165 短命
25166 耳闻
25167 咕哝
25168 跪拜
25169 红细胞
25170 华工
25171 皇位
25172 火坑
25173 简讯
25174 禁牧
25175 菌种
25176 芝士
25177 困倦
25178 劳保
25179 每况愈下
25180 密使
25181 密谈
25182 民选
25183 内销
25184 念佛
25185 迁建
25186 前端
25187 上达
25188 深长
25189 霜冻
25190 同谋
25191 痛失
25192 外调
25193 望子成龙
25194 信息库
25195 底朝天
25196 页面
25197 一网打尽
25198 义务兵
25199 引文
25200 余生
25201 原木
25202 云霄
25203 在编
25204 在册
25205 照管
25206 蒸馏
25207 中华鲟
25208 纵贯
25209 嘴儿
25210 唉声叹气
25211 傲气
25212 百业
25213 摆平
25214 半山腰
25215 帮子
25216 笔调
25217 不可逾越
25218 出炉
25219 答谢
25220 大白天
25221 道子
25222 短袖
25223 妃子
25224 耿耿于怀
25225 工效
25226 傻事
25227 公推
25228 姑太太
25229 官衔
25230 花环
25231 机翼
25232 基督徒
25233 骄横
25234 结巴
25235 立业
25236 凌厉
25237 留任
25238 罗汉
25239 判断力
25240 旁若无人
25241 劈柴
25242 偏执
25243 乞援
25244 潜水员
25245 人来人往
25246 乳制品
25247 入阁
25248 腮帮子
25249 升幅
25250 时令
25251 刷子
25252 水箱
25253 送客
25254 天光
25255 恸哭
25256 早出晚归
25257 吞声
25258 无人区
25259 腥味儿
25260 血型
25261 摇身一变
25262 一统天下
25263 遗老
25264 影壁
25265 原形
25266 约定俗成
25267 整版
25268 砖窑
25269 转瞬
25270 诛
25271 爱不释手
25272 安于
25273 霸气
25274 百感交集
25275 变卦
25276 不寒而栗
25277 不逊
25278 策动
25279 参差
25280 穿山甲
25281 存留
25282 大公无私
25283 大摇大摆
25284 殚精竭虑
25285 电铃
25286 对答
25287 繁盛
25288 何乐而不为
25289 红颜
25290 猴王
25291 后辈
25292 脊梁骨
25293 见长 （jiànzhǎng）
25294 借债
25295 金丝猴
25296 聚拢
25297 决斗
25298 考题
25299 狂人
25300 立秋
25301 连台
25302 良方
25303 流苏
25304 漫山遍野
25305 毛孔
25306 南麓
25307 尿布
25308 拍桌子
25309 排气
25310 谦卑
25311 亲和
25312 清茶
25313 权宜之计
25314 人文科学
25315 弱智
25316 扫墓
25317 杀气
25318 山巅
25319 商贾
25320 手抄
25321 水解
25322 说不过去
25323 酸溜溜
25324 搪瓷
25325 剔透
25326 贴现
25327 哇啦
25328 无休止
25329 洗漱
25330 眼花
25331 洋葱
25332 养女

25333	一斑
25334	引申
25335	油耗
25336	油炸
25337	游艇
25338	脏乱差
25339	债主
25340	正比
25341	自创
25342	醉酒
25343	公众号
25344	保送
25345	边界线
25346	便携式
25347	表字
25348	鬓角
25349	不争
25350	财权
25351	充作
25352	打工妹
25353	打私
25354	盗伐
25355	泛泛
25356	扉页
25357	副科
25358	共振
25359	故此
25360	瓜农
25361	红豆
25362	火球
25363	挤奶
25364	纪念邮票
25365	既往
25366	祭文
25367	歼敌
25368	坚冰
25369	酒壶
25370	绝症
25371	军事化
25372	信众
25373	开矿
25374	客运站
25375	良药
25376	燎原
25377	民品
25378	牟取
25379	耐性
25380	普照
25381	齐头并进
25382	气团
25383	窍门
25384	人工智能
25385	舌尖
25386	势能
25387	手球
25388	税负
25389	贪官污吏
25390	螳螂
25391	特等
25392	停课
25393	通缉令
25394	王位
25395	熄灯
25396	乡愁
25397	寻衅
25398	巡展
25399	显摆
25400	氯
25401	因人而异
25402	音阶
25403	原原本本
25404	枝子
25405	智育
25406	中国话
25407	装饰品
25408	壮阔
25409	自知之明
25410	拨弄
25411	菜籽
25412	残雪
25413	畅游
25414	递进
25415	动漫
25416	抖落
25417	毒手
25418	防火墙
25419	副高
25420	功过
25421	固态
25422	观止
25423	贯串
25424	光秃
25425	害病
25426	货船
25427	缉捕
25428	吉普
25429	家世
25430	尖刻
25431	监事
25432	健身房
25433	尽心竭力
25434	哭闹
25435	老丈人
25436	莲藕
25437	浏览器
25438	楼宇
25439	灭顶之灾
25440	如出一辙
25441	设限
25442	失察
25443	手术台
25444	衰亡
25445	私语
25446	太庙
25447	通晓
25448	心语
25449	袖珍
25450	选种
25451	学术性
25452	医务室
25453	已婚
25454	有悖于
25455	震中
25456	制成品
25457	中卫
25458	中弹
25459	追记
25460	自欺欺人
25461	跋扈
25462	白兰地
25463	包房
25464	悲欢离合
25465	茶树
25466	齿轮
25467	重婚
25468	船东
25469	春笋
25470	恶气
25471	发昏
25472	扶养
25473	估摸
25474	孤僻
25475	固化
25476	好大喜功
25477	红日
25478	极左
25479	开课
25480	开炮
25481	开票
25482	考问
25483	空无一人
25484	哐
25485	立宪
25486	蒙古包
25487	默念
25488	拍马
25489	裸婚
25490	前瞻
25491	襁褓
25492	秦腔
25493	缫
25494	山清水秀
25495	丝带
25496	撕扯
25497	四书
25498	酸枣
25499	瘫软
25500	天衣无缝
25501	条目
25502	铁打
25503	通盘
25504	通信卫星
25505	屠戮
25506	外景
25507	嬉笑
25508	相扑
25509	谢幕
25510	心软
25511	蓄水池
25512	扬帆
25513	洋货
25514	嘤嘤
25515	永别
25516	掌故
25517	中产阶级
25518	中流
25519	主创
25520	资不抵债
25521	自白
25522	组织关系
25523	按部就班
25524	白手起家
25525	暴乱
25526	冰灯
25527	查问
25528	炽烈
25529	戳穿
25530	次之
25531	单人滑
25532	恫吓
25533	杜撰
25534	高就
25535	告破
25536	轰动效应
25537	花脸
25538	徽章
25539	基础课
25540	接诊
25541	结缘
25542	劲敌
25543	居心
25544	举荐
25545	客票
25546	辽远
25547	论据
25548	论资排辈
25549	冒汗
25550	门诊部
25551	灭菌
25552	鸣枪
25553	默哀
25554	泥人
25555	陪客
25556	人满为患
25557	升平
25558	丝袜
25559	天公
25560	天宫
25561	听天由命
25562	痛斥

25563 退守
25564 忘形
25565 午休
25566 下锅
25567 响当当
25568 逍遥法外
25569 消毒剂
25570 泄密
25571 心机
25572 样机
25573 窈窕
25574 一门心思
25575 遗风
25576 义举
25577 异族
25578 翌年
25579 影坛
25580 游刃有余
25581 于今
25582 冤假错案
25583 远亲
25584 栽树
25585 争霸
25586 准保
25587 暗藏
25588 冰雕
25589 不置可否
25590 材质
25591 错字
25592 大行其道
25593 吊脚楼
25594 感念
25595 歌坛
25596 海量
25597 黑幕
25598 红柳
25599 花招儿
25600 怀恨
25601 回天
25602 会审
25603 机耕
25604 尖兵
25605 开盘
25606 烤火
25607 客套
25608 宽心
25609 愧对
25610 林网
25611 聋子
25612 录像机
25613 缕缕
25614 美不胜收
25615 密闭
25616 描画
25617 铭文
25618 泡影
25619 票证
25620 轻重缓急
25621 驱除
25622 热辣辣
25623 荣誉感
25624 山花
25625 善解人意
25626 声嘶力竭
25627 省力
25628 十年动乱
25629 私企
25630 送还
25631 所部
25632 梯级
25633 天日
25634 天知道
25635 投机取巧
25636 推托
25637 亡命
25638 香皂
25639 开箱
25640 详见
25641 刑期
25642 虚张声势
25643 续建
25644 沿革
25645 义愤填膺
25646 异己
25647 阴沉沉
25648 音乐界
25649 隐忍
25650 御驾
25651 杂货店
25652 杂记
25653 砸烂
25654 正史
25655 至尊
25656 中雪
25657 紫砂
25658 走马灯
25659 索
25660 褒扬
25661 变戏法
25662 标杆
25663 兵员
25664 病员
25665 超音速
25666 巢穴
25667 从命
25668 大做文章
25669 倒立
25670 癫痫
25671 动迁
25672 豆制品
25673 法警
25674 仿照
25675 分内
25676 高洁
25677 各家各户
25678 狗熊
25679 故国
25680 国君
25681 喊口号
25682 合用
25683 何去何从
25684 花会
25685 货场
25686 击伤
25687 技术密集型
25688 假意
25689 经书
25690 精疲力尽
25691 救生
25692 救世主
25693 就范
25694 舅爷
25695 看点
25696 空降
25697 烂漫
25698 凉鞋
25699 留影
25700 落得
25701 懵懂
25702 牌号
25703 齐集
25704 气粗
25705 铅球
25706 前茅
25707 请战
25708 少时
25709 畲族
25710 生姜
25711 刹那间
25712 十年浩劫
25713 双杠
25714 水星
25715 处突
25716 吮吸
25717 说穿
25718 吞咽
25719 挖空心思
25720 万顷
25721 无人问津
25722 无懈可击
25723 险境
25724 校服
25725 蝎子
25726 选配
25727 雪糕
25728 亚健康
25729 有鉴于此
25730 诱骗
25731 诱使
25732 约法三章
25733 砸碎
25734 在握
25735 折算
25736 真才实学
25737 中篇
25738 忠孝
25739 蛛丝马迹
25740 住手
25741 白金
25742 半途而废
25743 边境线
25744 布匹
25745 布阵
25746 呈报
25747 愁容
25748 吹奏
25749 道学
25750 地洞
25751 踱步
25752 焚香
25753 风口
25754 赶车
25755 公检法
25756 公允
25757 盒饭
25758 红心
25759 击打
25760 荚
25761 匠人
25762 叫苦不迭
25763 借阅
25764 精液
25765 就事论事
25766 聚宝盆
25767 口齿
25768 篮板
25769 两面
25770 领主
25771 绿林
25772 屡遭
25773 落款
25774 吗啡
25775 闹市区
25776 旁观
25777 磅礴
25778 喷气
25779 凭据
25780 气短
25781 迁延
25782 勤勉
25783 轻敌
25784 求之不得
25785 人伦
25786 人种
25787 术士
25788 水浇地
25789 死心塌地
25790 停建
25791 同乐
25792 偷摸

25793 透射
25794 土石方
25795 吐血
25796 玩味
25797 舞狮
25798 鲜肉
25799 相映
25800 小女
25801 性生活
25802 血路
25803 姨母
25804 隐身
25805 迎头
25806 营垒
25807 痈
25808 语词
25809 痣
25810 咒语
25811 做贼
25812 安闲
25813 保荐
25814 别离
25815 不周
25816 猜忌
25817 尘封
25818 叱咤风云
25819 出水
25820 垂柳
25821 当机立断
25822 肚子（dǔzi）
25823 赌钱
25824 翻飞
25825 复返
25826 哈萨克族
25827 号子
25828 混同
25829 火塘
25830 几多
25831 夹袄
25832 节油
25833 靠岸
25834 苦处
25835 络腮胡子
25836 马群
25837 莽原
25838 民主人士
25839 平衡木
25840 蒲公英
25841 沏茶
25842 巧立名目
25843 穷尽
25844 屈膝
25845 热望
25846 捎（shào）
25847 审阅
25848 生身
25849 省心
25850 时不我待
25851 使假
25852 书评
25853 上架
25854 檀香
25855 烫伤
25856 梯形
25857 跳远
25858 筒子
25859 投篮
25860 土木
25861 推说
25862 万状
25863 亡羊补牢
25864 网罗
25865 为人师表
25866 卫生纸
25867 温文尔雅
25868 硒
25869 习习
25870 下腰
25871 挟持
25872 押运
25873 一鸣惊人
25874 因材施教
25875 吟诵
25876 营养素
25877 战鼓
25878 整人
25879 正负
25880 撰著
25881 自修
25882 自缢
25883 左右为难
25884 作势
25885 卿
25886 暗里
25887 巴望
25888 拔河
25889 薄雾
25890 布尔什维克
25891 裁剪
25892 丑角
25893 出警
25894 触觉
25895 代行
25896 单亲
25897 当口儿
25898 刀片
25899 捣鬼
25900 低微
25901 顶头
25902 独断专行
25903 顿然
25904 发丧
25905 放哨
25906 粉色
25907 粉身碎骨
25908 附庸
25909 泔水
25910 跟班
25911 骨灰盒
25912 花期
25913 环线
25914 回心
25915 活化
25916 尖顶
25917 教学（jiāoxué）
25918 教务
25919 节气
25920 劫掠
25921 军乐队
25922 开裂
25923 快餐店
25924 烂泥
25925 明净
25926 膀胱
25927 抛售
25928 跑车
25929 皮衣
25930 七手八脚
25931 晾干
25932 千丝万缕
25933 前脚
25934 巧遇
25935 禽蛋
25936 青松
25937 倾城
25938 入团
25939 失神
25940 贪欲
25941 五脏
25942 下唇
25943 写稿
25944 烟筒
25945 验放
25946 揶揄
25947 一哄而起
25948 原物
25949 杂院儿
25950 植物油
25951 转口
25952 壮汉
25953 走马观花
25954 白天鹅
25955 薄板
25956 保守派
25957 不赖
25958 菜馆
25959 参考书
25960 刺（cī）
25961 大力士
25962 地堡
25963 吊车
25964 东倒西歪
25965 俄而
25966 砝码
25967 放任自流
25968 蜂拥而至
25969 改头换面
25970 公分
25971 孤城
25972 官爵
25973 过细
25974 悍然
25975 合奏
25976 黑乎乎
25977 狠毒
25978 环环相扣
25979 灰土
25980 击溃
25981 建都
25982 娇气
25983 教法
25984 井井有条
25985 景况
25986 酒意
25987 君王
25988 开拍
25989 靠背
25990 牢靠
25991 老父
25992 裂纹
25993 瞒骗
25994 明胶
25995 明渠
25996 内城
25997 排涝
25998 漂移
25999 权时
26000 忍气吞声
26001 设点
26002 鹰派
26003 生擒
26004 失态
26005 时差
26006 时隐时现
26007 始料不及
26008 世故（shìgù）
26009 势利
26010 睡眼
26011 损人
26012 胎盘
26013 探询
26014 体恤
26015 危言耸听
26016 舞步
26017 下端
26018 香油
26019 心迹
26020 烟锅

26021 筵席
26022 阳历
26023 养母
26024 音韵
26025 氤氲
26026 鱼雷
26027 运筹帷幄
26028 治病救人
26029 中校
26030 主战
26031 专一
26032 撞见
26033 哀愁
26034 帮凶
26035 毕恭毕敬
26036 不谋而合
26037 撤除
26038 从速
26039 粗心
26040 催人泪下
26041 倒影
26042 调用
26043 斗牛
26044 发青
26045 番薯
26046 风景画
26047 复制品
26048 工整
26049 共同语
26050 拐子
26051 广播站
26052 花厅
26053 饥寒
26054 金币
26055 旧情
26056 康健
26057 客运量
26058 烙饼
26059 卖国贼
26060 门球
26061 面皮
26062 泼墨
26063 漆器
26064 抢手
26065 亲切感
26066 屈居
26067 权当
26068 三民主义
26069 珊瑚礁
26070 深色
26071 深信不疑
26072 饰物
26073 首座
26074 受旱
26075 顺路
26076 天灾人祸
26077 添彩
26078 调教
26079 跳马
26080 下限
26081 闲适
26082 小肠
26083 心有余悸
26084 汹涌澎湃
26085 虚掩
26086 依仗
26087 银白
26088 影剧院
26089 游移
26090 原址
26091 阅览
26092 云朵
26093 蜇
26094 征婚
26095 周游
26096 不羁
26097 床头柜
26098 得势
26099 豆花儿
26100 耳根
26101 发明家
26102 翻转
26103 分心
26104 复婚
26105 赶场
26106 更衣
26107 孤老
26108 会务
26109 火炕
26110 家庭妇女
26111 甲壳
26112 解嘲
26113 戒心
26114 紧俏
26115 精粹
26116 聚合物
26117 历法
26118 流离失所
26119 论争
26120 面熟
26121 楠木
26122 牛角
26123 皮子
26124 瓶装
26125 破费
26126 强占
26127 切中
26128 秋色
26129 仁爱
26130 任由
26131 儒教
26132 熟视无睹
26133 特警
26134 提携
26135 天蓝
26136 土法
26137 忘恩负义
26138 谓语
26139 新生力量
26140 燕麦
26141 妖怪
26142 腰板儿
26143 一见钟情
26144 异想天开
26145 鱼鳞
26146 怨天尤人
26147 运动鞋
26148 再教育
26149 正房
26150 支委
26151 自纠
26152 总动员
26153 唱主角
26154 超重
26155 沉陷
26156 纯情
26157 从宽
26158 打天下
26159 大肠
26160 大麻
26161 大失所望
26162 登基
26163 低速
26164 多发性
26165 踱来踱去
26166 反悔
26167 房管
26168 辅导班
26169 改道
26170 归路
26171 过户
26172 几许
26173 际遇
26174 寂寥
26175 家谱
26176 袈裟
26177 进修班
26178 矩形
26179 绝对化
26180 老朽
26181 黎族
26182 凌云
26183 谋害
26184 牧人
26185 纳凉
26186 奇想
26187 棋局
26188 勤工助学
26189 医改
26190 全歼
26191 热乎
26192 沙俄
26193 上下级
26194 深谙
26195 饰品
26196 水彩画
26197 税利
26198 撕毁
26199 套餐
26200 套装
26201 甜菜
26202 退票
26203 心静
26204 新锐
26205 性行为
26206 许愿
26207 一哄而上
26208 阴凉
26209 邮递员
26210 玉帛
26211 杂居
26212 杂事
26213 粘贴
26214 章鱼
26215 趾高气扬
26216 挚友
26217 土打
26218 自持
26219 自然美
26220 走着瞧
26221 祖孙
26222 绊脚石
26223 蚌
26224 报忧
26225 车工
26226 撮合
26227 打主意
26228 大腕
26229 导火索
26230 道场
26231 电镀
26232 东方人
26233 肥水
26234 愤激
26235 复电
26236 稿酬
26237 公信力
26238 共荣
26239 合意
26240 和缓
26241 和煦
26242 互派
26243 幻化
26244 婚丧
26245 和面
26246 济济
26247 见多识广
26248 浇地
26249 节育
26250 警惕性

26251 开化
26252 开怀
26253 奢靡
26254 乐观主义
26255 理想化
26256 略为
26257 锣鼓喧天
26258 落笔
26259 毛利
26260 浓眉
26261 破鞋
26262 前赴后继
26263 窃贼
26264 情缘
26265 晴雨表
26266 娶亲
26267 三线
26268 民宿
26269 商机
26270 失却
26271 失散
26272 湿热
26273 闩
26274 天麻
26275 小龙
26276 校训
26277 笑骂
26278 信义
26279 仰卧
26280 遥遥领先
26281 要义
26282 耀斑
26283 异味
26284 印花税
26285 邮品
26286 源源
26287 真格的
26288 正题
26289 直系
26290 掷地有声
26291 轴线
26292 自保
26293 妾
26294 按捺
26295 八股
26296 包销
26297 泵站
26298 播种（bōzhòng）
26299 蚕桑
26300 茶点
26301 唱段
26302 成衣
26303 传话
26304 粗布
26305 大手大脚
26306 导引
26307 独居
26308 扼要
26309 发誓
26310 防微杜渐
26311 风雨同舟
26312 公共厕所
26313 钩子
26314 顾名思义
26315 锅台
26316 国际劳动节
26317 国情咨文
26318 河沟
26319 河豚
26320 后晌
26321 花鸟画
26322 换文
26323 祭坛
26324 建档
26325 今非昔比
26326 绝壁
26327 开拔
26328 开窍
26329 狂犬病
26330 留言簿
26331 流离
26332 龙卷风
26333 麻风
26334 墨汁
26335 母性
26336 木瓜
26337 忸怩
26338 蓬乱
26339 平易
26340 凄凄
26341 齐名
26342 气孔
26343 热水瓶
26344 人命关天
26345 熔点
26346 揉搓
26347 软禁
26348 食谱
26349 首推
26350 随波逐流
26351 特价
26352 土气
26353 失独
26354 陀螺
26355 忘乎所以
26356 逶迤
26357 温水
26358 无所不在
26359 焐
26360 细嫩
26361 县志
26362 小白脸儿
26363 谢天谢地
26364 心领神会
26365 心室
26366 星星点点
26367 掩藏
26368 叶绿素
26369 一扫而光
26370 义士
26371 意犹未尽
26372 音讯
26373 远走高飞
26374 诤言
26375 主次
26376 住口
26377 左顾右盼
26378 做伴
26379 鞍马
26380 奔逃
26381 比肩
26382 便饭
26383 不着边际
26384 常温
26385 春风化雨
26386 大模大样
26387 登报
26388 地铺
26389 发痒
26390 霏霏
26391 奉陪
26392 覆灭
26393 甘泉
26394 寒暑假
26395 哄抢
26396 后座
26397 话锋
26398 黄酒
26399 急难
26400 记分
26401 接收机
26402 浸湿
26403 隽永
26404 快艇
26405 拉面
26406 雷达站
26407 连锁反应
26408 良民
26409 良师益友
26410 零售价
26411 猕猴
26412 密商
26413 双规
26414 名不虚传
26415 木棒
26416 那达慕
26417 溺水
26418 前此
26419 清幽
26420 求知欲
26421 柔顺
26422 三字经
26423 诗社
26424 受累（shòulěi）
26425 数目字
26426 漱口
26427 说破
26428 昙花一现
26429 赤子之心
26430 弹唱
26431 天机
26432 调制
26433 凸出
26434 望而生畏
26435 威名
26436 乡绅
26437 乡约
26438 巷口
26439 心心相印
26440 行船
26441 蓄电池
26442 雪水
26443 燕窝
26444 妖魔
26445 药片
26446 一边倒
26447 遗诏
26448 音信
26449 吟诗
26450 影影绰绰
26451 油坊
26452 羽绒
26453 玉带
26454 增生
26455 榨菜
26456 知悉
26457 肢解
26458 至亲
26459 侏儒
26460 走街串巷
26461 奏鸣曲
26462 做戏
26463 北朝
26464 嘣
26465 乘警
26466 初见
26467 打中
26468 党纲
26469 德智体
26470 豆角儿
26471 独处
26472 短途
26473 发急
26474 返航
26475 风调雨顺
26476 赶考
26477 刚巧
26478 宫灯

26479 光溜溜
26480 皈依
26481 货运量
26482 计算器
26483 疆场
26484 紧邻
26485 惊雷
26486 开标
26487 客堂
26488 马鞍
26489 蛮干
26490 慢悠悠
26491 门闩
26492 泥坑
26493 钮
26494 喷涂
26495 七上八下
26496 亲本
26497 情义
26498 请命
26499 全篇
26500 人丛
26501 肉制品
26502 如前所述
26503 三夏
26504 神化
26505 生儿育女
26506 生疑
26507 湿淋淋
26508 石像
26509 时针
26510 水坝
26511 水到渠成
26512 堂上
26513 特为
26514 铁骑
26515 亭亭玉立
26516 头里
26517 乌纱帽
26518 无间
26519 瞎扯
26520 心烦意乱
26521 心血来潮
26522 烟云
26523 雍容
26524 油库
26525 浴缸
26526 折价
26527 纸巾
26528 竹叶
26529 嘎巴
（gāba）
26530 拔高
26531 半载
26532 不齿
26533 掺假
26534 耻笑
26535 出勤
26536 纯净水
26537 迪斯科
26538 谛听
26539 喋喋不休
26540 冬至
26541 扼腕
26542 饭铺
26543 钢轨
26544 隔断
（géduàn）
26545 宫室
26546 归罪
26547 横七竖八
26548 引智
26549 婚约
26550 及时雨
26551 纪年
26552 接警
26553 接线
26554 鲸鱼
26555 净水
26556 疽
26557 军令状
26558 叩门
26559 丽人
26560 利刃
26561 论理
26562 满贯
26563 卯
26564 名册
26565 默想
26566 千言万语
26567 悄悄话
26568 怯生生
26569 嬗变
26570 实弹
26571 释然
26572 水柱
26573 私房
26574 死党
26575 松劲
26576 搜罗
26577 太上皇
26578 糖业
26579 嗵
26580 图样
26581 五粮液
26582 下野
26583 萧瑟
26584 行销
26585 言简意赅
26586 药箱
26587 与世隔绝
26588 振振有词
26589 争分夺秒
26590 纸浆
26591 仲夏
26592 主产
26593 转世
26594 灼灼
26595 自暴自弃
26596 自惭
26597 靶场
26598 罢官
26599 白嫩
26600 拜师
26601 不义之财
26602 聪敏
26603 大众传播
26604 定稿
26605 断续
26606 过猛
26607 涵洞
26608 撼动
26609 积云
26610 加法
26611 见怪
26612 客船
26613 口香糖
26614 拉练
26615 狼吞虎咽
26616 凉亭
26617 马灯
26618 迷乱
26619 棉纺
26620 明眼人
26621 拍子
26622 嘭
26623 皮肤病
26624 飘飘然
26625 外设
26626 屏蔽
26627 婆婆妈妈
26628 七零八落
26629 气冲冲
26630 抢滩
26631 情由
26632 全家福
26633 人之常情
26634 日全食
26635 上品
26636 少年宫
26637 神通
26638 胜似
26639 失当
26640 食糖
26641 收拢
26642 投工
26643 颓势
26644 完满
26645 文告
26646 钨
26647 无言以对
26648 无一例外
26649 五湖四海
26650 误信
26651 叫价
26652 喜笑颜开
26653 小卖部
26654 些微
26655 筑巢
26656 胸闷
26657 玄虚
26658 巡诊
26659 遗骸
26660 营建
26661 原价
26662 征召
26663 整数
26664 枝繁叶茂
26665 暗笑
26666 白桦
26667 报信
26668 边防军
26669 变乱
26670 病假
26671 财大气粗
26672 吃请
26673 持重
26674 出丑
26675 垂死
26676 打垮
26677 玳瑁
26678 婀娜
26679 饭庄
26680 防疫站
26681 肺腑之言
26682 分属
26683 凤毛麟角
26684 佛家
26685 俯冲
26686 父母官
26687 复述
26688 盖帽儿
26689 高难
26690 革履
26691 革职
26692 果子狸
26693 婚期
26694 活法
26695 纪元
26696 家小
26697 驾照
26698 缴税
26699 接风
26700 纠察队
26701 军法
26702 炼焦
26703 绿肥
26704 闷闷不乐
26705 暮春
26706 杀伤力

26707 伤病员
26708 上水
26709 追逃
26710 烧纸
26711 谁人
26712 食物链
26713 索引
26714 太甚
26715 叹服
26716 碳酸
26717 铁人三项
26718 同姓
26719 统管
26720 微利
26721 蜈蚣
26722 行书
26723 熊掌
26724 血水
26725 鸭蛋
26726 严刑
26727 一骨碌
26728 迎送
26729 有恃无恐
26730 郁郁
26731 元凶
26732 钟点
26733 撞车
26734 太监
26735 抱不平
26736 查抄
26737 车前
26738 代劳
26739 当空
26740 灯箱
26741 发电站
26742 复明
26743 勾搭
26744 怪诞
26745 光辉灿烂
26746 和颜悦色
26747 义赛
26748 黑锅
26749 经久不息
26750 哄堂大笑
26751 花剑
26752 祸事
26753 觊觎
26754 寄居
26755 架空
26756 简言之
26757 筋斗
26758 惊惧
26759 晶亮
26760 井台
26761 刻本
26762 老幼
26763 类推
26764 礼让
26765 螺丝钉
26766 煤球
26767 明火
26768 明人
26769 木柴
26770 批次
26771 披靡
26772 皮下
26773 前夫
26774 青黄不接
26775 轻车简从
26776 上溯
26777 投毒
26778 脱逃
26779 娓娓
26780 巫术
26781 巷战
26782 小动作
26783 心魄
26784 省悟
26785 凶器
26786 雪崩
26787 血案
26788 循循善诱
26789 盐业
26790 纸牌
26791 炷
26792 装傻
26793 走南闯北
26794 嘬
26795 冰河
26796 侧目
26797 成色
26798 新茶
26799 床板
26800 打杂儿
26801 大节
26802 大庭广众
26803 大爷（dàye）
26804 带薪
26805 单线
26806 对本
26807 夺魁
26808 公文包
26809 古时候
26810 海马
26811 后怕
26812 花蕊
26813 幻灭
26814 浑圆
26815 级差
26816 加权
26817 江流
26818 救兵
26819 矩阵
26820 空房
26821 裤衩
26822 快慰
26823 困顿
26824 蜡黄
26825 房奴
26826 辣子
26827 吝惜
26828 卖主
26829 铆
26830 眯缝
26831 内裤
26832 农工商
26833 女娲
26834 贫贱
26835 平均数
26836 麒麟
26837 情真意切
26838 惹祸
26839 入海口
26840 山神
26841 伤风
26842 哨位
26843 十之八九
26844 受权
26845 豪赌
26846 死难
26847 送死
26848 桃红
26849 套子
26850 听之任之
26851 偷工减料
26852 顽固派
26853 文艺批评
26854 无际
26855 误入歧途
26856 西头
26857 惜败
26858 心间
26859 猩红
26860 猩猩
26861 汹汹
26862 须眉
26863 选修
26864 一纸空文
26865 迎新
26866 有愧
26867 赈济
26868 直逼
26869 中暑
26870 哀叹
26871 裸机
26872 半边天
26873 避让
26874 长程
26875 超收
26876 充气
26877 臭骂
26878 出奇制胜
26879 船舷
26880 春潮
26881 搭救
26882 代课
26883 灯饰
26884 地痞
26885 电杆
26886 东山再起
26887 反侧
26888 封条
26889 概念化
26890 国脚
26891 过路人
26892 画片
26893 还手
26894 回笼
26895 回心转意
26896 机长
26897 急中生智
26898 讲稿
26899 皎洁
26900 解禁
26901 金刚钻
26902 进门
26903 进项
26904 禁放
26905 静穆
26906 开演
26907 老道
26908 雷管
26909 礼拜天
26910 良将
26911 另类
26912 漏网
26913 罗网
26914 庙堂
26915 名酒
26916 模棱两可
26917 抛荒
26918 配给
26919 配料
26920 频谱
26921 亲嘴
26922 沁人心脾
26923 全数
26924 人才济济
26925 扫描仪
26926 稍纵即逝
26927 厮守
26928 塑料布
26929 探矿
26930 烫手
26931 逃之夭夭
26932 调情
26933 投机倒把
26934 外埠
26935 外戚

26936 万般无奈
26937 问罪
26938 污垢
26939 无法无天
26940 无物
26941 武打
26942 吸吮
26943 相安无事
26944 小人儿
26945 新装
26946 压榨
26947 样板戏
26948 一转眼
26949 真情实感
26950 隐没
26951 有求必应
26952 余音
26953 在野
26954 造作
26955 占上风
26956 真皮
26957 真心话
26958 证词
26959 专供
26960 萍
26961 挨近
26962 冰封
26963 才情
26964 参阅
26965 成问题
26966 丑事
26967 传道
26968 错乱
26969 当班
26970 迭起
26971 发烫
26972 分贝
26973 干净利落
26974 公海
26975 精算
26976 怪罪
26977 过客
26978 虎视眈眈
26979 幻象
26980 监牢
26981 简约
26982 紧闭
26983 尽收眼底
26984 近旁
26985 扣球
26986 劳务费
26987 乐土
26988 冷战
（lěngzhan）
26989 两鬓
26990 亮堂
26991 卖力气
26992 煤烟
26993 磨盘
26994 陪护
26995 批改
26996 漂（piǎo）
26997 桥头堡
26998 亲缘
26999 染病
27000 入托
27001 杀手锏
27002 示人
27003 首航
27004 高管
27005 梳妆台
27006 土产
27007 外露
27008 外迁
27009 外星人
27010 宛
27011 仙鹤
27012 小结
27013 小摊儿
27014 心安
27015 轩然大波
27016 学名
27017 眼中钉
27018 有生之年
27019 语塞
27020 月台
27021 越境
27022 张目
27023 斟酒
27024 滋补
27025 保险柜
27026 暴富
27027 鄙人
27028 标语牌
27029 病史
27030 病势
27031 草甸
27032 出生率
27033 打字机
27034 大雅
27035 敌国
27036 地下
（dìxia）
27037 惦
27038 赌徒
27039 赌咒
27040 发迹
27041 反光
27042 分片
27043 纷纭
27044 峰峦
27045 告负
27046 工艺流程
27047 光明正大
27048 狠命
27049 槐花
27050 绘声绘色
27051 稽察
27052 检票
27053 胶水
27054 金条
27055 军歌
27056 课间
27057 快报
27058 拉拉队
27059 离间
27060 链子
27061 迷途
27062 名誉权
27063 墨迹
27064 奶酪
27065 鸟瞰
27066 旗舰
27067 侵扰
27068 伤脑筋
27069 上瘾
27070 提干
27071 天方夜谭
27072 图说
27073 退款
27074 外城
27075 小利
27076 小觑
27077 小圈子
27078 巡洋舰
27079 洋芋
27080 一气呵成
27081 一往情深
27082 油气田
27083 越轨
27084 越界
27085 再犯
27086 在理
27087 着凉
27088 中计
27089 驻防
27090 宗派
27091 霸道
（bàdào）
27092 板壁
27093 编选
27094 编组
27095 并称
27096 不尽然
27097 柴米油盐
27098 颤巍巍
27099 撤诉
27100 乘法
27101 赤身裸体
27102 赤手
27103 畜力
27104 从轻
27105 大墙
27106 担惊受怕
27107 吊装
27108 读音
27109 方块
27110 奋然
27111 风云人物
27112 福分
27113 干系
27114 工区
27115 工作证
27116 海派
27117 海员
27118 胡来
27119 黄鼠狼
27120 毁损
27121 活学活用
27122 积存
27123 稽核
27124 即席
27125 计息
27126 接力棒
27127 近前
27128 救济金
27129 俊秀
27130 克星
27131 阔绰
27132 老中青
27133 乐事
27134 密令
27135 牛皮癣
27136 偏于
27137 奇才
27138 国球
27139 奇缺
27140 气量
27141 亲娘
27142 求和
27143 柔媚
27144 散居
27145 烧制
27146 十全十美
27147 兽类
27148 顺流
27149 天仙
27150 退场
27151 倭寇
27152 武夫
27153 纤维素
27154 闲情
27155 解数
27156 学龄
27157 掩面
27158 衣架
27159 英灵
27160 余波
27161 云散
27162 长亲

27163 遮拦
27164 直爽
27165 只当
27166 铸铁
27167 酌情
27168 暗算
27169 白水
27170 败露
27171 半圆
27172 闭路电视
27173 原封不动
27174 博采众长
27175 残渣
27176 出苗
27177 待机
27178 倒伏
27179 鹳
27180 国际互联网
27181 害群之马
27182 含情
27183 寒碜
27184 豢养
27185 急进
27186 纪念章
27187 既得利益
27188 郊县
27189 咖啡色
27190 口福
27191 蓝领
27192 浪子
27193 牢笼
27194 灵光
27195 满面春风
27196 忙乎
27197 纳西族
27198 溺死
27199 女婴
27200 盘桓
27201 判罚
27202 庞杂
27203 仁人志士
27204 入道
27205 入迷
27206 丧礼
27207 手术刀
27208 书展
27209 束之高阁
27210 调戏
27211 土坑
27212 晚香玉
27213 婉言
27214 威逼
27215 畏怯
27216 五脏六腑
27217 务虚
27218 心悸
27219 心照不宣
27220 兴叹
27221 殉职
27222 言传身教
27223 炎黄
27224 药理
27225 引线
27226 应接不暇
27227 邮资
27228 运筹
27229 暂住证
27230 沼泽地
27231 政通人和
27232 置之度外
27233 中表
27234 株连
27235 惴惴不安
27236 自荐
27237 鞭打
27238 变速
27239 病程
27240 病体
27241 茶亭
27242 查究
27243 长裤
27244 冲垮
27245 传唤
27246 氮气
27247 党龄
27248 短裙
27249 哆哆嗦嗦
27250 风洞
27251 风和日丽
27252 枫叶
27253 肝硬化
27254 敢干
27255 敢为人先
27256 关系网
27257 好胜
27258 红烛
27259 花销
27260 华而不实
27261 缓期
27262 皇粮
27263 皇权
27264 黄金时间
27265 火箭弹
27266 获知
27267 兼营
27268 减幅
27269 胶皮
27270 节流
27271 精妙
27272 抗联
27273 空间技术
27274 苦海
27275 立柱
27276 联产
27277 买方市场
27278 猛力
27279 木桥
27280 爬坡
27281 荞麦
27282 亲善
27283 曲棍球
27284 全票
27285 瓢
27286 任人唯贤
27287 如饥似渴
27288 润滑
27289 塞责
27290 傻乎乎
27291 守寡
27292 水坑
27293 索然
27294 跳蚤
27295 桐油
27296 头破血流
27297 纹丝不动
27298 乌烟瘴气
27299 喜形于色
27300 戏言
27301 细问
27302 乡党
27303 岩壁
27304 吟咏
27305 银发
27306 永世
27307 优胜
27308 有奖
27309 在读
27310 占卜
27311 展期
27312 真知
27313 纸上谈兵
27314 咫尺
27315 主创人员
27316 注射器
27317 坐骑
27318 斑白
27319 保质期
27320 报捷
27321 碧蓝
27322 初战
27323 窗棂
27324 春意盎然
27325 胆战心惊
27326 弹片
27327 堤岸
27328 电筒
27329 纷纷扬扬
27330 干戈
27331 拐角
27332 寒噤
27333 核扩散
27334 恒温
27335 患难与共
27336 活灵活现
27337 夹角
27338 见习
27339 经济法
27340 竞聘
27341 腊肉
27342 老到
27343 鳞片
27344 领情
27345 流毒
27346 龙灯
27347 聋哑
27348 律动
27349 落叶松
27350 门楣
27351 门生
27352 拿不准
27353 能工巧匠
27354 拍卖行
27355 跑动
27356 奇遇
27357 祈福
27358 起重机
27359 枪法
27360 抢收
27361 俏皮话
27362 青蒿
27363 三番五次
27364 神主
27365 声气
27366 实景
27367 手风琴
27368 摔打
27369 水深火热
27370 忐忑
27371 套房
27372 面签
27373 天伦之乐
27374 土语
27375 瓦罐
27376 唯利是图
27377 无补
27378 舞池
27379 细软
27380 消长
27381 小农
27382 校务
27383 羞惭
27384 一览无余
27385 易地
27386 育秧
27387 欲求
27388 遇刺
27389 躁动
27390 主攻手
27391 奏乐
27392 沁

27393 安身
27394 按兵不动
27395 熬夜
27396 保护人
27397 冰晶
27398 不务正业
27399 采收
27400 插座
27401 长线
27402 成婚
27403 春
27404 出远门
27405 垂手
27406 翠竹
27407 鹅卵石
27408 访友
27409 飞腾
27410 伏法
27411 抚弄
27412 富丽
27413 高台
27414 工交
27415 滚开
27416 鸡毛蒜皮
27417 军礼
27418 开诚布公
27419 抗寒
27420 可见光
27421 来犯
27422 擂台
27423 立地
27424 廉耻
27425 撩拨
27426 列国
27427 论处
27428 毛细血管
27429 面罩
27430 青椒
27431 情分
27432 穷追
27433 群峰
27434 人情味儿
27435 人心惶惶
27436 散伙
27437 婶娘
27438 生龙活虎
27439 省辖市
27440 失礼
27441 十三陵
27442 誓师
27443 锁链
27444 统辖
27445 囤积
27446 万恶
27447 午宴
27448 西装革履
27449 下不来
27450 下饭
27451 小辫子
27452 心慌意乱
27453 星斗
27454 秧子
27455 洋酒
27456 营寨
27457 游弋
27458 政见
27459 致歉
27460 中耕
27461 蛀虫
27462 艳照
27463 转危为安
27464 着色
27465 宗亲
27466 走亲戚
27467 最惠国
27468 佐料
27469 病友
27470 不辞而别
27471 长矛
27472 除害
27473 打头
27474 大吉
27475 定购
27476 逗乐
27477 发愤
27478 飞升
27479 浮华
27480 拱桥
27481 归并
27482 害处
27483 好人好事
27484 号牌
27485 黑道
27486 红绿灯
27487 哄骗
27488 寂然
27489 家法
27490 家庭主妇
27491 矫情
27492 教唆
27493 结石
27494 解职
27495 剧中人
27496 军事法庭
27497 廓清
27498 良莠不齐
27499 粮饷
27500 靓丽
27501 潦草
27502 眉梢
27503 棉纱
27504 奶水
27505 南极洲
27506 跑腿儿
27507 披散
27508 品评
27509 不远万里
27510 评优
27511 蒲扇
27512 起跑
27513 潜质
27514 清热
27515 劝降
27516 三弦
27517 莘莘学子
27518 生长点
27519 胜局
27520 失血
27521 失之交臂
27522 数不胜数
27523 树龄
27524 庶几
27525 谈情说爱
27526 同辈
27527 同义词
27528 推心置腹
27529 玩世不恭
27530 妄言
27531 硝
27532 小伙计
27533 械斗
27534 心醉
27535 兴风作浪
27536 形象化
27537 休渔
27538 虚妄
27539 虚无主义
27540 烟蒂
27541 颜面
27542 眼皮底下
27543 扬名
27544 意见箱
27545 增光
27546 征购
27547 职教
27548 指挥棒
27549 注脚
27550 装甲兵
27551 板眼
27552 币值
27553 冰毒
27554 病根
27555 病愈
27556 播映
27557 不近人情
27558 不堪回首
27559 彩霞
27560 残运会
27561 苍劲
27562 侧重点
27563 成书
27564 宠儿
27565 出逃
27566 除草剂
27567 灯红酒绿
27568 东三省
27569 毒剂
27570 发狠
27571 风平浪静
27572 伏笔
27573 敢死队
27574 高谈阔论
27575 古琴
27576 古铜色
27577 掼
27578 锅底
27579 旱作
27580 好找
27581 荷塘
27582 花岗石
27583 架子车
27584 健将
27585 交点
27586 焦化
27587 楷
27588 肯干
27589 宽泛
27590 落难
27591 萌动
27592 米酒
27593 绵长
27594 念念有词
27595 弄潮儿
27596 频仍
27597 起重
27598 俏丽
27599 秋粮
27600 乳母
27601 入席
27602 商号
27603 上梁
27604 奢侈品
27605 神经过敏
27606 失言
27607 水色
27608 讨教
27609 套取
27610 题记
27611 网状
27612 微细
27613 惟妙惟肖
27614 戏法
27615 想不开
27616 消闲
27617 鞋垫
27618 讯息
27619 哑口无言
27620 掩体
27621 艳羡
27622 扬鞭

27623 洋文
27624 异端
27625 员额
27626 圆周
27627 摘除
27628 贞操
27629 阻滞
27630 做媒
27631 晓
27632 安身立命
27633 把玩
27634 白骨
27635 白色恐怖
27636 不偏不倚
27637 草书
27638 存贮
27639 低档
27640 典型性
27641 抖擞
27642 端午
27643 二流
27644 二人转
27645 二手房
27646 发还
27647 烦人
27648 飞檐
27649 服毒
27650 赴宴
27651 赶制
27652 古为今用
27653 鼓点
27654 国威
27655 黑熊
27656 后话
27657 后起之秀
27658 后援
27659 湖光
27660 谎报
27661 霍地
27662 娇滴滴
27663 借重
27664 狂潮
27665 扩大化
27666 来世
27667 老手
27668 鲁莽
27669 明前
27670 墨绿
27671 暮年
27672 皮靴
27673 绮丽
27674 熬制
27675 潜伏期
27676 穷乡僻壤
27677 弱视
27678 砂岩
27679 闪身
27680 芍药
27681 神力
27682 矢志
27683 矢志不渝
27684 手大
27685 死而后已
27686 死胡同
27687 宿命
27688 特效
27689 挑子
27690 亭子间
27691 小憩
27692 小叔
27693 艳阳
27694 一触即发
27695 倚靠
27696 义卖
27697 引以为戒
27698 迎头赶上
27699 营养品
27700 预科
27701 圆滑
27702 再婚
27703 造化(zàohua)
27704 增益
27705 碰瓷
27706 招魂
27707 枝干
27708 主题歌
27709 自诉
27710 宗师
27711 走运
27712 捌
27713 白灰
27714 白沫
27715 不成
27716 不省人事
27717 惨状
27718 谄媚
27719 车床
27720 赤膊
27721 愁云
27722 打雷
27723 得悉
27724 滴落
27725 佃
27726 动气
27727 洞开
27728 队部
27729 对讲机
27730 敦厚
27731 多心
27732 发炎
27733 敷衍了事
27734 高山族
27735 工科
27736 工薪阶层
27737 孤苦
27738 挂图
27739 官名
27740 海阔天空
27741 合计(héji)
27742 合谋
27743 轰响
27744 红彤彤
27745 呼号(hūháo)
27746 火葬场
27747 腾空而起
27748 积怨
27749 基业
27750 基质
27751 寄存
27752 价码
27753 斤斤计较
27754 进见
27755 警笛
27756 开列
27757 看破
27758 空位
27759 拉链
27760 阑尾
27761 老北京
27762 立足之地
27763 路障
27764 辘轳
27765 螺旋桨
27766 摩肩接踵
27767 脑际
27768 怒容
27769 女色
27770 棋艺
27771 抢运
27772 侨领
27773 韧劲
27774 戎装
27775 润湿
27776 散记
27777 身败名裂
27778 师妹
27779 寿辰
27780 书摊儿
27781 四外
27782 素朴
27783 天寒地冻
27784 甜瓜
27785 铁嘴
27786 唯心论
27787 闻所未闻
27788 吸气
27789 戏园子
27790 鲜果
27791 相劝
27792 相送
27793 信口开河
27794 学海
27795 押韵
27796 眼罩儿
27797 姨奶奶
27798 疑团
27799 影射
27800 鱼群
27801 云霞
27802 芸芸众生
27803 再嫁
27804 志同道合
27805 妯娌
27806 猪八戒
27807 罢手
27808 白玉
27809 蹩脚
27810 兵荒马乱
27811 兵站
27812 病灶
27813 采光
27814 菜叶
27815 刺探
27816 从简
27817 大功告成
27818 帝位
27819 短跑
27820 翻版
27821 防区
27822 分户
27823 扶老携幼
27824 浮沉
27825 孤注一掷
27826 转瞬即逝
27827 古建
27828 挂果
27829 光闪闪
27830 海战
27831 耗电
27832 核子
27833 黑沉沉
27834 蛔虫
27835 会话
27836 会考
27837 豁然
27838 胶鞋
27839 尽善尽美
27840 旌旗
27841 旧体诗
27842 倦意
27843 离乡
27844 麻疹
27845 美色
27846 摩拳擦掌
27847 墓穴
27848 女权
27849 怦然
27850 蓬头垢面

27851 脾胃
27852 品系
27853 岂敢
27854 枪械
27855 如鱼得水
27856 舍命
27857 声泪俱下
27858 驶离
27859 说得过去
27860 四分五裂
27861 塑胶
27862 随访
27863 太师椅
27864 提审
27865 通宵达旦
27866 顽童
27867 巍然
27868 委曲
27869 污点
27870 喜滋滋
27871 下情
27872 献媚
27873 学时
27874 仰仗
27875 尧舜
27876 一马当先
27877 遗属
27878 盈门
27879 预购
27880 阅兵式
27881 杂货
27882 造像
27883 祖父母
27884 尊师
27885 昆
27886 免单
27887 安营扎寨
27888 比得上
27889 编委
27890 菜花
27891 超速
27892 嗔怪
27893 簇新
27894 带劲
27895 当归
27896 道人
27897 蒂
27898 毒物
27899 发源
27900 房客
27901 风华正茂
27902 感光
27903 各自为战
27904 共同性
27905 孤身
27906 瓜葛
27907 光彩夺目
27908 裹挟
27909 横梁
27910 琥珀
27911 华语
27912 会刊
27913 晦涩
27914 纪律性
27915 金盾
27916 坎肩
27917 留情
27918 龙井茶
27919 露宿
27920 免票
27921 面板
27922 面食
27923 面相
27924 明丽
27925 拟于
27926 农副业
27927 女声
27928 骗术
27929 铺盖卷儿
27930 起火（qǐhuǒ）
27931 前肢
27932 轻佻
27933 润泽
27934 缫丝
27935 沙滩排球
27936 纱巾
27937 山涧
27938 删改
27939 设伏
27940 神思
27941 势不可挡
27942 倏然
27943 熟食
27944 藤萝
27945 同前
27946 秃山
27947 喂奶
27948 下酒
27949 下坡
27950 学前教育
27951 央告
27952 素颜
27953 药师
27954 要强
27955 一蹶不振
27956 引述
27957 尤甚
27958 邮戳
27959 乐府
27960 战船
27961 峥嵘
27962 治穷
27963 追思
27964 坐椅
27965 安插
27966 报恩
27967 标新立异
27968 不成文
27969 不轨
27970 才艺
27971 菜蔬
27972 查房
27973 掺和
27974 诚惶诚恐
27975 充塞
27976 丑化
27977 大驾
27978 当街
27979 导流
27980 电影片
27981 帆板
27982 方向性
27983 分界
27984 辅佐
27985 高挑儿
27986 割地
27987 惯常
27988 锅子
27989 海堤
27990 寒夜
27991 悔改
27992 吉庆
27993 酒色
27994 捐躯
27995 咔
27996 大数据
27997 可燃
27998 孔庙
27999 快门
28000 拦路
28001 拦路虎
28002 滥杀
28003 老脸
28004 灵丹妙药
28005 聋哑人
28006 毛纺
28007 美中不足
28008 盟主
28009 墨盒
28010 排遣
28011 配售
28012 平仄
28013 千疮百孔
28014 钱数
28015 墙报
28016 切线
28017 热电厂
28018 扇贝
28019 上坟
28020 神人
28021 时弊
28022 世态
28023 天壤之别
28024 铁面无私
28025 通称
28026 委托书
28027 卫星城
28028 文化课
28029 文墨
28030 无可非议
28031 无双
28032 无所顾忌
28033 小皇帝
28034 小商贩
28035 心电图
28036 信贷员
28037 雄狮
28038 修葺
28039 烟雨
28040 铱
28041 优生
28042 原版
28043 圆顶
28044 找不着北
28045 韵文
28046 职业高中
28047 植保
28048 滞纳金
28049 种姓
28050 砖石
28051 自取
28052 裸奔
28053 板报
28054 憋气
28055 不法之徒
28056 不三不四
28057 不枉
28058 不肖
28059 彩带
28060 车皮
28061 追星
28062 冲浪
28063 葱绿
28064 淙淙
28065 粗话
28066 存储器
28067 大姑
28068 大姨
28069 敌阵
28070 地儿
28071 电话亭
28072 碇
28073 动产
28074 对弈
28075 反败为胜
28076 飞人
28077 分蘖
28078 封杀
28079 佛门

28080 复建
28081 咯噔
28082 跟斗
28083 官了
28084 红宝石
28085 呼之欲出
28086 忽闪（hūshan）
28087 护身符
28088 画师
28089 换算
28090 祸国殃民
28091 家口
28092 戛然而止
28093 焦距
28094 节骨眼儿
28095 襟怀
28096 就教
28097 居民点
28098 葵花
28099 离岸
28100 令人神往
28101 米面
28102 鸣笛
28103 摩擦力
28104 木版
28105 木筏
28106 奶制品
28107 农家肥
28108 贫嘴
28109 奇功
28110 倾覆
28111 忍俊不禁
28112 荣膺
28113 散失
28114 身姿
28115 深广
28116 添乱
28117 痛不欲生
28118 头领
28119 投水
28120 万端
28121 危在旦夕
28122 无缺
28123 膝下
28124 下挫
28125 贤惠
28126 相投
28127 小年
28128 小意思
28129 心悦诚服
28130 欣喜若狂
28131 血痕
28132 艳红
28133 夜饭
28134 一年半载
28135 迎击
28136 真意
28137 振聋发聩
28138 中流砥柱
28139 自由度
28140 白面儿
28141 拜读
28142 绊倒
28143 保驾护航
28144 暴虐
28145 并驾齐驱
28146 财神爷
28147 彩礼
28148 创刊号
28149 次品
28150 打压
28151 淡黄
28152 倒戈
28153 登场（dēngcháng）
28154 电话会议
28155 兜肚
28156 多事
28157 方舟
28158 放歌
28159 非礼
28160 分道扬镳
28161 哽
28162 豪言壮语
28163 画线
28164 荒沙
28165 讲法
28166 蛟龙
28167 教化
28168 金字招牌
28169 卷曲
28170 空泛
28171 马脚
28172 盲道
28173 毛皮
28174 灭顶
28175 在任
28176 农艺师
28177 旗手
28178 汽轮机
28179 青贮
28180 清亮（qīngliàng）
28181 沙盘
28182 哨声
28183 摄食
28184 什物
28185 首富
28186 书卷
28187 探路
28188 淘米
28189 屯垦
28190 外孙女
28191 洗涤剂
28192 晓之以理
28193 肖像画
28194 从警
28195 选美
28196 血污
28197 严阵以待
28198 眼目
28199 羊倌
28200 摇摇欲坠
28201 椰树
28202 依从
28203 阴性
28204 有救
28205 玉玺
28206 育肥
28207 藏药
28208 找麻烦
28209 兆头
28210 蒸笼
28211 证交所
28212 哀痛
28213 矮胖
28214 安度
28215 抱病
28216 炮（páo）
28217 背井离乡
28218 变味儿
28219 别名
28220 不负众望
28221 谗言
28222 车次
28223 重印
28224 垂泪
28225 春暖花开
28226 次生
28227 大打出手
28228 大惑不解
28229 大逆不道
28230 得宠
28231 低端
28232 鼎力
28233 氡
28234 多才多艺
28235 翻修
28236 割让
28237 公转
28238 挂钟
28239 含辛茹苦
28240 股灾
28241 黄米
28242 悔悟
28243 减价
28244 见利忘义
28245 结社
28246 巨子
28247 亢
28248 拷打
28249 昆剧
28250 淋浴
28251 迷醉
28252 年饭
28253 贫弱
28254 评析
28255 颀长
28256 灯下黑
28257 切换
28258 青天白日
28259 热处理
28260 日积月累
28261 冗员
28262 山珍海味
28263 上苍
28264 剩男
28265 上座率
28266 声部
28267 圣明
28268 水球
28269 水乳交融
28270 水仙花
28271 太古
28272 天然橡胶
28273 通奸
28274 铜器
28275 头前
28276 屠刀
28277 托拉斯
28278 万古
28279 伟岸
28280 无度
28281 笑容满面
28282 心灰意冷
28283 袖章
28284 血肉之躯
28285 羊毛衫
28286 夜行
28287 一来二去
28288 音箱
28289 印度教
28290 有碍
28291 圆珠笔
28292 宅门
28293 账房
28294 知己知彼
28295 主治
28296 悲悯
28297 冰激凌
28298 冰糖
28299 不期而遇
28300 茶社
28301 常言
28302 趁热
28303 称谢
28304 成瘾
28305 处女作
28306 错处

28307 打枪
28308 单兵
28309 蛋鸡
28310 顶层
28311 定夺
28312 斗笠
28313 粉条
28314 奉上
28315 佛陀
28316 肛门
28317 攻取
28318 恭顺
28319 光怪陆离
28320 号外
28321 黑亮
28322 横空
28323 假肢
28324 娇媚
28325 教廷
28326 界碑
28327 开船
28328 课目
28329 口琴
28330 蓝本
28331 镰
28332 烈军属
28333 乱兵
28334 买单
28335 门第
28336 梦魇
28337 牧童
28338 那阵子
28339 念及
28340 女人家
28341 平起平坐
28342 千山万水
28343 窃窃私语
28344 情味
28345 请降
28346 球体
28347 人云亦云
28348 融会
28349 若隐若现
28350 三长两短
28351 手语
28352 树身
28353 索贿
28354 笤帚
28355 铁流
28356 歪斜
28357 外层空间
28358 文句
28359 蜥蜴
28360 习题
28361 心花怒放
28362 心力衰竭
28363 性骚扰
28364 一反常态
28365 饮片
28366 英名
28367 邮市
28368 冤魂
28369 杂耍
28370 澡盆
28371 增兵
28372 战况
28373 珍禽
28374 中下旬
28375 助阵
28376 转速
28377 自夸
28378 钻营
28379 白开水
28380 摆渡
28381 半价
28382 避风
28383 辨析
28384 补种
28385 参照系
28386 抽水机
28387 当权
28388 当仁不让
28389 热舞
28390 刀具
28391 得意忘形
28392 低处
28393 低音
28394 毒瘾
28395 断气
28396 对白
28397 二传手
28398 二心
28399 泛指
28400 纺纱
28401 飞播
28402 飞赴
28403 封冻
28404 高热
28405 各行其是
28406 公函
28407 顾此失彼
28408 红扑扑
28409 户口簿
28410 花冠
28411 化为乌有
28412 灰溜溜
28413 悔过
28414 已见
28415 价廉物美
28416 焦油
28417 烤肉
28418 邋遢
28419 粮店
28420 林林总总
28421 没精打采
28422 门徒
28423 弥散
28424 密语
28425 密植
28426 棉鞋
28427 闹别扭
28428 培土
28429 皮棉
28430 偏心
28431 棋迷
28432 抢种
28433 穷光蛋
28434 山包
28435 善举
28436 上铺
28437 深不可测
28438 书库
28439 双人舞
28440 所向披靡
28441 天花乱坠
28442 天文数字
28443 挑动
28444 痛切
28445 外层
28446 危坐
28447 威震
28448 形影不离
28449 杏树
28450 凶多吉少
28451 雄踞
28452 选项
28453 压产
28454 摇头晃脑
28455 一败涂地
28456 一丝不挂
28457 引见
28458 语无伦次
28459 远隔
28460 云杉
28461 真主
28462 汁液
28463 枝节
28464 织机
28465 专管
28466 紫檀
28467 自由竞争
28468 作乐（zuòlè）
28469 作陪
28470 哀鸣
28471 百年大计
28472 报账
28473 并网
28474 朝圣
28475 创见
28476 猝死
28477 大氅
28478 大兴土木
28479 点将
28480 吊环
28481 动员令
28482 防寒
28483 访贫问苦
28484 釜底抽薪
28485 复信
28486 沽名钓誉
28487 海牛
28488 花絮
28489 话机
28490 患得患失
28491 回溯
28492 计谋
28493 奸商
28494 监工
28495 通吃
28496 静观
28497 纠合
28498 开宗明义
28499 灵秀
28500 留待
28501 留名
28502 论题
28503 马号
28504 密议
28505 名存实亡
28506 木桶
28507 鸟语花香
28508 盆花
28509 仆役
28510 前朝
28511 枪杆子
28512 枪决
28513 枪子儿
28514 切口
28515 清唱
28516 情话
28517 忍辱负重
28518 乳化
28519 善感
28520 摄政
28521 生物武器
28522 师弟
28523 始末
28524 视死如归
28525 说大话
28526 私藏
28527 死路
28528 天昏地暗
28529 透光
28530 徒手
28531 推脱
28532 猥亵
28533 无足轻重
28534 下摆
28535 下策

28536 险阻
28537 想当然
28538 斜眼
28539 轩辕
28540 穴位
28541 药效
28542 译名
28543 愚公移山
28544 欲念
28545 整容
28546 支离
28547 皱褶
28548 子口
28549 坝子
28550 报怨
28551 并发
28552 不可救药
28553 长谈
28554 忡忡
28555 丛刊
28556 寸步难行
28557 弹子
28558 倒台
28559 跌坐
28560 冬令
28561 逗人
28562 杜鹃花
28563 奉送
28564 复交
28565 刚健
28566 高枕无忧
28567 公差
28568 供认
28569 鬼怪
28570 海道
28571 烘烤
28572 欢愉
28573 欢悦
28574 火山灰
28575 甲虫
28576 江防
28577 脚掌
28578 叫花子
28579 叫绝
28580 接班
28581 警衔
28582 久别
28583 涓涓
28584 军港
28585 康庄大道
28586 空心（kòngxīn）
28587 老泪纵横
28588 嘞
28589 冒用
28590 霉菌
28591 密室
28592 模子
28593 前导
28594 抢掠
28595 轻抚
28596 沙洲
28597 潸然
28598 上香
28599 生就
28600 声情并茂
28601 石器时代
28602 史籍
28603 是凡
28604 售票处
28605 同族
28606 偷运
28607 骰子
28608 脱胎
28609 瓦特
28610 忘本
28611 健硕
28612 文传
28613 无理取闹
28614 嘻笑
28615 戏楼
28616 线材
28617 香客
28618 谢世
28619 心仪
28620 信手
28621 兴头
28622 悬崖勒马
28623 沿路
28624 研修班
28625 摇撼
28626 一窍不通
28627 阴道
28628 邮电局
28629 友邦
28630 浴血
28631 在天之灵
28632 钟点工
28633 转动（zhuǎndòng）
28634 拜佛
28635 半透明
28636 备考
28637 笨蛋
28638 编余
28639 策应
28640 畅想
28641 晨风
28642 承上启下
28643 出人头地
28644 初来乍到
28645 船坞
28646 篡位
28647 大肠杆菌
28648 电视频道
28649 凋谢
28650 毒草
28651 断后
28652 发配
28653 反比
28654 分洪
28655 风月
28656 歌舞剧
28657 公堂
28658 怪样儿
28659 恒心
28660 花言巧语
28661 换气
28662 会签
28663 婚配
28664 混迹
28665 活化石
28666 活埋
28667 歼击机
28668 减压
28669 结对子
28670 纠错
28671 久仰
28672 酒水
28673 酒盅
28674 开天辟地
28675 考勤
28676 空头
28677 联运
28678 烈性
28679 母系
28680 拿主意
28681 脑溢血
28682 暖冬
28683 懦夫
28684 抛锚
28685 盆栽
28686 飘零
28687 嫖客
28688 企及
28689 人烟
28690 三废
28691 上手
28692 生父
28693 生物防治
28694 使眼色
28695 水涨船高
28696 死战
28697 四乡
28698 填表
28699 推让
28700 万方
28701 违约金
28702 未竟
28703 文质彬彬
28704 污物
28705 无援
28706 午觉
28707 熄火
28708 贤良
28709 斜面
28710 心律
28711 新颜
28712 巡航导弹
28713 摇头丸
28714 遗愿
28715 疑惧
28716 义父
28717 义务工
28718 心灵鸡汤
28719 印数
28720 应手
28721 杂音
28722 再认识
28723 咋舌
28724 正规军
28725 知青点
28726 直飞
28727 终身大事
28728 专横
28729 谆谆
28730 安居工程
28731 悲声
28732 濒于
28733 病号
28734 厂区
28735 超生
28736 臭豆腐
28737 出奔
28738 出巡
28739 初评
28740 穿孔
28741 葱郁
28742 锉
28743 导出
28744 倒流
28745 正装
28746 道班
28747 定员
28748 独舞
28749 嗯（ěng）
28750 短视
28751 对路
28752 阿胶
28753 罚球
28754 饭钱
28755 放生
28756 飞雪
28757 敷衍塞责
28758 附耳
28759 哥儿俩
28760 国泰民安
28761 海蜇
28762 酣畅
28763 合身

28764 汇兑
28765 击毁
28766 结亲
28767 警员
28768 绝交
28769 裤腰
28770 来日
28771 镭
28772 了却
28773 令人发指
28774 硫化氢
28775 楼阁
28776 卖场
28777 民运
28778 末代
28779 啪啦
28780 批文
28781 脾性
28782 扑哧
28783 清真
28784 穷凶极恶
28785 群芳
28786 人造革
28787 撒腿
28788 上士
28789 市辖区
28790 侍立
28791 首映式
28792 抒怀
28793 率真
28794 水烟袋
28795 私生活
28796 私通
28797 随叫随到
28798 碎屑
28799 坦途
28800 桃花源
28801 通知单
28802 铜元
28803 痛打
28804 凸起
28805 退职
28806 万元户
28807 往复
28808 失范
28809 无计可施
28810 下泄
28811 心焦
28812 行云流水
28813 亚麻
28814 烟土
28815 摇荡
28816 遥测
28817 要面子
28818 一落千丈
28819 莹莹
28820 优选
28821 欲言又止
28822 榨取
28823 摘牌
28824 终了
28825 肿大
28826 周而复始
28827 主谋
28828 专业课
28829 追认
28830 百废待兴
28831 败家子
28832 败亡
28833 断崖式
28834 包车
28835 爆冷
28836 残局
28837 茶具
28838 产供销
28839 场院
28840 传家宝
28841 蹉跎
28842 错综
28843 大鲵
28844 抵债
28845 定音
28846 法家
28847 反手
28848 犯不上
28849 放款
28850 拂面
28851 高蛋白
28852 工段
28853 工薪
28854 好不
28855 核减
28856 后尘
28857 后仰
28858 胡作非为
28859 滑头
28860 积劳成疾
28861 极刑
28862 骄子
28863 矫揉造作
28864 矍铄
28865 可塑性
28866 可信度
28867 礼帽
28868 凉棚
28869 溜冰
28870 旅人
28871 牛栏
28872 陪葬
28873 批阅
28874 飘带
28875 平心静气
28876 钳子
28877 遣散
28878 缺血
28879 人所共知
28880 森森
28881 山脊
28882 潸然泪下
28883 水塔
28884 滩地
28885 滩头
28886 天价
28887 天宇
28888 外电
28889 丸子
28890 乌托邦
28891 巫婆
28892 夕照
28893 降将
28894 小名
28895 卸货
28896 雪天
28897 佯作
28898 氧化剂
28899 倚重
28900 亦然
28901 音容笑貌
28902 隐痛
28903 印痕
28904 油印
28905 语意
28906 育林
28907 预制
28908 招摇
28909 政论
28910 知遇
28911 中档
28912 住嘴
28913 作别
28914 拔节
28915 边角
28916 不知所云
28917 残片
28918 蚕茧
28919 橙色
28920 存取
28921 大牲畜
28922 叨唠
28923 倒映
28924 得法
28925 等价
28926 地磁
28927 电子出版物
28928 定然
28929 独断
28930 发运
28931 犯难
28932 纷呈
28933 风餐露宿
28934 干渠
28935 古兰经
28936 花哨
28937 不声不响
28938 华里
28939 酱菜
28940 苦熬
28941 苦瓜
28942 来不得
28943 擂鼓
28944 冷不丁
28945 两回事
28946 留有
28947 流民
28948 明灯
28949 摩天大楼
28950 妮子
28951 埝
28952 扭伤
28953 拗不过
28954 批语
28955 热轧
28956 人味儿
28957 弱项
28958 善心
28959 上菜
28960 少年犯
28961 声带
28962 师事
28963 视图
28964 衰微
28965 四野
28966 速冻
28967 太息
28968 桃色
28969 天罗地网
28970 秃顶
28971 土丘
28972 味觉
28973 卧病
28974 系列片
28975 先祖
28976 相形之下
28977 小曲儿
28978 序文
28979 硬说
28980 游乐场
28981 游丝
28982 鱼龙混杂
28983 渔家
28984 云端
28985 藏语
28986 寨主
28987 褶皱
28988 暖男
28989 猪油
28990 主笔
28991 转录
28992 装腔作势
28993 皑皑

28994 本本主义
28995 蹦跳
28996 比试
28997 编外
28998 便装
28999 节点
29000 孱弱
29001 产房
29002 呈文
29003 重阳
29004 磁卡
29005 凑趣儿
29006 打油诗
29007 单人床
29008 胆囊
29009 吊桥
29010 堆笑
29011 纷扰
29012 风闻
29013 富户
29014 改日
29015 感奋
29016 隔世
29017 骨碌
29018 骨节
29019 寡不敌众
29020 高配
29021 光能
29022 闺秀
29023 旱烟袋
29024 颔首
29025 合体
29026 撬动
29027 红艳艳
29028 花束
29029 换洗
29030 回执
29031 积木
29032 计分
29033 家庭暴力
29034 家宴
29035 简捷
29036 郊游
29037 经度
29038 净尽
29039 开恩
29040 看轻
29041 口实
29042 枯叶
29043 狂欢节
29044 盔甲
29045 力促
29046 麻花
29047 绵软
29048 谋事
29049 脑膜炎
29050 拼杀
29051 千锤百炼
29052 枪林弹雨
29053 强身
29054 请勿
29055 泅
29056 惹眼
29057 认命
29058 任课
29059 软盘
29060 三七
29061 商埠
29062 神道（shéndào）
29063 失策
29064 失重
29065 试办
29066 首飞
29067 四世同堂
29068 天资
29069 痛感
29070 弯子
29071 问鼎
29072 蹊径
29073 下半场
29074 歇脚
29075 休战
29076 秀发
29077 喧嚷
29078 悬河
29079 雪莲
29080 厌世
29081 要不得
29082 引证
29083 用钱
29084 忧国忧民
29085 幽怨
29086 吁请
29087 一去不返
29088 辗转反侧
29089 猪肝儿
29090 庄家
29091 自耕农
29092 啊（á）
29093 罢课
29094 掰开
29095 保管员
29096 便秘
29097 标书
29098 超时
29099 撑住
29100 乘虚而入
29101 传热
29102 吹鼓手
29103 袋鼠
29104 冬暖夏凉
29105 胆汁
29106 旦夕
29107 倒数
29108 地广人稀
29109 电大
29110 电解
29111 电视网
29112 耳膜
29113 翻车
29114 佛祖
29115 浮想
29116 浮想联翩
29117 干瘦
29118 感情用事
29119 工笔
29120 公心
29121 够格
29122 汗颜
29123 行话
29124 还礼
29125 黄油
29126 火险
29127 基因库
29128 计件
29129 寄信
29130 交游
29131 捷足先登
29132 据为己有
29133 克复
29134 孔隙
29135 榔头
29136 老少边穷
29137 了当
29138 镣
29139 掳掠
29140 马尾松
29141 盲点
29142 男足
29143 尿毒症
29144 碰面
29145 偏转
29146 篇目
29147 平心
29148 迫近
29149 凄苦
29150 奇兵
29151 奇景
29152 棋类
29153 恰逢
29154 枪战
29155 钦差
29156 青绿
29157 球面
29158 柔韧
29159 山墙
29160 赏钱
29161 捎带
29162 深闺
29163 神龛
29164 生老病死
29165 圣诞老人
29166 盛气凌人
29167 时间差
29168 史论
29169 特异功能
29170 铁索
29171 通婚
29172 图解
29173 推戴
29174 桅杆
29175 卧薪尝胆
29176 舞伴
29177 瞎眼
29178 县府
29179 新学
29180 擤
29181 雪景
29182 牙关
29183 延寿
29184 遥控器
29185 一溜儿
29186 毅然决然
29187 幽香
29188 阅报栏
29189 痔疮
29190 中点
29191 壮胆
29192 壮锦
29193 自顾自
29194 总纲
29195 拌嘴
29196 帮办
29197 饱餐
29198 饱经
29199 保守主义
29200 鲍鱼
29201 倍受
29202 捧腹大笑
29203 不翼而飞
29204 姹紫嫣红
29205 重修
29206 春旱
29207 刺猬
29208 粗人
29209 打闹
29210 打油
29211 大寿
29212 呆账
29213 但凡
29214 当道
29215 荡气回肠
29216 地面站
29217 地心
29218 地衣
29219 豆饼
29220 断档
29221 而况
29222 翻船

29223 烦心
29224 仿冒
29225 放权
29226 风扇
29227 故弄玄虚
29228 馆舍
29229 管区
29230 国势
29231 果蝇
29232 过场
29233 安家落户
29234 过甚
29235 海市蜃楼
29236 旱涝保收
29237 航标
29238 花枝招展
29239 和（huó）
29240 淅淅沥沥
29241 击掌
29242 极品
29243 集约经营
29244 家室
29245 见怪不怪
29246 建军节
29247 脚背
29248 禁地
29249 旧部
29250 旧历
29251 倦怠
29252 牢不可破
29253 利诱
29254 领路
29255 埋设
29256 卖身
29257 孟加拉
29258 默不作声
29259 木乃伊
29260 痞子
29261 奇事
29262 脐带
29263 前功尽弃
29264 钦差大臣
29265 青年节
29266 入不敷出
29267 社会存在
29268 神医
29269 胜景
29270 仕女
29271 寿星
29272 双全
29273 死水
29274 肃反
29275 同宗
29276 突进
29277 拖车
29278 晚点
29279 稀奇古怪
29280 细腰
29281 下凡
29282 信誓旦旦
29283 杏仁
29284 性交
29285 雄赳赳
29286 循环往复
29287 牙签
29288 药瓶
29289 神通广大
29290 衣橱
29291 引子
29292 隐语
29293 雨丝
29294 暂定
29295 战利品
29296 中转站
29297 转炉
29298 总评
29299 总支
29300 做功
29301 安睡
29302 把脉
29303 百无聊赖
29304 不甘寂寞
29305 才学
29306 茶余饭后
29307 差遣
29308 虫卵
29309 酬金
29310 大势已去
29311 大提琴
29312 单枪匹马
29313 挡风
29314 电击
29315 短路
29316 反超
29317 封赏
29318 福地
29319 附图
29320 高个儿
29321 故道
29322 挂面
29323 锅炉房
29324 果木
29325 海鸟
29326 合流
29327 呼啦
29328 虎狼
29329 黄泉
29330 黄铜
29331 鸡腿
29332 记叙
29333 节能灯
29334 客店
29335 苦斗
29336 力战
29337 菱形
29338 炉火纯青
29339 埋单
29340 米汤
29341 民不聊生
29342 冥想
29343 奇招儿
29344 磨灭
29345 逆反心理
29346 柠檬
29347 农活儿
29348 炮仗
29349 破土
29350 起名儿
29351 浅滩
29352 情态
29353 取道
29354 日光灯
29355 软科学
29356 洒落
29357 筛子
29358 山岳
29359 赏罚
29360 首肯
29361 水样
29362 台面
29363 体液
29364 调料
29365 土岗
29366 兔崽子
29367 席地而坐
29368 下士
29369 先哲
29370 乡邻
29371 小传
29372 刷屏
29373 笑谈
29374 笑靥
29375 心潮
29376 凶犯
29377 酽
29378 药液
29379 意趣
29380 有口皆碑
29381 有头脑
29382 约稿
29383 招引
29384 正襟危坐
29385 至理名言
29386 治家
29387 智谋
29388 壮语
29389 自生自灭
29390 钻井队
29391 案板
29392 白描
29393 剥皮
29394 笔尖
29395 避讳
29396 表演赛
29397 禀赋
29398 不甘示弱
29399 不足道
29400 才女
29401 踩踏
29402 扯淡
29403 乘务
29404 出格
29405 除开
29406 素妆
29407 处心积虑
29408 窗纱
29409 大满贯
29410 戴帽子
29411 嗲
29412 电子显微镜
29413 冻疮
29414 对决
29415 恶名
29416 发怔
29417 飞身
29418 飞鱼
29419 复试
29420 杆秤
29421 缸子
29422 高抬
29423 冠状动脉
29424 锅灶
29425 孩提
29426 豪门
29427 和弦
29428 机子
29429 急用
29430 继位
29431 健身操
29432 讲排场
29433 降落伞
29434 交税
29435 校勘
29436 九死一生
29437 旧约
29438 康乐
29439 渴盼
29440 枯水
29441 苦口
29442 历险
29443 驾龄
29444 门庭
29445 乃至于
29446 扭秧歌
29447 农贷
29448 排山倒海
29449 耪
29450 铺户
29451 曝晒
29452 迁怒

29453 绕行
29454 入梦
29455 杀机
29456 赏月
29457 使不得
29458 殊死
29459 碎花
29460 抬腿
29461 体征
29462 铁甲
29463 停机坪
29464 文明人
29465 窝藏
29466 误诊
29467 相册
29468 小伙儿
29469 性腺
29470 蓄水量
29471 玄妙
29472 血气
29473 演职员
29474 阳刚
29475 医嘱
29476 影印
29477 邮政储蓄
29478 幼子
29479 圆梦
29480 再则
29481 藏医
29482 洽丧
29483 中和
29484 重臣
29485 桌布
29486 资财
29487 坐标系
29488 白搭
29489 百病
29490 斑马
29491 悲戚
29492 悲叹
29493 北冰洋
29494 背水一战
29495 奔头儿
29496 病残
29497 捕风捉影
29498 陈规
29499 乘风破浪
29500 初九
29501 纯熟
29502 醇厚
29503 导热
29504 倒挂
29505 讹诈
29506 泛舟
29507 风雨无阻
29508 盖头
29509 高速铁路
29510 跟班儿
29511 古筝
29512 股金
29513 海盐
29514 和美
29515 贺礼
29516 红茶
29517 花车
29518 换代
29519 昏厥
29520 祭品
29521 甲子
29522 健谈
29523 芥蒂
29524 伉俪
29525 抗命
29526 克己奉公
29527 老革命
29528 垒球
29529 廉政建设
29530 亮闪闪
29531 梅花鹿
29532 妙趣横生
29533 墨守成规
29534 飘摇
29535 奇形怪状
29536 牵线
29537 倾轧
29538 清音
29539 认领
29540 韧带
29541 沙发椅
29542 山穷水尽
29543 爽直
29544 顺水推舟
29545 嘶鸣
29546 四座
29547 贪财
29548 体表
29549 田赋
29550 甜言蜜语
29551 土布
29552 退避
29553 外史
29554 未详
29555 问路
29556 无依无靠
29557 析出
29558 喜报
29559 下葬
29560 先令
29561 险滩
29562 乡人
29563 小而全
29564 小瞧
29565 刑满
29566 雄奇
29567 养伤
29568 一般化
29569 一生一世
29570 遗民
29571 抑扬顿挫
29572 隐喻
29573 楹联
29574 悦目
29575 跃动
29576 粤剧
29577 涨潮
29578 箴言
29579 指日可待
29580 制革
29581 专修
29582 自得其乐
29583 钻戒
29584 作难
29585 安全系数
29586 嗷嗷
29587 饱览
29588 宝刀
29589 悲歌
29590 不卑不亢
29591 成气候
29592 酬谢
29593 垂体
29594 大发雷霆
29595 大事记
29596 大团圆
29597 单衣
29598 弹弓
29599 得道
29600 涤纶
29601 冻伤
29602 二百五
29603 法度
29604 风度翩翩
29605 风干
29606 烽烟
29607 赴任
29608 干女儿
29609 高分
29610 高攀
29611 骨牌
29612 故地
29613 寡人
29614 锅巴
29615 过来人
29616 和会
29617 后脚
29618 幻梦
29619 熟料
29620 换乘
29621 豁口
29622 活性炭
29623 疾走
29624 家父
29625 茧子
29626 交叉感染
29627 节奏感
29628 坎儿
29629 空空如也
29630 溃败
29631 劳役
29632 罹难
29633 令行禁止
29634 留宿
29635 落寞
29636 冒牌
29637 民事权利
29638 名门
29639 谋私
29640 目眩
29641 那么些
29642 耐寒
29643 闹哄
29644 配种
29645 普降
29646 奇峰
29647 千斤
29648 墙面
29649 亲疏
29650 青红皂白
29651 球市
29652 去职
29653 拳打脚踢
29654 如履薄冰
29655 如其
29656 善人
29657 时过境迁
29658 受穷
29659 授勋
29660 鼠害
29661 竖直
29662 水荒
29663 水文站
29664 嘶叫
29665 死里逃生
29666 死于非命
29667 四溅
29668 碳水化合物
29669 堂会
29670 涕泪
29671 贴补
29672 铜锣
29673 土政策
29674 退换
29675 脱销
29676 微词
29677 问长问短
29678 惜别
29679 仙子
29680 橡树
29681 笑纹
29682 心理医生

29683 养父
29684 一见如故
29685 展商
29686 有情人
29687 鱼贯
29688 雨林
29689 远郊
29690 月度
29691 运动服
29692 杂沓
29693 在位
29694 召集人
29695 蜘蛛网
29696 暴走
29697 置业
29698 助听器
29699 钻心
29700 鹌鹑
29701 坝址
29702 背篓
29703 悲恸
29704 背书
29705 鼻息
29706 碧桃
29707 布设
29708 蚕丝
29709 瞠目
29710 抽筋
29711 出人命
29712 船家
29713 垂涎
29714 春风得意
29715 打更
29716 灯罩
29717 定案
29718 顿首
29719 阿谀
29720 法门
29721 范本
29722 飞镖
29723 飞涨
29724 复式
29725 竿子
29726 岗亭
29727 高纬度
29728 篙子
29729 宫闱
29730 浩如烟海
29731 合璧
29732 合葬
29733 后撤
29734 花样翻新
29735 回味无穷
29736 混成
29737 活蹦乱跳
29738 记取
29739 纪念币
29740 祭扫
29741 简评
29742 匠心
29743 进贡
29744 禁渔
29745 经济杠杆
29746 经久
29747 市貌
29748 嶙峋
29749 麻脸
29750 莽撞
29751 没辙
29752 魔王
29753 魔芋
29754 泥沼
29755 年届
29756 配电
29757 岂肯
29758 前倾
29759 讪讪
29760 生物钟
29761 石磨
29762 世情
29763 势如破竹
29764 叔公
29765 水灵
29766 泰然
29767 倘或
29768 天良
29769 外祖父
29770 万家灯火
29771 万事大吉
29772 唯物
29773 显性
29774 心上人
29775 腥气
29776 雪线
29777 严实
29778 盐池
29779 洋务
29780 一把抓
29781 一臂之力
29782 用词
29783 攸关
29784 邮递
29785 游山玩水
29786 与此相反
29787 圆舞曲
29788 援救
29789 粘连
29790 正点
29791 直勾勾
29792 重水
29793 钻头
29794 抻
29795 盎司
29796 包工
29797 报界
29798 奔走相告
29799 本心
29800 本义
29801 逼视
29802 笔锋
29803 必修
29804 遍野
29805 辨识
29806 跛子
29807 不毛之地
29808 才子佳人
29809 彩排
29810 查勘
29811 敞亮
29812 车位
29813 成器
29814 承租
29815 丑态
29816 带刺儿
29817 带鱼
29818 单身汉
29819 胆大妄为
29820 胆气
29821 毒化
29822 囤（dùn）
29823 躲躲闪闪
29824 阀门
29825 房钱
29826 非命
29827 废铁
29828 丰衣足食
29829 高小
29830 更年期
29831 公式化
29832 挂名
29833 横加
29834 化外
29835 机不可失
29836 鸡皮疙瘩
29837 岌岌可危
29838 疾呼
29839 焦头烂额
29840 戒骄戒躁
29841 就义
29842 军种
29843 坎儿井
29844 狼狈不堪
29845 老一套
29846 吏治
29847 两面性
29848 裂解
29849 篓子
29850 鲁班
29851 满负荷
29852 猛将
29853 明慧
29854 牧歌
29855 排戏
29856 偏方
29857 飘舞
29858 气管炎
29859 气闷
29860 侨居
29861 亲密无间
29862 青史
29863 轻生
29864 清正
29865 如此而已
29866 入土
29867 丧命
29868 扇形
29869 十万火急
29870 适可而止
29871 水压
29872 弹跳
29873 堂兄
29874 铁蹄
29875 痛哭流涕
29876 歪风邪气
29877 文秘
29878 五体投地
29879 仙姑
29880 乡土气息
29881 降服
29882 小辈
29883 行善
29884 削平
29885 烟枪
29886 盐田
29887 洋洋洒洒
29888 叶面
29889 贻害
29890 胰腺
29891 欲罢不能
29892 元勋
29893 阅卷
29894 勃然大怒
29895 杂谈
29896 珍奇
29897 真迹
29898 政治犯
29899 朱砂
29900 专权
29901 装糊涂
29902 自欺
29903 组歌
29904 左面
29905 左思右想
29906 白色污染
29907 裨益
29908 变体
29909 标枪
29910 搏杀
29911 才力
29912 操之过急

29913 豺狼
29914 蟾蜍
29915 超编
29916 车钱
29917 宠幸
29918 抽咽
29919 传真机
29920 纯化
29921 老鼠仓
29922 从艺
29923 皴
29924 大而全
29925 代用
29926 底色
29927 地方志
29928 斗鸡
29929 访问学者
29930 佛事
29931 佛塔
29932 干笑
29933 汉学
29934 旱区
29935 禾苗
29936 黑潮
29937 后母
29938 护短
29939 花果山
29940 挥泪
29941 昏黑
29942 昏天黑地
29943 浑身解数
29944 火眼金睛
29945 戛然
29946 假想
29947 肩并肩
29948 健忘
29949 矫治
29950 嫖宿
29951 搅和
29952 较劲
29953 节余
29954 截取
29955 今生今世
29956 经济师
29957 旧账
29958 军容
29959 快件
29960 老弱病残
29961 泪人
29962 乱麻
29963 轮机
29964 买通
29965 抛头露面
29966 碰运气
29967 披头散发
29968 欺上瞒下
29969 启航
29970 怯弱
29971 轻手轻脚
29972 雀斑
29973 人迹罕至
29974 施礼
29975 守夜
29976 数一数二
29977 说客
29978 塑性
29979 体统
29980 铁窗
29981 听政
29982 统共
29983 土木工程
29984 外乡
29985 完美无缺
29986 无所畏惧
29987 相面
29988 潇潇
29989 小打小闹
29990 小市民
29991 笑料
29992 笑盈盈
29993 歇业
29994 修造
29995 衍生物
29996 验票
29997 洋火
29998 顶层设计
29999 野猫
30000 依然如故
30001 硬指标
30002 有名无实
30003 幼林
30004 迂腐
30005 娱乐城
30006 预知
30007 缘起
30008 早市
30009 早退
30010 造句
30011 赠款
30012 毡帽
30013 侦察兵
30014 纸面
30015 忠良
30016 专任
30017 自惭形秽
30018 作数
30019 哀号
30020 杯水车薪
30021 北麓
30022 备至
30023 哔叽
30024 补缺
30025 叉腰
30026 插头
30027 查缉
30028 出借
30029 初十
30030 初试
30031 闯红灯
30032 春寒
30033 电钮
30034 电热
30035 貂
30036 顶头上司
30037 定时炸弹
30038 二话不说
30039 返青
30040 肥厚
30041 粉墙
30042 赴汤蹈火
30043 干渴
30044 赶明儿
30045 告退
30046 观（guàn）
30047 国库券
30048 好处费
30049 狐狸精
30050 胡萝卜素
30051 花序
30052 化险为夷
30053 婚宴
30054 火舌
30055 祸首
30056 济济一堂
30057 脚镣
30058 教鞭
30059 解气
30060 精雕细刻
30061 俊美
30062 可嘉
30063 溃烂
30064 礼炮
30065 连篇
30066 炼丹
30067 马鞭
30068 美人鱼
30069 媚眼
30070 蒙蒙亮
30071 蒙昧
30072 面授
30073 幕布
30074 贫富悬殊
30075 牵肠挂肚
30076 前仰后合
30077 乔迁
30078 窃笑
30079 秋种
30080 趋之若鹜
30081 色光
30082 神出鬼没
30083 声色俱厉
30084 水雾
30085 死气
30086 弹力
30087 逃遁
30088 提单
30089 托儿
30090 莞尔
30091 胃炎
30092 喂食
30093 无孔不入
30094 瑕疵
30095 先声夺人
30096 掀动
30097 显见
30098 小艇
30099 信天游
30100 星体
30101 嫣然一笑
30102 延宕
30103 药检
30104 一贫如洗
30105 伊甸园
30106 衣饰
30107 易燃
30108 意会
30109 隐现
30110 萤
30111 犹太教
30112 御敌
30113 乐音
30114 杂货铺
30115 灶台
30116 掌上电脑
30117 真本事
30118 正面人物
30119 织造
30120 指南针
30121 种羊
30122 啄食
30123 自我牺牲
30124 遵行
30125 乓
30126 爱女
30127 熬煎
30128 变幻莫测
30129 播送
30130 捕猎
30131 恻隐之心
30132 层级
30133 茶花
30134 臭名昭著
30135 初等
30136 穿透力
30137 床垫
30138 纯种
30139 丛葬
30140 促膝谈心
30141 打车
30142 打游击

30143 大考
30144 刀把儿
30145 刀口
30146 抵押金
30147 独到之处
30148 舵手
30149 法术
30150 付印
30151 赴会
30152 干果
30153 干咳
30154 深绿
30155 干掉
30156 古板
30157 光碟
30158 黑线
30159 哗变
30160 环山
30161 剪辑
30162 狡辩
30163 金库
30164 禁闭
30165 据理力争
30166 开源节流
30167 楷书
30168 科技城
30169 客队
30170 空落落
30171 空投
30172 框子
30173 缆车
30174 滥发
30175 隶书
30176 两张皮
30177 马棚
30178 满座
30179 勉力
30180 妙处
30181 民团
30182 耐磨
30183 难友
30184 内讧
30185 廿
30186 浓淡
30187 盘剥
30188 庞然大物
30189 缥缈
30190 迫令
30191 半晌
30192 铺板
30193 企望
30194 前呼后拥
30195 青龙
30196 泉涌
30197 荣华
30198 丧家
30199 善事
30200 舍己救人
30201 谁个
30202 神采奕奕
30203 书场
30204 私产
30205 踏步
30206 弹指
30207 天险
30208 迢迢
30209 顽疾
30210 万幸
30211 王法
30212 午间
30213 稀泥
30214 下脚
30215 香案
30216 小心眼儿
30217 校际
30218 笑逐颜开
30219 心率
30220 绣球
30221 虚惊
30222 移入
30223 引自
30224 油饼
30225 愚民
30226 扎营
30227 长女
30228 折扇
30229 主轴
30230 专使
30231 庄户
30232 组件
30233 黯然失色
30234 扳机
30235 抱拳
30236 笔端
30237 别论
30238 兵工厂
30239 禀明
30240 不以为意
30241 餐车
30242 吵嚷
30243 出神入化
30244 穿刺
30245 蛋黄
30246 老本
30247 登月
30248 等量
30249 电传
30250 吊灯
30251 动真格的
30252 对仗
30253 耳濡目染
30254 发毛
30255 发指
30256 翻卷
30257 返工
30258 饭局
30259 防潮
30260 逢迎
30261 负气
30262 改姓
30263 苟且
30264 顾盼
30265 鬼使神差
30266 国魂
30267 河沿
30268 喉管
30269 花旦
30270 活血
30271 火轮
30272 夹竹桃
30273 佳丽
30274 截肢
30275 金贵
30276 军威
30277 炕桌
30278 口授
30279 矿床
30280 扩股
30281 莅临
30282 两重性
30283 临战
30284 另眼相看
30285 轮牧
30286 麻黄
30287 没戏
30288 门当户对
30289 门厅
30290 名状
30291 明察
30292 魔幻
30293 难色
30294 内应
30295 排他
30296 痞
30297 券商
30298 占比
30299 山色
30300 稍事
30301 销户
30302 身经百战
30303 实打实
30304 手工艺
30305 水平线
30306 丝竹
30307 死气沉沉
30308 酸奶
30309 通衢
30310 投弹
30311 屯田
30312 拖泥带水
30313 外甥女
30314 往还
30315 威势
30316 无瑕
30317 毋庸
30318 小褂儿
30319 心术
30320 新大陆
30321 新闻纸
30322 怪招儿
30323 血红蛋白
30324 汛情
30325 洋流
30326 养家糊口
30327 野心家
30328 亦步亦趋
30329 益智
30330 油菜籽
30331 一丝一毫
30332 油亮
30333 右面
30334 余力
30335 余震
30336 御医
30337 御用
30338 杂念
30339 宰割
30340 枣子
30341 蒸馏水
30342 职衔
30343 中饱
30344 中伤
30345 周长
30346 自卑感
30347 自封
30348 板结
30349 本源
30350 婢女
30351 壁炉
30352 臂弯
30353 长驱直入
30354 饬令
30355 抽噎
30356 传扬
30357 打拳
30358 大老远
30359 大气压
30360 大写
30361 当家人
30362 等闲视之
30363 定都
30364 度汛
30365 趸
30366 多管闲事
30367 幅员
30368 改悔
30369 干涩
30370 更张
30371 关机
30372 含羞

30373 合宜
30374 红红绿绿
30375 呼号（hūhào）
30376 化脓
30377 火力发电
30378 积德
30379 激扬
30380 季刊
30381 截瘫
30382 精微
30383 敬而远之
30384 静养
30385 枯树
30386 亏心事
30387 捞钱
30388 炼狱
30389 临危受命
30390 灵便
30391 茅房
30392 耐久
30393 男婴
30394 怒骂
30395 起誓
30396 前嫌
30397 蜻蜓点水
30398 求新
30399 仞
30400 肉身
30401 桑蚕
30402 桑园
30403 色相
30404 上脸
30405 尚方宝剑
30406 神女
30407 事倍功半
30408 形而上
30409 守节
30410 兽性
30411 水货
30412 听凭
30413 通途
30414 头脸
30415 头面人物
30416 顽抗
30417 万紫千红
30418 威士忌
30419 五帝
30420 武生
30421 误工
30422 做大
30423 误伤
30424 稀稀拉拉
30425 孟子
30426 美体
30427 下浮
30428 下书
30429 小巧玲珑
30430 秀色
30431 恤衫
30432 蚜虫
30433 盐类
30434 一拍即合
30435 引退
30436 圆锥
30437 杂色
30438 脏乱
30439 长兄
30440 惠民
30441 政务院
30442 自毁
30443 走火
30444 偈
30445 跋山涉水
30446 悲痛欲绝
30447 北齐
30448 奔丧
30449 劈腿
30450 布施
30451 布依族
30452 拆散（chāisàn）
30453 超采
30454 称奇
30455 愁闷
30456 出险
30457 吹风
30458 纯利
30459 磁石
30460 错失
30461 大气候
30462 大器
30463 大前提
30464 铿锵有力
30465 刀叉
30466 等闲
30467 对角线
30468 吨公里
30469 多愁善感
30470 多劳多得
30471 非人
30472 废寝忘食
30473 封疆
30474 浮标
30475 共管
30476 官位
30477 光通信
30478 归降
30479 国际歌
30480 海角
30481 毫无疑义
30482 喝醉
30483 胡诌
30484 花甲
30485 皇族
30486 黄澄澄
30487 烩
30488 积重难返
30489 继承权
30490 僵死
30491 角门
30492 节律
30493 晶莹剔透
30494 军乐
30495 开绿灯
30496 凯旋门
30497 坑人
30498 狂暴
30499 老伙计
30500 临了
30501 留用
30502 麦草
30503 美其名曰
30504 冒顶
30505 门神
30506 麋鹿
30507 免予
30508 木鱼
30509 凝眸
30510 牛鼻子
30511 女招待
30512 炮轰
30513 凄清
30514 切面
30515 请帖
30516 如虎添翼
30517 儒者
30518 丧胆
30519 商海
30520 神似
30521 盛怒
30522 失势
30523 史官
30524 树桩
30525 双料
30526 水饺
30527 搜刮
30528 特赦
30529 同道
30530 土地庙
30531 歪歪扭扭
30532 王侯
30533 畏罪
30534 文辞
30535 无机物
30536 无止境
30537 夏夜
30538 相左
30539 香烛
30540 小户
30541 心潮澎湃
30542 胸臆
30543 羞于
30544 血栓
30545 循环系统
30546 遥相呼应
30547 遥想
30548 衣带
30549 依傍
30550 隐伏
30551 油船
30552 月全食
30553 张牙舞爪
30554 昭雪
30555 照准
30556 蛰伏
30557 整装待发
30558 政出多门
30559 中看
30560 诸葛
30561 诸公
30562 自作主张
30563 醉醺醺
30564 安全帽
30565 包抄
30566 保收
30567 报警器
30568 倍数
30569 比邻
30570 采购员
30571 苍山
30572 茶农
30573 车组
30574 赤红
30575 传布
30576 垂青
30577 唇膏
30578 磁体
30579 村舍
30580 达观
30581 大牙
30582 当权派
30583 电焊
30584 洞子
30585 独辟蹊径
30586 独生子
30587 端口
30588 放枪
30589 风吹草动
30590 风笛
30591 风琴
30592 风势
30593 甘霖
30594 甘油
30595 一文不值
30596 各尽所能
30597 各有千秋
30598 根须
30599 合编
30600 和盘托出

30601 和棋
30602 红土
30603 滑溜
30604 黄鱼
30605 火龙
30606 加码
30607 见笑
30608 渐变
30609 僵尸
30610 浇注
30611 禁赌
30612 惊涛
30613 锯齿
30614 绝收
30615 抗菌素
30616 浪涛
30617 冷库
30618 利己主义
30619 乱蓬蓬
30620 骂娘
30621 没门儿
30622 男女关系
30623 平复
30624 欺行霸市
30625 抢白
30626 亲耳
30627 雀跃
30628 确证
30629 群起
30630 染指
30631 人身保险
30632 人行横道
30633 肉质
30634 入情入理
30635 散文诗
30636 诗话
30637 侍弄
30638 顺当
30639 耸人听闻
30640 抬杠
30641 提纯
30642 天南海北
30643 万全
30644 献殷勤
30645 相让
30646 消炎
30647 小型张
30648 鞋匠
30649 心寒
30650 虚设
30651 循规蹈矩
30652 雅座
30653 一言为定
30654 衣箱
30655 夷为平地
30656 银币
30657 鱼缸
30658 鱼米之乡
30659 远房
30660 越野赛
30661 云量
30662 再不然
30663 渣滓
30664 瞻前顾后
30665 征稿
30666 整饬
30667 植根
30668 忠魂
30669 主使
30670 主诉
30671 自助餐
30672 罪大恶极
30673 佰
30674 颁行
30675 报功
30676 笔头儿
30677 遍体鳞伤
30678 辩白
30679 补考
30680 补品
30681 长啸
30682 超薄
30683 臭名
30684 出尔反尔
30685 粗浅
30686 大年三十
30687 单列
30688 倒头
30689 点数
30690 斗嘴
30691 断代
30692 多时
30693 发胖
30694 法老
30695 拂袖
30696 负疚
30697 敢问
30698 感怀
30699 公法
30700 行家里手
30701 号啕
30702 核磁共振
30703 黑哨
30704 昏花
30705 混日子
30706 积习
30707 急骤
30708 急转直下
30709 夹板
30710 肩背
30711 肩胛
30712 剑拔弩张
30713 紧箍咒
30714 紧锁
30715 禁绝
30716 经管
30717 经验主义
30718 警风
30719 酒窝
30720 举债
30721 口风
30722 枯水期
30723 礼赞
30724 理工科
30725 连体
30726 脸盘儿
30727 落落大方
30728 满目疮痍
30729 明处
30730 摩托艇
30731 脑神经
30732 谱儿
30733 旗开得胜
30734 启运
30735 千钧一发
30736 牵牛花
30737 人浮于事
30738 忍让
30739 射电望远镜
30740 殷红
30741 生辰
30742 食言
30743 市侩
30744 瘦子
30745 双轨
30746 丝织
30747 碎裂
30748 踏访
30749 踏青
30750 太平间
30751 题诗
30752 甜味儿
30753 跳绳
30754 铁杆
30755 铜墙铁壁
30756 涂炭
30757 土族
30758 无着
30759 脑残
30760 下联
30761 弦子
30762 销赃
30763 信任感
30764 行乐
30765 雄关
30766 养路费
30767 腰椎
30768 摇滚乐
30769 遥遥无期
30770 以理服人
30771 阴沟
30772 英气
30773 应召
30774 忧思
30775 悠然自得
30776 幼女
30777 在所不惜
30778 赠品
30779 展露
30780 展室
30781 镇痛
30782 征讨
30783 智囊团
30784 自伤
30785 坐堂
30786 爱神
30787 安分守己
30788 绑匪
30789 保证书
30790 鄙薄
30791 铲子
30792 扯谎
30793 沉渣
30794 成对
30795 乘便
30796 传讯
30797 春游
30798 从医
30799 寸草不生
30800 鞑靼
30801 打从
30802 大雅之堂
30803 旦角儿
30804 低能
30805 荻
30806 夺路
30807 恶行
30808 犯病
30809 饭桶
30810 奋起直追
30811 入土为安
30812 风湿病
30813 梗塞
30814 工业国
30815 公敌
30816 公物
30817 功亏一篑
30818 挂失
30819 归档
30820 归天
30821 诡谲
30822 横冲直撞
30823 后影
30824 囫囵
30825 互让
30826 汇款单
30827 火冒三丈
30828 基座
30829 甲等
30830 钾盐

30831 奸人
30832 坚忍
30833 兼收并蓄
30834 降压
30835 浸染
30836 旧物
30837 均值
30838 峻岭
30839 克己
30840 困窘
30841 癞蛤蟆
30842 老酒
30843 利欲熏心
30844 连缀
30845 淋（lìn）
30846 骂骂咧咧
30847 冒尖
30848 美男子
30849 奶茶
30850 年表
30851 排版
30852 排骨
30853 聘用制
30854 平行线
30855 叵测
30856 千奇百怪
30857 圈地
30858 人欲
30859 如获至宝
30860 入神
30861 塞北
30862 沙暴
30863 闪光灯
30864 生离死别
30865 失魂落魄
30866 食量
30867 手淫
30868 叔伯
30869 双人床
30870 水军
30871 顺乎
30872 送终
30873 提亲
30874 托福
30875 外海
30876 违宪
30877 文才
30878 西文
30879 洗牌
30880 香槟
30881 心细
30882 星星之火
30883 行包
30884 幸运儿
30885 旭日
30886 迅捷
30887 哑剧
30888 言外之意
30889 研习
30890 耀武扬威
30891 遗恨
30892 连根拔起
30893 疑义
30894 预演
30895 乐谱
30896 云游
30897 曾孙
30898 站牌
30899 职高
30900 致密
30901 主人家
30902 柱石
30903 转圜
30904 走穴
30905 组织性
30906 钻空子
30907 阿拉伯语
30908 被刺
30909 避雨
30910 冰凌
30911 不可同日而语
30912 布雷
30913 布展
30914 簿子
30915 侧门
30916 偿命
30917 承包制
30918 吃素
30919 斗志昂扬
30920 重审
30921 初赛
30922 大班
30923 做派
30924 大义凛然
30925 倒毙
30926 等号
30927 匪夷所思
30928 风景如画
30929 缝补
30930 俯伏
30931 盖世
30932 高不可攀
30933 胳膊肘儿
30934 古风
30935 观瞻
30936 鬼门关
30937 喊话
30938 红眼
30939 祸患
30940 饥寒交迫
30941 鸡笼
30942 集市贸易
30943 荠菜
30944 简史
30945 进口额
30946 旧制
30947 绝句
30948 课件
30949 空巢
30950 空当
30951 劳碌
30952 老实巴交
30953 磊落
30954 两全其美
30955 领办
30956 琉璃瓦
30957 茅坑
30958 谜语
30959 谋面
30960 排卵
30961 碰杯
30962 匹夫
30963 偏好
30964 贫民窟
30965 破落
30966 亲子
30967 轻纱
30968 清朗
30969 煽惑
30970 上班族
30971 上首
30972 神智
30973 生殖器
30974 师表
30975 食油
30976 说到做到
30977 死不瞑目
30978 冤枉路
30979 汤圆
30980 条凳
30981 童趣
30982 瓦片
30983 网开一面
30984 纹路
30985 无可比拟
30986 洗劫
30987 虾米
30988 骁将
30989 消夏
30990 小引
30991 邪路
30992 信不过
30993 行得通
30994 胸罩
30995 雪人
30996 烟鬼
30997 盐分
30998 掩蔽
30999 一钱不值
31000 操作系统
31001 淫荡
31002 诱敌
31003 与人为善
31004 展播
31005 贞节
31006 中空
31007 煮沸
31008 半死不活
31009 半圆形
31010 保外就医
31011 暴君
31012 卑贱
31013 宾语
31014 茶会
31015 差旅费
31016 常绿
31017 超量
31018 聪颖
31019 粗粮
31020 打圆场
31021 大嫂子
31022 道听途说
31023 稻种
31024 定式
31025 动手动脚
31026 度数
31027 婀娜多姿
31028 方凳
31029 费尽心机
31030 风雨飘摇
31031 佛爷
31032 复转
31033 岗哨
31034 搞笑
31035 过奖
31036 荷枪实弹
31037 黑云
31038 恒久
31039 胡言乱语
31040 花名册
31041 火山口
31042 夹层
31043 家丑
31044 交通警察
31045 谨严
31046 军力
31047 刊行
31048 空姐
31049 老辈
31050 雷霆
31051 留成
31052 六指
31053 满满当当
31054 灭火器
31055 名山大川
31056 明哲保身
31057 莫衷一是
31058 嫩芽
31059 涅槃

31060 拍胸脯
31061 排雷
31062 纰漏
31063 毗连
31064 譬喻
31065 七绝
31066 气态
31067 青云
31068 情场
31069 取保候审
31070 日志
31071 绒布
31072 容光焕发
31073 如花似玉
31074 山岩
31075 上劲
31076 受雇
31077 受累（shòulèi）
31078 聘期
31079 顺道
31080 私奔
31081 松涛
31082 随机应变
31083 踏雪
31084 恬淡
31085 通好
31086 痛饮
31087 万水千山
31088 伪善
31089 无恶不作
31090 无坚不摧
31091 销魂
31092 小便宜
31093 小题大做
31094 行刺
31095 嘘寒问暖
31096 学生证
31097 雅号
31098 一览
31099 一盘散沙
31100 疑犯
31101 垃圾股
31102 用料
31103 油菜花
31104 油松
31105 游乐园
31106 有份
31107 乐手
31108 跃然纸上
31109 昭著
31110 重磅
31111 重剑
31112 骤起
31113 转卖
31114 撰稿人
31115 追悔
31116 暴怒
31117 暴政
31118 鼻头
31119 不可理喻
31120 草屋
31121 炊事
31122 大粪
31123 单杠
31124 点染
31125 毒辣
31126 煅
31127 对过
31128 多虑
31129 反锁
31130 放疗
31131 肥美
31132 分科
31133 丰润
31134 风吹雨打
31135 概括性
31136 矸石
31137 钢盔
31138 攻守
31139 怪兽
31140 函件
31141 嗥
31142 坏东西
31143 换钱
31144 换药
31145 荒岛
31146 黄鳝
31147 昏昏欲睡
31148 吉日
31149 纪念塔
31150 奸诈
31151 见分晓
31152 见外
31153 讲评
31154 将官
31155 金枪鱼
31156 据守
31157 君主立宪
31158 抗干扰
31159 空白点
31160 扣发
31161 窥伺
31162 劳顿
31163 老花镜
31164 礼宾
31165 两码事
31166 另起炉灶
31167 蚂蚱
31168 密友
31169 妙不可言
31170 茉莉
31171 莫不是
31172 耐热
31173 匿名信
31174 皮夹克
31175 品茶
31176 平直
31177 婆母
31178 乞怜
31179 浅色
31180 欠条
31181 秦俑
31182 寝食
31183 轻捷
31184 三月三
31185 上套
31186 食性
31187 手谕
31188 首恶
31189 琐屑
31190 贪恋
31191 弹压
31192 天穹
31193 天文馆
31194 天真无邪
31195 调笑
31196 外传（wàichuán）
31197 铁血
31198 同党
31199 土葬
31200 西学
31201 下坠
31202 嫌恶
31203 显要
31204 香椿
31205 休憩
31206 噱头
31207 血小板
31208 要犯
31209 一概而论
31210 怡然
31211 意下
31212 因袭
31213 映射
31214 有板有眼
31215 有心
31216 渔网
31217 舆情
31218 骤降
31219 住校
31220 子嗣
31221 足智多谋
31222 按理
31223 并吞
31224 不欢而散
31225 草食
31226 春蚕
31227 大动作
31228 大气磅礴
31229 大肉
31230 灯谜
31231 电子垃圾
31232 断奶
31233 房山
31234 丰盈
31235 讣告
31236 复读
31237 改朝换代
31238 高精尖
31239 滚圆
31240 海疆
31241 海军航空兵
31242 湖心
31243 互谅
31244 护兵
31245 欢娱
31246 还愿
31247 荒淫
31248 晃悠
31249 回暖
31250 火情
31251 货品
31252 济事
31253 剪贴
31254 毽子
31255 解密
31256 筋疲力尽
31257 进账
31258 精瘦
31259 拒付
31260 绝对真理
31261 可卡因
31262 狂吠
31263 狂呼
31264 来劲
31265 冷凝
31266 烈属
31267 猎取
31268 临门
31269 零落
31270 龙船
31271 卖唱
31272 慢腾腾
31273 没底
31274 煤炉
31275 霉烂
31276 木头人儿
31277 内廷
31278 拟议
31279 女角
31280 翩然
31281 铺陈
31282 杞人忧天
31283 倩影
31284 墙脚
31285 怯生
31286 蜷曲
31287 犬吠

31288 群像
31289 嚷叫
31290 热带风暴
31291 认账
31292 熔岩
31293 沙袋
31294 收编
31295 首季
31296 树杈
31297 庶民
31298 私盐
31299 逃散
31300 替身
31301 通读
31302 万难
31303 萎靡
31304 问安
31305 闲书
31306 虚汗
31307 癣
31308 一霎
31309 英亩
31310 永存
31311 云雀
31312 宰客
31313 在行
31314 招安
31315 真品
31316 正厅
31317 智取
31318 烛台
31319 主销
31320 追捧
31321 着墨
31322 自不待言
31323 自圆其说
31324 字据
31325 座次
31326 拜寿
31327 版式
31328 绑票
31329 包月
31330 本族
31331 兵舰
31332 不足为怪
31333 车程
31334 车体
31335 晨雾
31336 冲积
31337 出乱子
31338 传阅
31339 存档
31340 大襟
31341 丹心
31342 佃农
31343 丢面子
31344 多此一举
31345 恶棍
31346 发紧
31347 反复无常
31348 放风
31349 费钱
31350 扶正
31351 复位
31352 复杂劳动
31353 隔音
31354 故去
31355 寡母
31356 国标
31357 罕有
31358 耗材
31359 合家
31360 黑痣
31361 横眉
31362 化整为零
31363 环岛
31364 恍如
31365 回潮
31366 昏庸
31367 集锦
31368 辑录
31369 记功
31370 纪念封
31371 检视
31372 交汇点
31373 浇铸
31374 节支
31375 紧随
31376 举手投足
31377 聚光灯
31378 砍刀
31379 空战
31380 猎手
31381 领班
31382 留驻
31383 马到成功
31384 毛毛虫
31385 没影儿
31386 煤渣
31387 梦呓
31388 名节
31389 墓道
31390 墓志
31391 盘根错节
31392 匹敌
31393 品类
31394 平抑
31395 起早贪黑
31396 铅字
31397 纤夫
31398 球鞋
31399 曲剧
31400 惹不起
31401 三教九流
31402 山火
31403 深谋远虑
31404 尸骸
31405 势不两立
31406 四边
31407 调养
31408 微调
31409 文山会海
31410 问心无愧
31411 晤谈
31412 戏班
31413 瞎话
31414 下辈子
31415 先兆
31416 县太爷
31417 相类
31418 想头
31419 笑脸相迎
31420 效尤
31421 斜视
31422 锈迹
31423 续集
31424 蓄谋
31425 严以律己
31426 腰酸
31427 夜宿
31428 旖旎
31429 隐讳
31430 尤物
31431 有零
31432 酉
31433 针剂
31434 专署
31435 追根
31436 真率
31437 自绝
31438 综合征
31439 左倾
31440 版税
31441 保本
31442 编审
31443 编钟
31444 便服
31445 别号
31446 病状
31447 不出所料
31448 不爽
31449 步履维艰
31450 沧海桑田
31451 草鱼
31452 侧影
31453 闪存
31454 恻隐
31455 差役
31456 成趣
31457 春种
31458 打坐
31459 大操大办
31460 大大咧咧
31461 单刀直入
31462 当政
31463 登临
31464 低产
31465 低声下气
31466 电容
31467 凋敝
31468 订正
31469 冬闲
31470 豆油
31471 发威
31472 发晕
31473 俯仰
31474 高低杠
31475 供桌
31476 姑娘家
31477 官阶
31478 管弦乐
31479 光圈
31480 过关斩将
31481 合同工
31482 黑纱
31483 红烧肉
31484 画布
31485 昏乱
31486 活用
31487 急病
31488 疾驶
31489 加温
31490 奖罚
31491 胶布
31492 居丧
31493 开闸
31494 可憎
31495 苦役
31496 来由
31497 利他
31498 路数
31499 掠影
31500 落花流水
31501 梦游
31502 膜拜
31503 难为
31504 内蕴
31505 能歌善舞
31506 呢喃
31507 你追我赶
31508 逆反
31509 扭捏
31510 女宾
31511 女流
31512 漂白
31513 品名
31514 轻音乐
31515 清谈
31516 秋高气爽
31517 求治

31518 取闹
31519 劝酒
31520 人寰
31521 人情世故
31522 飒飒
31523 水彩
31524 蓑衣
31525 天南地北
31526 通风报信
31527 同屋
31528 铜镜
31529 童养媳
31530 头盖骨
31531 突现
31532 退潮
31533 挽歌
31534 唯唯诺诺
31535 物业管理
31536 遐思
31537 消受
31538 消停
31539 销货
31540 小腹
31541 兴师动众
31542 雄蕊
31543 轩昂
31544 血泡
31545 迅疾
31546 烟灰缸
31547 腌制
31548 沿边儿
31549 砚台
31550 养性
31551 一刀两断
31552 一言难尽
31553 噫
31554 迤逦
31555 益发
31556 阴阳先生
31557 硬撑
31558 油渍
31559 幼童
31560 欲火
31561 再娶
31562 榨油
31563 张狂
31564 正儿八经
31565 直系亲属
31566 只消
31567 指名
31568 中间人
31569 骤雨
31570 扮相
31571 暴跳
31572 爆炸性
31573 冰窖
31574 查缴
31575 碴儿
31576 抽水马桶
31577 初版
31578 闯关
31579 大包大揽
31580 党团员
31581 点拨
31582 电视塔
31583 顶礼膜拜
31584 独揽
31585 短片
31586 短语
31587 对得住
31588 多年生
31589 饭量
31590 干裂
31591 刚烈
31592 高论
31593 歌迷
31594 恭迎
31595 古雅
31596 古猿
31597 谷类
31598 归真
31599 国际儿童节
31600 过得硬
31601 含苞
31602 红白喜事
31603 话茬儿
31604 黄羊
31605 火药味
31606 挤兑
31607 计算机病毒
31608 叫门
31609 尽人皆知
31610 竞买
31611 久负盛名
31612 口若悬河
31613 乐天
31614 历久
31615 猎狗
31616 零度
31617 零头
31618 马刺
31619 盲文
31620 泌尿
31621 密约
31622 脑瘫
31623 脑血栓
31624 霓虹
31625 碾盘
31626 浓绿
31627 扒手
31628 泡桐
31629 皮层
31630 拼接
31631 品级
31632 骑射
31633 气话
31634 晴好
31635 球衣
31636 趣闻
31637 仁兄
31638 荣登
31639 入队
31640 三心二意
31641 沙雕
31642 石印
31643 食料
31644 事不宜迟
31645 寿衣
31646 暑气
31647 水禽
31648 水头
31649 水鸭
31650 速效
31651 损益
31652 天长日久
31653 同仇敌忾
31654 童装
31655 偷漏
31656 突显
31657 拖沓
31658 脱俗
31659 唾骂
31660 瓦盆
31661 外族
31662 为非作歹
31663 问询
31664 下半夜
31665 贤妻良母
31666 贤人
31667 消灾
31668 小数
31669 小天地
31670 心曲
31671 选段
31672 学步
31673 咽气
31674 咬文嚼字
31675 银根
31676 影碟
31677 影碟机
31678 游园会
31679 玉米面
31680 云团
31681 运能
31682 早逝
31683 张口结舌
31684 整备
31685 支局
31686 职校
31687 踯躅
31688 至爱
31689 重载
31690 追述
31691 坠地
31692 紫藤
31693 自产
31694 自作聪明
31695 组员
31696 摆架子
31697 班会
31698 包围圈
31699 闭关自守
31700 避重就轻
31701 编织袋
31702 标点符号
31703 城壕
31704 冲顶
31705 船工
31706 捶打
31707 淳厚
31708 顶用
31709 定岗
31710 笃信
31711 对打
31712 烦乱
31713 反唇相讥
31714 反潜
31715 分拣
31716 分税制
31717 峰值
31718 佛堂
31719 感激涕零
31720 各显神通
31721 孤傲
31722 孤立无援
31723 观光农业
31724 光焰
31725 过虑
31726 海难
31727 航速
31728 护路
31729 欢歌笑语
31730 缓急
31731 教具
31732 戒律
31733 进价
31734 惊世骇俗
31735 精练
31736 开怀大笑
31737 扩音器
31738 拉拉扯扯
31739 懒汉
31740 理亏
31741 猎捕
31742 露一手
31743 绿茵场
31744 乱来
31745 麻油
31746 脉动
31747 蟒蛇

31748 迷你
31749 盘古
31750 判若两人
31751 膨大
31752 姘头
31753 樵夫
31754 青纱帐
31755 轻举妄动
31756 乳腺
31757 姗姗
31758 商战
31759 身强力壮
31760 渗水
31761 市情
31762 嗜酒
31763 搜身
31764 俗套
31765 探照灯
31766 堂倌
31767 特例
31768 提篮
31769 天分
31770 天旱
31771 调谐
31772 铁饼
31773 铁水
31774 偷生
31775 头筹
31776 透析
31777 屠户
31778 为限
31779 为国捐躯
31780 无所不包
31781 稀世
31782 显贵
31783 香花
31784 丰胸
31785 小聪明
31786 选贤
31787 寻呼机
31788 驯鹿
31789 言不由衷
31790 演算
31791 洋娃娃
31792 夜猫子
31793 移情
31794 以逸待劳
31795 异体
31796 译著
31797 银两
31798 硬汉
31799 油布
31800 云烟
31801 占领军
31802 找钱
31803 震响
31804 知人善任
31805 滞洪
31806 中长跑
31807 种植园
31808 专集
31809 转述
31810 撰稿
31811 自然力
31812 安适
31813 败局
31814 帮闲
31815 宾朋
31816 薄暮
31817 彩民
31818 茶场
31819 长吁短叹
31820 趁热打铁
31821 澄澈
31822 嗤之以鼻
31823 驰援
31824 打柴
31825 大黄鱼
31826 弹丸
31827 登峰造极
31828 帝王将相
31829 半工半读
31830 二锅头
31831 纺车
31832 公事公办
31833 孤儿院
31834 行规
31835 豪绅
31836 合抱
31837 黑漆漆
31838 后心
31839 呼风唤雨
31840 花红
31841 讳莫如深
31842 惑众
31843 坚贞
31844 捡拾
31845 剑客
31846 健步
31847 僵直
31848 交割
31849 胶体
31850 解难（jiěnán）
31851 借条
31852 惧色
31853 朗声
31854 力挽狂澜
31855 立春
31856 满山遍野
31857 秘史
31858 女式
31859 蟠龙
31860 滂沱
31861 抛掷
31862 蒲团
31863 强加于人
31864 倾慕
31865 情有可原
31866 儒生
31867 若何
31868 撒野
31869 塞车
31870 三足鼎立
31871 赏脸
31872 生事
31873 失窃
31874 试管婴儿
31875 收礼
31876 宿将
31877 堂弟
31878 糖类
31879 逃匿
31880 体悟
31881 田产
31882 洗白
31883 铁环
31884 铁证
31885 通顺
31886 弯道
31887 无干
31888 午时
31889 细毛
31890 象牙塔
31891 新长征
31892 须发
31893 悬案
31894 血债
31895 严惩不贷
31896 一语道破
31897 以身殉职
31898 呓语
31899 荫凉
31900 优育
31901 油滑
31902 油盐酱醋
31903 拍档
31904 鱿鱼
31905 游轮
31906 与世长辞
31907 浴巾
31908 晕头转向
31909 眨眼间
31910 着（zháo）
31911 折子戏
31912 至深
31913 智囊
31914 众怒
31915 注音
31916 字音
31917 足印
31918 嘴皮子
31919 爱面子
31920 扒拉（bāla）
31921 百合花
31922 表面积
31923 博物
31924 参赌
31925 草纸
31926 茶色
31927 称量
31928 呈请
31929 城府
31930 充任
31931 打哆嗦
31932 道地
31933 低息
31934 地沟
31935 地矿
31936 弟媳
31937 东周
31938 毒枭
31939 藩篱
31940 防腐剂
31941 绯闻
31942 分路
31943 风铃
31944 风湿
31945 妇孺
31946 高跷
31947 故旧
31948 官商
31949 光荣感
31950 含冤
31951 航次
31952 花天酒地
31953 会客
31954 饥肠辘辘
31955 急电
31956 加薪
31957 九霄云外
31958 举目无亲
31959 俊杰
31960 看守内阁
31961 克敌制胜
31962 口服液
31963 老表
31964 老黄牛
31965 雷打不动
31966 礼法
31967 砾石
31968 淋巴结
31969 留级
31970 宁日
31971 怕羞
31972 排他性
31973 赔礼
31974 碰钉子
31975 千里眼

31976 前车之鉴
31977 屈指
31978 如许
31979 入时
31980 塞上
31981 沙门
31982 山崩
31983 收容所
31984 瘦身
31985 熟稔
31986 打滚
31987 耍弄
31988 厮打
31989 覃
31990 探家
31991 停水
31992 退赔
31993 脱手
31994 外用
31995 王冠
31996 违令
31997 围堵
31998 苇子
31999 无所不能
32000 下毒手
32001 凶悍
32002 休戚相关
32003 雅士
32004 阳奉阴违
32005 洋气
32006 洋洋得意
32007 要案
32008 野果
32009 夜莺
32010 以致于
32011 引吭高歌
32012 影人
32013 邮包
32014 又红又专
32015 月票
32016 陨落
32017 运输线
32018 尾款
32019 杂碎
32020 造孽
32021 增温
32022 铡刀
32023 争奇斗艳
32024 证明书
32025 竹筒
32026 抓药
32027 专指
32028 子虚乌有
32029 仔猪
32030 自决权
32031 自在
（zìzài）
32032 总工
32033 走下坡路
32034 祖师
32035 爱莫能助
32036 傲视
32037 不治之症
32038 超凡
32039 超支
32040 赤脚医生
32041 锄草
32042 椿树
32043 唇齿
32044 摸透
32045 刺目
32046 粗心大意
32047 达官贵人
32048 打斗
32049 打炮
32050 大白
32051 大个儿
32052 大忌
32053 大农业
32054 荡涤
32055 调兵遣将
32056 调阅
32057 兜圈子
32058 独轮车
32059 方家
32060 飞车
32061 飞瀑
32062 肥皂泡
32063 分身
32064 甘蓝
32065 股息
32066 挂起来
32067 诡辩
32068 国父
32069 海船
32070 焊工
32071 薅
32072 毫毛
32073 和平鸽
32074 后肢
32075 话本
32076 晦暗
32077 级数
32078 监听
32079 疆土
32080 交差
32081 今世
32082 尽显
32083 酒鬼
32084 可资
32085 立碑
32086 菱角
32087 猛醒
32088 妙法
32089 名位
32090 呼朋唤友
32091 明理
32092 末后
32093 难解难分
32094 闹哄哄
32095 年谱
32096 怒斥
32097 实体店
32098 女眷
32099 暖洋洋
32100 拍戏
32101 赔笑
32102 披荆斩棘
32103 泼洒
32104 七律
32105 弃置
32106 亲族
32107 情致
32108 惹事
32109 热播
32110 肉欲
32111 如醉如痴
32112 婶儿
32113 守成
32114 售汇
32115 双面
32116 顺藤摸瓜
32117 塔楼
32118 塘坝
32119 美眉
32120 听诊器
32121 停赛
32122 外敌
32123 外侮
32124 网兜
32125 稀烂
32126 稀粥
32127 下种
32128 先遣队
32129 闲心
32130 相濡以沫
32131 消弭
32132 校规
32133 杏子
32134 雄健
32135 循声
32136 训诂
32137 崖壁
32138 要人
32139 野牛
32140 一元化
32141 颐指气使
32142 咏叹调
32143 约同
32144 咂嘴
32145 责权利
32146 斋月
32147 支气管炎
32148 众望所归
32149 猪舍
32150 尊卑
32151 罢市
32152 保甲
32153 保准
32154 北汉
32155 比翼
32156 病源
32157 薄命
32158 不吝
32159 糙
32160 插画
32161 茬子
32162 吵吵嚷嚷
32163 城垣
32164 吃粮
32165 出家人
32166 错开
32167 打靶
32168 打劫
32169 倒车
（dàochē）
32170 悼词
32171 底座
32172 电灯泡
32173 仿造
32174 飞旋
32175 匪军
32176 肺泡
32177 分野
32178 风花雪月
32179 逢场作戏
32180 辅料
32181 复函
32182 刚劲
32183 钢刀
32184 共济
32185 供认不讳
32186 古刹
32187 咣当
32188 汉白玉
32189 何须
32190 核战争
32191 熟女
32192 回环
32193 悔罪
32194 济贫
32195 奸污
32196 降格
32197 精到
32198 警戒水位
32199 决然
32200 绝唱
32201 爵士乐
32202 军职
32203 溃退

32204 雷池
32205 类人猿
32206 冷嘲热讽
32207 楼台
32208 美轮美奂
32209 米老鼠
32210 默默无言
32211 内省
32212 内宅
32213 牛皮纸
32214 农膜
32215 女强人
32216 磐石
32217 披红
32218 清雅
32219 求全责备
32220 瘸子
32221 僧尼
32222 赏玩
32223 寿终正寝
32224 疏密
32225 水印
32226 私心杂念
32227 松绑
32228 踏勘
32229 贪心
32230 堂叔
32231 投河
32232 土崩瓦解
32233 土豪劣绅
32234 脱氧核糖核酸
32235 万花筒
32236 万马奔腾
32237 卫戍区
32238 五岳
32239 西晋
32240 细菌战
32241 相碰
32242 小气候
32243 小指
32244 笑颜
32245 卸车
32246 心志
32247 血肉相连
32248 巡防
32249 言和
32250 夜游
32251 一锤定音
32252 疑案
32253 宇宙观
32254 雨带
32255 月均
32256 孕期
32257 藏历
32258 战例
32259 招摇过市
32260 折中
32261 征伐
32262 壮乡
32263 自来水笔
32264 恣肆
32265 白纸黑字
32266 般配
32267 包罗万象
32268 保藏
32269 奔袭
32270 鼻翼
32271 兵书
32272 参观团
32273 插口
32274 成家立业
32275 吃拿卡要
32276 粗重
32277 存续
32278 大出血
32279 大喜过望
32280 当红
32281 倒腾
32282 点明
32283 调配（diàopèi）
32284 多动症
32285 发自肺腑
32286 抚今追昔
32287 府第
32288 高矮
32289 高高低低
32290 歌功颂德
32291 恭听
32292 鼓捣
32293 拐棍ル
32294 归罪于
32295 闺房
32296 行会
32297 滑梯
32298 婚嫁
32299 样张
32300 机油
32301 疾步
32302 济世
32303 艰深
32304 见仁见智
32305 箭步
32306 交通线
32307 脚本
32308 校样
32309 教工
32310 洁身自好
32311 结拜
32312 惊悉
32313 精确度
32314 卷发
32315 军地
32316 军烈属
32317 犒赏
32318 空城计
32319 空降兵
32320 连珠炮
32321 漫谈
32322 眉清目秀
32323 眉心
32324 米色
32325 密报
32326 民气
32327 呐喊助威
32328 脑浆
32329 浓妆
32330 弄巧成拙
32331 蟠桃
32332 频段
32333 岂料
32334 起泡
32335 前襟
32336 请托
32337 穷追不舍
32338 屈死
32339 瘸腿
32340 任人唯亲
32341 乳名
32342 乳罩
32343 扫毒
32344 墒情
32345 胜算
32346 识大体
32347 手推车
32348 首义
32349 水闸
32350 私货
32351 似懂非懂
32352 松枝
32353 速生
32354 探头探脑
32355 同学会
32356 投宿
32357 拓荒
32358 万里长征
32359 万有引力
32360 猥琐
32361 物价指数
32362 西洋画
32363 喜上眉梢
32364 效死
32365 休学
32366 修道
32367 牙科
32368 言听计从
32369 眼波
32370 一般见识
32371 迎来送往
32372 应景
32373 硬邦邦
32374 油区
32375 幼教
32376 余光
32377 与生俱来
32378 造物主
32379 责罚
32380 渣子
32381 遮天蔽日
32382 阵子
32383 直译
32384 指令性计划
32385 皱巴巴
32386 竹椅
32387 追堵
32388 追剿
32389 准将
32390 捉迷藏
32391 孜孜
32392 走漏
32393 醉汉
32394 作词
32395 剥蚀
32396 补药
32397 惨然
32398 插足
32399 炒面
32400 陈迹
32401 吃大锅饭
32402 重播
32403 出题
32404 出线权
32405 次官
32406 从优
32407 从众
32408 打问
32409 大幸
32410 丹田
32411 道岔
32412 东拉西扯
32413 嘟噜
32414 对襟
32415 多发病
32416 恩典
32417 反向
32418 放晴
32419 丰沛
32420 风马牛不相及
32421 浮萍
32422 附设
32423 感同身受
32424 干将
32425 更衣室
32426 鼓手
32427 故园
32428 瓜皮
32429 过继
32430 哈尼族

32431 好人主义
32432 合十
32433 红松
32434 鸿雁
32435 户口本
32436 护驾
32437 怀胎
32438 环状
32439 毁于一旦
32440 火鸡
32441 火炬计划
32442 剂型
32443 痂
32444 阴历年
32445 时蔬
32446 家财
32447 甲胄
32448 愤青
32449 假惺惺
32450 健美操
32451 交流电
32452 郊野
32453 叫法
32454 解手
32455 禁赛
32456 惊魂
32457 决堤
32458 抗辩
32459 恳谈
32460 空中楼阁
32461 困乏
32462 蓝宝石
32463 猎奇
32464 临刑
32465 旅游鞋
32466 逻辑性
32467 谋士
32468 木讷
32469 凝练
32470 妞妞
32471 女相
32472 暖瓶
32473 棚户区
32474 平手
32475 网警
32476 潜水艇
32477 切盼
32478 轻风
32479 囚车
32480 驱动器
32481 全称
32482 入木三分
32483 润色
32484 杉树
32485 删节
32486 神权
32487 生菜
32488 石级
32489 视界
32490 受敌
32491 水槽
32492 水雷
32493 说得上
32494 素食
32495 损人利己
32496 天堑
32497 庭园
32498 通身
32499 通邮
32500 图存
32501 外患
32502 晚婚
32503 婉拒
32504 文史馆
32505 蚊蝇
32506 无人过问
32507 闲扯
32508 小吃店
32509 协约
32510 馨香
32511 选本
32512 讯号
32513 亚非拉
32514 眼病
32515 氧吧
32516 八九不离十
32517 一知半解
32518 遗骨
32519 艺苑
32520 庸人
32521 慵懒
32522 雨雾
32523 预支
32524 乐师
32525 增容
32526 战祸
32527 长幼
32528 支边
32529 住持
32530 锥子
32531 姿容
32532 尊师重教
32533 半百
32534 饱经沧桑
32535 碧玉
32536 避孕套
32537 兵役法
32538 不确
32539 财宝
32540 彩车
32541 册子
32542 茶道
32543 查考
32544 沉落
32545 称誉
32546 惩前毖后
32547 重阳节
32548 触景生情
32549 传家
32550 大饱眼福
32551 大师傅
32552 当世
32553 碘盐
32554 叮咬
32555 斗艳
32556 肚脐
32557 法权
32558 发菜
32559 房梁
32560 飞报
32561 肺活量
32562 沸水
32563 蜂起
32564 复活节
32565 干儿子
32566 赶时髦
32567 岗楼
32568 勾通
32569 归心
32570 过街老鼠
32571 坐台
32572 哈密瓜
32573 合群
32574 核废料
32575 互通有无
32576 缓建
32577 荒僻
32578 回师
32579 价值连城
32580 脚心
32581 搅扰
32582 结伙
32583 结扎
32584 精当
32585 精装
32586 精壮
32587 考卷
32588 可气
32589 裤腰带
32590 拉手（lāshou）
32591 老茧
32592 离境
32593 两利
32594 僚属
32595 凌迟
32596 碌碌
32597 旅费
32598 轮班
32599 民愤
32600 鸣不平
32601 魔爪
32602 耐旱
32603 鸟雀
32604 女校
32605 叛党
32606 刨根问底
32607 佩刀
32608 皮夹
32609 评传
32610 牵强
32611 巧夺天工
32612 青楼
32613 缺欠
32614 人画
32615 傻气
32616 上宾
32617 上回
32618 上议院
32619 慎之又慎
32620 失约
32621 势均力敌
32622 首映
32623 随想
32624 随员
32625 弹钢琴
32626 探悉
32627 条条框框
32628 挑大梁
32629 同流合污
32630 痛处
32631 外带
32632 妄加
32633 无稽之谈
32634 弦外之音
32635 小姨子
32636 新低
32637 虚脱
32638 许配
32639 殉葬
32640 烟丝
32641 阉人
32642 杨桃
32643 药铺
32644 夜生活
32645 一多半
32646 一言堂
32647 游民
32648 沾边
32649 沾光
32650 真相大白
32651 正大
32652 转椅
32653 自残
32654 走失
32655 暗礁
32656 霸市
32657 百家姓
32658 保险箱
32659 悲泣

32660 碧空
32661 煽
32662 不和
32663 布控
32664 餐室
32665 仓房
32666 草创
32667 测距
32668 场面上
32669 成性
32670 重译
32671 出价
32672 传情
32673 疮疤
32674 窗口行业
32675 唇舌
32676 大枣
32677 登攀
32678 底价
32679 地宫
32680 电磁场
32681 电石
32682 顶子
32683 懂行
32684 抖颤
32685 独领风骚
32686 多党制
32687 丰美
32688 风雷
32689 改弦更张
32690 爱侣
32691 干巴
32692 各有所长
32693 耿直
32694 挂心
32695 怪话
32696 鲑鱼
32697 滚轮
32698 好强
32699 和暖
32700 喝问
32701 黑瘦
32702 胡椒
32703 化为灰烬
32704 婚恋
32705 寄寓
32706 假面具
32707 减法
32708 见面礼
32709 介绍人
32710 举国
32711 抗药性
32712 裤兜
32713 宽宏大量
32714 拉客
32715 礼尚往来
32716 历练
32717 立传
32718 料峭
32719 临产
32720 零增长
32721 赛况
32722 骂街
32723 毛细管
32724 媒婆
32725 免试
32726 奶瓶
32727 脑门子
32728 内力
32729 内助
32730 逆风
32731 凝滞
32732 浓香
32733 炮手
32734 疲于奔命
32735 剽悍
32736 平视
32737 扑腾（pūtēng）
32738 凄婉
32739 气咻咻
32740 巧手
32741 青瓷
32742 蛆虫
32743 全民公决
32744 全责
32745 鹊起
32746 三角债
32747 擅权
32748 上口
32749 神枪手
32750 手相
32751 水发
32752 水葫芦
32753 水族馆
32754 说书
32755 算卦
32756 田径运动
32757 同病相怜
32758 同盟军
32759 投书
32760 枉死
32761 望尘莫及
32762 围追堵截
32763 伪证
32764 无名指
32765 犀牛
32766 狭路相逢
32767 宅女
32768 下星期
32769 线装书
32770 相形见绌
32771 宵禁
32772 小儿科
32773 心服
32774 星球大战
32775 续编
32776 炫目
32777 腌菜
32778 言过其实
32779 邀集
32780 药丸
32781 医书
32782 英豪
32783 英联邦
32784 迎亲
32785 硬座
32786 泳装
32787 渔夫
32788 玉雕
32789 涨水
32790 遮阳
32791 织锦
32792 织女
32793 至理
32794 种属
32795 朱漆
32796 醉眼
32797 桉树
32798 按键
32799 败兴
32800 爆发力
32801 本位主义
32802 边地
32803 边防站
32804 禀告
32805 不成话
32806 不得要领
32807 彩陶
32808 噌
32809 茶桌
32810 超凡脱俗
32811 瞅准
32812 垂落
32813 唇枪舌剑
32814 搭腔
32815 打紧
32816 大后方
32817 胆小鬼
32818 独生女
32819 对攻
32820 对局
32821 放浪
32822 放赈
32823 飞黄腾达
32824 肥硕
32825 丰饶
32826 浮尘
32827 官宦
32828 行市
32829 好一阵
32830 黑钱
32831 横批
32832 东奔西跑
32833 话柄
32834 换班
32835 黄蜂
32836 挥汗
32837 佳品
32838 假托
32839 肩章
32840 见缝插针
32841 脚后跟
32842 借题发挥
32843 经脉
32844 惊悸
32845 酒兴
32846 旧友
32847 就地取材
32848 空阔
32849 旷工
32850 缆绳
32851 冷寂
32852 立体感
32853 流脑
32854 流散
32855 龙袍
32856 轮奸
32857 门市
32858 蒙混过关
32859 奶头
32860 男式
32861 恼恨
32862 逆来顺受
32863 镊子
32864 泡汤
32865 配药
32866 皮匠
32867 铺展
32868 其貌不扬
32869 青丝
32870 情敌
32871 求胜
32872 饶命
32873 如泣如诉
32874 上机
32875 上联
32876 生趣
32877 诗刊
32878 石油气
32879 收租
32880 手袋
32881 受困
32882 受孕
32883 司仪
32884 丝瓜
32885 死灰
32886 松口
32887 同路人
32888 偷拍

32889 涂鸦
32890 颓败
32891 歪门邪道
32892 外派
32893 委以
32894 瘟神
32895 无底洞
32896 无可争辩
32897 下马威
32898 小白菜
32899 小号
32900 叙谈
32901 训示
32902 要旨
32903 一日千里
32904 音律
32905 应考
32906 油彩
32907 油箱
32908 诱杀
32909 羽坛
32910 载运
32911 藏胞
32912 炸裂
32913 债台高筑
32914 战无不胜
32915 鹧鸪
32916 纸板
32917 指正
32918 状子
32919 尊容
32920 暗红
32921 白虎
32922 保险单
32923 保育
32924 笔筒
32925 边防线
32926 边塞
32927 标号
32928 博导
32929 猜度
32930 菜市
32931 餐巾纸
32932 惨笑
32933 成林
32934 承蒙
32935 赤胆忠心
32936 敕书
32937 重行
32938 出头露面
32939 初时
32940 椽子
32941 政改
32942 创口
32943 翠鸟
32944 大盖帽
32945 大书特书
32946 低等
32947 低回
32948 滴水不漏
32949 调门儿
32950 叮咚
32951 钉螺
32952 对偶
32953 砘
32954 法办
32955 繁花似锦
32956 方丈（fāngzhang）
32957 飞蛾
32958 风光旖旎
32959 感受器
32960 搞对象
32961 阁员
32962 梗阻
32963 寡头
32964 官僚资本
32965 鬼胎
32966 挑事
32967 海螺
32968 户头
32969 花心
32970 画幅
32971 画龙点睛
32972 回迁
32973 汇价
32974 火攻
32975 祸乱
32976 记挂
32977 季风气候
32978 驾到
32979 娇惯
32980 娇生惯养
32981 街谈巷议
32982 今昔
32983 开价
32984 开市
32985 狂轰滥炸
32986 扩军
32987 赖账
32988 懒觉
32989 郎君
32990 累及
32991 历书
32992 涟涟
32993 六亲不认
32994 路政
32995 马甲
32996 满载而归
32997 冒进
32998 霉变
32999 纳谏
33000 恼人
33001 凝集
33002 女巫
33003 哦（ó）
33004 叛国
33005 弃婴
33006 千呼万唤
33007 戕害
33008 勤学苦练
33009 倾盆大雨
33010 山鸡
33011 山响
33012 赏光
33013 生产过剩
33014 式微
33015 瘦肉型
33016 水淋淋
33017 隧洞
33018 摊牌
33019 探查
33020 探针
33021 同业公会
33022 屠夫
33023 万事如意
33024 伪君子
33025 下周
33026 相亲相爱
33027 逍遥自在
33028 虚线
33029 雪花膏
33030 雪夜
33031 音乐电视
33032 永葆青春
33033 泳池
33034 有损于
33035 育儿
33036 寓居
33037 增辉
33038 整队
33039 周正
33040 肘子
33041 主政
33042 阻击战
33043 拌和
33044 报摊
33045 奔走呼号
33046 本年
33047 表决权
33048 走题
33049 傧相
33050 冰点
33051 驳壳枪
33052 不毛
33053 惨无人道
33054 草莽
33055 茶饭
33056 长话
33057 城址
33058 触手
33059 传票
33060 创（chuāng）
33061 创编
33062 炊具
33063 纯金
33064 矬
33065 大半夜
33066 点破
33067 电告
33068 碓
33069 饭堂
33070 范文
33071 焚化
33072 抚爱
33073 干着急
33074 高抬贵手
33075 拱形
33076 供词
33077 沟谷
33078 骨瘦如柴
33079 故城
33080 拐弯抹角
33081 惯养
33082 鬼火
33083 国贸
33084 海星
33085 旱季
33086 合股
33087 合欢
33088 核动力
33089 虎将
33090 回顾展
33091 火头
33092 急不可待
33093 驾崩
33094 教区
33095 界河
33096 拘押
33097 巨无霸
33098 决一死战
33099 开小差
33100 犒劳
33101 苦寒
33102 款额
33103 狂放
33104 馏
33105 颅骨
33106 录像片
33107 麻布
33108 梅子
33109 美滋滋
33110 迷津
33111 棉铃虫
33112 抹脖子
33113 南来北往
33114 南征北战
33115 农艺
33116 暖烘烘

33117 喷雾器
33118 批号
33119 漂白粉
33120 破题
33121 气数
33122 潜台词
33123 枪托
33124 情网
33125 人工授精
33126 日程表
33127 山阴
33128 讪笑
33129 深呼吸
33130 生疼
33131 衣装
33132 省报
33133 失笑
33134 诗选
33135 石破天惊
33136 率直
33137 双轮
33138 死记硬背
33139 四周围
33140 酥油
33141 探子
33142 特殊化
33143 铁石心肠
33144 停发
33145 土山
33146 消纳
33147 推演
33148 问寒问暖
33149 问责
33150 呜呼哀哉
33151 午膳
33152 兀立
33153 西半球
33154 侠客
33155 下陷
33156 孝道
33157 欣悦
33158 续签
33159 选矿
33160 选优
33161 学潮
33162 雪橇
33163 训诫
33164 言情
33165 炎帝
33166 眼馋
33167 眼熟
33168 一场空
33169 衣冠楚楚
33170 淫威
33171 优柔寡断
33172 在业
33173 站队
33174 罩子
33175 阵风
33176 自视
33177 走散
33178 哀婉
33179 百忙
33180 报晓
33181 暴风骤雨
33182 草滩
33183 巍然屹立
33184 插播
33185 长年累月
33186 充耳不闻
33187 处治
33188 触怒
33189 窗明几净
33190 从长计议
33191 大马哈鱼
33192 大猩猩
33193 大一统
33194 袋装
33195 胆寒
33196 地大物博
33197 短程
33198 对质
33199 夺标
33200 耳鼓
33201 二黄
33202 发福
33203 翻印
33204 飞蝗
33205 粪土
33206 封口
33207 茯苓
33208 复检
33209 腹膜
33210 歌会
33211 拱门
33212 官能
33213 憨笑
33214 黑体
33215 狠劲
33216 猢狲
33217 互济
33218 还田
33219 惜贷
33220 祸及
33221 嚅
33222 悸动
33223 加减
33224 歼灭战
33225 有分寸
33226 监守
33227 警报器
33228 酒食
33229 臼齿
33230 开卷
33231 科班
33232 枯干
33233 苦工
33234 拉肚子
33235 劳心
33236 累人
33237 离队
33238 理工
33239 例行公事
33240 联展
33241 猎头
33242 麻醉剂
33243 慢走
33244 门庭若市
33245 命定
33246 难缠
33247 碾坊
33248 尿道
33249 怄气
33250 盘缠
33251 胖乎乎
33252 泼妇
33253 剖腹产
33254 蹼泳
33255 凄惶
33256 歧义
33257 青鱼
33258 建仓
33259 倾角
33260 全盛
33261 饶舌
33262 柔嫩
33263 软硬兼施
33264 沙包
33265 慎行
33266 生意经
33267 石灰石
33268 事在人为
33269 视事
33270 收发室
33271 收尸
33272 授精
33273 说梦话
33274 司乘人员
33275 素菜
33276 韬略
33277 天旋地转
33278 天主
33279 团圆饭
33280 唾沫星子
33281 顽石
33282 围歼
33283 温润
33284 无期
33285 武戏
33286 席梦思
33287 纤弱
33288 香樟
33289 小宝宝
33290 小舅子
33291 小卖
33292 新宠
33293 雪松
33294 雅观
33295 夜宵
33296 一穷二白
33297 一团和气
33298 一无是处
33299 仪态
33300 遗容
33301 臆断
33302 游手好闲
33303 有机可乘
33304 有戏
33305 余孽
33306 预后
33307 原创
33308 圆场
33309 约集
33310 早茶
33311 灶火
33312 曾祖父
33313 炸雷
33314 值日
33315 植物人
33316 众矢之的
33317 骤增
33318 龇牙咧嘴
33319 紫罗兰
33320 作弄
33321 作威作福
33322 安眠
33323 帮腔
33324 包藏
33325 饱经风霜
33326 被控
33327 拨拉
33328 岔口
33329 赤卫队
33330 重唱
33331 出轨
33332 传宗接代
33333 创利
33334 匆促
33335 打道回府
33336 打眼
33337 得寸进尺
33338 颠倒黑白
33339 独占鳌头
33340 读数
33341 赌资
33342 对唱
33343 匪首
33344 粉剂
33345 感慨万端
33346 高端

33347 歌女
33348 海葵
33349 横行霸道
33350 社情
33351 花芽
33352 化缘
33353 惠灵顿
33354 鸡尾酒
33355 简单劳动
33356 见得
33357 将心比心
33358 结束语
33359 绝地
33360 军管会
33361 开后门
33362 开足马力
33363 康乃馨
33364 抗敌
33365 凉拌
33366 炉膛
33367 茅舍
33368 美谈
33369 妙用
33370 名菜
33371 哪吒
33372 泥水匠
33373 哝哝
33374 怒视
33375 扒窃
33376 泡沫经济
33377 拼写
33378 仆从
33379 气哼哼
33380 浅尝辄止
33381 晴天霹雳
33382 人工湖
33383 三轮儿
33384 散件
33385 纱窗
33386 伤天害理
33387 射击场
33388 失节
33389 施治
33390 十字军
33391 守岁
33392 六合彩
33393 授奖
33394 孰料
33395 俗不可耐
33396 速战速决
33397 索然无味
33398 家暴
33399 糖葫芦
33400 统购
33401 投军
33402 文庙
33403 五花大绑
33404 舷窗
33405 谐调
33406 鞋带
33407 形势逼人
33408 扬威
33409 椰林
33410 野火
33411 页岩
33412 一笔勾销
33413 异类
33414 阴阳怪气
33415 引荐
33416 影集
33417 影展
33418 原装
33419 增色
33420 招供
33421 折子
33422 争权夺利
33423 中稻
33424 竹帘
33425 专断
33426 专责
33427 子房
33428 螯
33429 白米
33430 斑鸠
33431 半文盲
33432 保墒
33433 背风
33434 并立
33435 簸
33436 补正
33437 不可抗力
33438 彩球
33439 重见天日
33440 冲劲儿
33441 抽穗
33442 仇杀
33443 除却
33444 窗花
33445 醋酸
33446 打胎
33447 地球仪
33448 飞艇
33449 封锁线
33450 宫阙
33451 贡品
33452 刮脸
33453 寡欢
33454 光柱
33455 国宾
33456 国教
33457 黑奴
33458 黑窝
33459 厚薄
33460 花生油
33461 滑翔
33462 化验室
33463 环游
33464 万恶不赦
33465 弓步
33466 会友
33467 客户端
33468 大计算
33469 计税
33470 佳句
33471 娇羞
33472 脚面
33473 节令
33474 节外生枝
33475 今宵
33476 净赚
33477 绝情
33478 绝热
33479 枯瘦
33480 来生
33481 理发师
33482 灵犀
33483 流寇
33484 楼市
33485 鳗鱼
33486 毛料
33487 门可罗雀
33488 谜团
33489 明知故问
33490 目中无人
33491 耐看
33492 内陆河
33493 努嘴
33494 皮袍
33495 气昂昂
33496 强风
33497 青紫
33498 怡然自得
33499 球拍
33500 攘外
33501 热病
33502 舢板
33503 商社
33504 申斥
33505 神气活现
33506 收归
33507 水线
33508 说来话长
33509 送殡
33510 唐装
33511 提款
33512 天年
33513 图册
33514 土专家
33515 豆腐块
33516 晚安
33517 微服
33518 温厚
33519 西王母
33520 虾仁
33521 心灵手巧
33522 绚丽多姿
33523 殉节
33524 压服
33525 雅兴
33526 秧田
33527 遗孀
33528 乙炔
33529 臆想
33530 银器
33531 幽谷
33532 幽禁
33533 幼体
33534 余款
33535 渔区
33536 愚笨
33537 预备队
33538 预估
33539 远游
33540 制版
33541 中士
33542 朱笔
33543 竹板
33544 著书立说
33545 著文
33546 赚头
33547 自讨苦吃
33548 自由体操
33549 字符
33550 走极端
33551 爱憎分明
33552 白鳍豚
33553 暴烈
33554 笔力
33555 残喘
33556 惨淡经营
33557 彻骨
33558 辞令
33559 淬火
33560 打草
33561 代笔
33562 代用品
33563 当紧
33564 挡箭牌
33565 第二课堂
33566 调研员
33567 顶楼
33568 恶鬼
33569 鳄
33570 翻白眼
33571 反目
33572 反其道而行之
33573 梵文
33574 防盗门
33575 放射源

33576 人烟稀少
33577 粪坑
33578 妇孺皆知
33579 赶写
33580 感佩
33581 橄榄枝
33582 刚正不阿
33583 钢针
33584 高估
33585 功成名就
33586 鼓角
33587 鼓胀
33588 光驱
33589 贵金属
33590 滚热
33591 航模
33592 黑豆
33593 踝
33594 坏账
33595 回电
33596 昏死
33597 火烧火燎
33598 火源
33599 记恨
33600 尖头
33601 奸邪
33602 坚如磐石
33603 剪报
33604 奖券
33605 教职员
33606 禁书
33607 举凡
33608 抗税
33609 窠臼
33610 离合
33611 流弊
33612 芦笋
33613 论说
33614 明后天
33615 拍马屁
33616 屁事
33617 破伤风
33618 奇袭
33619 强渡
33620 逡巡
33621 热气球
33622 肉片ル
33623 软木
33624 上锁
33625 身无分文
33626 甚而至于
33627 生搬硬套
33628 圣水
33629 师承
33630 石棉
33631 识相
33632 是非曲直
33633 手无寸铁
33634 税目
33635 死期
33636 台历
33637 探身
33638 烫发
33639 套汇
33640 倜傥
33641 挑明
33642 贴金
33643 统计表
33644 偷情
33645 团练
33646 玩乐
33647 万古长青
33648 亡故
33649 枉然
33650 文思
33651 乌合之众
33652 无可争议
33653 物外
33654 西画
33655 下咽
33656 小算盘
33657 小灶
33658 新址
33659 刑具
33660 学分制
33661 学友
33662 巡检
33663 压境
33664 妖艳
33665 野史
33666 一专多能
33667 遗产税
33668 以假乱真
33669 议价
33670 引人深思
33671 有恒
33672 冤仇
33673 原始积累
33674 脏水
33675 怎知
33676 轧钢
33677 招兵
33678 主治医生
33679 转角
33680 自娱自乐
33681 自作自受
33682 纵欲
33683 作息
33684 作揖
33685 巴比伦
33686 白日梦
33687 白字
33688 伴舞
33689 暴戾
33690 暴跳如雷
33691 悲鸣
33692 北疆
33693 闭关锁国
33694 变心
33695 波峰
33696 不苟言笑
33697 布谷鸟
33698 步调
33699 步态
33700 草本
33701 唱和
33702 抄本
33703 超自然
33704 成竹在胸
33705 除恶务尽
33706 处女地
33707 闯祸
33708 吹风会
33709 篡夺
33710 打哈哈
33711 刀光剑影
33712 敌伪
33713 地砖
33714 点化
33715 调演
33716 调转
33717 胴体
33718 斗胆
33719 斗室
33720 独当一面
33721 恶报
33722 风凉话
33723 扶危济困
33724 赴约
33725 根茎
33726 公祭
33727 公休
33728 古尔邦节
33729 观世音
33730 官办
33731 贯注
33732 滚雪球
33733 喊杀
33734 憾事
33735 行伍
33736 合同书
33737 贺岁片
33738 后身
33739 荒无人烟
33740 黄灿灿
33741 回春
33742 积弊
33743 脊椎
33744 家训
33745 架不住
33746 劫匪
33747 精工
33748 警灯
33749 灸
33750 看头ル
33751 看涨
33752 客串
33753 夸夸其谈
33754 匡正
33755 连根拔
33756 凛凛
33757 龙王庙
33758 面市
33759 妙语
33760 命相
33761 墓志铭
33762 拍案而起
33763 平白无故
33764 平淡无奇
33765 平分秋色
33766 起跳
33767 气象万千
33768 汽化
33769 奖售
33770 汽艇
33771 勤苦
33772 轻看
33773 曲谱
33774 热火
33775 人祸
33776 山货
33777 山雀
33778 上肢
33779 慎独
33780 生死攸关
33781 生字
33782 绶带
33783 书案
33784 数量级
33785 税则
33786 朔风
33787 四起
33788 肃杀
33789 随葬
33790 穗子
33791 梭子
33792 填塞
33793 投其所好
33794 土肥
33795 妥帖
33796 威仪
33797 伪满
33798 稳扎稳打
33799 无怪乎
33800 无题
33801 五香
33802 吸热
33803 下台阶
33804 箱底
33805 销售一空

33806 小鞋
33807 小住
33808 心狠
33809 腥臭
33810 血亲
33811 眼快
33812 洋相
33813 腰围
33814 姨娘
33815 抑止
33816 臆造
33817 情变
33818 银鱼
33819 影评
33820 拥立
33821 优裕
33822 有偿新闻
33823 有人家儿
33824 糟践
33825 栈桥
33826 执法如山
33827 中饱私囊
33828 仲春
33829 猪头肉
33830 点睛之笔
33831 主罚
33832 转子
33833 总论
33834 悲喜剧
33835 北回归线
33836 北极星
33837 被服
33838 冰柜
33839 不惑
33840 不虚此行
33841 陈规陋习
33842 称心如意
33843 初出茅庐
33844 初叶
33845 绰约
33846 醋意
33847 村姑
33848 大循环
33849 地边
33850 点头哈腰
33851 独步
33852 耳垂
33853 二房东
33854 二话
33855 翻箱倒柜
33856 繁体字
33857 芳名
33858 放射线
33859 废液
33860 疯狗
33861 橄榄球
33862 睾丸
33863 膈
33864 鼓鼓囊囊
33865 挂彩
33866 海选
33867 寒战
33868 沆瀣一气
33869 浩繁
33870 候机
33871 灰心丧气
33872 火上浇油
33873 获罪
33874 加冕
33875 家传
33876 兼而有之
33877 嗟叹
33878 咎由自取
33879 军大衣
33880 靠椅
33881 狂言
33882 老账
33883 老资格
33884 裂口
33885 旅行袋
33886 摩挲（māsa）
33887 煤尘
33888 闷头儿
33889 密电
33890 妙龄
33891 名茶
33892 拿手好戏
33893 炮楼
33894 皮货
33895 泼水节
33896 切记
33897 热心肠
33898 人高马大
33899 如此说来
33900 弱不禁风
33901 少尉
33902 赊账
33903 诗剧
33904 时序
33905 释义
33906 双抢
33907 瞬息
33908 丝织品
33909 死亡线
33910 贪吃
33911 腿肚子
33912 外快
33913 纹理
33914 侠义
33915 下不为例
33916 下铺
33917 纤巧
33918 乡野
33919 相邀
33920 箱包
33921 效命
33922 心潮起伏
33923 欣闻
33924 形制
33925 休会
33926 选刊
33927 学究
33928 哑然失笑
33929 宴饮
33930 羊肠小道
33931 洋为中用
33932 摇船
33933 移动电话
33934 移位
33935 已往
33936 倚仗
33937 异曲同工
33938 赢家
33939 怨愤
33940 灶具
33941 炸药包
33942 战抖
33943 砧子
33944 甄
33945 助战
33946 转场
33947 资方
33948 自燃
33949 白炽灯
33950 暴风
33951 卑下
33952 辈分
33953 本末倒置
33954 逼问
33955 笔杆子
33956 闭门造车
33957 标定
33958 补税
33959 胸径
33960 擦边球
33961 残阳
33962 草席
33963 超车
33964 车棚
33965 赤贫
33966 赤足
33967 充军
33968 出道
33969 打抱不平
33970 大家伙儿
33971 大路货
33972 当令
33973 灯节
33974 滴答
33975 顶梁柱
33976 对歌
33977 恩宠
33978 法事
33979 浮光掠影
33980 父业
33981 复职
33982 副产品
33983 公愤
33984 功利主义
33985 共话
33986 勾兑
33987 钩心斗角
33988 苟安
33989 苟同
33990 古画
33991 鳜鱼
33992 皓月
33993 黑话
33994 划艇
33995 欢畅
33996 缓坡
33997 回禀
33998 会齐
33999 忌妒
34000 减征
34001 交卷
34002 解说词
34003 金鸡奖
34004 金钱豹
34005 惊叹号
34006 考学
34007 狂乱
34008 捆扎
34009 篮坛
34010 猎杀
34011 流弹
34012 流荡
34013 硫化
34014 漫无边际
34015 毛遂自荐
34016 没说的
34017 煤核儿
34018 木屑
34019 耐烦
34020 攀爬
34021 旁白
34022 无语
34023 批零
34024 评聘
34025 菩提树
34026 启齿
34027 桥洞
34028 囚室
34029 如临大敌
34030 如梦初醒
34031 卅
34032 商户
34033 返贫
34034 商旅

34035 稍候
34036 身家性命
34037 时务
34038 手掌心
34039 舒张
34040 曙色
34041 双簧
34042 思前想后
34043 死缓
34044 嗣子
34045 随声附和
34046 塔顶
34047 台地
34048 檀木
34049 陶艺
34050 腾挪
34051 添砖加瓦
34052 田亩
34053 土房
34054 玩赏
34055 伟力
34056 苇塘
34057 蚊香
34058 险峰
34059 相持不下
34060 香瓜
34061 降伏
34062 小班
34063 小品文
34064 鞋跟儿
34065 荣华富贵
34066 写本
34067 学区
34068 亚于
34069 天下为公
34070 烟幕
34071 偃旗息鼓
34072 妖娆
34073 应接
34074 永驻
34075 韵致
34076 震源
34077 正当防卫
34078 政纲
34079 诛戮
34080 竹筐
34081 主刀
34082 转盘
34083 自便
34084 自鸣得意
34085 安享
34086 败落
34087 悲天悯人
34088 被面
34089 本家
34090 壁虎
34091 不共戴天
34092 采买
34093 参半
34094 查对
34095 出彩
34096 撺掇
34097 错怪
34098 底稿
34099 刁钻
34100 调令
34101 恩德
34102 发式
34103 番号
34104 飞毛腿
34105 愤世嫉俗
34106 风言风语
34107 付之东流
34108 覆亡
34109 高才生
34110 高师
34111 公子哥儿
34112 恭贺
34113 过望
34114 和风
34115 厚待
34116 会餐
34117 加官
34118 监视器
34119 见好
34120 酒糟
34121 可心
34122 苦学
34123 矿灯
34124 括号
34125 阔叶林
34126 理解力
34127 丽日
34128 莲蓬
34129 练武
34130 裂隙
34131 漏报
34132 煤气灶
34133 美艳
34134 南欧
34135 挠头
34136 讷讷
34137 农民战争
34138 癖好
34139 飘洒
34140 拼争
34141 起爆
34142 羌族
34143 球状
34144 取法
34145 取巧
34146 权术
34147 任人宰割
34148 桑梓
34149 烧瓶
34150 舍近求远
34151 时运
34152 事出有因
34153 守口如瓶
34154 首倡
34155 睡懒觉
34156 顺民
34157 素净
34158 岁尾
34159 损公肥私
34160 探监
34161 提神
34162 屉
34163 天晓得
34164 团体操
34165 蜕化
34166 微缩
34167 文房四宝
34168 文化景观
34169 纹饰
34170 毋宁
34171 戏校
34172 下议院
34173 相映成趣
34174 小件
34175 小叔子
34176 蟹苗
34177 心绞痛
34178 心窍
34179 选秀
34180 血气方刚
34181 洋场
34182 夜袭
34183 一言以蔽之
34184 阴谋家
34185 引颈
34186 印本
34187 影视界
34188 雍容华贵
34189 永垂不朽
34190 余缺
34191 冤狱
34192 脂肪肝
34193 终点站
34194 主动脉
34195 柱头
34196 玄关
34197 字节
34198 走形
34199 阻燃
34200 作美
34201 暗流
34202 百依百顺
34203 拜倒
34204 包片儿
34205 博取
34206 布防
34207 布头
34208 财路
34209 操控
34210 缠足
34211 成例
34212 冲剂
34213 出阁
34214 传帮带
34215 词人
34216 大牢
34217 大言不惭
34218 代购
34219 试镜
34220 到顶
34221 动脉硬化
34222 断章取义
34223 儿女情长
34224 发奖
34225 发令
34226 筏子
34227 反霸
34228 反刍
34229 防冻
34230 放开手脚
34231 飞禽
34232 费神
34233 负增长
34234 副署
34235 赶早
34236 高擎
34237 公映
34238 公助
34239 够意思
34240 顾家
34241 果冻
34242 果决
34243 骸骨
34244 海路
34245 海轮
34246 瀚海
34247 好斗
34248 后备军
34249 击沉
34250 挤眉弄眼
34251 家规
34252 假发
34253 简述
34254 渐入佳境
34255 脚丫子
34256 解恨
34257 金文
34258 进位
34259 精加工
34260 精明强干
34261 绝密
34262 可耕地
34263 狂澜
34264 利禄

34265 炼制
34266 甲天下
34267 两下子
34268 骁勇善战
34269 镣铐
34270 鹿角
34271 沦丧
34272 蛮荒
34273 门外汉
34274 蒙太奇
34275 梦话
34276 苗寨
34277 末梢
34278 闹鬼
34279 内奸
34280 扭打
34281 爬犁
34282 牌九
34283 瓶盖
34284 破釜沉舟
34285 气盛
34286 前生
34287 轻装上阵
34288 球蛋白
34289 圈椅
34290 伞兵
34291 丧心病狂
34292 姗姗来迟
34293 闪射
34294 善始善终
34295 赏鉴
34296 射频
34297 史迹
34298 事无巨细
34299 受降
34300 书香门第
34301 霜降
34302 霜雪
34303 私访
34304 叹惜
34305 套近乎
34306 推搡
34307 脱粒
34308 文治
34309 无奇不有
34310 希图
34311 翕动
34312 袭扰
34313 籼稻
34314 弦乐
34315 现汇
34316 安家费
34317 肖像权
34318 心惊胆战
34319 新妇
34320 信号弹
34321 惺忪
34322 吁吁
34323 血防
34324 巡行
34325 亚裔
34326 眼热
34327 邀功
34328 药酒
34329 野心勃勃
34330 抑扬
34331 引火
34332 引以为荣
34333 硬挺
34334 仗义执言
34335 账册
34336 贞洁
34337 震区
34338 正屋
34339 智能型
34340 中低档
34341 种牛
34342 竹杠
34343 苎麻
34344 转圈
34345 追星族
34346 最惠国待遇
34347 作践
34348 作孽
34349 作伪
34350 帮派
34351 保释
34352 报德
34353 避难所
34354 博物院
34355 不堪入目
34356 才识
34357 残奥会
34358 拆洗
34359 常情
34360 超员
34361 车场
34362 乘员
34363 考纪
34364 重蹈覆辙
34365 垂挂
34366 大主教
34367 淡红
34368 到案
34369 登程
34370 低三下四
34371 抵偿
34372 颠扑不破
34373 点阵
34374 钓竿
34375 豆汁
34376 独吞
34377 渡轮
34378 对号
34379 多多益善
34380 恶语
34381 方志
34382 粉墨登场
34383 风向标
34384 封底
34385 府邸
34386 负电
34387 高调
34388 公共关系
34389 光鲜
34390 规定动作
34391 国境线
34392 裹足不前
34393 后继乏人
34394 胡桃
34395 花花公子
34396 回程
34397 汲水
34398 家史
34399 见微知著
34400 荐举
34401 焦渴
34402 戒除
34403 津液
34404 仅只
34405 锦缎
34406 精于
34407 净值
34408 聚敛
34409 苦日子
34410 烂摊子
34411 灵车
34412 令尊
34413 流泻
34414 芦笙
34415 铝箔
34416 面面俱到
34417 民怨
34418 末路
34419 孬种
34420 脑干
34421 脑炎
34422 能说会道
34423 牛排
34424 派性
34425 盼头
34426 赔不是
34427 坯子
34428 评卷
34429 破晓
34430 起疑
34431 悄没声儿
34432 擒拿
34433 清福
34434 去伪存真
34435 劝和
34436 人丁
34437 熔融
34438 润滑剂
34439 散心
34440 搔头
34441 砂锅
34442 傻话
34443 傻眼
34444 上告
34445 少管所
34446 湿气
34447 实习生
34448 收条
34449 首播
34450 爽口
34451 私交
34452 死力
34453 松紧
34454 耸动
34455 贪得无厌
34456 甜水
34457 挑拣
34458 调频
34459 铁拳
34460 投考
34461 吞吃
34462 佤族
34463 危局
34464 委身
34465 误认
34466 息怒
34467 息事宁人
34468 险象环生
34469 训令
34470 烟民
34471 研磨
34472 赝品
34473 异姓
34474 阴风
34475 银洋
34476 用材
34477 游兴
34478 杂役
34479 灶间
34480 正本
34481 挑担子
34482 宿儒
34483 失踪
34484 安家立业
34485 发痧
34486 植棉
34487 质料
34488 专稿
34489 子侄
34490 自相残杀
34491 总攻
34492 嘴硬
34493 座舱
34494 白玉兰

34495 包间
34496 保皇
34497 鼻青脸肿
34498 鼻音
34499 病区
34500 布道
34501 步法
34502 猜拳
34503 草包
34504 为人处世
34505 涔涔
34506 长袖
34507 赤色
34508 船老大
34509 创痛
34510 蠢蠢欲动
34511 刺槐
34512 粗茶淡饭
34513 大扫除
34514 单程
34515 道行
34516 得了
(déliǎo)
34517 等效
34518 地气
34519 定语
34520 东窗事发
34521 对门
34522 多灾多难
34523 特招
34524 恶感
34525 耳鸣
34526 耳熟
34527 方砖
34528 芳心
34529 放还
34530 浮力
34531 福星
34532 搁笔
34533 攻心
34534 供品
34535 孤芳自赏
34536 孤陋寡闻
34537 故都
34538 广漠
34539 号哭
34540 和顺
34541 河滨
34542 虎穴
34543 滑稽戏
34544 挥汗如雨
34545 回教
34546 霍霍
34547 纪念册
34548 谨小慎微
34549 经线
34550 精耕细作
34551 绝种
34552 可好
34553 客座教授
34554 老调
34555 立体声
34556 灵位
34557 卤水
34558 冒风险
34559 磨牙
34560 墨鱼
34561 南腔北调
34562 南辕北辙
34563 内定
34564 暖壶
34565 配乐
34566 喷气式
34567 频发
34568 棋友
34569 启禀
34570 球技
34571 人格化
34572 如日中天
34573 乳白
34574 闪光点
34575 身外之物
34576 深挚
34577 石沉大海
34578 收市
34579 受宠
34580 书签
34581 水晶宫
34582 水潭
34583 水族
34584 说媒
34585 说戏
34586 死囚
34587 宿营地
34588 坦陈
34589 汤药
34590 调速
34591 痛快淋漓
34592 投敌
34593 托名
34594 外场
34595 玩火
34596 宛然
34597 唯心
34598 武备
34599 习得
34600 喜不自禁
34601 细账
34602 线形
34603 详述
34604 像模像样
34605 小春
34606 邪念
34607 休戚与共
34608 锈蚀
34609 雪球
34610 牙龈
34611 延年益寿
34612 言路
34613 验明
34614 业经
34615 依山傍水
34616 疑云
34617 阴谋诡计
34618 游猎
34619 愚人
34620 预设
34621 允准
34622 扎眼
34623 诈称
34624 照实
34625 正大光明
34626 正电
34627 政审
34628 中间商
34629 闲庭信步
34630 重机枪
34631 装卸工
34632 走神儿
34633 做针线
34634 吧嗒
34635 白喉
34636 班底
34637 半身不遂
34638 壁报
34639 变易
34640 不乏其人
34641 彩照
34642 残月
34643 苍生
34644 岔路
34645 潮红
34646 楚楚动人
34647 传习
34648 打鼾
34649 打理
34650 蛋壳
34651 刀锋
34652 东魏
34653 独享
34654 断语
34655 耳热
34656 发辫
34657 非难
34658 肥壮
34659 妇道
34660 涕零
34661 腹背受敌
34662 嘎吱
34663 纲纪
34664 翻唱
34665 告假
34666 工余
34667 顾念
34668 哄然
34669 换岗
34670 黄莺
34671 回波
34672 货柜
34673 血常规
34674 讥刺
34675 继承法
34676 家兔
34677 尖厉
34678 坚贞不屈
34679 见世面
34680 娇弱
34681 军乐团
34682 君权
34683 开斋节
34684 亢进
34685 刻毒
34686 扣减
34687 枯坐
34688 劳务输出
34689 老迈
34690 冷面
34691 令人作呕
34692 流线型
34693 轮休
34694 毛毛雨
34695 美声
34696 免罪
34697 名旦
34698 母本
34699 木本
34700 暮霭
34701 牛黄
34702 浓妆艳抹
34703 暖融融
34704 怄
34705 配音
34706 偏旁
34707 飘拂
34708 剖腹
34709 欠妥
34710 歉收
34711 勤杂工
34712 燃气轮机
34713 如意算盘
34714 入殓
34715 软卧
34716 上年纪
34717 石蜡
34718 时装表演
34719 实干家
34720 数理逻辑
34721 水枪
34722 水上运动
34723 汤匙

34724 天高地厚
34725 铁道兵
34726 铁树
34727 吐字
34728 团子
34729 脱帽
34730 玩偶
34731 卫星通信
34732 闻风而动
34733 嬉闹
34734 下中农
34735 贤明
34736 显像管
34737 相熟
34738 笑柄
34739 偕老
34740 撷英
34741 新交
34742 学监
34743 伢子
34744 眼尖
34745 艳阳天
34746 一团糟
34747 遗落
34748 阴湿
34749 饮食业
34750 硬功夫
34751 用脑
34752 游鱼
34753 于事无补
34754 摘抄
34755 竹编
34756 主考
34757 准定
34758 自作多情
34759 组曲
34760 醉鬼
34761 作古
34762 坐待
34763 坐席
34764 斑马线
34765 碑刻
34766 本末
34767 便条
34768 勃兴
34769 茶艺
34770 学养
34771 查访
34772 查账
34773 产科
34774 长镜头
34775 称贺
34776 城际
34777 驰名中外
34778 传呼机
34779 打太极拳
34780 大事化小
34781 大限
34782 淡绿
34783 道贺
34784 迪厅
34785 定产
34786 豆腐干
34787 独裁者
34788 短长
34789 多快好省
34790 鹅黄
34791 翻个儿
34792 粪桶
34793 丰采
34794 风土
34795 钢丝绳
34796 跟风
34797 宫墙
34798 共勉
34799 苟延残喘
34800 满世界
34801 够朋友
34802 顾虑重重
34803 聒噪
34804 国本
34805 国戚
34806 红糖
34807 后跟
34808 呼噜（hūlu）
34809 煳
34810 蝴蝶结
34811 画外音
34812 火警
34813 机群
34814 急待
34815 急起直追
34816 急刹车
34817 寄人篱下
34818 假道
34819 兼管
34820 贱卖
34821 教父
34822 禁猎
34823 君子兰
34824 卡拉 OK
34825 磕磕绊绊
34826 跨栏
34827 月牙儿
34828 辣手
34829 立言
34830 两面派
34831 烈马
34832 烈女
34833 猎犬
34834 林产
34835 临阵
34836 柳絮
34837 六神无主
34838 螺蛳
34839 落荒而逃
34840 描金
34841 明细
34842 酩酊大醉
34843 拿来主义
34844 纳妾
34845 难言之隐
34846 逆行
34847 碾子
34848 捏一把汗
34849 排档
34850 平炉
34851 平移
34852 铺排
34853 其乐无穷
34854 签注
34855 前因后果
34856 亲政
34857 情诗
34858 亲家公
34859 圈占
34860 全息
34861 人望
34862 三头六臂
34863 网恋
34864 三下五除二
34865 筛糠
34866 失修
34867 十字街头
34868 拾级而上
34869 史略
34870 世系
34871 守时
34872 书号
34873 数罪并罚
34874 说瞎话
34875 死结
34876 送命
34877 随遇而安
34878 台布
34879 反正（fǎnzhèng）
34880 替罪羊
34881 挑灯
34882 痛击
34883 头牌
34884 头尾
34885 外活儿
34886 望族
34887 文人墨客
34888 文弱
34889 务请
34890 息息相通
34891 下工
34892 下问
34893 纤纤
34894 闲居
34895 娴静
34896 小旦
34897 斜射
34898 兴工
34899 行色匆匆
34900 喧宾夺主
34901 巡航
34902 迅雷不及掩耳
34903 哑然
34904 疑神疑鬼
34905 以身试法
34906 译稿
34907 意中人
34908 因陋就简
34909 阴柔
34910 引燃
34911 印子
34912 优缺点
34913 冤情
34914 崽子
34915 掌灯
34916 朝思暮想
34917 争雄
34918 知难而退
34919 志愿兵
34920 忠勇
34921 猪草
34922 主营
34923 转租
34924 自新
34925 阿訇
34926 昂首阔步
34927 白露
34928 碑林
34929 闭门羹
34930 编创
34931 并拢
34932 不讳
34933 采挖
34934 彩蝶
34935 城根
34936 驰电
34937 重整旗鼓
34938 锄地
34939 粗鄙
34940 措置
34941 大错特错
34942 大亨
34943 怠工
34944 当头一棒
34945 刀法
34946 导火线
34947 灯丝
34948 滴溜溜
34949 砥砺
34950 第一夫人
34951 盯视

34952 短兵相接
34953 短工
34954 堕胎
34955 发痴
34956 返老还童
34957 防身
34958 房源
34959 飞轮
34960 非分
34961 负离子
34962 复工
34963 复旧
34964 改天换地
34965 改邪归正
34966 概要
34967 杠铃
34968 隔夜
34969 公交车
34970 古已有之
34971 观礼
34972 诡异
34973 河心
34974 和诗
34975 横祸
34976 滑轮
34977 桦树
34978 探花
34979 幻灯
34980 荒郊
34981 饥馑
34982 急不可耐
34983 疾风
34984 嫉恨
34985 家长制
34986 讲习
34987 娇美
34988 敬慕
34989 旧闻
34990 居所
34991 捐税
34992 娟秀
34993 军转民
34994 菌类
34995 柯尔克孜族
34996 刻制
34997 刻字
34998 截图
34999 哭丧
35000 苦思
35001 雷公
35002 利令智昏
35003 两败俱伤
35004 远光灯
35005 领唱
35006 轮作
35007 马蜂
35008 卖老
35009 忙人
35010 煤灰
35011 煤气罐
35012 末班车
35013 泥瓦匠
35014 年轻气盛
35015 尿液
35016 喷吐
35017 气人
35018 钳制
35019 切削
35020 清癯
35021 趋避
35022 入魔
35023 软组织
35024 山药
35025 上篮
35026 受检
35027 水杉
35028 算话
35029 天庭
35030 贴现率
35031 吐丝
35032 晚节
35033 窝火
35034 屋宇
35035 无病呻吟
35036 喜新厌旧
35037 下房
35038 下眼皮
35039 先觉
35040 先入为主
35041 小夫妻
35042 兴利除弊
35043 学童
35044 徇私
35045 牙根
35046 洋式
35047 役使
35048 淫妇
35049 引经据典
35050 引以为自豪
35051 硬碰硬
35052 芋头
35053 云锦
35054 愠怒
35055 再议
35056 战旗
35057 镇定自若
35058 正剧
35059 只字不提
35060 枝杈
35061 种猪
35062 众口一词
35063 诌
35064 净高
35065 庄户人
35066 浊流
35067 组稿
35068 作诗
35069 安神
35070 氨水
35071 暗娼
35072 八仙过海
35073 败笔
35074 悲悼
35075 鄙弃
35076 彪形大汉
35077 表土
35078 冰场
35079 播弄
35080 搏动
35081 不管三七二十一
35082 残部
35083 草绿
35084 唱本
35085 撤兵
35086 逞能
35087 迟延
35088 迟滞
35089 充公
35090 重洋
35091 仇家
35092 丑话
35093 触礁
35094 穿衣镜
35095 传送带
35096 醇香
35097 从犯
35098 催办
35099 错话
35100 打尖
35101 打算盘
35102 大步流星
35103 大有文章
35104 地温
35105 订做
35106 斗法
35107 独子
35108 端阳节
35109 断头台
35110 二郎腿
35111 反证
35112 防毒
35113 坟堆
35114 封号
35115 峰回路转
35116 福寿
35117 赋闲
35118 腹胀
35119 杠杠
35120 梗概
35121 观赛
35122 对账
35123 海碗
35124 含情脉脉
35125 好半天
35126 好气儿
35127 耗能
35128 合成纤维
35129 合而为一
35130 核反应
35131 颌骨
35132 横断
35133 幻灯片
35134 换血
35135 回赠
35136 汇流
35137 活物
35138 急行军
35139 将才
35140 交集
35141 姣好
35142 胶质
35143 教课
35144 绞痛
35145 矫捷
35146 接踵
35147 揭短
35148 京官
35149 挖坑
35150 泾渭分明
35151 巨制
35152 卷子（juànzi）
35153 决心书
35154 开方
35155 吭气
35156 揽工
35157 痨病
35158 连篇累牍
35159 鹭鸶
35160 律诗
35161 绿茵茵
35162 乱纷纷
35163 门人
35164 蒙冤
35165 密码箱
35166 墨黑
35167 尼姑庵
35168 逆料
35169 牛郎织女
35170 谱系
35171 企求
35172 气垫
35173 气绝
35174 枪刺
35175 圈定
35176 全优
35177 戎马
35178 融和
35179 乳糖

35180 若即若离
35181 赛制
35182 艄公
35183 少男
35184 神魂颠倒
35185 诗兴
35186 手感
35187 书面语
35188 输卵管
35189 暑热
35190 帅气
35191 水网
35192 司炉
35193 私仇
35194 素雅
35195 眷
35196 踢踏舞
35197 天鹅绒
35198 调色板
35199 微循环
35200 膝关节
35201 席棚
35202 线头
35203 香草
35204 香粉
35205 消肿
35206 写景
35207 凶神恶煞
35208 雄师
35209 血本
35210 延揽
35211 眼白
35212 验方
35213 邀约
35214 一衣带水
35215 阴暗面
35216 银铃
35217 硬气
35218 油茶
35219 友军
35220 于心不忍
35221 雨前
35222 蕴藉
35223 战袍
35224 掌舵
35225 照说
35226 峥嵘岁月
35227 证章
35228 重音
35229 驻留
35230 自谦
35231 字纸篓
35232 纵览
35233 本相
35234 避嫌
35235 冰霜
35236 秉持
35237 驳倒
35238 补过
35239 不攻自破
35240 不远千里
35241 擦伤
35242 茶钱
35243 馋嘴
35244 趁火打劫
35245 赤心
35246 虫草
35247 除草
35248 传经
35249 催逼
35250 催款
35251 存贷
35252 大风大浪
35253 典章
35254 雕饰
35255 钉子户
35256 订约
35257 定当
35258 冬种
35259 动人心弦
35260 独力
35261 度日如年
35262 断交
35263 对开
35264 对数
35265 耳坠
35266 罚没款
35267 饭锅
35268 方术
35269 芳菲
35270 肺气肿
35271 副词
35272 改易
35273 盖碗
35274 干饭
35275 高帽子
35276 高人一等
35277 告白
35278 观光客
35279 光斑
35280 国有化
35281 寒窗
35282 合得来
35283 闭门谢客
35284 合剂
35285 河北梆子
35286 候机楼
35287 虎牙
35288 黄花菜
35289 浑浑噩噩
35290 讥诮
35291 缉私艇
35292 节节
35293 结队
35294 敬请
35295 军垦
35296 开奖
35297 慷慨陈词
35298 考级
35299 可溶
35300 空前绝后
35301 口诀
35302 口是心非
35303 枯井
35304 快运
35305 阑尾炎
35306 滥捕
35307 狸猫
35308 立式
35309 联机
35310 链球
35311 列岛
35312 领养
35313 吕剧
35314 屡教不改
35315 草垛
35316 乱套
35317 乱真
35318 瞒天过海
35319 盲肠
35320 盲童
35321 脉脉
35322 纳贿
35323 内忧外患
35324 暖风
35325 叛逃
35326 捧角
35327 批注
35328 品茗
35329 前科
35330 堑壕
35331 强词夺理
35332 青梅竹马
35333 清欠
35334 穷酸
35335 区旗
35336 祛邪
35337 泉眼
35338 人工降雨
35339 人仰马翻
35340 荣光
35341 盲流
35342 容留
35343 乳酸
35344 入乡随俗
35345 善终
35346 少壮
35347 身板
35348 神佛
35349 审稿
35350 手气
35351 手纸
35352 书吧
35353 树人
35354 水磨
35355 挑唆
35356 团费
35357 外卖
35358 完婚
35359 偎依
35360 委曲求全
35361 文言文
35362 瓮声瓮气
35363 舞剑
35364 雾霭
35365 喜糖
35366 细情
35367 消减
35368 协查
35369 撷取
35370 心急火燎
35371 心直口快
35372 行经
35373 修配
35374 序数
35375 血量
35376 压垮
35377 言之有理
35378 眼皮子
35379 眼前亏
35380 野餐
35381 义子
35382 细流
35383 溢美
35384 营私
35385 映现
35386 用事
35387 由表及里
35388 案底
35389 由头
35390 有备无患
35391 跃然
35392 越俎代庖
35393 晕厥
35394 遭灾
35395 早死
35396 掌门人
35397 招兵买马
35398 招贴画
35399 折腰
35400 争持
35401 知了
35402 至诚
35403 致命伤
35404 忠言
35405 猪食
35406 转诊
35407 作痛
35408 做手脚
35409 挨批

35410 爱将
35411 按语
35412 拜望
35413 班轮
35414 裱糊
35415 别字
35416 采办
35417 策源地
35418 岔道儿
35419 产假
35420 常备
35421 逞强
35422 酬劳
35423 春分
35424 答对
35425 打桩
35426 盗印
35427 道白
35428 东拼西凑
35429 端阳
35430 法力
35431 防尘
35432 粪肥
35433 风纪
35434 缝衣
35435 干电池
35436 刚直不阿
35437 给面子
35438 工蜂
35439 果不其然
35440 海图
35441 好战
35442 黑头
35443 洪水猛兽
35444 后秦
35445 划一
35446 画工
35447 混淆视听
35448 机关刊物
35449 给水
35450 家道
35451 假扮
35452 驾临
35453 驾轻就熟
35454 坚不可摧
35455 简牍
35456 箭在弦上
35457 匠心独运
35458 旧病
35459 网聊
35460 局子
35461 举棋不定
35462 军号
35463 壳子
35464 可曾
35465 孔径
35466 口传
35467 口头语
35468 浪荡
35469 捞一把
35470 老古董
35471 冷僻
35472 犁地
35473 裂谷
35474 龙骨
35475 镂空
35476 马厩
35477 卖点
35478 漫灌
35479 忙里偷闲
35480 帽檐
35481 猛子
35482 名优产品
35483 木薯
35484 目空一切
35485 你来我往
35486 排水量
35487 起征
35488 气宇
35489 阡陌
35490 巧夺
35491 人杰地灵
35492 糅合
35493 舌战
35494 盛传
35495 失语
35496 受戒
35497 受屈
35498 顺耳
35499 说白了
35500 俗名
35501 所向无敌
35502 嘴乖
35503 调味
35504 小把戏
35505 珍邮
35506 开荤
35507 杏坛
35508 完胜
35509 万物之灵
35510 腕子
35511 无名火
35512 细枝末节
35513 下学
35514 乡巴佬儿
35515 像章
35516 胸科
35517 叙旧
35518 艳福
35519 阳极
35520 一头雾水
35521 一走了之
35522 喁喁
35523 忧愤
35524 游廊
35525 游水
35526 余晖
35527 羽化
35528 预应力
35529 远郊区
35530 折桂
35531 支委会
35532 置信
35533 中程
35534 灼伤
35535 酌量
35536 自然经济
35537 坐姿
35538 哀叫
35539 哀怜
35540 白果
35541 本当
35542 拆散（chāisǎn）
35543 超水平
35544 车辙
35545 撑竿跳高
35546 出版商
35547 从教
35548 呆若木鸡
35549 代售
35550 道貌岸然
35551 地契
35552 断肠
35553 耳际
35554 贩黄
35555 飞红
35556 肥胖症
35557 奉还
35558 敷设
35559 附表
35560 根雕
35561 功德无量
35562 狗腿子
35563 孤儿寡母
35564 国宴
35565 海产
35566 寒热
35567 喝西北风
35568 后娘
35569 画匠
35570 欢颜
35571 甲肝
35572 将计就计
35573 校验
35574 节衣缩食
35575 借调
35576 借宿
35577 晋职
35578 静物
35579 九泉
35580 鹫
35581 军刀
35582 龟裂
35583 开河
35584 狂怒
35585 老大妈
35586 老生常谈
35587 烙铁
35588 冷天
35589 连理
35590 陋室
35591 摸准
35592 博览群书
35593 旁顾
35594 喷漆
35595 喷水池
35596 碰头会
35597 劈头盖脸
35598 前缘
35599 切肤之痛
35600 青皮
35601 泗水
35602 劝架
35603 群居
35604 商情
35605 上油
35606 慑于
35607 失和
35608 输家
35609 束手就擒
35610 竖琴
35611 双喜临门
35612 爽利
35613 水獭
35614 思谋
35615 死讯
35616 塔吊
35617 探亲访友
35618 体改
35619 天女散花
35620 天之骄子
35621 条桌
35622 头饰
35623 万代
35624 微观世界
35625 卫道
35626 文件夹
35627 文字狱
35628 五谷丰登
35629 西裤
35630 洗衣店
35631 下生
35632 夏至
35633 涎水
35634 县份
35635 限令
35636 枭雄
35637 小脑
35638 斜拉桥

35639 心劲儿
35640 心乱如麻
35641 信息论
35642 星宿
35643 行政拘留
35644 修女
35645 絮棉
35646 选择题
35647 哑铃
35648 言归正传
35649 一丁点儿
35650 一举成名
35651 义女
35652 异心
35653 姻亲
35654 隐姓埋名
35655 英姿飒爽
35656 圆筒
35657 晕船
35658 在劫难逃
35659 涨势
35660 招摇撞骗
35661 遮羞
35662 直拍
35663 指挥刀
35664 炙手可热
35665 钟摆
35666 衷肠
35667 重拳
35668 追念
35669 追赃
35670 总价
35671 包产
35672 保价
35673 保险丝
35674 背带
35675 北周
35676 蹦极
35677 变化无常
35678 便门
35679 瘪三
35680 兵戎相见
35681 不成器
35682 不过意
35683 采血
35684 茶缸
35685 车架
35686 陈兵
35687 重生
35688 出点子
35689 出阵
35690 闯将
35691 唇齿相依
35692 温水煮青蛙
35693 大跌
35694 盗匪
35695 等分
35696 斗转星移
35697 短线
35698 断线
35699 多如牛毛
35700 恩仇
35701 二流子
35702 翻耕
35703 返照
35704 飞禽走兽
35705 分餐制
35706 分庭抗礼
35707 浮屠
35708 负数
35709 负心
35710 负隅顽抗
35711 该着
35712 刚直
35713 钢钎
35714 羔子
35715 隔日
35716 广开言路
35717 合掌
35718 贺年卡
35719 横财
35720 宏愿
35721 鸿篇巨制
35722 后日
35723 划拉
35724 画押
35725 皇亲国戚
35726 货摊
35727 机载
35728 极乐世界
35729 急先锋
35730 集体婚礼
35731 假充
35732 贱民
35733 讲习班
35734 井架
35735 窘态
35736 酒足饭饱
35737 救亡图存
35738 聚落
35739 开本
35740 开膛
35741 铠甲
35742 空腹
35743 跨院儿
35744 蜡像
35745 琅琅
35746 老鸹
35747 雷区
35748 犁田
35749 里应外合
35750 良友
35751 邻舍
35752 流变
35753 螺旋藻
35754 马刀
35755 没话找话
35756 玫瑰红
35757 美意
35758 迷途知返
35759 密密层层
35760 末叶
35761 暮气
35762 内耗
35763 内敛
35764 呢绒
35765 女红
35766 排印
35767 票箱
35768 七窍
35769 奇效
35770 清冽
35771 清秋
35772 三级跳远
35773 散放
35774 丧权辱国
35775 杀生
35776 山洼
35777 扇动
35778 上下文
35779 上座
35780 肾炎
35781 胜率
35782 诗画
35783 守灵
35784 树碑立传
35785 刷洗
35786 丝巾
35787 厮混
35788 藤蔓
35789 体己
35790 体贴入微
35791 体无完肤
35792 跳荡
35793 童稚
35794 投注
35795 吐口
35796 拓荒者
35797 唯我独尊
35798 无名氏
35799 西点
35800 贤内助
35801 小姑
35802 效验
35803 行草
35804 朽木
35805 序跋
35806 恹恹
35807 眼福
35808 洋装
35809 银耳
35810 应用科学
35811 拥塞
35812 邮费
35813 油管
35814 游资
35815 遭难
35816 枣红
35817 张冠李戴
35818 长脸
35819 招贴
35820 珍本
35821 练摊
35822 诊费
35823 枕巾
35824 智障
35825 主桥
35826 装箱
35827 自决
35828 总目
35829 奏捷
35830 坐月子
35831 癌变
35832 百战百胜
35833 鼻祖
35834 舶来品
35835 不识时务
35836 长辞
35837 沉住气
35838 吃吃喝喝
35839 出纳员
35840 词藻
35841 褡裢
35842 打字员
35843 大包干儿
35844 大吵大闹
35845 待会儿
35846 丹参
35847 倒扣
35848 道观
35849 在在
35850 发怵
35851 等额
35852 地府
35853 鼎立
35854 定编
35855 豆奶
35856 独具慧眼
35857 法场
35858 翻弄
35859 反衬
35860 飞落
35861 奋击
35862 风吹日晒
35863 封闭性
35864 伏天
35865 付诸东流
35866 肝功能
35867 弓弩手
35868 观礼台

35869 盒子枪
35870 黑白电视
35871 洪荒
35872 呼吁书
35873 欢宴
35874 煌煌
35875 挥师
35876 机修
35877 鸡雏
35878 急遽
35879 记名
35880 奸党
35881 简而言之
35882 脚气
35883 介乎
35884 惊蛰
35885 举世无双
35886 军功章
35887 叩谢
35888 愧色
35889 老态龙钟
35890 乐不可支
35891 历数
35892 连贯性
35893 连阴天
35894 玲珑剔透
35895 留洋
35896 绿野
35897 螺纹
35898 麻辣
35899 马扎
35900 毛白杨
35901 毛坯
35902 没日没夜
35903 米袋子
35904 南头
35905 年历
35906 扭送
35907 怒冲冲
35908 噼啪
35909 偏师
35910 笸箩
35911 破涕为笑
35912 岂但
35913 起征点
35914 牵强附会
35915 喷薄而出
35916 前汉
35917 勤杂
35918 轻飘
35919 轻舟
35920 晴空万里
35921 亲家母
35922 趋紧
35923 泉源
35924 日理万机
35925 三伏天
35926 散见
35927 杀气腾腾
35928 善罢甘休
35929 上纲
35930 上进心
35931 尚可
35932 失禁
35933 十二指肠
35934 识货
35935 守土
35936 水母
35937 顺境
35938 素称
35939 天长地久
35940 填词
35941 同岁
35942 铜丝
35943 退避三舍
35944 煺
35945 为期不远
35946 乌亮
35947 稀客
35948 闲工夫
35949 馅儿
35950 协约国
35951 写字间
35952 刑事法庭
35953 行期
35954 行止
35955 削发
35956 雪野
35957 烟嘴儿
35958 眼面前
35959 眼药
35960 妖冶
35961 腰缠万贯
35962 移花接木
35963 意识流
35964 英杰
35965 映山红
35966 邮路
35967 与世无争
35968 越狱
35969 运动战
35970 蕴蓄
35971 遭罪
35972 贼人
35973 照本宣科
35974 砧木
35975 正步
35976 知心话
35977 重武器
35978 筑巢引凤
35979 自勉
35980 总机
35981 傲骨
35982 班房
35983 瓣儿
35984 包管
35985 暴晒
35986 避风港
35987 病容
35988 不惑之年
35989 草签
35990 拆台
35991 超长
35992 怆然
35993 春华秋实
35994 大部头
35995 大帽子
35996 单色
35997 稻穗
35998 癫狂
35999 知恩图报
36000 电子琴
36001 定级
36002 定计
36003 毒杀
36004 耳房
36005 法西斯主义
36006 翻天
36007 方剂
36008 封装
36009 肝火
36010 高跟儿
36011 高射炮
36012 歌子
36013 格式化
36014 梗死
36015 弓弦
36016 公议
36017 观音菩萨
36018 光膀子
36019 规约
36020 桂圆
36021 汉堡包
36022 号叫
36023 鹤立鸡群
36024 哄传
36025 护坡
36026 话里有话
36027 环生
36028 会标
36029 击水
36030 机头
36031 疾速
36032 计酬
36033 假名
36034 假日经济
36035 鉴赏力
36036 交学费
36037 叫驴
36038 惊弓之鸟
36039 竞渡
36040 军火库
36041 揩油
36042 可怜虫
36043 可欺
36044 坑洼
36045 空余
36046 快信
36047 矿渣
36048 来料
36049 擂主
36050 淋病
36051 屡禁不绝
36052 美食家
36053 末世
36054 男声
36055 内画
36056 尿盆
36057 凝思
36058 泡沫塑料
36059 皮条
36060 辟谣
36061 拼盘
36062 平摊
36063 平展
36064 奇幻
36065 歧路
36066 骑警
36067 旗鼓相当
36068 虔敬
36069 请便
36070 求全
36071 确系
36072 沙砾
36073 深谈
36074 生涩
36075 识时务
36076 世交
36077 受凉
36078 双关
36079 松针
36080 平调
36081 太空人
36082 弹词
36083 特种兵
36084 剃刀
36085 条规
36086 温情脉脉
36087 问句
36088 午前
36089 误人子弟
36090 洗尘
36091 下嫁
36092 闲气
36093 嫌隙
36094 显灵
36095 小家电
36096 信鸽
36097 信手拈来
36098 嘘声

36099 血样
36100 寻欢作乐
36101 炎夏
36102 扬声器
36103 阳沟
36104 洋槐
36105 洋铁
36106 养尊处优
36107 腰斩
36108 叶脉
36109 夜航
36110 一哄而散
36111 衣钵
36112 以暴易暴
36113 义勇
36114 译音
36115 意译
36116 因噎废食
36117 阴魂
36118 饮泣
36119 渔具
36120 圆通
36121 远客
36122 远路
36123 早恋
36124 贼亮
36125 赠予
36126 找死
36127 折旧费
36128 挚情
36129 竹布
36130 装病
36131 锥形
36132 着重点
36133 总方针
36134 罪魁
36135 尊号
36136 左右逢源
36137 瓣膜
36138 报丧
36139 本题
36140 鼻血
36141 鼻烟
36142 爱巢
36143 别传
36144 病入膏肓
36145 惨绝人寰
36146 长笛
36147 畅叙
36148 迟暮
36149 储运
36150 春晖
36151 糍粑
36152 搭客
36153 打击乐
36154 党徽
36155 倒贴
36156 底下人
36157 兜风
36158 毒液
36159 对簿公堂
36160 墩子
36161 扼制
36162 恩泽
36163 返城
36164 犯傻
36165 防污
36166 房颤
36167 纺线
36168 坟场
36169 粉皮
36170 蜂窝煤
36171 甘美
36172 钢琴曲
36173 高深莫测
36174 鬼斧神工
36175 果酱
36176 斝
36177 何首乌
36178 侯爵
36179 花呢
36180 坏分子
36181 黄疸
36182 黄芪
36183 惶惶然
36184 昏沉
36185 活泛
36186 家私
36187 尖酸
36188 斤两
36189 京腔
36190 粳米
36191 颈椎病
36192 景泰蓝
36193 炕席
36194 块头
36195 兰草
36196 滥竽充数
36197 冷眼旁观
36198 理所应当
36199 连轴转
36200 零用
36201 龙腾虎跃
36202 律己
36203 毛笔字
36204 门脸儿
36205 弥勒佛
36206 名不副实
36207 明澈
36208 墨宝
36209 木排
36210 目测
36211 拿一把
36212 南戏
36213 酿制
36214 爬虫
36215 跑冒滴漏
36216 烹制
36217 破冰船
36218 扑空
36219 扑簌
36220 气门
36221 前兆
36222 情商
36223 穷根
36224 缺阵
36225 肉感
36226 肉票
36227 入伙
36228 沙柳
36229 舍下
36230 身孕
36231 神清气爽
36232 省府
36233 十万八千里
36234 始作俑者
36235 事主
36236 树葬
36237 爽性
36238 偷猎
36239 王权
36240 微服私访
36241 卫护
36242 无疆
36243 误判
36244 喜洋洋
36245 瞎指挥
36246 下厨
36247 下界
36248 先见之明
36249 祥瑞
36250 向钱看
36251 象形文字
36252 校址
36253 信物
36254 行好
36255 形影
36256 袖筒
36257 虚怀若谷
36258 叙事诗
36259 血库
36260 血肉横飞
36261 巡逻艇
36262 养路
36263 要隘
36264 应和
36265 优伶
36266 忧郁症
36267 有生力量
36268 玉皇大帝
36269 载重量
36270 早产
36271 毡房
36272 战报
36273 战史
36274 争强好胜
36275 政敌
36276 指斥
36277 制空权
36278 忠贞不渝
36279 仲秋
36280 竹排
36281 专制主义
36282 转暖
36283 状貌
36284 卓然
36285 自成体系
36286 字纸
36287 截屏
36288 总括
36289 阻截
36290 黯然神伤
36291 芭蕉扇
36292 百花奖
36293 抱佛脚
36294 北京猿人
36295 标底
36296 不痛不痒
36297 不学无术
36298 裁判长
36299 差劲
36300 尘肺
36301 撑船
36302 呈送
36303 吃斋
36304 迟误
36305 抽验
36306 丑剧
36307 出落
36308 穿针引线
36309 传感
36310 绰绰有余
36311 瓷瓶
36312 打退堂鼓
36313 打战
36314 呆头呆脑
36315 胆结石
36316 淡水鱼
36317 得计
36318 灯花
36319 电影周
36320 殿后
36321 顶嘴
36322 恶浪
36323 恶俗
36324 儿童团
36325 方块字
36326 粉碎机
36327 夫君
36328 付与

36329 钢坯
36330 高峻
36331 苟活
36332 孤军奋战
36333 雇请
36334 怪笑
36335 盥洗
36336 广播剧
36337 归纳法
36338 过午
36339 过眼烟云
36340 核素
36341 呼哧
36342 活络
36343 急转弯
36344 几时
36345 加仑
36346 孑然一身
36347 劫夺
36348 结语
36349 解劝
36350 进占
36351 京派
36352 据传
36353 枯槁
36354 狂躁
36355 矿泉
36356 老当益壮
36357 老姑娘
36358 老气横秋
36359 黎民
36360 里子
36361 立夏
36362 利尿
36363 落山
36364 麦片
36365 满城风雨
36366 茅塞顿开
36367 面团
36368 名品
36369 名手
36370 拟人
36371 怕事
36372 扑打（pūdǎ）
36373 气宇轩昂
36374 前腿
36375 戗（qiàng）
36376 切花
36377 青果
36378 青灰
36379 屈尊
36380 趋附
36381 撒网
36382 丧偶
36383 搔痒
36384 上半天
36385 稍许
36386 甚嚣尘上
36387 师友
36388 实数
36389 拾零
36390 手雷
36391 售卖
36392 秫秸
36393 耍赖
36394 税后
36395 随行就市
36396 梭镖
36397 塔林
36398 钛白
36399 田螺
36400 停飞
36401 同理
36402 头绳
36403 投送
36404 荼毒
36405 涂脂抹粉
36406 脱稿
36407 万人空巷
36408 妄动
36409 倭瓜
36410 无休无止
36411 消气
36412 楔子
36413 挟带
36414 卸载
36415 心灰意懒
36416 信风
36417 兄嫂
36418 袖标
36419 绣鞋
36420 虚度
36421 血书
36422 言教
36423 养畜
36424 摇旗呐喊
36425 充电宝
36426 野营
36427 胰子
36428 疑忌
36429 轶闻
36430 肄业
36431 用做
36432 鱼目混珠
36433 玉镯
36434 预热
36435 岳丈
36436 贼心
36437 增刊
36438 赠言
36439 真凭实据
36440 正告
36441 政教
36442 症候
36443 治世
36444 致哀
36445 肿块
36446 赘述
36447 子午线
36448 自投罗网
36449 自由职业
36450 族谱
36451 纂修
36452 作梗
36453 阿拉伯数字
36454 板斧
36455 庇护所
36456 编年史
36457 不劳而获
36458 不信邪
36459 擦黑儿
36460 长明灯
36461 潮涌
36462 重奏
36463 葱花
36464 粗黑
36465 粗疏
36466 答礼
36467 大敌当前
36468 大放异彩
36469 导论
36470 倒票
36471 倒转（dàozhuǎn）
36472 嫡系
36473 第一人称
36474 叠翠
36475 洞穿
36476 洞天
36477 斗气
36478 豆荚
36479 蛾子
36480 法式
36481 反串
36482 肥效
36483 分毫
36484 分赃
36485 坟茔
36486 粪堆
36487 风行一时
36488 蜂巢
36489 蜂王
36490 奉调
36491 佛殿
36492 覆没
36493 干洗
36494 高架桥
36495 告竣
36496 根本法
36497 耿耿
36498 己所不欲，勿施于人
36499 谷雨
36500 官署
36501 合不来
36502 合于
36503 和好
36504 河槽
36505 后舱
36506 后视镜
36507 划子
36508 环形山
36509 荒诞不经
36510 丢人现眼
36511 黄了
36512 极光
36513 家长里短
36514 假球
36515 劫数
36516 狙击
36517 爵位
36518 留把柄
36519 装熊
36520 君临
36521 客套话
36522 美甲
36523 夸口
36524 快马加鞭
36525 岿然不动
36526 拉网
36527 老谋深算
36528 冷宫
36529 良宵
36530 聊以
36531 裂化
36532 龙凤呈祥
36533 路牌
36534 旅游车
36535 卖乖
36536 没商量
36537 闷坐
36538 目力
36539 内中
36540 袅娜
36541 怒潮
36542 期中
36543 祈愿
36544 签收
36545 潜流
36546 穹顶
36547 遒劲
36548 曲面
36549 取火
36550 全名
36551 拳术
36552 人工呼吸
36553 荏苒
36554 肉搏
36555 辱没

36556 三相
36557 深明大义
36558 生闷气
36559 盛誉
36560 识趣
36561 试纸
36562 收纳
36563 手艺人
36564 首功
36565 水房
36566 糖衣炮弹
36567 特指
36568 腾跃
36569 腾云驾雾
36570 锑
36571 天马行空
36572 甜食
36573 童声
36574 偷梁换柱
36575 头昏眼花
36576 瓦工
36577 外院
36578 晚熟
36579 万象更新
36580 妄自菲薄
36581 乌龙茶
36582 吸力
36583 下怀
36584 相好
36585 歇后语
36586 心包
36587 药性
36588 一病不起
36589 一股脑儿
36590 一挥而就
36591 易爆
36592 音质
36593 迎头痛击
36594 永诀
36595 咏叹
36596 有生
36597 鱼皮
36598 月宫
36599 遭劫
36600 造次
36601 造影
36602 斋戒
36603 樟木
36604 掌上明珠
36605 正果
36606 中气
36607 周详
36608 周遭
36609 驻在国
36610 转弯抹角
36611 壮健
36612 罪有应得
36613 做礼拜
36614 案由
36615 白话诗
36616 百闻不如一见
36617 败家
36618 胞弟
36619 碑石
36620 北斗星
36621 备件
36622 锛
36623 笔耕
36624 别针
36625 秉笔
36626 不可终日
36627 不足取
36628 菜色
36629 侧柏
36630 长臂猿
36631 车轴
36632 触须
36633 从略
36634 搭伙
36635 打拼
36636 打头阵
36637 大烟鬼
36638 导报
36639 灯油
36640 镫
36641 递补
36642 第一把手
36643 电化教育
36644 东瀛
36645 东正教
36646 独角戏
36647 短枪
36648 断案
36649 对调
36650 趸船
36651 反掌
36652 返销
36653 封皮
36654 糕饼
36655 咯吱
36656 各取所需
36657 各执一词
36658 姑嫂
36659 故我
36660 海味
36661 耗用
36662 荷包蛋
36663 贺年
36664 横肉
36665 后年
36666 胡言
36667 划桨
36668 画稿
36669 回头客
36670 魂飞魄散
36671 豁亮
36672 鸡肋
36673 基底
36674 寄宿生
36675 假牙
36676 简化字
36677 尽数
36678 旧俗
36679 国骂
36680 绝然
36681 开讲
36682 引水渠
36683 狼狈为奸
36684 老好人
36685 老态
36686 累进
36687 礼数
36688 链球菌
36689 量度
36690 令箭
36691 龙宫
36692 轮空
36693 罗织
36694 卖方市场
36695 毛巾被
36696 冒名顶替
36697 没事人
36698 门面房
36699 蒙人
36700 丐帮
36701 弥勒
36702 墨客
36703 闹脾气
36704 内海
36705 逆耳
36706 逆子
36707 腻味
36708 念咒
36709 尿尿
36710 脾脏
36711 凄怆
36712 卡子
36713 钱眼儿
36714 亲骨肉
36715 痧
36716 闪避
36717 赏析
36718 上紧
36719 稍息
36720 舌苔
36721 申述
36722 失算
36723 时间性
36724 世风
36725 手抄本
36726 署理
36727 庶务
36728 水吧
36729 私党
36730 松快
36731 缩手缩脚
36732 贪生怕死
36733 弹射
36734 调制解调器
36735 铁案
36736 无方
36737 无利可图
36738 吸盘
36739 吸氧
36740 瞎编
36741 限时
36742 橡皮筋
36743 骁骑
36744 挟制
36745 行李箱
36746 行窃
36747 凶暴
36748 雄才大略
36749 絮叨
36750 悬梁
36751 烟熏火燎
36752 眼镜蛇
36753 羊绒衫
36754 洋灰
36755 异言
36756 译介
36757 音高
36758 用饭
36759 用刑
36760 游逛
36761 游医
36762 渔利
36763 郁郁寡欢
36764 元曲
36765 云气
36766 早衰
36767 皂白
36768 增拨
36769 增压
36770 瞻望
36771 振臂
36772 征象
36773 止息
36774 中专生
36775 终局
36776 珠联璧合
36777 住院部
36778 转体
36779 追诉
36780 坠子
36781 坐吃山空
36782 悲切
36783 本日
36784 鞭长莫及

36785 不下于
36786 不值一提
36787 猜谜
36788 撑持
36789 雏鸡
36790 寸步不离
36791 打白条
36792 大动干戈
36793 代庖
36794 带班
36795 当啷
36796 党徒
36797 灯市
36798 垫款
36799 定情
36800 对角
36801 翻地
36802 凡夫俗子
36803 菲薄
36804 分拨
36805 粉白
36806 丰姿
36807 烽火台
36808 刚愎自用
36809 高妙
36810 工件
36811 公假
36812 公诸
36813 诟病
36814 孤掌难鸣
36815 古装戏
36816 寡言
36817 管保
36818 管账
36819 归位
36820 归葬
36821 鬼魅
36822 蒿草
36823 合刊
36824 核糖核酸
36825 皇朝
36826 毁誉
36827 荤腥
36828 活受罪
36829 肌腱
36830 激光照排
36831 假公济私
36832 尖细
36833 教友
36834 竭泽而渔
36835 解馋
36836 警棍
36837 酒钱
36838 咖啡因
36839 开胃
36840 风流人物
36841 考分
36842 窥测
36843 困守
36844 劳务市场
36845 老鸨
36846 力争上游
36847 立誓
36848 连用
36849 领航
36850 令旗
36851 流年
36852 露营
36853 旅伴
36854 眯（mí）
36855 明争暗斗
36856 木片
36857 目不斜视
36858 奶汁
36859 男工
36860 巨贾
36861 暖棚
36862 偶遇
36863 爬山虎
36864 排字
36865 旁敲侧击
36866 狍子
36867 扑闪
36868 谱曲
36869 七情六欲
36870 欺世盗名
36871 气象站
36872 气壮山河
36873 汽配
36874 器质性
36875 掮客
36876 强压
36877 敲门砖
36878 切近
36879 勤恳
36880 穷鬼
36881 曲直
36882 曲牌
36883 去病
36884 人证
36885 仁政
36886 如法炮制
36887 散佚
36888 山药蛋
36889 鞘（shāo）
36890 十二生肖
36891 时来运转
36892 食道
36893 帅印
36894 水果刀
36895 睡莲
36896 四平八稳
36897 速算
36898 添油加醋
36899 通论
36900 退隐
36901 卧车
36902 五角星
36903 西皮
36904 淅沥
36905 稀落
36906 稀松
36907 下巴颏儿
36908 小家子气
36909 心理战
36910 心力交瘁
36911 抓狂
36912 心如刀绞
36913 行乞
36914 胸腺
36915 勋爵
36916 样带
36917 夜壶
36918 一炮打响
36919 一泻千里
36920 依依惜别
36921 仪礼
36922 以讹传讹
36923 义正词严
36924 隐退
36925 饮马
36926 硬木
36927 用茶
36928 约谈
36929 照排
36930 这么样
36931 震级
36932 征粮
36933 正本清源
36934 正眼
36935 指环
36936 竹楼
36937 自鸣钟
36938 自选动作
36939 纵横捭阖
36940 组画
36941 祖业
36942 坐大
36943 哀告
36944 拔除
36945 拔营
36946 耙（bà）
36947 白马王子
36948 白头偕老
36949 板蓝根
36950 棒喝
36951 北极圈
36952 壁立
36953 宾至如归
36954 拨冗
36955 侧翼
36956 叉车
36957 察言观色
36958 娼妇
36959 长颈鹿
36960 超高速
36961 酬报
36962 初民
36963 春荒
36964 存疑
36965 大行星
36966 大姓
36967 大义灭亲
36968 等温
36969 地头蛇
36970 第一性
36971 电离层
36972 刁民
36973 跌跤
36974 段长
36975 断崖
36976 矾
36977 飞逝
36978 非此即彼
36979 风传
36980 扶正祛邪
36981 负罪
36982 干面
36983 稿本
36984 告罄
36985 骨碌碌
36986 谷粒
36987 挂不住
36988 官腔
36989 寒冬腊月
36990 撼人心魄
36991 河坝
36992 河曲
36993 核资
36994 后金
36995 后来人
36996 化痰
36997 欢蹦乱跳
36998 幻境
36999 黄花闺女
37000 火枪
37001 记事本
37002 夹克衫
37003 简章
37004 剑术
37005 践诺
37006 鉴证
37007 交好
37008 光伏
37009 角楼
37010 教练机
37011 京胡
37012 就位
37013 角力
37014 绝世

37015 开腔
37016 拦蓄
37017 羸弱
37018 黧黑
37019 礼俗
37020 俚语
37021 劣等
37022 另当别论
37023 鲈鱼
37024 论道
37025 螺栓
37026 蜜饯
37027 名落孙山
37028 墨笔
37029 耐劳
37030 逆流而上
37031 弄权
37032 牌价
37033 盘绕
37034 抛洒
37035 抛物线
37036 陪审
37037 平板车
37038 七夕
37039 汽缸
37040 桥涵
37041 青麻
37042 穷途末路
37043 秋播
37044 热菜
37045 人梯
37046 茸茸
37047 肉猪
37048 如上
37049 儒林
37050 瑟缩
37051 善男信女
37052 捎话
37053 涉世
37054 神游
37055 生灵涂炭
37056 声名鹊起
37057 狮子头
37058 收罗
37059 首犯
37060 书卷气
37061 私了
37062 四面楚歌
37063 坦承
37064 探井
37065 烫金
37066 天府之国
37067 天棚
37068 田鼠
37069 铜臭
37070 推重
37071 蛙鸣
37072 外亲
37073 晚秋
37074 晚自习
37075 旺销
37076 瞎闹
37077 下作
37078 限产
37079 小夜曲
37080 胁从
37081 心火
37082 虚无缥缈
37083 寻短见
37084 鸭舌帽
37085 嫣红
37086 严办
37087 严词
37088 验资
37089 洋奴
37090 一锅粥
37091 一命呜呼
37092 译员
37093 隐晦
37094 印鉴
37095 有喜
37096 域外
37097 原职
37098 远祖
37099 云母
37100 再植
37101 早安
37102 轧辊
37103 照发
37104 照应（zhàoying）
37105 折返
37106 直来直去
37107 质对
37108 致用
37109 中西合璧
37110 舟楫
37111 转车
37112 壮劳力
37113 紫竹
37114 字汇
37115 坐班
37116 坐享其成
37117 坐庄
37118 做鬼
37119 艾蒿
37120 安好
37121 熬（āo）
37122 白垩
37123 白药
37124 报偿
37125 报亭
37126 爆冷门
37127 鼻烟壶
37128 鼻子眼儿
37129 冰峰
37130 并行不悖
37131 钹
37132 不好惹
37133 惨祸
37134 茶盘
37135 沉香
37136 吃闲饭
37137 充数
37138 出猎
37139 船运
37140 窗洞
37141 闯世界
37142 春寒料峭
37143 答非所问
37144 大难临头
37145 盗掘
37146 盗取
37147 滴滴涕
37148 的确良
37149 敌寇
37150 颠沛流离
37151 电贺
37152 电子版
37153 订户
37154 动土
37155 斗智
37156 反调
37157 饭粒
37158 风云突变
37159 夫权
37160 复学
37161 干菜
37162 港货
37163 共赴
37164 官气
37165 光荣榜
37166 光宗耀祖
37167 滚筒
37168 黑斑
37169 黑油油
37170 恨之入骨
37171 横溢
37172 后效
37173 还俗
37174 挥拳
37175 魂不附体
37176 活雷锋
37177 激变
37178 吉祥如意
37179 寄情
37180 肩挑
37181 鉴定书
37182 交接班
37183 娇贵
37184 胶合板
37185 劲射
37186 锯子
37187 坷垃
37188 哭鼻子
37189 快速路
37190 拉稀
37191 劳逸结合
37192 乐滋滋
37193 离心机
37194 烈酒
37195 猎获
37196 流言蜚语
37197 笼头
37198 楼堂馆所
37199 炉渣
37200 膂力
37201 沦亡
37202 买卖人
37203 麦浪
37204 盲动
37205 美工
37206 美玉
37207 门环
37208 迷彩服
37209 呢子
37210 泥炭
37211 怒发冲冠
37212 排空
37213 刨根儿
37214 劈面
37215 扑打（pūda）
37216 凄迷
37217 乞食
37218 气不过
37219 气阀
37220 气头上
37221 气虚
37222 摆拍
37223 牵累
37224 抢时间
37225 翘楚
37226 染坊
37227 惹是生非
37228 人工流产
37229 日晒
37230 三伏
37231 色鬼
37232 上药
37233 上载
37234 深耕
37235 婶母
37236 寿终
37237 疏落
37238 双眼皮
37239 水烟
37240 私法
37241 送亲
37242 馊主意

37243 拓片
37244 探病
37245 田庄
37246 铁腕
37247 铜壶
37248 头重脚轻
37249 推进器
37250 外教
37251 围捕
37252 温软
37253 文人相轻
37254 无情无义
37255 五毒
37256 误用
37257 吸尘器
37258 细弱
37259 下半天
37260 现形
37261 相沿
37262 小拇指
37263 小日子
37264 心驰神往
37265 行旅
37266 续弦
37267 熏染
37268 药典
37269 药粉
37270 野驴
37271 夜车
37272 衣锦还乡
37273 衣扣
37274 遗训
37275 以诚相待
37276 爆表
37277 艺术片
37278 意想
37279 因由
37280 营私舞弊
37281 有两下子
37282 郁结
37283 预付款
37284 猿猴
37285 月食
37286 杂七杂八
37287 遭遇战
37288 灶王爷
37289 着慌
37290 着忙
37291 找错
37292 执棒
37293 志愿书
37294 竹铗
37295 筑堤
37296 紫薇
37297 安谧
37298 谙熟
37299 拔脚
37300 白地
37301 摆子
37302 败军
37303 拜堂
37304 编校
37305 兵戈
37306 储藏室
37307 揣度
37308 串通一气
37309 雌蕊
37310 催命
37311 打呼噜
37312 大课
37313 大排档
37314 大煞风景
37315 戴高帽
37316 担待
37317 淡妆
37318 倒车
（dǎochē）
37319 稻草人
37320 底本
37321 颠三倒四
37322 断喝
37323 发条
37324 翻身仗
37325 飞沫
37326 符咒
37327 吸储
37328 胳肢窝
37329 干爽
37330 橄榄油
37331 刚柔相济
37332 高锰酸钾
37333 高血脂
37334 高压锅
37335 膏肓
37336 根深叶茂
37337 公历
37338 躬亲
37339 故步自封
37340 怪道
37341 喉结
37342 厚此薄彼
37343 还乡团
37344 回光返照
37345 回手
37346 婚姻介绍所
37347 火树银花
37348 畸变
37349 祭拜
37350 假唱
37351 假造
37352 疆界
37353 焦土
37354 矫枉过正
37355 接地
37356 节烈
37357 金箔
37358 经纬度
37359 居心叵测
37360 巨富
37361 聚积
37362 考风
37363 磕碰
37364 离心力
37365 联翩
37366 量入为出
37367 领章
37368 论罪
37369 马鹿
37370 骂名
37371 蛮子
37372 盟员
37373 孟浪
37374 迷漫
37375 面壁
37376 名闻遐迩
37377 耐火
37378 囊中羞涩
37379 囊肿
37380 泥腿子
37381 鲇鱼
37382 黏膜
37383 旁落
37384 抛撒
37385 疱
37386 陪练
37387 睥睨
37388 票款
37389 平乱
37390 启示录
37391 卿卿我我
37392 情韵
37393 取决
37394 日久天长
37395 肉饼
37396 肉瘤
37397 孺子牛
37398 入眼
37399 软体
37400 沙坑
37401 上调
（shàngdiào）
37402 射杀
37403 赦罪
37404 圣诞树
37405 诗体
37406 赎金
37407 述怀
37408 甩卖
37409 帅才
37410 说长道短
37411 硬笔
37412 说一不二
37413 酸苦
37414 贪污腐化
37415 叹号
37416 体式
37417 停薪留职
37418 土地爷
37419 团扇
37420 脱皮
37421 驼铃
37422 外勤
37423 外扬
37424 亡命之徒
37425 乌鸡
37426 无所不知
37427 误食
37428 雾凇
37429 嬉皮笑脸
37430 下不了台
37431 贤弟
37432 相违
37433 笑星
37434 斜刺里
37435 修士
37436 绣花鞋
37437 蓄能
37438 雪耻
37439 压倒多数
37440 雅人
37441 湮灭
37442 眼泡
37443 夜郎自大
37444 一路顺风
37445 医道
37446 乙脑
37447 淫乱
37448 迎春花
37449 用度
37450 用膳
37451 优等
37452 余党
37453 原任
37454 残币
37455 砸锅
37456 灾变
37457 早操
37458 遮阳伞
37459 枕木
37460 志士仁人
37461 致病菌
37462 置于死地
37463 中班
37464 珠光宝气
37465 自动步枪
37466 自命不凡
37467 字义
37468 总汇
37469 作呕
37470 作色

37471 挨揍
37472 爱河
37473 安营
37474 半酣
37475 扮作
37476 包皮
37477 包装纸
37478 保人
37479 报头
37480 北极熊
37481 奔突
37482 鼻炎
37483 毕露
37484 扁豆
37485 兵船
37486 不遂
37487 财帛
37488 彩绸
37489 侧卧
37490 橙黄
37491 虫灾
37492 重圆
37493 愁肠
37494 初识
37495 吹吹打打
37496 吹灰之力
37497 粗线条
37498 错杂
37499 搭界
37500 打烊
37501 大红大紫
37502 大老粗
37503 倒悬
37504 盗猎
37505 得空
37506 喋血
37507 定数
37508 豆粒
37509 独具匠心
37510 鹅蛋
37511 发射台
37512 反光镜
37513 犯嘀咕
37514 方丈（fāngzhàng）
37515 奋争
37516 疯话
37517 疯长
37518 浮浅
37519 父系
37520 覆舟
37521 干脆利落
37522 感恩戴德
37523 橄榄绿
37524 港府
37525 高寿
37526 隔断（géduan）
37527 隔靴搔痒
37528 古汉语
37529 笔芯
37530 怪癖
37531 局麻
37532 结帮
37533 拦击
37534 陪聊
37535 穷开心
37536 斜风细雨
37537 果肉
37538 裹脚
37539 骇然
37540 毫发
37541 核糖
37542 虎头蛇尾
37543 护院
37544 灰飞烟灭
37545 回填
37546 洄游
37547 火炭
37548 货郎
37549 践行
37550 奖优罚劣
37551 精读
37552 净菜
37553 纠察
37554 揪斗
37555 绝后
37556 扣压
37557 宽绰
37558 宽窄
37559 溃逃
37560 扩版
37561 力排众议
37562 立交
37563 两用人才
37564 漏子
37565 门径
37566 面如土色
37567 渺渺
37568 妙笔
37569 民家
37570 民谚
37571 名特优新
37572 冥思苦想
37573 漠漠
37574 内伤
37575 泥塘
37576 腻烦
37577 牛圈
37578 拍案叫绝
37579 扁舟
37580 普天下
37581 期房
37582 青灯
37583 轻武器
37584 清教徒
37585 清库
37586 丘八
37587 求购
37588 曲径
37589 权且
37590 蜷伏
37591 绒花
37592 如影随形
37593 色盲
37594 杀身之祸
37595 砂轮
37596 鳝鱼
37597 少年法庭
37598 生光
37599 盛情难却
37600 失宠
37601 失身
37602 诗会
37603 事过境迁
37604 首场
37605 首日封
37606 殊途同归
37607 输油管
37608 松松垮垮
37609 酸涩
37610 蒜头
37611 抬轿
37612 泰然自若
37613 探戈
37614 探亲假
37615 糖浆
37616 特需
37617 通才
37618 童真
37619 投育
37620 文牍
37621 稳操胜券
37622 涡流
37623 熙来攘往
37624 细粮
37625 下半截
37626 夏令
37627 先父
37628 贤达
37629 现价
37630 相较
37631 小水电
37632 小坐
37633 心腹之患
37634 新贵
37635 牙床
37636 言归于好
37637 厌弃
37638 厌学
37639 阳痿
37640 谒见
37641 遗传工程
37642 以泪洗面
37643 以偏概全
37644 异香
37645 渔人
37646 圆寂
37647 远涉重洋
37648 熨贴
37649 杂务
37650 择偶
37651 朝晖
37652 针线活儿
37653 阵地战
37654 整装
37655 正品
37656 支气管
37657 中央银行
37658 重活儿
37659 重头
37660 抓典型
37661 走火入魔
37662 按压
37663 暗恋
37664 扳倒
37665 半坡
37666 保票
37667 被里
37668 被头
37669 鞭笞
37670 贬斥
37671 病退
37672 补益
37673 山崩地裂
37674 步步为营
37675 参谋部
37676 参照物
37677 残冬
37678 吃官司
37679 充填
37680 出溜
37681 初探
37682 大方向
37683 大轿车
37684 胆大包天
37685 导言
37686 灯台
37687 噔
37688 底牌
37689 电话局
37690 电信号
37691 貂皮
37692 定规
37693 豆腐脑儿
37694 毒气弹
37695 独院
37696 短平快
37697 对号入座
37698 兑取

37699 二重性
37700 发虚
37701 分册
37702 临阵磨枪
37703 风俗画
37704 蜂房
37705 付账
37706 钙化
37707 高山流水
37708 告老
37709 公而忘私
37710 公侯
37711 公审
37712 够不着
37713 锅铲
37714 旱船
37715 好说歹说
37716 黑木耳
37717 忽明忽暗
37718 糊涂虫
37719 划拳
37720 伙夫
37721 激奋
37722 急症
37723 集体舞
37724 记工
37725 技高一筹
37726 家兄
37727 夹衣
37728 减数
37729 讲情
37730 结肠
37731 届期
37732 九天
37733 拉纤
37734 乐善好施
37735 理疗
37736 练达
37737 凉席
37738 临界点
37739 落井下石
37740 码子
37741 卖价
37742 美容师
37743 盟约
37744 弥撒
37745 勉为其难
37746 名噪一时
37747 冥思
37748 目不识丁
37749 脑瘤
37750 牛虻
37751 派发
37752 胚芽
37753 赔罪
37754 碰击
37755 聘礼
37756 凭栏
37757 期许
37758 起价
37759 千伏
37760 千难万险
37761 球菌
37762 驱邪
37763 仁厚
37764 容情
37765 如雷贯耳
37766 塞子
37767 三不管
37768 散播
37769 煞风景
37770 垧
37771 少见多怪
37772 神位
37773 尸检
37774 事机
37775 手包
37776 受邀
37777 涮羊肉
37778 顺溜
37779 顺延
37780 私生子
37781 酥软
37782 酥油茶
37783 碎步
37784 塔吉克族
37785 胎生
37786 探测仪
37787 调资
37788 童车
37789 投胎
37790 外家
37791 万籁俱寂
37792 网眼
37793 胃镜
37794 闻风丧胆
37795 无日
37796 无事生非
37797 无以复加
37798 袭取
37799 洗练
37800 先知先觉
37801 镶边
37802 新芽
37803 阉割
37804 言重
37805 盐碱滩
37806 泱泱大国
37807 阳春白雪
37808 阳刚之气
37809 仰脖
37810 摇头摆尾
37811 议会制
37812 银杯
37813 饮恨
37814 应否
37815 鹦哥
37816 影迷
37817 庸碌
37818 幽情
37819 有线广播
37820 有言在先
37821 鱼粉
37822 雨过天晴
37823 玉成
37824 郁积
37825 欲速则不达
37826 御侮
37827 原班人马
37828 圆熟
37829 月亮门
37830 岳庙
37831 杂工
37832 毡子
37833 真传
37834 真确
37835 争风吃醋
37836 知法犯法
37837 治下
37838 竹篱
37839 逐客令
37840 贮备
37841 转院
37842 装裱
37843 滋扰
37844 子代
37845 自经
37846 祖师爷
37847 罪该万死
37848 作茧自缚
37849 拔苗助长
37850 白胖
37851 百尺竿头
37852 半世
37853 宝典
37854 保举
37855 卑怯
37856 闭锁
37857 驳船
37858 薄利多销
37859 不费吹灰之力
37860 不可胜数
37861 不容分说
37862 财礼
37863 测报
37864 插管
37865 查票
37866 超一流
37867 炒米
37868 称兄道弟
37869 成法
37870 秤砣
37871 愁思
37872 出航
37873 捶胸顿足
37874 磁极
37875 存粮
37876 打哈欠
37877 大灶
37878 挡驾
37879 悍匪
37880 嘀嗒
37881 电耗
37882 调度员
37883 发大水
37884 放大器
37885 飞渡
37886 飞临
37887 废人
37888 分秒
37889 焚掠
37890 蜂拥而上
37891 缝子
37892 附会
37893 改色
37894 构陷
37895 关涉
37896 罐车
37897 广种薄收
37898 过惯
37899 航测
37900 号兵
37901 花鼓戏
37902 花花世界
37903 画蛇添足
37904 还价
37905 荒村
37906 假想敌
37907 胶带
37908 绞车
37909 叫板
37910 揭竿而起
37911 仅此
37912 紧巴巴
37913 粳稻
37914 眷念
37915 勘定
37916 垦殖
37917 吭哧
37918 狂舞
37919 来者不拒
37920 蓝藻
37921 老糊涂
37922 愣是
37923 连阴雨
37924 律令
37925 绿宝石
37926 马靴
37927 美餐

37928 美人计
37929 迷魂阵
37930 绵薄
37931 明察秋毫
37932 奶娘
37933 脑袋瓜儿
37934 内贸
37935 叛贼
37936 喷薄
37937 棚圈
37938 片头
37939 气鼓鼓
37940 浅谈
37941 枪栓
37942 强撑
37943 强硬派
37944 青豆
37945 人墙
37946 锐不可当
37947 扫地出门
37948 卡奴
37949 森然
37950 雯
37951 生长素
37952 盛年
37953 失敬
37954 师法
37955 师兄弟
37956 石笋
37957 石英钟
37958 收摊儿
37959 受潮
37960 受窘
37961 授衔
37962 书生气
37963 书证
37964 飕
37965 蒜苗
37966 探秘
37967 剃须刀
37968 挑眼
37969 条陈
37970 头功
37971 突遇
37972 推拿
37973 驼绒
37974 瓦匠
37975 网卡
37976 微贱
37977 五一节
37978 西历
37979 习见
37980 席面
37981 喜结良缘
37982 夏布
37983 闲饭
37984 贤才
37985 萧索
37986 小葱
37987 心慈
37988 新约
37989 信札
37990 修脚
37991 虚浮
37992 熏蒸
37993 眼睫毛
37994 洋油
37995 野趣
37996 一览表
37997 仪容
37998 以礼相待
37999 用费
38000 呦
38001 有轨电车
38002 有头有脸
38003 余兴
38004 渔翁
38005 原主
38006 载誉
38007 早班
38008 责任编辑
38009 轧制
38010 照明弹
38011 蛰居
38012 诤友
38013 政论家
38014 指示灯
38015 骤变
38016 铸币
38017 转赠
38018 装设
38019 追讨
38020 自外
38021 醉生梦死
38022 座子
38023 挨整
38024 安乐窝
38025 暗道
38026 暗含
38027 保底
38028 报人
38029 堰塞湖
38030 备办
38031 备查
38032 笨手笨脚
38033 壁橱
38034 便池
38035 波谷
38036 堡子
38037 不睦
38038 彩塑
38039 草芥
38040 陈说
38041 称病
38042 吃眼前亏
38043 痴心妄想
38044 敕令
38045 出言不逊
38046 橱柜
38047 纯然
38048 次大陆
38049 打伞
38050 大白话
38051 大副
38052 大忙人
38053 大印
38054 歹毒
38055 歹人
38056 代词
38057 低贱
38058 鼎鼎大名
38059 陡增
38060 对饮
38061 发烧友
38062 翻盖
38063 翻领
38064 烦扰
38065 饭票
38066 方步
38067 粉刺
38068 浮冰
38069 付之一炬
38070 敢作敢为
38071 哏
38072 棺椁
38073 馆所
38074 管材
38075 光润
38076 归政
38077 诡诈
38078 鬼才
38079 国贼
38080 汗液
38081 航标灯
38082 航空港
38083 豪强
38084 好自为之
38085 合二为一
38086 忽闪（hūshǎn）
38087 弧度
38088 护堤
38089 花茶
38090 缓行
38091 挥洒自如
38092 悔不该
38093 混纺
38094 和（huò）
38095 煎药
38096 健身器
38097 搅拌机
38098 教规
38099 借光
38100 金戈铁马
38101 旧观
38102 开屏
38103 空头支票
38104 苦思冥想
38105 廊子
38106 老掉牙
38107 离题
38108 礼拜堂
38109 囫囵
38110 留守处
38111 履带
38112 掠取
38113 满文
38114 毛虫
38115 门庭冷落
38116 年假
38117 牛气
38118 刨食
38119 喷香
38120 披星戴月
38121 劈手
38122 坡道
38123 葡萄球菌
38124 朴质
38125 气垫船
38126 气浪
38127 契税
38128 前爪
38129 浅近
38130 枪把
38131 翘首以待
38132 轻车熟路
38133 清障
38134 缺额
38135 入药
38136 若有所失
38137 散兵游勇
38138 散养
38139 山冈
38140 删减
38141 善行
38142 上寿
38143 上算
38144 烧锅
38145 深冬
38146 深山老林
38147 诗境
38148 手提箱
38149 熟谙
38150 恕罪
38151 朔日
38152 搜求
38153 套裙
38154 特种邮票
38155 填空
38156 挑夫

38157 跳神
38158 通铺
38159 偷换
38160 徒有虚名
38161 万丈深渊
38162 妄自尊大
38163 望眼欲穿
38164 违拗
38165 尾追
38166 问诊
38167 西魏
38168 闲空
38169 贤淑
38170 县级市
38171 相与
38172 香片
38173 小儿麻痹症
38174 校医
38175 校友会
38176 行迹
38177 眼梢
38178 扬子鳄
38179 药膏
38180 一掷千金
38181 咿呀
38182 异邦
38183 奕
38184 音乐喷泉
38185 殷鉴
38186 喑哑
38187 矢志不移
38188 荧光灯
38189 萤火
38190 邮轮
38191 鱼刺
38192 雨花石
38193 原封
38194 原种
38195 远虑
38196 远足
38197 乐感
38198 愠色
38199 斩草除根
38200 樟脑
38201 肇始
38202 征调
38203 指名道姓
38204 忠烈
38205 专号
38206 装货
38207 准考证
38208 自行其是
38209 总台
38210 纵横驰骋
38211 走卒
38212 做寿
38213 百分制
38214 标高
38215 博雅
38216 物竞天择
38217 菜摊
38218 餐巾
38219 灿然
38220 潮气
38221 陈词滥调
38222 城防
38223 除弊
38224 揣想
38225 传声筒
38226 词形
38227 大快人心
38228 代偿
38229 单眼皮
38230 到点
38231 豆沙
38232 断片
38233 法统
38234 防锈
38235 粉彩
38236 逢凶化吉
38237 富矿
38238 馥郁
38239 改过自新
38240 感恩节
38241 高倍
38242 各就各位
38243 弓形
38244 躬行
38245 刮胡子
38246 关隘
38247 国格
38248 喊醒
38249 合演
38250 貉
38251 黑手党
38252 黑鱼
38253 哼唧
38254 狐媚
38255 挥金如土
38256 诲人不倦
38257 祸不单行
38258 机件
38259 计程车
38260 记仇
38261 继室
38262 剪除
38263 见机行事
38264 交换价值
38265 酵母菌
38266 经心
38267 举手之劳
38268 军权
38269 开阔地
38270 客舱
38271 客居
38272 空竹
38273 旷课
38274 厉行
38275 量力
38276 了无
38277 林苑
38278 另案
38279 流水作业
38280 芦席
38281 卤素
38282 论功行赏
38283 麦粒
38284 茅棚
38285 密探
38286 灭口
38287 摸黑儿
38288 默祷
38289 磨坊
38290 那么着
38291 男家
38292 难说
38293 脑膜
38294 派饭
38295 砒霜
38296 皮具
38297 皮影戏
38298 偏狭
38299 奇谈怪论
38300 签子
38301 瞧得起
38302 钦敬
38303 青翠欲滴
38304 轻量级
38305 情同手足
38306 情投意合
38307 权柄
38308 权位
38309 群集
38310 日以继夜
38311 三班倒
38312 上唇
38313 尚武
38314 深恐
38315 神来之笔
38316 式子
38317 适意
38318 手快
38319 瘦骨嶙峋
38320 过秤
38321 率性
38322 钉书机
38323 水害
38324 说合
38325 随俗
38326 糖精
38327 特批
38328 铁证如山
38329 同案犯
38330 痛悔
38331 投笔从戎
38332 吐沫
38333 团校
38334 退堂鼓
38335 囤积居奇
38336 拖把
38337 外缘
38338 苇席
38339 五谷杂粮
38340 洗耳恭听
38341 下狠心
38342 下脚料
38343 闲情逸致
38344 咸鱼
38345 献词
38346 相认
38347 想得开
38348 消火栓
38349 小楷
38350 校徽
38351 心慈手软
38352 心浮
38353 心算
38354 星河
38355 性解放
38356 学力
38357 压轴戏
38358 烟袋锅
38359 掩耳盗铃
38360 邀宠
38361 杳无音信
38362 夜工
38363 疑窦
38364 易如反掌
38365 引动
38366 油桶
38367 余威
38368 鱼钩
38369 玉簪
38370 预防针
38371 云雨
38372 运单
38373 怎么得了
38374 赠阅
38375 折光
38376 值夜
38377 至圣
38378 智勇双全
38379 装殓
38380 卓绝
38381 自我解嘲
38382 字词
38383 鬃毛
38384 走兽
38385 嘴馋
38386 容错

38387 坐监
38388 伴娘
38389 绑腿
38390 包打天下
38391 嘴刁
38392 备荒
38393 被罩
38394 荸荠
38395 蓖麻
38396 壁纸
38397 表里如一
38398 卜卦
38399 不甚了了
38400 菜饭
38401 昌明
38402 长虫
38403 肠炎
38404 陈醋
38405 呈递
38406 持家
38407 处变不惊
38408 创面
38409 蠢笨
38410 粗笨
38411 存身
38412 打下手
38413 大后天
38414 大家闺秀
38415 当胸
38416 刀耕火种
38417 道破
38418 稻瘟病
38419 登堂入室
38420 递送
38421 电火花
38422 兜底
38423 对着干
38424 驮子
38425 反之亦然
38426 分晓
38427 粉状
38428 扶摇直上
38429 钢水
38430 告警
38431 蛤蜊
38432 各个击破
38433 孤本
38434 孤苦伶仃
38435 反水
38436 故交
38437 管风琴
38438 管乐
38439 罐装
38440 贵妇
38441 海王星
38442 好懂
38443 贺年片
38444 黑灯瞎火
38445 黑黢黢
38446 后学
38447 滑板
38448 话语权
38449 怀古
38450 怀恋
38451 蝗灾
38452 霍然
38453 激进派
38454 加劲
38455 价目表
38456 见天
38457 舰只
38458 交通量
38459 娇柔
38460 脚脖子
38461 校准
38462 结膜
38463 金銮殿
38464 荆条
38465 精确性
38466 卷心菜
38467 角斗
38468 均势
38469 空穴来风
38470 空格
38471 拉票
38472 劳而无功
38473 老巢
38474 猎户
38475 零工
38476 领结
38477 溜光
38478 瘤子
38479 氯霉素
38480 马镫
38481 闷棍
38482 盟誓
38483 绵亘
38484 灭门
38485 母亲节
38486 那么样
38487 闹情绪
38488 内勤
38489 泥沙俱下
38490 逆水行舟
38491 农业国
38492 暖水瓶
38493 虐杀
38494 抛光
38495 炮口
38496 疱疹
38497 陪侍
38498 皮蛋
38499 飘飘欲仙
38500 迫降（pòjiàng）
38501 奇耻大辱
38502 奇巧
38503 岂知
38504 气息奄奄
38505 曲曲弯弯
38506 去岁
38507 劝诫
38508 却步
38509 日甚一日
38510 容人
38511 肉色
38512 入流
38513 骚货
38514 晒台
38515 上装
38516 蛇胆
38517 神道（shéndao）
38518 神经错乱
38519 生水
38520 盛举
38521 十拿九稳
38522 释怀
38523 双拐
38524 水平面
38525 水循环
38526 死敌
38527 死有余辜
38528 四重奏
38529 松香
38530 酸软
38531 算盘珠
38532 岁首
38533 藤条
38534 同乡会
38535 痛改前非
38536 头头脑脑
38537 完人
38538 万籁
38539 亡友
38540 莴苣
38541 无土栽培
38542 无隙可乘
38543 务使
38544 稀里哗啦
38545 戏词
38546 戏装
38547 赶热闹
38548 下等
38549 刊误
38550 夏种
38551 线衣
38552 相偕
38553 笑纳
38554 偕同
38555 心猿意马
38556 修史
38557 玄武
38558 掩人耳目
38559 雁阵
38560 要地
38561 夜战
38562 遗孤
38563 遗少
38564 阴差阳错
38565 银灰
38566 引流
38567 印信
38568 英魂
38569 营部
38570 营帐
38571 硬卧
38572 水天一色
38573 用印
38574 忧心如焚
38575 鱼跃
38576 渔歌
38577 愚钝
38578 与时俱进
38579 玉兰花
38580 圆弧
38581 截波
38582 昭然若揭
38583 侦缉
38584 正身
38585 重彩
38586 逐鹿
38587 主观性
38588 转行
38589 撰述
38590 自由王国
38591 宗祠
38592 走形式
38593 做贼心虚
38594 安乐死
38595 安歇
38596 暗合
38597 白种人
38598 百叶窗
38599 邦联
38600 包罗
38601 笔架
38602 臂章
38603 编年
38604 贬义
38605 变天
38606 便宜行事
38607 屏退
38608 裁撤
38609 曾经沧海
38610 差不离
38611 冲力
38612 臭烘烘
38613 出口成章
38614 窗框

38615 大侠
38616 当家的
38617 党参
38618 导语
38619 电报局
38620 凋落
38621 吊丧
38622 叠嶂
38623 动口
38624 独具一格
38625 独善其身
38626 断粮
38627 二房
38628 二线
38629 发闷（fāmèn）
38630 罚酒
38631 翻检
38632 反身
38633 飞散
38634 悱恻
38635 分秒必争
38636 分母
38637 锋刃
38638 佛手
38639 浮泛
38640 福尔马林
38641 港资
38642 高效能
38643 公干
38644 怪模怪样
38645 广而告之
38646 行间
38647 后会有期
38648 护身
38649 华表
38650 毁约
38651 火墙
38652 叽咕
38653 计价器
38654 骄矜
38655 角质
38656 金榜题名
38657 金不换
38658 禁药
38659 竞逐
38660 酒缸
38661 旧宅
38662 枯骨
38663 狂傲
38664 溃不成军
38665 老例
38666 历朝
38667 联唱
38668 良缘
38669 令狐
38670 流行色
38671 马车夫
38672 美差
38673 媚外
38674 末节
38675 难舍难分
38676 年礼
38677 柠檬酸
38678 宁死不屈
38679 浓艳
38680 弄假成真
38681 怒目而视
38682 偶发
38683 排班
38684 牌儿
38685 旁征博引
38686 陪审团
38687 皮包骨
38688 皮炎
38689 平面图
38690 婆子
38691 妻离子散
38692 起敬
38693 气动
38694 汽船
38695 前例
38696 琴键
38697 绕场
38698 如坐针毡
38699 孺子
38700 洒泪
38701 山径
38702 山炮
38703 山系
38704 社会教育
38705 生分
38706 生猛
38707 盛意
38708 施教
38709 熟记
38710 蜀汉
38711 帅哥
38712 死对头
38713 宿命论
38714 太虚
38715 题旨
38716 天各一方
38717 甜丝丝
38718 条形码
38719 图板
38720 蜕皮
38721 娓娓动听
38722 文案
38723 五讲四美
38724 戏要
38725 细纱
38726 县立
38727 香菜
38728 小月
38729 卸职
38730 驯良
38731 压轴
38732 言之有物
38733 筵宴
38734 演播
38735 移动靶
38736 鹰犬
38737 速配
38738 泳衣
38739 邮筒
38740 油嘴儿
38741 有劳
38742 余暇
38743 预言家
38744 鸢
38745 圆滚滚
38746 远扬
38747 月华
38748 月琴
38749 跃马
38750 早婚
38751 灶膛
38752 招贤
38753 争胜
38754 知命
38755 至迟
38756 忠直
38757 祝酒
38758 专擅
38759 装聋作哑
38760 自我陶醉
38761 自由港
38762 总集
38763 裸聊
38764 左右开弓
38765 安琪儿
38766 暗室
38767 扳手
38768 半推半就
38769 避邪
38770 冰清玉洁
38771 病弱
38772 波形
38773 不修边幅
38774 采蜜
38775 残垣断壁
38776 草编
38777 草木皆兵
38778 差强人意
38779 超低空
38780 称羡
38781 痴人说梦
38782 侈谈
38783 叱责
38784 宠信
38785 纪念牌
38786 冲（chòng）
38787 冲压
38788 雏鸟
38789 吹毛求疵
38790 春茶
38791 辞谢
38792 粗加工
38793 粗劣
38794 萃取
38795 打摆子
38796 打草惊蛇
38797 打鸣儿
38798 打药
38799 倒胃口
38800 点歌
38801 点石成金
38802 逗引
38803 独生
38804 对折
38805 兑奖
38806 多云
38807 咄咄怪事
38808 繁密
38809 封套
38810 怫然
38811 附小
38812 附注
38813 复刊
38814 富婆
38815 干冷
38816 高等动物
38817 高头大马
38818 钩沉
38819 股肱
38820 挂车
38821 寒带
38822 航务
38823 好高骛远
38824 视距
38825 和风细雨
38826 红果儿
38827 物语
38828 互市
38829 花里胡哨
38830 花蜜
38831 回马枪
38832 茴香
38833 毁容
38834 击穿
38835 积郁
38836 缉获
38837 家常菜
38838 奸佞
38839 江畔
38840 讲好
38841 交工
38842 交尾
38843 阶下囚

38844 接收器
38845 结节
38846 近路
38847 惊恐万状
38848 敬告
38849 旧习
38850 绝处逢生
38851 开球
38852 靠背椅
38853 夸大其词
38854 旷达
38855 来势汹汹
38856 良港
38857 靓女
38858 了断
38859 另眼看待
38860 流芳
38861 柳眉
38862 柳丝
38863 马帮
38864 蒙语
38865 迷幻
38866 米糠
38867 命里注定
38868 免俗
38869 面陈
38870 灭族
38871 脑电波
38872 泥淖
38873 念珠
38874 喷头
38875 皮筋儿
38876 平顺
38877 葡萄干
38878 蹼
38879 祈盼
38880 签到
38881 潜行
38882 浅陋
38883 乔装
38884 极目远眺
38885 琴曲
38886 清蒸
38887 裘皮
38888 去粗取精
38889 热炒
38890 仁至义尽
38891 认亲
38892 茸毛
38893 熔炼
38894 乳牛
38895 弱肉强食
38896 三节
38897 三陪
38898 桑田
38899 沙田
38900 纱锭
38901 佘
38902 麝香
38903 生色
38904 胜券
38905 失口
38906 时区
38907 热裤
38908 室内乐
38909 手慢
38910 手腕子
38911 书社
38912 竖子
38913 水剂
38914 水藻
38915 四书五经
38916 苏打
38917 酸梅
38918 酸味
38919 汤面
38920 逃债
38921 讨还
38922 讨生活
38923 莫明其妙
38924 天帝
38925 甜酒
38926 甜润
38927 跳崖
38928 铁锈
38929 亭台楼阁
38930 同人
38931 痛痒
38932 兔死狐悲
38933 纨绔
38934 文化垃圾
38935 无由
38936 五大三粗
38937 武库
38938 务须
38939 西子
38940 细究
38941 先斩后奏
38942 陷坑
38943 相帮
38944 向上爬
38945 小姑子
38946 行军床
38947 须生
38948 眩日
38949 血洗
38950 验尸
38951 氧气瓶
38952 妖媚
38953 药工
38954 夜餐
38955 夜话
38956 一箭双雕
38957 一砖一瓦
38958 依然故我
38959 鱼肝油
38960 鱼水情
38961 渔火
38962 雨布
38963 语焉不详
38964 预习
38965 欲盖弥彰
38966 赞美诗
38967 遭逢
38968 占先
38969 掌印
38970 褶子
38971 震感
38972 旨趣
38973 至宝
38974 智多星
38975 逐字逐句
38976 捉奸
38977 紫丁香
38978 纵令
38979 包装箱
38980 逼上梁山
38981 闭关
38982 边幅
38983 贬损
38984 不识抬举
38985 不自量力
38986 残本
38987 蝉翼
38988 长圆
38989 潮润
38990 尘垢
38991 成眠
38992 承重
38993 崇洋媚外
38994 筹组
38995 出操
38996 初犯
38997 春假
38998 蠢动
38999 摧枯拉朽
39000 惊羡
39001 存活率
39002 亮剑
39003 打火
39004 大鸣大放
39005 盗名
39006 得闲
39007 顶灯
39008 短见
39009 多面手
39010 阿谀奉承
39011 尔虞我诈
39012 发射塔
39013 发疼
39014 飞花
39015 飞驶
39016 粉黛
39017 风凉
39018 风习
39019 复课
39020 复评
39021 腹稿
39022 概貌
39023 擀面杖
39024 公爹
39025 恭请
39026 狗命
39027 姑老爷
39028 骨粉
39029 瓜皮帽
39030 呱呱叫
39031 管家婆
39032 灌顶
39033 过劲儿
39034 过礼
39035 过堂
39036 行距
39037 合二而一
39038 横向联合
39039 后嗣
39040 花镜
39041 划不来
39042 华盖
39043 还政
39044 徽号
39045 回肠荡气
39046 回音壁
39047 机械师
39048 佳境
39049 艰涩
39050 交班
39051 接合
39052 纠结
39053 就手
39054 居留证
39055 举不胜举
39056 踽踽
39057 菌落
39058 刊印
39059 口试
39060 老成持重
39061 老泪
39062 老寿星
39063 老死不相往来
39064 冷言冷语
39065 理发馆
39066 量体裁衣
39067 溜圆
39068 六甲
39069 龙飞凤舞
39070 龙套
39071 芦荟
39072 罗非鱼

39073 马蜂窝
39074 满门
39075 芒刺
39076 媚笑
39077 乜斜
39078 母老虎
39079 木棉
39080 念白
39081 念旧
39082 鸟枪
39083 攀附
39084 攀亲
39085 炮舰
39086 陪都
39087 篷船
39088 披甲
39089 平叛
39090 脯子
39091 奇丽
39092 警嫂
39093 签押
39094 纤手
39095 枪眼
39096 巧取
39097 青光眼
39098 情景交融
39099 情种
39100 秋意
39101 缺货
39102 让贤
39103 绕圈子
39104 入骨
39105 锐角
39106 散席
39107 丧服
39108 丧尽天良
39109 杀人不眨眼
39110 深居简出
39111 声东击西
39112 时宜
39113 试航
39114 收银员
39115 手令
39116 寿山石
39117 鼠窜
39118 束腰
39119 水蜜桃
39120 蒜薹
39121 孙媳妇
39122 缩手
39123 谈资
39124 体位
39125 体温计
39126 天人合一
39127 铁定
39128 通例
39129 同好
39130 统收
39131 投缘
39132 徒工
39133 外轮
39134 完稿
39135 晚景
39136 亡魂
39137 枉费
39138 无可置疑
39139 芜杂
39140 五音
39141 锡矿
39142 戏票
39143 想望
39144 鞋帮
39145 信笔
39146 修身养性
39147 血渍
39148 眼高
39149 眼影
39150 腰子
39151 要言
39152 椰枣
39153 液氮
39154 一板一眼
39155 一呼百应
39156 一见倾心
39157 一时半会儿
39158 遗事
39159 义旗
39160 引狼入室
39161 影踪
39162 幽美
39163 油黑
39164 有机玻璃
39165 玉蜀黍
39166 预收
39167 渊薮
39168 元音
39169 悦服
39170 运动健将
39171 攒钱
39172 贼船
39173 展评
39174 战歌
39175 朝令夕改
39176 正气凛然
39177 直流电
39178 指桑骂槐
39179 重炮
39180 重责
39181 珠算
39182 猪崽
39183 酌定
39184 自销
39185 自寻烦恼
39186 租税
39187 坐垫
39188 鞍子
39189 嗷嗷待哺
39190 坝地
39191 白刃
39192 败将
39193 保苗
39194 保育员
39195 悲观主义
39196 碑帖
39197 背靠背
39198 编演
39199 变节
39200 病夫
39201 玻璃纤维
39202 不求甚解
39203 苍龙
39204 藏书票
39205 铛
39206 呈献
39207 褫夺
39208 船底
39209 船艇
39210 纯棉
39211 慈父
39212 打场
39213 大数
39214 胆小怕事
39215 等身
39216 敌舰
39217 黄片
39218 电路板
39219 电瓶
39220 电视大学
39221 吊儿郎当
39222 定亲
39223 冬笋
39224 鹅毛
39225 发花
39226 翻江倒海
39227 反戈一击
39228 飞转
39229 肺叶
39230 分崩离析
39231 腹水
39232 嘎子
39233 纲目
39234 岗子
39235 杠夫
39236 根由
39237 共聚
39238 孤雁
39239 古拙
39240 谷仓
39241 挂号信
39242 广播操
39243 龟缩
39244 硅片
39245 函电
39246 红缨枪
39247 洪福
39248 后悔莫及
39249 后事之师
39250 狐皮
39251 怀表
39252 怀才不遇
39253 换货
39254 换汤不换药
39255 讳疾忌医
39256 机种
39257 纪念物
39258 家宅
39259 嘉许
39260 假小子
39261 剪切
39262 见钱眼开
39263 交白卷
39264 焦黑
39265 叫屈
39266 芥菜
39267 紧绷绷
39268 精悍
39269 静心
39270 眷顾
39271 勘验
39272 看客
39273 可鄙
39274 客位
39275 孔洞
39276 蜡染
39277 老实人
39278 流云
39279 履历表
39280 珞巴族
39281 满员
39282 没治
39283 门阀
39284 灭迹
39285 冥王星
39286 袅袅婷婷
39287 佞臣
39288 裸考
39289 偏废
39290 平正
39291 铺摊子
39292 普天之下
39293 嘁嘁喳喳
39294 奇装异服
39295 千恩万谢
39296 怯场
39297 吣
39298 秋波
39299 曲里拐弯
39300 人多势众
39301 僧俗
39302 商办

39303 赏金
39304 上峰
39305 神不守舍
39306 神乎其神
39307 生辰八字
39308 省却
39309 圣战
39310 十恶不赦
39311 手辣
39312 疏朗
39313 双职工
39314 水肥
39315 宿敌
39316 锁骨
39317 塔台
39318 挞伐
39319 台步
39320 台柱
39321 特长生
39322 拉架
39323 特优
39324 誊写
39325 天王星
39326 跳脚
39327 同上
39328 偷鸡摸狗
39329 图示
39330 推却
39331 退婚
39332 脱脂
39333 外来语
39334 外泄
39335 外罩
39336 万寿无疆
39337 伪政权
39338 卫戍
39339 蔚然
39340 瓮城
39341 乌贼
39342 无可挑剔
39343 无米之炊
39344 喜剧片
39345 夏初
39346 纤尘
39347 香精
39348 香艳
39349 象牙之塔
39350 小数点
39351 星象
39352 行道树
39353 雄居
39354 锈病
39355 畜产
39356 旋钮
39357 选料
39358 削价
39359 血海
39360 牙医
39361 休战
39362 仰靠
39363 养路工
39364 野战医院
39365 易损
39366 音域
39367 银针
39368 饮水思源
39369 隐逸
39370 有请
39371 原粮
39372 栽赃
39373 灶神
39374 斩获
39375 占线
39376 账务
39377 昭彰
39378 照壁
39379 照明灯
39380 侦办
39381 争购
39382 只言片语
39383 吱扭
39384 直肠
39385 置备
39386 朱雀
39387 主从
39388 主课
39389 注目礼
39390 转道
39391 自沉
39392 自戕
39393 自说自话
39394 把兄弟
39395 白铜
39396 败叶
39397 包饭
39398 背篼
39399 背时
39400 悖逆
39401 比翼齐飞
39402 憋得慌
39403 别家
39404 兵车
39405 屏气
39406 拨浪鼓
39407 博引
39408 不成方圆
39409 彩印
39410 彩纸
39411 残年
39412 茶盅
39413 城郭
39414 乘兴
39415 吃败仗
39416 重名
39417 愁绪
39418 攒动
39419 翠柏
39420 大妹子
39421 刀伤
39422 登陆舰
39423 抵死
39424 冬衣
39425 洞房花烛
39426 队旗
39427 耳朵眼儿
39428 二把手
39429 凡俗
39430 防洪堤
39431 纺绸
39432 放牛娃
39433 放线
39434 费话
39435 风雨交加
39436 佛龛
39437 凫
39438 浮土
39439 蝮蛇
39440 改过
39441 高歌猛进
39442 割爱
39443 骨血
39444 故知
39445 瓜熟蒂落
39446 关系户
39447 归隐
39448 国乐
39449 含混不清
39450 包桌
39451 断码
39452 号脉
39453 核计
39454 一字不差
39455 红斑狼疮
39456 话务员
39457 荒年
39458 黄斑
39459 婚外情
39460 魂不守舍
39461 饥不择食
39462 急务
39463 己方
39464 忌日
39465 工兵铲
39466 打冷枪
39467 叫劲
39468 嫁祸
39469 尖锐化
39470 坚壁清野
39471 剑麻
39472 奖掖
39473 交口
39474 结怨
39475 金饭碗
39476 金刚经
39477 精兵简政
39478 精气
39479 九霄
39480 军籍
39481 康宁
39482 客运段
39483 苦心孤诣
39484 阔佬
39485 拉屎
39486 类同
39487 冷场
39488 傈僳族
39489 连珠
39490 劣绅
39491 翎子
39492 六艺
39493 美事
39494 梦寐
39495 名实
39496 明媒正娶
39497 木梳
39498 木已成舟
39499 难以启齿
39500 脑电图
39501 脑髓
39502 尼古丁
39503 捻子
39504 怒喝
39505 怒涛
39506 抛射
39507 暖气片
39508 排比
39509 判明
39510 旁证
39511 朋党
39512 硼
39513 偏食
39514 漂洗
39515 萍水相逢
39516 齐唱
39517 骑虎难下
39518 启封
39519 起落架
39520 掐指
39521 千卡
39522 缱绻
39523 枪伤
39524 青梅
39525 轻狂
39526 请赏
39527 全本
39528 三角恋爱
39529 散架
39530 丧钟
39531 扫尾
39532 煞住

39533 上呼吸道
39534 蛇蝎
39535 社队企业
39536 涉险
39537 神职
39538 声速
39539 师娘
39540 诗史
39541 鲥鱼
39542 试销
39543 手下留情
39544 守株待兔
39545 受援
39546 书皮
39547 书箱
39548 水红
39549 水门
39550 水榭
39551 私囊
39552 陶俑
39553 体腔
39554 铁马
39555 铁索桥
39556 偷闲
39557 投递员
39558 团拜
39559 万里无云
39560 为虎作伥
39561 胃酸
39562 文气
（wénqì）
39563 问讯
39564 握别
39565 无牵无挂
39566 无所用心
39567 物耗
39568 物尽其用
39569 希求
39570 蒙眬
39571 音障
39572 力畜
39573 拘审
39574 拎包
39575 破局
39576 赔话
39577 洗心革面
39578 铣床
39579 仙逝
39580 消暑
39581 宵夜
39582 小业主
39583 寻呼台
39584 哑谜
39585 烟屁股
39586 延时
39587 一望无垠
39588 遗臭万年
39589 以弱胜强
39590 义师
39591 阴曹
39592 引桥
39593 余钱
39594 御笔
39595 原色
39596 原形毕露
39597 增白
39598 窄狭
39599 正理
39600 知情权
39601 众叛亲离
39602 舟桥
39603 猪娃
39604 主航道
39605 壮心
39606 卓有成就
39607 着床
39608 自讨没趣
39609 自叙
39610 作料
39611 奚
39612 安泰
39613 败阵
39614 搬用
39615 躺枪
39616 伴唱
39617 帮会
39618 悲愁
39619 蓓蕾
39620 壁灯
39621 伯仲
39622 脖梗儿
39623 搏战
39624 不开眼
39625 擦屁股
39626 彩蛋
39627 舱位
39628 茶叶蛋
39629 长生
39630 成命
39631 痴想
39632 垂涎三尺
39633 醇酒
39634 大难不死
39635 大牌
39636 大虾
39637 大专生
39638 丹桂
39639 刀山
39640 灯头
39641 低血糖
39642 底边
39643 电热水器
39644 店东
39645 多会儿
39646 恶贯满盈
39647 珐琅
39648 伪娘
39649 反间计
39650 反胃
39651 飞地
39652 痱子
39653 风华
39654 疯癫
39655 奉公守法
39656 奉养
39657 凫水
39658 改型
39659 嘟哝
39660 甘拜下风
39661 镐头
39662 疙疙瘩瘩
39663 歌舞升平
39664 公民权
39665 供应站
39666 觥筹交错
39667 寡欲
39668 挂账
39669 关停并转
39670 官印
39671 灌渠
39672 果盘
39673 海景
39674 海棠花
39675 海涂
39676 寒门
39677 黑面
39678 厚禄
39679 滑腻
39680 欢唱
39681 婚变
39682 吉兆
39683 麂子
39684 际会
39685 祭告
39686 间杂
39687 脚力
39688 桀骜不驯
39689 今译
39690 金石为开
39691 禁不起
39692 劲舞
39693 救苦救难
39694 救生圈
39695 居留权
39696 开打
39697 苦刑
39698 老狐狸
39699 冷光
39700 利钱
39701 劣根性
39702 留步
39703 麻包
39704 没好气
39705 民夫
39706 明知故犯
39707 命笔
39708 魔掌
39709 墨家
39710 默诵
39711 脑死亡
39712 嫩黄
39713 排量
39714 派定
39715 泡泡糖
39716 披风
39717 屁话
39718 拼死拼活
39719 娉婷
39720 岸基
39721 泼冷水
39722 凄切
39723 强直
39724 亲随
39725 轻淡
39726 秋蝉
39727 圈点
39728 鹊桥
39729 绒衣
39730 软和
39731 三更半夜
39732 商调
39733 烧灼
39734 舌根
39735 神妙
39736 生不逢时
39737 生石灰
39738 生死与共
39739 盛极一时
39740 实心实意
39741 使坏
39742 柿饼
39743 售后
39744 属国
39745 水龙
39746 顺气
39747 朔望
39748 私房钱
39749 私刑
39750 私宅
39751 嗾使
39752 酸梅汤
39753 岁暮
39754 梭子蟹
39755 昙花
39756 题库
39757 通亮
39758 投井
39759 投料
39760 退烧
39761 脱轨

39762 围脖儿
39763 细水长流
39764 虾子
39765 项背
39766 项圈
39767 孝女
39768 校刊
39769 协理
39770 鞋面
39771 心肌炎
39772 省亲
39773 羞答答
39774 喧腾
39775 学社
39776 驯顺
39777 压担子
39778 言而无信
39779 眼线
39780 养神
39781 药力
39782 一笑置之
39783 以此类推
39784 因小失大
39785 吟哦
39786 银行卡
39787 银号
39788 视域
39789 迎娶
39790 硬拼
39791 邮展
39792 余味
39793 余韵
39794 与闻
39795 浴盆
39796 怨不得
39797 赞语
39798 枣木
39799 昭然
39800 朝朝暮暮
39801 照直
39802 针砭
39803 诊察
39804 正方
39805 芝麻官
39806 职掌
39807 致贺
39808 种禽
39809 朱门
39810 砖雕
39811 篆书
39812 浊浪
39813 紫花苜蓿
39814 坐冷板凳
39815 按图索骥
39816 白金汉宫
39817 半生不熟
39818 包修
39819 抱憾
39820 奔命
39821 病休
39822 薄情
39823 补票
39824 不拘小节
39825 部首
39826 菜畦
39827 称赏
39828 崇奉
39829 船台
39830 春梦
39831 春小麦
39832 慈眉善目
39833 答词
39834 打情骂俏
39835 打制
39836 大兵团
39837 单相思
39838 道统
39839 滴翠
39840 滴水成冰
39841 谍报
39842 顶事
39843 赌球
39844 段位
39845 驮（duò）
39846 耳刮子
39847 二重唱
39848 二进宫
39849 发面
39850 法会
39851 翻涌
39852 访客
39853 丰茂
39854 丰裕
39855 风口浪尖
39856 峰巅
39857 福相
39858 复现
39859 钙质
39860 肝脑涂地
39861 赶得上
39862 敢保
39863 高足
39864 各奔东西
39865 公判
39866 公升
39867 公证人
39868 公猪
39869 沟沿儿
39870 顾惜
39871 顾影自怜
39872 雇农
39873 怪胎
39874 豪饮
39875 好事多磨
39876 好心好意
39877 核威慑
39878 横暴
39879 哄人
39880 画板
39881 怀想
39882 换防
39883 回还
39884 昏君
39885 活现
39886 肌理
39887 急性子
39888 既成事实
39889 家母
39890 假手
39891 界石
39892 进退维谷
39893 敬奉
39894 救生衣
39895 绝缘体
39896 军功
39897 孔道
39898 口臭
39899 苦功
39900 拉下马
39901 泪如泉涌
39902 力拼
39903 练习本
39904 恋歌
39905 凉粉
39906 亮儿
39907 另册
39908 柳编
39909 落地生根
39910 冒名
39911 蒙羞
39912 迷梦
39913 密实
39914 欢跃
39915 蜜桃
39916 面黄肌瘦
39917 拿捏
39918 闹肚子
39919 闹气
39920 闹意见
39921 浓眉大眼
39922 怒火中烧
39923 排忧解难
39924 批件
39925 皮帽
39926 平头百姓
39927 欺辱
39928 卡脖子
39929 前臂
39930 前贤
39931 钱款
39932 浅笑
39933 侨资
39934 清油
39935 权奸
39936 全速
39937 裙带
39938 群雕
39939 溶合
39940 软木塞
39941 三秋
39942 色眯眯
39943 煽情
39944 上供
39945 舍生取义
39946 伸腿
39947 胜迹
39948 失物
39949 施主
39950 石蕊
39951 拾金不昧
39952 适口
39953 耍猴儿
39954 栓塞
39955 说辞
39956 肆行
39957 松口气
39958 松子
39959 送风
39960 桫椤
39961 拓本
39962 谈兴
39963 堂兄弟
39964 体貌
39965 天伦
39966 调治
39967 铁砂
39968 通讯卫星
39969 统合
39970 推知
39971 丸药
39972 网具
39973 苇丛
39974 温良
39975 沃野
39976 上善若水
39977 乌溜溜
39978 无所不至
39979 武昌鱼
39980 戏水
39981 细声细气
39982 瞎火
39983 下颚
39984 下功夫
39985 仙丹
39986 响雷
39987 小百货
39988 小家碧玉
39989 小头
39990 小小说
39991 型钢

39992 性激素
39993 胸卡
39994 选民证
39995 血肿
39996 旬刊
39997 巡察
39998 延绵
39999 言状
40000 眼疾手快
40001 阳间
40002 养精蓄锐
40003 药害
40004 一饱眼福
40005 一步登天
40006 一径
40007 贻害无穷
40008 移动式
40009 因时制宜
40010 阴虚
40011 引号
40012 饮誉
40013 饮鸩止渴
40014 庸才
40015 壅塞
40016 勇武
40017 淤塞
40018 鱼虫
40019 远涉
40020 扎针
40021 战斗员
40022 之乎者也
40023 知遇之恩
40024 指认
40025 钟馗
40026 皱折
40027 黑天鹅
40028 珠帘
40029 主祭
40030 追逼
40031 综合大学
40032 左右手
40033 作壁上观
40034 坐卧不安
40035 隘口
40036 暗河
40037 白面书生
40038 白生生
40039 白夜
40040 百里挑一
40041 败兵
40042 蚌壳
40043 包袱皮儿
40044 避雷针
40045 编目
40046 标准时
40047 膘肥体壮
40048 不成体统
40049 不粘锅
40050 彩笔
40051 残损
40052 插销
40053 禅房
40054 晨昏
40055 嗤笑
40056 拍击
40057 冲决
40058 穿堂
40059 闯天下
40060 纯水
40061 次于
40062 答题
40063 大票
40064 代沟
40065 胆道
40066 形貌
40067 胆壮
40068 当头棒喝
40069 低频
40070 底漆
40071 电话簿
40072 丁香花
40073 顶板
40074 冬令营
40075 逗弄
40076 独出心裁
40077 短少
40078 发令枪
40079 反战
40080 犯忌
40081 方框
40082 放映机
40083 废黜
40084 风靡一时
40085 敬词
40086 惯匪
40087 风灾
40088 佛珠
40089 夫婿
40090 负极
40091 附送
40092 改弦易辙
40093 港务
40094 高踞
40095 隔扇
40096 公派
40097 够味儿
40098 故友
40099 怪僻
40100 官窑
40101 光身
40102 归巢
40103 果茶
40104 毫厘
40105 合金钢
40106 和悦
40107 核辐射
40108 黑麦
40109 横遭
40110 红帽子
40111 红血球
40112 厚颜无耻
40113 呼气
40114 换季
40115 晃眼
40116 祸水
40117 机宜
40118 稼穑
40119 交响诗
40120 缴枪
40121 接线员
40122 洁癖
40123 金店
40124 军龄
40125 课程表
40126 窥破
40127 拉赞助
40128 老年病
40129 立冬
40130 廉明
40131 凉菜
40132 凉飕飕
40133 冷色调
40134 梁柱
40135 落潮
40136 落聘
40137 落汤鸡
40138 麻药
40139 麦垛
40140 莽汉
40141 昧心
40142 免冠
40143 面议
40144 摹写
40145 闹嚷嚷
40146 泥菩萨
40147 拟作
40148 牛毛
40149 跑龙套
40150 披肩发
40151 偏安
40152 偏移
40153 气吞山河
40154 弃官
40155 卡口
40156 扦插
40157 枪膛
40158 戗（qiāng）
40159 秋凉
40160 囚笼
40161 龋齿
40162 权臣
40163 全才
40164 热带鱼
40165 认罚
40166 任选
40167 融解
40168 肉铺
40169 儒术
40170 蠕蠕
40171 僧多粥少
40172 山陵
40173 山塘
40174 少言寡语
40175 伸懒腰
40176 生杀予夺
40177 生丝
40178 圣灵
40179 时不再来
40180 时刻表
40181 时鲜
40182 时新
40183 市花
40184 受领
40185 受虐
40186 书简
40187 衰颓
40188 顺风耳
40189 死灰
40190 四至
40191 索桥
40192 糖纸
40193 田鸡
40194 听书
40195 挺秀
40196 统配
40197 屠城
40198 拖拖拉拉
40199 晚礼服
40200 万劫不复
40201 微行
40202 胃溃疡
40203 慰勉
40204 艳舞
40205 纹样
40206 忤逆
40207 西葫芦
40208 戏曲界
40209 瞎吹
40210 现行法
40211 向学
40212 小人儿书
40213 心狠手辣
40214 心宽
40215 凶相
40216 玄乎
40217 选读
40218 血细胞
40219 血印
40220 寻开心
40221 压力锅

40222 验看
40223 羊肉串
40224 妖言
40225 野物
40226 一总
40227 乙醚
40228 以工代赈
40229 易主
40230 引致
40231 余烬
40232 渔舟
40233 玉立
40234 乐句
40235 早早儿
40236 章句
40237 涨跌
40238 遮光
40239 枕席
40240 政区
40241 直感
40242 烛火
40243 抓耳挠腮
40244 转借
40245 自裁
40246 自检
40247 字斟句酌
40248 走捷径
40249 茹
40250 败血症
40251 拜金
40252 饱嗝儿
40253 抱头鼠窜
40254 暴病
40255 背信弃义
40256 变调
40257 博彩
40258 补养
40259 不济事
40260 不虞
40261 测度
40262 查核
40263 禅学
40264 成仙
40265 吃得开
40266 出圈儿
40267 粗枝大叶
40268 代金
40269 弹道
40270 倒灌
40271 敌敌畏
40272 定见
40273 东奔西走
40274 鄂伦春族
40275 发刊词
40276 反戈
40277 房契
40278 楼花
40279 分号
40280 风流倜傥
40281 辐射源
40282 俯卧
40283 干粉
40284 公之于众
40285 供给制
40286 关防
40287 管教所
40288 过冷
40289 海塘
40290 亥
40291 函告
40292 寒舍
40293 焊条
40294 好逸恶劳
40295 浩气
40296 河汉
40297 河渠
40298 贺函
40299 黑森森
40300 恨晚
40301 后妈
40302 狐仙
40303 滑水
40304 黄花鱼
40305 回返
40306 火烧云
40307 鸡犬不宁
40308 激浊扬清
40309 瘠薄
40310 佳酿
40311 家徒四壁
40312 嫁娶
40313 间架
40314 剪接
40315 交际花
40316 娇憨
40317 教书匠
40318 解放鞋
40319 解码
40320 酒徒
40321 救应
40322 开间
40323 可叹
40324 苦行僧
40325 酷吏
40326 矿砂
40327 睽睽
40328 溃决
40329 拉线
40330 来文
40331 老底
40332 莲花落
40333 良医
40334 猎场
40335 零售店
40336 螺旋体
40337 眉来眼去
40338 门廊
40339 蜜糖
40340 民望
40341 有门道
40342 陌路
40343 脑出血
40344 年深日久
40345 农奴主
40346 藕断丝连
40347 派对
40348 披挂上阵
40349 皮囊
40350 偏巧
40351 偏瘫
40352 奇绝
40353 奇伟
40354 气滞
40355 潜回
40356 寝食不安
40357 求告
40358 权谋
40359 劝诱
40360 劝止
40361 如来
40362 乳胶
40363 撒落
40364 三明治
40365 嫂夫人
40366 纱帽
40367 山茶
40368 善报
40369 稍逊
40370 赊销
40371 诗抄
40372 十八般武艺
40373 石拱桥
40374 实像
40375 拾趣
40376 收款机
40377 树阴
40378 漱洗
40379 四不像
40380 送气
40381 素昧平生
40382 随身听
40383 随缘
40384 琐细
40385 谈虎色变
40386 逃奔
40387 田园诗
40388 填料
40389 跳蚤市场
40390 同房
40391 铜版纸
40392 头羊
40393 托生
40394 外道
40395 晚生
40396 围场
40397 围聚
40398 为民请命
40399 文火
40400 窝囊气
40401 窝心
40402 无伤大雅
40403 无上
40404 五味
40405 雾蒙蒙
40406 熹微
40407 暇时
40408 下馆子
40409 下江
40410 闲钱
40411 闲杂
40412 献丑
40413 献技
40414 相托
40415 小偷小摸
40416 胸骨
40417 胸围
40418 穴居
40419 押车
40420 烟馆
40421 延展
40422 严丝合缝
40423 一唱一和
40424 以退为进
40425 甬路
40426 悠悠然
40427 邮车
40428 油泥
40429 油腔滑调
40430 游艺会
40431 右方
40432 幼弱
40433 幼芽
40434 语病
40435 玉兔
40436 园田
40437 圆规
40438 云头
40439 簪子
40440 招认
40441 针眼
40442 震灾
40443 知交
40444 直拨
40445 纸老虎
40446 猪栏
40447 猪猡
40448 竹叶青
40449 砖坯
40450 转存
40451 着笔

40452 资望
40453 自费生
40454 作保
40455 暗无天日
40456 暗语
40457 百宝箱
40458 半票
40459 鸨母
40460 笔伐
40461 表面化
40462 菜油
40463 茶汤
40464 畅达
40465 沉疴
40466 晨星
40467 称快
40468 成年累月
40469 成药
40470 承当
40471 吃不住
40472 重版
40473 除法
40474 川菜
40475 船篷
40476 垂老
40477 春灌
40478 从善如流
40479 从征
40480 粗硬
40481 村规民约
40482 寸心
40483 答问
40484 大彻大悟
40485 大慈大悲
40486 单字
40487 叨念
40488 低耗
40489 涤荡
40490 抵押品
40491 地支
40492 殿宇
40493 雕梁画栋
40494 盯梢
40495 独苗
40496 短句
40497 多向
40498 讹传
40499 发送（fāsong）
40500 房脊
40501 废弛
40502 疯人院
40503 奉迎
40504 干货
40505 干支
40506 钢梁
40507 告吹
40508 公国
40509 骨朵儿
40510 骨子
40511 罐头盒
40512 汗渍
40513 旱田
40514 河身
40515 狐假虎威
40516 唬人
40517 花房
40518 花架
40519 欢声雷动
40520 慌里慌张
40521 黄鹂
40522 黄种人
40523 回水
40524 活字
40525 火罐儿
40526 机率
40527 急风暴雨
40528 集大成
40529 假案
40530 奸雄
40531 简体字
40532 贱货
40533 浆果
40534 浆洗
40535 讲情面
40536 交公
40537 狡狯
40538 校订
40539 校阅
40540 节操
40541 金丹
40542 绝笔
40543 开架
40544 开释
40545 勘探队
40546 叩击
40547 扣帽子
40548 宽以待人
40549 岿然
40550 来日方长
40551 冷然
40552 力挫
40553 料事如神
40554 榴弹
40555 漏电
40556 路轨
40557 漉
40558 卖关子
40559 满腹经纶
40560 绵密
40561 面筋
40562 民族自决权
40563 木屐
40564 闹笑话
40565 逆水
40566 排头
40567 牌局
40568 判案
40569 胖墩儿
40570 配伍
40571 批办
40572 骈文
40573 嫔妃
40574 漆黑一团
40575 齐步走
40576 祈望
40577 强心剂
40578 窃国
40579 琴师
40580 情夫
40581 情郎
40582 一家言
40583 求贤若渴
40584 曲径通幽
40585 雪雕
40586 僧徒
40587 沙丁鱼
40588 伤悲
40589 伤神
40590 身架
40591 神怪
40592 接龙
40593 生冷
40594 逆天
40595 声名狼藉
40596 声腔
40597 笙歌
40598 石臼
40599 实职
40600 拾取
40601 史话
40602 示爱
40603 事功
40604 熟路
40605 打闷棍
40606 属相
40607 闪躲
40608 顺手牵羊
40609 燧石
40610 索还
40611 台基
40612 太空船
40613 谈锋
40614 坦白从宽
40615 绦虫
40616 套套
40617 调节税
40618 猎艳
40619 挑拨离间
40620 听其自然
40621 停航
40622 偷越
40623 投拍
40624 吞云吐雾
40625 外借
40626 晚育
40627 温煦
40628 稀有金属
40629 溪涧
40630 洗煤
40631 上照
40632 喜乐
40633 脸厚
40634 喜信
40635 闲逸
40636 贤臣
40637 弦歌
40638 向隅
40639 小户人家
40640 小账
40641 小卒
40642 斜线
40643 薪资
40644 信史
40645 星团
40646 行李卷儿
40647 行商
40648 杏黄
40649 胸片
40650 虚情假意
40651 雪梨
40652 血友病
40653 扬旗
40654 扬琴
40655 羊水
40656 腰刀
40657 耀目
40658 一扫而空
40659 倚赖
40660 印花布
40661 佣工
40662 勇悍
40663 游侠
40664 瑜伽
40665 殒命
40666 运笔
40667 贼胆
40668 站柜台
40669 征候
40670 脏钱
40671 正极
40672 指靠
40673 舟车
40674 洲际导弹
40675 专科生
40676 转运站
40677 自忖
40678 自许
40679 走钢丝
40680 作乐

（zuòyuè）
40681 摆列
40682 绑扎
40683 棒子面
40684 报修
40685 卑污
40686 被套
40687 迸射
40688 边门
40689 编舞
40690 扁圆
40691 表亲
40692 冰糖葫芦
40693 跛脚
40694 参禅
40695 苍松
40696 藏污纳垢
40697 草野
40698 产儿
40699 产婆
40700 抄近儿
40701 车把式
40702 车况
40703 车前子
40704 彻悟
40705 陈请
40706 呈祥
40707 秤杆
40708 持械
40709 虫蛀
40710 出洋相
40711 初小
40712 串珠
40713 此致
40714 打滑
40715 大腹便便
40716 大实话
40717 叨咕
40718 盗墓
40719 地方税
40720 电声
40721 冬虫夏草
40722 独门
40723 断路
40724 翻供
40725 飞沙走石
40726 挂拍
40727 风景点
40728 辐射能
40729 附上
40730 副手
40731 高粱米
40732 高山仰止
40733 高士
40734 告病
40735 嗝儿
40736 工作餐
40737 恭谨
40738 骨盆
40739 鼓槌
40740 挂齿
40741 关张
40742 观览
40743 管饭
40744 哈腰
40745 喊冤
40746 呵叱
40747 合子
40748 和数
40749 核电厂
40750 盒带
40751 后发制人
40752 后手
40753 狐朋狗友
40754 滑竿
40755 环海
40756 缓兵之计
40757 黄雀
40758 昏头昏脑
40759 混事
40760 火烧眉毛
40761 机械手
40762 疾恶如仇
40763 蒺藜
40764 家蚕
40765 将错就错
40766 茭白
40767 绞死
40768 缴付
40769 看医生
40770 胯骨
40771 老相识
40772 类固醇
40773 凉意
40774 林涛
40775 鹿茸
40776 漫溢
40777 毛裤
40778 房补
40779 帽徽
40780 煤耗
40781 妙策
40782 咩
40783 明达
40784 抹灰
40785 沫子
40786 目光短浅
40787 脑汁
40788 内服
40789 能言善辩
40790 孽种
40791 呕血
40792 盘坐
40793 配比
40794 屁滚尿流
40795 僻远
40796 骈体
40797 破镜重圆
40798 汽灯
40799 巧言
40800 倾巢
40801 穷兵黩武
40802 求雨
40803 去皮
40804 犬马
40805 人地生疏
40806 人心不古
40807 人妖
40808 容身
40809 溶血
40810 入定
40811 撒播
40812 建账
40813 桑葚
40814 瘙痒
40815 摄影棚
40816 绳套
40817 失计
40818 什锦
40819 拾遗补缺
40820 世仇
40821 事到临头
40822 收殓
40823 受业
40824 耍笑
40825 霜期
40826 睡袍
40827 撕打
40828 四海为家
40829 汤水
40830 特首
40831 通栏
40832 头雁
40833 投合
40834 托病
40835 脱发
40836 脱色
40837 驼峰
40838 外孙子
40839 外溢
40840 外引
40841 万福
40842 万贯
40843 望月
40844 围腰
40845 味同嚼蜡
40846 蔚为壮观
40847 蜗居
40848 乌七八糟
40849 污渍
40850 无为而治
40851 五爱
40852 造地
40853 五线谱
40854 晤面
40855 雾里看花
40856 喜怒无常
40857 系铃人
40858 先睹为快
40859 贤能
40860 小过
40861 心肌梗死
40862 幸会
40863 凶横
40864 虚岁
40865 血雨腥风
40866 压顶
40867 字母词
40868 压路机
40869 烟具
40870 盐巴
40871 眼角膜
40872 洋化
40873 徭役
40874 一马平川
40875 意气用事
40876 臆测
40877 隐衷
40878 影视圈
40879 庸医
40880 淤血
40881 鱼油
40882 渔猎
40883 愚见
40884 原地踏步
40885 远视
40886 运动衣
40887 杂陈
40888 皂角
40889 诈降
40890 枝蔓
40891 治服
40892 周转金
40893 啁啾
40894 助纣为虐
40895 装神弄鬼
40896 追怀
40897 追尾
40898 自成一家
40899 身教
40900 阿司匹林
40901 白肉
40902 白事
40903 白血球
40904 摆阔
40905 拜辞
40906 板床
40907 半腰
40908 报春花
40909 暴死

40910 爆炒
40911 悲号
40912 背人
40913 本埠
40914 变价
40915 兵械
40916 波束
40917 草民
40918 拆穿
40919 长逝
40920 唱高调
40921 成名作
40922 成人之美
40923 成文法
40924 呈交
40925 城垛
40926 逞凶
40927 吃不准
40928 吃老本
40929 垂死挣扎
40930 从戎
40931 粗通
40932 寸断
40933 寸土
40934 大集体
40935 大前天
40936 单用
40937 弹丸之地
40938 倒运
40939 颠倒是非
40940 电汇
40941 斗拱
40942 短讯
40943 堆肥
40944 发报
40945 发绿
40946 反绑
40947 反扒
40948 反诉
40949 防暴警察
40950 防寒服
40951 飞扬跋扈
40952 粪车
40953 风声鹤唳
40954 氟利昂
40955 俯拾即是
40956 概略
40957 敢是
40958 刚正
40959 工笔画
40960 工于
40961 公举
40962 勾魂
40963 狗崽子
40964 鼓风机
40965 刮痧
40966 寡居
40967 挂冠
40968 光火
40969 归程
40970 归化
40971 鬼哭狼嚎
40972 鬼头鬼脑
40973 滚瓜烂熟
40974 果腹
40975 酣战
40976 皓齿
40977 荷载
40978 黑色幽默
40979 横断面
40980 宏论
40981 厚意
40982 胡椒面儿
40983 花腔
40984 还账
40985 黄道吉日
40986 毁谤
40987 婚俗
40988 纪纲
40989 家鸽
40990 拣选
40991 贱人
40992 姜汤
40993 结婚照
40994 金针
40995 进款
40996 禁食
40997 警徽
40998 竞拍
40999 救险
41000 开裆裤
41001 苛捐杂税
41002 空喊
41003 空架子
41004 口诛笔伐
41005 苦差
41006 髋关节
41007 来潮
41008 劳改犯
41009 老旦
41010 冷板凳
41011 两可
41012 两全
41013 伶牙俐齿
41014 罗曼蒂克
41015 落魄
41016 马赛克
41017 漫卷
41018 没着落
41019 幂
41020 明春
41021 木偶戏
41022 耙子
41023 旁门
41024 皮包公司
41025 翩跹
41026 片剂
41027 飘移
41028 瓢虫
41029 瓢泼大雨
41030 瓶塞
41031 妻弟
41032 欺瞒
41033 漆画
41034 奇趣
41035 铅印
41036 强弩之末
41037 强辩
41038 轻机枪
41039 穷则思变
41040 如狼似虎
41041 软椅
41042 山景
41043 煽风点火
41044 上税
41045 梢头
41046 深交
41047 时点
41048 实价
41049 实足
41050 食管
41051 事必躬亲
41052 守势
41053 守业
41054 丝丝入扣
41055 四季如春
41056 糖醋
41057 土包子
41058 土拨鼠
41059 兔儿爷
41060 拖网
41061 顽劣
41062 万金油
41063 畏首畏尾
41064 无的放矢
41065 无可无不可
41066 无所不为
41067 下家
41068 下卷
41069 显达
41070 限速
41071 乡俗
41072 降表
41073 消夜
41074 小我
41075 孝服
41076 斜睨
41077 泄愤
41078 信口雌黄
41079 信任投票
41080 猩红热
41081 行令
41082 修订本
41083 续篇
41084 血衣
41085 巡访
41086 压级
41087 厌食
41088 妖魔鬼怪
41089 药草
41090 庸人自扰
41091 幽远
41092 油绿
41093 又及
41094 瘀血
41095 鱼叉
41096 浴衣
41097 岳家
41098 载重汽车
41099 章回小说
41100 胀痛
41101 正餐
41102 证物
41103 指印
41104 至交
41105 终岁
41106 松果
41107 猪瘟
41108 祝捷
41109 铸件
41110 装蒜
41111 自量
41112 嘴快
41113 左首
41114 坐以待毙
41115 哀歌
41116 板书
41117 帮厨
41118 保命
41119 抱养
41120 比量
41121 笔意
41122 币制
41123 贬抑
41124 变速器
41125 表功
41126 补缀
41127 才略
41128 裁缝（cáiféng）
41129 踩高跷
41130 仓容
41131 操刀
41132 差池
41133 肠衣
41134 炒饭
41135 尘嚣
41136 陈世美
41137 称许
41138 吃得消

41139 吃喝风
41140 冲凉
41141 出缺
41142 闯劲
41143 吹喇叭
41144 存根
41145 大率
41146 大智若愚
41147 代步
41148 倒爷
41149 道袍
41150 地久天长
41151 电弧
41152 回游
41153 掉价
41154 冬月
41155 肚量
41156 多舛
41157 文眉
41158 恶仗
41159 发懵
41160 反转（fǎnzhuǎn）
41161 房费
41162 匪帮
41163 妇道人家
41164 附加税
41165 附庸风雅
41166 赴死
41167 正经事
41168 工房
41169 工蚁
41170 公断
41171 灌装
41172 归公
41173 过河拆桥
41174 过手
41175 寒星
41176 浩渺
41177 合称
41178 合订本
41179 红极一时
41180 红男绿女
41181 猴头
41182 厚葬
41183 胡搅蛮缠
41184 画圈儿
41185 话梅
41186 魂飞天外
41187 火并
41188 货栈
41189 唧哝
41190 吉卜赛人
41191 计时器
41192 祭灶
41193 加餐
41194 简写
41195 嚼舌
41196 物联网
41197 桔梗
41198 金龟子
41199 窘况
41200 纠偏
41201 酒窖
41202 酒气
41203 绢花
41204 绝版
41205 开禁
41206 恳挚
41207 空对空
41208 宽衣
41209 喇叭花
41210 辣酱
41211 冷艳
41212 林莽
41213 伶仃
41214 领有
41215 论辩
41216 蚂蟥
41217 夹克
41218 蛮缠
41219 毛孩子
41220 美言
41221 闷葫芦
41222 蒙尘
41223 面呈
41224 面面观
41225 灭种
41226 鸣冤
41227 抛砖引玉
41228 陪读
41229 皮开肉绽
41230 拼合
41231 评头品足
41232 屏藩
41233 泼皮
41234 普天同庆
41235 欺人太甚
41236 奇花异草
41237 棋赛
41238 起锚
41239 千秋万代
41240 轻骑兵
41241 轻闲
41242 清账
41243 趋炎附势
41244 全球定位系统
41245 全日
41246 拳拳
41247 仁义道德
41248 褥疮
41249 三角裤
41250 丧家之犬
41251 赏罚分明
41252 社交圈
41253 盛暑
41254 实诚
41255 拾荒
41256 示警
41257 鼠类
41258 水绿
41259 税票
41260 说项
41261 私方
41262 啼鸣
41263 天造地设
41264 田畴
41265 铁哥们儿
41266 头路
41267 外聘
41268 围猎
41269 尾音
41270 委顿
41271 卫星云图
41272 位卑
41273 文具盒
41274 西经
41275 试婚
41276 吸湿
41277 昔年
41278 习惯法
41279 洗印
41280 下坡路
41281 下注
41282 线型
41283 乡思
41284 相商
41285 向晚
41286 小教
41287 邪火
41288 殉葬品
41289 牙粉
41290 言之凿凿
41291 仰躺
41292 养兵
41293 咬嘴
41294 一家之言
41295 一手遮天
41296 一显身手
41297 一语双关
41298 仪表堂堂
41299 疑兵
41300 艺校
41301 音速
41302 蝇头
41303 应用文
41304 鱼贯而入
41305 雨蒙蒙
41306 语流
41307 玉女
41308 御花园
41309 冤大头
41310 原话
41311 圆溜溜
41312 宰牲节
41313 凿凿
41314 责打
41315 闸口
41316 正误
41317 支路
41318 只身一人
41319 中子弹
41320 众星捧月
41321 转乘
41322 转干
41323 传略
41324 篆字
41325 撞墙
41326 追想
41327 子规
41328 自产自销
41329 自吹自擂
41330 字正腔圆
41331 纵酒
41332 座钟
41333 暗箭
41334 凹凸
41335 罢赛
41336 磅秤
41337 北头
41338 奔窜
41339 逼使
41340 比附
41341 闭幕词
41342 变色龙
41343 膘肥
41344 别（biè）
41345 不能自已
41346 埠头
41347 苍鹰
41348 操演
41349 册页
41350 策反
41351 层叠
41352 查体
41353 唱反调
41354 吃苦头
41355 叱骂
41356 憧憧
41357 丑小鸭
41358 蠢人
41359 从一而终
41360 搓洗
41361 打翻身仗
41362 打嘴
41363 大儒
41364 大头针
41365 代职
41366 戴高帽子

41367 单数
41368 单元房
41369 胆魄
41370 弹坑
41371 批售
41372 党魁
41373 迪斯尼乐园
41374 电子表
41375 跌势
41376 订金
41377 动人心魄
41378 逗趣儿
41379 毒刑
41380 渡槽
41381 断壁残垣
41382 对证
41383 耳旁风
41384 乏术
41385 樊篱
41386 坊间
41387 防凌
41388 废油
41389 风挡
41390 风致
41391 佛典
41392 佛牙
41393 腐臭
41394 柑子
41395 高脚杯
41396 高看
41397 公设
41398 古来
41399 关子
41400 诡计多端
41401 锅贴儿
41402 国故
41403 好好先生
41404 耗油
41405 和事佬
41406 盒子炮
41407 红霉素
41408 后轮
41409 忽隐忽现
41410 花苞
41411 花籽儿
41412 毁伤
41413 魂牵梦萦
41414 混血儿
41415 货舱
41416 激将法
41417 加急
41418 家贼
41419 剑眉
41420 将令
41421 揭不开锅
41422 节食
41423 借刀杀人
41424 禁欲
41425 净是
41426 久经沙场
41427 绝育
41428 开倒车
41429 苦酒
41430 旷古
41431 乐极生悲
41432 类风湿
41433 冷藏车
41434 离愁
41435 立新
41436 利国利民
41437 例假
41438 栗色
41439 粒状
41440 聊以自慰
41441 令弟
41442 流浪儿
41443 龙钟
41444 漏风
41445 略知一二
41446 论价
41447 麻麻亮
41448 毛丫头
41449 密告
41450 棉籽
41451 面善
41452 明灭
41453 明星队
41454 闹病
41455 内外交困
41456 黏稠
41457 娘胎
41458 牛蛙
41459 攀越
41460 旁观者清
41461 炮眼
41462 劈波斩浪
41463 频度
41464 启口
41465 起止
41466 巧取豪夺
41467 青虫
41468 轻慢
41469 秋海棠
41470 泅渡
41471 球台
41472 祛除
41473 热肠
41474 柔肠
41475 软管
41476 三百六十行
41477 三鲜
41478 沙眼
41479 山旮旯儿
41480 上纲上线
41481 上弦
41482 申说
41483 申冤
41484 身怀绝技
41485 生僻
41486 生吞活剥
41487 手不释卷
41488 守财奴
41489 水冷
41490 寺观
41491 索解
41492 汤团
41493 挑花
41494 铁板一块
41495 听会
41496 同工同酬
41497 投枪
41498 拖带
41499 唯其如此
41500 帷幄
41501 纬线
41502 胃液
41503 文化衫
41504 文身
41505 文饰
41506 无轨电车
41507 无花果
41508 五里雾
41509 舞文弄墨
41510 物极必反
41511 西菜
41512 淅淅
41513 下泻
41514 嫌烦
41515 踩雷
41516 线绳
41517 相顾
41518 相见恨晚
41519 箱笼
41520 小肚子
41521 小字辈
41522 孝子贤孙
41523 新欢
41524 刑事犯
41525 压气
41526 言志
41527 羊奶
41528 窑姐儿
41529 要得
41530 业大
41531 夜长梦多
41532 一半天
41533 一了百了
41534 医士
41535 遗传因子
41536 以防不测
41537 以防万一
41538 异人
41539 音标
41540 用心良苦
41541 诱降
41542 岳父母
41543 藏青
41544 造字
41545 增白剂
41546 增建
41547 战表
41548 战略物资
41549 长官意志
41550 找门路
41551 织女星
41552 指挥若定
41553 中医师
41554 终久
41555 周知
41556 竹笼
41557 走江湖
41558 醉翁之意不在酒
41559 座机
41560 挨次
41561 白饭
41562 半饱
41563 薄饼
41564 报童
41565 抱屈
41566 逼和
41567 鄙俗
41568 别称
41569 别具匠心
41570 不可名状
41571 残迹
41572 粲然
41573 肠梗阻
41574 超短裙
41575 抽斗
41576 抽税
41577 出榜
41578 出货
41579 刍议
41580 厨具
41581 触媒
41582 穿凿
41583 吹牛皮
41584 垂询
41585 磁头
41586 催眠曲
41587 忖度
41588 错愕
41589 打旋
41590 大头鱼
41591 大族
41592 单打一
41593 当堂
41594 挡板
41595 倒弄

41596 祷祝
41597 道藏
41598 灯芯
41599 地权
41600 电饭锅
41601 鼎力相助
41602 冬麦
41603 督学
41604 恶少
41605 发祥
41606 法名
41607 反客为主
41608 防毒面具
41609 放空
41610 非亲非故
41611 风流韵事
41612 浮荡
41613 复写
41614 概莫能外
41615 个人崇拜
41616 拱卫
41617 脱瘾
41618 孤家寡人
41619 古钱
41620 盥洗室
41621 光导纤维
41622 归依
41623 海胆
41624 海水浴
41625 汗臭
41626 号数
41627 合击
41628 何必当初
41629 河泥
41630 黑色素
41631 呼天抢地
41632 胡编乱造
41633 核儿
41634 花匠
41635 化学分析
41636 画谱
41637 活宝
41638 机巧
41639 即如
41640 家计
41641 假寐
41642 无所不有
41643 价目
41644 谈经论道
41645 奸贼
41646 俭省
41647 减损
41648 健旺
41649 江河日下
41650 进尺
41651 近世
41652 旧例
41653 绝响
41654 咯血
41655 开锅
41656 看押
41657 苦读
41658 老搭档
41659 犁铧
41660 沥沥
41661 领航员
41662 溜之大吉
41663 流转税
41664 陋巷
41665 落花生
41666 慢待
41667 冒失鬼
41668 美术片
41669 媚态
41670 门风
41671 闷雷
41672 猛士
41673 面点
41674 面有难色
41675 魔方
41676 墨竹
41677 你争我夺
41678 逆光
41679 爬升
41680 陪酒
41681 劈山
41682 频带
41683 评头论足
41684 棋谱
41685 起皱
41686 牵引力
41687 强将
41688 清汤
41689 穷山恶水
41690 权能
41691 热效应
41692 扫平
41693 伤怀
41694 烧杯
41695 深受其害
41696 深宅大院
41697 神探
41698 生客
41699 失聪
41700 始创
41701 势利眼
41702 适销
41703 手松
41704 寿桃
41705 受阅
41706 耍滑
41707 水果糖
41708 水袖
41709 说得来
41710 丝弦
41711 素色
41712 锁国
41713 贪污犯
41714 叹赏
41715 唐三彩
41716 陶然
41717 讨人嫌
41718 题跋
41719 同床异梦
41720 同盟者
41721 挖泥船
41722 歪打正着
41723 唯命是从
41724 畏缩不前
41725 文绉绉
41726 无可奉告
41727 武士道
41728 吸管
41729 袭用
41730 隙地
41731 下本儿
41732 下药
41733 夏装
41734 歇气
41735 心音
41736 行尸走肉
41737 幸喜
41738 性器官
41739 凶光
41740 宣言书
41741 殉情
41742 压延
41743 鸭绒
41744 养心
41745 野炊
41746 迎宾馆
41747 油质
41748 有胆有识
41749 玉石俱焚
41750 玉液
41751 预备期
41752 欲壑
41753 援款
41754 月产
41755 月份牌儿
41756 云山雾罩
41757 晕车
41758 韵脚
41759 再三再四
41760 耱耙
41761 凿子
41762 造谣惑众
41763 增删
41764 帐幕
41765 瘴气
41766 朝不保夕
41767 找补
41768 遮羞布
41769 珍玩
41770 珍馐
41771 枕套
41772 芝麻酱
41773 职司
41774 稚拙
41775 肘腋
41776 朱文
41777 助产
41778 桩子
41779 桌椅板凳
41780 尊长
41781 坐失良机
41782 拗口
41783 霸业
41784 百发百中
41785 摆样子
41786 斑纹
41787 搬弄
41788 板球
41789 包打听
41790 保不定
41791 抱残守缺
41792 爆米花
41793 背头
41794 崩裂
41795 闭馆
41796 弊政
41797 濒死
41798 鹁鸽
41799 不白之冤
41800 财阀
41801 层峦叠嶂
41802 馋涎
41803 撤资
41804 陈言
41805 撑死
41806 诚邀
41807 重振旗鼓
41808 丑八怪
41809 出岔子
41810 垂范
41811 蠢货
41812 粗陋
41813 粗莽
41814 脆生生
41815 村公所
41816 打嗝儿
41817 大器晚成
41818 大雄宝殿
41819 大杂烩
41820 单名
41821 胆管
41822 灯草
41823 等式
41824 地角
41825 地陷

41826 跌价
41827 斗牛士
41828 逗号
41829 毒饵
41830 独木舟
41831 额数
41832 贰臣
41833 发僵
41834 法盲
41835 翻建
41836 反义词
41837 脱岗
41838 犯上
41839 芒硝
41840 犯疑
41841 放血
41842 放债
41843 焚尸
41844 凤蝶
41845 奉告
41846 孵卵
41847 服软
41848 复读机
41849 改容
41850 干硬
41851 坩埚
41852 赶尽杀绝
41853 高官厚禄
41854 高粱面
41855 高徒
41856 工青妇
41857 公正无私
41858 功罪
41859 沟沟坎坎
41860 掴
41861 鬼点子
41862 国花
41863 国破家亡
41864 过家家
41865 海子
41866 航校
41867 后福
41868 囫囵吞枣
41869 化干戈为玉帛
41870 黄毛丫头
41871 婚书
41872 火箭炮
41873 基诺族
41874 加刑
41875 减色
41876 碱化
41877 践约
41878 叫座儿
41879 洁具
41880 解愁
41881 解构
41882 金童玉女
41883 进击
41884 菁菁
41885 景颇族
41886 救命稻草
41887 巨擘
41888 拒捕
41889 剧社
41890 捐弃前嫌
41891 开诊
41892 狂草
41893 劳神
41894 磷脂
41895 流水账
41896 滤波
41897 乱弹琴
41898 落草
41899 麻线
41900 麻醉品
41901 毛毡
41902 闷声不响
41903 门户之见
41904 棉线
41905 秒针
41906 末流
41907 男尊女卑
41908 年夜
41909 孽障
41910 排险
41911 攀龙附凤
41912 泡制
41913 披阅
41914 皮笑肉不笑
41915 飘溢
41916 品貌
41917 瓶瓶罐罐
41918 铺路石
41919 千斤顶
41920 仟
41921 钎子
41922 悭吝
41923 收阴
41924 前奏曲
41925 墙纸
41926 抢攻
41927 切分
41928 清道
41929 情丝
41930 劝谏
41931 确非
41932 任便
41933 儒将
41934 入戏
41935 撒泼
41936 慑服
41937 世态炎凉
41938 视盘
41939 手底下
41940 手卷
41941 授旗
41942 熟地
41943 暑天
41944 顺带
41945 私见
41946 四环素
41947 松明
41948 抬价
41949 谈天说地
41950 套管
41951 提纲挈领
41952 天狼星
41953 网虫
41954 恬不知耻
41955 童音
41956 透雨
41957 退党
41958 娃娃脸
41959 娃娃鱼
41960 瓦蓝
41961 万念俱灰
41962 为富不仁
41963 伪作
41964 巫医
41965 无可指责
41966 无烟煤
41967 误传
41968 洗涮
41969 下世
41970 闲言碎语
41971 衔恨
41972 响彻云霄
41973 小量
41974 小五金
41975 孝衣
41976 熊市
41977 蓄养
41978 削瘦
41979 血流如注
41980 循例
41981 压惊
41982 雅量
41983 烟波
41984 妖孽
41985 腰眼
41986 叶轮
41987 夜明珠
41988 遗稿
41989 遗作
41990 以一当十
41991 倚老卖老
41992 忆苦思甜
41993 驿道
41994 应分
41995 油毡
41996 雨珠儿
41997 云图
41998 栽跟头
41999 责编
42000 扎堆
42001 渣土
42002 宅第
42003 折旧率
42004 砧板
42005 镇静剂
42006 志得意满
42007 治黄
42008 栉风沐雨
42009 中庸之道
42010 重利
42011 助选
42012 转口贸易
42013 自奉
42014 自然段
42015 醉态
42016 坐像
42017 哀哭
42018 暗喜
42019 敖包
42020 百叶
42021 摆酒
42022 半道
42023 帮衬
42024 避实就虚
42025 臂力
42026 不归路
42027 布面
42028 布票
42029 苍黄
42030 产成品
42031 嗔怒
42032 成规
42033 成数
42034 重犯（chóngfàn）
42035 抽丝
42036 出界
42037 出以公心
42038 初晴
42039 初雪
42040 除尘器
42041 处子
42042 春饼
42043 纯碱
42044 纯美
42045 凑数
42046 寸步不让
42047 打保票
42048 打砸抢
42049 单传
42050 刀兵
42051 低度
42052 抵不上
42053 电子图书

42054 顶牛儿
42055 断裂带
42056 对光
42057 恶斗
42058 恶浊
42059 发窘
42060 罚跪
42061 防旱
42062 访古
42063 访求
42064 肥田
42065 封门
42066 俯卧撑
42067 改错
42068 赶工
42069 高领
42070 告饶
42071 固若金汤
42072 乖戾
42073 光灿灿
42074 果干儿
42075 裹胁
42076 海沟
42077 寒士
42078 旱路
42079 河网
42080 核大国
42081 盒装
42082 后台老板
42083 虎威
42084 花插
42085 黄杨
42086 恍如隔世
42087 辉光
42088 徽记
42089 浑水摸鱼
42090 火石
42091 机帆船
42092 积少成多
42093 继电器
42094 夹心
42095 解送
42096 金婚
42097 浸种
42098 晶状体
42099 精进
42100 警语
42101 窘困
42102 救生艇
42103 锔
42104 拒贿
42105 军规
42106 可人
42107 可意
42108 坑骗
42109 苦丁茶
42110 苦相
42111 扩编
42112 老气
42113 立功赎罪
42114 联检
42115 练习簿
42116 临阵脱逃
42117 留利
42118 榴莲
42119 遛弯儿
42120 蝼蚁
42121 路风
42122 绿莹莹
42123 螺钉
42124 马头琴
42125 满打满算
42126 蜜枣
42127 民族资本
42128 命薄
42129 难分难解
42130 闹房
42131 年三十
42132 牛痘
42133 奴性
42134 暖色
42135 胚子
42136 陪送（péisòng）
42137 蓬松松
42138 篷子
42139 偏房
42140 剽掠
42141 妻小
42142 启明星
42143 卡壳
42144 千刀万剐
42145 强震
42146 敲竹杠
42147 清仓
42148 清规戒律
42149 秋分
42150 曲高和寡
42151 犬齿
42152 劝善
42153 劝退
42154 濡湿
42155 软缎
42156 软件包
42157 沙鸥
42158 炝锅
42159 商法
42160 神异
42161 生鱼片
42162 甥女
42163 胜境
42164 尸横遍野
42165 师哥
42166 石墩
42167 世兄
42168 视神经
42169 手鼓
42170 熟客
42171 双关语
42172 爽气
42173 水笔
42174 水酒
42175 死皮赖脸
42176 送检
42177 颂词
42178 干政
42179 俗文学
42180 诉冤
42181 尿泡
42182 台属
42183 太湖石
42184 太极图
42185 谈笑自若
42186 天梯
42187 通敌
42188 同路
42189 头昏脑涨
42190 土里土气
42191 退席
42192 拖曳
42193 纨绔子弟
42194 玩物丧志
42195 王母娘娘
42196 网膜
42197 围裹
42198 唯心史观
42199 尾翼
42200 未老先衰
42201 诬赖
42202 无关痛痒
42203 白菜价
42204 雾腾腾
42205 洗发水
42206 瞎忙
42207 下品
42208 相恋
42209 镶金
42210 歇手
42211 罢黜
42212 心善
42213 新姿
42214 兴师问罪
42215 绣品
42216 虚火
42217 血液病
42218 压缩空气
42219 轧花机
42220 言之成理
42221 验光
42222 阳伞
42223 洋洋自得
42224 样书
42225 妖气
42226 妖言惑众
42227 药味
42228 一个心眼儿
42229 一念之差
42230 胰腺炎
42231 以小见大
42232 倚势
42233 意兴
42234 幽微
42235 邮册
42236 油汪汪
42237 鱼肚白
42238 圆领
42239 云际
42240 张挂
42241 张三李四
42242 招笑儿
42243 榛子
42244 诊断书
42245 正业
42246 知根知底
42247 纸醉金迷
42248 钟乳石
42249 助跑
42250 准点
42251 滋阴
42252 自成一体
42253 自顾不暇
42254 自画像
42255 自斟
42256 宗主国
42257 租户
42258 祖居
42259 氨气
42260 白蜡
42261 半路出家
42262 半身像
42263 包租
42264 报时
42265 备马
42266 本名
42267 比丘
42268 病疫
42269 不打自招
42270 布帛
42271 才思
42272 残虐
42273 舱室
42274 超拔
42275 成说
42276 橙汁
42277 驰驱
42278 尺码
42279 厨艺
42280 喘吁吁
42281 吹胡子瞪眼
42282 垂首

42283 春情
42284 检录
42285 次女
42286 赐教
42287 催眠术
42288 打挺儿
42289 大不敬
42290 丹凤眼
42291 单科
42292 党同伐异
42293 倒背如流
42294 悼亡
42295 低热
42296 氽
42297 敌占区
42298 颠来倒去
42299 钉鞋
42300 丢丑
42301 冬装
42302 黩武
42303 断断
42304 客服
42305 恩准
42306 发涩
42307 发硬
42308 纺锤
42309 飞虫
42310 凤眼
42311 奉使
42312 干鲜果品
42313 甘休
42314 感慨系之
42315 各奔前程
42316 各别
42317 姑息养奸
42318 故伎重演
42319 故纸堆
42320 官架子
42321 海誓山盟
42322 氦
42323 横征暴敛
42324 后起
42325 忽悠
42326 弧光
42327 胡人
42328 糊涂账
42329 虎骨
42330 划水
42331 化学纤维
42332 画夹
42333 换汇
42334 磺胺
42335 回采
42336 诨名
42337 积善
42338 积雨
42339 基干
42340 脊椎骨
42341 假钞
42342 假洋鬼子
42343 剑侠
42344 讲交情
42345 绞杀
42346 绞刑架
42347 节录
42348 借据
42349 金笔
42350 锦标
42351 聚齐
42352 开航
42353 开镰
42354 课税
42355 枯寂
42356 拉祜族
42357 老粗
42358 老辣
42359 冷处理
42360 离合器
42361 寥若晨星
42362 螺丝刀
42363 落地窗
42364 曼声
42365 猫眼
42366 美人蕉
42367 蒙混
42368 米线
42369 面片儿
42370 面生
42371 蘑菇云
42372 内涝
42373 内迁
42374 年根
42375 年息
42376 鸟枪换炮
42377 凝脂
42378 捧读
42379 皮疹
42380 均富
42381 平底
42382 评理
42383 剖白
42384 起吊
42385 起居室
42386 气层
42387 弃儿
42388 清凉油
42389 求诊
42390 拳师
42391 日晒雨淋
42392 戎马倥偬
42393 肉馅儿
42394 洒扫
42395 三思而行
42396 三维空间
42397 丧乱
42398 杀身成仁
42399 商亭
42400 上货
42401 上镜
42402 烧碱
42403 审读
42404 升势
42405 声扬
42406 石竹
42407 释文
42408 瘦猴儿
42409 数说
42410 水战
42411 睡袋
42412 说白
42413 厮磨
42414 苏绣
42415 台柱子
42416 荣归故里
42417 泰然处之
42418 探察
42419 堂妹
42420 提花
42421 天干
42422 天灵盖
42423 条案
42424 跳级
42425 贴面
42426 挺括
42427 通观
42428 同心圆
42429 统摄
42430 投医
42431 突击手
42432 脱壳
42433 外交辞令
42434 乌木
42435 污言秽语
42436 无冕之王
42437 无师自通
42438 下半旗
42439 收阳
42440 下力
42441 涎着脸
42442 险遭
42443 现大洋
42444 相许
42445 饷银
42446 小解
42447 小可
42448 小巫见大巫
42449 小崽子
42450 小酌
42451 啸聚
42452 薪俸
42453 袖管
42454 绣像
42455 押宝
42456 押赴
42457 烟道
42458 眼眉
42459 扬花
42460 仰首
42461 咬耳朵
42462 鹞子
42463 耶和华
42464 以强凌弱
42465 音系
42466 引产
42467 瘾君子
42468 印儿
42469 用武
42470 游艺机
42471 右首
42472 原发性
42473 再世
42474 藏戏
42475 展卖
42476 征尘
42477 枝丫
42478 直待
42479 植皮
42480 制动器
42481 中上层
42482 猪蹄
42483 竹节
42484 主根
42485 状语
42486 准头
42487 紫铜
42488 自我标榜
42489 字帖
42490 棕榈油
42491 阻遏
42492 暗探
42493 摆谱儿
42494 碑记
42495 碑铭
42496 毙伤
42497 筚路蓝缕
42498 秉烛
42499 不耻下问
42500 不端
42501 草虫
42502 测字
42503 长毛兔
42504 常例
42505 车胎
42506 辰时
42507 谶语
42508 城厢
42509 吃派饭
42510 哧溜
42511 赤豆
42512 重光

42513	抽油烟机
42514	初旬
42515	雏儿
42516	搐动
42517	传本
42518	垂成
42519	催泪弹
42520	大换血
42521	呆傻
42522	胆小如鼠
42523	淡青
42524	挡路
42525	搬弄是非
42526	当票
42527	倒打一耙
42528	灯彩
42529	垫圈
42530	调派
42531	定息
42532	毒计
42533	独个儿
42534	独幕剧
42535	犊子
42536	赌棍
42537	度量衡
42538	多嘴多舌
42539	鹅蛋脸
42540	恶狗
42541	恶言
42542	翻跟头
42543	犯事
42544	肥瘦
42545	奋飞
42546	风姿绰约
42547	锋芒毕露
42548	蜂群
42549	讽喻
42550	佛光
42551	扶疏
42552	服罪
42553	浮财
42554	复音
42555	富贵病
42556	干打垒
42557	干瞪眼
42558	钢索
42559	高朋满座
42560	隔板
42561	工日
42562	工长
42563	狗急跳墙
42564	狗血喷头
42565	姑子
42566	惯犯
42567	规整
42568	滚水
42569	磙子
42570	骇异
42571	汉民
42572	河蚌
42573	核弹
42574	核军备
42575	鸿毛
42576	鸿门宴
42577	既往不咎
42578	寄宿学校
42579	简体
42580	见教
42581	见异思迁
42582	见诸
42583	叫号
42584	叫苦连天
42585	孑遗
42586	节选
42587	金科玉律
42588	噤若寒蝉
42589	京韵大鼓
42590	经年累月
42591	惊堂木
42592	井绳
42593	警纪
42594	旧学
42595	砍价
42596	看笑话
42597	苛政
42598	课间操
42599	空洞无物
42600	空门
42601	空档
42602	困厄
42603	喇叭裤
42604	锒铛入狱
42605	老窖
42606	累加
42607	冷箭
42608	厉鬼
42609	鲢鱼
42610	镂花
42611	马裤
42612	曼妙
42613	曼舞
42614	冒牌货
42615	眉峰
42616	猛禽
42617	秘而不宣
42618	苗情
42619	名垂青史
42620	明矾
42621	母带
42622	拿获
42623	拿问
42624	讣文
42625	拟稿
42626	年刊
42627	烦琐
42628	轮替
42629	年事
42630	女家
42631	副修
42632	藕荷
42633	爬格子
42634	拼图
42635	七老八十
42636	棋圣
42637	泣诉
42638	抢点
42639	抢渡
42640	巧干
42641	情杀
42642	情知
42643	请功
42644	取景
42645	犬牙交错
42646	缺斤短两
42647	燃烧弹
42648	人模狗样
42649	三顾茅庐
42650	三生有幸
42651	散热器
42652	搔首弄姿
42653	伤风败俗
42654	商队
42655	上行下效
42656	泼脏水
42657	摄录
42658	奇山异水
42659	麝
42660	深仇大恨
42661	升位
42662	诗韵
42663	血象
42664	世风日下
42665	收账
42666	首善之区
42667	寿材
42668	受礼
42669	赎身
42670	束手待毙
42671	数列
42672	水蛇
42673	睡椅
42674	顺遂
42675	坛坛罐罐
42676	桃花运
42677	提级
42678	提职
42679	通共
42680	通夜
42681	瞳仁
42682	头彩
42683	头胎
42684	投影仪
42685	图钉
42686	涂写
42687	托故
42688	驮运
42689	完璧归赵
42690	王族
42691	网袋
42692	网篮
42693	忘年交
42694	帷幔
42695	污泥浊水
42696	无力回天
42697	小童
42698	小样
42699	缢死
42700	薪炭林
42701	省视
42702	玄想
42703	旋儿
42704	削职
42705	雪青
42706	血口喷人
42707	言犹在耳
42708	奄奄
42709	眼晕
42710	佯称
42711	洋财
42712	仰赖
42713	邀请信
42714	瑶池
42715	药剂师
42716	遗精
42717	遗赠
42718	遗族
42719	议论文
42720	易位
42721	跌份
42722	因祸得福
42723	音容
42724	银饰
42725	寅吃卯粮
42726	引火烧身
42727	由此及彼
42728	油性
42729	有底
42730	梦魂萦绕
42731	样刊
42732	有色人种
42733	有始有终
42734	鱼尾纹
42735	渔轮
42736	雨幕
42737	雨云
42738	预警机
42739	欲擒故纵
42740	造市
42741	咋呼
42742	招股

42743 遮丑
42744 针孔
42745 知心人
42746 栀子
42747 中策
42748 诸子百家
42749 竹筏
42750 主修
42751 祝祷
42752 抓阄儿
42753 抓拍
42754 撞钟
42755 自矜
42756 钻井平台
42757 暗绿
42758 白丁
42759 白皮松
42760 百战不殆
42761 瘢痕
42762 板上钉钉
42763 保健操
42764 卑琐
42765 义仓
42766 篦
42767 边寨
42768 编次
42769 便溺
42770 便血
42771 兵祸
42772 兵源
42773 博士点
42774 薄地
42775 步哨
42776 财运
42777 采录
42778 菜窖
42779 藏龙卧虎
42780 草垫
42781 馋涎欲滴
42782 长命百岁
42783 唱机
42784 车轱辘
42785 陈放
42786 抽搭
42787 初夜
42788 吹灯
42789 春宫
42790 从商
42791 打谷场
42792 打拐
42793 打官腔
42794 打结
42795 歹心
42796 单簧管
42797 党规
42798 低分
42799 砥柱
42800 吊孝
42801 调调
42802 叠合
42803 读后感
42804 断句
42805 对牛弹琴
42806 敦实
42807 儿马
42808 二元论
42809 发包人
42810 发刊
42811 发愿
42812 法器
42813 返璞归真
42814 防地
42815 放工
42816 放浪形骸
42817 奋笔疾书
42818 风烛残年
42819 拂拭
42820 俯拾皆是
42821 腐儒
42822 腐竹
42823 复诊
42824 复种
42825 钢枪
42826 钢条
42827 高山反应
42828 隔行
42829 公使馆
42830 固沙林
42831 挂羊头卖狗肉
42832 哈巴狗
42833 汗牛充栋
42834 毫秒
42835 好吃懒做
42836 合缝
42837 合练
42838 黑户
42839 亨通
42840 忽冷忽热
42841 胡话
42842 花前月下
42843 样报
42844 幻景
42845 回嘴
42846 活钱儿
42847 祸端
42848 芨芨草
42849 鸡飞狗跳
42850 极目
42851 急弯
42852 集群
42853 家资
42854 假条
42855 检定
42856 浆液
42857 降旗
42858 窖藏
42859 接办
42860 接货
42861 疥
42862 借住
42863 锦鸡
42864 警容
42865 剧终
42866 聚散
42867 卷铺盖
42868 烤箱
42869 空寂
42870 扣杀
42871 宽宏
42872 匡算
42873 亏欠
42874 拉锯
42875 劳苦功高
42876 劳损
42877 老半天
42878 老骥伏枥
42879 冷凝器
42880 冷盘
42881 早慧
42882 离经叛道
42883 立体交叉
42884 凉丝丝
42885 两肋插刀
42886 列兵
42887 灵机
42888 翎毛
42889 六亲
42890 轮转
42891 局促不安
42892 毛边
42893 毛票
42894 毛线衣
42895 煤火
42896 密不透风
42897 密匝匝
42898 魔窟
42899 莫测高深
42900 年来
42901 牛市
42902 拍发
42903 判例
42904 泡子（pàozi）
42905 蓬蒿
42906 批条子
42907 披肝沥胆
42908 偏殿
42909 平辈
42910 期终
42911 企划
42912 亲故
42913 求亲
42914 求神拜佛
42915 缺课
42916 群龙无首
42917 惹是非
42918 任其自然
42919 戎机
42920 若明若暗
42921 杀掠
42922 蛇形
42923 生态农业
42924 失陪
42925 石磙
42926 收服
42927 手巧
42928 疏解
42929 赎买
42930 树敌
42931 摔跟头
42932 双重国籍
42933 丝棉
42934 四季豆
42935 太阳镜
42936 掏心
42937 提任
42938 剃度
42939 条石
42940 铁心
42941 通经
42942 通同
42943 铜匠
42944 统观
42945 团日
42946 外姓
42947 围网
42948 文过饰非
42949 闻见
42950 卧具
42951 武工队
42952 吸血鬼
42953 下任
42954 纤毛
42955 小菜一碟
42956 校歌
42957 笑哈哈
42958 协理员
42959 心尖
42960 欣欣然
42961 信马由缰
42962 信实
42963 悻然
42964 秀雅
42965 絮聒
42966 悬索桥
42967 学前班
42968 严父
42969 衍化
42970 摇橹

42971 遥指
42972 咬字
42973 要事
42974 一程子
42975 一决雌雄
42976 一毛不拔
42977 一吐为快
42978 依此类推
42979 艺名
42980 起赃
42981 阴茎
42982 引咎
42983 硬纸板
42984 勇夫
42985 愚不可及
42986 玉碎
42987 预制板
42988 熨帖
42989 约计
42990 月半
42991 冷暴力
42992 熨斗
42993 杂家
42994 砸锅卖铁
42995 早产儿
42996 战云
42997 照猫画虎
42998 怔忡
42999 知会
43000 知书达理
43001 植物纤维
43002 中波
43003 螽斯
43004 竹签儿
43005 壮志未酬
43006 自立门户
43007 钻牛角尖
43008 挨个儿
43009 安全门
43010 保温瓶
43011 背囊
43012 悲秋
43013 贝雷帽
43014 备料
43015 比基尼
43016 比目鱼
43017 壁挂
43018 边线
43019 冰释
43020 兵临城下
43021 兵灾
43022 病患
43023 拨转
43024 卜筮
43025 补血
43026 草木灰
43027 茶庄
43028 查点
43029 拆装
43030 阐扬
43031 常服
43032 敞口
43033 承欢
43034 承印
43035 斥骂
43036 筹谋
43037 出超
43038 出谋献策
43039 船帮
43040 吹拉弹唱
43041 催熟
43042 打群架
43043 代称
43044 荡妇
43045 得宜
43046 灯座
43047 蹬腿
43048 嫡亲
43049 底版
43050 电算
43051 叠印
43052 定则
43053 兜揽
43054 毒虫
43055 毒犯
43056 毒箭
43057 短剧
43058 多事之秋
43059 耳聪目明
43060 烦忧
43061 犯案
43062 房车
43063 飞檐走壁
43064 肺脏
43065 分神
43066 风卷残云
43067 浮夸风
43068 干冰
43069 赶巧
43070 钢缆
43071 羔皮
43072 隔离室
43073 根苗
43074 工读学校
43075 弓背
43076 公马
43077 鼓膜
43078 官复原职
43079 国产片
43080 国脉
43081 豪富
43082 何曾
43083 河狸
43084 河塘
43085 赫哲族
43086 黑枪
43087 横行无忌
43088 洪钟
43089 候诊
43090 花缎
43091 华尔兹
43092 坏水
43093 黄麻
43094 回车
43095 荤菜
43096 活见鬼
43097 火炽
43098 火力点
43099 几案
43100 机位
43101 鸡飞蛋打
43102 鸡心
43103 忌恨
43104 佳期
43105 见谅
43106 豇豆
43107 胶泥
43108 教龄
43109 接合部
43110 锦纶
43111 进香
43112 近亲繁殖
43113 旧都
43114 橘黄
43115 聚赌
43116 军火商
43117 开眼界
43118 枯涩
43119 狂想曲
43120 蜡纸
43121 阑珊
43122 冷杉
43123 礼贤下士
43124 连写
43125 联署
43126 凌汛
43127 另辟蹊径
43128 子母弹
43129 露馅儿
43130 炉台
43131 马掌
43132 买账
43133 慢车
43134 免役
43135 冥顽
43136 抹粉
43137 谋财害命
43138 那么点儿
43139 男宾
43140 难兄难弟
43141 鸟兽散
43142 炮车
43143 炮灰
43144 喷墨
43145 喷（pèn）
43146 禀性
43147 飘逝
43148 平铺直叙
43149 评功
43150 普米族
43151 骑楼
43152 启发式
43153 强似
43154 窃听器
43155 倾囊
43156 丘壑
43157 求乞
43158 祛病
43159 全价
43160 劝学
43161 确当
43162 染发
43163 热卖
43164 人鱼
43165 三好生
43166 三皇五帝
43167 丧亡
43168 杀人越货
43169 擅离职守
43170 社戏
43171 神驰
43172 神物
43173 圣手
43174 石槽
43175 食疗
43176 蚀本
43177 收存
43178 寿比南山
43179 寿礼
43180 售罄
43181 书亭
43182 耍贫嘴
43183 睡眼惺忪
43184 私章
43185 四郊
43186 松脂
43187 苏铁
43188 酸臭
43189 糖块儿
43190 套牢
43191 特出
43192 题签
43193 挑食
43194 调羹
43195 铁臂
43196 童星
43197 童贞
43198 土地证
43199 外感
43200 危楼

43201 文德
43202 文献片
43203 握拳
43204 五雷轰顶
43205 误杀
43206 西洋参
43207 系念
43208 细皮嫩肉
43209 闲步
43210 贤士
43211 显影
43212 香灰
43213 详明
43214 削球
43215 小豆
43216 校花
43217 兴学
43218 行状
43219 杏眼
43220 玄色
43221 学贯中西
43222 押款
43223 烟子
43224 严师
43225 严霜
43226 眼袋
43227 演兵场
43228 演播厅
43229 摇椅
43230 叶落归根
43231 一息尚存
43232 遗著
43233 奕奕
43234 引逗
43235 引信
43236 印堂
43237 应许
43238 鹰隼
43239 油层
43240 油子
43241 有伤风化
43242 有头有尾
43243 榆钱
43244 语源
43245 狱警
43246 御制
43247 远海
43248 扎染
43249 灾星
43250 在教
43251 战书
43252 站相
43253 招领
43254 招租
43255 正当时
43256 栀子花
43257 中国通
43258 中规中矩
43259 重判
43260 竹器
43261 竹榻
43262 主题词
43263 转译
43264 转轴
43265 准星
43266 自供
43267 嘴尖
43268 嘴头
43269 尊姓大名
43270 做东
43271 阿斗
43272 拔刀相助
43273 白文
43274 败絮
43275 拜天地
43276 板鸭
43277 褒贬（bāobian）
43278 避世
43279 冰镇
43280 玻璃纸
43281 不忿
43282 不果
43283 不自量
43284 才貌
43285 操行
43286 草鸡
43287 插页
43288 柴刀
43289 铲车
43290 唱对台戏
43291 超低温
43292 车技
43293 舂米
43294 抽头
43295 除暴安良
43296 窗帷
43297 备胎
43298 床架
43299 床罩
43300 从师
43301 搓揉
43302 打诨
43303 带累
43304 弹尽粮绝
43305 得数
43306 底肥
43307 底账
43308 定评
43309 动嘴
43310 豆芽菜
43311 断指
43312 断子绝孙
43313 对答如流
43314 二茬
43315 发愤图强
43316 发汗
43317 发际
43318 樊笼
43319 繁文缛节
43320 返修
43321 芳容
43322 妨事
43323 风压
43324 敷药
43325 辅导站
43326 赴难
43327 改订
43328 鸽哨
43329 革故鼎新
43330 各领风骚
43331 更鼓
43332 功夫茶
43333 攻守同盟
43334 故地重游
43335 官运亨通
43336 光污染
43337 归期
43338 鬼蜮
43339 国药
43340 脏（zàng）
43341 国优
43342 海外关系
43343 海鱼
43344 酣饮
43345 汗津津
43346 好赖
43347 皓首
43348 河汉
43349 厚利
43350 华发
43351 化粪池
43352 画架
43353 荒谬绝伦
43354 回炉
43355 活页
43356 货畅其流
43357 货单
43358 积欠
43359 基坑
43360 加号
43361 金牙
43362 晋剧
43363 浸渍
43364 精纺
43365 空疏
43366 空转
43367 跨年度
43368 狂跌
43369 拉郎配
43370 拉下水
43371 拦挡
43372 狼心狗肺
43373 老面孔
43374 梨园戏
43375 糊（hū）
43376 厉兵秣马
43377 立此存照
43378 连襟
43379 凉台
43380 龙门阵
43381 轮次
43382 卖笑
43383 满堂红
43384 慢镜头
43385 芒种
43386 没心没肺
43387 煤屑
43388 昧良心
43389 蒙难
43390 棉区
43391 面汤
43392 名宿
43393 明文
43394 明艳
43395 莫逆之交
43396 木呆呆
43397 纳粮
43398 南纬
43399 昵称
43400 逆时针
43401 年老力衰
43402 牛蒡
43403 排阵
43404 抛却
43405 跑光
43406 棚户
43407 漂亮话
43408 品头论足
43409 苹果绿
43410 漆皮
43411 歧异
43412 桥身
43413 罄竹难书
43414 屈身
43415 趋奉
43416 全活儿
43417 阙如
43418 仁儿
43419 柔润
43420 肉酱
43421 肉禽
43422 砂浆
43423 身手不凡
43424 深通
43425 生态旅游
43426 鼠目寸光
43427 双轨制
43428 水蛭
43429 顺访

43430 撕破脸
43431 堂客
43432 提箱
43433 天兵天将
43434 天足
43435 挑肥拣瘦
43436 通兑
43437 落英缤纷
43438 同调
43439 同室操戈
43440 托孤
43441 歪道
43442 外来户
43443 乌金
43444 污损
43445 西洋景
43446 洗雪
43447 隙缝
43448 下里巴人
43449 贤德
43450 小恩小惠
43451 晓畅
43452 心怀鬼胎
43453 幸臣
43454 胸牌
43455 胸无大志
43456 徐图
43457 寻欢
43458 寻机
43459 艳遇
43460 养父母
43461 养气
43462 腋窝
43463 一言九鼎
43464 屹然
43465 影楼
43466 优柔
43467 油漆匠
43468 油纸
43469 育婴
43470 在押犯
43471 造势
43472 摘报
43473 摘帽子
43474 沾亲带故
43475 长门
43476 针头线脑
43477 阵法
43478 证婚人
43479 治外法权
43480 周天
43481 昼伏夜出
43482 珠玑
43483 捉刀
43484 资产评估
43485 子宫颈
43486 纵马
43487 族类
43488 安设
43489 暗害
43490 八辈子
43491 轨距
43492 八面玲珑
43493 白鹳
43494 百折不回
43495 暴敛
43496 本利
43497 本业
43498 笔管
43499 贬谪
43500 便桥
43501 兵不血刃
43502 兵饷
43503 病况
43504 不绝如缕
43505 不孕症
43506 猜透
43507 菜系
43508 参议会
43509 槽头
43510 插班
43511 产需
43512 长亭
43513 长项
43514 耻于
43515 赤金
43516 仇怨
43517 酬宾
43518 畜类
43519 打落水狗
43520 打小报告
43521 大钞
43522 大卡
43523 蛋白尿
43524 抵得上
43525 地勤
43526 甸子
43527 吊扣
43528 定向培养
43529 冬灌
43530 豆包
43531 豆豉
43532 赌局
43533 墩布
43534 鹅毛大雪
43535 二胎
43536 反转（fǎnzhuàn）
43537 梵语
43538 防老
43539 肥头大耳
43540 风帽
43541 损招儿
43542 风门
43543 疯魔
43544 扶掖
43545 付之一笑
43546 附着力
43547 复姓
43548 富态
43549 肛
43550 钢叉
43551 根究
43552 弓腰
43553 公平秤
43554 狗仗人势
43555 孤高
43556 鬼迷心窍
43557 鬼祟
43558 过街天桥
43559 过速
43560 含恨
43561 寒来暑往
43562 寒食
43563 汉剧
43564 悍将
43565 豪壮
43566 划得来
43567 滑稽剧
43568 环行
43569 回礼
43570 火箭筒
43571 火烫
43572 鸡眼
43573 尖酸刻薄
43574 坚果
43575 缄口
43576 讲价
43577 狡计
43578 节哀
43579 桀纣
43580 金屋藏娇
43581 锦囊妙计
43582 近水楼台
43583 浸没
43584 经传
43585 井然
43586 镜台
43587 救火车
43588 居功
43589 军制
43590 均分
43591 峻峭
43592 开审
43593 开天窗
43594 可怖
43595 克勤克俭
43596 刻刀
43597 宽限
43598 拉锁
43599 老爷车
43600 乐融融
43601 雷霆万钧
43602 冷飕飕
43603 离乱
43604 离乡背井
43605 净身
43606 烈度
43607 猎鹰
43608 灵床
43609 留余地
43610 绿藻
43611 麻糖
43612 码放
43613 冒头
43614 闷酒
43615 蒙文
43616 喵
43617 明细表
43618 谋算
43619 闹饥荒
43620 欧化
43621 偶数
43622 派送
43623 配殿
43624 捧杯
43625 疲弱
43626 片言只语
43627 贫病交加
43628 频传
43629 品酒
43630 七窍生烟
43631 萋萋
43632 齐奏
43633 奇谈
43634 启行
43635 起拍
43636 千娇百媚
43637 强固
43638 强横
43639 强心针
43640 墙围
43641 愀然
43642 青葱
43643 清还
43644 情窦初开
43645 穷愁
43646 求偶
43647 百无一是
43648 丁字尺
43649 曲线美
43650 分餐
43651 全职
43652 认捐
43653 点铁成金
43654 灾险
43655 荣升
43656 撒拉族
43657 三点式
43658 臭棋

43659 三六九等
43660 散光
43661 散座
43662 色差
43663 杀鸡取卵
43664 沙文主义
43665 纱灯
43666 纱线
43667 脱档
43668 禅让
43669 上光
43670 上情
43671 蛇行
43672 舍本逐末
43673 射流
43674 身价百倍
43675 正高
43676 声控
43677 收手
43678 守墓
43679 叔嫂
43680 庶子
43681 数典忘祖
43682 数九寒天
43683 双月刊
43684 水轮机
43685 对奖
43686 睡裙
43687 捞外快
43688 溃（huì）脓
43689 说不来
43690 丝光
43691 私怨
43692 死心眼儿
43693 找碴儿
43694 酥脆
43695 夙夜
43696 拓印
43697 太极剑
43698 糖衣
43699 套车
43700 论难
43701 天网恢恢
43702 条分缕析
43703 调护
43704 听而不闻
43705 通存通兑
43706 头疼脑热
43707 托梦
43708 外路
43709 外强中干
43710 往时
43711 威胁性
43712 尾灯
43713 委任状
43714 温驯
43715 嬉笑怒骂
43716 习字
43717 洗手不干
43718 洗碗机
43719 戏评
43720 下款
43721 小九九
43722 小卧车
43723 邪门儿
43724 谐趣
43725 心重
43726 羞赧
43727 虚词
43728 虚夸
43729 叙功
43730 殉道
43731 嫣然
43732 伴动
43733 眼风
43734 眼明手快
43735 一定之规
43736 卡位
43737 一团漆黑
43738 一席谈
43739 以毒攻毒
43740 以儆效尤
43741 异教
43742 异型
43743 认股
43744 小本票
43745 阴私
43746 银燕
43747 萦回
43748 忧惧
43749 有色眼镜
43750 余悸
43751 谨此
43752 路肩
43753 鱼肚
43754 鱼鹰
43755 雨鞋
43756 语感
43757 捉对
43758 御赐
43759 裕固族
43760 原盐
43761 圆号
43762 援例
43763 杂毛
43764 高聘
43765 灶君
43766 择吉
43767 罩衫
43768 针织品
43769 真凶
43770 政治避难
43771 直瞪瞪
43772 侄孙
43773 逐次
43774 逐句
43775 注疏
43776 谢词
43777 专宠
43778 转播台
43779 妆奁
43780 装假
43781 追悔莫及
43782 滋补品
43783 自食其果
43784 总账
43785 白皑皑
43786 拜别
43787 背阴
43788 本命年
43789 迸裂
43790 碧草
43791 便车
43792 采种
43793 菜篮子工程
43794 层林
43795 充电器
43796 重弹
43797 丑行
43798 初婚
43799 触雷
43800 闯关东
43801 开通（kāitong）
43802 垂暮
43803 唇亡齿寒
43804 凑集
43805 打蜡
43806 大海捞针
43807 挡车
43808 荡舟
43809 低平
43810 地牢
43811 第三人称
43812 碘酒
43813 电门
43814 电热毯
43815 雕虫小技
43816 雕凿
43817 迭次
43818 鼎足
43819 定例
43820 洞若观火
43821 陡壁
43822 独夫
43823 独酌
43824 断肢
43825 发横财
43826 发酒疯
43827 反诘
43828 泛称
43829 贩私
43830 方音
43831 防弹衣
43832 防风林
43833 费尽心思
43834 分机
43835 纷杂
43836 坟丘
43837 服老
43838 服色
43839 付梓
43840 甘为
43841 秆儿
43842 搞法
43843 工潮
43844 孤胆
43845 姑婆
43846 谷穗
43847 鬼把戏
43848 国葬
43849 过磅
43850 过誉
43851 寒微
43852 寒衣
43853 号手
43854 恒山
43855 湖沼
43856 虎头虎脑
43857 护岸
43858 画舫
43859 黄曲霉
43860 回教徒
43861 秽语
43862 活菩萨
43863 机谋
43864 基线
43865 集束
43866 假死
43867 贱骨头
43868 箭竹
43869 检束
43870 江轮
43871 讲和
43872 参
43873 酱色
43874 交叉科学
43875 矫形
43876 疖子
43877 接站
43878 揭秘
43879 鲸吞
43880 警号
43881 酒肉朋友
43882 就地正法
43883 炕洞
43884 刻写
43885 拉帮结派
43886 拉皮条
43887 揽客

43888 狼子野心
43889 劳军
43890 离心离德
43891 立柜
43892 立锥之地
43893 磷光
43894 鳞甲
43895 灵牌
43896 流溢
43897 流质
43898 拢岸
43899 搂（lōu）
43900 麦芒
43901 麦芽
43902 满堂彩
43903 茅庐
43904 冒死
43905 煤油炉
43906 名模
43907 摸头
43908 谋臣
43909 脑震荡
43910 匿藏
43911 怒号
43912 炮战
43913 扑腾（pūteng）
43914 凄风苦雨
43915 签单
43916 前所未见
43917 切点
43918 侵夺
43919 擒敌
43920 清寒
43921 清心
43922 请君入瓮
43923 人微言轻
43924 荣枯
43925 如胶似漆
43926 入港
43927 色拉油
43928 珊瑚岛
43929 商圈
43930 神交
43931 诗友
43932 势态
43933 事假
43934 试演
43935 收审
43936 手足之情
43937 竖井
43938 私车
43939 思恋
43940 死沉
43941 巳时
43942 速记
43943 速决
43944 粟米
43945 缩微
43946 太空站
43947 贪色
43948 逃课
43949 通勤
43950 痛觉
43951 头寸
43952 投石问路
43953 投鼠忌器
43954 透骨
43955 图录
43956 拖船
43957 脱氧
43958 外行话
43959 外来人
43960 卫生巾
43961 闻过则喜
43962 稳如泰山
43963 莴笋
43964 窝里斗
43965 无关宏旨
43966 务期
43967 夏播
43968 橡皮艇
43969 消释
43970 小锣
43971 小食
43972 挟嫌
43973 心明眼亮
43974 腥风血雨
43975 形单影只
43976 修业
43977 秀色可餐
43978 绣花针
43979 血盆大口
43980 寻花问柳
43981 荨麻疹
43982 逊位
43983 压阵
43984 哑语
43985 烟灯
43986 烟煤
43987 眼屎
43988 阳面
43989 阳坡
43990 洋味儿
43991 摇尾乞怜
43992 爷娘
43993 一贯性
43994 一时一刻
43995 一潭死水
43996 一无所得
43997 以少胜多
43998 佚文
43999 易手
44000 阴毒
44001 银票
44002 用心思
44003 忧闷
44004 幽居
44005 有奖销售
44006 雨情
44007 语体
44008 玉米秸
44009 月产量
44010 月桂
44011 云鬓
44012 芸豆
44013 杂面
44014 灶头
44015 增订
44016 獐子
44017 朝暮
44018 朝三暮四
44019 笊篱
44020 整衣
44021 证明人
44022 指甲油
44023 中山服
44024 忠顺
44025 种畜
44026 装相
44027 自乘
44028 组诗
44029 安之若素
44030 白茬儿
44031 班门弄斧
44032 伴游
44033 保护国
44034 报数
44035 抱愧
44036 变局
44037 变型
44038 兵贵神速
44039 兵强马壮
44040 兵卒
44041 帛书
44042 不可知论
44043 才具
44044 残毒
44045 惨厉
44046 沧海横流
44047 唱功
44048 沉毅
44049 陈皮
44050 成癖
44051 乘人之危
44052 橙子
44053 叱令
44054 冲印
44055 重聚
44056 窗幔
44057 篡权
44058 打牙祭
44059 歹意
44060 单身贵族
44061 低烧
44062 敌特
44063 叠放
44064 东跑西颠
44065 动肝火
44066 动火
44067 断炊
44068 垛子
44069 耳坠子
44070 法号
44071 费口舌
44072 浮生
44073 扛鼎
44074 钢筋铁骨
44075 根瘤
44076 狗尾草
44077 官样文章
44078 鳏夫
44079 规谏
44080 滚木
44081 果脯
44082 寒露
44083 航站
44084 毫无二致
44085 呵责
44086 合度
44087 合辙
44088 合众国
44089 横是
44090 自媒体
44091 烘烘
44092 胡子拉碴
44093 互爱
44094 沪剧
44095 还嘴
44096 淡市
44097 回见
44098 会员证
44099 活火山
44100 货价
44101 祸祟
44102 急流勇退
44103 嫁鸡随鸡
44104 娇小玲珑
44105 骄气
44106 教养院
44107 戒严令
44108 金鸡独立
44109 近景
44110 京族
44111 惊厥
44112 精诚
44113 敬祝
44114 韭黄
44115 酒酣耳热
44116 旧交

44117 旧梦
44118 军令如山
44119 开户行
44120 苛责
44121 空中小姐
44122 口服心服
44123 快书
44124 宽银幕
44125 狂饮
44126 矿坑
44127 亏心
44128 涝灾
44129 离世
44130 理屈词穷
44131 两性关系
44132 零存整取
44133 陋俗
44134 履新
44135 乱搞
44136 麦冬
44137 卖座
44138 忙音
44139 面目一新
44140 妙手回春
44141 明日黄花
44142 魔影
44143 默写
44144 内债
44145 尿床
44146 女奴
44147 疟原虫
44148 挪窝儿
44149 殴斗
44150 排枪
44151 泡饭
44152 喷溅
44153 皮肉之苦
44154 期冀
44155 奇计
44156 千层底
44157 前秦
44158 炒手
44159 抢拍
44160 青春痘
44161 轻身
44162 清产核资
44163 清道夫
44164 穷寇
44165 求稳
44166 球艺
44167 权作
44168 拳手
44169 群聚
44170 人老珠黄
44171 人渣
44172 日耳曼人
44173 如临深渊
44174 撒气
44175 沙弥
44176 商请
44177 上辈
44178 上膛
44179 蛇毒
44180 深涧
44181 时世
44182 世传
44183 受赏
44184 输氧
44185 数来宝
44186 霜花
44187 死乞白赖
44188 速射
44189 算式
44190 趿拉
44191 叨扰
44192 套数
44193 铁汉
44194 统帅部
44195 投亲靠友
44196 土墩
44197 退热
44198 豚鼠
44199 碗柜
44200 腕儿
44201 违禁品
44202 无亲无故
44203 下半月
44204 下礼拜
44205 显效
44206 险棋
44207 现下
44208 相敬如宾
44209 骁悍
44210 消愁
44211 小睡
44212 兴兵
44213 兴废
44214 杏核
44215 雄兵
44216 玄奥
44217 冲账
44218 悬垂
44219 削足适履
44220 严令
44221 研修生
44222 眼眶子
44223 摇篮曲
44224 杳无音讯
44225 爷儿
44226 一面之词
44227 椅垫
44228 荫蔽
44229 莺歌燕舞
44230 蝇营狗苟
44231 应募
44232 硬实
44233 永生永世
44234 犹大
44235 油垢
44236 油头粉面
44237 查私
44238 圆周率
44239 乐理
44240 杂木
44241 赞礼
44242 啧有烦言
44243 展映
44244 罩衣
44245 折损
44246 针脚
44247 睁眼瞎
44248 执法犯法
44249 中听
44250 珠翠
44251 瞩望
44252 注塑
44253 椎骨
44254 椎间盘
44255 拙作
44256 卓识
44257 自高自大
44258 阻抗
44259 作兴
44260 白兰花
44261 百褶裙
44262 摆设（bǎishè）
44263 拜贺
44264 饱学
44265 保健站
44266 本旨
44267 逼债
44268 边患
44269 扁桃体
44270 变色
44271 憋屈
44272 别动队
44273 秉政
44274 病家
44275 摒除
44276 步话机
44277 裁夺
44278 蚕农
44279 惨象
44280 舱面
44281 槽子
44282 插科打诨
44283 茶镜
44284 叉（chǎ）
44285 抄送
44286 超值
44287 沉潜
44288 陈情
44289 乘方
44290 吃回扣
44291 重孙
44292 抽风
44293 出栏率
44294 船户
44295 纯毛
44296 存世
44297 寸头
44298 搭手
44299 达斡尔族
44300 打擂
44301 大块头
44302 待价而沽
44303 待批
44304 到职
44305 盗汗
44306 等量齐观
44307 电锯
44308 动脑子
44309 兜子
44310 豆瓣儿
44311 豆腐渣工程
44312 独眼龙
44313 赌具
44314 赌债
44315 短笛
44316 断想
44317 屙屎
44318 恶念
44319 饿鬼
44320 防弹
44321 费工
44322 丰足
44323 夫唱妇随
44324 斧凿
44325 肝肠寸断
44326 高参
44327 搁不住
44328 隔岸观火
44329 隔三岔五
44330 各半
44331 工读
44332 工商税
44333 功败垂成
44334 共犯
44335 狗皮膏药
44336 谷草
44337 滚动式
44338 旱冰
44339 豪兴
44340 横蛮
44341 红眼病
44342 红药水
44343 后悔药
44344 后生可畏
44345 胡笳

44346 花斑
44347 花拳
44348 滑翔机
44349 滑雪板
44350 欢跳
44351 皇历
44352 昏聩
44353 混交林
44354 鸡冠花
44355 鸡毛信
44356 疾书
44357 纪传体
44358 碱地
44359 交通壕
44360 绞刑
44361 解约
44362 戒尺
44363 芥末
44364 井场
44365 巨细
44366 军事管制
44367 开小灶
44368 开夜车
44369 考区
44370 哭穷
44371 腊肠
44372 蜡笔
44373 劳绩
44374 老羞成怒
44375 立等
44376 粮秣
44377 咧咧
44378 灵药
44379 流程图
44380 龙舞
44381 辘辘
44382 麻纱
44383 马粪
44384 马蹄莲
44385 铆钉
44386 没边儿
44387 描眉
44388 摩丝
44389 磨人
44390 哞
44391 闹心
44392 内里
44393 黏土
44394 弄鬼
44395 怒色
44396 怕生
44397 拼力
44398 奇文
44399 骑术
44400 起意
44401 起子
44402 铅封
44403 前站
44404 遣词
44405 桥栏
44406 青帮
44407 球路
44408 绕弯子
44409 茹毛饮血
44410 洒水车
44411 伤筋动骨
44412 上臂
44413 伸腰
44414 审计师
44415 升力
44416 生死之交
44417 施暴
44418 施救
44419 试营业
44420 手板
44421 守约
44422 戍守
44423 双生
44424 水暖
44425 水溶性
44426 斯拉夫人
44427 贪杯
44428 谈开
44429 汤锅
44430 堂房
44431 糖化
44432 体外循环
44433 天字第一号
44434 停驶
44435 通信兵
44436 秃鹰
44437 团旗
44438 推究
44439 瓦刀
44440 外心
44441 玩儿命
44442 万年青
44443 万全之策
44444 望其项背
44445 微雕
44446 伪称
44447 伪托
44448 吻别
44449 窝铺
44450 误听
44451 下潜
44452 下渗
44453 娴雅
44454 献宝
44455 相思病
44456 箱体
44457 消毒柜
44458 晓示
44459 新异
44460 旋舞
44461 学生装
44462 洋泾浜
44463 怏怏不乐
44464 窑顶
44465 叶芽
44466 夜叉
44467 一码事
44468 一失足成千古恨
44469 一手包办
44470 以柔克刚
44471 易货
44472 邮船
44473 油桐
44474 油嘴滑舌
44475 有一手
44476 原配
44477 月老
44478 皂荚
44479 曾祖母
44480 债款
44481 掌勺儿
44482 朝秦暮楚
44483 侦察卫星
44484 珍禽异兽
44485 争宠
44486 铮铮铁骨
44487 指鹿为马
44488 至当
44489 终天
44490 住读
44491 贮运
44492 转递
44493 卓尔不群
44494 卓见
44495 醉话
44496 作准
44497 砟眼
44498 巴巴
44499 白骨精
44500 白色垃圾
44501 半新不旧
44502 半月形
44503 保护色
44504 报务员
44505 逼抢
44506 便餐
44507 跛足
44508 裁兵
44509 蚕蛹
44510 草菅人命
44511 察访
44512 缠绵悱恻
44513 尝鲜
44514 常压
44515 车铃
44516 斥逐
44517 赤膊上阵
44518 重孙子
44519 出列
44520 葱白
44521 葱葱
44522 从良
44523 摧折
44524 大吹大擂
44525 大年夜
44526 大前年
44527 大头菜
44528 大站
44529 待定
44530 胆囊炎
44531 等价物
44532 点兵
44533 电度表
44534 殿试
44535 东半球
44536 兜兜
44537 督阵
44538 短浅
44539 遁形
44540 恶声恶气
44541 耳鬓厮磨
44542 翻砂
44543 反剪
44544 反噬
44545 方外
44546 放荡不羁
44547 飞天奖
44548 肥缺
44549 讽谏
44550 秆子
44551 工艺师
44552 供状
44553 沟坎
44554 够受
44555 媾和
44556 古文字
44557 故纵
44558 管段
44559 柜上
44560 果酒
44561 含悲
44562 含糊其词
44563 豪侠
44564 耗损
44565 虹膜
44566 后赵
44567 花边新闻
44568 花墙
44569 滑车
44570 化验员
44571 划价
44572 还口
44573 环子
44574 皇天后土

44575 回归线
44576 秽气
44577 昏眩
44578 混养
44579 火眼
44580 家严
44581 江天
44582 酱肉
44583 脚盆
44584 金印
44585 经期
44586 救难
44587 焗
44588 开口子
44589 空心砖
44590 狂想
44591 鲲鹏
44592 蜡人
44593 劳动权
44594 老奸巨猾
44595 犁杖
44596 里通外国
44597 立约
44598 獠牙
44599 令爱
44600 流俗
44601 龙舌兰
44602 楼区
44603 马失前蹄
44604 卖国求荣
44605 锚地
44606 弥陀
44607 秘闻
44608 免税店
44609 名儒
44610 明志
44611 磨制
44612 魔头
44613 漠然置之
44614 纳新
44615 南货
44616 能屈能伸
44617 睨视
44618 年庚
44619 农友
44620 偶感
44621 藕粉
44622 配餐
44623 批条
44624 皮尺
44625 疲态
44626 拼命三郎
44627 破财
44628 破落户
44629 妻儿老小
44630 浅见
44631 琴书
44632 勤谨
44633 轻歌曼舞
44634 趣话
44635 劝勉
44636 绕口令
44637 溶溶
44638 柔滑
44639 入汛
44640 三副
44641 山核桃
44642 少陪
44643 少壮派
44644 赊欠
44645 射猎
44646 深湛
44647 生造
44648 实据
44649 食不甘味
44650 世族
44651 收心
44652 守敌
44653 守旧派
44654 首鼠两端
44655 属员
44656 帅旗
44657 息讼
44658 孀妇
44659 司号员
44660 思凡
44661 撕票
44662 死硬
44663 缩编
44664 贪嘴
44665 掏摸
44666 提货单
44667 天火
44668 天球
44669 跳梁
44670 劫杀
44671 蛾眉
44672 停薪
44673 停学
44674 缴交
44675 通牒
44676 秃笔
44677 外敷
44678 魍魉
44679 望洋兴叹
44680 尾数
44681 闻鸡起舞
44682 乌青
44683 无铅汽油
44684 五短身材
44685 稀巴烂
44686 席次
44687 细瓷
44688 下酒菜
44689 厨柜
44690 现眼
44691 线香
44692 详谈
44693 萧墙
44694 萧疏
44695 小集团
44696 笑貌
44697 泄恨
44698 卸妆
44699 心如刀割
44700 兴替
44701 雄黄
44702 修治
44703 修竹
44704 续订
44705 学舌
44706 寻亲
44707 巡夜
44708 压库
44709 验货
44710 验血
44711 洋红
44712 药罐子
44713 药农
44714 以次
44715 意表
44716 意态
44717 银质
44718 应用题
44719 咏唱
44720 挂单
44721 游勇
44722 有棱有角
44723 有顷
44724 有眼无珠
44725 诱捕
44726 愚顽
44727 愚忠
44728 运气（yùnqì）
44729 则声
44730 贼眼
44731 曾祖
44732 摘发
44733 斩尽杀绝
44734 栈房
44735 找茬儿
44736 知底
44737 知足常乐
44738 种马
44739 主脑
44740 庄稼院
44741 浊水
44742 自由民
44743 总统套房
44744 走板
44745 租借地
44746 卒业
44747 尊夫人
44748 癌肿
44749 靶心
44750 白晃晃
44751 稗子
44752 板牙
44753 半老徐娘
44754 胞妹
44755 刨花板
44756 笔误
44757 边框
44758 冰刀
44759 冰花
44760 哺养
44761 不更事
44762 不是味儿
44763 拆封
44764 谄谀
44765 常备不懈
44766 扯平
44767 辰光
44768 成日
44769 承想
44770 吃客
44771 持论
44772 灌唱片
44773 创痕
44774 创演
44775 春风满面
44776 蠢话
44777 翠玉
44778 打歼灭战
44779 打屁股
44780 大舅子
44781 大样
44782 盗卖
44783 嫡传
44784 抵罪
44785 地峡
44786 电子汇款
44787 冬宫
44788 动问
44789 动窝儿
44790 夺占
44791 发饷
44792 繁体
44793 反话
44794 芳邻
44795 房管所
44796 废票
44797 粉碎性
44798 风纪扣
44799 疯人
44800 蜂箱
44801 蜉蝣
44802 赶脚
44803 感恩图报

44804 高堂
44805 割胶
44806 珙桐
44807 挂号处
44808 关门大吉
44809 国色天香
44810 焊缝
44811 禾场
44812 黑咕隆咚
44813 横匾
44814 后晋
44815 呼隆
44816 狐狸尾巴
44817 胡麻
44818 护佑
44819 荒丘
44820 挥鞭
44821 悔过书
44822 获选
44823 讥嘲
44824 继业
44825 减震
44826 见所未见
44827 酱缸
44828 交底
44829 骄奢淫逸
44830 接听
44831 街角
44832 劫狱
44833 结核菌
44834 截稿
44835 解乏
44836 金箍棒
44837 经纶
44838 井底之蛙
44839 旧案
44840 抗暴
44841 口型
44842 叩问
44843 酷烈
44844 葵花籽
44845 傀儡戏
44846 老皇历
44847 老套子
44848 连翘
44849 链霉素
44850 磷火
44851 陵寝
44852 令人捧腹
44853 溜冰场
44854 捋（luō）
44855 没词儿
44856 没大没小
44857 煤气灯
44858 霉气
44859 民变
44860 南拳
44861 闹洞房
44862 嫩白
44863 脓包
44864 挪步
44865 旁听生
44866 泡吧
44867 皮纸
44868 偏信
44869 平绒
44870 欺软怕硬
44871 蛴螬
44872 弃学
44873 铅丝
44874 侨汇
44875 翘尾巴
44876 琴瑟
44877 沁人肺腑
44878 倾耳
44879 请调
44880 秋老虎
44881 囚牢
44882 求欢
44883 驱策
44884 全托
44885 缺编
44886 人前人后
44887 人造纤维
44888 色狼
44889 沙荒
44890 沙枣
44891 上半夜
44892 少不更事
44893 设色
44894 神勇
44895 审察
44896 审改
44897 声源
44898 师传
44899 湿疹
44900 食不果腹
44901 嗜血
44902 收揽
44903 手柄
44904 手链
44905 手痒
44906 首级
44907 输尿管
44908 嘶喊
44909 送丧
44910 送一程
44911 素白
44912 素日
44913 遂心
44914 损兵折将
44915 瘫子
44916 套曲
44917 套印
44918 天趣
44919 铁观音
44920 铁将军
44921 通性
44922 统包
44923 统销
44924 投生
44925 图利
44926 土坝
44927 拖儿带女
44928 脱盲
44929 万人坑
44930 温湿
44931 文武双全
44932 翁婿
44933 五月节
44934 物以类聚
44935 习艺
44936 细目
44937 罅隙
44938 线圈
44939 乡规民约
44940 相对真理
44941 湘绣
44942 斜街
44943 斜井
44944 信女
44945 刑事判决
44946 形神兼备
44947 续娶
44948 续约
44949 选录
44950 烟膏
44951 岩心
44952 燕尾服
44953 阳世
44954 咬合
44955 药棉
44956 要略
44957 一把好手
44958 一笔带过
44959 一表人才
44960 一语中的
44961 益寿
44962 益友
44963 阴德
44964 淫欲
44965 硬功
44966 硬着陆
44967 优价
44968 幽魂
44969 油矿
44970 油嘴
44971 友邻
44972 有染
44973 宇航服
44974 浴液
44975 陨星
44976 杂处
44977 杂牌
44978 杂书
44979 枣核
44980 增光添彩
44981 账款
44982 摩挲（mósuō）
44983 整训
44984 支派
44985 织锦缎
44986 纸捻
44987 治山
44988 竹凳
44989 主婚人
44990 妆饰
44991 庄园主
44992 拙笨
44993 纵论
44994 走老路
44995 卒子
44996 坐而论道
44997 座上客
44998 哀泣
44999 安乐椅
45000 安寝
45001 鞍前马后
45002 白热
45003 白头
45004 办货
45005 报幕
45006 崩解
45007 别有风味
45008 冰排
45009 痴爱
45010 补差
45011 不足挂齿
45012 参试
45013 残败
45014 残照
45015 神神叨叨
45016 惨景
45017 茶匙
45018 拆线
45019 长号
45020 常备军
45021 抄没
45022 炒鱿鱼
45023 车辕
45024 成夜
45025 吃不开
45026 吃皇粮
45027 迟慢
45028 翅子
45029 崇洋
45030 丑类
45031 触网
45032 串案

45033 串换
45034 创议
45035 粗率
45036 翠微
45037 搭班
45038 答允
45039 大而无当
45040 大梦初醒
45041 大檐帽
45042 代耕
45043 胆大心细
45044 党八股
45045 刀架
45046 德昂族
45047 灯芯绒
45048 嫡子
45049 抵命
45050 电闸
45051 吊顶
45052 吊桶
45053 调虎离山
45054 炉火
45055 断代史
45056 屙尿
45057 恶骂
45058 耳塞
45059 发轫
45060 发夹
45061 发奶
45062 繁难
45063 犯禁
45064 芳泽
45065 防蛀
45066 房事
45067 非特
45068 肺水肿
45069 服众
45070 微骄
45071 腐乳
45072 复验
45073 改期
45074 概览
45075 干尸
45076 高腔
45077 告罪
45078 宫苑
45079 供称
45080 狗鱼
45081 估测
45082 股骨
45083 刮地皮
45084 寡廉鲜耻
45085 怪调
45086 观后感
45087 观象台
45088 归拢
45089 国际妇女节
45090 国际公法
45091 海象
45092 氦气
45093 涵闸
45094 汉语拼音方案
45095 合照
45096 合纵连横
45097 黑店
45098 横额
45099 横死
45100 宏旨
45101 虎背熊腰
45102 画地为牢
45103 坏心眼儿
45104 活教材
45105 火头上
45106 鸡犬升天
45107 集贸
45108 佳偶
45109 家院
45110 见称
45111 江郎才尽
45112 结存
45113 解甲归田
45114 金钗
45115 金曲
45116 仅见
45117 经略
45118 经手人
45119 竞销
45120 酒令
45121 君子协定
45122 俊逸
45123 开弓
45124 烤炉
45125 抠门儿
45126 口腹
45127 口干舌燥
45128 快嘴
45129 哐唧
45130 括弧
45131 郎才女貌
45132 狼疮
45133 乐天派
45134 犁头
45135 礼单
45136 立脚
45137 良言
45138 两小无猜
45139 溜须拍马
45140 芦根
45141 炉灰
45142 马首是瞻
45143 慢坡
45144 茫无头绪
45145 门联
45146 免礼
45147 面馆
45148 目不忍睹
45149 耐火砖
45150 念物
45151 牛劲
45152 配搭
45153 謷头
45154 噼里啪啦
45155 皮张
45156 蒲包
45157 期期艾艾
45158 奇谋
45159 起锅
45160 千儿八百
45161 前半夜
45162 浅淡
45163 强夺
45164 强记
45165 抢答
45166 强人所难
45167 切望
45168 倾国倾城
45169 清浊
45170 秋光
45171 秋汛
45172 染缸
45173 人丁兴旺
45174 人各有志
45175 忍饥挨饿
45176 日光浴
45177 肉桂
45178 跟车
45179 肉泥
45180 肉中刺
45181 入保
45182 入彀
45183 软膏
45184 三重奏
45185 散戏
45186 闪击
45187 缮写
45188 伤号
45189 奢求
45190 升降机
45191 声色犬马
45192 十年树木，百年树人
45193 石榴裙
45194 使性子
45195 誓不罢休
45196 熟门熟路
45197 说亲
45198 搜索枯肠
45199 俗谚
45200 胎教
45201 太阴
45202 汤包
45203 堂姐
45204 提兜
45205 甜滋滋
45206 跳棋
45207 通讯网
45208 统舱
45209 痛悼
45210 屯守
45211 晚近
45212 网子
45213 妄念
45214 威武不屈
45215 味蕾
45216 蓊郁
45217 污迹
45218 无事不登三宝殿
45219 侮蔑
45220 锡箔
45221 喜从天降
45222 戏码
45223 相悦
45224 蟹黄
45225 行李车
45226 行色
45227 性变态
45228 休止符
45229 袖头
45230 悬吊
45231 寻问
45232 压缩饼干
45233 咽炎
45234 俨如
45235 洋洋大观
45236 样片
45237 吆唤
45238 页码
45239 一诺千金
45240 一星半点儿
45241 贻笑大方
45242 遗腹子
45243 以攻为守
45244 义工
45245 异闻
45246 鹰爪
45247 萤光
45248 油棕
45249 有眉目
45250 鱼饵
45251 鱼死网破
45252 玉体
45253 预卜
45254 预检
45255 冤家路窄
45256 月光如水
45257 粤菜
45258 韵事
45259 灾年

45260 枣红色
45261 招祸
45262 着魔
45263 照拂
45264 痧子
45265 正楷
45266 正论
45267 正中下怀
45268 支脉
45269 吱吱喳喳
45270 咫尺天涯
45271 趾甲
45272 中立国
45273 众说
45274 重残
45275 竹马
45276 助燃
45277 著作等身
45278 装配线
45279 子爵
45280 坐天下
45281 八面威风
45282 百日咳
45283 斑痕
45284 绊子
45285 保鲜剂
45286 刨花
45287 北极光
45288 背光
45289 比兴
45290 避忌
45291 辩才
45292 兵不厌诈
45293 波斯猫
45294 驳杂
45295 不即不离
45296 布朗族
45297 财迷
45298 婵娟
45299 敞篷
45300 超龄
45301 陈诉
45302 城下之盟
45303 吃馆子
45304 痴望
45305 斥退
45306 臭美
45307 出丧
45308 初升
45309 除旧布新
45310 垂帘听政
45311 唇红齿白
45312 刺儿头
45313 催讨
45314 存户
45315 打工族
45316 打内战
45317 大寒
45318 戴罪立功
45319 弹孔
45320 刀背
45321 稻壳
45322 稻苗
45323 等次
45324 等级制
45325 地震波
45326 地震带
45327 点验
45328 电子眼
45329 垫脚石
45330 硐楼
45331 洞见
45332 斗车
45333 豆面
45334 肚脐眼儿
45335 短训
45336 断乎
45337 对酌
45338 蹲守
45339 饿虎
45340 耳廓
45341 二踢脚
45342 房基
45343 放毒
45344 飞絮
45345 车公里
45346 废置
45347 焚书坑儒
45348 粉嫩
45349 封建主
45350 伏线
45351 拂逆
45352 附议
45353 富国强兵
45354 改名换姓
45355 各行其道
45356 更生
45357 工休
45358 工贼
45359 够得着
45360 呱呱坠地
45361 顾主
45362 怪相
45363 官官相护
45364 管见
45365 过话
45366 过滤嘴儿
45367 过眼云烟
45368 过犹不及
45369 孩子头儿
45370 罕闻
45371 汗珠子
45372 豪宅
45373 好样儿的
45374 黑不溜秋
45375 恨事
45376 横眉冷对
45377 花骨朵
45378 花露水
45379 花苗
45380 花枪
45381 花容月貌
45382 画等号
45383 怀春
45384 还魂
45385 幻想曲
45386 换型
45387 换装
45388 火铳
45389 鸡翅
45390 基肥
45391 季节工
45392 家庭影院
45393 奸夫
45394 饯别
45395 浇花
45396 胶印
45397 皎皎
45398 校改
45399 解表
45400 疥疮
45401 金枝玉叶
45402 尽先
45403 锦衣玉食
45404 进深
45405 近便
45406 京畿
45407 经血
45408 径赛
45409 静脉曲张
45410 拘礼
45411 具名
45412 口技
45413 苦大仇深
45414 苦尽甘来
45415 困局
45416 阔少
45417 拉下脸
45418 老弱残兵
45419 雷动
45420 怜香惜玉
45421 凌霄
45422 零花
45423 流口水
45424 龙颜
45425 笼屉
45426 蝼蛄
45427 镂刻
45428 路条
45429 铝锅
45430 落叶归根
45431 麻秆儿
45432 马步
45433 麦乳精
45434 漫道
45435 媒妁
45436 门道
(méndào)
45437 门灯
45438 门扉
45439 猛不防
45440 弥天大谎
45441 迷魂汤
45442 蜜柑
45443 明细账
45444 默记
45445 谋职
45446 母机
45447 母夜叉
45448 目无法纪
45449 奶糖
45450 男盗女娼
45451 内向型
45452 尼龙绳
45453 泥牛入海
45454 腻人
45455 暖房
45456 旁系
45457 喷嘴
45458 朋比为奸
45459 票额
45460 品目
45461 婆罗门教
45462 七言诗
45463 耆老
45464 铅灰
45465 前房
45466 浅析
45467 强逼
45468 强使
45469 巧计
45470 清场
45471 晴明
45472 琼脂
45473 秋庄稼
45474 球茎
45475 缺位
45476 人海战术
45477 人赃俱获
45478 日杂
45479 入籍
45480 三只手
45481 杀价
45482 杀戒
45483 歃血
45484 上操
45485 身首异处
45486 身条儿
45487 失道寡助
45488 试产

45489 受冤
45490 叔伯兄弟
45491 耍威风
45492 耍嘴皮子
45493 搜肠刮肚
45494 速成班
45495 胎记
45496 太空舱
45497 糖人儿
45498 特辑
45499 天兵
45500 天高气爽
45501 天条
45502 添设
45503 甜点
45504 铁公鸡
45505 铁箍
45506 通关节
45507 同音字
45508 头生
45509 秃鹫
45510 突审
45511 土黄
45512 推己及人
45513 拖轮
45514 脱臼
45515 妄称
45516 妄语
45517 微血管
45518 违例
45519 蔚为大观
45520 无所不用其极
45521 五味子
45522 武装带
45523 吸水性
45524 矽肺
45525 锡纸
45526 铣工
45527 夏历
45528 线团
45529 襄理
45530 响箭
45531 响尾蛇
45532 硝石
45533 卸装
45534 心头肉
45535 心子
45536 新婚燕尔
45537 新论
45538 性虐待
45539 性征
45540 凶顽
45541 秀媚
45542 秀外慧中
45543 徐步
45544 悬棺
45545 旋子
45546 雪豹
45547 熏鱼
45548 鸭肉
45549 烟波浩渺
45550 阎王殿
45551 洋蜡
45552 仰卧起坐
45553 养颜
45554 叶公好龙
45555 颐养天年
45556 舆图
45557 与民同乐
45558 雨具
45559 雨区
45560 月息
45561 越职
45562 云翳
45563 运动衫
45564 赞佩
45565 毡包
45566 长上
45567 折叠椅
45568 甄选
45569 诊脉
45570 镇纸
45571 整流
45572 指甲盖儿
45573 制表
45574 专门家
45575 转呈
45576 转忧为喜
45577 壮苗
45578 足赤
45579 组合式
45580 组合音响
45581 柞树
45582 做证
45583 白干儿
45584 扳动
45585 半斤八两
45586 雹灾
45587 北京鸭
45588 背约
45589 被难
45590 壁龛
45591 标准件
45592 表演唱
45593 表侄
45594 别有洞天
45595 兵刃
45596 补写
45597 彩头
45598 残生
45599 拆阅
45600 长方脸
45601 尝新
45602 厂规
45603 畅行
45604 超然物外
45605 陈酒
45606 成龙配套
45607 城市病
45608 城市贫民
45609 踟蹰
45610 尺牍
45611 重言
45612 初露锋芒
45613 锄奸
45614 卷子（juǎnzi）
45615 处之泰然
45616 春卷
45617 春心
45618 蠢猪
45619 搭售
45620 打短工
45621 打预防针
45622 大花脸
45623 担承
45624 倒插门
45625 道学先生
45626 帝君
45627 吊民伐罪
45628 东施效颦
45629 动作片
45630 洞箫
45631 杜康
45632 敦请
45633 多谋善断
45634 堕地
45635 发木
45636 贩假
45637 芳龄
45638 飞吻
45639 分账
45640 分值
45641 风雪交加
45642 凤仙花
45643 夫妻店
45644 福至心灵
45645 俯就
45646 腐蚀剂
45647 讣闻
45648 负约
45649 复利
45650 副题
45651 弓子
45652 枸杞子
45653 挂毯
45654 官价
45655 规制
45656 绲边
45657 孩子王
45658 海涵
45659 憨态
45660 含而不露
45661 耗竭
45662 河工
45663 鹤发童颜
45664 黑面包
45665 宏达
45666 胡搞
45667 互谅互让
45668 滑道
45669 画刊
45670 患处
45671 灰质
45672 回拜
45673 悔过自新
45674 婚龄
45675 藿香
45676 机器翻译
45677 极权
45678 极盛
45679 急眼
45680 集成化
45681 奸杀
45682 监守自盗
45683 兼课
45684 兼容并包
45685 姜黄
45686 酱豆腐
45687 交杯酒
45688 焦心
45689 劫富济贫
45690 解热
45691 借问
45692 进度表
45693 晋谒
45694 经济舱
45695 九鼎
45696 酒囊饭袋
45697 酒铺
45698 酒器
45699 舅子
45700 据有
45701 咖啡豆
45702 空场
45703 乡企
45704 侉
45705 狂涛
45706 拉杆
45707 狼烟
45708 老调重弹
45709 乐陶陶
45710 肋条
45711 冷枪
45712 离群索居
45713 力避
45714 丽质
45715 开房
45716 连发

45717 连枷
45718 两立
45719 邻接
45720 领赏
45721 耧
45722 马前卒
45723 买好
45724 麦秆儿
45725 满处
45726 幔子
45727 毛囊
45728 镁光灯
45729 门禁
45730 面膜
45731 来气
45732 名厨
45733 鸣金收兵
45734 鸣锣开道
45735 鸣炮
45736 螟虫
45737 拿手戏
45738 奶羊
45739 内人
45740 盘诘
45741 配色
45742 喷口
45743 盆腔
45744 僻壤
45745 偏头痛
45746 偏斜
45747 平信
45748 诱逼
45749 奇珍
45750 起承转合
45751 气井
45752 谦谦君子
45753 抢匪
45754 抢建
45755 敲边鼓
45756 巧思
45757 俏货
45758 窃据
45759 青面獠牙
45760 清夜
45761 趣谈
45762 缺斤少两
45763 裙带关系
45764 热压
45765 人防工程
45766 支使
45767 人情债
45768 人造丝
45769 撒旦
45770 三岔路口
45771 丧魂落魄
45772 色欲
45773 杀一儆百
45774 晒场
45775 伤残人
45776 上轨道
45777 身怀六甲
45778 施与
45779 十年寒窗
45780 时价
45781 识文断字
45782 视若无睹
45783 授受
45784 书脊
45785 束身
45786 双百方针
45787 说不得
45788 松心
45789 宿怨
45790 酸麻
45791 塌落
45792 钛合金
45793 贪睡
45794 韬光养晦
45795 套鞋
45796 特别快车
45797 踢皮球
45798 剃光头
45799 天诛地灭
45800 添枝加叶
45801 调匀
45802 贴钱
45803 童男
45804 偷安
45805 投诉率
45806 推延
45807 吞服
45808 脱毛
45809 外侨
45810 未亡人
45811 温控
45812 文如其人
45813 闻人
45814 问案
45815 无霜期
45816 武旦
45817 吸睛
45818 惜售
45819 习用
45820 细巧
45821 先行官
45822 闲田
45823 弦索
45824 苋菜
45825 线人
45826 香饵
45827 晓月
45828 鞋油
45829 欣羡
45830 修枝
45831 羞愤
45832 眩惑
45833 延聘
45834 阳虚
45835 腰杆子
45836 杳然
45837 野汉子
45838 叶酸
45839 一股劲儿
45840 医方
45841 揖让
45842 以观后效
45843 以近
45844 益鸟
45845 意见簿
45846 银锭
45847 银质奖
45848 银装
45849 淫雨
45850 隐遁
45851 印件
45852 印刷体
45853 影印本
45854 犹自
45855 下架
45856 雨靴
45857 玉照
45858 预展
45859 杂说
45860 簪花
45861 增盈
45862 增支
45863 长房
45864 找零
45865 震情
45866 执罚
45867 纸型
45868 至友
45869 中邪
45870 专诚
45871 装门面
45872 灼痛
45873 子丑寅卯
45874 姊妹篇
45875 恣情
45876 纵谈
45877 嘴软
45878 坐骨神经
45879 哀嚎
45880 暗堡
45881 獒
45882 鏊子
45883 白日做梦
45884 百孔千疮
45885 斑竹
45886 胞兄
45887 背包袱
45888 背运
45889 本票
45890 笨伯
45891 笔帽
45892 避乱
45893 辩士
45894 冰鞋
45895 薄待
45896 补白
45897 补给线
45898 不倒翁
45899 不知死活
45900 财气
45901 茶炉
45902 唱票
45903 炒锅
45904 车老板
45905 车辆段
45906 橙红
45907 敕封
45908 除根
45909 春装
45910 瓷缸
45911 搓板
45912 打家劫舍
45913 大立柜
45914 单裤
45915 当值
45916 倒坍
45917 得而复失
45918 登记册
45919 低缓
45920 地方主义
45921 地亩
45922 电码
45923 电子游戏机
45924 钓钩
45925 调防
45926 冬不拉
45927 豆蔻年华
45928 独龙族
45929 短粗
45930 断根
45931 顿号
45932 鹅绒
45933 儿女亲家
45934 发榜
45935 发报机
45936 发明权
45937 发腻
45938 发傻
45939 发神经
45940 翻本儿
45941 翻查
45942 翻悔
45943 反古
45944 犯得着
45945 防波堤
45946 防患未然

45947 仿行
45948 粪池
45949 蜂王浆
45950 凤凰琴
45951 服帖
45952 浮面
45953 幅面
45954 附言
45955 赋役
45956 改稿
45957 赶庙会
45958 干才
45959 公筷
45960 公营
45961 功德圆满
45962 恭祝
45963 躬耕
45964 佝偻病
45965 故态复萌
45966 故址
45967 挂红
45968 乖觉
45969 管窥
45970 光板儿
45971 归心似箭
45972 龟甲
45973 国富民强
45974 裹脚布
45975 裹腿
45976 过厅
45977 哈气
45978 鼾睡
45979 红妆
45980 红装
45981 湖色
45982 户籍警
45983 花萼
45984 化学元素
45985 活口
45986 机关算尽
45987 集日
45988 寄放
45989 假大空
45990 奸笑
45991 肩胛骨
45992 揭榜
45993 结膜炎
45994 解剖麻雀
45995 借酒浇愁
45996 襟怀坦白
45997 进补
45998 警世
45999 锯末
46000 决一雌雄
46001 军管
46002 开房间
46003 谰言
46004 上合组织
46005 老老少少
46006 老命
46007 冷食
46008 愣头愣脑
46009 礼拜日
46010 联合战线
46011 脸形
46012 恋家
46013 恋旧
46014 寥廓
46015 六畜
46016 滤波器
46017 毛刺
46018 貌合神离
46019 孟夏
46020 秘藏
46021 蜜汁
46022 面交
46023 面授机宜
46024 描红
46025 民约
46026 民族运动
46027 名誉扫地
46028 明眸皓齿
46029 末子
46030 目验
46031 纳贡
46032 尼龙袜
46033 鸟铳
46034 蹑足
46035 牛角尖
46036 偶或
46037 旁通
46038 跑外
46039 皮褥子
46040 皮实
46041 平野
46042 普教
46043 气枪
46044 气性
46045 弃妇
46046 瞧病
46047 轻软
46048 倾谈
46049 清炖
46050 秋景
46051 求取
46052 缺嘴
46053 染织
46054 热水袋
46055 人面兽心
46056 认负
46057 日托
46058 乳猪
46059 傻大黑粗
46060 傻里傻气
46061 山大王
46062 山窝
46063 闪烁其词
46064 上窜下跳
46065 上集
46066 上款
46067 少顷
46068 深望
46069 生手
46070 失迎
46071 师出无名
46072 收执
46073 兽欲
46074 书函
46075 梳辫子
46076 树倒猢狲散
46077 刷白
46078 衰朽
46079 水银灯
46080 私商
46081 肃毒
46082 缩头缩脑
46083 抬轿子
46084 坦露
46085 噔
46086 疼惜
46087 挑头
46088 铁镐
46089 通名
46090 铜版
46091 童叟无欺
46092 头角
46093 腕力
46094 危城
46095 诿过
46096 位能
46097 文不对题
46098 乌桕
46099 五代十国
46100 五方
46101 五言诗
46102 息兵
46103 息肉
46104 先世
46105 鲜丽
46106 咸淡
46107 显学
46108 乡下佬
46109 橡皮膏
46110 小巴
46111 小小子
46112 校史
46113 歇工
46114 歇腿
46115 邪魔
46116 心定
46117 心硬
46118 星相
46119 行李架
46120 形骸
46121 凶煞
46122 虚与委蛇
46123 蓄势
46124 选点
46125 选曲
46126 雪莲花
46127 哑巴亏
46128 哑炮
46129 哑嗓
46130 烟柱
46131 炎凉
46132 妖术
46133 摇把
46134 野种
46135 大王（dàiwang）
46136 一锤子买卖
46137 以德报怨
46138 以邻为壑
46139 以怨报德
46140 异端邪说
46141 异体字
46142 译制
46143 因人制宜
46144 音带
46145 英雄气短
46146 硬面
46147 油泵
46148 游学
46149 诱奸
46150 鱼子
46151 虞美人
46152 育婴堂
46153 预行
46154 预置
46155 原始林
46156 运球
46157 泽国
46158 贼寇
46159 找齐
46160 遮阳帽
46161 吱吱嘎嘎
46162 执鞭
46163 直击
46164 指不定
46165 指法
46166 制件
46167 中端
46168 中音
46169 衷情
46170 重灾
46171 诛杀
46172 猪排
46173 主调
46174 转生
46175 装疯卖傻

46176 擢升
46177 锱铢必较
46178 自留山
46179 嘴笨
46180 坐禅
46181 碍手碍脚
46182 八月节
46183 白班
46184 白粉病
46185 百儿八十
46186 半自动
46187 包养
46188 饱眼福
46189 背黑锅
46190 悲凄
46191 悲酸
46192 边角料
46193 编年体
46194 病案
46195 补报
46196 不知所终
46197 彩练
46198 踩点
46199 菜豆
46200 参酌
46201 沧海一粟
46202 草泽
46203 侧目而视
46204 长蛇阵
46205 敞篷车
46206 衬里
46207 吃相
46208 崇仰
46209 丑态百出
46210 臭架子
46211 川资
46212 传抄
46213 船帆
46214 船期
46215 戳子
46216 促狭
46217 村野
46218 存车
46219 存款单
46220 搭伴
46221 打比方
46222 打蔫儿
46223 打前站
46224 打援
46225 大殓
46226 大拇哥
46227 大拿
46228 丹方
46229 单弦儿
46230 倒算
46231 等而下之
46232 等外
46233 涤卡
46234 吊死鬼
46235 冬菜
46236 钝化
46237 二进制
46238 翻云覆雨
46239 反躬自问
46240 反咬一口
46241 防暑
46242 放达
46243 放送
46244 麸皮
46245 干亲
46246 赣剧
46247 高人
46248 疙瘩汤
46249 割除
46250 功成身退
46251 拱顶
46252 沟子
46253 谷氨酸
46254 怪里怪气
46255 管片
46256 灌肠（guànchǎng）
46257 诡称
46258 国仇
46259 过载
46260 海寇
46261 海枯石烂
46262 旱井
46263 浩浩
46264 黑天
46265 横标
46266 后襟
46267 后梁
46268 后唐
46269 画屏
46270 缓征
46271 幻术
46272 挥戈
46273 回门
46274 毁弃
46275 积久
46276 急步
46277 夹峙
46278 奸情
46279 间接选举
46280 僵冷
46281 交媾
46282 教学相长
46283 结党营私
46284 结汇
46285 解囊相助
46286 金兰
46287 金瓯
46288 筋脉
46289 锦绣前程
46290 谨记
46291 近照
46292 经销点
46293 精盐
46294 精装本
46295 倦容
46296 橛子
46297 开初
46298 科贸
46299 口外
46300 困兽犹斗
46301 喇嘛教
46302 腊八粥
46303 蜡丸
46304 赖皮
46305 滥调
46306 浪迹
46307 醪糟
46308 老大不小
46309 老亲
46310 乐不思蜀
46311 冷柜
46312 冷色
46313 立身处世
46314 怜恤
46315 良辰
46316 良辰美景
46317 吝啬鬼
46318 溜号
46319 柳梢
46320 鹿死谁手
46321 卵生
46322 麻豆腐
46323 麦芽糖
46324 盲肠炎
46325 毛手毛脚
46326 毛织品
46327 眉目（méimù）
46328 弥缝
46329 面糊（miànhù）
46330 妙趣
46331 妙药
46332 摹本
46333 母畜
46334 牧工
46335 内侄
46336 泥坯
46337 年尾
46338 牛仔服
46339 扭结
46340 脓疮
46341 攀折
46342 盘曲
46343 配戏
46344 漂游
46345 平步青云
46346 破五
46347 破衣烂衫
46348 扑棱
46349 墙基
46350 侨商
46351 巧言令色
46352 钦慕
46353 亲眷
46354 清寂
46355 丘疹
46356 求战
46357 区徽
46358 屈打成招
46359 屈就
46360 燃点
46361 染发剂
46362 软刀子
46363 三缄其口
46364 丧身
46365 杀伐
46366 砂糖
46367 山里红
46368 商誉
46369 上辈子
46370 烧化
46371 烧荒
46372 少年老成
46373 猞猁
46374 深沟高垒
46375 十冬腊月
46376 时人
46377 时态
46378 恃强凌弱
46379 收监
46380 寿诞
46381 书札
46382 数得着
46383 水性杨花
46384 思慕
46385 酸辣汤
46386 缩略
46387 锁钥
46388 太空垃圾
46389 摊档
46390 探幽
46391 糖食
46392 讨饶
46393 讨嫌
46394 腾达
46395 通存
46396 透辟
46397 图籍
46398 途程
46399 吐故纳新
46400 托老所
46401 托收
46402 瓦楞

46403 外寇
46404 网巾
46405 望文生义
46406 危言
46407 围桌
46408 伪饰
46409 问卜
46410 卧底
46411 握力
46412 乌油油
46413 怃然
46414 雾化
46415 洗染
46416 先决
46417 现卖
46418 相生相克
46419 箱式
46420 响器
46421 相机行事
46422 消防栓
46423 销价
46424 小照
46425 邪道
46426 谐谑
46427 泻药
46428 醒酒
46429 凶焰
46430 徐娘半老
46431 续航
46432 煊赫
46433 泫然
46434 学富五车
46435 学乖
46436 血压计
46437 寻死觅活
46438 雅趣
46439 雅言
46440 扬剧
46441 夭亡
46442 药石
46443 耶稣教
46444 一望无边
46445 以正视听
46446 阴部
46447 阴晦
46448 璎珞
46449 鹦鹉学舌
46450 幽思
46451 有谱儿
46452 援手
46453 月下老人
46454 熨烫
46455 再会
46456 脏字儿
46457 早自习
46458 灶屋
46459 战而胜之
46460 张皇失措
46461 障眼法
46462 兆赫
46463 正数
46464 制海权
46465 置放
46466 中间派
46467 终夜
46468 猪鬃
46469 主项
46470 壮硕
46471 状纸
46472 自不量力
46473 自愧不如
46474 自怨自艾
46475 走私犯
46476 走台
46477 族规
46478 组合柜
46479 遵章守纪
46480 坐卧不宁
46481 安抵
46482 安民告示
46483 暗喻
46484 八字胡
46485 把口儿
46486 白铁
46487 摆龙门阵
46488 绊脚
46489 雹子
46490 保险系数
46491 暴殄天物
46492 贝母
46493 背对背
46494 迸溅
46495 鼻塞
46496 碧螺春
46497 弊害
46498 便盆
46499 冰碴儿
46500 播讲
46501 不足为训
46502 参透
46503 残敌
46504 草莽英雄
46505 插秧机
46506 查夜
46507 拆建
46508 蝉蜕
46509 车帮
46510 车篷
46511 诚朴
46512 宠辱不惊
46513 仇隙
46514 臭名远扬
46515 处身
46516 吹风机
46517 垂怜
46518 瓷实
46519 忖量
46520 寸草
46521 嵯峨
46522 搭盖
46523 打卦
46524 打马虎眼
46525 大材小用
46526 大过
46527 大暑
46528 胆力
46529 刀笔
46530 导源
46531 电复
46532 刁蛮
46533 吊扇
46534 定钱
46535 定向生
46536 定心
46537 毒汁
46538 睹物思人
46539 蹲伏
46540 恩将仇报
46541 儿郎
46542 耳边风
46543 烦劳
46544 反诬
46545 反语
46546 返祖
46547 纺机
46548 风色
46549 风涛
46550 赴敌
46551 咖喱
46552 改向
46553 干爸
46554 钢丝床
46555 高压电
46556 袼褙
46557 格杀勿论
46558 根绝
46559 够本
46560 古道热肠
46561 挂机
46562 观赏鱼
46563 归西
46564 国医
46565 海葬
46566 含沙射影
46567 函授大学
46568 旱象
46569 好言
46570 合家欢
46571 红人
46572 后妻
46573 狐臭
46574 花拳绣腿
46575 花生仁儿
46576 滑冰场
46577 滑石粉
46578 欢慰
46579 还阳
46580 幻听
46581 黄热病
46582 会剿
46583 会章
46584 活脱
46585 火钳
46586 和稀泥
46587 货机
46588 豁朗
46589 急如星火
46590 加塞儿
46591 假道学
46592 交通车
46593 交通信号
46594 矫饰
46595 芥子气
46596 紧身衣
46597 近道
46598 近因
46599 驹子
46600 聚歼
46601 卷须
46602 决绝
46603 皲裂
46604 靠泊
46605 靠垫
46606 客满
46607 苦撑
46608 苦想
46609 快班
46610 快当
46611 魁首
46612 老套
46613 累死累活
46614 两便
46615 缭乱
46616 料定
46617 临盆
46618 临终关怀
46619 留传
46620 龙虎斗
46621 落水狗
46622 麻酥酥
46623 马齿苋
46624 麦麸
46625 慢车道
46626 毛背心
46627 毛尖
46628 眉睫
46629 眉批
46630 迷幻药
46631 迷眼
46632 密信

46633 苗床
46634 名扬四海
46635 抹不开
46636 暮秋
46637 内热
46638 内外夹攻
46639 内争
46640 泥污
46641 逆贼
46642 捏合
46643 宁缺毋滥
46644 牛倌
46645 女厕
46646 跑调儿
46647 票号
46648 普度
46649 气贯长虹
46650 掐算
46651 虔心
46652 钱柜
46653 潜望镜
46654 乔迁之喜
46655 钦羡
46656 亲代
46657 亲睹
46658 晴和
46659 秋毫
46660 球网
46661 驱驰
46662 热狗
46663 人困马乏
46664 人言可畏
46665 认养
46666 如丧考妣
46667 色胆
46668 杀人灭口
46669 纱罩
46670 山果
46671 膻
46672 商港
46673 神笔
46674 时疫
46675 食具
46676 市斤
46677 誓约
46678 收押
46679 手到擒来
46680 手洗
46681 手重
46682 守活寡
46683 寿木
46684 受治
46685 兽药
46686 耍流氓
46687 水磨石
46688 水瓢
46689 顺水人情
46690 硕大无朋
46691 私话
46692 死老虎
46693 颂赞
46694 贪小
46695 淌泪
46696 替死鬼
46697 天崩地裂
46698 天作之合
46699 恬然
46700 铁锚
46701 听审
46702 停播
46703 通透
46704 同喜
46705 完全小学
46706 零首付
46707 枉杀
46708 伟绩
46709 卫生筷
46710 卧轨
46711 无核区
46712 五服
46713 瞎掰
46714 咸肉
46715 显形
46716 险关
46717 气门芯
46718 现买
46719 橡皮图章
46720 销假
46721 小大人儿
46722 小人得志
46723 行腔
46724 休养所
46725 须根
46726 玄孙
46727 血癌
46728 认脚
46729 烟农
46730 坐失
46731 严处
46732 严紧
46733 演武
46734 砚池
46735 验关
46736 佯攻
46737 折头
46738 养息
46739 妖婆
46740 药具
46741 药膳
46742 药针
46743 野食
46744 一根筋
46745 一文不名
46746 遗患
46747 遗闻
46748 音波
46749 有口无心
46750 雨势
46751 运道
46752 杂烩
46753 杂活儿
46754 杂症
46755 在逃犯
46756 赃官
46757 增修
46758 扎手
46759 摘引
46760 折叠式
46761 征剿
46762 正宫
46763 正牌
46764 侄媳妇
46765 稚子
46766 钟鼓楼
46767 重价
46768 助产士
46769 抓瞎
46770 坠马
46771 子目
46772 棕黄
46773 租价
46774 左撇子
46775 坐化
46776 庵堂
46777 巴豆
46778 拜把子
46779 保质保量
46780 杯盘狼藉
46781 奔泻
46782 比丘尼
46783 闭路
46784 编绘
46785 表链
46786 摽
46787 冰谷
46788 兵火
46789 兵戎
46790 勃朗宁
46791 补编
46792 补遗
46793 不过尔尔
46794 不检
46795 才分
46796 财势
46797 踩水
46798 菜圃
46799 菜团子
46800 菜心
46801 残次
46802 残匪
46803 惨杀
46804 叉烧
46805 茶食
46806 缠磨
46807 车马费
46808 衬裤
46809 匙子
46810 齿冷
46811 酬答
46812 筹借
46813 臭味相投
46814 出典
46815 传艺
46816 纯良
46817 葱白儿
46818 打包票
46819 大老婆
46820 弹壳
46821 倒春寒
46822 倒转（dàozhuàn）
46823 道姑
46824 稻秧
46825 得陇望蜀
46826 涤棉
46827 抵销
46828 地核
46829 地老天荒
46830 第二职业
46831 点收
46832 电脉冲
46833 雕版
46834 吊祭
46835 动力机
46836 冻馁
46837 抖搂
46838 毒牙
46839 短打
46840 堆叠
46841 堆集
46842 对换
46843 对台戏
46844 礅
46845 蹲坑
46846 夺门而出
46847 躲懒
46848 俄罗斯族
46849 耳福
46850 耳提面命
46851 发苦
46852 幡然悔悟
46853 反击战
46854 反目成仇
46855 犯困
46856 肥嫩
46857 肺心病
46858 坟山
46859 封官许愿
46860 疯疯癫癫
46861 俯允

46862	复航
46863	复会
46864	腹肌
46865	概说
46866	钢鞭
46867	搞鬼
46868	告倒
46869	告老还乡
46870	葛藤
46871	姑丈
46872	鼓气
46873	寡情
46874	挂牵
46875	乖张
46876	光可鉴人
46877	闺阁
46878	滚珠
46879	海货
46880	含怒
46881	蒿子
46882	合脚
46883	横直
46884	红灯区
46885	红棉
46886	狐群狗党
46887	虎口拔牙
46888	花菜
46889	花绸
46890	花大姐
46891	化为泡影
46892	画饼充饥
46893	踝骨
46894	黄教
46895	鳇鱼
46896	回头路
46897	彗核
46898	假正经
46899	捡破烂儿
46900	金蝉脱壳
46901	经意
46902	精品店
46903	精卫填海
46904	劲风
46905	菊花茶
46906	举步
46907	聚光
46908	遽然
46909	军犬
46910	开涮
46911	渴念
46912	坑木
46913	空心菜
46914	口出狂言
46915	快照
46916	魁伟
46917	辣椒酱
46918	懒虫
46919	浪谷
46920	老豆腐
46921	累年
46922	泪液
46923	料及
46924	零卖
46925	令郎
46926	留一手
46927	留职
46928	垄沟
46929	马口铁
46930	卖好
46931	民脂民膏
46932	名产
46933	明火执仗
46934	鸣冤叫屈
46935	冥府
46936	仫佬族
46937	拈花惹草
46938	年资
46939	念诵
46940	娘娘腔
46941	牛头马面
46942	帕金森病
46943	排忧
46944	陪床
46945	佩饰
46946	破网
46947	奇案
46948	气口
46949	抢亲
46950	琴弓
46951	囚服
46952	权杖
46953	人定胜天
46954	入赘
46955	软乎乎
46956	软话
46957	赛点
46958	色度
46959	色拉
46960	砂纸
46961	傻头傻脑
46962	山嘴
46963	上冻
46964	上中农
46965	设障
46966	神机妙算
46967	始发站
46968	势不可当
46969	收车
46970	熟化
46971	熟能生巧
46972	甩脱
46973	栓子
46974	死脑筋
46975	四方脸
46976	四旁
46977	素常
46978	索价
46979	探囊取物
46980	讨价
46981	套服
46982	套购
46983	风光（fēngguang）
46984	提调
46985	天怒人怨
46986	天外有天
46987	填房
46988	跳闸
46989	铁交椅
46990	铜币
46991	统属
46992	涂饰
46993	土皇帝
46994	土造
46995	枉费心机
46996	官微
46997	文气（wénqi）
46998	文戏
46999	细活儿
47000	下操
47001	先来后到
47002	线袜
47003	相乘
47004	相瞒
47005	湘妃竹
47006	像话
47007	淆乱
47008	小产
47009	小满
47010	心黑
47011	新来乍到
47012	绣制
47013	悬崖绝壁
47014	血块
47015	寻根究底
47016	寻见
47017	寻声
47018	寻踪
47019	驯兽
47020	压腿
47021	烟霞
47022	鼹鼠
47023	艳装
47024	野蔷薇
47025	一品红
47026	夷灭
47027	以貌取人
47028	佚名
47029	译注
47030	易守难攻
47031	银矿
47032	引语
47033	荧光粉
47034	影后
47035	硬伤
47036	泳道
47037	优容
47038	幽门
47039	幽僻
47040	油香
47041	鱼卵
47042	语速
47043	原值
47044	圆鼓鼓
47045	缘木求鱼
47046	愿心
47047	杂品
47048	脏污
47049	战刀
47050	知照
47051	植树节
47052	中继站
47053	中介人
47054	重孝
47055	朱批
47056	属意
47057	助研
47058	转调
47059	追本溯源
47060	锥体
47061	桌案
47062	字库
47063	走步
47064	左膀右臂
47065	做亲
47066	哀恸
47067	傲岸
47068	拔擢
47069	白鲢
47070	白眼珠
47071	百无禁忌
47072	斑驳陆离
47073	绑缚
47074	暴突
47075	杯盏
47076	碑亭
47077	鄙陋
47078	闭卷
47079	壁柜
47080	壁毯
47081	别集
47082	补记
47083	补休
47084	簿记
47085	菜品
47086	草约
47087	长绒棉
47088	潮剧
47089	车轮战

47090 高新区
47091 尘雾
47092 尘缘
47093 吃食堂
47094 冲要
47095 出镜
47096 处女膜
47097 船桨
47098 串亲戚
47099 春药
47100 词不达意
47101 辞赋
47102 葱头
47103 从俗
47104 大媒
47105 大田作物
47106 大油
47107 带话
47108 怠惰
47109 戴孝
47110 单幅
47111 旦夕祸福
47112 当午
47113 刀斧手
47114 导航台
47115 倒班
47116 得劲
47117 等距离
47118 电函
47119 电子管
47120 垫支
47121 独立王国
47122 肚兜
47123 镀锌
47124 断航
47125 对比度
47126 对家
47127 耳背
47128 二道贩子
47129 翻搅
47130 翻毛
47131 凡响
47132 返利
47133 仿生
47134 访查
47135 飞掠
47136 费尽心血
47137 奉祀
47138 改年
47139 钙片
47140 胳肢
47141 更动
47142 工薪族
47143 苟且偷生
47144 古藤
47145 牯牛
47146 怪才
47147 怪声怪气
47148 官迷
47149 鳏寡孤独
47150 光面
47151 贵干
47152 过山车
47153 哈喇
47154 好脸
47155 核黄素
47156 胡吹
47157 花卷
47158 花眼
47159 花烛
47160 华年
47161 画轴
47162 桦木
47163 怀乡
47164 换工
47165 换马
47166 荒乱
47167 皇储
47168 黄毒
47169 慧心
47170 羁留
47171 几起几落
47172 寄食
47173 寄售
47174 夹生
47175 兼爱
47176 简慢
47177 奖勤罚懒
47178 酱园
47179 绞索
47180 结晶体
47181 借花献佛
47182 京味儿
47183 精神头儿
47184 九牛一毛
47185 刊头
47186 看得上
47187 烤鸡
47188 肯于
47189 空勤
47190 恐怖片
47191 口形
47192 口译
47193 苦活儿
47194 奎宁
47195 喇叭口
47196 篮筐
47197 空仓
47198 老骨头
47199 了局
47200 零活儿
47201 零七八碎
47202 溜滑
47203 鎏金
47204 鸬鹚
47205 慢慢腾腾
47206 毛躁
47207 门巴族
47208 苗期
47209 秒表
47210 篾片
47211 名人效应
47212 明鉴
47213 秣马厉兵
47214 墨迹未干
47215 牧畜
47216 牧羊犬
47217 拿办
47218 南音
47219 内窥镜
47220 逆党
47221 娘亲
47222 女气
47223 赖婚
47224 啪嗒
47225 判词
47226 陪绑
47227 配属
47228 硼酸
47229 披麻戴孝
47230 皮糖
47231 皮相
47232 啤酒花
47233 飘悠
47234 破烂儿
47235 哭灵
47236 铺叙
47237 普洱茶
47238 奇志
47239 棋风
47240 起夜
47241 黔驴技穷
47242 枪机
47243 清水衙门
47244 请援
47245 曲尺
47246 犬马之劳
47247 绕路
47248 热岛效应
47249 认生
47250 日上三竿
47251 乳酪
47252 软蛋
47253 软指标
47254 闰年
47255 三合板
47256 傻呵呵
47257 删繁就简
47258 潸潸
47259 商酌
47260 上座儿
47261 生财有道
47262 生漆
47263 生物链
47264 声辩
47265 失检
47266 石棉瓦
47267 实至名归
47268 誓愿
47269 授命
47270 兽行
47271 束装
47272 树大招风
47273 四则
47274 松节油
47275 送灶
47276 夙兴夜寐
47277 素淡
47278 随迁
47279 泰山压顶
47280 探雷
47281 淌汗
47282 桃红柳绿
47283 鹈鹕
47284 体认
47285 天葬
47286 田舍
47287 听诊
47288 同门
47289 透心儿凉
47290 徒劳无功
47291 土坷垃
47292 推子
47293 托子
47294 拖布
47295 顽敌
47296 晚班
47297 晚场
47298 妄谈
47299 威迫
47300 窝边草
47301 物是人非
47302 锡伯族
47303 洗濯
47304 纤维板
47305 小聚
47306 小考
47307 小令
47308 孝廉
47309 欣幸
47310 新殖民主义
47311 信从
47312 信天翁
47313 凶相毕露
47314 虚掷
47315 掩鼻
47316 宴客
47317 要津
47318 一鼻孔出气
47319 一脉相传

47320	一者
47321	衣冠冢
47322	移防
47323	益虫
47324	鹦鹉螺
47325	应诺
47326	优哉游哉
47327	柚木
47328	预产期
47329	园陵
47330	园圃
47331	约数
47332	杂牌军
47333	造谣中伤
47334	择善而从
47335	谵语
47336	着数
47337	照临
47338	鸩毒
47339	镇流器
47340	政制
47341	芝麻油
47342	指画
47343	指证
47344	衷曲
47345	周延
47346	主唱
47347	助理工程师
47348	准数
47349	宗谱
47350	总校
47351	走马看花
47352	坐江山
47353	坐具
47354	坐井观天
47355	哀戚
47356	爱称
47357	八字步
47358	把盏
47359	白兰瓜
47360	摆摊儿
47361	拜服
47362	稗草
47363	帮倒忙
47364	包场
47365	保温杯
47366	悲啼
47367	北方话
47368	备品
47369	庇佑
47370	波谱
47371	播扬
47372	不知就里
47373	苍郁
47374	糙米
47375	柴垛
47376	谄笑
47377	长袖善舞
47378	唱盘
47379	抄报
47380	炒汇
47381	沉冤
47382	持球
47383	冲程
47384	冲抵
47385	冲销
47386	冲澡
47387	重檐
47388	处理品
47389	触痛
47390	穿孝
47391	垂吊
47392	词源
47393	丛山
47394	粗粝
47395	崔嵬
47396	打点滴
47397	打桩机
47398	大本
47399	大放厥词
47400	大姑子
47401	代培
47402	蛋清
47403	导购
47404	灯管
47405	点炮
47406	点穴
47407	电子秤
47408	电钻
47409	刁钻古怪
47410	钓鱼竿
47411	调职
47412	丁零
47413	东挪西借
47414	东乡族
47415	动迁户
47416	陡直
47417	对味儿
47418	垛口
47419	腭裂
47420	二拇指
47421	发水
47422	发胶
47423	发妻
47424	翻沉
47425	防化兵
47426	防空壕
47427	防疫针
47428	飞弹
47429	飞舟
47430	分列式
47431	奉若神明
47432	拂尘
47433	服膺
47434	俘敌
47435	杠头
47436	高栏
47437	高视阔步
47438	膏血
47439	膏腴
47440	歌诀
47441	隔房
47442	工巧
47443	公之于世
47444	共居
47445	够受的
47446	刮刀
47447	寡淡
47448	灌酒
47449	光杆儿
47450	广播台
47451	鬼主意
47452	柜房
47453	滚翻
47454	哈雷彗星
47455	旱鸭子
47456	杭育
47457	核桃仁儿
47458	黑材料
47459	横心
47460	红杏出墙
47461	红颜薄命
47462	哄闹
47463	后儿
47464	后周
47465	画具
47466	宦海
47467	换脑筋
47468	荒疏
47469	黄表纸
47470	灰头土脸
47471	回绕
47472	汇展
47473	火辣
47474	火网
47475	鸡瘟
47476	记认
47477	加湿器
47478	歼击
47479	减震器
47480	见风使舵
47481	健步如飞
47482	腱
47483	鉴戒
47484	胶着
47485	缴款
47486	接茬儿
47487	界说
47488	借东风
47489	浸蚀
47490	经卷
47491	惊觉
47492	竟至
47493	境域
47494	九牛二虎之力
47495	酒具
47496	居处
47497	橘红
47498	剧评
47499	卷帙浩繁
47500	均沾
47501	哭腔
47502	苦肉计
47503	块垒
47504	快手
47505	宽畅
47506	宽待
47507	矿场
47508	老虎凳
47509	老虎机
47510	老少咸宜
47511	老顽固
47512	泪腺
47513	冷兵器
47514	两重天
47515	聊天室
47516	羚牛
47517	芦荡
47518	屡试不爽
47519	略胜一筹
47520	萝卜花
47521	落地灯
47522	落第
47523	卖劲
47524	漫说
47525	冒泡
47526	米黄
47527	密级
47528	名满天下
47529	明瓦
47530	螟蛉
47531	男乒
47532	闹新房
47533	内急
47534	内景
47535	内秀
47536	尼龙网
47537	泥胎
47538	泥瓦工
47539	拟古
47540	尿酸
47541	凝目
47542	女公子
47543	排练场
47544	派活儿
47545	判罪
47546	跑鞋
47547	喷管
47548	聘金

47549 凭单
47550 萍踪
47551 铺筑
47552 气窗
47553 弃暗投明
47554 墙垣
47555 亲子鉴定
47556 青出于蓝
47557 青饲料
47558 青云直上
47559 穷棒子
47560 祛风
47561 取之不尽，用之不竭
47562 全份
47563 群众关系
47564 仁义之师
47565 日薄西山
47566 软包装
47567 润笔
47568 腮腺
47569 塞翁失马
47570 杀人不见血
47571 山盟海誓
47572 善忘
47573 商业界
47574 韶华
47575 少林拳
47576 神算
47577 审度
47578 生死观
47579 试听
47580 手紧
47581 手下败将
47582 受洗
47583 数九
47584 耍花招儿
47585 塑封
47586 烫头
47587 特护
47588 特准
47589 誊清
47590 提灌
47591 替考
47592 嚏喷
47593 田坎
47594 甜味剂
47595 铜管乐
47596 痛风
47597 透底
47598 退赃
47599 瓦当
47600 网管
47601 魏碑
47602 温故知新
47603 文武全才
47604 文竹
47605 五马分尸
47606 下首
47607 下弦
47608 闲愁
47609 显圣
47610 现房
47611 消食
47612 销纳
47613 销行
47614 小萝卜
47615 小写
47616 孝悌
47617 协奏
47618 谢忱
47619 形影相吊
47620 绪论
47621 学习机
47622 训词
47623 徇情
47624 盐工
47625 盐矿
47626 眼高手低
47627 验明正身
47628 邀赏
47629 要账
47630 夜场
47631 一闪念
47632 一张一弛
47633 依顺
47634 仪态万方
47635 异趣
47636 银狐
47637 颖悟
47638 悠悠忽忽
47639 悠游
47640 油光水滑
47641 油毛毡
47642 迂缓
47643 余音绕梁
47644 愚人节
47645 玉佩
47646 裕如
47647 冤孽
47648 远途
47649 月令
47650 栽秧
47651 宰人
47652 在聘
47653 折皱
47654 枕戈待旦
47655 争名夺利
47656 正字
47657 证婚
47658 脂膏
47659 志哀
47660 众口难调
47661 周波
47662 竹席
47663 注音字母
47664 转圈子
47665 壮阳
47666 追根究底
47667 紫云英
47668 自馁
47669 自行火炮
47670 钻杆
47671 嘴直
47672 坐商
47673 挨肩儿
47674 安贫乐道
47675 暗房
47676 暗泣
47677 百思不解
47678 拜客
47679 板擦儿
47680 板条
47681 包换
47682 保险期
47683 保育院
47684 爆肚儿
47685 卑躬屈膝
47686 倍率
47687 鼻窦炎
47688 比及
47689 贬官
47690 表决器
47691 表盘
47692 玻璃丝
47693 不胜其烦
47694 才疏学浅
47695 采茶戏
47696 闪离
47697 采择
47698 蚕子
47699 草垫子
47700 柴鸡
47701 馋猫
47702 厂纪
47703 伛偻
47704 唱诗班
47705 车份儿
47706 裸退
47707 成瘵
47708 把晤
47709 吃荤
47710 驰誉
47711 重温旧梦
47712 愁人
47713 筹商
47714 出气筒
47715 出赛
47716 触类旁通
47717 传译
47718 床子
47719 捶击
47720 次等
47721 刺字
47722 粗哑
47723 矬子
47724 打拱
47725 打击乐器
47726 大端
47727 待建
47728 单弱
47729 单行线
47730 弹痕
47731 刀马旦
47732 电瓶车
47733 形销骨立
47734 垫肩
47735 奠基石
47736 顶呱呱
47737 拒聘
47738 顶针
47739 冬烘
47740 笃实
47741 踱方步
47742 再生稻
47743 发糕
47744 发困
47745 发薪
47746 反方
47747 反骨
47748 放虎归山
47749 飞来横祸
47750 风吹雨淋
47751 伏旱
47752 负荆请罪
47753 复壮
47754 干呕
47755 赶不及
47756 钢印
47757 高保真
47758 高甲戏
47759 耿介
47760 瘌痢
47761 共和制
47762 勾销
47763 够瞧的
47764 孤悬
47765 姑表
47766 挂花
47767 拐带
47768 闺门
47769 果核
47770 果枝
47771 嗨哟
47772 寒暑表
47773 悍妇
47774 横排
47775 訇然
47776 后坐
47777 厚墩墩

47778 弧圈球
47779 花生豆儿
47780 滑润
47781 灰浆
47782 灰色收入
47783 回撤
47784 回单
47785 回请
47786 会通
47787 火绳
47788 货箱
47789 奇数
47790 稽征
47791 技穷
47792 家庭病床
47793 家长学校
47794 奸计
47795 肩周炎
47796 减省
47797 交际舞
47798 椒盐
47799 金器
47800 进修生
47801 浸淫
47802 净胜
47803 九头鸟
47804 酒醉
47805 雎鸠
47806 卷轴
47807 戡乱
47808 侃大山
47809 考订
47810 坑口
47811 空炮
47812 口头文学
47813 拉杂
47814 癞皮狗
47815 劳动布
47816 老熟人
47817 离席
47818 礼佛
47819 了了
47820 灵台
47821 灵长目
47822 刘海儿
47823 露马脚
47824 芦柴
47825 伦常
47826 螺纹钢
47827 螺旋式
47828 马圈
47829 买空卖空
47830 满期
47831 幔帐
47832 毛玻璃
47833 没谱儿
47834 盟兄弟
47835 棉桃
47836 冥币
47837 摸高
47838 魔杖
47839 木模
47840 攮
47841 捏把汗
47842 怒形于色
47843 偶合
47844 排难解纷
47845 旁门左道
47846 胖嘟嘟
47847 庖厨
47848 跑买卖
47849 捧腹
47850 偏听偏信
47851 拼音文字
47852 扑粉
47853 扑满
47854 七拼八凑
47855 期年
47856 欺生
47857 耆宿
47858 棋路
47859 千赫
47860 迁离
47861 前俯后仰
47862 轻侮
47863 清样
47864 清逸
47865 庆大霉素
47866 求签
47867 趋时
47868 取之于民，用之于民
47869 权宜
47870 乳胶漆
47871 入伏
47872 软席
47873 软硬不吃
47874 赛球
47875 三叉戟
47876 三脚架
47877 散亡
47878 色笔
47879 疝气
47880 上吐下泻
47881 奢谈
47882 尸位素餐
47883 石锁
47884 时文
47885 实报实销
47886 实心眼儿
47887 手黑
47888 疏懒
47889 逃婚
47890 陶土
47891 特务（tèwù）
47892 藤子
47893 题型
47894 剃头刀
47895 天壤
47896 天塌地陷
47897 贴饼子
47898 彤红
47899 统编
47900 偷空
47901 头纱
47902 投桃报李
47903 图谋不轨
47904 推普
47905 托庇
47906 拖后腿
47907 坨子
47908 驼色
47909 挖土机
47910 万儿八千
47911 圩堤
47912 温酒
47913 文蛤
47914 稳拿
47915 握手言欢
47916 五洲四海
47917 习尚
47918 细腰蜂
47919 险固
47920 线路板
47921 线路图
47922 详略
47923 小修
47924 鞋样
47925 心怀叵测
47926 新郎官
47927 休书
47928 戌
47929 徐缓
47930 续会
47931 续聘
47932 选辑
47933 学生腔
47934 血尿
47935 寻味
47936 酽茶
47937 燕雀
47938 杨木
47939 养汉
47940 吆五喝六
47941 哟嗬
47942 遥祝
47943 药补
47944 夜曲
47945 衣冠禽兽
47946 怡人
47947 译码
47948 音程
47949 音画
47950 印泥
47951 应声虫
47952 应诊
47953 硬任务
47954 用典
47955 幼师
47956 余毒
47957 杂拌儿
47958 杂用
47959 在所不辞
47960 仗势
47961 招风
47962 招灾
47963 朝发夕至
47964 照护
47965 罩袍
47966 遮断
47967 这么点儿
47968 蒸锅
47969 证明信
47970 织品
47971 至善至美
47972 滞胀
47973 忠言逆耳
47974 众怒难犯
47975 种痘
47976 主粮
47977 赘言
47978 擢用
47979 龇牙
47980 紫貂
47981 自轻自贱
47982 字符集
47983 棕红
47984 清亮（qīngliang）
47985 祖庙
47986 祖母绿
47987 佐餐
47988 做人情
47989 爱屋及乌
47990 八宝饭
47991 吧唧
47992 拔步
47993 白板
47994 膀臂
47995 报单
47996 北极狐
47997 被覆
47998 摈斥
47999 冰袋
48000 兵谏
48001 兵制
48002 播散
48003 薄礼
48004 卜辞

48005 不二法门
48006 苍绿
48007 草台班子
48008 产床
48009 长缨
48010 唱名
48011 车筐
48012 尘烟
48013 承传
48014 抽冷子
48015 初交
48016 初绽
48017 储油罐
48018 词根
48019 葱翠
48020 丛集
48021 蹿升
48022 寸土必争
48023 打鬼
48024 打旗
48025 大骨节病
48026 大刑
48027 带徒弟
48028 单口相声
48029 单恋
48030 刀枪不入
48031 倒买倒卖
48032 流调
48033 嫡派
48034 地下工厂
48035 吊带
48036 吊嗓子
48037 蹀躞
48038 肚带
48039 短寿
48040 断魂
48041 断垣残壁
48042 对半
48043 扼死
48044 耳轮
48045 发飙
48046 发套
48047 帆布包
48048 分而治之
48049 敷用
48050 扶犁
48051 付现
48052 伽马射线
48053 改业
48054 高崖
48055 高腰
48056 高姿态
48057 公产
48058 巩膜
48059 鼓板
48060 顾不及
48061 瓜片
48062 光腚
48063 龟头
48064 鬼打墙
48065 憨实
48066 航拍
48067 豪雨
48068 豪猪
48069 合心
48070 和尚头
48071 和易
48072 黑枣
48073 桁架
48074 横越
48075 后尾儿
48076 坏血病
48077 慌神
48078 黄道
48079 回头是岸
48080 会操
48081 婚庆
48082 火星子
48083 祸从天降
48084 祸胎
48085 祸心
48086 叽里咕噜
48087 饥饱
48088 激灵
48089 即食
48090 寄赠
48091 减压阀
48092 江湖骗子
48093 江米
48094 将功赎罪
48095 娇儿
48096 绞盘
48097 剿除
48098 教师爷
48099 接生婆
48100 界桩
48101 借鸡生蛋
48102 警铃
48103 竞答
48104 旧框框
48105 旧年
48106 居间
48107 咔嗒
48108 溘然
48109 苦雨
48110 匡扶
48111 矿物油
48112 揽活儿
48113 滥觞
48114 老相
48115 冷峭
48116 冷森森
48117 力气活儿
48118 列阵
48119 令牌
48120 令堂
48121 露天矿
48122 罗曼史
48123 罗致
48124 麦茬
48125 蟒袍
48126 没头苍蝇
48127 谜面
48128 面如死灰
48129 名实相符
48130 明言
48131 磨床
48132 磨洋工
48133 魔怪
48134 拿人
48135 纳福
48136 耐穿
48137 赧颜
48138 内耳
48139 能效
48140 牛郎星
48141 牛脾气
48142 奴颜婢膝
48143 藕色
48144 叛匪
48145 赔情
48146 平滑肌
48147 奇诡
48148 奇珍异宝
48149 骑墙
48150 气汹汹
48151 弃绝
48152 洽商
48153 千夫所指
48154 前后脚儿
48155 强酸
48156 切题
48157 情海
48158 请假条
48159 穷奢极欲
48160 琼楼玉宇
48161 屈节
48162 全食
48163 人多嘴杂
48164 任从
48165 日班
48166 日暮途穷
48167 儒商
48168 入场式
48169 溽暑
48170 软钉子
48171 软骨头
48172 闰月
48173 腮腺炎
48174 三合土
48175 纱帐
48176 上蹿下跳
48177 上相
48178 少掌柜
48179 神农氏
48180 神神道道
48181 失着
48182 湿乎乎
48183 石头子儿
48184 时起时伏
48185 事略
48186 收转
48187 手疾眼快
48188 手头紧
48189 受气包
48190 输精管
48191 树挂
48192 庶出
48193 耍滑头
48194 双季稻
48195 双生子
48196 水痘
48197 水粉画
48198 水银柱
48199 睡相
48200 顺产
48201 酸牛奶
48202 暗疮
48203 檀香木
48204 韬晦
48205 逃票
48206 讨巧
48207 藤牌
48208 提盒
48209 题意
48210 添补
48211 田垄
48212 填鸭
48213 贴画
48214 铁杉
48215 铁砧
48216 停摆
48217 头钱
48218 土鳖
48219 托人情
48220 拖斗
48221 歪点子
48222 碗橱
48223 网络营销
48224 忘年之交
48225 苇荡
48226 未时
48227 畏寒
48228 畏途
48229 翁姑
48230 乌梅
48231 五斗橱
48232 西法
48233 悉听尊便
48234 戏路

48235　细布
48236　细点
48237　仙方
48238　先礼后兵
48239　纤瘦
48240　相斥
48241　小熊猫
48242　小宗
48243　楔形文字
48244　信息战
48245　星火燎原
48246　行将就木
48247　凶兆
48248　雄劲
48249　修书
48250　学有专长
48251　血色素
48252　熏肉
48253　雅静
48254　延请
48255　阎王债
48256　厌恨
48257　扬水站
48258　阳历年
48259　阳寿
48260　一面之交
48261　一丘之貉
48262　一争高低
48263　以身许国
48264　狺狺
48265　引航
48266　印把子
48267　荫庇
48268　应招
48269　油膏
48270　游程
48271　游春
48272　鱼片儿
48273　育雏
48274　韵白
48275　崽儿
48276　仗势欺人
48277　照登
48278　照妖镜
48279　真名实姓
48280　争艳
48281　正堂
48282　织染
48283　值日生
48284　止痛片
48285　治国安邦
48286　挂挡
48287　中耳炎
48288　中技
48289　猪肚儿
48290　竹帘子
48291　转引
48292　拙著
48293　自恋
48294　自我吹嘘
48295　做生日
48296　巴山蜀水
48297　罢演
48298　白梨
48299　白熊
48300　版权页
48301　半官方
48302　包金
48303　宝殿
48304　报话机
48305　崩盘
48306　鼻翅
48307　笔势
48308　边检
48309　编结
48310　辩诬
48311　别无二致
48312　菠萝蜜
48313　薄利
48314　补台
48315　残旧
48316　惨变
48317　苍莽
48318　藏头露尾
48319　草寇
48320　草窝
48321　杈子
48322　长话短说
48323　长舌妇
48324　长吟
48325　场屋
48326　超豪华
48327　吵人
48328　成服
48329　乘龙快婿
48330　程序控制
48331　澄碧
48332　重出
48333　抽吸
48334　穿小鞋
48335　传种
48336　船桅
48337　垂爱
48338　垂暮之年
48339　垂涎欲滴
48340　蹙额
48341　村夫
48342　痤疮
48343　错讹
48344　大而化之
48345　大呼隆
48346　大碗儿茶
48347　大我
48348　倒垂
48349　得便
48350　登陆艇
48351　低利
48352　低眉顺眼
48353　递条子
48354　电子音乐
48355　垫背
48356　动粗
48357　端砚
48358　躲债
48359　额手称庆
48360　饿殍
48361　腭
48362　耳孔
48363　二副
48364　法衣
48365　翻拍
48366　凡尘
48367　分群
48368　粉扑儿
48369　风油精
48370　服丧
48371　俯察
48372　赶海
48373　钢化玻璃
48374　缸盖
48375　隔墙有耳
48376　各持己见
48377　跟从
48378　攻擂
48379　供应点
48380　宫刑
48381　狗头军师
48382　狗咬狗
48383　诟骂
48384　古谚
48385　骨刺
48386　瓜瓤
48387　挂一漏万
48388　怪论
48389　官差
48390　官倒
48391　光标
48392　果仁
48393　好人家
48394　好说话
48395　号头
48396　浩叹
48397　和婉
48398　黑热病
48399　黑竹
48400　横队
48401　红运
48402　花柳病
48403　坏种
48404　欢闹
48405　灰不溜秋
48406　鸡零狗碎
48407　鸡犬不留
48408　缉凶
48409　吉星
48410　冀望
48411　加时赛
48412　假模假式
48413　奸恶
48414　减亏增盈
48415　简谱
48416　见景生情
48417　剑锋
48418　江豚
48419　节礼
48420　劫后余生
48421　解疑
48422　仅够
48423　禁忌症
48424　禁售
48425　净重
48426　静园
48427　酒劲
48428　狙击手
48429　卷扬机
48430　掘墓人
48431　军姿
48432　卡介苗
48433　卡其
48434　考绩
48435　空幻
48436　空载
48437　空暇
48438　窟窿眼儿
48439　苦脸
48440　酷寒
48441　宽大为怀
48442　狂野
48443　矿务
48444　溃灭
48445　扩音机
48446　蜡台
48447　来使
48448　拦洪
48449　拦劫
48450　览胜
48451　老白干儿
48452　老框框
48453　乐而忘返
48454　离弦之箭
48455　立等可取
48456　立脚点
48457　联销
48458　凉冰冰
48459　量具
48460　榴弹炮
48461　六腑
48462　绿帽子
48463　绿茸茸
48464　略见一斑

48465 罗汉松
48466 落拓
48467 马球
48468 买路钱
48469 脉象
48470 颟顸
48471 蛮劲
48472 没挑儿
48473 面商
48474 蔑称
48475 闽剧
48476 敏慧
48477 名利场
48478 摩托化
48479 磨刀石
48480 末儿
48481 卑陋
48482 脑瓜儿
48483 脑满肠肥
48484 内在美
48485 牛筋
48486 旁及
48487 炮塔
48488 皮黄
48489 否极泰来
48490 姘居
48491 奇技
48492 棋逢对手
48493 起首
48494 起诉状
48495 枪术
48496 桥孔
48497 轻忽
48498 轻判
48499 氰化物
48500 权门
48501 全科医生
48502 攘夺
48503 热敷
48504 热和
48505 高汤
48506 柔婉
48507 肉红
48508 肉乎乎
48509 乳牙
48510 褥单
48511 撒手锏
48512 三九天
48513 三围
48514 扫帚星
48515 上上
48516 社群
48517 赦令
48518 深透
48519 神经痛
48520 神聊
48521 生啤酒
48522 石方
48523 守空房
48524 守丧
48525 受病
48526 受寒
48527 水警
48528 水压机
48529 私吞
48530 斯文扫地
48531 死无对证
48532 速溶
48533 他年
48534 套色
48535 腾越
48536 踢蹬
48537 天候
48538 铁灰
48539 通票
48540 头年
48541 投药
48542 推三阻四
48543 臀围
48544 脱党
48545 唾手可得
48546 伪币
48547 无风不起浪
48548 五倍子
48549 悉力
48550 洗面奶
48551 喜雨
48552 仙风道骨
48553 仙人球
48554 献演
48555 香波
48556 香囊
48557 香纸
48558 详密
48559 响鼻
48560 销差
48561 小黄鱼
48562 小客车
48563 小平头
48564 小阳春
48565 小注
48566 斜度
48567 心存芥蒂
48568 醒脑
48569 胸章
48570 秀逸
48571 许婚
48572 旋转门
48573 寻事
48574 巡天
48575 迅跑
48576 牙周病
48577 芽子
48578 揠苗助长
48579 言不及义
48580 言为心声
48581 夜光杯
48582 以远
48583 义母
48584 阴司
48585 印张
48586 影子内阁
48587 优抚金
48588 有口难辩
48589 葬仪
48590 枣泥
48591 赠礼
48592 占卦
48593 仗恃
48594 招之即来
48595 谪居
48596 振幅
48597 镇反
48598 知更鸟
48599 知无不言，言无不尽
48600 植物群落
48601 仲冬
48602 众寡悬殊
48603 珠花
48604 主河道
48605 专横跋扈
48606 装填
48607 装样子
48608 坠楼
48609 自测
48610 自食其言
48611 自珍
48612 字书
48613 租子
48614 足月
48615 左近
48616 左轮
48617 坐怀不乱
48618 阿门
48619 熬出头
48620 八角形
48621 耙地
48622 罢战
48623 白癜风
48624 白卷
48625 板胡
48626 绊儿
48627 膀大腰圆
48628 保真
48629 报验
48630 庇荫
48631 壁垒森严
48632 鞭辟入里
48633 表册
48634 兵役制
48635 薄酒
48636 补液
48637 不时之需
48638 草字
48639 茬口
48640 豺狗
48641 吵骂
48642 澄净
48643 虫眼
48644 酬酢
48645 踌躇不前
48646 出芽
48647 串演
48648 床榻
48649 从难
48650 锉刀
48651 错车
48652 错待
48653 搭帮
48654 大晴天
48655 大舌头
48656 大治
48657 代销店
48658 代议制
48659 单相
48660 导诊
48661 捣鼓
48662 倒账
48663 低等动物
48664 滴漏
48665 地脉
48666 点射
48667 踮脚
48668 电力线
48669 酊
48670 动刑
48671 度荒
48672 对头（duìtou）
48673 钝器
48674 多一半
48675 娥眉
48676 恩重如山
48677 发喘
48678 发蒙（fāméng）
48679 凡间
48680 繁缛
48681 泛论
48682 纺织娘
48683 飞贼
48684 非婚生
48685 肥皂剧
48686 榧子
48687 粉盒
48688 风雨如磐
48689 风疹
48690 凤梨
48691 改扮

48692 改线
48693 盖印
48694 干酪
48695 赶会
48696 搞臭
48697 勾连
48698 钩虫
48699 苟合
48700 够劲儿
48701 孤魂野鬼
48702 股评
48703 瓜田李下
48704 广柑
48705 广寒宫
48706 硅藻
48707 裙带风
48708 果糖
48709 汗淋淋
48710 和洽
48711 狠话
48712 猴戏
48713 花俏
48714 花饰
48715 花砖
48716 话家常
48717 唤头
48718 昏话
48719 混子
48720 祸殃
48721 惑乱
48722 容姿
48723 机心
48724 鸡毛掸子
48725 记时
48726 家常饭
48727 发贱
48728 奸猾
48729 浆汁
48730 焦煤
48731 角钢
48732 狡赖
48733 教民
48734 接火
48735 接转
48736 街垒
48737 节略
48738 退迩闻名
48739 老交情
48740 结仇
48741 借方
48742 冒认
48743 具保
48744 金本位
48745 金桂
48746 金融寡头
48747 紧追
48748 京白
48749 精密度
48750 绝命书
48751 军棋
48752 苦境
48753 阔叶树
48754 丢份
48755 聘约
48756 拉丁舞
48757 辣椒油
48758 蓝靛
48759 老虎灶
48760 老脑筋
48761 冷水澡
48762 凉面
48763 临风
48764 灵塔
48765 网关
48766 书眉
48767 溜索
48768 流里流气
48769 龙争虎斗
48770 笼养
48771 炉具
48772 路遇
48773 乱伦
48774 落英
48775 麻醉师
48776 毛衫
48777 眉笔
48778 美术字
48779 魅惑
48780 门岗
48781 蒙师
48782 棉织品
48783 面包房
48784 名讳
48785 明断
48786 明沟
48787 明面
48788 哲言
48789 磨叨
48790 木樨
48791 目光如炬
48792 拿架子
48793 三级片
48794 内胎
48795 排挡
48796 排毒
48797 旁支
48798 胖墩墩
48799 跑单帮
48800 捧哏
48801 偏劳
48802 妄议
48803 平底鞋
48804 难侨
48805 平年
48806 冗官
48807 评标
48808 铺砌
48809 铺保
48810 七巧板
48811 妻舅
48812 欺哄
48813 欺人之谈
48814 荞面
48815 巧匠
48816 轻贱
48817 轻扬
48818 清平
48819 囚衣
48820 犬儒
48821 犬牙
48822 缺勤
48823 群婚
48824 人机对话
48825 人精
48826 稔熟
48827 扔弃
48828 荣誉军人
48829 撒赖
48830 臊子
48831 杀人如麻
48832 沙发床
48833 山南海北
48834 删削
48835 苫布
48836 折本
48837 社会工作
48838 摄生
48839 深翻
48840 肾结石
48841 生土
48842 失密
48843 狮子狗
48844 施威
48845 食补
48846 食古不化
48847 恃才傲物
48848 收口
48849 受听
48850 舒卷
48851 束手束脚
48852 刷拉
48853 耍无赖
48854 双氧水
48855 水浮莲
48856 顺次
48857 说东道西
48858 硕果仅存
48859 私房话
48860 死火山
48861 死胎
48862 四大皆空
48863 松花蛋
48864 耸身
48865 酥麻
48866 塑钢
48867 太阳地儿
48868 炭火盆
48869 套马杆
48870 天青
48871 天渊之别
48872 田契
48873 挑刺儿
48874 铁蚕豆
48875 庭训
48876 同出一辙
48877 同犯
48878 彤云
48879 头班车
48880 土包
48881 拖家带口
48882 望风而逃
48883 伪钞
48884 瘟病
48885 文场
48886 屋基
48887 无名之辈
48888 无奈何
48889 物换星移
48890 嘻闹
48891 下箸
48892 下装
48893 纤毫
48894 鲜货
48895 闲杂人员
48896 现况
48897 线毯
48898 响晴
48899 相术
48900 硝酸甘油
48901 小本经营
48902 小肚鸡肠
48903 小钢炮
48904 小气鬼
48905 小篆
48906 邪乎
48907 斜角
48908 携家带口
48909 辛苦费
48910 欣悉
48911 雄姿英发
48912 羞恼
48913 畜养
48914 蓄势待发
48915 血海深仇
48916 勋劳
48917 勋业
48918 寻获
48919 正经八百
48920 雅气
48921 烟贩

48922 雁过拔毛
48923 药面
48924 夜不闭户
48925 衣不蔽体
48926 遗缺
48927 易帜
48928 银粉
48929 引论
48930 引蛇出洞
48931 隐形眼镜
48932 瘾头
48933 印欧语
48934 缨子
48935 蝇子
48936 影带
48937 硬通货
48938 油花
48939 有隙可乘
48940 诱拐
48941 余剩
48942 鱼腥草
48943 郁郁苍苍
48944 杂项
48945 栽插
48946 糟糠
48947 糟心
48948 早车
48949 诈取
48950 站台票
48951 招式
48952 针叶树
48953 正当年
48954 正经话
48955 正犯
48956 支渠
48957 支应
48958 直肠子
48959 直书
48960 中继线
48961 钟灵毓秀
48962 重办
48963 伫候
48964 注文
48965 篆文
48966 追歼
48967 灼见
48968 浊世
48969 祖产
48970 罪不容诛
48971 坐探
48972 安全阀
48973 暗记
48974 暗器
48975 霸王鞭
48976 白食
48977 拜领
48978 帮佣
48979 绑带
48980 包退
48981 保媒
48982 保险带
48983 悖谬
48984 臊（sào）
48985 鄙意
48986 箅子
48987 臂肘
48988 飙车
48989 博古通今
48990 博闻强记
48991 操琴
48992 草酸
48993 策励
48994 茶油
48995 禅机
48996 颤悠
48997 长策
48998 车前草
48999 陈尸
49000 攒（cuán）
49001 撑门面
49002 承先启后
49003 吃里爬外
49004 筹募
49005 出摊儿
49006 初会
49007 除虫菊
49008 楚剧
49009 创税
49010 垂直线
49011 醇美
49012 刺痒
49013 凑份子
49014 猝发
49015 醋劲儿
49016 氽
49017 打呃
49018 打卡
49019 打擂台
49020 打拍子
49021 打入冷宫
49022 打印纸
49023 带菌
49024 待查
49025 待续
49026 戴绿帽
49027 单元门
49028 淡而无味
49029 弹无虚发
49030 到庭
49031 倒栽葱
49032 低幼
49033 第二梯队
49034 吊床
49035 吊兰
49036 顶班
49037 动兵
49038 抖威风
49039 豆绿
49040 逗哏
49041 髑髅
49042 堵心
49043 短不了
49044 断顿
49045 通词
49046 鄂温克族
49047 翻刻
49048 芳馨
49049 放怀
49050 飞泻
49051 非同凡响
49052 丰歉
49053 风烟
49054 风钻
49055 凤尾竹
49056 奉令
49057 抚琴
49058 妇产
49059 干亲家
49060 赶任务
49061 感戴
49062 感叹号
49063 钢圈
49064 高阁
49065 搞头
49066 歌咏队
49067 工价
49068 工间操
49069 攻无不克
49070 宫颈
49071 古文献
49072 故世
49073 挂虑
49074 乖谬
49075 怪石嶙峋
49076 管乐器
49077 逛荡
49078 归回
49079 归置
49080 鬼画符
49081 柜橱
49082 过账
49083 嗨呀
49084 海草
49085 汗背心
49086 汗涔涔
49087 耗子药
49088 何罪之有
49089 河港
49090 猴年马月
49091 后爹
49092 虎步
49093 护养
49094 华达呢
49095 秽土
49096 混饭
49097 饥色
49098 机变
49099 机织
49100 机座
49101 积愤
49102 技痒
49103 夹七夹八
49104 甲亢
49105 茧丝
49106 简况
49107 糨糊
49108 姣美
49109 胶纸
49110 接缝
49111 结痂
49112 金工
49113 金丝雀
49114 金玉良言
49115 进抵
49116 精编
49117 卷尺
49118 喀斯特
49119 看青
49120 客饭
49121 区块链
49122 空翻
49123 空拳
49124 口杯
49125 口耳相传
49126 旷世
49127 扩印
49128 老境
49129 老样子
49130 雷达兵
49131 礼制
49132 理喻
49133 联保
49134 亮光光
49135 绫子
49136 零嘴
49137 留居
49138 路警
49139 戮力
49140 屡战屡败
49141 挛缩
49142 洛阳纸贵
49143 马大哈
49144 麦客
49145 卖俏
49146 满额
49147 漫流
49148 锚链
49149 没羞
49150 煤气炉
49151 蒙汗药

49152 蠓虫
49153 迷彩
49154 靡靡
49155 密麻麻
49156 蜜色
49157 绵里藏针
49158 棉球
49159 面谢
49160 苗语
49161 妙笔生花
49162 妙方
49163 妙论
49164 妙算
49165 庙祝
49166 名物
49167 明黄
49168 魔障
49169 木栓
49170 木头木脑
49171 纳降
49172 南柯一梦
49173 凝想
49174 派任
49175 盘底
49176 跑码头
49177 偏生
49178 票选
49179 平板三轮儿
49180 坪坝
49181 奇秀
49182 起稿
49183 起网
49184 气脉
49185 弃世
49186 砌筑
49187 憩息
49188 前赵
49189 强击机
49190 敲山震虎
49191 巧舌如簧
49192 撬棍
49193 倾侧
49194 倾巢出动
49195 却之不恭
49196 饶人
49197 热门货
49198 忍冬
49199 认死理
49200 日月如梭
49201 肉松
49202 如箭在弦
49203 嚅动
49204 濡染
49205 软驱
49206 沙害
49207 商洽
49208 上色
（shàngshǎi）
49209 上世
49210 烧卖
49211 少安毋躁
49212 绍剧
49213 神效
49214 生油
49215 失宜
49216 失准
49217 石斑鱼
49218 试映
49219 受事
49220 叔母
49221 树胶
49222 按金
49223 双簧管
49224 街雕
49225 孀居
49226 爽约
49227 睡姿
49228 顺脚
49229 说头儿
49230 死记
49231 四言诗
49232 蒜瓣儿
49233 索求
49234 锁头
49235 坦诚相待
49236 炭窑
49237 探案
49238 探伤
49239 糖瓜
49240 套筒
49241 体念
49242 田赛
49243 甜椒
49244 挑三拣四
49245 铁幕
49246 通风口
49247 屯积
49248 亡失
49249 枉自
49250 望闻问切
49251 桅灯
49252 尾大不掉
49253 窝赃
49254 无机可乘
49255 无头案
49256 五行八作
49257 五伦
49258 舞弄
49259 物主
49260 痦子
49261 细嚼慢咽
49262 下集
49263 纤小
49264 鲜绿
49265 闲荡
49266 冷笑话
49267 险象
49268 相思鸟
49269 消磁
49270 霄汉
49271 小暑
49272 笑窝
49273 效益工资
49274 歇凉
49275 卸责
49276 蟹肉
49277 胸膜
49278 胸像
49279 宣明
49280 学号
49281 学徒工
49282 血球
49283 旬日
49284 压台
49285 鸭苗
49286 牙具
49287 牙牙学语
49288 牙印
49289 雅意
49290 言者无罪
49291 言之有据
49292 盐商
49293 偃武修文
49294 一鳞半爪
49295 遗业
49296 义学
49297 引而不发
49298 引火线
49299 印子钱
49300 优选法
49301 有日子
49302 迂阔
49303 渔人之利
49304 愚拙
49305 原子钟
49306 圆白菜
49307 匀整
49308 摘译
49309 战列舰
49310 仗义疏财
49311 肇祸
49312 执牛耳
49313 指骨
49314 制热
49315 置之脑后
49316 中缝
49317 中晚期
49318 终老
49319 肘关节
49320 竹帛
49321 竹制品
49322 助理研究员
49323 籽粒
49324 卒年
49325 钻塔
49326 尊奉
49327 阿飞
49328 鞍马劳顿
49329 案牍
49330 八宝粥
49331 白蒙蒙
49332 白饶
49333 百步穿杨
49334 摆擂台
49335 包活儿
49336 宝蓝
49337 保税仓库
49338 报务
49339 杯中物
49340 悲楚
49341 北曲
49342 辈数儿
49343 逼良为娼
49344 闭气
49345 篦子
49346 壁挂式
49347 鞭梢
49348 辩护权
49349 标准音
49350 冰道
49351 冰片
49352 并蒂莲
49353 病包儿
49354 播音室
49355 伯仲之间
49356 薄幸
49357 捕拿
49358 不逞
49359 不揣冒昧
49360 不点儿
49361 不乏其例
49362 不尴不尬
49363 才高八斗
49364 采育
49365 菜帮子
49366 餐券
49367 残兵败将
49368 惭色
49369 藏拙
49370 侧击
49371 禅堂
49372 肠胃病
49373 超等
49374 超高温
49375 潮位
49376 吵翻
49377 炒家
49378 车检
49379 陈粮
49380 衬垫

49381 趁便
49382 称绝
49383 成章
49384 秤盘
49385 尺蠖
49386 冲犯
49387 抽水站
49388 出将入相
49389 出勤率
49390 雏菊
49391 垂髫
49392 春宵
49393 蠢物
49394 戳记
49395 辞岁
49396 粗中有细
49397 促请
49398 村学
49399 存期
49400 打躬作揖
49401 打伙儿
49402 打掩护
49403 打照面儿
49404 大伯子
49405 单发
49406 当路
49407 盗案
49408 道情
49409 灯笼裤
49410 敌友
49411 地板砖
49412 递眼色
49413 电动剃须刀
49414 锭子
49415 伐区
49416 法兰绒
49417 发带
49418 反派
49419 犯上作乱
49420 方糖
49421 防护罩
49422 纺锭
49423 纺丝
49424 股迷
49425 飞短流长
49426 飞眼
49427 分针
49428 奋臂
49429 风道
49430 风灯
49431 风斗
49432 封镜
49433 缝线
49434 佛号
49435 复写纸
49436 赋有
49437 钢窗
49438 高爽
49439 仡佬族
49440 歌谱
49441 格纸
49442 工装裤
49443 贡缎
49444 贡酒
49445 勾留
49446 狗胆
49447 够数
49448 股利
49449 骨殖
49450 挂碍
49451 挂记
49452 乖僻
49453 归向
49454 憨直
49455 寒苦
49456 旱冰鞋
49457 焊枪
49458 航天服
49459 好为人师
49460 核心期刊
49461 衡器
49462 红狐
49463 红皮书
49464 鸿儒
49465 后脊梁
49466 虎踞龙盘
49467 护持
49468 花生酱
49469 回锅
49470 婚生子女
49471 火碱
49472 火性
49473 货样
49474 鸡鸣狗盗
49475 畸轻畸重
49476 集腋成裘
49477 继嗣
49478 寄递
49479 家大业大
49480 尖椒
49481 尖溜溜
49482 减薪
49483 间接税
49484 箭楼
49485 界标
49486 金口玉言
49487 金丝绒
49488 精要
49489 胫骨
49490 酒逢知己
49491 酒浆
49492 拒人千里
49493 具结
49494 决死
49495 绝学
49496 军徽
49497 楷体
49498 看不上
49499 科盲
49500 渴慕
49501 酷虐
49502 胯下
49503 宽体
49504 馈送
49505 拉帮结伙
49506 揽储
49507 老汤
49508 冷菜
49509 冷敷
49510 利爪
49511 连冠
49512 廉正
49513 两院制
49514 撩逗
49515 猎食
49516 凌波
49517 零敲碎打
49518 录取线
49519 埋名
49520 卖身契
49521 漫话
49522 毛边纸
49523 孟春
49524 面塑
49525 末座
49526 墨线
49527 磨扇
49528 木锨
49529 奶油小生
49530 男模
49531 难处（nánchǔ）
49532 赧然
49533 脑室
49534 内退
49535 内兄
49536 内装修
49537 黏糊
49538 尿急
49539 捏弄
49540 扭摆
49541 怒族
49542 女车
49543 俳句
49544 盘费
49545 跑旱船
49546 跑江湖
49547 配货
49548 皮件
49549 平装
49550 凭仗
49551 七折八扣
49552 奇货可居
49553 牵系
49554 签筒
49555 箪食壶浆
49556 浅白
49557 跄踉
49558 雀子
49559 青年宫
49560 倾巢而出
49561 清醇
49562 清口
49563 情痴
49564 情急智生
49565 球操
49566 祛斑
49567 取暖器
49568 百废待举
49569 权变
49570 权欲
49571 任人摆布
49572 日偏食
49573 荣归
49574 乳臭未干
49575 散学
49576 色情狂
49577 山羊胡子
49578 善类
49579 擅入
49580 上家
49581 上岁数
49582 烧高香
49583 舍弟
49584 涉外婚姻
49585 生物电
49586 狮子舞
49587 十室九空
49588 石钟乳
49589 市两
49590 势利小人
49591 侍应
49592 柿子椒
49593 谥号
49594 手戳
49595 手生
49596 守望相助
49597 守孝
49598 殊勋
49599 耍脾气
49600 拴马桩
49601 水垢
49602 水幕电影
49603 司售人员
49604 私念
49605 送人情
49606 酥糖
49607 燧人氏
49608 坏招儿
49609 塔松

49610 摊放
49611 弹簧床
49612 叨光
49613 抱薪救火
49614 特行
49615 特赦令
49616 踢腾
49617 醍醐灌顶
49618 天车
49619 帮贴
49620 填鸭式
49621 停妥
49622 投喂
49623 秃瓢儿
49624 徒有其表
49625 土霉素
49626 土头土脑
49627 推挤
49628 脱位
49629 外财
49630 晚春
49631 微言大义
49632 围魏救赵
49633 帷帐
49634 未卜先知
49635 无往不胜
49636 五斗柜
49637 侮慢
49638 息肩
49639 惜力
49640 犀角
49641 喜帖
49642 喜筵
49643 喜盈盈
49644 细菌武器
49645 细柔
49646 瑕不掩瑜
49647 下辈
49648 下乘
49649 下九流
49650 下奶
49651 鲜润
49652 闲云野鹤
49653 香醇
49654 响鞭
49655 相纸
49656 橡子
49657 小同乡
49658 笑里藏刀
49659 斜纹布
49660 凶案
49661 雄文
49662 绣房
49663 虚位以待
49664 叙家常
49665 寻隙
49666 烟酸
49667 眼观六路，耳听八方
49668 艳史
49669 雁行
49670 腰果
49671 药饵
49672 药械
49673 遗毒
49674 遗照
49675 应付裕如
49676 幽寂
49677 悠荡
49678 油橄榄
49679 油鸡
49680 鱼雷艇
49681 雨意
49682 语惊四座
49683 玉米花儿
49684 狱医
49685 渊深
49686 原棉
49687 原子武器
49688 约言
49689 月轮
49690 月明星稀
49691 韵母
49692 咂舌
49693 择期
49694 贼溜溜
49695 乍暖还寒
49696 债户
49697 展宽
49698 站票
49699 章回体
49700 招办
49701 折纸
49702 针法
49703 雉鸡
49704 中耳
49705 忠骨
49706 中彩
49707 重犯（zhòngfàn）
49708 主枝
49709 祝酒歌
49710 砖茶
49711 转氨酶
49712 准假
49713 自卖自夸
49714 棕熊
49715 族权
49716 醉乡
49717 做鬼脸
49718 碍难
49719 安全岛
49720 按例
49721 白头翁
49722 摆荡
49723 败火
49724 班期
49725 伴郎
49726 认床
49727 伴同
49728 盘店
49729 抱恨
49730 暴毙
49731 备注
49732 绷子
49733 闭门思过
49734 便帽
49735 嘴稳
49736 便桶
49737 遍于
49738 别情
49739 病号饭
49740 病恹恹
49741 伯劳
49742 补漏
49743 部类
49744 簿册
49745 参拍
49746 参悟
49747 蚕蛾
49748 测光
49749 插叙
49750 缠扰
49751 长物
49752 长斋
49753 常春藤
49754 常量
49755 唱独角戏
49756 陈酿
49757 成约
49758 痴笑
49759 重样
49760 刊授
49761 丑相
49762 出口伤人
49763 出入证
49764 练嗓子
49765 出脱
49766 储金
49767 窗扇
49768 休市
49769 辞让
49770 蹿跳
49771 窜改
49772 错漏
49773 搭架子
49774 淫邪
49775 打夯
49776 打呼
49777 知己话
49778 打老虎
49779 大礼服
49780 呆痴
49781 代办处
49782 待考
49783 丹砂
49784 单轨
49785 单过
49786 单挑
49787 蛋卷儿
49788 当不起
49789 党证
49790 导轨
49791 导航员
49792 倒换
49793 倒替
49794 倒锁
49795 等米下锅
49796 抵近
49797 底襟
49798 典型化
49799 电热器
49800 电示
49801 电影厅
49802 刁滑
49803 凋残
49804 钉耙
49805 冬储
49806 冻肉
49807 豆蔻
49808 独门独院
49809 独女
49810 队日
49811 恶疾
49812 儿童村
49813 二手货
49814 私活儿
49815 放话
49816 肥差
49817 分肥
49818 风雨如晦
49819 俯首帖耳
49820 复业
49821 腹诽
49822 甘雨
49823 感光度
49824 钢渣
49825 高岭土
49826 高山病
49827 槁木
49828 蛤蚧
49829 工细
49830 关厢
49831 灌制
49832 滚沸
49833 国色
49834 海菜
49835 海况
49836 汗腺
49837 旱獭

49838 合手
49839 和气生财
49840 红榜
49841 虹鳟鱼
49842 护渔
49843 花信
49844 换亲
49845 黄褐斑
49846 黄粱梦
49847 黄梅雨
49848 灰泥
49849 回生
49850 秽亵
49851 浑朴
49852 火电站
49853 货郎担
49854 吉言
49855 急湍
49856 纪念卡
49857 夹生饭
49858 假仁假义
49859 碱面儿
49860 健朗
49861 渐显
49862 绛紫
49863 娇宠
49864 胶靴
49865 绞架
49866 校场
49867 教本
49868 教习
49869 接骨
49870 借尸还魂
49871 金砖
49872 筋络
49873 尽孝
49874 进谏
49875 精义
49876 酒酿
49877 酒曲
49878 旧地
49879 救生筏
49880 就里
49881 卡尺
49882 口角（kǒujiǎo）
49883 快事
49884 旷远
49885 拦河坝
49886 老牛破车
49887 类聚
49888 离岛
49889 里手
49890 力荐
49891 恋战
49892 粮囤
49893 料酒
49894 列祖列宗
49895 猎装
49896 流窜犯
49897 楼船
49898 驴打滚儿
49899 屡战屡胜
49900 绿篱
49901 卵磷脂
49902 马路牙子
49903 卖苦力
49904 煤气表
49905 霉斑
49906 闷声闷气
49907 蒙医
49908 迷误
49909 迷阵
49910 密函
49911 棉纤维
49912 渺无人烟
49913 妙年
49914 民校
49915 铙
49916 内查外调
49917 内愧
49918 蔫头耷脑
49919 尿检
49920 奴化
49921 女墙
49922 女优
49923 偶一为之
49924 叛离
49925 炮位
49926 平权
49927 评阅
49928 破罐破摔
49929 氆氇
49930 七弦琴
49931 起灵
49932 气吁吁
49933 枪榴弹
49934 蜣螂
49935 强颜欢笑
49936 跷跷板
49937 秦晋之好
49938 青虾
49939 缺心眼儿
49940 肉刑
49941 入仓
49942 入档
49943 软糖
49944 软梯
49945 软饮料
49946 撒种
49947 飒爽
49948 散曲
49949 散闷
49950 色子
49951 上下水
49952 设摊
49953 升压
49954 生活照
49955 生生世世
49956 失责
49957 师门
49958 试讲
49959 手到病除
49960 手谈
49961 守擂
49962 叔祖
49963 熟手
49964 鼠辈
49965 耍钱
49966 爽脆
49967 水床
49968 私邸
49969 死得其所
49970 四方步
49971 素餐
49972 踏空
49973 太空服
49974 太平门
49975 套红
49976 套语
49977 体检表
49978 替工
49979 添丁
49980 铁工
49981 铁骨铮铮
49982 听便
49983 停灵
49984 通便
49985 扒拉（pála）
49986 图卷
49987 土货
49988 团徽
49989 推及
49990 挖墙脚
49991 外姓人
49992 挽幛
49993 婉谢
49994 妄说
49995 望梅止渴
49996 萎谢
49997 文抄公
49998 文字改革
49999 五官科
50000 五岭
50001 吸铁石
50002 细菜
50003 细润
50004 纤秀
50005 籼米
50006 闲篇
50007 乡谊
50008 响板
50009 向午
50010 下套
50011 橡皮筏
50012 心中有鬼
50013 形声
50014 形象性
50015 雄蜂
50016 修订版
50017 修读
50018 须子
50019 虚言
50020 喧噪
50021 学无止境
50022 雪里蕻
50023 训条
50024 训责
50025 雅思
50026 烟幕弹
50027 延搁
50028 言欢
50029 掩蔽部
50030 扬程
50031 羊毫
50032 佯言
50033 要图
50034 一笔抹杀
50035 以身相许
50036 易货贸易
50037 因人成事
50038 阴错阳差
50039 阴平
50040 应敌
50041 永志不忘
50042 供应链
50043 涌潮
50044 由衷之言
50045 游伴
50046 有眼不识泰山
50047 诱供
50048 羽扇
50049 雨刷
50050 雨燕
50051 玉米螟
50052 圆领衫
50053 韵律操
50054 杂糅
50055 藏红花
50056 择交
50057 贼头贼脑
50058 轧机
50059 宅邸
50060 择菜
50061 占山为王
50062 战勤
50063 招干
50064 招赘

50065 照付
50066 珍异
50067 枕边风
50068 蒸饺
50069 整枝
50070 直接税
50071 直通通
50072 纸版
50073 中伏
50074 中装
50075 种蛋
50076 周转房
50077 祝酒词
50078 抓饭
50079 装饰布
50080 卓立
50081 资力
50082 紫穗槐
50083 纵目
50084 嘴甜
50085 作奸犯科
50086 搬移
50087 板式
50088 板刷
50089 伴音
50090 包赔
50091 包票
50092 报审
50093 抱团儿
50094 暴尸
50095 笔墨官司
50096 滗
50097 编订
50098 便笺
50099 便鞋
50100 辩难
50101 辩手
50102 标图
50103 冰坨
50104 屏除
50105 驳议
50106 不干胶
50107 不忍卒读
50108 彩墨画
50109 菜瓜
50110 菜式
50111 插条
50112 查寻
50113 长方体
50114 长毛绒
50115 常轨
50116 超绝
50117 抻面
50118 尘俗
50119 衬裙
50120 承情
50121 吃商品粮
50122 魑魅魍魉
50123 冲泡
50124 抽选
50125 出生证
50126 除湿
50127 触目皆是
50128 丛杂
50129 凑手
50130 打闪
50131 大礼拜
50132 大屋顶
50133 呆笨
50134 戴绿帽子
50135 掸子
50136 蛋炒饭
50137 倒手
50138 倒装
50139 盗运
50140 等差
50141 低能儿
50142 垫儿
50143 吊打
50144 钓饵
50145 豆秸
50146 渡桥
50147 堆栈
50148 遁世
50149 饿饭
50150 二婚
50151 二五眼
50152 发洋财
50153 凡士林
50154 反攻倒算
50155 坟冢
50156 蜂胶
50157 奉赠
50158 服式
50159 浮滑
50160 浮尸
50161 辅修
50162 附白
50163 盖棺论定
50164 歌本
50165 个位
50166 各有所好
50167 勾魂摄魄
50168 古体诗
50169 官运
50170 管中窥豹
50171 广东音乐
50172 贵体
50173 滚梯
50174 国丧
50175 咳（hāi）
50176 海蛇
50177 海獭
50178 寒暖
50179 旱稻
50180 好景不长
50181 好身手
50182 和乐
50183 河运
50184 黑死病
50185 黑陶
50186 横列
50187 烘焙
50188 红衣主教
50189 呼啦圈
50190 胡子工程
50191 虎钳
50192 互见
50193 互敬互爱
50194 花花肠子
50195 化瘀
50196 黄泛区
50197 黄书
50198 茴香豆
50199 毁家纾难
50200 诨号
50201 混编
50202 火花塞
50203 火头军
50204 火柱
50205 机关炮
50206 机轮
50207 机运
50208 急件
50209 家天下
50210 嘉勉
50211 岬角
50212 剪票
50213 简装
50214 溅落
50215 僭越
50216 交恶
50217 交账
50218 娇嗔
50219 接产
50220 结缔组织
50221 借支
50222 禁果
50223 剧务
50224 聚沙成塔
50225 绝艺
50226 蕨菜
50227 卡宾枪
50228 扛活
50229 烤制
50230 可视性
50231 刻痕
50232 经停
50233 坑蒙拐骗
50234 空乏
50235 空口
50236 叩拜
50237 宽舒
50238 宽余
50239 亏负
50240 喟然
50241 劳乏
50242 老虎钳
50243 冷餐
50244 愣怔
50245 离弃
50246 立方体
50247 例句
50248 连坐
50249 两点论
50250 聊胜于无
50251 淋浴器
50252 霖雨
50253 领舞
50254 六边形
50255 陆运
50256 路堤
50257 缕述
50258 孪生子
50259 落俗套
50260 落霞
50261 麻酱
50262 盲棋
50263 毛糙
50264 毛贼
50265 帽盔儿
50266 门警
50267 秘本
50268 密件
50269 妙境
50270 妙招儿
50271 民事法庭
50272 沫儿
50273 木莲
50274 暮气沉沉
50275 闹乱子
50276 尼龙袋
50277 泥垢
50278 匿迹
50279 年利
50280 牛饮
50281 区（Ōu）
50282 跑街
50283 烹煮
50284 飘曳
50285 拼音字母
50286 姘妇
50287 平服
50288 平光
50289 破戒
50290 蒲剧
50291 谱子
50292 棋高一着
50293 起旱
50294 阡陌纵横

50295 铅笔画
50296 前思后想
50297 潜隐
50298 欠安
50299 纤绳
50300 峭拔
50301 清规
50302 驱寒
50303 惹气
50304 热加工
50305 荣退
50306 柔肠寸断
50307 柔细
50308 肉汁
50309 赛期
50310 三番两次
50311 丧门星
50312 色带
50313 杀青
50314 煞尾
50315 膳宿
50316 上代
50317 十八罗汉
50318 十字镐
50319 石子儿
50320 手勤
50321 手提式
50322 首度
50323 寿酒
50324 寿面
50325 寿筵
50326 疏理
50327 甩手掌柜
50328 双学位
50329 水蛇腰
50330 顺时针
50331 松紧带
50332 颂诗
50333 速生林
50334 缩略语
50335 踏春
50336 胎动
50337 台盘
50338 太婆
50339 太阳帽
50340 贪占
50341 弹簧钢
50342 特惠
50343 添色
50344 调幅
50345 同生共死
50346 铜版画
50347 痛恶
50348 投亲
50349 退亲
50350 吞金
50351 外功
50352 玩花样
50353 玩火自焚
50354 违逆
50355 围屏
50356 尉官
50357 温书
50358 涡轮机
50359 乌鱼
50360 五子棋
50361 物伤其类
50362 锡剧
50363 戏曲片
50364 侠气
50365 纤维瘤
50366 咸水湖
50367 现世报
50368 相扰
50369 香茗
50370 硝化甘油
50371 小炒
50372 小年轻
50373 笑面虎
50374 泄洪道
50375 谢客
50376 星散
50377 星图
50378 惺惺惜惺惺
50379 腥膻
50380 行劫
50381 省察
50382 绣花枕头
50383 轩敞
50384 选贤任能
50385 鸭嘴兽
50386 言笑
50387 言之无物
50388 眼压
50389 要诀
50390 一清二白
50391 一物降一物
50392 一展身手
50393 衣钩
50394 医理
50395 以卵击石
50396 议购
50397 异文
50398 译制片
50399 意在言外
50400 银须
50401 硬顶
50402 幽径
50403 邮袋
50404 油罐车
50405 有闻必录
50406 诱引
50407 语言关
50408 郁愤
50409 预征
50410 贼眉鼠眼
50411 摘桃子
50412 瘴疠
50413 蔗农
50414 珍摄
50415 征发
50416 整月
50417 正手
50418 汁水
50419 职业装
50420 指北针
50421 炙烤
50422 挚诚
50423 轴距
50424 主婚
50425 装配工
50426 追叙
50427 准尉
50428 自贬
50429 自愧弗如
50430 自拍
50431 自选商场
50432 走调儿
50433 尊师重道
50434 暗潮
50435 扒皮
50436 把家
50437 白芷
50438 板房
50439 半吊子
50440 宝书
50441 刨冰
50442 备货
50443 蹦高
50444 比美
50445 笔顺
50446 笔走龙蛇
50447 闭目塞听
50448 壁上观
50449 编派
50450 贬词
50451 变工
50452 表带
50453 冰炭
50454 帛画
50455 不为已甚
50456 菜点
50457 参谒
50458 查检
50459 查收
50460 柴薪
50461 场记
50462 唱红脸
50463 车照
50464 彻查
50465 沉滞
50466 吃白食
50467 弛缓
50468 赤日炎炎
50469 重睹
50470 抽缩
50471 抽芽
50472 初度
50473 怵目惊心
50474 穿云破雾
50475 串铃
50476 戳脊梁骨
50477 磁疗
50478 催迫
50479 催芽
50480 村史
50481 答辩会
50482 打擦边球
50483 打底
50484 打票
50485 打弯
50486 大路菜
50487 贷方
50488 挡车工
50489 低血压
50490 低哑
50491 低智
50492 底舱
50493 地极
50494 地龙
50495 第三梯队
50496 电唁
50497 电子货币
50498 店小二
50499 玷辱
50500 疔
50501 鼎新
50502 冻雨
50503 钝角
50504 顿开茅塞
50505 儿皇帝
50506 翻浆
50507 反坦克炮
50508 方尺
50509 芳姿
50510 仿生学
50511 放空炮
50512 放冷箭
50513 飞针走线
50514 份儿饭
50515 封笔
50516 福音书
50517 付酬
50518 改换门庭
50519 盖世太保
50520 赶潮流
50521 钢瓶
50522 驻村
50523 工料
50524 公出

50525 公伤
50526 供案
50527 咕隆
50528 孤愤
50529 骨针
50530 估衣
50531 瓜秧
50532 挂零
50533 关门主义
50534 冠子
50535 管界
50536 罐笼
50537 龟背
50538 含片
50539 行款
50540 好惹
50541 何足挂齿
50542 和局
50543 黑啤酒
50544 横笛
50545 横躺竖卧
50546 后备役
50547 厚谊
50548 虎着脸
50549 荒寂
50550 黄口小儿
50551 黄连素
50552 惶悚
50553 回驳
50554 婚假
50555 活靶子
50556 活报剧
50557 火拼
50558 火药库
50559 货流
50560 叽叽嘎嘎
50561 齑粉
50562 极顶
50563 疾进
50564 集中制
50565 祭器
50566 髻子
50567 家祠
50568 假戏真做
50569 煎炒
50570 见长
（jiànchánɡ）
50571 间苗
50572 降半旗
50573 胶轮
50574 接穗
50575 结发夫妻
50576 金橘
50577 禁得起
50578 近战
50579 警匪片
50580 九族
50581 开光
50582 课表
50583 空论
50584 空中管制
50585 口蘑
50586 块根
50587 溃堤
50588 喇叭筒
50589 浪峰
50590 老窝
50591 累进税
50592 冷傲
50593 冷藏库
50594 冷荤
50595 里层
50596 立体绿化
50597 炼乳
50598 寥落
50599 燎泡
50600 劣种
50601 灵慧
50602 灵芝草
50603 零打碎敲
50604 留底
50605 溜子
50606 驴肝肺
50607 闾里
50608 马后炮
50609 冒号
50610 没皮没脸
50611 糜子
50612 媚气
50613 门墩
50614 弥天大罪
50615 迷航
50616 绵纸
50617 妙品
50618 民贼
50619 鸣啭
50620 冥顽不灵
50621 磨刀霍霍
50622 磨烦
50623 谋虑
50624 暮鼓晨钟
50625 纳米技术
50626 囊虫
50627 内出血
50628 能者多劳
50629 孽债
50630 农谚
50631 排炮
50632 排箫
50633 炮艇
50634 喷饭
50635 硼砂
50636 披巾
50637 霹雷
50638 偏心眼儿
50639 评注
50640 破铜烂铁
50641 扑噜
50642 柒
50643 起货
50644 汽油弹
50645 牵线人
50646 铅弹
50647 强取豪夺
50648 切糕
50649 怯阵
50650 琴谱
50651 青黛
50652 青涩
50653 青蒜
50654 轻吟
50655 倾洒
50656 清册
50657 求师
50658 驱迫
50659 绕嘴
50660 热毒
50661 人头税
50662 日工
50663 乳剂
50664 入邪
50665 褥套
50666 撒欢儿
50667 三原色
50668 丧志
50669 臊气
50670 色厉内荏
50671 煞车
50672 山毛榉
50673 删定
50674 伤痕文学
50675 筲箕
50676 深幽
50677 哂笑
50678 升班
50679 生死未卜
50680 生态科学
50681 声母
50682 失序
50683 施粉
50684 试读
50685 舒爽
50686 耍把戏
50687 双重人格
50688 霜叶
50689 水晶石
50690 水涝
50691 水暖工
50692 水疱
50693 水纹
50694 水葬
50695 顺服
50696 思考题
50697 死棋
50698 死钱
50699 四近
50700 送呈
50701 酸胀
50702 贪求
50703 逃席
50704 套袖
50705 特遣部队
50706 提词
50707 提手
50708 恬适
50709 调级
50710 调弄
50711 童女
50712 童山
50713 轧马路
50714 头油
50715 推见
50716 托身
50717 婉劝
50718 万户侯
50719 万事亨通
50720 万事俱备，只欠东风
50721 万死不辞
50722 王水
50723 卫道士
50724 文化沙漠
50725 文员
50726 百废俱兴
50727 无所措手足
50728 无烟工业
50729 无以为报
50730 狎昵
50731 亮红灯
50732 下塌
50733 贤哲
50734 县界
50735 陷身
50736 乡邮
50737 详解
50738 消蚀
50739 小报告
50740 小影
50741 校官
50742 薪给
50743 八宝箱
50744 行抢
50745 熊罴
50746 羞人
50747 虚悬
50748 叙别
50749 光网
50750 蓄发
50751 悬想
50752 旋转餐厅

50753 学究气
50754 雪恨
50755 巡弋
50756 严肃音乐
50757 仰承
50758 养廉
50759 夜阑
50760 一时半刻
50761 一字千金
50762 贻患
50763 重话
50764 义齿
50765 艺妓
50766 音变
50767 音乐茶座
50768 银杉
50769 叨陪
50770 印刻
50771 萦怀
50772 影帝
50773 幽冥
50774 邮亭
50775 油乎乎
50776 有门儿
50777 预决算
50778 援用
50779 月钱
50780 云消雾散
50781 云蒸霞蔚
50782 蕴意
50783 脏活儿
50784 藏香
50785 减挡
50786 宅地
50787 掌嘴
50788 照墙
50789 争战
50790 正骨
50791 脂肪瘤
50792 直尺
50793 炙热
50794 掷弹筒
50795 中频
50796 重荷
50797 重听
50798 珠宝商
50799 主裁
50800 装傻充愣
50801 趑趄
50802 子堤
50803 自己人
50804 字母表
50805 总合
50806 租约
50807 左袒
50808 坐班房
50809 暗扣儿
50810 奥援
50811 跋文
50812 把舵
50813 拜官
50814 板脸
50815 板油
50816 板滞
50817 饱胀
50818 宝贝疙瘩
50819 备置
50820 比翼鸟
50821 笔底下
50822 笔译
50823 鳊鱼
50824 变声
50825 兵痞
50826 病象
50827 不等式
50828 擦边
50829 彩釉
50830 操典
50831 草灰
50832 草字头
50833 侧室
50834 侧枝
50835 测速
50836 插班生
50837 插孔
50838 蟾宫
50839 鲳鱼
50840 长性
50841 敞车
50842 潮汛
50843 撤防
50844 吃闭门羹
50845 吃干饭
50846 吃重
50847 池沼
50848 彳亍
50849 重峦叠嶂
50850 出亡
50851 雏妓
50852 穿甲弹
50853 船位
50854 串供
50855 春景
50856 词频
50857 刺参
50858 脆嫩
50859 打卤面
50860 打埋伏
50861 打气筒
50862 大面儿
50863 大秋
50864 大尉
50865 单元楼
50866 当日
（dàngrì）
50867 倒阁
50868 得其所哉
50869 敌酋
50870 抵补
50871 地灵人杰
50872 地窨子
50873 点种
（diǎnzhòng）
50874 电唱机
50875 电疗
50876 调包
50877 定销
50878 定影
50879 定准
50880 丢三落四
50881 丢卒保车
50882 冬寒
50883 冻冰
50884 毒菌
50885 毒焰
50886 蠹虫
50887 端重
50888 多吃多占
50889 鹅毛扇
50890 耳报神
50891 二花脸
50892 翻斗车
50893 翻覆
50894 凡庸
50895 反坐
50896 返聘
50897 返销粮
50898 匪患
50899 狒狒
50900 分利
50901 浮子
50902 复印纸
50903 副伤寒
50904 覆水难收
50905 干连
50906 赶浪头
50907 赶先进
50908 感愤
50909 纲举目张
50910 高丽参
50911 耕织
50912 羹匙
50913 哽噎
50914 公方
50915 攻城略地
50916 咕噜
（gūlu）
50917 呱呱落地
50918 姑妄言之
50919 故技
50920 雇佣兵
50921 瓜藤
50922 瓜子儿脸
50923 挂表
50924 挂锁
50925 光控
50926 光溜
50927 海禁
50928 海蓝
50929 海洋权
50930 含怨
50931 寒蝉
50932 寒鸦
50933 豪语
50934 合口
50935 河南梆子
50936 河南坠子
50937 红焖
50938 洪炉
50939 后魏
50940 胡蜂
50941 虎气
50942 怙恶不悛
50943 花托
50944 华胄
50945 华族
50946 画苑
50947 缓办
50948 荒诞无稽
50949 黄灯
50950 黄酱
50951 黄梨
50952 黄鼬
50953 惶遽
50954 灰沉沉
50955 会道门
50956 惠顾
50957 活地图
50958 活罪
50959 挤牙膏
50960 家景
50961 尖嘴猴腮
50962 间不容发
50963 犍牛
50964 简括
50965 箭镞
50966 交电
50967 狡兔三窟
50968 借词
50969 借势
50970 进益
50971 精忠
50972 净利
50973 净心
50974 捐弃
50975 军运
50976 开戒
50977 开快车
50978 磕打
50979 空文

50980 口快
50981 口蜜腹剑
50982 寇仇
50983 哭天抹泪
50984 款爷
50985 筐子
50986 喟叹
50987 垃圾食品
50988 腊味
50989 癞子
50990 勒紧裤带
50991 俚俗
50992 良药苦口
50993 猎潜艇
50994 邻人
50995 临帖
50996 柳杉
50997 龙潭虎穴
50998 隆盛
50999 卤肉
51000 律例
51001 轮盘
51002 骆驼刺
51003 马粪纸
51004 卖身投靠
51005 瞒哄
51006 没的说
51007 玫瑰紫
51008 门镜
51009 孟秋
51010 米尺
51011 棉铃
51012 灭火剂
51013 灭杀
51014 明抢
51015 融媒体
51016 铭感
51017 模压
51018 磨具
51019 磨洗
51020 木简
51021 墓表
51022 奶声奶气
51023 挠痒
51024 柠檬汁
51025 牛脖子
51026 脓肿
51027 排尾
51028 陪房
51029 赔钱货
51030 配载
51031 皮脂
51032 片儿警
51033 漂染
51034 蒲柳
51035 七零八碎
51036 漆匠
51037 企管
51038 起端
51039 气冲牛斗
51040 气筒
51041 气味相投
51042 牵念
51043 签字笔
51044 潜泳
51045 噙泪
51046 氢氧化物
51047 清火
51048 冷链
51049 屈才
51050 去声
51051 任随
51052 容光
51053 肉案
51054 如履平地
51055 乳臭
51056 入超
51057 软磨硬泡
51058 三角板
51059 沙里淘金
51060 沙参
51061 山岚
51062 山桃
51063 商借
51064 上膘
51065 上刑
51066 上账
51067 神品
51068 声门
51069 失时
51070 师训
51071 狮子大开口
51072 试手
51073 嗜欲
51074 誓不两立
51075 手札
51076 守职
51077 爽身粉
51078 松脆
51079 松气
51080 素洁
51081 炭化
51082 炭盆
51083 糖弹
51084 糖稀
51085 桃符
51086 和（hú）
51087 套头衫
51088 添堵
51089 条绒
51090 贴合
51091 贴水
51092 铁脚板
51093 捅马蜂窝
51094 痛经
51095 头名
51096 秃尾巴
51097 土疙瘩
51098 外籍华人
51099 外来词
51100 外域
51101 挽词
51102 万事通
51103 蔓儿
51104 萎蔫
51105 瓮中之鳖
51106 无尽无休
51107 无影灯
51108 五四青年节
51109 误餐
51110 喜联
51111 虾皮
51112 夏衣
51113 显耀
51114 险毒
51115 县治
51116 线装本
51117 销售处
51118 蝎虎
51119 邪门歪道
51120 卸除
51121 心裁
51122 新闻片
51123 信皮儿
51124 行猎
51125 修明
51126 袖套
51127 虚耗
51128 虚胖
51129 虚热
51130 喧笑
51131 旋绕
51132 血仇
51133 熏风
51134 牙雕
51135 牙口
51136 烟霭
51137 延后
51138 延性
51139 眼拙
51140 演绎法
51141 仰给
51142 吆呼
51143 杳如黄鹤
51144 鹞鹰
51145 业精于勤
51146 叶子烟
51147 夜游神
51148 一二·九运动
51149 一呼百诺
51150 一米线
51151 一目十行
51152 一年生
51153 依凭
51154 以工代干
51155 艺林
51156 阴面
51157 阴囊
51158 音乐片
51159 吟风弄月
51160 银婚
51161 鹰洋
51162 迎迓
51163 勇将
51164 用项
51165 优遇
51166 幽闭
51167 有教无类
51168 有始无终
51169 雨披
51170 圆雕
51171 月晕
51172 芸香
51173 孕穗
51174 灾患
51175 灾殃
51176 脏土
51177 斋饭
51178 毡帐
51179 幛子
51180 招亲
51181 找头
51182 遮天盖地
51183 针线包
51184 整宿
51185 支差
51186 侄女婿
51187 侄孙女
51188 窒闷
51189 置喙
51190 竹鸡
51191 竹荪
51192 烛花
51193 主理
51194 助词
51195 抓点
51196 抓赌
51197 转托
51198 转筋
51199 转门
51200 转台
51201 赘疣
51202 准信儿
51203 自寻短见
51204 足跟
51205 坐守
51206 柞木
51207 岸然
51208 暗沟

51209 把尿
51210 白带
51211 百分数
51212 百事通
51213 伴读
51214 榜书
51215 榜文
51216 杯弓蛇影
51217 碑碣
51218 碑座
51219 闭经
51220 编列
51221 标金
51222 兵蚁
51223 博识
51224 薄田
51225 裁并
51226 采制
51227 苍空
51228 草标
51229 蟾酥
51230 长鼓
51231 畅怀
51232 超凡入圣
51233 超俗
51234 炒肝儿
51235 沉雷
51236 称孤道寡
51237 成品粮
51238 呈正
51239 逞威风
51240 吃劲
51241 赤地千里
51242 抽成
51243 初生之犊
51244 黜免
51245 穿靴戴帽
51246 传告
51247 窗沿
51248 锤打
51249 疵点
51250 词锋
51251 脆亮
51252 翠蓝
51253 撮要
51254 错爱
51255 打棍子
51256 打晃
51257 大料
51258 大篆
51259 单干户
51260 淡入
51261 刀子嘴
51262 倒刺
51263 抵交
51264 抵账
51265 底墒
51266 底薪
51267 骶骨
51268 滇剧
51269 电烤炉
51270 雕漆
51271 掉色
51272 顶岗
51273 顶罪
51274 豆腐乳
51275 豆渣
51276 毒刺
51277 毒腺
51278 赌鬼
51279 端丽
51280 队礼
51281 遁迹
51282 发排
51283 发哑
51284 飞跨
51285 非独
51286 非驴非马
51287 肥实
51288 分离器
51289 粉蝶
51290 风流云散
51291 风圈
51292 封河
51293 封妻荫子
51294 麸子
51295 幅宽
51296 辅币
51297 父训
51298 妇女病
51299 高知
51300 搁放
51301 格物致知
51302 工本
51303 工作母机
51304 公私兼顾
51305 公余
51306 估产
51307 孤峰
51308 古奥
51309 谷糠
51310 呱唧
51311 挂件
51312 关碍
51313 观察室
51314 官逼民反
51315 官称
51316 广货
51317 广求
51318 鬼名堂
51319 滚雷
51320 果酸
51321 酣醉
51322 邯郸学步
51323 号筒
51324 合当
51325 河防
51326 黑白片
51327 黑米
51328 哼哧
51329 红蜘蛛
51330 洪量
51331 瘊子
51332 互勉
51333 花把式
51334 黄色炸药
51335 同神
51336 回文
51337 惠临
51338 混世魔王
51339 或然
51340 祸起萧墙
51341 偈语
51342 夹墙
51343 肩窝
51344 交合
51345 交运
51346 交杂
51347 交战国
51348 脚链
51349 教唆犯
51350 节欲
51351 金匾
51352 金粉
51353 救生员
51354 具体而微
51355 锯条
51356 坎子
51357 看风使舵
51358 克山病
51359 空挡
51360 空调病
51361 空无所有
51362 哭丧棒
51363 裤线
51364 快刀斩乱麻
51365 矿脉
51366 昆腔
51367 拉家带口
51368 来来去去
51369 蓝鲸
51370 老花眼
51371 老眼光
51372 冷藏箱
51373 离情
51374 立户
51375 潋滟
51376 粮荒
51377 羚羊角
51378 领读
51379 留后路
51380 流布
51381 柳笛
51382 龙柏
51383 龙须菜
51384 乱作一团
51385 轮毂
51386 马枪
51387 脉息
51388 盲人摸象
51389 猫步
51390 毛呢
51391 煤饼
51392 猛劲儿
51393 觅取
51394 蜜橘
51395 面糊（miànhu）
51396 面巾
51397 名垂千古
51398 默读
51399 牧笛
51400 耐饥
51401 内径
51402 黏黏糊糊
51403 黏液
51404 宁为玉碎，不为瓦全
51405 佞人
51406 牛瘟
51407 暖炕
51408 趴窝
51409 扒鸡
51410 跑肚
51411 赔笑脸
51412 喷云吐雾
51413 捧红
51414 劈杀
51415 匹夫之勇
51416 片甲不留
51417 品赏
51418 品题
51419 聘问
51420 平底锅
51421 破绽百出
51422 破折号
51423 蒲草
51424 七十二行
51425 凄冷
51426 期票
51427 旗语
51428 起兴
51429 掐头去尾
51430 千山万壑
51431 迁葬
51432 荨麻
51433 歉年
51434 强热带风暴
51435 翘望
51436 切脉

51437 窃案
51438 清越
51439 劝募
51440 群殴
51441 热战
51442 人瑞
51443 儒释道
51444 润饰
51445 散板
51446 杀富济贫
51447 傻愣愣
51448 山东快书
51449 山光水色
51450 闪念
51451 闪眼
51452 善款
51453 设局
51454 射精
51455 慎密
51456 时俗
51457 蚀刻
51458 收报
51459 守本分
51460 甩包袱
51461 水火无情
51462 说明文
51463 说嘴
51464 思古
51465 死牢
51466 送话器
51467 送往迎来
51468 蒜泥
51469 遂愿
51470 莎草
51471 他伤
51472 胎气
51473 太白星
51474 汤勺
51475 藤球
51476 提讯
51477 铜活
51478 筒裙
51479 投师
51480 图版
51481 土埂
51482 菟丝子
51483 推荐书
51484 外货
51485 葳蕤
51486 委决不下
51487 呜噜呜噜
51488 无用功
51489 五更天
51490 嬉皮士
51491 嬉游
51492 戏本
51493 细工
51494 下市
51495 仙客来
51496 纤柔
51497 衔命
51498 险地
51499 险诈
51500 现行犯
51501 香会
51502 香脂
51503 象形字
51504 宵衣旰食
51505 小炉匠
51506 校旗
51507 歇宿
51508 邪心
51509 谢礼
51510 新义
51511 行方便
51512 凶巴巴
51513 凶人
51514 凶信
51515 胸透
51516 雄图
51517 虚字
51518 选收
51519 雪冤
51520 血统论
51521 训诲
51522 阉鸡
51523 腌肉
51524 盐井
51525 羊毛毯
51526 阳文
51527 腰花
51528 瑶民
51529 一风吹
51530 一连气儿
51531 一碗水端平
51532 遗教
51533 疑心病
51534 义冢
51535 阴毛
51536 寅时
51537 饮宴
51538 硬结
51539 油豆腐
51540 莜麦
51541 幼稚病
51542 榆叶梅
51543 愚陋
51544 遇救
51545 冤苦
51546 怨尤
51547 乐池
51548 晕头晕脑
51549 赃证
51550 贼喊捉贼
51551 炸酱
51552 占理
51553 樟脑丸
51554 长男
51555 涨风
51556 招纳
51557 找婆家
51558 照葫芦画瓢
51559 照排机
51560 照相簿
51561 侦听
51562 侦讯
51563 争上游
51564 整饰
51565 正比例
51566 正颜厉色
51567 支绌
51568 值当
51569 稚童
51570 中文信息处理
51571 众星拱月
51572 轴承钢
51573 珠圆玉润
51574 驻屯
51575 抓辫子
51576 转年
51577 传记片
51578 孜然
51579 租钱
51580 阻绝
51581 鳟鱼
51582 左支右绌
51583 作死
51584 坐果
51585 阿昌族
51586 暗送秋波
51587 八角帽
51588 鲅鱼
51589 白狐
51590 白玩儿
51591 搬兵
51592 半大不小
51593 半袖
51594 半中间
51595 拌种
51596 绊马索
51597 棒打鸳鸯
51598 包孕
51599 薄脆
51600 备员
51601 镲子
51602 笨鸟先飞
51603 表里不一
51604 兵工
51605 拨子
51606 钵盂
51607 不咎既往
51608 不肖子
51609 不宣而战
51610 不足为凭
51611 彩门
51612 彩棚
51613 菜金
51614 菜牛
51615 苍鹭
51616 草头王
51617 测查
51618 拆改
51619 拆字
51620 禅院
51621 禅杖
51622 长线产品
51623 潮乎乎
51624 炒勺
51625 尘寰
51626 呈子
51627 吃白饭
51628 吃现成
51629 吃现成饭
51630 吃罪不起
51631 痴愚
51632 痴醉
51633 重张
51634 冲床
51635 愁云惨雾
51636 出门子
51637 初级社
51638 初露头角
51639 除锈
51640 穿帮
51641 垂问
51642 春麦
51643 莼菜
51644 瓷雕
51645 催索
51646 错时
51647 打板子
51648 大丽花
51649 大溜
51650 倒叙
51651 道林纸
51652 得时
51653 低盐
51654 敌台
51655 抵缴
51656 地板革
51657 地磅
51658 地方话
51659 地老虎
51660 电火锅
51661 电警棍
51662 电熨斗
51663 靛蓝
51664 靛青
51665 吊胃口

51666 钉锤
51667 兜生意
51668 抖包袱
51669 陡变
51670 陡峻
51671 豆苗
51672 镀铬
51673 讹误
51674 二十四节气
51675 发憷
51676 法螺
51677 翻录
51678 翻晒
51679 反间
51680 防水层
51681 奋勇当先
51682 佛徒
51683 福如东海
51684 府绸
51685 复句
51686 复排
51687 干白
51688 干贝
51689 干花
51690 感愧
51691 钢花
51692 钢珠
51693 港汊
51694 隔离墩
51695 跟屁虫
51696 工程车
51697 拱坝
51698 苟全
51699 古远
51700 骨鲠在喉
51701 观察哨
51702 观风
51703 光雾
51704 鬼精灵
51705 桂皮
51706 国富民安
51707 海蛎子
51708 海兽
51709 海蟹
51710 害眼
51711 蚶子
51712 含血喷人
51713 行帮
51714 合成革
51715 和畅
51716 河系
51717 喝倒彩
51718 恒产
51719 横生枝节
51720 红小豆
51721 后账
51722 胡侃
51723 胡子茬儿
51724 湖绿
51725 花纱布
51726 画帖
51727 还情
51728 宦途
51729 黄金地带
51730 回归热
51731 汇寄
51732 浑身是胆
51733 火把节
51734 火化场
51735 火急火燎
51736 暗渠
51737 基围虾
51738 吉人天相
51739 极限运动
51740 急救包
51741 急就章
51742 集体户
51743 记诵
51744 机杼
51745 忌辰
51746 架得住
51747 减缩
51748 简笔
51749 娇纵
51750 胶合
51751 结垢
51752 金鸡纳霜
51753 进军号
51754 劲升
51755 镜花水月
51756 旧迹
51757 救赎
51758 就席
51759 倨傲
51760 均摊
51761 开拓型
51762 开心果
51763 刊用
51764 看跌
51765 康拜因
51766 可圈可点
51767 客里空
51768 客死
51769 空驶
51770 空手道
51771 孔雀蓝
51772 空额
51773 口疮
51774 口水战
51775 口误
51776 枯荣
51777 苦短
51778 库藏（kùcáng）
51779 款型
51780 坤包
51781 拉丁字母
51782 兰花指
51783 烂账
51784 捞油水
51785 劳燕分飞
51786 老马识途
51787 乐天知命
51788 雷场
51789 冷藏室
51790 嘴松
51791 离宫
51792 里脊
51793 利齿
51794 例举
51795 连番
51796 鬣狗
51797 鲮鱼
51798 领命
51799 流注
51800 镏金
51801 柳琴
51802 隆胸
51803 漏失
51804 卤鸡
51805 芒刺在背
51806 茫然若失
51807 铆工
51808 貌相
51809 孟冬
51810 蜜供
51811 棉签
51812 免刑
51813 面肥
51814 描图
51815 明镜高悬
51816 命令主义
51817 抹稀泥
51818 没世
51819 木琴
51820 募股
51821 奶品
51822 男厕
51823 内眷
51824 呢料
51825 尿频
51826 女监
51827 旁路
51828 泡子（pāozi）
51829 炮烙
51830 配电网
51831 碰碰车
51832 披红挂绿
51833 霹雳舞
51834 票根
51835 平畴
51836 平方尺
51837 杞柳
51838 气焊
51839 牵缠
51840 前所未闻
51841 浅表
51842 浅露
51843 轻于鸿毛
51844 清洁车
51845 清甜
51846 穷期
51847 琼剧
51848 秋菜
51849 全休
51850 绕远儿
51851 人体炸弹
51852 认头
51853 乳燕
51854 三八式
51855 桑拿浴
51856 沙果
51857 骟
51858 伤生
51859 上下其手
51860 奢想
51861 设使
51862 参商
51863 渗流
51864 生死簿
51865 省略号
51866 失欢
51867 师道尊严
51868 诗律
51869 石版
51870 时调
51871 使绊儿
51872 屎壳郎
51873 试养
51874 收音
51875 守摊子
51876 受看
51877 赎当
51878 蜀锦
51879 鼠标器
51880 耍笔杆儿
51881 爽然若失
51882 水疗
51883 水靴
51884 顺和
51885 死劲儿
51886 死信
51887 死猪不怕开水烫
51888 琐闻
51889 胎位
51890 太阳灶
51891 堂侄
51892 烫面

51893 讨便宜
51894 提婚
51895 屉子
51896 天姿
51897 挑战书
51898 通解
51899 通心粉
51900 筒裤
51901 土腥味儿
51902 外嫁
51903 惘然若失
51904 危情
51905 文件名
51906 窝气
51907 污痕
51908 无可讳言
51909 无以为生
51910 息影
51911 惜墨如金
51912 喜幛
51913 弦乐器
51914 咸盐
51915 线板
51916 湘莲
51917 镶牙
51918 详图
51919 霄壤之别
51920 小步舞
51921 小手小脚
51922 小淘气
51923 笑剧
51924 斜路
51925 谐声
51926 心胆俱裂
51927 心毒
51928 心心相连
51929 兴妖作怪
51930 刑庭
51931 雄杰
51932 休耕
51933 虚飘
51934 恤金
51935 雪里送炭
51936 岩盐
51937 验讫
51938 妖里妖气
51939 舀子
51940 药浴
51941 夜视仪
51942 一锅煮
51943 一路货
51944 一石二鸟
51945 一字长蛇阵
51946 姨妹
51947 胰脏
51948 艺术体操
51949 易姓
51950 淫书
51951 淫猥
51952 油迹
51953 油篓
51954 油饰
51955 有奶便是娘
51956 雨脚
51957 语料
51958 鸢尾
51959 园艺师
51960 月白风清
51961 匀净
51962 运输舰
51963 杂凑
51964 葬身鱼腹
51965 藏蓝
51966 赠券
51967 炸糕
51968 折页
51969 针鼻儿
51970 整复
51971 整纪
51972 正当中
51973 正片
51974 正音
51975 支棱
51976 知人之明
51977 直性子
51978 止泻
51979 志大才疏
51980 钟鼎
51981 种子队
51982 重点校
51983 重晶石
51984 绉纱
51985 竹刻
51986 竹笠
51987 呛（qiāng）
51988 蛀牙
51989 专座
51990 追魂
51991 赘婿
51992 走水
51993 走眼
51994 坐蜡
51995 坐山观虎斗
51996 暗伤
51997 白驹过隙
51998 板铺
51999 板障
52000 办差
52001 半子
52002 帮主
52003 宝眷
52004 爆破筒
52005 背债
52006 贲门
52007 本岛
52008 鼻窦
52009 笔债
52010 笔战
52011 闭月羞花
52012 便宴
52013 殡殓
52014 鬓毛
52015 病句
52016 薄葬
52017 卜居
52018 步犁
52019 菜板
52020 参校
52021 自贸区
52022 惨况
52023 藏富
52024 槽牙
52025 草底儿
52026 禅门
52027 炒货
52028 炒冷饭
52029 尘暴
52030 沉底
52031 陈陈相因
52032 称说
52033 城雕
52034 吃大户
52035 吃哑巴亏
52036 痴肥
52037 痴话
52038 痴狂
52039 池座
52040 叱问
52041 重修旧好
52042 宠用
52043 抽油机
52044 仇外
52045 出乘
52046 出圈
52047 出展
52048 黜退
52049 留守儿童
52050 穿堂风
52051 船埠
52052 船龄
52053 吹拍
52054 春困
52055 唇线
52056 慈姑
52057 磁针
52058 刺梅
52059 搓澡
52060 打权
52061 打横
52062 打先锋
52063 大谬不然
52064 大脑炎
52065 当间儿
52066 得济
52067 灯蛾
52068 等速
52069 低纬度
52070 低限
52071 嫡出
52072 抵牾
52073 递解
52074 点唱
52075 点种（diǎnzhǒng）
52076 电吹风
52077 电焊机
52078 电暖器
52079 电刑
52080 钓具
52081 掉书袋
52082 丁字形
52083 定时器
52084 冬练
52085 冬贮
52086 洞府
52087 斗富
52088 独具只眼
52089 读秒
52090 断口
52091 断命
52092 对眼
52093 堕马
52094 饿虎扑食
52095 耳尖
52096 耳生
52097 二手烟
52098 发蒙（fāmēng）
52099 犯贱
52100 防盗锁
52101 放账
52102 飞泉
52103 鲱鱼
52104 匪盗
52105 匪祸
52106 分镜头
52107 奋激
52108 风雨衣
52109 逢集
52110 扶上马
52111 复诵
52112 伽马刀
52113 改调
52114 改恶从善
52115 甘醇
52116 干仗
52117 哥老会
52118 割弃
52119 阁僚
52120 跟脚

52121 工尺
52122 工运
52123 供果
52124 够交情
52125 孤孀
52126 官能症
52127 官瘾
52128 灌洗
52129 归田
52130 贵庚
52131 滚轴
52132 果盒
52133 海损
52134 含羞草
52135 行货
52136 豪族
52137 河清海晏
52138 河鱼
52139 核讹诈
52140 黑牢
52141 黑溜溜
52142 黑窝点
52143 黑种人
52144 轰赶
52145 红领章
52146 红模子
52147 鸿运
52148 花糕
52149 化冻
52150 淮剧
52151 缓气
52152 换手
52153 徽剧
52154 回跌
52155 回锅肉
52156 会阴
52157 赙金
52158 活字典
52159 火暴
52160 火漆
52161 积贫积弱
52162 急公好义
52163 急性病
52164 嫉贤妒能
52165 记叙文
52166 祭灵
52167 寄宿制
52168 夹具
52169 家庭副业
52170 家学
52171 驾辕
52172 监控器
52173 监票
52174 简省
52175 见危授命
52176 谏言
52177 讲桌
52178 娇客
52179 胶丸
52180 嗟来之食
52181 界内
52182 精米
52183 景慕
52184 敬谢不敏
52185 究办
52186 酒瘾
52187 就擒
52188 居住证
52189 拒毒
52190 绝户
52191 开犁
52192 看家狗
52193 刻花
52194 孔眼
52195 口传心授
52196 苦胆
52197 蜡炬
52198 狼毫
52199 廊檐
52200 老年斑
52201 里程表
52202 里巷
52203 力行
52204 历世
52205 励志
52206 连亘
52207 炼焦炉
52208 淋淋
52209 辚辚
52210 留鸟
52211 流量计
52212 卤菜
52213 路不拾遗
52214 略逊一筹
52215 螺丝帽
52216 麻纺
52217 马蹄铁
52218 卖友求荣
52219 蔓生
52220 毛蚶
52221 貌不惊人
52222 没轻没重
52223 媚骨
52224 命大
52225 命门
52226 摹绘
52227 莫此为甚
52228 木糖醇
52229 拿腔拿调
52230 男科
52231 难说话
52232 内掌柜
52233 嫩红
52234 嫩弱
52235 黏合剂
52236 尿失禁
52237 凝冻
52238 拗（niù）
52239 农业化
52240 派款
52241 盘弄
52242 跑生意
52243 跑堂儿
52244 炮竹
52245 喷壶
52246 篷布
52247 坯布
52248 片儿（piānr）
52249 胼手胝足
52250 漂白剂
52251 凭恃
52252 七扭八歪
52253 妻管严
52254 奇勋
52255 起获
52256 谦辞
52257 强行军
52258 轻活儿
52259 轻省
52260 倾城倾国
52261 清漆
52262 穷骨头
52263 穹隆
52264 秋风扫落叶
52265 球果
52266 屈驾
52267 去势
52268 全知全能
52269 绕弯儿
52270 人所不齿
52271 刃口
52272 日场
52273 日记账
52274 荣任
52275 蝾螈
52276 肉脯
52277 茹苦含辛
52278 入列
52279 溽热
52280 软骨病
52281 软座
52282 煞气
52283 闪电战
52284 扇面儿
52285 上半月
52286 设岗
52287 深耕细作
52288 深壑
52289 审订
52290 慎言
52291 圣诞卡
52292 手硬
52293 淑静
52294 黍子
52295 数理统计
52296 双数
52297 双薪
52298 水滨
52299 水滴石穿
52300 水泽
52301 讼案
52302 送站
52303 素装
52304 缩印本
52305 弹冠相庆
52306 汤料
52307 陶陶
52308 套裤
52309 题解
52310 替手
52311 天竺葵
52312 田猎
52313 填发
52314 跳楼价
52315 铁笔
52316 听写
52317 停付
52318 挺尸
52319 通条
52320 茼蒿
52321 头帕
52322 头癣
52323 投井下石
52324 透汗
52325 涂片
52326 推求
52327 屯粮
52328 托底
52329 拖腔
52330 脱靶
52331 瓦灰
52332 婉词
52333 万马齐喑
52334 妄求
52335 违碍
52336 畏避
52337 问答题
52338 瓮中捉鳖
52339 无妄之灾
52340 五花肉
52341 西元
52342 习染
52343 洗冤
52344 下处
52345 险隘
52346 香袋
52347 象脚鼓
52348 橡皮泥
52349 削面
52350 销蚀

52351 小刀会
52352 晓市
52353 晓事
52354 泻肚
52355 卸磨杀驴
52356 凶气
52357 雄黄酒
52358 雄威
52359 熊胆
52360 羞臊
52361 锈斑
52362 絮烦
52363 喧扰
52364 玄鸟
52365 穴道
52366 学而不厌
52367 雪藏
52368 血证
52369 熏鸡
52370 鸭绒被
52371 哑场
52372 胭脂红
52373 言无二价
52374 眼生
52375 艳闻
52376 阳离子
52377 仰人鼻息
52378 妖法
52379 要目
52380 要则
52381 夜大学
52382 一贯道
52383 一心一德
52384 遗害
52385 遗墨
52386 译电
52387 易燃物
52388 意气相投
52389 音区
52390 银环蛇
52391 隐疾
52392 萤石
52393 佣钱
52394 幽咽
52395 油酥
52396 鱼漂
52397 玉洁冰清
52398 原案
52399 圆房
52400 月工
52401 杂肥
52402 在所不计
52403 藻井
52404 贼窝
52405 扎啤
52406 占星术
52407 展柜
52408 外传（wàizhuàn）
52409 折冲
52410 折中主义
52411 赭石
52412 针管
52413 珍闻
52414 整垮
52415 正座
52416 知人论世
52417 脂油
52418 直接经验
52419 直溜
52420 直眉瞪眼
52421 置辩
52422 中药店
52423 珠蚌
52424 贮量
52425 铸工
52426 转关系
52427 壮工
52428 籽实
52429 自流灌溉
52430 字模
52431 组合家具
52432 嘴紧
52433 坐机关
52434 柞蚕
52435 座号
52436 埯
52437 暗锁
52438 拔火罐
52439 把风
52440 把牢
52441 白报纸
52442 白璧微瑕
52443 白厅
52444 百口莫辩
52445 瘢
52446 拌料
52447 胞衣
52448 暴饮暴食
52449 悲咽
52450 背静
52451 本事（běnshì）
52452 髌骨
52453 冰砖
52454 兵油子
52455 丙纶
52456 病秧子
52457 簸荡
52458 簸箩
52459 补剂
52460 不对味儿
52461 不见经传
52462 财迷心窍
52463 裁断
52464 彩扩
52465 残棋
52466 残渣余孽
52467 草驴
52468 测谎仪
52469 插空
52470 插身
52471 查哨
52472 长命锁
52473 唱白脸
52474 炒青
52475 车轱辘话
52476 沉鱼落雁
52477 衬映
52478 称便
52479 称述
52480 诚笃
52481 诚招
52482 吃不透
52483 重起炉灶
52484 丑星
52485 初诊
52486 传名
52487 疮痍满目
52488 创牌子
52489 春汛
52490 蠢材
52491 催命鬼
52492 村容
52493 存照
52494 打冷战
52495 歹念
52496 丹毒
52497 弹子房
52498 党票
52499 刀削面
52500 导因
52501 盗劫
52502 等份
52503 敌境
52504 涤除
52505 底册
52506 底端
52507 底火
52508 电力网
52509 电磨
52510 殿军
52511 丢饭碗
52512 丢眼色
52513 冬藏
52514 皮癣
52515 冬菇
52516 斗心眼儿
52517 豆粉
52518 短装
52519 对举
52520 多元论
52521 耳屎
52522 二鬼子
52523 烦请
52524 繁冗
52525 犯急
52526 泛泛而谈
52527 访寻
52528 放像机
52529 肥土
52530 废铜烂铁
52531 分句
52532 风镜
52533 封火
52534 敷陈
52535 扶手椅
52536 浮动工资
52537 浮名
52538 改嘴
52539 概观
52540 干馏
52541 赶得及
52542 钢锭
52543 岗警
52544 高限
52545 告贷
52546 疙里疙瘩
52547 根瘤菌
52548 肱骨
52549 宫外孕
52550 咕叽（gūjī）
52551 呱嗒
52552 寡合
52553 挂怀
52554 挂靴
52555 棺材瓤子
52556 棺柩
52557 惯偷
52558 光艳
52559 瑰奇
52560 柜员机
52561 果子露
52562 过慢
52563 撼天动地
52564 合该
52565 黑貂
52566 后空翻
52567 花椰菜
52568 缓冲器
52569 涣然冰释
52570 黄皮书
52571 悔婚
52572 会账
52573 混充
52574 豁子
52575 活结
52576 火棒
52577 击发
52578 积垢

52579 极昼
52580 疾言厉色
52581 加试
52582 家祭
52583 捡便宜
52584 见阎王
52585 腱鞘炎
52586 讲价钱
52587 犟劲
52588 交通肇事罪
52589 交验
52590 娇痴
52591 脚注
52592 揭老底
52593 诘难
52594 解酒
52595 解扣儿
52596 界址
52597 借景
52598 金嗓子
52599 进献
52600 经售
52601 惊艳
52602 晶石
52603 精饲料
52604 敬上
52605 旧业
52606 拒载
52607 隽语
52608 军阶
52609 开锣
52610 啃书本
52611 空谷足音
52612 孔方兄
52613 口条
52614 枯木逢春
52615 夸海口
52616 匡济
52617 诓骗
52618 愧悔
52619 揽权
52620 冷暖自知
52621 礼毕
52622 礼聘
52623 粒子（lìzi）
52624 连鬓胡子
52625 连串
52626 连裆裤
52627 连理枝
52628 连跑带跳
52629 莲蓬头
52630 联体
52631 恋慕
52632 晾台
52633 僚机
52634 撂倒
52635 猎具
52636 临空
52637 零蛋
52638 炉门
52639 路卡
52640 露酒
52641 落点
52642 落落寡合
52643 马槽
52644 卖官鬻爵
52645 妹婿
52646 门钉
52647 米粮川
52648 靡靡之音
52649 秘传
52650 免战牌
52651 面巾纸
52652 面砖
52653 明枪暗箭
52654 鸣禽
52655 莫可名状
52656 漠不相关
52657 募化
52658 难字
52659 嫩滑
52660 溺婴
52661 尿血
52662 牛刀小试
52663 纽子
52664 女能人
52665 拍花
52666 排子车
52667 抛离
52668 赔小心
52669 喷射器
52670 批点
52671 皮试
52672 品红
52673 评功摆好
52674 评判员
52675 起点站
52676 气泵
52677 弃甲曳兵
52678 谦词
52679 前仇
52680 潜水泵
52681 黔剧
52682 羌笛
52683 强梁
52684 墙裙
52685 抢墒
52686 桥桩
52687 翘企
52688 青杨
52689 清炒
52690 穷年累月
52691 穹庐
52692 求售
52693 黢黑
52694 去火
52695 圈阅
52696 缺漏
52697 惹火烧身
52698 人丹
52699 肉末儿
52700 散工（sǎngōng）
52701 馓子
52702 散工（sàngōng）
52703 丧家犬
52704 僧帽
52705 砂眼
52706 膻味
52707 膳费
52708 上颚
52709 上粪
52710 韶光
52711 少年先锋队
52712 设或
52713 生恐
52714 生拉硬拽
52715 声符
52716 失盗
52717 失脚
52718 石舫
52719 石炭酸
52720 实词
52721 拾人牙慧
52722 食蚁兽
52723 试播
52724 受胎
52725 熟菜
52726 水曲柳
52727 顺情
52728 死面
52729 抬爱
52730 太平鼓
52731 弹簧锁
52732 檀香扇
52733 坦直
52734 汤池
52735 塘泥
52736 名扬中外
52737 塘堰
52738 讨账
52739 特型演员
52740 誊录
52741 啼饥号寒
52742 替班
52743 甜橙
52744 甜面酱
52745 贴标签
52746 铁蒺藜
52747 铁腕人物
52748 童蒙
52749 图典
52750 团代会
52751 歪七扭八
52752 网络警察
52753 威信扫地
52754 围嘴儿
52755 维吾尔文
52756 文卷
52757 纹身
52758 问难
52759 赊售
52760 卧佛
52761 屋架
52762 无功受禄
52763 五十步笑百步
52764 误期
52765 西部片
52766 西晒
52767 啧子
52768 稀溜溜
52769 肉弹
52770 习好
52771 喜钱
52772 喜丧
52773 过气
52774 蹭饭
52775 戏服
52776 瞎聊
52777 瞎说八道
52778 侠肝义胆
52779 闲职
52780 显豁
52781 线呢
52782 相反相成
52783 香云纱
52784 消音器
52785 小仓库
52786 小市
52787 谐剧
52788 谢仪
52789 心口如一
52790 新历
52791 芯子
52792 腥臊
52793 行诈
52794 形胜
52795 形影相随
52796 凶蛮
52797 凶年
52798 兄弟阋墙
52799 胸椎
52800 熊包
52801 休刊
52802 虚数
52803 虚有其表
52804 悬梯
52805 悬心

52806 选发
52807 选载
52808 学衔
52809 醺然
52810 牙碜
52811 牙慧
52812 牙轮
52813 亚麻布
52814 芫荽
52815 盐花
52816 盐卤
52817 艳情
52818 艳冶
52819 秧歌剧
52820 阳春面
52821 阳关大道
52822 腰肌劳损
52823 药引子
52824 野葡萄
52825 一通百通
52826 造化（zàohuà）
52827 一无所能
52828 一语破的
52829 衣摆
52830 遗祸
52831 临考
52832 义捐
52833 亦庄亦谐
52834 异才
52835 因事制宜
52836 阴功
52837 蹚浑水
52838 饮弹
52839 荧幕
52840 影印件
52841 泳镜
52842 勇毅
52843 忧苦
52844 幽邃
52845 邮集
52846 油印机
52847 渔妇
52848 渔鼓
52849 愚鲁
52850 玉米油
52851 元夜
52852 圆凳
52853 圆谎
52854 远交近攻
52855 运数
52856 栽绒
52857 啧啧称羡
52858 沾手
52859 赵公元帅
52860 针药
52861 征募
52862 正体
52863 直筒子
52864 中允
52865 钟鸣鼎食
52866 种瓜得瓜，种豆得豆
52867 茱萸
52868 主文
52869 柱廊
52870 抓斗
52871 专名
52872 篆体
52873 子息
52874 紫药水
52875 自肥
52876 棕黑
52877 遵嘱
52878 佐理
52879 坐观成败
52880 按脉
52881 凹版
52882 半中腰
52883 梆硬
52884 包心菜
52885 宝盖儿
52886 保安族
52887 爆炸力
52888 备饭
52889 本字
52890 逼供信
52891 笔体
52892 笔洗
52893 避雷器
52894 边防哨
52895 边务
52896 砭骨
52897 蝙蝠衫
52898 便利店
52899 辩护士
52900 表记
52901 别绪
52902 秉正
52903 拨发
52904 部头
52905 踩道
52906 藏掖
52907 草菇
52908 缠结
52909 畅想曲
52910 抄件
52911 超短波
52912 潮汐能
52913 车模
52914 成精
52915 吃儿
52916 吃小灶
52917 赤露
52918 重影
52919 处暑
52920 川贝
52921 串讲
52922 准入
52923 串游
52924 唇吻
52925 词牌
52926 瓷窑
52927 辞章
52928 慈颜
52929 凑拢
52930 搭扣
52931 打食
52932 打通关
52933 大轰大嗡
52934 大叶杨
52935 待聘
52936 单句
52937 淡妆浓抹
52938 倒找
52939 得亏
52940 等外品
52941 嫡长子
52942 地埂
52943 地脚
52944 地震棚
52945 递变
52946 递升
52947 顶数
52948 定调子
52949 赌瘾
52950 端架子
52951 断狱
52952 锻工
52953 对词
52954 对火
52955 夺杯
52956 二把刀
52957 二重奏
52958 二一添作五
52959 发物
52960 发屋
52961 烦愁
52962 饭勺
52963 放暗箭
52964 飞盘
52965 非职务发明
52966 废品率
52967 奋勉
52968 烽燧
52969 蜂腰
52970 浮皮潦草
52971 附寄
52972 富商大贾
52973 腹股沟
52974 改锥
52975 芥蓝
52976 赶趟儿
52977 刚勇
52978 港味儿
52979 高射机枪
52980 根芽
52981 工稳
52982 公制
52983 苟且偷安
52984 狗屎堆
52985 骨胶
52986 鼓弄
52987 瓜蔓
52988 观音土
52989 惯用语
52990 光洁度
52991 犷悍
52992 国防绿
52993 过谦
52994 过筛
52995 海钓
52996 海平线
52997 函复
52998 豪举
52999 何许
53000 和光同尘
53001 核装置
53002 黑货
53003 哼哈二将
53004 横轴
53005 红案
53006 红壤
53007 洪帮
53008 哄劝
53009 后半天
53010 狐裘
53011 胡吃海喝
53012 胡搅
53013 湖笔
53014 户枢不蠹
53015 户型
53016 滑爽
53017 话旧
53018 幻视
53019 换肩
53020 黄萎病
53021 晃摇
53022 灰分
53023 徽墨
53024 回火
53025 悔不当初
53026 毁誉参半
53027 汇费
53028 活靶
53029 唧筒
53030 稽考
53031 几次三番
53032 家庭服务员
53033 家燕

53034 夹被
53035 奸险
53036 监押
53037 兼施
53038 笺注
53039 缣帛
53040 犟嘴
53041 娇妻
53042 娇声
53043 焦干
53044 街头剧
53045 节减
53046 结疤
53047 金缕玉衣
53048 金霉素
53049 金闪闪
53050 尽然
53051 惊鸿
53052 惊险片
53053 竞投
53054 举兵
53055 绢本
53056 绝经
53057 绝口不提
53058 君主国
53059 菌肥
53060 俊雅
53061 开笔
53062 考期
53063 珂罗版
53064 可鉴
53065 可兰经
53066 刻舟求剑
53067 空口无凭
53068 孔雀石
53069 髋骨
53070 狂徒
53071 劳师动众
53072 老江湖
53073 老土
53074 垒砌
53075 垒墙
53076 肋膜炎
53077 冷面孔
53078 立体电影
53079 例题
53080 连滚带爬
53081 连裤袜
53082 帘幕
53083 粮行
53084 尥蹶子
53085 流萤
53086 龙爪槐
53087 漏夜
53088 露底
53089 炉温
53090 绿葱葱
53091 落发
53092 麦糠
53093 脉管炎
53094 满当当
53095 猫耳洞
53096 毛南族
53097 魅人
53098 门匾
53099 门派
53100 米醋
53101 面告
53102 面洽
53103 名帖
53104 摸彩
53105 木槿
53106 暮景
53107 奶名
53108 囊中物
53109 脑充血
53110 闹戏
53111 内当家
53112 内陆国
53113 内详
53114 拈轻怕重
53115 年高德劭
53116 凝缩
53117 暖乎乎
53118 排风扇
53119 旁出
53120 跑题
53121 炮筒子
53122 陪送（péisong）
53123 配膳
53124 蓬散
53125 篷车
53126 膨化
53127 披沙拣金
53128 皮猴儿
53129 皮里阳秋
53130 癖性
53131 蹁跹
53132 贫油
53133 屏条
53134 婆婆嘴
53135 破陋
53136 破相
53137 铺面房
53138 起笔
53139 气冲霄汉
53140 千瓦小时
53141 芊芊
53142 钱串子
53143 潜水衣
53144 潜滋暗长
53145 墙头草
53146 侨属
53147 窃密
53148 清盘
53149 擎天柱
53150 曲霉
53151 去痛片
53152 拳棒
53153 让价
53154 热饮
53155 人欢马叫
53156 肉丁
53157 肉头
53158 乳儿
53159 乳黄色
53160 赛船
53161 赛璐珞
53162 色魔
53163 沙金
53164 沙灾
53165 纱笼
53166 商路
53167 上肥
53168 上颌
53169 赊购
53170 舍身求法
53171 社会青年
53172 审处
53173 实益
53174 矢量
53175 饰词
53176 枢要
53177 舒筋活血
53178 疏略
53179 树墩
53180 耍奸
53181 爽目
53182 水葱
53183 水[illegible]
53184 税单
53185 吮咂
53186 厮熟
53187 死机
53188 死扣儿
53189 死球
53190 送展
53191 速决战
53192 蒜黄
53193 岁初
53194 笋干儿
53195 缩水率
53196 索讨
53197 探胜
53198 螳臂当车
53199 桃仁
53200 淘气鬼
53201 套交情
53202 天头
53203 条播
53204 铁板钉钉
53205 铁壁铜墙
53206 铁柜
53207 铁算盘
53208 通都大邑
53209 同庚
53210 筒瓦
53211 投畀豺虎
53212 徒孙
53213 兔死狗烹
53214 团歌
53215 团章
53216 挖补
53217 蛙人
53218 娃娃亲
53219 外沿
53220 顽民
53221 晚车
53222 碗碗腔
53223 危如累卵
53224 圩子
53225 苇箔
53226 尾骨
53227 污名
53228 诬害
53229 无一是处
53230 无源之水，无本之木
53231 午餐肉
53232 雾沉沉
53233 西乐
53234 锡器
53235 洗烫
53236 洗衣板
53237 喜盈门
53238 细高挑儿
53239 细故
53240 狎妓
53241 下场门
53242 限止
53243 腺瘤
53244 些个
53245 歇夏
53246 卸包袱
53247 心广体胖
53248 新寡
53249 新禧
53250 星汉
53251 行笔
53252 行成于思
53253 秀慧
53254 虚造
53255 序目
53256 续貂
53257 蓄志
53258 悬揣
53259 悬灯结彩
53260 选场
53261 削壁

53262 削铁如泥
53263 巡守
53264 严命
53265 眼库
53266 眼跳
53267 验核
53268 殃及池鱼
53269 羊皮筏
53270 阳电
53271 佯败
53272 仰八叉
53273 妖物
53274 妖雾
53275 窑坑
53276 疟子
53277 药皂
53278 药渣
53279 要言不烦
53280 椰汁
53281 业师
53282 一触即溃
53283 一棍子打死
53284 一孔之见
53285 怡悦
53286 姨表
53287 疑阵
53288 彝文
53289 亿万斯年
53290 役畜
53291 癔病
53292 阴惨
53293 阴宅
53294 淫巧
53295 应门
53296 硬充
53297 花工夫
53298 优渥
53299 酉时
53300 迂论
53301 余利
53302 鱼鳞坑
53303 榆木疙瘩
53304 愚蒙
53305 远谋
53306 远缘
53307 月台票
53308 月头儿
53309 月尾
53310 月终
53311 暂用
53312 甑子
53313 扎花
53314 掌班
53315 招女婿
53316 折戟沉沙
53317 赭黄色
53318 蔗田
53319 震波
53320 知友
53321 指腹为婚
53322 治装
53323 微电影
53324 置评
53325 中幡
53326 中药房
53327 竹纸
53328 主厨
53329 抓空儿
53330 转注
53331 庄院
53332 追补
53333 赘肉
53334 资材
53335 自爆
53336 自动门
53337 棕绳
53338 走读生
53339 族亲
53340 组办
53341 钻天杨
53342 钻工
53343 作速
53344 作秀
53345 坐收渔利
53346 坐夜
53347 坐赃
53348 爱搭不理
53349 八字脚
53350 拔取
53351 把揽
53352 白醋
53353 白斩鸡
53354 棒糖
53355 包蕴
53356 饱食终日，无所用心
53357 报幕员
53358 抱窝
53359 爆棚
53360 鼻儿
53361 毕剥
53362 敝帚自珍
53363 边锋
53364 别体
53365 别有天地
53366 摈除
53367 冰消瓦解
53368 病征
53369 拨叫
53370 波荡
53371 不负重望
53372 布菜
53373 猜枚
53374 裁处
53375 彩券
53376 彩色片
53377 参检
53378 参量
53379 惨毒
53380 惨境
53381 策问
53382 差数
53383 茶盏
53384 查号台
53385 谗害
53386 超逸
53387 炒买炒卖
53388 撤免
53389 趁空
53390 成丁
53391 承修
53392 秤星
53393 痴傻
53394 侈靡
53395 冲服
53396 储积
53397 吹冷风
53398 醇和
53399 辍笔
53400 词法
53401 促进派
53402 醋坛子
53403 氽子
53404 存底
53405 蹉跎岁月
53406 错谬
53407 沓子
53408 打光棍儿
53409 大概其
53410 大染缸
53411 代食品
53412 带头羊
53413 待产
53414 单季稻
53415 胆虚
53416 蛋鸭
53417 倒嚼
53418 倒座
53419 低糖
53420 滴水穿石
53421 点穿
53422 点金术
53423 电烤箱
53424 叠罗汉
53425 定盘星
53426 东床
53427 东鳞西爪
53428 冻豆腐
53429 洞天福地
53430 豆腐皮
53431 煅烧
53432 敦睦
53433 多面体
53434 额骨
53435 耳顺
53436 二愣子
53437 发蜡
53438 发油
53439 翻牌
53440 烦琐哲学
53441 犯浑
53442 泛酸
53443 防滑链
53444 防化服
53445 防涝
53446 放榜
53447 放私
53448 废品站
53449 分子式
53450 风光片
53451 风源
53452 封港
53453 敷料
53454 扶病
53455 浮漂
53456 福无双至
53457 斧正
53458 腐旧
53459 付邮
53460 负屈
53461 妇婴
53462 附载
53463 复本
53464 复演
53465 改产
53466 干柴烈火
53467 肝气
53468 膏粱
53469 功夫片
53470 箍儿
53471 瓜架
53472 瓜子仁儿
53473 刮宫
53474 冠词
53475 灌溉渠
53476 灌米汤
53477 归总
53478 锅饼
53479 过甚其词
53480 海米
53481 合共
53482 盒式
53483 横眉怒目
53484 横眉竖目
53485 烘炉
53486 喉炎
53487 狐步舞
53488 虎胆
53489 护从
53490 护膝

53491 画页
53492 话外音
53493 怀鬼胎
53494 幻灯机
53495 换挡
53496 换约
53497 黄熟
53498 挥斥
53499 会籍
53500 豁嘴
53501 活死人
53502 火蛇
53503 火焰喷射器
53504 火中取栗
53505 货郎鼓
53506 鸡胸
53507 激将
53508 级任
53509 集邮册
53510 家鼠
53511 架子工
53512 建置
53513 剑舞
53514 江洋大盗
53515 交欢
53516 交迫
53517 胶乳
53518 角铁
53519 搅浑
53520 接客
53521 接生员
53522 劫案
53523 疥癣
53524 金合欢
53525 金盏花
53526 缙绅
53527 经年
53528 经纬线
53529 晶片
53530 净水器
53531 竞卖
53532 敬挽
53533 窘促
53534 酒色财气
53535 酒糟鼻
53536 救荒
53537 举哀
53538 举案齐眉
53539 聚讼纷纭
53540 绢画
53541 绝色
53542 军婚
53543 开洋荤
53544 开仗
53545 刊本
53546 炕梢
53547 考妣
53548 可望而不可即
53549 刻工
53550 客舍
53551 课室
53552 空耗
53553 空言
53554 口称
53555 酷肖
53556 夸饰
53557 蓝筹股
53558 揽胜
53559 老来俏
53560 络子
53561 落枕
53562 冷泉
53563 哩哩啦啦
53564 力点
53565 连锅端
53566 敛钱
53567 练功房
53568 亮分
53569 亮牌
53570 撩动
53571 料器
53572 猎猎
53573 领巾
53574 流气
53575 流徙
53576 六弦琴
53577 龙须面
53578 陋规
53579 漏检
53580 录放
53581 缕析
53582 绿阴
53583 乱码
53584 骆驼草
53585 落槌
53586 落地式
53587 落墨
53588 麦秋
53589 没缘
53590 玫瑰香
53591 煤焦油
53592 煤气管
53593 门额
53594 密封条
53595 面斥
53596 面神经
53597 明补
53598 磨嘴皮
53599 抹子
53600 那（Nā）
53601 奶罩
53602 奶嘴
53603 囊空如洗
53604 铙钹
53605 闹意气
53606 内宾
53607 内聚力
53608 内痔
53609 牛犊子
53610 牛性子
53611 浓阴
53612 驽钝
53613 暖风机
53614 沤肥
53615 攀高枝儿
53616 盘货
53617 跑圆场
53618 炮膛
53619 陪祭
53620 喷枪
53621 鹏程万里
53622 披坚执锐
53623 皮垫
53624 皮筏
53625 疲沓
53626 劈叉
53627 偏科
53628 凭依
53629 普及本
53630 旗装
53631 企慕
53632 起搏器
53633 签到簿
53634 潜返
53635 乔其纱
53636 巧劲儿
53637 侵越
53638 亲聆
53639 勤杂人员
53640 倾动
53641 倾塌
53642 清肺
53643 清涟
53644 穷极无聊
53645 穷讲究
53646 茕茕孑立
53647 曲意逢迎
53648 曲终人散
53649 全勤
53650 群魔乱舞
53651 然诺
53652 人来疯
53653 人寿年丰
53654 仁人君子
53655 肉鸽
53656 肉丸
53657 如次
53658 入镜
53659 箬笠
53660 散置
53661 刹把
53662 山荒
53663 上蜡
53664 上坡路
53665 上元节
53666 少礼
53667 少东家
53668 舌敝唇焦
53669 神道碑
53670 肾盂
53671 生词
53672 生花妙笔
53673 失语症
53674 石英表
53675 时行
53676 使役
53677 示波器
53678 试机
53679 适逢其会
53680 收悉
53681 书迷
53682 述而不作
53683 要人
53684 要手艺
53685 要态度
53686 涮洗
53687 水中捞月
53688 睡裤
53689 说不着
53690 数见不鲜
53691 私学
53692 宋体字
53693 速食面
53694 碎嘴子
53695 锁边
53696 踏看
53697 胎毛
53698 胎衣
53699 台扇
53700 太阳电池
53701 太子参
53702 坍陷
53703 滩羊
53704 糖包
53705 桃酥
53706 陶文
53707 套绳
53708 梯恩梯
53709 提挈
53710 提线木偶
53711 听装
53712 停板
53713 通勤车
53714 铜绿
53715 童便
53716 偷嘴
53717 徒子徒孙
53718 吐穗
53719 退庭

53720 退团
53721 吞灭
53722 吞蚀
53723 屯聚
53724 臀尖
53725 脱口秀
53726 脱兔
53727 脱盐
53728 外存
53729 外港
53730 剜肉补疮
53731 妄断
53732 忘性
53733 微火
53734 违心之论
53735 围击
53736 畏友
53737 做绝
53738 温吞水
53739 文不加点
53740 刎颈交
53741 问来问去
53742 无本之木
53743 无声无臭
53744 武丑
53745 舞星
53746 晤见
53747 吸附剂
53748 细挑
53749 瞎谄
53750 辖制
53751 夏令时
53752 线手套
53753 相辅而行
53754 销势
53755 小疵
53756 小里小气
53757 小循环
53758 谐美
53759 鞋刷
53760 心到神知
53761 心劳日拙
53762 薪饷
53763 信赏必罚
53764 熬冬
53765 星移斗转
53766 行时
53767 兴头儿上
53768 满地
53769 胸花
53770 胸无点墨
53771 修盖
53772 朽烂
53773 续稿
53774 续假
53775 玄青
53776 悬腕
53777 炫示
53778 雪暴
53779 血红素
53780 至死不渝
53781 局点
53782 巡风
53783 烟色
53784 颜容
53785 檐口
53786 偷巧
53787 扬场
53788 笨口拙舌
53789 要端
53790 一片冰心
53791 移用
53792 义项
53793 异见
53794 逸趣
53795 阴干
53796 隐形飞机
53797 印玺
53798 勇冠三军
53799 百分号
53800 悠悠荡荡
53801 邮售
53802 油星
53803 釉面砖
53804 娱悦
53805 雨景
53806 雨帽
53807 郁热
53808 御苑
53809 帮冬
53810 原宥
53811 远因
53812 云汉
53813 韵调
53814 韵书
53815 杂税
53816 枣糕
53817 曾孙女
53818 赠别
53819 诈唬
53820 诈尸
53821 毡靴
53822 站哨
53823 绽露
53824 珍珠霜
53825 枕骨
53826 阵式
53827 震天价
53828 正日子
53829 口惠
53830 正凶
53831 直愣愣
53832 职大
53833 鸷鸟
53834 智擒
53835 珠兰
53836 猪窝
53837 竹雕
53838 主权国
53839 主责
53840 抓壮丁
53841 专才
53842 专差
53843 装裹
53844 酌减
53845 自相鱼肉
53846 棕树
53847 总务长
53848 走避
53849 走棋
53850 租种
53851 过数
53852 组雕
53853 钻床
53854 拉交情
53855 长销
53856 钻台
53857 嘴严
53858 哀兵必胜
53859 矮墩墩
53860 安步当车
53861 暗补
53862 澳抗
53863 八卦掌
53864 拔锚
53865 坝基
53866 白矾
53867 白汤
53868 摆件
53869 败象
53870 扳道
53871 扳子
53872 办罪
53873 包身工
53874 保险灯
53875 抱恨终天
53876 爆仗
53877 碑身
53878 贝雕
53879 本籍
53880 崩落
53881 迸流
53882 痹症
53883 变例
53884 辨正
53885 别业
53886 冰船
53887 冰肌玉骨
53888 不才
53889 不二价
53890 不名一文
53891 才赋
53892 财界
53893 仓位
53894 苍耳
53895 草体
53896 侧根
53897 茶碱
53898 碴口
53899 岔气
53900 差派
53901 长统袜
53902 常性
53903 唱碟
53904 唱针
53905 车险
53906 扯腿
53907 陈货
53908 蛏子
53909 呈阅
53910 承购
53911 吃准
53912 痴恋
53913 抽换
53914 愁怀
53915 筹算
53916 初潮
53917 除垢
53918 传代
53919 窗扉
53920 窗格子
53921 闯江湖
53922 春秋笔法
53923 纯钢
53924 唇裂
53925 刺啦
53926 刺刺不休
53927 苁蓉
53928 粗厚
53929 崔巍
53930 催情
53931 搓弄
53932 错动
53933 打不住
53934 打秋风
53935 大肚汉
53936 大撒把
53937 戴胜
53938 单摆
53939 挡泥板
53940 刀把子
53941 刀豆
53942 低质
53943 堤堰
53944 地漏
53945 第二人称
53946 电褥子
53947 电视柜
53948 电椅
53949 佃客

53950 刁顽
53951 凋萎
53952 吊球
53953 叠韵
53954 顶门杠
53955 丢盔弃甲
53956 解严
53957 豆酱
53958 笃厚
53959 赌本
53960 赌窝
53961 端量
53962 断种
53963 锻件
53964 对口相声
53965 舵工
53966 恶徒
53967 儿化
53968 鹈鹕
53969 耳饰
53970 发标
53971 发嗲
53972 发躁
53973 翻斗
53974 凡例
53975 反比例
53976 返迁
53977 方向舵
53978 防沙林
53979 仿宋体
53980 放大炮
53981 放情
53982 沸反盈天
53983 痱子粉
53984 粉团
53985 风磨
53986 风墙
53987 缝合线
53988 复市
53989 复视
53990 上头
(shàngtóu)
53991 覆被
53992 概言之
53993 干薪
53994 赶活儿
53995 缸瓦
53996 割治
53997 各尽其职
53998 攻其不备
53999 汞柱
54000 骨膜
54001 关饷
54002 轨枕
54003 聒耳
54004 哈哈镜
54005 哈喇子
54006 汉显
54007 夯歌
54008 夯土
54009 蚝油
54010 壕堑
54011 好声好气
54012 合闸
54013 核试验
54014 黑管
54015 红麻
54016 红区
54017 猴皮筋儿
54018 后步
54019 后坐力
54020 湖蓝
54021 湖泽
54022 花盘
54023 荒瘠
54024 黄豆芽
54025 回头率
54026 回翔
54027 实体经济
54028 回涨
54029 汇拢
54030 秽闻
54031 秽行
54032 火筷子
54033 鸡奸
54034 鸡犬相闻
54035 基价
54036 缉查
54037 稽留
54038 计算尺
54039 忌食
54040 蛱蝶
54041 拣择
54042 简编
54043 简表
54044 简图
54045 间壁
54046 降尘
54047 骄慢
54048 骄纵
54049 焦煳
54050 焦枯
54051 角膜炎
54052 铰链
54053 缴租
54054 教旨
54055 解套
54056 金饰
54057 紧忙
54058 特藏
54059 紧实
54060 紧着
54061 荆榛
54062 末几
54063 景深
54064 劲歌
54065 竟日
54066 敬赠
54067 究其实
54068 旧人
54069 救场
54070 举事
54071 绝代
54072 绝命
54073 军列
54074 军史
54075 门店
54076 峻拔
54077 开罪
54078 揩拭
54079 空欢喜
54080 空际
54081 库藏
(kùzàng)
54082 窥看
54083 烂醉
54084 累次
54085 理家
54086 利权
54087 粮区
54088 两党制
54089 列位
54090 零担
54091 领花
54092 领水
54093 溜冰鞋
54094 流盼
54095 满仓
54096 流失率
54097 流食
54098 碌碡
54099 拢共
54100 露富
54101 庐山真面目
54102 略图
54103 瘰疬
54104 猫儿眼
54105 毛蓝
54106 锚泊
54107 锚固
54108 门斗
54109 蒙哄
54110 盟书
54111 猛男
54112 米糕
54113 秘宝
54114 面软
54115 邈远
54116 命在旦夕
54117 摸奖
54118 磨砂玻璃
54119 墨斗鱼
54120 墨晶
54121 墨渍
54122 牧主
54123 闹灾
54124 内陆湖
54125 能掐会算
54126 尼龙布
54127 黏度
54128 黏着
54129 镍币
54130 农机站
54131 暖水壶
54132 挪借
54133 糯稻
54134 攀扯
54135 捧杀
54136 皮带轮
54137 品第
54138 普快
54139 骑马找马
54140 气根
54141 契据
54142 千里驹
54143 峭立
54144 青冢
54145 清汤寡水
54146 清馨
54147 秋游
54148 曲别针
54149 驱逐令
54150 去污粉
54151 全武行
54152 缺门
54153 热得快
54154 认贼作父
54155 溶蚀
54156 肉孜节
54157 如隔三秋
54158 如芒在背
54159 锐眼
54160 撒酒疯
54161 塞牙
54162 三八妇女节
54163 三花脸
54164 沙碛
54165 傻瓜相机
54166 扇坠
54167 烧心
54168 少白头
54169 蛇蜕
54170 生理盐水
54171 生荣死哀
54172 绳墨
54173 失墒
54174 失贞
54175 石笔
54176 市制
54177 试场

54178 柿霜
54179 手写体
54180 熟土
54181 暑伏
54182 数词
54183 双肩挑
54184 双响
54185 水洗布
54186 税案
54187 顺意
54188 司库
54189 司药
54190 官媒
54191 撕肝裂肺
54192 死读书
54193 松烟
54194 素愿
54195 随风倒
54196 胎发
54197 台鉴
54198 抬头纹
54199 弹簧门
54200 碳黑
54201 天差地远
54202 填方
54203 挑错儿
54204 跳房子
54205 跳皮筋儿
54206 贴本儿
54207 通览
54208 通权达变
54209 偷营
54210 徒托空言
54211 土名
54212 土腥气
54213 兔唇
54214 团籍
54215 团圆节
54216 颓靡
54217 拖堂
54218 脱胶
54219 脱漏
54220 脱卸
54221 袜筒
54222 弯度
54223 弯头
54224 丸剂
54225 玩儿完
54226 婉顺
54227 万能胶
54228 委培
54229 温课
54230 文契
54231 文胸
54232 窝工
54233 诬指
54234 无头苍蝇
54235 芜菁
54236 五方杂处
54237 舞迷
54238 雾茫茫
54239 吸顶灯
54240 吸墨纸
54241 析疑
54242 洗发精
54243 下车伊始
54244 下聘
54245 衔冤
54246 现成饭
54247 馅儿饼
54248 香橙
54249 香肚
54250 湘菜
54251 消声器
54252 消歇
54253 萧规曹随
54254 小别
54255 晓以利害
54256 写家
54257 血糊糊
54258 泻肚子
54259 信筒
54260 行李房
54261 醒木
54262 凶耗
54263 凶宅
54264 胸膜炎
54265 雄视
54266 休怪
54267 秀挺
54268 袖珍本
54269 虚飘飘
54270 玄之又玄
54271 削肩
54272 穴播
54273 寻章摘句
54274 压车
54275 咽喉炎
54276 妍丽
54277 盐滩
54278 演期
54279 唁函
54280 验钞机
54281 养眼
54282 妖风
54283 摇笔杆儿
54284 摇唇鼓舌
54285 咬舌
54286 夜光表
54287 一得之见
54288 一锅端
54289 一叶知秋
54290 异日
54291 薏米
54292 殷富
54293 撞脸
54294 淫亵
54295 荫翳
54296 英年
54297 痈疽
54298 幽婉
54299 余风
54300 余勇可贾
54301 羽纱
54302 驭手
54303 欲壑难填
54304 圆钢
54305 云崖
54306 臧否
54307 藏袍
54308 早搏
54309 早造
54310 藻饰
54311 择友
54312 沾花惹草
54313 谵妄
54314 战争贩子
54315 招眼
54316 找米下锅
54317 找平
54318 找窍门
54319 折叠床
54320 诊疗所
54321 争嘴
54322 征引
54323 职务工资
54324 旨要
54325 中提琴
54326 钟鼎文
54327 猪倌儿
54328 竹箱
54329 助桀为虐
54330 著作人
54331 抓差
54332 撞骗
54333 撞针
54334 追缉
54335 濯濯
54336 滋蔓
54337 子囊
54338 自咎
54339 自况
54340 宗主权
54341 总起来看
54342 足金
54343 钻劲儿
54344 嘴碎
54345 尊驾
54346 作脸
54347 挨边儿
54348 安土重迁
54349 笆斗
54350 罢教
54351 白案
54352 白道
54353 拜物教
54354 帮补
54355 胞兄弟
54356 宝号
54357 报失
54358 报站
54359 背篼
54360 悲思
54361 碑额
54362 备悉
54363 笨头笨脑
54364 绷脸
54365 迸飞
54366 笔套
54367 笔形
54368 碧油油
54369 变色镜
54370 辩诉
54371 表针
54372 裱褙
54373 冰床
54374 驳岸
54375 薄荷脑
54376 擘划
54377 不成才
54378 不大离儿
54379 不冻港
54380 不老少
54381 步人后尘
54382 簿籍
54383 彩饰
54384 菜店
54385 残疾车
54386 残卷
54387 苍哑
54388 插一杠子
54389 查铺
54390 拆零
54391 拆卖
54392 馋鬼
54393 长法
54394 常套
54395 超假
54396 车载斗量
54397 车闸
54398 嗔怨
54399 晨霜
54400 撑场面
54401 承允
54402 惩一儆百
54403 逞英雄
54404 吃不来
54405 吃得来
54406 冲浪板
54407 臭椿

54408 臭皮囊
54409 出份子
54410 出徒
54411 出位
54412 出掌
54413 厨工
54414 畜圈
54415 穿凿附会
54416 传粉
54417 传技
54418 传经送宝
54419 垂直绿化
54420 戳儿
54421 磁暴
54422 次货
54423 枞树
54424 簇生
54425 攒聚
54426 存案
54427 搭错车
54428 搭肩
54429 答数
54430 打小算盘
54431 打样
54432 大赦令
54433 大显神通
54434 大月
54435 但书
54436 蛋品
54437 蛋青
54438 当中间儿
54439 当子
54440 导板
54441 倒彩
54442 倒果为因
54443 得脸
54444 迪吧
54445 笛膜
54446 地动仪
54447 地政
54448 颠茄
54449 点卯
54450 电磁炉
54451 电磁铁
54452 电功率
54453 电教馆
54454 电路图
54455 电声乐队
54456 吊楼
54457 吊线
54458 调干
54459 调函
54460 调休
54461 鼎足之势
54462 定向培育
54463 兜销
54464 陡立
54465 对胃口
54466 多难兴邦
54467 舵轮
54468 厄难
54469 耳子
54470 二次能源
54471 发凡
54472 发闷（fāmēn）
54473 发市
54474 发疟子
54475 发露
54476 犯戒
54477 方领
54478 防卫过当
54479 仿建
54480 飞洒
54481 肥肠
54482 肥腻
54483 份儿菜
54484 风镐
54485 风派
54486 蜂蜡
54487 缝穷
54488 讽诵
54489 芙蕖
54490 辐条
54491 福运
54492 附属国
54493 改辙
54494 干股
54495 甘冽
54496 感叹词
54497 橄榄色
54498 钢锯
54499 钢钻
54500 高胡
54501 高枝儿
54502 膏剂
54503 稿源
54504 耕畜
54505 工字钢
54506 公了
54507 公文旅行
54508 公子王孙
54509 狗尾续貂
54510 姑舅
54511 谷壳儿
54512 骨感
54513 骨结核
54514 鼓舌
54515 观者如堵
54516 管乐队
54517 诡奇
54518 鬼蜮伎俩
54519 贵恙
54520 海狸
54521 酣梦
54522 含饴弄孙
54523 航空信
54524 毫末
54525 豪放不羁
54526 浩茫
54527 核垄断
54528 黑板擦
54529 黑茫茫
54530 横披
54531 呼扇
54532 坏点子
54533 换购
54534 荒古
54535 荟集
54536 彗尾
54537 荤油
54538 活似
54539 叽里哇啦
54540 鸡毛帚
54541 鸡血石
54542 积食
54543 佶屈聱牙
54544 亟亟
54545 棘刺
54546 集刊
54547 几曾
54548 忌口
54549 艰苦备尝
54550 监外执行
54551 简本
54552 见财起意
54553 见高低
54554 贱价
54555 酱瓜
54556 胶版
54557 叫阵
54558 校点
54559 校注
54560 接车
54561 接防
54562 结义
54563 截长补短
54564 解暑
54565 借古讽今
54566 尽其所有
54567 经穴
54568 惊风
54569 敬服
54570 厩肥
54571 拘传
54572 卷帘门
54573 卷逃
54574 开金
54575 开门揖盗
54576 开司米
54577 开斋
54578 看家戏
54579 堪当
54580 抗热
54581 靠山吃山，靠水吃水
54582 缂丝
54583 眍
54584 口彩
54585 块茎
54586 宽幅
54587 矿源
54588 盔头
54589 葵扇
54590 拉山头
54591 腊八
54592 揽货
54593 狼牙棒
54594 老派
54595 乐悠悠
54596 累犯
54597 理屈
54598 厉色
54599 呖呖
54600 利导
54601 连蹦带跳
54602 连环计
54603 凉白开
54604 檩子
54605 灵异
54606 流失生
54607 柳体
54608 六书
54609 漏光
54610 漏勺
54611 鲁钝
54612 乱摊子
54613 螺母
54614 裸眼
54615 麻袋片儿
54616 麻刀
54617 马鞭子
54618 买椟还珠
54619 麦饭石
54620 脉案
54621 瞒产
54622 慢火
54623 慢性子
54624 毛片
54625 闷罐车
54626 迷眩
54627 棉毛裤
54628 免验
54629 娩出
54630 面门
54631 冥钞
54632 冥器
54633 墨斗
54634 默片
54635 奶酒

54636 男性病
54637 拟态
54638 鸟尽弓藏
54639 女里女气
54640 疟蚊
54641 排笔
54642 派力司
54643 朋辈
54644 蚍蜉
54645 僻巷
54646 片约
54647 贫矿
54648 牝鸡司晨
54649 牝牡
54650 平列
54651 平纹
54652 坡跟
54653 漆包线
54654 畦田
54655 裸捐
54656 起岸
54657 津要
54658 气胸
54659 气壮如牛
54660 弃旧图新
54661 欠伸
54662 镪水
54663 翘盼
54664 撬杠
54665 青茶
54666 青田石
54667 轻悠悠
54668 情随事迁
54669 罄尽
54670 穷乏
54671 秋裤
54672 曲笔
54673 屈心
54674 取齐
54675 燃爆
54676 绕梁三日
54677 熔断
54678 如鸟兽散
54679 乳齿
54680 辱命
54681 入味儿
54682 软片
54683 三姑六婆
54684 三棱镜
54685 山西梆子
54686 山险
54687 山魈
54688 少相
54689 蛇足
54690 申时
54691 审看
54692 生俘
54693 绳梯
54694 失群
54695 失收
54696 十指连心
54697 石坊
54698 试工
54699 视唱
54700 手技
54701 手炉
54702 手眼通天
54703 首尾相应
54704 兽环
54705 瘦瘠
54706 叔婆
54707 涮锅子
54708 水貂
54709 水牢
54710 水松
54711 水锈
54712 睡容
54713 思春
54714 死性
54715 诉讼状
54716 宿仇
54717 碎末儿
54718 孙女婿
54719 榫头
54720 缩写本
54721 缩印
54722 弹跳力
54723 炭画
54724 探口气
54725 糖蒜
54726 套票
54727 套衫
54728 特种工艺
54729 藤箱
54730 蹄筋
54731 天荒地老
54732 调皮鬼
54733 贴边
54734 铁纱
54735 通分
54736 通讯兵
54737 统招
54738 偷汉子
54739 头皮屑
54740 透漏
54741 凸轮
54742 图例
54743 土老帽儿
54744 土温
54745 土药
54746 脱坯
54747 脱脂棉
54748 驼毛
54749 外交特权
54750 外面儿光
54751 万古流芳
54752 网迷
54753 望风捕影
54754 威风扫地
54755 未可厚非
54756 蕹菜
54757 无价宝
54758 物候
54759 物态
54760 夕烟
54761 喜眉笑眼
54762 戏单
54763 虾兵蟹将
54764 八字没一撇
54765 虾酱
54766 下劲
54767 下毛毛雨
54768 先意承志
54769 限界
54770 献旗
54771 湘剧
54772 响遏行云
54773 响锣
54774 向阳花
54775 橡皮擦
54776 硝盐
54777 枪替
54778 销号
54779 小广播
54780 歇班
54781 邪祟
54782 心心念念
54783 欣慕
54784 新巧
54785 星号
54786 凶狂
54787 休班
54788 修旧利废
54789 修面
54790 许亲
54791 绪言
54792 续后
54793 沐浴露
54794 喧叫
54795 癣疥之疾
54796 穴居野处
54797 穴头
54798 血痂
54799 巡街
54800 压港
54801 崖刻
54802 沿例
54803 眼底下
54804 艳诗
54805 马革裹尸
54806 验算
54807 验照
54808 扬汤止沸
54809 嘴损
54810 羊皮纸
54811 要死不活
54812 要子
54813 曳光弹
54814 一发千钧
54815 以眼还眼，以牙还牙
54816 艺术照
54817 海基
54818 艺徒
54819 忆述
54820 译述
54821 意马心猿
54822 阴门
54823 音序
54824 淫棍
54825 隐避
54826 英制
54827 硬笔书法
54828 油票儿
54829 油渣
54830 谬奖
54831 诱迫
54832 釉陶
54833 拙稿
54834 鱼汛
54835 渔霸
54836 愚妄
54837 欲加之罪，何患无辞
54838 喻示
54839 鸳鸯楼
54840 原汤
54841 月俸
54842 月历
54843 云片糕
54844 早霜
54845 早泄
54846 增编
54847 增调
54848 锃光瓦亮
54849 摘记
54850 彰明较著
54851 禅悟
54852 长膘
54853 折冲樽俎
54854 折福
54855 折寿
54856 针尖儿对麦芒儿
54857 侦探片
54858 真空管
54859 诊视
54860 整点
54861 靡费
54862 知冷知热

54863 知识产业
54864 直快
54865 植苗
54866 纸样
54867 至好
54868 置诸高阁
54869 忠恕
54870 忠贞不贰
54871 皱痕
54872 株距
54873 潴留
54874 烛泪
54875 主力舰
54876 祝颂
54877 抓髻
54878 追奔逐北
54879 茁实
54880 着重号
54881 自疚
54882 自来红
54883 恣睢
54884 足本
54885 尊口
54886 爱财如命
54887 安养
54888 傲世
54889 吧女
54890 拔丝
54891 把水搅浑
54892 白费蜡
54893 白木耳
54894 拜请
54895 斑蝥
54896 半休
54897 扮酷
54898 扮装
54899 胞姐
54900 保胎
54901 保险套
54902 鸨儿
54903 刨床
54904 逼婚
54905 笔算
54906 鄙见
54907 壁饰
54908 便函
54909 便签
54910 冰挂
54911 冰室
54912 冰硬
54913 秉烛夜游
54914 屏弃
54915 院线
54916 剥取
54917 泊地
54918 不哼不哈
54919 不落窠臼
54920 不蔓不枝
54921 不平则鸣
54922 菜墩子
54923 测震
54924 插翅难飞
54925 茶晶
54926 查岗
54927 谗佞
54928 超升
54929 车圈
54930 车种
54931 扯闲篇
54932 陈账
54933 衬领
54934 吃独食
54935 池鱼之殃
54936 持之有故
54937 斥力
54938 抽考
54939 抽壮丁
54940 出乖露丑
54941 出圃
54942 穿心莲
54943 船籍
54944 疮口
54945 床帷
54946 闯练
54947 词谱
54948 词性
54949 词序
54950 雌蜂
54951 粗实
54952 寸草不留
54953 寸阴
54954 打卡机
54955 打泡
54956 打头炮
54957 大陆性气候
54958 大排行
54959 大天白日
54960 待办
54961 单帮
54962 单被
54963 单放机
54964 单利
54965 担担面
54966 导尿
54967 祷文
54968 倒赔
54969 道不拾遗
54970 稻糠
54971 灯标
54972 低湿
54973 地垄
54974 典卖
54975 点发
54976 电烙铁
54977 电料
54978 电热杯
54979 调档
54980 掉膘
54981 叠床架屋
54982 丁字街
54983 顶账
54984 定礼
54985 东郭先生
54986 洞彻
54987 斗子
54988 豆青
54989 独木难支
54990 对焦
54991 起火
(qǐhuo)
54992 对流层
54993 多幕剧
54994 阿谀逢迎
54995 俄延
54996 发付
54997 发蔫
54998 凡尔丁
54999 矾土
55000 烦神
55001 繁乱
55002 反口
55003 反求诸己
55004 犯得上
55005 泛读
55006 防护堤
55007 防皱
55008 放青
55009 飞递
55010 非卖品
55011 肥腴
55012 腓骨
55013 沸热
55014 份子钱
55015 风火墙
55016 风瘫
55017 锋快
55018 蜂乳
55019 佛会
55020 腹膜炎
55021 嘎噔
55022 甘之如饴
55023 高标号
55024 歌带
55025 工力
55026 狗胆包天
55027 孤证
55028 鼓风炉
55029 顾恋
55030 顾绣
55031 挂锄
55032 挂甲
55033 怪诞不经
55034 观音竹
55035 惯窃
55036 规诫
55037 桂剧
55038 过街楼
55039 蛤蟆镜
55040 海鳗
55041 海洋性气候
55042 函授班
55043 旱魔
55044 耗神
55045 河漫滩
55046 河鲜
55047 涸辙之鲋
55048 鹤嘴锄
55049 黑更半夜
55050 红小鬼
55051 鸿鹄之志
55052 后臀尖
55053 呼之即来
55054 花池子
55055 花簇
55056 花线
55057 滑嫩
55058 化学能
55059 谎骗
55060 挥发油
55061 徽调
55062 回窜
55063 回销
55064 悔约
55065 毁证
55066 讳忌
55067 惠存
55068 惠赠
55069 混声
55070 活地狱
55071 活动房
55072 货检
55073 货位
55074 机械运动
55075 鸡冠子
55076 鸡内金
55077 鸡血藤
55078 急腹症
55079 急火
55080 急救箱
55081 急口令
55082 辑要
55083 瘠瘦
55084 继子女
55085 价签
55086 架子花
55087 监规
55088 简古
55089 见告
55090 见礼
55091 降调

55092 绛红
55093 交寄
55094 娇娆
55095 校本
55096 接驾
55097 筋道
55098 近古
55099 近体诗
55100 近朱者赤，近墨者黑
55101 禁律
55102 觐见
55103 经闭
55104 精肉
55105 敬候
55106 酒力
55107 巨奖
55108 具文
55109 聚谈
55110 绢丝
55111 鸽派
55112 眷眷
55113 俊伟
55114 开山祖师
55115 开印
55116 看扁
55117 抗涝
55118 抗凝
55119 男妓
55120 骒马
55121 宽心丸
55122 馈线
55123 坤表
55124 拉活儿
55125 来件
55126 拦洪坝
55127 狼奔豕突
55128 浪迹江湖
55129 老本行
55130 离心泵
55131 连词
55132 练笔
55133 恋乡
55134 失偶
55135 良才
55136 良心话
55137 凉帽
55138 两面三刀
55139 疗救
55140 聊表
55141 劣马
55142 临渊羡鱼
55143 淋巴腺
55144 绫罗
55145 留尾巴
55146 炉箅子
55147 路霸
55148 屡次三番
55149 绿豆蝇
55150 绿松石
55151 略语
55152 罗汉果
55153 络腮胡
55154 买价
55155 卖嘴
55156 满师
55157 螨虫
55158 毛布
55159 毛活儿
55160 铆焊
55161 铆接
55162 没膘
55163 霉天
55164 门面话
55165 蒙药
55166 棉猴儿
55167 棉毛衫
55168 面码儿
55169 泯没
55170 命途多舛
55171 摸门儿
55172 木立
55173 墓冢
55174 拿大顶
55175 拿刀动杖
55176 奶腥
55177 挠钩
55178 脑积水
55179 脑体倒挂
55180 拈阄
55181 尿壶
55182 农轻重
55183 女儿墙
55184 盘空
55185 盘马弯弓
55186 判读
55187 判分
55188 跑反
55189 泡泡纱
55190 盆腔炎
55191 偏饭
55192 偏题
55193 骗腿儿
55194 朴厚
55195 期考
55196 漆布
55197 乞巧
55198 器用
55199 潜踪
55200 浅说
55201 遣词造句
55202 欠火
55203 欠资
55204 强击
55205 乔扮
55206 断市
55207 桥基
55208 翘辫子
55209 轻油
55210 清润
55211 清挖
55212 清誉
55213 秋装
55214 球坛
55215 祛痰
55216 劬劳
55217 去芜存菁
55218 全始全终
55219 劝让
55220 群口相声
55221 群氓
55222 群言堂
55223 人造棉
55224 日晕
55225 日臻完美
55226 冗杂
55227 如花似锦
55228 孺子可教
55229 弱不胜衣
55230 三角铁
55231 伞骨
55232 散摊子
55233 丧假
55234 杀熟
55235 砂罐
55236 煞费心机
55237 色酒
55238 珊瑚虫
55239 伤耗
55240 商约
55241 申讨
55242 审校
55243 实言相告
55244 拾物
55245 是味儿
55246 舐犊情深
55247 收方
55248 收银台
55249 寿斑
55250 寿幛
55251 受粉
55252 疏狂
55253 耍花样
55254 耍心眼儿
55255 栓剂
55256 水平仪
55257 顺叙
55258 说好说歹
55259 私愤
55260 死不悔改
55261 宿疾
55262 算尺
55263 随份子
55264 遂意
55265 索酬
55266 太阳灯
55267 贪大求洋
55268 贪小失大
55269 炭笔
55270 来事
55271 堂姐妹
55272 棠棣
55273 躺柜
55274 逃敌
55275 陶塑
55276 淘神
55277 套索
55278 特体
55279 特种警察
55280 提梁
55281 调唆
55282 铁树开花
55283 通假
55284 同等学力
55285 捅娄子
55286 偷天换日
55287 投映
55288 吐絮
55289 退礼
55290 托门子
55291 拖运
55292 袜带
55293 外耳
55294 万用表
55295 网绳
55296 枉驾
55297 妄取
55298 维尼纶
55299 为人作嫁
55300 畏葸不前
55301 稳便
55302 钨丝
55303 物阜民丰
55304 惜老怜贫
55305 喜娘
55306 戏衣
55307 瞎子摸象
55308 涎皮赖脸
55309 线裤
55310 相烦
55311 香干儿
55312 象鼻虫
55313 小抄儿
55314 小而言之
55315 小苏打
55316 小叶杨
55317 叶韵
55318 挟嫌报复
55319 鞋拔子
55320 新正

55321 惺惺作态
55322 杏脯
55323 杏红
55324 杏仁茶
55325 凶死
55326 雄峙
55327 修眉
55328 羞人答答
55329 朽坏
55330 袖箍
55331 叙事文
55332 续借
55333 悬望
55334 选留
55335 学阀
55336 雪泥鸿爪
55337 血沉
55338 血栓病
55339 寻摸
55340 巡哨
55341 压仓
55342 鸭肫
55343 岩羊
55344 炎暑
55345 掩泣
55346 验查
55347 扬波
55348 养虎遗患
55349 谣谚
55350 摇摆舞
55351 椰蓉
55352 一唱百和
55353 一竿子插到底
55354 医案
55355 以人废言
55356 异读
55357 益母草
55358 臆说
55359 阴电
55360 阴笑
55361 银红
55362 银楼
55363 引座
55364 应届生
55365 咏怀
55366 油气流
55367 油头滑脑
55368 有声读物
55369 迂夫子
55370 迂曲
55371 娱乐厅
55372 逾常
55373 语气词
55374 玉兰片
55375 预考
55376 原唱
55377 辕马
55378 远视眼
55379 月偏食
55380 杂食
55381 闸刀
55382 掌灶
55383 丈人（zhàngrén）
55384 遮护
55385 震古烁今
55386 争强
55387 征聘
55388 正编
55389 正课
55390 正途
55391 直贡呢
55392 值星
55393 趾骨
55394 治印
55395 重病号
55396 肘腋之患
55397 朱鹮
55398 助推火箭
55399 蛀蚀
55400 转文
55401 准话
55402 自我作古
55403 走风
55404 走油
55405 左道旁门
55406 作伐
55407 作俑
55408 坐地分赃
55409 阿嚏
55410 碍口
55411 暗哨
55412 暗线
55413 八拜之交
55414 八音盒
55415 八字形
55416 扒车
55417 拔罐子
55418 白璧无瑕
55419 白化病
55420 稗官野史
55421 斑秃
55422 半瓶醋
55423 帮衬
55424 傍依
55425 宝刹
55426 保种
55427 报呈
55428 暴戾恣睢
55429 背带裤
55430 奔逐
55431 崩坍
55432 笔友
55433 碧血丹心
55434 壁钟
55435 编录
55436 编内
55437 便步
55438 辩词
55439 标准语
55440 表报
55441 表解
55442 别无长物
55443 冰镐
55444 摒绝
55445 驳论
55446 驳运
55447 薄技
55448 补假
55449 不成文法
55450 不孚众望
55451 采景
55452 彩旦
55453 彩管
55454 彩像
55455 菜案
55456 餐位
55457 残次品
55458 蚕室
55459 藏奸
55460 草写
55461 侧视
55462 插脚
55463 插屏
55464 茶褐色
55465 察勘
55466 察验
55467 产院
55468 羼杂
55469 长款
55470 倡办
55471 唱双簧
55472 唱头
55473 车条
55474 车贴
55475 承望
55476 吃货
55477 吃开口饭
55478 赤忱
55479 虫牙
55480 重霄
55481 重映
55482 抽肥补瘦
55483 抽纱
55484 酬唱
55485 除服
55486 储备金
55487 揣手儿
55488 吹灯拔蜡
55489 炊饼
55490 瓷土
55491 从俭
55492 醋精
55493 窜逃
55494 催产
55495 村貌
55496 皴裂
55497 打把式
55498 打春
55499 打钩
55500 打寒战
55501 打斜
55502 打皱
55503 打嘴仗
55504 大公国
55505 单号
55506 单鞋
55507 党棍
55508 荡除
55509 滴溜圆
55510 滴淌
55511 底样
55512 地线
55513 递降
55514 典册
55515 典押
55516 点头之交
55517 电水壶
55518 电子玩具
55519 垫补
55520 吊钩
55521 吊子
55522 掉点儿
55523 丁克
55524 顶角
55525 定刑
55526 对心
55527 鹅掌
55528 遏阻
55529 恩断义绝
55530 耳音
55531 发横
55532 法不责众
55533 仿皮
55534 访旧
55535 匪巢
55536 粉雕玉琢
55537 粉坊
55538 风刀霜剑
55539 封航
55540 伏贴
55541 服装师
55542 附笔
55543 附后
55544 改样
55545 盖帘
55546 干结
55547 赶前
55548 隔心

55549 共时
55550 贡奉
55551 狗刨
55552 挂斗
55553 关东糖
55554 关塞
55555 管押
55556 广角镜
55557 龟板
55558 果丹皮
55559 害人虫
55560 含垢忍辱
55561 寒毛
55562 旱伞
55563 绗
55564 核账
55565 黑蒙蒙
55566 狠辣
55567 烘云托月
55568 猴头菌
55569 厚古薄今
55570 胡服骑射
55571 换气扇
55572 慌手慌脚
55573 烩饼
55574 浑话
55575 叽里呱啦
55576 即景生情
55577 疾风骤雨
55578 集体照
55579 忌嘴
55580 寄费
55581 加油添醋
55582 家慈
55583 监测器
55584 简政
55585 箭靶子
55586 僵卧
55587 交臂
55588 胶木
55589 脚蹼
55590 搅拌器
55591 接机
55592 结彩
55593 界外
55594 解运
55595 金锭
55596 疗饥
55597 金瓜
55598 金质奖
55599 噤声
55600 竞购
55601 阄儿
55602 救驾
55603 拘留证
55604 举手礼
55605 绝早
55606 军援
55607 菌苗
55608 开衩
55609 开伙
55610 开溜
55611 抗皱
55612 炕儿
55613 克尽职守
55614 孔穴
55615 口谕
55616 叩见
55617 款留
55618 矿层
55619 拉后腿
55620 拉洋片
55621 懒骨头
55622 烂泥塘
55623 捞饭
55624 冷丝丝
55625 里院
55626 俚歌
55627 利滚利
55628 敛迹
55629 梁上君子
55630 两相情愿
55631 六一国际儿童节
55632 遛早儿
55633 龙须草
55634 鲁菜
55635 乱党
55636 论敌
55637 罗汉豆
55638 抹脸
55639 马路新闻
55640 满勤
55641 铆劲儿
55642 没样儿
55643 梅干菜
55644 霉雨
55645 米粉肉
55646 棉绒
55647 棉套
55648 面晤
55649 名嘴
55650 冥寿
55651 纳罕
55652 南式
55653 南味儿
55654 内亲
55655 蔫巴
55656 黏附
55657 地秤
55658 排号
55659 排气扇
55660 刨除
55661 抱粗腿
55662 配给制
55663 配楼
55664 膨体纱
55665 啤酒肚
55666 偏护
55667 片纸只字
55668 姘夫
55669 原装货
55670 平方根
55671 平角
55672 颓垣断壁
55673 平装本
55674 谱表
55675 漆树
55676 奇光异彩
55677 棋苑
55678 起讫
55679 气锤
55680 弃舍
55681 岩茶
55682 牵牛星
55683 芡实
55684 茜草
55685 抢镜头
55686 抢嘴
55687 桥拱
55688 寝具
55689 清神
55690 祛暑
55691 韧度
55692 三重唱
55693 三联单
55694 三亲六故
55695 三灾八难
55696 杀鸡吓猴
55697 傻劲儿
55698 上感
55699 上眼药
55700 涉讼
55701 麝牛
55702 伸头探脑
55703 失音
55704 石花菜
55705 食积
55706 示例
55707 收讫
55708 收文
55709 受话器
55710 舒散
55711 树丫
55712 死缠硬磨
55713 四舍五入
55714 四则运算
55715 苏剧
55716 俗尚
55717 泰山北斗
55718 贪天之功
55719 碳素钢
55720 汤泉
55721 陶工
55722 天公地道
55723 停食
55724 铜锈
55725 童子鸡
55726 凸版
55727 图鉴
55728 土俗
55729 土性
55730 推头
55731 外钞
55732 外径
55733 豌豆黄
55734 王浆
55735 网络电话
55736 望风披靡
55737 微末
55738 帏幕
55739 尾椎
55740 卫生香
55741 卫生衣
55742 卫星站
55743 畏光
55744 文教界
55745 文思泉涌
55746 窝主
55747 无伤大体
55748 鼯鼠
55749 捂盖子
55750 婺剧
55751 西番莲
55752 嬉耍
55753 洗涤灵
55754 洗发剂
55755 戏侮
55756 细溜溜
55757 瑕瑜互见
55758 下存
55759 下账
55760 弦乐队
55761 显能
55762 晓行夜宿
55763 歇伏
55764 邪财
55765 邪行
55766 胁肩谄笑
55767 信而有征
55768 信号枪
55769 行楷
55770 炸窝
55771 脸嫩
55772 胸饰
55773 虚礼
55774 序论
55775 旋梯
55776 押题
55777 牙缸

55778 牙周炎
55779 雅皮士
55780 雅正
55781 严控
55782 羊羹
55783 洋里洋气
55784 摇鹅毛扇
55785 药茶
55786 药捻子
55787 冶铸
55788 野山参
55789 野雉
55790 腋毛
55791 一脉相通
55792 一顺儿
55793 一无所见
55794 一无所求
55795 衣不解带
55796 饴糖
55797 以资鼓励
55798 蚁后
55799 议而不决
55800 阴阳人
55801 矿苗
55802 音控
55803 印色
55804 印油
55805 影写
55806 硬席
55807 泳帽
55808 油脂麻花
55809 有辙
55810 幼雏
55811 幼畜
55812 釉质
55813 釉子
55814 鱼花
55815 与虎谋皮
55816 月黑天
55817 月例
55818 云遮雾障
55819 运动袜
55820 砸饭碗
55821 砸牌子
55822 暂缺
55823 贼星
55824 炸锅
55825 战斗舰
55826 獐头鼠目
55827 掌鞭
55828 仗胆
55829 障蔽
55830 遮阳篷
55831 贞烈
55832 争长论短
55833 蒸饼
55834 蒸汽浴
55835 支店
55836 支招儿
55837 支子
55838 织补
55839 直撅撅
55840 中楷
55841 众口铄金
55842 助动词
55843 专修科
55844 转弯子
55845 转写
55846 壮门面
55847 准谱儿
55848 籽棉
55849 字谜
55850 走嘴
55851 钻井船
55852 爱克斯光
55853 安如泰山
55854 暗疾
55855 暗转
55856 凹面
55857 八字眉
55858 巴儿狗
55859 坝身
55860 掰腕子
55861 白铁皮
55862 白眼儿狼
55863 百分率
55864 棒操
55865 包伙
55866 龅牙
55867 背鳍
55868 被絮
55869 本愿
55870 蹦床
55871 秕谷
55872 笔立
55873 鞭打快牛
55874 贬称
55875 贬职
55876 变电器
55877 便览
55878 便人
55879 标量
55880 标卖
55881 标样
55882 标准像
55883 别树一帜
55884 冰坝
55885 冰车
55886 冰溜
55887 补酒
55888 不无小补
55889 擦子
55890 彩卷
55891 彩牌楼
55892 槽钢
55893 茶炊
55894 拆兑
55895 缠手
55896 常礼
55897 抄收
55898 车带
55899 车道沟
55900 车市
55901 衬纸
55902 诚聘
55903 吃零嘴
55904 吃偏饭
55905 齿龈
55906 赤痢
55907 冲腾
55908 重孙女
55909 酬对
55910 丑时
55911 出账
55912 初伏
55913 初愿
55914 雏燕
55915 穿连裆裤
55916 舛误
55917 串戏
55918 窗机
55919 垂念
55920 春令
55921 春秋衫
55922 纯品
55923 雌花
55924 粗花呢
55925 粗手笨脚
55926 粗饲料
55927 粗盐
55928 粗拙
55929 催肥
55930 打字纸
55931 打总
55932 大要
55933 带操
55934 待承
55935 单人舞
55936 淡话
55937 蛋粉
55938 倒汇
55939 倒休
55940 登山服
55941 低陷
55942 滴管
55943 敌区
55944 地震仪
55945 电磁污染
55946 电灌
55947 电灶
55948 电钟
55949 电子词典
55950 垫板
55951 雕梁画柱
55952 吊杆
55953 吊铺
55954 跌足
55955 定滑轮
55956 动辄得咎
55957 冻儿
55958 兜捕
55959 兜卖
55960 斗箕
55961 豆乳
55962 笃深
55963 笃守
55964 睹物伤情
55965 端线
55966 多神教
55967 躲风
55968 躲让
55969 讹谬
55970 耳针
55971 发货票
55972 发酵粉
55973 法帖
55974 发网
55975 翻旧账
55976 翻胃
55977 凡心
55978 反特
55979 返潮
55980 泛化
55981 放刁
55982 放排
55983 放射病
55984 肥源
55985 分米
55986 粉肠
55987 粪筐
55988 缝缀
55989 凤尾鱼
55990 孵育
55991 浮词
55992 浮石
55993 釜底游鱼
55994 辅音
55995 干松
55996 刚玉
55997 岗地
55998 高纯
55999 告缺
56000 歌片儿
56001 拆账
56002 哽塞
56003 公债券
56004 勾脸
56005 鼓包
56006 刮胡刀
56007 刮削

56008 挂屏
56009 挂轴
56010 观阵
56011 惯贼
56012 灌肠（guànchang）
56013 滚刀肉
56014 国家所有制
56015 果胶
56016 果料
56017 过电
56018 海底捞月
56019 亥时
56020 寒酸相
56021 寒腿
56022 汗斑
56023 旱冰场
56024 薅草
56025 耗散
56026 合数
56027 核审
56028 横截面
56029 横联
56030 横剖面
56031 烘制
56032 红铃虫
56033 红曲
56034 红参
56035 后景
56036 蝴蝶花
56037 糊墙纸
56038 花点子
56039 花肥
56040 滑头滑脑
56041 滑雪衫
56042 画堂
56043 环靶
56044 换样
56045 黄壤
56046 灰指甲
56047 悔棋
56048 贿买
56049 活门
56050 鸡毛菜
56051 基色
56052 吉剧
56053 急巴巴
56054 疾风劲草
56055 计程表
56056 寄怀
56057 加洗
56058 夹板气
56059 坚甲利兵
56060 见老
56061 江米酒
56062 僵蚕
56063 奖旗
56064 降等
56065 娇好
56066 娇养
56067 胶柱鼓瑟
56068 焦圈儿
56069 脚灯
56070 脚垫
56071 脚踏板
56072 脚腕
56073 教正
56074 揭疮疤
56075 揭底
56076 洁肤
56077 金刚砂
56078 金龙鱼
56079 金盆洗手
56080 禁得住
56081 禁毁
56082 禁例
56083 井栏
56084 警花
56085 净得
56086 敬颂
56087 究根儿
56088 啾啾
56089 酒精灯
56090 救穷
56091 局内人
56092 橘汁
56093 举火
56094 拒敌
56095 卷缩
56096 开颜
56097 扛大个儿
56098 考释
56099 拷绸
56100 瞌睡虫
56101 可着
56102 空名
56103 空嫂
56104 口算
56105 枯朽
56106 宽旷
56107 宽宥
56108 款步
56109 狂气
56110 诳语
56111 框定
56112 灌录
56113 扩权
56114 拉脚
56115 懒鬼
56116 烂糊
56117 滥交
56118 朗照
56119 劳动服
56120 老几
56121 老拳
56122 老油条
56123 老于世故
56124 冷布
56125 冷冽
56126 离格儿
56127 里脊肉
56128 里外里
56129 立体图
56130 利市
56131 利嘴
56132 莅会
56133 莲心
56134 脸热
56135 量杯
56136 烈风
56137 临渴掘井
56138 绫罗绸缎
56139 零数
56140 领工
56141 溜之乎也
56142 龙吟虎啸
56143 搂钱
56144 露白
56145 露丑
56146 芦柑
56147 炉瓦
56148 露头角
56149 卵翼
56150 落价
56151 马弁
56152 马蹄袖
56153 鳗鲡
56154 芒草
56155 毛重
56156 门鼻儿
56157 梦遗
56158 密封圈
56159 绵白糖
56160 绵绸
56161 棉绸
56162 民族共同语
56163 明器
56164 明喻
56165 没齿不忘
56166 抹墙
56167 墨菊
56168 默算
56169 卷纸
56170 木化石
56171 目光如豆
56172 拿腔作势
56173 难上难
56174 内陷
56175 泥饭碗
56176 孽根
56177 奴颜媚骨
56178 暖水袋
56179 啪嚓
56180 排卵期
56181 排椅
56182 派不是
56183 盘儿菜
56184 盘存
56185 盘香
56186 跑跑颠颠
56187 片酬
56188 贫病交迫
56189 铺衬
56190 葡萄灰
56191 漆雕
56192 启碇
56193 气轮机
56194 气眼
56195 汽锤
56196 牵记
56197 铅笔刀
56198 前滚翻
56199 巧辩
56200 青堂瓦舍
56201 清真教
56202 情深意长
56203 晴雨伞
56204 秋衣
56205 缺员
56206 鹊巢鸠占
56207 裙裤
56208 燃烧瓶
56209 日戳
56210 柔姿纱
56211 散剂
56212 杉篙
56213 山楂糕
56214 闪道
56215 伤悼
56216 商计
56217 上贼船
56218 审题
56219 肾亏
56220 生编硬造
56221 庆生
56222 生荒
56223 生皮
56224 声卡
56225 失学率
56226 试表
56227 是非窝
56228 书名号
56229 熟石灰
56230 熟铁
56231 数得上
56232 涮肉
56233 水舀子
56234 水翼船
56235 睡帽
56236 丝糕

56237 四脚蛇
56238 松包
56239 松塔儿
56240 搜缴
56241 搜拿
56242 酥油花
56243 素油
56244 嗉囊
56245 算草
56246 塔塔尔族
56247 胎死腹中
56248 袒胸露臂
56249 汤剂
56250 淘气包
56251 藤编
56252 条条块块
56253 贴心话
56254 通窍
56255 通用字
56256 沱茶
56257 外胎
56258 外痔
56259 玩儿票
56260 胃穿孔
56261 温乎
56262 窝里反
56263 窝里横
56264 乌孜别克族
56265 武师
56266 乌拉草
56267 匣子枪
56268 下欠
56269 平流层
56270 闲员
56271 险局
56272 险峭
56273 现丑
56274 乡谈
56275 相思豆
56276 香醋
56277 详备
56278 向隅而泣
56279 销子
56280 小道儿消息
56281 小试锋芒
56282 谢却
56283 蟹青
56284 新媳妇儿
56285 信号旗
56286 信汇
56287 凶讯
56288 秀俊
56289 戌时
56290 虚应故事
56291 煦煦
56292 雪盲
56293 血虚
56294 压场
56295 牙花子
56296 衍文
56297 眼浅
56298 验伤
56299 洋腔洋调
56300 腰袋
56301 夜盲症
56302 一差二错
56303 衣帽间
56304 姨丈
56305 移山倒海
56306 便利贴
56307 佚失
56308 阴文
56309 隐恶扬善
56310 应季
56311 硬话
56312 游戏卡
56313 羽扇纶巾
56314 语序
56315 圆实
56316 乐律
56317 窄幅
56318 毡笠
56319 珍珠贝
56320 镇尺
56321 争脸
56322 职业大学
56323 纸媒
56324 痔漏
56325 中山狼
56326 终席
56327 种仁
56328 周遍
56329 肘窝
56330 祝告
56331 拙见
56332 自动铅笔
56333 棕毛
56334 纵虎归山
56335 租佃
56336 艾窝窝
56337 谙练
56338 暗场
56339 暗盒
56340 白痢
56341 白条猪
56342 半半拉拉
56343 半脱产
56344 棒针
56345 傍午
56346 包圆儿
56347 保鲜袋
56348 爆破手
56349 背带裙
56350 碑拓
56351 北温带
56352 备不住
56353 备忘
56354 焙干
56355 笨活儿
56356 边卡
56357 便路
56358 便中
56359 彪悍
56360 表面光
56361 鳔
56362 鹁鸪
56363 补苗
56364 不摸头
56365 嚓（cā）
56366 菜薹
56367 餐点
56368 仓储超市
56369 掺沙子
56370 唱空城计
56371 朝阳花
56372 衬布
56373 成宿
56374 承做
56375 吃鸭蛋
56376 耻骨
56377 抽杀
56378 穿堂门
56379 串味儿
56380 醇正
56381 刺溜
56382 瓷釉
56383 伺弄
56384 凑乎
56385 粗纺
56386 催奶
56387 脆枣
56388 寸劲儿
56389 大楷
56390 大姨子
56391 弹膛
56392 蛋羹
56393 倒插笔
56394 倒序
56395 道钉
56396 等距
56397 滴虫
56398 缔交
56399 电键
56400 电烫
56401 电珠
56402 垫话
56403 叮问
56404 顶格
56405 丢荒
56406 冬汛
56407 洞晓
56408 笃爱
56409 笃诚
56410 笃志
56411 镀层
56412 短秤
56413 短袜
56414 断垄
56415 锻制
56416 对比色
56417 对译
56418 多音字
56419 儿男
56420 耳软心活
56421 发懒
56422 发刷
56423 翻改
56424 翻造
56425 饭口
56426 饭囊
56427 费手脚
56428 分权
56429 分厘
56430 分式
56431 仔畜
56432 蜂毒
56433 覆盆子
56434 干煸
56435 干号
56436 干急
56437 高祖父
56438 宫扇
56439 勾绘
56440 咕叽（gūji）
56441 挂累
56442 官风
56443 果子酱
56444 过劳死
56445 过堂风
56446 海程
56447 海外奇谈
56448 函购
56449 寒症
56450 汉姓
56451 旱道
56452 悍勇
56453 焊锡
56454 禾谷
56455 贺仪
56456 褐煤
56457 横街
56458 横坐标
56459 烘房
56460 烘染
56461 红汞
56462 宏才
56463 猴拳
56464 湖汉
56465 湖田
56466 蝴蝶斑

56467 虎口余生
56468 护具
56469 护腕
56470 护胸
56471 瓠子
56472 踝子骨
56473 换茬
56474 回纥
56475 混合面儿
56476 活扣儿
56477 火捻
56478 积年累月
56479 间奏曲
56480 兼听则明，偏信则暗
56481 捡漏
56482 减号
56483 将功补过
56484 嚼子
56485 叫春
56486 惊怪
56487 精料
56488 警探
56489 净产值
56490 净手
56491 九九归一
56492 酒药
56493 旧恶
56494 旧说
56495 旧知
56496 句读
56497 绝产
56498 绝缘性
56499 掘土机
56500 开冻
56501 开胶
56502 开镜
56503 开台
56504 开线
56505 开言
56506 靠边儿站
56507 客籍
56508 客家方言
56509 空荡
56510 空身
56511 口紧
56512 叩打
56513 苦夏
56514 苦中作乐
56515 宽和
56516 宽展
56517 狂烈
56518 矿泉壶
56519 窥察
56520 老板桌
56521 老油子
56522 利口
56523 连脚裤
56524 联奏
56525 炼铁炉
56526 两分法
56527 两面光
56528 零吃
56529 遛鸟
56530 卤味
56531 乱臣贼子
56532 啰唆
56533 螺号
56534 落锁
56535 麻织品
56536 马海毛
56537 马蹄表
56538 骂大街
56539 浪笑
56540 麦酒
56541 毛烘烘
56542 没家没业
56543 煤末
56544 美猴儿王
56545 闷罐子
56546 米豆腐
56547 蜜罐儿
56548 面茶
56549 面瘫
56550 妙诀
56551 篾篓
56552 明珠暗投
56553 目次
56554 牧放
56555 拿大
56556 拿乔
56557 哪会儿
56558 奶豆腐
56559 奶糕
56560 蛲虫
56561 匿报
56562 黏米
56563 凝固剂
56564 牛肝菌
56565 牛扒
56566 派购
56567 跑电
56568 泡蘑菇
56569 陪住
56570 配套成龙
56571 喷灯
56572 片儿汤
56573 拼读
56574 瓶胆
56575 棋具
56576 谦称
56577 前倨后恭
56578 潜航
56579 欠产
56580 腔肠动物
56581 抢工
56582 戗面
56583 轻金属
56584 轻重倒置
56585 驱虫剂
56586 取景器
56587 日薪
56588 如牛负重
56589 软水
56590 沙浴
56591 晒图
56592 山高水低
56593 石女
56594 粟子
56595 台秤
56596 叹词
56597 探风
56598 甜品
56599 头伏
56600 绿盘
56601 完败
56602 卫生球
56603 破处
56604 五一国际劳动节
56605 洗染店
56606 橡皮圈
56607 橡皮糖
56608 心宽体胖
56609 行房
56610 颜值
56611 牙垢
56612 尧天舜日
56613 蝇拍
56614 语料库
56615 喻义
56616 允当
56617 晕机
56618 吱（zī）
56619 孳乳
56620 走账
56621 安如磐石
56622 败毒
56623 褒词
56624 便壶
56625 残品
56626 乘务长
56627 吃劳保
56628 脆骨
56629 打边鼓
56630 单姓
56631 倒牙
56632 订书机
56633 独奏曲
56634 耳垢
56635 二伏
56636 公报私仇
56637 公亩
56638 钩针
56639 关门打狗
56640 过录
56641 过目成诵
56642 汉语水平考试
56643 华氏度
56644 黄昏恋
56645 回车键
56646 荤食
56647 搅局
56648 借喻
56649 旧调重弹
56650 惧内
56651 抗上
56652 孔武有力
56653 舞盲
56654 癞疮
56655 浪子回头金不换
56656 李代桃僵
56657 留后手
56658 卯榫
56659 末伏
56660 黏性
56661 盘根问底
56662 苤蓝
56663 骑缝
56664 顺嘴
56665 市尺
56666 首尔
56667 舒松
56668 熟语
56669 耍手段
56670 松仁
56671 随大溜
56672 太空步
56673 太空棉
56674 叩关
56675 万年历
56676 鲜啤
56677 小舌
56678 泄洪闸
56679 谢顶
56680 性价比
56681 血崩
56682 腋臭
56683 引申义
56684 中魔
56685 仔鸡
56686 凹镜
56687 差等生
56688 抽测
56689 电笔
56690 刁横
56691 凋败
56692 跌打丸

56693 房贴
56694 概数
56695 勾芡
56696 拐棒
56697 害鸟
56698 呼朋引类
56699 脊髓炎
56700 将军肚
56701 敬语
56702 鸠占鹊巢
56703 勘误
56704 懒怠
56705 亮底
56706 了账
56707 路考
56708 落地扇
56709 马屁精
56710 马尾辫
56711 骂架
56712 买醉
56713 鸣谢
56714 悬臂
56715 泥子
56716 盘账
56717 盆浴
56718 秋后算账
56719 十进制
56720 条条杠杠
56721 团粉
56722 玩儿不转
56723 下三烂
56724 销账
56725 晕血
56726 不容置喙
56727 步测
56728 产褥期
56729 长筒靴
56730 扯后腿
56731 词类
56732 掴
56733 多义词
56734 盖浇饭
56735 汗脚
56736 猴儿急
56737 借代
56738 精子库
56739 焗油
56740 均价
56741 龙行虎步
56742 路规
56743 罗圈儿腿
56744 盲打
56745 盘秤
56746 软尺
56747 上色（shàngsè）
56748 市升
56749 弹簧秤
56750 唯一
56751 羊角风
56752 样稿
56753 优盘
56754 遮阳镜
56755 当头（dàngtou）
56756 当夜（dàngyè）
56757 悼唁
56758 嗯（èng）
56759 垦复
56760 至孝
56761 咕嘟（gūdu）
56762 婚外孕
56763 节育环
56764 介词
56765 紧衣缩食
56766 酒刺
56767 开心丸
56768 瞭望
56769 烈性子
56770 零杂工
56771 手信
56772 领罪
56773 拢总
56774 喽啰
56775 落市
56776 闷气（mēnqi）
56777 闽方言
56778 拟声词
56779 陆基
56780 平月
56781 鲸饮
56782 胸徽
56783 迫降（pòxiáng）
56784 司马昭之心，路人皆知
56785 湘方言
56786 血晕
56787 鹬蚌相争，渔翁得利
56788 晕针
56789 正方体
56790 南温带

附　录

《现代汉语常用词表》（第2版）音序索引

爱惜	àixī	15153
爱心	àixīn	4364
爱憎	àizēng	24878
爱憎分明	àizēng-fēnmíng	33551
隘口	àikǒu	40035
碍	ài	10670
碍口	àikǒu	55410
碍难	àinán	49718
碍事	àishì	25153
碍手碍脚	àishǒu-àijiǎo	46181
碍眼	àiyǎn	44497
暧昧	àimèi	17356
安	ān	1652
安步当车	ānbù-dàngchē	53860
安插	ānchā	27965
安抵	āndǐ	46481
安定	āndìng	4969
安度	āndù	28214
安顿	āndùn	15264
安放	ānfàng	15382
安分	ānfèn	19277
安分守己	ānfèn-shǒujǐ	30787
安抚	ānfǔ	16528
安好	ānhǎo	37120
安徽	Ānhuī	3004
安家	ānjiā	21745
安家费	ānjiāfèi	34316
安家立业	ānjiā-lìyè	34484
安家落户	ānjiā-luòhù	29233
安检	ānjiǎn	20868
安静	ānjìng	5131
安居	ānjū	16111
安居工程	ānjū gōngchéng	28730
安居乐业	ānjū-lèyè	10137
安康	ānkāng	12806
安乐	ānlè	19970
安乐死	ānlèsǐ	38594
安乐窝	ānlèwō	38024
安乐椅	ānlèyǐ	44999
安理会	Ānlǐhuì	4767
安谧	ānmì	37297
安眠	ānmián	33322
安眠药	ānmiányào	21456
安民告示	ānmín gàoshi	46482
安宁	ānníng	6771
安排	ānpái	613
安培	ānpéi	22953
安贫乐道	ānpín-lèdào	47674
安琪儿	ānqí'ér	38765
安寝	ānqǐn	45000
安全	ānquán	709
安全带	ānquándài	20047
安全岛	ānquándǎo	49719
安全阀	ānquánfá	48972
安全感	ānquángǎn	11976
安全帽	ānquánmào	30564
安全门	ānquánmén	43009
安全套	ānquántào	23940
安全系数	ānquán xìshù	29585
安然	ānrán	11765
安然无恙	ānrán-wúyàng	18005
安如磐石	ānrúpánshí	56621
安如泰山	ānrútàishān	55853
安设	ānshè	43488
安身	ānshēn	27393
安身立命	ānshēn-lìmìng	27632
安神	ānshén	35069
安生	ānshēng	22733
安适	ānshì	31812
安睡	ānshuì	29301
安泰	āntài	39612
安土重迁	āntǔ-zhòngqiān	54348
安危	ānwēi	10255
安慰	ānwèi	3886
安稳	ānwěn	14737
安息	ānxī	18992
安闲	ānxián	25812
安详	ānxiáng	12454
安享	ānxiǎng	34085
安歇	ānxiē	38595
安心	ānxīn	4192
安养	ānyǎng	54887
安逸	ānyì	18718
安营	ānyíng	37473
安营扎寨	ānyíng-zhāzhài	27887
安于	ānyú	25272
安葬	ānzàng	17427
安之若素	ānzhī-ruòsù	44029
安置	ānzhì	2646
安装	ānzhuāng	3206
桉树	ānshù	32797
氨	ān	11216
氨基酸	ānjīsuān	15625
氨气	ānqì	42259
氨水	ānshuǐ	35070
庵	ān	12232
庵堂	āntáng	46776
谙练	ānliàn	56337
谙熟	ānshú	37298
鹌鹑	ānchún	29700
鞍马	ānmǎ	26379
鞍马劳顿	ānmǎ-láodùn	49328
鞍前马后	ānqián-mǎhòu	45001
鞍子	ānzi	39188
俺	ǎn	2678
埯	ǎn	52436
岸	àn	4694
岸基	ànjī	39720
岸然	ànrán	51207
按	àn	279
按兵不动	ànbīng-bùdòng	27394
按部就班	ànbù-jiùbān	25523
按键	ànjiàn	32798
按揭	ànjiē	23350
按金	ànjīn	49222
按理	ànlǐ	31222
按例	ànlì	49720
按脉	ànmài	52880
按摩	ànmó	10317
按捺	ànnà	26294
按钮	ànniǔ	19095
按期	ànqī	12857
按时	ànshí	5704
按说	ànshuō	19594
按图索骥	àntú-suǒjì	39815
按压	ànyā	37662
按语	ànyǔ	35411
按照	ànzhào	634
案	àn	1109
案板	ànbǎn	29391
案底	àndǐ	35388
案牍	àndú	49329
案发	ànfā	14106
案犯	ànfàn	20408
案件	ànjiàn	1462
案卷	ànjuàn	23456
案例	ànlì	7234
案情	ànqíng	11402

案头	àntóu	18360
案由	ànyóu	36614
案值	ànzhí	13351
案子	ànzi	6565
暗	àn	2610
暗暗	àn'àn	6296
暗堡	ànbǎo	45880
暗补	ànbǔ	53861
暗藏	àncáng	25587
暗娼	ànchāng	35071
暗场	ànchǎng	56338
暗潮	àncháo	50434
暗处	ànchù	20088
暗疮	ànchuāng	48202
暗淡	àndàn	14508
暗道	àndào	38025
暗地	àndì	10539
暗地里	àndìli	17270
暗房	ànfáng	47675
暗访	ànfǎng	14881
暗沟	àngōu	51208
暗害	ànhài	43489
暗含	ànhán	38026
暗号	ànhào	24947
暗合	ànhé	38596
暗河	ànhé	40036
暗盒	ànhé	56339
暗红	ànhóng	32920
暗疾	ànjí	55854
暗记	ànjì	48973
暗箭	ànjiàn	41333
暗礁	ànjiāo	32655
暗扣儿	ànkòur	50809
暗里	ànlǐ	25886
暗恋	ànliàn	37663
暗流	ànliú	34201
暗绿	ànlǜ	42757
暗泣	ànqì	47676
暗器	ànqì	48974
暗渠	ànqú	51736
暗杀	ànshā	11406
暗伤	ànshāng	51996
暗哨	ànshào	55411
暗示	ànshì	6556
暗室	ànshì	38766
暗送秋波	ànsòng-qiūbō	51586
暗算	ànsuàn	27168
暗锁	ànsuǒ	52437
暗探	àntàn	42492
暗无天日	ànwútiānrì	40455
暗喜	ànxǐ	42018
暗线	ànxiàn	55412
暗箱操作	ànxiāng cāozuò	17918
暗想	ànxiǎng	16309
暗笑	ànxiào	26665
暗语	ànyǔ	40456
暗喻	ànyù	46483
暗中	ànzhōng	6312
暗转	ànzhuǎn	55855
暗自	ànzì	12185
黯然	ànrán	17818
黯然神伤	ànrán-shénshāng	36290
黯然失色	ànrán-shīsè	30233
肮脏	āngzāng	10449
昂	áng	9256
昂贵	ángguì	10768
昂然	ángrán	19307
昂首	ángshǒu	18214
昂首阔步	ángshǒu-kuòbù	34926
昂扬	ángyáng	10556
盎然	àngrán	15477
盎司	àngsī	29795
凹	āo	10380
凹版	āobǎn	52881
凹镜	āojìng	56686
凹面	āomiàn	55856
凹凸	āotū	41334
凹陷	āoxiàn	24879
熬	āo	37121
敖包	áobāo	42019
遨游	áoyóu	20651
嗷嗷	áo'áo	29586
嗷嗷待哺	áo'áo-dàibǔ	39189
獒	áo	45881
熬	áo	4327
熬出头	áochūtóu	48619
熬冬	áodōng	53764
熬煎	áojiān	30127
熬夜	áoyè	27395
熬制	áozhì	27674
鳌	áo	33428
翱翔	áoxiáng	20450
鏖战	áozhàn	20170
袄	ǎo	12970
拗	ào	9945
拗口	àokǒu	41782
傲	ào	9792
傲岸	ào'àn	47067
傲骨	àogǔ	35981
傲慢	àomàn	13631
傲气	àoqì	25211
傲然	àorán	23716
傲世	àoshì	54888
傲视	àoshì	32036
奥	ào	6611
奥林匹克	Àolínpǐkè	5211
奥秘	àomì	11209
奥妙	àomiào	17559
奥斯卡	Àosīkǎ	5054
奥委会	Àowěihuì	14550
奥援	àoyuán	50810
奥运会	Àoyùnhuì	2429
澳	ào	3940
澳大利亚	Àodàlìyà	3088
澳抗	àokàng	53862
澳门	Àomén	2476
澳洲	Àozhōu	13547
懊悔	àohuǐ	14839
懊恼	àonǎo	17333
懊丧	àosàng	22375
鏊子	àozi	45882
八	bā	355
八拜之交	bābàizhījiāo	55413
八宝饭	bābǎofàn	47990
八宝箱	bābǎoxiāng	50743
八宝粥	bābǎozhōu	49330
八辈子	bābèizi	43490
八成	bāchéng	16558
八方	bāfāng	19096
八哥	bāge	17714
八股	bāgǔ	26295
八卦	bāguà	21746
八卦掌	bāguàzhǎng	53863
八角	bājiǎo	17895
八角帽	bājiǎomào	51587
八角形	bājiǎoxíng	48620
八九不离十	bā jiǔ bù lí shí	32516
八路	Bālù	18274

八路军	Bā Lù Jūn	7835
八面玲珑	bāmiàn-línglóng	43492
八面威风	bāmiàn-wēifēng	45281
八旗	bāqí	18868
八仙	bāxiān	24743
八仙过海	bāxiān-guòhǎi	35072
八仙桌	bāxiānzhuō	23941
八一	Bā-Yī	4478
八音盒	bāyīnhé	55414
八月节	Bāyuè Jié	46182
八字	bāzì	13352
八字步	bāzìbù	47357
八字胡	bāzìhú	46484
八字脚	bāzìjiǎo	53349
八字没一撇	bā zì méi yī piě	54764
八字眉	bāzìméi	55857
八字形	bāzìxíng	55415
巴	bā	1411
巴巴	bābā	44498
巴比伦	Bābǐlún	33685
巴不得	bābudé	14941
巴豆	bādòu	46777
巴基斯坦	Bājīsītǎn	3480
巴结	bājie	15317
巴黎	Bālí	2626
巴儿狗	bārgǒu	55858
巴山蜀水	bāshān-shǔshuǐ	48296
巴士	bāshì	22229
巴望	bāwàng	25887
巴掌	bāzhang	8817
扒	bā	6991
扒车	bāchē	55416
扒拉	bāla	31920
扒皮	bāpí	50435
叭	bā	10156
芭蕉	bājiāo	22178
芭蕉扇	bājiāoshàn	36291
芭蕾	bālěi	12332
芭蕾舞	bālěiwǔ	14472
吧嗒	bādā，bāda	34634
吧唧	bājī，bāji	47991
吧女	bānǚ	54889
吧台	bātái	24635
疤	bā	12793
疤痕	bāhén	22642
捌	bā	27712
笆斗	bādǒu	54349
拔	bá	3793
拔步	bábù	47992
拔除	báchú	36944
拔刀相助	bádāo-xiāngzhù	43272
拔地而起	bádì'érqǐ	17043
拔高	bágāo	26530
拔罐子	báguànzi	55417
拔河	báhé	25888
拔火罐	báhuǒguàn	52438
拔尖	bájiān	18458
拔脚	bájiǎo	37299
拔节	bájié	28914
拔锚	bámáo	53864
拔苗助长	bámiáo-zhùzhǎng	37849
拔取	báqǔ	53350
拔丝	básī	54890
拔腿	bátuǐ	24425
拔营	báyíng	36945
拔擢	bázhuó	47068
跋	bá	11933
跋扈	báhù	25461
跋山涉水	báshān-shèshuǐ	30445
跋涉	báshè	12392
跋文	báwén	50811
把	bǎ	22
把柄	bǎbǐng	20869
把持	bǎchí	19856
把舵	bǎduò	50812
把风	bǎfēng	52439
把关	bǎguān	8642
把家	bǎjiā	50436
把酒	bǎjiǔ	21367
把口儿	bǎkǒur	46485
把揽	bǎlǎn	53351
把牢	bǎláo	52440
把脉	bǎmài	29302
把门	bǎmén	14604
把尿	bǎniào	51209
把式	bǎshi	20652
把手	bǎshou	23066
把守	bǎshǒu	16083
把水搅浑	bǎshuǐjiǎohún	54891
把头	bǎtóu	18779
把玩	bǎwán	27633
把握	bǎwò	1432
把晤	bǎwù	47708
把戏	bǎxì	12246
把兄弟	bǎxiōngdì	39394
把盏	bǎzhǎn	47358
把子	bǎzi	20557
靶	bǎ	12815
靶场	bǎchǎng	26597
靶心	bǎxīn	44749
靶子	bǎzi	24354
坝	bà	5400
坝地	bàdì	39190
坝基	bàjī	53865
坝身	bàshēn	55859
坝址	bàzhǐ	29701
坝子	bàzi	28549
把儿	bàr	20258
爸	bà	3331
爸爸	bàba	1576
耙	bà	36946
耙地	bàdì	48621
罢	bà	2582
罢黜	bàchù	42211
罢工	bàgōng	10745
罢官	bàguān	26598
罢教	bàjiào	54350
罢课	bàkè	29093
罢了	bàle	4741
罢了	bàliǎo	16310
罢免	bàmiǎn	9177
罢赛	bàsài	41335
罢市	bàshì	32151
罢手	bàshǒu	27807
罢休	bàxiū	15115
罢演	bàyǎn	48297
罢战	bàzhàn	48622
鲅鱼	bàyú	51588
霸	bà	7171
霸道	bàdào	27091
霸道	bàdao	19533
霸气	bàqì	25273
霸权	bàquán	14365
霸市	bàshì	32656
霸王	bàwáng	17334
霸王鞭	bàwángbiān	48975
霸业	bàyè	41783
霸占	bàzhàn	19180

霸主	bàzhǔ	20825
吧	ba	1935
掰	bāi	14761
掰开	bāikāi	29094
掰腕子	bāiwànzi	55860
白	bái	700
白皑皑	bái'ái'ái	43785
白案	bái'àn	54351
白白	báibái	8922
白班	báibān	46183
白板	báibǎn	47993
白报纸	báibàozhǐ	52441
白璧微瑕	báibì-wēixiá	52442
白璧无瑕	báibì-wúxiá	55418
白菜	báicài	11443
白菜价	báicàijià	42203
白茬儿	báichár	44030
白吃	báichī	23995
白痴	báichī	25154
白炽灯	báichìdēng	33949
白醋	báicù	53352
白搭	báidā	29488
白大褂	báidàguà	22376
白带	báidài	51210
白道	báidào	54352
白地	báidì	37300
白癜风	báidiànfēng	48623
白丁	báidīng	42758
白垩	bái'è	37122
白矾	báifán	53866
白饭	báifàn	41561
白费	báifèi	18491
白费蜡	báifèilà	54892
白粉	báifěn	21199
白粉病	báifěnbìng	46184
白干儿	báigānr	45583
白宫	Bái Gōng	7786
白骨	báigǔ	27634
白骨精	báigǔjīng	44499
白鹳	báiguàn	43493
白果	báiguǒ	35540
白鹤	báihè	23158
白喉	báihóu	34635
白狐	báihú	51589
白虎	báihǔ	32921
白花	báihuā	18719
白花花	báihuāhuā	21200
白化病	báihuàbìng	55419
白话	báihuà	12531
白话诗	báihuàshī	36615
白话文	báihuàwén	22179
白桦	báihuà	26666
白晃晃	báihuǎnghuǎng	44750
白灰	báihuī	27713
白金	báijīn	25741
白金汉宫	Báijīnhàn Gōng	39816
白净	báijing	20048
白酒	báijiǔ	12884
白驹过隙	báijū-guòxì	51997
白卷	báijuàn	48624
白开水	báikāishuǐ	28379
白蜡	báilà	42260
白兰花	báilánhuā	44260
白兰地	báilándì	25462
白兰瓜	báilánguā	47359
白梨	báilí	48298
白痢	báilì	56340
白鲢	báilián	47069
白脸	báiliǎn	19245
白领	báilǐng	18752
白鹭	báilù	18492
白露	báilù	34927
白马王子	báimǎ wángzǐ	36947
白茫茫	báimángmáng	20124
白蒙蒙	báiméngméng	49331
白米	báimǐ	33429
白面	báimiàn	15047
白面儿	báimiànr	28140
白面书生	báimiàn shūshēng	40037
白描	báimiáo	29392
白沫	báimò	27714
白木耳	báimù'ěr	54893
白内障	báinèizhàng	16637
白嫩	báinèn	26599
白胖	báipàng	37850
白皮书	báipíshū	13984
白皮松	báipísōng	42759
白旗	báiqí	22547
白鳍豚	báiqítún	33552
白饶	báiráo	49332
白热	báirè	45002
白热化	báirèhuà	23402
白人	Báirén	10778
白刃	báirèn	39191
白日	báirì	17190
白日梦	báirìmèng	33686
白日做梦	báirì-zuòmèng	45883
白肉	báiròu	40901
白色	báisè	3188
白色恐怖	báisè kǒngbù	27635
白色垃圾	báisè lājī	44500
白色污染	báisè wūrǎn	29906
白生生	báishēngshēng	40038
白食	báishí	48976
白事	báishì	40902
白手起家	báishǒu-qǐjiā	25524
白薯	báishǔ	21615
白水	báishuǐ	27169
白汤	báitāng	53867
白糖	báitáng	21691
白天	báitiān	1980
白天鹅	báitiān'é	25954
白条	báitiáo	15683
白条猪	báitiáozhū	56341
白铁	báitiě	46486
白铁皮	báitiěpí	55861
白厅	Bái Tīng	52443
白铜	báitóng	39395
白头	báitóu	45003
白头翁	báitóuwēng	49721
白头偕老	báitóu-xiélǎo	36948
白玩儿	báiwánr	51590
白文	báiwén	43273
白皙	báixī	18584
白细胞	báixìbāo	20331
白熊	báixióng	48299
白血病	báixuèbìng	15918
白血球	báixuèqiú	40903
白眼	báiyǎn	17167
白眼儿狼	báiyǎnrláng	55862
白眼珠	báiyǎnzhū	47070
白杨	báiyáng	17454
白药	báiyào	37123
白夜	báiyè	40039
白衣天使	báiyī tiānshǐ	18611
白蚁	báiyǐ	22283
白银	báiyín	15566
白玉	báiyù	27808

白玉兰	báiyùlán	34494
白云	báiyún	7138
白斩鸡	báizhǎnjī	53353
白芷	báizhǐ	50437
白纸黑字	báizhǐ-hēizì	32265
白种人	Báizhǒngrén	38597
白昼	báizhòu	19097
白字	báizì	33687
白族	Báizú	17863
拜拜	báibái	24462
百	bǎi	459
百般	bǎibān	16792
百宝箱	bǎibǎoxiāng	40457
百倍	bǎibèi	17067
百病	bǎibìng	29489
百步穿杨	bǎibù-chuānyáng	49333
百尺竿头	bǎichǐ-gāntóu	37851
百儿八十	bǎi'erbāshí	46185
百发百中	bǎifā-bǎizhòng	41784
百废待举	bǎifèi-dàijǔ	49568
百废待兴	bǎifèi-dàixīng	28830
百废俱兴	bǎifèi-jùxīng	50726
百分	bǎifēn	20014
百分比	bǎifēnbǐ	23010
百分点	bǎifēndiǎn	3643
百分号	bǎifēnhào	53799
百分率	bǎifēnlǜ	55863
百分数	bǎifēnshù	51211
百分之百	bǎifēnzhībǎi	10905
百分制	bǎifēnzhì	38213
百感交集	bǎigǎn-jiāojí	25274
百官	bǎiguān	9803
百合	bǎihé	19658
百合花	bǎihéhuā	31921
百花奖	Bǎihuājiǎng	36292
百花齐放	bǎihuā-qífàng	13933
百货	bǎihuò	14840
百家姓	bǎijiāxìng	32657
百家争鸣	bǎijiā-zhēngmíng	18459
百科全书	bǎikē quánshū	19212
百孔千疮	bǎikǒng-qiānchuāng	45884
百口莫辩	bǎikǒu-mòbiàn	52444
百里挑一	bǎilǐ-tiāoyī	40040
百灵	bǎilíng	23657
百忙	bǎimáng	33179
百年	bǎinián	3589
百年不遇	bǎinián-bùyù	25012
百年大计	bǎinián-dàjì	28471
百日咳	bǎirìké	45282
百事通	bǎishìtōng	51212
百思不解	bǎisī-bùjiě	47677
百万	bǎiwàn	3807
百闻不如	bǎi wén bùrú	
一见	yī jiàn	36616
百无禁忌	bǎiwújìnjì	47071
百无聊赖	bǎiwúliáolài	29303
百无一是	bǎiwúyīshì	43647
百姓	bǎixìng	1518
百业	bǎiyè	25212
百叶	bǎiyè	42020
百叶窗	bǎiyèchuāng	38598
百依百顺	bǎiyī-bǎishùn	34202
百战百胜	bǎizhàn-bǎishèng	35832
百战不殆	bǎizhàn-bùdài	42760
百折不回	bǎizhé-bùhuí	43494
百折不挠	bǎizhé-bùnáo	18912
百褶裙	bǎizhěqún	44261
佰	bǎi	30673
柏	bǎi	16986
柏树	bǎishù	20089
柏油	bǎiyóu	21747
柏油路	bǎiyóulù	19308
摆	bǎi	951
摆布	bǎibù	15741
摆荡	bǎidàng	49722
摆动	bǎidòng	13353
摆渡	bǎidù	28380
摆放	bǎifàng	10034
摆架子	bǎijiàzi	31696
摆件	bǎijiàn	53868
摆酒	bǎijiǔ	42021
摆阔	bǎikuò	40904
摆擂台	bǎilèitái	49334
摆列	bǎiliè	40681
摆龙门阵	bǎilóngménzhèn	46487
摆弄	bǎinòng	15760
摆拍	bǎipāi	37222
摆平	bǎipíng	25213
摆谱儿	bǎipǔr	42493
摆设	bǎishè	44262
摆设	bǎishe	12827
摆摊儿	bǎitānr	47360
摆脱	bǎituō	2804
摆样子	bǎiyàngzi	41785
摆正	bǎizhèng	18056
摆子	bǎizi	37301
败	bài	2561
败北	bàiběi	21525
败笔	bàibǐ	35073
败兵	bàibīng	40041
败毒	bàidú	56622
败坏	bàihuài	10564
败火	bàihuǒ	49723
败绩	bàijì	24478
败家	bàijiā	36617
败家子	bàijiāzǐ	28831
败将	bàijiàng	39192
败局	bàijú	31813
败军	bàijūn	37302
败类	bàilèi	24808
败露	bàilù	27170
败落	bàiluò	34086
败诉	bàisù	17864
败退	bàituì	23658
败亡	bàiwáng	28832
败象	bàixiàng	53869
败兴	bàixìng	32799
败絮	bàixù	43274
败血症	bàixuèzhèng	40250
败叶	bàiyè	39396
败仗	bàizhàng	18361
败阵	bàizhèn	39613
拜	bài	3996
拜把子	bàibǎzi	46778
拜别	bàibié	43786
拜辞	bàicí	40905
拜倒	bàidǎo	34203
拜读	bàidú	28141
拜访	bàifǎng	9692
拜佛	bàifó	28634
拜服	bàifú	47361
拜官	bàiguān	50813
拜贺	bàihè	44263
拜会	bàihuì	18419
拜见	bàijiàn	24584
拜金	bàijīn	40251
拜金主义	bàijīn zhǔyì	19686
拜客	bàikè	47678

拜领	bàilǐng	48977
拜年	bàinián	9441
拜请	bàiqǐng	54894
拜师	bàishī	26600
拜寿	bàishòu	31326
拜堂	bàitáng	37303
拜天地	bàitiāndì	43275
拜托	bàituō	19119
拜望	bàiwàng	35412
拜物教	bàiwùjiào	54353
拜谢	bàixiè	21840
拜谒	bàiyè	21408
稗草	bàicǎo	47362
稗官野史	bàiguān-yěshǐ	55420
稗子	bàizi	44751
扳	bān	10362
扳倒	bāndǎo	37664
扳道	bāndào	53870
扳动	bāndòng	45584
扳机	bānjī	30234
扳手	bānshou	38767
扳子	bānzi	53871
班	bān	961
班禅	bānchán	13154
班车	bānchē	15644
班次	bāncì	23271
班底	bāndǐ	34636
班房	bānfáng	35982
班会	bānhuì	31697
班机	bānjī	21113
班级	bānjí	12603
班轮	bānlún	35413
班门弄斧	bānmén-nòngfǔ	44031
班期	bānqī	49724
班师	bānshī	21068
班长	bānzhǎng	4390
班主任	bānzhǔrèn	8803
班子	bānzi	3518
班组	bānzǔ	14239
般	bān	1223
般配	bānpèi	32266
颁布	bānbù	3342
颁发	bānfā	4493
颁奖	bānjiǎng	6434
颁行	bānxíng	30674
斑	bān	13830
斑白	bānbái	27318
斑斑	bānbān	15296
斑驳	bānbó	18057
斑驳陆离	bānbó-lùlí	47072
斑点	bāndiǎn	23272
斑痕	bānhén	45283
斑鸠	bānjiū	33430
斑斓	bānlán	21161
斑马	bānmǎ	29490
斑马线	bānmǎxiàn	34764
斑蝥	bānmáo	54895
斑秃	bāntū	55421
斑纹	bānwén	41786
斑竹	bānzhú	45885
搬	bān	2304
搬兵	bānbīng	51591
搬家	bānjiā	9557
搬弄	bānnòng	41787
搬弄是非	bānnòng-shìfēi	42525
搬迁	bānqiān	6266
搬移	bānyí	50086
搬用	bānyòng	39614
搬运	bānyùn	12404
瘢痕	bānhén	42761
癍	bān	52445
板	bǎn	1920
板报	bǎnbào	28053
板壁	bǎnbì	27092
板擦儿	bǎncār	47679
板材	bǎncái	23827
板床	bǎnchuáng	40906
板凳	bǎndèng	10287
板房	bǎnfáng	50438
板斧	bǎnfǔ	36454
板胡	bǎnhú	48625
板结	bǎnjié	30348
板块	bǎnkuài	10480
板蓝根	bǎnlángēn	36949
板栗	bǎnlì	14181
板脸	bǎnliǎn	50814
板铺	bǎnpù	51998
板球	bǎnqiú	41788
板上钉钉	bǎnshàng-dìngdīng	42762
板式	bǎnshì	50087
板书	bǎnshū	41116
板刷	bǎnshuā	50088
板条	bǎntiáo	47680
板鸭	bǎnyā	43276
板牙	bǎnyá	44752
板眼	bǎnyǎn	27551
板油	bǎnyóu	50815
板障	bǎnzhàng	51999
板滞	bǎnzhì	50816
板子	bǎnzi	17335
版	bǎn	1115
版本	bǎnběn	8482
版次	bǎncì	6570
版画	bǎnhuà	14335
版面	bǎnmiàn	11460
版权	bǎnquán	8937
版权页	bǎnquányè	48300
版式	bǎnshì	31327
版税	bǎnshuì	31440
版图	bǎntú	15883
办	bàn	261
办案	bàn'àn	4440
办报	bànbào	18460
办差	bànchāi	52000
办法	bànfǎ	273
办公	bàngōng	3216
办公楼	bàngōnglóu	9213
办公室	bàngōngshì	831
办公厅	bàngōngtīng	4762
办公桌	bàngōngzhuō	10987
办货	bànhuò	45004
办理	bànlǐ	1801
办事	bànshì	1774
办事处	bànshìchù	4847
办事员	bànshìyuán	22489
办学	bànxué	3955
办罪	bànzuì	53872
半	bàn	285
半百	bànbǎi	32533
半半拉拉	bànbanlālā	56342
半饱	bànbǎo	41562
半辈子	bànbèizi	22076
半边	bànbiān	16181
半边天	bànbiāntiān	26872
半成品	bànchéngpǐn	21787
半大不小	bàndà-bùxiǎo	51592
半导体	bàndǎotǐ	9540
半岛	bàndǎo	6376

棒打鸳鸯	bàngdǎ-yuānyāng	51597
棒喝	bànghè	36950
棒球	bàngqiú	19213
棒糖	bàngtáng	53354
棒针	bàngzhēn	56344
棒子	bàngzi	17819
棒子面	bàngzimiàn	40683
傍	bàng	12290
傍晚	bàngwǎn	5373
傍午	bàngwǔ	56345
傍依	bàngyī	55424
磅	bàng	17455
磅秤	bàngchèng	41336
镑	bàng	20694
包	bāo	884
包办	bāobàn	14001
包庇	bāobì	15661
包藏	bāocáng	33324
包产	bāochǎn	35671
包场	bāochǎng	47364
包抄	bāochāo	30565
包车	bāochē	28834
包打天下	bāodǎtiānxià	38390
包打听	bāodǎtīng	41789
包饭	bāofàn	39397
包房	bāofáng	25463
包袱	bāofu	5625
包袱皮儿	bāofupír	40043
包干儿	bāogānr	15706
包工	bāogōng	29796
包工头	bāogōngtóu	21368
包公	bāogōng	25081
包管	bāoguǎn	35984
包裹	bāoguǒ	10220
包含	bāohán	3831
包涵	bāohan	24744
包换	bāohuàn	47681
包活儿	bāohuór	49335
包伙	bāohuǒ	55865
包机	bāojī	9599
包间	bāojiān	34495
包金	bāojīn	48302
包括	bāokuò	488
包揽	bāolǎn	11810
包罗	bāoluó	38600
包罗万象	bāoluó-wànxiàng	32267
包赔	bāopéi	50090
包皮	bāopí	37476
包片儿	bāopiànr	34204
包票	bāopiào	50091
包容	bāoróng	13876
包身工	bāoshēngōng	53873
包退	bāotuì	48980
包围	bāowéi	5049
包围圈	bāowéiquān	31698
包厢	bāoxiāng	15458
包销	bāoxiāo	26296
包心菜	bāoxīncài	52884
包修	bāoxiū	39818
包养	bāoyǎng	46187
包圆儿	bāoyuánr	56346
包月	bāoyuè	31329
包孕	bāoyùn	51598
包蕴	bāoyùn	53355
包扎	bāozā	17949
包装	bāozhuāng	4024
包装箱	bāozhuāngxiāng	38979
包装纸	bāozhuāngzhǐ	37477
包桌	bāozhuō	39450
包子	bāozi	13310
包租	bāozū	42263
苞	bāo	22856
孢子	bāozǐ	16096
胞弟	bāodì	36618
胞姐	bāojiě	54899
胞妹	bāomèi	44754
胞兄	bāoxiōng	45886
胞兄弟	bāoxiōngdì	54355
胞衣	bāoyī	52447
剥	bāo	6898
剥皮	bāopí	29393
龅牙	bāoyá	55866
煲	bāo	24809
褒贬	bāobiǎn	24686
褒贬	bāobian	43277
褒词	bāocí	56623
褒奖	bāojiǎng	20913
褒扬	bāoyáng	25660
雹灾	báozāi	45586
雹子	báozi	46489
薄	báo	1679
薄板	báobǎn	25955
薄饼	báobǐng	41563
薄脆	báocuì	51599
饱	bǎo	4445
饱餐	bǎocān	29197
饱尝	bǎocháng	22774
饱嗝儿	bǎogér	40252
饱含	bǎohán	12478
饱和	bǎohé	10019
饱经	bǎojīng	29198
饱经沧桑	bǎojīng-cāngsāng	32534
饱经风霜	bǎojīng-fēngshuāng	33325
饱览	bǎolǎn	29587
饱满	bǎomǎn	9147
饱食终日，无所用心	bǎoshí-zhōngrì，wúsuǒ-yòngxīn	53356
饱受	bǎoshòu	13078
饱学	bǎoxué	44264
饱眼福	bǎoyǎnfú	46188
饱胀	bǎozhàng	50817
宝	bǎo	3161
宝宝	bǎobao	15211
宝贝	bǎobèi	7479
宝贝疙瘩	bǎobèi-gēda	50818
宝刹	bǎochà	55425
宝刀	bǎodāo	29588
宝岛	bǎodǎo	23310
宝地	bǎodì	23511
宝典	bǎodiǎn	37853
宝殿	bǎodiàn	48303
宝盖儿	bǎogàir	52885
宝贵	bǎoguì	2852
宝号	bǎohào	54356
宝剑	bǎojiàn	15154
宝眷	bǎojuàn	52003
宝库	bǎokù	12370
宝蓝	bǎolán	49336
宝山	bǎoshān	22329
宝石	bǎoshí	13495
宝书	bǎoshū	50440
宝塔	bǎotǎ	18362
宝物	bǎowù	22123
宝玉	bǎoyù	22598
宝藏	bǎozàng	19505
宝珠	bǎozhū	11704
宝座	bǎozuò	13675
保	bǎo	981

保安	bǎo'ān	6387
保安族	Bǎo'ānzú	52886
保本	bǎoběn	31441
保镖	bǎobiāo	17736
保不定	bǎobudìng	41790
保不住	bǎobuzhù	24880
保藏	bǎocáng	32268
保持	bǎochí	589
保存	bǎocún	3183
保单	bǎodān	17649
保底	bǎodǐ	38027
保管	bǎoguǎn	8845
保管员	bǎoguǎnyuán	29095
保护	bǎohù	516
保护国	bǎohùguó	44033
保护价	bǎohùjià	15567
保护区	bǎohùqū	3096
保护人	bǎohùrén	27396
保护伞	bǎohùsǎn	12617
保护色	bǎohùsè	44503
保皇	bǎohuáng	34496
保甲	bǎojiǎ	32152
保价	bǎojià	35672
保驾	bǎojià	21321
保驾护航	bǎojià-hùháng	28143
保荐	bǎojiàn	25813
保健	bǎojiàn	4525
保健操	bǎojiàncāo	42763
保健品	bǎojiànpǐn	13563
保健站	bǎojiànzhàn	44265
保洁	bǎojié	16559
保举	bǎojǔ	37854
保龄球	bǎolíngqiú	16282
保留	bǎoliú	2761
保媒	bǎoméi	48981
保密	bǎomì	7753
保苗	bǎomiáo	39193
保命	bǎomìng	41118
保姆	bǎomǔ	7420
保暖	bǎonuǎn	15684
保票	bǎopiào	37666
保全	bǎoquán	8493
保人	bǎorén	37478
保墒	bǎoshāng	33432
保湿	bǎoshī	14798
保释	bǎoshì	34351
保收	bǎoshōu	30566
保守	bǎoshǒu	6722
保守派	bǎoshǒupài	25956
保守主义	bǎoshǒuzhǔyì	29199
保税仓库	bǎoshuìcāngkù	49337
保税区	bǎoshuìqū	16015
保送	bǎosòng	25344
保胎	bǎotāi	54900
保外就医	bǎowài jiùyī	31010
保卫	bǎowèi	3620
保温	bǎowēn	15807
保温杯	bǎowēnbēi	47365
保温瓶	bǎowēnpíng	43010
保鲜	bǎoxiān	14399
保鲜袋	bǎoxiāndài	56347
保鲜剂	bǎoxiānjì	45285
保险	bǎoxiǎn	1742
保险带	bǎoxiǎndài	48982
保险单	bǎoxiǎndān	32922
保险灯	bǎoxiǎndēng	53874
保险法	bǎoxiǎnfǎ	24045
保险柜	bǎoxiǎnguì	27025
保险期	bǎoxiǎnqī	47682
保险丝	bǎoxiǎnsī	35673
保险套	bǎoxiǎntào	54901
保险系数	bǎoxiǎn xìshù	46490
保险箱	bǎoxiǎnxiāng	32658
保修	bǎoxiū	24810
保养	bǎoyǎng	12441
保有	bǎoyǒu	19181
保有量	bǎoyǒuliàng	10627
保佑	bǎoyòu	12247
保育	bǎoyù	32923
保育员	bǎoyùyuán	39194
保育院	bǎoyùyuàn	47683
保障	bǎozhàng	1344
保障房	bǎozhàngfáng	5956
保真	bǎozhēn	48628
保证	bǎozhèng	768
保证金	bǎozhèngjīn	12578
保证人	bǎozhèngrén	25013
保证书	bǎozhèngshū	30789
保值	bǎozhí	13070
保质保量	bǎozhì bǎoliàng	46779
保质期	bǎozhìqī	27319
保种	bǎozhǒng	55426
保重	bǎozhòng	16412
保准	bǎozhǔn	32153
鸨儿	bǎo'ér	54902
鸨母	bǎomǔ	40459
堡	bǎo	3365
堡垒	bǎolěi	9798
报	bào	438
报案	bào'àn	13523
报表	bàobiǎo	13049
报偿	bàocháng	37124
报呈	bàochéng	55427
报仇	bàochóu	10966
报酬	bàochóu	5599
报春花	bàochūnhuā	40908
报答	bàodá	12049
报单	bàodān	47995
报到	bàodào	10312
报道	bàodào	1001
报德	bàodé	34352
报端	bàoduān	21788
报恩	bào'ēn	27966
报废	bàofèi	10510
报复	bàofù	5230
报告	bàogào	391
报告会	bàogàohuì	5969
报告文学	bàogào wénxué	9959
报功	bàogōng	30675
报关	bàoguān	12604
报馆	bàoguǎn	14825
报国	bàoguó	12654
报话机	bàohuàjī	48304
报价	bàojià	16283
报捷	bàojié	27320
报界	bàojiè	29797
报警	bàojǐng	8393
报警器	bàojǐngqì	30567
报刊	bàokān	3479
报考	bàokǎo	8928
报料	bàoliào	11453
报名	bàomíng	4385
报幕	bàomù	45005
报幕员	bàomùyuán	53357
报批	bàopī	16987
报请	bàoqǐng	18937
报人	bàorén	38028
报丧	bàosāng	36138

报社	bàoshè	6177
报审	bàoshěn	50092
报失	bàoshī	54357
报时	bàoshí	42264
报收	bàoshōu	5977
报数	bàoshù	44034
报送	bàosòng	11516
报摊	bàotān	33044
报亭	bàotíng	37125
报童	bàotóng	41564
报头	bàotóu	37479
报务	bàowù	49338
报务员	bàowùyuán	44504
报喜	bàoxǐ	18963
报销	bàoxiāo	8212
报晓	bàoxiǎo	33180
报效	bàoxiào	13016
报信	bàoxìn	26667
报修	bàoxiū	40684
报验	bàoyàn	48629
报业	bàoyè	24223
报应	bàoyìng	17357
报忧	bàoyōu	26224
报怨	bàoyuàn	28550
报载	bàozǎi	18078
报站	bàozhàn	54358
报章	bàozhāng	24881
报账	bàozhàng	28472
报纸	bàozhǐ	1254
刨	bào	24046
刨冰	bàobīng	50441
刨床	bàochuáng	54903
刨花	bàohuā	45286
刨花板	bàohuābǎn	44755
刨子	bàozi	16182
抱	bào	1491
抱病	bàobìng	28215
抱不平	bàobùpíng	26735
抱残守缺	bàocán-shǒuquē	41791
抱粗腿	bàocūtuǐ	55661
抱佛脚	bàofójiǎo	36293
抱负	bàofù	14699
抱憾	bàohàn	39819
抱恨	bàohèn	49729
抱恨终天	bàohèn-zhōngtiān	53875
抱愧	bàokuì	44035
抱歉	bàoqiàn	11291
抱屈	bàoqū	41565
抱拳	bàoquán	30235
抱头鼠窜	bàotóu-shǔcuàn	40253
抱团儿	bàotuánr	50093
抱窝	bàowō	53358
抱薪救火	bàoxīn-jiùhuǒ	49613
抱养	bàoyǎng	41119
抱怨	bàoyuàn	6382
豹子	bàozi	14826
鲍	bào	14313
鲍鱼	bàoyú	29200
暴	bào	7444
暴毙	bàobì	49730
暴病	bàobìng	40254
暴跌	bàodiē	23311
暴动	bàodòng	14916
暴发	bàofā	12103
暴发户	bàofāhù	24687
暴风	bàofēng	33950
暴风雪	bàofēngxuě	20332
暴风雨	bàofēngyǔ	17271
暴风骤雨	bàofēng-zhòuyǔ	33181
暴富	bàofù	27026
暴君	bàojūn	31011
暴力	bàolì	3525
暴利	bàolì	19417
暴戾	bàolì	33689
暴戾恣睢	bàolì-zìsuī	55428
暴敛	bàoliǎn	43495
暴烈	bàoliè	33553
暴露	bàolù	3949
暴乱	bàoluàn	25525
暴怒	bàonù	31116
暴虐	bàonüè	28144
暴晒	bàoshài	35985
暴尸	bàoshī	50094
暴死	bàosǐ	40909
暴殄天物	bàotiǎn-tiānwù	46491
暴跳	bàotiào	31571
暴跳如雷	bàotiào-rúléi	33690
暴突	bàotū	47074
暴徒	bàotú	23777
暴行	bàoxíng	14894
暴饮暴食	bàoyǐn-bàoshí	52448
暴雨	bàoyǔ	6481
暴躁	bàozào	17865
暴涨	bàozhǎng	21114
暴政	bàozhèng	31117
暴走	bàozǒu	29696
曝光	bàoguāng	7324
爆	bào	7833
爆表	bàobiǎo	37276
爆炒	bàochǎo	40910
爆肚儿	bàodǔr	47684
爆发	bàofā	3114
爆发力	bàofālì	32800
爆冷	bàolěng	28835
爆冷门	bàolěngmén	37126
爆料	bàoliào	7565
爆裂	bàoliè	23067
爆满	bàomǎn	16976
爆米花	bàomǐhuā	41792
爆棚	bàopéng	53359
爆破	bàopò	12636
爆破手	bàopòshǒu	56348
爆破筒	bàopòtǒng	52004
爆炸	bàozhà	2552
爆炸力	bàozhàlì	52887
爆炸物	bàozhàwù	21250
爆炸性	bàozhàxìng	31572
爆仗	bàozhang	53876
爆竹	bàozhú	9494
杯	bēi	977
杯弓蛇影	bēigōng-shéyǐng	51216
杯盘狼藉	bēipán-lángjí	46780
杯赛	bēisài	8886
杯水车薪	bēishuǐ-chēxīn	30020
杯盏	bēizhǎn	47075
杯中物	bēizhōngwù	49339
杯子	bēizi	8690
卑鄙	bēibǐ	13985
卑躬屈膝	bēigōng-qūxī	47685
卑贱	bēijiàn	31012
卑劣	bēiliè	18754
卑陋	bēilòu	48481
卑怯	bēiqiè	37855
卑琐	bēisuǒ	42764
卑微	bēiwēi	22955
卑污	bēiwū	40685
卑下	bēixià	33951
背	bēi	3941

背包	bēibāo	13445
背包袱	bēibāofu	45887
背带	bēidài	35674
背带裤	bēidàikù	55429
背带裙	bēidàiqún	56349
背篼	bēidōu	39398
背负	bēifù	18805
背黑锅	bēihēiguō	46189
背筐	bēikuāng	54359
背篓	bēilǒu	29702
背囊	bēináng	43011
背头	bēitóu	41793
背债	bēizhài	52005
悲	bēi	5887
悲哀	bēi'āi	5598
悲惨	bēicǎn	8947
悲愁	bēichóu	39618
悲楚	bēichǔ	49340
悲怆	bēichuàng	19628
悲悼	bēidào	35074
悲愤	bēifèn	13220
悲歌	bēigē	29589
悲观	bēiguān	9730
悲观主义	bēiguān zhǔyì	39195
悲号	bēiháo	40911
悲欢离合	bēihuān-líhé	25464
悲剧	bēijù	3860
悲苦	bēikǔ	23996
悲凉	bēiliáng	15626
悲悯	bēimǐn	28296
悲鸣	bēimíng	33691
悲凄	bēiqī	46190
悲戚	bēiqī	29491
悲泣	bēiqì	32659
悲切	bēiqiè	36782
悲情	bēiqíng	20273
悲秋	bēiqiū	43012
悲伤	bēishāng	9781
悲声	bēishēng	28731
悲思	bēisī	54360
悲酸	bēisuān	46191
悲叹	bēitàn	29492
悲啼	bēití	47366
悲天悯人	bēitiān-mǐnrén	34087
悲恸	bēitòng	29703
悲痛	bēitòng	7913
悲痛欲绝	bēitòng-yùjué	30446
悲喜剧	bēixǐjù	33834
悲咽	bēiyè	52449
悲壮	bēizhuàng	10644
碑	bēi	6519
碑额	bēi'é	54361
碑记	bēijì	42494
碑碣	bēijié	51217
碑刻	bēikè	34765
碑林	bēilín	34928
碑铭	bēimíng	42495
碑身	bēishēn	53877
碑石	bēishí	36619
碑拓	bēità	56350
碑帖	bēitiè	39196
碑亭	bēitíng	47076
碑文	bēiwén	19857
碑座	bēizuò	51218
北	běi	583
北半球	běibànqiú	18327
北边	běibian	14851
北冰洋	Běibīngyáng	29493
北部	běibù	3511
北朝	Běi Cháo	26463
北斗	běidǒu	24688
北斗星	běidǒuxīng	36620
北伐	běifá	14895
北方	běifāng	1876
北方话	běifānghuà	47367
北非	Běi Fēi	20333
北风	běifēng	7698
北国	běiguó	16957
北汉	Běi Hàn	32154
北回归线	běihuíguīxiàn	33835
北极	běijí	12468
北极光	běijíguāng	45287
北极狐	běijíhú	47996
北极圈	běijíquān	36951
北极星	běijíxīng	33836
北极熊	běijíxióng	37480
北疆	běijiāng	33692
北京	Běijīng	141
北京时间	Běijīng shíjiān	11547
北京鸭	běijīngyā	45587
北京猿人	Běijīng yuánrén	36294
北麓	běilù	30021
北美洲	Běiměizhōu	22331
北面	běimiàn	16988
北欧	Běi Ōu	13690
北齐	Běi Qí	30447
北曲	běiqǔ	49341
北上	běishàng	9051
北宋	Běi Sòng	14802
北头	běitóu	41337
北纬	běiwěi	17292
北魏	Běi Wèi	20695
北温带	běiwēndài	56351
北洋军阀	Běiyáng Jūnfá	22734
北约	běiyuē	3848
北周	Běi Zhōu	35675
贝	bèi	8779
贝雕	bèidiāo	53878
贝壳	bèiké	22775
贝雷帽	bèiléimào	43013
贝类	bèilèi	21789
贝母	bèimǔ	46492
备	bèi	3175
备案	bèi'àn	6217
备办	bèibàn	38030
备不住	bèibuzhù	56352
备查	bèichá	38031
备饭	bèifàn	52888
备份	bèifèn	22818
备耕	bèigēng	17272
备荒	bèihuāng	38392
备货	bèihuò	50442
备件	bèijiàn	36621
备考	bèikǎo	28636
备课	bèikè	20729
备料	bèiliào	43014
备马	bèimǎ	42265
备品	bèipǐn	47368
备受	bèishòu	7922
备胎	bèitāi	43297
备忘	bèiwàng	56353
备忘录	bèiwànglù	8602
备悉	bèixī	54362
备用	bèiyòng	16467
备有	bèiyǒu	21790
备员	bèiyuán	51600
备战	bèizhàn	7294
备至	bèizhì	30022

备置	bèizhì	50819
备注	bèizhù	49731
背	bèi	1705
背部	bèibù	22124
背道而驰	bèidào’érchí	16428
背地里	bèidìlǐ	22735
背对背	bèiduìbèi	46493
背风	bèifēng	33433
背光	bèiguāng	45288
背后	bèihòu	2248
背井离乡	bèijǐng-líxiāng	28217
背景	bèijǐng	1830
背静	bèijing	52450
背靠背	bèikàobèi	39197
背离	bèilí	12077
背面	bèimiàn	14803
背叛	bèipàn	11168
背鳍	bèiqí	55867
背弃	bèiqì	24096
背人	bèirén	40912
背时	bèishí	39399
背书	bèishū	29704
背水一战	bèishuǐ-yīzhàn	29494
背诵	bèisòng	14209
背心	bèixīn	12432
背信弃义	bèixìn-qìyì	40255
背阴	bèiyīn	43787
背影	bèiyǐng	8193
背约	bèiyuē	45588
背运	bèiyùn	45888
倍	bèi	973
倍感	bèigǎn	22377
倍加	bèijiā	13877
倍率	bèilǜ	47686
倍受	bèishòu	29201
倍数	bèishù	30568
倍增	bèizēng	17618
悖论	bèilùn	24097
悖谬	bèimiù	48983
悖逆	bèinì	39400
被	bèi	39
被捕	bèibǔ	8269
被刺	bèicì	30908
被单	bèidān	22284
被动	bèidòng	5468
被服	bèifú	33837
被俘	bèifú	17919
被覆	bèifù	47997
被告	bèigào	4597
被害	bèihài	16746
被害人	bèihàirén	16429
被控	bèikòng	33326
被里	bèilǐ	37667
被面	bèimiàn	34088
被难	bèinàn	45589
被迫	bèipò	5434
被褥	bèirù	13017
被套	bèitào	40686
被头	bèitóu	37668
被窝儿	bèiwōr	10389
被絮	bèixù	55868
被罩	bèizhào	38393
被子	bèizi	6702
辈	bèi	6327
辈出	bèichū	23212
辈分	bèifen	33952
辈数儿	bèishùr	49342
辈子	bèizi	9101
焙	bèi	17273
焙干	bèigān	56354
蓓蕾	bèilěi	39619
呗	bei	9348
奔	bēn	2612
奔波	bēnbō	9102
奔驰	bēnchí	9679
奔窜	bēncuàn	41338
奔放	bēnfàng	15401
奔赴	bēnfù	8559
奔流	bēnliú	16284
奔忙	bēnmáng	24159
奔跑	bēnpǎo	9635
奔丧	bēnsāng	30448
奔逃	bēntáo	26380
奔腾	bēnténg	11800
奔突	bēntū	37481
奔袭	bēnxí	32269
奔泻	bēnxiè	46781
奔涌	bēnyǒng	21201
奔逐	bēnzhú	55430
奔走	bēnzǒu	9877
奔走呼号	bēnzǒu-hūháo	33045
奔走相告	bēnzǒu-xiānggào	29798
贲门	bēnmén	52006
锛	bēn	36622
锛子	bēnzi	51601
本	běn	115
本本主义	běnběn zhǔyì	28994
本部	běnbù	20826
本埠	běnbù	40913
本当	běndāng	35541
本岛	běndǎo	52007
本地	běndì	3108
本分	běnfèn	18683
本该	běngāi	15337
本国	běnguó	4711
本行	běnháng	24291
本籍	běnjí	53879
本家	běnjiā	34089
本届	běnjiè	3484
本金	běnjīn	17507
本就	běnjiù	8343
本科	běnkē	7248
本科生	běnkēshēng	12807
本来	běnlái	1238
本利	běnlì	43496
本领	běnlǐng	4318
本名	běnmíng	42266
本命年	běnmìngnián	43788
本末	běnmò	34766
本末倒置	běnmò-dàozhì	33953
本能	běnnéng	6886
本年	běnnián	33046
本票	běnpiào	45889
本钱	běnqián	12971
本人	běnrén	2424
本日	běnrì	36783
本色	běnsè	8121
本色	běnshǎi	24160
本身	běnshēn	1303
本事	běnshì	52451
本事	běnshi	3674
本题	běntí	36139
本体	běntǐ	14700
本土	běntǔ	8292
本位	běnwèi	24426
本位主义	běnwèi zhǔyì	32801
本文	běnwén	7684
本息	běnxī	17123

本相	běnxiàng	35233
本心	běnxīn	29799
本性	běnxìng	10100
本业	běnyè	43497
本义	běnyì	29800
本意	běnyì	12248
本源	běnyuán	30349
本愿	běnyuàn	55869
本月	běnyuè	5128
本着	běnzhe	5204
本职	běnzhí	16039
本旨	běnzhǐ	44266
本质	běnzhì	1977
本主儿	běnzhǔr	2333
本字	běnzì	52889
本子	běnzi	9380
本族	běnzú	31330
奔	bèn	2828
奔命	bènmìng	39820
奔头儿	bèntour	29495
笨	bèn	8277
笨伯	bènbó	45890
笨蛋	bèndàn	28637
笨活儿	bènhuór	56355
笨口拙舌	bènkǒu-zhuōshé	53788
笨鸟先飞	bènniǎo-xiānfēi	51602
笨手笨脚	bènshǒu-bènjiǎo	38032
笨头笨脑	bèntóu-bènnǎo	54363
笨重	bènzhòng	20090
笨拙	bènzhuō	16097
崩	bēng	8605
崩解	bēngjiě	45006
崩溃	bēngkuì	9232
崩裂	bēngliè	41794
崩落	bēngluò	53880
崩盘	bēngpán	48305
崩塌	bēngtā	25155
崩坍	bēngtān	55431
绷	bēng, běng, bèng	14162
绷带	bēngdài	21202
绷子	bēngzi	49732
嘣	bēng	26464
甭	béng	6433
绷脸	běngliǎn	54364
泵	bèng	12176
泵站	bèngzhàn	26297
迸	bèng	13002
迸发	bèngfā	13968
迸飞	bèngfēi	54365
迸溅	bèngjiàn	46494
迸裂	bèngliè	43789
迸流	bèngliú	53881
迸射	bèngshè	40687
蹦	bèng	6503
蹦床	bèngchuáng	55870
蹦高	bènggāo	50443
蹦极	bèngjí	35676
蹦跳	bèngtiào	28995
逼	bī	2474
逼供	bīgòng	18105
逼供信	bīgòngxìn	52890
逼和	bīhé	41566
逼婚	bīhūn	54904
逼近	bījìn	10956
逼良为娼	bīliángwéichāng	49343
逼迫	bīpò	13952
逼抢	bīqiǎng	44505
逼人	bīrén	10805
逼上梁山	bīshàng-liángshān	38980
逼使	bīshǐ	41339
逼视	bīshì	29801
逼问	bīwèn	33954
逼债	bīzhài	44267
逼真	bīzhēn	13953
荸荠	bíqi	38394
鼻	bí	7749
鼻儿	bír	53360
鼻翅	bíchì	48306
鼻窦	bídòu	52008
鼻窦炎	bídòuyán	47687
鼻尖	bíjiān	18964
鼻孔	bíkǒng	11217
鼻梁	bíliáng	14719
鼻腔	bíqiāng	22432
鼻青脸肿	bíqīng-liǎnzhǒng	34497
鼻塞	bísè	46495
鼻涕	bítì	12134
鼻头	bítóu	31118
鼻息	bíxī	29705
鼻血	bíxuè	36140
鼻烟	bíyān	36141
鼻烟壶	bíyānhú	37127
鼻炎	bíyán	37482
鼻翼	bíyì	32270
鼻音	bíyīn	34498
鼻子	bízi	3543
鼻子眼儿	bíziyǎnr	37128
鼻祖	bízǔ	35833
匕首	bǐshǒu	16468
比	bǐ	98
比比皆是	bǐbǐ-jiēshì	15761
比不上	bǐbushàng	15645
比得上	bǐdeshàng	27888
比方	bǐfang	12507
比分	bǐfēn	5870
比附	bǐfù	41340
比画	bǐhua	17537
比基尼	bǐjīní	43015
比及	bǐjí	47688
比价	bǐjià	15048
比肩	bǐjiān	26381
比较	bǐjiào	321
比例	bǐlì	1769
比例尺	bǐlìchǐ	23403
比量	bǐliang	41120
比邻	bǐlín	30569
比率	bǐlǜ	14297
比美	bǐměi	50444
比目鱼	bǐmùyú	43016
比拟	bǐnǐ	14586
比丘	bǐqiū	42267
比丘尼	bǐqiūní	46782
比如	bǐrú	1215
比赛	bǐsài	899
比试	bǐshi	28996
比武	bǐwǔ	16285
比兴	bǐxīng	45289
比翼	bǐyì	32155
比翼鸟	bǐyìniǎo	50820
比翼齐飞	bǐyì-qífēi	39401
比喻	bǐyù	8260
比照	bǐzhào	21489
比值	bǐzhí	23213
比重	bǐzhòng	3222
比作	bǐzuò	17399
彼	bǐ	5587
彼岸	bǐ'àn	13589
彼此	bǐcǐ	2164

秕谷	bǐgǔ	55871
笔	bǐ	735
笔触	bǐchù	19935
笔底下	bǐdǐxia	50821
笔调	bǐdiào	25216
笔端	bǐduān	30236
笔伐	bǐfá	40460
笔法	bǐfǎ	19446
笔锋	bǐfēng	29802
笔杆ㄦ	bǐgǎnr	24224
笔杆子	bǐgǎnzi	33955
笔耕	bǐgēng	36623
笔管	bǐguǎn	43498
笔画	bǐhuà	19790
笔会	bǐhuì	22077
笔记	bǐjì	8429
笔记本	bǐjìběn	8031
笔记本电脑	bǐjìběn diànnǎo	18780
笔迹	bǐjì	19506
笔架	bǐjià	38601
笔尖	bǐjiān	29394
笔力	bǐlì	33554
笔立	bǐlì	55872
笔录	bǐlù	21841
笔帽	bǐmào	45891
笔名	bǐmíng	18328
笔墨	bǐmò	8805
笔墨官司	bǐmò-guānsi	50095
笔势	bǐshì	48307
笔试	bǐshì	18781
笔顺	bǐshùn	50445
笔算	bǐsuàn	54905
笔谈	bǐtán	25156
笔套	bǐtào	54366
笔体	bǐtǐ	52891
笔挺	bǐtǐng	24689
笔筒	bǐtǒng	32924
笔头ㄦ	bǐtóur	30676
笔误	bǐwù	44756
笔洗	bǐxǐ	52892
笔下	bǐxià	9089
笔芯	bǐxīn	37529
笔形	bǐxíng	54367
笔译	bǐyì	50822
笔意	bǐyì	41121
笔友	bǐyǒu	55432
笔债	bǐzhài	52009
笔战	bǐzhàn	52010
笔者	bǐzhě	3035
笔直	bǐzhí	12521
笔走龙蛇	bǐzǒu-lóngshé	50446
鄙薄	bǐbó	30790
鄙见	bǐjiàn	54906
鄙陋	bǐlòu	47077
鄙弃	bǐqì	35075
鄙人	bǐrén	27027
鄙视	bǐshì	16772
鄙俗	bǐsú	41567
鄙夷	bǐyí	18329
鄙意	bǐyì	48985
币	bì	8494
币值	bìzhí	27552
币制	bìzhì	41122
必	bì	1336
必备	bìbèi	13162
必得	bìděi	16529
必定	bìdìng	5318
必将	bìjiāng	3028
必然	bìrán	1178
必然性	bìránxìng	12479
必胜	bìshèng	14486
必修	bìxiū	29803
必修课	bìxiūkè	19659
必须	bìxū	155
必需	bìxū	7298
必需品	bìxūpǐn	19751
必要	bìyào	926
必要性	bìyàoxìng	10000
必由之路	bìyóuzhīlù	12233
毕	bì	4456
毕剥	bìbō	53361
毕恭毕敬	bìgōng-bìjìng	26035
毕竟	bìjìng	2150
毕露	bìlù	37483
毕生	bìshēng	11766
毕业	bìyè	1212
毕业生	bìyèshēng	2862
闭	bì	2796
闭关	bìguān	38981
闭关锁国	bìguān-suǒguó	33693
闭关自守	bìguān-zìshǒu	31699
闭馆	bìguǎn	41795
闭合	bìhé	19752
闭会	bìhuì	17377
闭经	bìjīng	51219
闭卷	bìjuàn	47078
闭口	bìkǒu	21563
闭路	bìlù	46783
闭路电视	bìlù diànshì	27172
闭门	bìmén	15995
闭门羹	bìméngēng	34929
闭门思过	bìmén-sīguò	49733
闭门谢客	bìmén-xièkè	35283
闭门造车	bìmén-zàochē	33956
闭目	bìmù	23214
闭目塞听	bìmù-sètīng	50447
闭幕	bìmù	5209
闭幕词	bìmùcí	41341
闭幕式	bìmùshì	11478
闭气	bìqì	49344
闭塞	bìsè	14896
闭锁	bìsuǒ	37856
闭月羞花	bìyuè-xiūhuā	52011
庇护	bìhù	15194
庇护所	bìhùsuǒ	36455
庇荫	bìyìn	48630
庇佑	bìyòu	47369
哔叽	bìjī	30023
陛下	bìxià	23994
毙	bì	8331
毙命	bìmìng	23828
毙伤	bìshāng	42496
敝帚自珍	bìzhǒu-zìzhēn	53362
婢女	bìnǚ	30350
筚路蓝缕	bìlù-lánlǚ	42497
蓖麻	bìmá	38395
痹症	bìzhèng	53882
滗	bì	50096
裨益	bìyì	29907
碧	bì	4941
碧波	bìbō	16330
碧草	bìcǎo	43790
碧海	bìhǎi	21693
碧空	bìkōng	32660
碧蓝	bìlán	27321
碧绿	bìlǜ	13923
碧螺春	bìluóchūn	46496
碧桃	bìtáo	29706

碧血丹心	bìxuè-dānxīn	55433
碧油油	bìyóuyóu	54368
碧玉	bìyù	32535
蔽	bì	10861
箅子	bìzi	48986
弊	bì	8961
弊病	bìbìng	17149
弊端	bìduān	8059
弊害	bìhài	46497
弊政	bìzhèng	41796
篦	bì	42766
篦子	bìzi	49345
壁	bì	4177
壁报	bìbào	34638
壁橱	bìchú	38033
壁灯	bìdēng	39620
壁挂	bìguà	43017
壁挂式	bìguàshì	49346
壁柜	bìguì	47079
壁虎	bìhǔ	34090
壁画	bìhuà	9427
壁龛	bìkān	45590
壁垒	bìlěi	8668
壁垒森严	bìlěi-sēnyán	48631
壁立	bìlì	36952
壁炉	bìlú	30351
壁上观	bìshàngguān	50448
壁饰	bìshì	54907
壁毯	bìtǎn	47080
壁纸	bìzhǐ	38396
壁钟	bìzhōng	55434
避	bì	4576
避风	bìfēng	28382
避风港	bìfēnggǎng	35986
避讳	bìhui	29395
避忌	bìjì	45290
避雷器	bìléiqì	52893
避雷针	bìléizhēn	40044
避乱	bìluàn	45892
避免	bìmiǎn	1685
避难	bìnàn	15231
避难所	bìnànsuǒ	34353
避让	bìràng	26873
避实就虚	bìshí-jiùxū	42024
避世	bìshì	43278
避暑	bìshǔ	14995
避嫌	bìxián	35234
避邪	bìxié	38769
避雨	bìyǔ	30909
避孕	bìyùn	22490
避孕套	bìyùntào	32536
避重就轻	bìzhòng-jiùqīng	31700
臂	bì	6480
臂膀	bìbǎng	20125
臂力	bìlì	42025
臂弯	bìwān	30352
臂章	bìzhāng	38602
臂肘	bìzhǒu	48987
边	biān	441
边城	biānchéng	21322
边陲	biānchuí	15297
边地	biāndì	32802
边防	biānfáng	4420
边防军	biānfángjūn	26668
边防哨	biānfángshào	52894
边防线	biānfángxiàn	32925
边防站	biānfángzhàn	32803
边锋	biānfēng	53363
边幅	biānfú	38982
边关	biānguān	16908
边患	biānhuàn	44268
边际	biānjì	19535
边检	biānjiǎn	48308
边疆	biānjiāng	6575
边角	biānjiǎo	28915
边角料	biānjiǎoliào	46192
边界	biānjiè	4386
边界线	biānjièxiàn	25345
边境	biānjìng	3968
边境线	biānjìngxiàn	25743
边框	biānkuàng	44757
边贸	biānmào	22548
边门	biānmén	40688
边民	biānmín	24161
边卡	biānqiǎ	56356
边区	biānqū	11005
边塞	biānsài	32926
边务	biānwù	52895
边线	biānxiàn	43018
边沿	biānyán	22285
边缘	biānyuán	5741
边缘化	biānyuánhuà	22378
边远	biānyuǎn	9335
边寨	biānzhài	42767
砭骨	biāngǔ	52896
编	biān	2129
编程	biānchéng	24811
编创	biānchuàng	34930
编次	biāncì	42768
编导	biāndǎo	10404
编订	biāndìng	50097
编队	biānduì	14352
编号	biānhào	11558
编后	biānhòu	18720
编绘	biānhuì	46784
编辑	biānjí	2193
编辑部	biānjíbù	10481
编校	biānjiào	37304
编结	biānjié	48309
编剧	biānjù	11192
编列	biānliè	51220
编录	biānlù	55435
编码	biānmǎ	13420
编目	biānmù	40045
编内	biānnèi	55436
编年	biānnián	38603
编年史	biānniánshǐ	36456
编年体	biānniántǐ	46193
编排	biānpái	12442
编派	biānpai	50449
编审	biānshěn	31442
编外	biānwài	28997
编委	biānwěi	27889
编舞	biānwǔ	40689
编写	biānxiě	5916
编修	biānxiū	20558
编选	biānxuǎn	27093
编演	biānyǎn	39198
编译	biānyì	20451
编印	biānyìn	19390
编余	biānyú	28638
编造	biānzào	11705
编者	biānzhě	7006
编者按	biānzhě'àn	7980
编织	biānzhī	8802
编织袋	biānzhīdài	31701
编制	biānzhì	3351
编钟	biānzhōng	31443

编著	biānzhù	20989
编撰	biānzhuàn	15298
编组	biānzǔ	27094
编纂	biānzuǎn	12923
煸	biān	32661
蝙蝠	biānfú	17508
蝙蝠衫	biānfúshān	52897
鳊鱼	biānyú	50823
鞭	biān	8684
鞭策	biāncè	14958
鞭长莫及	biāncháng-mòjí	36784
鞭笞	biānchī	37669
鞭打	biāndǎ	27237
鞭打快牛	biāndǎ-kuàiniú	55873
鞭炮	biānpào	9822
鞭辟入里	biānpì-rùlǐ	48632
鞭梢	biānshāo	49347
鞭挞	biāntà	21490
鞭子	biānzi	11129
贬	biǎn	9839
贬称	biǎnchēng	55874
贬斥	biǎnchì	37670
贬词	biǎncí	50450
贬低	biǎndī	21842
贬官	biǎnguān	47689
贬损	biǎnsǔn	38983
贬义	biǎnyì	38604
贬抑	biǎnyì	41123
贬谪	biǎnzhé	43499
贬值	biǎnzhí	9908
贬职	biǎnzhí	55875
扁	biǎn	7179
扁担	biǎndan	11646
扁豆	biǎndòu	37484
扁平	biǎnpíng	20049
扁桃体	biǎntáotǐ	44269
扁圆	biǎnyuán	40690
匾	biǎn	8574
匾额	biǎn'é	22332
变	biàn	264
变本加厉	biànběn-jiālì	23457
变成	biànchéng	581
变电器	biàndiànqì	55876
变电站	biàndiànzhàn	23829
变调	biàndiào	40256
变动	biàndòng	5374
变法	biànfǎ	17168
变革	biàngé	3121
变更	biàngēng	6504
变工	biàngōng	50451
变故	biàngù	16430
变卦	biànguà	25275
变化	biànhuà	366
变化无常	biànhuà-wúcháng	35677
变幻	biànhuàn	12011
变幻莫测	biànhuàn-mòcè	30128
变换	biànhuàn	9879
变价	biànjià	40914
变节	biànjié	39199
变局	biànjú	44036
变例	biànlì	53883
变脸	biànliǎn	21370
变量	biànliàng	15439
变乱	biànluàn	26669
变卖	biànmài	17378
变频	biànpín	10580
变迁	biànqiān	7071
变色	biànsè	44270
变色镜	biànsèjìng	54369
变色龙	biànsèlóng	41342
变声	biànshēng	50824
变数	biànshù	19570
变速	biànsù	27238
变速器	biànsùqì	41124
变态	biàntài	14917
变体	biàntǐ	29908
变天	biàntiān	38605
变通	biàntōng	18275
变为	biànwéi	3847
变味儿	biànwèir	28218
变戏法	biànxìfǎ	25661
变现	biànxiàn	24427
变相	biànxiàng	8360
变心	biànxīn	33694
变形	biànxíng	8775
变型	biànxíng	44037
变性	biànxìng	20452
变压器	biànyāqì	16815
变样	biànyàng	22433
变异	biànyì	10077
变易	biànyì	34639
变质	biànzhì	10682
变种	biànzhǒng	19753
便	biàn	169
便步	biànbù	55437
便餐	biàncān	44506
便车	biànchē	43791
便池	biànchí	38034
便当	biàndang	22956
便道	biàndào	8726
便饭	biànfàn	26382
便服	biànfú	31444
便函	biànhán	54908
便壶	biànhú	56624
便笺	biànjiān	50098
便捷	biànjié	9016
便览	biànlǎn	55877
便利	biànlì	4490
便利店	biànlìdiàn	52898
便利贴	biànlìtiē	56306
便路	biànlù	56357
便帽	biànmào	49734
便门	biànmén	35678
便秘	biànmì	29096
便民	biànmín	7889
便溺	biànniào	42769
便盆	biànpén	46498
便签	biànqiān	54909
便桥	biànqiáo	43500
便人	biànrén	55878
便条	biàntiáo	34767
便桶	biàntǒng	49736
便携式	biànxiéshì	25346
便鞋	biànxié	50099
便血	biànxiě	42770
便宴	biànyàn	52012
便衣	biànyī	16867
便宜	biànyí	11548
便宜行事	biànyí-xíngshì	38606
便于	biànyú	5550
便中	biànzhōng	56358
便装	biànzhuāng	28998
遍	biàn	1626
遍布	biànbù	8354
遍地	biàndì	11104
遍及	biànjí	11149
遍体鳞伤	biàntǐ-línshāng	30677
遍野	biànyě	29804

遍于	biànyú	49737
辨	biàn	7052
辨别	biànbié	11029
辨认	biànrèn	11715
辨识	biànshí	29805
辨析	biànxī	28383
辨正	biànzhèng	53884
辨证	biànzhèng	21203
辩	biàn	7659
辩白	biànbái	30678
辩驳	biànbó	20297
辩才	biàncái	45291
辩词	biàncí	55438
辩护	biànhù	9220
辩护权	biànhùquán	49348
辩护人	biànhùrén	18461
辩护士	biànhùshì	52899
辩解	biànjiě	11914
辩论	biànlùn	6752
辩难	biànnàn	50100
辩士	biànshì	45893
辩手	biànshǒu	50101
辩诉	biànsù	54370
辩诬	biànwū	48310
辩证法	biànzhèngfǎ	10625
辩证唯物主义	biànzhèng wéiwù zhǔyì	12508
辫子	biànzi	8889
标	biāo	3985
标榜	biāobǎng	16849
标本	biāoběn	8547
标兵	biāobīng	8776
标尺	biāochǐ	21564
标底	biāodǐ	36295
标的	biāodì	12509
标点	biāodiǎn	22910
标点符号	biāodiǎn fúhào	31702
标定	biāodìng	33957
标杆	biāogān	25662
标高	biāogāo	38214
标号	biāohào	32927
标记	biāojì	11934
标价	biāojià	14420
标金	biāojīn	51221
标量	biāoliàng	55879
标卖	biāomài	55880
标明	biāomíng	11893
标牌	biāopái	19791
标签	biāoqiān	10191
标枪	biāoqiāng	29909
标示	biāoshì	23312
标书	biāoshū	29097
标题	biāotí	1324
标图	biāotú	50102
标新立异	biāoxīn-lìyì	27967
标样	biāoyàng	55881
标语	biāoyǔ	6951
标语牌	biāoyǔpái	27028
标志	biāozhì	1676
标致	biāozhì	15824
标注	biāozhù	20334
标准	biāozhǔn	746
标准化	biāozhǔnhuà	5590
标准件	biāozhǔnjiàn	45591
标准时	biāozhǔnshí	40046
标准像	biāozhǔnxiàng	55882
标准音	biāozhǔnyīn	49349
标准语	biāozhǔnyǔ	55439
彪悍	biāohàn	56359
彪形大汉	biāoxíng dàhàn	35076
膘	biāo	23159
膘肥	biāoféi	41343
膘肥体壮	biāoféi-tǐzhuàng	40047
飙车	biāo chē	48988
飙升	biāoshēng	21616
表	biǎo	1132
表白	biǎobái	14163
表报	biǎobào	55440
表册	biǎocè	48633
表层	biǎocéng	13003
表达	biǎodá	1541
表带	biǎodài	50452
表弟	biǎodì	13691
表哥	biǎogē	12618
表格	biǎogé	12433
表功	biǎogōng	41125
表记	biǎojì	52900
表姐	biǎojiě	13632
表解	biǎojiě	55441
表决	biǎojué	5317
表决器	biǎojuéqì	47690
表决权	biǎojuéquán	33047
表里	biǎolǐ	23351
表里不一	biǎolǐ-bùyī	51603
表里如一	biǎolǐ-rúyī	38397
表链	biǎoliàn	46785
表露	biǎolù	19822
表妹	biǎomèi	12672
表面	biǎomiàn	2358
表面光	biǎomiànguāng	56360
表面化	biǎomiànhuà	40461
表面积	biǎomiànjī	31922
表面文章	biǎomiàn wénzhāng	19043
表明	biǎomíng	1103
表盘	biǎopán	47691
表皮	biǎopí	17619
表亲	biǎoqīn	40691
表情	biǎoqíng	3320
表示	biǎoshì	223
表述	biǎoshù	7680
表率	biǎoshuài	8104
表态	biǎotài	7314
表土	biǎotǔ	35077
表现	biǎoxiàn	314
表现力	biǎoxiànlì	16199
表象	biǎoxiàng	15495
表演	biǎoyǎn	1253
表演唱	biǎoyǎnchàng	45592
表演赛	biǎoyǎnsài	29396
表扬	biǎoyáng	8250
表彰	biǎozhāng	3654
表针	biǎozhēn	54371
表征	biǎozhēng	21115
表侄	biǎozhí	45593
表字	biǎozì	25347
婊子	biǎozi	14400
裱	biǎo	22857
裱褙	biǎobèi	54372
裱糊	biǎohú	35414
摽	biào	46786
鳔	biào	56361
瘪三	biēsān	35679
憋	biē	6937
憋得慌	biēdehuāng	39402
憋闷	biēmen	24162
憋气	biēqì	28054
憋屈	biēqu	44271
鳖	biē	14671

别	bié	427
别称	biéchēng	41568
别出心裁	biéchū-xīncái	21978
别处	biéchù	8836
别的	biéde	1630
别动队	biédòngduì	44272
别号	biéhào	31445
别集	biéjí	47081
别家	biéjiā	39403
别具匠心	biéjù-jiàngxīn	41569
别具一格	biéjù-yīgé	21409
别开生面	biékāi-shēngmiàn	15859
别看	biékàn	9741
别离	biélí	25814
别论	biélùn	30237
别名	biémíng	28219
别情	biéqíng	49738
别人	biérén	646
别树一帜	biéshù-yīzhì	55883
别墅	biéshù	7526
别说	biéshuō	10645
别体	biétǐ	53364
别无长物	biéwú-chángwù	55442
别无二致	biéwú-èrzhì	48311
别绪	biéxù	52901
别样	biéyàng	20171
别业	biéyè	53885
别有洞天	biéyǒu-dòngtiān	45594
别有风味	biéyǒu-fēngwèi	45007
别有天地	biéyǒu-tiāndì	53365
别有用心	biéyǒu-yòngxīn	17689
别针	biézhēn	36624
别致	biézhì	12234
别传	biézhuàn	36143
别字	biézì	35415
蹩脚	biéjiǎo	27809
瘪	biě	15402
别	biè	41344
别扭	bièniu	10295
宾馆	bīnguǎn	4374
宾客	bīnkè	12992
宾朋	bīnpéng	31815
宾语	bīnyǔ	31013
宾至如归	bīnzhì-rúguī	36953
宾主	bīnzhǔ	11306
彬彬有礼	bīnbīn-yǒulǐ	21371
傧相	bīnxiàng	33049
滨	bīn	9760
缤纷	bīnfēn	18547
濒临	bīnlín	10806
濒死	bīnsǐ	41797
濒危	bīnwēi	12333
濒于	bīnyú	28732
摈斥	bìnchì	47998
摈除	bìnchú	53366
摈弃	bìnqì	23608
殡殓	bìnliàn	52013
殡仪馆	bìnyíguǎn	21457
殡葬	bìnzàng	17538
髌骨	bìngǔ	52452
鬓发	bìnfà	25014
鬓角	bìnjiǎo	25348
鬓毛	bìnmáo	52014
冰	bīng	2419
冰坝	bīngbà	55884
冰雹	bīngbáo	15359
冰碴	bīngchár	46499
冰场	bīngchǎng	35078
冰车	bīngchē	55885
冰川	bīngchuān	9005
冰船	bīngchuán	53886
冰床	bīngchuáng	54373
冰袋	bīngdài	47999
冰刀	bīngdāo	44758
冰道	bīngdào	49350
冰灯	bīngdēng	25526
冰点	bīngdiǎn	33050
冰雕	bīngdiāo	25588
冰冻	bīngdòng	21162
冰毒	bīngdú	27553
冰封	bīngfēng	26962
冰峰	bīngfēng	37129
冰盖	bīnggài	23011
冰镐	bīnggǎo	55443
冰谷	bīnggǔ	46787
冰挂	bīngguà	54910
冰柜	bīngguì	33838
冰棍儿	bīnggùnr	24588
冰河	bīnghé	26795
冰花	bīnghuā	44759
冰肌玉骨	bīngjī-yùgǔ	53887
冰激凌	bīngjīlíng	28297
冰窖	bīngjiào	31573
冰晶	bīngjīng	27397
冰冷	bīnglěng	10594
冰凉	bīngliáng	11743
冰凌	bīnglíng	30910
冰溜	bīngliù	55886
冰排	bīngpái	45008
冰片	bīngpiàn	49351
冰期	bīngqī	20091
冰清玉洁	bīngqīng-yùjié	38770
冰球	bīngqiú	19120
冰山	bīngshān	17950
冰室	bīngshì	54911
冰释	bīngshì	43019
冰霜	bīngshuāng	35235
冰炭	bīngtàn	50453
冰糖	bīngtáng	28298
冰糖葫芦	bīngtánghúlu	40692
冰天雪地	bīngtiān-xuědì	21293
冰坨	bīngtuó	50103
冰箱	bīngxiāng	8004
冰消瓦解	bīngxiāo-wǎjiě	53367
冰鞋	bīngxié	45894
冰雪	bīngxuě	6961
冰硬	bīngyìng	54912
冰镇	bīngzhèn	43279
冰砖	bīngzhuān	52453
兵	bīng	1174
兵变	bīngbiàn	21410
兵不血刃	bīngbùxuèrèn	43501
兵不厌诈	bīngbùyànzhà	45292
兵车	bīngchē	39404
兵船	bīngchuán	37485
兵丁	bīngdīng	23609
兵法	bīngfǎ	17765
兵戈	bīnggē	37305
兵工	bīnggōng	51604
兵工厂	bīnggōngchǎng	30238
兵贵神速	bīngguìshénsù	44038
兵荒马乱	bīnghuāng-mǎluàn	27810
兵火	bīnghuǒ	46788
兵祸	bīnghuò	42771
兵家	bīngjiā	21888
兵舰	bīngjiàn	31331
兵谏	bīngjiàn	48000
兵力	bīnglì	6717

兵临城下	bīnglín-chéngxià	43020
兵马	bīngmǎ	12490
兵马俑	bīngmǎyǒng	20453
兵痞	bīngpǐ	50825
兵器	bīngqì	11317
兵强马壮	bīngqiáng-mǎzhuàng	44039
兵权	bīngquán	23458
兵刃	bīngrèn	45595
兵戎	bīngróng	46789
兵戎相见	bīngróng-xiāngjiàn	35680
兵士	bīngshì	8387
兵书	bīngshū	32271
兵团	bīngtuán	7258
兵饷	bīngxiǎng	43502
兵械	bīngxiè	40915
兵蚁	bīngyǐ	51222
兵役	bīngyì	20490
兵役法	bīngyìfǎ	32537
兵役制	bīngyìzhì	48634
兵营	bīngyíng	19536
兵油子	bīngyóuzi	52454
兵员	bīngyuán	25663
兵源	bīngyuán	42772
兵灾	bīngzāi	43021
兵站	bīngzhàn	27811
兵制	bīngzhì	48001
兵种	bīngzhǒng	21526
兵卒	bīngzú	44040
槟榔	bīngláng	18058
丙	bǐng	9244
丙纶	bǐnglún	52455
秉笔	bǐngbǐ	36625
秉承	bǐngchéng	19065
秉持	bǐngchí	35236
秉公	bǐnggōng	22643
秉公执法	bǐnggōng-zhífǎ	23997
秉性	bǐngxìng	21791
秉正	bǐngzhèng	52902
秉政	bǐngzhèng	44273
秉烛	bǐngzhú	42498
秉烛夜游	bǐngzhú-yèyóu	54913
柄	bǐng	9314
饼	bǐng	8280
饼干	bǐnggān	15742
饼子	bǐngzi	21204
屏	bǐng	9582
屏除	bǐngchú	50104
屏气	bǐngqì	39405
屏弃	bǐngqì	54914
屏退	bǐngtuì	38607
屏息	bǐngxī	21163
禀报	bǐngbào	10978
禀赋	bǐngfù	29397
禀告	bǐnggào	32804
禀明	bǐngmíng	30239
禀性	bǐngxìng	43146
并	bìng	45
并称	bìngchēng	27095
并存	bìngcún	8380
并蒂莲	bìngdìlián	49352
并发	bìngfā	28551
并发症	bìngfāzhèng	18026
并非	bìngfēi	1693
并购	bìnggòu	12469
并轨	bìngguǐ	20870
并驾齐驱	bìngjià-qíqū	28145
并肩	bìngjiān	11243
并进	bìngjìn	20607
并举	bìngjǔ	8007
并力	bìnglì	25015
并立	bìnglì	33434
并联	bìnglián	24292
并列	bìngliè	12732
并拢	bìnglǒng	34931
并茂	bìngmào	18079
并排	bìngpái	16588
并且	bìngqiě	666
并入	bìngrù	17400
并吞	bìngtūn	31223
并网	bìngwǎng	28473
并未	bìngwèi	2066
并行	bìngxíng	15512
并行不悖	bìngxíng-bùbèi	37130
并用	bìngyòng	14672
并重	bìngzhòng	8420
病	bìng	383
病案	bìng'àn	46194
病包儿	bìngbāor	49353
病变	bìngbiàn	14378
病残	bìngcán	29496
病程	bìngchéng	27239
病虫害	bìng-chónghài	10276
病床	bìngchuáng	10079
病毒	bìngdú	2619
病房	bìngfáng	5834
病夫	bìngfū	39200
病根	bìnggēn	27554
病故	bìnggù	19660
病害	bìnghài	16729
病号	bìnghào	28733
病号饭	bìnghàofàn	49739
病患	bìnghuàn	43022
病家	bìngjiā	44274
病假	bìngjià	26670
病句	bìngjù	52015
病菌	bìngjūn	14658
病况	bìngkuàng	43503
病理	bìnglǐ	15116
病历	bìnglì	15884
病例	bìnglì	5405
病魔	bìngmó	13354
病情	bìngqíng	5393
病区	bìngqū	34499
病人	bìngrén	1082
病容	bìngróng	35987
病入膏肓	bìngrùgāohuāng	36144
病弱	bìngruò	38771
病史	bìngshǐ	27029
病势	bìngshì	27030
病逝	bìngshì	13911
病榻	bìngtà	22776
病态	bìngtài	14841
病体	bìngtǐ	27240
病痛	bìngtòng	15265
病退	bìngtuì	37671
病危	bìngwēi	19971
病象	bìngxiàng	50826
病休	bìngxiū	39821
病恹恹	bìngyānyān	49740
病秧子	bìngyāngzi	52456
病疫	bìngyì	42268
病因	bìngyīn	14983
病友	bìngyǒu	27469
病愈	bìngyù	27555
病员	bìngyuán	25664
病源	bìngyuán	32156
病灶	bìngzào	27812

病征	bìngzhēng	53368
病症	bìngzhèng	14125
病状	bìngzhuàng	31446
摒除	bìngchú	44275
摒绝	bìngjué	55444
摒弃	bìngqì	11444
拨	bō	3178
拨打	bōdǎ	11706
拨动	bōdòng	22125
拨发	bōfā	52903
拨付	bōfù	12510
拨号	bōhào	24225
拨叫	bōjiào	53369
拨款	bōkuǎn	6831
拨拉	bōla	33327
拨浪鼓	bōlanggǔ	39406
拨乱反正	bōluàn-fǎnzhèng	17401
拨弄	bōnòng	25410
拨冗	bōrǒng	36954
拨通	bōtōng	14762
拨转	bōzhuǎn	43023
拨子	bōzi	51605
波	bō	2782
波长	bōcháng	11855
波荡	bōdàng	53370
波动	bōdòng	6299
波段	bōduàn	20827
波峰	bōfēng	33695
波谷	bōgǔ	38035
波光	bōguāng	21843
波及	bōjí	15131
波澜	bōlán	12673
波澜壮阔	bōlán-zhuàngkuò	15318
波浪	bōlàng	10830
波谱	bōpǔ	47370
波束	bōshù	40916
波斯猫	bōsīmāo	45293
波涛	bōtāo	12808
波纹	bōwén	24098
波形	bōxíng	38772
波音	bōyīn	12817
波折	bōzhé	19278
玻璃	bōli	2409
玻璃钢	bōligāng	24163
玻璃丝	bōlisī	47692
玻璃纤维	bōli xiānwéi	39201
玻璃纸	bōlizhǐ	43280
钵	bō	15459
钵盂	bōyú	51606
饽饽	bōbo	21527
剥夺	bōduó	6979
剥离	bōlí	13579
剥落	bōluò	25082
剥取	bōqǔ	54916
剥蚀	bōshí	32395
剥削	bōxuē	6664
剥削阶级	bōxuē jiējí	13633
菠菜	bōcài	21491
菠萝	bōluó	23942
菠萝蜜	bōluómì	48312
播	bō	5815
播报	bōbào	21652
播出	bōchū	5633
播发	bōfā	23553
播放	bōfàng	6801
播讲	bōjiǎng	46500
播弄	bōnong	35079
播撒	bōsǎ	21979
播散	bōsàn	48002
播送	bōsòng	30129
播扬	bōyáng	47371
播音	bōyīn	22434
播音室	bōyīnshì	49354
播音员	bōyīnyuán	18186
播映	bōyìng	27556
播种	bōzhǒng	6183
播种	bōzhòng	26298
伯	bó	7699
伯伯	bóbo	12050
伯父	bófù	12579
伯爵	bójué	23273
伯劳	bóláo	49741
伯乐	Bólè	24636
伯母	bómǔ	12809
伯仲	bózhòng	39621
伯仲之间	bózhòngzhījiān	49355
驳	bó	9986
驳岸	bó'àn	54374
驳斥	bóchì	15568
驳船	bóchuán	37857
驳倒	bódǎo	35237
驳回	bóhuí	11926
驳壳枪	bókéqiāng	33051
驳论	bólùn	55445
驳议	bóyì	50105
驳运	bóyùn	55446
驳杂	bózá	45294
帛画	bóhuà	50454
帛书	bóshū	44041
泊	bó	12619
泊地	bódì	54917
泊位	bówèi	20092
柏林	Bólín	6653
勃勃	bóbó	20559
勃发	bófā	22180
勃朗宁	bólǎngníng	46790
勃然	bórán	17766
勃然大怒	bórán-dànù	29894
勃兴	bóxīng	34768
钹	bó	37131
舶来品	bóláipǐn	35834
脖梗儿	bógěngr	39622
脖子	bózi	4039
博	bó	8777
博爱	bó'ài	19754
博采众长	bócǎi-zhòngcháng	27174
博彩	bócǎi	40257
博大精深	bódà-jīngshēn	14509
博导	bódǎo	32928
博得	bódé	11707
博古通今	bógǔ-tōngjīn	48989
博客	bókè	3418
博览	bólǎn	18782
博览会	bólǎnhuì	4645
博览群书	bólǎn-qúnshū	35592
博取	bóqǔ	34205
博识	bóshí	51223
博士	bóshì	1646
博士点	bóshìdiǎn	42773
博士后	bóshìhòu	10943
博士生	bóshìshēng	9119
博闻强记	bówén-qiángjì	48990
博物	bówù	31923
博物馆	bówùguǎn	3688
博物院	bówùyuàn	34354
博学	bóxué	24948
博雅	bóyǎ	38215
博弈	bóyì	5597

博引	bóyǐn	39407
鹁鸽	bógē	41798
鹁鸪	bógū	56362
渤海	Bóhǎi	10221
搏	bó	11567
搏动	bódòng	35080
搏斗	bódòu	10511
搏击	bójī	15808
搏杀	bóshā	29910
搏战	bózhàn	39623
薄	bó	4140
薄待	bódài	45895
薄地	bódì	42774
薄技	bójì	55447
薄酒	bójiǔ	48635
薄礼	bólǐ	48003
薄利	bólì	48313
薄利多销	bólì-duōxiāo	37858
薄命	bómìng	32157
薄膜	bómó	14587
薄暮	bómù	31816
薄情	bóqíng	39822
薄弱	bóruò	4323
薄田	bótián	51224
薄雾	bówù	25889
薄幸	bóxìng	49356
薄葬	bózàng	52016
跛	bǒ	18684
跛脚	bǒjiǎo	40693
跛子	bǒzi	29806
跛足	bǒzú	44507
簸	bǒ	33435
簸荡	bǒdàng	52457
簸箩	bǒluo	52458
薄荷	bòhe	11872
薄荷脑	bòhe'nǎo	54375
擘划	bòhuà	54376
簸箕	bòji	24047
啵	bo	17841
卜	bǔ	11549
卜辞	bǔcí	48004
卜卦	bǔguà	38398
卜居	bǔjū	52017
卜筮	bǔshì	43024
补	bǔ	1725
补白	bǔbái	45896
补办	bǔbàn	22736
补报	bǔbào	46195
补编	bǔbiān	46791
补差	bǔchā	45010
补偿	bǔcháng	3434
补充	bǔchōng	2564
补丁	bǔding	18585
补发	bǔfā	19898
补过	bǔguò	35238
补给	bǔjǐ	13391
补给线	bǔjǐxiàn	45897
补记	bǔjì	47082
补剂	bǔjì	52459
补假	bǔjià	55448
补交	bǔjiāo	24539
补酒	bǔjiǔ	55887
补救	bǔjiù	13235
补考	bǔkǎo	30679
补课	bǔkè	15049
补漏	bǔlòu	49742
补苗	bǔmiáo	56363
补票	bǔpiào	39823
补品	bǔpǐn	30680
补缺	bǔquē	30024
补税	bǔshuì	33958
补台	bǔtái	48314
补贴	bǔtiē	3172
补习	bǔxí	17620
补习班	bǔxíbān	23459
补写	bǔxiě	45596
补休	bǔxiū	47083
补选	bǔxuǎn	21022
补血	bǔxuè	43025
补养	bǔyǎng	40258
补药	bǔyào	32396
补液	bǔyè	48636
补遗	bǔyí	46792
补益	bǔyì	37672
补正	bǔzhèng	33436
补种	bǔzhòng	28384
补助	bǔzhù	4173
补助金	bǔzhùjīn	22286
补缀	bǔzhuì	41126
补足	bǔzú	22957
捕	bǔ	5394
捕风捉影	bǔfēng-zhuōyǐng	29497
捕获	bǔhuò	16040
捕捞	bǔlāo	9578
捕猎	bǔliè	30130
捕拿	bǔná	49357
捕杀	bǔshā	20335
捕食	bǔshí	18938
捕捉	bǔzhuō	8560
哺乳	bǔrǔ	22549
哺养	bǔyǎng	44760
哺育	bǔyù	17274
堡	bǔ	4815
堡子	bǔzi	38036
不	bù	5
不安	bù'ān	3460
不白之冤	bùbáizhīyuān	41799
不败之地	bùbàizhīdì	16286
不卑不亢	bùbēi-bùkàng	29590
不备	bùbèi	22181
不比	bùbǐ	7747
不必	bùbì	2012
不便	bùbiàn	4264
不才	bùcái	53888
不测	bùcè	17456
不曾	bùcéng	4071
不畅	bùchàng	13484
不成	bùchéng	27715
不成才	bùchéngcái	54377
不成方圆	bù chéng fāngyuán	39408
不成话	bùchénghuà	32805
不成器	bùchéngqì	35681
不成体统	bù chéng tǐtǒng	40048
不成文	bùchéngwén	27968
不成文法	bùchéngwénfǎ	55449
不逞	bùchěng	49358
不齿	bùchǐ	26532
不耻下问	bùchǐ-xiàwèn	42499
不啻	bùchì	18685
不出所料	bùchū-suǒliào	31447
不揣冒昧	bùchuǎi-màomèi	49359
不辞	bùcí	13311
不辞而别	bùcí'érbié	27470
不错	bùcuò	1761
不打自招	bùdǎ-zìzhāo	42269
不大离儿	bùdàlír	54378
不待	bùdài	12405

不丹	Bùdān	22958
不单	bùdān	13355
不但	bùdàn	999
不当	bùdàng	12500
不倒翁	bùdǎowēng	45898
不得	bùdé	693
不得不	bùdébù	1633
不得而知	bùdé’érzhī	17951
不得了	bùdéliǎo	11065
不得要领	bùdé-yàolǐng	32806
不得已	bùdéyǐ	7270
不等	bùděng	11006
不等式	bùděngshì	50827
不敌	bùdí	10266
不点儿	bùdiǎnr	49360
不迭	bùdié	15299
不定	bùdìng	4703
不动产	bùdòngchǎn	20560
不动声色	bùdòng-shēngsè	13507
不冻港	bùdònggǎng	54379
不独	bùdú	23998
不端	bùduān	42500
不断	bùduàn	291
不对劲	bùduìjìn	23165
不对头	bùduìtóu	24540
不对味儿	bùduìwèir	52460
不二法门	bù’èr-fǎmén	48005
不二价	bù’èrjià	53889
不乏	bùfá	8456
不乏其例	bùfá-qílì	49361
不乏其人	bùfá-qírén	34640
不法	bùfǎ	8202
不法之徒	bùfǎzhītú	28055
不凡	bùfán	13050
不妨	bùfáng	5623
不菲	bùfěi	17428
不费吹灰之力	bù fèi chuī huī zhī lì	37859
不忿	bùfèn	43281
不孚众望	bùfú-zhòngwàng	55450
不服	bùfú	6614
不符	bùfú	12168
不负重望	bùfù-zhòngwàng	53371
不负众望	bùfù-zhòngwàng	28220
不复	bùfù	10517
不干胶	bùgānjiāo	50106
不甘	bùgān	14225
不甘寂寞	bùgān-jìmò	29304
不甘示弱	bùgān-shìruò	29398
不尴不尬	bùgān-bùgà	49362
不敢当	bùgǎndāng	16850
不更事	bùgēngshì	44761
不公	bùgōng	10746
不攻自破	bùgōng-zìpò	35239
不共戴天	bùgòngdàitiān	34091
不苟言笑	bùgǒu-yánxiào	33696
不顾	bùgù	3084
不关	bùguān	21528
不管	bùguǎn	1273
不管三七二十一	bùguǎn sān qī èrshíyī	35081
不光	bùguāng	7739
不归路	bùguīlù	42026
不规则	bùguīzé	18300
不轨	bùguǐ	27969
不果	bùguǒ	43282
不过	bùguò	476
不过尔尔	bùguò-ěr’ěr	46793
不过意	bùguòyì	35682
不寒而栗	bùhán’érlì	25276
不好惹	bùhǎorě	37132
不好说	bùhǎoshuō	21210
不好意思	bùhǎoyìsi	5136
不合	bùhé	11487
不和	bùhé	32662
不哼不哈	bùhēng-bùhā	54918
不欢而散	bùhuān’érsàn	31224
不遑	bùhuáng	25016
不讳	bùhuì	34932
不惑	bùhuò	33839
不惑之年	bùhuòzhīnián	35988
不羁	bùjī	26096
不及	bùjí	4540
不即不离	bùjí-bùlí	45295
不计	bùjì	9140
不计其数	bùjì-qíshù	21372
不济	bùjì	18080
不济事	bùjìshì	40259
不假思索	bùjiǎ-sīsuǒ	21373
不检	bùjiǎn	46794
不见得	bùjiàndé	8973
不见经传	bùjiàn-jīngzhuàn	52461
不解	bùjiě	7009
不解之缘	bùjiězhīyuán	21023
不禁	bùjīn	2829
不仅	bùjǐn	341
不仅仅	bùjǐnjǐn	4638
不尽然	bùjìnrán	27096
不近人情	bùjìn-rénqíng	27557
不经意	bùjīngyì	12561
不景气	bùjǐngqì	11517
不胫而走	bùjìng’érzǒu	25083
不敬	bùjìng	24882
不久	bùjiǔ	1297
不咎既往	bùjiù-jìwǎng	51607
不拘	bùjū	16958
不拘小节	bùjū-xiǎojié	39824
不拘一格	bùjū-yīgé	19246
不觉	bùjué	5306
不绝	bùjué	5701
不绝如缕	bùjué-rúlǚ	43504
不绝于耳	bùjuéyú’ěr	21116
不开眼	bùkāiyǎn	39624
不堪	bùkān	6117
不堪回首	bùkān-huíshǒu	27558
不堪入目	bùkān-rùmù	34355
不堪设想	bùkān-shèxiǎng	17044
不可	bùkě	520
不可告人	bùkě-gàorén	23717
不可或缺	bùkě-huòquē	11568
不可救药	bùkě-jiùyào	28552
不可开交	bùkě-kāijiāo	23012
不可抗力	bùkěkànglì	33437
不可理喻	bùkě-lǐyù	31119
不可名状	bùkě-míngzhuàng	41570
不可胜数	bùkě-shèngshǔ	37860
不可收拾	bùkě-shōushi	19447
不可思议	bùkě-sīyì	10339
不可同日而语	bùkě tóngrì’éryǔ	30911
不可一世	bùkě-yīshì	24745
不可逾越	bùkě-yúyuè	25217
不可知论	bùkězhīlùn	44042
不可终日	bùkě-zhōngrì	36626
不快	bùkuài	8691
不愧	bùkuì	12630
不赖	bùlài	25957
不劳而获	bùláo’érhuò	36457

不粘锅	bùzhānguō	40049
不折不扣	bùzhé-bùkòu	12841
不振	bùzhèn	14996
不争	bùzhēng	25349
不正之风	bùzhèngzhīfēng	6594
不支	bùzhī	24293
不知	bùzhī	905
不知不觉	bùzhī-bùjué	6427
不知就里	bùzhī-jiùlǐ	47372
不知死活	bùzhī-sǐhuó	45899
不知所措	bùzhī-suǒcuò	12065
不知所云	bùzhī-suǒyún	28916
不知所终	bùzhī-suǒzhōng	46196
不值一提	bùzhí-yītí	36786
不止	bùzhǐ	4523
不只	bùzhǐ	18806
不至于	bùzhìyú	6405
不治	bùzhì	16959
不治之症	bùzhìzhīzhèng	32037
不致	bùzhì	10932
不置可否	bùzhì-kěfǒu	25589
不周	bùzhōu	25815
不准	bùzhǔn	6679
不着边际	bùzhuó-biānjì	26383
不自量	bùzìliàng	43283
不自量力	bùzìliànglì	38985
不足	bùzú	877
不足道	bùzúdào	29399
不足挂齿	bùzú-guàchǐ	45011
不足取	bùzúqǔ	36627
不足为怪	bùzúwéiguài	31332
不足为凭	bùzúwéipíng	51610
不足为奇	bùzúwéiqí	21323
不足为训	bùzúwéixùn	46501
不作声	bùzuòshēng	10340
不作为	bùzuòwéi	18548
布	bù	1936
布帛	bùbó	42270
布菜	bùcài	53372
布达拉宫	Bùdálā Gōng	22287
布袋	bùdài	21566
布道	bùdào	34500
布尔什维克	bù'ěrshíwéikè	25890
布防	bùfáng	34206
布告	bùgào	17293
布谷鸟	bùgǔniǎo	33697
布景	bùjǐng	15065
布局	bùjú	3317
布控	bùkòng	32663
布朗族	Bùlǎngzú	45296
布雷	bùléi	30912
布料	bùliào	22600
布满	bùmǎn	9805
布面	bùmiàn	42027
布匹	bùpǐ	25744
布票	bùpiào	42028
布设	bùshè	29707
布施	bùshī	30450
布头	bùtóu	34207
布鞋	bùxié	16660
布衣	bùyī	19448
布依族	Bùyīzú	30451
布展	bùzhǎn	30913
布阵	bùzhèn	25745
布置	bùzhì	4549
步	bù	397
步兵	bùbīng	10545
步步为营	bùbù-wéiyíng	37674
步测	bùcè	56727
步调	bùdiào	33698
步伐	bùfá	2529
步法	bùfǎ	34501
步话机	bùhuàjī	44276
步犁	bùlí	52018
步履	bùlǚ	15762
步履维艰	bùlǚ-wéijiān	31449
步枪	bùqiāng	13811
步人后尘	bùrénhòuchén	54381
步入	bùrù	5737
步哨	bùshào	42775
步态	bùtài	33699
步行	bùxíng	8569
步行街	bùxíngjiē	19823
步骤	bùzhòu	4633
步子	bùzi	10080
部	bù	235
部颁	bùbān	24227
部队	bùduì	510
部分	bùfen	512
部件	bùjiàn	10240
部将	bùjiàng	12280
部类	bùlèi	49743
部落	bùluò	7364
部门	bùmén	631
部首	bùshǒu	39825
部属	bùshǔ	19936
部署	bùshǔ	2092
部头	bùtóu	52904
部委	bùwěi	6039
部位	bùwèi	5822
部下	bùxià	8270
部长	bùzhǎng	1061
部族	bùzú	16816
埠头	bùtóu	41346
簿册	bùcè	49744
簿籍	bùjí	54382
簿记	bùjì	47084
簿子	bùzi	30914
擦	cā	2621
擦边	cābiān	50828
擦边球	cābiānqiú	33960
擦黑儿	cāhēir	36459
擦肩而过	cājiān'érguò	21980
擦屁股	cāpìgu	39625
擦伤	cāshāng	35241
擦拭	cāshì	19687
擦洗	cāxǐ	23830
擦子	cāzi	55889
嚓	cā	56365
猜	cāi	4063
猜测	cāicè	8646
猜度	cāiduó	32929
猜忌	cāijì	25816
猜枚	cāiméi	53373
猜谜	cāimí	36787
猜拳	cāiquán	34502
猜透	cāitòu	43506
猜想	cāixiǎng	8514
猜疑	cāiyí	15958
才	cái	82
才分	cáifèn	46795
才赋	cáifù	53891
才干	cáigàn	11744
才高八斗	cáigāo-bādǒu	49363
才华	cáihuá	8234
才华横溢	cáihuá-héngyì	22098
才具	cáijù	44043
才力	cáilì	29911

才略	cáilüè	41127
才貌	cáimào	43284
才能	cáinéng	1918
才女	cáinǚ	29400
才气	cáiqì	23831
才情	cáiqíng	26963
才识	cáishí	34356
才疏学浅	cáishū-xuéqiǎn	47694
才思	cáisī	42271
才学	cáixué	29305
才艺	cáiyì	27970
才智	cáizhì	17984
才子	cáizǐ	14918
才子佳人	cáizǐ-jiārén	29808
材	cái	5746
材料	cáiliào	692
材质	cáizhì	25590
财	cái	4383
财宝	cáibǎo	32539
财帛	cáibó	37487
财产	cáichǎn	1747
财产权	cáichǎnquán	16883
财大气粗	cáidà-qìcū	26671
财阀	cáifá	41800
财富	cáifù	2540
财界	cáijiè	53892
财经	cáijīng	4292
财会	cáikuài	16638
财礼	cáilǐ	37862
财力	cáilì	5466
财路	cáilù	34208
财贸	cáimào	22858
财迷	cáimí	45297
财迷心窍	cáimíxīnqiào	52462
财气	cáiqì	45900
财权	cáiquán	25350
财神	cáishén	17842
财神爷	cáishényé	28146
财势	cáishì	46796
财税	cáishuì	10081
财团	cáituán	19182
财务	cáiwù	3042
财物	cáiwù	9263
财源	cáiyuán	16960
财运	cáiyùn	42776
财政	cáizhèng	1195
财主	cáizhu	16817
裁	cái	6379
裁兵	cáibīng	44508
裁并	cáibìng	51225
裁撤	cáichè	38608
裁处	cáichǔ	53374
裁定	cáidìng	8145
裁断	cáiduàn	52463
裁夺	cáiduó	44277
裁缝	cáiféng	41128
裁缝	cáifeng	15707
裁减	cáijiǎn	14421
裁剪	cáijiǎn	25891
裁决	cáijué	8054
裁军	cáijūn	12104
裁判	cáipàn	5866
裁判员	cáipànyuán	12590
裁判长	cáipànzhǎng	36298
裁员	cáiyuán	16589
采	cǎi	2523
采办	cǎibàn	35416
采编	cǎibiān	18612
采茶戏	cǎicháxì	47695
采伐	cǎifá	10786
采访	cǎifǎng	1483
采风	cǎifēng	12739
采购	cǎigòu	3189
采购员	cǎigòuyuán	30570
采光	cǎiguāng	27813
采集	cǎijí	6515
采景	cǎijǐng	55451
采掘	cǎijué	22379
采矿	cǎikuàng	10601
采录	cǎilù	42777
采买	cǎimǎi	34092
采煤	cǎiméi	16818
采蜜	cǎimì	38774
采纳	cǎinà	7974
采暖	cǎinuǎn	18722
采取	cǎiqǔ	760
采收	cǎishōu	27399
采挖	cǎiwā	34933
采写	cǎixiě	16487
采血	cǎixiě	35683
采样	cǎiyàng	21530
采用	cǎiyòng	1258
采油	cǎiyóu	23013
采育	cǎiyù	49364
采择	cǎizé	47697
采摘	cǎizhāi	12224
采制	cǎizhì	51226
采种	cǎizhǒng	43792
彩	cǎi	3141
彩笔	cǎibǐ	40050
彩车	cǎichē	32540
彩绸	cǎichóu	37488
彩带	cǎidài	28059
彩旦	cǎidàn	55452
彩蛋	cǎidàn	39626
彩灯	cǎidēng	17486
彩电	cǎidiàn	6224
彩蝶	cǎidié	34934
彩管	cǎiguǎn	55453
彩虹	cǎihóng	11218
彩绘	cǎihuì	21458
彩卷	cǎijuǎn	55890
彩扩	cǎikuò	52464
彩礼	cǎilǐ	28147
彩练	cǎiliàn	46197
彩门	cǎimén	51611
彩民	cǎimín	31817
彩墨画	cǎimòhuà	50108
彩排	cǎipái	29809
彩牌楼	cǎipáilou	55891
彩棚	cǎipéng	51612
彩票	cǎipiào	7385
彩旗	cǎiqí	16287
彩球	cǎiqiú	33438
彩券	cǎiquàn	53375
彩色	cǎisè	6615
彩色片	cǎisèpiàn	53376
彩饰	cǎishì	54383
彩塑	cǎisù	38038
彩陶	cǎitáo	32807
彩头	cǎitóu	45597
彩霞	cǎixiá	27559
彩像	cǎixiàng	55454
彩印	cǎiyìn	39409
彩釉	cǎiyòu	50829
彩云	cǎiyún	22685
彩照	cǎizhào	34641
彩纸	cǎizhǐ	39410

睬	cǎi	17820
踩	cǎi	4156
踩道	cǎidào	52905
踩点	cǎidiǎn	46198
踩高跷	cǎigāoqiāo	41129
踩雷	cǎiléi	41515
踩水	cǎishuǐ	46797
踩踏	cǎità	29401
菜	cài	1146
菜案	cài'àn	55455
菜板	càibǎn	52019
菜帮子	càibāngzi	49365
菜场	càichǎng	21617
菜单	càidān	17336
菜刀	càidāo	16331
菜地	càidì	15971
菜点	càidiǎn	50456
菜店	càidiàn	54384
菜豆	càidòu	46199
菜墩子	càidūnzi	54922
菜饭	càifàn	38400
菜瓜	càiguā	50109
菜馆	càiguǎn	25958
菜花	càihuā	27890
菜窖	càijiào	42778
菜金	càijīn	51613
菜篮子	càilánzi	12544
菜篮子工程	càilánzi gōngchéng	43793
菜鸟	càiniǎo	11991
菜牛	càiniú	51614
菜农	càinóng	13862
菜品	càipǐn	47085
菜圃	càipǔ	46798
菜谱	càipǔ	23778
菜畦	càiqí	39826
菜色	càisè	36628
菜市	càishì	32930
菜市场	càishìchǎng	20196
菜式	càishì	50110
菜蔬	càishū	27971
菜薹	càitái	56366
菜摊	càitān	38217
菜团子	càituánzi	46799
菜系	càixì	43507
菜心	càixīn	46800
菜肴	càiyáo	16560
菜叶	càiyè	27814
菜油	càiyóu	40462
菜园	càiyuán	13051
菜籽	càizǐ	25411
蔡	Cài	7836
参拜	cānbài	8015
参半	cānbàn	34093
参禅	cānchán	40694
参赌	cāndǔ	31924
参访	cānfǎng	22160
参股	cāngǔ	13676
参观	cānguān	2049
参观团	cānguāntuán	32272
参加	cānjiā	248
参检	cānjiǎn	53377
参见	cānjiàn	24228
参建	cānjiàn	23610
参校	cānjiào	52020
参军	cānjūn	8596
参看	cānkàn	11750
参考	cānkǎo	4940
参考书	cānkǎoshū	25959
参量	cānliàng	53378
参谋	cānmóu	6315
参谋部	cānmóubù	37675
参谋长	cānmóuzhǎng	6804
参拍	cānpāi	49745
参评	cānpíng	18686
参赛	cānsài	3871
参事	cānshì	15099
参试	cānshì	45012
参数	cānshù	9322
参天	cāntiān	19045
参透	cāntòu	46502
参悟	cānwù	49746
参选	cānxuǎn	14314
参演	cānyǎn	23611
参谒	cānyè	50457
参议	cānyì	23779
参议会	cānyìhuì	43508
参议员	cānyìyuán	14089
参与	cānyù	1231
参阅	cānyuè	26964
参赞	cānzàn	15300
参展	cānzhǎn	7111
参战	cānzhàn	13677
参照	cānzhào	8444
参照物	cānzhàowù	37676
参照系	cānzhàoxì	28385
参政	cānzhèng	11368
参酌	cānzhuó	46200
餐	cān	5816
餐车	cānchē	30241
餐点	cāndiǎn	56367
餐馆	cānguǎn	7493
餐巾	cānjīn	38218
餐巾纸	cānjīnzhǐ	32931
餐具	cānjù	14588
餐券	cānquàn	49366
餐室	cānshì	32664
餐厅	cāntīng	6778
餐位	cānwèi	55456
餐饮	cānyǐn	8326
餐饮业	cānyǐnyè	13496
餐桌	cānzhuō	8676
残	cán	3718
残奥会	Cán'àohuì	34357
残败	cánbài	45013
残暴	cánbào	16748
残本	cánběn	38986
残币	cánbì	37454
残兵败将	cánbīng-bàijiàng	49367
残部	cánbù	35082
残喘	cánchuǎn	33555
残次	táncì	46801
残次品	cán-cìpǐn	55457
残存	cáncún	19571
残敌	cándí	46503
残冬	cándōng	37677
残毒	cándú	44044
残匪	cánfěi	46802
残废	cánfèi	15440
残骸	cánhái	19596
残害	cánhài	13618
残疾	cánjí	7224
残疾车	cánjíchē	54385
残疾人	cánjírén	3328
残迹	cánjì	41571
残旧	cánjiù	48315
残局	cánjú	28836
残卷	cánjuàn	54386
残酷	cánkù	6018

残留	cánliú	8334
残年	cánnián	39411
残虐	cánnüè	42272
残片	cánpiàn	28917
残品	cánpǐn	56625
残破	cánpò	19597
残棋	cánqí	52465
残缺	cánquē	17457
残忍	cánrěn	10683
残杀	cánshā	24428
残生	cánshēng	45598
残损	cánsǔn	40051
残雪	cánxuě	25412
残阳	cányáng	33961
残余	cányú	12522
残垣断壁	cányuán-duànbì	38775
残月	cányuè	34642
残运会	Cányùnhuì	27560
残渣	cánzhā	27175
残渣余孽	cánzhā-yúniè	52466
残障	cánzhàng	23708
残照	cánzhào	45014
蚕	cán	9754
蚕豆	cándòu	21618
蚕蛾	cán'é	49747
蚕茧	cánjiǎn	28918
蚕农	cánnóng	44278
蚕桑	cánsāng	26299
蚕食	cánshí	21567
蚕室	cánshì	55458
蚕丝	cánsī	29708
蚕蛹	cányǒng	44509
蚕子	cánzǐ	47698
惭愧	cánkuì	9747
惭色	cánsè	49368
惨	cǎn	6349
惨案	cǎn'àn	15319
惨白	cǎnbái	16989
惨败	cǎnbài	19046
惨变	cǎnbiàn	48316
惨不忍睹	cǎnbùrěndǔ	23513
惨淡	cǎndàn	20756
惨淡经营	cǎndàn-jīngyíng	33556
惨毒	cǎndú	53379
惨祸	cǎnhuò	37133
惨叫	cǎnjiào	20372
惨景	cǎnjǐng	45016
惨境	cǎnjìng	53380
惨剧	cǎnjù	17985
惨绝人寰	cǎnjuérénhuán	36145
惨况	cǎnkuàng	52022
惨厉	cǎnlì	44045
惨烈	cǎnliè	20409
惨然	cǎnrán	32397
惨杀	cǎnshā	46803
惨死	cǎnsǐ	23216
惨痛	cǎntòng	14997
惨无人道	cǎnwúréndào	33053
惨象	cǎnxiàng	44279
惨笑	cǎnxiào	32932
惨遭	cǎnzāo	16794
惨重	cǎnzhòng	12708
惨状	cǎnzhuàng	27717
灿灿	càncàn	21493
灿烂	cànlàn	4377
灿然	cànrán	38219
粲然	cànrán	41572
仓	cāng	7887
仓储	cāngchǔ	13548
仓储超市	cāngchǔ chāoshì	56368
仓促	cāngcù	18645
仓猝	cāngcù	21024
仓房	cāngfáng	32665
仓皇	cānghuáng	16098
仓库	cāngkù	6444
仓容	cāngróng	41130
仓位	cāngwèi	53893
苍白	cāngbái	6758
苍苍	cāngcāng	24164
苍翠	cāngcuì	22550
苍耳	cāng'ěr	53894
苍黄	cānghuáng	42029
苍劲	cāngjìng	27561
苍空	cāngkōng	51227
苍老	cānglǎo	13756
苍凉	cāngliáng	15603
苍龙	cānglóng	39203
苍鹭	cānglù	51615
苍绿	cānglǜ	48006
苍茫	cāngmáng	14438
苍莽	cāngmǎng	48317
苍穹	cāngqióng	21694
苍山	cāngshān	30571
苍生	cāngshēng	34643
苍松	cāngsōng	40695
苍天	cāngtiān	19364
苍哑	cāngyǎ	54387
苍鹰	cāngyīng	41347
苍蝇	cāngying	9341
苍郁	cāngyù	47373
沧海	cānghǎi	17650
沧海横流	cānghǎi-héngliú	44046
沧海桑田	cānghǎi-sāngtián	31450
沧海一粟	cānghǎi-yīsù	46201
沧桑	cāngsāng	9600
舱	cāng	5882
舱面	cāngmiàn	44280
舱室	cāngshì	42273
舱位	cāngwèi	39627
藏	cáng	2948
藏富	cángfù	52023
藏奸	cángjiān	55459
藏龙卧虎	cánglóng-wòhǔ	42779
藏匿	cángnì	17169
藏品	cángpǐn	20990
藏身	cángshēn	15569
藏书	cángshū	12111
藏书票	cángshūpiào	39204
藏头露尾	cángtóu-lùwěi	48318
藏污纳垢	cángwū-nàgòu	40696
藏掖	cángyē	52906
藏拙	cángzhuō	49369
操	cāo	4072
操办	cāobàn	21324
操场	cāochǎng	9840
操持	cāochí	21374
操刀	cāodāo	41131
操典	cāodiǎn	50830
操控	cāokòng	34209
操劳	cāoláo	19475
操练	cāoliàn	16332
操琴	cāoqín	48991
操守	cāoshǒu	18187
操心	cāoxīn	9023
操行	cāoxíng	43285
操演	cāoyǎn	41348
操之过急	cāozhī-guòjí	29912
操纵	cāozòng	8082

操作	cāozuò	2156
操作系统	cāozuò xìtǒng	31000
糙	cāo	32159
糙米	cāomǐ	47374
曹	cáo	5007
嘈杂	cáozá	11689
槽	cáo	8056
槽钢	cáogāng	55892
槽头	cáotóu	43509
槽牙	cáoyá	52024
槽子	cáozi	44281
草	cǎo	1040
草案	cǎo'àn	2571
草包	cǎobāo	34503
草本	cǎoběn	33700
草编	cǎobiān	38776
草标	cǎobiāo	51228
草草	cǎocǎo	15861
草场	cǎochǎng	8780
草虫	cǎochóng	42501
草创	cǎochuàng	32666
草丛	cǎocóng	14738
草底儿	cǎodǐr	52025
草地	cǎodì	4628
草甸	cǎodiàn	27031
草垫	cǎodiàn	42780
草垫子	cǎodiànzi	47699
草垛	cǎoduò	35315
草房	cǎofáng	24294
草稿	cǎogǎo	24690
草根	cǎogēn	7514
草菇	cǎogū	52907
草灰	cǎohuī	50831
草鸡	cǎojī	43286
草菅人命	cǎojiān-rénmìng	44510
草芥	cǎojiè	38039
草寇	cǎokòu	48319
草料	cǎoliào	20992
草驴	cǎolǘ	52467
草绿	cǎolǜ	35083
草莽	cǎomǎng	33054
草莽英雄	cǎomǎng yīngxióng	46504
草帽	cǎomào	14804
草莓	cǎoméi	14805
草民	cǎomín	40917
草木	cǎomù	12631
草木灰	cǎomùhuī	43026
草木皆兵	cǎomù-jiēbīng	38777
草拟	cǎonǐ	22601
草棚	cǎopéng	20653
草皮	cǎopí	22126
草坪	cǎopíng	8305
草签	cǎoqiān	35989
草食	cǎoshí	31225
草书	cǎoshū	27637
草率	cǎoshuài	19341
草酸	cǎosuān	48992
草台班子	cǎotái bānzi	48007
草滩	cǎotān	33182
草堂	cǎotáng	23832
草体	cǎotǐ	53895
草头王	cǎotóuwáng	51616
草图	cǎotú	21412
草窝	cǎowō	48320
草屋	cǎowū	31120
草席	cǎoxí	33962
草鞋	cǎoxié	17045
草写	cǎoxiě	55460
草药	cǎoyào	21294
草野	cǎoyě	40697
草鱼	cǎoyú	31451
草原	cǎoyuán	2497
草约	cǎoyuē	47086
草泽	cǎozé	46202
草纸	cǎozhǐ	31925
草字	cǎozì	48638
草字头	cǎozìtóu	50832
册	cè	3219
册页	cèyè	41349
册子	cèzi	32541
厕所	cèsuǒ	4500
侧	cè	4179
侧柏	cèbǎi	36629
侧耳	cè'ěr	23999
侧根	cègēn	53896
侧击	cèjī	49370
侧记	cèjì	14210
侧门	cèmén	30915
侧面	cèmiàn	6505
侧目	cèmù	26796
侧目而视	cèmù'érshì	46203
侧身	cèshēn	18301
侧视	cèshì	55461
侧室	cèshì	50833
侧卧	cèwò	37489
侧翼	cèyì	36955
侧影	cèyǐng	31452
侧枝	cèzhī	50834
侧重	cèzhòng	10090
侧重点	cèzhòngdiǎn	27562
测	cè	4101
测报	cèbào	37863
测查	cèchá	51617
测定	cèdìng	6695
测度	cèduó	40261
测光	cèguāng	49748
测谎仪	cèhuǎngyí	52468
测绘	cèhuì	5929
测距	cèjù	32667
测控	cèkòng	12371
测量	cèliáng	4297
测评	cèpíng	7473
测试	cèshì	4583
测速	cèsù	50835
测算	cèsuàn	8478
测验	cèyàn	15050
测震	cèzhèn	54923
测字	cèzì	42502
恻隐	cèyǐn	31454
恻隐之心	cèyǐnzhīxīn	30131
策	cè	4864
策动	cèdòng	25278
策反	cèfǎn	41350
策划	cèhuà	5290
策励	cèlì	48993
策略	cèlüè	5021
策马	cèmǎ	20410
策问	cèwèn	53381
策应	cèyìng	28639
策源地	cèyuándì	35417
参差	cēncī	25279
参差不齐	cēncī-bùqí	19279
涔涔	céncén	34505
噌	cēng	32808
层	céng	640
层出不穷	céngchū-bùqióng	11647
层次	céngcì	1991
层叠	céngdié	41351

层高	cénggāo	20567
层级	céngjí	30132
层林	cénglín	43794
层峦叠嶂	céngluán-diézhàng	41801
层面	céngmiàn	4787
曾	céng	1341
曾几何时	céngjǐhéshí	21653
曾经	céngjīng	859
曾经沧海	céngjīng-cānghǎi	38609
蹭	cèng	12032
蹭饭	cèngfàn	52774
叉	chā	12545
叉车	chāchē	36956
叉烧	chāshāo	46804
叉腰	chāyāo	30025
叉子	chāzi	23014
差	chā	1300
差别	chābié	4155
差池	chāchí	41132
差错	chācuò	12066
差额	chā'é	12958
差价	chājià	14919
差距	chājù	2650
差强人意	chāqiáng-rényì	38778
差数	chāshù	53382
差异	chāyì	3296
插	chā	2660
插班	chābān	43510
插班生	chābānshēng	50836
插播	chābō	33184
插翅难飞	chāchì-nánfēi	54924
插队	chāduì	18613
插管	chāguǎn	37864
插花	chāhuā	21206
插画	chāhuà	32160
插话	chāhuà	16288
插脚	chājiǎo	55462
插科打诨	chākē-dǎhùn	44282
插孔	chākǒng	50837
插空	chākòng	52469
插口	chākǒu	32273
插屏	chāpíng	55463
插曲	chāqǔ	20993
插入	chārù	12372
插身	chāshēn	52470
插手	chāshǒu	15212
插条	chātiáo	50111
插头	chātóu	30026
插图	chātú	14998
插销	chāxiāo	40052
插叙	chāxù	49749
插秧	chāyāng	18153
插秧机	chāyāngjī	46505
插页	chāyè	43287
插一杠子	chāyīgàngzi	54388
插足	chāzú	32398
插嘴	chāzuǐ	13325
插座	chāzuò	27400
喳喳	chāchā	16990
嚓	chā	11275
茬	chá	7977
茬口	chákǒu	48639
茬子	cházi	32161
茶	chá	2045
茶杯	chábēi	9636
茶场	cháchǎng	31818
茶匙	cháchí	45017
茶炊	cháchuī	55893
茶道	chádào	32542
茶点	chádiǎn	26300
茶饭	cháfàn	33055
茶房	cháfang	9950
茶缸	chágāng	35684
茶馆	cháguǎn	9120
茶褐色	cháhèsè	55464
茶壶	cháhú	15339
茶花	cháhuā	30133
茶话会	cháhuàhuì	16884
茶会	cháhuì	31014
茶几	chájī	11910
茶碱	chájiǎn	53897
茶晶	chájīng	54925
茶镜	chájìng	44283
茶具	chájù	28837
茶楼	chálóu	17017
茶炉	chálú	45901
茶农	chánóng	30572
茶盘	chápán	37134
茶钱	cháqián	35242
茶色	chásè	31926
茶社	cháshè	28300
茶食	cháshi	46805
茶树	cháshù	25465
茶水	cháshuǐ	13702
茶汤	chátāng	40463
茶亭	chátíng	27241
茶碗	cháwǎn	20790
茶叶	cháyè	6902
茶叶蛋	cháyèdàn	39628
茶艺	cháyì	34769
茶油	cháyóu	48994
茶余饭后	cháyú-fànhòu	29306
茶园	cháyuán	17068
茶盏	cházhǎn	53383
茶盅	cházhōng	39412
茶庄	cházhuāng	43027
茶桌	cházhuō	32809
茶座	cházuò	17458
查	chá	1653
查办	chábàn	7278
查抄	cháchāo	26736
查处	cháchǔ	2903
查点	chádiǎn	43028
查对	cháduì	34094
查房	cháfáng	27972
查访	cháfǎng	34771
查封	cháfēng	11535
查岗	chágǎng	54926
查号台	cháhàotái	53384
查核	cháhé	40262
查获	cháhuò	5668
查缉	chájī	30027
查检	chájiǎn	50458
查缴	chájiǎo	31574
查禁	chájìn	22182
查究	chájiū	27242
查勘	chákān	29810
查看	chákàn	9951
查考	chákǎo	32543
查扣	chákòu	20994
查明	chámíng	7904
查票	chápiào	37865
查铺	chápù	54389
查哨	cháshào	52471
查实	cháshí	15570
查收	cháshōu	50459
查私	chásī	44237
查体	chátǐ	41352

查问	cháwèn	25527
查寻	cháxún	50112
查询	cháxún	6207
查验	cháyàn	11977
查夜	cháyè	46506
查阅	cháyuè	10071
查账	cházhàng	34772
查找	cházhǎo	9004
查证	cházhèng	17843
搽	chá	23274
碴	chá	22911
碴儿	chár	31575
碴口	chákǒu	53898
察	chá	4840
察访	cháfǎng	44511
察觉	chájué	10596
察勘	chákān	55465
察看	chákàn	9399
察言观色	cháyán-guānsè	36957
察验	cháyàn	55466
叉	chǎ	44284
杈	chà	24541
杈子	chàzi	48321
岔	chà	12523
岔道儿	chàdàor	35418
岔开	chàkāi	22183
岔口	chàkǒu	33328
岔路	chàlù	34644
岔气	chàqì	53899
岔子	chàzi	23780
刹	chà	9783
刹那	chànà	23833
刹那间	chànàjiān	25711
诧异	chàyì	9541
差	chà	4870
差不多	chàbuduō	2736
差不离	chàbulí	38610
差等生	chàděngshēng	56687
差点儿	chàdiǎnr	22230
差劲	chàjìn	36299
差评	chàpíng	19091
姹紫嫣红	chàzǐ-yānhóng	29204
拆	chāi	3651
拆除	chāichú	6114
拆穿	chāichuān	40918
拆兑	chāiduì	55894
拆分	chāifēn	12754
拆封	chāifēng	44763
拆改	chāigǎi	51618
拆毁	chāihuǐ	24585
拆建	chāijiàn	46507
拆借	chāijiè	20094
拆零	chāilíng	54390
拆卖	chāimài	54391
拆迁	chāiqiān	4966
拆迁户	chāiqiānhù	23834
拆散	chāisǎn	35542
拆散	chāisàn	30452
拆台	chāitái	35990
拆洗	chāixǐ	34358
拆线	chāixiàn	45018
拆卸	chāixiè	23879
拆阅	chāiyuè	45599
拆账	chāizhàng	56001
拆装	chāizhuāng	43029
拆字	chāizì	51619
差	chāi	7890
差旅费	chāilǚfèi	31015
差派	chāipài	53900
差遣	chāiqiǎn	29307
差使	chāishǐ	24048
差事	chāishi	12972
差役	chāiyì	31455
柴	chái	5862
柴草	cháicǎo	20995
柴刀	cháidāo	43288
柴垛	cháiduò	47375
柴禾	cháihe	20791
柴火	cháihuo	24099
柴鸡	cháijī	47700
柴米油盐	chái-mǐ-yóu-yán	27097
柴薪	cháixīn	50460
柴油	cháiyóu	10468
柴油机	cháiyóujī	19391
豺狗	cháigǒu	48640
豺狼	cháiláng	29913
掺	chān	10626
掺和	chānhuo	27973
掺假	chānjiǎ	26533
掺沙子	chānshāzi	56369
掺杂	chānzá	18869
搀	chān	11811
搀扶	chānfú	13326
谗害	chánhài	53385
谗佞	chánnìng	54927
谗言	chányán	28221
婵娟	chánjuān	45298
馋	chán	13969
馋鬼	chánguǐ	54392
馋猫	chánmāo	47701
馋涎	chánxián	41802
馋涎欲滴	chánxián-yùdī	42781
馋嘴	chánzuǐ	35243
禅	chán	8472
禅房	chánfáng	40053
禅机	chánjī	48995
禅门	chánmén	52026
禅师	chánshī	24746
禅堂	chántáng	49371
禅悟	chánwù	54851
禅学	chánxué	40263
禅院	chányuàn	51620
禅杖	chánzhàng	51621
禅宗	chánzōng	22602
孱弱	chánruò	29000
缠	chán	6058
缠结	chánjié	52908
缠绵	chánmián	15604
缠绵悱恻	chánmián-fěicè	44512
缠磨	chánmo	46806
缠扰	chánrǎo	49750
缠绕	chánrào	14827
缠身	chánshēn	21531
缠手	chánshǒu	55895
缠足	chánzú	34210
蝉	chán	14275
蝉联	chánlián	17241
蝉蜕	chántuì	46508
蝉翼	chányì	38987
潺潺	chánchán	19214
蟾蜍	chánchú	29914
蟾宫	chángōng	50838
蟾酥	chánsū	51229
产	chǎn	1942
产成品	chǎn-chéngpǐn	42030
产出	chǎnchū	9324
产床	chǎnchuáng	48008
产地	chǎndì	10474

产儿	chǎn'ér	40698
产房	chǎnfáng	29001
产妇	chǎnfù	15685
产供销	chǎn-gōng-xiāo	28838
产后	chǎnhòu	15100
产假	chǎnjià	35419
产科	chǎnkē	34773
产量	chǎnliàng	2208
产能	chǎnnéng	3107
产品	chǎnpǐn	839
产婆	chǎnpó	40699
产前	chǎnqián	19247
产区	chǎnqū	14315
产权	chǎnquán	3048
产褥期	chǎnrùqī	56728
产生	chǎnshēng	344
产物	chǎnwù	5249
产销	chǎnxiāo	9419
产需	chǎnxū	43511
产业	chǎnyè	1154
产业化	chǎnyèhuà	2854
产业链	chǎnyèliàn	4113
产院	chǎnyuàn	55467
产值	chǎnzhí	4100
谄媚	chǎnmèi	27718
谄笑	chǎnxiào	47376
谄谀	chǎnyú	44764
铲	chǎn	10405
铲车	chǎnchē	43289
铲除	chǎnchú	9291
铲子	chǎnzi	30791
阐发	chǎnfā	19215
阐明	chǎnmíng	7802
阐释	chǎnshì	10944
阐述	chǎnshù	3724
阐扬	chǎnyáng	43030
忏悔	chànhuǐ	11873
颤	chàn	6206
颤动	chàndòng	10318
颤抖	chàndǒu	6442
颤巍巍	chànwēiwēi	27098
颤悠	chànyou	48996
羼杂	chànzá	55468
昌	chāng	8570
昌明	chāngmíng	38401
昌盛	chāngshèng	22380
菖蒲	chāngpú	14842
猖獗	chāngjué	9026
猖狂	chāngkuáng	19121
娼	chāng	18133
娼妇	chāngfù	36958
娼妓	chāngjì	24586
鲳鱼	chāngyú	50839
长	cháng	1369
长臂猿	chángbìyuán	36630
长波	chángbō	24587
长策	chángcè	48997
长城	Chángchéng	3850
长程	chángchéng	26874
长虫	chángchong	38402
长处	chángchù	10684
长春	Chángchūn	4360
长辞	chángcí	35836
长此以往	chángcǐ-yǐwǎng	21981
长存	chángcún	25157
长凳	chángdèng	25018
长笛	chángdí	36146
长度	chángdù	7559
长短	chángduǎn	10267
长法	chángfǎ	54393
长发	chángfà	11836
长方	chángfāng	20298
长方脸	chángfāngliǎn	45600
长方体	chángfāngtǐ	50113
长方形	chángfāngxíng	16773
长工	chánggōng	14336
长鼓	chánggǔ	51230
长号	chánghào	45019
长河	chánghé	11550
长虹	chánghóng	13678
长话	chánghuà	33056
长话短说	chánghuà-duǎnshuō	48322
长假	chángjià	12211
长江	Chángjiāng	1744
长街	chángjiē	21165
长颈鹿	chángjǐnglù	36959
长镜头	chángjìngtóu	34774
长久	chángjiǔ	5499
长卷	chángjuàn	22078
长空	chángkōng	18302
长裤	chángkù	27243
长款	chángkuǎn	55469
长廊	chángláng	11219
长龙	chánglóng	23068
长毛绒	chángmáoróng	50114
长毛兔	chángmáotù	42503
长矛	chángmáo	27471
长眠	chángmián	23313
长明灯	chángmíngdēng	36460
长鸣	chángmíng	24355
长命百岁	chángmìng-bǎisuì	42782
长命锁	chángmìngsuǒ	52472
长年	chángnián	10192
长年累月	chángnián-lěiyuè	33185
长袍	chángpáo	13771
长跑	chángpǎo	13312
长篇	chángpiān	7945
长期	chángqī	962
长枪	chángqiāng	24429
长驱直入	chángqū-zhírù	30353
长裙	chángqún	20871
长绒棉	chángróngmián	47087
长沙	Chángshā	3558
长衫	chángshān	13679
长舌妇	chángshéfù	48323
长蛇阵	chángshézhèn	46204
长生	chángshēng	39629
长逝	chángshì	40919
长寿	chángshòu	10097
长谈	chángtán	28553
长叹	chángtàn	10475
长亭	chángtíng	43512
长统袜	chángtǒngwà	53901
长筒靴	chángtǒngxuē	56729
长途	chángtú	9550
长物	chángwù	49751
长线	chángxiàn	27401
长线产品	chángxiàn chǎnpǐn	51622
长项	chángxiàng	43513
长销	chángxiāo	53855
长效	chángxiào	7840
长啸	chángxiào	30681
长性	chángxìng	50840
长袖	chángxiù	34506
长袖善舞	chángxiù-shànwǔ	47377
长吁短叹	chángxū-duǎntàn	31819
长夜	chángyè	18330
长吟	chángyín	48324

长缨	chángyīng	48009
长于	chángyú	17337
长圆	chángyuán	38988
长远	chángyuǎn	3062
长斋	chángzhāi	49752
长征	chángzhēng	5515
长治久安	chángzhì-jiǔ'ān	9302
长足	chángzú	7787
场	cháng	6195
场屋	chángwū	48325
场院	chángyuàn	28839
肠	cháng	8162
肠道	chángdào	23275
肠梗阻	chánggěngzǔ	41573
肠胃	chángwèi	22686
肠胃病	chángwèibìng	49372
肠炎	chángyán	38403
肠衣	chángyī	41133
肠子	chángzi	18939
尝	cháng	3086
尝试	chángshì	4394
尝鲜	chángxiān	44513
尝新	chángxīn	45601
常	cháng	648
常备	chángbèi	35420
常备不懈	chángbèi-bùxiè	44765
常备军	chángbèijūn	45020
常常	chángcháng	924
常春藤	chángchūnténg	49753
常服	chángfú	43031
常规	chángguī	5715
常轨	chángguǐ	50115
常见	chángjiàn	5529
常客	chángkè	22381
常礼	chánglǐ	55896
常理	chánglǐ	25084
常例	chánglì	42504
常量	chángliàng	49754
常绿	chánglǜ	31016
常年	chángnián	5475
常情	chángqíng	34359
常人	chángrén	10957
常任	chángrèn	13190
常设	chángshè	17191
常识	chángshí	7159
常事	chángshì	19248
常数	chángshù	17124
常态	chángtài	15646
常套	chángtào	54394
常委	chángwěi	2775
常温	chángwēn	26384
常务	chángwù	3612
常性	chángxìng	53902
常压	chángyā	44514
常言	chángyán	28301
常用	chángyòng	6901
常住	chángzhù	14943
常驻	chángzhù	8936
偿	cháng	13564
偿付	chángfù	17429
偿还	chánghuán	8060
偿命	chángmìng	30916
徜徉	chángyáng	19022
嫦娥	Cháng'é	20050
厂	chǎng	783
厂方	chǎngfāng	21069
厂房	chǎngfáng	7239
厂规	chǎngguī	45602
厂纪	chǎngjì	47702
厂家	chǎngjiā	4667
厂矿	chǎngkuàng	15605
厂区	chǎngqū	28734
厂商	chǎngshāng	6204
厂址	chǎngzhǐ	24430
厂子	chǎngzi	13071
场	chǎng	824
场次	chǎngcì	12235
场地	chǎngdì	5126
场馆	chǎngguǎn	7447
场合	chǎnghé	5672
场记	chǎngjì	50461
场景	chǎngjǐng	7287
场面	chǎngmiàn	3362
场面上	chǎngmiànshang	32668
场所	chǎngsuǒ	2602
场子	chǎngzi	20015
敞	chǎng	12249
敞车	chǎngchē	50841
敞开	chǎngkāi	6816
敞口	chǎngkǒu	43032
敞亮	chǎngliàng	29811
敞篷	chǎngpéng	45299
敞篷车	chǎngpéngchē	46205
怅然	chàngrán	22127
怅惘	chàngwǎng	21748
畅	chàng	9237
畅达	chàngdá	40464
畅怀	chànghuái	51231
畅快	chàngkuài	15266
畅所欲言	chàngsuǒyùyán	16200
畅谈	chàngtán	10875
畅通	chàngtōng	5992
畅想	chàngxiǎng	28640
畅想曲	chàngxiǎngqǔ	52909
畅销	chàngxiāo	10442
畅行	chàngxíng	45603
畅叙	chàngxù	36147
畅饮	chàngyǐn	24812
畅游	chàngyóu	25413
倡办	chàngbàn	55470
倡导	chàngdǎo	3762
倡议	chàngyì	5683
唱	chàng	876
唱白脸	chàngbáiliǎn	52473
唱本	chàngběn	35084
唱词	chàngcí	22819
唱碟	chàngdié	53903
唱独角戏	chàngdújiǎoxì	49755
唱段	chàngduàn	26301
唱对台戏	chàngduìtáixì	43290
唱法	chàngfǎ	19661
唱反调	chàngfǎndiào	41353
唱高调	chànggāodiào	40920
唱歌	chànggē	6234
唱功	chànggōng	44047
唱和	chànghè	33701
唱红脸	chànghóngliǎn	50462
唱机	chàngjī	42783
唱空城计	chàngkōngchéngjì	56370
唱名	chàngmíng	48010
唱盘	chàngpán	47378
唱片	chàngpiàn	11927
唱票	chàngpiào	45902
唱腔	chàngqiāng	15132
唱诗班	chàngshībān	47704
唱双簧	chàngshuānghuáng	55471
唱头	chàngtóu	55472
唱戏	chàngxì	12260

唱针	chàngzhēn	53904
唱主角	chàngzhǔjué	26153
抄	chāo	5329
抄报	chāobào	47379
抄本	chāoběn	33702
抄底	chāodǐ	15554
抄家	chāojiā	23554
抄件	chāojiàn	52910
抄近儿	chāojìnr	40700
抄录	chāolù	23514
抄没	chāomò	45021
抄收	chāoshōu	55897
抄送	chāosòng	44285
抄袭	chāoxí	16749
抄写	chāoxiě	20016
吵吵	chāochao	22644
钞	chāo	11962
钞票	chāopiào	8511
超	chāo	1759
超拔	chāobá	42274
超编	chāobiān	29915
超标	chāobiāo	7777
超薄	chāobáo	30682
超采	chāocǎi	30453
超产	chāochǎn	23069
超长	chāocháng	35991
超常	chāocháng	17821
超车	chāochē	33963
超出	chāochū	6012
超导	chāodǎo	12511
超等	chāoděng	49373
超低空	chāodīkōng	38779
超低温	chāodīwēn	43291
超短波	chāoduǎnbō	52911
超短裙	chāoduǎnqún	41574
超额	chāo'é	9570
超凡	chāofán	32038
超凡入圣	chāofán-rùshèng	51232
超凡脱俗	chāofán-tuōsú	32810
超负荷	chāofùhè	19859
超高速	chāogāosù	36960
超高温	chāogāowēn	49374
超过	chāoguò	982
超豪华	chāoháohuá	48326
超乎	chāohū	24165
超级	chāojí	7213
超假	chāojià	54395
超绝	chāojué	50116
超量	chāoliàng	31017
超龄	chāolíng	45300
超期	chāoqī	13118
超前	chāoqián	10577
超群	chāoqún	14659
超然	chāorán	22551
超然物外	chāorán-wùwài	45604
超人	chāorén	16750
超升	chāoshēng	54928
超生	chāoshēng	28735
超声波	chāoshēngbō	22603
超时	chāoshí	29098
超市	chāoshì	4961
超收	chāoshōu	26875
超水平	chāoshuǐpíng	35543
超俗	chāosú	51233
超速	chāosù	27891
超脱	chāotuō	18244
超一流	chāoyīliú	37866
超逸	chāoyì	53386
超音速	chāoyīnsù	25665
超员	chāoyuán	34360
超越	chāoyuè	4118
超载	chāozài	9507
超支	chāozhī	32039
超值	chāozhí	44286
超重	chāozhòng	26154
超自然	chāozìrán	33703
巢	cháo	8752
巢穴	cháoxué	25666
朝	cháo	993
朝拜	cháobài	25085
朝代	cháodài	13703
朝圣	cháoshèng	28474
朝廷	cháotíng	5667
朝鲜	Cháoxiǎn	1839
朝鲜族	Cháoxiǎnzú	17844
朝向	cháoxiàng	22959
朝阳	cháoyáng	10898
朝阳花	cháoyánghuā	56371
朝野	cháoyě	14027
嘲讽	cháofěng	15662
嘲弄	cháonòng	15423
嘲笑	cháoxiào	8395
潮	cháo	3116
潮红	cháohóng	34645
潮乎乎	cháohūhū	51623
潮剧	cháojù	47088
潮流	cháoliú	3971
潮气	cháoqì	38220
潮润	cháorùn	38989
潮湿	cháoshī	9196
潮水	cháoshuǐ	12591
潮头	cháotóu	19715
潮位	cháowèi	49375
潮汐	cháoxī	15441
潮汐能	cháoxīnéng	52912
潮汛	cháoxùn	50842
潮涌	cháoyǒng	36461
吵	chǎo	5046
吵吵嚷嚷	chǎochǎo-rǎngrǎng	32162
吵翻	chǎofān	49376
吵架	chǎojià	10628
吵骂	chǎomà	48641
吵闹	chǎonào	12898
吵嚷	chǎorǎng	30242
吵人	chǎorén	48327
吵嘴	chǎozuǐ	23276
炒	chǎo	5112
炒菜	chǎocài	19309
炒饭	chǎofàn	41134
炒房	chǎofáng	24303
炒肝儿	chǎogānr	51234
炒股	chǎogǔ	24479
炒锅	chǎoguō	45903
炒汇	chǎohuì	47380
炒货	chǎohuò	52027
炒家	chǎojiā	49377
炒冷饭	chǎolěngfàn	52028
炒买炒卖	chǎomǎi-chǎomài	53387
炒米	chǎomǐ	37867
炒面	chǎomiàn	32399
炒青	chǎoqīng	52474
炒勺	chǎosháo	51624
炒手	chǎoshǒu	44158
炒鱿鱼	chǎoyóuyú	45022
炒作	chǎozuò	10862
车	chē	1561
车把	chēbǎ	22912
车把式	chēbǎshi	40701

车帮	chēbāng	46509
车场	chēchǎng	34361
车程	chēchéng	31333
车床	chēchuáng	27719
车次	chēcì	28222
车带	chēdài	55898
车道	chēdào	14605
车道沟	chēdàogōu	55899
车灯	chēdēng	24480
车队	chēduì	6092
车费	chēfèi	24166
车份儿	chēfènr	47705
车改	chēgǎi	18050
车工	chēgōng	26225
车公里	chēgōnglǐ	45345
车轱辘	chēgūlu	42784
车轱辘话	chēgūluhuà	52475
车行	chēháng	23217
车祸	chēhuò	11276
车技	chējì	43292
车架	chējià	35685
车间	chējiān	3716
车检	chējiǎn	49378
车库	chēkù	22687
车筐	chēkuāng	48011
车况	chēkuàng	40702
车老板	chēlǎobǎn	45904
车辆	chēliàng	2435
车辆段	chēliàngduàn	45905
车铃	chēlíng	44515
车流	chēliú	19449
车轮	chēlún	10620
车轮战	chēlúnzhàn	47089
车马费	chēmǎfèi	46807
车门	chēmén	10671
车模	chēmó	52913
车牌	chēpái	21889
车棚	chēpéng	33964
车篷	chēpéng	46510
车皮	chēpí	28060
车票	chēpiào	9974
车前	chēqián	26737
车前草	chēqiáncǎo	48998
车前子	chēqiánzǐ	40703
车钱	chēqián	29916
车圈	chēquān	54929
车身	chēshēn	16910
车市	chēshì	55900
车手	chēshǒu	12480
车水马龙	chēshuǐ-mǎlóng	19755
车速	chēsù	20197
车胎	chētāi	42505
车体	chētǐ	31334
车条	chētiáo	55473
车贴	chētiē	55474
车头	chētóu	20336
车位	chēwèi	29812
车险	chēxiǎn	53905
车厢	chēxiāng	6847
车型	chēxíng	7323
车友	chēyǒu	16656
车辕	chēyuán	45023
车载斗量	chēzài-dǒuliáng	54396
车闸	chēzhá	54397
车展	chēzhǎn	15862
车站	chēzhàn	4375
车照	chēzhào	50463
车辙	chēzhé	35544
车种	chēzhǒng	54930
车轴	chēzhóu	36631
车主	chēzhǔ	13036
车子	chēzi	5198
车组	chēzǔ	30573
扯	chě	3769
扯淡	chědàn	29402
扯后腿	chěhòutuǐ	56730
扯谎	chěhuǎng	30792
扯皮	chěpí	16661
扯平	chěpíng	44766
扯腿	chětuǐ	53906
扯闲篇	chěxiánpiān	54931
彻查	chèchá	50464
彻底	chèdǐ	1345
彻骨	chègǔ	33557
彻头彻尾	chètóu-chèwěi	25019
彻悟	chèwù	40704
彻夜	chèyè	18134
掣	chè	23515
掣肘	chèzhǒu	25158
撤	chè	5027
撤兵	chèbīng	35085
撤并	chèbìng	18135
撤出	chèchū	8203
撤除	chèchú	26037
撤防	chèfáng	50843
撤换	chèhuàn	19310
撤军	chèjūn	8327
撤离	chèlí	8719
撤免	chèmiǎn	53388
撤诉	chèsù	27099
撤退	chètuì	12126
撤销	chèxiāo	4954
撤职	chèzhí	11779
撤资	chèzī	41803
撤走	chèzǒu	19507
抻	chēn	29794
抻面	chēnmiàn	50117
嗔	chēn	14763
嗔怪	chēnguài	27892
嗔怒	chēnnù	42031
嗔怨	chēnyuàn	54398
臣	chén	3553
尘埃	chén'āi	13430
尘暴	chénbào	52029
尘肺	chénfèi	36300
尘封	chénfēng	25817
尘垢	chéngòu	38990
尘寰	chénhuán	51625
尘世	chénshì	21207
尘俗	chénsú	50118
尘土	chéntǔ	10482
尘雾	chénwù	47091
尘嚣	chénxiāo	41135
尘烟	chényān	48012
尘缘	chényuán	47092
辰	chén	11014
辰光	chénguāng	44767
辰时	chénshí	42506
沉	chén	3800
沉沉	chénchén	13072
沉船	chénchuán	19392
沉底	chéndǐ	52030
沉甸甸	chéndiàndiàn	12086
沉淀	chéndiàn	11150
沉浮	chénfú	21252
沉积	chénjī	10658
沉积物	chénjīwù	15809
沉寂	chénjì	10979

成	chéng	93
成败	chéngbài	9072
成倍	chéngbèi	15246
成本	chéngběn	1672
成才	chéngcái	7391
成材	chéngcái	18493
成虫	chéngchóng	23718
成丁	chéngdīng	53390
成都	Chéngdū	2572
成堆	chéngduī	20696
成对	chéngduì	30794
成法	chéngfǎ	37869
成分	chéngfèn	3040
成风	chéngfēng	23946
成服	chéngfú	48328
成个儿	chénggèr	12873
成功	chénggōng	365
成功率	chénggōnglǜ	13155
成规	chéngguī	42032
成果	chéngguǒ	1114
成婚	chénghūn	27402
成活	chénghuó	18646
成活率	chénghuólǜ	13508
成绩	chéngjì	970
成家	chéngjiā	16219
成家立业	chéngjiā-lìyè	32274
成见	chéngjiàn	16431
成交	chéngjiāo	9121
成交额	chéngjiāo'é	17487
成精	chéngjīng	52914
成就	chéngjiù	1360
成立	chénglì	737
成例	chénglì	34211
成林	chénglín	32933
成龙配套	chénglóng-pèitào	45606
成寐	chéngmèi	47707
成眠	chéngmián	38991
成名	chéngmíng	13812
成名作	chéngmíngzuò	40921
成命	chéngmìng	39630
成年	chéngnián	10565
成年累月	chéngnián-lěiyuè	40468
成年人	chéngniánrén	10724
成批	chéngpī	23218
成癖	chéngpǐ	44050
成片	chéngpiàn	13801
成品	chéngpǐn	12250
成品粮	chéngpǐnliáng	51237
成气候	chéngqìhòu	29591
成器	chéngqì	29813
成千上万	chéngqiān-shàngwàn	8457
成亲	chéngqīn	20608
成趣	chéngqù	31456
成全	chéngquán	17275
成群	chéngqún	12373
成群结队	chéngqún-jiéduì	20562
成人	chéngrén	5257
成人之美	chéngrénzhīměi	40922
成日	chéngrì	44768
成色	chéngsè	26797
成事	chéngshì	17459
成书	chéngshū	27563
成熟	chéngshú	1621
成数	chéngshù	42033
成说	chéngshuō	42275
成套	chéngtào	11220
成天	chéngtiān	10421
成为	chéngwéi	139
成文	chéngwén	21459
成文法	chéngwénfǎ	40923
成问题	chéngwèntí	26965
成仙	chéngxiān	40264
成像	chéngxiàng	17170
成效	chéngxiào	2606
成心	chéngxīn	21375
成行	chéngxíng	17920
成形	chéngxíng	19937
成型	chéngxíng	17796
成性	chéngxìng	32669
成宿	chéngxiǔ	56373
成药	chéngyào	40469
成夜	chéngyè	45024
成衣	chéngyī	26302
成因	chéngyīn	13970
成瘾	chéngyǐn	28304
成语	chéngyǔ	13847
成员	chéngyuán	1347
成员国	chéngyuánguó	3717
成约	chéngyuē	49757
成灾	chéngzāi	19066
成章	chéngzhāng	49383
成长	chéngzhǎng	1937
成竹在胸	chéngzhú-zàixiōng	33704
丞相	chéngxiàng	9405
呈	chéng	2004
呈报	chéngbào	25746
呈递	chéngdì	38405
呈交	chéngjiāo	40924
呈请	chéngqǐng	31928
呈送	chéngsòng	36302
呈文	chéngwén	29002
呈现	chéngxiàn	2477
呈献	chéngxiàn	39206
呈祥	chéngxiáng	40706
呈阅	chéngyuè	53909
呈正	chéngzhèng	51238
呈子	chéngzi	51626
诚	chéng	5100
诚笃	chéngdǔ	52480
诚惶诚恐	chénghuáng-chéngkǒng	27974
诚恳	chéngkěn	7358
诚聘	chéngpìn	55902
诚朴	chéngpǔ	46511
诚然	chéngrán	12271
诚如	chéngrú	22231
诚实	chéngshí	5941
诚心	chéngxīn	14401
诚信	chéngxìn	3778
诚邀	chéngyāo	41806
诚意	chéngyì	7067
诚招	chéngzhāo	52481
诚挚	chéngzhì	8609
承	chéng	5406
承办	chéngbàn	4455
承包	chéngbāo	2785
承包商	chéngbāoshāng	23880
承包制	chéngbāozhì	30917
承保	chéngbǎo	21253
承传	chéngchuán	48013
承担	chéngdān	1644
承当	chéngdāng	40470
承兑	chéngduì	24049
承购	chénggòu	53910
承欢	chénghuān	43033
承继	chéngjì	24431
承建	chéngjiàn	12251
承接	chéngjiē	12679

承揽	chénglǎn	19860
承蒙	chéngméng	32934
承诺	chéngnuò	2753
承前启后	chéngqián-qǐhòu	20126
承情	chéngqíng	50120
承认	chéngrèn	1035
承上启下	chéngshàng-qǐxià	28642
承受	chéngshòu	3948
承望	chéngwàng	55475
承袭	chéngxí	23314
承先启后	chéngxiān-qǐhòu	49002
承想	chéngxiǎng	44769
承修	chéngxiū	53391
承印	chéngyìn	43034
承允	chéngyǔn	54401
承运	chéngyùn	20757
承载	chéngzài	10358
承重	chéngzhòng	38992
承租	chéngzū	29814
承做	chéngzuò	56374
城	chéng	611
城堡	chéngbǎo	8378
城池	chéngchí	19249
城雕	chéngdiāo	52033
城垛	chéngduǒ	40925
城防	chéngfáng	38222
城府	chéngfǔ	31929
城根	chénggēn	34935
城关	chéngguān	19598
城关镇	chéngguānzhèn	23612
城管	chéngguǎn	13338
城郭	chéngguō	39413
城壕	chéngháo	31703
城隍庙	chénghuángmiào	21938
城际	chéngjì	34776
城建	chéngjiàn	9622
城郊	chéngjiāo	14551
城里	chéngli	2990
城楼	chénglóu	14552
城门	chéngmén	8853
城墙	chéngqiáng	9052
城区	chéngqū	4613
城市	chéngshì	230
城市病	chéngshìbìng	45607
城市化	chéngshìhuà	6334
城市贫民	chéngshì pínmín	45608
城头	chéngtóu	18027
城下之盟	chéngxiàzhīméng	45302
城乡	chéngxiāng	2551
城厢	chéngxiāng	42508
城垣	chéngyuán	32163
城运会	chéngyùnhuì	19756
城镇	chéngzhèn	2247
城址	chéngzhǐ	33057
乘	chéng	1582
乘便	chéngbiàn	30795
乘车	chéngchē	8591
乘船	chéngchuán	18462
乘法	chéngfǎ	27100
乘方	chéngfāng	44289
乘风破浪	chéngfēng-pòlàng	29499
乘机	chéngjī	10347
乘警	chéngjǐng	26465
乘客	chéngkè	5224
乘凉	chéngliáng	20017
乘龙快婿	chénglóng-kuàixù	48329
乘人之危	chéngrénzhīwēi	44051
乘胜	chéngshèng	16371
乘势	chéngshì	11160
乘务	chéngwù	29403
乘务员	chéngwùyuán	18870
乘务长	chéngwùzhǎng	56626
乘隙	chéngxì	24167
乘兴	chéngxìng	39414
乘虚	chéngxū	23659
乘虚而入	chéngxū'érrù	29100
乘员	chéngyuán	34362
乘坐	chéngzuò	6878
盛	chéng	4564
程	chéng	4756
程度	chéngdù	714
程控	chéngkòng	19393
程式	chéngshì	15424
程序	chéngxù	1571
程序控制	chéngxù kòngzhì	48330
惩办	chéngbàn	22382
惩处	chéngchǔ	8624
惩罚	chéngfá	5849
惩戒	chéngjiè	17294
惩前毖后	chéngqián-bìhòu	32546
惩一儆百	chéngyī-jǐngbǎi	54402
惩治	chéngzhì	6958
澄碧	chéngbì	48331
澄澈	chéngchè	31821
澄净	chéngjìng	48642
澄清	chéngqīng	12532
橙	chéng	17986
橙红	chénghóng	45906
橙黄	chénghuáng	37490
橙色	chéngsè	28919
橙汁	chéngzhī	42276
橙子	chéngzi	44052
逞	chěng	14316
逞能	chěngnéng	35086
逞强	chěngqiáng	35421
逞威风	chěngwēifēng	51239
逞凶	chěngxiōng	40926
逞英雄	chěngyīngxióng	54403
秤	chèng	11359
秤杆	chènggǎn	40707
秤盘	chèngpán	49384
秤砣	chèngtuó	37870
秤星	chèngxīng	53392
吃	chī	184
吃儿	chīr	52915
吃白饭	chībáifàn	51627
吃白食	chībáishí	50466
吃败仗	chībàizhàng	39415
吃闭门羹	chībìméngēng	50844
吃不开	chībukāi	45025
吃不来	chībulái	54404
吃不上	chībushàng	22820
吃不透	chībutòu	52482
吃不消	chībuxiāo	23947
吃不住	chībuzhù	40471
吃不准	chībuzhǔn	40927
吃吃喝喝	chīchīhēhē	35838
吃穿	chīchuān	22960
吃醋	chīcù	22552
吃大锅饭	chīdàguōfàn	32401
吃大户	chīdàhù	52034
吃得开	chīdekāi	40265
吃得来	chīdelái	54405
吃得消	chīdexiāo	41138
吃独食	chīdúshí	54934
吃饭	chīfàn	1666
吃干饭	chīgānfàn	50845
吃官司	chīguānsi	37678

吃馆子	chīguǎnzi	45303
吃喝	chīhē	10719
吃喝风	chīhēfēng	41139
吃皇粮	chīhuángliáng	45026
吃回扣	chīhuíkòu	44290
吃荤	chīhūn	47709
吃货	chīhuò	55476
吃紧	chījǐn	19861
吃劲	chījìn	51240
吃惊	chījīng	5060
吃开口饭	chīkāikǒufàn	55477
吃客	chīkè	44770
吃苦	chīkǔ	7790
吃苦耐劳	chīkǔ-nàiláo	19716
吃苦头	chīkǔtou	41354
吃亏	chīkuī	8215
吃劳保	chīláobǎo	56627
吃老本	chīlǎoběn	40928
吃里爬外	chīlǐ-páwài	49003
吃力	chīlì	10072
吃粮	chīliáng	32164
吃零嘴	chīlíngzuǐ	55903
吃拿卡要	chī-ná-qiǎ-yào	32275
吃派饭	chīpàifàn	42509
吃偏饭	chīpiānfàn	55904
吃请	chīqǐng	26672
吃商品粮	chīshāngpǐnliáng	50121
吃食堂	chīshítáng	47093
吃食	chīshi	17338
吃水	chīshuǐ	13549
吃素	chīsù	30918
吃透	chītòu	23660
吃闲饭	chīxiánfàn	37136
吃现成	chīxiànchéng	51628
吃现成饭	chīxiànchéngfàn	51629
吃香	chīxiāng	23781
吃相	chīxiàng	46207
吃小灶	chīxiǎozào	52916
吃鸭蛋	chīyādàn	56375
吃哑巴亏	chīyǎbakuī	52035
吃眼前亏	chīyǎnqiánkuī	38042
吃斋	chīzhāi	36303
吃重	chīzhòng	50846
吃准	chīzhǔn	53911
吃罪不起	chīzuìbuqǐ	51630
哧	chī	18549
哧溜	chīliū	42510
嗤笑	chīxiào	40055
嗤之以鼻	chīzhīyǐbí	31822
痴	chī	9631
痴爱	chī'ài	45009
痴呆	chīdāi	17539
痴肥	chīféi	52036
痴话	chīhuà	52037
痴狂	chīkuáng	52038
痴恋	chīliàn	53912
痴迷	chīmí	12620
痴情	chīqíng	20697
痴人说梦	chīrén-shuōmèng	38781
痴傻	chīshǎ	53393
痴望	chīwàng	45304
痴想	chīxiǎng	39631
痴笑	chīxiào	49758
痴心	chīxīn	23460
痴心妄想	chīxīn-wàngxiǎng	38043
痴愚	chīyú	51631
痴醉	chīzuì	51632
魑魅魍魉	chīmèi-wǎngliǎng	50122
池	chí	5194
池塘	chítáng	11338
池鱼之殃	chíyúzhīyāng	54935
池沼	chízhǎo	50847
池子	chízi	19250
池座	chízuò	52039
弛缓	chíhuǎn	50467
驰骋	chíchěng	14615
驰电	chídiàn	34936
驰名	chímíng	13813
驰名中外	chímíng-zhōngwài	34777
驰驱	chíqū	42277
驰誉	chíyù	47710
驰援	chíyuán	31823
迟	chí	3914
迟迟	chíchí	9330
迟到	chídào	12236
迟钝	chídùn	15663
迟缓	chíhuǎn	14260
迟慢	chímàn	45027
迟暮	chímù	36148
迟误	chíwù	36304
迟延	chíyán	35087
迟疑	chíyí	7716
迟早	chízǎo	11588
迟滞	chízhì	35088
持	chí	1892
持仓	chícāng	10093
持股	chígǔ	5768
持家	chíjiā	38406
持久	chíjiǔ	5455
持久战	chíjiǔzhàn	24050
持论	chílùn	44771
持平	chípíng	13971
持枪	chíqiāng	14456
持球	chíqiú	47382
持械	chíxiè	40708
持续	chíxù	1509
持有	chíyǒu	6756
持之以恒	chízhīyǐhéng	13619
持之有故	chízhīyǒugù	54936
持重	chízhòng	26673
匙子	chízi	46809
踟蹰	chíchú	45609
尺	chǐ	3395
尺寸	chǐcùn	10131
尺牍	chǐdú	45610
尺度	chǐdù	6925
尺蠖	chǐhuò	49385
尺码	chǐmǎ	42278
尺子	chǐzi	22604
齿	chǐ	8307
齿冷	chǐlěng	46810
齿轮	chǐlún	25466
齿龈	chǐyín	55905
侈靡	chǐmí	53394
侈谈	chǐtán	38782
耻骨	chǐgǔ	56376
耻辱	chǐrǔ	11030
耻笑	chǐxiào	26534
耻于	chǐyú	43514
褫夺	chǐduó	39207
彳亍	chìchù	50848
叱令	chìlìng	44053
叱骂	chìmà	41355
叱问	chìwèn	52040
叱责	chìzé	38783
叱咤	chìzhà	23835
叱咤风云	chìzhà-fēngyún	25818
斥力	chìlì	54937

斥骂	chìmà	43035
斥退	chìtuì	45305
斥责	chìzé	17317
斥逐	chìzhú	44516
斥资	chìzī	23113
赤	chì	5909
赤膊	chìbó	27720
赤膊上阵	chìbó-shàngzhèn	44517
赤潮	chìcháo	16851
赤忱	chìchén	55478
赤诚	chìchéng	17797
赤胆忠心	chìdǎn-zhōngxīn	32935
赤道	chìdào	11305
赤地千里	chìdì-qiānlǐ	51241
赤豆	chìdòu	42511
赤红	chìhóng	30574
赤脚	chìjiǎo	17845
赤脚医生	chìjiǎo yīshēng	32040
赤金	chìjīn	43515
赤痢	chìlì	55906
赤露	chìlù	52917
赤裸	chìluǒ	18723
赤裸裸	chìluǒluǒ	14402
赤贫	chìpín	33965
赤日炎炎	chìrì-yányán	50468
赤色	chìsè	34507
赤身裸体	chìshēn-luǒtǐ	27101
赤手	chìshǒu	27102
赤手空拳	chìshǒu-kōngquán	25161
赤条条	chìtiáotiáo	23219
赤卫队	chìwèiduì	33329
赤心	chìxīn	35245
赤子	chìzǐ	21494
赤子之心	chìzǐzhīxīn	26429
赤字	chìzì	7758
赤足	chìzú	33966
饬令	chìlìng	30354
炽烈	chìliè	25528
炽热	chìrè	16530
翅	chì	12810
翅膀	chìbǎng	6742
翅子	chìzi	45028
敕封	chìfēng	45907
敕令	chìlìng	38044
敕书	chìshū	32936
冲	chōng	1093
冲程	chōngchéng	47383
冲刺	chōngcì	14720
冲抵	chōngdǐ	47384
冲顶	chōngdǐng	31704
冲动	chōngdòng	6153
冲犯	chōngfàn	49386
冲锋	chōngfēng	12343
冲锋枪	chōngfēngqiāng	23881
冲锋陷阵	chōngfēng-xiànzhèn	23661
冲服	chōngfú	53395
冲高	chōnggāo	14104
冲毁	chōnghuǐ	24589
冲击	chōngjī	2923
冲击波	chōngjībō	22031
冲积	chōngjī	31336
冲剂	chōngjì	34212
冲决	chōngjué	40057
冲垮	chōngkuǎ	27244
冲浪	chōnglàng	28062
冲浪板	chōnglàngbǎn	54406
冲力	chōnglì	38611
冲凉	chōngliáng	41140
冲泡	chōngpào	50123
冲破	chōngpò	11657
冲杀	chōngshā	25020
冲刷	chōngshuā	16991
冲腾	chōngténg	55907
冲天	chōngtiān	13446
冲突	chōngtū	1463
冲洗	chōngxǐ	15066
冲销	chōngxiāo	47385
冲要	chōngyào	47094
冲印	chōngyìn	44054
冲澡	chōngzǎo	47386
冲账	chōngzhàng	44217
冲撞	chōngzhuàng	18807
充	chōng	5503
充斥	chōngchì	12621
充当	chōngdāng	7378
充电	chōngdiàn	14570
充电宝	chōngdiànbǎo	36425
充电器	chōngdiànqì	43795
充电桩	chōngdiànzhuāng	18969
充耳不闻	chōng'ěr-bùwén	33186
充分	chōngfèn	739
充公	chōnggōng	35089
充饥	chōngjī	20051
充军	chōngjūn	33967
充满	chōngmǎn	795
充沛	chōngpèi	14852
充其量	chōngqíliàng	19824
充气	chōngqì	26876
充任	chōngrèn	31930
充塞	chōngsè	27975
充实	chōngshí	4263
充数	chōngshù	37137
充填	chōngtián	37679
充血	chōngxuè	24950
充溢	chōngyì	22688
充盈	chōngyíng	23220
充裕	chōngyù	16448
充值	chōngzhí	13366
充足	chōngzú	5843
充作	chōngzuò	25351
忡忡	chōngchōng	28554
舂	chōng	27403
舂米	chōngmǐ	43293
憧憧	chōngchōng	41356
憧憬	chōngjǐng	10111
虫	chóng	3162
虫草	chóngcǎo	35246
虫害	chónghài	23461
虫卵	chóngluǎn	29308
虫牙	chóngyá	55479
虫眼	chóngyǎn	48643
虫灾	chóngzāi	37491
虫蛀	chóngzhù	40709
虫子	chóngzi	14353
重	chóng	8222
重版	chóngbǎn	40472
重播	chóngbō	32402
重唱	chóngchàng	33330
重重	chóngchóng	5787
重出	chóngchū	48332
重蹈覆辙	chóngdǎo-fùzhé	34364
重叠	chóngdié	13052
重睹	chóngdǔ	50469
重返	chóngfǎn	7943
重犯	chóngfàn	42034
重逢	chóngféng	17583
重复	chóngfù	2613
重光	chóngguāng	42512

重合	chónghé	21376
重婚	chónghūn	25467
重见天日	chóngjiàn-tiānrì	33439
重建	chóngjiàn	3614
重聚	chóngjù	44055
重峦叠嶂	chóngluán-diézhàng	50849
重名	chóngmíng	39416
重起炉灶	chóngqǐ-lúzào	52483
重庆	Chóngqìng	1798
重申	chóngshēn	4093
重审	chóngshěn	30920
重生	chóngshēng	35687
重孙	chóngsūn	44291
重孙女	chóngsūnnǚ	55908
重孙子	chóngsūnzi	44518
重弹	chóngtán	43796
重提	chóngtí	23882
重围	chóngwéi	20412
重温	chóngwēn	10348
重温旧梦	chóngwēn-jiùmèng	47711
重现	chóngxiàn	11828
重霄	chóngxiāo	55480
重新	chóngxīn	673
重行	chóngxíng	32937
重修	chóngxiū	29205
重修旧好	chóngxiū-jiùhǎo	52041
重言	chóngyán	45611
重檐	chóngyán	47387
重演	chóngyǎn	13471
重阳	Chóngyáng	29003
重阳节	Chóngyáng Jié	32547
重洋	chóngyáng	35090
重样	chóngyàng	49759
重译	chóngyì	32670
重印	chóngyìn	28223
重影	chóngyǐng	52918
重映	chóngyìng	55481
重圆	chóngyuán	37492
重张	chóngzhāng	51633
重振	chóngzhèn	15383
重振旗鼓	chóngzhèn-qígǔ	41807
重整	chóngzhěng	24356
重整旗鼓	chóngzhěng-qígǔ	34937
重奏	chóngzòu	36462
重组	chóngzǔ	3835
崇	chóng	12135
崇拜	chóngbài	5986
崇奉	chóngfèng	39828
崇高	chónggāo	3146
崇敬	chóngjìng	11963
崇山峻岭	chóngshān-jùnlǐng	22288
崇尚	chóngshàng	8527
崇洋	chóngyáng	45029
崇洋媚外	chóngyáng-mèiwài	38993
崇仰	chóngyǎng	46208
宠	chǒng	7446
宠爱	chǒng'ài	15901
宠儿	chǒng'ér	27564
宠辱不惊	chǒngrǔ-bùjīng	46512
宠物	chǒngwù	13924
宠信	chǒngxìn	38784
宠幸	chǒngxìng	29917
宠用	chǒngyòng	52042
冲	chòng	38786
冲床	chòngchuáng	51634
冲劲儿	chòngjìnr	33440
冲压	chòngyā	38787
抽	chōu	2445
抽测	chōucè	56688
抽查	chōuchá	5427
抽成	chōuchéng	51242
抽搐	chōuchù	16355
抽打	chōudǎ	21939
抽搭	chōuda	42786
抽调	chōudiào	7435
抽动	chōudòng	21254
抽斗	chōudǒu	41575
抽肥补瘦	chōuféi-bǔshòu	55482
抽风	chōufēng	44292
抽换	chōuhuàn	53913
抽检	chōujiǎn	17651
抽奖	chōujiǎng	22032
抽筋	chōujīn	29710
抽考	chōukǎo	54938
抽空	chōukòng	19184
抽冷子	chōulěngzi	48014
抽泣	chōuqì	16615
抽签	chōuqiān	13692
抽取	chōuqǔ	17171
抽杀	chōushā	56377
抽纱	chōushā	55483
抽身	chōushēn	22689
抽水	chōushuǐ	21844
抽水机	chōushuǐjī	28386
抽水马桶	chōushuǐ mǎtǒng	31576
抽水站	chōushuǐzhàn	49387
抽税	chōushuì	41576
抽丝	chōusī	42035
抽穗	chōusuì	33441
抽缩	chōusuō	50470
抽屉	chōuti	8143
抽头	chōutóu	43294
抽吸	chōuxī	48333
抽象	chōuxiàng	5270
抽选	chōuxuǎn	50124
抽芽	chōuyá	50471
抽烟	chōuyān	7672
抽验	chōuyàn	36305
抽样	chōuyàng	16885
抽噎	chōuyē	30355
抽咽	chōuyè	29918
抽油机	chōuyóujī	52043
抽油烟机	chōuyóuyānjī	42513
抽壮丁	chōuzhuàngdīng	54939
仇	chóu	4796
仇敌	chóudí	21166
仇恨	chóuhèn	8694
仇家	chóujiā	35091
仇人	chóurén	15724
仇杀	chóushā	33442
仇视	chóushì	19418
仇外	chóuwài	52044
仇隙	chóuxì	46513
仇怨	chóuyuàn	43516
惆怅	chóuchàng	14164
绸	chóu	10256
绸缎	chóuduàn	15384
绸缪	chóumóu	17430
绸子	chóuzi	22033
酬报	chóubào	36961
酬宾	chóubīn	43517
酬唱	chóuchàng	55484
酬答	chóudá	46811
酬对	chóuduì	55909
酬金	chóujīn	29309
酬劳	chóuláo	35422
酬谢	chóuxiè	29592
酬酢	chóuzuò	48644

稠	chóu	16886
稠密	chóumì	18188
愁	chóu	4543
愁肠	chóucháng	37493
愁怀	chóuhuái	53914
愁苦	chóukǔ	22232
愁眉	chóuméi	17561
愁眉苦脸	chóuméi-kǔliǎn	21982
愁闷	chóumèn	30455
愁人	chóurén	47712
愁容	chóuróng	25747
愁思	chóusī	37871
愁绪	chóuxù	39417
愁云	chóuyún	27721
愁云惨雾	chóuyún-cǎnwù	51635
筹	chóu	7872
筹办	chóubàn	12491
筹备	chóubèi	4917
筹措	chóucuò	8421
筹划	chóuhuà	10713
筹集	chóují	5988
筹建	chóujiàn	8943
筹借	chóujiè	46812
筹款	chóukuǎn	19572
筹码	chóumǎ	20609
筹谋	chóumóu	43036
筹募	chóumù	49004
筹商	chóushāng	47713
筹算	chóusuàn	53915
筹委会	chóuwěihuì	15442
筹资	chóuzī	8101
筹组	chóuzǔ	38994
踌躇	chóuchú	9393
踌躇不前	chóuchú-bùqián	48645
踌躇满志	chóuchú-mǎnzhì	23462
丑	chǒu	5749
丑八怪	chǒubāguài	41808
丑恶	chǒu'è	9159
丑化	chǒuhuà	27976
丑话	chǒuhuà	35092
丑剧	chǒujù	36306
丑角	chǒujué	25892
丑类	chǒulèi	45030
丑陋	chǒulòu	12973
丑时	chǒushí	55910
丑事	chǒushì	26966
丑态	chǒutài	29815
丑态百出	chǒutài-bǎichū	46209
丑闻	chǒuwén	10540
丑相	chǒuxiàng	49761
丑小鸭	chǒuxiǎoyā	41357
丑星	chǒuxīng	52484
丑行	chǒuxíng	43797
瞅	chǒu	4679
瞅见	chǒujiàn	22913
瞅准	chǒuzhǔn	32811
臭	chòu	4463
臭虫	chòuchóng	24747
臭椿	chòuchūn	54407
臭豆腐	chòudòufu	28736
臭烘烘	chòuhōnghōng	38612
臭架子	chòujiàzi	46210
臭骂	chòumà	26877
臭美	chòuměi	45306
臭名	chòumíng	30683
臭名远扬	chòumíng-yuǎnyáng	46514
臭名昭著	chòumíng-zhāozhù	30134
臭皮囊	chòupínáng	54408
臭棋	chòuqí	43658
臭气	chòuqì	16961
臭味儿	chòuwèir	18154
臭味相投	chòuwèi-xiāngtóu	46813
臭氧	chòuyǎng	13739
臭氧层	chòuyǎngcéng	18276
出	chū	49
出版	chūbǎn	825
出版商	chūbǎnshāng	35546
出版社	chūbǎnshè	2635
出版物	chūbǎnwù	7390
出榜	chūbǎng	41577
出奔	chūbēn	28737
出殡	chūbìn	24638
出兵	chūbīng	9249
出彩	chūcǎi	34095
出操	chūcāo	38995
出岔子	chūchàzi	41809
出差	chūchāi	8073
出产	chūchǎn	13550
出厂	chūchǎng	11617
出场	chūchǎng	8039
出超	chūchāo	43037
出车	chūchē	24169
出乘	chūchéng	52045
出丑	chūchǒu	26674
出处	chūchù	21255
出错	chūcuò	22128
出道	chūdào	33968
出典	chūdiǎn	46814
出点子	chūdiǎnzi	35688
出动	chūdòng	6284
出尔反尔	chū'ěr-fǎn'ěr	30684
出发	chūfā	1169
出发点	chūfādiǎn	5055
出访	chūfǎng	7423
出份子	chūfènzi	54409
出风头	chūfēngtou	22645
出阁	chūgé	34213
出格	chūgé	29404
出工	chūgōng	18303
出乖露丑	chūguāi-lòuchǒu	54940
出轨	chūguǐ	33331
出国	chūguó	4228
出海	chūhǎi	11536
出汗	chūhàn	18871
出航	chūháng	37872
出乎意料	chūhū-yìliào	17379
出活儿	chūhuór	19899
出货	chūhuò	41578
出击	chūjī	8179
出家	chūjiā	17690
出家人	chūjiārén	32165
出价	chūjià	32671
出嫁	chūjià	11244
出将入相	chūjiàng-rùxiàng	49388
出界	chūjiè	42036
出借	chūjiè	30028
出警	chūjǐng	25893
出境	chūjìng	7269
出镜	chūjìng	47095
出局	chūjú	14107
出具	chūjù	8923
出圈	chūjuàn	52046
出口	chūkǒu	991
出口成章	chūkǒu-chéngzhāng	38613
出口伤人	chūkǒu-shāngrén	49762
出来	chūlái	2362
出栏	chūlán	17737
出栏率	chūlánlǜ	44293

出类拔萃	chūlèi-bácuì	22605
出力	chūlì	9773
出列	chūliè	44519
出猎	chūliè	37138
出溜	chūliu	37680
出笼	chūlóng	20413
出炉	chūlú	25218
出路	chūlù	4560
出乱子	chūluànzi	31337
出落	chūluo	36307
出马	chūmǎ	18277
出卖	chūmài	8367
出毛病	chūmáobìng	23463
出门	chūmén	3319
出门子	chūménzi	51636
出面	chūmiàn	6917
出苗	chūmiáo	27176
出名	chūmíng	10138
出没	chūmò	14366
出谋划策	chūmóu-huàcè	18872
出谋献策	chūmóu-xiàncè	43038
出纳	chūnà	21655
出纳员	chūnàyuán	35839
出品	chūpǐn	18136
出圃	chūpǔ	54941
出其不意	chūqíbùyì	23114
出奇	chūqí	11780
出奇制胜	chūqí-zhìshèng	26878
出气	chūqì	16511
出气筒	chūqìtǒng	47714
出钱	chūqián	8912
出勤	chūqín	26535
出勤率	chūqínlǜ	49389
出去	chūqù	1236
出圈儿	chūquānr	40266
出缺	chūquē	41141
出让	chūràng	8156
出人命	chūrénmìng	29711
出人头地	chūréntóudì	28643
出人意料	chūrényìliào	12740
出任	chūrèn	6498
出入	chūrù	7644
出入境	chū-rùjìng	8325
出入证	chū-rùzhèng	49763
出赛	chūsài	47715
出丧	chūsāng	45307
出色	chūsè	3678
出山	chūshān	13913
出身	chūshēn	4740
出神	chūshén	12709
出神入化	chūshén-rùhuà	30243
出生	chūshēng	3011
出生率	chūshēnglǜ	27032
出生入死	chūshēng-rùsǐ	25021
出生证	chūshēngzhèng	50125
出声	chūshēng	10546
出师	chūshī	13411
出使	chūshǐ	23662
出示	chūshì	11690
出世	chūshì	12212
出事	chūshì	8904
出手	chūshǒu	9946
出售	chūshòu	4089
出书	chūshū	19629
出水	chūshuǐ	25819
出台	chūtái	2794
出摊儿	chūtānr	49005
出逃	chūtáo	27565
出题	chūtí	32403
出庭	chūtíng	16992
出头	chūtóu	8756
出头露面	chūtóu-lòumiàn	32938
出徒	chūtú	54410
出土	chūtǔ	8190
出脱	chūtuō	49765
出外	chūwài	13271
出亡	chūwáng	50850
出位	chūwèi	54411
出席	chūxí	1723
出息	chūxi	11945
出险	chūxiǎn	30456
出现	chūxiàn	198
出线	chūxiàn	10578
出线权	chūxiànquán	32404
出血	chūxiě	10831
出行	chūxíng	9187
出巡	chūxún	28738
出芽	chūyá	48646
出言不逊	chūyán-bùxùn	38045
出演	chūyǎn	24170
出洋	chūyáng	21792
出洋相	chūyángxiàng	40710
出以公心	chūyǐgōngxīn	42037
出迎	chūyíng	22859
出游	chūyóu	12794
出于	chūyú	2856
出狱	chūyù	15571
出远门	chūyuǎnmén	27404
出院	chūyuàn	7180
出展	chūzhǎn	52047
出战	chūzhàn	10720
出掌	chūzhǎng	54412
出账	chūzhàng	55911
出诊	chūzhěn	23555
出阵	chūzhèn	35689
出征	chūzhēng	8966
出众	chūzhòng	15606
出主意	chūzhǔyi	15607
出资	chūzī	5958
出自	chūzì	7172
出走	chūzǒu	21656
出租	chūzū	7458
出租车	chūzūchē	5429
出租汽车	chūzū qìchē	15525
初	chū	569
初八	chūbā	23836
初版	chūbǎn	31577
初步	chūbù	2032
初潮	chūcháo	53916
初出茅庐	chūchū-máolú	33843
初创	chūchuàng	22914
初春	chūchūn	16616
初次	chūcì	9106
初等	chūděng	30135
初冬	chūdōng	16887
初度	chūdù	50472
初二	chū'èr	14422
初犯	chūfàn	38996
初伏	chūfú	55912
初稿	chūgǎo	20095
初会	chūhuì	49006
初婚	chūhūn	43798
初级	chūjí	4578
初级社	chūjíshè	51637
初见	chūjiàn	26466
初交	chūjiāo	48015
初九	chūjiǔ	29500
初具规模	chūjù guīmó	15526

初来乍到	chūlái-zhàdào	28644
初恋	chūliàn	15885
初六	chūliù	24813
初露锋芒	chūlù-fēngmáng	45612
初露头角	chūlù-tóujiǎo	51638
初民	chūmín	36962
初年	chūnián	15647
初评	chūpíng	28739
初七	chūqī	24591
初期	chūqī	3708
初晴	chūqíng	42038
初秋	chūqiū	21495
初赛	chūsài	30921
初三	chūsān	14571
初审	chūshěn	24051
初升	chūshēng	45308
初生之犊	chūshēngzhīdú	51243
初十	chūshí	30029
初时	chūshí	32939
初识	chūshí	37494
初始	chūshǐ	13431
初试	chūshì	30030
初四	chūsì	23352
初探	chūtàn	37681
初五	chūwǔ	22821
初夏	chūxià	15117
初小	chūxiǎo	40711
初选	chūxuǎn	23837
初学	chūxué	24748
初雪	chūxuě	42039
初旬	chūxún	42514
初叶	chūyè	33844
初夜	chūyè	42787
初一	chūyī	11075
初愿	chūyuàn	55913
初战	chūzhàn	27322
初绽	chūzhàn	48016
初诊	chūzhěn	52485
初中	chūzhōng	4230
初衷	chūzhōng	10397
刍议	chúyì	41579
除	chú	663
除暴安良	chúbào-ānliáng	43295
除弊	chúbì	38223
除草	chúcǎo	35247
除草剂	chúcǎojì	27566
除尘	chúchén	25086
除尘器	chúchénqì	42040
除虫菊	chúchóngjú	49007
除此以外	chúcǐyǐwài	24357
除此之外	chúcǐzhīwài	11461
除恶务尽	chú'è-wùjìn	33705
除法	chúfǎ	40473
除非	chúfēi	7105
除服	chúfú	55485
除根	chúgēn	45908
除垢	chúgòu	53917
除害	chúhài	27472
除旧布新	chújiù-bùxīn	45309
除开	chúkāi	29405
除了	chúle	540
除名	chúmíng	20172
除去	chúqù	8461
除却	chúquè	33443
除湿	chúshī	50126
除外	chúwài	10945
除夕	chúxī	10787
除夕夜	chúxīyè	24295
除锈	chúxiù	51639
厨房	chúfáng	4237
厨工	chúgōng	54413
厨柜	chúguì	44689
厨具	chújù	41580
厨师	chúshī	11946
厨艺	chúyì	42279
厨子	chúzi	12674
锄	chú	12512
锄草	chúcǎo	32041
锄地	chúdì	34938
锄奸	chújiān	45613
锄头	chútou	15195
雏儿	chúr	42515
雏鸡	chújī	36789
雏妓	chújì	50851
雏菊	chújú	49390
雏鸟	chúniǎo	38788
雏形	chúxíng	15972
雏燕	chúyàn	55914
橱	chú	19599
橱窗	chúchuāng	15686
橱柜	chúguì	38046
处	chǔ	1855
处变不惊	chǔbiàn-bùjīng	38407
处罚	chǔfá	2881
处方	chǔfāng	8265
处方药	chǔfāngyào	20414
处分	chǔfèn	3424
处警	chǔjǐng	22481
处境	chǔjìng	6518
处决	chǔjué	23017
处理	chǔlǐ	524
处理品	chǔlǐpǐn	47388
处女	chǔnǚ	16962
处女地	chǔnǚdì	33706
处女膜	chǔnǚmó	47096
处女作	chǔnǚzuò	28305
处身	chǔshēn	46515
处世	chǔshì	16704
处事	chǔshì	18108
处暑	chǔshǔ	52919
处死	chǔsǐ	14457
处突	chǔtū	25715
处心积虑	chǔxīn-jīlǜ	29407
处以	chǔyǐ	10855
处于	chǔyú	1421
处在	chǔzài	3109
处之泰然	chǔzhī-tàirán	45615
处治	chǔzhì	33187
处置	chǔzhì	3609
处子	chǔzǐ	42041
储	chǔ	6892
储备	chǔbèi	4923
储备金	chǔbèijīn	55486
储备粮	chǔbèiliáng	17402
储藏	chǔcáng	18028
储藏室	chǔcángshì	37306
储存	chǔcún	7195
储户	chǔhù	13831
储积	chǔjī	53396
储金	chǔjīn	49766
储量	chǔliàng	6939
储蓄	chǔxù	5389
储蓄所	chǔxùsuǒ	20199
储油罐	chǔyóuguàn	48017
储运	chǔyùn	36149
楚	chǔ	8037
楚楚动人	chǔchǔ-dòngrén	34646
楚剧	chǔjù	49008

处	chù	1484
处处	chùchù	3774
处所	chùsuǒ	22646
处长	chùzhǎng	3857
怵	chù	21377
怵目惊心	chùmù-jīngxīn	50473
畜	chù	6673
畜圈	chùjuàn	54414
畜类	chùlei	43518
畜力	chùlì	27103
畜禽	chùqín	10488
畜生	chùsheng	15550
搐动	chùdòng	42516
触	chù	6271
触电	chùdiàn	21460
触动	chùdòng	10222
触发	chùfā	22184
触犯	chùfàn	12186
触及	chùjí	12261
触礁	chùjiāo	35093
触角	chùjiǎo	17295
触景生情	chùjǐng-shēngqíng	32548
触觉	chùjué	25894
触雷	chùléi	43799
触类旁通	chùlèi-pángtōng	47716
触媒	chùméi	41581
触摸	chùmō	13196
触目	chùmù	13647
触目皆是	chùmù-jiēshì	50127
触目惊心	chùmù-jīngxīn	13565
触怒	chùnù	33188
触手	chùshǒu	33058
触痛	chùtòng	47389
触网	chùwǎng	45031
触须	chùxū	36632
黜免	chùmiǎn	51244
黜退	chùtuì	52048
矗立	chùlì	11049
揣	chuāi	8150
揣手儿	chuāishǒur	55487
揣测	chuǎicè	24171
揣度	chuǎiduó	37307
揣摩	chuǎimó	17276
揣想	chuǎixiǎng	38224
踹	chuài	17897
川	chuān	2976
川贝	chuānbèi	52920
川菜	chuāncài	40474
川剧	chuānjù	17584
川流不息	chuānliú-bùxī	22606
川资	chuānzī	46211
穿	chuān	774
穿帮	chuānbāng	51640
穿插	chuānchā	16240
穿刺	chuāncì	30244
穿戴	chuāndài	14053
穿甲弹	chuānjiǎdàn	50852
穿孔	chuānkǒng	28740
穿连裆裤	chuānliándāngkù	55915
穿山甲	chuānshānjiǎ	25280
穿梭	chuānsuō	11130
穿堂	chuāntáng	40058
穿堂风	chuāntángfēng	52050
穿堂门	chuāntángmén	56378
穿透力	chuāntòulì	30136
穿小鞋	chuānxiǎoxié	48334
穿孝	chuānxiào	47390
穿心莲	chuānxīnlián	54942
穿行	chuānxíng	12012
穿靴戴帽	chuānxuē-dàimào	51245
穿衣镜	chuānyījìng	35094
穿越	chuānyuè	8556
穿云破雾	chuānyún-pòwù	50474
穿凿	chuānzáo	41582
穿凿附会	chuānzáo-fùhuì	54415
穿针引线	chuānzhēn-yǐnxiàn	36308
穿着	chuānzhuó	4668
传	chuán	3554
传帮带	chuán-bāng-dài	34214
传本	chuánběn	42517
传播	chuánbō	1851
传布	chuánbù	30575
传唱	chuánchàng	20758
传抄	chuánchāo	46212
传承	chuánchéng	9097
传达	chuándá	5079
传达室	chuándáshì	22961
传代	chuándài	53918
传单	chuándān	13211
传导	chuándǎo	16201
传道	chuándào	26967
传递	chuándì	4277
传动	chuándòng	24814
传粉	chuánfěn	54416
传感	chuángǎn	36309
传感器	chuángǎnqì	17339
传告	chuángào	51246
传呼	chuánhū	19717
传呼机	chuánhūjī	34778
传话	chuánhuà	26303
传唤	chuánhuàn	27245
传技	chuánjì	54417
传家	chuánjiā	32549
传家宝	chuánjiābǎo	28840
传教	chuánjiào	17319
传教士	chuánjiàoshì	13934
传经	chuánjīng	35248
传经送宝	chuánjīng-sòngbǎo	54418
传令	chuánlìng	18245
传媒	chuánméi	6635
传名	chuánmíng	52486
传票	chuánpiào	33059
传奇	chuánqí	6932
传情	chuánqíng	32672
传球	chuánqiú	22436
传染	chuánrǎn	8615
传染病	chuánrǎnbìng	4538
传染性	chuánrǎnxìng	9893
传染源	chuánrǎnyuán	24100
传热	chuánrè	29101
传人	chuánrén	17192
传神	chuánshén	18614
传声筒	chuánshēngtǒng	38225
传世	chuánshì	18550
传授	chuánshòu	6713
传输	chuánshū	6050
传说	chuánshuō	4076
传送	chuánsòng	11057
传送带	chuánsòngdài	35095
传诵	chuánsòng	20914
传颂	chuánsòng	25162
传统	chuántǒng	484
传闻	chuánwén	14189
传习	chuánxí	34647
传销	chuánxiāo	6561
传讯	chuánxùn	30796
传言	chuányán	17846
传扬	chuányáng	30356

传艺	chuányì	46815
传译	chuányì	47717
传阅	chuányuè	31338
传真	chuánzhēn	7004
传真机	chuánzhēnjī	29919
传旨	chuánzhǐ	22383
传种	chuánzhǒng	48335
传宗接代	chuánzōng-jiēdài	33332
船	chuán	847
船帮	chuánbāng	43039
船舶	chuánbó	4542
船埠	chuánbù	52051
船舱	chuáncāng	20096
船底	chuándǐ	39208
船东	chuándōng	25468
船队	chuánduì	16333
船帆	chuánfān	46213
船夫	chuánfū	18993
船工	chuángōng	31705
船户	chuánhù	44294
船籍	chuánjí	54943
船家	chuánjiā	29712
船桨	chuánjiǎng	47097
船老大	chuánlǎodà	34508
船龄	chuánlíng	52052
船民	chuánmín	24358
船篷	chuánpéng	40475
船票	chuánpiào	25023
船期	chuánqī	46214
船身	chuánshēn	25024
船台	chuántái	39829
船体	chuántǐ	21695
船艇	chuántǐng	39209
船桅	chuánwéi	48336
船尾	chuánwěi	25163
船位	chuánwèi	50853
船坞	chuánwù	28645
船舷	chuánxián	26879
船员	chuányuán	11978
船运	chuányùn	37139
船闸	chuánzhá	13536
船长	chuánzhǎng	12291
船只	chuánzhī	7807
船主	chuánzhǔ	22647
椽子	chuánzi	32940
舛误	chuǎnwù	55916
喘	chuǎn	6078
喘气	chuǎnqì	14806
喘息	chuǎnxī	10980
喘吁吁	chuǎnxūxū	42280
串	chuàn	3066
串案	chuàn'àn	45032
串供	chuàngòng	50854
串换	chuànhuàn	45033
串讲	chuànjiǎng	52921
串联	chuànlián	15425
串铃	chuànlíng	50475
串门儿	chuànménr	22384
串亲戚	chuànqīnqi	47098
串通	chuàntōng	21983
串通一气	chuàntōng-yīqì	37308
串味儿	chuànwèir	56379
串戏	chuànxì	55917
串演	chuànyǎn	48647
串游	chuànyou	52923
串珠	chuànzhū	40712
创	chuāng	33060
创痕	chuānghén	44773
创口	chuāngkǒu	32942
创面	chuāngmiàn	38408
创伤	chuāngshāng	10462
创痛	chuāngtòng	34509
疮	chuāng	16562
疮疤	chuāngbā	32673
疮口	chuāngkǒu	54944
疮痍满目	chuāngyí-mǎnmù	52487
窗	chuāng	3180
窗洞	chuāngdòng	37140
窗扉	chuāngfēi	53919
窗格子	chuānggézi	53920
窗户	chuānghu	5056
窗花	chuānghuā	33444
窗机	chuāngjī	55918
窗口	chuāngkǒu	2760
窗口行业	chuāngkǒu hángyè	32674
窗框	chuāngkuàng	38614
窗帘	chuānglián	10476
窗棂	chuānglíng	27323
窗幔	chuāngmàn	44056
窗明几净	chuāngmíng-jījìng	33189
窗纱	chuāngshā	29408
窗扇	chuāngshàn	49767
窗台	chuāngtái	14276
窗帷	chuāngwéi	43296
窗沿	chuāngyán	51247
窗子	chuāngzi	8025
床	chuáng	1662
床板	chuángbǎn	26799
床单	chuángdān	14367
床垫	chuángdiàn	30137
床架	chuángjià	43298
床铺	chuángpù	15886
床榻	chuángtà	48648
床头	chuángtóu	12052
床头柜	chuángtóuguì	26097
床帷	chuángwéi	54945
床位	chuángwèi	14439
床沿	chuángyán	15496
床罩	chuángzhào	43299
床子	chuángzi	47718
闯	chuǎng	2294
闯荡	chuǎngdàng	21749
闯关	chuǎngguān	31578
闯关东	chuǎngguāndōng	43800
闯红灯	chuǎnghóngdēng	30031
闯祸	chuǎnghuò	33707
闯江湖	chuǎngjiānghú	53921
闯将	chuǎngjiàng	35690
闯劲	chuǎngjìn	41142
闯练	chuǎngliàn	54946
闯世界	chuǎngshìjiè	37141
闯天下	chuǎngtiānxià	40059
创	chuàng	1309
创办	chuàngbàn	3632
创编	chuàngbiān	33061
创汇	chuànghuì	8895
创见	chuàngjiàn	28475
创建	chuàngjiàn	2669
创举	chuàngjǔ	13925
创刊	chuàngkān	9708
创刊号	chuàngkānhào	28148
创立	chuànglì	5734
创利	chuànglì	33333
创牌子	chuàngpáizi	52488
创设	chuàngshè	22333
创始	chuàngshǐ	23782
创始人	chuàngshǐrén	11837
创收	chuàngshōu	15196

创税	chuàngshuì	49009
创新	chuàngxīn	1348
创演	chuàngyǎn	44774
创业	chuàngyè	2744
创议	chuàngyì	45034
创意	chuàngyì	10112
创优	chuàngyōu	20610
创造	chuàngzào	473
创造性	chuàngzàoxìng	2971
创制	chuàngzhì	22648
创作	chuàngzuò	600
怆然	chuàngrán	35992
吹	chuī	1511
吹吹打打	chuīchuīdǎdǎ	37495
吹灯	chuīdēng	42788
吹灯拔蜡	chuīdēng-bálà	55488
吹风	chuīfēng	30457
吹风会	chuīfēnghuì	33708
吹风机	chuīfēngjī	46516
吹拂	chuīfú	19216
吹鼓手	chuīgǔshǒu	29102
吹胡子瞪眼	chuī húzi dèngyǎn	42281
吹灰之力	chuīhuīzhīlì	37496
吹拉弹唱	chuī-lā-tán-chàng	43040
吹喇叭	chuīlǎba	41143
吹冷风	chuīlěngfēng	53397
吹毛求疵	chuīmáo-qiúcī	38789
吹牛	chuīniú	16413
吹牛皮	chuīniúpí	41583
吹拍	chuīpāi	52053
吹捧	chuīpěng	22607
吹嘘	chuīxū	20338
吹奏	chuīzòu	25748
炊饼	chuībǐng	55489
炊具	chuījù	33062
炊事	chuīshì	31121
炊事班	chuīshìbān	21532
炊事员	chuīshìyuán	18724
炊烟	chuīyān	17125
垂	chuí	4014
垂爱	chuí'ài	48337
垂成	chuíchéng	42518
垂吊	chuídiào	47391
垂钓	chuídiào	20415
垂范	chuífàn	41810
垂挂	chuíguà	34365
垂老	chuílǎo	40476
垂泪	chuílèi	28224
垂怜	chuílián	46517
垂帘听政	chuílián-tīngzhèng	45310
垂柳	chuíliǔ	25820
垂落	chuíluò	32812
垂暮	chuímù	43802
垂暮之年	chuímùzhīnián	48338
垂念	chuíniàn	55919
垂青	chuíqīng	30576
垂手	chuíshǒu	27405
垂首	chuíshǒu	42282
垂死	chuísǐ	26675
垂死挣扎	chuísǐ-zhēngzhá	40929
垂体	chuítǐ	29593
垂髫	chuítiáo	49391
垂头丧气	chuítóu-sàngqì	18278
垂危	chuíwēi	18808
垂问	chuíwèn	51641
垂涎	chuíxián	29713
垂涎三尺	chuíxián-sānchǐ	39632
垂涎欲滴	chuíxián-yùdī	48339
垂询	chuíxún	41584
垂直	chuízhí	6666
垂直绿化	chuízhí lǜhuà	54419
垂直线	chuízhíxiàn	49010
捶	chuí	9645
捶打	chuídǎ	31706
捶击	chuíjī	47719
捶胸顿足	chuíxiōng-dùnzú	37873
槌	chuí	17069
锤	chuí	11292
锤打	chuídǎ	51248
锤炼	chuíliàn	15340
锤子	chuízi	23160
春	chūn	1521
春饼	chūnbǐng	42042
春播	chūnbō	18551
春蚕	chūncán	31226
春茶	chūnchá	38790
春潮	chūncháo	26880
春分	chūnfēn	35423
春风	chūnfēng	6761
春风得意	chūnfēng-déyì	29714
春风化雨	chūnfēng-huàyǔ	26385
春风满面	chūnfēng-mǎnmiàn	44775
春耕	chūngēng	7328
春宫	chūngōng	42789
春灌	chūnguàn	40477
春光	chūnguāng	14764
春寒	chūnhán	30032
春寒料峭	chūnhán-liàoqiào	37142
春旱	chūnhàn	29206
春华秋实	chūnhuá-qiūshí	35993
春荒	chūnhuāng	36963
春晖	chūnhuī	36150
春季	chūnjì	6537
春假	chūnjià	38997
春节	Chūnjié	1940
春景	chūnjǐng	50855
春卷	chūnjuǎn	45616
春困	chūnkùn	52054
春雷	chūnléi	23556
春联	chūnlián	13537
春令	chūnlìng	55920
春麦	chūnmài	51642
春梦	chūnmèng	39830
春暖花开	chūnnuǎn-huākāi	28225
春情	chūnqíng	42283
春秋	chūnqiū	5755
春秋笔法	Chūnqiū-bǐfǎ	53922
春秋衫	chūnqiūshān	55921
春日	chūnrì	23948
春色	chūnsè	20828
春笋	chūnsǔn	25469
春天	chūntiān	2183
春宵	chūnxiāo	49392
春小麦	chūnxiǎomài	39831
春心	chūnxīn	45617
春汛	chūnxùn	52489
春药	chūnyào	47099
春意盎然	chūnyì-àngrán	27324
春游	chūnyóu	30797
春雨	chūnyǔ	13893
春运	chūnyùn	7322
春种	chūnzhòng	31457
春装	chūnzhuāng	45909
椿树	chūnshù	32042
纯	chún	3098
纯粹	chúncuì	5848
纯度	chúndù	20563
纯钢	chúngāng	53923

纯化	chúnhuà	29920
纯碱	chúnjiǎn	42043
纯洁	chúnjié	7028
纯金	chúnjīn	33063
纯净	chúnjìng	13119
纯净水	chúnjìngshuǐ	26536
纯利	chúnlì	30458
纯良	chúnliáng	46816
纯毛	chúnmáo	44295
纯美	chúnměi	42044
纯棉	chúnmián	39210
纯品	chúnpǐn	55922
纯朴	chúnpǔ	14702
纯情	chúnqíng	26156
纯然	chúnrán	38047
纯收入	chúnshōurù	5461
纯熟	chúnshú	29501
纯属	chúnshǔ	14317
纯水	chúnshuǐ	40060
纯一	chúnyī	13758
纯真	chúnzhēn	14528
纯正	chúnzhèng	17540
纯种	chúnzhǒng	30138
莼菜	chúncài	51643
唇	chún	6412
唇齿	chúnchǐ	32043
唇齿相依	chúnchǐ-xiāngyī	35691
唇膏	chúngāo	30577
唇红齿白	chúnhóng-chǐbái	45311
唇裂	chúnliè	53924
唇枪舌剑	chúnqiāng-shéjiàn	32813
唇舌	chúnshé	32675
唇亡齿寒	chúnwáng-chǐhán	43803
唇吻	chúnwěn	52924
唇线	chúnxiàn	52055
淳厚	chúnhòu	31707
淳朴	chúnpǔ	17107
醇	chún	13972
醇和	chúnhé	53398
醇厚	chúnhòu	29502
醇酒	chúnjiǔ	39633
醇美	chúnměi	49011
醇香	chúnxiāng	35096
醇正	chúnzhèng	56380
蠢	chǔn	10179
蠢笨	chǔnbèn	38409
蠢材	chǔncái	52490
蠢蠢欲动	chǔnchǔn-yùdòng	34510
蠢动	chǔndòng	38998
蠢话	chǔnhuà	44776
蠢货	chǔnhuò	41811
蠢人	chǔnrén	41358
蠢事	chǔnshì	24101
蠢物	chǔnwù	49393
蠢猪	chǔnzhū	45618
戳	chuō	7847
戳儿	chuōr	54420
戳穿	chuōchuān	25529
戳脊梁骨	chuōjǐlianggǔ	50476
戳记	chuōjì	49394
戳子	chuōzi	46215
啜泣	chuòqì	20654
绰绰有余	chuòchuò-yǒuyú	36310
绰号	chuòhào	13432
绰约	chuòyuē	33845
辍	chuò	14536
辍笔	chuòbǐ	53399
辍学	chuòxué	10714
刺	cī	25960
刺啦	cīlā	53925
刺溜	cīliū	56381
疵点	cīdiǎn	51249
词	cí	1433
词不达意	cíbùdáyì	47100
词典	cídiǎn	10223
词法	cífǎ	53400
词锋	cífēng	51250
词根	cígēn	48018
词汇	cíhuì	8865
词句	cíjù	15887
词类	cílèi	56731
词牌	cípái	52925
词频	cípín	50856
词谱	cípǔ	54947
词曲	cíqǔ	24639
词人	círén	34215
词形	cíxíng	38226
词性	cíxìng	54948
词序	cíxù	54949
词义	cíyì	19149
词语	cíyǔ	12152
词源	cíyuán	47392
词藻	cízǎo	35840
词组	cízǔ	21793
祠堂	cítáng	12680
瓷	cí	8881
瓷雕	cídiāo	51644
瓷缸	cígāng	45910
瓷瓶	cípíng	36311
瓷器	cíqì	12344
瓷实	císhi	46518
瓷土	cítǔ	55490
瓷窑	cíyáo	52926
瓷釉	cíyòu	56382
瓷砖	cízhuān	21619
辞	cí	4193
辞别	cíbié	22822
辞呈	cíchéng	21325
辞赋	cífù	47101
辞令	cílìng	33558
辞让	círàng	49769
辞世	císhì	24640
辞书	císhū	19718
辞岁	císuì	49395
辞退	cítuì	12456
辞谢	cíxiè	38791
辞行	cíxíng	20655
辞章	cízhāng	52927
辞职	cízhí	4566
慈爱	cí'ài	16334
慈悲	cíbēi	19938
慈父	cífù	39211
慈姑	cígū	52056
慈眉善目	círméi-shànmù	39832
慈母	címǔ	22437
慈善	císhàn	7510
慈祥	cíxiáng	14673
慈颜	cíyán	52928
磁	cí	6618
磁暴	cíbào	54421
磁场	cíchǎng	9642
磁带	cídài	16133
磁化	cíhuà	24691
磁极	cíjí	37874
磁卡	cíkǎ	29004
磁力	cílì	20373
磁疗	cíliáo	50477
磁盘	cípán	24951

磁石	císhí	30459
磁体	cítǐ	30578
磁条	cítiáo	21994
磁铁	cítiě	21413
磁头	cítóu	41585
磁性	cíxìng	14054
磁悬浮	cíxuánfú	20097
磁针	cízhēn	52057
雌	cí	9559
雌蜂	cífēng	54950
雌花	cíhuā	55923
雌蕊	círuǐ	37309
雌性	cíxìng	21057
雌雄	cíxióng	21025
糍粑	cíbā	36151
此	cǐ	119
此地	cǐdì	6860
此后	cǐhòu	2925
此间	cǐjiān	3413
此刻	cǐkè	4235
此起彼伏	cǐqǐ-bǐfú	14029
此前	cǐqián	4783
此生	cǐshēng	24102
此时	cǐshí	1643
此事	cǐshì	3710
此外	cǐwài	1086
此致	cǐzhì	40713
次	cì	57
次大陆	cìdàlù	38048
次等	cìděng	47720
次第	cìdì	18940
次官	cìguān	32405
次货	cìhuò	54422
次女	cìnǚ	42285
次品	cìpǐn	28149
次日	cìrì	6425
次生	cìshēng	28226
次数	cìshù	7729
次序	cìxù	15687
次要	cìyào	14739
次于	cìyú	40061
次长	cìzhǎng	21940
次之	cìzhī	25530
次子	cìzǐ	18463
伺候	cìhou	8373
伺弄	cìnòng	56383
刺	cì	1222
刺鼻	cìbí	23464
刺刺不休	cìcì-bùxiū	53926
刺刀	cìdāo	13356
刺耳	cì'ěr	16241
刺骨	cìgǔ	20200
刺槐	cìhuái	34511
刺激	cìjī	2457
刺客	cìkè	19251
刺梅	cìméi	52058
刺目	cìmù	32045
刺杀	cìshā	21794
刺参	cìshēn	50857
刺探	cìtàn	27815
刺儿头	cìrtóu	45312
刺猬	cìwei	29207
刺绣	cìxiù	18137
刺眼	cìyǎn	21845
刺痒	cìyang	49012
刺字	cìzì	47721
赐	cì	5155
赐教	cìjiào	42286
赐予	cìyǔ	23883
匆匆	cōngcōng	4002
匆促	cōngcù	33334
匆忙	cōngmáng	10205
苁蓉	cōngróng	53927
枞树	cōngshù	54423
葱	cōng	9784
葱白	cōngbái	44520
葱白儿	cōngbáir	46817
葱葱	cōngcōng	44521
葱翠	cōngcuì	48019
葱花	cōnghuā	36463
葱茏	cōnglóng	19537
葱绿	cōnglǜ	28063
葱头	cōngtóu	47102
葱郁	cōngyù	28741
聪慧	cōnghuì	22553
聪敏	cōngmǐn	26602
聪明	cōngming	3386
聪颖	cōngyǐng	31018
从	cóng	27
从不	cóngbù	5331
从长计议	cóngcháng-jìyì	33190
从此	cóngcǐ	1814
从而	cóng'ér	1220
从犯	cóngfàn	35097
从俭	cóngjiǎn	55491
从简	cóngjiǎn	27816
从教	cóngjiào	35547
从警	cóngjǐng	28194
从军	cóngjūn	17070
从宽	cóngkuān	26157
从来	cónglái	1824
从良	cóngliáng	44522
从略	cónglüè	36633
从命	cóngmìng	25667
从难	cóngnán	48649
从前	cóngqián	3477
从轻	cóngqīng	27104
从戎	cóngróng	40930
从容	cóngróng	6316
从容不迫	cóngróng-bùpò	19973
从善如流	cóngshàn-rúliú	40478
从商	cóngshāng	42790
从师	cóngshī	43300
从实	cóngshí	6530
从事	cóngshì	1191
从属	cóngshǔ	21568
从俗	cóngsú	47103
从速	cóngsù	26038
从天而降	cóngtiān'érjiàng	23663
从头	cóngtóu	10001
从未	cóngwèi	4077
从小	cóngxiǎo	4105
从严	cóngyán	5353
从业	cóngyè	5533
从一而终	cóngyī'érzhōng	41359
从医	cóngyī	30798
从艺	cóngyì	29922
从优	cóngyōu	32406
从征	cóngzhēng	40479
从政	cóngzhèng	11221
从中	cóngzhōng	3545
从众	cóngzhòng	32407
从重	cóngzhòng	15688
丛	cóng	8582
丛集	cóngjí	48020
丛刊	cóngkān	28555
丛林	cónglín	14660
丛莽	cóngmǎng	30139

丛山	cóngshān	47393
丛生	cóngshēng	18513
丛书	cóngshū	5978
丛杂	cóngzá	50128
淙淙	cóngcóng	28064
凑	còu	4401
凑份子	còufènzi	49013
凑合	còuhe	14337
凑乎	còuhu	56384
凑集	còují	43804
凑近	còujìn	17340
凑拢	còulǒng	52929
凑巧	còuqiǎo	13704
凑趣儿	còuqùr	29005
凑热闹	còurènao	21569
凑手	còushǒu	50129
凑数	còushù	42045
粗	cū	3090
粗暴	cūbào	9462
粗笨	cūbèn	38410
粗鄙	cūbǐ	34939
粗布	cūbù	26304
粗糙	cūcāo	8944
粗茶淡饭	cūchá-dànfàn	34512
粗大	cūdà	16888
粗纺	cūfǎng	56385
粗放	cūfàng	14689
粗犷	cūguǎng	16639
粗黑	cūhēi	36464
粗厚	cūhòu	53928
粗花呢	cūhuāní	55924
粗话	cūhuà	28065
粗加工	cūjiāgōng	38792
粗粝	cūlì	47394
粗粮	cūliáng	31019
粗劣	cūliè	38793
粗陋	cūlòu	41812
粗鲁	cūlǔ	19688
粗略	cūlüè	17952
粗莽	cūmǎng	41813
粗浅	cūqiǎn	30685
粗人	cūrén	29208
粗实	cūshi	54951
粗手笨脚	cūshǒu-bènjiǎo	55925
粗疏	cūshū	36465
粗率	cūshuài	45035
粗饲料	cūsìliào	55926
粗俗	cūsú	17866
粗通	cūtōng	40931
粗细	cūxì	20454
粗线条	cūxiàntiáo	37497
粗心	cūxīn	26039
粗心大意	cūxīn-dàyì	32046
粗哑	cūyǎ	47722
粗盐	cūyán	55927
粗野	cūyě	22335
粗硬	cūyìng	40480
粗枝大叶	cūzhī-dàyè	40267
粗制滥造	cūzhì-lànzào	24815
粗中有细	cūzhōng-yǒuxì	49396
粗重	cūzhòng	32276
粗壮	cūzhuàng	15156
粗拙	cūzhuō	55928
促	cù	3241
促成	cùchéng	8196
促进	cùjìn	1053
促进派	cùjìnpài	53401
促请	cùqǐng	49397
促使	cùshǐ	3455
促膝谈心	cùxī-tánxīn	30140
促狭	cùxiá	46216
促销	cùxiāo	8564
猝不及防	cùbùjífáng	24296
猝发	cùfā	49014
猝然	cùrán	25164
猝死	cùsǐ	28476
醋	cù	8728
醋劲儿	cùjìnr	49015
醋精	cùjīng	55492
醋酸	cùsuān	33445
醋坛子	cùtánzi	53402
醋意	cùyì	33846
簇	cù	11466
簇生	cùshēng	54424
簇新	cùxīn	27893
簇拥	cùyōng	12932
蹙额	cù'é	48340
氽	cuān	49016
氽子	cuānzi	53403
撺掇	cuānduo	34096
蹿	cuān	11266
蹿升	cuānshēng	48021
蹿跳	cuāntiào	49770
攒	cuán	49000
攒动	cuándòng	39418
攒聚	cuánjù	54425
窜	cuàn	6295
窜改	cuàngǎi	49771
窜逃	cuàntáo	55493
篡夺	cuànduó	33709
篡改	cuàngǎi	15825
篡权	cuànquán	44057
篡位	cuànwèi	28646
崔	cuī	8634
崔巍	cuīwēi	53929
崔嵬	cuīwéi	47395
催	cuī	4748
催办	cuībàn	35098
催逼	cuībī	35249
催产	cuīchǎn	55494
催促	cuīcù	9202
催肥	cuīféi	55929
催化	cuīhuà	15781
催化剂	cuīhuàjì	13935
催款	cuīkuǎn	35250
催泪弹	cuīlèidàn	42519
催眠	cuīmián	21118
催眠曲	cuīmiánqǔ	41586
催眠术	cuīmiánshù	42287
催命	cuīmìng	37310
催命鬼	cuīmìngguǐ	52491
催奶	cuīnǎi	56386
催迫	cuīpò	50478
催情	cuīqíng	53930
催人泪下	cuīrén-lèixià	26040
催生	cuīshēng	13802
催熟	cuīshú	43041
催索	cuīsuǒ	51645
催讨	cuītǎo	45313
催芽	cuīyá	50479
摧残	cuīcán	12053
摧毁	cuīhuǐ	7039
摧枯拉朽	cuīkū-lāxiǔ	38999
摧折	cuīzhé	44523
璀璨	cuǐcàn	14537
脆	cuì	9806
脆骨	cuìgǔ	56628
脆亮	cuìliàng	51251

脆嫩	cuìnèn	50858
脆弱	cuìruò	6492
脆生生	cuìshēngshēng	41814
脆枣	cuìzǎo	56387
萃取	cuìqǔ	38794
啐	cuì	19342
淬火	cuìhuǒ	33559
翠柏	cuìbǎi	39419
翠蓝	cuìlán	51252
翠绿	cuìlǜ	18155
翠鸟	cuìniǎo	32943
翠微	cuìwēi	45036
翠玉	cuìyù	44777
翠竹	cuìzhú	27406
村	cūn	414
村夫	cūnfū	48341
村公所	cūngōngsuǒ	41815
村姑	cūngū	33847
村官	cūnguān	9789
村规民约	cūnguī-mínyuē	40481
村落	cūnluò	10690
村貌	cūnmào	55495
村民	cūnmín	1987
村容	cūnróng	52492
村舍	cūnshè	30579
村史	cūnshǐ	50480
村头	cūntóu	16134
村学	cūnxué	49398
村野	cūnyě	46217
村寨	cūnzhài	15197
村长	cūnzhǎng	7218
村镇	cūnzhèn	9394
村庄	cūnzhuāng	4103
村子	cūnzi	4997
皴	cūn	29923
皴裂	cūnliè	55496
存	cún	2087
存案	cún'àn	54426
存车	cúnchē	46218
存储	cúnchǔ	11262
存储器	cúnchǔqì	28066
存贷	cúndài	35251
存单	cúndān	22289
存档	cúndàng	31339
存底	cúndǐ	53404
存放	cúnfàng	11812
存根	cúngēn	41144
存户	cúnhù	45314
存活	cúnhuó	15689
存活率	cúnhuólǜ	39001
存货	cúnhuò	24749
存款	cúnkuǎn	3734
存款单	cúnkuǎndān	46219
存栏	cúnlán	19900
存粮	cúnliáng	37875
存量	cúnliàng	11105
存留	cúnliú	25281
存期	cúnqī	49399
存取	cúnqǔ	28920
存身	cúnshēn	38411
存世	cúnshì	44296
存亡	cúnwáng	16705
存心	cúnxīn	14487
存续	cúnxù	32277
存疑	cúnyí	36964
存有	cúnyǒu	13894
存在	cúnzài	316
存照	cúnzhào	52493
存折	cúnzhé	13580
存贮	cúnzhù	27638
忖度	cǔnduó	41587
忖量	cǔnliàng	46519
寸	cùn	5770
寸步	cùnbù	21696
寸步不离	cùnbù-bùlí	36790
寸步不让	cùnbù-bùràng	42046
寸步难行	cùnbù-nánxíng	28556
寸草	cùncǎo	46520
寸草不留	cùncǎo-bùliú	54952
寸草不生	cùncǎo-bùshēng	30799
寸断	cùnduàn	40932
寸劲儿	cùnjìnr	56388
寸头	cùntóu	44297
寸土	cùntǔ	40933
寸土必争	cùntǔ-bìzhēng	48022
寸心	cùnxīn	40482
寸阴	cùnyīn	54953
搓	cuō	7760
搓板	cuōbǎn	45911
搓弄	cuōnòng	53931
搓揉	cuōróu	43301
搓洗	cuōxǐ	41360
搓澡	cuōzǎo	52059
磋商	cuōshāng	4234
撮	cuō	14538
撮合	cuōhé	26226
撮要	cuōyào	51253
蹉跎	cuōtuó	28841
蹉跎岁月	cuōtuó-suìyuè	53405
嵯峨	cuó'é	46521
矬	cuó	33064
矬子	cuózi	47723
痤疮	cuóchuāng	48342
挫	cuò	13986
挫败	cuòbài	19067
挫伤	cuòshāng	15782
挫折	cuòzhé	6659
措辞	cuòcí	23664
措施	cuòshī	1033
措手不及	cuòshǒu-bùjí	21167
措置	cuòzhì	34940
锉	cuò	28742
锉刀	cuòdāo	48650
错	cuò	1435
错爱	cuò'ài	51254
错案	cuò'àn	15648
错别字	cuòbiézì	21533
错车	cuòchē	48651
错处	cuòchù	28306
错待	cuòdài	48652
错动	cuòdòng	53932
错讹	cuò'é	48343
错愕	cuò'è	41588
错峰	cuòfēng	20118
错怪	cuòguài	34097
错过	cuòguò	10101
错话	cuòhuà	35099
错觉	cuòjué	16868
错开	cuòkāi	32166
错漏	cuòlòu	49772
错乱	cuòluàn	26968
错落	cuòluò	23949
错落有致	cuòluò-yǒuzhì	22860
错谬	cuòmiù	53406
错失	cuòshī	30460
错时	cuòshí	51646
错位	cuòwèi	14165
错误	cuòwù	1080

错杂	cuòzá	37498
错字	cuòzì	25591
错综	cuòzōng	28842
错综复杂	cuòzōng-fùzá	10820
耷拉	dāla	17172
搭	dā	2535
搭班	dābān	45037
搭伴	dābàn	46220
搭帮	dābāng	48653
搭车	dāchē	18836
搭乘	dāchéng	17541
搭错车	dācuòchē	54427
搭档	dādàng	18725
搭盖	dāgài	46522
搭话	dāhuà	24359
搭伙	dāhuǒ	36634
搭架子	dājiàzi	49773
搭肩	dājiān	54428
搭建	dājiàn	8386
搭界	dājiè	37499
搭救	dājiù	26881
搭客	dākè	36152
搭扣	dākòu	52930
搭理	dāli	23465
搭配	dāpèi	11964
搭腔	dāqiāng	32814
搭桥	dāqiáo	22129
搭讪	dāshàn	17150
搭手	dāshǒu	44298
搭售	dāshòu	45619
搭载	dāzài	22690
嗒	dā	21119
答言	dāyán	24692
答应	dāying	2345
答允	dāyǔn	45038
褡裢	dālian	35841
打	dá	18109
达	dá	377
达标	dábiāo	5829
达成	dáchéng	2595
达到	dádào	559
达观	dáguān	30580
达官贵人	dáguān-guìrén	32047
达斡尔族	Dáwò'ěrzú	44299
沓	dá	15360
沓子	dázi	53407
答	dá	1515
答案	dá'àn	5336
答辩	dábiàn	12710
答辩会	dábiànhuì	50481
答词	dácí	39833
答对	dáduì	35424
答非所问	dáfēisuǒwèn	37143
答复	dáfù	4585
答话	dáhuà	12655
答卷	dájuàn	12681
答礼	dálǐ	36466
答数	dáshù	54429
答题	dátí	40062
答问	dáwèn	40483
答谢	dáxiè	25219
答疑	dáyí	24229
鞑靼	Dádá	30800
打	dǎ	409
打把式	dǎbǎshi	55497
打靶	dǎbǎ	32167
打白条	dǎbáitiáo	36791
打摆子	dǎbǎizi	38795
打板子	dǎbǎnzi	51647
打扮	dǎban	5665
打包	dǎbāo	24482
打包票	dǎbāopiào	46818
打保票	dǎbǎopiào	42047
打抱不平	dǎbàobùpíng	33969
打比方	dǎbǐfang	46221
打边鼓	dǎbiāngǔ	56629
打不住	dǎbuzhù	53933
打擦边球	dǎcābiānqiú	50482
打草	dǎcǎo	33560
打草惊蛇	dǎcǎo-jīngshé	38796
打杈	dǎchà	52060
打岔	dǎchà	23161
打柴	dǎchái	31824
打场	dǎcháng	39212
打车	dǎchē	30141
打成一片	dǎchéng-yīpiàn	20915
打春	dǎchūn	55498
打从	dǎcóng	30801
打倒	dǎdǎo	7275
打道回府	dǎdào-huífǔ	33335
打的	dǎdī	7457
打底	dǎdǐ	50483
打点	dǎdian	18552
打点滴	dǎdiǎndī	47396
打动	dǎdòng	7445
打斗	dǎdòu	32048
打赌	dǎdǔ	23557
打短工	dǎduǎngōng	45620
打断	dǎduàn	6283
打盹	dǎdǔn	25117
打哆嗦	dǎduōsuo	31931
打呃	dǎ'è	49017
打发	dǎfa	8361
打翻	dǎfān	24952
打翻身仗	dǎfānshēnzhàng	41361
打更	dǎgēng	29715
打嗝儿	dǎgér	41816
打工	dǎgōng	4061
打工妹	dǎgōngmèi	25352
打工仔	dǎgōngzǎi	24000
打工族	dǎgōngzú	45315
打躬作揖	dǎgōng-zuòyī	49400
打拱	dǎgǒng	47724
打钩	dǎgōu	55499
打谷场	dǎgǔcháng	42791
打鼓	dǎgǔ	23613
打卦	dǎguà	46523
打拐	dǎguǎi	42792
打官腔	dǎguānqiāng	42793
打官司	dǎguānsi	11488
打光棍儿	dǎguānggùnr	53408
打鬼	dǎguǐ	48023
打滚	dǎgǔn	31986
打棍子	dǎgùnzi	51255
打哈哈	dǎhāha	33710
打哈欠	dǎhāqian	37876
打鼾	dǎhān	34648
打寒战	dǎhánzhàn	55500
打夯	dǎhāng	49775
打黑	dǎhēi	16058
打横	dǎhéng	52061
打呼	dǎhū	49776
打呼噜	dǎhūlu	37311
打滑	dǎhuá	40714
打晃	dǎhuàng	51256
打诨	dǎhùn	43302
打火	dǎhuǒ	39003
打火机	dǎhuǒjī	13180

打伙儿	dǎhuǒr	49401
打击	dǎjī	1250
打击乐	dǎjīyuè	36153
打击乐器	dǎjī yuèqì	47725
打基础	dǎjīchǔ	20872
打家劫舍	dǎjiā-jiéshè	45912
打假	dǎjiǎ	5804
打架	dǎjià	7687
打尖	dǎjiān	35100
打歼灭战	dǎjiānmièzhàn	44778
打交道	dǎjiāodào	9107
打搅	dǎjiǎo	22290
打劫	dǎjié	32168
打结	dǎjié	42794
打紧	dǎjǐn	32815
打卡	dǎkǎ	49018
打卡机	dǎkǎjī	54954
打开	dǎkāi	1285
打瞌睡	dǎkēshuì	23116
打垮	dǎkuǎ	26676
打蜡	dǎlà	43805
打捞	dǎlāo	11018
打老虎	dǎlǎohǔ	49778
打雷	dǎléi	27722
打擂	dǎlèi	44300
打擂台	dǎlèitái	49019
打冷枪	dǎlěngqiāng	39466
打冷战	dǎlěngzhàn	52494
打理	dǎlǐ	34649
打量	dǎliang	6609
打猎	dǎliè	18873
打卤面	dǎlǔmiàn	50859
打落水狗	dǎluòshuǐgǒu	43519
打马虎眼	dǎmǎhuyǎn	46524
打骂	dǎmà	17318
打埋伏	dǎmáifu	50860
打闷棍	dǎmèngùn	40605
打鸣儿	dǎmíngr	38797
打磨	dǎmó	20173
打闹	dǎnào	29209
打内战	dǎnèizhàn	45316
打蔫儿	dǎniānr	46222
打拍子	dǎpāizi	49020
打牌	dǎpái	9298
打泡	dǎpào	54955
打炮	dǎpào	32049
打屁股	dǎpìgu	44779
打票	dǎpiào	50484
打拼	dǎpīn	36635
打破	dǎpò	2239
打旗	dǎqí	48024
打气	dǎqì	23516
打气筒	dǎqìtǒng	50861
打前站	dǎqiánzhàn	46223
打枪	dǎqiāng	28307
打情骂俏	dǎqíng-màqiào	39834
打秋风	dǎqiūfēng	53934
打球	dǎqiú	14617
打趣	dǎqù	18331
打拳	dǎquán	30357
打群架	dǎqúnjià	43042
打扰	dǎrǎo	12983
打入冷宫	dǎrù-lěnggōng	49021
打伞	dǎsǎn	38049
打扫	dǎsǎo	9103
打闪	dǎshǎn	50130
打食	dǎshí	52931
打手	dǎshou	21890
打私	dǎsī	25353
打算	dǎsuan	2334
打算盘	dǎsuànpan	35101
打胎	dǎtāi	33446
打太极拳	dǎtàijíquán	34779
打探	dǎtàn	22861
打天下	dǎtiānxià	26158
打铁	dǎtiě	23884
打铁还需自身硬	dǎtiě hái xū zìshēn yìng	24988
打听	dǎting	4707
打挺儿	dǎtǐngr	42288
打通	dǎtōng	12013
打通关	dǎtōngguān	52932
打头	dǎtóu	27473
打头炮	dǎtóupào	54956
打头阵	dǎtóuzhèn	36636
打退堂鼓	dǎtuìtánggǔ	36312
打弯	dǎwān	50485
打问	dǎwèn	32408
打下	dǎxià	5856
打下手	dǎxiàshǒu	38412
打先锋	dǎxiānfēng	52062
打响	dǎxiǎng	9336
打消	dǎxiāo	13973
打小报告	dǎxiǎobàogào	43520
打小算盘	dǎxiǎosuànpan	54430
打斜	dǎxié	55501
打旋	dǎxuán	41589
打压	dǎyā	28150
打牙祭	dǎyájì	44058
打掩护	dǎyǎnhù	49402
打眼	dǎyǎn	33336
打样	dǎyàng	54431
打烊	dǎyàng	37500
打药	dǎyào	38798
打印	dǎyìn	12457
打印机	dǎyìnjī	17652
打印纸	dǎyìnzhǐ	49022
打赢	dǎyíng	10791
打油	dǎyóu	29210
打油诗	dǎyóushī	29006
打游击	dǎyóujī	30142
打预防针	dǎyùfángzhēn	45621
打圆场	dǎyuánchǎng	31020
打援	dǎyuán	46224
打杂儿	dǎzár	26800
打砸抢	dǎ-zá-qiǎng	42048
打造	dǎzào	4817
打战	dǎzhàn	36313
打仗	dǎzhàng	6000
打招呼	dǎzhāohu	8013
打照面儿	dǎzhàomiànr	49403
打折	dǎzhé	13741
打折扣	dǎzhékòu	13551
打针	dǎzhēn	18247
打制	dǎzhì	39835
打中	dǎzhòng	26467
打皱	dǎzhòu	55502
打主意	dǎzhǔyi	26227
打住	dǎzhù	22291
打转	dǎzhuàn	24052
打桩	dǎzhuāng	35425
打桩机	dǎzhuāngjī	47397
打字	dǎzì	24542
打字机	dǎzìjī	27033
打字员	dǎzìyuán	35842
打字纸	dǎzìzhǐ	55930
打总	dǎzǒng	55931
打嘴	dǎzuǐ	41362

打嘴仗	dǎzuǐzhàng	55503
打坐	dǎzuò	31458
大	dà	19
大案	dà'àn	10876
大巴	dàbā	24641
大坝	dàbà	7956
大白	dàbái	32050
大白菜	dàbáicài	19901
大白话	dàbáihuà	38050
大白天	dàbáitiān	25220
大伯子	dàbǎizi	49404
大败	dàbài	17621
大班	dàbān	30922
大半	dàbàn	5871
大半夜	dàbànyè	33065
大包大揽	dàbāo-dàlǎn	31579
大包干儿	dàbāogānr	35843
大饱眼福	dàbǎo-yǎnfú	32550
大本	dàběn	47398
大本营	dàběnyíng	14765
大笔	dàbǐ	14458
大便	dàbiàn	21750
大兵	dàbīng	14882
大兵团	dàbīngtuán	39836
大饼	dàbǐng	21378
大伯	dàbó	13053
大不敬	dàbùjìng	42289
大不了	dàbuliǎo	16414
大步流星	dàbù-liúxīng	35102
大部	dàbù	6459
大部头	dàbùtóu	35994
大材小用	dàcái-xiǎoyòng	46525
大菜	dàcài	24297
大餐	dàcān	16936
大操大办	dàcāo-dàbàn	31459
大肠	dàcháng	26159
大肠杆菌	dàcháng gǎnjūn	28647
大氅	dàchǎng	28477
大钞	dàchāo	43521
大潮	dàcháo	9013
大吵大闹	dàchǎo-dànào	35844
大车	dàchē	16220
大彻大悟	dàchè-dàwù	40484
大臣	dàchén	3353
大吃大喝	dàchī-dàhē	23404
大吃一惊	dàchī-yījīng	11307

大出血	dàchūxuè	32278
大吹大擂	dàchuī-dàléi	44524
大慈大悲	dàcí-dàbēi	40485
大葱	dàcōng	19757
大错特错	dàcuò-tècuò	34941
大打出手	dàdǎchūshǒu	28227
大大咧咧	dàdaliēliē	31460
大胆	dàdǎn	2663
大刀	dàdāo	16158
大刀阔斧	dàdāo-kuòfǔ	16135
大道	dàdào	6359
大道理	dàdàolǐ	17691
大敌	dàdí	22493
大敌当前	dàdí-dāngqián	36467
大抵	dàdǐ	10967
大地	dàdì	1813
大典	dàdiǎn	14959
大殿	dàdiàn	18615
大跌	dàdiē	35693
大动干戈	dàdòng-gāngē	36792
大动脉	dàdòngmài	20525
大动作	dàdòngzuò	31227
大豆	dàdòu	5936
大都	dàdū	3505
大肚汉	dàdùhàn	53935
大肚子	dàdùzi	20491
大度	dàdù	17898
大端	dàduān	47726
大队	dàduì	2349
大多	dàduō	2827
大多数	dàduōshù	1997
大而全	dà'érquán	29924
大而化之	dà'érhuàzhī	48344
大而无当	dà'érwúdàng	45039
大发	dàfā	13105
大发雷霆	dàfā-léitíng	29594
大法	dàfǎ	12145
大凡	dàfán	19689
大方	dàfang	9285
大方向	dàfāngxiàng	37682
大放厥词	dàfàng-juécí	47399
大放异彩	dàfàng-yìcǎi	36468
大粪	dàfèn	31122
大风	dàfēng	6445
大风大浪	dàfēng-dàlàng	35252
大夫	dàfū	24483

大幅	dàfú	4361
大副	dàfù	38051
大腹便便	dàfù-piánpián	40715
大盖帽	dàgàimào	32944
大概	dàgài	2041
大概其	dàgàiqí	53409
大干	dàgàn	16356
大纲	dàgāng	9308
大哥	dàgē	3789
大革命	dàgémìng	15763
大个儿	dàgèr	32051
大公国	dàgōngguó	55504
大公无私	dàgōng-wúsī	25282
大功告成	dàgōng-gàochéng	27817
大姑	dàgū	28067
大姑子	dàgūzi	47400
大骨节病	dàgǔjiébìng	48025
大鼓	dàgǔ	16388
大褂	dàguà	16512
大关	dàguān	10125
大观	dàguān	20127
大锅饭	dàguōfàn	17653
大过	dàguò	46526
大海	dàhǎi	3960
大海捞针	dàhǎi-lāozhēn	43806
大寒	dàhán	45317
大汉	dàhàn	13197
大好	dàhǎo	6253
大号	dàhào	24543
大合唱	dàhéchàng	20018
大亨	dàhēng	34942
大轰大嗡	dàhōng-dàwēng	52933
大红	dàhóng	9292
大红大紫	dàhóng-dàzǐ	37501
大后方	dàhòufāng	32816
大后天	dàhòutiān	38413
大呼隆	dàhūlong	48345
大户	dàhù	4974
大花脸	dàhuāliǎn	45622
大话	dàhuà	23353
大环境	dàhuánjìng	14883
大换血	dàhuànxiě	42520
大黄鱼	dàhuángyú	31825
大会	dàhuì	906
大伙儿	dàhuǒr	7316
大惑不解	dàhuò-bùjiě	28228

大吉	dàjí	27474
大集体	dàjítǐ	40934
大计	dàjì	8948
大计算	dàjìsuàn	33468
大忌	dàjì	32052
大家	dàjiā	216
大家闺秀	dàjiā-guīxiù	38414
大家伙儿	dàjiāhuǒr	33970
大家庭	dàjiātíng	9123
大驾	dàjià	27977
大件	dàjiàn	21846
大江南北	dàjiāng-nánběi	15468
大奖	dàjiǎng	8700
大奖赛	dàjiǎngsài	8044
大将	dàjiàng	10586
大轿车	dàjiàochē	37683
大街	dàjiē	4137
大街小巷	dàjiē-xiǎoxiàng	11793
大节	dàjié	26801
大捷	dàjié	22233
大姐	dàjiě	5292
大襟	dàjīn	31340
大惊失色	dàjīng-shīsè	24592
大惊小怪	dàjīng-xiǎoguài	16819
大舅子	dàjiùzi	44780
大局	dàjú	2879
大举	dàjǔ	12272
大军	dàjūn	4279
大卡	dàkǎ	43522
大楷	dàkǎi	56389
大考	dàkǎo	30143
大课	dàkè	37312
大快人心	dàkuài-rénxīn	38227
大块头	dàkuàitóu	44301
大款	dàkuǎn	14721
大牢	dàláo	34216
大老粗	dàlǎocū	37502
大老婆	dàlǎopo	46819
大老远	dàlǎoyuǎn	30358
大礼拜	dàlǐbài	50131
大礼服	dàlǐfú	49779
大礼堂	dàlǐtáng	19600
大理石	dàlǐshí	13954
大力	dàlì	1271
大力士	dàlìshì	25961
大立柜	dàlìguì	45913
大丽花	dàlìhuā	51648
大殓	dàliàn	46225
大梁	dàliáng	19509
大量	dàliàng	966
大料	dàliào	51257
大龄	dàlíng	20526
大溜	dàliù	51649
大楼	dàlóu	4596
大陆	dàlù	1552
大陆架	dàlùjià	21697
大陆性气候	dàlùxìng qìhòu	54957
大路	dàlù	10102
大路菜	dàlùcài	50486
大路货	dàlùhuò	33971
大略	dàlüè	17542
大妈	dàmā	6469
大麻	dàmá	26160
大马哈鱼	dàmǎhāyú	33191
大麦	dàmài	24432
大卖场	dàmàichǎng	20612
大满贯	dàmǎnguàn	29409
大忙	dàmáng	24298
大忙人	dàmángrén	38052
大帽子	dàmàozi	35995
大媒	dàméi	47104
大妹子	dàmèizi	39420
大门	dàmén	2135
大梦初醒	dàmèng-chūxǐng	45040
大米	dàmǐ	7831
大面儿	dàmiànr	50862
大名	dàmíng	12818
大名鼎鼎	dàmíng-dǐngdǐng	21620
大鸣大放	dàmíng-dàfàng	39004
大谬不然	dàmiù-bùrán	52063
大漠	dàmò	12781
大模大样	dàmú-dàyàng	26386
大拇哥	dàmǔgē	46226
大拇指	dàmǔzhǐ	12281
大拿	dàná	46227
大难	dànàn	21071
大难不死	dànàn-bùsǐ	39634
大难临头	dànàn-líntóu	37144
大脑	dànǎo	7299
大脑炎	dànǎoyán	52064
大鲵	dàní	28843
大逆不道	dànì-bùdào	28229
大年	dànián	10013
大年三十	dànián sānshí	30686
大年夜	dàniányè	44525
大娘	dàniáng	5784
大农业	dànóngyè	32053
大排档	dàpáidàng	37313
大排行	dàpáiháng	54958
大牌	dàpái	39635
大炮	dàpào	9274
大棚	dàpéng	6632
大篷车	dàpéngchē	21326
大批	dàpī	2220
大片	dàpiàn	6141
大票	dàpiào	40063
大起大落	dàqǐ-dàluò	17622
大气	dàqì	4268
大气	dàqi	15608
大气层	dàqìcéng	16852
大气候	dàqìhòu	30461
大气磅礴	dàqì-pángbó	31228
大气污染	dàqì wūrǎn	14090
大气压	dàqìyā	30359
大器	dàqì	30462
大器晚成	dàqì-wǎnchéng	41817
大千世界	dàqiān-shìjiè	24816
大前年	dàqiánnián	44526
大前提	dàqiántí	30463
大前天	dàqiántiān	40935
大墙	dàqiáng	27105
大清早	dàqīngzǎo	22554
大晴天	dàqíngtiān	48654
大秋	dàqiū	50863
大权	dàquán	13472
大全	dàquán	19311
大染缸	dàrǎngāng	53410
大人	dàrén	3224
大人	dàren	4913
大人物	dàrénwù	15996
大肉	dàròu	31229
大儒	dàrú	41363
大撒把	dàsābǎ	53936
大赛	dàsài	3602
大扫除	dàsǎochú	34513
大嫂	dàsǎo	6073
大嫂子	dàsǎozi	31021
大煞风景	dàshā-fēngjǐng	37314

大厦	dàshà	5300
大少爷	dàshàoye	14277
大舌头	dàshétou	48655
大赦	dàshè	15743
大赦令	dàshèlìng	54432
大婶儿	dàshěnr	11200
大牲畜	dàshēngchù	28921
大失所望	dàshī-suǒwàng	26161
大师	dàshī	3556
大师傅	dàshīfu	32551
大实话	dàshíhuà	40716
大使	dàshǐ	2826
大使馆	dàshǐguǎn	6231
大势	dàshì	14459
大势所趋	dàshì-suǒqū	15385
大势已去	dàshì-yǐqù	29310
大事	dàshì	1553
大事化小	dàshì-huàxiǎo	34780
大事记	dàshìjì	29595
大是大非	dàshì-dàfēi	24433
大手笔	dàshǒubǐ	20339
大手大脚	dàshǒu-dàjiǎo	26305
大寿	dàshòu	29211
大书特书	dàshū-tèshū	32945
大叔	dàshū	9710
大暑	dàshǔ	46527
大数	dàshù	39213
大数据	dàshùjù	27996
大帅	dàshuài	11904
大率	dàshuài	41145
大肆	dàsì	9315
大蒜	dàsuàn	15133
大踏步	dàtàbù	18029
大堂	dàtáng	16099
大提琴	dàtíqín	29311
大体	dàtǐ	7588
大天白日	dàtiān-báirì	54959
大田	dàtián	16751
大田作物	dàtián zuòwù	47105
大厅	dàtīng	3377
大庭广众	dàtíng-guǎngzhòng	26802
大同	dàtóng	8792
大同小异	dàtóng-xiǎoyì	23277
大头	dàtóu	11093
大头菜	dàtóucài	44527
大头鱼	dàtóuyú	41590
大头针	dàtóuzhēn	41364
大团结	dàtuánjié	15426
大团圆	dàtuányuán	29596
大腿	dàtuǐ	9265
大碗儿茶	dàwǎnrchá	48346
大腕	dàwàn	26228
大王	dàwáng	16136
大为	dàwéi	7243
大尉	dàwèi	50864
大我	dàwǒ	48347
大屋顶	dàwūdǐng	50132
大无畏	dàwúwèi	21534
大悟	dàwù	16261
大西北	dàxīběi	17242
大西南	dàxīnán	22185
大西洋	Dàxīyáng	10349
大喜	dàxǐ	10381
大喜过望	dàxǐ-guòwàng	32279
大戏	dàxì	16137
大虾	dàxiā	39636
大侠	dàxiá	38615
大显身手	dàxiǎn-shēnshǒu	20730
大显神通	dàxiǎn-shéntōng	54433
大限	dàxiàn	34781
大相径庭	dàxiāng-jìngtíng	21795
大项	dàxiàng	15997
大象	dàxiàng	10268
大小	dàxiǎo	1720
大小便	dàxiǎobiàn	24299
大小姐	dàxiǎojiě	18464
大校	dàxiào	24593
大写	dàxiě	30360
大兴	dàxīng	10251
大兴土木	dàxīng-tǔmù	28478
大猩猩	dàxīngxing	33192
大刑	dàxíng	48026
大行其道	dàxíng-qídào	25592
大行星	dàxíngxīng	36965
大型	dàxíng	1657
大幸	dàxìng	32409
大姓	dàxìng	36966
大雄宝殿	dàxióng bǎodiàn	41818
大熊猫	dàxióngmāo	9279
大修	dàxiū	19862
大选	dàxuǎn	4599
大学	dàxué	468
大学生	dàxuéshēng	1550
大雪	dàxuě	8483
大循环	dàxúnhuán	33848
大牙	dàyá	30581
大雅	dàyǎ	27034
大雅之堂	dàyǎzhītáng	30802
大烟	dàyān	19792
大烟鬼	dàyānguǐ	36637
大言不惭	dàyán-bùcán	34217
大檐帽	dàyánmào	45041
大雁	dàyàn	21535
大洋	dàyáng	8010
大洋洲	Dàyángzhōu	22234
大样	dàyàng	44781
大摇大摆	dàyáo-dàbǎi	25283
大要	dàyào	55932
大爷	dàyé	26803
大爷	dàye	4457
大业	dàyè	5229
大叶杨	dàyèyáng	52934
大一统	dàyītǒng	33193
大衣	dàyī	8223
大姨	dàyí	28068
大姨子	dàyízi	56390
大义凛然	dàyì-lǐnrán	30924
大义灭亲	dàyì-mièqīn	36967
大意	dàyì	9513
大意	dàyi	8862
大印	dàyìn	38053
大油	dàyóu	47106
大有可为	dàyǒu-kěwéi	14781
大有人在	dàyǒurénzài	22962
大有文章	dàyǒu-wénzhāng	35103
大有希望	dàyǒu-xīwàng	22186
大有作为	dàyǒu-zuòwéi	14298
大于	dàyú	5478
大雨	dàyǔ	6245
大元帅	dàyuánshuài	13832
大员	dàyuán	19662
大约	dàyuē	1508
大月	dàyuè	54434
大跃进	dàyuèjìn	12481
大杂烩	dàzáhuì	41819
大杂院	dàzáyuàn	24953
大早	dàzǎo	17847
大枣	dàzǎo	32676

大灶	dàzào	37877
大展	dàzhǎn	17046
大战	dàzhàn	6805
大站	dàzhàn	44528
大张旗鼓	dàzhāng-qígǔ	16563
大丈夫	dàzhàngfu	19476
大政方针	dàzhèng-fāngzhēn	15341
大志	dàzhì	24360
大治	dàzhì	48656
大致	dàzhì	5662
大智若愚	dàzhì-ruòyú	41146
大众	dàzhòng	2123
大众传播	dàzhòng chuánbō	26603
大众化	dàzhònghuà	15919
大主教	dàzhǔjiào	34366
大专	dàzhuān	9502
大专生	dàzhuānshēng	39637
大篆	dàzhuàn	51258
大自然	dàzìrán	5141
大字	dàzì	8261
大字报	dàzìbào	11170
大宗	dàzōng	12345
大族	dàzú	41591
大作	dàzuò	14740
大做文章	dàzuò-wénzhāng	25668
呆	dāi	2651
呆板	dāibǎn	19601
呆笨	dāibèn	50133
呆痴	dāichī	49780
呆若木鸡	dāiruòmùjī	35548
呆傻	dāishǎ	42521
呆头呆脑	dāitóu-dāinǎo	36314
呆账	dāizhàng	29212
呆滞	dāizhì	19510
呆子	dāizi	21461
待	dāi	4644
待会儿	dāihuìr	35845
歹毒	dǎidú	38054
歹念	dǎiniàn	52495
歹人	dǎirén	38055
歹徒	dǎitú	7214
歹心	dǎixīn	42795
歹意	dǎiyì	44059
逮	dǎi	8682
傣族	Dǎizú	19477
大夫	dàifu	3070
大王	dàiwang	46135
代	dài	503
代办	dàibàn	14633
代办处	dàibànchù	49781
代笔	dàibǐ	33561
代表	dàibiǎo	263
代表性	dàibiǎoxìng	6466
代表作	dàibiǎozuò	12200
代步	dàibù	41147
代偿	dàicháng	38228
代称	dàichēng	43043
代词	dàicí	38056
代代相传	dàidài-xiāngchuán	20052
代耕	dàigēng	45042
代沟	dàigōu	40064
代购	dàigòu	34218
代管	dàiguǎn	21208
代号	dàihào	16242
代价	dàijià	3856
代金	dàijīn	40268
代课	dàikè	26882
代劳	dàiláo	26738
代理	dàilǐ	4243
代理人	dàilǐrén	9571
代理商	dàilǐshāng	19185
代码	dàimǎ	17654
代名词	dàimíngcí	19974
代庖	dàipáo	36793
代培	dàipéi	47401
代食品	dàishípǐn	53411
代售	dàishòu	35549
代数	dàishù	22494
代替	dàitì	3384
代为	dàiwéi	11691
代销	dàixiāo	21209
代销店	dàixiāodiàn	48657
代谢	dàixiè	11745
代行	dàixíng	25895
代言人	dàiyánrén	18616
代议制	dàiyìzhì	48658
代用	dàiyòng	29925
代用品	dàiyòngpǐn	33562
代职	dàizhí	41365
玳瑁	dàimào	26677
带	dài	178
带班	dàibān	36794
带兵	dàibīng	14126
带操	dàicāo	55933
带刺儿	dàicìr	29816
带电	dàidiàn	24172
带动	dàidòng	2397
带队	dàiduì	9646
带好儿	dàihǎor	24300
带话	dàihuà	47107
带劲	dàijìn	27894
带菌	dàijūn	49023
带累	dàilěi	43303
带领	dàilǐng	1946
带路	dàilù	22438
带头	dàitóu	3692
带头人	dàitóurén	7661
带头羊	dàitóuyáng	53412
带徒弟	dàitúdi	48027
带薪	dàixīn	26804
带有	dàiyǒu	2952
带鱼	dàiyú	29817
带状	dàizhuàng	23665
带子	dàizi	16059
殆尽	dàijìn	15783
贷	dài	6313
贷方	dàifāng	50487
贷款	dàikuǎn	1601
待	dài	2587
待办	dàibàn	54960
待查	dàichá	49024
待产	dàichǎn	53413
待承	dàicheng	55934
待定	dàidìng	44529
待发	dàifā	21984
待岗	dàigǎng	24883
待机	dàijī	27177
待价而沽	dàijià'érgū	44302
待建	dàijiàn	47727
待考	dàikǎo	49782
待客	dàikè	20951
待命	dàimìng	18059
待批	dàipī	44303
待聘	dàipìn	52935
待人	dàirén	13914
待续	dàixù	49025
待业	dàiyè	18617
待遇	dàiyù	3077

怠惰	dàiduò	47108
怠工	dàigōng	34943
怠慢	dàimàn	18421
袋	dài	3764
袋鼠	dàishǔ	29103
袋装	dàizhuāng	33194
袋子	dàizi	13653
逮捕	dàibǔ	4995
戴	dài	1704
戴高帽	dàigāomào	37315
戴高帽子	dàigāomàozi	41366
戴绿帽	dàilǜmào	49026
戴绿帽子	dàilǜmàozi	50134
戴帽子	dàimàozi	29410
戴胜	dàishèng	53937
戴孝	dàixiào	47109
戴罪立功	dàizuì-lìgōng	45318
丹	dān	8381
丹顶鹤	dāndǐnghè	21891
丹毒	dāndú	52496
丹方	dānfāng	46228
丹凤眼	dānfèngyǎn	42290
丹桂	dānguì	39638
丹青	dānqīng	24750
丹砂	dānshā	49783
丹参	dānshēn	35846
丹田	dāntián	32410
丹心	dānxīn	31341
担	dān	1743
担保	dānbǎo	4174
担保人	dānbǎorén	20792
担承	dānchéng	45623
担待	dāndài	37316
担当	dāndāng	8859
担负	dānfù	5200
担纲	dāngāng	23558
担架	dānjià	17953
担惊受怕	dānjīng-shòupà	27106
担任	dānrèn	1617
担心	dānxīn	1569
担忧	dānyōu	6645
单	dān	816
单摆	dānbǎi	53938
单帮	dānbāng	54961
单被	dānbèi	54962
单边	dānbiān	10241
单兵	dānbīng	28308
单薄	dānbó	13814
单产	dānchǎn	13581
单车	dānchē	23355
单程	dānchéng	34514
单传	dānchuán	42049
单纯	dānchún	3400
单词	dāncí	18965
单打	dāndǎ	9008
单打一	dāndǎyī	41592
单单	dāndān	14634
单刀直入	dāndāo-zhírù	31461
单调	dāndiào	8785
单独	dāndú	4254
单发	dānfā	49405
单方	dānfāng	25025
单方面	dānfāngmiàn	10406
单放机	dānfàngjī	54963
单幅	dānfú	47110
单干	dāngàn	24954
单干户	dāngànhù	51259
单杠	dāngàng	31123
单个儿	dāngèr	15267
单轨	dānguǐ	49784
单过	dānguò	49785
单号	dānhào	55505
单簧管	dānhuángguǎn	42796
单机	dānjī	24817
单季稻	dānjìdào	53414
单价	dānjià	22915
单间	dānjiān	23278
单句	dānjù	52936
单据	dānjù	18586
单科	dānkē	42291
单口相声	dānkǒu xiàngsheng	48028
单裤	dānkù	45914
单利	dānlì	54964
单恋	dānliàn	48029
单列	dānliè	30687
单名	dānmíng	41820
单枪匹马	dānqiāng-pǐmǎ	29312
单亲	dānqīn	25896
单人	dānrén	16084
单人床	dānrénchuáng	29007
单人滑	dānrénhuá	25531
单人舞	dānrénwǔ	55935
单弱	dānruò	47728
单色	dānsè	35996
单身	dānshēn	12201
单身贵族	dānshēn guìzú	44060
单身汉	dānshēnhàn	29818
单数	dānshù	41367
单说	dānshuō	24230
单挑	dāntiǎo	49786
单位	dānwèi	324
单弦儿	dānxiánr	46229
单线	dānxiàn	26805
单相思	dānxiāngsī	39837
单向	dānxiàng	16372
单项	dānxiàng	9111
单相	dānxiàng	48659
单鞋	dānxié	55506
单行	dānxíng	23356
单行本	dānxíngběn	19975
单行线	dānxíngxiàn	47729
单姓	dānxìng	56630
单眼皮	dānyǎnpí	38229
单一	dānyī	4464
单衣	dānyī	29597
单用	dānyòng	40936
单元	dānyuán	8938
单元房	dānyuánfáng	41368
单元楼	dānyuánlóu	50865
单元门	dānyuánmén	49027
单字	dānzì	40486
耽搁	dānge	12782
耽误	dānwu	6704
殚精竭虑	dānjīng-jiélǜ	25284
箪食壶浆	dānshí-hújiāng	49555
胆	dǎn	7236
胆大包天	dǎndà-bāotiān	37684
胆大妄为	dǎndà-wàngwéi	29819
胆大心细	dǎndà-xīnxì	45043
胆道	dǎndào	40065
胆敢	dǎngǎn	21026
胆固醇	dǎngùchún	21256
胆管	dǎnguǎn	41821
胆寒	dǎnhán	33195
胆结石	dǎnjiéshí	36315
胆力	dǎnlì	46528
胆量	dǎnliàng	12720
胆略	dǎnlüè	22691

胆囊	dǎnnáng	29008
胆囊炎	dǎnnángyán	44530
胆魄	dǎnpò	41369
胆气	dǎnqì	29820
胆怯	dǎnqiè	11751
胆识	dǎnshí	16243
胆小	dǎnxiǎo	14539
胆小鬼	dǎnxiǎoguǐ	32817
胆小怕事	dǎnxiǎo-pàshì	39214
胆小如鼠	dǎnxiǎo-rúshǔ	42522
胆虚	dǎnxū	53415
胆战心惊	dǎnzhàn-xīnjīng	27325
胆汁	dǎnzhī	29105
胆壮	dǎnzhuàng	40067
胆子	dǎnzi	8846
掸	dǎn	18726
掸子	dǎnzi	50135
石	dàn	5781
旦	dàn	13339
旦角儿	dànjuér	30803
旦夕	dànxī	29106
旦夕祸福	dànxī-huòfú	47111
但	dàn	37
但凡	dànfán	29213
但见	dànjiàn	11251
但是	dànshì	151
但书	dànshū	54435
但愿	dànyuàn	8224
担	dàn	9774
担担面	dàndànmiàn	54965
担子	dànzi	8032
诞辰	dànchén	6681
诞生	dànshēng	3228
淡	dàn	5071
淡泊	dànbó	21570
淡薄	dànbó	10608
淡出	dànchū	24594
淡淡	dàndàn	5952
淡而无味	dàn'érwúwèi	49028
淡红	dànhóng	34367
淡化	dànhuà	10048
淡话	dànhuà	55936
淡黄	dànhuáng	28151
淡季	dànjì	20201
淡绿	dànlǜ	34782
淡漠	dànmò	13936
淡青	dànqīng	42523
淡然	dànrán	20759
淡入	dànrù	51260
淡市	dànshì	44096
淡水	dànshuǐ	9756
淡水鱼	dànshuǐyú	36316
淡忘	dànwàng	21571
淡雅	dànyǎ	23279
淡妆	dànzhuāng	37317
淡妆浓抹	dànzhuāng-nóngmǒ	52937
弹	dàn	3698
弹道	dàndào	40269
弹弓	dàngōng	29598
弹痕	dànhén	47730
弹尽粮绝	dànjìn-liángjué	43304
弹壳	dànké	46820
弹坑	dànkēng	41370
弹孔	dànkǒng	45319
弹片	dànpiàn	27326
弹膛	dàntáng	56391
弹头	dàntóu	22739
弹丸	dànwán	31826
弹丸之地	dànwánzhīdì	40937
弹无虚发	dànwúxūfā	49029
弹药	dànyào	10398
弹子	dànzi	28557
弹子房	dànzifáng	52497
蛋	dàn	4011
蛋白	dànbái	8604
蛋白尿	dànbáiniào	43523
蛋白质	dànbáizhì	6507
蛋炒饭	dànchǎofàn	50136
蛋粉	dànfěn	55937
蛋糕	dàngāo	9454
蛋羹	dàngēng	56392
蛋黄	dànhuáng	30245
蛋鸡	dànjī	28309
蛋卷儿	dànjuǎnr	49787
蛋壳	dànké	34650
蛋品	dànpǐn	54436
蛋青	dànqīng	54437
蛋清	dànqīng	47402
蛋鸭	dànyā	53416
氮	dàn	8407
氮肥	dànféi	20019
氮气	dànqì	27246
当	dāng	591
当班	dāngbān	26969
当兵	dāngbīng	8882
当不起	dāngbuqǐ	49788
当差	dāngchāi	19023
当场	dāngchǎng	4850
当初	dāngchū	3670
当代	dāngdài	1673
当道	dāngdào	29214
当地	dāngdì	1098
当归	dāngguī	27895
当红	dānghóng	32280
当机立断	dāngjī-lìduàn	25821
当即	dāngjí	4358
当家	dāngjiā	11874
当家的	dāngjiāde	38616
当家人	dāngjiārén	30361
当间儿	dāngjiànr	52065
当街	dāngjiē	27978
当今	dāngjīn	2644
当紧	dāngjǐn	33563
当局	dāngjú	2790
当空	dāngkōng	26739
当口儿	dāngkour	25897
当啷	dānglāng	36795
当令	dānglìng	33972
当路	dānglù	49406
当面	dāngmiàn	6947
当年	dāngnián	1194
当前	dāngqián	1190
当权	dāngquán	28387
当权派	dāngquánpài	30582
当然	dāngrán	376
当仁不让	dāngrén-bùràng	28388
当日	dāngrì	4452
当时	dāngshí	2454
当世	dāngshì	32552
当事人	dāngshìrén	2841
当堂	dāngtáng	41593
当天	dàngtiān	13721
当庭	dāngtíng	22235
当头	dāngtóu	17767
当头棒喝	dāngtóu-bànghè	40068
当头一棒	dāngtóu-yībàng	34944
当午	dāngwǔ	47112
当务之急	dāngwùzhījí	7433

当下	dāngxià	5673
当先	dāngxiān	15460
当心	dāngxīn	12458
当胸	dāngxiōng	38415
当选	dāngxuǎn	3421
当夜	dāngyè	20340
当政	dāngzhèng	31462
当之无愧	dāngzhīwúkuì	19825
当值	dāngzhí	45915
当中	dāngzhōng	3244
当中间儿	dāngzhōngjiànr	54438
当众	dāngzhòng	12273
当子	dāngzi	54439
裆	dāng	19939
挡	dǎng	5103
挡板	dǎngbǎn	41594
挡车	dǎngchē	43807
挡车工	dǎngchēgōng	50488
挡风	dǎngfēng	29313
挡驾	dǎngjià	37878
挡箭牌	dǎngjiànpái	33564
挡路	dǎnglù	42524
挡泥板	dǎngníbǎn	53939
党	dǎng	147
党八股	dǎngbāgǔ	45044
党报	dǎngbào	6652
党代表	dǎngdàibiǎo	17320
党代会	dǎngdàihuì	16937
党费	dǎngfèi	18248
党风	dǎngfēng	3811
党纲	dǎnggāng	26468
党规	dǎngguī	42797
党棍	dǎnggùn	55507
党徽	dǎnghuī	36154
党籍	dǎngjí	12187
党纪	dǎngjì	12696
党建	dǎngjiàn	3721
党刊	dǎngkān	9947
党课	dǎngkè	18156
党魁	dǎngkuí	41372
党龄	dǎnglíng	27247
党派	dǎngpài	7843
党票	dǎngpiào	52498
党旗	dǎngqí	13272
党群	dǎngqún	15157
党参	dǎngshēn	38617
党史	dǎngshǐ	8231
党同伐异	dǎngtóng-fáyì	42292
党徒	dǎngtú	36796
党团	dǎngtuán	17341
党团员	dǎng-tuányuán	31580
党委	dǎngwěi	1595
党务	dǎngwù	13705
党校	dǎngxiào	5487
党心	dǎngxīn	24173
党性	dǎngxìng	6119
党羽	dǎngyǔ	22236
党员	dǎngyuán	1400
党章	dǎngzhāng	9442
党证	dǎngzhèng	49789
党政	dǎngzhèng	3467
党支部	dǎngzhībù	2677
党中央	dǎngzhōngyāng	1838
党总支	dǎngzǒngzhī	12054
党组	dǎngzǔ	4471
党组织	dǎngzǔzhī	2778
当	dàng	14540
当成	dàngchéng	5164
当年	dàngnián	9495
当票	dàngpiào	42526
当铺	dàngpù	20202
当日	dàngrì	50866
当时	dàngshí	4115
当天	dàngtiān	9373
当头	dàngtou	56755
当晚	dàngwǎn	6786
当夜	dàngyè	56756
当月	dàngyuè	13878
当真	dàngzhēn	7962
当作	dàngzuò	3258
荡	dàng	5666
荡除	dàngchú	55508
荡荡	dàngdàng	10731
荡涤	dàngdí	32054
荡妇	dàngfù	43044
荡平	dàngpíng	23117
荡气回肠	dàngqì-huícháng	29215
荡然无存	dàngrán-wúcún	20527
荡漾	dàngyàng	11518
荡舟	dàngzhōu	43808
档	dàng	6564
档案	dàng'àn	3327
档次	dàngcì	7330
档期	dàngqī	13681
刀	dāo	1988
刀把儿	dāobàr	30144
刀把子	dāobàzi	53940
刀背	dāobèi	45320
刀笔	dāobǐ	46529
刀兵	dāobīng	42050
刀叉	dāochā	30465
刀豆	dāodòu	53941
刀法	dāofǎ	34945
刀锋	dāofēng	34651
刀斧手	dāofǔshǒu	47113
刀耕火种	dāogēng-huǒzhòng	38416
刀光剑影	dāoguāng-jiànyǐng	33711
刀架	dāojià	45045
刀具	dāojù	28390
刀口	dāokǒu	30145
刀马旦	dāomǎdàn	47731
刀片	dāopiàn	25898
刀枪	dāoqiāng	20492
刀枪不入	dāoqiāng-bùrù	48030
刀刃	dāorèn	20829
刀山	dāoshān	39639
刀伤	dāoshāng	39421
刀削面	dāoxiāomiàn	52499
刀子	dāozi	10063
刀子嘴	dāozizuǐ	51261
叨叨	dāodao	18189
叨唠	dāolao	28922
叨念	dāoniàn	40487
叨咕	dáogu	40717
捯	dáo	56732
导	dǎo	4161
导板	dǎobǎn	54440
导报	dǎobào	36638
导出	dǎochū	28743
导弹	dǎodàn	3166
导电	dǎodiàn	21892
导读	dǎodú	16617
导购	dǎogòu	47403
导管	dǎoguǎn	17509
导轨	dǎoguǐ	49790
导航	dǎoháng	7813
导航台	dǎohángtái	47114
导航员	dǎohángyuán	49791

导火索	dǎohuǒsuǒ	26229
导火线	dǎohuǒxiàn	34946
导流	dǎoliú	27979
导论	dǎolùn	36469
导尿	dǎoniào	54966
导热	dǎorè	29503
导师	dǎoshī	6928
导体	dǎotǐ	16795
导线	dǎoxiàn	13037
导向	dǎoxiàng	4201
导言	dǎoyán	37685
导演	dǎoyǎn	3462
导因	dǎoyīn	52500
导引	dǎoyǐn	26306
导游	dǎoyóu	8434
导语	dǎoyǔ	38618
导源	dǎoyuán	46530
导诊	dǎozhěn	48660
导致	dǎozhì	1524
岛	dǎo	2509
岛国	dǎoguó	18157
岛屿	dǎoyǔ	10020
捣	dǎo	8701
捣蛋	dǎodàn	24955
捣鼓	dǎogu	48661
捣鬼	dǎoguǐ	25899
捣毁	dǎohuǐ	13955
捣乱	dǎoluàn	12580
倒	dǎo	1213
倒班	dǎobān	47115
倒闭	dǎobì	12393
倒毙	dǎobì	30925
倒车	dǎochē	37318
倒伏	dǎofú	27178
倒戈	dǎogē	28152
倒阁	dǎogé	50867
倒换	dǎohuàn	49792
倒汇	dǎohuì	55938
倒嚼	dǎojiào	53417
倒买倒卖	dǎomǎi-dǎomài	48031
倒卖	dǎomài	15198
倒霉	dǎoméi	8473
倒弄	dǎonong	41595
倒票	dǎopiào	36470
倒手	dǎoshǒu	50137
倒塌	dǎotā	11179
倒台	dǎotái	28558
倒坍	dǎotān	45916
倒腾	dǎoteng	32281
倒替	dǎotì	49793
倒头	dǎotóu	30688
倒胃口	dǎowèikǒu	38799
倒休	dǎoxiū	55939
倒牙	dǎoyá	56631
倒爷	dǎoyé	41148
倒运	dǎoyùn	40938
倒账	dǎozhàng	48662
祷告	dǎogào	17562
祷文	dǎowén	54967
祷祝	dǎozhù	41596
蹈	dǎo	13722
到	dào	18
到案	dào’àn	34368
到场	dàochǎng	13590
到处	dàochù	2035
到达	dàodá	2980
到底	dàodǐ	1325
到点	dàodiǎn	38230
到顶	dàodǐng	34220
到访	dàofǎng	13848
到会	dàohuì	9768
到家	dàojiā	22692
到来	dàolái	2465
到期	dàoqī	9734
到任	dàorèn	17715
到手	dàoshǒu	9303
到庭	dàotíng	49030
到头	dàotóu	15461
到头来	dàotóulái	13174
到位	dàowèi	3506
到站	dàozhàn	22777
到职	dàozhí	44304
倒	dào	3191
倒背如流	dàobèi-rúliú	42293
倒逼	dàobī	14690
倒彩	dàocǎi	54441
倒插笔	dàochābǐ	56393
倒插门	dàochāmén	45624
倒车	dàochē	32169
倒垂	dàochuí	48348
倒春寒	dàochūnhán	46821
倒刺	dàocì	51262
倒打一耙	dàodǎ-yīpá	42527
倒挂	dàoguà	29504
倒灌	dàoguàn	40270
倒果为因	dàoguǒwéiyīn	54442
倒好儿	dàohǎor	12828
倒计时	dàojìshí	21414
倒扣	dàokòu	35847
倒立	dàolì	25669
倒流	dàoliú	28744
倒赔	dàopéi	54968
倒是	dàoshì	3119
倒数	dàoshǔ	29107
倒算	dàosuàn	46230
倒锁	dàosuǒ	49794
倒贴	dàotiē	36155
倒退	dàotuì	10566
倒行逆施	dàoxíng-nìshī	22823
倒序	dàoxù	56394
倒叙	dàoxù	51650
倒悬	dàoxuán	37503
倒影	dàoyǐng	26041
倒映	dàoyìng	28923
倒栽葱	dàozāicōng	49031
倒找	dàozhǎo	52938
倒置	dàozhì	23783
倒转	dàozhuǎn	36471
倒转	dàozhuàn	46822
倒装	dàozhuāng	50138
倒座	dàozuò	53418
盗	dào	5218
盗案	dào’àn	49407
盗版	dàobǎn	6419
盗伐	dàofá	25354
盗匪	dàofěi	35694
盗汗	dàohàn	44305
盗劫	dàojié	52501
盗掘	dàojué	37145
盗猎	dàoliè	37504
盗卖	dàomài	44782
盗名	dàomíng	39005
盗墓	dàomù	40718
盗窃	dàoqiè	7489
盗取	dàoqǔ	37146
盗印	dàoyìn	35426
盗用	dàoyòng	22495
盗运	dàoyùn	50139

盗贼	dàozéi	14703
悼词	dàocí	32170
悼念	dàoniàn	12581
悼亡	dàowáng	42294
悼唁	dàoyàn	56757
道	dào	231
道白	dàobái	35427
道班	dàobān	28746
道别	dàobié	22608
道不拾遗	dàobùshíyí	54969
道岔	dàochà	32411
道场	dàochǎng	26230
道道儿	dàodaor	9483
道德	dàodé	808
道地	dàodì	31932
道钉	dàodīng	56395
道姑	dàogū	46823
道观	dàoguàn	35848
道贺	dàohè	34783
道行	dàohéng	34515
道家	Dàojiā	14127
道教	Dàojiào	12721
道具	dàojù	14091
道口	dàokǒu	16389
道理	dàolǐ	1526
道林纸	dàolínzhǐ	51651
道路	dàolù	834
道貌岸然	dàomào-ànrán	35550
道袍	dàopáo	41149
道破	dàopò	38417
道歉	dàoqiàn	6743
道情	dàoqíng	49408
道人	dàoren	27896
道士	dàoshi	11578
道听途说	dàotīng-túshuō	31022
道统	dàotǒng	39838
道喜	dàoxǐ	24751
道谢	dàoxiè	17047
道学	dàoxué	25749
道学先生	dàoxué xiānsheng	45625
道义	dàoyì	13485
道藏	Dàozàng	41597
道子	dàozi	25221
稻	dào	7253
稻草	dàocǎo	12213
稻草人	dàocǎorén	37319
稻谷	dàogǔ	13192
稻糠	dàokāng	54970
稻壳	dàoké	45321
稻米	dàomǐ	21168
稻苗	dàomiáo	45322
稻穗	dàosuì	35997
稻田	dàotián	9680
稻瘟病	dàowēnbìng	38418
稻秧	dàoyāng	46824
稻种	dàozhǒng	31023
稻子	dàozi	22336
得	dé	4448
得便	débiàn	48349
得病	débìng	18279
得不偿失	débùchángshī	21072
得逞	déchěng	12941
得宠	déchǒng	28230
得寸进尺	décùn-jìnchǐ	33337
得当	dédàng	12470
得到	dédào	165
得道	dédào	29599
得而复失	dé'érfùshī	45917
得法	défǎ	28924
得分	défēn	9395
得过且过	déguò-qiěguò	24884
得计	déjì	36317
得济	déjì	52066
得奖	déjiǎng	20493
得劲	déjìn	47116
得救	déjiù	18994
得空	dékòng	37505
得了	déle	1349
得力	délì	8757
得脸	déliǎn	54443
得了	déliǎo	34516
得陇望蜀	délǒng-wàngshǔ	46825
得其所哉	déqísuǒzāi	50868
得人心	dérénxīn	19252
得胜	déshèng	15478
得失	déshī	7961
得时	déshí	51652
得势	déshì	26098
得手	déshǒu	12562
得数	déshù	43305
得体	détǐ	15067
得天独厚	détiān-dúhòu	11672
得悉	déxī	27723
得闲	déxián	39006
得心应手	déxīn-yìngshǒu	20098
得宜	déyí	43045
得以	déyǐ	2521
得益	déyì	7496
得意	déyì	4353
得意忘形	déyì-wàngxíng	28391
得意洋洋	déyì-yángyáng	24301
得用	déyòng	22187
得知	dézhī	3607
得志	dézhì	20299
得主	dézhǔ	11737
得罪	dézuì	6100
德	dé	1159
德昂族	Dé'ángzú	45046
德才兼备	décái-jiānbèi	13156
德高望重	dégāo-wàngzhòng	20259
德国	Déguó	1039
德行	déxíng	21120
德性	déxing	21462
德语	Déyǔ	20760
德育	déyù	6496
德政	dézhèng	23838
德治	dézhì	18783
德智体	dé-zhì-tǐ	26469
地	de	1383
的	de	1
得	de	1656
得亏	děikuī	52939
灯	dēng	1966
灯标	dēngbiāo	54971
灯彩	dēngcǎi	42528
灯草	dēngcǎo	41822
灯蛾	dēng'é	52067
灯管	dēngguǎn	47404
灯光	dēngguāng	3242
灯红酒绿	dēnghóng-jiǔlǜ	27567
灯花	dēnghuā	36318
灯会	dēnghuì	21572
灯火	dēnghuǒ	8967
灯节	Dēngjié	33973
灯具	dēngjù	23885
灯亮儿	dēngliàngr	20528
灯笼	dēnglong	9722
灯笼裤	dēnglongkù	49409

灯谜	dēngmí	31230
灯泡	dēngpào	13863
灯市	dēngshì	36797
灯饰	dēngshì	26883
灯丝	dēngsī	34947
灯塔	dēngtǎ	20203
灯台	dēngtái	37686
灯头	dēngtóu	39640
灯下黑	dēngxiàhēi	28256
灯箱	dēngxiāng	26740
灯芯	dēngxīn	41598
灯芯绒	dēngxīnróng	45047
灯油	dēngyóu	36639
灯盏	dēngzhǎn	24231
灯罩	dēngzhào	29716
灯座	dēngzuò	43046
登	dēng	1809
登岸	dēng'àn	24302
登报	dēngbào	26387
登场	dēngcháng	28153
登场	dēngchǎng	15158
登程	dēngchéng	34369
登顶	dēngdǐng	19539
登峰造极	dēngfēng-zàojí	31827
登高	dēnggāo	17488
登机	dēngjī	19902
登基	dēngjī	26162
登极	dēngjí	15973
登记	dēngjì	2225
登记表	dēngjìbiǎo	20761
登记册	dēngjìcè	45918
登临	dēnglín	31463
登陆	dēnglù	8410
登陆舰	dēnglùjiàn	39422
登陆艇	dēnglùtǐng	48350
登录	dēnglù	18494
登门	dēngmén	12357
登攀	dēngpān	32677
登山	dēngshān	6361
登山服	dēngshānfú	55940
登时	dēngshí	16017
登台	dēngtái	10747
登堂入室	dēngtáng-rùshì	38419
登月	dēngyuè	30247
登载	dēngzǎi	14618
噔	dēng	37687
蹬	dēng	8797
蹬腿	dēngtuǐ	43047
等	děng	24
等不及	děngbují	23614
等差	děngchā	50140
等次	děngcì	45323
等待	děngdài	2323
等到	děngdào	8130
等等	děngděng	800
等额	děng'é	35851
等而下之	děng'érxiàzhī	46231
等分	děngfēn	35695
等份	děngfèn	52502
等号	děnghào	30926
等候	děnghòu	4986
等级	děngjí	4433
等级制	děngjízhì	45324
等价	děngjià	28925
等价物	děngjiàwù	44531
等距	děngjù	56396
等距离	děngjùlí	47117
等量	děngliàng	30248
等量齐观	děngliàng-qíguān	44306
等米下锅	děngmǐ-xiàguō	49795
等身	děngshēn	39215
等式	děngshì	41823
等速	děngsù	52068
等同	děngtóng	11423
等外	děngwài	46232
等外品	děngwàipǐn	52940
等温	děngwēn	36968
等闲	děngxián	30466
等闲视之	děngxián-shìzhī	30362
等效	děngxiào	34517
等于	děngyú	2321
等值	děngzhí	21415
邓	Dèng	5581
邓小平理论	Dèng Xiǎopíng lǐlùn	3385
凳	dèng	8341
凳子	dèngzi	10056
澄	dèng	11245
澄清	dèngqīng	24595
瞪	dèng	4252
瞪眼	dèngyǎn	20793
镫	dèng	36640
低	dī	254
低矮	dī'ǎi	14944
低保	dībǎo	7042
低层	dīcéng	22609
低产	dīchǎn	31464
低潮	dīcháo	18304
低沉	dīchén	14055
低处	dīchù	28392
低垂	dīchuí	16564
低档	dīdàng	27639
低等	dīděng	32946
低等动物	dīděng dòngwù	48663
低调	dīdiào	20260
低度	dīdù	42051
低端	dīduān	28231
低分	dīfēn	42798
低估	dīgū	12974
低谷	dīgǔ	12310
低耗	dīhào	40488
低缓	dīhuǎn	45919
低回	dīhuí	32947
低级	dījí	12262
低价	dījià	10184
低贱	dījiàn	38057
低空	dīkōng	24232
低利	dīlì	48351
低廉	dīlián	12622
低劣	dīliè	17921
低落	dīluò	17018
低眉顺眼	dīméi-shùnyǎn	48352
低迷	dīmí	11538
低能	dīnéng	30804
低能儿	dīnéng'ér	50141
低年级	dīniánjí	24361
低频	dīpín	40069
低平	dīpíng	43809
低热	dīrè	42295
低三下四	dīsān-xiàsì	34370
低烧	dīshāo	44061
低声下气	dīshēng-xiàqì	31465
低湿	dīshī	54972
低俗	dīsú	20300
低速	dīsù	26163
低糖	dītáng	53419
低头	dītóu	5399
低洼	dīwā	23517

低微	dīwēi	25900
低纬度	dīwěidù	52069
低温	dīwēn	8819
低息	dīxī	31933
低下	dīxià	4809
低限	dīxiàn	52070
低陷	dīxiàn	55941
低血糖	dīxuètáng	39641
低血压	dīxuèyā	50489
低压	dīyā	14148
低哑	dīyǎ	50490
低盐	dīyán	51653
低音	dīyīn	28393
低幼	dīyòu	49032
低于	dīyú	3527
低语	dīyǔ	23950
低质	dīzhì	53942
低智	dīzhì	50491
的士	dīshì	19863
堤	dī	6483
堤岸	dī'àn	27327
堤坝	dībà	17277
堤防	dīfáng	13054
堤堰	dīyàn	53943
提防	dīfang	14897
嘀嗒	dīdā	37880
滴	dī	3023
滴虫	dīchóng	56397
滴翠	dīcuì	39839
滴答	dīda	33974
滴滴涕	dīdītì	37147
滴管	dīguǎn	55942
滴灌	dīguàn	19394
滴溜溜	dīliūliū	34948
滴溜圆	dīliūyuán	55509
滴漏	dīlòu	48664
滴落	dīluò	27724
滴水不漏	dīshuǐ-bùlòu	32948
滴水成冰	dīshuǐ-chéngbīng	39840
滴水穿石	dīshuǐ-chuānshí	53420
滴水	dīshuǐ	16138
滴淌	dītǎng	55510
狄	Dí	22740
迪吧	díbā	54444
迪斯科	dísīkē	26537
迪斯尼乐园	Dísīní lèyuán	41373
迪厅	dítīng	34784
的当	dídàng	8090
的确	díquè	1777
的确良	díquèliáng	37148
籴	dí	42296
荻	dí	30805
敌	dí	2137
敌敌畏	dídíwèi	40271
敌对	díduì	8557
敌方	dífāng	20301
敌国	díguó	27035
敌后	díhòu	17738
敌机	díjī	15764
敌舰	díjiàn	39216
敌境	díjìng	52503
敌军	díjūn	12406
敌寇	díkòu	37149
敌情	díqíng	20302
敌酋	díqiú	50869
敌区	díqū	55943
敌人	dírén	1426
敌视	díshì	16618
敌手	díshǒu	23018
敌台	dítái	51654
敌特	dítè	44062
敌伪	díwěi	33712
敌我	díwǒ	21496
敌意	díyì	17692
敌友	díyǒu	49410
敌占区	dízhànqū	42297
敌阵	dízhèn	28069
涤除	díchú	52504
涤荡	dídàng	40489
涤卡	díkǎ	46233
涤纶	dílún	29600
涤棉	dímián	46826
笛	dí	13497
笛膜	dímó	54445
笛子	dízi	17623
嘀咕	dígu	12637
嫡出	díchū	52071
嫡传	díchuán	44783
嫡派	dípài	48033
嫡亲	díqīn	43048
嫡系	díxì	36472
嫡长子	dízhǎngzǐ	52941
嫡子	dízǐ	45048
诋毁	dǐhuǐ	21659
抵	dǐ	3493
抵补	dǐbǔ	50870
抵不上	dǐbushàng	42052
抵偿	dǐcháng	34371
抵触	dǐchù	12384
抵达	dǐdá	3516
抵挡	dǐdǎng	15386
抵得上	dǐdeshàng	43524
抵交	dǐjiāo	51263
抵缴	dǐjiǎo	51655
抵近	dǐjìn	49796
抵抗	dǐkàng	5061
抵扣	dǐkòu	23615
抵赖	dǐlài	24956
抵命	dǐmìng	45049
抵死	dǐsǐ	39423
抵牾	dǐwǔ	52072
抵消	dǐxiāo	18332
抵销	dǐxiāo	46827
抵押	dǐyā	8738
抵押金	dǐyājīn	30146
抵押品	dǐyāpǐn	40490
抵御	dǐyù	6049
抵债	dǐzhài	28844
抵账	dǐzhàng	51264
抵制	dǐzhì	5677
抵罪	dǐzuì	44784
底	dǐ	511
底版	dǐbǎn	43049
底本	dǐběn	37320
底边	dǐbiān	39642
底部	dǐbù	16335
底舱	dǐcāng	50492
底册	dǐcè	52505
底层	dǐcéng	12552
底朝天	dǐcháotiān	25195
底端	dǐduān	52506
底肥	dǐféi	43306
底稿	dǐgǎo	34098
底火	dǐhuǒ	52507
底价	dǐjià	32678
底襟	dǐjīn	49797
底牌	dǐpái	37688
底盘	dǐpán	24434

底片	dǐpiàn	23466
底漆	dǐqī	40070
底气	dǐqì	19186
底色	dǐsè	29926
底墒	dǐshāng	51265
底数	dǐshù	22439
底细	dǐxì	15551
底下	dǐxia	4508
底下人	dǐxiarén	36156
底线	dǐxiàn	18110
底薪	dǐxīn	51266
底样	dǐyàng	55511
底蕴	dǐyùn	10685
底账	dǐzhàng	43307
底子	dǐzi	12202
底座	dǐzuò	32171
砥砺	dǐlì	34949
砥柱	dǐzhù	42799
骶骨	dǐgǔ	51267
地	dì	1904
地儿	dìr	28070
地板	dìbǎn	8061
地板革	dìbǎngé	51656
地板砖	dìbǎnzhuān	49411
地磅	dìbàng	51657
地堡	dìbǎo	25962
地边	dìbiān	33849
地表	dìbiǎo	9367
地表水	dìbiǎoshuǐ	19395
地步	dìbù	6244
地层	dìcéng	10350
地产	dìchǎn	16706
地秤	dìchèng	55657
地处	dìchǔ	4381
地磁	dìcí	28926
地大物博	dìdà-wùbó	33196
地带	dìdài	4691
地道	dìdào	14379
地道	dìdao	8076
地点	dìdiǎn	2657
地动仪	dìdòngyí	54446
地洞	dìdòng	25750
地段	dìduàn	8180
地方	dìfāng	9878
地方	dìfang	1068
地方病	dìfāngbìng	23162
地方官	dìfāngguān	20997
地方话	dìfānghuà	51658
地方税	dìfāngshuì	40719
地方戏	dìfāngxì	24234
地方志	dìfāngzhì	29927
地方主义	dìfāng zhǔyì	45920
地府	dìfǔ	35852
地埂	dìgěng	52942
地宫	dìgōng	32679
地沟	dìgōu	31934
地广人稀	dìguǎng-rénxī	29108
地核	dìhé	46828
地基	dìjī	18913
地极	dìjí	50493
地价	dìjià	15725
地角	dìjiǎo	41824
地脚	dìjiǎo	52943
地窖	dìjiào	18756
地界	dìjiè	20374
地久天长	dìjiǔ-tiāncháng	41150
地块儿	dìkuàir	20952
地矿	dìkuàng	31935
地牢	dìláo	43810
地老虎	dìlǎohǔ	51659
地老天荒	dìlǎo-tiānhuāng	46829
地雷	dìléi	13236
地理	dìlǐ	2811
地力	dìlì	23839
地利	dìlì	21751
地灵人杰	dìlíng-rénjié	50871
地龙	dìlóng	50494
地垄	dìlǒng	54973
地漏	dìlòu	53944
地脉	dìmài	48665
地貌	dìmào	8330
地面	dìmiàn	2205
地面站	dìmiànzhàn	29216
地名	dìmíng	9693
地膜	dìmó	15998
地亩	dìmǔ	45921
地盘	dìpán	13157
地皮	dìpí	14898
地痞	dìpǐ	26884
地平线	dìpíngxiàn	17193
地铺	dìpù	26388
地气	dìqì	34518
地契	dìqì	35551
地壳	dìqiào	13106
地勤	dìqín	43525
地球	dìqiú	1795
地球村	dìqiúcūn	19365
地球仪	dìqiúyí	33447
地区	dìqū	371
地权	dìquán	41599
地热	dìrè	12252
地上	dìshàng,dìshang	1872
地势	dìshì	10332
地税	dìshuì	10958
地摊	dìtān	18246
地毯	dìtǎn	8208
地铁	dìtiě	6636
地头	dìtóu	8739
地头蛇	dìtóushé	36969
地图	dìtú	4586
地委	dìwěi	8702
地位	dìwèi	539
地温	dìwēn	35104
地峡	dìxiá	44785
地下	dìxià	1623
地下	dìxia	27036
地下党	dìxiàdǎng	24596
地下工厂	dìxià gōngchǎng	48034
地下室	dìxiàshì	17090
地下水	dìxiàshuǐ	7467
地线	dìxiàn	55512
地陷	dìxiàn	41825
地心	dìxīn	29217
地形	dìxíng	6948
地形图	dìxíngtú	20233
地衣	dìyī	29218
地窨子	dìyìnzi	50872
地狱	dìyù	8677
地域	dìyù	5069
地缘	dìyuán	12771
地震	dìzhèn	2932
地震波	dìzhènbō	45325
地震带	dìzhèndài	45326
地震棚	dìzhènpéng	52944
地震仪	dìzhènyí	55944
地政	dìzhèng	54447
地支	dìzhī	40491
地址	dìzhǐ	5710

地质	dìzhì	3202
地主	dìzhǔ	4982
地砖	dìzhuān	33713
地租	dìzū	18060
弟	dì	4442
弟弟	dìdi	3535
弟妹	dìmèi	18061
弟媳	dìxí	31936
弟兄	dìxiong	5531
弟子	dìzǐ	7534
帝	dì	3991
帝国	dìguó	7410
帝国主义	dìguó zhǔyì	3712
帝君	dìjūn	45626
帝王	dìwáng	10602
帝王将相	dìwáng-jiàngxiàng	31828
帝位	dìwèi	27818
帝制	dìzhì	15999
递	dì	4459
递变	dìbiàn	52945
递补	dìbǔ	36641
递减	dìjiǎn	21027
递降	dìjiàng	55513
递交	dìjiāo	8024
递解	dìjiè	52073
递进	dìjìn	25414
递升	dìshēng	52946
递送	dìsòng	38420
递条子	dìtiáozi	48353
递眼色	dìyǎnsè	49412
递增	dìzēng	9649
第二产业	dì-èr chǎnyè	18081
第二课堂	dì-èr kètáng	33565
第二人称	dì-èr rénchēng	53945
第二梯队	dì-èr tīduì	49033
第二职业	dì-èr zhíyè	46830
第三产业	dì-sān chǎnyè	7176
第三人称	dì-sān rénchēng	43811
第三世界	dì-sān shìjiè	14002
第三梯队	dì-sān tīduì	50495
第三者	dì-sānzhě	12675
第一	dì-yī	105
第一把手	dì-yībǎshǒu	36642
第一产业	dì-yī chǎnyè	20099
第一夫人	dì-yī fūrén	34950
第一流	dìyīliú	19826
第一人称	dì-yī rénchēng	36473
第一时间	dì-yī shíjiān	16449
第一手	dìyīshǒu	15247
第一线	dìyīxiàn	6899
第一性	dìyīxìng	36970
谛听	dìtīng	26538
蒂	dì	27897
缔交	dìjiāo	56398
缔结	dìjié	13285
缔约	dìyuē	20564
缔约国	dìyuēguó	20529
缔造	dìzào	17460
嗲	diǎ	29411
掂	diān	14984
掂量	diānliang	21257
滇	Diān	10587
滇剧	diānjù	51268
颠	diān	8758
颠簸	diānbǒ	13120
颠倒	diāndǎo	11863
颠倒黑白	diāndǎo-hēibái	33338
颠倒是非	diāndǎo-shìfēi	40939
颠覆	diānfù	13772
颠来倒去	diānlái-dǎoqù	42298
颠沛流离	diānpèi-liúlí	37150
颠扑不破	diānpū-bùpò	34372
颠茄	diānqié	54448
颠三倒四	diānsān-dǎosì	37321
巅	diān	17342
巅峰	diānfēng	21464
癫狂	diānkuáng	35998
癫痫	diānxián	25670
典	diǎn	5883
典册	diǎncè	55514
典当	diǎndàng	21028
典范	diǎnfàn	7769
典故	diǎngù	17173
典籍	diǎnjí	16336
典礼	diǎnlǐ	6081
典卖	diǎnmài	54974
典型	diǎnxíng	1428
典型化	diǎnxínghuà	49798
典型性	diǎnxíngxìng	27640
典押	diǎnyā	55515
典雅	diǎnyǎ	13286
典章	diǎnzhāng	35253
点	diǎn	116
点儿	diǎnr	4704
点兵	diǎnbīng	44532
点拨	diǎnbō	31581
点播	diǎnbō	23315
点菜	diǎncài	24304
点唱	diǎnchàng	52074
点穿	diǎnchuān	53421
点灯	diǎndēng	18874
点滴	diǎndī	13974
点发	diǎnfā	54975
点歌	diǎngē	38800
点化	diǎnhuà	33714
点火	diǎnhuǒ	12933
点击	diǎnjī	5345
点将	diǎnjiàng	28479
点金术	diǎnjīnshù	53422
点睛之笔	diǎnjīngzhībǐ	33830
点卯	diǎnmǎo	54449
点名	diǎnmíng	14318
点明	diǎnmíng	32282
点炮	diǎnpào	47405
点评	diǎnpíng	6324
点破	diǎnpò	33066
点球	diǎnqiú	13937
点燃	diǎnrán	6557
点染	diǎnrǎn	31124
点射	diǎnshè	48666
点石成金	diǎnshí-chéngjīn	38801
点数	diǎnshù	30689
点收	diǎnshōu	46831
点题	diǎntí	22863
点铁成金	diǎntiě-chéngjīn	43653
点头	diǎntóu	3653
点头哈腰	diǎntóu-hāyāo	33850
点头之交	diǎntóuzhījiāo	55516
点心	diǎnxin	8072
点穴	diǎnxué	47406
点验	diǎnyàn	45327
点赞	diǎnzàn	14207
点阵	diǎnzhèn	34373
点种	diǎnzhǒng	52075
点种	diǎnzhòng	50873
点缀	diǎnzhuì	10609
点子	diǎnzi	9475
碘	diǎn	14661

碘酒	diǎnjiǔ	43812
碘盐	diǎnyán	32553
踮	diǎn	21169
踮脚	diǎnjiǎo	48667
电	diàn	462
电报	diànbào	6199
电报局	diànbàojú	38619
电笔	diànbǐ	56689
电表	diànbiǎo	20375
电冰箱	diànbīngxiāng	16531
电波	diànbō	20128
电厂	diànchǎng	7934
电场	diànchǎng	14320
电唱机	diànchàngjī	50874
电车	diànchē	11210
电池	diànchí	6340
电传	diànchuán	30249
电吹风	diànchuīfēng	52076
电磁	diàncí	12214
电磁波	diàncíbō	18215
电磁场	diàncíchǎng	32680
电磁炉	diàncílú	54450
电磁铁	diàncítiě	54451
电磁污染	diàncí wūrǎn	55945
电大	diàndà	29109
电灯	diàndēng	6828
电灯泡	diàndēngpào	32172
电动	diàndòng	10382
电动车	diàndòngchē	20991
电动机	diàndòngjī	19280
电动剃须刀	diàndòng tìxūdāo	49413
电度表	diàndùbiǎo	44533
电镀	diàndù	26231
电饭煲	diànfànbāo	22330
电饭锅	diànfànguō	41600
电费	diànfèi	12623
电风扇	diànfēngshàn	24103
电复	diànfù	46531
电杆	diàngān	26885
电告	diàngào	33067
电工	diàngōng	13258
电功率	diàngōnglǜ	54452
电灌	diànguàn	55946
电光	diànguāng	20053
电函	diànhán	47118
电焊	diànhàn	30583
电焊机	diànhànjī	52077
电耗	diànhào	37881
电贺	diànhè	37151
电荷	diànhè	13181
电弧	diànhú	41151
电化教育	diànhuà jiàoyù	36643
电话	diànhuà	401
电话簿	diànhuàbù	40071
电话会议	diànhuà huìyì	28154
电话机	diànhuàjī	13144
电话局	diànhuàjú	37689
电话亭	diànhuàtíng	28071
电汇	diànhuì	40940
电火锅	diànhuǒguō	51660
电火花	diànhuǒhuā	38421
电击	diànjī	29314
电机	diànjī	13163
电极	diànjí	21985
电键	diànjiàn	56399
电教	diànjiào	25026
电教馆	diànjiàoguǎn	54453
电解	diànjiě	29110
电警棍	diànjǐnggùn	51661
电锯	diànjù	44307
电烤炉	diànkǎolú	51269
电烤箱	diànkǎoxiāng	53423
电缆	diànlǎn	11654
电烙铁	diànlàotie	54976
电离	diànlí	23886
电离层	diànlícéng	36971
电力	diànlì	2671
电力网	diànlìwǎng	52508
电力线	diànlìxiàn	48668
电量	diànliàng	15708
电疗	diànliáo	50875
电料	diànliào	54977
电铃	diànlíng	25285
电流	diànliú	6661
电炉	diànlú	24597
电路	diànlù	7399
电路板	diànlùbǎn	39218
电路图	diànlùtú	54454
电码	diànmǎ	45922
电脉冲	diànmàichōng	46832
电门	diànmén	43813
电磨	diànmò	52509
电脑	diànnǎo	1500
电能	diànnéng	13693
电钮	diànniǔ	30033
电暖器	diànnuǎnqì	52078
电瓶	diànpíng	39219
电瓶车	diànpíngchē	47732
电气	diànqì	13079
电气化	diànqìhuà	14460
电器	diànqì	6698
电热	diànrè	30034
电热杯	diànrèbēi	54978
电热器	diànrèqì	49799
电热水器	diànrèshuǐqì	39643
电热毯	diànrètǎn	43814
电容	diànróng	31466
电褥子	diànrùzi	53946
电扇	diànshàn	23316
电商	diànshāng	6180
电声	diànshēng	40720
电声乐队	diànshēng yuèduì	54455
电石	diànshí	32681
电示	diànshì	49800
电视	diànshì	1009
电视大学	diànshì dàxué	39220
电视柜	diànshìguì	53947
电视机	diànshìjī	6129
电视剧	diànshìjù	4367
电视片	diànshìpiàn	17987
电视频道	diànshì píndào	28648
电视塔	diànshìtǎ	31582
电视台	diànshìtái	3574
电视网	diànshìwǎng	29111
电水壶	diànshuǐhú	55517
电算	diànsuàn	43050
电台	diàntái	4657
电烫	diàntàng	56400
电梯	diàntī	8908
电筒	diàntǒng	27328
电网	diànwǎng	5412
电文	diànwén	17151
电线	diànxiàn	11267
电线杆	diànxiàngān	17510
电信	diànxìn	3135
电信号	diànxìnhào	37690
电信局	diànxìnjú	23951
电刑	diànxíng	52079

电讯	diànxùn	17768
电压	diànyā	9358
电唁	diànyàn	50496
电椅	diànyǐ	53948
电影	diànyǐng	726
电影片	diànyǐngpiàn	27980
电影厅	diànyǐngtīng	49801
电影院	diànyǐngyuàn	10792
电影周	diànyǐngzhōu	36319
电源	diànyuán	9049
电熨斗	diànyùndǒu	51662
电灶	diànzào	55947
电闸	diànzhá	45050
电站	diànzhàn	6596
电钟	diànzhōng	55948
电珠	diànzhū	56401
电子	diànzǐ	1356
电子版	diànzǐbǎn	37152
电子表	diànzǐbiǎo	41374
电子秤	diànzǐchèng	47407
电子出版物	diànzǐ chūbǎnwù	28927
电子词典	diànzǐ cídiǎn	55949
电子管	diànzǐguǎn	47119
电子汇款	diànzǐ huìkuǎn	44786
电子货币	diànzǐ huòbì	50497
电子计算机	diànzǐ jìsuànjī	14945
电子垃圾	diànzǐ lājī	31231
电子琴	diànzǐqín	36000
电子商务	diànzǐ shāngwù	9164
电子图书	diànzǐ túshū	42053
电子玩具	diànzǐ wánjù	55518
电子显微镜	diànzǐ xiǎnwēijìng	29412
电子信箱	diànzǐ xìnxiāng	19253
电子眼	diànzǐyǎn	45328
电子音乐	diànzǐ yīnyuè	48354
电子邮件	diànzǐ yóujiàn	10407
电子游戏机	diànzǐ yóuxìjī	45923
电阻	diànzǔ	9902
电钻	diànzuàn	47408
佃	diàn	27725
佃户	diànhù	23019
佃客	diànkè	53949
佃农	diànnóng	31342
甸子	diànzi	43526
店	diàn	1429
店东	diàndōng	39644
店家	diànjiā	21847
店面	diànmiàn	24235
店铺	diànpù	9014
店堂	diàntáng	21848
店小二	diànxiǎo'èr	50498
店员	diànyuán	17126
店主	diànzhǔ	11193
玷辱	diànrǔ	50499
玷污	diànwū	20953
垫	diàn	6809
垫儿	diànr	50142
垫板	diànbǎn	55950
垫背	diànbèi	48355
垫补	diànbu	55519
垫底	diàndǐ	24958
垫付	diànfù	20762
垫话	diànhuà	56402
垫肩	diànjiān	47734
垫脚石	diànjiǎoshí	45329
垫款	diànkuǎn	36798
垫圈	diànquān	42529
垫支	diànzhī	47120
垫子	diànzi	24885
淀粉	diànfěn	14921
惦	diàn	27037
惦记	diànjì	11998
惦念	diànniàn	22237
奠定	diàndìng	3702
奠基	diànjī	12203
奠基人	diànjīrén	19864
奠基石	diànjīshí	47735
殿	diàn	5971
殿后	diànhòu	36320
殿军	diànjūn	52510
殿试	diànshì	44534
殿堂	diàntáng	12524
殿下	diànxià	17511
殿宇	diànyǔ	40492
靛蓝	diànlán	51663
靛青	diànqīng	51664
刁	diāo	20565
刁横	diāohèng	56690
刁滑	diāohuá	49802
刁蛮	diāomán	46532
刁民	diāomín	36972
刁难	diāonàn	20303
刁顽	diāowán	53950
刁钻	diāozuān	34099
刁钻古怪	diāozuān-gǔguài	47409
叼	diāo	12711
凋败	diāobài	56691
凋敝	diāobì	31467
凋残	diāocán	49803
凋零	diāolíng	24752
凋落	diāoluò	38620
凋萎	diāowěi	53951
凋谢	diāoxiè	28649
貂	diāo	30035
貂皮	diāopí	37691
碉堡	diāobǎo	17461
碉楼	diāolóu	45330
雕	diāo	8929
雕版	diāobǎn	46833
雕虫小技	diāochóng-xiǎojì	43815
雕花	diāohuā	23719
雕刻	diāokè	9953
雕梁画栋	diāoliáng-huàdòng	40493
雕梁画柱	diāoliáng-huàzhù	55951
雕漆	diāoqī	51270
雕饰	diāoshì	35254
雕塑	diāosù	5754
雕像	diāoxiàng	11579
雕凿	diāozáo	43816
雕琢	diāozhuó	24818
吊	diào	4499
吊车	diàochē	25963
吊床	diàochuáng	49034
吊打	diàodǎ	50143
吊带	diàodài	48035
吊灯	diàodēng	30250
吊顶	diàodǐng	45051
吊儿郎当	diào'erlángdāng	39221
吊杆	diàogān	55952
吊钩	diàogōu	55520
吊环	diàohuán	28480
吊祭	diàojì	46834
吊脚楼	diàojiǎolóu	25593
吊扣	diàokòu	43527
吊兰	diàolán	49035
吊楼	diàolóu	54456
吊民伐罪	diàomín-fázuì	45627
吊铺	diàopù	55953

吊桥	diàoqiáo	29009
吊球	diàoqiú	53952
吊丧	diàosāng	38621
吊嗓子	diàosǎngzi	48036
吊扇	diàoshàn	46533
吊死鬼	diàosǐguǐ	46234
吊桶	diàotǒng	45052
吊胃口	diàowèikǒu	51665
吊线	diàoxiàn	54457
吊销	diàoxiāo	9868
吊孝	diàoxiào	42800
吊唁	diàoyàn	22864
吊装	diàozhuāng	27107
吊子	diàozi	55521
钓	diào	11369
钓饵	diào'ěr	50144
钓竿	diàogān	34374
钓钩	diàogōu	45924
钓具	diàojù	52080
钓鱼	diàoyú	11604
钓鱼竿	diàoyúgān	47410
调	diào	2425
调包	diàobāo	50876
调兵遣将	diàobīng-qiǎnjiàng	32055
调拨	diàobō	15342
调查	diàochá	754
调查组	diàocházǔ	8627
调档	diàodàng	54979
调调	diàodiao	42801
调动	diàodòng	2346
调度	diàodù	6543
调度员	diàodùyuán	37882
调防	diàofáng	45925
调干	diàogàn	54458
调函	diàohán	54459
调虎离山	diàohǔ-líshān	45053
调换	diàohuàn	19630
调集	diàojí	13509
调离	diàolí	15974
调令	diàolìng	34100
调门儿	diàoménr	32949
调派	diàopài	42530
调配	diàopèi	32283
调遣	diàoqiǎn	22337
调任	diàorèn	15343
调休	diàoxiū	54460
调研	diàoyán	3472
调研员	diàoyányuán	33566
调演	diàoyǎn	33715
调用	diàoyòng	26042
调阅	diàoyuè	32056
调运	diàoyùn	19122
调职	diàozhí	47411
调转	diàozhuǎn	33716
调子	diàozi	12744
掉	diào	883
掉膘	diàobiāo	54980
掉点儿	diàodiǎnr	55522
掉队	diàoduì	23784
掉过儿	diàoguòr	16450
掉价	diàojià	41153
掉色	diàoshǎi	51271
掉书袋	diàoshūdài	52081
掉头	diàotóu	14278
掉以轻心	diàoyǐqīngxīn	17174
掉转	diàozhuǎn	24819
爹	diē	3209
爹爹	diēdie	13524
爹妈	diēmā	18757
爹娘	diēniáng	17739
跌	diē	4887
跌打丸	diēdǎwán	56692
跌宕	diēdàng	17798
跌跌撞撞	diēdiē zhuàngzhuàng	21497
跌份	diēfèn	42721
跌幅	diēfú	23952
跌价	diējià	41826
跌跤	diējiāo	36973
跌落	diēluò	17655
跌破	diēpò	5812
跌势	diēshì	41375
跌停	diētíng	12606
跌足	diēzú	55954
跌坐	diēzuò	28559
迭	dié	7780
迭出	diéchū	22865
迭次	diécì	43817
迭起	diéqǐ	26970
谍报	diébào	39841
喋喋不休	diédié-bùxiū	26539
喋血	diéxuè	37506
叠	dié	5622
叠床架屋	diéchuáng-jiàwū	54981
叠翠	diécuì	36474
叠放	diéfàng	44063
叠合	diéhé	42802
叠加	diéjiā	21698
叠罗汉	diéluóhàn	53424
叠印	diéyìn	43051
叠韵	diéyùn	53953
叠嶂	diézhàng	38622
碟	dié	9443
碟子	diézi	17512
蝶泳	diéyǒng	22238
蹀躞	diéxiè	48037
丁	dīng	3700
丁点儿	dīngdiǎnr	23666
丁克	dīngkè	55523
丁零	dīnglíng	47412
丁香	dīngxiāng	22824
丁香花	dīngxiānghuā	40072
丁字尺	dīngzìchǐ	43648
丁字街	dīngzìjiē	54982
丁字形	dīngzìxíng	52082
叮	dīng	7883
叮当	dīngdāng	22079
叮咚	dīngdōng	32950
叮咛	dīngníng	16139
叮问	dīngwèn	56403
叮咬	dīngyǎo	32554
叮嘱	dīngzhǔ	8896
盯	dīng	3285
盯梢	dīngshāo	40494
盯视	dīngshì	34951
钉	dīng	9952
钉锤	dīngchuí	51666
钉螺	dīngluó	32951
钉耙	dīngpá	49804
钉鞋	dīngxié	42299
钉子	dīngzi	11294
钉子户	dīngzihù	35255
疔	dīng	50500
酊	dīng	48669
顶	dǐng	1299
顶班	dǐngbān	49036
顶板	dǐngbǎn	40073
顶层	dǐngcéng	28310

顶层设计	dǐngcéng shèjì	29998
顶灯	dǐngdēng	39007
顶点	dǐngdiǎn	18758
顶端	dǐngduān	16159
顶多	dǐngduō	13421
顶风	dǐngfēng	17343
顶峰	dǐngfēng	17403
顶岗	dǐnggǎng	51272
顶格	dǐnggé	56404
顶呱呱	dǐngguāguā	47736
顶级	dǐngjí	15959
顶尖	dǐngjiān	15765
顶角	dǐngjiǎo	55524
顶礼膜拜	dǐnglǐ-móbài	31583
顶梁柱	dǐngliángzhù	33975
顶楼	dǐnglóu	33567
顶门杠	dǐngméngàng	53954
顶牛儿	dǐngniúr	42054
顶棚	dǐngpéng	24642
顶事	dǐngshì	39842
顶数	dǐngshù	52947
顶替	dǐngtì	21573
顶天立地	dǐngtiān-lìdì	24598
顶头	dǐngtóu	25901
顶头上司	dǐngtóu shàngsi	30036
顶用	dǐngyòng	31708
顶账	dǐngzhàng	54983
顶针	dǐngzhen	47738
顶撞	dǐngzhuàng	24362
顶子	dǐngzi	32682
顶嘴	dǐngzuǐ	36321
顶罪	dǐngzuì	51273
鼎	dǐng	10091
鼎鼎大名	dǐngdǐng-dàmíng	38058
鼎沸	dǐngfèi	22555
鼎力	dǐnglì	28232
鼎力相助	dǐnglì-xiāngzhù	41601
鼎立	dǐnglì	35853
鼎盛	dǐngshèng	19540
鼎新	dǐngxīn	50501
鼎足	dǐngzú	43818
鼎足之势	dǐngzúzhīshì	54461
订	dìng	4517
订单	dìngdān	5968
订购	dìnggòu	14354
订户	dìnghù	37153
订婚	dìnghūn	15051
订货	dìnghuò	13368
订金	dìngjīn	41376
订立	dìnglì	12299
订票	dìngpiào	23280
订书机	dìngshūjī	56632
订约	dìngyuē	35256
订阅	dìngyuè	8154
订正	dìngzhèng	31468
订做	dìngzuò	35105
钉	dìng	5798
钉书机	dìngshūjī	38322
定	dìng	694
定案	dìng'àn	29717
定编	dìngbiān	35854
定产	dìngchǎn	34785
定当	dìngdàng	35257
定点	dìngdiǎn	6650
定调子	dìngdiàozi	52948
定都	dìngdū	30363
定夺	dìngduó	28311
定额	dìng'é	8257
定岗	dìnggǎng	31709
定稿	dìnggǎo	26604
定格	dìnggé	18465
定购	dìnggòu	27475
定规	dìngguī	37692
定滑轮	dìnghuálún	55955
定级	dìngjí	36001
定计	dìngjì	36002
定价	dìngjià	8359
定见	dìngjiàn	40272
定金	dìngjīn	22916
定睛	dìngjīng	20656
定居	dìngjū	10242
定局	dìngjú	20530
定礼	dìnglǐ	54984
定理	dìnglǐ	11666
定例	dìnglì	43819
定量	dìngliàng	11087
定律	dìnglǜ	9859
定论	dìnglùn	16662
定名	dìngmíng	21849
定盘星	dìngpánxīng	53425
定评	dìngpíng	43308
定期	dìngqī	3210
定钱	dìngqián	46534
定亲	dìngqīn	39222
定情	dìngqíng	36799
定然	dìngrán	28928
定神	dìngshén	22034
定时	dìngshí	16357
定时器	dìngshíqì	52083
定时炸弹	dìngshí zhàdàn	30037
定式	dìngshì	31024
定势	dìngshì	23720
定数	dìngshù	37507
定损	dìngsǔn	19617
定位	dìngwèi	3592
定息	dìngxī	42531
定向	dìngxiàng	10390
定向培养	dìngxiàng péiyǎng	43528
定向培育	dìngxiàng péiyù	54462
定向生	dìngxiàngshēng	46535
定销	dìngxiāo	50877
定心	dìngxīn	46536
定心丸	dìngxīnwán	21258
定刑	dìngxíng	55525
定型	dìngxíng	15709
定性	dìngxìng	13525
定义	dìngyì	6541
定音	dìngyīn	28845
定影	dìngyǐng	50878
定语	dìngyǔ	34519
定员	dìngyuán	28747
定则	dìngzé	43052
定制	dìngzhì	17358
定准	dìngzhǔn	50879
定罪	dìngzuì	17404
定做	dìngzuò	23887
碇	dìng	28072
锭	dìng	23070
锭子	dìngzi	49414
丢	diū	2563
丢丑	diūchǒu	42300
丢掉	diūdiào	9833
丢饭碗	diūfànwǎn	52511
丢份	diūfèn	48754
丢荒	diūhuāng	56405
丢盔弃甲	diūkuī-qìjiǎ	53955
丢脸	diūliǎn	17071
丢面子	diūmiànzi	31343

丢弃	diūqì	16663
丢人	diūrén	15102
丢人现眼	diūrén-xiànyǎn	36510
丢三落四	diūsān-làsì	50880
丢失	diūshī	8992
丢眼色	diūyǎnsè	52512
丢卒保车	diūzú-bǎojū	50881
东	dōng	584
东半球	dōngbànqiú	44535
东北	dōngběi	1606
东北亚	Dōngběi Yà	12582
东奔西跑	dōngbēn-xīpǎo	32832
东奔西走	dōngbēn-xīzǒu	40273
东边	dōngbian	11618
东部	dōngbù	2654
东窗事发	dōngchuāng-shìfā	34520
东床	dōngchuáng	53426
东倒西歪	dōngdǎo-xīwāi	25964
东道国	dōngdàoguó	21850
东道主	dōngdàozhǔ	8774
东方	dōngfāng	2197
东方人	dōngfāngrén	26232
东非	Dōng Fēi	23221
东风	dōngfēng	6121
东宫	dōnggōng	17048
东郭先生	Dōngguō xiānsheng	54985
东海	Dōnghǎi	7617
东汉	Dōng Hàn	16415
东家	dōngjia	14867
东晋	Dōng Jìn	22556
东京	Dōngjīng	3094
东经	dōngjīng	22130
东拉西扯	dōnglā-xīchě	32412
东鳞西爪	dōnglín-xīzhǎo	53427
东盟	Dōngméng	3507
东面	dōngmiàn	18082
东南	dōngnán	4907
东南亚	Dōngnán Yà	5944
东挪西借	dōngnuó-xījiè	47413
东欧	Dōng Ōu	10531
东跑西颠	dōngpǎo-xīdiān	44064
东拼西凑	dōngpīn-xīcòu	35428
东三省	Dōng Sān Shěng	27568
东山再起	dōngshān-zàiqǐ	26886
东施效颦	dōngshī-xiàopín	45628
东头	dōngtóu	20873
东魏	Dōng Wèi	34652
东西	dōngxī	2440
东西	dōngxi	1574
东乡族	Dōngxiāngzú	47414
东亚	Dōng Yà	4451
东洋	Dōngyáng	14149
东瀛	dōngyíng	36644
东张西望	dōngzhāng-xīwàng	21121
东正教	Dōngzhèngjiào	36645
东周	Dōng Zhōu	31937
冬	dōng	3255
冬奥会	Dōng'àohuì	10761
冬不拉	dōngbùlā	45926
冬菜	dōngcài	46235
冬藏	dōngcáng	52513
冬虫夏草	dōngchóng xiàcǎo	40721
冬储	dōngchǔ	49805
冬宫	Dōng Gōng	44787
冬菇	dōnggū	52515
冬瓜	dōngguā	20698
冬灌	dōngguàn	43529
冬寒	dōnghán	50882
冬烘	dōnghōng	47739
冬季	dōngjì	3925
冬练	dōngliàn	52084
冬令	dōnglìng	28560
冬令营	dōnglìngyíng	40074
冬麦	dōngmài	41602
冬眠	dōngmián	25027
冬暖夏凉	dōngnuǎn-xiàliáng	29104
冬青	dōngqīng	17563
冬日	dōngrì	13654
冬笋	dōngsǔn	39223
冬天	dōngtiān	3243
冬闲	dōngxián	31469
冬小麦	dōngxiǎomài	22778
冬训	dōngxùn	17954
冬汛	dōngxùn	56406
冬衣	dōngyī	39424
冬泳	dōngyǒng	17922
冬月	dōngyuè	41154
冬运会	Dōngyùnhuì	24643
冬至	dōngzhì	26540
冬种	dōngzhòng	35258
冬贮	dōngzhù	52085
冬装	dōngzhuāng	42301
咚	dōng	13783
氡	dōng	28233
董	dǒng	6833
董事	dǒngshì	9860
董事会	dǒngshìhuì	7651
董事长	dǒngshìzhǎng	3530
懂	dǒng	1359
懂得	dǒngde	2384
懂行	dǒngháng	32683
懂事	dǒngshì	9769
动	dòng	772
动笔	dòngbǐ	16853
动兵	dòngbīng	49037
动不动	dòngbudòng	13313
动产	dòngchǎn	28073
动车	dòngchē	10900
动词	dòngcí	16939
动粗	dòngcū	48356
动荡	dòngdàng	7154
动肝火	dònggānhuǒ	44065
动感	dònggǎn	11403
动工	dònggōng	10002
动画	dònghuà	10364
动画片	dònghuàpiàn	14368
动火	dònghuǒ	44066
动机	dòngjī	6022
动静	dòngjing	7412
动口	dòngkǒu	38623
动力	dònglì	2043
动力机	dònglìjī	46835
动乱	dòngluàn	13259
动脉	dòngmài	14922
动脉硬化	dòngmài yìnghuà	34221
动漫	dòngmàn	25415
动脑筋	dòngnǎojīn	16451
动脑子	dòngnǎozi	44308
动能	dòngnéng	20234
动怒	dòngnù	24363
动气	dòngqì	27726
动迁	dòngqiān	25671
动迁户	dòngqiānhù	47415
动情	dòngqíng	8707
动人	dòngrén	4580
动人心魄	dòngrénxīnpò	41377
动人心弦	dòngrénxīnxián	35259

动容	dòngróng	19865
动身	dòngshēn	9897
动手	dòngshǒu	3930
动手动脚	dòngshǒu-dòngjiǎo	31025
动手术	dòngshǒushù	22338
动态	dòngtài	3375
动弹	dòngtan	14150
动听	dòngtīng	13273
动土	dòngtǔ	37154
动问	dòngwèn	44788
动窝儿	dòngwōr	44789
动武	dòngwǔ	9996
动物	dòngwù	1182
动物园	dòngwùyuán	13655
动向	dòngxiàng	9027
动心	dòngxīn	14380
动刑	dòngxíng	48670
动摇	dòngyáo	4485
动议	dòngyì	20874
动因	dòngyīn	18837
动用	dòngyòng	7868
动员	dòngyuán	2450
动员令	dòngyuánlìng	28481
动辄	dòngzhé	13093
动辄得咎	dòngzhé-déjiù	55956
动真格的	dòngzhēngéde	30251
动嘴	dòngzuǐ	43309
动作	dòngzuò	1650
动作片	dòngzuòpiàn	45629
冻	dòng	5231
冻儿	dòngr	55957
冻冰	dòngbīng	50883
冻疮	dòngchuāng	29413
冻豆腐	dòngdòufu	53428
冻结	dòngjié	9124
冻馁	dòngněi	46836
冻肉	dòngròu	49806
冻伤	dòngshāng	29601
冻土	dòngtǔ	13915
冻雨	dòngyǔ	50502
侗族	Dòngzú	21295
栋	dòng	6803
栋梁	dòngliáng	23163
洞	dòng	2781
洞察	dòngchá	18647
洞彻	dòngchè	54986
洞穿	dòngchuān	36475
洞房	dòngfáng	19719
洞房花烛	dòngfáng-huāzhú	39425
洞府	dòngfǔ	52086
洞见	dòngjiàn	45331
洞开	dòngkāi	27727
洞口	dòngkǒu	13392
洞若观火	dòngruòguānhuǒ	43820
洞天	dòngtiān	36476
洞天福地	dòngtiān-fúdì	53429
洞悉	dòngxī	24599
洞箫	dòngxiāo	45630
洞晓	dòngxiǎo	56407
洞穴	dòngxué	15052
洞子	dòngzi	30584
恫吓	dònghè	25532
胴体	dòngtǐ	33717
都	dōu	1245
兜	dōu	6451
兜捕	dōubǔ	55958
兜底	dōudǐ	38422
兜兜	dōudou	44536
兜肚	dōudu	28155
兜风	dōufēng	36157
兜揽	dōulǎn	43053
兜卖	dōumài	55959
兜圈子	dōuquānzi	32057
兜生意	dōushēngyi	51667
兜售	dōushòu	17624
兜销	dōuxiāo	54463
兜子	dōuzi	44309
斗	dǒu	4914
斗车	dǒuchē	45332
斗胆	dǒudǎn	33718
斗拱	dǒugǒng	40941
斗箕	dǒuji	55960
斗笠	dǒulì	28312
斗篷	dǒupeng	23164
斗室	dǒushì	33719
斗转星移	dǒuzhuǎn-xīngyí	35696
斗子	dǒuzi	54987
抖	dǒu	5253
抖包袱	dǒubāofu	51668
抖颤	dǒuchàn	32684
抖动	dǒudòng	12934
抖搂	dǒulou	46837
抖落	dǒuluò	25416
抖擞	dǒusǒu	27641
抖威风	dǒuwēifēng	49038
陡	dǒu	9748
陡壁	dǒubì	43821
陡变	dǒubiàn	51669
陡峻	dǒujùn	51670
陡立	dǒulì	54464
陡坡	dǒupō	19940
陡峭	dǒuqiào	19281
陡然	dǒurán	13134
陡增	dǒuzēng	38059
陡直	dǒuzhí	47416
斗	dòu	2109
斗法	dòufǎ	35106
斗富	dòufù	52087
斗鸡	dòujī	29928
斗牛	dòuniú	26043
斗牛士	dòuniúshì	41827
斗殴	dòu'ōu	20830
斗气	dòuqì	36477
斗士	dòushì	24174
斗心眼儿	dòuxīnyǎnr	52516
斗艳	dòuyàn	32555
斗争	dòuzhēng	598
斗志	dòuzhì	10021
斗志昂扬	dòuzhì-ángyáng	30919
斗智	dòuzhì	37155
斗嘴	dòuzuǐ	30690
豆	dòu	5298
豆瓣儿	dòubànr	44310
豆包	dòubāo	43530
豆饼	dòubǐng	29219
豆豉	dòuchǐ	43531
豆粉	dòufěn	52517
豆腐	dòufu	7821
豆腐干	dòufugān	34786
豆腐块	dòufukuài	33515
豆腐脑儿	dòufunǎor	37693
豆腐皮	dòufupí	53430
豆腐乳	dòufurǔ	51274
豆腐渣	dòufuzhā	24175
豆腐渣工程	dòufuzhā gōngchéng	44311
豆花儿	dòuhuār	26099
豆荚	dòujiá	36478

豆浆	dòujiāng	23118
豆酱	dòujiàng	53957
豆角儿	dòujiǎor	26470
豆秸	dòujiē	50145
豆蔻	dòukòu	49807
豆蔻年华	dòukòu-niánhuá	45927
豆粒	dòulì	37508
豆绿	dòulǜ	49039
豆面	dòumiàn	45333
豆苗	dòumiáo	51671
豆奶	dòunǎi	35855
豆青	dòuqīng	54988
豆乳	dòurǔ	55061
豆沙	dòushā	38231
豆芽菜	dòuyácài	43310
豆油	dòuyóu	31470
豆渣	dòuzhā	51275
豆汁	dòuzhī	34375
豆制品	dòuzhìpǐn	25672
豆子	dòuzi	18031
逗	dòu	7057
逗哏	dòugén	49040
逗号	dòuhào	41828
逗乐	dòulè	27476
逗留	dòuliú	13121
逗弄	dòunong	40075
逗趣儿	dòuqùr	41378
逗人	dòurén	28561
逗笑	dòuxiào	23667
逗引	dòuyǐn	38802
痘	dòu	20763
都城	dūchéng	14782
都会	dūhuì	7120
都市	dūshì	5486
督办	dūbàn	8221
督察	dūchá	11339
督促	dūcù	4872
督导	dūdǎo	11752
督学	dūxué	41603
督战	dūzhàn	21851
督阵	dūzhèn	44537
嘟	dū	12745
嘟噜	dūlu	32413
嘟囔	dūnang	19123
嘟哝	dūnong	39659
毒	dú	2970
毒草	dúcǎo	28650
毒虫	dúchóng	43054
毒刺	dúcì	51276
毒打	dúdǎ	24364
毒饵	dú'ěr	41829
毒犯	dúfàn	43055
毒贩	dúfàn	20699
毒害	dúhài	14741
毒化	dúhuà	29821
毒计	dújì	42532
毒剂	dújì	27569
毒箭	dújiàn	43056
毒菌	dújūn	50884
毒辣	dúlà	31125
毒瘤	dúliú	19976
毒品	dúpǐn	4253
毒气	dúqì	18305
毒气弹	dúqìdàn	37694
毒杀	dúshā	36003
毒蛇	dúshé	16513
毒手	dúshǒu	25417
毒素	dúsù	15213
毒物	dúwù	27898
毒腺	dúxiàn	51277
毒枭	dúxiāo	31938
毒刑	dúxíng	41379
毒性	dúxìng	14190
毒牙	dúyá	46838
毒焰	dúyàn	50885
毒药	dúyào	19479
毒液	dúyè	36158
毒瘾	dúyǐn	28394
毒汁	dúzhī	46537
独	dú	2378
独霸	dúbà	25028
独白	dúbái	20129
独步	dúbù	33851
独裁	dúcái	18216
独裁者	dúcáizhě	34787
独唱	dúchàng	17867
独出心裁	dúchū-xīncái	40076
独处	dúchǔ	26471
独创	dúchuàng	18514
独创性	dúchuàngxìng	21660
独当一面	dúdāng-yīmiàn	33720
独到	dúdào	12563
独到之处	dúdàozhīchù	30147
独断	dúduàn	28929
独断专行	dúduàn-zhuānxíng	25902
独夫	dúfū	43822
独个儿	dúgèr	42533
独家	dújiā	11106
独角戏	dújiǎoxì	36646
独居	dújū	26307
独具慧眼	dújù-huìyǎn	35856
独具匠心	dújù-jiàngxīn	37509
独具一格	dújù-yīgé	38624
独具只眼	dújù-zhīyǎn	52088
独揽	dúlǎn	31584
独力	dúlì	35260
独立	dúlì	1008
独立王国	dúlì-wángguó	47121
独立性	dúlìxìng	12912
独联体	dúliántǐ	9171
独领风骚	dúlǐng-fēngsāo	32685
独龙族	Dúlóngzú	45928
独轮车	dúlúnchē	32058
独门	dúmén	40722
独门独院	dúmén-dúyuàn	49808
独苗	dúmiáo	40495
独木难支	dúmù-nánzhī	54989
独木桥	dúmùqiáo	24693
独木舟	dúmùzhōu	41830
独幕剧	dúmùjù	42534
独女	dúnǚ	49809
独辟蹊径	dúpì-xījìng	30585
独善其身	dúshàn-qíshēn	38625
独身	dúshēn	18083
独生	dúshēng	38803
独生女	dúshēngnǚ	32818
独生子	dúshēngzǐ	30586
独生子女	dúshēng zǐnǚ	15960
独树一帜	dúshù-yīzhì	20204
独特	dútè	2331
独吞	dútūn	34376
独舞	dúwǔ	28748
独享	dúxiǎng	34653
独行	dúxíng	21752
独眼龙	dúyǎnlóng	44312
独一无二	dúyī-wú'èr	16681
独有	dúyǒu	10748

独院	dúyuàn	37695
独占	dúzhàn	15527
独占鳌头	dúzhàn-áotóu	33339
独酌	dúzhuó	43823
独资	dúzī	9080
独子	dúzǐ	35107
独自	dúzì	5040
独奏	dúzòu	18333
独奏曲	dúzòuqǔ	56633
读	dú	651
读本	dúběn	11609
读后感	dúhòugǎn	42803
读秒	dúmiǎo	52089
读书	dúshū	1448
读书人	dúshūrén	11462
读数	dúshù	33340
读物	dúwù	7027
读音	dúyīn	27108
读者	dúzhě	845
渎职	dúzhí	12112
犊	dú	20916
犊子	dúzi	42535
黩武	dúwǔ	42302
髑髅	dúlóu	49041
肚	dǔ	16880
肚子	dǔzi	25822
笃爱	dǔ'ài	56408
笃诚	dǔchéng	56409
笃厚	dǔhòu	53958
笃深	dǔshēn	55962
笃实	dǔshí	47740
笃守	dǔshǒu	55963
笃信	dǔxìn	31710
笃行	dǔxíng	15814
笃志	dǔzhì	56410
堵	dǔ	4286
堵车	dǔchē	21379
堵截	dǔjié	16730
堵塞	dǔsè	8036
堵心	dǔxīn	49042
赌	dǔ	5863
赌本	dǔběn	53959
赌博	dǔbó	5938
赌场	dǔchǎng	15975
赌鬼	dǔguǐ	51278
赌棍	dǔgùn	42536
赌局	dǔjú	43532
赌具	dǔjù	44313
赌气	dǔqì	13526
赌钱	dǔqián	25823
赌球	dǔqiú	39843
赌徒	dǔtú	27038
赌窝	dǔwō	53960
赌瘾	dǔyǐn	52949
赌债	dǔzhài	44314
赌咒	dǔzhòu	27039
赌注	dǔzhù	25087
赌资	dǔzī	33341
睹	dǔ	12188
睹物伤情	dǔwù-shāngqíng	55964
睹物思人	dǔwù-sīrén	46538
杜	dù	7217
杜鹃	dùjuān	16041
杜鹃花	dùjuānhuā	28562
杜绝	dùjué	6015
杜康	dùkāng	45631
杜撰	dùzhuàn	25533
肚	dù	4833
肚带	dùdài	48038
肚兜	dùdōu	47122
肚量	dùliàng	41155
肚皮	dùpí	10307
肚脐	dùqí	32556
肚脐眼儿	dùqíyǎnr	45334
肚子	dùzi	3276
妒火	dùhuǒ	45054
妒忌	dùjì	21211
度	dù	1075
度过	dùguò	5028
度荒	dùhuāng	48671
度假	dùjià	8876
度假村	dùjiàcūn	17108
度量	dùliàng	22339
度量衡	dù-liàng-héng	42537
度日	dùrì	17899
度日如年	dùrì-rúnián	35261
度数	dùshu	31026
度汛	dùxùn	30364
渡	dù	4559
渡槽	dùcáo	41380
渡船	dùchuán	16532
渡口	dùkǒu	14691
渡轮	dùlún	34377
渡桥	dùqiáo	50146
镀	dù	16432
镀层	dùcéng	56411
镀铬	dùgè	51672
镀金	dùjīn	23222
镀锌	dùxīn	47123
蠹虫	dùchóng	50886
端	duān	1745
端架子	duānjiàzi	52950
端口	duānkǒu	30587
端丽	duānlì	51279
端量	duānliang	53961
端倪	duānní	21171
端午	Duānwǔ	27642
端午节	Duānwǔ Jié	23888
端线	duānxiàn	55965
端详	duānxiáng	18941
端详	duānxiang	15513
端砚	duānyàn	48357
端阳	Duānyáng	35429
端阳节	Duānyáng Jié	35108
端正	duānzhèng	8089
端重	duānzhòng	50887
端庄	duānzhuāng	16731
端坐	duānzuò	16752
短	duǎn	788
短板	duǎnbǎn	13835
短兵相接	duǎnbīng-xiāngjiē	34952
短波	duǎnbō	10269
短不了	duǎnbuliǎo	49043
短长	duǎncháng	34788
短程	duǎnchéng	33197
短秤	duǎnchèng	56412
短处	duǎnchù	19866
短粗	duǎncū	45929
短促	duǎncù	18466
短打	duǎndǎ	46839
短笛	duǎndí	44315
短发	duǎnfà	21073
短工	duǎngōng	34953
短见	duǎnjiàn	39008
短句	duǎnjù	40496
短剧	duǎnjù	43057
短裤	duǎnkù	16640
短路	duǎnlù	29315

短命	duǎnmìng	25165
短跑	duǎnpǎo	27819
短篇	duǎnpiān	15649
短片	duǎnpiàn	31585
短平快	duǎn-píng-kuài	37696
短评	duǎnpíng	21941
短期	duǎnqī	4680
短浅	duǎnqiǎn	44538
短枪	duǎnqiāng	36647
短缺	duǎnquē	5228
短裙	duǎnqún	27248
短少	duǎnshǎo	40077
短视	duǎnshì	28750
短寿	duǎnshòu	48039
短途	duǎntú	26472
短袜	duǎnwà	56413
短文	duǎnwén	19217
短线	duǎnxiàn	35697
短小	duǎnxiǎo	22385
短信	duǎnxìn	11512
短袖	duǎnxiù	25222
短训	duǎnxùn	45335
短讯	duǎnxùn	40942
短语	duǎnyǔ	31586
短暂	duǎnzàn	6848
短装	duǎnzhuāng	52518
段	duàn	301
段落	duànluò	17219
段位	duànwèi	39844
段长	duànzhǎng	36974
段子	duànzi	13004
断	duàn	1048
断案	duàn'àn	36648
断壁残垣	duànbì-cányuán	41381
断层	duàncéng	19098
断肠	duàncháng	35552
断炊	duànchuī	44067
断代	duàndài	30691
断代史	duàndàishǐ	45055
断档	duàndàng	29220
断定	duàndìng	8050
断断	duànduàn	42303
断断续续	duànduànxùxù	14766
断顿	duàndùn	49044
断根	duàngēn	45930
断航	duànháng	47124
断喝	duànhè	37322
断后	duànhòu	28651
断乎	duànhū	45336
断魂	duànhún	48040
断交	duànjiāo	35262
断句	duànjù	42804
断绝	duànjué	11194
断口	duànkǒu	52090
断粮	duànliáng	38626
断裂	duànliè	12959
断裂带	duànlièdài	42055
断流	duànliú	15514
断垄	duànlǒng	56414
断路	duànlù	40723
断码	duànmǎ	39451
断面	duànmiàn	12899
断命	duànmìng	52091
断奶	duànnǎi	31232
断片	duànpiàn	38232
断气	duànqì	28395
断然	duànrán	13094
断市	duànshì	55206
断送	duànsòng	17489
断头台	duàntóutái	35109
断线	duànxiàn	35698
断想	duànxiǎng	44316
断续	duànxù	26605
断崖	duànyá	36975
断崖式	duànyáshì	28833
断言	duànyán	13773
断语	duànyǔ	34654
断狱	duànyù	52951
断垣残壁	duànyuán-cánbì	48041
断章取义	duànzhāng-qǔyì	34222
断肢	duànzhī	43824
断指	duànzhǐ	43311
断种	duànzhǒng	53962
断子绝孙	duànzǐ-juésūn	43312
缎子	duànzi	18618
煅	duàn	31126
煅烧	duànshāo	53431
锻	duàn	19977
锻工	duàngōng	52952
锻件	duànjiàn	53963
锻炼	duànliàn	2525
锻造	duànzào	18363
锻制	duànzhì	56415
堆	duī	1578
堆叠	duīdié	46840
堆放	duīfàng	13135
堆肥	duīféi	40943
堆积	duījī	10408
堆集	duījí	46841
堆砌	duīqì	25088
堆笑	duīxiào	29010
堆栈	duīzhàn	50147
队	duì	347
队部	duìbù	27728
队礼	duìlǐ	51280
队列	duìliè	17625
队旗	duìqí	39426
队日	duìrì	49810
队伍	duìwu	750
队形	duìxíng	23616
队友	duìyǒu	9735
队员	duìyuán	2219
队长	duìzhǎng	2191
对	duì	14
对岸	duì'àn	11451
对白	duìbái	28396
对半	duìbàn	48042
对本	duìběn	26806
对比	duìbǐ	4929
对比度	duìbǐdù	47125
对比色	duìbǐsè	56416
对簿公堂	duìbù-gōngtáng	36159
对不起	duìbuqǐ	4131
对不住	duìbuzhù	16390
对策	duìcè	4981
对唱	duìchàng	33342
对称	duìchèn	8890
对词	duìcí	52953
对答	duìdá	25286
对答如流	duìdá-rúliú	43313
对打	duìdǎ	31711
对待	duìdài	1891
对得起	duìdeqǐ	11445
对得住	duìdezhù	31587
对等	duìděng	24753
对敌	duìdí	17923
对调	duìdiào	36649
对方	duìfāng	1367

对付	duìfu	4181
对歌	duìgē	33976
对攻	duìgōng	32819
对光	duìguāng	42056
对过	duìguò	31127
对号	duìhào	34378
对号入座	duìhào-rùzuò	37697
对话	duìhuà	2099
对换	duìhuàn	46842
对火	duìhuǒ	52954
对家	duìjiā	47126
对讲机	duìjiǎngjī	27729
对奖	duìjiǎng	43685
对焦	duìjiāo	54990
对角	duìjiǎo	36800
对角线	duìjiǎoxiàn	30467
对接	duìjiē	9468
对襟	duìjīn	32414
对劲	duìjìn	22340
对局	duìjú	32820
对举	duìjǔ	52519
对决	duìjué	29414
对开	duìkāi	35263
对抗	duìkàng	4685
对抗赛	duìkàngsài	11935
对抗性	duìkàngxìng	22188
对口	duìkǒu	6781
对口相声	duìkǒu xiàngsheng	53964
对垒	duìlěi	20611
对立	duìlì	4898
对立面	duìlìmiàn	21296
对联	duìlián	10206
对流	duìliú	11909
对流层	duìliúcéng	54992
对路	duìlù	28751
对门	duìmén	34521
对面	duìmiàn	4080
对牛弹琴	duìniú-tánqín	42805
对偶	duì'ǒu	32952
对视	duìshì	17462
对手	duìshǒu	2400
对数	duìshù	35264
对台戏	duìtáixì	46843
对头	duìtóu	14369
对头	duìtou	48672
对外	duìwài	2301
对味儿	duìwèir	47417
对胃口	duìwèikǒu	54465
对虾	duìxiā	21327
对象	duìxiàng	1083
对心	duìxīn	55526
对眼	duìyǎn	52092
对译	duìyì	56417
对弈	duìyì	28074
对饮	duìyǐn	38060
对应	duìyìng	7296
对于	duìyú	176
对仗	duìzhàng	30252
对账	duìzhàng	35122
对照	duìzhào	5556
对折	duìzhé	38804
对着干	duìzhegàn	38423
对阵	duìzhèn	13107
对证	duìzhèng	41382
对症	duìzhèng	17799
对症下药	duìzhèng-xiàyào	18875
对质	duìzhì	33198
对峙	duìzhì	12443
对准	duìzhǔn	10277
对酌	duìzhuó	45337
对子	duìzi	9711
兑	duì	10172
兑付	duìfù	15810
兑换	duìhuàn	11353
兑奖	duìjiǎng	38805
兑取	duìqǔ	37698
兑现	duìxiàn	6542
碓	duì	33068
吨	dūn	1308
吨公里	dūngōnglǐ	30468
吨位	dūnwèi	22496
敦促	dūncù	8553
敦厚	dūnhòu	27730
敦睦	dūnmù	53432
敦请	dūnqǐng	45632
敦实	dūnshi	42806
墩	dūn	6572
墩布	dūnbù	43533
墩子	dūnzi	36160
礅	dūn	46844
蹲	dūn	3593
蹲点	dūndiǎn	15552
蹲伏	dūnfú	46539
蹲坑	dūnkēng	46845
蹲守	dūnshǒu	45338
盹儿	dǔnr	16312
趸	dǔn	30365
趸船	dǔnchuán	36650
囤	dùn	29822
炖	dùn	13237
砘	dùn	32953
钝	dùn	18495
钝化	dùnhuà	46236
钝角	dùnjiǎo	50503
钝器	dùnqì	48673
盾	dùn	14381
盾牌	dùnpái	23559
顿	dùn	1802
顿号	dùnhào	45931
顿觉	dùnjué	22779
顿开茅塞	dùnkāi-máosè	50504
顿然	dùnrán	25903
顿时	dùnshí	3784
顿首	dùnshǒu	29718
顿悟	dùnwù	23357
顿足	dùnzú	25089
遁词	dùncí	49045
遁迹	dùnjì	51281
遁世	dùnshì	50148
遁形	dùnxíng	44539
多	duō	21
多半	duōbàn	6339
多边	duōbiān	5098
多边贸易	duōbiān màoyì	12525
多边形	duōbiānxíng	24959
多变	duōbiàn	9723
多才多艺	duōcái-duōyì	28234
多彩	duōcǎi	15553
多层	duōcéng	7815
多吃多占	duōchī-duōzhàn	50888
多愁善感	duōchóu-shàngǎn	30469
多舛	duōchuǎn	41156
多此一举	duōcǐyījǔ	31344
多次	duōcì	1804
多党制	duōdǎngzhì	32686
多动症	duōdòngzhèng	32284
多端	duōduān	22917
多多	duōduō	11746

多多益善	duōduō-yìshàn	34379
多发	duōfā	12033
多发病	duōfābìng	32415
多发性	duōfāxìng	26164
多方	duōfāng	6840
多功能	duōgōngnéng	13742
多寡	duōguǎ	23721
多管闲事	duōguǎn-xiánshì	30366
多会儿	duōhuir	39645
多极	duōjí	20613
多久	duōjiǔ	5917
多快好省	duō-kuài-hǎo-shěng	34789
多亏	duōkuī	12858
多劳多得	duōláo-duōdé	30470
多虑	duōlǜ	31128
多么	duōme	1712
多媒体	duōméitǐ	7331
多面手	duōmiànshǒu	39009
多面体	duōmiàntǐ	53433
多谋善断	duōmóu-shànduàn	45633
多幕剧	duōmùjù	54993
多难兴邦	duōnàn-xīngbāng	54466
多年	duōnián	3148
多年生	duōniánshēng	31588
多情	duōqíng	13095
多日	duōrì	17405
多如牛毛	duōrúniúmáo	35699
多少	duōshǎo	408
多神教	duōshénjiào	55966
多时	duōshí	30692
多事	duōshì	28156
多事之秋	duōshìzhīqiū	43058
多数	duōshù	2003
多头	duōtóu	16514
多向	duōxiàng	40497
多项	duōxiàng	5588
多谢	duōxiè	17072
多心	duōxīn	27731
多样	duōyàng	5264
多样化	duōyànghuà	5534
多一半	duōyībàn	48674
多疑	duōyí	21074
多义词	duōyìcí	56733
多音字	duōyīnzì	56418
多于	duōyú	12471
多余	duōyú	8949
多元	duōyuán	7375
多元化	duōyuánhuà	5084
多元论	duōyuánlùn	52520
多云	duōyún	38806
多灾多难	duōzāi-duōnàn	34522
多种	duōzhǒng	1584
多种多样	duōzhǒng-duōyàng	11230
多种经营	duōzhǒng jīngyíng	14853
多姿	duōzī	21986
多姿多彩	duōzī-duōcǎi	16590
多嘴	duōzuǐ	21852
多嘴多舌	duōzuǐ-duōshé	42538
咄咄逼人	duōduō-bīrén	18334
咄咄怪事	duōduō-guàishì	38807
哆哆嗦嗦	duōduō-suōsuō	27249
哆嗦	duōsuo	9503
夺	duó	2842
夺杯	duóbēi	52955
夺标	duóbiāo	33199
夺得	duódé	3862
夺冠	duóguàn	6735
夺金	duójīn	7174
夺眶而出	duókuàng’érchū	24694
夺魁	duókuí	26807
夺路	duólù	30806
夺门而出	duómén’érchū	46846
夺目	duómù	18138
夺取	duóqǔ	4684
夺权	duóquán	24365
夺占	duózhàn	44790
踱	duó	8622
踱步	duóbù	25751
踱方步	duófāngbù	47741
踱来踱去	duólái-duóqù	26165
朵	duǒ	3963
垛口	duǒkǒu	47418
垛子	duǒzi	44068
躲	duǒ	3240
躲避	duǒbì	8729
躲藏	duǒcáng	17740
躲躲闪闪	duǒduǒshǎnshǎn	29823
躲风	duǒfēng	55967
躲懒	duǒlǎn	46847
躲让	duǒràng	55968
躲闪	duǒshǎn	19099
躲债	duǒzhài	48358
驮	duò	39845
驮子	duòzi	38424
剁	duò	15627
舵	duò	18515
舵工	duògōng	53965
舵轮	duòlún	54467
舵手	duòshǒu	30148
堕	duò	15134
堕地	duòdì	45634
堕落	duòluò	8308
堕马	duòmǎ	52093
堕入	duòrù	24305
堕胎	duòtāi	34954
惰性	duòxìng	21212
跺	duò	15497
跺脚	duòjiǎo	16337
阿	Ē	1381
阿胶	ējiāo	28752
阿弥陀佛	Ēmítuófó	21075
阿谀	ēyú	29719
阿谀逢迎	ēyú-féngyíng	54994
阿谀奉承	ēyú-fèngchéng	39010
屙	ē	24176
屙尿	ēniào	45056
屙屎	ēshǐ	44317
婀娜	ēnuó	26678
婀娜多姿	ēnuó-duōzī	31027
讹	é	19282
讹传	échuán	40498
讹谬	émiù	55969
讹误	éwù	51673
讹诈	ézhà	29505
俄	é	1939
俄而	é’ér	25965
俄罗斯	Éluósī	1762
俄罗斯族	Éluósīzú	46848
俄文	Éwén	23518
俄延	éyán	54995
俄语	Éyǔ	17091
娥眉	éméi	48675
鹅	é	9761
鹅蛋	édàn	37510
鹅蛋脸	édànliǎn	42539
鹅黄	éhuáng	34790
鹅卵石	éluǎnshí	27407

鹅毛	émáo	39224
鹅毛大雪	émáo dàxuě	43534
鹅毛扇	émáoshàn	50889
蛾眉	éméi	44671
鹅绒	éróng	45932
鹅掌	ézhǎng	55527
蛾子	ézi	36479
额	é	3584
额定	édìng	23785
额度	édù	10708
额骨	égǔ	53434
额角	éjiǎo	20376
额手称庆	éshǒu-chēngqìng	48359
额数	éshù	41831
额头	étóu	8599
额外	éwài	12311
恶心	ěxin	9861
厄尔尼诺	è'ěrnínuò	15961
厄难	ènàn	54468
厄运	èyùn	15572
扼	è	19024
扼杀	èshā	15784
扼守	èshǒu	24484
扼死	èsǐ	48043
扼腕	èwàn	26541
扼要	èyào	26308
扼制	èzhì	36161
恶	è	2460
恶霸	èbà	20917
恶报	èbào	33721
恶臭	èchòu	23166
恶斗	èdòu	42057
恶毒	èdú	15301
恶感	ègǎn	34524
恶狗	ègǒu	42540
恶贯满盈	èguàn-mǎnyíng	39646
恶鬼	èguǐ	33568
恶棍	ègùn	31345
恶果	èguǒ	18838
恶狠狠	èhěnhěn	15214
恶化	èhuà	4392
恶疾	èjí	49811
恶浪	èlàng	36322
恶劣	èliè	4782
恶骂	èmà	45057
恶梦	èmèng	16183
恶名	èmíng	29415
恶魔	èmó	19602
恶念	èniàn	44318
恶气	èqì	25470
恶人	èrén	20205
恶少	èshào	41604
恶声恶气	èshēng-èqì	44540
恶俗	èsú	36323
恶徒	ètú	53966
恶习	èxí	19941
恶行	èxíng	30807
恶性	èxìng	7936
恶性肿瘤	èxìng zhǒngliú	21699
恶言	èyán	42541
恶意	èyì	9081
恶语	èyǔ	34380
恶战	èzhàn	24366
恶仗	èzhàng	41158
恶浊	èzhuó	42058
恶作剧	èzuòjù	18995
饿	è	3621
饿饭	èfàn	50149
饿鬼	èguǐ	44319
饿虎	èhǔ	45339
饿虎扑食	èhǔ-pūshí	52094
饿殍	èpiǎo	48360
鄂	È	12407
鄂伦春族	Èlúnchūnzú	40274
鄂温克族	Èwēnkèzú	49046
遏	è	17490
遏止	èzhǐ	18249
遏制	èzhì	3891
遏阻	èzǔ	55528
愕然	èrán	15462
腭	è	48361
腭裂	èliè	47419
噩耗	èhào	22741
噩梦	èmèng	17868
鳄	è	33569
鳄鱼	èyú	16262
恩	ēn	5559
恩爱	ēn'ài	20731
恩宠	ēnchǒng	33977
恩仇	ēnchóu	35700
恩赐	ēncì	22080
恩德	ēndé	34101
恩典	ēndiǎn	32416
恩断义绝	ēnduàn-yìjué	55529
恩惠	ēnhuì	24001
恩将仇报	ēnjiāngchóubào	46540
恩情	ēnqíng	21328
恩人	ēnrén	18158
恩师	ēnshī	24104
恩怨	ēnyuàn	19450
恩泽	ēnzé	36162
恩重如山	ēnzhòng-rúshān	48676
恩准	ēnzhǔn	42305
摁	èn	22341
嗯	éng	5530
嗯	ěng	28749
嗯	èng	56758
儿	ér	632
儿歌	érgē	21853
儿化	érhuà	53967
儿皇帝	érhuángdì	50505
儿科	érkē	23467
儿郎	érláng	46541
儿马	érmǎ	42807
儿男	érnán	56419
儿女	érnǚ	3081
儿女情长	érnǚ-qíngcháng	34223
儿女亲家	érnǚ qìngjia	45933
儿时	érshí	14985
儿孙	érsūn	16641
儿童	értóng	1152
儿童村	értóngcūn	49812
儿童节	Értóng Jié	18250
儿童剧	értóngjù	22386
儿童团	Értóngtuán	36324
儿媳	érxí	11499
儿媳妇儿	érxífur	11656
儿戏	érxì	18496
儿子	érzi	661
而	ér	28
而后	érhòu	6288
而今	érjīn	7389
而况	érkuàng	29221
而立	érlì	19069
而且	érqiě	146
而外	érwài	14854
而言	éryán	3312
而已	éryǐ	3302

鸸鹋	érmiáo	53968
尔等	ěrděng	23668
尔后	ěrhòu	13723
尔虞我诈	ěryú-wǒzhà	39011
耳	ěr	3072
耳报神	ěrbàoshén	50890
耳背	ěrbèi	47127
耳边风	ěrbiānfēng	46542
耳鬓厮磨	ěrbìn-sīmó	44541
耳垂	ěrchuí	33852
耳聪目明	ěrcōng-mùmíng	43059
耳朵	ěrduo	3586
耳朵眼儿	ěrduoyǎnr	39427
耳房	ěrfáng	36004
耳福	ěrfú	46849
耳根	ěrgēn	26100
耳垢	ěrgòu	56634
耳鼓	ěrgǔ	33200
耳刮子	ěrguāzi	39846
耳光	ěrguāng	12014
耳环	ěrhuán	17564
耳机	ěrjī	19150
耳际	ěrjì	35553
耳尖	ěrjiān	52095
耳孔	ěrkǒng	48362
耳廓	ěrkuò	45340
耳轮	ěrlún	48044
耳鸣	ěrmíng	34525
耳膜	ěrmó	29112
耳目	ěrmù	14182
耳目一新	ěrmù-yīxīn	13473
耳旁风	ěrpángfēng	41383
耳热	ěrrè	34655
耳濡目染	ěrrú-mùrǎn	30253
耳软心活	ěrruǎn-xīnhuó	56420
耳塞	ěrsāi	45058
耳生	ěrshēng	52096
耳屎	ěrshǐ	52521
耳饰	ěrshì	53969
耳熟	ěrshú	34526
耳熟能详	ěrshú-néngxiáng	20700
耳顺	ěrshùn	53435
耳提面命	ěrtí-miànmìng	46850
耳闻	ěrwén	25166
耳闻目睹	ěrwén-mùdǔ	16774
耳音	ěryīn	55530
耳语	ěryǔ	21753
耳针	ěrzhēn	55970
耳坠	ěrzhuì	35265
耳坠子	ěrzhuìzi	44069
耳子	ěrzi	54469
饵料	ěrliào	17769
二	èr	88
二把刀	èrbǎdāo	52956
二把手	èrbǎshǒu	39428
二百五	èrbǎiwǔ	29602
二茬	èrchá	43314
二重唱	èrchóngchàng	39847
二重性	èrchóngxìng	37699
二重奏	èrchóngzòu	52957
二传手	èrchuánshǒu	28397
二次能源	èrcì néngyuán	54470
二道贩子	èrdào fànzi	47128
二房	èrfáng	38627
二房东	èrfángdōng	33853
二伏	èrfú	56635
二副	èrfù	48363
二鬼子	èrguǐzi	52522
二锅头	èrguōtóu	31830
二胡	èrhú	15826
二花脸	èrhuāliǎn	50891
二话	èrhuà	33854
二话不说	èrhuà-bùshuō	30038
二话没说	èrhuà-méishuō	19451
二黄	èrhuáng	33201
二婚	èrhūn	50150
二进宫	èrjìngōng	39848
二进制	èrjìnzhì	46237
二郎腿	èrlángtuǐ	35110
二老	èrlǎo	18914
二愣子	èrlèngzi	53436
二流	èrliú	27643
二流子	èrliúzi	35701
二拇指	èrmǔzhǐ	47420
二人转	èrrénzhuàn	27644
二十四节气	èrshísì jiéqì	51674
二手	èrshǒu	21329
二手车	èrshǒuchē	21621
二手房	èrshǒufáng	27645
二手货	èrshǒuhuò	49813
二手烟	èrshǒuyān	52097
二胎	èrtāi	43535
二踢脚	èrtījiǎo	45341
二维码	èrwéimǎ	3814
二五眼	èrwǔyǎn	50151
二线	èrxiàn	38628
二心	èrxīn	28398
二氧化硫	èryǎnghuàliú	12747
二氧化碳	èryǎnghuàtàn	7998
二一添作五	èr yī tiānzuò wǔ	52958
二元论	èryuánlùn	42808
二战	Èrzhàn	7991
二者	èrzhě	6028
贰	èr	12324
贰臣	èrchén	41832
发	fā	3965
发案	fā'àn	16452
发白	fābái	17359
发榜	fābǎng	45934
发包	fābāo	16244
发包人	fābāorén	42809
发报	fābào	40944
发报机	fābàojī	45935
发标	fābiāo	53970
发表	fābiǎo	463
发兵	fābīng	12416
发病	fābìng	7438
发病率	fābìnglǜ	12394
发布	fābù	2313
发布会	fābùhuì	5337
发财	fācái	8038
发车	fāchē	22825
发痴	fāchī	34955
发愁	fāchóu	10064
发出	fāchū	725
发怵	fāchù	35850
发憷	fāchù	51675
发喘	fāchuǎn	48677
发达	fādá	1978
发达国家	fādá guójiā	2783
发大水	fādàshuǐ	37883
发呆	fādāi	13680
发嗲	fādiǎ	53971
发电	fādiàn	4700
发电机	fādiànjī	13849
发电站	fādiànzhàn	26741
发动	fādòng	2201
发动机	fādòngjī	5640

发抖	fādǒu	9849
发端	fāduān	25090
发凡	fāfán	54471
发放	fāfàng	2924
发奋	fāfèn	23358
发愤	fāfèn	27477
发愤图强	fāfèn-túqiáng	43315
发疯	fāfēng	13422
发福	fāfú	33202
发付	fāfù	54996
发糕	fāgāo	47743
发稿	fāgǎo	16042
发给	fāgěi	7016
发光	fāguāng	8232
发汗	fāhàn	43316
发号施令	fāhào-shīlìng	23840
发黑	fāhēi	23119
发狠	fāhěn	27570
发横	fāhèng	55531
发横财	fāhèngcái	43825
发红	fāhóng	17175
发花	fāhuā	39225
发话	fāhuà	24644
发还	fāhuán	27646
发慌	fāhuāng	24053
发黄	fāhuáng	20657
发挥	fāhuī	844
发昏	fāhūn	25471
发火	fāhuǒ	13784
发货	fāhuò	24544
发货票	fāhuòpiào	55971
发急	fājí	26473
发迹	fājì	27040
发家	fājiā	19867
发家致富	fājiā-zhìfù	25091
发贱	fājiàn	48727
发僵	fājiāng	41833
发奖	fājiǎng	34224
发酵	fājiào	12829
发酵粉	fājiàofěn	55972
发紧	fājǐn	31346
发窘	fājiǒng	42059
发酒疯	fājiǔfēng	43826
发觉	fājué	7845
发掘	fājué	5182
发刊	fākān	42810
发刊词	fākāncí	40275
发苦	fākǔ	46851
发狂	fākuáng	19452
发困	fākùn	47744
发懒	fālǎn	56421
发冷	fālěng	25092
发愣	fālèng	19480
发亮	fāliàng	11635
发令	fālìng	34225
发令枪	fālìngqiāng	40078
发绿	fālǜ	40945
发落	fāluò	23359
发麻	fāmá	23519
发毛	fāmáo	30254
发霉	fāméi	25093
发闷	fāmēn	54472
发闷	fāmèn	38629
发蒙	fāmēng	52098
发蒙	fāméng	48678
发懵	fāměng	41159
发面	fāmiàn	39849
发明	fāmíng	2967
发明家	fāmíngjiā	26101
发明权	fāmíngquán	45936
发木	fāmù	45635
发奶	fānǎi	45061
发难	fānàn	17869
发腻	fānì	45937
发蔫	fāniān	54997
发怒	fānù	17770
发排	fāpái	51282
发胖	fāpàng	30693
发配	fāpèi	28652
发脾气	fāpíqi	13926
发飘	fāpiāo	48045
发票	fāpiào	4950
发起	fāqǐ	3672
发起人	fāqǐrén	11869
发青	fāqīng	26044
发情	fāqíng	23560
发球	fāqiú	13260
发热	fārè	8368
发人深思	fārén-shēnsī	24306
发人深省	fārén-shēnxǐng	22780
发轫	fārèn	45059
发软	fāruǎn	22557
发散	fāsàn	21893
发丧	fāsāng	25904
发涩	fāsè	42306
发痧	fāshā	34485
发傻	fāshǎ	45938
发烧	fāshāo	9954
发烧友	fāshāoyǒu	38061
发射	fāshè	2868
发射场	fāshèchǎng	21622
发射塔	fāshètǎ	39012
发射台	fāshètái	37511
发神经	fāshénjīng	45939
发生	fāshēng	154
发声	fāshēng	21330
发市	fāshì	54473
发誓	fāshì	10483
发售	fāshòu	17049
发水	fāshuǐ	47421
发送	fāsòng	6086
发送	fāsong	40499
发酸	fāsuān	21536
发烫	fātàng	26971
发疼	fāténg	39013
发条	fātiáo	37323
发帖	fātiě	6420
发威	fāwēi	31471
发文	fāwén	16775
发问	fāwèn	13850
发物	fāwù	52959
发现	fāxiàn	160
发祥	fāxiáng	41605
发祥地	fāxiángdì	18809
发饷	fāxiǎng	44791
发笑	fāxiào	16488
发泄	fāxiè	10391
发薪	fāxīn	47745
发行	fāxíng	2056
发虚	fāxū	37700
发芽	fāyá	14589
发哑	fāyǎ	51283
发言	fāyán	1954
发言权	fāyánquán	14473
发言人	fāyánrén	3247
发炎	fāyán	27732
发扬	fāyáng	2734
发扬光大	fāyáng-guāngdà	12748

发洋财	fāyángcái	50152
发痒	fāyǎng	26389
发疟子	fāyàozi	54474
发音	fāyīn	14986
发硬	fāyìng	42307
发育	fāyù	4209
发源	fāyuán	27899
发源地	fāyuándì	15528
发愿	fāyuàn	42811
发晕	fāyūn	31472
发运	fāyùn	28930
发躁	fāzào	53972
发展	fāzhǎn	171
发展中国家	fāzhǎn zhōng guójiā	2666
发怔	fāzhèng	29416
发自肺腑	fāzì-fèifǔ	32285
发作	fāzuò	7675
乏	fá	11031
乏力	fálì	13956
乏术	fáshù	41384
乏味	fáwèi	14899
伐	fá	8462
伐木	fámù	21623
伐区	fáqū	49415
罚	fá	3683
罚单	fádān	9021
罚跪	fáguì	42060
罚金	fájīn	18111
罚酒	fájiǔ	38630
罚款	fákuǎn	3495
罚没	fámò	18497
罚没款	fá-mòkuǎn	35266
罚球	fáqiú	28753
阀	fá	17406
阀门	fámén	29824
筏子	fázi	34226
法	fǎ	222
法案	fǎ'àn	7233
法办	fǎbàn	32954
法宝	fǎbǎo	10257
法不责众	fǎbùzézhòng	55532
法场	fǎchǎng	35857
法典	fǎdiǎn	19758
法定	fǎdìng	4180
法度	fǎdù	29603
法官	fǎguān	2955
法规	fǎguī	1841
法国	Fǎguó	893
法号	fǎhào	44070
法会	fǎhuì	39850
法纪	fǎjì	15463
法家	Fǎjiā	28846
法警	fǎjǐng	25673
法兰绒	fǎlánróng	49416
法郎	fǎláng	15942
法老	fǎlǎo	30694
法理	fǎlǐ	19663
法力	fǎlì	35430
法令	fǎlìng	10698
法律	fǎlǜ	548
法螺	fǎluó	51676
法盲	fǎmáng	41834
法门	fǎmén	29720
法名	fǎmíng	41606
法器	fǎqì	42812
法权	fǎquán	32557
法人	fǎrén	4269
法师	fǎshī	17073
法式	fǎshì	36480
法事	fǎshì	33978
法术	fǎshù	30149
法帖	fǎtiè	55973
法庭	fǎtíng	3868
法统	fǎtǒng	38233
法网	fǎwǎng	18422
法文	Fǎwén	18784
法西斯	fǎxīsī	8362
法西斯主义	fǎxīsī zhǔyì	36005
法衣	fǎyī	48364
法医	fǎyī	18915
法语	Fǎyǔ	14529
法院	fǎyuàn	1671
法则	fǎzé	9098
法制	fǎzhì	1756
法治	fǎzhì	3256
法子	fǎzi	5902
砝码	fǎmǎ	25966
发	fà	2361
发辫	fàbiàn	34656
发菜	fàcài	32558
发带	fàdài	49417
发际	fàjì	43317
发髻	fàjì	26309
发夹	fàjiā	45060
发胶	fàjiāo	47422
发蜡	fàlà	53437
发廊	fàláng	24307
发露	fàlù	54475
发妻	fàqī	47423
发卡	fàqiǎ	16619
发式	fàshì	34102
发刷	fàshuā	56422
发套	fàtào	48046
发网	fàwǎng	55974
发屋	fàwū	52960
发型	fàxíng	22189
发油	fàyóu	53438
发指	fàzhǐ	30255
珐琅	fàláng	39647
帆	fān	12733
帆板	fānbǎn	27981
帆布	fānbù	21029
帆布包	fānbùbāo	48047
帆船	fānchuán	16489
番	fān	1607
番号	fānhào	34103
番茄	fānqié	14704
番薯	fānshǔ	26045
幡	fān	20764
幡然悔悟	fānrán-huǐwù	46852
藩篱	fānlí	31939
翻	fān	1477
翻案	fān'àn	19978
翻白眼	fānbáiyǎn	33570
翻版	fānbǎn	27820
翻本儿	fānběnr	45940
翻查	fānchá	45941
翻唱	fānchàng	34664
翻车	fānchē	29113
翻沉	fānchén	47424
翻船	fānchuán	29222
翻地	fāndì	36801
翻动	fāndòng	22963
翻斗	fāndǒu	53973
翻斗车	fāndǒuchē	50892
翻番	fānfān	20658
翻飞	fānfēi	25824
翻覆	fānfù	50893

翻改	fāngǎi	56423
翻盖	fāngài	38062
翻个儿	fāngèr	34791
翻跟头	fāngēntou	42542
翻耕	fāngēng	35702
翻供	fāngòng	40724
翻滚	fāngǔn	15022
翻悔	fānhuǐ	45942
翻检	fānjiǎn	38631
翻建	fānjiàn	41835
翻江倒海	fānjiāng-dǎohǎi	39226
翻浆	fānjiāng	50506
翻搅	fānjiǎo	47129
翻旧账	fānjiùzhàng	55975
翻卷	fānjuǎn	30256
翻刻	fānkè	49047
翻来覆去	fānlái-fùqù	20377
翻脸	fānliǎn	21624
翻领	fānlǐng	38063
翻录	fānlù	51677
翻毛	fānmáo	47130
翻弄	fānnòng	35858
翻拍	fānpāi	48365
翻牌	fānpái	53439
翻盘	fānpán	10946
翻砂	fānshā	44542
翻晒	fānshài	51678
翻山越岭	fānshān-yuèlǐng	23167
翻身	fānshēn	8062
翻身仗	fānshēnzhàng	37324
翻腾	fānténg	20341
翻天	fāntiān	36006
翻天覆地	fāntiān-fùdì	14057
翻胃	fānwèi	55976
翻箱倒柜	fānxiāng-dǎoguì	33855
翻新	fānxīn	21259
翻修	fānxiū	28235
翻译	fānyì	2877
翻印	fānyìn	33203
翻涌	fānyǒng	39851
翻阅	fānyuè	13038
翻越	fānyuè	21076
翻云覆雨	fānyún-fùyǔ	46238
翻造	fānzào	56424
翻转	fānzhuǎn	26102
凡	fán	1748
凡尘	fánchén	48366
凡尔丁	fán'ěrdīng	54998
凡夫俗子	fánfū-súzǐ	36802
凡间	fánjiān	48679
凡例	fánlì	53974
凡人	fánrén	17344
凡士林	fánshìlín	50153
凡事	fánshì	10839
凡是	fánshì	3067
凡俗	fánsú	39429
凡响	fánxiǎng	47131
凡心	fánxīn	55977
凡庸	fányōng	50894
矾	fán	36976
矾土	fántǔ	54999
烦	fán	5950
烦愁	fánchóu	52961
烦劳	fánláo	46543
烦乱	fánluàn	31712
烦闷	fánmèn	17243
烦恼	fánnǎo	6343
烦请	fánqǐng	52523
烦扰	fánrǎo	38064
烦人	fánrén	27647
烦神	fánshén	55000
烦琐	fánsuǒ	42627
烦琐哲学	fánsuǒ zhéxué	53440
烦心	fánxīn	29223
烦忧	fányōu	43060
烦躁	fánzào	11211
樊	fán	13198
樊篱	fánlí	41385
樊笼	fánlóng	43318
繁	fán	7453
繁多	fánduō	12434
繁复	fánfù	23561
繁花似锦	fánhuā-sìjǐn	32955
繁华	fánhuá	7018
繁乱	fánluàn	55001
繁忙	fánmáng	8653
繁茂	fánmào	22292
繁密	fánmì	38808
繁难	fánnán	45062
繁荣	fánróng	1898
繁荣昌盛	fánróng-chāngshèng	15053
繁冗	fánrǒng	52524
繁缛	fánrù	48680
繁盛	fánshèng	25287
繁琐	fánsuǒ	16160
繁体	fántǐ	44792
繁体字	fántǐzì	33856
繁文缛节	fánwén-rùjié	43319
繁星	fánxīng	22558
繁衍	fányǎn	12215
繁育	fányù	11781
繁杂	fánzá	17194
繁殖	fánzhí	5975
繁重	fánzhòng	6869
反	fǎn	315
反霸	fǎnbà	34227
反败为胜	fǎnbàiwéishèng	28075
反绑	fǎnbǎng	40946
反比	fǎnbǐ	28653
反比例	fǎnbǐlì	53975
反驳	fǎnbó	11295
反哺	fǎnbǔ	24886
反侧	fǎncè	26887
反差	fǎnchā	12734
反常	fǎncháng	15159
反超	fǎnchāo	29316
反衬	fǎnchèn	35859
反刍	fǎnchú	34228
反串	fǎnchuàn	36481
反唇相讥	fǎnchún-xiāngjī	31713
反倒	fǎndào	6613
反调	fǎndiào	37156
反动	fǎndòng	5070
反动派	fǎndòngpài	9286
反对	fǎnduì	599
反对党	fǎnduìdǎng	11094
反而	fǎn'ér	2036
反方	fǎnfāng	47746
反腐	fǎnfǔ	7096
反腐倡廉	fǎnfǔ-chànglián	6240
反复	fǎnfù	2059
反复无常	fǎnfù-wúcháng	31347
反感	fǎngǎn	8348
反戈	fǎngē	40276
反戈一击	fǎngē-yījī	39227
反革命	fǎngémìng	6457
反攻	fǎngōng	14030

反攻倒算	fǎngōng-dàosuàn	50154
反躬自问	fǎngōng-zìwèn	46239
反古	fǎngǔ	45943
反骨	fǎngǔ	47747
反顾	fǎngù	18467
反观	fǎnguān	24545
反光	fǎnguāng	27041
反光镜	fǎnguāngjìng	37512
反话	fǎnhuà	44793
反悔	fǎnhuǐ	26166
反击	fǎnjī	8798
反击战	fǎnjīzhàn	46853
反剪	fǎnjiǎn	44543
反间	fǎnjiàn	51679
反间计	fǎnjiànjì	39649
反诘	fǎnjié	43827
反抗	fǎnkàng	5324
反客为主	fǎnkè-wéizhǔ	41607
反恐	fǎnkǒng	4696
反口	fǎnkǒu	55002
反馈	fǎnkuì	6365
反面	fǎnmiàn	12237
反目	fǎnmù	33571
反目成仇	fǎnmù-chéngchóu	46854
反扒	fǎnpá	40947
反派	fǎnpài	49418
反叛	fǎnpàn	21380
反扑	fǎnpū	24546
反其道而行之	fǎn qí dào ér xíng zhī	33572
反潜	fǎnqián	31714
反倾销	fǎnqīngxiāo	6689
反求诸己	fǎnqiúzhūjǐ	55003
反射	fǎnshè	8125
反身	fǎnshēn	38632
反噬	fǎnshì	44544
反手	fǎnshǒu	28847
反水	fǎnshuǐ	38435
反思	fǎnsī	6243
反诉	fǎnsù	40948
反锁	fǎnsuǒ	31129
反贪	fǎntān	22036
反弹	fǎntán	9437
反坦克炮	fǎntǎnkèpào	50507
反特	fǎntè	55978
反胃	fǎnwèi	39650
反问	fǎnwèn	10793
反诬	fǎnwū	46544
反响	fǎnxiǎng	4790
反向	fǎnxiàng	32417
反省	fǎnxǐng	8616
反咬一口	fǎnyǎo-yīkǒu	46240
反义词	fǎnyìcí	41836
反应	fǎnyìng	1374
反应堆	fǎnyìngduī	15710
反映	fǎnyìng	733
反右	fǎnyòu	20054
反语	fǎnyǔ	46545
反战	fǎnzhàn	40079
反掌	fǎnzhǎng	36651
反正	fǎnzhèng	34879
反正	fǎnzheng	7972
反证	fǎnzhèng	35111
反之	fǎnzhī	8115
反之亦然	fǎnzhī-yìrán	38425
反转	fǎnzhuǎn	41160
反转	fǎnzhuàn	43536
反作用	fǎnzuòyòng	23223
反坐	fǎnzuò	50895
返	fǎn	3646
返潮	fǎncháo	55979
返城	fǎnchéng	36163
返程	fǎnchéng	25094
返工	fǎngōng	30257
返航	fǎnháng	26474
返还	fǎnhuán	12055
返回	fǎnhuí	3399
返老还童	fǎnlǎo-huántóng	34956
返利	fǎnlì	47132
返贫	fǎnpín	34033
返聘	fǎnpìn	50896
返璞归真	fǎnpú-guīzhēn	42813
返迁	fǎnqiān	53976
返青	fǎnqīng	30039
返乡	fǎnxiāng	10691
返销	fǎnxiāo	36652
返销粮	fǎnxiāoliáng	50897
返校	fǎnxiào	24820
返修	fǎnxiū	43320
返照	fǎnzhào	35703
返祖	fǎnzǔ	46546
犯	fàn	1799
犯案	fàn'àn	43061
犯病	fànbìng	30808
犯不上	fànbushàng	28848
犯不着	fànbuzháo	22387
犯愁	fànchóu	22497
犯得上	fàndeshàng	55004
犯得着	fàndezháo	45944
犯嘀咕	fàndígu	37513
犯法	fànfǎ	13895
犯规	fànguī	16683
犯浑	fànhún	53441
犯急	fànjí	52525
犯忌	fànjì	40080
犯贱	fànjiàn	52099
犯戒	fànjiè	54476
犯禁	fànjìn	45063
犯困	fànkùn	46855
犯难	fànnán	28931
犯人	fànrén	8730
犯傻	fànshǎ	36164
犯上	fànshàng	41838
犯上作乱	fànshàng-zuòluàn	49419
犯事	fànshì	42543
犯疑	fànyí	41840
犯罪	fànzuì	1248
犯罪嫌疑人	fànzuì xiányírén	5472
饭	fàn	1492
饭菜	fàncài	9221
饭店	fàndiàn	2675
饭馆	fànguǎn	9222
饭锅	fànguō	35267
饭盒	fànhé	18190
饭局	fànjú	30258
饭口	fànkǒu	56425
饭粒	fànlì	37157
饭量	fànliàng	31589
饭囊	fànnáng	56426
饭票	fànpiào	38065
饭铺	fànpù	26542
饭钱	fànqián	28754
饭勺	fànsháo	52962
饭食	fànshí	24236
饭堂	fàntáng	33069
饭厅	fàntīng	21260
饭桶	fàntǒng	30809
饭碗	fànwǎn	8512

饭庄	fànzhuāng	26679
饭桌	fànzhuō	12546
泛	fàn	5111
泛称	fànchēng	43828
泛读	fàndú	55005
泛泛	fànfàn	25355
泛泛而谈	fànfàn'értán	52526
泛化	fànhuà	55980
泛滥	fànlàn	8027
泛论	fànlùn	48681
泛起	fànqǐ	13879
泛酸	fànsuān	53442
泛指	fànzhǐ	28399
泛舟	fànzhōu	29506
范	fàn	4795
范本	fànběn	29721
范畴	fànchóu	6163
范例	fànlì	13376
范围	fànwéi	902
范文	fànwén	33070
贩	fàn	9898
贩毒	fàndú	9034
贩黄	fànhuáng	35554
贩假	fànjiǎ	45636
贩卖	fànmài	10252
贩私	fànsī	43829
贩运	fànyùn	16221
贩子	fànzi	14722
梵文	Fànwén	33573
梵语	Fànyǔ	43537
方	fāng	372
方案	fāng'àn	1357
方便	fāngbiàn	1338
方便面	fāngbiànmiàn	15248
方步	fāngbù	38066
方才	fāngcái	6662
方程	fāngchéng	9918
方尺	fāngchǐ	50508
方寸	fāngcùn	23889
方凳	fāngdèng	31028
方队	fāngduì	24367
方法	fāngfǎ	393
方法论	fāngfǎlùn	9259
方方面面	fāngfāngmiànmiàn	8333
方剂	fāngjì	36007
方家	fāngjiā	32059
方块	fāngkuài	27109
方块字	fāngkuàizì	36325
方框	fāngkuàng	40081
方领	fānglǐng	54477
方略	fānglüè	6812
方面	fāngmiàn	144
方面军	fāngmiànjūn	9514
方能	fāngnéng	17019
方士	fāngshì	22649
方式	fāngshì	387
方术	fāngshù	35268
方糖	fāngtáng	49420
方外	fāngwài	44545
方位	fāngwèi	11619
方向	fāngxiàng	674
方向舵	fāngxiàngduò	53977
方向盘	fāngxiàngpán	20417
方向性	fāngxiàngxìng	27982
方兴未艾	fāngxīng-wèi'ài	16373
方形	fāngxíng	19793
方言	fāngyán	8424
方药	fāngyào	22239
方音	fāngyīn	43830
方圆	fāngyuán	12564
方丈	fāngzhàng	37514
方丈	fāngzhang	32956
方针	fāngzhēn	1449
方阵	fāngzhèn	19903
方正	fāngzhèng	15249
方志	fāngzhì	34381
方舟	fāngzhōu	28157
方砖	fāngzhuān	34527
方桌	fāngzhuō	14092
方子	fāngzi	21987
坊间	fāngjiān	41386
芳草	fāngcǎo	20659
芳菲	fāngfēi	35269
芳邻	fānglín	44794
芳龄	fānglíng	45637
芳名	fāngmíng	33857
芳容	fāngróng	43321
芳香	fāngxiāng	14510
芳心	fāngxīn	34528
芳馨	fāngxīn	49048
芳泽	fāngzé	45064
芳姿	fāngzī	50509
防	fáng	1638
防暴	fángbào	19979
防暴警察	fángbào jǐngchá	40949
防备	fángbèi	11999
防病	fángbìng	14553
防波堤	fángbōdī	45945
防不胜防	fángbùshèngfáng	22826
防潮	fángcháo	30259
防尘	fángchén	35431
防弹	fángdàn	44320
防弹衣	fángdànyī	43831
防盗	fángdào	18112
防盗门	fángdàomén	33574
防盗锁	fángdàosuǒ	52100
防地	fángdì	42814
防冻	fángdòng	34229
防毒	fángdú	35112
防毒面具	fángdú miànjù	41608
防范	fángfàn	3538
防风	fángfēng	20174
防风林	fángfēnglín	43832
防腐	fángfǔ	20020
防腐剂	fángfǔjì	31940
防寒	fánghán	28482
防寒服	fánghánfú	40950
防旱	fánghàn	42061
防洪	fánghóng	7825
防洪堤	fánghóngdī	39430
防护	fánghù	6196
防护堤	fánghùdī	55006
防护林	fánghùlín	9459
防护罩	fánghùzhào	49421
防滑链	fánghuáliàn	53443
防化兵	fánghuàbīng	47425
防化服	fánghuàfú	53444
防患	fánghuàn	19481
防患未然	fánghuàn-wèirán	45946
防火	fánghuǒ	8422
防火墙	fánghuǒqiáng	25418
防空	fángkōng	9561
防空洞	fángkōngdòng	24105
防空壕	fángkōngháo	47426
防控	fángkòng	11987
防老	fánglǎo	43538
防涝	fánglào	53445
防凌	fánglíng	41387

防区	fángqū	27821
防沙林	fángshālín	53978
防身	fángshēn	34957
防渗	fángshèn	21331
防守	fángshǒu	6478
防暑	fángshǔ	46241
防水	fángshuǐ	21465
防水层	fángshuǐcéng	51680
防微杜渐	fángwēi-dùjiàn	26310
防伪	fángwěi	13656
防卫	fángwèi	12253
防卫过当	fángwèi guòdàng	54478
防污	fángwū	36165
防务	fángwù	10180
防线	fángxiàn	7910
防锈	fángxiù	38234
防汛	fángxùn	8126
防疫	fángyì	8188
防疫站	fángyìzhàn	26680
防疫针	fángyìzhēn	47427
防御	fángyù	4446
防灾	fángzāi	13287
防震	fángzhèn	21122
防止	fángzhǐ	1860
防治	fángzhì	2064
防皱	fángzhòu	55007
防蛀	fángzhù	45065
妨碍	fáng'ài	6308
妨害	fánghài	18423
妨事	fángshì	43322
房	fáng	1170
房补	fángbǔ	40778
房产	fángchǎn	9485
房颤	fángchàn	36166
房车	fángchē	43062
房地产	fángdìchǎn	4773
房顶	fángdǐng	15176
房东	fángdōng	10848
房费	fángfèi	41161
房改	fánggǎi	20206
房管	fángguǎn	26167
房管所	fángguǎnsuǒ	44795
房基	fángjī	45342
房脊	fángjǐ	40500
房间	fángjiān	2275
房客	fángkè	27900
房梁	fángliáng	32559
房门	fángmén	6188
房奴	fángnú	26825
房企	fángqǐ	6712
房契	fángqì	40277
房钱	fángqián	29825
房山	fángshān	31233
房舍	fángshè	21754
房市	fángshì	14056
房事	fángshì	45066
房贴	fángtiē	56693
房屋	fángwū	2495
房檐	fángyán	22827
房源	fángyuán	34958
房主	fángzhǔ	21796
房子	fángzi	1441
房租	fángzū	14807
仿	fǎng	9770
仿佛	fǎngfú	1480
仿古	fǎnggǔ	25095
仿建	fǎngjiàn	54479
仿冒	fǎngmào	29224
仿皮	fǎngpí	55533
仿生	fǎngshēng	47133
仿生学	fǎngshēngxué	50510
仿宋体	fǎngsòngtǐ	53979
仿效	fǎngxiào	18785
仿行	fǎngxíng	45947
仿造	fǎngzào	32173
仿照	fǎngzhào	25674
仿真	fǎngzhēn	15529
仿制	fǎngzhì	21854
访	fǎng	2382
访查	fǎngchá	47134
访古	fǎnggǔ	42062
访旧	fǎngjiù	55534
访客	fǎngkè	39852
访贫问苦	fǎngpín-wènkǔ	28483
访求	fǎngqiú	42063
访谈	fǎngtán	10752
访问	fǎngwèn	1443
访问学者	fǎngwèn xuézhě	29929
访寻	fǎngxún	52527
访友	fǎngyǒu	27408
纺	fǎng	14031
纺车	fǎngchē	31831
纺绸	fǎngchóu	39431
纺锤	fǎngchuí	42308
纺锭	fǎngdìng	49422
纺机	fǎngjī	46547
纺纱	fǎngshā	28400
纺丝	fǎngsī	49423
纺线	fǎngxiàn	36167
纺织	fǎngzhī	5124
纺织娘	fǎngzhīniáng	48682
纺织品	fǎngzhīpǐn	6944
放	fàng	425
放暗箭	fàng'ànjiàn	52963
放榜	fàngbǎng	53446
放达	fàngdá	46242
放大	fàngdà	9035
放大镜	fàngdàjìng	23168
放大炮	fàngdàpào	53980
放大器	fàngdàqì	37884
放贷	fàngdài	22293
放胆	fàngdǎn	25029
放荡	fàngdàng	23405
放荡不羁	fàngdàng-bùjī	44546
放电	fàngdiàn	22388
放刁	fàngdiāo	55981
放毒	fàngdú	45343
放飞	fàngfēi	17900
放风	fàngfēng	31348
放歌	fànggē	28158
放工	fànggōng	42815
放光	fàngguāng	22964
放虎归山	fànghǔ-guīshān	47748
放话	fànghuà	49815
放怀	fànghuái	49049
放还	fànghuán	34529
放活	fànghuó	22440
放火	fànghuǒ	14674
放假	fàngjià	10849
放开	fàngkāi	5252
放开手脚	fàngkāi-shǒujiǎo	34230
放空	fàngkōng	41609
放空炮	fàngkōngpào	50511
放宽	fàngkuān	7857
放款	fàngkuǎn	28849
放浪	fànglàng	32821
放浪形骸	fànglàng-xínghái	42816
放冷箭	fànglěngjiàn	50512

放量	fàngliàng	13112
放疗	fàngliáo	31130
放慢	fàngmàn	10919
放牧	fàngmù	12874
放牛娃	fàngniúwá	39432
放排	fàngpái	55982
放炮	fàngpào	21942
放屁	fàngpì	17220
放弃	fàngqì	2008
放枪	fàngqiāng	30588
放青	fàngqīng	55008
放情	fàngqíng	53981
放晴	fàngqíng	32418
放权	fàngquán	29225
放任	fàngrèn	18217
放任自流	fàngrèn-zìliú	25967
放哨	fàngshào	25905
放射	fàngshè	10779
放射病	fàngshèbìng	55983
放射线	fàngshèxiàn	33858
放射性	fàngshèxìng	9742
放射源	fàngshèyuán	33575
放生	fàngshēng	28755
放声	fàngshēng	11180
放手	fàngshǒu	10429
放水	fàngshuǐ	19573
放私	fàngsī	53447
放肆	fàngsì	14868
放松	fàngsōng	4245
放送	fàngsòng	46243
放线	fàngxiàn	39433
放像机	fàngxiàngjī	52528
放心	fàngxīn	1581
放行	fàngxíng	14058
放学	fàngxué	10028
放血	fàngxiě	41841
放眼	fàngyǎn	11928
放羊	fàngyáng	22559
放养	fàngyǎng	15766
放映	fàngyìng	8453
放映机	fàngyìngjī	40082
放债	fàngzhài	41842
放账	fàngzhàng	52101
放赈	fàngzhèn	32822
放置	fàngzhì	12975
放逐	fàngzhú	23841
放纵	fàngzòng	15962
飞	fēi	850
飞报	fēibào	32560
飞奔	fēibēn	15344
飞镖	fēibiāo	29722
飞播	fēibō	28401
飞车	fēichē	32060
飞驰	fēichí	16854
飞虫	fēichóng	42309
飞船	fēichuán	5175
飞弹	fēidàn	47428
飞地	fēidì	39651
飞递	fēidì	55009
飞碟	fēidié	18587
飞渡	fēidù	37885
飞短流长	fēiduǎn-liúcháng	49425
飞蛾	fēi'é	32957
飞赴	fēifù	28402
飞红	fēihóng	35555
飞花	fēihuā	39014
飞黄腾达	fēihuáng-téngdá	32823
飞蝗	fēihuáng	33204
飞机	fēijī	1136
飞机场	fēijīchǎng	24237
飞溅	fēijiàn	21261
飞跨	fēikuà	51284
飞快	fēikuài	9542
飞来横祸	fēilái-hènghuò	47749
飞临	fēilín	37886
飞掠	fēilüè	47135
飞轮	fēilún	34959
飞落	fēiluò	35860
飞毛腿	fēimáotuǐ	34104
飞沫	fēimò	37325
飞鸟	fēiniǎo	21172
飞盘	fēipán	52964
飞跑	fēipǎo	17801
飞瀑	fēipù	32061
飞禽	fēiqín	34231
飞禽走兽	fēiqín-zǒushòu	35704
飞泉	fēiquán	52102
飞人	fēirén	28076
飞洒	fēisǎ	54480
飞散	fēisàn	38633
飞沙走石	fēishā-zǒushí	40725
飞身	fēishēn	29417
飞升	fēishēng	27478
飞驶	fēishǐ	39015
飞逝	fēishì	36977
飞速	fēisù	9066
飞腾	fēiténg	27409
飞天	fēitiān	14783
飞天奖	Fēitiānjiǎng	44547
飞艇	fēitǐng	33448
飞吻	fēiwěn	45638
飞舞	fēiwǔ	12254
飞翔	fēixiáng	10132
飞泻	fēixiè	49050
飞行	fēixíng	2840
飞行器	fēixíngqì	20130
飞行员	fēixíngyuán	8746
飞絮	fēixù	45344
飞旋	fēixuán	32174
飞雪	fēixuě	28756
飞檐	fēiyán	27648
飞檐走壁	fēiyán-zǒubì	43063
飞眼	fēiyǎn	49426
飞扬	fēiyáng	10181
飞扬跋扈	fēiyáng-báhù	40951
飞鱼	fēiyú	29418
飞跃	fēiyuè	6400
飞越	fēiyuè	17565
飞贼	fēizéi	48683
飞涨	fēizhǎng	29723
飞针走线	fēizhēn-zǒuxiàn	50513
飞舟	fēizhōu	47429
飞转	fēizhuàn	39228
妃子	fēizi	25223
非	fēi	185
非常	fēicháng	253
非此即彼	fēicǐ-jíbǐ	36978
非但	fēidàn	10856
非得	fēiděi	12034
非典型肺炎	fēidiǎnxíng fèiyán	4812
非独	fēidú	51285
非法	fēifǎ	2299
非凡	fēifán	9554
非分	fēifèn	34960
非婚生	fēihūnshēng	48684
非金属	fēijīnshǔ	20794
非礼	fēilǐ	28159
非驴非马	fēilǘ-fēimǎ	51286

非卖品	fēimàipǐn	55010
非命	fēimìng	29826
非难	fēinàn	34657
非亲非故	fēiqīn-fēigù	41610
非人	fēirén	30471
非特	fēitè	45067
非同凡响	fēitóng-fánxiǎng	49051
非同小可	fēitóng-xiǎokě	23406
非同寻常	fēitóng-xúncháng	19574
非同一般	fēitóng-yībān	22693
非要	fēiyào	8897
非遗	fēiyí	15169
非议	fēiyì	17626
非职务发明	fēizhíwù fāmíng	52965
非洲	Fēizhōu	1863
菲菲	fēifēi	23617
菲律宾	Fēilǜbīn	5220
绯红	fēihóng	22081
绯闻	fēiwén	31941
扉页	fēiyè	25356
蜚声	fēishēng	24547
霏霏	fēifēi	26390
鲱鱼	fēiyú	52103
肥	féi	3246
肥差	féichāi	49816
肥肠	féicháng	54481
肥大	féidà	17585
肥厚	féihòu	30040
肥力	féilì	24368
肥料	féiliào	7969
肥美	féiměi	31131
肥嫩	féinèn	46856
肥腻	féinì	54482
肥胖	féipàng	12583
肥胖症	féipàngzhèng	35556
肥缺	féiquē	44548
肥肉	féiròu	19603
肥实	féishi	51287
肥瘦	féishòu	42544
肥水	féishuǐ	26233
肥硕	féishuò	32824
肥田	féitián	42064
肥头大耳	féitóu-dà'ěr	43539
肥土	féitǔ	52529
肥沃	féiwò	15160
肥效	féixiào	36482
肥腴	féiyú	55011
肥源	féiyuán	55984
肥皂	féizào	14705
肥皂剧	féizàojù	48685
肥皂泡	féizàopào	32062
肥壮	féizhuàng	34658
腓骨	féigǔ	55012
匪	fěi	7074
匪帮	fěibāng	41162
匪巢	fěicháo	55535
匪盗	fěidào	52104
匪患	fěihuàn	50898
匪祸	fěihuò	52105
匪军	fěijūn	32175
匪首	fěishǒu	33343
匪徒	fěitú	20531
匪夷所思	fěiyísuǒsī	30927
诽谤	fěibàng	18159
菲薄	fěibó	36803
悱恻	fěicè	38634
斐然	fěirán	23360
榧子	fěizi	48686
翡翠	fěicuì	15690
吠	fèi	15321
肺	fèi	6239
肺病	fèibìng	20795
肺腑	fèifǔ	19312
肺腑之言	fèifǔzhīyán	26681
肺活量	fèihuóliàng	32561
肺结核	fèijiéhé	18139
肺泡	fèipào	32176
肺气肿	fèiqìzhǒng	35270
肺水肿	fèishuǐzhǒng	45068
肺心病	fèixīnbìng	46857
肺炎	fèiyán	4338
肺叶	fèiyè	39229
肺脏	fèizàng	43064
狒狒	fèifèi	50899
废	fèi	3566
废弛	fèichí	40501
废除	fèichú	9413
废黜	fèichù	40083
废话	fèihuà	11965
废旧	fèijiù	10092
废料	fèiliào	21943
废票	fèipiào	44796
废品	fèipǐn	14003
废品率	fèipǐnlǜ	52966
废品站	fèipǐnzhàn	53448
废气	fèiqì	14651
废弃	fèiqì	11382
废寝忘食	fèiqǐn-wàngshí	30472
废人	fèirén	37887
废水	fèishuǐ	9090
废铁	fèitiě	29827
废铜烂铁	fèitóng-làntiě	52530
废物	fèiwù	4798
废物	fèiwu	20875
废墟	fèixū	10489
废液	fèiyè	33859
废油	fèiyóu	41388
废渣	fèizhā	22965
废止	fèizhǐ	9702
废纸	fèizhǐ	16753
废置	fèizhì	45346
沸	fèi	14808
沸点	fèidiǎn	24369
沸反盈天	fèifǎn-yíngtiān	53982
沸沸扬扬	fèifèiyángyáng	18498
沸热	fèirè	55013
沸水	fèishuǐ	32562
沸腾	fèiténg	9203
费	fèi	1015
费工	fèigōng	44321
费话	fèihuà	39434
费解	fèijiě	18727
费尽心机	fèijìn-xīnjī	31029
费尽心思	fèijìn-xīnsi	43833
费尽心血	fèijìn-xīnxuè	47136
费劲	fèijìn	18966
费口舌	fèikǒushé	44071
费力	fèilì	12000
费钱	fèiqián	31349
费神	fèishén	34232
费时	fèishí	18306
费事	fèishì	20207
费手脚	fèishǒujiǎo	56427
费心	fèixīn	19942
费用	fèiyong	1787
痱子	fèizi	39652
痱子粉	fèizifěn	53983
分	fēn	168

分贝	fēnbèi	26972
分崩离析	fēnbēng-líxī	39230
分辨	fēnbiàn	10968
分辨率	fēnbiànlǜ	17127
分辩	fēnbiàn	16222
分别	fēnbié	701
分兵	fēnbīng	14423
分拨	fēnbō	36804
分布	fēnbù	2466
分部	fēnbù	20732
分餐	fēncān	43650
分餐制	fēncānzhì	35705
分册	fēncè	37701
分层	fēncéng	19187
分杈	fēnchà	56428
分厂	fēnchǎng	18942
分成	fēnchéng	6330
分寸	fēncun	17627
分担	fēndān	13136
分道扬镳	fēndào-yángbiāo	28160
分得	fēndé	17074
分店	fēndiàn	20418
分队	fēnduì	11383
分而治之	fēn'érzhìzhī	48048
分发	fēnfā	14261
分肥	fēnféi	49817
分赴	fēnfù	11838
分割	fēngē	6785
分隔	fēngé	22742
分工	fēngōng	4497
分管	fēnguǎn	7509
分行	fēnháng	6118
分毫	fēnháo	36483
分号	fēnhào	40279
分红	fēnhóng	12282
分洪	fēnhóng	28654
分户	fēnhù	27822
分化	fēnhuà	6927
分会	fēnhuì	11599
分机	fēnjī	43834
分级	fēnjí	10278
分家	fēnjiā	14137
分拣	fēnjiǎn	31715
分解	fēnjiě	5485
分界	fēnjiè	27983
分界线	fēnjièxiàn	19664
分镜头	fēnjìngtóu	52106
分居	fēnjū	16732
分局	fēnjú	4060
分句	fēnjù	52531
分科	fēnkē	31132
分类	fēnlèi	3039
分厘	fēnlí	56429
分离	fēnlí	3000
分离器	fēnlíqì	51288
分立	fēnlì	16416
分利	fēnlì	50900
分列	fēnliè	16911
分列式	fēnlièshì	47430
分裂	fēnliè	2344
分流	fēnliú	6651
分路	fēnlù	31942
分门别类	fēnmén-biélèi	25096
分米	fēnmǐ	55985
分泌	fēnmì	11477
分娩	fēnmiǎn	14262
分秒	fēnmiǎo	37888
分秒必争	fēnmiǎo-bìzhēng	38635
分明	fēnmíng	4462
分母	fēnmǔ	38636
分蘖	fēnniè	28077
分派	fēnpài	21381
分配	fēnpèi	1311
分批	fēnpī	11747
分片	fēnpiàn	27042
分期	fēnqī	11452
分歧	fēnqí	4384
分清	fēnqīng	14960
分区	fēnqū	12697
分权	fēnquán	23317
分群	fēnqún	48367
分散	fēnsàn	3768
分设	fēnshè	24821
分社	fēnshè	19759
分身	fēnshēn	32063
分神	fēnshén	43065
分式	fēnshì	56430
分手	fēnshǒu	7965
分属	fēnshǔ	26682
分数	fēnshù	9919
分数线	fēnshùxiàn	23954
分水岭	fēnshuǐlǐng	22743
分税制	fēnshuìzhì	31716
分说	fēnshuō	17543
分送	fēnsòng	23562
分摊	fēntān	18553
分庭抗礼	fēntíng-kànglǐ	35706
分头	fēntóu	10182
分文	fēnwén	19904
分析	fēnxī	716
分享	fēnxiǎng	7362
分晓	fēnxiǎo	38426
分校	fēnxiào	16161
分心	fēnxīn	26103
分野	fēnyě	32177
分忧	fēnyōu	19366
分院	fēnyuàn	14240
分赃	fēnzāng	36484
分账	fēnzhàng	45639
分针	fēnzhēn	49427
分支	fēnzhī	8063
分值	fēnzhí	45640
分钟	fēnzhōng	904
分子	fēnzǐ	11370
分子式	fēnzǐshì	53449
芬芳	fēnfāng	13393
吩咐	fēnfù	5425
纷呈	fēnchéng	28932
纷繁	fēnfán	14923
纷飞	fēnfēi	22082
纷纷	fēnfēn	1153
纷纷扬扬	fēnfēnyángyáng	27329
纷乱	fēnluàn	15902
纷扰	fēnrǎo	29011
纷纭	fēnyún	27043
纷杂	fēnzá	43835
纷争	fēnzhēng	15427
纷至沓来	fēnzhì-tàlái	17050
氛围	fēnwéi	3442
坟	fén	6318
坟场	fénchǎng	36168
坟地	féndì	17221
坟堆	fénduī	35113
坟墓	fénmù	10636
坟丘	fénqiū	43836
坟山	fénshān	46858
坟头	féntóu	19690
坟茔	fényíng	36485

坟冢	fénzhǒng	50155
焚	fén	9933
焚化	fénhuà	33071
焚毁	fénhuǐ	20304
焚掠	fénlüè	37889
焚烧	fénshāo	10947
焚尸	fénshī	41843
焚书坑儒	fénshū-kēngrú	45347
焚香	fénxiāng	25752
粉	fěn	4092
粉白	fěnbái	36805
粉笔	fěnbǐ	18251
粉彩	fěncǎi	38235
粉肠	fěncháng	55986
粉尘	fěnchén	15387
粉刺	fěncì	38067
粉黛	fěndài	39016
粉雕玉琢	fěndiāo-yùzhuó	55536
粉蝶	fěndié	51289
粉坊	fěnfáng	55537
粉盒	fěnhé	48687
粉红	fěnhóng	15976
粉剂	fěnjì	33344
粉末	fěnmò	15282
粉墨登场	fěnmò-dēngchǎng	34382
粉嫩	fěnnèn	45348
粉皮	fěnpí	36169
粉扑儿	fěnpūr	48368
粉墙	fěnqiáng	30041
粉色	fěnsè	25906
粉身碎骨	fěnshēn-suìgǔ	25907
粉饰	fěnshì	23120
粉刷	fěnshuā	23520
粉丝	fěnsī	24548
粉碎	fěnsuì	6381
粉碎机	fěnsuìjī	36326
粉碎性	fěnsuìxìng	44797
粉条	fěntiáo	28313
粉团	fěntuán	53984
粉状	fěnzhuàng	38427
分量	fènliàng	6511
分内	fènnèi	25675
分外	fènwài	9834
分子	fènzǐ	949
份	fèn	490
份儿	fènr	10906
份额	fèn'é	5799
份儿菜	fènrcài	54483
份儿饭	fènrfàn	50514
份子	fènzi	24054
份子钱	fènziqián	55014
奋笔疾书	fènbǐ-jíshū	42817
奋臂	fènbì	49428
奋不顾身	fènbùgùshēn	20261
奋斗	fèndòu	1708
奋发	fènfā	13804
奋发图强	fènfā-túqiáng	18218
奋发向上	fènfā-xiàngshàng	22650
奋发有为	fènfā-yǒuwéi	14900
奋飞	fènfēi	42545
奋击	fènjī	35861
奋激	fènjī	52107
奋进	fènjìn	9670
奋力	fènlì	7575
奋勉	fènmiǎn	52967
奋起	fènqǐ	14321
奋起直追	fènqǐ-zhízhuī	30810
奋然	fènrán	27110
奋勇	fènyǒng	11708
奋勇当先	fènyǒng-dāngxiān	51681
奋战	fènzhàn	7031
奋争	fènzhēng	37515
粪	fèn	7035
粪便	fènbiàn	12312
粪车	fènchē	40952
粪池	fènchí	45948
粪堆	fènduī	36486
粪肥	fènféi	35432
粪坑	fènkēng	33577
粪筐	fènkuāng	55987
粪桶	fèntǒng	34792
粪土	fèntǔ	33205
愤愤不平	fènfèn-bùpíng	23563
愤恨	fènhèn	17321
愤激	fènjī	26234
愤慨	fènkǎi	10308
愤懑	fènmèn	21574
愤怒	fènnù	4851
愤青	fènqīng	32448
愤然	fènrán	19631
愤世嫉俗	fènshì-jísú	34105
丰	fēng	4778
丰碑	fēngbēi	10907
丰采	fēngcǎi	34793
丰产	fēngchǎn	15428
丰富	fēngfù	866
丰富多彩	fēngfù-duōcǎi	5572
丰功伟绩	fēnggōng-wěijì	15404
丰厚	fēnghòu	8571
丰满	fēngmǎn	10659
丰茂	fēngmào	39853
丰美	fēngměi	32687
丰年	fēngnián	23169
丰沛	fēngpèi	32419
丰歉	fēngqiàn	49052
丰饶	fēngráo	32825
丰润	fēngrùn	31133
丰盛	fēngshèng	15429
丰收	fēngshōu	5092
丰硕	fēngshuò	7548
丰胸	fēngxiōng	31784
丰衣足食	fēngyī-zúshí	29828
丰盈	fēngyíng	31234
丰腴	fēngyú	23468
丰裕	fēngyù	39854
丰姿	fēngzī	36806
丰足	fēngzú	44322
风	fēng	472
风暴	fēngbào	6873
风波	fēngbō	9428
风采	fēngcǎi	5697
风餐露宿	fēngcān-lùsù	28933
风潮	fēngcháo	14554
风车	fēngchē	18687
风尘	fēngchén	20954
风尘仆仆	fēngchén-púpú	22190
风驰电掣	fēngchí-diànchè	23786
风传	fēngchuán	36979
风吹草动	fēngchuī-cǎodòng	30589
风吹日晒	fēngchuī-rìshài	35862
风吹雨打	fēngchuī-yǔdǎ	31134
风吹雨淋	fēngchuī-yǔlín	47750
风挡	fēngdǎng	41389
风刀霜剑	fēngdāo-shuāngjiàn	55538
风道	fēngdào	49429
风灯	fēngdēng	49430
风笛	fēngdí	30590

风电	fēngdiàn	8709
风洞	fēngdòng	27250
风斗	fēngdǒu	49431
风度	fēngdù	9173
风度翩翩	fēngdù-piānpiān	29604
风发	fēngfā	24435
风帆	fēngfān	22441
风范	fēngfàn	12592
风风火火	fēngfēnghuǒhuǒ	23071
风风雨雨	fēngfēngyǔyǔ	17848
风干	fēnggān	29605
风镐	fēnggǎo	54484
风格	fēnggé	1895
风骨	fēnggǔ	23170
风光	fēngguāng	4845
风光	fēngguang	46983
风光片	fēngguāngpiàn	53450
风光旖旎	fēngguāng-yǐnǐ	32958
风寒	fēnghán	24370
风和日丽	fēnghé-rìlì	27251
风花雪月	fēng-huā-xuě-yuè	32178
风华	fēnghuá	39653
风华正茂	fēnghuá-zhèngmào	27901
风化	fēnghuà	18648
风火墙	fēnghuǒqiáng	55015
风纪	fēngjì	35433
风纪扣	fēngjìkòu	44798
风景	fēngjǐng	3408
风景点	fēngjǐngdiǎn	40727
风景画	fēngjǐnghuà	26046
风景区	fēngjǐngqū	6649
风景如画	fēngjǐng-rúhuà	30928
风镜	fēngjìng	52532
风卷残云	fēngjuǎn-cányún	43066
风口	fēngkǒu	25753
风口浪尖	fēngkǒu-làngjiān	39855
风浪	fēnglàng	10443
风雷	fēngléi	32688
风力	fēnglì	4267
风凉	fēngliáng	39017
风凉话	fēngliánghuà	33722
风铃	fēnglíng	31943
风流	fēngliú	9694
风流人物	fēngliú rénwù	36840
风流倜傥	fēngliú-tìtǎng	40280
风流云散	fēngliú-yúnsàn	51290
风流韵事	fēngliú yùnshì	41611
风马牛不相及	fēng mǎ niú bù xiāngjí	32420
风帽	fēngmào	43540
风貌	fēngmào	5564
风门	fēngmén	43542
风靡	fēngmǐ	20021
风靡一时	fēngmǐ-yīshí	40084
风磨	fēngmò	53985
风能	fēngnéng	15430
风派	fēngpài	54485
风平浪静	fēngpíng-làngjìng	27571
风起云涌	fēngqǐ-yúnyǒng	22131
风气	fēngqì	4606
风墙	fēngqiáng	53986
风琴	fēngqín	30591
风情	fēngqíng	6020
风趣	fēngqù	12358
风圈	fēngquān	51291
风骚	fēngsāo	23469
风色	fēngsè	46548
风沙	fēngshā	7708
风扇	fēngshàn	29226
风尚	fēngshàng	8717
风声	fēngshēng	10672
风声鹤唳	fēngshēng-hèlì	40953
风湿	fēngshī	31944
风湿病	fēngshībìng	30812
风蚀	fēngshí	24960
风势	fēngshì	30592
风霜	fēngshuāng	23787
风水	fēngshuǐ	13377
风俗	fēngsú	7421
风俗画	fēngsúhuà	37703
风速	fēngsù	12842
风瘫	fēngtān	55016
风涛	fēngtāo	46549
风调雨顺	fēngtiáo-yǔshùn	26475
风头	fēngtou	15650
风土	fēngtǔ	34794
风味	fēngwèi	13785
风闻	fēngwén	29012
风物	fēngwù	24371
风习	fēngxí	39018
风险	fēngxiǎn	1972
风箱	fēngxiāng	21797
风向	fēngxiàng	6364
风向标	fēngxiàngbiāo	34383
风行	fēngxíng	20955
风行一时	fēngxíng-yīshí	36487
风雪	fēngxuě	11231
风雪交加	fēngxuě-jiāojiā	45641
风压	fēngyā	43323
风雅	fēngyǎ	21262
风烟	fēngyān	49053
风言风语	fēngyán-fēngyǔ	34106
风衣	fēngyī	22781
风油精	fēngyóujīng	48369
风雨	fēngyǔ	5569
风雨交加	fēngyǔ-jiāojiā	39435
风雨飘摇	fēngyǔ-piāoyáo	31030
风雨如晦	fēngyǔ-rúhuì	49818
风雨如磐	fēngyǔ-rúpán	48688
风雨同舟	fēngyǔ-tóngzhōu	26311
风雨无阻	fēngyǔ-wúzǔ	29507
风雨衣	fēngyǔyī	52108
风源	fēngyuán	53451
风月	fēngyuè	28655
风云	fēngyún	8490
风云变幻	fēngyún-biànhuàn	13706
风云人物	fēngyún rénwù	27111
风云突变	fēngyún-tūbiàn	37158
风韵	fēngyùn	18032
风灾	fēngzāi	40087
风疹	fēngzhěn	48689
风筝	fēngzheng	8094
风致	fēngzhì	41390
风烛残年	fēngzhú-cánnián	42818
风姿	fēngzī	21213
风姿绰约	fēngzī-chuòyuē	42546
风钻	fēngzuàn	49054
枫	fēng	19188
枫树	fēngshù	21894
枫叶	fēngyè	27252
封	fēng	1050
封笔	fēngbǐ	50515
封闭	fēngbì	5138
封闭式	fēngbìshì	16043
封闭性	fēngbìxìng	35863
封存	fēngcún	17407
封底	fēngdǐ	34384

封顶	fēngdǐng	24961
封冻	fēngdòng	28403
封堵	fēngdǔ	11169
封港	fēnggǎng	53452
封官许愿	fēngguān-xǔyuàn	46859
封航	fēngháng	55539
封号	fēnghào	35114
封河	fēnghé	51292
封火	fēnghuǒ	52533
封建	fēngjiàn	3578
封建主	fēngjiànzhǔ	45349
封建主义	fēngjiàn zhǔyì	13880
封疆	fēngjiāng	30473
封镜	fēngjìng	49432
封口	fēngkǒu	33206
封门	fēngmén	42065
封面	fēngmiàn	11905
封皮	fēngpí	36653
封妻荫子	fēngqī-yìnzǐ	51293
封杀	fēngshā	28078
封山	fēngshān	19511
封山育林	fēngshān yùlín	16533
封赏	fēngshǎng	29317
封锁	fēngsuǒ	6173
封锁线	fēngsuǒxiàn	33449
封套	fēngtào	38809
封条	fēngtiáo	26888
封装	fēngzhuāng	36008
疯	fēng	5606
疯癫	fēngdiān	39654
疯疯癫癫	fēngfēngdiāndiān	46860
疯狗	fēnggǒu	33860
疯话	fēnghuà	37516
疯狂	fēngkuáng	5656
疯魔	fēngmó	43543
疯牛病	fēngniúbìng	12783
疯人	fēngrén	44799
疯人院	fēngrényuàn	40502
疯长	fēngzhǎng	37517
疯子	fēngzi	10701
峰	fēng	4567
峰巅	fēngdiān	39856
峰顶	fēngdǐng	22191
峰回路转	fēnghuí-lùzhuǎn	35115
峰会	fēnghuì	6531
峰峦	fēngluán	27044
峰值	fēngzhí	31717
烽火	fēnghuǒ	17380
烽火台	fēnghuǒtái	36807
烽燧	fēngsuì	52968
烽烟	fēngyān	29606
锋快	fēngkuài	55017
锋利	fēnglì	15199
锋芒	fēngmáng	18364
锋芒毕露	fēngmáng-bìlù	42547
锋刃	fēngrèn	38637
蜂	fēng	11384
蜂巢	fēngcháo	36488
蜂毒	fēngdú	56432
蜂房	fēngfáng	37704
蜂胶	fēngjiāo	50156
蜂蜡	fēnglà	54486
蜂蜜	fēngmì	21263
蜂起	fēngqǐ	32563
蜂群	fēngqún	42548
蜂乳	fēngrǔ	55018
蜂王	fēngwáng	36489
蜂王浆	fēngwángjiāng	45949
蜂窝	fēngwō	21123
蜂窝煤	fēngwōméi	36170
蜂箱	fēngxiāng	44800
蜂腰	fēngyāo	52969
蜂拥	fēngyōng	23669
蜂拥而上	fēngyōng'érshàng	37890
蜂拥而至	fēngyōng'érzhì	25968
冯	Féng	6059
逢	féng	6640
逢场作戏	féngchǎng-zuòxì	32179
逢集	féngjí	52109
逢凶化吉	féngxiōng-huàjí	38236
逢迎	féngyíng	30260
缝	féng	3744
缝补	féngbǔ	30929
缝合	fénghé	23171
缝合线	fénghéxiàn	53987
缝穷	féngqióng	54487
缝纫	féngrèn	23407
缝纫机	féngrènjī	19283
缝线	féngxiàn	49433
缝衣	féngyī	35434
缝制	féngzhì	23618
缝缀	féngzhuì	55988
讽刺	fěngcì	6885
讽谏	fěngjiàn	44549
讽诵	fěngsòng	54488
讽喻	fěngyù	42549
凤	fèng	5875
凤蝶	fèngdié	41844
凤凰	fènghuáng	9299
凤凰琴	fènghuángqín	45950
凤梨	fènglí	48690
凤毛麟角	fèngmáo-línjiǎo	26683
凤尾鱼	fèngwěiyú	55989
凤尾竹	fèngwěizhú	49055
凤仙花	fèngxiānhuā	45642
凤眼	fèngyǎn	42310
奉	fèng	4716
奉承	fèngcheng	21332
奉调	fèngdiào	36490
奉告	fènggào	41845
奉公守法	fènggōng-shǒufǎ	39655
奉还	fènghuán	35557
奉令	fènglìng	49056
奉命	fèngmìng	8721
奉陪	fèngpéi	26391
奉劝	fèngquàn	23955
奉若神明	fèngruòshénmíng	47431
奉上	fèngshàng	28314
奉使	fèngshǐ	42311
奉祀	fèngsì	47137
奉送	fèngsòng	28563
奉为	fèngwéi	20566
奉献	fèngxiàn	2822
奉行	fèngxíng	6040
奉养	fèngyǎng	39656
奉迎	fèngyíng	40503
奉赠	fèngzèng	50157
缝	fèng	7144
缝隙	fèngxì	13606
缝子	fèngzi	37891
佛	fó	4436
佛典	fódiǎn	41391
佛殿	fódiàn	36491
佛法	fófǎ	21855
佛光	fóguāng	42550
佛号	fóhào	49434
佛会	fóhuì	55019
佛家	fójiā	26684

佛教	Fójiào	4486
佛经	fójīng	20661
佛龛	fókān	39436
佛门	fómén	28079
佛事	fóshì	29930
佛手	fóshǒu	38638
佛寺	fósì	20956
佛塔	fótǎ	29931
佛堂	fótáng	31718
佛徒	Fótú	51682
佛陀	fótuó	28315
佛像	fóxiàng	14226
佛学	fóxué	23361
佛牙	fóyá	41392
佛爷	fóye	31031
佛珠	fózhū	40088
佛祖	fózǔ	29114
否	fǒu	6407
否定	fǒudìng	3693
否决	fǒujué	9420
否决权	fǒujuéquán	23072
否认	fǒurèn	4487
否则	fǒuzé	1741
夫	fū	3770
夫唱妇随	fūchàng-fùsuí	44323
夫妇	fūfù	2834
夫君	fūjūn	36327
夫妻	fūqī	2972
夫妻店	fūqīdiàn	45643
夫权	fūquán	37159
夫人	fūrén	1291
夫婿	fūxù	40089
夫子	fūzǐ	20235
肤	fū	16977
肤浅	fūqiǎn	17771
肤色	fūsè	16100
麸皮	fūpí	46244
麸子	fūzi	51294
孵	fū	19905
孵化	fūhuà	10430
孵化器	fūhuàqì	22192
孵卵	fūluǎn	41846
孵育	fūyù	55990
敷	fū	14511
敷陈	fūchén	52534
敷料	fūliào	53453
敷设	fūshè	35558
敷衍	fūyǎn	9223
敷衍了事	fūyǎn-liǎoshì	27733
敷衍塞责	fūyǎn-sèzé	28757
敷药	fūyào	43324
敷用	fūyòng	48049
伏	fú	3673
伏案	fú'àn	22694
伏笔	fúbǐ	27572
伏兵	fúbīng	21382
伏法	fúfǎ	27410
伏旱	fúhàn	47751
伏击	fújī	22610
伏天	fútiān	35864
伏贴	fútiē	55540
伏线	fúxiàn	45350
凫	fú	39437
凫水	fúshuǐ	39657
扶	fú	3223
扶病	fúbìng	53454
扶持	fúchí	3021
扶老携幼	fúlǎo-xiéyòu	27823
扶犁	fúlí	48050
扶贫	fúpín	2597
扶贫济困	fúpín-jìkùn	13957
扶上马	fúshàngmǎ	52110
扶手	fúshǒu	19575
扶手椅	fúshǒuyǐ	52535
扶疏	fúshū	42551
扶梯	fútī	25097
扶危济困	fúwēi-jìkùn	33723
扶养	fúyǎng	25472
扶摇直上	fúyáo-zhíshàng	38428
扶掖	fúyè	43544
扶正	fúzhèng	31350
扶正祛邪	fúzhèng-qūxié	36980
扶植	fúzhí	15977
扶助	fúzhù	11246
芙蕖	fúqú	54489
芙蓉	fúróng	17772
拂	fú	9807
拂尘	fúchén	47432
拂面	fúmiàn	28850
拂逆	fúnì	45351
拂拭	fúshì	42819
拂晓	fúxiǎo	23281
拂袖	fúxiù	30695
服	fú	1362
服从	fúcóng	3902
服毒	fúdú	27649
服老	fúlǎo	43837
服气	fúqì	12274
服人	fúrén	23890
服软	fúruǎn	41847
服丧	fúsāng	48370
服色	fúsè	43838
服式	fúshì	50158
服饰	fúshì	7367
服侍	fúshi	13958
服输	fúshū	23891
服帖	fútiē	45951
服务	fúwù	552
服务费	fúwùfèi	9983
服务器	fúwùqì	9605
服务区	fúwùqū	8396
服务台	fúwùtái	19794
服务业	fúwùyè	4780
服务员	fúwùyuán	7618
服刑	fúxíng	15232
服药	fúyào	15515
服役	fúyì	12105
服膺	fúyīng	47433
服用	fúyòng	10214
服众	fúzhòng	45069
服装	fúzhuāng	2366
服装师	fúzhuāngshī	55541
服罪	fúzuì	42552
怫然	fúrán	38810
茯苓	fúlíng	33207
氟	fú	13274
氟利昂	fúlì'áng	40954
俘	fú	13774
俘敌	fúdí	47434
俘获	fúhuò	24238
俘虏	fúlǔ	8879
浮	fú	3758
浮标	fúbiāo	30474
浮冰	fúbīng	38068
浮财	fúcái	42553
浮尘	fúchén	32826
浮沉	fúchén	27824
浮词	fúcí	55991

浮荡	fúdàng	41612
浮雕	fúdiāo	17345
浮动	fúdòng	10042
浮动工资	fúdòng gōngzī	52536
浮泛	fúfàn	38639
浮光掠影	fúguāng-lüèyǐng	33979
浮华	fúhuá	27479
浮滑	fúhuá	50159
浮夸	fúkuā	17870
浮夸风	fúkuāfēng	43067
浮力	fúlì	34530
浮面	fúmiàn	45952
浮名	fúmíng	52537
浮皮潦草	fúpí-liáocǎo	52970
浮漂	fúpiāo	53455
浮萍	fúpíng	32421
浮浅	fúqiǎn	37518
浮桥	fúqiáo	23408
浮生	fúshēng	44072
浮尸	fúshī	50160
浮石	fúshí	55992
浮屠	fútú	35707
浮土	fútǔ	39438
浮现	fúxiàn	10982
浮想	fúxiǎng	29115
浮想联翩	fúxiǎng-liánpiān	29116
浮游	fúyóu	17924
浮云	fúyún	23020
浮躁	fúzào	10588
浮肿	fúzhǒng	19070
浮子	fúzi	50901
符	fú	10139
符号	fúhào	6767
符合	fúhé	1237
符咒	fúzhòu	37326
幅	fú	1392
幅度	fúdù	5108
幅宽	fúkuān	51295
幅面	fúmiàn	45953
幅员	fúyuán	30367
辐射	fúshè	3582
辐射能	fúshènéng	40728
辐射源	fúshèyuán	40281
辐条	fútiáo	54490
蜉蝣	fúyóu	44801
福	fú	3008
福彩	fúcǎi	12059
福地	fúdì	29318
福尔马林	fú'ěrmǎlín	38640
福分	fúfen	27112
福建	Fújiàn	2609
福利	fúlì	3873
福利彩票	fúlì cǎipiào	22442
福气	fúqi	11088
福如东海	fúrúdōnghǎi	51683
福寿	fúshòu	35116
福无双至	fúwúshuāngzhì	53456
福相	fúxiàng	39857
福星	fúxīng	34531
福音	fúyīn	16000
福音书	Fúyīnshū	50516
福运	fúyùn	54491
福祉	fúzhǐ	14512
福至心灵	fúzhì-xīnlíng	45644
福州	Fúzhōu	4365
抚爱	fǔ'ài	33072
抚今追昔	fǔjīn-zhuīxī	32286
抚摸	fǔmō	7818
抚摩	fǔmó	20378
抚弄	fǔnòng	27411
抚琴	fǔqín	49057
抚慰	fǔwèi	12906
抚恤	fǔxù	18191
抚恤金	fǔxùjīn	24962
抚养	fǔyǎng	10490
抚育	fǔyù	17955
斧头	fǔtou	18649
斧凿	fǔzáo	44324
斧正	fǔzhèng	53457
斧子	fǔzi	16820
府	fǔ	3071
府绸	fǔchóu	51684
府邸	fǔdǐ	34385
府第	fǔdì	32287
府上	fǔshàng	15664
俯	fǔ	9048
俯察	fǔchá	48371
俯冲	fǔchōng	26685
俯伏	fǔfú	30930
俯就	fǔjiù	45645
俯瞰	fǔkàn	18967
俯身	fǔshēn	19632
俯拾即是	fǔshí-jíshì	40955
俯拾皆是	fǔshí-jiēshì	42820
俯视	fǔshì	17346
俯首	fǔshǒu	19633
俯首帖耳	fǔshǒu-tiē'ěr	49819
俯卧	fǔwò	40282
俯卧撑	fǔwòchēng	42066
俯仰	fǔyǎng	31473
俯允	fǔyǔn	46861
釜底抽薪	fǔdǐ-chōuxīn	28484
釜底游鱼	fǔdǐ-yóuyú	55993
辅	fǔ	24877
辅币	fǔbì	51296
辅导	fǔdǎo	6270
辅导班	fǔdǎobān	26168
辅导员	fǔdǎoyuán	11340
辅导站	fǔdǎozhàn	43325
辅料	fǔliào	32180
辅修	fǔxiū	50161
辅音	fǔyīn	55994
辅助	fǔzhù	7116
辅佐	fǔzuǒ	27984
腐	fǔ	9214
腐败	fǔbài	2176
腐臭	fǔchòu	41393
腐化	fǔhuà	18943
腐旧	fǔjiù	53458
腐烂	fǔlàn	13815
腐儒	fǔrú	42821
腐乳	fǔrǔ	45071
腐蚀	fǔshí	8703
腐蚀剂	fǔshíjì	45646
腐朽	fǔxiǔ	8628
腐竹	fǔzhú	42822
父	fù	3498
父辈	fùbèi	18650
父老	fùlǎo	14530
父母	fùmǔ	972
父母官	fùmǔguān	26686
父亲	fùqīn	585
父系	fùxì	37519
父兄	fùxiōng	24055
父训	fùxùn	51297
父业	fùyè	33980
父子	fùzǐ	5758
讣告	fùgào	31235

讣文	fùwén	42624
讣闻	fùwén	45647
付	fù	3652
付酬	fùchóu	50517
付出	fùchū	3197
付费	fùfèi	18554
付给	fùgěi	14590
付款	fùkuǎn	11181
付钱	fùqián	20532
付息	fùxī	21575
付现	fùxiàn	48051
付印	fùyìn	30150
付邮	fùyóu	53459
付与	fùyǔ	36328
付账	fùzhàng	37705
付之东流	fùzhī-dōngliú	34107
付之一炬	fùzhī-yījù	38069
付之一笑	fùzhī-yīxiào	43545
付诸	fùzhū	15024
付诸东流	fùzhū-dōngliú	35865
付梓	fùzǐ	43839
负	fù	1283
负担	fùdān	1893
负电	fùdiàn	34386
负荷	fùhè	9880
负极	fùjí	40090
负荆请罪	fùjīng-qǐngzuì	47752
负疚	fùjiù	30696
负离子	fùlízǐ	34961
负面	fùmiàn	6684
负气	fùqì	30261
负屈	fùqū	53460
负伤	fùshāng	15479
负数	fùshù	35708
负心	fùxīn	35709
负有	fùyǒu	6562
负隅顽抗	fùyú-wánkàng	35710
负约	fùyuē	45648
负载	fùzài	22443
负责	fùzé	797
负责人	fùzérén	1766
负增长	fùzēngzhǎng	34233
负债	fùzhài	10469
负重	fùzhòng	19025
负罪	fùzuì	36981
妇	fù	5996
妇产	fùchǎn	49058
妇产科	fù-chǎnkē	19760
妇道	fùdào	34659
妇道人家	fùdao rénjiā	41163
妇科	fùkē	24056
妇联	fùlián	6108
妇女	fùnǚ	657
妇女病	fùnǚbìng	51298
妇女节	Fùnǚ Jié	24485
妇人	fùrén	5551
妇孺	fùrú	31945
妇孺皆知	fùrú-jiēzhī	33578
妇婴	fùyīng	53461
妇幼	fùyòu	22744
附	fù	1328
附白	fùbái	50162
附笔	fùbǐ	55542
附表	fùbiǎo	35559
附带	fùdài	16313
附耳	fù'ěr	28758
附和	fùhè	22193
附后	fùhòu	55543
附会	fùhuì	37892
附寄	fùjì	52971
附加	fùjiā	7973
附加费	fùjiāfèi	22083
附加税	fùjiāshuì	41164
附加值	fùjiāzhí	9032
附件	fùjiàn	13055
附近	fùjìn	1181
附录	fùlù	20765
附上	fùshàng	40729
附设	fùshè	32422
附属	fùshǔ	9476
附属国	fùshǔguó	54492
附送	fùsòng	40091
附图	fùtú	29319
附小	fùxiǎo	38811
附言	fùyán	45954
附议	fùyì	45352
附庸	fùyōng	25908
附庸风雅	fùyōng-fēngyǎ	41165
附有	fùyǒu	16821
附载	fùzǎi	53462
附则	fùzé	18365
附中	fùzhōng	21030
附注	fùzhù	38812
附着	fùzhuó	16591
附着力	fùzhuólì	43546
服	fù	23521
驸马	fùmǎ	21077
赴	fù	1531
赴敌	fùdí	46550
赴会	fùhuì	30151
赴难	fùnàn	43326
赴任	fùrèn	29607
赴死	fùsǐ	41166
赴汤蹈火	fùtāng-dǎohuǒ	30042
赴宴	fùyàn	27650
赴约	fùyuē	33724
复	fù	1817
复本	fùběn	53463
复辟	fùbì	13182
复查	fùchá	11947
复仇	fùchóu	12482
复出	fùchū	15920
复电	fùdiàn	26235
复读	fùdú	31236
复读机	fùdújī	41848
复发	fùfā	16060
复返	fùfǎn	25825
复方	fùfāng	23722
复工	fùgōng	34962
复古	fùgǔ	24754
复归	fùguī	24372
复函	fùhán	32181
复航	fùháng	46862
复合	fùhé	10224
复合型	fùhéxíng	16101
复核	fùhé	17566
复会	fùhuì	46863
复婚	fùhūn	26104
复活	fùhuó	11434
复活节	Fùhuó Jié	32564
复检	fùjiǎn	33208
复建	fùjiàn	28080
复交	fùjiāo	28564
复旧	fùjiù	34963
复句	fùjù	51685
复刊	fùkān	38813
复课	fùkè	39019
复垦	fùkěn	19761

复利	fùlì	45649
复明	fùmíng	26742
复命	fùmìng	19906
复排	fùpái	51686
复牌	fùpái	9843
复盘	fùpán	23953
复评	fùpíng	39020
复赛	fùsài	20175
复审	fùshěn	15827
复生	fùshēng	22782
复市	fùshì	53988
复式	fùshì	29724
复试	fùshì	29419
复视	fùshì	53989
复述	fùshù	26687
复诵	fùsòng	52111
复苏	fùsū	5972
复位	fùwèi	31351
复习	fùxí	13582
复现	fùxiàn	39858
复线	fùxiàn	19907
复写	fùxiě	41613
复写纸	fùxiězhǐ	49435
复信	fùxìn	28485
复兴	fùxīng	3880
复姓	fùxìng	43547
复学	fùxué	37160
复演	fùyǎn	53464
复验	fùyàn	45072
复业	fùyè	49820
复议	fùyì	11118
复音	fùyīn	42554
复印	fùyìn	16515
复印机	fùyìnjī	24549
复印件	fùyìnjiàn	20055
复印纸	fùyìnzhǐ	50902
复员	fùyuán	16565
复原	fùyuán	14033
复杂	fùzá	937
复杂化	fùzáhuà	19284
复杂劳动	fùzá láodòng	31352
复杂性	fùzáxìng	9331
复诊	fùzhěn	42823
复职	fùzhí	33981
复制	fùzhì	7869
复制品	fùzhìpǐn	26047
复种	fùzhòng	42824
复转	fùzhuǎn	31032
复壮	fùzhuàng	47753
副	fù	122
副本	fùběn	20342
副标题	fùbiāotí	21537
副产品	fùchǎnpǐn	33982
副词	fùcí	35271
副高	fùgāo	25419
副官	fùguān	11936
副教授	fùjiàoshòu	11435
副刊	fùkān	3099
副科	fùkē	25357
副伤寒	fùshānghán	50903
副食	fùshí	22444
副手	fùshǒu	40730
副署	fùshǔ	34234
副题	fùtí	45650
副修	fùxiū	42631
副业	fùyè	14004
副职	fùzhí	16707
副总	fùzǒng	16245
副作用	fùzuòyòng	16433
赋	fù	7915
赋诗	fùshī	22867
赋税	fùshuì	24550
赋闲	fùxián	35117
赋役	fùyì	45955
赋有	fùyǒu	49436
赋予	fùyǔ	3339
傅	fù	7592
富	fù	1724
富二代	fù'èrdài	16652
富贵	fùguì	8081
富贵病	fùguìbìng	42555
富国强兵	fùguó-qiángbīng	45353
富含	fùhán	20796
富豪	fùháo	22342
富户	fùhù	29013
富矿	fùkuàng	38237
富丽	fùlì	27412
富丽堂皇	fùlì-tánghuáng	23564
富民	fùmín	6810
富农	fùnóng	18516
富婆	fùpó	38814
富强	fùqiáng	7903
富饶	fùráo	18393
富人	fùrén	14070
富商	fùshāng	23121
富商大贾	fùshāng-dàgǔ	52972
富庶	fùshù	23224
富态	fùtai	43548
富翁	fùwēng	15888
富有	fùyǒu	2517
富于	fùyú	7535
富裕	fùyù	3295
富余	fùyu	7581
富足	fùzú	16912
腹	fù	6585
腹背受敌	fùbèi-shòudí	34661
腹部	fùbù	12035
腹地	fùdì	10113
腹诽	fùfěi	49821
腹稿	fùgǎo	39021
腹股沟	fùgǔgōu	52973
腹肌	fùjī	46864
腹膜	fùmó	33209
腹膜炎	fùmóyán	55020
腹腔	fùqiāng	23670
腹水	fùshuǐ	39231
腹痛	fùtòng	22651
腹泻	fùxiè	18555
腹胀	fùzhàng	35118
缚	fù	10422
蝮蛇	fùshé	39439
覆	fù	7752
覆被	fùbèi	53991
覆盖	fùgài	3251
覆盖率	fùgàilǜ	6293
覆盖面	fùgàimiàn	9065
覆灭	fùmiè	26392
覆没	fùmò	36492
覆盆子	fùpénzǐ	56433
覆水难收	fùshuǐ-nánshōu	50904
覆亡	fùwáng	34108
覆辙	fùzhé	20734
覆舟	fùzhōu	37520
馥郁	fùyù	38238
旮旯儿	gālár	21700
伽马刀	gāmǎdāo	52112
伽马射线	gāmǎ shèxiàn	48052
咖喱	gālí	46551

胳肢窝	gāzhiwō	37328
嘎	gā	9296
嘎巴	gābā	25079
嘎巴	gāba	26529
嘎噔	gādēng	55021
嘎吱	gāzhī	34662
嘎子	gāzi	39232
该	gāi	107
该当	gāidāng	25030
该死	gāisǐ	10173
该着	gāizháo	35711
改	gǎi	665
改版	gǎibǎn	18839
改扮	gǎibàn	48691
改编	gǎibiān	6806
改变	gǎibiàn	529
改产	gǎichǎn	53465
改朝换代	gǎicháo-huàndài	31237
改称	gǎichēng	15361
改错	gǎicuò	42067
改道	gǎidào	26169
改调	gǎidiào	52113
改订	gǎidìng	43327
改动	gǎidòng	15530
改恶从善	gǎi'è-cóngshàn	52114
改稿	gǎigǎo	45956
改革	gǎigé	563
改革开放	gǎigé kāifàng	2223
改观	gǎiguān	9808
改过	gǎiguò	39440
改过自新	gǎiguò-zìxīn	38239
改行	gǎiháng	19576
改换	gǎihuàn	18619
改换门庭	gǎihuàn-méntíng	50518
改悔	gǎihuǐ	30368
改嫁	gǎijià	21944
改建	gǎijiàn	8452
改进	gǎijìn	1800
改口	gǎikǒu	20797
改良	gǎiliáng	7046
改名	gǎimíng	10215
改名换姓	gǎimíng-huànxìng	45354
改年	gǎinián	47138
改判	gǎipàn	21031
改期	gǎiqī	45073
改任	gǎirèn	23282
改日	gǎirì	29014
改容	gǎiróng	41849
改色	gǎisè	37893
改善	gǎishàn	1396
改天	gǎitiān	24436
改天换地	gǎitiān-huàndì	34964
改头换面	gǎitóu-huànmiàn	25969
改为	gǎiwéi	7601
改弦更张	gǎixián-gēngzhāng	32689
改弦易辙	gǎixián-yìzhé	40092
改线	gǎixiàn	48692
改向	gǎixiàng	46552
改邪归正	gǎixié-guīzhèng	34965
改写	gǎixiě	13648
改型	gǎixíng	39658
改姓	gǎixìng	30262
改选	gǎixuǎn	21297
改样	gǎiyàng	55544
改业	gǎiyè	48053
改易	gǎiyì	35272
改用	gǎiyòng	13433
改造	gǎizào	967
改辙	gǎizhé	54493
改正	gǎizhèng	5878
改制	gǎizhì	4687
改装	gǎizhuāng	13412
改锥	gǎizhuī	52974
改组	gǎizǔ	7274
改嘴	gǎizuǐ	52538
丐帮	gàibāng	36700
钙	gài	9028
钙化	gàihuà	37706
钙片	gàipiàn	47139
钙质	gàizhì	39859
盖	gài	1402
盖房	gàifáng	18840
盖棺论定	gàiguān-lùndìng	50163
盖浇饭	gàijiāofàn	56734
盖帘	gàilián	55545
盖帽儿	gàimàor	26688
盖世	gàishì	30931
盖世太保	Gàishìtàibǎo	50519
盖头	gàitou	29508
盖碗	gàiwǎn	35273
盖印	gàiyìn	48693
盖章	gàizhāng	19218
盖子	gàizi	19577
概	gài	11620
概观	gàiguān	52539
概况	gàikuàng	19047
概括	gàikuò	3299
概括性	gàikuòxìng	31135
概览	gàilǎn	45074
概率	gàilǜ	3933
概略	gàilüè	40956
概论	gàilùn	17222
概貌	gàimào	39022
概莫能外	gàimònéngwài	41614
概念	gàiniàn	2181
概念化	gàiniànhuà	26889
概述	gàishù	23723
概数	gàishù	56694
概说	gàishuō	46865
概算	gàisuàn	22445
概言之	gàiyánzhī	53992
概要	gàiyào	34966
干	gān	8067
干儿	gānr	24437
干巴	gānba	32691
干巴巴	gānbābā	24822
干爸	gānbà	46553
干白	gānbái	51687
干杯	gānbēi	20831
干贝	gānbèi	51688
干煸	gānbiān	56434
干瘪	gānbiě	24002
干冰	gānbīng	43068
干菜	gāncài	37161
干草	gāncǎo	22389
干柴烈火	gānchái-lièhuǒ	53466
干脆	gāncuì	4289
干脆利落	gāncuì-lìluo	37521
干打垒	gāndǎlěi	42556
干等	gānděng	22966
干瞪眼	gāndèngyǎn	42557
干电池	gāndiànchí	35435
干爹	gāndiē	21124
干儿子	gān'érzi	32565
干饭	gānfàn	35274
干粉	gānfěn	40283
干戈	gāngē	27330
干股	gāngǔ	54494

干果	gānguǒ	30152
干旱	gānhàn	4276
干号	gānháo	56435
干涸	gānhé	13938
干花	gānhuā	51689
干货	gānhuò	40504
干急	gānjí	56436
干结	gānjié	55546
干净	gānjìng	3154
干净利落	gānjing-lìluo	26973
干咳	gānké	30153
干渴	gānkě	30043
干枯	gānkū	16162
干酪	gānlào	48694
干冷	gānlěng	38815
干连	gānlián	50905
干粮	gānliang	14338
干裂	gānliè	31590
干馏	gānliú	52540
干妈	gānmā	21755
干面	gānmiàn	36982
干娘	gānniáng	24373
干女儿	gānnǚ'ér	29608
干呕	gān'ǒu	47754
干亲	gānqīn	46245
干亲家	gānqìngjia	49059
干扰	gānrǎo	4299
干涩	gānsè	30369
干涉	gānshè	3797
干尸	gānshī	45075
干瘦	gānshòu	29117
干爽	gānshuǎng	37329
干松	gānsong	55995
干洗	gānxǐ	36493
干系	gānxì	27113
干鲜果品	gān-xiān guǒpǐn	42312
干笑	gānxiào	29932
干薪	gānxīn	53993
干硬	gānyìng	41850
干预	gānyù	4641
干燥	gānzào	8377
干着急	gānzháojí	33073
干政	gānzhèng	42178
干支	gānzhī	40505
甘	gān	8018
甘拜下风	gānbài-xiàfēng	39660
甘草	gāncǎo	20533
甘醇	gānchún	52115
甘当	gāndāng	23565
甘苦	gānkǔ	21945
甘蓝	gānlán	32064
甘洌	gānliè	54495
甘霖	gānlín	30593
甘露	gānlù	24645
甘美	gānměi	36171
甘泉	gānquán	26393
甘肃	Gānsù	4185
甘甜	gāntián	22783
甘为	gānwéi	43840
甘心	gānxīn	7685
甘休	gānxiū	42313
甘油	gānyóu	30594
甘于	gānyú	15405
甘雨	gānyǔ	49822
甘愿	gānyuàn	16391
甘蔗	gānzhe	13018
甘之如饴	gānzhīrúyí	55022
杆子	gānzi	11727
肝	gān	6606
肝病	gānbìng	22498
肝肠寸断	gāncháng-cùnduàn	44325
肝胆	gāndǎn	24057
肝胆相照	gāndǎn-xiāngzhào	22294
肝功能	gāngōngnéng	35866
肝火	gānhuǒ	36009
肝脑涂地	gānnǎo-túdì	39860
肝气	gānqì	53467
肝炎	gānyán	11864
肝硬化	gānyìnghuà	27253
肝脏	gānzàng	14279
坩埚	gānguō	41851
矸石	gānshí	31136
泔水	gānshuǐ	25909
柑	gān	20998
柑橘	gānjú	23225
柑子	gānzi	41394
竿子	gānzi	29725
尴尬	gāngà	5019
杆	gǎn	5537
杆秤	gǎnchèng	29420
杆菌	gǎnjūn	19868
秆儿	gǎnr	43841
秆子	gǎnzi	44550
赶	gǎn	1948
赶不及	gǎnbují	47755
赶不上	gǎnbushàng	15302
赶场	gǎnchǎng	26105
赶超	gǎnchāo	17925
赶潮流	gǎncháoliú	50520
赶车	gǎnchē	25754
赶到	gǎndào	2770
赶得及	gǎndejí	52541
赶得上	gǎndeshàng	39861
赶赴	gǎnfù	10579
赶工	gǎngōng	42068
赶海	gǎnhǎi	48372
赶会	gǎnhuì	48695
赶活儿	gǎnhuór	53994
赶集	gǎnjí	17020
赶脚	gǎnjiǎo	44802
赶紧	gǎnjǐn	3696
赶尽杀绝	gǎnjìn-shājué	41852
赶考	gǎnkǎo	26476
赶快	gǎnkuài	3760
赶浪头	gǎnlàngtou	50906
赶路	gǎnlù	15811
赶忙	gǎnmáng	8247
赶庙会	gǎnmiàohuì	45957
赶明儿	gǎnmíngr	30044
赶前	gǎnqián	55547
赶巧	gǎnqiǎo	43069
赶热闹	gǎnrènao	38547
赶任务	gǎnrènwù	49060
赶上	gǎnshàng	5233
赶时髦	gǎnshímáo	32566
赶趟儿	gǎntàngr	52976
赶先进	gǎnxiānjìn	50907
赶写	gǎnxiě	33579
赶早	gǎnzǎo	34235
赶制	gǎnzhì	27651
赶走	gǎnzǒu	13649
敢	gǎn	805
敢保	gǎnbǎo	39862
敢当	gǎndāng	15921
敢干	gǎngàn	27254
敢是	gǎnshì	40957
敢死队	gǎnsǐduì	27573
敢为人先	gǎnwéirénxiān	27255

敢问	gǎnwèn	30697
敢想	gǎnxiǎng	19827
敢于	gǎnyú	4154
敢作敢为	gǎnzuò-gǎnwéi	38070
感	gǎn	1440
感触	gǎnchù	10988
感戴	gǎndài	49061
感到	gǎndào	310
感动	gǎndòng	1960
感恩图报	gǎn'ēn-túbào	44803
感恩	gǎn'ēn	21988
感恩戴德	gǎn'ēn-dàidé	37522
感恩节	Gǎn'ēn Jié	38240
感奋	gǎnfèn	29015
感愤	gǎnfèn	50908
感官	gǎnguān	17381
感光	gǎnguāng	27902
感光度	gǎnguāngdù	49823
感化	gǎnhuà	16490
感怀	gǎnhuái	30698
感激	gǎnjī	4202
感激涕零	gǎnjī-tìlíng	31719
感觉	gǎnjué	685
感慨	gǎnkǎi	4465
感慨万端	gǎnkǎi-wànduān	33345
感慨万千	gǎnkǎi-wànqiān	19219
感慨系之	gǎnkǎi-xìzhī	42314
感愧	gǎnkuì	51690
感冒	gǎnmào	8084
感念	gǎnniàn	25594
感佩	gǎnpèi	33580
感情	gǎnqíng	798
感情用事	gǎnqíng-yòngshì	29118
感染	gǎnrǎn	2824
感染力	gǎnrǎnlì	10258
感人	gǎnrén	6559
感人肺腑	gǎnrénfèifǔ	24438
感伤	gǎnshāng	15903
感受	gǎnshòu	1403
感受器	gǎnshòuqì	32959
感叹	gǎntàn	6762
感叹词	gǎntàncí	54496
感叹号	gǎntànhào	49062
感同身受	gǎntóngshēnshòu	32423
感悟	gǎnwù	9920
感想	gǎnxiǎng	10253
感谢	gǎnxiè	1605
感谢信	gǎnxièxìn	21264
感性	gǎnxìng	12087
感性认识	gǎnxìng rènshi	24887
感言	gǎnyán	22784
感应	gǎnyìng	11848
感召	gǎnzhào	16592
感知	gǎnzhī	11500
橄榄	gǎnlǎn	22240
橄榄绿	gǎnlǎnlǜ	37523
橄榄球	gǎnlǎnqiú	33861
橄榄色	gǎnlǎnsè	54497
橄榄油	gǎnlǎnyóu	37330
橄榄枝	gǎnlǎnzhī	33581
擀	gǎn	24963
擀面杖	gǎnmiànzhàng	39023
干	gàn	655
干部	gànbù	197
干才	gàncái	45958
干道	gàndào	21265
干掉	gàndiào	30155
干活儿	gànhuór	7921
干将	gànjiàng	32424
干劲	gànjìn	11794
干警	gànjǐng	4516
干练	gànliàn	21895
干流	gànliú	11621
干吗	gànmá	6955
干渠	gànqú	28934
干群	gànqún	7906
干啥	gànshá	8332
干事	gànshi	4828
干线	gànxiàn	9583
干校	gànxiào	16889
干休所	gànxiūsuǒ	22084
干仗	gànzhàng	52116
赣	Gàn	13137
赣剧	gànjù	46246
冈	gāng	18140
扛鼎	gāngdǐng	44073
刚	gāng	542
刚愎自用	gāngbì-zìyòng	36808
刚才	gāngcái	2507
刚刚	gānggāng	1019
刚好	gānghǎo	12056
刚健	gāngjiàn	28565
刚劲	gāngjìng	32182
刚烈	gāngliè	31591
刚强	gāngqiáng	21298
刚巧	gāngqiǎo	26477
刚柔相济	gāngróu-xiāngjì	37331
刚性	gāngxìng	16890
刚毅	gāngyì	18651
刚勇	gāngyǒng	52977
刚玉	gāngyù	55996
刚正	gāngzhèng	40958
刚正不阿	gāngzhèng-bù'ē	33582
刚直	gāngzhí	35712
刚直不阿	gāngzhí-bù'ē	35436
肛	gāng	43549
肛门	gāngmén	28316
纲	gāng	7859
纲纪	gāngjì	34663
纲举目张	gāngjǔ-mùzhāng	50909
纲领	gānglǐng	4303
纲目	gāngmù	39233
纲要	gāngyào	3694
钢	gāng	4505
钢板	gāngbǎn	16469
钢笔	gāngbǐ	14080
钢鞭	gāngbiān	46866
钢材	gāngcái	8198
钢叉	gāngchā	43550
钢窗	gāngchuāng	49437
钢刀	gāngdāo	32183
钢锭	gāngdìng	52542
钢管	gāngguǎn	22560
钢轨	gāngguǐ	26543
钢花	gānghuā	51691
钢化玻璃	gānghuà bōli	48373
钢筋	gāngjīn	12593
钢筋铁骨	gāngjīn-tiěgǔ	44074
钢锯	gāngjù	54498
钢盔	gāngkuī	31137
钢缆	gānglǎn	43070
钢梁	gāngliáng	40506
钢坯	gāngpī	36329
钢瓶	gāngpíng	50521
钢钎	gāngqiān	35713
钢枪	gāngqiāng	42825
钢琴	gāngqín	6714
钢琴曲	gāngqínqǔ	36172

钢圈	gāngquān	49063
钢水	gāngshuǐ	38429
钢丝	gāngsī	22390
钢丝床	gāngsīchuáng	46554
钢丝绳	gāngsīshéng	34795
钢索	gāngsuǒ	42558
钢条	gāngtiáo	42826
钢铁	gāngtiě	3659
钢印	gāngyìn	47756
钢渣	gāngzhā	49824
钢针	gāngzhēn	33583
钢珠	gāngzhū	51692
钢钻	gāngzuàn	54499
缸	gāng	7834
缸盖	gānggài	48374
缸瓦	gāngwǎ	53995
缸子	gāngzi	29421
岗	gǎng	4682
岗地	gǎngdì	55997
岗警	gǎngjǐng	52543
岗楼	gǎnglóu	32567
岗哨	gǎngshào	31033
岗亭	gǎngtíng	29726
岗位	gǎngwèi	2030
岗子	gǎngzi	39234
港	gǎng	2338
港澳	Gǎng-Ào	6345
港澳台	Gǎng-Ào-Tái	12935
港币	gǎngbì	14071
港汊	gǎngchà	51693
港府	gǎngfǔ	37524
港货	gǎnghuò	37162
港口	gǎngkǒu	4491
港人	gǎngrén	15406
港商	gǎngshāng	22132
港台	Gǎng-Tái	16061
港湾	gǎngwān	17586
港味儿	gǎngwèir	52978
港务	gǎngwù	40093
港元	gǎngyuán	15078
港资	gǎngzī	38641
杠	gàng	12238
杠夫	gàngfū	39235
杠杆	gànggǎn	10296
杠杠	gànggang	35119
杠铃	gànglíng	34967
杠头	gàngtóu	47435
杠子	gàngzi	24439
钢	gàng	8578
高	gāo	76
高矮	gāo'ǎi	32288
高昂	gāo'áng	12283
高傲	gāo'ào	17956
高保真	gāobǎozhēn	47757
高倍	gāobèi	38241
高标号	gāobiāohào	55023
高不可攀	gāobùkěpān	30932
高才生	gāocáishēng	34109
高参	gāocān	44326
高层	gāocéng	4196
高产	gāochǎn	7216
高超	gāochāo	11067
高潮	gāocháo	3561
高程	gāochéng	17128
高纯	gāochún	55998
高大	gāodà	5147
高蛋白	gāodànbái	28851
高档	gāodàng	7194
高等	gāoděng	6213
高等动物	gāoděng dòngwù	38816
高等教育	gāoděng jiàoyù	4763
高等学校	gāoděng xuéxiào	7376
高低	gāodī	5498
高低杠	gāodīgàng	31474
高地	gāodì	11263
高调	gāodiào	34387
高度	gāodù	1006
高端	gāoduān	33346
高额	gāo'é	11424
高尔夫	gāo'ěrfū	3030
高尔夫球	gāo'ěrfūqiú	21214
高发	gāofā	16534
高分	gāofēn	29609
高风亮节	gāofēng-liàngjié	25098
高峰	gāofēng	4217
高峰期	gāofēngqī	12565
高干	gāogàn	24239
高高低低	gāogāo-dīdī	32289
高高在上	gāogāo-zàishàng	18652
高歌	gāogē	18556
高歌猛进	gāogē-měngjìn	39441
高阁	gāogé	49064
高个子	gāogèzi	20022
高个儿	gāogèr	29320
高跟儿	gāogēnr	36010
高估	gāogū	33584
高官	gāoguān	10660
高官厚禄	gāoguān-hòulù	41853
高管	gāoguǎn	27004
高贵	gāoguì	9588
高寒	gāohán	15345
高胡	gāohú	54500
高级	gāojí	1577
高技术	gāojìshù	14675
高甲戏	gāojiǎxì	47758
高价	gāojià	10297
高架桥	gāojiàqiáo	36494
高见	gāojiàn	24440
高脚杯	gāojiǎobēi	41395
高教	gāojiào	18588
高洁	gāojié	25676
高精尖	gāo-jīng-jiān	31238
高就	gāojiù	25534
高踞	gāojù	40094
高峻	gāojùn	36330
高开	gāokāi	13740
高看	gāokàn	41396
高亢	gāokàng	19665
高考	gāokǎo	4849
高科技	gāokējì	3695
高空	gāokōng	10333
高栏	gāolán	47436
高丽参	gāolíshēn	50910
高利贷	gāolìdài	24374
高粱	gāoliang	11627
高粱面	gāoliángmiàn	41854
高粱米	gāoliangmǐ	40731
高龄	gāolíng	9486
高岭土	gāolǐngtǔ	49825
高领	gāolǐng	42069
高楼	gāolóu	9681
高炉	gāolú	16822
高论	gāolùn	31592
高帽子	gāomàozi	35275
高锰酸钾	gāoměngsuānjiǎ	37332
高密度	gāomìdù	23409
高妙	gāomiào	36809
高明	gāomíng	7916

高难	gāonán	26689
高能	gāonéng	17693
高年级	gāoniánjí	21576
高攀	gāopān	29610
高配	gāopèi	29020
高朋满座	gāopéng-mǎnzuò	42559
高频	gāopín	22745
高聘	gāopìn	43764
高坡	gāopō	22391
高腔	gāoqiāng	45076
高强	gāoqiáng	15498
高跷	gāoqiāo	31946
高擎	gāoqíng	34236
高热	gāorè	28404
高人	gāorén	46247
高人一等	gāorényīděng	35276
高僧	gāosēng	20262
高山	gāoshān	6439
高山病	gāoshānbìng	49826
高山反应	gāoshān fǎnyìng	42827
高山流水	gāoshān-liúshuǐ	37707
高山仰止	gāoshān-yǎngzhǐ	40732
高山族	Gāoshānzú	27734
高尚	gāoshàng	4187
高烧	gāoshāo	17656
高射机枪	gāoshè jīqiāng	52979
高射炮	gāoshèpào	36011
高深	gāoshēn	17926
高深莫测	gāoshēn-mòcè	36173
高升	gāoshēng	23411
高声	gāoshēng	7725
高师	gāoshī	34110
高士	gāoshì	40733
高视阔步	gāoshì-kuòbù	47437
高手	gāoshǒu	7881
高寿	gāoshòu	37525
高爽	gāoshuǎng	49438
高耸	gāosǒng	14961
高速	gāosù	3799
高速公路	gāosù gōnglù	3533
高速铁路	gāosù tiělù	29509
高台	gāotái	27413
高抬	gāotái	29422
高抬贵手	gāotái-guìshǒu	33074
高谈阔论	gāotán-kuòlùn	27574
高汤	gāotāng	48505
高堂	gāotáng	44804
高挑儿	gāotiǎor	27985
高铁	gāotiě	5163
高头大马	gāotóu-dàmǎ	38817
高徒	gāotú	41855
高危	gāowēi	18968
高纬度	gāowěidù	29727
高位	gāowèi	14263
高温	gāowēn	5048
高屋建瓴	gāowū-jiànlíng	19343
高下	gāoxià	16140
高限	gāoxiàn	52544
高消费	gāoxiāofèi	19254
高小	gāoxiǎo	29829
高校	gāoxiào	2498
高效	gāoxiào	3337
高效能	gāoxiàonéng	38642
高新技术	gāoxīn jìshù	2987
高新区	gāoxīnqū	47090
高薪	gāoxīn	17628
高兴	gāoxìng	587
高悬	gāoxuán	18728
高血压	gāoxuèyā	9823
高血脂	gāoxuèzhī	37333
高压	gāoyā	6929
高压电	gāoyādiàn	46555
高压锅	gāoyāguō	37334
高压线	gāoyāxiàn	24695
高崖	gāoyá	48054
高雅	gāoyǎ	9309
高扬	gāoyáng	16535
高腰	gāoyāo	48055
高音	gāoyīn	21625
高于	gāoyú	3382
高原	gāoyuán	2835
高远	gāoyuǎn	17802
高瞻远瞩	gāozhān-yuǎnzhǔ	13510
高涨	gāozhǎng	7854
高招儿	gāozhāor	23226
高枕无忧	gāozhěn-wúyōu	28566
高枝儿	gāozhīr	54501
高知	gāozhī	51299
高职	gāozhí	18876
高中	gāozhōng	3354
高中生	gāozhōngshēng	17296
高姿态	gāozītài	48056
高足	gāozú	39863
高祖	gāozǔ	11525
高祖父	gāozǔfù	56437
羔皮	gāopí	43071
羔羊	gāoyáng	20305
羔子	gāozi	35714
睾丸	gāowán	33862
膏	gāo	15283
膏肓	gāohuāng	37335
膏剂	gāojì	54502
膏粱	gāoliáng	53468
膏血	gāoxuè	47438
膏药	gāoyao	21538
膏腴	gāoyú	47439
篙子	gāozi	29728
糕	gāo	13538
糕饼	gāobǐng	36654
糕点	gāodiǎn	21702
搞	gǎo	339
搞臭	gǎochòu	48696
搞对象	gǎoduìxiàng	32960
搞法	gǎofǎ	43842
搞鬼	gǎoguǐ	46867
搞活	gǎohuó	9695
搞头	gǎotou	49065
搞笑	gǎoxiào	31034
槁木	gǎomù	49827
镐	gǎo	19344
镐头	gǎotou	39661
稿	gǎo	4206
稿本	gǎoběn	36983
稿酬	gǎochóu	26236
稿费	gǎofèi	14280
稿件	gǎojiàn	9594
稿源	gǎoyuán	54503
稿纸	gǎozhǐ	17957
稿子	gǎozi	7455
告	gào	2473
告白	gàobái	35277
告别	gàobié	3627
告病	gàobìng	40734
告成	gàochéng	20494
告吹	gàochuī	40507
告辞	gàocí	8641
告贷	gàodài	52545
告倒	gàodǎo	46868

告发	gàofā	22499
告负	gàofù	27045
告急	gàojí	15573
告假	gàojià	34665
告捷	gàojié	17587
告诫	gàojiè	7873
告警	gàojǐng	38430
告竣	gàojùn	36495
告老	gàolǎo	37708
告老还乡	gàolǎo-huánxiāng	46869
告密	gàomì	24964
告破	gàopò	25535
告罄	gàoqìng	36984
告缺	gàoquē	55999
告饶	gàoráo	42070
告示	gàoshi	15103
告诉	gàosù	24654
告诉	gàosu	5441
告退	gàotuì	30045
告慰	gàowèi	23724
告知	gàozhī	7104
告终	gàozhōng	15812
告状	gàozhuàng	12483
告罪	gàozuì	45077
戈壁	gēbì	10753
戈壁滩	gēbìtān	20419
仡佬族	Gēlǎozú	49439
疙瘩	gēda	8930
疙瘩汤	gēdatāng	46248
疙疙瘩瘩	gēgedādā	39662
疙里疙瘩	gēligēdā	52546
咯	gē	9003
咯噔	gēdēng	28081
咯咯	gēgē	13413
咯吱	gēzhī	36655
哥	gē	2487
哥哥	gēge	2802
哥老会	Gēlǎohuì	52117
哥儿俩	gērliǎ	28759
哥儿们	gērmen	20798
哥们儿	gēmenr	16001
胳臂	gēbei	16263
胳膊	gēbo	4441
胳膊肘儿	gēbozhǒur	30933
鸽	gē	12492
鸽派	gēpài	55111
鸽哨	gēshào	43328
鸽子	gēzi	10022
袼褙	gēbei	46556
搁	gē	4539
搁笔	gēbǐ	34532
搁放	gēfàng	51300
搁浅	gēqiǎn	18084
搁置	gēzhì	14081
割	gē	4639
割爱	gē'ài	39442
割除	gēchú	46249
割地	gēdì	27986
割断	gēduàn	16516
割胶	gējiāo	44805
割据	gējù	18620
割裂	gēliè	17360
割弃	gēqì	52118
割让	gēràng	28236
割舍	gēshě	20208
割治	gēzhì	53996
歌	gē	1138
歌本	gēběn	50164
歌唱	gēchàng	6187
歌唱家	gēchàngjiā	13394
歌词	gēcí	10313
歌带	gēdài	55024
歌功颂德	gēgōng-sòngdé	32290
歌喉	gēhóu	22967
歌会	gēhuì	33210
歌剧	gējù	7502
歌诀	gējué	47440
歌迷	gēmí	31593
歌女	gēnǚ	33347
歌片儿	gēpiānr	56000
歌谱	gēpǔ	49440
歌曲	gēqǔ	4349
歌声	gēshēng	4635
歌手	gēshǒu	7532
歌颂	gēsòng	8495
歌坛	gētán	25595
歌厅	gētīng	23671
歌舞	gēwǔ	5880
歌舞剧	gēwǔjù	28656
歌舞升平	gēwǔ-shēngpíng	39663
歌舞团	gēwǔtuán	9632
歌星	gēxīng	14151
歌谣	gēyáo	14555
歌咏	gēyǒng	17773
歌咏队	gēyǒngduì	49066
歌子	gēzi	36012
革	gé	7710
革除	géchú	18729
革故鼎新	gégù-dǐngxīn	43329
革履	gélǚ	26690
革命	gémìng	246
革命化	gémìnghuà	13805
革命家	gémìngjiā	8086
革新	géxīn	6987
革职	gézhí	26691
阁僚	géliáo	52119
阁楼	gélóu	18841
阁下	géxià	8233
阁员	géyuán	32961
格	gé	3594
格调	gédiào	14183
格斗	gédòu	24965
格格不入	gégé-bùrù	18730
格局	géjú	2943
格律	gélǜ	23892
格杀勿论	géshā-wùlùn	46557
格式	géshì	10996
格式化	géshìhuà	36013
格外	géwài	2858
格物致知	géwù-zhìzhī	51301
格言	géyán	14606
格纸	gézhǐ	49441
格子	gézi	16642
胳肢	gézhi	47140
搁不住	gébuzhù	44327
葛	gé	11559
葛藤	géténg	46870
蛤蚧	géjiè	49828
蛤蜊	géli	38431
隔	gé	2127
隔岸观火	gé'àn-guānhuǒ	44328
隔板	gébǎn	42560
隔壁	gébì	7909
隔断	géduàn	26544
隔断	géduan	37526
隔房	géfáng	47441
隔行	gécháng	42828
隔阂	géhé	16358

隔绝	géjué	14999
隔开	gékāi	20735
隔离	gélí	4473
隔离带	gélídài	20957
隔离墩	gélídūn	51694
隔离室	gélíshì	43072
隔膜	gémó	17129
隔墙有耳	géqiáng-yǒu'ěr	48375
隔热	gérè	23956
隔日	gérì	35715
隔三岔五	gésān-chàwǔ	44329
隔扇	géshàn	40095
隔世	géshì	29016
隔心	géxīn	55548
隔靴搔痒	géxuē-sāoyǎng	37527
隔夜	géyè	34968
隔音	géyīn	31353
膈	gé	33863
嗝儿	gér	40735
个	gè	8
个儿	gèr	13261
个案	gè'àn	12113
个把	gèbǎ	22392
个别	gèbié	2432
个个	gègè	6184
个例	gèlì	18499
个人	gèrén	331
个人崇拜	gèrén chóngbài	41615
个人主义	gèrén zhǔyì	13221
个数	gèshù	22695
个体	gètǐ	2273
个体户	gètǐhù	10572
个体经济	gètǐ jīngjì	17223
个头儿	gètóur	6601
个位	gèwèi	50165
个性	gèxìng	3126
个性化	gèxìnghuà	10103
个中	gèzhōng	5448
个子	gèzi	10518
各	gè	92
各半	gèbàn	44330
各奔东西	gèbèn-dōngxī	39864
各奔前程	gèbèn-qiánchéng	42315
各别	gèbié	42316
各持己见	gèchí-jǐjiàn	48376
各处	gèchù	6700
各得其所	gèdé-qísuǒ	22968
各地	gèdì	1014
各方	gèfāng	3082
各负其责	gèfù-qízé	19151
各个	gègè	1280
各个击破	gègè-jīpò	38432
各国	gèguó	1203
各行各业	gèháng-gèyè	9192
各家各户	gèjiā-gèhù	25677
各界	gèjiè	2438
各尽所能	gèjìn-suǒnéng	30596
各尽其职	gèjìn-qízhí	53997
各就各位	gèjiù-gèwèi	38242
各领风骚	gèlǐng-fēngsāo	43330
各取所需	gèqǔ-suǒxū	36656
各式各样	gèshì-gèyàng	12395
各抒己见	gèshū-jǐjiàn	17130
各司其职	gèsī-qízhí	18786
各位	gèwèi	5407
各显神通	gèxiǎn-shéntōng	31720
各行其道	gèxíng-qídào	45355
各行其是	gèxíng-qíshì	28405
各样	gèyàng	16566
各异	gèyì	11264
各有千秋	gèyǒu-qiānqiū	30597
各有所长	gèyǒu-suǒcháng	32692
各有所好	gèyǒu-suǒhào	50166
各执一词	gèzhí-yīcí	36657
各种	gèzhǒng	295
各种各样	gèzhǒng-gèyàng	6493
各自	gèzì	1527
各自为战	gèzì-wéizhàn	27903
各自为政	gèzì-wéizhèng	23227
硌	gè	23566
给	gěi	54
给力	gěilì	9248
给面子	gěimiànzi	35437
给以	gěiyǐ	13724
根	gēn	819
根本	gēnběn	304
根本法	gēnběnfǎ	36496
根除	gēnchú	15555
根底	gēndǐ	22611
根雕	gēndiāo	35560
根基	gēnjī	10319
根茎	gēnjīng	33725
根究	gēnjiū	43551
根据	gēnjù	486
根据地	gēnjùdì	6597
根绝	gēnjué	46558
根瘤	gēnliú	44075
根瘤菌	gēnliújūn	52547
根苗	gēnmiáo	43073
根深蒂固	gēnshēn-dìgù	16869
根深叶茂	gēnshēn-yèmào	37336
根系	gēnxì	17051
根须	gēnxū	30598
根芽	gēnyá	52980
根由	gēnyóu	39236
根源	gēnyuán	6145
根治	gēnzhì	13262
根子	gēnzi	16112
跟	gēn	434
跟班	gēnbān	25910
跟班儿	gēnbānr	29510
跟车	gēnchē	45178
跟从	gēncóng	48377
跟斗	gēndou	28082
跟风	gēnfēng	34796
跟脚	gēnjiǎo	52120
跟进	gēnjìn	17849
跟屁虫	gēnpìchóng	51695
跟前	gēnqián	5611
跟随	gēnsuí	7958
跟头	gēntou	18589
跟着	gēnzhe	1941
跟踪	gēnzōng	4557
哏	gén	38071
亘古	gèngǔ	24106
更迭	gēngdié	17021
更动	gēngdòng	47141
更改	gēnggǎi	13414
更鼓	gēnggǔ	43331
更换	gēnghuàn	7093
更名	gēngmíng	14962
更年期	gēngniánqī	29830
更生	gēngshēng	45356
更替	gēngtì	18219
更新	gēngxīn	3277
更新换代	gēngxīn-huàndài	18424
更衣	gēngyī	26106
更衣室	gēngyīshì	32425

更易	gēngyì	24551
更张	gēngzhāng	30370
更正	gēngzhèng	21125
庚	gēng	14424
耕	gēng	2861
耕畜	gēngchù	54504
耕地	gēngdì	2757
耕牛	gēngniú	21416
耕田	gēngtián	23957
耕耘	gēngyún	11360
耕织	gēngzhī	50911
耕种	gēngzhòng	12624
耕作	gēngzuò	10320
羹匙	gēngchí	50912
耿	gěng	18877
耿耿	gěnggěng	36497
耿耿于怀	gěnggěngyúhuái	25224
耿介	gěngjiè	47759
耿直	gěngzhí	32693
哽	gěng	28161
哽塞	gěngsè	56002
哽噎	gěngyē	50913
哽咽	gěngyè	10769
梗	gěng	9572
梗概	gěnggài	35120
梗塞	gěngsè	30813
梗死	gěngsǐ	36014
梗阻	gěngzǔ	32962
更	gèng	56
更加	gèngjiā	483
更为	gèngwéi	1900
更有甚者	gèngyǒushènzhě	17657
工	gōng	1143
工本	gōngběn	51302
工本费	gōngběnfèi	24823
工笔	gōngbǐ	29119
工笔画	gōngbǐhuà	40959
工兵	gōngbīng	18688
工兵铲	gōngbīngchǎn	39465
工厂	gōngchǎng	2011
工场	gōngchǎng	20534
工潮	gōngcháo	43843
工尺	gōngchě	52121
工程	gōngchéng	742
工程兵	gōngchéngbīng	25099
工程车	gōngchéngchē	51696
工程队	gōngchéngduì	24755
工程师	gōngchéngshī	4454
工地	gōngdì	3397
工读	gōngdú	44331
工读学校	gōngdú xuéxiào	43074
工段	gōngduàn	28852
工房	gōngfáng	41168
工分	gōngfēn	14784
工蜂	gōngfēng	35438
工夫	gōngfu	4705
工会	gōnghuì	2583
工价	gōngjià	49067
工间操	gōngjiāncāo	49068
工件	gōngjiàn	36810
工匠	gōngjiàng	15979
工交	gōngjiāo	27414
工具	gōngjù	1853
工具书	gōngjùshū	21032
工科	gōngkē	27735
工矿	gōngkuàng	22393
工力	gōnglì	55025
工料	gōngliào	50523
工龄	gōnglíng	18916
工贸	gōngmào	22918
工农	gōngnóng	10383
工农兵	gōng-nóng-bīng	14767
工农业	gōngnóngyè	9360
工棚	gōngpéng	21126
工期	gōngqī	10916
工钱	gōngqian	10035
工巧	gōngqiǎo	47442
工青妇	gōng-qīng-fù	41856
工区	gōngqū	27114
工人	gōngrén	616
工日	gōngrì	42561
工伤	gōngshāng	8645
工商	gōngshāng	2922
工商界	gōngshāngjiè	18380
工商局	gōngshāngjú	6633
工商联	gōng-shānglián	10373
工商税	gōngshāngshuì	44332
工商业	gōngshāngyè	12994
工时	gōngshí	21946
工事	gōngshì	19453
工头	gōngtóu	18366
工稳	gōngwěn	52981
工细	gōngxì	49829
工效	gōngxiào	25225
工薪	gōngxīn	28853
工薪阶层	gōngxīn jiēcéng	27736
工薪族	gōngxīnzú	47142
工休	gōngxiū	45357
工序	gōngxù	11171
工业	gōngyè	879
工业国	gōngyèguó	30814
工业化	gōngyèhuà	3539
工业品	gōngyèpǐn	11131
工业区	gōngyèqū	11132
工蚁	gōngyǐ	41169
工艺	gōngyì	2843
工艺流程	gōngyì liúchéng	27046
工艺品	gōngyìpǐn	11277
工艺师	gōngyìshī	44551
工友	gōngyǒu	13759
工于	gōngyú	40960
工余	gōngyú	34666
工运	gōngyùn	52122
工贼	gōngzéi	45358
工长	gōngzhǎng	42562
工整	gōngzhěng	26048
工种	gōngzhǒng	15000
工装裤	gōngzhuāngkù	49442
工资	gōngzī	1149
工字钢	gōngzìgāng	54505
工作	gōngzuò	66
工作餐	gōngzuòcān	40736
工作服	gōngzuòfú	17278
工作量	gōngzuòliàng	12036
工作面	gōngzuòmiàn	24003
工作母机	gōngzuò mǔjī	51303
工作日	gōngzuòrì	10450
工作站	gōngzuòzhàn	11883
工作证	gōngzuòzhèng	27115
工作组	gōngzuòzǔ	5236
弓	gōng	9433
弓背	gōngbèi	43075
弓步	gōngbù	33465
弓箭	gōngjiàn	21947
弓弩手	gōngnǔshǒu	35867
弓弦	gōngxián	36015
弓形	gōngxíng	38243
弓腰	gōngyāo	43552

弓子	gōngzi	45651
公	gōng	869
公安	gōng'ān	2198
公安局	gōng'ānjú	2639
公案	gōng'àn	21127
公办	gōngbàn	13205
公报	gōngbào	6390
公报私仇	gōngbào-sīchóu	56636
公布	gōngbù	2052
公厕	gōngcè	13725
公差	gōngchāi	28567
公产	gōngchǎn	48057
公车	gōngchē	14425
公尺	gōngchǐ	17901
公出	gōngchū	50524
公道	gōngdào	11393
公道	gōngdao	9793
公德	gōngdé	10279
公敌	gōngdí	30815
公爹	gōngdiē	39024
公断	gōngduàn	41170
公而忘私	gōng'érwàngsī	37709
公法	gōngfǎ	30699
公方	gōngfāng	50914
公房	gōngfáng	21896
公费	gōngfèi	14108
公分	gōngfēn	25970
公愤	gōngfèn	33983
公干	gōnggàn	38643
公告	gōnggào	4836
公共	gōnggòng	1603
公共厕所	gōnggòng cèsuǒ	26312
公共关系	gōnggòng guānxì	34388
公共汽车	gōnggòng qìchē	9960
公公	gōnggong	8841
公关	gōngguān	13447
公馆	gōngguǎn	11136
公国	gōngguó	40508
公海	gōnghǎi	26974
公害	gōnghài	17022
公函	gōnghán	28406
公侯	gōnghóu	37710
公会	gōnghuì	24240
公鸡	gōngjī	13080
公积金	gōngjījīn	13448
公祭	gōngjì	33726
公家	gōngjia	11058
公假	gōngjià	36811
公检法	gōng-jiǎn-fǎ	25755
公交	gōngjiāo	6056
公交车	gōngjiāochē	34969
公斤	gōngjīn	2018
公举	gōngjǔ	40961
公决	gōngjué	13939
公爵	gōngjué	24888
公开	gōngkāi	1255
公开赛	gōngkāisài	8762
公开信	gōngkāixìn	17774
公筷	gōngkuài	45959
公款	gōngkuǎn	6924
公里	gōnglǐ	1368
公理	gōnglǐ	10890
公历	gōnglì	37337
公立	gōnglì	17224
公粮	gōngliáng	21417
公了	gōngliǎo	54506
公路	gōnglù	1329
公论	gōnglùn	23788
公马	gōngmǎ	43076
公民	gōngmín	1728
公民权	gōngmínquán	39664
公亩	gōngmǔ	56637
公墓	gōngmù	14619
公牛	gōngniú	24600
公派	gōngpài	40096
公判	gōngpàn	39865
公平	gōngpíng	2371
公平秤	gōngpíngchèng	43553
公婆	gōngpó	18810
公仆	gōngpú	7425
公顷	gōngqǐng	4027
公然	gōngrán	8122
公认	gōngrèn	5309
公伤	gōngshāng	50525
公设	gōngshè	41397
公社	gōngshè	4123
公审	gōngshěn	37711
公升	gōngshēng	39866
公使	gōngshǐ	13039
公使馆	gōngshǐguǎn	42829
公示	gōngshì	6477
公式	gōngshì	8263
公式化	gōngshìhuà	29831
公事	gōngshì	13183
公事公办	gōngshì-gōngbàn	31832
公署	gōngshǔ	21626
公司	gōngsī	196
公私	gōngsī	17871
公私合营	gōngsī héyíng	22394
公私兼顾	gōngsī-jiāngù	51304
公诉	gōngsù	11394
公诉人	gōngsùrén	23672
公堂	gōngtáng	28657
公推	gōngtuī	25227
公文	gōngwén	11795
公文包	gōngwénbāo	26808
公文旅行	gōngwén-lǚxíng	54507
公务	gōngwù	7005
公务卡	gōngwùkǎ	15180
公务员	gōngwùyuán	3970
公物	gōngwù	30816
公心	gōngxīn	29120
公信力	gōngxìnlì	26237
公休	gōngxiū	33727
公演	gōngyǎn	15767
公议	gōngyì	36016
公益	gōngyì	4609
公益金	gōngyìjīn	24756
公营	gōngyíng	45960
公映	gōngyìng	34237
公用	gōngyòng	9416
公用事业	gōngyòng shìyè	16754
公有	gōngyǒu	14963
公有制	gōngyǒuzhì	5940
公余	gōngyú	51305
公寓	gōngyù	6715
公元	gōngyuán	5931
公园	gōngyuán	2175
公约	gōngyuē	4247
公允	gōngyǔn	25756
公债	gōngzhài	16102
公债券	gōngzhàiquàn	56003
公章	gōngzhāng	14152
公正	gōngzhèng	2280
公正无私	gōngzhèng-wúsī	41857
公证	gōngzhèng	7356
公证处	gōngzhèngchù	19541
公证人	gōngzhèngrén	39867

公之于世	gōngzhīyúshì	47443
公之于众	gōngzhīyúzhòng	40284
公职	gōngzhí	12632
公制	gōngzhì	52982
公众	gōngzhòng	2959
公众号	gōngzhònghào	25343
公诸	gōngzhū	36812
公猪	gōngzhū	39868
公主	gōngzhǔ	4595
公助	gōngzhù	34238
公转	gōngzhuàn	28237
公子	gōngzǐ	7788
公子哥儿	gōngzǐgēr	34111
公子王孙	gōngzǐ-wángsūn	54508
功	gōng	1413
功败垂成	gōngbài-chuíchéng	44333
功不可没	gōngbùkěmò	17131
功臣	gōngchén	8789
功成名就	gōngchéng-míngjiù	33585
功成身退	gōngchéng-shēntuì	46250
功德	gōngdé	22500
功德无量	gōngdé-wúliàng	35561
功德圆满	gōngdé-yuánmǎn	45961
功底	gōngdǐ	14828
功夫	gōngfu	4047
功夫片	gōngfupiàn	53469
功夫茶	gōngfuchá	43332
功过	gōngguò	25420
功绩	gōngjì	11856
功课	gōngkè	8382
功亏一篑	gōngkuī-yīkuì	30817
功劳	gōngláo	10877
功力	gōnglì	14723
功利	gōnglì	14742
功利主义	gōnglì zhǔyì	33984
功率	gōnglǜ	9374
功名	gōngmíng	17803
功能	gōngnéng	1358
功效	gōngxiào	11875
功勋	gōngxūn	10512
功业	gōngyè	24308
功用	gōngyòng	20736
功罪	gōngzuì	41858
攻	gōng	2632
攻城略地	gōngchéng-lüèdì	50915
攻打	gōngdǎ	14138
攻读	gōngdú	12638
攻防	gōngfáng	18590
攻关	gōngguān	4891
攻击	gōngjī	2779
攻坚	gōngjiān	6550
攻坚战	gōngjiānzhàn	13327
攻克	gōngkè	8411
攻擂	gōnglèi	48378
攻其不备	gōngqíbùbèi	53998
攻取	gōngqǔ	28317
攻势	gōngshì	10140
攻守	gōngshǒu	31138
攻守同盟	gōngshǒu tóngméng	43333
攻无不克	gōngwúbùkè	49069
攻陷	gōngxiàn	23073
攻心	gōngxīn	34533
攻占	gōngzhàn	16567
供	gōng	1333
供不应求	gōngbùyìngqiú	12216
供电	gōngdiàn	6232
供稿	gōnggǎo	19419
供过于求	gōngguòyúqiú	20662
供货	gōnghuò	12942
供给	gōngjǐ	4312
供给侧	gōngjǐcè	19990
供给制	gōngjǐzhì	40285
供暖	gōngnuǎn	16823
供求	gōngqiú	6267
供热	gōngrè	10104
供水	gōngshuǐ	5663
供销	gōngxiāo	9148
供销社	gōngxiāoshè	8335
供需	gōngxū	9125
供养	gōngyǎng	11876
供应	gōngyìng	2033
供应点	gōngyìngdiǎn	48379
供应链	gōngyìngliàn	50042
供应站	gōngyìngzhàn	39665
肱骨	gōnggǔ	52548
宫	gōng	3025
宫灯	gōngdēng	26478
宫殿	gōngdiàn	11182
宫颈	gōngjǐng	49070
宫墙	gōngqiáng	34797
宫阙	gōngquè	33450
宫扇	gōngshàn	56438
宫室	gōngshì	26545
宫廷	gōngtíng	10392
宫外孕	gōngwàiyùn	52549
宫闱	gōngwéi	29729
宫刑	gōngxíng	48380
宫苑	gōngyuàn	45078
恭贺	gōnghè	34112
恭候	gōnghòu	21383
恭谨	gōngjǐn	40737
恭敬	gōngjìng	12625
恭请	gōngqǐng	39025
恭顺	gōngshùn	28318
恭听	gōngtīng	32291
恭维	gōngwéi	13206
恭喜	gōngxǐ	18335
恭迎	gōngyíng	31594
恭祝	gōngzhù	45962
躬	gōng	8887
躬耕	gōnggēng	45963
躬亲	gōngqīn	37338
躬身	gōngshēn	16593
躬行	gōngxíng	38244
龚	Gōng	13816
觥筹交错	gōngchóu-jiāocuò	39666
巩固	gǒnggù	1957
巩膜	gǒngmó	48058
汞	gǒng	15628
汞柱	gǒngzhù	53999
拱	gǒng	7773
拱坝	gǒngbà	51697
拱顶	gǒngdǐng	46251
拱门	gǒngmén	33211
拱桥	gǒngqiáo	27480
拱手	gǒngshǒu	11296
拱卫	gǒngwèi	41616
拱形	gǒngxíng	33075
珙桐	gǒngtóng	44806
共	gòng	358
共产党	gòngchǎndǎng	1044
共产党员	gòngchǎndǎngyuán	2510
共产国际	Gòngchǎn Guójì	21897
共产主义	gòngchǎn zhǔyì	3660
共处	gòngchǔ	18367
共存	gòngcún	10933
共度	gòngdù	22085

共犯	gòngfàn	44334
共赴	gòngfù	37163
共管	gòngguǎn	30475
共和	gònghé	10826
共和国	gònghéguó	4388
共和制	gònghézhì	47761
共话	gònghuà	33985
共计	gòngjì	6654
共济	gòngjì	32184
共建	gòngjiàn	6608
共居	gòngjū	47444
共聚	gòngjù	39237
共勉	gòngmiǎn	34798
共鸣	gòngmíng	9586
共谋	gòngmóu	15963
共青团	gòngqīngtuán	5674
共青团员	gòngqīngtuányuán	19482
共荣	gòngróng	26238
共商	gòngshāng	13449
共商国是	gòngshāng guóshì	16913
共生	gòngshēng	19071
共时	gòngshí	55549
共识	gòngshí	3208
共事	gòngshì	14785
共通	gòngtōng	24375
共同	gòngtóng	572
共同点	gòngtóngdiǎn	15464
共同体	gòngtóngtǐ	8266
共同性	gòngtóngxìng	27904
共同语	gòngtóngyǔ	26049
共享	gòngxiǎng	4637
共性	gòngxìng	12374
共有	gòngyǒu	2375
共振	gòngzhèn	25358
贡	gòng	10147
贡缎	gòngduàn	49443
贡奉	gòngfèng	55550
贡酒	gòngjiǔ	49444
贡品	gòngpǐn	33451
贡献	gòngxiàn	1076
供	gòng	5234
供案	gòng'àn	50526
供称	gòngchēng	45079
供词	gòngcí	33076
供奉	gòngfèng	12772
供果	gòngguǒ	52123
供品	gòngpǐn	34534
供认	gòngrèn	28568
供认不讳	gòngrèn-bùhuì	32185
供职	gòngzhí	21128
供状	gòngzhuàng	44552
供桌	gòngzhuō	31475
勾	gōu	6913
勾搭	gōuda	26743
勾兑	gōuduì	33986
勾画	gōuhuà	16163
勾绘	gōuhuì	56439
勾魂	gōuhún	40962
勾魂摄魄	gōuhún-shèpò	50167
勾结	gōujié	9712
勾勒	gōulè	14884
勾连	gōulián	48697
勾脸	gōuliǎn	56004
勾留	gōuliú	49445
勾芡	gōuqiàn	56695
勾通	gōutōng	32568
勾销	gōuxiāo	47762
勾引	gōuyǐn	17361
佝偻	gōulóu	13335
佝偻病	gōulóubìng	45964
沟	gōu	2063
沟沟坎坎	gōugōukǎnkǎn	41859
沟谷	gōugǔ	33077
沟壑	gōuhè	17244
沟坎	gōukǎn	44553
沟渠	gōuqú	23567
沟通	gōutōng	3007
沟沿儿	gōuyánr	39869
沟子	gōuzi	46252
钩	gōu	7384
钩沉	gōuchén	38818
钩虫	gōuchóng	48698
钩心斗角	gōuxīn-dòujiǎo	33987
钩针	gōuzhēn	56638
钩子	gōuzi	26313
篝火	gōuhuǒ	18368
苟安	gǒu'ān	33988
苟合	gǒuhé	48699
苟活	gǒuhuó	36331
苟且	gǒuqiě	30263
苟且偷安	gǒuqiě-tōu'ān	52983
苟且偷生	gǒuqiě-tōushēng	47143
苟全	gǒuquán	51698
苟同	gǒutóng	33989
苟延残喘	gǒuyán-cánchuǎn	34799
狗	gǒu	1760
狗胆	gǒudǎn	49446
狗胆包天	gǒudǎn-bāotiān	55026
狗急跳墙	gǒují-tiàoqiáng	42563
狗命	gǒumìng	39026
狗刨	gǒupáo	55551
狗皮膏药	gǒupí gāoyao	44335
狗屁	gǒupì	20999
狗屎堆	gǒushǐduī	52984
狗头军师	gǒutóu jūnshī	48381
狗腿子	gǒutuǐzi	35562
狗尾草	gǒuwěicǎo	44076
狗尾续貂	gǒuwěi-xùdiāo	54509
狗熊	gǒuxióng	25678
狗血喷头	gǒuxuè-pēntóu	42564
狗咬狗	gǒuyǎogǒu	48382
狗鱼	gǒuyú	45080
狗崽子	gǒuzǎizi	40963
狗仗人势	gǒuzhàngrénshì	43554
枸杞	gǒuqǐ	18621
枸杞子	gǒuqǐzǐ	45652
勾当	gòudàng	15268
构	gòu	7645
构成	gòuchéng	1419
构架	gòujià	22295
构件	gòujiàn	17988
构建	gòujiàn	3705
构思	gòusī	9149
构图	gòutú	15785
构陷	gòuxiàn	37894
构想	gòuxiǎng	8567
构造	gòuzào	7222
构筑	gòuzhù	5490
购	gòu	4918
购得	gòudé	23673
购买	gòumǎi	2076
购买力	gòumǎilì	14227
购物	gòuwù	5398
购物中心	gòuwù zhōngxīn	22086
购销	gòuxiāo	7476
购置	gòuzhì	7550
诟病	gòubìng	36813
诟骂	gòumà	48383

垢	gòu	20100
够	gòu	1815
够本	gòuběn	46559
够不着	gòubuzháo	37712
够得着	gòudezháo	45359
够格	gòugé	29121
够交情	gòujiāoqing	52124
够劲儿	gòujìnr	48700
够朋友	gòupéngyou	34801
够呛	gòuqiàng	24107
够瞧的	gòuqiáode	47763
够受	gòushòu	44554
够受的	gòushòude	47445
够数	gòushù	49447
够味儿	gòuwèir	40097
够意思	gòuyìsi	34239
媾和	gòuhé	44555
估	gū	15200
估测	gūcè	45081
估产	gūchǎn	51306
估计	gūjì	2485
估价	gūjià	14706
估量	gūliang	14440
估摸	gūmo	25473
估算	gūsuàn	11829
估值	gūzhí	4582
咕	gū	14946
咕咚	gūdōng	21215
咕嘟	gūdū	23122
咕嘟	gūdu	56761
咕叽	gūjī	52550
咕叽	gūji	56440
咕隆	gūlōng	50527
咕噜	gūlū	14488
咕噜	gūlu	50916
咕哝	gūnong	25167
呱呱	gūgū	23123
呱呱落地	gūgū-luòdì	50917
呱呱坠地	gūgū-zhuìdì	45360
沽	gū	15574
沽名钓誉	gūmíng-diàoyù	28486
孤	gū	5012
孤傲	gū'ào	31721
孤本	gūběn	38433
孤城	gūchéng	25971
孤单	gūdān	15362
孤胆	gūdǎn	43844
孤岛	gūdǎo	17245
孤独	gūdú	5150
孤儿	gū'ér	8157
孤儿寡母	gū'ér-guǎmǔ	35563
孤儿院	gū'éryuàn	31833
孤芳自赏	gūfāng-zìshǎng	34535
孤愤	gūfèn	50528
孤峰	gūfēng	51307
孤高	gūgāo	43555
孤寡	gūguǎ	15556
孤魂野鬼	gūhún-yěguǐ	48701
孤寂	gūjì	14513
孤家寡人	gūjiā-guǎrén	41618
孤军	gūjūn	21703
孤军奋战	gūjūn-fènzhàn	36332
孤苦	gūkǔ	27737
孤苦伶仃	gūkǔ-língdīng	38434
孤老	gūlǎo	26107
孤立	gūlì	6941
孤立无援	gūlì-wúyuán	31722
孤零零	gūlínglíng	15557
孤陋寡闻	gūlòu-guǎwén	34536
孤僻	gūpì	25474
孤身	gūshēn	27905
孤孀	gūshuāng	52125
孤悬	gūxuán	47764
孤雁	gūyàn	39238
孤掌难鸣	gūzhǎng-nánmíng	36814
孤证	gūzhèng	55027
孤注一掷	gūzhù-yīzhì	27825
姑	gū	4832
姑表	gūbiǎo	47765
姑父	gūfu	21498
姑姑	gūgu	11673
姑舅	gūjiù	54510
姑老爷	gūlǎoye	39027
姑妈	gūmā	13314
姑母	gūmǔ	10374
姑奶奶	gūnǎinai	17567
姑娘	gūniang	1209
姑娘家	gūniangjia	31476
姑婆	gūpó	43845
姑且	gūqiě	18395
姑嫂	gūsǎo	36658
姑太太	gūtàitai	25228
姑妄言之	gūwàngyánzhī	50918
姑息	gūxī	16359
姑息养奸	gūxī-yǎngjiān	42317
姑爷	gūye	17741
姑丈	gūzhàng	46871
姑子	gūzi	42565
轱辘	gūlu	21989
骨朵儿	gūduor	40509
骨碌碌	gūlūlū	36985
骨碌	gūlu	29017
辜负	gūfù	8909
箍	gū	14241
箍儿	gūr	53470
古	gǔ	1284
古奥	gǔ'ào	51308
古板	gǔbǎn	30156
古堡	gǔbǎo	22828
古刹	gǔchà	32186
古城	gǔchéng	4927
古代	gǔdài	2320
古道热肠	gǔdào-rècháng	46560
古典	gǔdiǎn	5922
古董	gǔdǒng	15863
古都	gǔdū	15135
古尔邦节	Gǔ'ěrbāng Jié	33728
古风	gǔfēng	30934
古怪	gǔguài	7954
古国	gǔguó	8866
古汉语	gǔhànyǔ	37528
古画	gǔhuà	33990
古籍	gǔjí	11674
古迹	gǔjì	10451
古建	gǔjiàn	27827
古今	gǔjīn	9528
古今中外	gǔjīn-zhōngwài	20888
古旧	gǔjiù	22037
古来	gǔlái	41398
古兰经	Gǔlánjīng	28935
古老	gǔlǎo	3152
古墓	gǔmù	19762
古朴	gǔpǔ	14901
古钱	gǔqián	41619
古琴	gǔqín	27575
古人	gǔrén	5151
古色古香	gǔsè-gǔxiāng	21129
古诗	gǔshī	17927

古时	gǔshí	18787
古时候	gǔshíhòu	26809
古书	gǔshū	17279
古藤	gǔténg	47144
古体诗	gǔtǐshī	50168
古铜色	gǔtóngsè	27576
古玩	gǔwán	17804
古往今来	gǔwǎng-jīnlái	20766
古为今用	gǔwéijīnyòng	27652
古文	gǔwén	17109
古文献	gǔwénxiàn	49071
古文字	gǔwénzì	44556
古物	gǔwù	24552
古稀	gǔxī	24647
古训	gǔxùn	21856
古雅	gǔyǎ	31595
古谚	gǔyàn	48384
古已有之	gǔyǐyǒuzhī	34970
古猿	gǔyuán	31596
古远	gǔyuǎn	51699
古镇	gǔzhèn	15711
古筝	gǔzhēng	29511
古装	gǔzhuāng	25100
古装戏	gǔzhuāngxì	36815
古拙	gǔzhuō	39239
谷	gǔ	3928
谷氨酸	gǔ'ānsuān	46253
谷仓	gǔcāng	39240
谷草	gǔcǎo	44336
谷底	gǔdǐ	21990
谷地	gǔdì	15079
谷糠	gǔkāng	51309
谷壳儿	gǔkér	54511
谷类	gǔlèi	31597
谷粒	gǔlì	36986
谷穗	gǔsuì	43846
谷物	gǔwù	19100
谷雨	gǔyǔ	36499
谷子	gǔzi	12459
汩汩	gǔgǔ	22501
股	gǔ	794
股本	gǔběn	19666
股东	gǔdōng	5743
股份	gǔfèn	4411
股份制	gǔfènzhì	5841
股肱	gǔgōng	38819
股骨	gǔgǔ	45082
股价	gǔjià	17742
股金	gǔjīn	29512
股利	gǔlì	49448
股迷	gǔmí	49424
股民	gǔmín	19048
股票	gǔpiào	3748
股评	gǔpíng	48702
股权	gǔquán	7529
股市	gǔshì	5197
股息	gǔxī	32065
股灾	gǔzāi	28240
股指	gǔzhǐ	2389
股子	gǔzi	16164
骨	gǔ	2917
骨刺	gǔcì	48385
骨粉	gǔfěn	39028
骨感	gǔgǎn	54512
骨干	gǔgàn	3006
骨骼	gǔgé	14212
骨鲠在喉	gǔgěng-zàihóu	51700
骨灰	gǔhuī	14441
骨灰盒	gǔhuīhé	25911
骨架	gǔjià	13726
骨胶	gǔjiāo	52985
骨节	gǔjié	29018
骨结核	gǔjiéhé	54513
骨科	gǔkē	19634
骨膜	gǔmó	54000
骨牌	gǔpái	29611
骨盆	gǔpén	40738
骨气	gǔqì	24889
骨肉	gǔròu	11709
骨殖	gǔshi	49449
骨瘦如柴	gǔshòu-rúchái	33078
骨髓	gǔsuǐ	11068
骨头	gǔtou	6718
骨血	gǔxuè	39443
骨折	gǔzhé	14072
骨针	gǔzhēn	50529
骨质	gǔzhì	23568
骨子	gǔzi	40510
骨子里	gǔzilǐ	16643
牯牛	gǔniú	47145
蛊惑	gǔhuò	23789
鼓	gǔ	3132
鼓板	gǔbǎn	48059
鼓包	gǔbāo	56005
鼓吹	gǔchuī	8484
鼓槌	gǔchuí	40739
鼓词	gǔcí	18141
鼓捣	gǔdao	32292
鼓点	gǔdiǎn	27653
鼓动	gǔdòng	11675
鼓风机	gǔfēngjī	40964
鼓风炉	gǔfēnglú	55028
鼓鼓囊囊	gǔgunāngnāng	33864
鼓角	gǔjiǎo	33586
鼓劲	gǔjìn	18557
鼓励	gǔlì	1267
鼓楼	gǔlóu	19220
鼓膜	gǔmó	43077
鼓弄	gǔnong	52986
鼓气	gǔqì	46872
鼓舌	gǔshé	54514
鼓手	gǔshǒu	32426
鼓书	gǔshū	24824
鼓舞	gǔwǔ	3321
鼓乐	gǔyuè	23074
鼓噪	gǔzào	17195
鼓掌	gǔzhǎng	8711
鼓胀	gǔzhàng	33587
估衣	gùyi	50530
固	gù	3187
固定	gùdìng	2645
固定资产	gùdìng zīchǎn	5064
固化	gùhuà	25475
固然	gùrán	4438
固若金汤	gùruòjīntāng	42071
固沙林	gùshālín	42830
固守	gùshǒu	11354
固态	gùtài	25421
固体	gùtǐ	7058
固有	gùyǒu	8905
固执	gùzhí	9601
故	gù	1575
故步自封	gùbù-zìfēng	37339
故城	gùchéng	33079
故此	gùcǐ	25359
故道	gùdào	29321
故地	gùdì	29612
故地重游	gùdì-chóngyóu	43334

故都	gùdū	34537
故而	gù'ér	17092
故宫	gùgōng	9804
故国	gùguó	25679
故技	gùjì	50919
故伎重演	gùjì-chóngyǎn	42318
故交	gùjiāo	38436
故旧	gùjiù	31947
故居	gùjū	8451
故里	gùlǐ	13591
故弄玄虚	gùnòng-xuánxū	29227
故去	gùqù	31354
故人	gùrén	20176
故世	gùshì	49072
故事	gùshì	23945
故事	gùshi	1298
故事片	gùshipiàn	16594
故态复萌	gùtài-fùméng	45965
故土	gùtǔ	14299
故我	gùwǒ	36659
故乡	gùxiāng	3782
故意	gùyì	2537
故友	gùyǒu	40098
故园	gùyuán	32427
故障	gùzhàng	7152
故知	gùzhī	39444
故址	gùzhǐ	45966
故纸堆	gùzhǐduī	42319
故纵	gùzòng	44557
故作	gùzuò	14281
顾	gù	2727
顾不得	gùbudé	10541
顾不及	gùbují	48060
顾不上	gùbushàng	11385
顾此失彼	gùcǐ-shībǐ	28407
顾及	gùjí	10891
顾忌	gùjì	15786
顾家	gùjiā	34240
顾客	gùkè	3279
顾恋	gùliàn	55029
顾虑	gùlǜ	8437
顾虑重重	gùlǜ-chóngchóng	34802
顾名思义	gùmíng-sīyì	26314
顾念	gùniàn	34667
顾盼	gùpàn	30264
顾全	gùquán	24108
顾问	gùwèn	3454
顾惜	gùxī	39870
顾绣	gùxiù	55030
顾影自怜	gùyǐng-zìlián	39871
顾主	gùzhǔ	45361
雇	gù	6447
雇工	gùgōng	23674
雇农	gùnóng	39872
雇请	gùqǐng	36333
雇佣	gùyōng	14339
雇佣兵	gùyōngbīng	50920
雇用	gùyòng	14987
雇员	gùyuán	11463
雇主	gùzhǔ	14109
痼疾	gùjí	21992
瓜	guā	4468
瓜分	guāfēn	18653
瓜葛	guāgé	27906
瓜果	guāguǒ	12913
瓜架	guājià	53471
瓜农	guānóng	25360
瓜皮	guāpí	32428
瓜皮帽	guāpímào	39029
瓜片	guāpiàn	48061
瓜瓤	guāráng	48386
瓜熟蒂落	guāshú-dìluò	39445
瓜藤	guāténg	50921
瓜田李下	guātián-lǐxià	48703
瓜蔓	guāwàn	52987
瓜秧	guāyāng	50531
瓜子儿	guāzǐr	9968
瓜子儿脸	guāzǐrliǎn	50922
瓜子仁儿	guāzǐrénr	53472
呱	guā	20568
呱嗒	guādā, guāda	52551
呱呱叫	guāguājiào	39030
呱唧	guāji	51310
刮	guā	4435
刮刀	guādāo	47446
刮地皮	guādìpí	45083
刮风	guāfēng	17872
刮宫	guāgōng	53473
刮胡刀	guāhúdāo	56006
刮胡子	guāhúzi	38245
刮脸	guāliǎn	33452
刮目相看	guāmù-xiāngkàn	15104
刮痧	guāshā	40965
刮削	guāxiāo	56007
剐	guǎ	23362
寡	guǎ	8913
寡不敌众	guǎbùdízhòng	29019
寡淡	guǎdàn	47447
寡妇	guǎfu	7426
寡合	guǎhé	52552
寡欢	guǎhuān	33453
寡居	guǎjū	40966
寡廉鲜耻	guǎlián-xiǎnchǐ	45084
寡母	guǎmǔ	31355
寡情	guǎqíng	46873
寡人	guǎrén	29613
寡头	guǎtóu	32963
寡言	guǎyán	36816
寡欲	guǎyù	39667
卦	guà	11172
挂	guà	1029
挂碍	guà'ài	49450
挂表	guàbiǎo	50923
挂不住	guàbuzhù	36987
挂彩	guàcǎi	33865
挂车	guàchē	38820
挂齿	guàchǐ	40740
挂锄	guàchú	55031
挂单	guàdān	44720
挂挡	guàdǎng	48286
挂斗	guàdǒu	55552
挂断	guàduàn	24890
挂钩	guàgōu	7386
挂冠	guàguān	40967
挂果	guàguǒ	27828
挂号	guàhào	16246
挂号处	guàhàochù	44807
挂号信	guàhàoxìn	39241
挂红	guàhóng	45967
挂花	guàhuā	47766
挂怀	guàhuái	52553
挂机	guàjī	46561
挂记	guàji	49451
挂甲	guàjiǎ	55032
挂件	guàjiàn	51311
挂靠	guàkào	19189
挂累	guàlěi	56441
挂历	guàlì	24891

挂零	guàlíng	50532
挂虑	guàlǜ	49073
挂面	guàmiàn	29322
挂名	guàmíng	29832
挂念	guàniàn	20306
挂拍	guàpāi	40726
挂牌	guàpái	6549
挂屏	guàpíng	56008
挂起来	guàqǐlai	32066
挂牵	guàqiān	46874
挂失	guàshī	30818
挂帅	guàshuài	15284
挂锁	guàsuǒ	50924
挂毯	guàtǎn	45653
挂图	guàtú	27738
挂心	guàxīn	32694
挂靴	guàxuē	52554
挂羊头卖狗肉	guà yángtóu mài gǒuròu	42831
挂一漏万	guàyī-lòuwàn	48387
挂账	guàzhàng	39668
挂职	guàzhí	12830
挂钟	guàzhōng	28238
挂轴	guàzhóu	56009
褂子	guàzi	16708
乖	guāi	10207
乖乖	guāiguai	11318
乖觉	guāijué	45968
乖戾	guāilì	42072
乖谬	guāimiù	49074
乖僻	guāipì	49452
乖巧	guāiqiǎo	23021
乖张	guāizhāng	46875
掴	guāi	41860
拐	guǎi	5543
拐棒	guǎibàng	56696
拐带	guǎidài	47767
拐点	guǎidiǎn	12429
拐棍儿	guǎigùnr	32293
拐角	guǎijiǎo	27331
拐卖	guǎimài	14282
拐骗	guǎipiàn	23675
拐弯	guǎiwān	19026
拐弯抹角	guǎiwān-mòjiǎo	33080
拐杖	guǎizhàng	13694
拐子	guǎizi	26050
怪	guài	2071
怪不得	guàibude	10365
怪才	guàicái	47146
怪诞	guàidàn	26744
怪诞不经	guàidàn-bùjīng	55033
怪道	guàidao	37340
怪调	guàidiào	45085
怪话	guàihuà	32695
怪里怪气	guàiliguàiqì	46254
怪论	guàilùn	48388
怪模怪样	guàimú-guàiyàng	38644
怪癖	guàipǐ	37530
怪僻	guàipì	40099
怪圈	guàiquān	18142
怪声怪气	guàishēng-guàiqì	47147
怪石嶙峋	guàishí-línxún	49075
怪事	guàishì	15363
怪兽	guàishòu	31139
怪胎	guàitāi	39873
怪物	guàiwu	13695
怪相	guàixiàng	45362
怪笑	guàixiào	36334
怪样儿	guàiyàngr	28658
怪异	guàiyì	17902
怪招儿	guàizhāor	30322
怪罪	guàizuì	26976
关	guān	903
关爱	guān'ài	6023
关隘	guān'ài	38246
关碍	guān'ài	51312
关闭	guānbì	3905
关东	Guāndōng	16314
关东糖	guāndōngtáng	55553
关防	guānfáng	40286
关乎	guānhū	12698
关怀	guānhuái	3547
关机	guānjī	30371
关键	guānjiàn	1032
关键词	guānjiàncí	17588
关节	guānjié	9551
关节炎	guānjiéyán	19101
关口	guānkǒu	11589
关里	Guānlǐ	23522
关联	guānlián	7959
关门	guānmén	9579
关门打狗	guānmén-dǎgǒu	56639
关门大吉	guānmén-dàjí	44808
关门主义	guānmén zhǔyì	50533
关内	Guānnèi	21704
关卡	guānqiǎ	21898
关切	guānqiè	5750
关塞	guānsài	55554
关山	guānshān	22829
关涉	guānshè	37895
关税	guānshuì	4873
关停并转	guān-tíng-bìng-zhuǎn	39669
关头	guāntóu	9310
关外	Guānwài	19221
关系	guānxi	101
关系户	guānxihù	39446
关系网	guānxiwǎng	27256
关厢	guānxiāng	49830
关饷	guānxiǎng	54001
关心	guānxīn	806
关押	guānyā	10939
关于	guānyú	293
关张	guānzhāng	40741
关照	guānzhào	9997
关中	Guānzhōng	10794
关注	guānzhù	1447
关子	guānzi	41399
观	guān	963
观测	guāncè	4550
观察	guānchá	1266
观察家	guānchájiā	20177
观察哨	guāncháshào	51701
观察室	guāncháshì	51313
观察员	guāncháyuán	12759
观潮	guāncháo	23725
观点	guāndiǎn	1353
观风	guānfēng	51702
观感	guāngǎn	24486
观光	guānguāng	6821
观光客	guānguāngkè	35278
观光农业	guānguāng nóngyè	31723
观后感	guānhòugǎn	45086
观看	guānkàn	3280
观览	guānlǎn	40742
观礼	guānlǐ	34971
观礼台	guānlǐtái	35868
观摩	guānmó	11252

观念	guānniàn	803
观赛	guānsài	35121
观赏	guānshǎng	7429
观赏鱼	guānshǎngyú	46562
观世音	Guānshìyīn	33729
观望	guānwàng	11366
观象台	guānxiàngtái	45087
观音	Guānyīn	13511
观音菩萨	Guānyīn púsà	36017
观音土	guānyīntǔ	52988
观音竹	guānyīnzhú	55034
观瞻	guānzhān	30935
观战	guānzhàn	21173
观者如堵	guānzhě-rúdǔ	54515
观阵	guānzhèn	56010
观止	guānzhǐ	25422
观众	guānzhòng	1063
官	guān	1108
官署	guānshǔ	36500
官办	guānbàn	33730
官本位	guānběnwèi	24601
官逼民反	guānbī-mínfǎn	51314
官兵	guānbīng	2168
官差	guānchāi	48389
官场	guānchǎng	13916
官称	guānchēng	51315
官倒	guāndǎo	48390
官邸	guāndǐ	13275
官方	guānfāng	5607
官风	guānfēng	56442
官府	guānfǔ	15665
官复原职	guānfùyuánzhí	43078
官官相护	guānguān-xiānghù	45363
官话	guānhuà	23524
官宦	guānhuàn	32827
官价	guānjià	45654
官架子	guānjiàzi	42320
官阶	guānjiē	31477
官爵	guānjué	25972
官吏	guānlì	9496
官僚	guānliáo	8151
官僚主义	guānliáo zhǔyì	7912
官僚资本	guānliáo zīběn	32964
官了	guānliǎo	28083
官媒	guānméi	54190
官迷	guānmí	47148
官名	guānmíng	27739
官能	guānnéng	33212
官能症	guānnéngzhèng	52126
官气	guānqì	37164
官腔	guānqiāng	36988
官商	guānshāng	31948
官司	guānsi	7343
官网	guānwǎng	6657
官微	guānwēi	46996
官位	guānwèi	30476
官衔	guānxián	25229
官样文章	guānyàng-wénzhāng	44077
官窑	guānyáo	40100
官瘾	guānyǐn	52127
官印	guānyìn	39670
官员	guānyuán	1843
官运	guānyùn	50169
官运亨通	guānyùn-hēngtōng	43335
官职	guānzhí	16202
冠	guān	9671
冠冕堂皇	guānmiǎn-tánghuáng	24441
冠心病	guānxīnbìng	17463
冠状动脉	guānzhuàng dòngmài	29423
冠子	guānzi	50534
棺材	guāncai	7450
棺材瓤子	guāncai rángzi	52555
棺椁	guānguǒ	38072
棺柩	guānjiù	52556
棺木	guānmù	17052
鳏夫	guānfū	44078
鳏寡孤独	guān-guǎ-gū-dú	47149
馆	guǎn	4676
馆藏	guǎncáng	16374
馆舍	guǎnshè	29228
馆所	guǎnsuǒ	38073
馆员	guǎnyuán	23790
馆长	guǎnzhǎng	6887
馆子	guǎnzi	15651
管	guǎn	368
管保	guǎnbǎo	36817
管材	guǎncái	38074
管道	guǎndào	4968
管段	guǎnduàn	44558
管饭	guǎnfàn	40743
管风琴	guǎnfēngqín	38437
管护	guǎnhù	11692
管家	guǎnjiā	10321
管家婆	guǎnjiāpó	39031
管见	guǎnjiàn	45364
管教	guǎnjiào	13378
管教所	guǎnjiàosuǒ	40287
管界	guǎnjiè	50535
管控	guǎnkòng	9497
管窥	guǎnkuī	45969
管理	guǎnlǐ	576
管理员	guǎnlǐyuán	13288
管片	guǎnpiàn	46255
管区	guǎnqū	29229
管事	guǎnshì	12925
管束	guǎnshù	21333
管辖	guǎnxiá	7097
管辖权	guǎnxiáquán	20685
管闲事	guǎnxiánshì	21948
管弦乐	guǎnxiányuè	31478
管线	guǎnxiàn	14426
管押	guǎnyā	55555
管用	guǎnyòng	14139
管乐	guǎnyuè	38438
管乐队	guǎnyuèduì	54516
管乐器	guǎnyuèqì	49076
管账	guǎnzhàng	36818
管制	guǎnzhì	6582
管中窥豹	guǎnzhōng-kuībào	50170
管子	guǎnzi	16392
观	guàn	30046
贯	guàn	9991
贯彻	guànchè	1350
贯穿	guànchuān	4841
贯串	guànchuàn	25423
贯通	guàntōng	9987
贯注	guànzhù	33731
冠	guàn	2040
冠词	guàncí	53474
冠军	guànjūn	2081
冠军赛	guànjūnsài	14591
冠名	guànmíng	14355
冠以	guànyǐ	21174
掼	guàn	27577
惯	guàn	5063

惯常	guàncháng	27987
惯犯	guànfàn	42566
惯匪	guànfěi	40086
惯例	guànlì	7257
惯窃	guànqiè	55035
惯偷	guàntōu	52557
惯性	guànxìng	12605
惯养	guànyǎng	33081
惯用	guànyòng	21993
惯用语	guànyòngyǔ	52989
惯于	guànyú	16644
惯贼	guànzéi	56011
盥洗	guànxǐ	36335
盥洗室	guànxǐshì	41620
灌	guàn	4561
灌肠	guàncháng	46256
灌肠	guànchang	56012
灌唱片	guànchàngpiàn	44772
灌顶	guàndǐng	39032
灌溉	guàngài	4777
灌溉渠	guàngàiqú	53475
灌浆	guànjiāng	24892
灌酒	guànjiǔ	47448
灌录	guànlù	56112
灌米汤	guànmǐtāng	53476
灌木	guànmù	14607
灌区	guànqū	13056
灌渠	guànqú	39671
灌输	guànshū	15025
灌洗	guànxǐ	52128
灌制	guànzhì	49831
灌注	guànzhù	22830
灌装	guànzhuāng	41171
鹳	guàn	27179
罐	guàn	7484
罐车	guànchē	37896
罐笼	guànlóng	50536
罐头	guàntou	12313
罐头盒	guàntouhé	40511
罐装	guànzhuāng	38439
罐子	guànzi	16568
光	guāng	558
光斑	guāngbān	35279
光板儿	guāngbǎnr	45970
光膀子	guāngbǎngzi	36018
光标	guāngbiāo	48391
光波	guāngbō	24241
光彩	guāngcǎi	5516
光彩夺目	guāngcǎi-duómù	27907
光彩照人	guāngcǎi-zhàorén	24825
光灿灿	guāngcàncàn	42073
光大	guāngdà	20420
光导纤维	guāngdǎo xiānwéi	41621
光碟	guāngdié	30157
光腚	guāngdìng	48062
光伏	guāngfú	37008
光复	guāngfù	22038
光杆儿	guānggǎnr	47449
光顾	guānggù	13145
光怪陆离	guāngguài-lùlí	28319
光棍儿	guānggùnr	15303
光合作用	guānghé zuòyòng	14370
光华	guānghuá	17322
光滑	guānghuá	11151
光环	guānghuán	16018
光辉	guānghuī	3647
光辉灿烂	guānghuī-cànlàn	26745
光火	guānghuǒ	40968
光洁	guāngjié	23677
光洁度	guāngjiédù	52990
光景	guāngjǐng	8379
光可鉴人	guāngkějiànrén	46876
光控	guāngkòng	50925
光缆	guānglǎn	12885
光亮	guāngliàng	9325
光临	guānglín	15177
光溜	guāngliu	50926
光溜溜	guāngliūliū	26479
光芒	guāngmáng	7061
光面	guāngmiàn	47150
光明	guāngmíng	3196
光明磊落	guāngmíng-lěiluò	20701
光明正大	guāngmíng-zhèngdà	27047
光能	guāngnéng	29021
光年	guāngnián	23569
光盘	guāngpán	7537
光谱	guāngpǔ	13350
光驱	guāngqū	33588
光圈	guāngquān	31479
光荣	guāngróng	2414
光荣榜	guāngróngbǎng	37165
光荣感	guāngrónggǎn	31949
光润	guāngrùn	38075
光闪闪	guāngshǎnshǎn	27829
光身	guāngshēn	40101
光束	guāngshù	24004
光速	guāngsù	23791
光天化日	guāngtiān-huàrì	22561
光通信	guāngtōngxìn	30477
光头	guāngtóu	16223
光秃	guāngtū	25424
光网	guāngwǎng	50749
光污染	guāngwūrǎn	43336
光雾	guāngwù	51703
光纤	guāngxiān	12334
光鲜	guāngxiān	34389
光线	guāngxiàn	7034
光艳	guāngyàn	52558
光焰	guāngyàn	31724
光耀	guāngyào	24757
光阴	guāngyīn	14005
光源	guāngyuán	17822
光泽	guāngzé	12346
光照	guāngzhào	13263
光柱	guāngzhù	33454
光宗耀祖	guāngzōng-yàozǔ	37166
咣	guāng	22039
咣当	guāngdāng	32187
广	guǎng	1430
广播	guǎngbō	2483
广播操	guǎngbōcāo	39242
广播电台	guǎngbō diàntái	8852
广播剧	guǎngbōjù	36336
广播台	guǎngbōtái	47450
广播站	guǎngbōzhàn	26051
广博	guǎngbó	21949
广场	guǎngchǎng	2494
广场舞	guǎngchǎngwǔ	11633
广大	guǎngdà	958
广东	Guǎngdōng	1475
广东音乐	Guǎngdōng yīnyuè	50171
广度	guǎngdù	11569
广而告之	guǎng'érgàozhī	38645
广泛	guǎngfàn	1200
广柑	guǎnggān	48704
广告	guǎnggào	1188
广告牌	guǎnggàopái	18033

广寒宫	guǎnghángōng	48705
广货	guǎnghuò	51316
广交	guǎngjiāo	15864
广交会	Guǎngjiāohuì	17246
广角镜	guǎngjiǎojìng	55556
广开言路	guǎngkāi-yánlù	35716
广阔	guǎngkuò	2751
广袤	guǎngmào	15531
广漠	guǎngmò	34538
广求	guǎngqiú	51317
广厦	guǎngshà	19542
广为	guǎngwéi	12114
广西	Guǎngxī	2620
广义	guǎngyì	11454
广种薄收	guǎngzhòng-bóshōu	37897
广州	Guǎngzhōu	1386
犷悍	guǎnghàn	52991
逛	guàng	5810
逛荡	guàngdang	49077
逛街	guàngjiē	23842
归	guī	1389
归案	guī'àn	17347
归并	guībìng	27481
归巢	guīcháo	40102
归程	guīchéng	40969
归档	guīdàng	30819
归队	guīduì	20455
归附	guīfù	24648
归根	guīgēn	9626
归根到底	guīgēn-dàodǐ	11413
归根结底	guīgēn-jiédǐ	14371
归公	guīgōng	41172
归功	guīgōng	15215
归功于	guīgōngyú	15407
归国	guīguó	11455
归化	guīhuà	40970
归还	guīhuán	9287
归回	guīhuí	49078
归结	guījié	10721
归咎	guījiù	21705
归口	guīkǒu	22241
归来	guīlái	5846
归类	guīlèi	22919
归拢	guīlǒng	45088
归路	guīlù	26170
归纳	guīnà	8528
归纳法	guīnàfǎ	36337
归期	guīqī	43337
归侨	guīqiáo	10815
归属	guīshǔ	10832
归顺	guīshùn	24696
归宿	guīsù	9266
归天	guītiān	30820
归田	guītián	52129
归途	guītú	22920
归位	guīwèi	36819
归西	guīxī	46563
归降	guīxiáng	30478
归向	guīxiàng	49453
归心	guīxīn	32569
归心似箭	guīxīn-sìjiàn	45971
归依	guīyī	41622
归隐	guīyǐn	39447
归于	guīyú	14191
归葬	guīzàng	36820
归真	guīzhēn	31598
归政	guīzhèng	38076
归置	guīzhi	49079
归总	guīzǒng	53477
归罪	guīzuì	26546
归罪于	guīzuìyú	32294
龟	guī	8356
龟板	guībǎn	55557
龟背	guībèi	50537
龟甲	guījiǎ	45972
龟缩	guīsuō	39243
龟头	guītóu	48063
规	guī	5636
规避	guībì	13959
规程	guīchéng	10715
规定	guīdìng	574
规定动作	guīdìng dòngzuò	34390
规范	guīfàn	1454
规范化	guīfànhuà	4212
规格	guīgé	6997
规划	guīhuà	1420
规谏	guījiàn	44079
规诫	guījiè	55036
规矩	guīju	4495
规律	guīlǜ	1265
规律性	guīlǜxìng	9894
规模	guīmó	1304
规模化	guīmóhuà	10234
规劝	guīquàn	22395
规约	guīyuē	36019
规则	guīzé	2215
规章	guīzhāng	5621
规整	guīzhěng	42567
规制	guīzhì	45655
皈依	guīyī	26480
闺房	guīfáng	32295
闺阁	guīgé	46877
闺门	guīmén	47768
闺蜜	guīmì	18089
闺女	guīnü	8255
闺秀	guīxiù	29022
硅	guī	21266
硅谷	guīgǔ	10908
硅片	guīpiàn	39244
硅藻	guīzǎo	48706
瑰宝	guībǎo	17989
瑰丽	guīlì	19367
瑰奇	guīqí	52559
鲑鱼	guīyú	32696
轨	guǐ	8740
轨道	guǐdào	2741
轨迹	guǐjì	10491
轨距	guǐjù	43491
轨枕	guǐzhěn	54002
诡辩	guǐbiàn	32067
诡称	guǐchēng	46257
诡计	guǐjì	22343
诡计多端	guǐjì-duōduān	41400
诡谲	guǐjué	30821
诡秘	guǐmì	19222
诡奇	guǐqí	54517
诡异	guǐyì	34972
诡诈	guǐzhà	38077
鬼	guǐ	2984
鬼把戏	guǐbǎxì	43847
鬼才	guǐcái	38078
鬼打墙	guǐdǎqiáng	48064
鬼点子	guǐdiǎnzi	41861
鬼斧神工	guǐfǔ-shéngōng	36174
鬼怪	guǐguài	28569
鬼鬼祟祟	guǐguǐsuìsuì	20614
鬼画符	guǐhuàfú	49080

鬼话	guǐhuà	22502
鬼魂	guǐhún	19869
鬼混	guǐhùn	23075
鬼火	guǐhuǒ	33082
鬼精灵	guǐjīnglíng	51704
鬼哭狼嚎	guǐkū-lángháo	40971
鬼脸	guǐliǎn	17589
鬼魅	guǐmèi	36821
鬼门关	guǐménguān	30936
鬼迷心窍	guǐmíxīnqiào	43556
鬼名堂	guǐmíngtang	51318
鬼神	guǐshén	14786
鬼使神差	guǐshǐ-shénchāi	30265
鬼祟	guǐsuì	43557
鬼胎	guǐtāi	32965
鬼头鬼脑	guǐtóu-guǐnǎo	40972
鬼蜮	guǐyù	43338
鬼蜮伎俩	guǐyù-jìliǎng	54518
鬼主意	guǐzhǔyi	47451
鬼子	guǐzi	6946
癸	guǐ	15964
柜	guì	7629
柜橱	guìchú	49081
柜房	guìfáng	47452
柜上	guìshang	44559
柜台	guìtái	6904
柜员机	guìyuánjī	52560
柜子	guìzi	15408
刽子手	guìzishǒu	21577
贵	guì	2250
贵宾	guìbīn	11636
贵妇	guìfù	38440
贵干	guìgàn	47151
贵庚	guìgēng	52130
贵贱	guìjiàn	21267
贵金属	guìjīnshǔ	33589
贵客	guìkè	22242
贵人	guìrén	16224
贵体	guìtǐ	50172
贵姓	guìxìng	24005
贵阳	Guìyáng	6275
贵恙	guìyàng	54519
贵重	guìzhòng	12263
贵州	Guìzhōu	3780
贵族	guìzú	6479
桂	guì	7089
桂冠	guìguān	10868
桂花	guìhuā	10610
桂剧	guìjù	55037
桂皮	guìpí	51705
桂圆	guìyuán	36020
跪	guì	4488
跪拜	guìbài	25168
鳜鱼	guìyú	33991
绲	gǔn	22868
绲边	gǔnbiān	45656
滚	gǔn	3638
滚蛋	gǔndàn	25032
滚刀肉	gǔndāoròu	56013
滚动	gǔndòng	9229
滚动式	gǔndòngshì	44337
滚翻	gǔnfān	47453
滚沸	gǔnfèi	49832
滚瓜烂熟	gǔnguā-lànshú	40973
滚滚	gǔngǔn	7711
滚开	gǔnkāi	27415
滚雷	gǔnléi	51319
滚轮	gǔnlún	32697
滚落	gǔnluò	21299
滚木	gǔnmù	44080
滚热	gǔnrè	33590
滚水	gǔnshuǐ	42568
滚烫	gǔntàng	16453
滚梯	gǔntī	50173
滚筒	gǔntǒng	37167
滚雪球	gǔnxuěqiú	33732
滚圆	gǔnyuán	31239
滚轴	gǔnzhóu	52131
滚珠	gǔnzhū	46878
磙子	gǔnzi	42569
棍	gùn	12239
棍棒	gùnbàng	23619
棍子	gùnzi	12189
郭	guō	6367
聒耳	guō’ěr	54003
聒噪	guōzào	34803
锅	guō	3824
锅巴	guōbā	29614
锅饼	guōbǐng	53478
锅铲	guōchǎn	37713
锅底	guōdǐ	27578
锅盖	guōgài	24758
锅炉	guōlú	8968
锅炉房	guōlúfáng	29323
锅台	guōtái	26315
锅贴儿	guōtiēr	41401
锅灶	guōzào	29424
锅子	guōzi	27988
蝈蝈儿	guōguor	24826
国	guó	190
国宝	guóbǎo	11796
国本	guóběn	34804
国标	guóbiāo	31356
国别	guóbié	20131
国宾	guóbīn	33455
国宾馆	guóbīnguǎn	12831
国策	guócè	10435
国产	guóchǎn	4655
国产化	guóchǎnhuà	10857
国产片	guóchǎnpiàn	43079
国耻	guóchǐ	23570
国仇	guóchóu	46258
国粹	guócuì	19795
国道	guódào	7892
国都	guódū	20456
国度	guódù	13896
国法	guófǎ	19313
国防	guófáng	2426
国防军	guófángjūn	20023
国防绿	guófánglǜ	52992
国父	guófù	32068
国富民安	guófù-mín’ān	51706
国富民强	guófù-mínqiáng	45973
国歌	guógē	11152
国格	guógé	38247
国故	guógù	41402
国号	guóhào	22696
国花	guóhuā	41862
国画	guóhuà	13212
国徽	guóhuī	19543
国会	guóhuì	3997
国魂	guóhún	30266
国货	guóhuò	22785
国籍	guójí	13005
国计民生	guójì-mínshēng	14572
国际	guójì	586
国际儿童节	Guójì Értóng Jié	31599
国际法	guójìfǎ	7829

国际妇女节	Guójì Fùnǚ Jié	45089
国际歌	Guójì Gē	30479
国际公法	guójì gōngfǎ	45090
国际互联网	guójì hùliánwǎng	27180
国际化	guójìhuà	5934
国际劳动节	Guójì Láodòng Jié	26316
国际象棋	guójì xiàngqí	8863
国际性	guójìxìng	11044
国家	guójiā	114
国家队	guójiāduì	5343
国家机关	guójiā jīguān	4015
国家赔偿	guójiā péicháng	22446
国家所有制	guójiā suǒyǒuzhì	56014
国脚	guójiǎo	26890
国教	guójiào	33456
国界	guójiè	13027
国境	guójìng	20307
国境线	guójìngxiàn	34391
国酒	guójiǔ	24423
国君	guójūn	25680
国库	guókù	11748
国库券	guókùquàn	30047
国力	guólì	12359
国立	guólì	12566
国骂	guómà	36679
国脉	guómài	43080
国贸	guómào	33083
国门	guómén	9687
国民	guómín	2095
国民待遇	guómín dàiyù	24177
国民党	guómíndǎng	2103
国民经济	guómín jīngjì	1554
国民收入	guómín shōurù	13369
国难	guónàn	21216
国内	guónèi	789
国破家亡	guópò-jiāwáng	41863
国戚	guóqī	34805
国旗	guóqí	5877
国企	guóqǐ	5426
国情	guóqíng	3254
国情咨文	guóqíng zīwén	26317
国庆	guóqìng	5904
国庆节	Guóqìng Jié	12408
国球	guóqiú	27138
国人	guórén	5303
国丧	guósāng	50174
国色	guósè	49833
国色天香	guósè-tiānxiāng	44809
国史	guóshǐ	24442
国势	guóshì	29230
国事	guóshì	11489
国是	guóshì	24109
国手	guóshǒu	17903
国书	guóshū	23363
国税	guóshuì	10225
国泰民安	guótài-mín'ān	28760
国体	guótǐ	20702
国土	guótǔ	3502
国外	guówài	1488
国王	guówáng	3837
国威	guówēi	27654
国文	guówén	17743
国务	guówù	9293
国务卿	guówùqīng	6818
国务院	guówùyuàn	1321
国学	guóxué	17152
国宴	guóyàn	35564
国药	guóyào	43339
国医	guóyī	46564
国营	guóyíng	7415
国优	guóyōu	43341
国有	guóyǒu	1722
国有股	guóyǒugǔ	17280
国有化	guóyǒuhuà	35280
国语	guóyǔ	18113
国乐	guóyuè	39448
国运	guóyùn	21466
国葬	guózàng	43848
国贼	guózéi	38079
国债	guózhài	4518
果	guǒ	2363
果不其然	guǒbuqírán	35439
果茶	guǒchá	40103
果丹皮	guǒdānpí	55558
果冻	guǒdòng	34241
果断	guǒduàn	5896
果脯	guǒfǔ	44081
果腹	guǒfù	40974
果干儿	guǒgānr	42074
果敢	guǒgǎn	21950
果盒	guǒhé	52132
果核	guǒhé	47769
果酱	guǒjiàng	36175
果胶	guǒjiāo	56015
果酒	guǒjiǔ	44560
果决	guǒjué	34242
果料	guǒliào	56016
果木	guǒmù	29324
果农	guǒnóng	14110
果盘	guǒpán	39672
果皮	guǒpí	25101
果品	guǒpǐn	12995
果然	guǒrán	2719
果仁	guǒrén	48392
果肉	guǒròu	37537
果实	guǒshí	7895
果树	guǒshù	7468
果酸	guǒsuān	51320
果糖	guǒtáng	48708
果蝇	guǒyíng	29231
果园	guǒyuán	9017
果真	guǒzhēn	10498
果汁	guǒzhī	21578
果枝	guǒzhī	47770
果子	guǒzi	11839
果子酱	guǒzijiàng	56443
果子狸	guǒzilí	26692
果子露	guǒzilù	52561
裹	guǒ	6001
裹脚	guǒjiǎo	37538
裹脚布	guǒjiǎobù	45974
裹腿	guǒtui	45975
裹胁	guǒxié	42075
裹挟	guǒxié	27908
裹足不前	guǒzú-bùqián	34392
过	guò	770
过半	guòbàn	14128
过磅	guòbàng	43849
过不去	guòbuqù	13057
过场	guòchǎng	29232
过程	guòchéng	470
过秤	guòchèng	38320
过从	guòcóng	24827
过错	guòcuò	8529
过大	guòdà	12567
过当	guòdàng	24309
过道	guòdào	16914
过得硬	guòdeyìng	31600

过得去	guòdeqù	21706
过电	guòdiàn	56017
过冬	guòdōng	16289
过度	guòdù	5335
过渡	guòdù	3587
过多	guòduō	5780
过分	guòfèn	4616
过关	guòguān	11782
过关斩将	guòguān-zhǎnjiàng	31480
过惯	guòguàn	37898
过河拆桥	guòhé-chāiqiáo	41173
过后	guòhòu	5601
过户	guòhù	26171
过话	guòhuà	45365
过活	guòhuó	20457
过火	guòhuǒ	19124
过激	guòjī	19908
过继	guòjì	32429
过家家	guòjiājiā	41864
过奖	guòjiǎng	31035
过街老鼠	guòjiē lǎoshǔ	32570
过街楼	guòjiēlóu	55038
过街天桥	guòjiē tiānqiáo	43558
过节	guòjié	10288
过劲儿	guòjìnr	39033
过境	guòjìng	13474
过客	guòkè	26977
过快	guòkuài	13108
过来	guòlái	1062
过来人	guòláirén	29615
过劳死	guòláosǐ	56444
过冷	guòlěng	40288
过礼	guòlǐ	39034
过量	guòliàng	13817
过录	guòlù	56640
过路	guòlù	18689
过路人	guòlùrén	26891
过虑	guòlǜ	31725
过滤	guòlǜ	13213
过滤嘴儿	guòlǜzuǐr	45366
过慢	guòmàn	52562
过门	guòmén	18517
过猛	guòměng	26606
过敏	guòmǐn	17362
过目	guòmù	22612
过目成诵	guòmù-chéngsòng	56641
过年	guònián	4425
过期	guòqī	15691
过气	guòqì	52773
过谦	guòqiān	52993
过去	guòqù	894
过热	guòrè	13818
过人	guòrén	13917
过日子	guòrìzi	8064
过筛	guòshāi	52994
过山车	guòshānchē	47152
过甚	guòshèn	29234
过甚其词	guòshèn-qící	53479
过剩	guòshèng	8405
过失	guòshī	11015
过时	guòshí	9749
过世	guòshì	23228
过手	guòshǒu	41174
过数	guòshù	53851
过速	guòsù	43559
过堂	guòtáng	39035
过堂风	guòtángfēng	56445
过厅	guòtīng	45976
过头	guòtóu	13450
过往	guòwǎng	11278
过望	guòwàng	34113
过问	guòwèn	9389
过午	guòwǔ	36338
过细	guòxì	25973
过眼	guòyǎn	24649
过眼烟云	guòyǎn-yānyún	36339
过眼云烟	guòyǎn-yúnyān	45367
过夜	guòyè	13498
过意不去	guòyìbùqù	20263
过瘾	guòyǐn	16062
过硬	guòyìng	7724
过犹不及	guòyóubùjí	45368
过于	guòyú	4006
过誉	guòyù	43850
过载	guòzài	46259
过早	guòzǎo	10300
过账	guòzhàng	49082
过招儿	guòzhāor	15978
过重	guòzhòng	11395
过	guo	2723
哈	hā	3041
哈尔滨	Hā'ěrbīn	3038
哈哈	hāha	5691
哈哈镜	hāhājìng	54004
哈喇	hāla	47153
哈喇子	hālázi	54005
哈雷彗星	Hāléi huìxīng	47454
哈密瓜	hāmìguā	32572
哈尼族	Hānízú	32430
哈气	hāqì	45977
哈欠	hāqian	19049
哈萨克斯坦	Hāsàkèsītǎn	7150
哈萨克族	Hāsàkèzú	25826
哈腰	hāyāo	40744
蛤蟆	háma	21033
蛤蟆镜	hámajìng	55039
哈巴狗	hǎbagǒu	42832
哈达	hǎdá	17382
咳	hāi	50175
嗨	hāi	8549
嗨呀	hāiya	49083
嗨哟	hāiyō	47771
还	hái	550
还是	háishi	188
还有	háiyǒu	810
孩提	háití	29425
孩童	háitóng	21418
孩子	háizi	152
孩子气	háiziqì	19909
孩子头儿	háizitóur	45369
孩子王	háiziwáng	45657
骸骨	háigǔ	34243
海	hǎi	647
海岸	hǎi'àn	6491
海岸线	hǎi'ànxiàn	15178
海拔	hǎibá	5006
海报	hǎibào	22396
海豹	hǎibào	19980
海边	hǎibiān	9375
海滨	hǎibīn	8568
海菜	hǎicài	49834
海草	hǎicǎo	49084
海产	hǎichǎn	35565
海潮	hǎicháo	22969
海程	hǎichéng	56446
海船	hǎichuán	32069
海带	hǎidài	19420
海胆	hǎidǎn	41623

海岛	hǎidǎo	10795
海盗	hǎidào	20264
海道	hǎidào	28570
海堤	hǎidī	27989
海底	hǎidǐ	7315
海底捞月	hǎidǐ-lāoyuè	56018
海钓	hǎidiào	52995
海防	hǎifáng	18917
海风	hǎifēng	16375
海港	hǎigǎng	15768
海沟	hǎigōu	42076
海关	hǎiguān	2638
海归	hǎiguī	16344
海龟	hǎiguī	21334
海涵	hǎihán	45658
海货	hǎihuò	46879
海基	hǎijī	54817
海疆	hǎijiāng	31240
海角	hǎijiǎo	30480
海禁	hǎijìn	50927
海景	hǎijǐng	39673
海军	hǎijūn	3176
海军航空兵	hǎijūn hángkōngbīng	31241
海军陆战队	hǎijūn lùzhànduì	18468
海口	Hǎikǒu	6580
海寇	hǎikòu	46260
海枯石烂	hǎikū-shílàn	46261
海况	hǎikuàng	49835
海葵	hǎikuí	33348
海阔天空	hǎikuò-tiānkōng	27740
海蓝	hǎilán	50928
海浪	hǎilàng	14242
海狸	hǎilí	54520
海里	hǎilǐ	12037
海蛎子	hǎilìzi	51707
海量	hǎiliàng	25596
海流	hǎiliú	21951
海路	hǎilù	34244
海轮	hǎilún	34245
海螺	hǎiluó	32967
海洛因	hǎiluòyīn	13607
海马	hǎimǎ	26810
海鳗	hǎimán	55040
海米	hǎimǐ	53480
海绵	hǎimián	20569
海面	hǎimiàn	7736
海纳百川	hǎinà-bǎichuān	6567
海南	Hǎinán	3904
海难	hǎinàn	31726
海内	hǎinèi	19635
海内外	hǎinèiwài	5462
海鸟	hǎiniǎo	29325
海牛	hǎiniú	28487
海鸥	hǎi'ōu	18114
海派	hǎipài	27116
海平面	hǎipíngmiàn	15216
海平线	hǎipíngxiàn	52996
海区	hǎiqū	11490
海上	hǎishàng	3233
海蛇	hǎishé	50176
海参	hǎishēn	23076
海狮	hǎishī	24697
海市蜃楼	hǎishì-shènlóu	29235
海事	hǎishì	11414
海誓山盟	hǎishì-shānméng	42321
海兽	hǎishòu	51708
海水	hǎishuǐ	3920
海水浴	hǎishuǐyù	41624
海损	hǎisǔn	52133
海獭	hǎitǎ	50177
海滩	hǎitān	10164
海棠	hǎitáng	16264
海棠花	hǎitánghuā	39674
海塘	hǎitáng	40289
海图	hǎitú	35440
海涂	hǎitú	39675
海豚	hǎitún	17281
海外	hǎiwài	2369
海外关系	hǎiwài guānxì	43342
海外奇谈	hǎiwài qítán	56447
海湾	hǎiwān	5953
海碗	hǎiwǎn	35123
海王星	hǎiwángxīng	38441
海味	hǎiwèi	36660
海峡	hǎixiá	4980
海鲜	hǎixiān	17491
海象	hǎixiàng	45091
海啸	hǎixiào	7582
海蟹	hǎixiè	51709
海星	hǎixīng	33084
海选	hǎixuǎn	33866
海盐	hǎiyán	29513
海燕	hǎiyàn	21756
海洋	hǎiyáng	1861
海洋权	hǎiyángquán	50929
海洋性气候	hǎiyángxìng qìhòu	55041
海鱼	hǎiyú	43343
海域	hǎiyù	4532
海员	hǎiyuán	27117
海运	hǎiyùn	14283
海葬	hǎizàng	46565
海藻	hǎizǎo	19910
海战	hǎizhàn	27830
海蜇	hǎizhé	28761
海子	hǎizi	41865
亥	hài	40290
亥时	hàishí	56019
骇然	hàirán	37539
骇人听闻	hàiréntīngwén	24110
骇异	hàiyì	42570
氦	hài	42322
氦气	hàiqì	45092
害	hài	2469
害病	hàibìng	25425
害虫	hàichóng	10171
害处	hàichu	27482
害鸟	hàiniǎo	56697
害怕	hàipà	3168
害群之马	hàiqúnzhīmǎ	27181
害人	hàirén	13512
害人虫	hàirénchóng	55559
害臊	hàisào	22697
害羞	hàixiū	13073
害眼	hàiyǎn	51710
蚶子	hānzi	51711
酣	hān	18336
酣畅	hānchàng	28762
酣梦	hānmèng	54521
酣睡	hānshuì	23726
酣饮	hānyǐn	43344
酣战	hānzhàn	40975
酣醉	hānzuì	51321
憨	hān	12656
憨厚	hānhòu	17093
憨实	hānshi	48065
憨态	hāntài	45659
憨态可掬	hāntài-kějū	24862

汗珠	hànzhū	14489
汗珠子	hànzhūzi	45371
汗渍	hànzì	40512
旱	hàn	5310
旱冰	hànbīng	44338
旱冰场	hànbīngchǎng	56023
旱冰鞋	hànbīngxié	49456
旱船	hànchuán	37714
旱道	hàndào	56451
旱稻	hàndào	50179
旱地	hàndì	19544
旱季	hànjì	33085
旱井	hànjǐng	46262
旱涝保收	hànlào-bǎoshōu	29236
旱路	hànlù	42078
旱魔	hànmó	55043
旱情	hànqíng	14034
旱区	hànqū	29934
旱伞	hànsǎn	55562
旱獭	hàntǎ	49837
旱田	hàntián	40513
旱象	hànxiàng	46568
旱鸭子	hànyāzi	47455
旱烟	hànyān	19255
旱烟袋	hànyāndài	29023
旱灾	hànzāi	13608
旱作	hànzuò	27579
捍卫	hànwèi	7542
悍匪	hànfěi	37879
悍妇	hànfù	47773
悍将	hànjiàng	43564
悍然	hànrán	25974
悍勇	hànyǒng	56452
焊	hàn	14184
焊缝	hànfèng	44810
焊工	hàngōng	32070
焊接	hànjiē	12936
焊枪	hànqiāng	49457
焊条	hàntiáo	40293
焊锡	hànxī	56453
颔首	hànshǒu	29024
撼	hàn	20178
撼动	hàndòng	26608
撼人心魄	hànrénxīnpò	36990
撼天动地	hàntiān-dòngdì	52563
翰林	hànlín	16870
憾事	hànshì	33734
瀚海	hànhǎi	34246
夯	hāng	17297
夯歌	hānggē	54007
夯实	hāngshí	12396
夯土	hāngtǔ	54008
行	háng	5989
行帮	hángbāng	51713
行当	hángdang	16141
行规	hángguī	31834
行话	hánghuà	29123
行会	hánghuì	32296
行货	hánghuò	52135
行家	hángjia	14228
行家里手	hángjia-lǐshǒu	30700
行间	hángjiān	38646
行距	hángjù	39036
行款	hángkuǎn	50539
行列	hángliè	5133
行情	hángqíng	10869
行市	hángshi	32828
行伍	hángwǔ	33735
行业	hángyè	1395
杭	Háng	12976
杭育	hángyāo	47456
杭州	Hángzhōu	2550
绗	háng	55563
航	háng	7508
航班	hángbān	6521
航标	hángbiāo	29237
航标灯	hángbiāodēng	38081
航测	hángcè	37899
航程	hángchéng	20799
航船	hángchuán	21078
航次	hángcì	31951
航道	hángdào	10673
航海	hánghǎi	12397
航空	hángkōng	2997
航空兵	hángkōngbīng	18731
航空港	hángkōnggǎng	38082
航空母舰	hángkōng mǔjiàn	17590
航空器	hángkōngqì	15001
航空信	hángkōngxìn	54523
航路	hánglù	19396
航模	hángmó	33591
航母	hángmǔ	2930
航拍	hángpāi	48066
航速	hángsù	31727
航天	hángtiān	3490
航天服	hángtiānfú	49458
航天器	hángtiānqì	19125
航务	hángwù	38822
航线	hángxiàn	6710
航向	hángxiàng	23958
航校	hángxiào	41866
航行	hángxíng	8369
航运	hángyùn	8854
航站	hángzhàn	44083
航站楼	hángzhànlóu	11099
沆瀣一气	hàngxiè-yīqì	33868
巷道	hàngdào	18842
蒿草	hāocǎo	36822
蒿子	hāozi	46881
薅	hāo	32071
薅草	hāocǎo	56024
号	háo	3759
号叫	háojiào	36022
号哭	háokū	34539
号啕	háotáo	30701
蚝	háo	21627
蚝油	háoyóu	54009
毫	háo	11479
毫不	háobù	3990
毫发	háofà	37540
毫克	háokè	14531
毫厘	háolí	40104
毫毛	háomáo	32072
毫米	háomǐ	7045
毫秒	háomiǎo	42834
毫末	háomò	54524
毫升	háoshēng	11628
毫无	háowú	2489
毫无二致	háowú-èrzhì	44084
毫无疑义	háowú-yíyì	30481
嗥	háo	31141
豪赌	háodǔ	26845
豪放	háofàng	19256
豪放不羁	háofàng-bùjī	54525
豪富	háofù	43081
豪华	háohuá	6329
豪杰	háojié	18944
豪举	háojǔ	52998

豪迈	háomài	14461
豪门	háomén	29426
豪气	háoqì	21628
豪强	háoqiáng	38083
豪情	háoqíng	12409
豪绅	háoshēn	31835
豪爽	háoshuǎng	17023
豪侠	háoxiá	44563
豪兴	háoxìng	44339
豪言壮语	háoyán-zhuàngyǔ	28162
豪饮	háoyǐn	39874
豪雨	háoyǔ	48067
豪语	háoyǔ	50933
豪宅	háozhái	45372
豪猪	háozhū	48068
豪壮	háozhuàng	43565
豪族	háozú	52136
壕	háo	16776
壕沟	háogōu	24376
壕堑	háoqiàn	54010
嚎	háo	15712
好	hǎo	722
好儿	hǎor	16113
好半天	hǎobàntiān	35125
好比	hǎobǐ	7740
好不	hǎobù	28854
好不容易	hǎobùróngyì	8985
好吃	hǎochī	7875
好处	hǎochù	2380
好处费	hǎochùfèi	30048
好歹	hǎodǎi	11830
好懂	hǎodǒng	38442
好端端	hǎoduānduān	21707
好多	hǎoduō	4528
好感	hǎogǎn	11415
好过	hǎoguò	17247
好汉	hǎohàn	10739
好好	hǎohǎo	3275
好好先生	hǎohǎo-xiānsheng	41403
好话	hǎohuà	11648
好坏	hǎohuài	8238
好几	hǎojǐ	2396
好家伙	hǎojiāhuo	21857
好景不长	hǎojǐng-bùcháng	50180
好久	hǎojiǔ	7223
好看	hǎokàn	4198
好赖	hǎolài	43346
好脸	hǎoliǎn	47154
好评	hǎopíng	5951
好气儿	hǎoqìr	35126
好惹	hǎorě	50540
好人	hǎorén	9500
好人好事	hǎorén-hǎoshì	27483
好人家	hǎorénjiā	48393
好人主义	hǎorén zhǔyì	32431
好日子	hǎorìzi	9703
好容易	hǎoróngyì	10289
好身手	hǎoshēnshǒu	50181
好生	hǎoshēng	14592
好声好气	hǎoshēng-hǎoqì	54011
好使	hǎoshǐ	23077
好事	hǎoshì	4045
好事多磨	hǎoshì-duōmó	39875
好手	hǎoshǒu	16019
好受	hǎoshòu	13500
好说	hǎoshuō	14532
好说歹说	hǎoshuō-dǎishuō	37715
好说话	hǎoshuōhuà	48394
好似	hǎosì	7923
好天儿	hǎotiānr	20458
好听	hǎotīng	8199
好玩儿	hǎowánr	23843
好戏	hǎoxì	13940
好像	hǎoxiàng	1593
好笑	hǎoxiào	9288
好些	hǎoxiē	7403
好心	hǎoxīn	10029
好心好意	hǎoxīn-hǎoyì	39876
好心人	hǎoxīnrén	23022
好言	hǎoyán	46569
好样儿的	hǎoyàngrde	45373
好一会儿	hǎoyīhuìr	13248
好一阵	hǎoyīzhèn	32829
好意	hǎoyì	10969
好意思	hǎoyìsi	17024
好友	hǎoyǒu	10133
好运	hǎoyùn	19190
好在	hǎozài	12398
好找	hǎozhǎo	27580
好转	hǎozhuǎn	4936
好自为之	hǎozìwéizhī	38084
号	hào	2252
号兵	hàobīng	37900
号称	hàochēng	9463
号角	hàojiǎo	15865
号令	hàolìng	13552
号码	hàomǎ	5385
号脉	hàomài	39452
号牌	hàopái	27484
号手	hàoshǒu	43853
号数	hàoshù	41626
号筒	hàotǒng	51323
号头	hàotóu	48395
号外	hàowài	28320
号召	hàozhào	3388
号子	hàozi	25827
好	hào	4541
好吃懒做	hàochī-lǎnzuò	42835
好大喜功	hàodà-xǐgōng	25476
好斗	hàodòu	34247
好高骛远	hàogāo-wùyuǎn	38823
好客	hàokè	18425
好奇	hàoqí	6622
好奇心	hàoqíxīn	13316
好强	hàoqiáng	32698
好色	hàosè	20663
好胜	hàoshèng	27257
好事	hàoshì	17132
好为人师	hàowéirénshī	49459
好恶	hàowù	22296
好学	hàoxué	14284
好逸恶劳	hàoyì-wùláo	40294
好战	hàozhàn	35441
耗	hào	6616
耗材	hàocái	31358
耗电	hàodiàn	27831
耗费	hàofèi	11032
耗竭	hàojié	45661
耗尽	hàojìn	20265
耗能	hàonéng	35127
耗散	hàosàn	56025
耗神	hàoshén	55044
耗时	hàoshí	9852
耗损	hàosǔn	44564
耗用	hàoyòng	36661
耗油	hàoyóu	41404
耗资	hàozī	12735
耗子	hàozi	12015

耗子药	hàoziyào	49087
浩大	hàodà	19667
浩荡	hàodàng	21579
浩繁	hàofán	33869
浩瀚	hàohàn	14533
浩浩	hàohào	46263
浩浩荡荡	hàohàodàngdàng	18753
浩劫	hàojié	19126
浩茫	hàománg	54526
浩渺	hàomiǎo	41176
浩气	hàoqì	40295
浩然	hàorán	15250
浩如烟海	hàorúyānhǎi	29730
浩叹	hàotàn	48396
皓齿	hàochǐ	40976
皓首	hàoshǒu	43347
皓月	hàoyuè	33992
呵	hē	2935
呵叱	hēchì	40746
呵斥	hēchì	22870
呵护	hēhù	13214
呵责	hēzé	44085
喝	hē	2637
喝西北风	hēxīběifēng	35567
喝醉	hēzuì	30482
嗬	hē	12843
禾	hé	12016
禾场	hécháng	44811
禾谷	hégǔ	56454
禾苗	hémiáo	29935
合	hé	4258
合办	hébàn	20266
合抱	hébào	31836
合璧	hébì	29731
合编	hébiān	30599
合并	hébìng	5020
合不来	hébulái	36501
合唱	héchàng	10526
合称	héchēng	41177
合成	héchéng	5876
合成革	héchénggé	51714
合成纤维	héchéng xiānwéi	35128
合当	hédāng	51324
合得来	hédelái	35282
合订本	hédìngběn	41178
合度	hédù	44086
合而为一	hé'érwéiyī	35129
合二而一	hé'èr'éryī	39037
合二为一	hé'èrwéiyī	38085
合法	héfǎ	2125
合法化	héfǎhuà	25102
合肥	Héféi	5654
合缝	héfèng	42836
合该	hégāi	52564
合格	hégé	2750
合共	hégòng	53481
合股	hégǔ	33086
合乎	héhū	9704
合欢	héhuān	33087
合伙	héhuǒ	12300
合击	héjī	41627
合计	héjì	11955
合计	héji	27741
合剂	héjì	35284
合家	héjiā	31359
合家欢	héjiāhuān	46570
合脚	héjiǎo	46882
合金	héjīn	11352
合金钢	héjīngāng	40105
合刊	hékān	36823
合口	hékǒu	50934
合理	hélǐ	1095
合理化	hélǐhuà	14692
合力	hélì	6212
合练	héliàn	42837
合流	héliú	29326
合龙	hélóng	23844
合拢	hélǒng	24111
合谋	hémóu	27742
合拍	hépāi	21335
合情合理	héqíng-hélǐ	20056
合群	héqún	32573
合身	héshēn	28763
合十	héshí	32432
合适	héshì	3451
合手	héshǒu	49838
合数	héshù	56026
合算	hésuàn	17363
合体	hétǐ	29025
合同	hétóng	1277
合同工	hétónggōng	31481
合同书	hétóngshū	33736
合同制	hétóngzhì	20459
合围	héwéi	24650
合心	héxīn	48069
合眼	héyǎn	23229
合演	héyǎn	38249
合一	héyī	10725
合宜	héyí	30373
合议	héyì	24488
合议庭	héyìtíng	19397
合意	héyì	26239
合营	héyíng	12996
合影	héyǐng	8093
合用	héyòng	25682
合于	héyú	36502
合约	héyuē	22133
合葬	hézàng	29732
合闸	hézhá	54012
合掌	hézhǎng	35717
合照	hézhào	45095
合辙	hézhé	44087
合众国	hézhòngguó	44088
合资	hézī	4839
合子	hézi	40747
合纵连横	hézòng-liánhéng	45096
合奏	hézòu	25975
合作	hézuò	724
合作化	hézuòhuà	21858
合作社	hézuòshè	5802
合作医疗	hézuò yīliáo	7597
何	hé	1081
何必	hébì	4846
何必当初	hébì-dāngchū	41628
何不	hébù	8449
何曾	hécéng	43082
何尝	hécháng	10302
何等	héděng	7978
何妨	héfáng	16203
何故	hégù	12553
何苦	hékǔ	12875
何况	hékuàng	5158
何乐而不为	hé lè ér bù wéi	25288
何其	héqí	17958
何去何从	héqù-hécóng	25683
何如	hérú	17629
何时	héshí	4399
何首乌	héshǒuwū	36177

何谓	héwèi	21499
何须	héxū	32189
何许	héxǔ	52999
何以	héyǐ	5650
何在	hézài	9992
何止	hézhǐ	19050
何足挂齿	hézú-guàchǐ	50541
何罪之有	hézuìzhīyǒu	49088
和	hé	373
和蔼	hé'ǎi	14707
和畅	héchàng	51715
和风	héfēng	34114
和风细雨	héfēng-xìyǔ	38825
和服	héfú	13222
和光同尘	héguāng-tóngchén	53000
和好	héhǎo	36503
和缓	héhuǎn	26240
和会	héhuì	29616
和解	héjiě	6147
和局	héjú	50542
和乐	hélè	50182
和美	héměi	29514
和睦	hémù	11371
和暖	hénuǎn	32699
和盘托出	hépán-tuōchū	30600
和平	hépíng	801
和平鸽	hépínggē	32073
和平共处	hépíng-gòngchǔ	7842
和棋	héqí	30601
和气	héqi	12533
和洽	héqià	48710
和亲	héqīn	20236
和气生财	héqi-shēngcái	49839
和善	héshàn	16417
和尚	héshang	5644
和尚头	héshangtóu	48070
和声	héshēng	22503
和事佬	héshìlǎo	41405
和数	héshù	40748
和顺	héshùn	34540
和谈	hétán	6038
和婉	héwǎn	48397
和弦	héxián	29427
和谐	héxié	2233
和煦	héxù	26241
和颜悦色	héyán-yuèsè	26746
和议	héyì	18034
和易	héyì	48071
和约	héyuē	18469
和悦	héyuè	40106
和衷共济	hézhōng-gòngjì	24112
河	hé	913
河岸	hé'àn	12607
河坝	hébà	36991
河蚌	hébàng	42572
河北	Héběi	2659
河北梆子	Héběi bāngzi	35285
河边	hébiān	6499
河滨	hébīn	34541
河槽	hécáo	36504
河汊	héchà	40296
河川	héchuān	19911
河床	héchuáng	13302
河道	hédào	6747
河堤	hédī	16290
河段	héduàn	14573
河防	héfáng	51325
河港	hégǎng	49089
河工	hégōng	45662
河沟	hégōu	26318
河谷	hégǔ	13019
河汉	héhàn	43348
河口	hékǒu	12886
河狸	hélí	43083
河流	héliú	4855
河马	hémǎ	23173
河漫滩	hémàntān	55045
河面	hémiàn	15575
河南	Hénán	1613
河南梆子	Hénán bāngzi	50935
河南坠子	Hénán zhuìzi	50936
河内	Hénèi	10959
河泥	héní	41629
河畔	hépàn	13463
河清海晏	héqīng-hǎiyàn	52137
河曲	héqū	36992
河渠	héqú	40297
河山	héshān	20421
河身	héshēn	40514
河滩	hétān	10341
河塘	hétáng	43084
河套	hétào	23283
河豚	hétún	26319
河湾	héwān	22345
河网	héwǎng	42079
河系	héxì	51716
河鲜	héxiān	55046
河蟹	héxiè	24113
河心	héxīn	34973
河沿	héyán	30267
河鱼	héyú	52138
河源	héyuán	24443
河运	héyùn	50183
荷	hé	14356
荷包	hébāo	21629
荷包蛋	hébāodàn	36662
荷尔蒙	hé'ěrméng	19530
荷花	héhuā	11813
荷兰	Hélán	4398
荷塘	hétáng	27581
荷叶	héyè	16684
核	hé	2082
核裁军	hécáijūn	23793
核查	héchá	5011
核磁共振	hécígòngzhèn	30702
核大国	hédàguó	42080
核弹	hédàn	42573
核弹头	hédàntóu	24444
核电	hédiàn	7850
核电厂	hédiànchǎng	40749
核电站	hédiànzhàn	6723
核定	hédìng	9460
核动力	hédònglì	33088
核对	héduì	15666
核讹诈	hé'ézhà	52139
核发	héfā	16491
核反应	héfǎnyìng	35130
核反应堆	héfǎnyìngduī	25103
核废料	héfèiliào	32574
核辐射	héfúshè	40107
核黄素	héhuángsù	47155
核计	héjì	39453
核减	héjiǎn	28855
核军备	héjūnbèi	42574
核扩散	hékuòsàn	27333
核垄断	hélǒngduàn	54527
核能	hénéng	13006
核潜艇	héqiántǐng	16315

核燃料	héránliào	21539
核审	héshěn	56027
核实	héshí	7827
核试验	héshíyàn	54013
核素	hésù	36340
核酸	hésuān	21996
核算	hésuàn	7307
核糖	hétáng	37541
核糖核酸	hétáng hésuān	36824
核桃	hétao	14809
核桃仁儿	hétaorénr	47457
核威慑	héwēishè	39877
核武器	héwǔqì	6250
核销	héxiāo	17323
核心	héxīn	1686
核心期刊	héxīn qīkān	49460
核战争	hézhànzhēng	32190
核账	hézhàng	55564
核装置	hézhuāngzhì	53001
核准	hézhǔn	8546
核资	hézī	36993
核子	hézǐ	27832
盒	hé	4948
盒带	hédài	40750
盒饭	héfàn	25757
盒式	héshì	53482
盒装	hézhuāng	42081
盒子	hézi	9429
盒子炮	hézipào	41406
盒子枪	héziqiāng	35869
涸辙之鲋	hézhézhīfù	55047
颌骨	hégǔ	35131
貉	hé	38250
吓	hè	8408
和	hè	24377
和诗	hèshī	34974
贺	hè	6720
贺词	hècí	14490
贺电	hèdiàn	6736
贺函	hèhán	40298
贺卡	hèkǎ	17431
贺礼	hèlǐ	29515
贺年	hènián	36663
贺年卡	hèniánkǎ	35718
贺年片	hèniánpiàn	38443
贺岁档	hèsuìdàng	20158
贺岁片	hèsuìpiàn	33737
贺喜	hèxǐ	25033
贺信	hèxìn	9036
贺仪	hèyí	56455
荷枪实弹	hèqiāng-shídàn	31036
荷载	hèzài	40977
喝	hè	3393
喝彩	hècǎi	11480
喝倒彩	hèdàocǎi	51717
喝令	hèlìng	22746
喝问	hèwèn	32700
赫	hè	13760
赫赫	hèhè	23571
赫赫有名	hèhè-yǒumíng	25034
赫然	hèrán	14300
赫哲族	Hèzhézú	43085
褐	hè	11467
褐煤	hèméi	56456
褐色	hèsè	14593
鹤	hè	7946
鹤发童颜	hèfà-tóngyán	45663
鹤立鸡群	hèlì-jīqún	36023
鹤嘴锄	hèzuǐchú	55048
黑	hēi	628
黑暗	hēi'àn	3389
黑白	hēibái	9267
黑白电视	hēibái diànshì	35870
黑白片	hēibáipiàn	51326
黑斑	hēibān	37168
黑板	hēibǎn	11988
黑板报	hēibǎnbào	23230
黑板擦	hēibǎncā	54528
黑帮	hēibāng	23412
黑不溜秋	hēibuliūqiū	45374
黑材料	hēicáiliào	47458
黑潮	hēicháo	29936
黑车	hēichē	23727
黑沉沉	hēichénchén	27833
黑道	hēidào	27485
黑灯瞎火	hēidēng-xiāhuǒ	38444
黑店	hēidiàn	45097
黑貂	hēidiāo	52565
黑洞	hēidòng	12811
黑洞洞	hēidòngdòng	21708
黑豆	hēidòu	33592
黑更半夜	hēigēng-bànyè	55049
黑管	hēiguǎn	54014
黑咕隆咚	hēigulōngdōng	44812
黑锅	hēiguō	26748
黑乎乎	hēihūhū	25976
黑户	hēihù	42838
黑话	hēihuà	33993
黑货	hēihuò	53002
黑客	hēikè	12832
黑牢	hēiláo	52140
黑亮	hēiliàng	28321
黑溜溜	hēiliūliū	52141
黑龙江	Hēilóngjiāng	3733
黑马	hēimǎ	17694
黑麦	hēimài	40108
黑茫茫	hēimángmáng	54529
黑蒙蒙	hēiméngméng	55565
黑米	hēimǐ	51327
黑面	hēimiàn	39677
黑面包	hēimiànbāo	45664
黑名单	hēimíngdān	17408
黑木耳	hēimù'ěr	37716
黑幕	hēimù	25597
黑奴	hēinú	33457
黑啤酒	hēipíjiǔ	50543
黑漆漆	hēiqīqī	31837
黑钱	hēiqián	32830
黑枪	hēiqiāng	43086
黑黢黢	hēiqūqū	38445
黑热病	hēirèbìng	48398
黑人	hēirén	6989
黑色	hēisè	3796
黑色素	hēisèsù	41630
黑色幽默	hēisè yōumò	40978
黑森森	hēisēnsēn	40299
黑纱	hēishā	31482
黑哨	hēishào	30703
黑社会	hēishèhuì	10870
黑市	hēishì	22613
黑手	hēishǒu	22698
黑手党	hēishǒudǎng	38251
黑瘦	hēishòu	32701
黑死病	hēisǐbìng	50184
黑陶	hēitáo	50185
黑体	hēitǐ	33214
黑天	hēitiān	46264
黑天鹅	hēitiān'é	40027

黑头	hēitóu	35442
黑土	hēitǔ	21419
黑窝	hēiwō	33458
黑窝点	hēiwōdiǎn	52142
黑匣子	hēixiázi	23525
黑线	hēixiàn	30158
黑心	hēixīn	22970
黑猩猩	hēixīngxing	24114
黑熊	hēixióng	27655
黑压压	hēiyāyā	18843
黑夜	hēiyè	8384
黑影	hēiyǐng	11355
黑油油	hēiyóuyóu	37169
黑黝黝	hēiyǒuyǒu	24894
黑鱼	hēiyú	38252
黑云	hēiyún	31037
黑枣	hēizǎo	48072
黑痣	hēizhì	31360
黑种人	Hēizhǒngrén	52143
黑竹	hēizhú	48399
嘿	hēi	7858
嘿嘿	hēihēi	9662
痕迹	hénjì	6105
很	hěn	40
狠	hěn	5790
狠毒	hěndú	25977
狠狠	hěnhěn	6048
狠话	hěnhuà	48711
狠劲	hěnjìn	33215
狠辣	hěnlà	55566
狠命	hěnmìng	27048
狠心	hěnxīn	15080
狠抓	hěnzhuā	5116
恨	hèn	2847
恨不得	hènbude	8837
恨事	hènshì	45375
恨晚	hènwǎn	40300
恨之入骨	hènzhīrùgǔ	37170
亨通	hēngtōng	42839
哼	hēng	3967
哼哧	hēngchī	51328
哼哈二将	hēnghā-èrjiàng	53003
哼哼	hēngheng	13897
哼唧	hēngji	38253
恒产	héngchǎn	51718
恒定	héngdìng	24445
恒久	héngjiǔ	31038
恒山	Héngshān	43854
恒温	héngwēn	27334
恒心	héngxīn	28659
恒星	héngxīng	10076
桁架	héngjià	48073
横	héng	2809
横匾	héngbiǎn	44813
横标	héngbiāo	46265
横冲直撞	héngchōng-zhízhuàng	30822
横穿	héngchuān	20958
横笛	héngdí	50544
横渡	héngdù	17464
横断	héngduàn	35132
横断面	héngduànmiàn	40979
横队	héngduì	48400
横额	héng'é	45098
横幅	héngfú	12115
横亘	hénggèn	22747
横贯	héngguàn	22134
横加	héngjiā	29833
横街	héngjiē	56457
横截面	héngjiémiàn	56028
横空	héngkōng	28322
横跨	héngkuà	16165
横联	hénglián	56029
横梁	héngliáng	27909
横列	hénglìè	50186
横眉	héngméi	31361
横眉冷对	héngméi-lěngduì	45376
横眉怒目	héngméi-nùmù	53483
横眉竖目	héngméi-shùmù	53484
横排	héngpái	47774
横批	héngpī	32831
横披	héngpī	54530
横剖面	héngpōumiàn	56030
横七竖八	héngqī-shùbā	26547
横肉	héngròu	36664
横扫	héngsǎo	20379
横生	héngshēng	25035
横生枝节	héngshēng-zhījié	51719
横是	héngshi	44089
横竖	héngshù	18518
横躺竖卧	héngtǎng-shùwò	50545
横向	héngxiàng	10699
横向联合	héngxiàng liánhé	39038
横心	héngxīn	47459
横行	héngxíng	11894
横行霸道	héngxíng-bàdào	33349
横行无忌	héngxíng-wújì	43087
横溢	héngyì	37171
横越	héngyuè	48074
横征暴敛	héngzhēng-bàoliǎn	42323
横直	héngzhí	46883
横轴	héngzhóu	53004
横坐标	héngzuòbiāo	56458
衡量	héngliáng	4769
衡器	héngqì	49461
衡山	Héngshān	19127
横	hèng	4603
横暴	hèngbào	39878
横财	hèngcái	35719
横祸	hènghuò	34975
横蛮	hèngmán	44340
横死	hèngsǐ	45099
横遭	hèngzāo	40109
轰	hōng	8117
轰动	hōngdòng	8812
轰动效应	hōngdòng xiàoyìng	25536
轰赶	hōnggǎn	52144
轰轰烈烈	hōnghōnglièliè	11107
轰击	hōngjī	21300
轰隆	hōnglōng	23959
轰鸣	hōngmíng	15576
轰然	hōngrán	20422
轰响	hōngxiǎng	27743
轰炸	hōngzhà	6854
轰炸机	hōngzhàjī	19943
哄	hōng	16225
哄传	hōngchuán	36024
哄抢	hōngqiǎng	26395
哄然	hōngrán	34668
哄抬	hōngtái	24651
哄堂大笑	hōngtáng-dàxiào	26750
哄笑	hōngxiào	21580
訇然	hōngrán	47775
烘	hōng	17282
烘焙	hōngbèi	50187
烘房	hōngfáng	56459
烘干	hōnggān	24553

烘烘	hōnghōng	44091
烘烤	hōngkǎo	28571
烘炉	hōnglú	53485
烘染	hōngrǎn	56460
烘托	hōngtuō	18470
烘云托月	hōngyún-tuōyuè	55567
烘制	hōngzhì	56031
弘扬	hóngyáng	3259
红	hóng	537
红案	hóng'àn	53005
红白喜事	hóngbái xǐshì	31602
红斑狼疮	hóngbān-lángchuāng	30455
红榜	hóngbǎng	49840
红包	hóngbāo	10492
红宝石	hóngbǎoshí	28084
红茶	hóngchá	29516
红尘	hóngchén	22971
红灯	hóngdēng	11268
红灯区	hóngdēngqū	46884
红豆	hóngdòu	25361
红汞	hónggǒng	56461
红果儿	hóngguǒr	38826
红红绿绿	hónghónglǜlǜ	30374
红狐	hónghú	49462
红花	hónghuā	11937
红火	hónghuo	8248
红极一时	hóngjí-yīshí	41179
红酒	hóngjiǔ	10548
红军	Hóngjūn	2451
红利	hónglì	22243
红脸	hóngliǎn	18115
红铃虫	hónglíngchóng	56032
红领巾	hónglǐngjīn	15815
红领章	hónglǐngzhāng	52145
红柳	hóngliǔ	25598
红绿灯	hóng-lǜdēng	27486
红麻	hóngmá	54015
红帽子	hóngmàozi	40110
红霉素	hóngméisù	41407
红焖	hóngmèn	50937
红棉	hóngmián	46885
红模子	hóngmúzi	52146
红木	hóngmù	19314
红男绿女	hóngnán-lǜnǚ	41180
红娘	Hóngniáng	8477
红牌	hóngpái	22921
红盘	hóngpán	23654
红皮书	hóngpíshū	49463
红扑扑	hóngpūpū	28408
红旗	hóngqí	4395
红旗手	hóngqíshǒu	21268
红区	hóngqū	54016
红曲	hóngqū	56033
红壤	hóngrǎng	53006
红人	hóngrén	46571
红日	hóngrì	25477
红润	hóngrùn	16536
红色	hóngsè	2048
红烧	hóngshāo	22786
红烧肉	hóngshāoròu	31483
红参	hóngshēn	56034
红十字会	Hóngshízìhuì	8171
红薯	hóngshǔ	13451
红松	hóngsōng	32433
红糖	hóngtáng	34806
红彤彤	hóngtóngtóng	27744
红头文件	hóngtóu wénjiàn	24554
红土	hóngtǔ	30602
红外线	hóngwàixiàn	23526
红卫兵	Hóngwèibīng	11915
红细胞	hóngxìbāo	25169
红霞	hóngxiá	19578
红线	hóngxiàn	16569
红小豆	hóngxiǎodòu	51720
红小鬼	Hóngxiǎoguǐ	55050
红心	hóngxīn	25758
红星	hóngxīng	14129
红杏出墙	hóngxìng-chūqiáng	47460
红血球	hóngxuèqiú	40111
红颜	hóngyán	25289
红颜薄命	hóngyáng-bómìng	47461
红眼	hóngyǎn	30938
红眼病	hóngyǎnbìng	44341
红艳艳	hóngyànyàn	29027
红药水	hóngyàoshuǐ	44342
红叶	hóngyè	13682
红衣主教	hóngyī zhǔjiào	50188
红缨枪	hóngyīngqiāng	39246
红运	hóngyùn	48401
红晕	hóngyùn	17364
红枣	hóngzǎo	18035
红蜘蛛	hóngzhīzhū	51329
红肿	hóngzhǒng	19454
红烛	hóngzhú	27258
红妆	hóngzhuāng	45979
红装	hóngzhuāng	45980
宏才	hóngcái	56462
宏达	hóngdá	45665
宏大	hóngdà	9178
宏观	hóngguān	2499
宏观经济	hóngguān jīngjì	23470
宏观调控	hóngguān tiáokòng	3921
宏论	hónglùn	40980
宏图	hóngtú	19152
宏伟	hóngwěi	4354
宏愿	hóngyuàn	35720
宏旨	hóngzhǐ	45100
虹	hóng	3340
虹膜	hóngmó	44565
虹鳟鱼	hóngzūnyú	49841
洪	hóng	6004
洪帮	Hóngbāng	53007
洪峰	hóngfēng	16360
洪福	hóngfú	39247
洪荒	hónghuāng	35871
洪涝	hónglào	11019
洪亮	hóngliàng	16291
洪量	hóngliàng	51330
洪流	hóngliú	15499
洪炉	hónglú	50938
洪水	hóngshuǐ	3833
洪水猛兽	hóngshuǐ-měngshòu	35443
洪灾	hóngzāi	15480
洪钟	hóngzhōng	43088
鸿沟	hónggōu	14243
鸿鹄之志	hónghúzhīzhì	55051
鸿毛	hóngmáo	42575
鸿门宴	hóngményàn	42576
鸿篇巨制	hóngpiān-jùzhì	35721
鸿儒	hóngrú	49464
鸿雁	hóngyàn	32434
鸿运	hóngyùn	52147
哄	hǒng	5037
哄骗	hǒngpiàn	27487
哄劝	hǒngquàn	53008
哄人	hǒngrén	39879

哄	hòng	17053
哄闹	hòngnào	47462
侯	hóu	6314
侯爵	hóujué	36178
喉	hóu	12608
喉管	hóuguǎn	30268
喉结	hóujié	37341
喉咙	hóulóng	7608
喉舌	hóushé	22748
喉头	hóutóu	22652
喉炎	hóuyán	53486
猴	hóu	8741
猴儿急	hóurjí	56736
猴年马月	hóunián-mǎyuè	49090
猴皮筋儿	hóupíjīnr	54017
猴拳	hóuquán	56463
猴头	hóutóu	41181
猴王	hóuwáng	25290
猴戏	hóuxì	48712
猴头菌	hóutóujūn	55568
猴子	hóuzi	8158
瘊子	hóuzi	51331
吼	hǒu	7022
吼叫	hǒujiào	15943
吼声	hǒushēng	21709
后	hòu	43
后儿	hòur	47463
后半天	hòubàntiān	53009
后半夜	hòubànyè	22398
后备	hòubèi	8218
后备军	hòubèijūn	34248
后备役	hòubèiyì	50546
后背	hòubèi	16002
后辈	hòubèi	25291
后边	hòubian	6627
后步	hòubù	54018
后舱	hòucāng	36505
后撤	hòuchè	29733
后尘	hòuchén	28856
后代	hòudài	6972
后爹	hòudiē	49091
后盾	hòudùn	13207
后发制人	hòufā-zhìrén	40751
后方	hòufāng	8986
后妃	hòufēi	21899
后福	hòufú	41867
后跟	hòugēn	34807
后宫	hòugōng	16470
后顾	hòugù	12773
后顾之忧	hòugùzhīyōu	10692
后果	hòuguǒ	3425
后话	hòuhuà	27656
后患	hòuhuàn	18878
后悔	hòuhuǐ	5302
后悔莫及	hòuhuǐ-mòjí	39248
后悔药	hòuhuǐyào	44343
后会有期	hòuhuì-yǒuqī	38647
后脊梁	hòujǐliáng	49465
后记	hòujì	18811
后继	hòujì	11201
后继乏人	hòujì-fárén	34393
后脚	hòujiǎo	29617
后金	Hòu Jīn	36994
后襟	hòujīn	46266
后进	hòujìn	13164
后劲	hòujìn	9813
后晋	Hòu Jìn	44814
后景	hòujǐng	56035
后空翻	hòukōngfān	52566
后来	hòulái	505
后来居上	hòulái-jūshàng	19691
后来人	hòuláirén	36995
后梁	Hòu Liáng	46267
后路	hòulù	22244
后轮	hòulún	41408
后妈	hòumā	40301
后门	hòumén	9573
后面	hòumiàn	1914
后母	hòumǔ	29937
后脑勺儿	hòunǎosháor	20535
后年	hòunián	36665
后娘	hòuniáng	35568
后怕	hòupà	26811
后排	hòupái	18879
后妻	hòuqī	46572
后期	hòuqī	6472
后起	hòuqǐ	42324
后起之秀	hòuqǐzhīxiù	27657
后秦	Hòu Qín	35444
后勤	hòuqín	4952
后人	hòurén	6054
后任	hòurèn	20209
后日	hòurì	35722
后晌	hòushǎng	26320
后身	hòushēn	33738
后生	hòushēng	11667
后生可畏	hòushēng-kěwèi	44344
后世	hòushì	10423
后事	hòushì	14166
后事之师	hòushìzhīshī	39249
后视镜	hòushìjìng	36506
后手	hòushǒu	40752
后嗣	hòusì	39039
后台	hòutái	10989
后台老板	hòutái lǎobǎn	42082
后唐	Hòu Táng	46268
后天	hòutiān	9445
后头	hòutou	12153
后腿	hòutuǐ	18471
后退	hòutuì	9037
后臀尖	hòutúnjiān	55052
后卫	hòuwèi	12887
后魏	Hòu Wèi	50939
后效	hòuxiào	37172
后心	hòuxīn	31838
后续	hòuxù	9656
后学	hòuxué	38446
后仰	hòuyǎng	28857
后腰	hòuyāo	8083
后遗症	hòuyízhèng	19102
后尾儿	hòuyǐr	48075
后裔	hòuyì	15652
后影	hòuyǐng	30823
后援	hòuyuán	27658
后院	hòuyuàn	10363
后账	hòuzhàng	51721
后赵	Hòu Zhào	44566
后者	hòuzhě	4125
后肢	hòuzhī	32074
后周	Hòu Zhōu	47464
后坐	hòuzuò	47776
后坐力	hòuzuòlì	54019
后座	hòuzuò	26396
厚	hòu	2601
厚爱	hòu’ài	20343
厚薄	hòubó	33459
厚此薄彼	hòucǐ-bóbǐ	37342
厚待	hòudài	34115

厚道	hòudao	18426
厚度	hòudù	11326
厚墩墩	hòudūndūn	47777
厚古薄今	hòugǔ-bójīn	55569
厚积薄发	hòujī-bófā	14328
厚礼	hòulǐ	19484
厚利	hòulì	43349
厚禄	hòulù	39678
厚实	hòushi	17225
厚望	hòuwàng	14035
厚颜无耻	hòuyán-wúchǐ	40112
厚谊	hòuyì	50547
厚意	hòuyì	40981
厚葬	hòuzàng	41182
厚重	hòuzhòng	11076
候	hòu	8040
候补	hòubǔ	20703
候车	hòuchē	20308
候车室	hòuchēshì	20267
候机	hòujī	33870
候机楼	hòujīlóu	35286
候鸟	hòuniǎo	14301
候审	hòushěn	24829
候选	hòuxuǎn	13379
候选人	hòuxuǎnrén	4629
候诊	hòuzhěn	43089
呼	hū	4032
呼哧	hūchī	36341
呼风唤雨	hūfēng-huànyǔ	31839
呼喊	hūhǎn	10043
呼号	hūháo	27745
呼号	hūhào	30375
呼和浩特	Hūhéhàotè	7528
呼唤	hūhuàn	4521
呼叫	hūjiào	12795
呼救	hūjiù	23676
呼啦	hūlā	29327
呼啦圈	hūlāquān	50189
呼隆	hūlōng	44815
呼噜	hūlū	20570
呼噜	hūlu	34808
呼朋唤友	hūpéng-huànyǒu	32090
呼朋引类	hūpéng-yǐnlèi	56698
呼气	hūqì	40113
呼扇	hūshan	54531
呼声	hūshēng	4746
呼天抢地	hūtiān-qiāngdì	41631
呼吸	hūxī	3245
呼吸道	hūxīdào	15322
呼啸	hūxiào	11341
呼应	hūyìng	13184
呼吁	hūyù	2774
呼吁书	hūyùshū	35872
呼之即来	hūzhī-jílái	55053
呼之欲出	hūzhī-yùchū	28085
忽	hū	3691
忽而	hū'ér	10057
忽冷忽热	hūlěng-hūrè	42840
忽略	hūlüè	6729
忽明忽暗	hūmíng-hū'àn	37717
忽然	hūrán	1974
忽闪	hūshǎn	38086
忽闪	hūshan	28086
忽视	hūshì	3617
忽隐忽现	hūyǐn-hūxiàn	41409
忽悠	hūyou	42325
糊	hū	43375
囫囵	húlún	30824
囫囵吞枣	húlún-tūnzǎo	41868
和	hú	51086
狐	hú	14787
狐步舞	húbùwǔ	53487
狐臭	húchòu	46573
狐假虎威	hújiǎ-hǔwēi	40515
狐狸	húli	12900
狐狸精	húlijīng	30049
狐狸尾巴	húli wěiba	44816
狐媚	húmèi	38254
狐朋狗友	húpéng-gǒuyǒu	40753
狐皮	húpí	39250
狐裘	húqiú	53010
狐群狗党	húqún-gǒudǎng	46886
狐仙	húxiān	40302
狐疑	húyí	21859
弧	hú	11408
弧度	húdù	38087
弧光	húguāng	42326
弧圈球	húquānqiú	47778
弧线	húxiàn	22972
弧形	húxíng	22563
胡	hú	2017
胡琴	húqin	20571
胡编乱造	húbiān-luànzào	41632
胡扯	húchě	24967
胡吃海喝	húchī-hǎihē	53011
胡吹	húchuī	47156
胡蜂	húfēng	50940
胡服骑射	húfú-qíshè	55570
胡搞	húgǎo	45666
胡话	húhuà	42841
胡笳	hújiā	44345
胡椒	hújiāo	32702
胡椒面儿	hújiāomiànr	40982
胡搅	hújiǎo	53012
胡搅蛮缠	hújiǎo-mánchán	41183
胡侃	húkǎn	51722
胡来	húlái	27118
胡乱	húluàn	11183
胡萝卜	húluóbo	17904
胡萝卜素	húluóbosù	30050
胡麻	húmá	44817
胡闹	húnào	12609
胡人	húrén	42327
胡说	húshuō	9827
胡说八道	húshuō-bādào	19285
胡思乱想	húsī-luànxiǎng	16086
胡桃	hútáo	34394
胡同	hútòng	5730
胡须	húxū	12784
胡言	húyán	36666
胡言乱语	húyán-luànyǔ	31039
胡杨	húyáng	23023
胡诌	húzhōu	30483
胡子	húzi	5443
胡子茬儿	húzichár	51723
胡子工程	húzi gōngchéng	50190
胡子拉碴	húzilāchā	44092
胡作非为	húzuò-fēiwéi	28858
壶	hú	6285
核儿	húr	41633
葫芦	húlu	8997
猢狲	húsūn	33216
湖	hú	1917
湖北	Húběi	2820
湖笔	húbǐ	53013
湖滨	húbīn	23893
湖汊	húchà	56464
湖光	húguāng	27659

湖蓝	húlán	54020
湖绿	húlǜ	51724
湖南	Húnán	2253
湖畔	húpàn	16166
湖泊	húpō	7783
湖色	húsè	45981
湖田	hútián	56465
湖心	húxīn	31242
湖泽	húzé	54021
湖沼	húzhǎo	43855
煳	hú	34809
蝴蝶	húdié	7417
蝴蝶斑	húdiébān	56466
蝴蝶花	húdiéhuā	56036
蝴蝶结	húdiéjié	34810
糊	hú	5287
糊糊	húhu	22194
糊口	húkǒu	19912
糊里糊涂	húlihútú	16292
糊墙纸	húqiángzhǐ	56037
糊涂	hútu	5589
糊涂虫	hútuchóng	37718
糊涂账	hútuzhàng	42328
虎	hǔ	2933
虎背熊腰	hǔbèi-xióngyāo	45101
虎步	hǔbù	49092
虎胆	hǔdǎn	53488
虎骨	hǔgǔ	42329
虎将	hǔjiàng	33089
虎踞龙盘	hǔjù-lóngpán	49466
虎口	hǔkǒu	19944
虎口拔牙	hǔkǒu-báyá	46887
虎口余生	hǔkǒu-yúshēng	56467
虎狼	hǔláng	29328
虎气	hǔqì	50941
虎钳	hǔqián	50191
虎视眈眈	hǔshì-dāndān	26978
虎头虎脑	hǔtóu-hǔnǎo	43856
虎头蛇尾	hǔtóu-shéwěi	37542
虎威	hǔwēi	42083
虎穴	hǔxué	34542
虎牙	hǔyá	35287
虎着脸	hǔzheliǎn	50548
唬	hǔ	12038
唬人	hǔrén	40516
琥珀	hǔpò	27910
互	hù	3884
互爱	hù'ài	44093
互补	hùbǔ	6665
互动	hùdòng	5316
互访	hùfǎng	6943
互换	hùhuàn	19072
互惠	hùhuì	9961
互惠互利	hùhuì-hùlì	17695
互济	hùjì	33217
互见	hùjiàn	50192
互敬互爱	hùjìng-hù'ài	50193
互利	hùlì	4378
互联网	hùliánwǎng	3379
互联网＋	hùliánwǎng jiā	16068
互谅	hùliàng	31243
互谅互让	hùliàng-hùràng	45667
互勉	hùmiǎn	51332
互派	hùpài	26242
互让	hùràng	30825
互市	hùshì	38828
互通	hùtōng	12444
互通有无	hùtōng-yǒuwú	32575
互为	hùwéi	10519
互相	hùxiāng	1228
互助	hùzhù	6148
户	hù	743
户籍	hùjí	9096
户籍警	hùjíjǐng	45982
户口	hùkǒu	4999
户口本	hùkǒuběn	32435
户口簿	hùkǒubù	28409
户枢不蠹	hùshū-bùdù	53014
户头	hùtóu	32968
户外	hùwài	10807
户型	hùxíng	53015
户主	hùzhǔ	24555
护	hù	2993
护岸	hù'àn	43857
护兵	hùbīng	31244
护城河	hùchénghé	22087
护持	hùchí	49467
护从	hùcóng	53489
护堤	hùdī	38088
护短	hùduǎn	29938
护法	hùfǎ	17658
护发	hùfà	25104
护工	hùgōng	6851
护航	hùháng	20344
护驾	hùjià	32436
护具	hùjù	56468
护栏	hùlán	19796
护理	hùlǐ	6104
护林	hùlín	20179
护路	hùlù	31728
护坡	hùpō	36025
护身	hùshēn	38648
护身符	hùshēnfú	28087
护士	hùshi	4138
护送	hùsòng	12017
护腕	hùwàn	56469
护卫	hùwèi	14244
护膝	hùxī	53490
护胸	hùxiōng	56470
护养	hùyǎng	49093
护佑	hùyòu	44818
护渔	hùyú	49842
护院	hùyuàn	37543
护照	hùzhào	10384
沪	Hù	4513
沪剧	hùjù	44094
怙恶不悛	hù'è-bùquān	50942
瓠子	hùzi	56471
糊弄	hùnong	21710
花	huā	335
花儿	huār	10816
花把式	huābǎshi	51333
花白	huābái	14594
花斑	huābān	44346
花瓣	huābàn	16265
花苞	huābāo	41410
花边	huābiān	23284
花边新闻	huābiān xīnwén	44567
花布	huābù	20423
花菜	huācài	46888
花草	huācǎo	9828
花插	huāchā	42084
花茶	huāchá	38089
花车	huāchē	29517
花池子	huāchízi	55054
花绸	huāchóu	46889
花丛	huācóng	23728
花簇	huācù	55055

花大姐	huādàjiě	46890
花旦	huādàn	30269
花灯	huādēng	20024
花点子	huādiǎnzi	56038
花缎	huāduàn	43090
花朵	huāduǒ	8485
花萼	huā'è	45983
花儿	huā'ér	22564
花房	huāfáng	40517
花肥	huāféi	56039
花费	huāfèi，huāfei	6727
花粉	huāfěn	14676
花岗石	huāgāngshí	27582
花岗岩	huāgāngyán	18690
花糕	huāgāo	52148
花工夫	huāgōngfu	53297
花骨朵	huāgūduo	45377
花鼓	huāgǔ	22699
花鼓戏	huāgǔxì	37901
花冠	huāguān	28410
花果山	huāguǒshān	29939
花红	huāhóng	31840
花花公子	huāhuā gōngzǐ	34395
花花绿绿	huāhuālùlù	18996
花花世界	huāhuā shìjiè	37902
花花肠子	huāhua chángzi	50194
花环	huāhuán	25230
花卉	huāhuì	5561
花会	huāhuì	25684
花季	huājì	24446
花甲	huājiǎ	30484
花架	huājià	40518
花架子	huājiàzi	21269
花剑	huājiàn	26751
花匠	huājiàng	41634
花椒	huājiāo	19828
花轿	huājiào	19257
花镜	huājìng	39040
花卷	huājuǎn	47157
花篮	huālán	14810
花蕾	huālěi	23572
花脸	huāliǎn	25537
花里胡哨	huālihúshào	38829
花柳病	huāliǔbìng	48402
花露水	huālùshuǐ	45378
花蜜	huāmì	38830
花苗	huāmiáo	45379
花名册	huāmíngcè	31040
花木	huāmù	12410
花呢	huāní	36179
花鸟	huāniǎo	19103
花鸟画	huāniǎohuà	26321
花农	huānóng	23078
花盘	huāpán	54022
花炮	huāpào	23678
花盆	huāpén	21420
花瓶	huāpíng	14965
花圃	huāpǔ	25036
花期	huāqī	25912
花前月下	huāqián-yuèxià	42842
花钱	huāqián	4730
花枪	huāqiāng	45380
花腔	huāqiāng	40983
花墙	huāqiáng	44568
花俏	huāqiào	48713
花圈	huāquān	11728
花拳	huāquán	44347
花拳绣腿	huāquán-xiùtuǐ	46574
花容月貌	huāróng-yuèmào	45381
花蕊	huāruǐ	26812
花色	huāsè	16361
花纱布	huāshābù	51725
花哨	huāshao	28936
花生	huāshēng	8235
花生豆儿	huāshēngdòur	47779
花生酱	huāshēngjiàng	49468
花生米	huāshēngmǐ	19870
花生仁儿	huāshēngrénr	46575
花生油	huāshēngyóu	33460
花市	huāshì	21860
花饰	huāshì	48714
花束	huāshù	29028
花坛	huātán	16247
花天酒地	huātiān-jiǔdì	31952
花厅	huātīng	26052
花团锦簇	huātuán-jǐncù	24243
花托	huātuō	50943
花纹	huāwén	14708
花线	huāxiàn	55056
花销	huāxiāo	27259
花心	huāxīn	32969
花信	huāxìn	49843
花序	huāxù	30051
花絮	huāxù	28488
花芽	huāyá	33351
花言巧语	huāyán-qiǎoyǔ	28660
花眼	huāyǎn	47158
花样	huāyàng	9129
花样翻新	huāyàng-fānxīn	29734
花椰菜	huāyēcài	52567
花园	huāyuán	4260
花招儿	huāzhāor	25599
花枝招展	huāzhī-zhāozhǎn	29238
花烛	huāzhú	47159
花砖	huāzhuān	48715
花籽儿	huāzǐr	41411
花子	huāzi	18622
哗	huā	11916
哗哗	huāhuā	12411
哗啦	huālā	12594
划	huá	1958
划不来	huábulái	39041
划船	huáchuán	18519
划得来	huádelái	43566
划桨	huájiǎng	36667
划拉	huála	35723
划拳	huáquán	37719
划水	huáshuǐ	42330
划算	huásuàn	19637
划艇	huátǐng	33994
划子	huázi	36507
华	huá	1226
华北	Huáběi	4976
华表	huábiǎo	38649
华达呢	huádání	49094
华诞	huádàn	14514
华灯	huádēng	23729
华东	Huádōng	9421
华而不实	huá'érbùshí	27260
华尔街	Huá'ěrjiē	13707
华尔兹	huá'ěrzī	43091
华发	huáfà	43350
华盖	huágài	39042
华工	huágōng	25170
华贵	huáguì	23794
华里	huálǐ	28938
华丽	huálì	6769
华美	huáměi	18844

华南	Huánán	7880
华年	huánián	47160
华侨	huáqiáo	4509
华人	huárén	3508
华盛顿	Huáshèngdùn	3432
华氏度	Huáshìdù	56643
华文	Huáwén	13609
华西	Huáxī	22195
华夏	Huáxià	6992
华裔	huáyì	13081
华语	Huáyǔ	27911
华章	huázhāng	24968
华中	Huázhōng	12859
华胄	huázhòu	50944
华族	huázú	50945
哗变	huábiàn	30159
哗然	huárán	22614
哗众取宠	huázhòng-qǔchǒng	21270
滑	huá	4205
滑板	huábǎn	38447
滑冰	huábīng	17176
滑冰场	huábīngchǎng	46576
滑车	huáchē	44569
滑道	huádào	45668
滑动	huádòng	21000
滑竿	huágān	40754
滑稽	huájī	9563
滑稽剧	huájījù	43567
滑稽戏	huájīxì	34543
滑溜	huáliu	30603
滑轮	huálún	34976
滑落	huáluò	19223
滑嫩	huánèn	55057
滑腻	huánì	39679
滑坡	huápō	9815
滑润	huárùn	47780
滑石粉	huáshífěn	46577
滑爽	huáshuǎng	53016
滑水	huáshuǐ	40303
滑梯	huátī	32297
滑头	huátóu	28859
滑头滑脑	huátóu-huánǎo	56040
滑翔	huáxiáng	33461
滑翔机	huáxiángjī	44348
滑行	huáxíng	22922
滑雪	huáxuě	8311
滑雪板	huáxuěbǎn	44349
滑雪衫	huáxuěshān	56041
化	huà	396
化冻	huàdòng	52149
化肥	huàféi	4526
化粪池	huàfènchí	43351
化干戈为玉帛	huà gāngē wéi yùbó	41869
化工	huàgōng	4726
化合	huàhé	18472
化合物	huàhéwù	9320
化解	huàjiě	5066
化疗	huàliáo	18520
化名	huàmíng	21421
化脓	huànóng	30376
化身	huàshēn	15629
化石	huàshí	5505
化痰	huàtán	36996
化外	huàwài	29834
化为灰烬	huàwéi-huījìn	32703
化为泡影	huàwéi-pàoyǐng	46891
化为乌有	huàwéi-wūyǒu	28411
化纤	huàxiān	17196
化险为夷	huàxiǎn-wéiyí	30052
化学	huàxué	3049
化学反应	huàxué fǎnyìng	17383
化学分析	huàxué fēnxī	41635
化学工业	huàxué gōngyè	19981
化学能	huàxuénéng	55058
化学武器	huàxué wǔqì	14635
化学纤维	huàxué xiānwéi	42331
化学元素	huàxué yuánsù	45984
化验	huàyàn	12177
化验室	huàyànshì	33462
化验员	huàyànyuán	44570
化瘀	huàyū	50195
化缘	huàyuán	33352
化整为零	huàzhěng-wéilíng	31362
化妆	huàzhuāng	13708
化妆品	huàzhuāngpǐn	8826
化装	huàzhuāng	17054
划	huà	5367
划拨	huàbō	15161
划定	huàdìng	11801
划分	huàfēn	4413
划归	huàguī	20704
划价	huàjià	44571
划界	huàjiè	22831
划时代	huàshídài	15136
划一	huàyī	35445
华山	Huàshān	17025
画	huà	669
画儿	huàr	16595
画板	huàbǎn	39880
画报	huàbào	16338
画笔	huàbǐ	21217
画饼充饥	huàbǐng-chōngjī	46892
画布	huàbù	31484
画册	huàcè	11212
画等号	huàděnghào	45382
画地为牢	huàdì-wéiláo	45102
画舫	huàfǎng	43858
画幅	huàfú	32970
画稿	huàgǎo	36668
画工	huàgōng	35446
画画儿	huàhuàr	13786
画集	huàjí	22871
画夹	huàjiā	42332
画家	huàjiā	3226
画架	huàjià	43352
画匠	huàjiàng	35569
画具	huàjù	47465
画卷	huàjuàn	12314
画刊	huàkān	45669
画廊	huàláng	16824
画龙点睛	huàlóng-diǎnjīng	32971
画眉	huàméi	22399
画面	huàmiàn	4189
画片	huàpiàn	26892
画屏	huàpíng	46269
画谱	huàpǔ	41636
画圈儿	huàquānr	41184
画蛇添足	huàshé-tiānzú	37903
画师	huàshī	28088
画室	huàshì	22615
画坛	huàtán	22400
画堂	huàtáng	56042
画帖	huàtiè	51726
画图	huàtú	22749
画外音	huàwàiyīn	34811
画线	huàxiàn	28163
画像	huàxiàng	10322

画押	huàyā	35724
画页	huàyè	53491
画苑	huàyuàn	50946
画院	huàyuàn	20959
画展	huàzhǎn	10326
画轴	huàzhóu	47161
话	huà	195
话把儿	huàbàr	20495
话本	huàběn	32075
话别	huàbié	24830
话柄	huàbǐng	32833
话茬儿	huàchár	31603
话费	huàfèi	14541
话锋	huàfēng	26397
话机	huàjī	28489
话家常	huàjiācháng	48716
话旧	huàjiù	53017
话剧	huàjù	4970
话里有话	huàli-yǒuhuà	36026
话梅	huàméi	41185
话说	huàshuō	5943
话题	huàtí	2479
话筒	huàtǒng	8467
话头	huàtóu	15389
话外音	huàwàiyīn	53492
话务员	huàwùyuán	39456
话匣子	huàxiázi	23318
话音	huàyīn	10520
话语	huàyǔ	5538
话语权	huàyǔquán	38448
桦木	huàmù	47162
桦树	huàshù	34977
怀	huái	3359
怀抱	huáibào	7994
怀表	huáibiǎo	39251
怀才不遇	huáicái-bùyù	39252
怀春	huáichūn	45383
怀古	huáigǔ	38449
怀鬼胎	huáiguǐtāi	53493
怀恨	huáihèn	25600
怀旧	huáijiù	17384
怀恋	huáiliàn	38450
怀念	huáiniàn	6835
怀柔	huáiróu	21034
怀胎	huáitāi	32437
怀乡	huáixiāng	47163
怀想	huáixiǎng	39881
怀疑	huáiyí	2305
怀有	huáiyǒu	11917
怀孕	huáiyùn	10059
淮海	Huáihǎi	20767
淮河	Huáihé	5619
淮剧	huáijù	52150
槐	huái	12796
槐花	huáihuā	27049
槐树	huáishù	13423
踝	huái	33593
踝骨	huáigǔ	46893
踝子骨	huáizigǔ	56472
坏	huài	1380
坏处	huàichu	19368
坏蛋	huàidàn	17248
坏点子	huàidiǎnzi	54532
坏东西	huàidōngxi	31142
坏分子	huàifènzǐ	36180
坏话	huàihuà	20268
坏人	huàirén	9400
坏事	huàishì	8765
坏水	huàishuǐ	43092
坏死	huàisǐ	19224
坏心眼儿	huàixīnyǎnr	45103
坏血病	huàixuèbìng	48076
坏账	huàizhàng	33594
坏招儿	huàizhāor	49608
坏种	huàizhǒng	48403
欢	huān	4079
欢蹦乱跳	huānbèng-luàntiào	36997
欢畅	huānchàng	33995
欢唱	huānchàng	39680
欢度	huāndù	13975
欢歌笑语	huāngē-xiàoyǔ	31729
欢呼	huānhū	7820
欢聚	huānjù	19579
欢聚一堂	huānjù-yītáng	14013
欢快	huānkuài	8617
欢乐	huānlè	3978
欢闹	huānnào	48404
欢庆	huānqìng	11137
欢声雷动	huānshēng-léidòng	40519
欢声笑语	huānshēng-xiàoyǔ	19258
欢送	huānsòng	15532
欢腾	huānténg	17177
欢天喜地	huāntiān-xǐdì	22088
欢跳	huāntiào	44350
欢慰	huānwèi	46578
欢喜	huānxǐ	5752
欢笑	huānxiào	13787
欢心	huānxīn	18369
欢欣	huānxīn	19315
欢欣鼓舞	huānxīn-gǔwǔ	17591
欢颜	huānyán	35570
欢宴	huānyàn	35873
欢迎	huānyíng	873
欢娱	huānyú	31245
欢愉	huānyú	28572
欢悦	huānyuè	28573
欢跃	huānyuè	39914
獾	huān	16825
还	huán	19721
还报	huánbào	24489
还本	huánběn	24652
还贷	huándài	16266
还魂	huánhún	45384
还击	huánjī	18427
还价	huánjià	37904
还口	huánkǒu	44572
还礼	huánlǐ	29124
还情	huánqíng	51727
还手	huánshǒu	26893
还俗	huánsú	37173
还田	huántián	33218
还乡	huánxiāng	22565
还乡团	huánxiāngtuán	37343
还阳	huányáng	46579
还原	huányuán	11089
还愿	huányuàn	31246
还债	huánzhài	17696
还账	huánzhàng	40984
还政	huánzhèng	39043
还嘴	huánzuǐ	44095
环	huán	1846
环靶	huánbǎ	56043
环保	huánbǎo	2488
环抱	huánbào	18591
环比	huánbǐ	4607
环城	huánchéng	19829
环岛	huándǎo	31363
环顾	huángù	16339

环海	huánhǎi	40755
环环相扣	huánhuán-xiāngkòu	25978
环节	huánjié	2100
环境	huánjìng	337
环流	huánliú	11857
环球	huánqiú	9536
环绕	huánrào	10850
环山	huánshān	30160
环生	huánshēng	36027
环视	huánshì	24178
环卫	huánwèi	11069
环线	huánxiàn	25913
环行	huánxíng	43568
环形	huánxíng	21001
环形山	huánxíngshān	36508
环游	huányóu	33463
环状	huánzhuàng	32438
环子	huánzi	44573
缓	huǎn	5057
缓办	huǎnbàn	50947
缓兵之计	huǎnbīngzhījì	40756
缓步	huǎnbù	24244
缓冲	huǎnchōng	20025
缓冲器	huǎnchōngqì	52568
缓和	huǎnhé	6356
缓缓	huǎnhuǎn	5132
缓急	huǎnjí	31730
缓建	huǎnjiàn	32576
缓解	huǎnjiě	4034
缓慢	huǎnmàn	4702
缓坡	huǎnpō	33996
缓期	huǎnqī	27261
缓气	huǎnqì	52151
缓刑	huǎnxíng	21384
缓行	huǎnxíng	38090
缓征	huǎnzhēng	46270
幻灯	huàndēng	34979
幻灯机	huàndēngjī	53494
幻灯片	huàndēngpiàn	35133
幻化	huànhuà	26243
幻景	huànjǐng	42844
幻境	huànjìng	36998
幻觉	huànjué	12785
幻梦	huànmèng	29618
幻灭	huànmiè	26813
幻视	huànshì	53018
幻术	huànshù	46271
幻听	huàntīng	46580
幻想	huànxiǎng	5065
幻想曲	huànxiǎngqǔ	45385
幻象	huànxiàng	26979
幻影	huànyǐng	20269
宦官	huànguān	14372
宦海	huànhǎi	47466
宦途	huàntú	51728
换	huàn	833
换班	huànbān	32834
换茬	huànchá	56473
换乘	huànchéng	29620
换代	huàndài	29518
换挡	huàndǎng	53495
换防	huànfáng	39882
换岗	huàngǎng	34669
换个儿	huàngèr	13864
换工	huàngōng	47164
换购	huàngòu	54533
换汇	huànhuì	42333
换货	huànhuò	39253
换季	huànjì	40114
换肩	huànjiān	53019
换届	huànjiè	8329
换句话说	huànjùhuàshuō	15251
换马	huànmǎ	47165
换脑筋	huànnǎojīn	47467
换气	huànqì	28661
换气扇	huànqìshàn	55571
换钱	huànqián	31143
换亲	huànqīn	49844
换取	huànqǔ	11416
换人	huànrén	25105
换手	huànshǒu	52152
换算	huànsuàn	28089
换汤不换药	huàn tāng bù huàn yào	39254
换位	huànwèi	18970
换文	huànwén	26322
换洗	huànxǐ	29029
换血	huànxiě	35134
换型	huànxíng	45386
换言之	huànyánzhī	17991
换样	huànyàng	56044
换药	huànyào	31144
换约	huànyuē	53496
换装	huànzhuāng	45387
唤	huàn	5705
唤起	huànqǐ	9141
唤头	huàntou	48717
唤醒	huànxǐng	11265
涣然冰释	huànrán-bīngshì	52569
涣散	huànsàn	15533
患	huàn	2353
患病	huànbìng	10513
患处	huànchù	45670
患得患失	huàndé-huànshī	28490
患难	huànnàn	15787
患难与共	huànnàn-yǔgòng	27335
患有	huànyǒu	9663
患者	huànzhě	1778
焕发	huànfā	8685
焕然一新	huànrán-yīxīn	14264
豢养	huànyǎng	27184
荒	huāng	5185
荒草	huāngcǎo	19722
荒村	huāngcūn	37905
荒诞	huāngdàn	15922
荒诞不经	huāngdàn-bùjīng	36509
荒诞无稽	huāngdàn-wújī	50948
荒岛	huāngdǎo	31145
荒地	huāngdì	10044
荒废	huāngfèi	22566
荒古	huānggǔ	54534
荒瘠	huāngjí	54023
荒寂	huāngjì	50549
荒郊	huāngjiāo	34980
荒凉	huāngliáng	9915
荒乱	huāngluàn	47166
荒谬	huāngmiù	13881
荒谬绝伦	huāngmiù-juélún	43353
荒漠	huāngmò	11658
荒漠化	huāngmòhuà	8643
荒年	huāngnián	39457
荒僻	huāngpì	32577
荒坡	huāngpō	24759
荒丘	huāngqiū	44819
荒沙	huāngshā	28164
荒山	huāngshān	7624
荒疏	huāngshū	47468

荒滩	huāngtān	20132
荒唐	huāngtáng	9091
荒无人烟	huāngwú-rényān	33739
荒芜	huāngwú	15769
荒野	huāngyě	18428
荒淫	huāngyín	31247
荒原	huāngyuán	16709
慌	huāng	5391
慌里慌张	huāngli huāngzhāng	40520
慌乱	huāngluàn	10117
慌忙	huāngmáng	7596
慌神	huāngshén	48077
慌手慌脚	huāngshǒu-huāngjiǎo	55572
慌张	huāngzhāng	13865
皇	huáng	23826
皇朝	huángcháo	36825
皇城	huángchéng	19316
皇储	huángchǔ	47167
皇帝	huángdì	2531
皇宫	huánggōng	15866
皇冠	huángguān	23079
皇后	huánghòu	5439
皇家	huángjiā	10208
皇历	huángli	44351
皇粮	huángliáng	27262
皇亲	huángqīn	19723
皇亲国戚	huángqīn-guóqī	35725
皇权	huángquán	27263
皇上	huángshang	24538
皇室	huángshì	18759
皇天后土	huángtiān-hòutǔ	44574
皇位	huángwèi	25171
皇子	huángzǐ	18396
皇族	huángzú	30485
黄	huáng	865
黄斑	huángbān	39458
黄包车	huángbāochē	21035
黄表纸	huángbiǎozhǐ	47469
黄灿灿	huángcàncàn	33740
黄疸	huángdǎn	36181
黄道	huángdào	48078
黄道吉日	huángdào-jírì	40985
黄灯	huángdēng	50949
黄澄澄	huángdēngdēng	30486
黄帝	Huángdì	15252
黄豆	huángdòu	17409
黄豆芽	huángdòuyá	54024
黄毒	huángdú	47168
黄泛区	huángfànqū	50196
黄蜂	huángfēng	32835
黄瓜	huánggua	11610
黄海	Huánghǎi	13806
黄河	Huánghé	1885
黄褐斑	huánghèbān	49845
黄花	huánghuā	15770
黄花菜	huánghuācài	35288
黄花闺女	huánghuā guīnǚ	36999
黄花鱼	huánghuāyú	40304
黄昏	huánghūn	5698
黄昏恋	huánghūnliàn	56644
黄酱	huángjiàng	50950
黄教	huángjiào	46894
黄金	huángjīn	3583
黄金地带	huángjīn dìdài	51729
黄金时代	huángjīn shídài	22923
黄金时间	huángjīn shíjiān	27264
黄金周	huángjīnzhōu	9492
黄酒	huángjiǔ	26398
黄口小儿	huángkǒu xiǎo'ér	50550
黄了	huángle	36511
黄梨	huánglí	50951
黄鹂	huánglí	40521
黄连	huánglián	24310
黄连素	huángliánsù	50551
黄粱梦	huángliángmèng	49846
黄麻	huángmá	43093
黄毛丫头	huángmáo yātou	41870
黄梅戏	huángméixì	21952
黄梅雨	huángméiyǔ	49847
黄米	huángmǐ	28241
黄牛	huángniú	14014
黄牌	huángpái	20057
黄皮书	huángpíshū	52570
黄片	huángpiàn	39217
黄芪	huángqí	36182
黄曲霉	huángqūméi	43859
黄泉	huángquán	29329
黄雀	huángquè	40757
黄壤	huángrǎng	56045
黄热病	huángrèbìng	46581
黄色	huángsè	4670
黄色炸药	huángsè zhàyào	51334
黄沙	huángshā	14323
黄鳝	huángshàn	31146
黄书	huángshū	50197
黄熟	huángshú	53497
黄鼠狼	huángshǔláng	27119
黄铜	huángtóng	29330
黄土	huángtǔ	6200
黄萎病	huángwěibìng	53020
黄羊	huángyáng	31604
黄杨	huángyáng	42085
黄莺	huángyīng	34670
黄油	huángyóu	29125
黄鼬	huángyòu	50952
黄鱼	huángyú	30604
黄种人	Huángzhǒngrén	40522
惶惶	huánghuáng	24006
惶惶然	huánghuángrán	36183
惶惑	huánghuò	16517
惶遽	huángjù	50953
惶恐	huángkǒng	14442
惶悚	huángsǒng	50552
煌煌	huánghuáng	35874
蝗虫	huángchóng	18036
蝗灾	huángzāi	38451
磺胺	huáng'àn	42334
鳇鱼	huángyú	46895
恍惚	huǎnghū	8448
恍然	huǎngrán	16993
恍然大悟	huǎngrán-dàwù	14265
恍如	huǎngrú	31364
恍如隔世	huǎngrúgéshì	42086
恍若	huǎngruò	24895
晃	huǎng	4126
晃眼	huǎngyǎn	40115
谎	huǎng	11767
谎报	huǎngbào	27660
谎称	huǎngchēng	23730
谎话	huǎnghuà	18623
谎骗	huǎngpiàn	55059
谎言	huǎngyán	10780
幌子	huǎngzi	12722
晃	huàng	6905
晃荡	huàngdang	23894
晃动	huàngdòng	12360

晃摇	huàngyao	53021
晃悠	huàngyou	31248
灰	huī	2752
灰暗	huī'àn	16537
灰白	huībái	15118
灰不溜秋	huībuliūqiū	48405
灰尘	huīchén	9829
灰沉沉	huīchénchén	50954
灰飞烟灭	huīfēi-yānmiè	37544
灰分	huīfèn	53022
灰浆	huījiāng	47781
灰烬	huījìn	21036
灰溜溜	huīliūliū	28412
灰蒙蒙	huīméngméng	22504
灰泥	huīní	49848
灰色	huīsè	6194
灰色收入	huīsè shōurù	47782
灰头土脸	huītóu-tǔliǎn	47470
灰土	huītǔ	25979
灰心	huīxīn	16826
灰心丧气	huīxīn-sàngqì	33871
灰指甲	huīzhǐjia	56046
灰质	huīzhì	45671
诙谐	huīxié	14620
挥	huī	3383
挥鞭	huībiān	44820
挥斥	huīchì	53498
挥动	huīdòng	14924
挥发	huīfā	22447
挥发油	huīfāyóu	55060
挥戈	huīgē	46272
挥汗	huīhàn	32836
挥汗如雨	huīhàn-rúyǔ	34544
挥毫	huīháo	21301
挥霍	huīhuò	14382
挥金如土	huījīn-rútǔ	38255
挥泪	huīlèi	29940
挥拳	huīquán	37174
挥洒	huīsǎ	22297
挥洒自如	huīsǎ-zìrú	38091
挥师	huīshī	35875
挥手	huīshǒu	8486
挥舞	huīwǔ	12943
恢复	huīfù	874
恢宏	huīhóng	22653
辉光	huīguāng	42087
辉煌	huīhuáng	2667
辉映	huīyìng	18998
麾下	huīxià	14574
徽	huī	9042
徽调	huīdiào	55061
徽号	huīhào	39044
徽记	huījì	42088
徽剧	huījù	52153
徽墨	huīmò	53023
徽章	huīzhāng	25538
回	huí	346
回拜	huíbài	45672
回报	huíbào	4584
回避	huíbì	5192
回禀	huíbǐng	33997
回波	huíbō	34671
回驳	huíbó	50553
回采	huícǎi	42335
回肠荡气	huícháng-dàngqì	39045
回潮	huícháo	31365
回车	huíchē	43094
回车键	huíchējiàn	56645
回撤	huíchè	47783
回程	huíchéng	34396
回春	huíchūn	33741
回窜	huícuàn	55062
回答	huídá	570
回单	huídān	47784
回荡	huídàng	12547
回电	huídiàn	33595
回跌	huídiē	52154
回返	huífǎn	40305
回访	huífǎng	13657
回放	huífàng	23174
回复	huífù	11119
回顾	huígù	3726
回顾展	huígùzhǎn	33090
回光返照	huíguāng-fǎnzhào	37344
回归	huíguī	3704
回归热	huíguīrè	51730
回归线	huíguīxiàn	44575
回锅	huíguō	49469
回锅肉	huíguōròu	52155
回合	huíhé	9082
回纥	Huíhé	56474
回话	huíhuà	17283
回还	huíhuán	39883
回环	huíhuán	32192
回回	huíhuí	19317
回火	huíhuǒ	53024
回击	huíjī	24058
回见	huíjiàn	44097
回教	Huíjiào	34545
回教徒	huíjiàotú	43860
回敬	huíjìng	23679
回绝	huíjué	21861
回扣	huíkòu	10878
回馈	huíkuì	7264
回来	huílái	823
回廊	huíláng	20876
回礼	huílǐ	43569
回流	huíliú	20877
回笼	huílóng	26894
回炉	huílú	43354
回路	huílù	23960
回落	huíluò	8621
回马枪	huímǎqiāng	38831
回门	huímén	46273
回民	Huímín	22872
回眸	huímóu	17513
回娘家	huíniángjia	20380
回暖	huínuǎn	31249
回迁	huíqiān	32972
回请	huíqǐng	47785
回去	huíqù	1883
回绕	huíròo	47471
回身	huíshēn	14073
回神	huíshén	51335
回升	huíshēng	6783
回生	huíshēng	49849
回声	huíshēng	13807
回师	huíshī	32578
回收	huíshōu	4725
回手	huíshǒu	37345
回首	huíshǒu	8804
回水	huíshuǐ	40523
回溯	huísù	28491
回天	huítiān	25601
回填	huítián	37545
回头	huítóu	2905
回头客	huítóukè	36669
回头路	huítóulù	46896

回头率	huítóulǜ	54025
回头是岸	huítóu-shì'àn	48079
回望	huíwàng	16901
回味	huíwèi	12264
回味无穷	huíwèi-wúqióng	29735
回文	huíwén	51336
回稳	huíwěn	20689
回翔	huíxiáng	54026
回响	huíxiǎng	15465
回想	huíxiǎng	8696
回销	huíxiāo	55063
回心	huíxīn	25914
回心转意	huíxīn-zhuǎnyì	26895
回信	huíxìn	10128
回旋	huíxuán	14788
回忆	huíyì	2578
回忆录	huíyìlù	15304
回音	huíyīn	13539
回音壁	huíyīnbì	39046
回应	huíyìng	7819
回游	huíyóu	41152
回赠	huízèng	35135
回涨	huízhǎng	54028
回执	huízhí	29030
回转	huízhuǎn	18918
回族	Huízú	8606
回嘴	huízuǐ	42845
茴香	huíxiāng	38832
茴香豆	huíxiāngdòu	50198
洄游	huíyóu	37546
蛔虫	huíchóng	27834
悔	huǐ	8808
悔不当初	huǐbùdāngchū	53025
悔不该	huǐbùgāi	38092
悔改	huǐgǎi	27991
悔过	huǐguò	28413
悔过书	huǐguòshū	44821
悔过自新	huǐguò-zìxīn	45673
悔恨	huǐhèn	14829
悔婚	huǐhūn	52571
悔棋	huǐqí	56047
悔悟	huǐwù	28242
悔约	huǐyuē	55064
悔罪	huǐzuì	32193
毁	huǐ	3387
毁谤	huǐbàng	40986
毁坏	huǐhuài	10661
毁家纾难	huǐjiā-shūnàn	50199
毁灭	huǐmiè	8133
毁灭性	huǐmièxìng	20210
毁弃	huǐqì	46274
毁容	huǐróng	38833
毁伤	huǐshāng	41412
毁损	huǐsǔn	27120
毁于一旦	huǐyúyīdàn	32439
毁誉	huǐyù	36826
毁誉参半	huǐyù-cānbàn	53026
毁约	huǐyuē	38650
毁证	huǐzhèng	55065
汇	huì	4623
汇报	huìbào	2385
汇编	huìbiān	17744
汇兑	huìduì	28764
汇费	huìfèi	53027
汇合	huìhé	19191
汇集	huìjí	8147
汇寄	huìjì	51731
汇价	huìjià	32973
汇聚	huìjù	10532
汇款	huìkuǎn	13249
汇款单	huìkuǎndān	30826
汇流	huìliú	35136
汇拢	huìlǒng	54029
汇率	huìlǜ	6160
汇票	huìpiào	18971
汇演	huìyǎn	18280
汇展	huìzhǎn	47472
汇总	huìzǒng	13289
会	huì	35
会标	huìbiāo	36028
会餐	huìcān	34116
会操	huìcāo	48080
会场	huìchǎng	4529
会道门	huìdàomén	50955
会费	huìfèi	17197
会风	huìfēng	23527
会馆	huìguǎn	13007
会合	huìhé	13658
会徽	huìhuī	14542
会话	huìhuà	27835
会籍	huìjí	53499
会见	huìjiàn	1911
会剿	huìjiǎo	46582
会聚	huìjù	20381
会刊	huìkān	27912
会考	huìkǎo	27836
会客	huìkè	31953
会客室	huìkèshì	23175
会面	huìmiàn	10840
会期	huìqī	22567
会齐	huìqí	33998
会签	huìqiān	28662
会商	huìshāng	22750
会审	huìshěn	25602
会师	huìshī	13238
会谈	huìtán	2448
会堂	huìtáng	24059
会通	huìtōng	47786
会同	huìtóng	5082
会务	huìwù	26108
会晤	huìwù	3559
会心	huìxīn	19128
会议	huìyì	350
会意	huìyì	17432
会阴	huìyīn	52156
会友	huìyǒu	33466
会员	huìyuán	4298
会员国	huìyuánguó	18812
会员证	huìyuánzhèng	44098
会展	huìzhǎn	12088
会战	huìzhàn	15269
会章	huìzhāng	46583
会长	huìzhǎng	2729
会账	huìzhàng	52572
会诊	huìzhěn	12914
会址	huìzhǐ	18116
讳	huì	20664
讳疾忌医	huìjí-jìyī	39255
讳忌	huìjì	55066
讳莫如深	huìmòrúshēn	31841
讳言	huìyán	23795
荟萃	huìcuì	12292
荟集	huìjí	54535
诲人不倦	huìrén-bùjuàn	38256
绘	huì	7302
绘画	huìhuà	4147
绘声绘色	huìshēng-huìsè	27050
绘图	huìtú	21900

绘制	huìzhì	11425
贿金	huìjīn	52157
贿赂	huìlù	7488
贿买	huìmǎi	56048
贿选	huìxuǎn	23961
烩	huì	30487
烩饼	huìbǐng	55573
彗核	huìhé	46897
彗尾	huìwěi	54536
彗星	huìxīng	13475
晦暗	huì'àn	32076
晦气	huìqì	18473
晦涩	huìsè	27913
秽气	huìqì	44576
秽土	huìtǔ	49095
秽闻	huìwén	54030
秽亵	huìxiè	49850
秽行	huìxíng	54031
秽语	huìyǔ	43861
惠	huì	7681
惠存	huìcún	55067
惠顾	huìgù	50956
惠及	huìjí	13527
惠临	huìlín	51337
惠灵顿	Huìlíngdùn	33353
惠民	huìmín	30440
惠赠	huìzèng	55068
溃脓	huìnóng	43688
慧心	huìxīn	47169
慧眼	huìyǎn	20918
昏	hūn	6241
昏暗	hūn'àn	12639
昏沉	hūnchén	36184
昏倒	hūndǎo	21661
昏黑	hūnhēi	29941
昏花	hūnhuā	30704
昏话	hūnhuà	48718
昏黄	hūnhuáng	18760
昏昏欲睡	hūnhūn-yùshuì	31147
昏厥	hūnjué	29519
昏君	hūnjūn	39884
昏聩	hūnkuì	44352
昏乱	hūnluàn	31485
昏迷	hūnmí	11446
昏睡	hūnshuì	24179
昏死	hūnsǐ	33596
昏天黑地	hūntiān-hēidì	29942
昏头昏脑	hūntóu-hūnnǎo	40758
昏眩	hūnxuàn	44577
昏庸	hūnyōng	31366
荤	hūn	16376
荤菜	hūncài	43095
荤食	hūnshí	56646
荤腥	hūnxīng	36827
荤油	hūnyóu	54537
婚	hūn	4753
婚检	hūnjiǎn	20026
婚变	hūnbiàn	39681
婚假	hūnjià	50554
婚嫁	hūnjià	32298
婚礼	hūnlǐ	6862
婚恋	hūnliàn	32704
婚龄	hūnlíng	45674
婚配	hūnpèi	28663
婚期	hūnqī	26693
婚庆	hūnqìng	48081
婚丧	hūnsāng	26244
婚纱	hūnshā	24602
婚生子女	hūnshēng zǐnǚ	49470
婚事	hūnshì	11659
婚书	hūnshū	41871
婚俗	hūnsú	40987
婚外恋	hūnwàiliàn	24245
婚外情	hūnwàiqíng	39459
婚外孕	hūnwàiyùn	56762
婚宴	hūnyàn	30053
婚姻	hūnyīn	2579
婚姻法	hūnyīnfǎ	9713
婚姻介绍所	hūnyīn jièshàosuǒ	37346
婚育	hūnyù	24180
婚约	hūnyuē	26549
浑	hún	9988
浑厚	húnhòu	20536
浑话	húnhuà	55574
浑浑噩噩	húnhún'è'è	35289
浑朴	húnpǔ	49851
浑然	húnrán	23285
浑然一体	húnrán-yītǐ	24060
浑身	húnshēn	3845
浑身上下	húnshēn-shàngxià	19192
浑身是胆	húnshēn-shìdǎn	51732
浑身解数	húnshēn-xièshù	29943
浑水摸鱼	húnshuǐ-mōyú	42089
浑圆	húnyuán	26814
浑浊	húnzhuó	17775
馄饨	húntun	18732
混	hún	3531
混蛋	húndàn	14324
魂	hún	5272
魂不附体	húnbùfùtǐ	37175
魂不守舍	húnbùshǒushè	39460
魂飞魄散	húnfēi-pòsàn	36670
魂飞天外	húnfēi-tiānwài	41186
魂灵	húnlíng	19982
魂魄	húnpò	20460
魂牵梦萦	húnqiān-mèngyíng	41413
诨号	hùnhào	50200
诨名	hùnmíng	42336
混	hùn	3445
混编	hùnbiān	50201
混成	hùnchéng	29736
混充	hùnchōng	52573
混搭	hùndā	19068
混沌	hùndùn	15233
混饭	hùnfàn	49096
混纺	hùnfǎng	38093
混合	hùnhé	5102
混合面儿	hùnhémiànr	56475
混合物	hùnhéwù	24896
混合泳	hùnhéyǒng	20424
混混儿	hùnhunr	24831
混迹	hùnjì	28664
混交林	hùnjiāolín	44353
混乱	hùnluàn	3125
混凝土	hùnníngtǔ	8339
混日子	hùnrìzi	30705
混入	hùnrù	20878
混声	hùnshēng	55069
混世魔王	hùnshì-mówáng	51338
混事	hùnshì	40759
混双	hùnshuāng	17226
混同	hùntóng	25828
混为一谈	hùnwéiyītán	23231
混淆	hùnxiáo	13566
混淆视听	hùnxiáo-shìtīng	35447
混血儿	hùnxuè'ér	41414
混养	hùnyǎng	44578

混杂	hùnzá	15217
混战	hùnzhàn	15845
混账	hùnzhàng	23573
混浊	hùnzhuó	23962
混子	hùnzi	48719
豁	huō	14743
豁出去	huōchuqu	24378
豁口	huōkǒu	29621
豁子	huōzi	52574
豁嘴	huōzuǐ	53500
和	huó	29239
和面	huómiàn	26245
活	huó	675
活靶	huóbǎ	53028
活靶子	huóbǎzi	50555
活宝	huóbǎo	41637
活报剧	huóbàojù	50556
活蹦乱跳	huóbèng-luàntiào	29737
活地图	huódìtú	50957
活地狱	huódìyù	55070
活动	huódòng	225
活动房	huódòngfáng	55071
活动家	huódòngjiā	19345
活动室	huódòngshì	17075
活法	huófǎ	26694
活泛	huófan	36185
活佛	huófó	14285
活该	huógāi	17133
活化	huóhuà	25915
活化石	huóhuàshí	28665
活活	huóhuó	13634
活火山	huóhuǒshān	44099
活计	huóji	20345
活见鬼	huójiànguǐ	43096
活教材	huójiàocái	45104
活结	huójié	52575
活口	huókǒu	45985
活扣儿	huókòur	56476
活雷锋	huóléifēng	37176
活力	huólì	2341
活灵活现	huólíng-huóxiàn	27336
活路	huólù	19763
活络	huóluò	36342
活埋	huómái	28666
活门	huómén	56049
活命	huómìng	23731
活泼	huópo	4405
活菩萨	huópúsà	43862
活期	huóqī	23176
活钱儿	huóqiánr	42846
活人	huórén	12217
活塞	huósāi	22973
活生生	huóshēngshēng	12595
活受罪	huóshòuzuì	36828
活水	huóshuǐ	21385
活死人	huósǐrén	53501
活似	huósì	54538
活体	huótǐ	23796
活脱	huótuō	46584
活物	huówù	35137
活现	huóxiàn	39885
活像	huóxiàng	19545
活性	huóxìng	10418
活性炭	huóxìngtàn	29622
活学活用	huóxué-huóyòng	27121
活血	huóxuè	30270
活页	huóyè	43355
活用	huóyòng	31486
活跃	huóyuè	2691
活捉	huózhuō	19692
活字	huózì	40524
活字典	huózìdiǎn	52158
活罪	huózuì	50958
火	huǒ	1140
火把	huǒbǎ	12640
火把节	Huǒbǎ Jié	51733
火棒	huǒbàng	52576
火暴	huǒbào	52159
火爆	huǒbào	9504
火并	huǒbìng	41187
火柴	huǒchái	9602
火场	huǒchǎng	17466
火车	huǒchē	2928
火车头	huǒchētóu	15218
火车站	huǒchēzhàn	7870
火炽	huǒchì	43097
火铳	huǒchòng	45388
火电	huǒdiàn	20496
火电站	huǒdiànzhàn	49852
火堆	huǒduī	20058
火攻	huǒgōng	32974
火罐儿	huǒguànr	40525
火光	huǒguāng	9304
火锅	huǒguō	16891
火海	huǒhǎi	23528
火红	huǒhóng	17094
火候	huǒhou	21798
火花	huǒhuā	12761
火花塞	huǒhuāsāi	50202
火化	huǒhuà	16020
火化场	huǒhuàchǎng	51734
火鸡	huǒjī	32440
火急	huǒjí	24311
火急火燎	huǒjí-huǒliǎo	51735
火碱	huǒjiǎn	49471
火箭	huǒjiàn	5492
火箭弹	huǒjiàndàn	27265
火箭炮	huǒjiànpào	41872
火箭筒	huǒjiàntǒng	43570
火警	huǒjǐng	34812
火炬	huǒjù	7449
火炬计划	Huǒjù Jìhuà	32441
火炕	huǒkàng	26109
火坑	huǒkēng	25172
火筷子	huǒkuàizi	54032
火辣	huǒlà	47473
火辣辣	huǒlàlà	19104
火力	huǒlì	13808
火力点	huǒlìdiǎn	43098
火力发电	huǒlì fādiàn	30377
火龙	huǒlóng	30605
火炉	huǒlú	13743
火轮	huǒlún	30271
火冒三丈	huǒmàosānzhàng	30827
火苗	huǒmiáo	14185
火捻	huǒniǎn	56477
火炮	huǒpào	19724
火盆	huǒpén	24447
火拼	huǒpīn	50557
火漆	huǒqī	52160
火气	huǒqì	15630
火器	huǒqì	18558
火钳	huǒqián	46585
火枪	huǒqiāng	37000
火墙	huǒqiáng	38651
火情	huǒqíng	31250
火球	huǒqiú	25362
火热	huǒrè	10740

火山	huǒshān	9210
火山灰	huǒshānhuī	28574
火山口	huǒshānkǒu	31041
火上浇油	huǒshàng-jiāoyóu	33872
火烧	huǒshao	10542
火烧火燎	huǒshāo-huǒliǎo	33597
火烧眉毛	huǒshāo-méimao	40760
火烧云	huǒshāoyún	40306
火舌	huǒshé	30054
火蛇	huǒshé	53502
火绳	huǒshéng	47787
火石	huǒshí	42090
火势	huǒshì	20800
火树银花	huǒshù-yínhuā	37347
火速	huǒsù	14855
火炭	huǒtàn	37547
火塘	huǒtáng	25829
火烫	huǒtàng	43571
火头	huǒtóu	33091
火头军	huǒtóujūn	50203
火头上	huǒtóushang	45105
火腿	huǒtuǐ	20027
火网	huǒwǎng	47474
火险	huǒxiǎn	29126
火线	huǒxiàn	19546
火星	huǒxīng	6175
火星子	huǒxīngzi	48082
火性	huǒxìng	49472
火眼	huǒyǎn	44579
火眼金睛	huǒyǎn-jīnjīng	29944
火焰	huǒyàn	7602
火焰喷射器	huǒyàn pēnshèqì	53503
火药	huǒyào	15026
火药库	huǒyàokù	50558
火药味	huǒyàowèi	31605
火源	huǒyuán	33598
火灾	huǒzāi	4791
火葬	huǒzàng	24490
火葬场	huǒzàngchǎng	27746
火中取栗	huǒzhōng-qǔlì	53504
火种	huǒzhǒng	16710
火柱	huǒzhù	50204
伙	huǒ	6355
伙伴	huǒbàn	2439
伙房	huǒfáng	24312
伙夫	huǒfū	37720
伙计	huǒji	7256
伙食	huǒshí	12797
伙同	huǒtóng	20382
伙子	huǒzi	6216
或	huò	81
或多或少	huòduō-huòshǎo	14925
或然	huòrán	51339
或是	huòshì	3155
或许	huòxǔ	3305
或者	huòzhě	287
和	huò	38094
和稀泥	huòxīní	46586
货	huò	2634
货币	huòbì	2374
货舱	huòcāng	41415
货场	huòchǎng	25685
货畅其流	huòchàng-qíliú	43356
货车	huòchē	9130
货船	huòchuán	25426
货单	huòdān	43357
货柜	huòguì	34672
货机	huòjī	46587
货价	huòjià	44100
货架	huòjià	18500
货检	huòjiǎn	55072
货款	huòkuǎn	12682
货郎	huòláng	37548
货郎担	huòlángdàn	49853
货郎鼓	huòlánggǔ	53505
货流	huòliú	50559
货轮	huòlún	18654
货品	huòpǐn	31251
货色	huòsè	19983
货摊	huòtān	35726
货位	huòwèi	55073
货物	huòwù	2855
货箱	huòxiāng	47788
货样	huòyàng	49473
货源	huòyuán	15137
货运	huòyùn	9422
货运量	huòyùnliàng	26481
货栈	huòzhàn	41188
货真价实	huòzhēn-jiàshí	20832
货主	huòzhǔ	18945
获	huò	1408
获得	huòdé	607
获奖	huòjiǎng	5281
获救	huòjiù	18999
获利	huòlì	12657
获取	huòqǔ	4897
获胜	huòshèng	7036
获释	huòshì	18474
获悉	huòxī	3743
获刑	huòxíng	18851
获选	huòxuǎn	44822
获益	huòyì	18655
获知	huòzhī	27266
获准	huòzhǔn	13395
获罪	huòzuì	33873
祸	huò	5360
祸不单行	huòbùdānxíng	38257
祸从天降	huòcóngtiānjiàng	48083
祸端	huòduān	42847
祸福	huòfú	21862
祸根	huògēn	23797
祸国殃民	huòguó-yāngmín	28090
祸害	huòhai	18624
祸患	huòhuàn	30939
祸及	huòjí	33220
祸乱	huòluàn	32975
祸起萧墙	huòqǐxiāoqiáng	51340
祸事	huòshì	26752
祸首	huòshǒu	30055
祸水	huòshuǐ	40116
祸祟	huòsuì	44101
祸胎	huòtāi	48084
祸心	huòxīn	48085
祸殃	huòyāng	48720
惑乱	huòluàn	48721
惑众	huòzhòng	31842
霍	huò	10366
霍地	huòdì	27661
霍霍	huòhuò	34546
霍乱	huòluàn	18691
霍然	huòrán	38452
豁达	huòdá	19798
豁朗	huòlǎng	46588
豁亮	huòliàng	36671
豁免	huòmiǎn	22873
豁然	huòrán	27837
豁然开朗	huòrán-kāilǎng	23124
藿香	huòxiāng	45675

嚯	huò	33221
几	jī	2503
几案	jī'àn	43099
几乎	jīhū	494
几近	jījìn	17776
几率	jīlǜ	20133
讥嘲	jīcháo	44823
讥刺	jīcì	34674
讥讽	jīfěng	15828
讥诮	jīqiào	35290
讥笑	jīxiào	18429
击	jī	3956
击败	jībài	4967
击毙	jībì	14515
击沉	jīchén	34249
击穿	jīchuān	38834
击打	jīdǎ	25759
击发	jīfā	52577
击毁	jīhuǐ	28765
击剑	jījiàn	13008
击溃	jīkuì	25980
击落	jīluò	17905
击伤	jīshāng	25686
击水	jīshuǐ	36029
击退	jītuì	15443
击掌	jīzhǎng	29241
击中	jīzhòng	11468
叽咕	jīgu	38652
叽叽嘎嘎	jījigāgā	50560
叽叽喳喳	jījizhāzhā	23125
叽里咕噜	jīligūlū	48086
叽里呱啦	jīliguālā	55575
叽里哇啦	jīliwālā	54539
饥	jī	10157
饥饱	jībǎo	48087
饥不择食	jībùzéshí	39461
饥肠辘辘	jīcháng-lùlù	31954
饥饿	jī'è	7471
饥寒	jīhán	26053
饥寒交迫	jīhán-jiāopò	30940
饥荒	jīhuang	19259
饥馑	jījǐn	34981
饥渴	jīkě	20134
饥民	jīmín	18220
饥色	jīsè	49097
芨芨草	jījīcǎo	42848
机	jī	1117
机变	jībiàn	49098
机不可失	jībùkěshī	29835
机舱	jīcāng	19984
机场	jīchǎng	2598
机车	jīchē	10928
机床	jīchuáng	12018
机电	jīdiàn	6883
机顶盒	jīdǐnghé	13372
机动	jīdòng	8214
机动车	jīdòngchē	5716
机帆船	jīfānchuán	42091
机房	jīfáng	20537
机耕	jīgēng	25603
机构	jīgòu	942
机关	jīguān	635
机关报	jīguānbào	15944
机关刊物	jīguān kānwù	35448
机关炮	jīguānpào	50205
机关枪	jīguānqiāng	17410
机关算尽	jīguān-suànjìn	45986
机会	jīhuì	491
机会主义	jīhuì zhǔyì	22245
机件	jījiàn	38258
机井	jījǐng	20028
机警	jījǐng	19318
机具	jījù	22505
机灵	jīling	15609
机率	jīlǜ	40526
机轮	jīlún	50206
机密	jīmì	11580
机敏	jīmǐn	22751
机谋	jīmóu	43863
机能	jīnéng	11629
机票	jīpiào	10573
机器	jīqì	3308
机器翻译	jīqì fānyì	45676
机器人	jīqìrén	7167
机枪	jīqiāng	15054
机巧	jīqiǎo	41638
机群	jīqún	34813
机身	jīshēn	24698
机体	jītǐ	10879
机头	jītóu	36030
机位	jīwèi	43100
机务	jīwù	24556
机械	jīxiè	2230
机械化	jīxièhuà	7118
机械师	jīxièshī	39047
机械手	jīxièshǒu	40761
机械运动	jīxiè yùndòng	55074
机心	jīxīn	48723
机型	jīxíng	19319
机修	jīxiū	35876
机要	jīyào	20801
机宜	jīyí	40117
机翼	jīyì	25231
机油	jīyóu	32300
机遇	jīyù	2187
机缘	jīyuán	21218
机运	jīyùn	50207
机载	jīzài	35727
机长	jīzhǎng	26896
机织	jīzhī	49099
机制	jīzhì	1366
机智	jīzhì	12712
机种	jīzhǒng	39256
机杼	jīzhù	51744
机子	jīzi	29428
机组	jīzǔ	5855
机座	jīzuò	49100
肌肤	jīfū	14491
肌腱	jījiàn	36829
肌理	jīlǐ	39886
肌肉	jīròu	6126
肌体	jītǐ	16755
鸡	jī	1881
鸡翅	jīchì	45389
鸡雏	jīchú	35877
鸡蛋	jīdàn	5243
鸡飞蛋打	jīfēi-dàndǎ	43101
鸡飞狗跳	jīfēi-gǒutiào	42849
鸡冠花	jīguānhuā	44354
鸡冠子	jīguānzi	55075
鸡奸	jījiān	54033
鸡肋	jīlèi	36672
鸡零狗碎	jīlíng-gǒusuì	48406
鸡笼	jīlóng	30941
鸡毛	jīmáo	22346
鸡毛菜	jīmáocài	56050
鸡毛掸子	jīmáo dǎnzi	48724
鸡毛蒜皮	jīmáo-suànpí	27416

鸡毛信	jīmáoxìn	44355
鸡毛帚	jīmáozhǒu	54540
鸡鸣狗盗	jīmíng-gǒudào	49474
鸡内金	jīnèijīn	55076
鸡皮疙瘩	jīpí gēda	29836
鸡犬不留	jīquǎn-bùliú	48407
鸡犬不宁	jīquǎn-bùníng	40307
鸡犬升天	jīquǎn-shēngtiān	45106
鸡犬相闻	jīquǎn-xiāngwén	54034
鸡腿	jītuǐ	29331
鸡尾酒	jīwěijiǔ	33354
鸡瘟	jīwēn	47475
鸡心	jīxīn	43102
鸡胸	jīxiōng	53506
鸡血石	jīxuèshí	54541
鸡血藤	jīxuèténg	55077
鸡眼	jīyǎn	43572
奇数	jīshù	47789
唧唧	jījī	22974
唧哝	jīnong	41189
唧筒	jītǒng	53029
积	jī	3333
积案	jī'àn	22347
积弊	jībì	33742
积存	jīcún	27122
积德	jīdé	30378
积淀	jīdiàn	12445
积肥	jīféi	23232
积分	jīfēn	9181
积愤	jīfèn	49101
积垢	jīgòu	52578
积极	jījí	704
积极分子	jījí fènzǐ	10841
积极性	jījíxìng	2238
积久	jījiǔ	46275
积聚	jījù	16994
积劳成疾	jīláo-chéngjí	28860
积累	jīlěi	2287
积木	jīmù	29031
积年累月	jīnián-lěiyuè	56478
积贫积弱	jīpín-jīruò	52161
积欠	jīqiàn	43358
积善	jīshàn	42337
积少成多	jīshǎo-chéngduō	42092
积食	jīshí	54542
积水	jīshuǐ	16142
积习	jīxí	30706
积蓄	jīxù	9047
积雪	jīxuě	10185
积压	jīyā	10589
积雨	jīyǔ	42338
积郁	jīyù	38835
积怨	jīyuàn	27748
积云	jīyún	26609
积攒	jīzǎn	17592
积重难返	jīzhòng-nánfǎn	30488
基	jī	7768
基本	jīběn	660
基本点	jīběndiǎn	21662
基本法	jīběnfǎ	6465
基本功	jīběngōng	14474
基本上	jīběnshàng	3567
基层	jīcéng	1698
基础	jīchǔ	644
基础课	jīchǔkè	25539
基底	jīdǐ	36673
基地	jīdì	1533
基点	jīdiǎn	16664
基调	jīdiào	14869
基督教	Jīdūjiào	7832
基督徒	jīdūtú	25232
基肥	jīféi	45390
基干	jīgàn	42339
基价	jījià	54035
基建	jījiàn	10243
基金	jījīn	2022
基金会	jījīnhuì	5404
基坑	jīkēng	43359
基诺族	Jīnuòzú	41873
基色	jīsè	56051
基石	jīshí	10732
基数	jīshù	13528
基围虾	jīwéixiā	51737
基线	jīxiàn	43864
基业	jīyè	27749
基因	jīyīn	2698
基因工程	jīyīn gōngchéng	21175
基因库	jīyīnkù	29127
基于	jīyú	4766
基质	jīzhì	27750
基准	jīzhǔn	13709
基座	jīzuò	30828
犄角	jījiao	17630
缉捕	jībǔ	25427
缉查	jīchá	54036
缉毒	jīdú	13513
缉获	jīhuò	38836
缉拿	jīná	24557
缉私	jīsī	12633
缉私艇	jīsītǐng	35291
缉凶	jīxiōng	48408
畸变	jībiàn	37348
畸轻畸重	jīqīng-jīzhòng	49475
畸形	jīxíng	12275
跻身	jīshēn	9387
稽查	jīchá	8982
稽察	jīchá	27051
稽核	jīhé	27123
稽考	jīkǎo	53030
稽留	jīliú	54037
稽征	jīzhēng	47790
齑粉	jīfěn	50561
激	jī	7250
激昂	jī'áng	14443
激变	jībiàn	37177
激荡	jīdàng	10871
激动	jīdòng	1738
激发	jīfā	3689
激奋	jīfèn	37721
激愤	jīfèn	20346
激光	jīguāng	6399
激光器	jīguāngqì	19547
激光照排	jīguāng zhàopái	36830
激化	jīhuà	11877
激活	jīhuó	10141
激将	jījiàng	53507
激将法	jījiàngfǎ	41416
激进	jījìn	10934
激进派	jījìnpài	38453
激励	jīlì	3186
激励机制	jīlì jīzhì	10477
激烈	jīliè	1869
激灵	jīling	48088
激流	jīliú	16492
激怒	jīnù	15846
激起	jīqǐ	7187
激情	jīqíng	3237
激素	jīsù	10726

激扬	jīyáng	30379
激越	jīyuè	18117
激增	jīzēng	16756
激战	jīzhàn	10851
激浊扬清	jīzhuó-yángqīng	40308
羁绊	jībàn	23574
羁留	jīliú	47170
羁押	jīyā	11590
及	jí	780
及格	jígé	15481
及其	jíqí	3069
及时	jíshí	1201
及时雨	jíshíyǔ	26550
及早	jízǎo	10463
及至	jízhì	10527
吉	jí	3737
吉卜赛人	Jíbǔsàirén	41190
吉尔吉斯斯坦	Jí'ěrjísītǎn	11630
吉剧	jíjù	56052
吉利	jílì	9423
吉林	Jílín	4575
吉隆坡	Jílóngpō	15500
吉普	jípǔ	25428
吉普车	jípǔchē	13223
吉庆	jíqìng	27992
吉人天相	jírén-tiānxiàng	51738
吉日	jírì	31148
吉他	jítā	18733
吉祥	jíxiáng	10843
吉祥如意	jíxiáng-rúyì	37178
吉祥物	jíxiángwù	17545
吉星	jíxīng	48409
吉凶	jíxiōng	22298
吉言	jíyán	49854
吉兆	jízhào	39682
岌岌可危	jíjí-kěwēi	29837
汲	jí	24115
汲取	jíqǔ	7970
汲水	jíshuǐ	34397
级	jí	929
级别	jíbié	5776
级差	jíchā	26815
级任	jírèn	53508
级数	jíshù	32077
极	jí	435
极地	jídì	14383
极点	jídiǎn	16570
极顶	jídǐng	50562
极度	jídù	8993
极端	jíduān	3390
极光	jíguāng	36512
极乐世界	jílè shìjiè	35728
极力	jílì	6834
极目	jímù	42850
极目远眺	jímù-yuǎntiào	38884
极品	jípǐn	29242
极其	jíqí	2769
极权	jíquán	45677
极少数	jíshǎoshù	16894
极盛	jíshèng	45678
极为	jíwéi	2836
极限	jíxiàn	8626
极限运动	jíxiàn yùndòng	51739
极刑	jíxíng	28861
极右	jíyòu	18880
极致	jízhì	19638
极昼	jízhòu	52579
极左	jízuǒ	25478
即	jí	172
即便	jíbiàn	5577
即或	jíhuò	20101
即将	jíjiāng	1827
即景生情	jíjǐng-shēngqíng	55576
即可	jíkě	4807
即刻	jíkè	9637
即令	jílìng	13434
即日	jírì	8806
即如	jírú	41639
即时	jíshí	13380
即食	jíshí	48089
即使	jíshǐ	916
即位	jíwèi	11605
即席	jíxí	27124
即兴	jíxìng	17134
佶屈聱牙	jíqū-áoyá	54543
亟待	jídài	9371
亟亟	jíjí	54544
亟须	jíxū	20960
急	jí	1074
急巴巴	jíbābā	56053
急病	jíbìng	31487
急不可待	jíbùkědài	33092
急不可耐	jíbùkěnài	34982
急步	jíbù	46276
急匆匆	jícōngcōng	16645
急促	jícù	10611
急待	jídài	34814
急电	jídiàn	31955
急风暴雨	jífēng-bàoyǔ	40527
急腹症	jífùzhèng	55078
急公好义	jígōng-hàoyì	52162
急功近利	jígōng-jìnlì	12723
急火	jíhuǒ	55079
急件	jíjiàn	50208
急进	jíjìn	27185
急救	jíjiù	9354
急救包	jíjiùbāo	51740
急救箱	jíjiùxiāng	55080
急就章	jíjiùzhāng	51741
急剧	jíjù	7240
急遽	jíjù	35878
急口令	jíkǒulìng	55081
急流	jíliú	20029
急流勇退	jíliú-yǒngtuì	44102
急忙	jímáng	5077
急难	jínàn	26399
急迫	jípò	17433
急起直追	jíqǐ-zhízhuī	34815
急切	jíqiè	8563
急如星火	jírúxīnghuǒ	46589
急刹车	jíshāchē	34816
急事	jíshì	15201
急速	jísù	14357
急湍	jítuān	49855
急弯	jíwān	42851
急务	jíwù	39462
急先锋	jíxiānfēng	35729
急行军	jíxíngjūn	35138
急性	jíxìng	10226
急性病	jíxìngbìng	52163
急性子	jíxìngzi	39887
急需	jíxū	5083
急眼	jíyǎn	45679
急用	jíyòng	29429
急于	jíyú	7439
急于求成	jíyúqiúchéng	21271
急躁	jízào	14093

急诊	jízhěn	17593
急症	jízhèng	37722
急中生智	jízhōng-shēngzhì	26897
急骤	jízhòu	30707
急转弯	jízhuǎnwān	36343
急转直下	jízhuǎn-zhíxià	30708
疾	jí	5723
疾病	jíbìng	1976
疾步	jíbù	32301
疾驰	jíchí	21540
疾恶如仇	jí'è-rúchóu	40762
疾风	jífēng	34983
疾风劲草	jífēng-jìngcǎo	56054
疾风骤雨	jífēng-zhòuyǔ	55577
疾呼	jíhū	29838
疾进	jíjìn	50563
疾控	jíkòng	4102
疾苦	jíkǔ	9188
疾驶	jíshǐ	31488
疾书	jíshū	44356
疾速	jísù	36031
疾言厉色	jíyán-lìsè	52580
疾走	jízǒu	29623
棘刺	jícì	54545
棘手	jíshǒu	13396
集	jí	1037
集成	jíchéng	7726
集成电路	jíchéng diànlù	11120
集成化	jíchénghuà	45680
集大成	jídàchéng	40528
集合	jíhé	7490
集会	jíhuì	5889
集结	jíjié	13138
集锦	jíjǐn	31367
集聚	jíjù	11080
集刊	jíkān	54546
集贸	jímào	45107
集贸市场	jímào shìchǎng	9775
集权	jíquán	23472
集群	jíqún	42852
集日	jírì	45987
集散	jísàn	22924
集散地	jísàndì	16915
集市	jíshì	13610
集市贸易	jíshì màoyì	30942
集束	jíshù	43865
集思广益	jísī-guǎngyì	17594
集体	jítǐ	1157
集体户	jítǐhù	51742
集体婚礼	jítǐ hūnlǐ	35730
集体经济	jítǐ jīngjì	8906
集体舞	jítǐwǔ	37723
集体照	jítǐzhào	55578
集体主义	jítǐ zhǔyì	11884
集团	jítuán	1466
集团军	jítuánjūn	16418
集训	jíxùn	8091
集腋成裘	jíyè-chéngqiú	49476
集邮	jíyóu	18062
集邮册	jíyóucè	53509
集约	jíyuē	15653
集约化	jíyuēhuà	13290
集约经营	jíyuē jīngyíng	29243
集镇	jízhèn	12399
集中	jízhōng	762
集中营	jízhōngyíng	15667
集中制	jízhōngzhì	50564
集装箱	jízhuāngxiāng	6637
集资	jízī	7352
集子	jízi	21541
蒺藜	jílí	40763
辑	jí	11372
辑录	jílù	31368
辑要	jíyào	55082
嫉妒	jídù	10410
嫉恨	jíhèn	34984
嫉贤妒能	jíxián-dùnéng	52164
瘠薄	jíbó	40309
瘠瘦	jíshòu	55083
籍贯	jíguàn	22135
几	jǐ	1783
几曾	jǐcéng	54547
几次三番	jǐcì-sānfān	53031
几度	jǐdù	19548
几多	jǐduō	25830
几分	jǐfēn	16267
几何	jǐhé	9139
几经	jǐjīng	13882
几起几落	jǐqǐ-jǐluò	47171
几时	jǐshí	36344
几许	jǐxǔ	26172
己	jǐ	3591
己方	jǐfāng	39463
己见	jǐjiàn	28414
己任	jǐrèn	12568
己所不欲，勿施于人	jǐsuǒbùyù，wùshīyúrén	36498
挤	jǐ	2217
挤兑	jǐduì	31606
挤眉弄眼	jǐméi-nòngyǎn	34250
挤奶	jǐnǎi	25363
挤压	jǐyā	15713
挤牙膏	jǐyágāo	50959
挤占	jǐzhàn	13866
济济	jǐjǐ	26246
济济一堂	jǐjǐ-yītáng	30056
济南	Jǐnán	3457
给水	jǐshuǐ	35449
给养	jǐyǎng	24653
给予	jǐyǔ	1293
脊背	jǐbèi	14094
脊梁	jǐliáng	10770
脊梁骨	jǐliánggǔ	25292
脊髓	jǐsuǐ	20347
脊髓炎	jǐsuǐyán	56699
脊柱	jǐzhù	22136
脊椎	jǐzhuī	33743
脊椎动物	jǐzhuī dòngwù	18972
脊椎骨	jǐzhuīgǔ	42340
麂子	jǐzi	39683
计	jì	1754
计策	jìcè	15726
计程表	jìchéngbiǎo	56055
计程车	jìchéngchē	38259
计酬	jìchóu	36032
计费	jìfèi	21997
计分	jìfēn	29032
计划	jìhuà	389
计划单列市	jìhuà dānlièshì	21863
计划经济	jìhuà jīngjì	6190
计划生育	jìhuà shēngyù	4184
计价	jìjià	24313
计价器	jìjiàqì	38653
计件	jìjiàn	29128
计较	jìjiào	8980
计量	jìliàng	10030
计谋	jìmóu	28492
计票	jìpiào	16021

计时	jìshí	21422
计时器	jìshíqì	41191
计数	jìshù	21901
计税	jìshuì	33469
计算	jìsuàn	2001
计算尺	jìsuànchǐ	54038
计算机	jìsuànjī	1832
计算机病毒	jìsuànjī bìngdú	31607
计算机网络	jìsuànjī wǎngluò	16855
计算器	jìsuànqì	26482
计息	jìxī	27125
计议	jìyì	20180
记	jì	822
记仇	jìchóu	38260
记得	jìde	1752
记分	jìfēn	26400
记工	jìgōng	37724
记功	jìgōng	31369
记挂	jìguà	32976
记过	jìguò	23080
记号	jìhao	17110
记恨	jìhèn	33599
记录	jìlù	2034
记名	jìmíng	35879
记取	jìqǔ	29738
记认	jìrèn	47476
记时	jìshí	48725
记事	jìshì	14444
记事本	jìshìběn	37001
记述	jìshù	11016
记诵	jìsòng	51743
记性	jìxing	20181
记叙	jìxù	29332
记叙文	jìxùwén	52165
记忆	jìyì	2373
记忆力	jìyìlì	16434
记忆犹新	jìyì-yóuxīn	16076
记载	jìzǎi	3699
记账	jìzhàng	19830
记者	jìzhě	436
记住	jìzhù	4903
伎俩	jìliǎng	16916
纪纲	jìgāng	40988
纪检	jìjiǎn	5579
纪录	jìlù	3027
纪录片	jìlùpiàn	10597
纪律	jìlǜ	2336
纪律性	jìlǜxìng	27914
纪年	jìnián	26551
纪念	jìniàn	1753
纪念碑	jìniànbēi	8950
纪念币	jìniànbì	29739
纪念册	jìniàncè	34547
纪念封	jìniànfēng	31370
纪念馆	jìniànguǎn	6907
纪念卡	jìniànkǎ	49856
纪念牌	jìniànpái	38785
纪念品	jìniànpǐn	13553
纪念日	jìniànrì	10693
纪念塔	jìniàntǎ	31149
纪念物	jìniànwù	39257
纪念邮票	jìniàn yóupiào	25364
纪念章	jìniànzhāng	27186
纪实	jìshí	5833
纪事	jìshì	15889
纪委	jìwěi	5449
纪行	jìxíng	22752
纪要	jìyào	18761
纪元	jìyuán	26695
纪传体	jìzhuàntǐ	44357
技法	jìfǎ	15253
技高一筹	jìgāo-yīchóu	37725
技工	jìgōng	11560
技能	jìnéng	2947
技巧	jìqiǎo	4731
技穷	jìqióng	47791
技师	jìshī	12039
技术	jìshù	431
技术革命	jìshù gémìng	15305
技术革新	jìshù géxīn	18192
技术密集型	jìshù mìjíxíng	25687
技术性	jìshùxìng	14709
技术员	jìshùyuán	8267
技校	jìxiào	21998
技痒	jìyǎng	49102
技艺	jìyì	9071
系	jì	4905
忌	jì	7134
忌辰	jìchén	51745
忌妒	jìdu	33999
忌恨	jìhèn	43103
忌讳	jìhuì	15980
忌口	jìkǒu	54548
忌日	jìrì	39464
忌食	jìshí	54039
忌嘴	jìzuǐ	55579
际会	jìhuì	39684
际遇	jìyù	26173
妓	jì	13927
妓女	jìnǚ	9776
妓院	jìyuàn	21757
季	jì	4991
季度	jìdù	3447
季风	jìfēng	15364
季风气候	jìfēng qìhòu	32977
季节	jìjié	3345
季节工	jìjiégōng	45391
季节性	jìjiéxìng	15323
季军	jìjūn	24379
季刊	jìkān	30380
剂	jì	4822
剂量	jìliàng	14636
剂型	jìxíng	32442
荠菜	jìcài	30943
迹象	jìxiàng	7750
济	jì	3645
济贫	jìpín	32194
济世	jìshì	32302
济事	jìshì	31252
既	jì	179
既成事实	jìchéng shìshí	39888
既得利益	jìdé lìyì	27187
既定	jìdìng	9850
既而	jì'ér	12067
既然	jìrán	2134
既是	jìshì	5053
既往	jìwǎng	25365
既往不咎	jìwǎng-bùjiù	42577
觊觎	jìyú	26753
继承	jìchéng	2437
继承法	jìchéngfǎ	34675
继承权	jìchéngquán	30489
继承人	jìchéngrén	16087
继电器	jìdiànqì	42093
继而	jì'ér	10244
继父	jìfù	20572
继母	jìmǔ	16293
继任	jìrèn	19871

继室	jìshì	38261
继嗣	jìsì	49477
继往开来	jìwǎng-kāilái	11519
继位	jìwèi	29430
继续	jìxù	244
继续教育	jìxù jiàoyù	19346
继业	jìyè	44824
继子女	jìzǐnǚ	55084
偈	jì	30444
偈语	jìyǔ	51341
祭	jì	5566
祭拜	jìbài	37349
祭奠	jìdiàn	17777
祭告	jìgào	39685
祭灵	jìlíng	52166
祭品	jìpǐn	29520
祭器	jìqì	50565
祭扫	jìsǎo	29740
祭祀	jìsì	11108
祭坛	jìtán	26323
祭文	jìwén	25366
祭灶	jìzào	41192
祭祖	jìzǔ	20615
悸动	jìdòng	33222
寄	jì	2475
寄存	jìcún	27751
寄递	jìdì	49478
寄放	jìfàng	45988
寄费	jìfèi	55580
寄怀	jìhuái	56056
寄居	jìjū	26754
寄情	jìqíng	37179
寄人篱下	jìrénlíxià	34817
寄生	jìshēng	14111
寄生虫	jìshēngchóng	17697
寄食	jìshí	47172
寄售	jìshòu	47173
寄宿	jìsù	16184
寄宿生	jìsùshēng	36674
寄宿学校	jìsù xuéxiào	42578
寄宿制	jìsùzhì	52167
寄托	jìtuō	7917
寄信	jìxìn	29129
寄养	jìyǎng	24699
寄予	jìyǔ	12534
寄语	jìyǔ	21542
寄寓	jìyù	32705
寄赠	jìzèng	48090
寄主	jìzhǔ	24760
寂静	jìjìng	7762
寂寥	jìliáo	26174
寂寞	jìmò	4078
寂然	jìrán	27488
绩效	jìxiào	13058
鲫鱼	jìyú	17805
髻子	jìzi	50566
冀	jì	12136
冀望	jìwàng	48410
加	jiā	543
加班	jiābān	11594
加班加点	jiābān-jiādiǎn	16963
加倍	jiābèi	10788
加餐	jiācān	41193
加大	jiādà	1864
加德满都	Jiādémǎndū	21080
加法	jiāfǎ	26610
加封	jiāfēng	19639
加工	jiāgōng	1496
加工厂	jiāgōngchǎng	9580
加固	jiāgù	10880
加官	jiāguān	34117
加害	jiāhài	23365
加号	jiāhào	43360
加急	jiājí	41417
加价	jiājià	17778
加减	jiājiǎn	33223
加紧	jiājǐn	5269
加劲	jiājìn	38454
加剧	jiājù	5346
加快	jiākuài	1313
加仑	jiālún	36345
加码	jiāmǎ	30606
加盟	jiāméng	8864
加密	jiāmì	22348
加冕	jiāmiǎn	33874
加拿大	Jiānádà	2906
加强	jiāqiáng	830
加权	jiāquán	26816
加热	jiārè	9243
加入	jiārù	1193
加塞儿	jiāsāir	46590
加上	jiāshàng	1230
加深	jiāshēn	4213
加湿器	jiāshīqì	47477
加时赛	jiāshísài	48411
加试	jiāshì	52581
加速	jiāsù	3058
加速度	jiāsùdù	15829
加速器	jiāsùqì	19051
加温	jiāwēn	31489
加息	jiāxī	22506
加洗	jiāxǐ	56057
加薪	jiāxīn	31956
加刑	jiāxíng	41874
加压	jiāyā	22401
加以	jiāyǐ	1446
加油	jiāyóu	10808
加油添醋	jiāyóu-tiāncù	55581
加油站	jiāyóuzhàn	8750
加之	jiāzhī	6235
加重	jiāzhòng	5739
夹	jiā	2085
夹板	jiābǎn	30709
夹板气	jiābǎnqì	56058
夹层	jiācéng	31042
夹带	jiādài	23732
夹道	jiādào	22448
夹缝	jiāfèng	24491
夹攻	jiāgōng	18845
夹击	jiājī	18370
夹角	jiājiǎo	27337
夹具	jiājù	52168
夹克	jiākè	41217
夹克衫	jiākèshān	37002
夹七夹八	jiāqī-jiābā	49103
夹生	jiāshēng	47174
夹生饭	jiāshēngfàn	49857
夹心	jiāxīn	42094
夹杂	jiāzá	12068
夹峙	jiāzhì	46277
夹竹桃	jiāzhútáo	30272
夹子	jiāzi	22246
佳	jiā	3458
佳话	jiāhuà	17385
佳绩	jiājì	12169
佳节	jiājié	8285
佳境	jiājìng	39048
佳句	jiājù	33470

佳丽	jiālì	30273
佳酿	jiāniàng	40310
佳偶	jiā'ǒu	45108
佳品	jiāpǐn	32837
佳期	jiāqī	43104
佳人	jiārén	19831
佳肴	jiāyáo	19286
佳音	jiāyīn	23620
佳作	jiāzuò	12736
枷	jiā	11802
枷锁	jiāsuǒ	21219
痂	jiā	32443
家	jiā	78
家暴	jiābào	33398
家财	jiācái	32446
家蚕	jiācán	40764
家产	jiāchǎn	14358
家长里短	jiācháng-lǐduǎn	36513
家常	jiācháng	16077
家常菜	jiāchángcài	38837
家常饭	jiāchángfàn	48726
家丑	jiāchǒu	31043
家畜	jiāchù	14059
家传	jiāchuán	33875
家祠	jiācí	50567
家慈	jiācí	55582
家大业大	jiādà-yèdà	49479
家当	jiādàng	18430
家道	jiādào	35450
家底	jiādǐ	16484
家电	jiādiàn	6522
家法	jiāfǎ	27489
家访	jiāfǎng	21663
家风	jiāfēng	23680
家父	jiāfù	29624
家鸽	jiāgē	40989
家规	jiāguī	34251
家伙	jiāhuo	4379
家计	jiājì	41640
家祭	jiājì	52582
家家	jiājiā	9862
家家户户	jiājiāhùhù	12255
家教	jiājiào	13788
家景	jiājǐng	50960
家境	jiājìng	12435
家居	jiājū	15179
家具	jiājù	5207
家眷	jiājuàn	19764
家口	jiākǒu	28091
家里	jiālǐ	757
家门	jiāmén	5994
家母	jiāmǔ	39889
家奴	jiānú	22616
家破人亡	jiāpò-rénwáng	24761
家谱	jiāpǔ	26175
家禽	jiāqín	10709
家人	jiārén	3746
家什	jiāshi	24897
家史	jiāshǐ	34308
家世	jiāshì	25429
家事	jiāshì	17992
家室	jiāshì	29244
家书	jiāshū	23575
家属	jiāshǔ	2502
家鼠	jiāshǔ	53510
家私	jiāsī	36186
家天下	jiātiānxià	50209
家庭	jiātíng	380
家庭暴力	jiātíng bàolì	29033
家庭病床	jiātíng bìngchuáng	47792
家庭服务员	jiātíng fúwùyuán	53032
家庭妇女	jiātíng fùnǚ	26110
家庭副业	jiātíng fùyè	52169
家庭影院	jiātíng yǐngyuàn	45392
家庭主妇	jiātíng zhǔfù	27490
家徒四壁	jiātúsìbì	40311
家兔	jiātù	34676
家务	jiāwù	9537
家乡	jiāxiāng	2411
家小	jiāxiǎo	26696
家信	jiāxìn	23621
家兄	jiāxiōng	37726
家学	jiāxué	52170
家训	jiāxùn	33744
家严	jiāyán	44580
家宴	jiāyàn	29034
家燕	jiāyàn	53033
家养	jiāyǎng	22349
家业	jiāyè	21423
家用	jiāyòng	11202
家喻户晓	jiāyù-hùxiǎo	13593
家园	jiāyuán	4695
家院	jiāyuàn	45109
家贼	jiāzéi	41418
家宅	jiāzhái	39258
家长	jiāzhǎng	1951
家长学校	jiāzhǎng xuéxiào	47793
家长制	jiāzhǎngzhì	34985
家政	jiāzhèng	10771
家资	jiāzī	42853
家族	jiāzú	5424
袈裟	jiāshā	26176
嘉宾	jiābīn	9998
嘉奖	jiājiǎng	16167
嘉勉	jiāmiǎn	50210
嘉许	jiāxǔ	39259
夹	jiá	9319
夹袄	jiá'ǎo	25831
夹被	jiábèi	53034
夹墙	jiáqiáng	51342
夹衣	jiáyī	37727
荚	jiá	25760
戛然	jiárán	29945
戛然而止	jiárán'érzhǐ	28092
颊	jiá	11007
蛱蝶	jiádié	54040
甲	jiǎ	2061
甲板	jiǎbǎn	13744
甲虫	jiǎchóng	28575
甲醇	jiǎchún	23846
甲等	jiǎděng	30829
甲方	jiǎfāng	19455
甲肝	jiǎgān	35571
甲骨文	jiǎgǔwén	19485
甲亢	jiǎkàng	49104
甲壳	jiǎqiào	26111
甲醛	jiǎquán	9264
甲天下	jiǎtiānxià	34266
甲鱼	jiǎyú	23847
甲胄	jiǎzhòu	32447
甲状腺	jiǎzhuàngxiàn	24603
甲子	jiǎzǐ	29521
岬角	jiǎjiǎo	50211
贾	Jiǎ	7347
钾	jiǎ	14112
钾肥	jiǎféi	21130
钾盐	jiǎyán	30830
假	jiǎ	2512

假案	jiǎ'àn	40529
假扮	jiǎbàn	35451
假币	jiǎbì	13611
假唱	jiǎchàng	37350
假钞	jiǎchāo	42341
假充	jiǎchōng	35731
假大空	jiǎ-dà-kōng	45989
假道	jiǎdào	34818
假道学	jiǎdàoxué	46591
假定	jiǎdìng	12019
假发	jiǎfà	34252
假公济私	jiǎgōng-jìsī	36831
假话	jiǎhuà	11753
假借	jiǎjiè	21424
假冒	jiǎmào	7634
假冒伪劣	jiǎmào-wěiliè	6062
假寐	jiǎmèi	41641
假面具	jiǎmiànjù	32706
假名	jiǎmíng	36033
假模假式	jiǎmó-jiǎshì	48412
假球	jiǎqiú	36514
假仁假义	jiǎrén-jiǎyì	49858
假如	jiǎrú	3830
假若	jiǎruò	6291
假山	jiǎshān	18881
假设	jiǎshè	9209
假使	jiǎshǐ	10694
假释	jiǎshì	24007
假手	jiǎshǒu	39890
假说	jiǎshuō	13234
假死	jiǎsǐ	43866
假托	jiǎtuō	32838
假戏真做	jiǎxì-zhēnzuò	50568
假想	jiǎxiǎng	29946
假想敌	jiǎxiǎngdí	37906
假象	jiǎxiàng	19945
假小子	jiǎxiǎozi	39260
假惺惺	jiǎxīngxīng	32449
假牙	jiǎyá	36675
假洋鬼子	jiǎyángguǐzi	42342
假药	jiǎyào	18846
假意	jiǎyì	25688
假造	jiǎzào	37351
假正经	jiǎzhèngjing	46898
假肢	jiǎzhī	28323
假装	jiǎzhuāng	11173
价	jià	2628
价格	jiàgé	1060
价款	jiàkuǎn	20237
价廉物美	jiàlián-wùměi	28415
价码	jiàmǎ	27752
价目	jiàmù	41643
价目表	jiàmùbiǎo	38455
价签	jiàqiān	55085
价钱	jiàqián	6510
价位	jiàwèi	15727
价值	jiàzhí	653
价值观	jiàzhíguān	4934
价值规律	jiàzhí guīlǜ	17959
价值连城	jiàzhí-liánchéng	32579
驾	jià	4504
驾崩	jiàbēng	33093
驾车	jiàchē	10334
驾到	jiàdào	32978
驾临	jiàlín	35452
驾龄	jiàlíng	29443
驾轻就熟	jiàqīng-jiùshú	35453
驾驶	jiàshǐ	5375
驾驶室	jiàshǐshì	23126
驾驶员	jiàshǐyuán	8347
驾校	jiàxiào	23473
驾驭	jiàyù	7637
驾辕	jiàyuán	52171
驾照	jiàzhào	26697
架	jià	1239
架不住	jiàbuzhù	33745
架次	jiàcì	22196
架得住	jiàdezhù	51746
架构	jiàgòu	14427
架空	jiàkōng	26755
架桥	jiàqiáo	21799
架设	jiàshè	14384
架势	jiàshi	16620
架子	jiàzi	7560
架子车	jiàzichē	27583
架子工	jiàzigōng	53511
架子花	jiàzihuā	55086
假	jià	3753
假期	jiàqī	8753
假日	jiàrì	4697
假日经济	jiàrì jīngjì	36034
假条	jiàtiáo	42854
嫁	jià	3852
嫁祸	jiàhuò	39468
嫁鸡随鸡	jiàjī-suíjī	44103
嫁接	jiàjiē	11676
嫁娶	jiàqǔ	40312
嫁人	jiàrén	17873
嫁妆	jiàzhuang	19549
稼穑	jiàsè	40118
尖	jiān	3788
尖儿	jiānr	21336
尖兵	jiānbīng	25604
尖刀	jiāndāo	19693
尖顶	jiāndǐng	25916
尖端	jiānduān	13109
尖椒	jiānjiāo	49480
尖叫	jiānjiào	13960
尖刻	jiānkè	25430
尖厉	jiānlì	34677
尖利	jiānlì	18882
尖溜溜	jiānliūliū	49481
尖锐	jiānruì	5911
尖锐化	jiānruìhuà	39469
尖酸	jiānsuān	36187
尖酸刻薄	jiānsuān-kèbó	43573
尖头	jiāntóu	33600
尖细	jiānxì	36832
尖子	jiānzi	13833
尖嘴猴腮	jiānzuǐ-hóusāi	50961
奸	jiān	8464
奸臣	jiānchén	24492
奸党	jiāndǎng	35880
奸恶	jiān'è	48413
奸夫	jiānfū	45393
奸猾	jiānhuá	48728
奸计	jiānjì	47794
奸佞	jiānnìng	38838
奸情	jiānqíng	46278
奸人	jiānrén	30831
奸杀	jiānshā	45681
奸商	jiānshāng	28493
奸污	jiānwū	32195
奸细	jiānxì	24061
奸险	jiānxiǎn	53035
奸笑	jiānxiào	45990
奸邪	jiānxié	33601
奸雄	jiānxióng	40530

奸淫	jiānyín	20961
奸贼	jiānzéi	41645
奸诈	jiānzhà	31150
歼	jiān	21081
歼敌	jiāndí	25367
歼击	jiānjī	47478
歼击机	jiānjījī	28667
歼灭	jiānmiè	15923
歼灭战	jiānmièzhàn	33224
坚壁清野	jiānbì-qīngyě	39470
坚冰	jiānbīng	25368
坚不可摧	jiānbùkěcuī	35454
坚持	jiānchí	498
坚定	jiāndìng	2158
坚定不移	jiāndìng-bùyí	5076
坚固	jiāngù	11814
坚果	jiānguǒ	43574
坚甲利兵	jiānjiǎ-lìbīng	56059
坚决	jiānjué	1034
坚强	jiānqiáng	3504
坚忍	jiānrěn	30832
坚韧	jiānrèn	14475
坚韧不拔	jiānrèn-bùbá	18656
坚如磐石	jiānrúpánshí	33602
坚实	jiānshí	4041
坚守	jiānshǒu	7503
坚挺	jiāntǐng	24493
坚信	jiānxìn	6940
坚毅	jiānyì	18085
坚硬	jiānyìng	11153
坚贞	jiānzhēn	31843
坚贞不屈	jiānzhēn-bùqū	34678
间	jiān	2251
间不容发	jiānbùróngfà	50962
间架	jiānjià	40313
间距	jiānjù	19913
间奏曲	jiānzòuqǔ	56479
肩	jiān	4284
肩膀	jiānbǎng	4990
肩背	jiānbēi	30710
肩并肩	jiānbìngjiān	29947
肩负	jiānfù	5280
肩胛	jiānjiǎ	30711
肩胛骨	jiānjiǎgǔ	45991
肩挑	jiāntiāo	37180
肩头	jiāntóu	9603
肩窝	jiānwō	51343
肩章	jiānzhāng	32839
肩周炎	jiānzhōuyán	47795
艰巨	jiānjù	4568
艰苦	jiānkǔ	2738
艰苦备尝	jiānkǔ-bèicháng	54549
艰苦卓绝	jiānkǔ-zhuójué	16493
艰难	jiānnán	2585
艰涩	jiānsè	39049
艰深	jiānshēn	32303
艰险	jiānxiǎn	14213
艰辛	jiānxīn	6326
监	jiān	2960
监测	jiāncè	3022
监测器	jiāncèqì	55583
监察	jiānchá	3839
监督	jiāndū	1164
监督员	jiāndūyuán	7723
监工	jiāngōng	28494
监管	jiānguǎn	2901
监规	jiānguī	55087
监护	jiānhù	13789
监护人	jiānhùrén	19105
监禁	jiānjìn	15365
监考	jiānkǎo	21999
监控	jiānkòng	4932
监控器	jiānkòngqì	52172
监牢	jiānláo	26980
监理	jiānlǐ	8809
监票	jiānpiào	52173
监事	jiānshì	25431
监事会	jiānshìhuì	12361
监视	jiānshì	7803
监视器	jiānshìqì	34118
监守	jiānshǒu	33226
监守自盗	jiānshǒu-zìdào	45682
监听	jiāntīng	32078
监外执行	jiānwài zhíxíng	54550
监押	jiānyā	53036
监狱	jiānyù	4145
监制	jiānzhì	23622
兼	jiān	1184
兼爱	jiān'ài	47175
兼备	jiānbèi	18521
兼并	jiānbìng	6910
兼程	jiānchéng	22975
兼而有之	jiān'éryǒuzhī	33876
兼顾	jiāngù	7612
兼管	jiānguǎn	34819
兼课	jiānkè	45683
兼任	jiānrèn	9275
兼容	jiānróng	17467
兼容并包	jiānróng-bìngbāo	45684
兼施	jiānshī	53037
兼收并蓄	jiānshōu-bìngxù	30833
兼听则明，偏信则暗	jiāntīngzémíng，piānxìnzé'àn	56480
兼营	jiānyíng	27267
兼有	jiānyǒu	17993
兼职	jiānzhí	10003
笺注	jiānzhù	53038
犍牛	jiānniú	50963
缄口	jiānkǒu	43575
缄默	jiānmò	23024
煎	jiān	10499
煎熬	jiān'áo	14789
煎饼	jiānbing	24969
煎炒	jiānchǎo	50569
煎药	jiānyào	38095
缣帛	jiānbó	53039
拣	jiǎn	6448
拣选	jiǎnxuǎn	40990
拣择	jiǎnzé	54041
茧	jiǎn	13452
茧丝	jiǎnsī	49105
茧子	jiǎnzi	29625
柬埔寨	Jiǎnpǔzhài	5779
俭朴	jiǎnpǔ	24604
俭省	jiǎnshěng	41646
捡	jiǎn	5314
捡漏	jiǎnlòu	56481
捡便宜	jiǎnpiányi	52583
捡破烂儿	jiǎnpòlànr	46899
捡拾	jiǎnshí	31844
检	jiǎn	3634
检测	jiǎncè	2867
检查	jiǎnchá	718
检查站	jiǎncházhàn	12493
检察	jiǎnchá	3199
检察官	jiǎncháguān	7151
检察院	jiǎncháyuàn	3422
检点	jiǎndiǎn	19550

检定	jiǎndìng	42855
检举	jiǎnjǔ	12190
检录	jiǎnlù	42284
检票	jiǎnpiào	27052
检视	jiǎnshì	31371
检束	jiǎnshù	43869
检索	jiǎnsuǒ	9186
检讨	jiǎntǎo	8530
检修	jiǎnxiū	13074
检验	jiǎnyàn	2153
检疫	jiǎnyì	5368
检阅	jiǎnyuè	11612
减	jiǎn	2690
减半	jiǎnbàn	21500
减仓	jiǎncāng	14507
减产	jiǎnchǎn	10036
减挡	jiǎndǎng	50785
减低	jiǎndī	22832
减法	jiǎnfǎ	32707
减肥	jiǎnféi	13514
减幅	jiǎnfú	27268
减负	jiǎnfù	8639
减号	jiǎnhào	56482
减缓	jiǎnhuǎn	12412
减价	jiǎnjià	28243
减亏	jiǎnkuī	21131
减亏增盈	jiǎnkuī-zēngyíng	48414
减免	jiǎnmiǎn	5970
减轻	jiǎnqīng	2720
减弱	jiǎnruò	8134
减色	jiǎnsè	41875
减少	jiǎnshǎo	1047
减省	jiǎnshěng	47796
减收	jiǎnshōu	22040
减数	jiǎnshù	37728
减税	jiǎnshuì	12584
减速	jiǎnsù	15558
减损	jiǎnsǔn	41647
减缩	jiǎnsuō	51747
减退	jiǎntuì	18847
减薪	jiǎnxīn	49482
减刑	jiǎnxíng	21864
减压	jiǎnyā	28668
减压阀	jiǎnyāfá	48091
减员	jiǎnyuán	19320
减灾	jiǎnzāi	9869
减震	jiǎnzhèn	44825
减震器	jiǎnzhènqì	47479
减征	jiǎnzhēng	34000
剪	jiǎn	5430
剪报	jiǎnbào	33603
剪裁	jiǎncái	22568
剪彩	jiǎncǎi	15924
剪除	jiǎnchú	38262
剪刀	jiǎndāo	13165
剪发	jiǎnfà	24898
剪辑	jiǎnjí	30161
剪接	jiǎnjiē	40314
剪票	jiǎnpiào	50212
剪切	jiǎnqiē	39261
剪贴	jiǎntiē	31253
剪影	jiǎnyǐng	16419
剪纸	jiǎnzhǐ	11526
剪子	jiǎnzi	23623
简	jiǎn	7251
简而言之	jiǎn'éryánzhī	35881
简报	jiǎnbào	6975
简本	jiǎnběn	54551
简笔	jiǎnbǐ	51748
简编	jiǎnbiān	54042
简便	jiǎnbiàn	12833
简表	jiǎnbiǎo	54043
简称	jiǎnchēng	4646
简单	jiǎndān	848
简单化	jiǎndānhuà	17076
简单劳动	jiǎndān láodòng	33355
简牍	jiǎndú	35455
简短	jiǎnduǎn	11346
简古	jiǎngǔ	55088
简化	jiǎnhuà	6701
简化字	jiǎnhuàzì	36676
简洁	jiǎnjié	11561
简捷	jiǎnjié	29035
简介	jiǎnjiè	14074
简况	jiǎnkuàng	49106
简括	jiǎnkuò	50964
简历	jiǎnlì	18431
简练	jiǎnliàn	18734
简陋	jiǎnlòu	8536
简略	jiǎnlüè	22976
简慢	jiǎnmàn	47176
简明	jiǎnmíng	17994
简评	jiǎnpíng	29741
简朴	jiǎnpǔ	14966
简谱	jiǎnpǔ	48415
简省	jiǎnshěng	52174
简史	jiǎnshǐ	30944
简述	jiǎnshù	34253
简体	jiǎntǐ	42579
简体字	jiǎntǐzì	40531
简图	jiǎntú	54044
简写	jiǎnxiě	41194
简讯	jiǎnxùn	25173
简言之	jiǎnyánzhī	26756
简要	jiǎnyào	11539
简易	jiǎnyì	9197
简约	jiǎnyuē	26981
简章	jiǎnzhāng	37003
简政	jiǎnzhèng	55584
简直	jiǎnzhí	2348
简装	jiǎnzhuāng	50213
碱	jiǎn	8554
碱地	jiǎndì	44358
碱化	jiǎnhuà	41876
碱面儿	jiǎnmiànr	49859
碱性	jiǎnxìng	19000
见	jiàn	219
见报	jiànbào	19347
见不得	jiànbudé	21902
见财起意	jiàncái-qǐyì	54552
见长	jiàncháng	50570
见称	jiànchēng	45110
见得	jiàndé	33356
见地	jiàndì	19765
见多识广	jiànduō-shíguǎng	26247
见方	jiànfāng	21711
见分晓	jiànfēnxiǎo	31151
见风使舵	jiànfēng-shǐduò	47480
见缝插针	jiànfèng-chāzhēn	32840
见高低	jiàngāodī	54553
见告	jiàngào	55089
见怪	jiànguài	26611
见怪不怪	jiànguài-bùguài	29245
见鬼	jiànguǐ	23025
见好	jiànhǎo	34119
见机行事	jiànjī-xíngshì	38263
见教	jiànjiào	42580
见解	jiànjiě	5858

见景生情	jiànjǐng-shēngqíng	48416
见老	jiànlǎo	56060
见礼	jiànlǐ	55090
见利忘义	jiànlì-wàngyì	28244
见谅	jiànliàng	43105
见面	jiànmiàn	2311
见面礼	jiànmiànlǐ	32708
见钱眼开	jiànqián-yǎnkāi	39262
见仁见智	jiànrén-jiànzhì	32304
见世面	jiànshìmiàn	34679
见识	jiànshi	8175
见死不救	jiànsǐ-bùjiù	24700
见所未见	jiànsuǒwèijiàn	44826
见天	jiàntiān	38456
见外	jiànwài	31152
见危授命	jiànwēi-shòumìng	52175
见微知著	jiànwēi-zhīzhù	34399
见闻	jiànwén	11895
见习	jiànxí	27338
见笑	jiànxiào	30607
见效	jiànxiào	11501
见阎王	jiàn yán·wang	52584
见义勇为	jiànyì-yǒngwéi	8983
见异思迁	jiànyì-sīqiān	42581
见于	jiànyú	13096
见长	jiànzhǎng	25293
见证	jiànzhèng	8962
见证人	jiànzhèngrén	19287
见诸	jiànzhū	42582
见状	jiànzhuàng	19872
件	jiàn	166
间	jiàn	2536
间壁	jiànbì	54045
间谍	jiàndié	12907
间断	jiànduàn	10351
间隔	jiàngé	11831
间或	jiànhuò	15728
间接	jiànjiē	5363
间接税	jiànjiēshuì	49483
间接选举	jiànjiē xuǎnjǔ	46279
间苗	jiànmiáo	50571
间隙	jiànxì	12812
间歇	jiànxiē	21132
间杂	jiànzá	39686
间作	jiànzuò	22089
饯别	jiànbié	45394
饯行	jiànxíng	24970
建	jiàn	670
建材	jiàncái	7268
建仓	jiàncāng	33258
建档	jiàndàng	26324
建都	jiàndū	25981
建功立业	jiàngōng-lìyè	13040
建构	jiàngòu	11885
建国	jiànguó	2548
建交	jiànjiāo	3821
建军节	Jiànjūn Jié	29246
建立	jiànlì	549
建设	jiànshè	446
建树	jiànshù	12960
建言	jiànyán	15273
建议	jiànyì	931
建造	jiànzào	4533
建账	jiànzhàng	40812
建制	jiànzhì	12844
建置	jiànzhì	53512
建筑	jiànzhù	954
建筑群	jiànzhùqún	16964
建筑师	jiànzhùshī	17434
建筑物	jiànzhùwù	6393
建筑业	jiànzhùyè	11878
荐举	jiànjǔ	34400
贱	jiàn	9515
贱骨头	jiàngǔtou	43867
贱货	jiànhuò	40532
贱价	jiànjià	54554
贱卖	jiànmài	34820
贱民	jiànmín	35732
贱人	jiànrén	40991
剑	jiàn	3225
剑拔弩张	jiànbá-nǔzhāng	30712
剑锋	jiànfēng	48417
剑客	jiànkè	31845
剑麻	jiànmá	39471
剑眉	jiànméi	41419
剑术	jiànshù	37004
剑舞	jiànwǔ	53513
剑侠	jiànxiá	42343
健步	jiànbù	31846
健步如飞	jiànbù-rúfēi	47481
健儿	jiàn'ér	8469
健将	jiànjiàng	27584
健康	jiànkāng	832
健朗	jiànlǎng	49860
健美	jiànměi	18160
健美操	jiànměicāo	32450
健全	jiànquán	2113
健身	jiànshēn	3580
健身操	jiànshēncāo	29431
健身房	jiànshēnfáng	25432
健身器	jiànshēnqì	38096
健硕	jiànshuò	28611
健谈	jiàntán	29522
健忘	jiànwàng	29948
健旺	jiànwàng	41648
健在	jiànzài	22874
健壮	jiànzhuàng	13264
舰	jiàn	8629
舰船	jiànchuán	23177
舰队	jiànduì	9311
舰艇	jiàntǐng	10960
舰只	jiànzhī	38457
渐变	jiànbiàn	30608
渐次	jiàncì	22753
渐渐	jiànjiàn	1962
渐进	jiànjìn	18193
渐入佳境	jiànrù-jiājìng	34254
渐显	jiànxiǎn	49861
谏言	jiànyán	52176
践诺	jiànnuò	37005
践踏	jiàntà	9909
践行	jiànxíng	37549
践约	jiànyuē	41877
毽子	jiànzi	31254
腱	jiàn	47482
腱鞘炎	jiànqiàoyán	52585
溅	jiàn	9316
溅落	jiànluò	50214
鉴别	jiànbié	11109
鉴定	jiàndìng	2919
鉴定书	jiàndìngshū	37181
鉴戒	jiànjiè	47483
鉴赏	jiànshǎng	13303
鉴赏力	jiànshǎnglì	36035
鉴于	jiànyú	6166
鉴证	jiànzhèng	37006
键	jiàn	9340
键盘	jiànpán	15904

僭越	jiànyuè	50215
箭	jiàn	5199
箭靶子	jiànbǎzi	55585
箭步	jiànbù	32305
箭楼	jiànlóu	49484
箭头	jiàntóu	23233
箭在弦上	jiànzàixiánshàng	35456
箭竹	jiànzhú	43868
箭镞	jiànzú	50965
江	jiāng	908
江岸	jiāng'àn	22402
江北	Jiāngběi	16471
江防	jiāngfáng	28576
江河	jiānghé	8246
江河日下	jiānghé-rìxià	41649
江湖	jiānghú	10010
江湖骗子	jiānghú piànzi	48092
江郎才尽	jiāngláng-cáijìn	45111
江流	jiāngliú	26817
江轮	jiānglún	43870
江米	jiāngmǐ	48093
江米酒	jiāngmǐjiǔ	56061
江面	jiāngmiàn	14662
江南	Jiāngnán	3044
江畔	jiāngpàn	38839
江山	jiāngshān	7059
江水	jiāngshuǐ	10444
江苏	Jiāngsū	2422
江天	jiāngtiān	44581
江豚	jiāngtún	48418
江西	Jiāngxī	2962
江心	jiāngxīn	21953
江洋大盗	jiāngyáng dàdào	53514
将	jiāng	1461
将错就错	jiāngcuò-jiùcuò	40765
将功补过	jiānggōng-bǔguò	56483
将功赎罪	jiānggōng-shúzuì	48094
将计就计	jiāngjì-jiùjì	35572
将近	jiāngjìn	7160
将就	jiāngjiu	18063
将军	jiāngjūn	1902
将军肚	jiāngjūndù	56700
将来	jiānglái	1631
将心比心	jiāngxīn-bǐxīn	33357
将信将疑	jiāngxìn-jiāngyí	24558
将要	jiāngyào	6863
姜	jiāng	7106
姜黄	jiānghuáng	45685
姜汤	jiāngtāng	40992
豇豆	jiāngdòu	43106
浆果	jiāngguǒ	40533
浆洗	jiāngxǐ	40534
浆液	jiāngyè	42856
浆汁	jiāngzhī	48729
僵	jiāng	10235
僵蚕	jiāngcán	56062
僵持	jiāngchí	19914
僵化	jiānghuà	13415
僵局	jiāngjú	11840
僵冷	jiānglěng	46280
僵尸	jiāngshī	30609
僵死	jiāngsǐ	30490
僵卧	jiāngwò	55586
僵硬	jiāngyìng	14595
僵直	jiāngzhí	31847
缰绳	jiāngshéng	20059
疆	jiāng	11033
疆场	jiāngchǎng	26483
疆界	jiāngjiè	37352
疆土	jiāngtǔ	32079
疆域	jiāngyù	23963
讲	jiǎng	215
讲法	jiǎngfǎ	28165
讲稿	jiǎnggǎo	26898
讲好	jiǎnghǎo	38840
讲和	jiǎnghé	43871
讲话	jiǎnghuà	944
讲价	jiǎngjià	43576
讲价钱	jiǎngjiàqian	52586
讲交情	jiǎngjiāoqíng	42344
讲解	jiǎngjiě	6685
讲究	jiǎngjiu	3834
讲课	jiǎngkè	8731
讲理	jiǎnglǐ	15945
讲排场	jiǎngpáichǎng	29432
讲评	jiǎngpíng	31153
讲情	jiǎngqíng	37729
讲情面	jiǎngqíngmiàn	40535
讲求	jiǎngqiú	11253
讲师	jiǎngshī	16917
讲师团	jiǎngshītuán	23895
讲授	jiǎngshòu	11154
讲述	jiǎngshù	4793
讲台	jiǎngtái	9921
讲坛	jiǎngtán	19001
讲堂	jiǎngtáng	23896
讲习	jiǎngxí	34986
讲习班	jiǎngxíbān	35733
讲学	jiǎngxué	12106
讲演	jiǎngyǎn	11520
讲义	jiǎngyì	19260
讲桌	jiǎngzhuō	52177
讲座	jiǎngzuò	4739
奖	jiǎng	1757
奖杯	jiǎngbēi	16454
奖惩	jiǎngchéng	10342
奖罚	jiǎngfá	31490
奖金	jiǎngjīn	4708
奖励	jiǎnglì	3174
奖牌	jiǎngpái	8873
奖品	jiǎngpǐn	18592
奖旗	jiǎngqí	56063
奖勤罚懒	jiǎngqín-fálǎn	47177
奖券	jiǎngquàn	33604
奖赏	jiǎngshǎng	22299
奖售	jiǎngshòu	33769
奖项	jiǎngxiàng	9526
奖学金	jiǎngxuéjīn	11989
奖掖	jiǎngyè	39472
奖优罚劣	jiǎngyōu-fáliè	37550
奖章	jiǎngzhāng	8588
奖状	jiǎngzhuàng	15219
桨	jiǎng	10970
蒋	Jiǎng	5121
匠	jiàng	11373
匠人	jiàngrén	25761
匠心	jiàngxīn	29742
匠心独运	jiàngxīn-dúyùn	35457
降	jiàng	1364
降半旗	jiàngbànqí	50572
降尘	jiàngchén	54046
降等	jiàngděng	56064
降低	jiàngdī	1639
降调	jiàngdiào	55091
降幅	jiàngfú	15830
降格	jiànggé	32196
降耗	jiànghào	21386
降级	jiàngjí	13987

降价	jiàngjià	6877
降临	jiànglín	9142
降落	jiàngluò	8340
降落伞	jiàngluòsǎn	29433
降旗	jiàngqí	42857
降生	jiàngshēng	19873
降水	jiàngshuǐ	3120
降水量	jiàngshuǐliàng	11269
降温	jiàngwēn	11879
降息	jiàngxī	5777
降压	jiàngyā	30834
降雨	jiàngyǔ	10662
降职	jiàngzhí	20705
将	jiàng	4427
将才	jiàngcái	35139
将官	jiàngguān	31154
将领	jiànglǐng	6983
将令	jiànglìng	41420
将门	jiàngmén	21581
将士	jiàngshì	4825
将帅	jiàngshuài	20538
将校	jiàngxiào	23576
绛红	jiànghóng	55092
绛紫	jiàngzǐ	49862
酱	jiàng	10014
酱菜	jiàngcài	28939
酱豆腐	jiàngdòufu	45686
酱缸	jiànggāng	44827
酱瓜	jiàngguā	54555
酱肉	jiàngròu	44582
酱色	jiàngsè	43873
酱油	jiàngyóu	13097
酱园	jiàngyuán	47178
犟	jiàng	19985
犟劲	jiàngjìn	52587
犟嘴	jiàngzuǐ	53040
糨糊	jiànghu	49107
交	jiāo	738
交白卷	jiāobáijuàn	39263
交班	jiāobān	39050
交办	jiāobàn	17995
交杯酒	jiāobēijiǔ	45687
交臂	jiāobì	55587
交叉	jiāochā	5358
交叉感染	jiāochā gǎnrǎn	29626
交叉科学	jiāochā kēxué	43874
交差	jiāochāi	32080
交错	jiāocuò	13554
交代	jiāodài	6489
交道	jiāodào	22041
交底	jiāodǐ	44828
交点	jiāodiǎn	27585
交电	jiāodiàn	50966
交费	jiāofèi	15577
交锋	jiāofēng	9910
交付	jiāofù	8686
交割	jiāogē	31848
交给	jiāogěi	1931
交工	jiāogōng	38841
交公	jiāogōng	40536
交媾	jiāogòu	46281
交管	jiāoguǎn	6912
交好	jiāohǎo	37007
交合	jiāohé	51344
交互	jiāohù	16733
交欢	jiāohuān	53515
交还	jiāohuán	17906
交换	jiāohuàn	1736
交换机	jiāohuànjī	18432
交换价值	jiāohuàn jiàzhí	38264
交汇	jiāohuì	16940
交汇点	jiāohuìdiǎn	31372
交会	jiāohuì	14663
交火	jiāohuǒ	13555
交货	jiāohuò	16596
交集	jiāojí	35140
交际	jiāojì	8189
交际花	jiāojìhuā	40315
交际舞	jiāojìwǔ	47797
交寄	jiāojì	55093
交加	jiāojiā	22875
交接	jiāojiē	10148
交接班	jiāojiēbān	37182
交界	jiāojiè	12984
交警	jiāojǐng	5044
交卷	jiāojuàn	34001
交口	jiāokǒu	39473
交流	jiāoliú	1123
交流电	jiāoliúdiàn	32451
交纳	jiāonà	9280
交配	jiāopèi	22449
交迫	jiāopò	53516
交情	jiāoqing	12218
交融	jiāoróng	12020
交涉	jiāoshè	7587
交手	jiāoshǒu	18397
交售	jiāoshòu	20768
交税	jiāoshuì	29434
交谈	jiāotán	3622
交替	jiāotì	9612
交通	jiāotōng	1025
交通车	jiāotōngchē	46592
交通壕	jiāotōngháo	44359
交通警察	jiāotōng jǐngchá	31044
交通量	jiāotōngliàng	38458
交通线	jiāotōngxiàn	32306
交通信号	jiāotōng xìnhào	46593
交通肇事罪	jiāotōng zhàoshì zuì	52588
交头接耳	jiāotóu-jiē'ěr	25106
交往	jiāowǎng	1965
交尾	jiāowěi	38842
交恶	jiāowù	50216
交相辉映	jiāoxiāng-huīyìng	19725
交响曲	jiāoxiǎngqǔ	15081
交响诗	jiāoxiǎngshī	40119
交响乐	jiāoxiǎngyuè	12501
交心	jiāoxīn	21425
交学费	jiāoxuéfèi	36036
交验	jiāoyàn	52589
交椅	jiāoyǐ	22450
交易	jiāoyì	2044
交易会	jiāoyìhuì	9762
交易所	jiāoyìsuǒ	11783
交游	jiāoyóu	29130
交友	jiāoyǒu	19512
交运	jiāoyùn	51345
交杂	jiāozá	51346
交战	jiāozhàn	12116
交战国	jiāozhànguó	51347
交账	jiāozhàng	50217
交织	jiāozhī	9150
郊	jiāo	14947
郊区	jiāoqū	6260
郊外	jiāowài	12225
郊县	jiāoxiàn	27188
郊野	jiāoyě	32452
郊游	jiāoyóu	29036

茭白	jiāobái	40766
浇	jiāo	6403
浇地	jiāodì	26248
浇灌	jiāoguàn	15466
浇花	jiāohuā	45395
浇水	jiāoshuǐ	12961
浇注	jiāozhù	30610
浇铸	jiāozhù	31373
浇筑	jiāozhù	18946
娇	jiāo	7817
娇嗔	jiāochēn	50218
娇痴	jiāochī	52590
娇宠	jiāochǒng	49863
娇滴滴	jiāodīdī	27662
娇儿	jiāo'ér	48095
娇惯	jiāoguàn	32979
娇贵	jiāoguì	37183
娇憨	jiāohān	40316
娇好	jiāohǎo	56065
娇客	jiāokè	52178
娇美	jiāoměi	34987
娇媚	jiāomèi	28324
娇嫩	jiāonèn	23127
娇妻	jiāoqī	53041
娇气	jiāoqì	25982
娇娆	jiāoráo	55094
娇柔	jiāoróu	38459
娇弱	jiāoruò	34680
娇生惯养	jiāoshēng-guànyǎng	32980
娇声	jiāoshēng	53042
娇小	jiāoxiǎo	22977
娇小玲珑	jiāoxiǎo-línglóng	44104
娇羞	jiāoxiū	33471
娇艳	jiāoyàn	21426
娇养	jiāoyǎng	56066
娇纵	jiāozòng	51749
姣好	jiāohǎo	35141
姣美	jiāoměi	49108
骄傲	jiāo'ào	4426
骄横	jiāohèng	25233
骄矜	jiāojīn	38654
骄慢	jiāomàn	54047
骄气	jiāoqì	44105
骄人	jiāorén	16538
骄奢淫逸	jiāoshē-yínyì	44829
骄阳	jiāoyáng	13621
骄子	jiāozǐ	28862
骄纵	jiāozòng	54048
胶	jiāo	6889
胶版	jiāobǎn	54556
胶布	jiāobù	31491
胶带	jiāodài	37907
胶合	jiāohé	51750
胶合板	jiāohébǎn	37184
胶卷	jiāojuǎn	22247
胶轮	jiāolún	50573
胶木	jiāomù	55588
胶囊	jiāonáng	14710
胶泥	jiāoní	43107
胶皮	jiāopí	27269
胶片	jiāopiàn	21037
胶乳	jiāorǔ	53517
胶水	jiāoshuǐ	27053
胶体	jiāotǐ	31849
胶丸	jiāowán	52179
胶鞋	jiāoxié	27838
胶靴	jiāoxuē	49864
胶印	jiāoyìn	45396
胶纸	jiāozhǐ	49109
胶质	jiāozhì	35142
胶柱鼓瑟	jiāozhù-gǔsè	56067
胶着	jiāozhuó	47484
教	jiāo	8543
教课	jiāokè	35143
教书	jiāoshū	8770
教书匠	jiāoshūjiàng	40317
教学	jiāoxué	25917
椒盐	jiāoyán	47798
蛟龙	jiāolóng	28166
焦	jiāo	6517
焦点	jiāodiǎn	4843
焦干	jiāogān	53043
焦黑	jiāohēi	39264
焦煳	jiāohú	54049
焦化	jiāohuà	27586
焦黄	jiāohuáng	24832
焦急	jiāojí	7639
焦距	jiāojù	28093
焦渴	jiāokě	34401
焦枯	jiāokū	54050
焦虑	jiāolǜ	8926
焦煤	jiāoméi	48730
焦圈儿	jiāoquānr	56068
焦炭	jiāotàn	17874
焦头烂额	jiāotóu-làn'é	29839
焦土	jiāotǔ	37353
焦心	jiāoxīn	45688
焦油	jiāoyóu	28416
焦躁	jiāozào	16871
焦灼	jiāozhuó	15202
跤	jiāo	16539
礁石	jiāoshí	19321
嚼	jiáo	6675
嚼舌	jiáoshé	41195
嚼子	jiáozi	56484
角	jiǎo	1218
角度	jiǎodù	1928
角钢	jiǎogāng	48731
角楼	jiǎolóu	37009
角落	jiǎoluò	5773
角门	jiǎomén	30491
角膜	jiǎomó	20135
角膜炎	jiǎomóyán	54051
角球	jiǎoqiú	23681
角铁	jiǎotiě	53518
角质	jiǎozhì	38655
侥幸	jiǎoxìng	9564
佼佼者	jiǎojiǎozhě	17928
狡辩	jiǎobiàn	30162
狡猾	jiǎohuá	11386
狡计	jiǎojì	43577
狡狯	jiǎokuài	40537
狡赖	jiǎolài	48732
狡兔三窟	jiǎotù-sānkū	50967
狡黠	jiǎoxiá	20211
狡诈	jiǎozhà	24494
饺子	jiǎozi	8441
绞	jiǎo	9009
绞车	jiǎochē	37908
绞架	jiǎojià	49865
绞尽脑汁	jiǎojìn-nǎozhī	24495
绞盘	jiǎopán	48096
绞杀	jiǎoshā	42345
绞死	jiǎosǐ	40767
绞索	jiǎosuǒ	47179
绞痛	jiǎotòng	35144
绞刑	jiǎoxíng	44360

绞刑架	jiǎoxíngjià	42346
铰	jiǎo	18086
铰链	jiǎoliàn	54052
矫	jiǎo	13727
矫健	jiǎojiàn	19694
矫捷	jiǎojié	35145
矫情	jiǎoqíng	27491
矫揉造作	jiǎoróu-zàozuò	28863
矫饰	jiǎoshì	46594
矫枉过正	jiǎowǎng-guòzhèng	37354
矫形	jiǎoxíng	43875
矫正	jiǎozhèng	14428
矫治	jiǎozhì	29949
皎皎	jiǎojiǎo	45397
皎洁	jiǎojié	26899
脚	jiǎo	1067
脚板	jiǎobǎn	23234
脚背	jiǎobèi	29247
脚本	jiǎoběn	32307
脚脖子	jiǎobózi	38460
脚步	jiǎobù	4009
脚灯	jiǎodēng	56069
脚底	jiǎodǐ	17997
脚垫	jiǎodiàn	56070
脚跟	jiǎogēn	14652
脚后跟	jiǎohòugēn	32841
脚尖	jiǎojiān	17823
脚力	jiǎolì	39687
脚链	jiǎoliàn	51348
脚镣	jiǎoliào	30057
脚面	jiǎomiàn	33472
脚盆	jiǎopén	44583
脚蹼	jiǎopǔ	55589
脚气	jiǎoqì	35882
脚手架	jiǎoshǒujià	24062
脚踏板	jiǎotàbǎn	56071
脚踏实地	jiǎotà-shídì	10621
脚腕	jiǎowàn	56072
脚下	jiǎoxià	4537
脚心	jiǎoxīn	32580
脚丫子	jiǎoyāzi	34255
脚印	jiǎoyìn	15002
脚掌	jiǎozhǎng	28577
脚趾	jiǎozhǐ	21712
脚注	jiǎozhù	52591
搅	jiǎo	6528
搅拌	jiǎobàn	18037
搅拌机	jiǎobànjī	38097
搅拌器	jiǎobànqì	55590
搅动	jiǎodòng	23624
搅浑	jiǎohún	53519
搅和	jiǎohuo	29951
搅局	jiǎojú	56647
搅乱	jiǎoluàn	22754
搅扰	jiǎorǎo	32581
剿	jiǎo	7963
剿除	jiǎochú	48097
剿匪	jiǎofěi	22834
剿灭	jiǎomiè	24063
缴	jiǎo	5370
缴存	jiǎocún	11902
缴费	jiǎofèi	10186
缴付	jiǎofù	40768
缴获	jiǎohuò	10270
缴交	jiǎojiāo	44674
缴款	jiǎokuǎn	47485
缴纳	jiǎonà	5999
缴枪	jiǎoqiāng	40120
缴税	jiǎoshuì	26698
缴械	jiǎoxiè	21903
缴租	jiǎozū	54053
叫	jiào	309
叫板	jiàobǎn	37909
叫春	jiàochūn	56485
叫法	jiàofǎ	32453
叫喊	jiàohǎn	11195
叫好	jiàohǎo	12021
叫号	jiàohào	42583
叫花子	jiàohuāzi	28578
叫唤	jiàohuan	15162
叫价	jiàojià	26651
叫劲	jiàojìn	39467
叫绝	jiàojué	28579
叫苦	jiàokǔ	21427
叫苦不迭	jiàokǔ-bùdié	25762
叫苦连天	jiàokǔ-liántiān	42584
叫驴	jiàolú	36037
叫骂	jiàomà	21758
叫卖	jiàomài	16796
叫门	jiàomén	31608
叫屈	jiàoqū	39265
叫嚷	jiàorǎng	20665
叫停	jiàotíng	11992
叫嚣	jiàoxiāo	22756
叫阵	jiàozhèn	54557
叫座儿	jiàozuòr	41878
叫做	jiàozuò	2810
觉	jiào	4573
校	jiào	24762
校本	jiàoběn	55095
校场	jiàochǎng	49866
校点	jiàodiǎn	54558
校订	jiàodìng	40538
校对	jiàoduì	21002
校改	jiàogǎi	45398
校勘	jiàokān	29435
校验	jiàoyàn	35573
校样	jiàoyàng	32308
校阅	jiàoyuè	40539
校正	jiàozhèng	17716
校注	jiàozhù	54559
校准	jiàozhǔn	38461
轿	jiào	8572
轿车	jiàochē	3026
轿夫	jiàofū	20769
轿子	jiàozi	13635
较	jiào	272
较劲	jiàojìn	29952
较量	jiàoliàng	6077
较为	jiàowéi	3093
较真儿	jiàozhēnr	17452
较之	jiàozhī	13146
教	jiào	1021
教案	jiào'àn	21220
教本	jiàoběn	49867
教鞭	jiàobiān	30058
教材	jiàocái	3369
教程	jiàochéng	23848
教导	jiàodǎo	8394
教法	jiàofǎ	25983
教辅	jiàofǔ	23529
教父	jiàofù	34821
教改	jiàogǎi	24448
教工	jiàogōng	32309
教官	jiàoguān	17435
教规	jiàoguī	38098
教化	jiàohuà	28167

教皇	jiàohuáng	19129
教会	jiàohuì	6921
教诲	jiàohuì	16757
教具	jiàojù	31731
教科书	jiàokēshū	5176
教练	jiàoliàn	3075
教练机	jiàoliànjī	37010
教龄	jiàolíng	43108
教民	jiàomín	48733
教派	jiàopài	17824
教区	jiàoqū	33094
教师	jiàoshī	821
教师节	Jiàoshī Jié	21133
教师爷	jiàoshīyé	48098
教士	jiàoshì	20136
教室	jiàoshì	4168
教授	jiàoshòu	658
教唆	jiàosuō	27492
教唆犯	jiàosuōfàn	51349
教堂	jiàotáng	6370
教条	jiàotiáo	17153
教条主义	jiàotiáo zhǔyì	14637
教廷	jiàotíng	28325
教徒	jiàotú	11938
教务	jiàowù	25918
教习	jiàoxí	49868
教学	jiàoxué	2184
教学法	jiàoxuéfǎ	23897
教学相长	jiàoxué-xiāngzhǎng	46282
教训	jiàoxùn	2318
教研	jiàoyán	22569
教研室	jiàoyánshì	15654
教养	jiàoyǎng	10997
教养院	jiàoyǎngyuàn	44106
教义	jiàoyì	14711
教益	jiàoyì	22350
教友	jiàoyǒu	36833
教育	jiàoyù	227
教员	jiàoyuán	6037
教正	jiàozhèng	56073
教职员	jiào-zhíyuán	33605
教旨	jiàozhǐ	54054
教主	jiàozhǔ	18735
窖	jiào	12860
窖藏	jiàocáng	42858
酵母	jiàomǔ	21176
酵母菌	jiàomǔjūn	38265
节骨眼儿	jiēguyǎnr	28094
阶	jiē	9738
阶层	jiēcéng	5187
阶段	jiēduàn	900
阶级	jiējí	2401
阶梯	jiētī	14693
阶下囚	jiēxiàqiú	38843
疖子	jiēzi	43876
皆	jiē	1897
皆大欢喜	jiēdàhuānxǐ	23366
结	jiē	11816
结巴	jiēba	25234
结果	jiēguǒ	4574
结结巴巴	jiējiebābā	18848
结实	jiēshi	9841
接	jiē	698
接班	jiēbān	28580
接班人	jiēbānrén	12170
接办	jiēbàn	42859
接报	jiēbào	12496
接茬儿	jiēchár	47486
接产	jiēchǎn	50219
接车	jiēchē	54560
接触	jiēchù	1687
接待	jiēdài	2368
接地	jiēdì	37355
接地气	jiēdìqì	21959
接二连三	jiē'èr-liánsān	16711
接防	jiēfáng	54561
接访	jiēfǎng	18736
接风	jiēfēng	26699
接缝	jiēfèng	49110
接骨	jiēgǔ	49869
接管	jiēguǎn	16226
接轨	jiēguǐ	6538
接合	jiēhé	39051
接合部	jiēhébù	43109
接火	jiēhuǒ	48734
接货	jiēhuò	42860
接机	jiējī	55591
接济	jiējì	16758
接驾	jiējià	55096
接见	jiējiàn	7288
接近	jiējìn	1981
接警	jiējǐng	26552
接客	jiēkè	53520
接口	jiēkǒu	10216
接力	jiēlì	9851
接力棒	jiēlìbàng	27126
接力赛	jiēlìsài	23898
接连	jiēlián	5437
接龙	jiēlóng	40592
接纳	jiēnà	9406
接洽	jiēqià	17998
接壤	jiērǎng	16455
接任	jiērèn	20030
接生	jiēshēng	22835
接生婆	jiēshēngpó	48099
接生员	jiēshēngyuán	53521
接收	jiēshōu	4749
接收机	jiēshōujī	26401
接收器	jiēshōuqì	38844
接手	jiēshǒu	19486
接受	jiēshòu	457
接送	jiēsòng	12375
接穗	jiēsuì	50574
接替	jiētì	12626
接听	jiētīng	44830
接通	jiētōng	17026
接头	jiētóu	20706
接吻	jiēwěn	18161
接下来	jiēxiàlái	8598
接线	jiēxiàn	26553
接线员	jiēxiànyuán	40121
接续	jiēxù	18501
接应	jiēyìng	15027
接站	jiēzhàn	43877
接着	jiēzhe	1290
接诊	jiēzhěn	25540
接踵	jiēzhǒng	35146
接种	jiēzhòng	9962
接转	jiēzhuǎn	48735
秸秆	jiēgǎn	12819
揭	jiē	7379
揭榜	jiēbǎng	45992
揭不开锅	jiēbukāiguō	41421
揭穿	jiēchuān	21221
揭疮疤	jiēchuāngbā	56074
揭底	jiēdǐ	56075
揭短	jiēduǎn	35147

揭发	jiēfā	9131
揭竿而起	jiēgān'érqǐ	37910
揭开	jiēkāi	7062
揭老底	jiēlǎodǐ	52592
揭露	jiēlù	5727
揭秘	jiēmì	43878
揭幕	jiēmù	10049
揭牌	jiēpái	16827
揭示	jiēshì	4081
揭晓	jiēxiǎo	7517
嗟来之食	jiēláizhīshí	52180
嗟叹	jiētàn	33877
街	jiē	1562
街道	jiēdào	1790
街灯	jiēdēng	24971
街雕	jiēdiāo	49224
街坊	jiēfang	13683
街角	jiējiǎo	44831
街景	jiējǐng	23625
街口	jiēkǒu	18118
街垒	jiēlěi	48736
街门	jiēmén	21272
街面	jiēmiàn	20031
街区	jiēqū	13918
街市	jiēshì	19726
街谈巷议	jiētán-xiàngyì	32981
街头	jiētóu	3864
街头剧	jiētóujù	53044
街头巷尾	jiētóu-xiàngwěi	22617
街巷	jiēxiàng	14926
街心	jiēxīn	17929
孑然一身	jiérán-yīshēn	36346
孑遗	jiéyí	42585
节	jié	708
节哀	jié'āi	43578
节操	jiécāo	40540
节点	jiédiǎn	28999
节电	jiédiàn	14927
节假日	jiéjiàrì	8172
节俭	jiéjiǎn	14653
节减	jiéjiǎn	53045
节节	jiéjié	35292
节礼	jiélǐ	48419
节烈	jiéliè	37356
节令	jiélìng	33473
节流	jiéliú	27270
节录	jiélù	42347
节律	jiélǜ	30492
节略	jiélüè	48737
节目	jiémù	1701
节能	jiénéng	4058
节能灯	jiénéngdēng	29333
节拍	jiépāi	19580
节气	jiéqì	25919
节日	jiérì	2793
节省	jiéshěng	5707
节食	jiéshí	41422
节水	jiéshuǐ	4492
节外生枝	jiéwài-shēngzhī	33474
节选	jiéxuǎn	42586
节衣缩食	jiéyī-suōshí	35574
节油	jiéyóu	25832
节余	jiéyú	29953
节育	jiéyù	26249
节育环	jiéyùhuán	56763
节欲	jiéyù	51350
节约	jiéyuē	2603
节支	jiézhī	31374
节制	jiézhì	11184
节奏	jiézòu	4404
节奏感	jiézòugǎn	29627
劫	jié	8159
劫案	jié'àn	53522
劫持	jiéchí	13696
劫夺	jiéduó	36347
劫匪	jiéfěi	33746
劫富济贫	jiéfù-jìpín	45689
劫后余生	jiéhòu-yúshēng	48420
劫机	jiéjī	24008
劫掠	jiélüè	25920
劫难	jiénàn	19398
劫杀	jiéshā	44670
劫数	jiéshù	36515
劫狱	jiéyù	44832
杰出	jiéchū	4052
杰作	jiézuò	12041
诘难	jiénàn	52593
诘问	jiéwèn	23733
拮据	jiéjū	20770
洁	jié	10236
洁白	jiébái	9015
洁肤	jiéfū	56076
洁净	jiéjìng	8969
洁具	jiéjù	41879
洁癖	jiépǐ	40122
洁身自好	jiéshēn-zìhào	32310
结	jié	5105
结案	jié'àn	12676
结疤	jiébā	53046
结拜	jiébài	32311
结伴	jiébàn	17056
结帮	jiébāng	37532
结冰	jiébīng	21664
结彩	jiécǎi	55592
结肠	jiécháng	37730
结仇	jiéchóu	48740
结存	jiécún	45112
结党营私	jiédǎng-yíngsī	46283
结缔组织	jiédì zǔzhī	50220
结队	jiéduì	35293
结对	jiéduì	13444
结对子	jiéduìzi	28669
结发夫妻	jiéfà fūqī	50575
结构	jiégòu	751
结垢	jiégòu	51751
结果	jiéguǒ	1665
结合	jiéhé	767
结合部	jiéhébù	15203
结核	jiéhé	20616
结核病	jiéhébìng	14373
结核菌	jiéhéjūn	44833
结汇	jiéhuì	46284
结婚	jiéhūn	1925
结婚照	jiéhūnzhào	40993
结伙	jiéhuǒ	32582
结集	jiéjí	22618
结痂	jiéjiā	49111
结交	jiéjiāo	16828
结节	jiéjié	38845
结晶	jiéjīng	7626
结晶体	jiéjīngtǐ	47180
结局	jiéjú	7090
结论	jiélùn	2686
结盟	jiéméng	22570
结膜	jiémó	38462
结膜炎	jiémóyán	45993
结亲	jiéqīn	28766
结社	jiéshè	28245

结石	jiéshí	27493
结识	jiéshí	11595
结束	jiéshù	656
结束语	jiéshùyǔ	33358
结算	jiésuàn	6438
结尾	jiéwěi	13834
结业	jiéyè	16540
结义	jiéyì	54562
结余	jiéyú	24899
结语	jiéyǔ	36348
结缘	jiéyuán	25541
结怨	jiéyuàn	39474
结扎	jiézā	32583
结账	jiézhàng	21222
桔梗	jiégěng	41197
桀骜不驯	jié'ào-bùxùn	39688
桀纣	Jié-Zhòu	43579
捷报	jiébào	17298
捷径	jiéjìng	15534
捷足先登	jiézú-xiāndēng	29131
睫毛	jiémáo	14948
截	jié	5738
截长补短	jiécháng-bǔduǎn	54563
截断	jiéduàn	16003
截稿	jiégǎo	44834
截获	jiéhuò	21302
截击	jiéjī	24380
截留	jiéliú	14113
截流	jiéliú	12042
截面	jiémiàn	22925
截屏	jiépíng	36287
截取	jiéqǔ	29954
截然	jiérán	21800
截瘫	jiétān	30381
截图	jiétú	34998
截肢	jiézhī	30274
截止	jiézhǐ	9824
截至	jiézhì	3012
截住	jiézhù	14385
竭诚	jiéchéng	20919
竭尽	jiéjìn	24009
竭力	jiélì	6971
竭泽而渔	jiézé'éryú	36834
姐	jiě	3601
姐夫	jiěfu	10335
姐姐	jiějie	3201
姐妹	jiěmèi	5030
解	jiě	1996
解表	jiěbiǎo	45399
解馋	jiěchán	36835
解嘲	jiěcháo	26112
解愁	jiěchóu	41880
解除	jiěchú	3374
解答	jiědá	7804
解冻	jiědòng	20833
解毒	jiědú	23235
解读	jiědú	7907
解乏	jiěfá	44835
解放	jiěfàng	1183
解放军	jiěfàngjūn	2758
解放区	jiěfàngqū	11527
解放鞋	jiěfàngxié	40318
解构	jiěgòu	41881
解雇	jiěgù	24116
解恨	jiěhèn	34256
解惑	jiěhuò	21801
解甲归田	jiějiǎ-guītián	45113
解禁	jiějìn	26900
解酒	jiějiǔ	52594
解救	jiějiù	11319
解决	jiějué	281
解渴	jiěkě	22700
解扣儿	jiěkòur	52595
解困	jiěkùn	11832
解码	jiěmǎ	40319
解闷	jiěmèn	23178
解密	jiěmì	31255
解难	jiěnán	31850
解难	jiěnàn	7321
解囊相助	jiěnáng-xiāngzhù	46285
解聘	jiěpìn	24900
解剖	jiěpōu	10280
解剖麻雀	jiěpōu-máquè	45994
解气	jiěqì	30059
解劝	jiěquàn	36349
解热	jiěrè	45690
解散	jiěsàn	8077
解释	jiěshì	807
解手	jiěshǒu	32454
解暑	jiěshǔ	54564
解说	jiěshuō	13961
解说词	jiěshuōcí	34002
解套	jiětào	54055
解题	jiětí	24117
解体	jiětǐ	10352
解脱	jiětuō	8898
解围	jiěwéi	18919
解析	jiěxī	11254
解严	jiěyán	53956
解疑	jiěyí	48421
解忧	jiěyōu	25037
解约	jiěyuē	44361
解职	jiězhí	27494
介	jiè	11768
介词	jiècí	56764
介乎	jièhū	35883
介入	jièrù	6595
介绍	jièshào	384
介绍人	jièshàorén	32709
介绍信	jièshàoxìn	16597
介意	jièyì	14476
介于	jièyú	20060
介质	jièzhì	14477
戒	jiè	6111
戒备	jièbèi	12985
戒尺	jièchǐ	44362
戒除	jièchú	34402
戒毒	jièdú	11528
戒骄戒躁	jièjiāo-jièzào	29840
戒律	jièlǜ	31732
戒心	jièxīn	26113
戒烟	jièyān	16646
戒严	jièyán	18475
戒严令	jièyánlìng	44107
戒指	jièzhi	9963
芥菜	jiècài	39266
芥蒂	jièdì	29523
芥蓝	jièlán	52975
芥末	jièmo	44363
芥子气	jièzǐqì	46595
届	jiè	959
届满	jièmǎn	20425
届期	jièqī	37731
届时	jièshí	6019
界	jiè	1730
界碑	jièbēi	28326
界标	jièbiāo	49485
界定	jièdìng	8244

界河	jièhé	33095
界面	jièmiàn	14694
界内	jiènèi	52181
界石	jièshí	39891
界说	jièshuō	47487
界外	jièwài	55593
界限	jièxiàn	6139
界线	jièxiàn	11155
界址	jièzhǐ	52596
界桩	jièzhuāng	48100
疥	jiè	42861
疥疮	jièchuāng	45400
疥癣	jièxuǎn	53523
借	jiè	1000
借词	jiècí	50968
借代	jièdài	56737
借贷	jièdài	13239
借刀杀人	jièdāo-shārén	41423
借调	jièdiào	35575
借东风	jièdōngfēng	47488
借读	jièdú	21904
借方	jièfāng	48741
借古讽今	jiègǔ-fěngjīn	54565
借故	jiègù	22978
借光	jièguāng	38099
借花献佛	jièhuā-xiànfó	47181
借机	jièjī	14768
借鸡生蛋	jièjī-shēngdàn	48101
借鉴	jièjiàn	3156
借景	jièjǐng	52597
借酒浇愁	jièjiǔ-jiāochóu	45995
借据	jièjù	42348
借口	jièkǒu	5771
借款	jièkuǎn	7107
借尸还魂	jièshī-huánhún	49870
借势	jièshì	50969
借宿	jièsù	35576
借题发挥	jiètí-fāhuī	32842
借条	jiètiáo	31851
借问	jièwèn	45691
借以	jièyǐ	15270
借用	jièyòng	9505
借喻	jièyù	56648
借阅	jièyuè	25763
借债	jièzhài	25294
借支	jièzhī	50221
借重	jièzhòng	27663
借助	jièzhù	5641
借住	jièzhù	42862
解送	jièsòng	42095
解运	jièyùn	55594
巾帼	jīnguó	12301
斤	jīn	2067
斤斤计较	jīnjīn-jìjiào	27753
斤两	jīnliǎng	36188
今	jīn	1647
今非昔比	jīnfēixībǐ	26325
今后	jīnhòu	1052
今年	jīnnián	352
今人	jīnrén	17077
今日	jīnrì	1525
今生	jīnshēng	22197
今生今世	jīnshēng-jīnshì	29955
今世	jīnshì	32081
今天	jīntiān	113
今昔	jīnxī	32982
今宵	jīnxiāo	33475
今译	jīnyì	39689
今朝	jīnzhāo	18920
金	jīn	497
金榜题名	jīnbǎng-tímíng	38656
金本位	jīnběnwèi	48744
金笔	jīnbǐ	42349
金币	jīnbì	26054
金碧辉煌	jīnbì-huīhuáng	22701
金边	Jīnbiān	13650
金匾	jīnbiǎn	51351
金箔	jīnbó	37357
金不换	jīnbuhuàn	38657
金灿灿	jīncàncàn	24181
金钗	jīnchāi	45114
金蝉脱壳	jīnchán-tuōqiào	46900
金丹	jīndān	40541
金店	jīndiàn	40123
金锭	jīndìng	55595
金盾	jīndùn	27915
金额	jīn'é	3613
金发	jīnfà	21802
金饭碗	jīnfànwǎn	39475
金粉	jīnfěn	51352
金刚	jīngāng	17249
金刚经	Jīngāngjīng	39476
金刚砂	jīngāngshā	56077
金刚石	jīngāngshí	20137
金刚钻	jīngāngzuàn	26901
金戈铁马	jīngē-tiěmǎ	38100
金工	jīngōng	49112
金箍棒	jīngūbàng	44836
金瓜	jīnguā	55597
金光	jīnguāng	16114
金龟子	jīnguīzǐ	41198
金贵	jīnguì	30275
金桂	jīnguì	48745
金合欢	jīnhéhuān	53524
金黄	jīnhuáng	13403
金婚	jīnhūn	42096
金鸡独立	jīnjī-dúlì	44108
金鸡奖	Jīnjījiǎng	34003
金鸡纳霜	jīnjīnàshuāng	51752
金奖	jīnjiǎng	11077
金橘	jīnjú	50576
金科玉律	jīnkē-yùlǜ	42587
金口玉言	jīnkǒu-yùyán	49486
金库	jīnkù	30163
金兰	jīnlán	46286
金龙鱼	jīnlóngyú	56078
金缕玉衣	jīnlǚ yùyī	53047
金銮殿	jīnluándiàn	38463
金霉素	jīnméisù	53048
金瓯	jīn'ōu	46287
金牌	jīnpái	2958
金盆洗手	jīnpén-xǐshǒu	56079
金器	jīnqì	47799
金钱	jīnqián	4319
金钱豹	jīnqiánbào	34004
金枪鱼	jīnqiāngyú	31155
金秋	jīnqiū	12821
金曲	jīnqǔ	45115
金融	jīnróng	1600
金融寡头	jīnróng guǎtóu	48746
金融危机	jīnróng wēijī	22000
金嗓子	jīnsǎngzi	52598
金色	jīnsè	8363
金闪闪	jīnshǎnshǎn	53049
金石	jīnshí	19604
金石为开	jīnshí-wéikāi	39690
金饰	jīnshì	54056
金属	jīnshǔ	4096

金丝猴	jīnsīhóu	25295
金丝雀	jīnsīquè	49113
金丝绒	jīnsīróng	49487
金条	jīntiáo	27054
金童玉女	jīntóng-yùnǚ	41882
金文	jīnwén	34257
金屋藏娇	jīnwū-cángjiāo	43580
金星	jīnxīng	12159
金牙	jīnyá	43361
金钥匙	jīnyàoshi	24655
金银花	jīnyínhuā	24763
金印	jīnyìn	44584
金鱼	jīnyú	16143
金玉良言	jīnyù-liángyán	49114
金盏花	jīnzhǎnhuā	53525
金针	jīnzhēn	40994
金枝玉叶	jīnzhī-yùyè	45401
金质奖	jīnzhìjiǎng	55598
金砖	jīnzhuān	49871
金字塔	jīnzìtǎ	11081
金字招牌	jīnzì zhāopái	28168
金子	jīnzi	9623
津	jīn	5733
津津乐道	jīnjīn-lèdào	19130
津津有味	jīnjīn-yǒuwèi	17227
津贴	jīntiē	9508
津要	jīnyào	54657
津液	jīnyè	34403
矜持	jīnchí	15234
筋	jīn	9544
筋道	jīndao	55097
筋斗	jīndǒu	26757
筋骨	jīngǔ	17717
筋络	jīnluò	49872
筋脉	jīnmài	46288
筋疲力尽	jīnpí-lìjìn	31256
禁	jīn	3958
禁不起	jīnbuqǐ	39691
禁不住	jīnbuzhù	7689
禁得起	jīndeqǐ	50577
禁得住	jīndezhù	56080
襟	jīn	14790
襟怀	jīnhuái	28095
襟怀坦白	jīnhuái-tǎnbái	45996
仅	jǐn	538
仅此	jǐncǐ	37911
仅够	jǐngòu	48422
仅见	jǐnjiàn	45116
仅仅	jǐnjǐn	2139
仅有	jǐnyǒu	5807
仅只	jǐnzhǐ	34404
尽	jǐn	4945
尽管	jǐnguǎn	595
尽快	jǐnkuài	2020
尽量	jǐnliàng	3667
尽先	jǐnxiān	45402
尽早	jǐnzǎo	7101
紧	jǐn	1416
紧巴巴	jǐnbābā	37912
紧绷绷	jǐnbēngbēng	39267
紧逼	jǐnbī	21759
紧闭	jǐnbì	26982
紧凑	jǐncòu	18593
紧跟	jǐngēn	11133
紧箍咒	jǐngūzhòu	30713
紧急	jǐnjí	2228
紧急状态	jǐnjí zhuàngtài	18087
紧邻	jǐnlín	26484
紧锣密鼓	jǐnluó-mìgǔ	14095
紧忙	jǐnmáng	54057
紧密	jǐnmì	2395
紧迫	jǐnpò	6297
紧俏	jǐnqiào	26114
紧缺	jǐnquē	10833
紧身衣	jǐnshēnyī	46596
紧实	jǐnshí	54059
紧随	jǐnsuí	31375
紧缩	jǐnsuō	10612
紧锁	jǐnsuǒ	30714
紧要	jǐnyào	14830
紧衣缩食	jǐnyī-suōshí	56765
紧张	jǐnzhāng	895
紧着	jǐnzhe	54060
紧追	jǐnzhuī	48747
锦标	jǐnbiāo	42350
锦标赛	jǐnbiāosài	3766
锦缎	jǐnduàn	34405
锦鸡	jǐnjī	42863
锦纶	jǐnlún	43110
锦囊妙计	jǐnnáng-miàojì	43581
锦旗	jǐnqí	12937
锦上添花	jǐnshàng-tiānhuā	20061
锦绣	jǐnxiù	15631
锦绣前程	jǐnxiù qiánchéng	46289
锦衣玉食	jǐnyī-yùshí	45403
谨	jǐn	7127
谨此	jǐncǐ	43751
谨防	jǐnfáng	20962
谨记	jǐnjì	46290
谨慎	jǐnshèn	6254
谨小慎微	jǐnxiǎo-shènwēi	34548
谨严	jǐnyán	31045
尽	jìn	1658
尽力	jìnlì	6462
尽量	jìnliàng	19369
尽其所有	jìnqísuǒyǒu	54566
尽情	jìnqíng	9257
尽然	jìnrán	53050
尽人皆知	jìnrén-jiēzhī	31609
尽如人意	jìnrú-rényì	14638
尽善尽美	jìnshàn-jìnměi	27839
尽是	jìnshì	21428
尽收眼底	jìnshōu-yǎndǐ	26983
尽数	jìnshù	36677
尽头	jìntóu	9376
尽显	jìnxiǎn	32082
尽孝	jìnxiào	49873
尽心	jìnxīn	16204
尽心竭力	jìnxīn-jiélì	25433
尽兴	jìnxìng	20771
尽责	jìnzé	22001
尽职	jìnzhí	20879
尽忠	jìnzhōng	21038
进	jìn	187
进逼	jìnbī	18337
进兵	jìnbīng	12834
进补	jìnbǔ	45997
进步	jìnbù	813
进餐	jìncān	24246
进场	jìnchǎng	6380
进程	jìnchéng	1854
进尺	jìnchǐ	41650
进出	jìnchū	8793
进出口	jìn-chūkǒu	3992
进抵	jìndǐ	49115
进度	jìndù	6144
进度表	jìndùbiǎo	45692
进而	jìn'ér	4340

进发	jìnfā	15831
进犯	jìnfàn	21039
进攻	jìngōng	2194
进贡	jìngòng	29743
进化	jìnhuà	7072
进化论	jìnhuàlùn	19348
进货	jìnhuò	12737
进击	jìnjī	41883
进价	jìnjià	31733
进见	jìnjiàn	27754
进谏	jìnjiàn	49874
进军	jìnjūn	6191
进军号	jìnjūnhào	51753
进口	jìnkǒu	2806
进口额	jìnkǒu'é	30945
进款	jìnkuǎn	40995
进来	jìnlái	19225
进来	jìnlai	2200
进门	jìnmén	26902
进取	jìnqǔ	5767
进入	jìnrù	382
进深	jìnshēn	45404
进食	jìnshí	18502
进士	jìnshì	14543
进退	jìntuì	15516
进退两难	jìntuì-liǎngnán	22619
进退维谷	jìntuì-wéigǔ	39892
进位	jìnwèi	34258
进献	jìnxiàn	52599
进香	jìnxiāng	43111
进项	jìnxiàng	26903
进行	jìnxíng	161
进行曲	jìnxíngqǔ	16088
进修	jìnxiū	11255
进修班	jìnxiūbān	26177
进修生	jìnxiūshēng	47800
进言	jìnyán	15771
进一步	jìnyībù	763
进益	jìnyì	50970
进展	jìnzhǎn	1789
进占	jìnzhàn	36350
进账	jìnzhàng	31257
进驻	jìnzhù	8336
近	jìn	192
近便	jìnbian	45405
近处	jìnchù	16712
近代	jìndài	4611
近道	jìndào	46597
近古	jìngǔ	55098
近海	jìnhǎi	15346
近乎	jìnhū, jìnhu	9115
近郊	jìnjiāo	16872
近景	jìnjǐng	44109
近况	jìnkuàng	24064
近来	jìnlái	3213
近邻	jìnlín	12204
近路	jìnlù	38846
近年	jìnnián	3581
近旁	jìnpáng	26984
近期	jìnqī	3711
近前	jìnqián	27127
近亲	jìnqīn	22507
近亲繁殖	jìnqīn fánzhí	43112
近日	jìnrì	2106
近世	jìnshì	41651
近视	jìnshì	15668
近视眼	jìnshìyǎn	25038
近水楼台	jìnshuǐ-lóutái	43582
近似	jìnsì	10817
近体诗	jìntǐshī	55099
近因	jìnyīn	46598
近在咫尺	jìnzàizhǐchǐ	22403
近战	jìnzhàn	50578
近照	jìnzhào	46291
近朱者赤，近墨者黑	jìnzhūzhěchì, jìnmòzhěhēi	55100
劲	jìn	4963
劲儿	jìnr	6571
劲头	jìntóu	11279
晋	jìn	5789
晋级	jìnjí	10129
晋剧	jìnjù	43362
晋升	jìnshēng	10424
晋谒	jìnyè	45693
晋职	jìnzhí	35577
浸	jìn	8139
浸没	jìnmò	43583
浸泡	jìnpào	13868
浸染	jìnrǎn	30835
浸润	jìnrùn	15946
浸湿	jìnshī	26402
浸蚀	jìnshí	47489
浸透	jìntòu	16044
浸淫	jìnyín	47801
浸种	jìnzhǒng	42097
浸渍	jìnzì	43363
禁	jìn	3910
禁闭	jìnbì	30164
禁地	jìndì	29248
禁毒	jìndú	6625
禁赌	jìndǔ	30611
禁放	jìnfàng	26904
禁锢	jìngù	18194
禁果	jìnguǒ	50222
禁毁	jìnhuǐ	56081
禁忌	jìnjì	17907
禁忌症	jìnjìzhèng	48423
禁绝	jìnjué	30715
禁例	jìnlì	56082
禁猎	jìnliè	34822
禁令	jìnlìng	8658
禁律	jìnlǜ	55101
禁牧	jìnmù	25174
禁区	jìnqū	9151
禁赛	jìnsài	32455
禁食	jìnshí	40996
禁售	jìnshòu	48424
禁书	jìnshū	33606
禁烟	jìnyān	24496
禁药	jìnyào	38658
禁用	jìnyòng	19370
禁渔	jìnyú	29744
禁欲	jìnyù	41424
禁运	jìnyùn	23682
禁止	jìnzhǐ	2430
缙绅	jìnshēn	53526
觐见	jìnjiàn	55102
噤若寒蝉	jìnruòhánchán	42588
噤声	jìnshēng	55599
茎	jīng	10388
京	jīng	912
京白	jīngbái	48748
京城	jīngchéng	5751
京都	jīngdū	9934
京官	jīngguān	35148
京胡	jīnghú	37011
京华	jīnghuá	20920
京畿	jīngjī	45406

京郊	jīngjiāo	15610
京剧	jīngjù	4129
京派	jīngpài	36351
京腔	jīngqiāng	36189
京师	jīngshī	8921
京味儿	jīngwèir	47182
京戏	jīngxì	18307
京韵大鼓	jīngyùn dàgǔ	42589
京族	Jīngzú	44110
泾渭分明	jīngwèi-fēnmíng	35150
经	jīng	284
经办	jīngbàn	16420
经闭	jīngbì	55103
经不起	jīngbuqǐ	16316
经常	jīngcháng	804
经常化	jīngchánghuà	16377
经得起	jīngdeqǐ	11232
经典	jīngdiǎn	3898
经度	jīngdù	29037
经费	jīngfèi	2370
经管	jīngguǎn	30716
经过	jīngguò	252
经纪	jīngjì	17999
经纪人	jīngjìrén	10411
经济	jīngjì	233
经济舱	jīngjìcāng	45694
经济法	jīngjìfǎ	27339
经济杠杆	jīngjì gànggǎn	29745
经济基础	jīngjì jīchǔ	8055
经济林	jīngjìlín	15163
经济师	jīngjìshī	29956
经济特区	jīngjì tèqū	8672
经济体制	jīngjì tǐzhì	9208
经济危机	jīngjì wēijī	16205
经济学	jīngjìxué	5507
经济作物	jīngjì zuòwù	11570
经久	jīngjiǔ	29746
经久不息	jīngjiǔ-bùxī	26749
经卷	jīngjuàn	47490
经理	jīnglǐ	1794
经历	jīnglì	1054
经略	jīnglüè	45117
经纶	jīnglún	44837
经络	jīngluò	24182
经脉	jīngmài	32843
经贸	jīngmào	2717
经年	jīngnián	53527
经年累月	jīngnián-lěiyuè	42590
经期	jīngqī	44585
经商	jīngshāng	7166
经手	jīngshǒu	23026
经手人	jīngshǒurén	45118
经受	jīngshòu	5180
经售	jīngshòu	52600
经书	jīngshū	25689
经停	jīngtíng	50232
经纬	jīngwěi	6935
经纬度	jīngwěidù	37358
经纬线	jīngwěixiàn	53528
经文	jīngwén	20138
经线	jīngxiàn	34549
经销	jīngxiāo	10464
经销点	jīngxiāodiǎn	46292
经销商	jīngxiāoshāng	9835
经心	jīngxīn	38266
经穴	jīngxué	54567
经血	jīngxuè	45407
经验	jīngyàn	343
经验主义	jīnyàn zhǔyì	30717
经意	jīngyì	46901
经营	jīngyíng	817
经营权	jīngyíngquán	8680
经由	jīngyóu	19073
经传	jīngzhuàn	43584
荆	jīng	14621
荆棘	jīngjí	17111
荆条	jīngtiáo	38464
荆榛	jīngzhēn	54061
菁菁	jīngjīng	41884
旌旗	jīngqí	27840
惊	jīng	2973
惊诧	jīngchà	13667
惊呆	jīngdāi	15431
惊动	jīngdòng	10197
惊愕	jīng'è	13659
惊风	jīngfēng	54568
惊弓之鸟	jīnggōngzhīniǎo	36038
惊怪	jīngguài	56486
惊骇	jīnghài	18973
惊鸿	jīnghóng	53051
惊呼	jīnghū	14902
惊慌	jīnghuāng	9836
惊慌失措	jīnghuāng-shīcuò	19695
惊惶	jīnghuáng	15847
惊魂	jīnghún	32456
惊悸	jīngjì	32844
惊叫	jīngjiào	12418
惊惧	jīngjù	26758
惊觉	jīngjué	47491
惊厥	jīngjué	44111
惊恐	jīngkǒng	11491
惊恐万状	jīngkǒng-wànzhuàng	38847
惊雷	jīngléi	26485
惊奇	jīngqí	7418
惊扰	jīngrǎo	23474
惊人	jīngrén	5546
惊世骇俗	jīngshì-hàisú	31734
惊叹	jīngtàn	9461
惊叹号	jīngtànhào	34005
惊堂木	jīngtángmù	42591
惊涛	jīngtāo	30612
惊涛骇浪	jīngtāo-hàilàng	22091
惊天动地	jīngtiān-dòngdì	16965
惊悉	jīngxī	32312
惊喜	jīngxǐ	6906
惊吓	jīngxià	18308
惊险	jīngxiǎn	15578
惊险片	jīngxiǎnpiàn	53052
惊羡	jīngxiàn	39000
惊心动魄	jīngxīn-dòngpò	11979
惊醒	jīngxǐng	8146
惊讶	jīngyà	4806
惊艳	jīngyàn	52601
惊疑	jīngyí	18338
惊异	jīngyì	8316
惊蛰	jīngzhé	35884
晶亮	jīngliàng	26759
晶片	jīngpiàn	53529
晶石	jīngshí	52602
晶体	jīngtǐ	7979
晶体管	jīngtǐguǎn	22926
晶莹	jīngyíng	12335
晶莹剔透	jīngyíng-tītòu	30493
晶状体	jīngzhuàngtǐ	42098
睛	jīng	17806
粳稻	jīngdào	37913
粳米	jīngmǐ	36190

兢兢业业	jīngjīngyèyè	13976
精	jīng	2386
精编	jīngbiān	49116
精兵	jīngbīng	12191
精兵简政	jīngbīng-jiǎnzhèng	39477
精兵强将	jīngbīng-qiángjiàng	24247
精彩	jīngcǎi	3943
精诚	jīngchéng	44112
精粹	jīngcuì	26115
精打细算	jīngdǎ-xìsuàn	20348
精当	jīngdàng	32584
精到	jīngdào	32197
精雕细刻	jīngdiāo-xìkè	30060
精读	jīngdú	37551
精度	jīngdù	9525
精纺	jīngfǎng	43364
精干	jīnggàn	13215
精耕细作	jīnggēng-xìzuò	34550
精工	jīnggōng	33747
精光	jīngguāng	17930
精悍	jīnghàn	39268
精华	jīnghuá	8400
精加工	jīngjiāgōng	34259
精简	jīngjiǎn	7557
精进	jīngjìn	42099
精力	jīnglì	2913
精练	jīngliàn	31735
精炼	jīngliàn	20497
精良	jīngliáng	17595
精料	jīngliào	56487
精灵	jīnglíng	14167
精美	jīngměi	7098
精米	jīngmǐ	52182
精密	jīngmì	12325
精密度	jīngmìdù	48749
精妙	jīngmiào	27271
精明	jīngmíng	9613
精明强干	jīngmíng-qiánggàn	34260
精疲力竭	jīngpí-lìjié	24314
精疲力尽	jīngpí-lìjìn	25690
精辟	jīngpì	11469
精品	jīngpǐn	3922
精品店	jīngpǐndiàn	46902
精气	jīngqì	39478
精巧	jīngqiǎo	14140
精确	jīngquè	7260
精确度	jīngquèdù	32313
精确性	jīngquèxìng	38465
精肉	jīngròu	55104
精锐	jīngruì	17299
精深	jīngshēn	17250
精神	jīngshén	618
精神	jīngshen	19551
精神病	jīngshénbìng	12484
精神抖擞	jīngshén-dǒusǒu	21273
精神头儿	jīngshentóur	47183
精神文明	jīngshén wénmíng	2210
精瘦	jīngshòu	31258
精饲料	jīngsìliào	52603
精算	jīngsuàn	26975
精髓	jīngsuǐ	10343
精通	jīngtōng	10425
精微	jīngwēi	30382
精卫填海	jīngwèi-tiánhǎi	46903
精细	jīngxì	8857
精心	jīngxīn	2851
精选	jīngxuǎn	12502
精盐	jīngyán	46293
精要	jīngyào	49488
精液	jīngyè	25764
精义	jīngyì	49875
精益求精	jīngyìqiújīng	16873
精英	jīngyīng	9714
精于	jīngyú	34406
精湛	jīngzhàn	10533
精制	jīngzhì	23734
精致	jīngzhì	8487
精忠	jīngzhōng	50971
精装	jīngzhuāng	32585
精装本	jīngzhuāngběn	46294
精壮	jīngzhuàng	32586
精准	jīngzhǔn	9753
精子	jīngzǐ	14928
精子库	jīngzǐkù	56738
鲸	jīng	15055
鲸吞	jīngtūn	43879
鲸饮	jīngyǐn	56781
鲸鱼	jīngyú	26554
井	jǐng	2490
井场	jǐngchǎng	44364
井底之蛙	jǐngdǐzhīwā	44838
井架	jǐngjià	35734
井井有条	jǐngjǐng-yǒutiáo	25984
井口	jǐngkǒu	22508
井栏	jǐnglán	56083
井喷	jǐngpēn	20139
井然	jǐngrán	43585
井然有序	jǐngrán-yǒuxù	21369
井绳	jǐngshéng	42592
井台	jǐngtái	26760
井下	jǐngxià	15028
颈	jǐng	6719
颈项	jǐngxiàng	23530
颈椎	jǐngzhuī	23899
颈椎病	jǐngzhuībìng	30191
景	jǐng	3901
景点	jǐngdiǎn	5396
景观	jǐngguān	4760
景况	jǐngkuàng	25985
景慕	jǐngmù	52183
景颇族	Jǐngpōzú	41885
景气	jǐngqì	12683
景区	jǐngqū	4501
景色	jǐngsè	8505
景深	jǐngshēn	54063
景泰蓝	jǐngtàilán	36192
景物	jǐngwù	12713
景象	jǐngxiàng	4290
景仰	jǐngyǎng	23413
景致	jǐngzhì	15220
警	jǐng	4294
警报	jǐngbào	9477
警报器	jǐngbàoqì	33227
警备	jǐngbèi	20539
警察	jǐngchá	1682
警车	jǐngchē	12315
警灯	jǐngdēng	33748
警笛	jǐngdí	27755
警方	jǐngfāng	4169
警匪片	jǐngfěipiàn	50579
警风	jǐngfēng	30718
警服	jǐngfú	20062
警告	jǐnggào	3630
警官	jǐngguān	13291
警棍	jǐnggùn	36836
警号	jǐnghào	43880
警花	jǐnghuā	56084
警徽	jǐnghuī	40997

警纪	jǐngjì	42593
警戒	jǐngjiè	10909
警戒水位	jǐngjiè shuǐwèi	32198
警戒线	jǐngjièxiàn	23027
警句	jǐngjù	21665
警觉	jǐngjué	11821
警力	jǐnglì	9785
警铃	jǐnglíng	48102
警犬	jǐngquǎn	22451
警容	jǐngróng	42864
警嫂	jǐngsǎo	39092
警示	jǐngshì	6780
警世	jǐngshì	45998
警探	jǐngtàn	56488
警惕	jǐngtì	4785
警惕性	jǐngtìxìng	26250
警卫	jǐngwèi	11980
警卫员	jǐngwèiyuán	20383
警务	jǐngwù	9323
警衔	jǐngxián	28581
警醒	jǐngxǐng	14752
警语	jǐngyǔ	42100
警员	jǐngyuán	28767
警钟	jǐngzhōng	13660
警种	jǐngzhǒng	23735
劲爆	jìngbào	23935
劲敌	jìngdí	25542
劲风	jìngfēng	46904
劲歌	jìnggē	54064
劲旅	jìnglǚ	14036
劲射	jìngshè	37185
劲升	jìngshēng	51754
劲舞	jìngwǔ	39692
径	jìng	6728
径流	jìngliú	16004
径赛	jìngsài	45408
径直	jìngzhí	12774
径自	jìngzì	23319
净	jìng	3409
净菜	jìngcài	37552
净产值	jìngchǎnzhí	56489
净得	jìngdé	56085
净高	jìnggāo	35064
净化	jìnghuà	6057
净尽	jìngjìn	29038
净利	jìnglì	50972
净身	jìngshēn	43605
净胜	jìngshèng	47802
净是	jìngshì	41425
净手	jìngshǒu	56490
净水	jìngshuǐ	26555
净水器	jìngshuǐqì	53530
净土	jìngtǔ	18503
净心	jìngxīn	50973
净增	jìngzēng	15655
净值	jìngzhí	34407
净重	jìngzhòng	48425
净赚	jìngzhuàn	33476
胫骨	jìnggǔ	49489
痉挛	jìngluán	16317
竞	jìng	6822
竞标	jìngbiāo	17779
竞猜	jìngcāi	21082
竞答	jìngdá	48103
竞渡	jìngdù	36039
竞购	jìnggòu	55600
竞技	jìngjì	6697
竞技体育	jìngjì tǐyù	16185
竞价	jìngjià	20384
竞买	jìngmǎi	31610
竞卖	jìngmài	53531
竞拍	jìngpāi	40998
竞聘	jìngpìn	27340
竞赛	jìngsài	3325
竞投	jìngtóu	53053
竞相	jìngxiāng	11008
竞销	jìngxiāo	45119
竞选	jìngxuǎn	5913
竞争	jìngzhēng	1097
竞争机制	jìngzhēng jīzhì	15848
竞争力	jìngzhēnglì	2953
竞逐	jìngzhú	38659
竞走	jìngzǒu	17875
竟	jìng	786
竟敢	jìnggǎn	18789
竟然	jìngrán	2692
竟日	jìngrì	54065
竟是	jìngshì	6043
竟至	jìngzhì	47492
竟自	jìngzì	24764
敬	jìng	5748
敬爱	jìng'ài	13898
敬词	jìngcí	40085
敬而远之	jìng'éryuǎnzhī	30383
敬奉	jìngfèng	39893
敬服	jìngfú	54569
敬告	jìnggào	38848
敬候	jìnghòu	55105
敬酒	jìngjiǔ	19074
敬老	jìnglǎo	22198
敬老院	jìnglǎoyuàn	15905
敬礼	jìnglǐ	15029
敬慕	jìngmù	34988
敬佩	jìngpèi	11070
敬请	jìngqǐng	35294
敬上	jìngshàng	52604
敬颂	jìngsòng	56086
敬挽	jìngwǎn	53532
敬畏	jìngwèi	16892
敬献	jìngxiàn	14492
敬谢不敏	jìngxiè-bùmǐn	52184
敬仰	jìngyǎng	16393
敬业	jìngyè	8204
敬意	jìngyì	7500
敬语	jìngyǔ	56701
敬赠	jìngzèng	54066
敬重	jìngzhòng	13199
敬祝	jìngzhù	44113
静	jìng	2746
静电	jìngdiàn	19421
静观	jìngguān	28496
静候	jìnghòu	23849
静寂	jìngjì	16294
静脉	jìngmài	18657
静脉曲张	jìngmài qūzhāng	45409
静谧	jìngmì	16893
静默	jìngmò	15105
静穆	jìngmù	26905
静悄悄	jìngqiāoqiāo	10948
静态	jìngtài	15559
静物	jìngwù	35578
静心	jìngxīn	39269
静养	jìngyǎng	30384
静园	jìngyuán	48426
静止	jìngzhǐ	11020
静坐	jìngzuò	19288
境	jìng	5251
境地	jìngdì	8518

境界	jìngjiè	3101
境况	jìngkuàng	17876
境内	jìngnèi	2679
境外	jìngwài	4544
境域	jìngyù	47493
境遇	jìngyù	14130
镜	jìng	5073
镜花水月	jìnghuā-shuǐyuè	51755
镜框	jìngkuàng	18162
镜片	jìngpiàn	21429
镜台	jìngtái	43586
镜头	jìngtóu	4947
镜子	jìngzi	5120
囧	jiǒng	21701
迥然	jiǒngrán	24065
迥然不同	jiǒngrán-bùtóng	24128
迥异	jiǒngyì	20238
炯炯	jiǒngjiǒng	22137
窘	jiǒng	12845
窘促	jiǒngcù	53533
窘境	jiǒngjìng	18692
窘况	jiǒngkuàng	41199
窘困	jiǒngkùn	42101
窘迫	jiǒngpò	16394
窘态	jiǒngtài	35735
纠	jiū	10359
纠察	jiūchá	37553
纠察队	jiūcháduì	26700
纠缠	jiūchán	9116
纠错	jiūcuò	28670
纠纷	jiūfēn	2748
纠风	jiūfēng	20498
纠葛	jiūgé	17596
纠合	jiūhé	28497
纠集	jiūjí	23367
纠结	jiūjié	39052
纠偏	jiūpiān	41200
纠正	jiūzhèng	3014
鸠	jiū	22876
鸠占鹊巢	jiūzhàn-quècháo	56702
究办	jiūbàn	52185
究根儿	jiūgēnr	56087
究竟	jiūjìng	1570
究其实	jiūqíshí	54067
阄儿	jiūr	55601
揪	jiū	6957
揪斗	jiūdòu	37554
揪心	jiūxīn	20063
啾啾	jiūjiū	56088
九	jiǔ	533
九鼎	jiǔdǐng	45695
九九归一	jiǔjiǔ-guīyī	56491
九牛二虎之力	jiǔ niú èr hǔ zhī lì	47494
九牛一毛	jiǔniú-yīmáo	47184
九泉	jiǔquán	35579
九死一生	jiǔsǐ-yīshēng	29436
九天	jiǔtiān	37732
九头鸟	jiǔtóuniǎo	47803
九霄	jiǔxiāo	39479
九霄云外	jiǔxiāo-yúnwài	31957
九州	jiǔzhōu	15535
九族	jiǔzú	50580
久	jiǔ	1261
久别	jiǔbié	28582
久而久之	jiǔ'érjiǔzhī	13962
久负盛名	jiǔfù-shèngmíng	31611
久经沙场	jiǔjīng-shāchǎng	41426
久久	jiǔjiǔ	7593
久留	jiǔliú	23368
久拖不决	jiǔtuō-bùjué	21543
久违	jiǔwéi	15947
久仰	jiǔyǎng	28671
久已	jiǔyǐ	17877
久远	jiǔyuǎn	12684
玖	jiǔ	15744
灸	jiǔ	33749
韭菜	jiǔcài	15536
韭黄	jiǔhuáng	44114
酒	jiǔ	1135
酒吧	jiǔbā	9633
酒杯	jiǔbēi	9211
酒菜	jiǔcài	20239
酒刺	jiǔcì	56766
酒店	jiǔdiàn	3795
酒逢知己	jiǔféng-zhījǐ	49490
酒缸	jiǔgāng	38660
酒馆	jiǔguǎn	16571
酒鬼	jiǔguǐ	32083
酒酣耳热	jiǔhān-ěrrè	44115
酒壶	jiǔhú	25369
酒会	jiǔhuì	15482
酒家	jiǔjiā	18000
酒驾	jiǔjià	12184
酒浆	jiǔjiāng	49491
酒窖	jiǔjiào	41201
酒劲	jiǔjìn	48427
酒精	jiǔjīng	9715
酒精灯	jiǔjīngdēng	56089
酒具	jiǔjù	47495
酒力	jiǔlì	55106
酒量	jiǔliàng	23683
酒令	jiǔlìng	45120
酒楼	jiǔlóu	14493
酒囊饭袋	jiǔnáng-fàndài	45696
酒酿	jiǔniàng	49876
酒铺	jiǔpù	45697
酒气	jiǔqì	41202
酒器	jiǔqì	45698
酒钱	jiǔqián	36837
酒曲	jiǔqū	49877
酒肉朋友	jiǔròu-péngyou	43881
酒色	jiǔsè	27993
酒色财气	jiǔ-sè-cái-qì	53534
酒食	jiǔshí	33228
酒水	jiǔshuǐ	28672
酒徒	jiǔtú	40320
酒窝	jiǔwō	30719
酒席	jiǔxí	14885
酒兴	jiǔxìng	32845
酒宴	jiǔyàn	24010
酒药	jiǔyào	56492
酒意	jiǔyì	25986
酒瘾	jiǔyǐn	52186
酒糟	jiǔzāo	34120
酒糟鼻	jiǔzāobí	53535
酒盅	jiǔzhōng	28673
酒足饭饱	jiǔzú-fànbǎo	35736
酒醉	jiǔzuì	47804
旧	jiù	681
旧案	jiù'àn	44839
旧病	jiùbìng	35458
旧部	jiùbù	29249
旧地	jiùdì	49878
旧调重弹	jiùdiào-chóngtán	56649
旧都	jiùdū	43113
旧恶	jiù'è	56493
旧观	jiùguān	38101

旧货	jiùhuò	21905
旧迹	jiùjì	51756
旧交	jiùjiāo	44116
旧居	jiùjū	25107
旧框框	jiùkuàngkuang	48104
旧历	jiùlì	29250
旧例	jiùlì	41652
旧梦	jiùmèng	44117
旧年	jiùnián	48105
旧情	jiùqíng	26055
旧人	jiùrén	54068
旧日	jiùrì	20834
旧社会	jiùshèhuì	9276
旧时	jiùshí	15890
旧式	jiùshì	14856
旧事	jiùshì	20212
旧书	jiùshū	22702
旧说	jiùshuō	56494
旧俗	jiùsú	36678
旧体诗	jiùtǐshī	27841
旧闻	jiùwén	34989
旧物	jiùwù	30836
旧习	jiùxí	38849
旧学	jiùxué	42594
旧业	jiùyè	52605
旧友	jiùyǒu	32846
旧约	jiùyuē	29437
旧宅	jiùzhái	38661
旧账	jiùzhàng	29957
旧知	jiùzhī	56495
旧址	jiùzhǐ	10893
旧制	jiùzhì	30946
臼	jiù	23369
臼齿	jiùchǐ	33229
咎由自取	jiùyóuzìqǔ	33878
救	jiù	1933
救兵	jiùbīng	26818
救场	jiùchǎng	54069
救国	jiùguó	9904
救护	jiùhù	12962
救护车	jiùhùchē	15483
救荒	jiùhuāng	53536
救火	jiùhuǒ	20617
救火车	jiùhuǒchē	43587
救急	jiùjí	21630
救济	jiùjì	6655
救济金	jiùjìjīn	27128
救驾	jiùjià	55602
救苦救难	jiùkǔ-jiùnàn	39693
救命	jiùmìng	11668
救命稻草	jiùmìng-dàocǎo	41886
救难	jiùnàn	44586
救穷	jiùqióng	56090
救生	jiùshēng	25691
救生筏	jiùshēngfá	49879
救生圈	jiùshēngquān	39694
救生艇	jiùshēngtǐng	42102
救生衣	jiùshēngyī	39894
救生员	jiùshēngyuán	51353
救世主	jiùshìzhǔ	25692
救市	jiùshì	13966
救赎	jiùshú	51757
救死扶伤	jiùsǐ-fúshāng	19456
救亡	jiùwáng	24248
救亡图存	jiùwáng-túcún	35737
救险	jiùxiǎn	40999
救星	jiùxīng	21803
救应	jiùyìng	40321
救援	jiùyuán	5142
救灾	jiùzāi	4477
救治	jiùzhì	7029
救助	jiùzhù	3685
厩肥	jiùféi	54570
就	jiù	13
就餐	jiùcān	13328
就此	jiùcǐ	4547
就地	jiùdì	17198
就地取材	jiùdì-qǔcái	32847
就地正法	jiùdì-zhèngfǎ	43882
就读	jiùdú	10412
就范	jiùfàn	25693
就教	jiùjiào	28096
就近	jiùjìn	11417
就里	jiùlǐ	49880
就擒	jiùqín	52187
就寝	jiùqǐn	23320
就任	jiùrèn	9355
就势	jiùshì	25039
就事论事	jiùshì-lùnshì	25765
就是	jiùshì	133
就手	jiùshǒu	39053
就算	jiùsuàn	6841
就位	jiùwèi	37012
就席	jiùxí	51758
就绪	jiùxù	12641
就学	jiùxué	19581
就要	jiùyào	1059
就业	jiùyè	1901
就医	jiùyī	9118
就义	jiùyì	29841
就诊	jiùzhěn	11330
就职	jiùzhí	8131
就座	jiùzuò	19399
舅	jiù	8823
舅父	jiùfù	14245
舅舅	jiùjiu	6233
舅妈	jiùmā	17908
舅母	jiùmǔ	22979
舅爷	jiùyé	25694
舅子	jiùzi	45699
鹫	jiù	35580
车	jū	24976
拘	jū	10193
拘捕	jūbǔ	20385
拘传	jūchuán	54571
拘谨	jūjǐn	17112
拘禁	jūjìn	19640
拘礼	jūlǐ	45410
拘留	jūliú	8877
拘留所	jūliúsuǒ	24315
拘留证	jūliúzhèng	55603
拘泥	jūnì	19582
拘审	jūshěn	39573
拘束	jūshù	13941
拘押	jūyā	33096
拘役	jūyì	23081
狙击	jūjī	36516
狙击手	jūjīshǒu	48428
居	jū	1331
居安思危	jū'ān-sīwēi	16777
居处	jūchǔ	47496
居多	jūduō	14153
居高不下	jūgāo-bùxià	12724
居高临下	jūgāo-línxià	17931
居功	jūgōng	43588
居家	jūjiā	21467
居间	jūjiān	48106
居留	jūliú	21430

居留权	jūliúquán	39695
居留证	jūliúzhèng	39054
居民	jūmín	1295
居民点	jūmíndiǎn	28097
居民楼	jūmínlóu	21040
居民区	jūmínqū	13098
居民身份证	jūmín shēnfèn zhèng	21631
居然	jūrán	2956
居丧	jūsāng	31492
居室	jūshì	14967
居所	jūsuǒ	34990
居心	jūxīn	25543
居心叵测	jūxīn-pǒcè	37359
居于	jūyú	11822
居中	jūzhōng	22877
居住	jūzhù	2742
居住证	jūzhùzhèng	52188
驹	jū	19605
驹子	jūzi	46599
疽	jū	26556
掬	jū	24066
锔	jū	42103
雎鸠	jūjiū	47805
鞠	jū	15181
鞠躬	jūgōng	10118
鞠躬尽瘁	jūgōng-jìncuì	17960
局	jú	1268
局部	júbù	3757
局促	júcù	21223
局促不安	júcù-bù'ān	42891
局点	júdiǎn	53781
局麻	júmá	37531
局面	júmiàn	1352
局内人	júnèirén	56091
局势	júshì	2849
局外人	júwàirén	23684
局限	júxiàn	6949
局域网	júyùwǎng	14229
局子	júzi	35460
菊	jú	5801
菊花	júhuā	7862
菊花茶	júhuāchá	46905
焗	jú	44587
焗油	júyóu	56739
橘	jú	21431
橘红	júhóng	47497
橘黄	júhuáng	43114
橘汁	júzhī	56092
橘子	júzi	13265
咀嚼	jǔjué	11966
沮丧	jǔsàng	9842
矩形	jǔxíng	26178
矩阵	jǔzhèn	26819
举	jǔ	1467
举哀	jǔ'āi	53537
举案齐眉	jǔ'àn-qíméi	53538
举办	jǔbàn	1636
举报	jǔbào	3732
举杯	jǔbēi	17468
举兵	jǔbīng	53054
举不胜举	jǔbùshèngjǔ	39055
举步	jǔbù	46906
举步维艰	jǔbùwéijiān	22199
举措	jǔcuò	3291
举动	jǔdòng	5479
举凡	jǔfán	33607
举国	jǔguó	32710
举国上下	jǔguó-shàngxià	24011
举火	jǔhuǒ	56093
举家	jǔjiā	21134
举荐	jǔjiàn	25544
举例	jǔlì	14169
举目	jǔmù	22138
举目无亲	jǔmù-wúqīn	31958
举棋不定	jǔqí-bùdìng	35461
举世	jǔshì	15579
举世闻名	jǔshì-wénmíng	24353
举世无双	jǔshì-wúshuāng	35885
举世瞩目	jǔshì-zhǔmù	8389
举事	jǔshì	54070
举手	jǔshǒu	10629
举手礼	jǔshǒulǐ	55604
举手投足	jǔshǒu-tóuzú	31376
举手之劳	jǔshǒuzhīláo	38267
举行	jǔxíng	731
举一反三	jǔyī-fǎnsān	20499
举债	jǔzhài	30720
举证	jǔzhèng	16340
举止	jǔzhǐ	11196
举重	jǔzhòng	10198
举足轻重	jǔzú-qīngzhòng	11374
龃龉	jǔyǔ	23028
踽踽	jǔjǔ	39056
巨	jù	5609
巨变	jùbiàn	11233
巨擘	jùbò	41887
巨大	jùdà	707
巨额	jù'é	6838
巨幅	jùfú	15164
巨富	jùfù	37360
巨贾	jùgǔ	36860
巨奖	jùjiǎng	55107
巨匠	jùjiàng	24559
巨款	jùkuǎn	18883
巨浪	jùlàng	22509
巨龙	jùlóng	16421
巨轮	jùlún	23798
巨人	jùrén	10581
巨头	jùtóu	13041
巨无霸	jùwúbà	33097
巨细	jùxì	44365
巨星	jùxīng	20540
巨型	jùxíng	11034
巨制	jùzhì	35151
巨著	jùzhù	20309
巨资	jùzī	10290
巨子	jùzǐ	28246
句	jù	367
句读	jùdòu	56496
句法	jùfǎ	25040
句号	jùhào	15367
句子	jùzi	7944
拒	jù	3816
拒捕	jùbǔ	41888
拒不	jùbù	11280
拒敌	jùdí	56094
拒毒	jùdú	52189
拒付	jùfù	31259
拒贿	jùhuì	42104
拒绝	jùjué	1565
拒聘	jùpìn	47737
拒人千里	jùrén-qiānlǐ	49492
拒收	jùshōu	22200
拒载	jùzài	52606
拒之门外	jùzhī-ménwài	20618
具	jù	1612
具保	jùbǎo	48743

具备	jùbèi	2155
具结	jùjié	49493
具名	jùmíng	45411
具体	jùtǐ	687
具体而微	jùtǐ’érwēi	51354
具体化	jùtǐhuà	14791
具文	jùwén	55108
具有	jùyǒu	417
俱	jù	1608
俱乐部	jùlèbù	2978
俱全	jùquán	21954
倨傲	jù’ào	51759
剧	jù	2844
剧本	jùběn	4166
剧变	jùbiàn	17932
剧场	jùchǎng	7148
剧毒	jùdú	18921
剧烈	jùliè	7719
剧目	jùmù	6116
剧评	jùpíng	47498
剧情	jùqíng	12078
剧社	jùshè	41889
剧痛	jùtòng	23475
剧团	jùtuán	6903
剧务	jùwù	50223
剧院	jùyuàn	7395
剧增	jùzēng	23029
剧照	jùzhào	20541
剧中人	jùzhōngrén	27495
剧终	jùzhōng	42865
剧种	jùzhǒng	13416
剧组	jùzǔ	15324
剧作	jùzuò	13240
据	jù	229
据称	jùchēng	16103
据传	jùchuán	36352
据此	jùcǐ	9555
据点	jùdiǎn	13836
据理力争	jùlǐ-lìzhēng	30165
据实	jùshí	20270
据守	jùshǒu	31156
据说	jùshuō	2787
据为己有	jùwéijǐyǒu	29132
据悉	jùxī	3323
据有	jùyǒu	45700
距	jù	3450
距今	jùjīn	12192
距离	jùlí	1734
惧	jù	8142
惧内	jùnèi	56650
惧怕	jùpà	15537
惧色	jùsè	31852
飓风	jùfēng	19915
锯	jù	12513
锯齿	jùchǐ	30613
锯末	jùmò	45999
锯条	jùtiáo	51355
锯子	jùzi	37186
聚	jù	3524
聚宝盆	jùbǎopén	25766
聚变	jùbiàn	21744
聚餐	jùcān	24656
聚赌	jùdǔ	43115
聚光	jùguāng	46907
聚光灯	jùguāngdēng	31377
聚合	jùhé	18038
聚合物	jùhéwù	26116
聚会	jùhuì	7381
聚积	jùjī	37361
聚集	jùjí	4339
聚歼	jùjiān	46600
聚焦	jùjiāo	6578
聚精会神	jùjīng-huìshén	11308
聚居	jùjū	13276
聚敛	jùliǎn	34408
聚拢	jùlǒng	25296
聚落	jùluò	35738
聚齐	jùqí	42351
聚散	jùsàn	42866
聚沙成塔	jùshā-chéngtǎ	50224
聚首	jùshǒu	22404
聚讼纷纭	jùsòng-fēnyún	53539
聚谈	jùtán	55109
聚众	jùzhòng	19002
遽然	jùrán	46908
捐	juān	5600
捐建	juānjiàn	22866
捐款	juānkuǎn	4772
捐弃	juānqì	50974
捐弃前嫌	juānqì-qiánxián	41890
捐躯	juānqū	27994
捐税	juānshuì	34991
捐献	juānxiàn	9484
捐赠	juānzèng	4819
捐助	juānzhù	7584
捐资	juānzī	11404
涓涓	juānjuān	28583
娟秀	juānxiù	34992
圈	juān	18195
镌刻	juānkè	18339
卷	juǎn	3236
卷尺	juǎnchǐ	49117
卷发	juǎnfà	32314
卷帘门	juǎnliánmén	54572
卷铺盖	juǎnpūgai	42867
卷曲	juǎnqū	28169
卷入	juǎnrù	13963
卷缩	juǎnsuō	56095
卷逃	juǎntáo	54573
卷土重来	juǎntǔ-chónglái	21760
卷心菜	juǎnxīncài	38466
卷须	juǎnxū	46601
卷烟	juǎnyān	12627
卷扬机	juǎnyángjī	48429
卷纸	juǎnzhǐ	56169
卷子	juǎnzi	45614
卷	juàn	11611
卷帙浩繁	juànzhì-hàofán	47499
卷轴	juànzhóu	47806
卷子	juànzi	35152
卷宗	juànzōng	23900
隽永	juànyǒng	26403
隽语	juànyǔ	52607
倦	juàn	12137
倦怠	juàndài	29251
倦容	juànróng	46295
倦意	juànyì	27842
绢	juàn	14266
绢本	juànběn	53055
绢花	juànhuā	41203
绢画	juànhuà	53540
绢丝	juànsī	55110
圈	juàn	5247
圈养	juànyǎng	19552
眷顾	juàngù	39270
眷眷	juànjuàn	55112
眷恋	juànliàn	15981
眷念	juànniàn	37914

眷属	juànshǔ	17436
撅	juē	13304
决	jué	3349
决不	juébù	6591
决策	juécè	1684
决堤	juédī	32457
决定	juédìng	186
决定权	juédìngquán	19289
决斗	juédòu	25297
决断	juéduàn	15948
决非	juéfēi	16456
决计	juéjì	15390
决绝	juéjué	46602
决口	juékǒu	19668
决裂	juéliè	14445
决然	juérán	32199
决赛	juésài	3102
决胜	juéshèng	19106
决死	juésǐ	49494
决算	juésuàn	16144
决心	juéxīn	1627
决心书	juéxīnshū	35153
决一雌雄	juéyīcíxióng	46000
决一死战	juéyīsǐzhàn	33098
决议	juéyì	2653
决议案	juéyì'àn	19696
决意	juéyì	15271
决战	juézhàn	9029
诀别	juébié	23082
诀窍	juéqiào	22002
抉择	juézé	10114
角	jué	4274
角斗	juédòu	38467
角力	juélì	37013
角色	juésè	2513
角逐	juézhú	7586
觉	jué	2837
觉察	juéchá	11375
觉得	juéde	442
觉悟	juéwù	6300
觉醒	juéxǐng	10796
绝	jué	2431
绝版	juébǎn	41204
绝笔	juébǐ	40542
绝壁	juébì	26326
绝产	juéchǎn	56497

绝唱	juéchàng	32200
绝处逢生	juéchù-féngshēng	38850
绝代	juédài	54071
绝地	juédì	33359
绝顶	juédǐng	22620
绝对	juéduì	1495
绝对化	juéduìhuà	26179
绝对真理	juéduì zhēnlǐ	31260
绝非	juéfēi	11823
绝后	juéhòu	37555
绝户	juéhu	52190
绝活	juéhuó	17718
绝技	juéjì	19193
绝迹	juéjì	14831
绝交	juéjiāo	28768
绝经	juéjīng	53056
绝境	juéjìng	20240
绝句	juéjù	30947
绝口不提	juékǒu-bùtí	53057
绝路	juélù	22927
绝伦	juélún	22201
绝密	juémì	34261
绝妙	juémiào	18039
绝命	juémìng	54072
绝命书	juémìngshū	48750
绝情	juéqíng	33477
绝然	juérán	36680
绝热	juérè	33478
绝色	juésè	53541
绝杀	juéshā	8733
绝食	juéshí	21906
绝世	juéshì	37014
绝收	juéshōu	30614
绝望	juéwàng	5937
绝无仅有	juéwú-jǐnyǒu	22300
绝响	juéxiǎng	41653
绝学	juéxué	49495
绝艺	juéyì	50225
绝育	juéyù	41427
绝缘	juéyuán	20772
绝缘体	juéyuántǐ	39895
绝缘性	juéyuánxìng	56498
绝早	juézǎo	55605
绝招儿	juézhāor	23236
绝症	juézhèng	25370
绝种	juézhǒng	34551

倔强	juéjiàng	12535
掘	jué	9061
掘进	juéjìn	23321
掘墓人	juémùrén	48430
掘土机	juétǔjī	56499
崛起	juéqǐ	4996
蕨菜	juécài	50226
橛子	juézi	46296
镢头	juétou	25108
爵士	juéshì	20880
爵士乐	juéshìyuè	32201
爵位	juéwèi	36517
矍铄	juéshuò	28864
攫取	juéqǔ	19832
倔	juè	18040
军	jūn	650
军备	jūnbèi	13567
军兵种	jūn-bīngzhǒng	22042
军部	jūnbù	20064
军车	jūnchē	17300
军大衣	jūndàyī	33879
军代表	jūndàibiǎo	18371
军刀	jūndāo	35581
军地	jūndì	32315
军队	jūnduì	917
军阀	jūnfá	7289
军法	jūnfǎ	26701
军方	jūnfāng	7518
军费	jūnfèi	14843
军分区	jūnfēnqū	11436
军服	jūnfú	19457
军港	jūngǎng	28584
军歌	jūngē	27055
军工	jūngōng	11631
军功	jūngōng	39896
军功章	jūngōngzhāng	35886
军官	jūnguān	4097
军管	jūnguǎn	46001
军管会	jūnguǎnhuì	33360
军规	jūnguī	42105
军国主义	jūnguó zhǔyì	11637
军号	jūnhào	35462
军徽	jūnhuī	49496
军婚	jūnhūn	53542
军火	jūnhuǒ	16227
军火库	jūnhuǒkù	36040

军火商	jūnhuǒshāng	43116
军机	jūnjī	22621
军籍	jūnjí	39480
军纪	jūnjì	20102
军舰	jūnjiàn	11492
军阶	jūnjiē	52608
军警	jūnjǐng	11716
军眷	jūnjuàn	4717
军垦	jūnkěn	35295
军控	jūnkòng	20103
军礼	jūnlǐ	27417
军力	jūnlì	31046
军粮	jūnliáng	23237
军列	jūnliè	54073
军烈属	jūnlièshǔ	32316
军龄	jūnlíng	40124
军令	jūnlìng	22703
军令如山	jūnlìng-rúshān	44118
军令状	jūnlìngzhuàng	26557
军旅	jūnlǚ	12494
军马	jūnmǎ	24381
军帽	jūnmào	20349
军民	jūnmín	5022
军品	jūnpǐn	17027
军棋	jūnqí	48751
军旗	jūnqí	22003
军情	jūnqíng	16104
军区	jūnqū	3123
军权	jūnquán	38268
军犬	jūnquǎn	46909
军人	jūnrén	2367
军容	jūnróng	29958
军嫂	jūnsǎo	21274
军师	jūnshī	9881
军史	jūnshǐ	54074
军士	jūnshì	9816
军事	jūnshì	659
军事法庭	jūnshì fǎtíng	27496
军事管制	jūnshì guǎnzhì	44366
军事化	jūnshìhuà	25371
军售	jūnshòu	25109
军属	jūnshǔ	15849
军团	jūntuán	12178
军威	jūnwēi	30276
军委	jūnwěi	9407
军务	jūnwù	17850
军衔	jūnxián	14429
军饷	jūnxiǎng	23370
军校	jūnxiào	11409
军械	jūnxiè	24249
军心	jūnxīn	15632
军需	jūnxū	18947
军训	jūnxùn	18476
军衣	jūnyī	22452
军医	jūnyī	14462
军营	jūnyíng	7259
军用	jūnyòng	7947
军援	jūnyuán	55606
军乐	jūnyuè	30494
军乐队	jūnyuèduì	25921
军乐团	jūnyuètuán	34681
军运	jūnyùn	50975
军政	jūnzhèng	9777
军职	jūnzhí	32202
军制	jūnzhì	43589
军种	jūnzhǒng	29842
军转民	jūnzhuǎnmín	34993
军装	jūnzhuāng	9672
军姿	jūnzī	48431
均	jūn	668
均等	jūnděng	22510
均分	jūnfēn	43590
均富	jūnfù	42380
均衡	jūnhéng	7402
均价	jūnjià	56740
均可	jūnkě	20032
均势	jūnshì	38468
均摊	jūntān	51760
均匀	jūnyún	8220
均沾	jūnzhān	47500
均值	jūnzhí	30837
龟裂	jūnliè	35582
君	jūn	3981
君临	jūnlín	36520
君权	jūnquán	34682
君王	jūnwáng	25987
君主	jūnzhǔ	14267
君主国	jūnzhǔguó	53058
君主立宪	jūnzhǔ lìxiàn	31157
君子	jūnzǐ	7938
君子兰	jūnzǐlán	34823
君子协定	jūnzǐ xiédìng	45121
菌	jūn	9064
菌肥	jūnféi	53059
菌类	jūnlèi	34994
菌落	jūnluò	39057
菌苗	jūnmiáo	55607
菌种	jūnzhǒng	25175
皲裂	jūnliè	46603
俊	jùn	7939
俊杰	jùnjié	31959
俊美	jùnměi	30061
俊俏	jùnqiào	22301
俊伟	jùnwěi	55113
俊秀	jùnxiù	27129
俊雅	jùnyǎ	53060
俊逸	jùnyì	45122
峻拔	jùnbá	54076
峻岭	jùnlǐng	30838
峻峭	jùnqiào	43591
骏马	jùnmǎ	15003
竣工	jùngōng	5563
咔	kā	27995
咔嚓	kāchā	24833
咔嗒	kādā	48107
咖啡	kāfēi	6150
咖啡豆	kāfēidòu	45701
咖啡馆	kāfēiguǎn	17659
咖啡色	kāfēisè	27189
咖啡厅	kāfēitīng	24765
咖啡因	kāfēiyīn	36838
喀布尔	Kābù'ěr	10598
喀斯特	kāsītè	49118
卡	kǎ	1737
卡宾枪	kǎbīnqiāng	50227
卡车	kǎchē	6915
卡尺	kǎchǐ	49881
卡介苗	kǎjièmiáo	48432
卡拉 OK	kǎlā OK	34824
卡奴	kǎnú	37948
卡片	kǎpiàn	14192
卡其	kǎqí	48433
卡通	kǎtōng	11447
卡位	kǎwèi	43736
咯	kǎ	13082
咯血	kǎxiě	41654
开	kāi	199
开拔	kāibá	26327

开办	kāibàn	4546
开本	kāiběn	35739
开笔	kāibǐ	53061
开标	kāibiāo	26486
开播	kāibō	18340
开采	kāicǎi	5313
开衩	kāichà	55608
开场	kāichǎng	11581
开场白	kāichǎngbái	23901
开车	kāichē	6430
开诚布公	kāichéng-bùgōng	27418
开初	kāichū	46297
开除	kāichú	6598
开船	kāichuán	28327
开创	kāichuàng	3214
开春	kāichūn	17492
开打	kāidǎ	39696
开裆裤	kāidāngkù	41000
开刀	kāidāo	15816
开导	kāidǎo	15409
开倒车	kāidàochē	41428
开道	kāidào	21544
开动	kāidòng	15560
开冻	kāidòng	56500
开端	kāiduān	9853
开恩	kāi'ēn	29039
开发	kāifā	901
开发区	kāifāqū	4219
开饭	kāifàn	20213
开方	kāifāng	35154
开房	kāifáng	45715
开房间	kāifángjiān	46002
开放	kāifàng	1156
开赴	kāifù	19874
开工	kāigōng	3903
开弓	kāigōng	45123
开关	kāiguān	10344
开馆	kāiguǎn	16829
开光	kāiguāng	50581
开锅	kāiguō	41655
开国	kāiguó	10702
开航	kāiháng	42352
开河	kāihé	35583
开后门	kāihòumén	33361
开户	kāihù	18372
开户行	kāihùháng	44119
开花	kāihuā	7348
开化	kāihuà	26251
开怀	kāihuái	26252
开怀大笑	kāihuái-dàxiào	31736
开荒	kāihuāng	13028
开会	kāihuì	2931
开荤	kāihūn	35506
开火	kāihuǒ	19916
开伙	kāihuǒ	55609
开机	kāijī	18658
开价	kāijià	32983
开架	kāijià	40543
开间	kāijiān	40322
开讲	kāijiǎng	36681
开奖	kāijiǎng	35296
开胶	kāijiāo	56501
开戒	kāijiè	50976
开金	kāijīn	54574
开禁	kāijìn	41205
开镜	kāijìng	56502
开局	kāijú	8299
开具	kāijù	15906
开卷	kāijuàn	33230
开掘	kāijué	13357
开课	kāikè	25479
开垦	kāikěn	11529
开口	kāikǒu	3772
开口子	kāikǒuzi	44588
开快车	kāikuàichē	50977
开矿	kāikuàng	25373
开阔	kāikuò	6377
开阔地	kāikuòdì	38269
开朗	kāilǎng	13869
开犁	kāilí	52191
开镰	kāilián	42353
开列	kāiliè	27756
开裂	kāiliè	25922
开溜	kāiliū	55610
开路	kāilù	17178
开绿灯	kāilǜdēng	30495
开锣	kāiluó	52609
开门	kāimén	4801
开门红	kāiménhóng	21337
开门见山	kāimén-jiànshān	18373
开门揖盗	kāimén-yīdào	54575
开明	kāimíng	14903
开幕	kāimù	3057
开幕词	kāimùcí	23030
开幕式	kāimùshì	4099
开拍	kāipāi	25988
开盘	kāipán	25605
开盘价	kāipánjià	20248
开炮	kāipào	25480
开辟	kāipì	3063
开篇	kāipiān	19986
开票	kāipiào	25481
开屏	kāipíng	38102
开启	kāiqǐ	9337
开枪	kāiqiāng	10199
开腔	kāiqiāng	37015
开窍	kāiqiào	26328
开球	kāiqiú	38851
开赛	kāisài	10023
开山	kāishān	18974
开山祖师	kāishān zǔshī	55114
开设	kāishè	4178
开审	kāishěn	43592
开始	kāishǐ	108
开市	kāishì	32984
开释	kāishì	40544
开涮	kāishuàn	46910
开水	kāishuǐ	8281
开司米	kāisīmǐ	54576
开台	kāitái	56503
开膛	kāitáng	35740
开天窗	kāitiānchuāng	43593
开天辟地	kāitiān-pìdì	28674
开庭	kāitíng	10119
开通	kāitōng	3809
开通	kāitong	43801
开头	kāitóu	10327
开脱	kāituō	21041
开拓	kāituò	2404
开拓型	kāituòxíng	51761
开外	kāiwài	20386
开玩笑	kāiwánxiào	6011
开胃	kāiwèi	36839
开线	kāixiàn	56504
开箱	kāixiāng	25639
开销	kāixiāo	14949
开小差	kāixiǎochāi	33099
开小灶	kāixiǎozào	44367

开心	kāixīn	5604
开心果	kāixīnguǒ	51762
开心丸	kāixīnwán	56767
开行	kāixíng	13009
开学	kāixué	7365
开言	kāiyán	56505
开颜	kāiyán	56096
开眼	kāiyǎn	12685
开眼界	kāiyǎnjiè	43117
开演	kāiyǎn	26906
开洋荤	kāiyánghūn	53543
开业	kāiyè	7337
开夜车	kāiyèchē	44368
开印	kāiyìn	55115
开源节流	kāiyuán-jiéliú	30166
开凿	kāizáo	22622
开闸	kāizhá	31493
开斋	kāizhāi	54577
开斋节	Kāizhāi Jié	34683
开展	kāizhǎn	1003
开战	kāizhàn	10500
开张	kāizhāng	11481
开仗	kāizhàng	53544
开诊	kāizhěn	41891
开征	kāizhēng	23626
开支	kāizhī	4643
开宗明义	kāizōng-míngyì	28498
开足马力	kāizú-mǎlì	33362
开罪	kāizuì	54077
揩	kāi	8751
揩拭	kāishì	54078
揩油	kāiyóu	36041
凯歌	kǎigē	22571
凯旋	kǎixuán	16422
凯旋门	kǎixuánmén	30496
铠甲	kǎijiǎ	35741
慨然	kǎirán	16206
慨叹	kǎitàn	17095
楷	kǎi	27587
楷模	kǎimó	10547
楷书	kǎishū	30167
楷体	kǎitǐ	49497
刊	kān	7730
刊本	kānběn	53545
刊出	kānchū	14193
刊登	kāndēng	4818
刊发	kānfā	15484
刊授	kānshòu	49760
刊头	kāntóu	47185
刊物	kānwù	5411
刊误	kānwù	38549
刊行	kānxíng	31047
刊印	kānyìn	39058
刊用	kānyòng	51763
刊载	kānzǎi	16713
看	kān	4396
看管	kānguǎn	16966
看护	kānhù	11990
看家	kānjiā	21003
看家狗	kānjiāgǒu	52192
看家戏	kānjiāxì	54578
看青	kānqīng	49119
看守	kānshǒu	9844
看守内阁	kānshǒu nèigé	31960
看守所	kānshǒusuǒ	14904
看押	kānyā	41656
勘测	kāncè	16378
勘查	kānchá	11456
勘察	kānchá	10772
勘定	kāndìng	37915
勘探	kāntàn	7252
勘探队	kāntànduì	40545
勘误	kānwù	56703
勘验	kānyàn	39271
堪称	kānchēng	7623
堪当	kāndāng	54579
堪培拉	Kānpéilā	13464
堪忧	kānyōu	24183
戡乱	kānluàn	47807
坎	kǎn	8766
坎儿	kǎnr	29628
坎肩	kǎnjiān	27916
坎儿井	kǎnrjǐng	29843
坎坷	kǎnkě	10174
坎子	kǎnzi	51356
侃	kǎn	13594
侃大山	kǎndàshān	47808
侃侃而谈	kǎnkǎn'értán	20737
砍	kǎn	3739
砍刀	kǎndāo	31378
砍伐	kǎnfá	14246
砍价	kǎnjià	42595
看	kàn	1661
看扁	kànbiǎn	55116
看病	kànbìng	5440
看不惯	kànbuguàn	18948
看不起	kànbuqǐ	8847
看不上	kànbushàng	49498
看穿	kànchuān	24901
看待	kàndài	4430
看得起	kàndeqǐ	18849
看得上	kàndeshàng	47186
看点	kàndiǎn	25695
看跌	kàndiē	51764
看法	kànfǎ	1926
看风使舵	kànfēng-shǐduò	51357
看好	kànhǎo	6553
看见	kànjiàn	1186
看客	kànkè	39272
看来	kànlái	1070
看破	kànpò	27757
看齐	kànqí	19917
看起来	kànqǐlái	14478
看轻	kànqīng	29040
看热闹	kànrènao	12001
看上	kànshàng	11059
看似	kànsì	8474
看台	kàntái	7866
看透	kàntòu	14724
看头儿	kàntour	33750
看望	kànwàng	4074
看笑话	kànxiàohua	42596
看样子	kànyàngzi	12865
看医生	kànyīshēng	40769
看涨	kànzhǎng	33751
看中	kànzhòng	10165
看重	kànzhòng	7885
看准	kànzhǔn	21387
看作	kànzuò	5072
康	kāng	4165
康拜因	kāngbàiyīn	51765
康复	kāngfù	6220
康健	kāngjiàn	26056
康乐	kānglè	29438
康乃馨	kāngnǎixīn	33363
康宁	kāngníng	39481
康庄大道	kāngzhuāng-dàdào	28585
慷慨	kāngkǎi	8974

慷慨陈词	kāngkǎi-chéncí	35297
慷慨激昂	kāngkǎi-jī'áng	20461
慷慨解囊	kāngkǎi-jiěnáng	23736
糠	kāng	15285
扛	káng	5431
扛大个儿	kángdàgèr	56097
扛活	kánghuó	50228
亢	kàng	28247
亢奋	kàngfèn	19422
亢进	kàngjìn	34684
伉俪	kànglì	29524
抗	kàng	2192
抗癌	kàng'ái	16295
抗暴	kàngbào	44840
抗辩	kàngbiàn	32458
抗病	kàngbìng	16621
抗敌	kàngdí	33364
抗干扰	kànggānrǎo	31158
抗寒	kànghán	27419
抗旱	kànghàn	6120
抗衡	kànghéng	14230
抗洪	kànghóng	6884
抗击	kàngjī	4665
抗拒	kàngjù	9545
抗菌素	kàngjūnsù	30615
抗涝	kànglào	55117
抗联	Kànglián	27272
抗命	kàngmìng	29525
抗凝	kàngníng	55118
抗热	kàngrè	54580
抗日	kàngrì	4447
抗上	kàngshàng	56651
抗生素	kàngshēngsù	13250
抗税	kàngshuì	33608
抗诉	kàngsù	16685
抗体	kàngtǐ	14082
抗药性	kàngyàoxìng	32711
抗议	kàngyì	4919
抗御	kàngyù	20542
抗原	kàngyuán	20666
抗灾	kàngzāi	11833
抗战	kàngzhàn	4059
抗震	kàngzhèn	22511
抗争	kàngzhēng	10754
抗皱	kàngzhòu	55611
炕	kàng	5173
炕洞	kàngdòng	43883
炕几	kàngjī	55612
炕梢	kàngshāo	53546
炕头	kàngtóu	18884
炕席	kàngxí	36193
炕沿	kàngyán	19423
炕桌	kàngzhuō	30277
考	kǎo	2254
考妣	kǎobǐ	53547
考查	kǎochá	15347
考察	kǎochá	1543
考场	kǎochǎng	11050
考点	kǎodiǎn	24449
考订	kǎodìng	47809
考分	kǎofēn	36841
考风	kǎofēng	37362
考古	kǎogǔ	5525
考官	kǎoguān	20426
考核	kǎohé	2591
考级	kǎojí	35298
考纪	kǎojì	34363
考绩	kǎojì	48434
考究	kǎojiu	18522
考据	kǎojù	24834
考卷	kǎojuàn	32587
考量	kǎoliáng	24450
考虑	kǎolǜ	678
考评	kǎopíng	10247
考期	kǎoqī	53062
考勤	kǎoqín	28675
考区	kǎoqū	44369
考取	kǎoqǔ	16518
考生	kǎoshēng	5753
考试	kǎoshì	1779
考释	kǎoshì	56098
考题	kǎotí	25298
考问	kǎowèn	25482
考学	kǎoxué	34006
考研	kǎoyán	9088
考验	kǎoyàn	2911
考证	kǎozhèng	11021
考中	kǎozhòng	24766
拷	kǎo	20573
拷贝	kǎobèi	23799
拷绸	kǎochóu	56099
拷打	kǎodǎ	28248
拷问	kǎowèn	24560
烤	kǎo	6864
烤火	kǎohuǒ	25606
烤鸡	kǎojī	47187
烤炉	kǎolú	45124
烤肉	kǎoròu	28417
烤箱	kǎoxiāng	42868
烤鸭	kǎoyā	24767
烤烟	kǎoyān	21501
烤制	kǎozhì	50229
铐	kào	20835
犒劳	kàoláo	33100
犒赏	kàoshǎng	32317
靠	kào	354
靠岸	kào'àn	25833
靠背	kàobèi	25989
靠背椅	kàobèiyǐ	38852
靠边	kàobiān	25041
靠边儿站	kàobiānrzhàn	56506
靠泊	kàobó	46604
靠不住	kàobuzhù	17660
靠得住	kàodezhù	18309
靠垫	kàodiàn	46605
靠近	kàojìn	6158
靠拢	kàolǒng	14608
靠山	kàoshān	16168
靠山吃山，靠水吃水	kào shān chī shān, kào shuǐ chī shuǐ	54581
靠椅	kàoyǐ	33880
坷垃	kēla	37187
苛捐杂税	kējuān-záshuì	41001
苛刻	kēkè	13728
苛求	kēqiú	22928
苛责	kēzé	44120
苛政	kēzhèng	42597
珂罗版	kēluóbǎn	53063
柯	kē	12107
柯尔克孜族	Kē'ěrkèzīzú	34995
科	kē	1523
科班	kēbān	33231
科幻	kēhuàn	12762
科技	kējì	953
科技城	kējìchéng	30168
科技界	kējìjiè	13216
科教	kējiào	3975
科举	kējǔ	17057

科考	kēkǎo	15272
科盲	kēmáng	49499
科贸	kēmào	46298
科目	kēmù	10152
科普	kēpǔ	4472
科室	kēshì	9863
科委	kēwěi	14870
科协	kēxié	8834
科学	kēxué	493
科学家	kēxuéjiā	1811
科学界	kēxuéjiè	17199
科学社会主义	kēxué shèhuì zhǔyì	23531
科学院	kēxuéyuàn	7652
科研	kēyán	1651
棵	kē	1899
窠臼	kējiù	33609
颗	kē	1196
颗粒	kēlì	9436
磕	kē	7828
磕打	kēda	50978
磕磕绊绊	kēkebànbàn	34825
磕碰	kēpèng	37363
磕头	kētóu	10834
瞌睡	kēshuì	17719
瞌睡虫	kēshuìchóng	56100
蝌蚪	kēdǒu	23532
壳	ké	3552
壳子	kézi	35463
咳	ké	4262
咳嗽	késou	6514
可	kě	61
可爱	kě'ài	3501
可悲	kěbēi	14131
可鄙	kěbǐ	39273
可不	kěbù	12316
可怖	kěbù	43594
可不是	kěbùshi	14403
可操作性	kěcāozuòxìng	11729
可曾	kěcéng	35464
可乘之机	kěchéngzhījī	18252
可耻	kěchǐ	13292
可读性	kědúxìng	20033
可否	kěfǒu	15538
可歌可泣	kěgē-kěqì	18625
可耕地	kěgēngdì	34262
可观	kěguān	7948
可贵	kěguì	7691
可好	kěhǎo	34552
可恨	kěhèn	13729
可嘉	kějiā	30062
可见	kějiàn	2549
可见光	kějiànguāng	27420
可鉴	kějiàn	53064
可敬	kějìng	15949
可卡因	kěkǎyīn	31261
可靠	kěkào	3274
可可	kěkě	14951
可控	kěkòng	24317
可口	kěkǒu	14968
可口可乐	Kěkǒukělè	21582
可兰经	Kělánjīng	53065
可乐	kělè	18693
可怜	kělián	3373
可怜巴巴	kěliánbābā	23414
可怜虫	kěliánchóng	36042
可能	kěnéng	153
可怕	kěpà	3376
可欺	kěqī	36043
可气	kěqì	32588
可巧	kěqiǎo	15348
可亲	kěqīn	17780
可取	kěqǔ	11865
可圈可点	kěquān-kědiǎn	51766
可燃	kěrán	27997
可人	kěrén	42106
可溶	kěróng	35299
可视性	kěshìxìng	50230
可是	kěshì	499
可塑性	kěsùxìng	28865
可叹	kětàn	40323
可望	kěwàng	8442
可望而不可即	kě wàng ér bù kě jí	53548
可谓	kěwèi	3595
可恶	kěwù	12526
可惜	kěxī	3143
可喜	kěxǐ	5419
可想而知	kěxiǎng'érzhī	11009
可笑	kěxiào	6075
可心	kěxīn	34121
可信	kěxìn	10309
可信度	kěxìndù	28866
可行	kěxíng	8107
可行性	kěxíngxìng	9743
可疑	kěyí	8951
可以	kěyǐ	60
可以说	kěyǐshuō	3272
可意	kěyì	42107
可有可无	kěyǒu-kěwú	20773
可憎	kězēng	31494
可着	kězhe	56101
可知	kězhī	7115
可资	kězī	32084
渴	kě	9043
渴慕	kěmù	49500
渴念	kěniàn	46911
渴盼	kěpàn	29439
渴求	kěqiú	15306
渴望	kěwàng	3642
可汗	kèhán	16941
克	kè	1909
克敌制胜	kèdí-zhìshèng	31961
克服	kèfú	2145
克复	kèfù	29133
克己	kèjǐ	30839
克己奉公	kèjǐ-fènggōng	29526
克尽职守	kèjìn-zhíshǒu	55613
克扣	kèkòu	15692
克里姆林宫	Kèlǐmǔlín Gōng	20774
克隆	kèlóng	6526
克勤克俭	kèqín-kèjiǎn	43595
克山病	kèshānbìng	51358
克星	kèxīng	27130
克制	kèzhì	10452
刻	kè	3513
刻板	kèbǎn	23371
刻本	kèběn	26761
刻薄	kèbó	19424
刻不容缓	kèbùrónghuǎn	13529
刻刀	kèdāo	43596
刻毒	kèdú	34685
刻度	kèdù	23737
刻工	kègōng	53549
刻骨	kègǔ	24012
刻骨铭心	kègǔ-míngxīn	17301
刻痕	kèhén	50231
刻花	kèhuā	52193

刻画	kèhuà	9786
刻苦	kèkǔ	6501
刻写	kèxiě	43884
刻意	kèyì	12347
刻制	kèzhì	34996
刻舟求剑	kèzhōu-qiújiàn	53066
刻字	kèzì	34997
恪尽职守	kèjìn-zhíshǒu	18163
恪守	kèshǒu	8903
客	kè	2580
客舱	kècāng	38270
客场	kèchǎng	9529
客车	kèchē	7908
客船	kèchuán	26612
客串	kèchuàn	33752
客店	kèdiàn	29334
客队	kèduì	30169
客饭	kèfàn	49120
客房	kèfáng	12385
客服	kèfú	42304
客观	kèguān	1540
客观世界	kèguān shìjiè	13010
客观性	kèguānxìng	18790
客户	kèhù	2747
客户端	kèhùduān	33467
客机	kèjī	9458
客籍	kèjí	56507
客家	Kèjiā	21388
客家方言	kèjiā fāngyán	56508
客居	kèjū	38271
客里空	kèlǐkōng	51767
客流	kèliú	11045
客轮	kèlún	24118
客满	kèmǎn	46606
客票	kèpiào	25545
客气	kèqi	5089
客人	kèrén	1379
客商	kèshāng	6837
客舍	kèshè	53550
客死	kèsǐ	51768
客堂	kètáng	26487
客套	kètào	25607
客套话	kètàohuà	36521
客体	kètǐ	10419
客厅	kètīng	5114
客位	kèwèi	39274
客源	kèyuán	17302
客运	kèyùn	6454
客运段	kèyùnduàn	39482
客运量	kèyùnliàng	26057
客运站	kèyùnzhàn	25374
客栈	kèzhàn	23476
客座	kèzuò	24013
客座教授	kèzuò jiàoshòu	34553
课	kè	2172
课本	kèběn	9230
课表	kèbiǎo	50582
课程	kèchéng	2988
课程表	kèchéngbiǎo	40125
课间	kèjiān	27056
课间操	kèjiāncāo	42598
课件	kèjiàn	30948
课目	kèmù	28328
课时	kèshí	18975
课室	kèshì	53551
课税	kèshuì	42354
课堂	kètáng	4412
课题	kètí	2308
课题组	kètízǔ	10175
课外	kèwài	12256
课文	kèwén	17933
课业	kèyè	20427
课余	kèyú	18559
课桌	kèzhuō	21338
骒马	kèmǎ	55120
缂丝	kèsī	54582
嗑	kè	16296
溘然	kèrán	48108
肯	kěn	2491
肯定	kěndìng	730
肯干	kěngàn	27588
肯于	kěnyú	47188
垦复	kěnfù	56759
垦荒	kěnhuāng	23738
垦区	kěnqū	14170
垦殖	kěnzhí	37916
恳切	kěnqiè	13404
恳请	kěnqǐng	22248
恳求	kěnqiú	11841
恳谈	kěntán	32459
恳挚	kěnzhì	41206
啃	kěn	7648
啃书本	kěnshūběn	52610
坑	kēng	4291
坑道	kēngdào	23627
坑害	kēnghài	21004
坑坑洼洼	kēngkengwāwā	25110
坑口	kēngkǒu	47810
坑蒙拐骗	kēng-mēng-guǎi-piàn	50233
坑木	kēngmù	46912
坑骗	kēngpiàn	42108
坑人	kēngrén	30497
坑洼	kēngwā	36044
吭	kēng	10153
吭哧	kēngchi	37917
吭气	kēngqì	35155
吭声	kēngshēng	13166
铿锵	kēngqiāng	19027
铿锵有力	kēngqiāng-yǒulì	30464
空	kōng	2291
空巢	kōngcháo	30949
空城计	kōngchéngjì	32318
空挡	kōngdǎng	51359
空荡	kōngdàng	56509
空荡荡	kōngdàngdàng	15307
空洞	kōngdòng	9870
空洞无物	kōngdòng-wúwù	42599
空对空	kōngduìkōng	41207
空乏	kōngfá	50234
空翻	kōngfān	49122
空泛	kōngfàn	28170
空房	kōngfáng	26820
空腹	kōngfù	35742
空谷足音	kōnggǔ-zúyīn	52611
空喊	kōnghǎn	41002
空耗	kōnghào	53552
空话	kōnghuà	12022
空欢喜	kōnghuānxǐ	54079
空幻	kōnghuàn	48435
空际	kōngjì	54080
空寂	kōngjì	42869
空架子	kōngjiàzi	41003
空间	kōngjiān	1244
空间技术	kōngjiān jìshù	27273
空间站	kōngjiānzhàn	10549
空降	kōngjiàng	25696
空降兵	kōngjiàngbīng	32319

空姐	kōngjiě	31048
空军	kōngjūn	4122
空客	kōngkè	11441
空空如也	kōngkōngrúyě	29629
空口	kōngkǒu	50235
空口无凭	kōngkǒu-wúpíng	53067
空旷	kōngkuàng	13977
空阔	kōngkuò	32848
空灵	kōnglíng	24701
空论	kōnglùn	50583
空落落	kōngluòluò	30170
空门	kōngmén	42600
空名	kōngmíng	56102
空难	kōngnàn	14516
空炮	kōngpào	47811
空气	kōngqì	1278
空前	kōngqián	5299
空前绝后	kōngqián-juéhòu	35300
空勤	kōngqín	47189
空拳	kōngquán	49123
空嫂	kōngsǎo	56103
空身	kōngshēn	56510
空驶	kōngshǐ	51769
空手	kōngshǒu	17228
空手道	kōngshǒudào	51770
空疏	kōngshū	43365
空谈	kōngtán	18041
空调	kōngtiáo	5381
空调病	kōngtiáobìng	51360
空头	kōngtóu	28676
空头支票	kōngtóu zhīpiào	38103
空投	kōngtóu	30171
空文	kōngwén	50979
空无所有	kōngwúsuǒyǒu	51361
空无一人	kōngwúyīrén	25483
空袭	kōngxí	10004
空想	kōngxiǎng	16647
空心	kōngxīn	17324
空心菜	kōngxīncài	46913
空心砖	kōngxīnzhuān	44589
空虚	kōngxū	8349
空穴来风	kōngxué-láifēng	38469
空言	kōngyán	53553
空域	kōngyù	20802
空运	kōngyùn	19194
空载	kōngzài	48436
空战	kōngzhàn	31379
空中	kōngzhōng	2777
空中管制	kōngzhōng guǎnzhì	50584
空中客车	kōngzhōng kèchē	23628
空中楼阁	kōngzhōng-lóugé	32460
空中小姐	kōngzhōng xiǎojiě	44121
空竹	kōngzhú	38272
空转	kōngzhuàn	43366
孔	kǒng	4200
孔道	kǒngdào	39897
孔洞	kǒngdòng	39275
孔方兄	kǒngfāngxiōng	52612
孔夫子	Kǒngfūzǐ	23128
孔径	kǒngjìng	35465
孔庙	Kǒngmiào	27998
孔雀	kǒngquè	9886
孔雀蓝	kǒngquèlán	51771
孔雀石	kǒngquèshí	53068
孔武有力	kǒngwǔ-yǒulì	56652
孔隙	kǒngxì	29134
孔穴	kǒngxué	55614
孔眼	kǒngyǎn	52194
孔子	Kǒngzǐ	5907
恐	kǒng	4085
恐怖	kǒngbù	2151
恐怖片	kǒngbùpiàn	47190
恐怖主义	kǒngbù zhǔyì	4069
恐吓	kǒnghè	15221
恐慌	kǒnghuāng	9250
恐惧	kǒngjù	5250
恐龙	kǒnglóng	9922
恐怕	kǒngpà	2046
空	kòng	4750
空儿	kòngr	22704
空白	kòngbái	5256
空白点	kòngbáidiǎn	31159
空仓	kōngcāng	47197
空场	kòngchǎng	45702
空当	kòngdāng	30950
空档	kòngdàng	42601
空地	kòngdì	10998
空额	kòng'é	51772
空格	kònggé	38470
空缺	kòngquē	16648
空位	kòngwèi	27758
空隙	kòngxì	15119
空暇	kòngxiá	48437
空闲	kòngxián	15772
空心	kòngxīn	28586
空余	kòngyú	36045
空子	kòngzi	18196
控	kòng	3668
控告	kònggào	11784
控股	kònggǔ	5835
控球	kòngqiú	16793
控诉	kòngsù	13486
控制	kòngzhì	749
抠	kōu	12585
抠门儿	kōuménr	45125
眍	kōu	54583
口	kǒu	433
口岸	kǒu'àn	5165
口杯	kǒubēi	49124
口碑	kǒubēi	19425
口才	kǒucái	21583
口彩	kǒucǎi	54584
口称	kǒuchēng	53554
口吃	kǒuchī	24835
口齿	kǒuchǐ	25767
口臭	kǒuchòu	39898
口出狂言	kǒuchū-kuángyán	46914
口传	kǒuchuán	35466
口传心授	kǒuchuán-xīnshòu	52195
口疮	kǒuchuāng	51773
口袋	kǒudai	4577
口耳相传	kǒu'ěr-xiāngchuán	49125
口风	kǒufēng	30721
口服	kǒufú	23083
口服心服	kǒufú-xīnfú	44122
口服液	kǒufúyè	31962
口福	kǒufú	27190
口腹	kǒufù	45126
口干舌燥	kǒugān-shézào	45127
口感	kǒugǎn	21713
口供	kǒugòng	23964
口号	kǒuhào	3488
口红	kǒuhóng	18791
口惠	kǒuhuì	53829
口技	kǒujì	45412
口角	kǒujiǎo	49882
口紧	kǒujǐn	56511

口径	kǒujìng	12514
口诀	kǒujué	35301
口角	kǒujué	23372
口渴	kǒukě	22405
口口声声	kǒukoushēngshēng	19799
口快	kǒukuài	50980
口粮	kǒuliáng	12866
口令	kǒulìng	16918
口蜜腹剑	kǒumì-fùjiàn	50981
口蘑	kǒumó	50585
口气	kǒuqì	3624
口腔	kǒuqiāng	11622
口琴	kǒuqín	28329
口若悬河	kǒuruòxuánhé	31612
口哨	kǒushào	24233
口舌	kǒushé	22623
口实	kǒushí	29041
口试	kǒushì	39059
口是心非	kǒushì-xīnfēi	35302
口授	kǒushòu	30278
口述	kǒushù	18221
口水	kǒushuǐ	15030
口水战	kǒushuǐzhàn	51774
口算	kǒusuàn	56104
口蹄疫	kǒutíyì	18341
口条	kǒutiáo	52613
口头	kǒutóu	7472
口头禅	kǒutóuchán	22092
口头文学	kǒutóu wénxué	47812
口头语	kǒutóuyǔ	35467
口外	kǒuwài	46299
口味	kǒuwèi	12846
口吻	kǒuwěn	9349
口误	kǒuwù	51775
口香糖	kǒuxiāngtáng	26613
口信	kǒuxìn	23739
口形	kǒuxíng	47191
口型	kǒuxíng	44841
口译	kǒuyì	47192
口音	kǒuyīn	11156
口语	kǒuyǔ	13075
口谕	kǒuyù	55615
口罩	kǒuzhào	11815
口诛笔伐	kǒuzhū-bǐfá	41004
口子	kǒuzi	12023
叩	kòu	7170
叩拜	kòubài	50236
叩打	kòudǎ	56512
叩关	kòuguān	56674
叩击	kòujī	40546
叩见	kòujiàn	55616
叩门	kòumén	26558
叩首	kòushǒu	23031
叩头	kòutóu	11017
叩问	kòuwèn	44842
叩谢	kòuxiè	35887
扣	kòu	3060
扣除	kòuchú	9899
扣发	kòufā	31160
扣减	kòujiǎn	34686
扣缴	kòujiǎo	24902
扣篮	kòulán	8541
扣留	kòuliú	14744
扣帽子	kòumàozi	40547
扣球	kòuqiú	26985
扣人心弦	kòurénxīnxián	25111
扣杀	kòushā	42870
扣压	kòuyā	37556
扣押	kòuyā	11717
扣子	kòuzi	15611
寇	kòu	9927
寇仇	kòuchóu	50982
枯	kū	9381
枯草	kūcǎo	24250
枯干	kūgān	33232
枯槁	kūgǎo	36353
枯骨	kūgǔ	38662
枯黄	kūhuáng	21907
枯寂	kūjì	42355
枯竭	kūjié	11134
枯井	kūjǐng	35303
枯木逢春	kūmù-féngchūn	52614
枯荣	kūróng	51776
枯涩	kūsè	43118
枯瘦	kūshòu	33479
枯树	kūshù	30385
枯水	kūshuǐ	29440
枯水期	kūshuǐqī	30722
枯死	kūsǐ	21804
枯萎	kūwěi	17386
枯朽	kūxiǔ	56105
枯叶	kūyè	29042
枯燥	kūzào	12302
枯枝	kūzhī	24318
枯坐	kūzuò	34687
哭	kū	1624
哭鼻子	kūbízi	37188
哭喊	kūhǎn	20963
哭叫	kūjiào	21177
哭哭啼啼	kūkutítí	23685
哭灵	kūlíng	47235
哭闹	kūnào	25434
哭泣	kūqì	8666
哭腔	kūqiāng	47501
哭穷	kūqióng	44370
哭丧	kūsāng	34999
哭丧棒	kūsāngbàng	51362
哭诉	kūsù	19766
哭天抹泪	kūtiān-mǒlèi	50983
哭笑不得	kūxiào-bùdé	18197
窟	kū	13515
窟窿	kūlong	13942
窟窿眼儿	kūlongyǎnr	48438
骷髅	kūlóu	22878
苦	kǔ	1232
苦熬	kǔ'áo	28940
苦不堪言	kǔbùkānyán	23238
苦差	kǔchāi	41005
苦撑	kǔchēng	46607
苦楚	kǔchǔ	22406
苦处	kǔchù	25834
苦大仇深	kǔdà-chóushēn	45413
苦胆	kǔdǎn	52196
苦丁茶	kǔdīngchá	42109
苦斗	kǔdòu	29335
苦读	kǔdú	41657
苦短	kǔduǎn	51777
苦干	kǔgàn	12446
苦工	kǔgōng	33233
苦功	kǔgōng	39899
苦瓜	kǔguā	28941
苦果	kǔguǒ	20707
苦海	kǔhǎi	27274
苦寒	kǔhán	33101
苦活儿	kǔhuór	47193
苦尽甘来	kǔjìn-gānlái	45414
苦境	kǔjìng	48752

苦酒	kǔjiǔ	41429
苦口	kǔkǒu	29441
苦口婆心	kǔkǒu-póxīn	22139
苦苦	kǔkǔ	9696
苦力	kǔlì	22654
苦脸	kǔliǎn	48439
苦练	kǔliàn	14194
苦闷	kǔmèn	9627
苦命	kǔmìng	22302
苦难	kǔnàn	6660
苦恼	kǔnǎo	7310
苦日子	kǔrìzi	34409
苦肉计	kǔròujì	47502
苦涩	kǔsè	12089
苦水	kǔshuǐ	23179
苦思	kǔsī	35000
苦思冥想	kǔsī-míngxiǎng	38104
苦痛	kǔtòng	12888
苦头	kǔtóu	18477
苦夏	kǔxià	56513
苦想	kǔxiǎng	46608
苦相	kǔxiàng	42110
苦笑	kǔxiào	7632
苦心	kǔxīn	12436
苦心孤诣	kǔxīn-gūyì	39483
苦刑	kǔxíng	39697
苦行僧	kǔxíngsēng	40324
苦学	kǔxué	34122
苦役	kǔyì	31495
苦于	kǔyú	17961
苦雨	kǔyǔ	48109
苦战	kǔzhàn	14214
苦中作乐	kǔzhōng-zuòlè	56514
苦衷	kǔzhōng	15410
库	kù	4054
库藏	kùcáng	51778
库存	kùcún	7968
库房	kùfáng	17661
库区	kùqū	5189
库容	kùróng	22757
库藏	kùzàng	54081
裤	kù	7789
裤衩	kùchǎ	26821
裤带	kùdài	23032
裤裆	kùdāng	16457
裤兜	kùdōu	32712
裤脚	kùjiǎo	23902
裤腿	kùtuǐ	22303
裤线	kùxiàn	51363
裤腰	kùyāo	28769
裤腰带	kùyāodài	32589
裤子	kùzi	6410
酷	kù	12822
酷爱	kù'ài	16519
酷寒	kùhán	48440
酷吏	kùlì	40325
酷烈	kùliè	44843
酷虐	kùnüè	49501
酷热	kùrè	22043
酷暑	kùshǔ	13424
酷似	kùsì	19426
酷肖	kùxiào	53555
酷刑	kùxíng	23577
夸	kuā	7812
夸大	kuādà	10501
夸大其词	kuādà-qící	38853
夸海口	kuāhǎikǒu	52615
夸奖	kuājiǎng	12205
夸口	kuākǒu	36523
夸夸其谈	kuākuā-qítán	33753
夸饰	kuāshì	53556
夸耀	kuāyào	21042
夸赞	kuāzàn	21805
夸张	kuāzhāng	7464
侉	kuǎ	45704
垮	kuǎ	9478
垮台	kuǎtái	18762
挎	kuà	15561
挎包	kuàbāo	21275
胯	kuà	22249
胯骨	kuàgǔ	40770
胯下	kuàxià	49502
跨	kuà	2144
跨度	kuàdù	14929
跨国	kuàguó	6766
跨国公司	kuàguó gōngsī	5643
跨行业	kuàhángyè	24605
跨栏	kuàlán	34826
跨年度	kuàniándù	43367
跨院儿	kuàyuànr	35743
跨越	kuàyuè	5122
会计	kuàijì	3443
会计师	kuàijìshī	10910
块	kuài	362
块儿	kuàir	24319
块根	kuàigēn	50586
块茎	kuàijīng	54585
块垒	kuàilěi	47503
块头	kuàitóu	36194
快	kuài	210
快班	kuàibān	46609
快板儿	kuàibǎnr	22787
快报	kuàibào	27057
快步	kuàibù	14141
快餐	kuàicān	14006
快餐店	kuàicāndiàn	25923
快车	kuàichē	10674
快车道	kuàichēdào	16318
快当	kuàidang	46610
快刀斩乱麻	kuàidāo zhǎn luànmá	51364
快递	kuàidì	17909
快感	kuàigǎn	13730
快攻	kuàigōng	19052
快活	kuàihuo	6830
快件	kuàijiàn	29959
快捷	kuàijié	8301
快乐	kuàilè	2179
快马加鞭	kuàimǎ-jiābiān	36524
快慢	kuàimàn	21714
快门	kuàimén	27999
快棋	kuàiqí	19918
快人快语	kuàirén-kuàiyǔ	19767
快事	kuàishì	49883
快手	kuàishǒu	47504
快书	kuàishū	44123
快速	kuàisù	1886
快速路	kuàisùlù	37189
快艇	kuàitǐng	26404
快慰	kuàiwèi	26822
快信	kuàixìn	36046
快讯	kuàixùn	20140
快意	kuàiyì	18253
快运	kuàiyùn	35304
快照	kuàizhào	46915
快嘴	kuàizuǐ	45128
脍炙人口	kuàizhì-rénkǒu	19153
筷子	kuàizi	6508

宽	kuān	1669
宽畅	kuānchàng	47505
宽敞	kuānchang	8412
宽绰	kuānchuo	37557
宽大	kuāndà	9799
宽大为怀	kuāndà-wéihuái	48441
宽待	kuāndài	47506
宽度	kuāndù	15235
宽泛	kuānfàn	27589
宽幅	kuānfú	54586
宽广	kuānguǎng	9731
宽和	kuānhé	56515
宽宏	kuānhóng	42871
宽宏大量	kuānhóng-dàliàng	32713
宽厚	kuānhòu	15539
宽旷	kuānkuàng	56106
宽阔	kuānkuò	7775
宽容	kuānróng	8519
宽舒	kuānshū	50237
宽恕	kuānshù	18433
宽松	kuānsōng	8488
宽体	kuāntǐ	49503
宽慰	kuānwèi	18222
宽限	kuānxiàn	43597
宽心	kuānxīn	25608
宽心丸	kuānxīnwán	55121
宽衣	kuānyī	41208
宽以待人	kuānyǐdàirén	40548
宽银幕	kuānyínmù	44124
宽宥	kuānyòu	56107
宽余	kuānyú	50238
宽裕	kuānyù	15633
宽窄	kuānzhǎi	37558
宽展	kuānzhǎn	56516
髋骨	kuāngǔ	53069
髋关节	kuānguānjié	41006
款	kuǎn	1547
款步	kuǎnbù	56108
款待	kuǎndài	11718
款额	kuǎn'é	33102
款款	kuǎnkuǎn	21502
款留	kuǎnliú	55617
款式	kuǎnshì	12763
款项	kuǎnxiàng	10821
款型	kuǎnxíng	51779
款爷	kuǎnyé	50984
款子	kuǎnzi	17935
匡扶	kuāngfú	48110
匡济	kuāngjì	52616
匡算	kuāngsuàn	42872
匡正	kuāngzhèng	33754
诓骗	kuāngpiàn	52617
哐	kuāng	25484
哐啷	kuānglāng	45129
筐	kuāng	9053
筐子	kuāngzi	50985
狂	kuáng	4883
狂傲	kuáng'ào	38663
狂暴	kuángbào	30498
狂奔	kuángbēn	20775
狂飙	kuángbiāo	20921
狂草	kuángcǎo	41892
狂潮	kuángcháo	27664
狂跌	kuángdiē	43368
狂放	kuángfàng	33103
狂吠	kuángfèi	31262
狂风	kuángfēng	12154
狂轰滥炸	kuánghōng-lànzhà	32985
狂呼	kuánghū	31263
狂欢	kuánghuān	15867
狂欢节	Kuánghuān Jié	29043
狂澜	kuánglán	34263
狂烈	kuángliè	56517
狂乱	kuángluàn	34007
狂怒	kuángnù	35584
狂气	kuángqi	56109
狂犬病	kuángquǎnbìng	26329
狂热	kuángrè	11911
狂人	kuángrén	25299
狂涛	kuángtāo	45705
狂徒	kuángtú	53070
狂妄	kuángwàng	20214
狂舞	kuángwǔ	37918
狂喜	kuángxǐ	21761
狂想	kuángxiǎng	44590
狂想曲	kuángxiǎngqǔ	43119
狂笑	kuángxiào	21339
狂言	kuángyán	33881
狂野	kuángyě	48442
狂饮	kuángyǐn	44125
狂躁	kuángzào	36354
诳	kuáng	19195
诳语	kuángyǔ	56110
旷	kuàng	24657
旷达	kuàngdá	38854
旷工	kuànggōng	32849
旷古	kuànggǔ	41430
旷课	kuàngkè	38273
旷日持久	kuàngrì-chíjiǔ	24972
旷世	kuàngshì	49126
旷野	kuàngyě	15907
旷远	kuàngyuǎn	49884
况	kuàng	7283
况且	kuàngqiě	5380
矿	kuàng	3528
矿藏	kuàngcáng	21503
矿层	kuàngcéng	55618
矿产	kuàngchǎn	4895
矿场	kuàngchǎng	47507
矿床	kuàngchuáng	30279
矿灯	kuàngdēng	34123
矿工	kuànggōng	9697
矿井	kuàngjǐng	9837
矿坑	kuàngkēng	44126
矿脉	kuàngmài	51365
矿苗	kuàngmiáo	55801
矿难	kuàngnàn	20387
矿区	kuàngqū	10105
矿泉	kuàngquán	36355
矿泉壶	kuàngquánhú	56518
矿泉水	kuàngquánshuǐ	15031
矿砂	kuàngshā	40326
矿山	kuàngshān	7346
矿石	kuàngshí	16105
矿务	kuàngwù	48443
矿务局	kuàngwùjú	17597
矿物	kuàngwù	13315
矿物油	kuàngwùyóu	48111
矿业	kuàngyè	9075
矿源	kuàngyuán	54587
矿渣	kuàngzhā	36047
矿长	kuàngzhǎng	16435
框	kuàng	14096
框定	kuàngdìng	56111
框架	kuàngjià	3380
框框	kuàngkuang	21584
框子	kuàngzi	30172
亏	kuī	4937

亏得	kuīde	15182
亏本	kuīběn	23533
亏待	kuīdài	23800
亏负	kuīfù	50239
亏空	kuīkong	22453
亏欠	kuīqiàn	42873
亏损	kuīsǔn	4460
亏心	kuīxīn	44127
亏心事	kuīxīnshì	30386
岿然	kuīrán	40549
岿然不动	kuīrán-bùdòng	36525
盔	kuī	22454
盔甲	kuījiǎ	29044
盔头	kuītou	54588
窥测	kuīcè	36842
窥察	kuīchá	56519
窥见	kuījiàn	22250
窥看	kuīkàn	54082
窥破	kuīpò	40126
窥视	kuīshì	20462
窥伺	kuīsì	31161
窥探	kuītàn	22572
奎宁	kuíníng	47194
葵花	kuíhuā	28098
葵花籽	kuíhuāzǐ	44844
葵扇	kuíshàn	54589
魁首	kuíshǒu	46611
魁伟	kuíwěi	46916
魁梧	kuíwu	19131
睽睽	kuíkuí	40327
傀儡	kuǐlěi	18164
傀儡戏	kuǐlěixì	44845
匮乏	kuìfá	10703
喟然	kuìrán	50240
喟叹	kuìtàn	50986
馈送	kuìsòng	49504
馈线	kuìxiàn	55122
馈赠	kuìzèng	19946
溃败	kuìbài	29630
溃不成军	kuìbùchéngjūn	38664
溃堤	kuìdī	50587
溃决	kuìjué	40328
溃烂	kuìlàn	30063
溃灭	kuìmiè	48444
溃散	kuìsàn	21340
溃逃	kuìtáo	37559
溃退	kuìtuì	32203
溃疡	kuìyáng	24119
愧	kuì	12127
愧对	kuìduì	25609
愧悔	kuìhuǐ	52618
愧疚	kuìjiù	18949
愧色	kuìsè	35888
坤包	kūnbāo	51780
坤表	kūnbiǎo	55123
昆	kūn	27885
昆虫	kūnchóng	9321
昆剧	kūnjù	28249
昆仑	kūnlún	17478
昆明	Kūnmíng	3725
昆腔	kūnqiāng	51366
昆曲	kūnqǔ	10920
鲲鹏	kūnpéng	44591
捆	kǔn	6269
捆绑	kǔnbǎng	13435
捆扎	kǔnzā	34008
困	kùn	4899
困顿	kùndùn	26823
困厄	kùn'è	42602
困乏	kùnfá	32461
困惑	kùnhuò	7332
困境	kùnjìng	4946
困窘	kùnjiǒng	30840
困局	kùnjú	45415
困倦	kùnjuàn	25177
困苦	kùnkǔ	12786
困难	kùnnan	407
困扰	kùnrǎo	6171
困守	kùnshǒu	36843
困兽犹斗	kùnshòu-yóudòu	46300
扩	kuò	5692
扩版	kuòbǎn	37560
扩编	kuòbiān	42111
扩充	kuòchōng	13200
扩大	kuòdà	915
扩大化	kuòdàhuà	27665
扩股	kuògǔ	30280
扩建	kuòjiàn	7131
扩军	kuòjūn	32986
扩权	kuòquán	56113
扩容	kuòróng	23084
扩散	kuòsàn	4570
扩音机	kuòyīnjī	48445
扩音器	kuòyīnqì	31737
扩印	kuòyìn	49127
扩展	kuòzhǎn	5008
扩张	kuòzhāng	4792
扩招	kuòzhāo	20065
括号	kuòhào	34124
括弧	kuòhú	45130
阔	kuò	7284
阔别	kuòbié	22573
阔步	kuòbù	19800
阔绰	kuòchuò	27131
阔佬	kuòlǎo	39484
阔气	kuòqi	23239
阔人	kuòrén	20964
阔少	kuòshào	45416
阔叶林	kuòyèlín	34125
阔叶树	kuòyèshù	48753
廓清	kuòqīng	27497
垃圾	lājī	2870
垃圾股	lājīgǔ	31101
垃圾食品	lājī shípǐn	50987
垃圾箱	lājīxiāng	19641
拉	lā	843
拉帮结伙	lābāng-jiéhuǒ	49505
拉帮结派	lābāng-jiépài	43885
拉扯	lāche	15517
拉倒	lādǎo	18478
拉丁美洲	Lādīng Měizhōu	15868
拉丁舞	lādīngwǔ	48756
拉丁字母	Lādīng zìmǔ	51781
拉动	lādòng	4233
拉肚子	lādùzi	33234
拉杆	lāgān	45706
拉关系	lāguānxi	22044
拉后腿	lāhòutuǐ	55619
拉祜族	Lāhùzú	42356
拉活儿	lāhuór	55124
拉家常	lājiācháng	24184
拉家带口	lājiā-dàikǒu	51367
拉架	lājià	39322
拉交情	lājiāoqing	53854
拉脚	lājiǎo	56114
拉锯	lājù	42874
拉客	lākè	32714
拉拉扯扯	lālāchěchě	31738

拉拉队	lālāduì	27058
拉郎配	lālángpèi	43369
拉力	lālì	15656
拉力赛	lālìsài	15908
拉练	lāliàn	26614
拉链	lāliàn	27759
拉拢	lālǒng	16686
拉美	Lā Měi	5395
拉面	lāmiàn	26405
拉皮条	lāpítiáo	43886
拉票	lāpiào	38471
拉纤	lāqiàn	37733
拉萨	Lāsà	5703
拉山头	lāshāntóu	54590
拉屎	lāshǐ	39485
拉手	lāshǒu	15832
拉手	lāshou	32590
拉锁	lāsuǒ	43598
拉网	lāwǎng	36526
拉稀	lāxī	37190
拉下脸	lāxiàliǎn	45417
拉下马	lāxiàmǎ	39900
拉下水	lāxiàshuǐ	43370
拉线	lāxiàn	40329
拉洋片	lāyángpiān	55620
拉杂	lāzá	47813
拉赞助	lāzànzhù	40127
邋遢	lāta	28418
拉	lá	8463
拉开	lákāi	2846
喇叭	lǎba	7419
喇叭花	lǎbahuā	41209
喇叭口	lǎbakǒu	47195
喇叭裤	lǎbakù	42603
喇叭筒	lǎbatǒng	50588
喇嘛	lǎma	11693
喇嘛教	Lǎmajiào	46301
落	là	6744
腊	là	10493
腊八	Làbā	54591
腊八粥	làbāzhōu	46302
腊肠	làcháng	44371
腊肉	làròu	27341
腊味	làwèi	50988
腊月	làyuè	7927
蜡	là	12349
蜡笔	làbǐ	44372
蜡黄	làhuáng	26824
蜡炬	làjù	52197
蜡染	làrǎn	39276
蜡人	làrén	44592
蜡台	làtái	48446
蜡丸	làwán	46303
蜡像	làxiàng	35744
蜡纸	làzhǐ	43120
蜡烛	làzhú	9338
瘌痢	là·lì	47760
辣	là	7202
辣酱	làjiàng	41210
辣椒	làjiāo	9368
辣椒酱	làjiāojiàng	46917
辣椒油	làjiāoyóu	48757
辣手	làshǒu	34828
辣子	làzi	26826
啦	la	1415
来	lái	23
来宾	láibīn	10227
来不得	láibude	28942
来不及	láibují	6102
来潮	láicháo	41007
来到	láidào	458
来得及	láidejí	8838
来电	láidiàn	13208
来犯	láifàn	27421
来访	láifǎng	3761
来稿	láigǎo	13175
来函	láihán	24185
来回	láihuí	6527
来件	láijiàn	55125
来劲	láijìn	31264
来客	láikè	15004
来来去去	láiláiqùqù	51368
来历	láilì	13622
来料	láiliào	36048
来临	láilín	5874
来龙去脉	láilóng-qùmài	21504
来路	láilù	24606
来年	láinián	16895
来气	láiqì	45731
来去	láiqù	12317
来人	láirén	14374
来日	láirì	28770
来日方长	láirì-fāngcháng	40550
来生	láishēng	33480
来使	láishǐ	48447
来世	láishì	27666
来势	láishì	21505
来势汹汹	láishì-xiōngxiōng	38855
来事	láishì	55270
来往	láiwǎng	5808
来文	láiwén	40330
来信	láixìn	2391
来意	láiyì	14811
来由	láiyóu	31496
来源	láiyuán	2949
来者不拒	láizhě-bùjù	37919
来着	láizhe	24186
来之不易	láizhībùyì	9251
来自	láizì	863
赖	lài	7301
赖婚	làihūn	47223
赖皮	làipí	46304
赖以	làiyǐ	10637
赖以生存	làiyǐ-shēngcún	23387
赖账	làizhàng	32987
癞疮	làichuāng	56654
癞蛤蟆	làiháma	30841
癞皮狗	làipígǒu	47814
癞子	làizi	50989
兰	lán	5350
兰草	láncǎo	36195
兰花	lánhuā	12889
兰花指	lánhuāzhǐ	51782
兰州	Lánzhōu	4677
拦	lán	6053
拦挡	lándǎng	43371
拦河坝	lánhébà	49885
拦洪	lánhóng	48448
拦洪坝	lánhóngbà	55126
拦击	lánjī	37533
拦劫	lánjié	48449
拦截	lánjié	11719
拦路	lánlù	28000
拦路虎	lánlùhǔ	28001
拦网	lánwǎng	17469
拦蓄	lánxù	37016
拦腰	lányāo	21865
拦阻	lánzǔ	16297

栏	lán	5946
栏杆	lángān	12362
栏目	lánmù	2240
阑珊	lánshān	43121
阑尾	lánwěi	27760
阑尾炎	lánwěiyán	35305
蓝	lán	3076
蓝宝石	lánbǎoshí	32462
蓝本	lánběn	28330
蓝筹	lánchóu	13124
蓝筹股	lánchóugǔ	53557
蓝靛	lándiàn	48758
蓝鲸	lánjīng	51369
蓝领	lánlǐng	27191
蓝色	lánsè	4823
蓝天	lántiān	5820
蓝图	lántú	7704
蓝牙	lányá	18317
蓝藻	lánzǎo	37920
谰言	lányán	46003
褴褛	lánlǚ	22980
篮	lán	9530
篮板	lánbǎn	25768
篮板球	lánbǎnqiú	21866
篮筐	lánkuāng	47196
篮球	lánqiú	5495
篮坛	lántán	34009
篮子	lánzi	11247
览胜	lǎnshèng	48450
揽	lǎn	8293
揽储	lǎnchǔ	49506
揽工	lǎngōng	35156
揽活儿	lǎnhuór	48112
揽货	lǎnhuò	54592
揽客	lǎnkè	43887
揽权	lǎnquán	52619
揽胜	lǎnshèng	53558
缆车	lǎnchē	30173
缆绳	lǎnshéng	32850
懒	lǎn	6790
懒虫	lǎnchóng	46918
懒怠	lǎndai	56704
懒得	lǎnde	11213
懒惰	lǎnduò	21468
懒骨头	lǎngǔtou	55621
懒鬼	lǎnguǐ	56115
懒汉	lǎnhàn	31739
懒觉	lǎnjiào	32988
懒散	lǎnsǎn	22140
懒洋洋	lǎnyángyáng	17135
烂	làn	4073
烂糊	lànhu	56116
烂漫	lànmàn	25697
烂泥	lànní	25924
烂泥塘	lànnítáng	55622
烂熟	lànshú	24768
烂摊子	làntānzi	34410
烂账	lànzhàng	51783
烂醉	lànzuì	54083
滥	làn	5895
滥捕	lànbǔ	35306
滥调	làndiào	46305
滥发	lànfā	30174
滥伐	lànfá	23033
滥交	lànjiāo	56117
滥杀	lànshā	28002
滥觞	lànshāng	48113
滥用	lànyòng	6046
滥竽充数	lànyú-chōngshù	36196
郎	láng	5670
郎才女貌	lángcái-nǚmào	45131
郎君	lángjūn	32989
郎中	lángzhōng	17437
狼	láng	4660
狼狈	lángbèi	12642
狼狈不堪	lángbèi-bùkān	29844
狼狈为奸	lángbèi-wéijiān	36683
狼奔豕突	lángbēn-shǐtū	55127
狼疮	lángchuāng	45132
狼狗	lánggǒu	22407
狼毫	lángháo	52198
狼藉	lángjí	23629
狼吞虎咽	lángtūn-hǔyàn	26615
狼心狗肺	lángxīn-gǒufèi	43372
狼牙棒	lángyábàng	54593
狼烟	lángyān	45707
狼子野心	lángzǐ-yěxīn	43888
琅琅	lángláng	35745
廊	láng	9204
廊檐	lángyán	52199
廊子	lángzi	38105
榔头	lángtou	29135
锒铛入狱	lángdāng-rùyù	42604
朗读	lǎngdú	19553
朗朗	lǎnglǎng	17598
朗声	lǎngshēng	31853
朗诵	lǎngsòng	11281
朗照	lǎngzhào	56118
浪	làng	3731
浪潮	làngcháo	7930
浪荡	làngdàng	35468
浪费	làngfèi	3357
浪峰	làngfēng	50589
浪谷	lànggǔ	46919
浪花	lànghuā	12569
浪迹	làngjì	46306
浪迹江湖	làngjì-jiānghú	55128
浪漫	làngmàn	5624
浪漫主义	làngmàn zhǔyì	12460
浪涛	làngtāo	30616
浪头	làngtou	22929
浪笑	làngxiào	56539
浪子	làngzǐ	27192
浪子回头金不换	làngzǐ huítóu jīn bù huàn	56655
捞	lāo	5708
捞饭	lāofàn	55623
捞钱	lāoqián	30387
捞取	lāoqǔ	24187
捞外快	lāowàikuài	43687
捞一把	lāoyībǎ	35469
捞油水	lāoyóushui	51784
劳	láo	4882
劳保	láobǎo	25178
劳动	láodòng	506
劳动布	láodòngbù	47815
劳动法	láodòngfǎ	12596
劳动服	láodòngfú	56119
劳动节	Láodòng Jié	22455
劳动力	láodònglì	2256
劳动密集型	láodòng mìjíxíng	10217
劳动权	láodòngquán	44593
劳动生产率	láodòng shēngchǎnlǜ	9438
劳动者	láodòngzhě	2885
劳顿	láodùn	31162
劳而无功	láo'érwúgōng	38472
劳乏	láofá	50241

劳改	láogǎi	12138
劳改犯	láogǎifàn	41008
劳工	láogōng	8548
劳绩	láojì	44373
劳驾	láojià	23534
劳教	láojiào	12376
劳教所	láojiàosuǒ	19487
劳军	láojūn	43889
劳苦	láokǔ	16830
劳苦功高	láokǔ-gōnggāo	42875
劳累	láolèi	11082
劳力	láolì	7665
劳碌	láolù	30951
劳民伤财	láomín-shāngcái	17662
劳模	láomó	5632
劳神	láoshén	41893
劳师动众	láoshī-dòngzhòng	53071
劳损	láosǔn	42876
劳务	láowù	4761
劳务费	láowùfèi	26986
劳务市场	láowù shìchǎng	36844
劳务输出	láowù shūchū	34688
劳心	láoxīn	33235
劳燕分飞	láoyàn-fēnfēi	51785
劳役	láoyì	29631
劳逸结合	láoyì-jiéhé	37191
劳资	láozī	18310
劳作	láozuò	12986
牢	láo	5504
牢不可破	láobùkěpò	29252
牢房	láofáng	19075
牢固	láogù	4316
牢记	láojì	6052
牢靠	láokào	25990
牢笼	láolóng	27193
牢骚	láosāo	13745
牢狱	láoyù	23687
唠叨	láodao	13731
痨病	láobìng	35157
醪糟	láozāo	46307
老	lǎo	132
老白干儿	lǎobáigānr	48451
老百姓	lǎobǎixìng	1735
老板	lǎobǎn	1691
老板娘	lǎobǎnniáng	15391
老板桌	lǎobǎnzhuō	56520
老半天	lǎobàntiān	42877
老伴儿	lǎobànr	24251
老鸨	lǎobǎo	36845
老北京	lǎoběijīng	27761
老辈	lǎobèi	31049
老本	lǎoběn	30246
老本行	lǎoběnháng	55129
老表	lǎobiǎo	31963
老兵	lǎobīng	8427
老伯	lǎobó	18342
老巢	lǎocháo	38473
老成	lǎochéng	21585
老成持重	lǎochéng-chízhòng	39060
老粗	lǎocū	42357
老搭档	lǎodādàng	41658
老大	lǎodà	6824
老大不小	lǎodà-bùxiǎo	46308
老大哥	lǎodàgē	23850
老大妈	lǎodàmā	35585
老大难	lǎodànán	16458
老大娘	lǎodàniáng	19697
老大爷	lǎodàye	17154
老旦	lǎodàn	41009
老当益壮	lǎodāngyìzhuàng	36356
老道	lǎodào	26907
老到	lǎodào	27342
老底	lǎodǐ	40331
老弟	lǎodì	13870
老调	lǎodiào	34554
老调重弹	lǎodiào-chóngtán	45708
老掉牙	lǎodiàoyá	38106
老爹	lǎodiē	10507
老东西	lǎodōngxi	23240
老豆腐	lǎodòufu	46920
老夫	lǎofū	21083
老夫子	lǎofūzǐ	23630
老父	lǎofù	25991
老干部	lǎogànbù	13530
老哥	lǎogē	16341
老革命	lǎogémìng	29527
老公	lǎogōng	16045
老姑娘	lǎogūniang	36357
老古董	lǎogǔdǒng	35470
老骨头	lǎogǔtou	47198
老鸹	lǎogua	35746
老汉	lǎohàn	3448
老好人	lǎohǎorén	36684
老狐狸	lǎohúli	39698
老糊涂	lǎohútu	37921
老虎	lǎohǔ	6272
老虎凳	lǎohǔdèng	47508
老虎机	lǎohǔjī	47509
老虎钳	lǎohǔqián	50242
老虎灶	lǎohǔzào	48759
老花镜	lǎohuājìng	31163
老花眼	lǎohuāyǎn	51370
老化	lǎohuà	11297
老话	lǎohuà	15325
老皇历	lǎohuángli	44846
老黄牛	lǎohuángniú	31964
老伙计	lǎohuǒji	30499
老几	lǎojǐ	56120
老骥伏枥	lǎojì-fúlì	42878
老家	lǎojiā	6623
老家伙	lǎojiāhuo	19196
老奸巨猾	lǎojiān-jùhuá	44594
老茧	lǎojiǎn	32591
老江湖	lǎojiānghú	53072
老将	lǎojiàng	7633
老交情	lǎojiāoqing	48739
老窖	lǎojiào	42605
老街	lǎojiē	18030
老境	lǎojìng	49128
老酒	lǎojiǔ	30842
老框框	lǎokuàngkuang	48452
老辣	lǎolà	42358
老来俏	lǎoláiqiào	53559
老赖	lǎolài	22862
老老少少	lǎolǎo-shàoshào	46005
老泪	lǎolèi	39061
老泪纵横	lǎolèi-zònghéng	28587
老例	lǎolì	38665
老脸	lǎoliǎn	28003
老练	lǎoliàn	17411
老两口	lǎoliǎngkǒu	16186
老龄	lǎolíng	9388
老龄化	lǎolínghuà	16046
老路	lǎolù	19919
老马识途	lǎomǎ-shítú	51786
老迈	lǎomài	34689
老面孔	lǎomiànkǒng	43373
老命	lǎomìng	46006

老谋深算	lǎomóu-shēnsuàn	36527
老母	lǎomǔ	13988
老奶奶	lǎonǎinai	16188
老脑筋	lǎonǎojīn	48760
老年	lǎonián	4747
老年斑	lǎoniánbān	52200
老年病	lǎoniánbìng	40128
老年人	lǎoniánrén	4203
老娘	lǎoniáng	14769
老牛破车	lǎoniú-pòchē	49886
老农	lǎonóng	17136
老牌	lǎopái	18479
老派	lǎopài	54594
老婆婆	lǎopópo	20241
老婆子	lǎopózi	15138
老婆	lǎopo	3260
老气	lǎoqì	42112
老气横秋	lǎoqì-héngqiū	36358
老前辈	lǎoqiánbèi	21178
老亲	lǎoqīn	46309
老区	lǎoqū	5850
老拳	lǎoquán	56121
老人	lǎorén	630
老人家	lǎorenjia	5067
老弱病残	lǎo-ruò-bìng-cán	29960
老弱残兵	lǎo-ruò-cánbīng	45418
老少边穷	lǎo-shǎo-biān-qióng	29136
老少	lǎoshào	11738
老少咸宜	lǎoshào-xiányí	47510
老生	lǎoshēng	24769
老生常谈	lǎoshēng-chángtán	35586
老师	lǎoshī	535
老师傅	lǎoshīfu	17599
老式	lǎoshì	14905
老是	lǎoshì	8401
老实	lǎoshi	4861
老实巴交	lǎoshibājiāo	30952
老实人	lǎoshirén	39277
老手	lǎoshǒu	27667
老寿星	lǎoshòuxing	39062
老熟人	lǎoshúrén	47816
老鼠	lǎoshǔ	5827
老鼠仓	lǎoshǔcāng	29921
老死不相往来	lǎo sǐ bù xiāng wǎnglái	39063
老太婆	lǎotàipó	9172
老太太	lǎotàitai	3466
老太爷	lǎotàiyé	11161
老态	lǎotài	36685
老态龙钟	lǎotài-lóngzhōng	35889
老汤	lǎotāng	49507
老套	lǎotào	46612
老套子	lǎotàozi	44847
老天爷	lǎotiānyé	13595
老头儿	lǎotóur	9170
老头子	lǎotóuzi	6130
老土	lǎotǔ	53073
老外	lǎowài	17229
老顽固	lǎowángù	47511
老翁	lǎowēng	23903
老挝	Lǎowō	5445
老窝	lǎowō	50590
老先生	lǎoxiānsheng	8931
老乡	lǎoxiāng	7732
老相识	lǎoxiāngshí	40771
老相	lǎoxiang	48114
老小	lǎoxiǎo	19290
老兄	lǎoxiōng	13556
老羞成怒	lǎoxiū-chéngnù	44374
老朽	lǎoxiǔ	26180
老眼光	lǎoyǎnguāng	51371
老样子	lǎoyàngzi	49129
老爷爷	lǎoyéye	20837
老爷子	lǎoyézi	6895
老爷	lǎoye	4282
老爷车	lǎoyechē	43599
老一辈	lǎoyībèi	7707
老一套	lǎoyītào	29845
老鹰	lǎoyīng	22512
老油条	lǎoyóutiáo	56122
老油子	lǎoyóuzi	56521
老友	lǎoyǒu	16714
老幼	lǎoyòu	26762
老于世故	lǎoyúshìgù	56123
老远	lǎoyuǎn	10470
老早	lǎozǎo	21469
老丈人	lǎozhàngren	25435
老账	lǎozhàng	33882
老者	lǎozhě	10755
老中青	lǎo-zhōng-qīng	27132
老资格	lǎozīgé	33883
老子	Lǎozǐ	24957
老子	lǎozi	12901
老字号	lǎozìhao	15746
老总	lǎozǒng	9238
老祖宗	lǎozǔzong	13636
姥姥	lǎolao	9199
姥爷	lǎoye	17078
络子	làozi	53560
烙	lào	14677
烙饼	làobǐng	26058
烙铁	làotie	35587
烙印	làoyìn	16189
涝	lào	12318
涝灾	làozāi	44128
落	lào	6246
落价	làojià	56150
落枕	làozhěn	53561
乐	lè	1732
乐不可支	lèbùkězhī	35890
乐不思蜀	lèbùsīshǔ	46310
乐此不疲	lècǐ-bùpí	24014
乐得	lèdé	9595
乐而忘返	lè'érwàngfǎn	48453
乐观	lèguān	4993
乐观主义	lèguān zhǔyì	26254
乐呵呵	lèhēhē	20141
乐极生悲	lèjí-shēngbēi	41431
乐趣	lèqù	8108
乐融融	lèróngróng	43600
乐善好施	lèshàn-hàoshī	37734
乐事	lèshì	27133
乐陶陶	lètáotáo	45709
乐天	lètiān	31613
乐天派	lètiānpài	45133
乐天知命	lètiān-zhīmìng	51787
乐土	lètǔ	26987
乐意	lèyì	8649
乐悠悠	lèyōuyōu	54595
乐于	lèyú	9923
乐园	lèyuán	9724
乐滋滋	lèzīzī	37192
勒	lè	5312
勒令	lèlìng	16778
勒索	lèsuǒ	21806

了	le	590
勒	lēi	6953
勒紧裤带	lēijǐnkùdài	50990
累累	léiléi	16649
累赘	léizhui	19427
雷	léi	6090
雷暴	léibào	23740
雷场	léichǎng	51788
雷池	léichí	32204
雷达	léidá	7960
雷达兵	léidábīng	49130
雷达站	léidázhàn	26406
雷打不动	léidǎbùdòng	31965
雷电	léidiàn	17470
雷动	léidòng	45419
雷公	Léigōng	35001
雷管	léiguǎn	26908
雷击	léijī	23180
雷厉风行	léilì-fēngxíng	22456
雷鸣	léimíng	13243
雷区	léiqū	35747
雷霆	léitíng	31050
雷霆万钧	léitíng-wànjūn	43601
雷同	léitóng	18737
雷雨	léiyǔ	10303
雷阵雨	léizhènyǔ	6589
擂	léi	14886
擂鼓	léigǔ	28943
镭	léi	28771
羸弱	léiruò	37017
垒	lěi	8724
垒砌	lěiqì	53074
垒墙	lěiqiáng	53075
垒球	lěiqiú	29528
累次	lěicì	54084
累犯	lěifàn	54596
累积	lěijī	15032
累及	lěijí	32990
累计	lěijì	3045
累加	lěijiā	42606
累进	lěijìn	36686
累进税	lěijìnshuì	50591
累累	lěilěi	14770
累年	lěinián	46921
磊落	lěiluò	30953
肋	lèi	17230
肋骨	lèigǔ	20965
肋膜炎	lèimóyán	53076
肋条	lèitiáo	45710
泪	lèi	3104
泪痕	lèihén	18813
泪花	lèihuā	15139
泪人	lèirén	29961
泪如泉涌	lèirúquányǒng	39901
泪水	lèishuǐ	4226
泪汪汪	lèiwāngwāng	22574
泪腺	lèixiàn	47512
泪眼	lèiyǎn	16248
泪液	lèiyè	46922
泪珠	lèizhū	11613
类	lèi	357
类比	lèibǐ	22758
类别	lèibié	11022
类风湿	lèifēngshī	41432
类固醇	lèigùchún	40772
类聚	lèijù	49887
类人猿	lèirényuán	32205
类似	lèisì	2310
类同	lèitóng	39486
类推	lèituī	26763
类型	lèixíng	2965
累	lèi	2178
累人	lèirén	33236
累死累活	lèisǐ-lèihuó	46613
擂台	lèitái	27422
擂台赛	lèitáisài	18311
擂主	lèizhǔ	36049
嘞	lei	28588
棱	léng	14359
棱角	léngjiǎo	23373
棱镜	léngjìng	12835
冷	lěng	1716
冷傲	lěng’ào	50592
冷板凳	lěngbǎndèng	41010
冷暴力	lǐngbàolì	42991
冷冰冰	lěngbīngbīng	16831
冷兵器	lěngbīngqì	47513
冷布	lěngbù	56124
冷不丁	lěngbudīng	28944
冷不防	lěngbufáng	22705
冷菜	lěngcài	49508
冷餐	lěngcān	50243
冷藏	lěngcáng	21867
冷藏车	lěngcángchē	41433
冷藏库	lěngcángkù	50593
冷藏室	lěngcángshì	51789
冷藏箱	lěngcángxiāng	51372
冷场	lěngchǎng	39487
冷嘲热讽	lěngcháo-rèfěng	32206
冷处理	lěngchǔlǐ	42359
冷淡	lěngdàn	9054
冷冻	lěngdòng	15204
冷风	lěngfēng	16759
冷敷	lěngfū	49509
冷宫	lěnggōng	36528
冷光	lěngguāng	39699
冷柜	lěngguì	46311
冷汗	lěnghàn	12570
冷荤	lěnghūn	50594
冷寂	lěngjì	32851
冷箭	lěngjiàn	42607
冷静	lěngjìng	4281
冷峻	lěngjùn	19197
冷空气	lěngkōngqì	5763
冷库	lěngkù	30617
冷酷	lěngkù	13405
冷链	lěngliàn	51048
冷冽	lěngliè	56125
冷落	lěngluò	10762
冷门	lěngmén	16874
冷面	lěngmiàn	34690
冷面孔	lěngmiànkǒng	53077
冷漠	lěngmò	9198
冷凝	lěngníng	31265
冷凝器	lěngníngqì	42879
冷暖	lěngnuǎn	11530
冷暖自知	lěngnuǎn-zìzhī	52620
冷盘	lěngpán	42880
冷僻	lěngpì	35471
冷气	lěngqì	15082
冷枪	lěngqiāng	45711
冷峭	lěngqiào	48115
冷清	lěngqing	13919
冷泉	lěngquán	53562
冷却	lěngquè	10310
冷然	lěngrán	40551
冷色	lěngsè	46312
冷色调	lěngsèdiào	40133

冷森森	lěngsēnsēn	48116
冷杉	lěngshān	43122
冷食	lěngshí	46007
冷水	lěngshuǐ	11754
冷水澡	lěngshuǐzǎo	48761
冷丝丝	lěngsīsī	55624
冷飕飕	lěngsōusōu	43602
冷天	lěngtiān	35588
冷笑	lěngxiào	6999
冷笑话	lěngxiàohua	49266
冷言冷语	lěngyán-lěngyǔ	39064
冷眼	lěngyǎn	21043
冷眼旁观	lěngyǎn-pángguān	36197
冷艳	lěngyàn	41211
冷饮	lěngyǐn	23477
冷遇	lěngyù	24903
冷轧	lěngzhá	24973
冷战	lěngzhàn	8364
冷战	lěngzhan	26988
愣	lèng	4530
愣是	lèngshì	37922
愣头愣脑	lèngtóu-lèngnǎo	46008
愣怔	lèngzheng	50244
哩哩啦啦	līlilālā	53563
厘	lí	9854
厘米	límǐ	5034
厘清	líqīng	20733
狸猫	límāo	35307
离	lí	790
离岸	lí'àn	28099
离别	líbié	17231
离愁	líchóu	41434
离岛	lídǎo	49888
离队	líduì	33237
离岗	lígǎng	23322
离格儿	lígér	56126
离宫	lígōng	51791
离合	líhé	33610
离合器	líhéqì	42360
离婚	líhūn	3358
离家	líjiā	10187
离间	líjiàn	27059
离经叛道	líjīng-pàndào	42882
离境	líjìng	32592
离开	líkāi	638
离乱	líluàn	43603
离谱	lípǔ	23579
离奇	líqí	15068
离弃	líqì	50245
离情	líqíng	51373
离去	líqù	7184
离群索居	líqún-suǒjū	45712
离任	lírèn	15106
离散	lísàn	14517
离世	líshì	44129
离题	lítí	38107
离退休	lí-tuìxiū	6579
离席	líxí	47817
离弦之箭	líxiánzhījiàn	48454
离乡	líxiāng	27843
离乡背井	líxiāng-bèijǐng	43604
离心	líxīn	19801
离心泵	líxīnbèng	55130
离心机	líxīnjī	37193
离心离德	líxīn-lídé	43890
离心力	líxīnlì	37364
离休	líxiū	9924
离异	líyì	20881
离职	lízhí	20034
离子	lízǐ	7220
梨	lí	7382
梨花	líhuā	22351
梨树	líshù	22836
梨园	líyuán	17028
梨园戏	líyuánxì	43374
犁	lí	11248
犁地	lídì	35472
犁铧	líhuá	41659
犁田	lítián	35748
犁头	lítóu	45134
犁杖	lízhang	44595
黎	lí	5786
黎民	límín	36359
黎明	límíng	7888
黎族	Lízú	26181
罹难	línàn	29632
篱笆	líba	14154
黧黑	líhēi	37018
礼	lǐ	2696
礼拜	lǐbài	10917
礼拜日	lǐbàirì	46009
礼拜堂	lǐbàitáng	38108
礼拜天	lǐbàitiān	26909
礼毕	lǐbì	52621
礼宾	lǐbīn	31164
礼单	lǐdān	45135
礼法	lǐfǎ	31966
礼佛	lǐfó	47818
礼服	lǐfú	20142
礼花	lǐhuā	23129
礼教	lǐjiào	19132
礼节	lǐjié	15634
礼金	lǐjīn	17493
礼帽	lǐmào	28867
礼貌	lǐmào	8350
礼炮	lǐpào	30064
礼品	lǐpǐn	8580
礼聘	lǐpìn	52622
礼让	lǐràng	26764
礼尚往来	lǐshàngwǎnglái	32715
礼数	lǐshù	36687
礼俗	lǐsú	37019
礼堂	lǐtáng	9424
礼物	lǐwù	5017
礼贤下士	lǐxián-xiàshì	43123
礼仪	lǐyí	8430
礼遇	lǐyù	24067
礼赞	lǐzàn	30723
礼制	lǐzhì	49131
李	lǐ	430
李代桃僵	lǐdàitáojiāng	56656
李子	lǐzi	18198
里	lǐ	53
里边	lǐbian	5637
里层	lǐcéng	50595
里程	lǐchéng	9152
里程碑	lǐchéngbēi	9160
里程表	lǐchéngbiǎo	52201
里脊	lǐji	51792
里脊肉	lǐjiròu	56127
里间	lǐjiān	20104
里里外外	lǐlǐwàiwài	23415
里弄	lǐlòng	24904
里面	lǐmiàn	1470
里手	lǐshǒu	49889
里通外国	lǐtōngwàiguó	44596
里头	lǐtou	8419
里外	lǐwài	19987

里外里	lǐwàilǐ	56128
里屋	lǐwū	13790
里巷	lǐxiàng	52202
里应外合	lǐyìng-wàihé	35749
里院	lǐyuàn	55625
里子	lǐzi	36360
俚歌	lǐgē	55626
俚俗	lǐsú	50991
俚语	lǐyǔ	37020
理	lǐ	1923
理财	lǐcái	7087
理睬	lǐcǎi	11694
理当	lǐdāng	23535
理发	lǐfà	14596
理发店	lǐfàdiàn	24320
理发馆	lǐfàguǎn	39065
理发师	lǐfàshī	33481
理工	lǐgōng	33238
理工科	lǐgōngkē	30724
理会	lǐhuì	8201
理家	lǐjiā	54085
理解	lǐjiě	588
理解力	lǐjiělì	34126
理科	lǐkē	20182
理亏	lǐkuī	31740
理疗	lǐliáo	37735
理论	lǐlùn	517
理论家	lǐlùnjiā	12413
理论界	lǐlùnjiè	15540
理论上	lǐlùnshàng	7261
理念	lǐniàn	3239
理赔	lǐpéi	16967
理屈	lǐqū	54597
理屈词穷	lǐqū-cíqióng	44130
理事	lǐshì	8816
理事国	lǐshìguó	15286
理事会	lǐshìhuì	4838
理顺	lǐshùn	7448
理所当然	lǐsuǒdāngrán	10961
理所应当	lǐsuǒyīngdāng	36198
理想	lǐxiǎng	867
理想化	lǐxiǎnghuà	26255
理性	lǐxìng	3403
理应	lǐyīng	7896
理由	lǐyóu	1460
理喻	lǐyù	49132
理直气壮	lǐzhí-qìzhuàng	11886
理智	lǐzhì	6587
鲤鱼	lǐyú	15005
力	lì	814
力保	lìbǎo	25112
力避	lìbì	45713
力不从心	lìbùcóngxīn	18254
力畜	lìchù	39572
力促	lìcù	29045
力挫	lìcuò	40552
力点	lìdiǎn	53564
力度	lìdù	2051
力荐	lìjiàn	49890
力戒	lìjiè	22304
力克	lìkè	18659
力量	lìliàng	340
力排众议	lìpái-zhòngyì	37561
力拼	lìpīn	39902
力气	lìqi	4920
力气活儿	lìqihuór	48117
力求	lìqiú	5714
力所能及	lìsuǒnéngjí	13746
力图	lìtú	10471
力挽狂澜	lìwǎn-kuánglán	31854
力行	lìxíng	52203
力学	lìxué	10136
力战	lìzhàn	29336
力争	lìzhēng	3680
力争上游	lìzhēng-shàngyóu	36846
力主	lìzhǔ	24321
力作	lìzuò	13899
历	lì	6289
历朝	lìcháo	38666
历陈	lìchén	4720
历程	lìchéng	3499
历次	lìcì	13557
历代	lìdài	8654
历法	lìfǎ	26117
历届	lìjiè	9260
历尽	lìjìn	19053
历经	lìjīng	6827
历久	lìjiǔ	31614
历来	lìlái	5348
历历在目	lìlì-zàimù	21955
历练	lìliàn	32716
历年	lìnián	11695
历任	lìrèn	7816
历时	lìshí	5574
历史	lìshǐ	142
历史剧	lìshǐjù	20776
历史唯物主义	lìshǐ wéiwù zhǔyì	14404
历世	lìshì	52204
历书	lìshū	32991
历数	lìshǔ	35891
历险	lìxiǎn	29442
厉	lì	13697
厉兵秣马	lìbīng-mòmǎ	43376
厉鬼	lìguǐ	42608
厉害	lìhai	3805
厉色	lìsè	54598
厉声	lìshēng	11562
厉行	lìxíng	38274
立	lì	755
立案	lì'àn	4958
立碑	lìbēi	32085
立场	lìchǎng	1927
立春	lìchūn	31855
立此存照	lìcǐ-cúnzhào	43377
立等	lìděng	44375
立等可取	lìděng-kěqǔ	48455
立地	lìdì	27423
立定	lìdìng	24252
立冬	lìdōng	40129
立法	lìfǎ	1959
立方	lìfāng	9033
立方米	lìfāngmǐ	3813
立方体	lìfāngtǐ	50246
立竿见影	lìgān-jiànyǐng	21666
立功	lìgōng	9964
立功赎罪	lìgōng-shúzuì	42113
立柜	lìguì	43891
立国	lìguó	15747
立户	lìhù	51374
立即	lìjí	691
立交	lìjiāo	37562
立交桥	lìjiāoqiáo	15612
立脚	lìjiǎo	45136
立脚点	lìjiǎodiǎn	48456
立刻	lìkè	2097
立论	lìlùn	20183
立马	lìmǎ	9039

立秋	lìqiū	25300
立身处世	lìshēn-chǔshì	46313
立时	lìshí	10015
立式	lìshì	35308
立誓	lìshì	36847
立体	lìtǐ	7354
立体电影	lìtǐ diànyǐng	53078
立体感	lìtǐgǎn	32852
立体交叉	lìtǐ jiāochā	42883
立体绿化	lìtǐ lǜhuà	50596
立体声	lìtǐshēng	34555
立体图	lìtǐtú	56129
立夏	lìxià	36361
立宪	lìxiàn	25485
立项	lìxiàng	8566
立新	lìxīn	41435
立言	lìyán	34829
立业	lìyè	25235
立意	lìyì	16298
立于	lìyú	15236
立约	lìyuē	44597
立正	lìzhèng	18814
立志	lìzhì	11095
立柱	lìzhù	27275
立传	lìzhuàn	32717
立锥之地	lìzhuīzhīdì	43892
立足	lìzú	3959
立足点	lìzúdiǎn	16022
立足之地	lìzúzhīdì	27762
吏治	lìzhì	29846
丽人	lìrén	26559
丽日	lìrì	34127
丽质	lìzhì	45714
励	lì	22141
励精图治	lìjīng-túzhì	21341
励志	lìzhì	52205
呖呖	lìlì	54599
利	lì	1719
利弊	lìbì	17387
利齿	lìchǐ	51793
利导	lìdǎo	54600
利滚利	lìgǔnlì	55627
利国利民	lìguó-lìmín	41436
利害	lìhài	7416
利好	lìhǎo	24770
利己	lìjǐ	21762
利己主义	lìjǐ zhǔyì	30618
利剑	lìjiàn	20543
利口	lìkǒu	56522
利令智昏	lìlìngzhìhūn	35002
利禄	lìlù	34264
利率	lìlǜ	4519
利落	lìluo	21389
利尿	lìniào	36362
利器	lìqì	23085
利钱	lìqián	39700
利权	lìquán	54086
利刃	lìrèn	26560
利润	lìrùn	2242
利润率	lìrùnlǜ	15748
利市	lìshì	56130
利税	lìshuì	7570
利索	lìsuo	16797
利他	lìtā	31497
利息	lìxī	5615
利益	lìyì	799
利用	lìyòng	447
利用率	lìyònglǜ	8320
利诱	lìyòu	29253
利于	lìyú	4389
利欲熏心	lìyù-xūnxīn	30843
利爪	lìzhǎo	49510
利嘴	lìzuǐ	56131
沥沥	lìlì	41660
沥青	lìqīng	15541
例	lì	1339
例会	lìhuì	17936
例假	lìjià	41437
例举	lìjǔ	51794
例句	lìjù	50247
例如	lìrú	1910
例题	lìtí	53079
例外	lìwài	5823
例行	lìxíng	11531
例行公事	lìxíng-gōngshì	33239
例证	lìzhèng	14479
例子	lìzi	5024
隶书	lìshū	30175
隶属	lìshǔ	10622
荔枝	lìzhī	10781
莅会	lìhuì	56132
莅临	lìlín	30281
栗	lì	13761
栗色	lìsè	41438
栗子	lìzi	20105
砾石	lìshí	31967
粒	lì	3572
粒状	lìzhuàng	41439
粒子	lìzǐ	8253
粒子	lìzi	52623
傈僳族	Lìsùzú	39488
痢疾	lìji	23416
哩	li	2420
俩	liǎ	2710
连	lián	242
连蹦带跳	liánbèng-dàitiào	54601
连鬓胡子	liánbìn húzi	52624
连串	liánchuàn	52625
连词	liáncí	55131
连带	liándài	14906
连裆裤	liándāngkù	52626
连队	liánduì	5497
连发	liánfā	45716
连番	liánfān	51795
连根拔	liángēnbá	33755
连根拔起	liángēn-báqǐ	30892
连亘	liángèn	52206
连贯	liánguàn	20922
连贯性	liánguànxìng	35892
连冠	liánguàn	49511
连滚带爬	liángǔn-dàipá	53080
连锅端	liánguōduān	53565
连环	liánhuán	15950
连环画	liánhuánhuà	18694
连环计	liánhuánjì	54602
连枷	liánjiā	45717
连脚裤	liánjiǎokù	56523
连接	liánjiē	3977
连襟	liánjīn	43378
连裤袜	liánkùwà	53081
连累	liánlei	16494
连理	liánlǐ	35589
连理枝	liánlǐzhī	52627
连连	liánlián	5627
连忙	liánmáng	4255
连绵	liánmián	15909
连年	liánnián	8520
连跑带跳	liánpǎo-dàitiào	52628

连篇	liánpiān	30065
连篇累牍	liánpiān-lěidú	35158
连翘	liánqiáo	44848
连任	liánrèn	10638
连日	liánrì	15287
连声	liánshēng	8813
连锁	liánsuǒ	6967
连锁店	liánsuǒdiàn	12813
连锁反应	liánsuǒ fǎnyìng	26407
连台	liántái	25301
连体	liántǐ	30725
连天	liántiān	18922
连通	liántōng	22352
连同	liántóng	9401
连写	liánxiě	43124
连续	liánxù	1530
连续剧	liánxùjù	12548
连续性	liánxùxìng	11203
连夜	liányè	8286
连衣裙	liányīqún	20619
连阴天	liányīntiān	35893
连阴雨	liányīnyǔ	37923
连用	liányòng	36848
连载	liánzǎi	15183
连轴转	liánzhóuzhuàn	36199
连珠	liánzhū	39489
连珠炮	liánzhūpào	32320
连缀	liánzhuì	30844
连坐	liánzuò	50248
怜爱	lián'ài	21084
怜悯	liánmǐn	10567
怜惜	liánxī	18199
怜香惜玉	liánxiāng-xīyù	45420
怜恤	liánxù	46314
帘幕	liánmù	53082
帘子	liánzi	15730
莲	lián	5361
莲花	liánhuā	11135
莲花落	liánhuālào	40332
莲藕	lián'ǒu	25436
莲蓬	liánpeng	34128
莲蓬头	liánpengtóu	52629
莲心	liánxīn	56133
莲子	liánzǐ	17514
涟涟	liánlián	32992
涟漪	liányī	22575
联	lián	2446
联邦	liánbāng	3791
联保	liánbǎo	49133
联播	liánbō	24561
联产	liánchǎn	27276
联唱	liánchàng	38667
联队	liánduì	18042
联防	liánfáng	14725
联合	liánhé	1100
联合国	Liánhéguó	1882
联合收割机	liánhé shōugējī	25042
联合体	liánhétǐ	13317
联合战线	liánhé zhànxiàn	46010
联合政府	liánhé zhèngfǔ	14215
联欢	liánhuān	9787
联欢会	liánhuānhuì	16115
联机	liánjī	35309
联检	liánjiǎn	42114
联结	liánjié	11563
联络	liánluò	4989
联络员	liánluòyuán	19198
联袂	liánmèi	17200
联盟	liánméng	3526
联名	liánmíng	10478
联翩	liánpiān	37365
联赛	liánsài	2977
联手	liánshǒu	7211
联署	liánshǔ	43125
联体	liántǐ	52630
联网	liánwǎng	7112
联席	liánxí	22981
联席会议	liánxí huìyì	10228
联系	liánxì	608
联想	liánxiǎng	3906
联销	liánxiāo	48457
联系人	liánxìrén	21956
联谊	liányì	15326
联谊会	liányìhuì	11906
联姻	liányīn	17096
联营	liányíng	12749
联运	liányùn	28677
联展	liánzhǎn	33240
联奏	liánzòu	56524
廉	lián	7982
廉耻	liánchǐ	27424
廉价	liánjià	10259
廉洁	liánjié	6593
廉洁奉公	liánjié-fènggōng	18792
廉明	liánmíng	40130
廉正	liánzhèng	49512
廉政	liánzhèng	3648
廉政建设	liánzhèng jiànshè	29529
鲢鱼	liányú	42609
镰	lián	28331
镰刀	liándāo	14097
敛	liǎn	9882
敛财	liǎncái	20428
敛迹	liǎnjì	55628
敛钱	liǎnqián	53566
脸	liǎn	1119
脸蛋儿	liǎndànr	13029
脸红	liǎnhóng	9417
脸厚	liǎnhòu	40633
脸颊	liǎnjiá	17560
脸孔	liǎnkǒng	13059
脸面	liǎnmiàn	13623
脸嫩	liǎnnèn	55771
脸盘儿	liǎnpánr	30726
脸庞	liǎnpáng	12400
脸盆	liǎnpén	16715
脸皮	liǎnpí	15613
脸谱	liǎnpǔ	20574
脸热	liǎnrè	56134
脸色	liǎnsè	3890
脸膛	liǎntáng	21224
脸形	liǎnxíng	46011
脸子	liǎnzi	21470
练	liàn	2936
练笔	liànbǐ	55132
练兵	liànbīng	7436
练达	liàndá	37736
练功	liàngōng	13042
练功房	liàngōngfáng	53567
练就	liànjiù	17438
练嗓子	liànsǎngzi	49764
练摊	liàntān	35821
练武	liànwǔ	34129
练习	liànxí	4904
练习本	liànxíběn	39903
练习簿	liànxíbù	42115
炼	liàn	8372
炼丹	liàndān	30066

炼钢	liàngāng	17600
炼焦	liànjiāo	26702
炼焦炉	liànjiāolú	52207
炼乳	liànrǔ	50597
炼铁	liàntiě	23965
炼铁炉	liàntiělú	56525
炼油	liànyóu	15165
炼狱	liànyù	30388
炼制	liànzhì	34265
恋	liàn	6214
恋爱	liàn'ài	4626
恋歌	liàngē	39904
恋家	liànjiā	46012
恋旧	liànjiù	46013
恋恋不舍	liànliàn-bùshě	21632
恋慕	liànmù	52631
恋情	liànqíng	22706
恋人	liànrén	12160
恋乡	liànxiāng	55133
恋战	liànzhàn	49891
链	liàn	5090
链接	liànjiē	8972
链霉素	liànméisù	44849
链球	liànqiú	35310
链球菌	liànqiújūn	36688
链条	liàntiáo	10899
链子	liànzi	27060
潋滟	liànyàn	51375
良	liáng	3969
良才	liángcái	55135
良策	liángcè	16228
良辰	liángchén	46315
良辰美景	liángchén-měijǐng	46316
良多	liángduō	24451
良方	liángfāng	25302
良港	liánggǎng	38856
良好	liánghǎo	1202
良机	liángjī	14405
良将	liángjiàng	26910
良久	liángjiǔ	14654
良民	liángmín	26408
良师益友	liángshī-yìyǒu	26409
良田	liángtián	16063
良宵	liángxiāo	36529
良心	liángxīn	5959
良心话	liángxīnhuà	55136
良性	liángxìng	5365
良言	liángyán	45137
良药	liángyào	25375
良药苦口	liángyào-kǔkǒu	50992
良医	liángyī	40333
良友	liángyǒu	35750
良莠不齐	liángyǒu-bùqí	27498
良缘	liángyuán	38668
良知	liángzhī	11470
良种	liángzhǒng	6021
凉	liáng	2262
凉白开	liángbáikāi	54603
凉拌	liángbàn	33365
凉冰冰	liángbīngbīng	48458
凉菜	liángcài	40131
凉粉	liángfěn	39905
凉风	liángfēng	15562
凉快	liángkuai	20143
凉帽	liángmào	55137
凉面	liángmiàn	48762
凉棚	liángpéng	28868
凉气	liángqì	21303
凉爽	liángshuǎng	14494
凉水	liángshuǐ	14325
凉丝丝	liángsīsī	42884
凉飕飕	liángsōusōu	40132
凉台	liángtái	43379
凉亭	liángtíng	26616
凉席	liángxí	37737
凉鞋	liángxié	25698
凉意	liángyì	40773
梁	liáng	3785
梁上君子	liángshàng-jūnzǐ	55629
梁柱	liángzhù	40134
量	liáng	10894
量杯	liángbēi	56135
量度	liángdù	36689
量具	liángjù	48459
粮	liáng	2062
粮仓	liángcāng	17232
粮草	liángcǎo	20184
粮店	liángdiàn	28419
粮囤	liángdùn	49892
粮行	lidngháng	53083
粮荒	liánghuāng	51376
粮库	liángkù	18660
粮秣	liángmò	44376
粮农	liángnóng	16495
粮票	liángpiào	23688
粮区	liángqū	54087
粮食	liángshi	765
粮田	liángtián	23181
粮饷	liángxiǎng	27499
粮油	liángyóu	11174
粮站	liángzhàn	24771
两	liǎng	26
两岸	liǎng'àn	2010
两败俱伤	liǎngbài-jùshāng	35003
两边	liǎngbiān	5881
两便	liǎngbiàn	46614
两鬓	liǎngbìn	26989
两侧	liǎngcè	6095
两重天	liǎngchóngtiān	47514
两重性	liǎngchóngxìng	30282
两弹一星	liǎngdàn-yīxīng	17029
两党制	liǎngdǎngzhì	54088
两地	liǎngdì	7132
两点论	liǎngdiǎnlùn	50249
两端	liǎngduān	12867
两分法	liǎngfēnfǎ	56526
两回事	liǎnghuíshì	28945
两极	liǎngjí	12741
两可	liǎngkě	41011
两口子	liǎngkǒuzi	11060
两肋插刀	liǎnglèi-chādāo	42885
两立	liǎnglì	45718
两利	liǎnglì	32593
两码事	liǎngmǎshì	31165
两面	liǎngmiàn	25769
两面光	liǎngmiànguāng	56527
两面派	liǎngmiànpài	34830
两面三刀	liǎngmiàn-sāndāo	55138
两面性	liǎngmiànxìng	29847
两难	liǎngnán	17910
两旁	liǎngpáng	6474
两栖	liǎngqī	24068
两清	liǎngqīng	8230
两全	liǎngquán	41012
两全其美	liǎngquán-qíměi	30954
两手	liǎngshǒu	5613
两头	liǎngtóu	19133
两下子	liǎngxiàzi	34267

两厢	liǎngxiāng	24702
两相情愿	liǎngxiāng-qíngyuàn	55630
两小无猜	liǎngxiǎo-wúcāi	45138
两性	liǎngxìng	18398
两性关系	liǎngxìng guānxì	44131
两袖清风	liǎngxiù-qīngfēng	24772
两样	liǎngyàng	20838
两翼	liǎngyì	16145
两用	liǎngyòng	18281
两用人才	liǎngyòng réncái	37563
两院制	liǎngyuànzhì	49513
两张皮	liǎngzhāngpí	30176
亮	liàng	1296
亮儿	liàngr	39906
亮底	liàngdǐ	56705
亮点	liàngdiǎn	6404
亮度	liàngdù	18523
亮分	liàngfēn	53568
亮光	liàngguāng	15657
亮光光	liàngguāngguāng	49134
亮红灯	liànghóngdēng	50731
亮剑	liàngjiàn	39002
亮晶晶	liàngjīngjīng	19261
亮丽	liànglì	11387
亮牌	liàngpái	53569
亮闪闪	liàngshǎnshǎn	29530
亮堂	liàngtang	26990
亮相	liàngxiàng	6436
凉	liàng	8955
谅	liàng	12117
谅解	liàngjiě	8118
辆	liàng	793
靓	liàng	17601
靓丽	liànglì	27500
靓女	liàngnǚ	38857
量	liàng	734
量变	liàngbiàn	24562
量词	liàngcí	22457
量化	liànghuà	9479
量力	liànglì	38275
量力而行	liànglì'érxíng	16650
量入为出	liàngrù-wéichū	37366
量体裁衣	liàngtǐ-cáiyī	39066
量刑	liàngxíng	18850
晾	liàng	14386

晾干	liànggān	25931
晾晒	liàngshài	22576
晾台	liàngtái	52632
踉跄	liàngqiàng	17631
撩	liāo	10281
辽	liáo	6079
辽阔	liáokuò	10142
辽宁	Liáoníng	3336
辽远	liáoyuǎn	25546
疗程	liáochéng	24120
疗法	liáofǎ	10528
疗饥	liáojī	55596
疗救	liáojiù	55139
疗效	liáoxiào	9294
疗养	liáoyǎng	20777
疗养院	liáoyǎngyuàn	19727
聊	liáo	5964
聊表	liáobiǎo	55140
聊胜于无	liáoshèngyúwú	50250
聊天儿	liáotiānr	6309
聊天室	liáotiānshì	47515
聊以	liáoyǐ	36530
聊以自慰	liáoyǐ-zìwèi	41440
僚机	liáojī	52633
僚属	liáoshǔ	32594
寥廓	liáokuò	46014
寥寥	liáoliáo	15237
寥寥无几	liáoliáo-wújǐ	20882
寥落	liáoluò	50598
寥若晨星	liáoruòchénxīng	42361
撩	liáo	21586
撩拨	liáobō	27425
撩动	liáodòng	53570
撩逗	liáodòu	49514
嘹亮	liáoliàng	15444
獠牙	liáoyá	44598
潦草	liáocǎo	27501
潦倒	liáodǎo	24836
缭乱	liáoluàn	46615
缭绕	liáorào	16319
燎	liáo	17632
燎泡	liáopào	50599
燎原	liáoyuán	25376
了	liǎo	2543
了不得	liǎobudé	13122
了不起	liǎobuqǐ	7196

了当	liǎodàng	29137
了得	liǎodé	18001
了断	liǎoduàn	38858
了结	liǎojié	13612
了解	liǎojiě	338
了局	liǎojú	47199
了了	liǎoliǎo	47819
了却	liǎoquè	28772
了然	liǎorán	22045
了如指掌	liǎorúzhǐzhǎng	20106
了事	liǎoshì	16023
了无	liǎowú	38276
了账	liǎozhàng	56706
燎	liǎo	18885
尥蹶子	liàojuězi	53084
料	liào	2872
料到	liàodào	7540
料定	liàodìng	46616
料及	liàojí	46923
料酒	liàojiǔ	49893
料理	liàolǐ	14037
料器	liàoqì	53571
料峭	liàoqiào	32718
料事如神	liàoshì-rúshén	40553
料想	liàoxiǎng	17251
料子	liàozi	21763
撂	liào	13568
撂倒	liàodǎo	52634
瞭	liào	16875
瞭望	liàowàng	56768
镣	liào	29138
镣铐	liàokào	34269
咧咧	liēlie	44377
咧	liě	5923
列	liè	1903
列兵	lièbīng	42886
列车	lièchē	3352
列车员	lièchēyuán	24452
列出	lièchū	13340
列岛	lièdǎo	35311
列队	lièduì	19134
列国	lièguó	27426
列举	lièjǔ	10918
列强	lièqiáng	12725
列入	lièrù	3364
列位	lièwèi	54089

列席	lièxí	9935
列阵	lièzhèn	48118
列传	lièzhuàn	21868
列祖列宗	lièzǔ-lièzōng	49894
劣	liè	8600
劣等	lièděng	37021
劣根性	liègēnxìng	39701
劣迹	lièjì	21715
劣马	lièmǎ	55141
劣绅	lièshēn	39490
劣势	lièshì	12193
劣质	lièzhì	9193
劣种	lièzhǒng	50600
烈	liè	10568
烈度	lièdù	43606
烈风	lièfēng	56136
烈火	lièhuǒ	12861
烈酒	lièjiǔ	37194
烈军属	liè-jūnshǔ	28332
烈马	lièmǎ	34831
烈女	liènǚ	34832
烈日	lièrì	12002
烈士	lièshì	5766
烈属	lièshǔ	31266
烈性	lièxìng	28678
烈性子	lièxìngzi	56769
烈焰	lièyàn	21342
猎捕	lièbǔ	31741
猎场	lièchǎng	40334
猎狗	liègǒu	31615
猎户	lièhù	38474
猎获	lièhuò	37195
猎具	lièjù	52635
猎猎	lièliè	53572
猎奇	lièqí	32463
猎潜艇	lièqiántǐng	50993
猎枪	lièqiāng	21667
猎取	lièqǔ	31267
猎犬	lièquǎn	34833
猎人	lièrén	17284
猎杀	lièshā	34010
猎食	lièshí	49515
猎手	lièshǒu	31380
猎头	liètóu	33241
猎物	lièwù	22759
猎艳	lièyàn	40618
猎鹰	lièyīng	43607
猎装	lièzhuāng	49895
裂	liè	7290
裂变	lièbiàn	21304
裂缝	lièfèng	14340
裂谷	liègǔ	35473
裂痕	lièhén	22513
裂化	lièhuà	36531
裂解	lièjiě	29848
裂开	lièkāi	20778
裂口	lièkǒu	33884
裂纹	lièwén	25992
裂隙	lièxì	34130
趔趄	lièqie	23689
鬣狗	liègǒu	51796
拎	līn	7043
拎包	līnbāo	39574
邻	lín	7292
邻邦	línbāng	14060
邻接	línjiē	45719
邻近	línjìn	11083
邻居	línjū	4314
邻里	línlǐ	12303
邻人	línrén	50994
邻舍	línshè	35751
林	lín	740
林产	línchǎn	34834
林场	línchǎng	6332
林带	líndài	17633
林地	líndì	8480
林海	línhǎi	16798
林立	línlì	12057
林林总总	línlínzǒngzǒng	28420
林莽	línmǎng	41212
林木	línmù	6070
林区	línqū	7520
林涛	líntāo	40774
林网	línwǎng	25610
林业	línyè	2558
林苑	línyuàn	38277
林子	línzi	11035
临	lín	3212
临别	línbié	18143
临产	línchǎn	32719
临场	línchǎng	24121
临床	línchuáng	3957
临到	líndào	23631
临风	línfēng	48763
临街	línjiē	19262
临界	línjiè	16716
临界点	línjièdiǎn	37738
临近	línjìn	6978
临考	línkǎo	52831
临渴掘井	línkě-juéjǐng	56137
临空	línkōng	52636
临了	línliǎo	30500
临门	línmén	31268
临摹	línmó	24253
临盆	línpén	46617
临时	línshí	1952
临时工	línshígōng	15445
临时性	línshíxìng	18120
临死	línsǐ	14871
临帖	líntiè	50995
临头	líntóu	21668
临危	línwēi	21807
临危不惧	línwēi-bùjù	25043
临危受命	línwēi-shòumìng	30389
临刑	línxíng	32464
临行	línxíng	14872
临渊羡鱼	línyuān-xiànyú	55142
临战	línzhàn	30283
临阵	línzhèn	34835
临阵磨枪	línzhèn-móqiāng	37702
临阵脱逃	línzhèn-tuōtáo	42116
临终	línzhōng	14495
临终关怀	línzhōng guānhuái	46618
淋	lín	3579
淋巴	línbā	23182
淋巴结	línbājié	31968
淋巴腺	línbāxiàn	55143
淋漓	línlí	17201
淋漓尽致	línlí-jìnzhì	15669
淋淋	línlín	52208
淋浴	línyù	28250
淋浴器	línyùqì	50251
琳琅满目	línláng-mǎnmù	15614
粼粼	línlín	23966
嶙峋	línxún	29748
遴选	línxuǎn	16760
霖雨	línyǔ	50252
辚辚	línlín	52209

磷	lín	8209
磷肥	línféi	19199
磷光	línguāng	43893
磷火	línhuǒ	44850
磷酸	línsuān	21179
磷脂	línzhī	41894
鳞	lín	15392
鳞次栉比	líncì-zhìbǐ	23851
鳞甲	línjiǎ	43894
鳞片	línpiàn	27343
凛冽	lǐnliè	19263
凛凛	lǐnlǐn	33756
凛然	lǐnrán	22624
檩子	lǐnzi	54604
吝啬	lìnsè	18923
吝啬鬼	lìnsèguǐ	46317
吝惜	lìnxī	26827
赁	lìn	24322
淋	lìn	30845
淋病	lìnbìng	36050
令狐	Línghú	38669
伶仃	língdīng	41213
伶俐	línglì	21957
伶牙俐齿	língyá-lìchǐ	41013
灵	líng	3611
灵便	língbian	30390
灵车	língchē	34411
灵床	língchuáng	43608
灵丹妙药	língdān-miàoyào	28004
灵动	língdòng	20271
灵感	línggǎn	8899
灵光	língguāng	27194
灵慧	línghuì	50601
灵魂	línghún	2105
灵活	línghuó	3599
灵机	língjī	42887
灵机一动	língjī-yīdòng	22093
灵柩	língjiù	20144
灵敏	língmǐn	13030
灵敏度	língmǐndù	23130
灵牌	língpái	43895
灵气	língqì	19428
灵巧	língqiǎo	17058
灵塔	língtǎ	48764
灵台	língtái	47820
灵堂	língtáng	23580
灵通	língtōng	13516
灵位	língwèi	34556
灵犀	língxī	33482
灵性	língxìng	16832
灵秀	língxiù	28499
灵验	língyàn	23086
灵药	língyào	44378
灵异	língyì	54605
灵长目	língzhǎngmù	47821
灵芝	língzhī	16249
灵芝草	língzhīcǎo	50602
囹圄	língyǔ	38109
玲珑	línglóng	10379
玲珑剔透	línglóng-tītòu	35894
铃	líng	8425
铃铛	língdang	23741
铃声	língshēng	11157
凌波	língbō	49516
凌晨	língchén	4534
凌迟	língchí	32595
凌驾	língjià	23632
凌空	língkōng	21587
凌厉	línglì	25236
凌乱	língluàn	16066
凌辱	língrǔ	23742
凌霄	língxiāo	45421
凌汛	língxùn	43126
凌云	língyún	26182
陵	líng	6638
陵墓	língmù	19322
陵寝	língqǐn	44851
陵园	língyuán	18695
聆听	língtīng	10484
菱	líng	10453
菱角	língjiao	32086
菱形	língxíng	29337
翎毛	língmáo	42888
翎子	língzi	39491
羚牛	língniú	47516
羚羊	língyáng	16229
羚羊角	língyángjiǎo	51377
绫罗	língluó	55144
绫罗绸缎	líng-luó-chóu-duàn	56138
绫子	língzi	49135
零	líng	2600
零部件	líng-bùjiàn	8271
零吃	língchī	56528
零存整取	língcún-zhěngqǔ	44132
零打碎敲	língdǎ-suìqiāo	50603
零担	língdàn	54090
零蛋	língdàn	52637
零点	língdiǎn	17097
零度	língdù	31616
零工	línggōng	38475
零花	línghuā	45422
零花钱	línghuāqián	22788
零活儿	línghuór	47200
零件	língjiàn	12377
零距离	língjùlí	19513
零乱	língluàn	21588
零落	língluò	31269
零卖	língmài	46924
零配件	líng-pèijiàn	20803
零七八碎	língqībāsuì	47201
零钱	língqián	20350
零敲碎打	língqiāo-suìdǎ	49517
零容忍	língróngrěn	19351
零散	língsǎn	18886
零食	língshí	22251
零首付	língshǒufù	46706
零售	língshòu	4935
零售店	língshòudiàn	40335
零售额	língshòu'é	18594
零售价	língshòujià	26410
零数	língshù	56139
零碎	língsuì	17471
零头	língtóu	31617
零下	língxià	12726
零星	língxīng	12043
零用	língyòng	36200
零杂工	língzágōng	56770
零增长	língzēngzhǎng	32720
零嘴	língzuǐ	49136
鲮鱼	língyú	51797
令	lǐng	24384
岭	lǐng	6787
领	lǐng	1306
领班	lǐngbān	31381
领办	lǐngbàn	30955
领唱	lǐngchàng	35005
领带	lǐngdài	11887
领导	lǐngdǎo	177

领导班子	lǐngdǎo bānzi	3300
领地	lǐngdì	16856
领读	lǐngdú	51378
领队	lǐngduì	11071
领工	lǐnggōng	56140
领海	lǐnghǎi	20310
领航	lǐngháng	36849
领航员	lǐnghángyuán	41661
领花	lǐnghuā	54091
领会	lǐnghuì	4953
领教	lǐngjiào	18144
领结	lǐngjié	38476
领巾	lǐngjīn	53573
领空	lǐngkōng	15006
领口	lǐngkǒu	20923
领路	lǐnglù	29254
领略	lǐnglüè	8458
领命	lǐngmìng	51798
领跑	lǐngpǎo	22930
领情	lǐngqíng	27344
领取	lǐngqǔ	6348
领赏	lǐngshǎng	45720
领事	lǐngshì	13487
领事馆	lǐngshìguǎn	22655
领受	lǐngshòu	23087
领水	lǐngshuǐ	54092
领头	lǐngtóu	19264
领土	lǐngtǔ	3482
领舞	lǐngwǔ	50253
领悟	lǐngwù	11677
领先	lǐngxiān	3606
领衔	lǐngxián	14812
领袖	lǐngxiù	3684
领养	lǐngyǎng	35312
领有	lǐngyǒu	41214
领域	lǐngyù	1049
领章	lǐngzhāng	37367
领主	lǐngzhǔ	25770
领子	lǐngzi	18223
领罪	lǐngzuì	56772
另	lìng	283
另案	lìng'àn	38278
另册	lìngcè	39907
另当别论	lìngdāng-biélùn	37022
另类	lìnglèi	26911
另辟蹊径	lìngpì-xījìng	43127
另起炉灶	lìngqǐ-lúzào	31166
另外	lìngwài	727
另行	lìngxíng	14231
另眼看待	lìngyǎn-kàndài	38859
另眼相看	lìngyǎn-xiāngkàn	30284
令	lìng	1583
令爱	lìng'ài	44599
令弟	lìngdì	41441
令箭	lìngjiàn	36690
令郎	lìngláng	46925
令牌	lìngpái	48119
令旗	lìngqí	36850
令人发指	lìngrén-fàzhǐ	28773
令人捧腹	lìngrén-pěngfù	44852
令人神往	lìngrén-shénwǎng	28100
令人作呕	lìngrén-zuò'ǒu	34691
令堂	lìngtáng	48120
令行禁止	lìngxíng-jìnzhǐ	29633
令尊	lìngzūn	34412
溜	liū	4594
溜冰	liūbīng	28869
溜冰场	liūbīngchǎng	44853
溜冰鞋	liūbīngxié	54093
溜达	liūda	23417
溜光	liūguāng	38477
溜号	liūhào	46318
溜滑	liūhuá	47202
溜索	liūsuǒ	48767
溜须拍马	liūxū-pāimǎ	45139
溜圆	liūyuán	39067
溜之大吉	liūzhī-dàjí	41662
溜之乎也	liūzhīhūyě	56141
溜走	liūzǒu	20500
熘	liū	24607
刘	liú	872
刘海儿	liúhǎir	47822
浏览	liúlǎn	11101
浏览器	liúlǎnqì	25437
留	liú	715
留把柄	liúbǎbǐng	36518
留步	liúbù	39702
留成	liúchéng	31051
留传	liúchuán	46619
留存	liúcún	20804
留待	liúdài	28500
留底	liúdǐ	50604
留后路	liúhòulù	51379
留后手	liúhòushǒu	56657
留级	liújí	31969
留居	liújū	49137
留利	liúlì	42117
留恋	liúliàn	11755
留名	liúmíng	28501
留念	liúniàn	10901
留鸟	liúniǎo	52210
留情	liúqíng	27917
留任	liúrèn	25237
留神	liúshén	12128
留声机	liúshēngjī	24837
留守	liúshǒu	10704
留守处	liúshǒuchù	38110
留守儿童	liúshǒu értóng	52049
留宿	liúsù	29634
留尾巴	liúwěiba	55145
留下	liúxià	852
留校	liúxiào	18374
留心	liúxīn	9396
留学	liúxué	4498
留学生	liúxuéshēng	4721
留言	liúyán	11502
留言簿	liúyánbù	26330
留洋	liúyáng	35895
留一手	liúyīshǒu	46926
留意	liúyì	11551
留影	liúyǐng	25699
留用	liúyòng	30501
留有	liúyǒu	28946
留余地	liúyúdì	43609
留职	liúzhí	46927
留置	liúzhì	21991
留驻	liúzhù	31382
流	liú	868
流弊	liúbì	33611
流变	liúbiàn	35752
流布	liúbù	51380
流产	liúchǎn	18661
流畅	liúchàng	11234
流程	liúchéng	8006
流程图	liúchéngtú	44379
流传	liúchuán	5762
流窜	liúcuàn	24069
流窜犯	liúcuànfàn	49896

流弹	liúdàn	34011
流荡	liúdàng	34012
流调	liúdiào	48032
流动	liúdòng	2160
流动人口	liúdòng rénkǒu	9546
流毒	liúdú	27345
流芳	liúfāng	38860
流放	liúfàng	20272
流感	liúgǎn	11418
流光	liúguāng	24015
流光溢彩	liúguāng-yìcǎi	24563
流口水	liúkǒushuǐ	45423
流寇	liúkòu	33483
流浪	liúlàng	8790
流浪儿	liúlàng'ér	41442
流浪汉	liúlànghàn	23478
流泪	liúlèi	7146
流离	liúlí	26331
流离失所	liúlí-shīsuǒ	26118
流利	liúlì	15925
流连	liúlián	23904
流连忘返	liúlián-wàngfǎn	21085
流量	liúliàng	8601
流量计	liúliàngjì	52211
流里流气	liúliliúqì	48768
流露	liúlù	6890
流落	liúluò	18200
流氓	liúmáng	7784
流民	liúmín	28947
流脑	liúnǎo	32853
流年	liúnián	36851
流派	liúpài	9638
流盼	liúpàn	54094
流气	liúqì	53574
流散	liúsàn	32854
流沙	liúshā	24773
流失	liúshī	4172
流失率	liúshīlǜ	54096
流失生	liúshīshēng	54606
流食	liúshí	54097
流逝	liúshì	14375
流水	liúshuǐ	7524
流水线	liúshuǐxiàn	21180
流水账	liúshuǐzhàng	41895
流水作业	liúshuǐ zuòyè	38279
流苏	liúsū	25303
流俗	liúsú	44600
流速	liúsù	22514
流淌	liútǎng	9763
流体	liútǐ	19875
流通	liútōng	2615
流亡	liúwáng	12944
流徙	liúxǐ	53575
流线型	liúxiànxíng	34692
流向	liúxiàng	9434
流泻	liúxiè	34413
流星	liúxīng	11866
流星雨	liúxīngyǔ	19265
流行	liúxíng	2522
流行病	liúxíngbìng	12677
流行色	liúxíngsè	38670
流行性	liúxíngxìng	22577
流血	liúxuè	6363
流言	liúyán	19728
流言蜚语	liúyán-fēiyǔ	37196
流溢	liúyì	43896
流萤	liúyíng	53085
流域	liúyù	2850
流云	liúyún	39278
流质	liúzhì	43897
流注	liúzhù	51799
流转	liúzhuǎn	9067
流转税	liúzhuǎnshuì	41663
琉璃	liúli	21716
琉璃瓦	liúliwǎ	30956
硫	liú	11270
硫化	liúhuà	34013
硫化氢	liúhuàqīng	28774
硫磺	liúhuáng	24703
硫酸	liúsuān	11896
榴弹	liúdàn	40554
榴弹炮	liúdànpào	48460
榴莲	liúlián	42118
镏金	liújīn	51800
瘤	liú	13110
瘤子	liúzi	38478
鎏金	liújīn	47203
柳	liǔ	5087
柳暗花明	liǔ'àn-huāmíng	24774
柳编	liǔbiān	39908
柳笛	liǔdí	51381
柳眉	liǔméi	38861
柳琴	liǔqín	51801
柳杉	liǔshān	50996
柳梢	liǔshāo	46319
柳树	liǔshù	12447
柳丝	liǔsī	38862
柳体	liǔtǐ	54607
柳条	liǔtiáo	19076
柳絮	liǔxù	34836
绺	liǔ	15670
六	liù	313
六边形	liùbiānxíng	50254
六朝	Liù Cháo	19698
六畜	liùchù	46015
六腑	liùfǔ	48461
六合彩	liùhécǎi	33392
六甲	liùjiǎ	39068
六亲	liùqīn	42889
六亲不认	liùqīn-bùrèn	32993
六神无主	liùshén-wúzhǔ	34837
六书	liùshū	54608
六弦琴	liùxiánqín	53576
六一	Liù-Yī	13111
六一国际儿童节	Liù-Yī Guójì Értóng Jié	55631
六艺	liùyì	39492
六指	liùzhǐ	31052
陆	liù	14982
碌碡	liùzhou	54098
遛	liù	15951
遛鸟	liùniǎo	56529
遛弯儿	liùwānr	42119
遛早儿	liùzǎor	55632
馏	liù	33104
溜	liù	7527
溜子	liùzi	50605
龙	lóng	1615
龙柏	lóngbǎi	51382
龙船	lóngchuán	31270
龙灯	lóngdēng	27346
龙飞凤舞	lóngfēi-fèngwǔ	39069
龙凤呈祥	lóngfèng-chéngxiáng	36532
龙宫	lónggōng	36691
龙骨	lónggǔ	35474
龙虎斗	lónghǔdòu	46620
龙井茶	lóngjǐngchá	27918

龙卷风	lóngjuǎnfēng	26332
龙门阵	lóngménzhèn	43380
龙袍	lóngpáo	32855
龙舌兰	lóngshélán	44601
龙潭虎穴	lóngtán-hǔxué	50997
龙套	lóngtào	39070
龙腾虎跃	lóngténg-hǔyuè	36201
龙头	lóngtóu	3185
龙王	Lóngwáng	24775
龙王庙	lóngwángmiào	33757
龙舞	lóngwǔ	44380
龙虾	lóngxiā	21808
龙行虎步	lóngxíng-hǔbù	56741
龙须菜	lóngxūcài	51383
龙须草	lóngxūcǎo	55633
龙须面	lóngxūmiàn	53577
龙颜	lóngyán	45424
龙眼	lóngyǎn	20544
龙吟虎啸	lóngyín-hǔxiào	56142
龙爪槐	lóngzhǎohuái	53086
龙争虎斗	lóngzhēng-hǔdòu	48769
龙钟	lóngzhōng	41443
龙舟	lóngzhōu	13732
聋	lóng	10756
聋哑	lóngyǎ	27347
聋哑人	lóngyǎrén	28005
聋子	lóngzi	25611
笼	lóng，lǒng	7837
笼屉	lóngtì	45425
笼头	lóngtou	37197
笼养	lóngyǎng	48770
笼子	lóngzi	12240
隆	lóng	8635
隆冬	lóngdōng	17663
隆隆	lónglóng	12414
隆起	lóngqǐ	15926
隆盛	lóngshèng	50998
隆胸	lóngxiōng	51802
隆重	lóngzhòng	3982
陇	Lǒng	14268
拢	lǒng	6255
拢岸	lǒng'àn	43898
拢共	lǒnggòng	54099
拢总	lǒngzǒng	56773
垄	lǒng	20429
垄断	lǒngduàn	3983
垄沟	lǒnggōu	46928
笼络	lǒngluò	19729
笼统	lǒngtǒng	18165
笼罩	lǒngzhào	7291
弄	lòng	19154
弄堂	lòngtáng	17155
搂	lōu	43899
搂钱	lōuqián	56143
喽啰	lóuluo	56774
楼	lóu	909
楼板	lóubǎn	24382
楼层	lóucéng	23418
楼船	lóuchuán	49897
楼道	lóudào	11849
楼房	lóufáng	5647
楼阁	lóugé	28775
楼花	lóuhuā	40278
楼盘	lóupán	23419
楼区	lóuqū	44602
楼群	lóuqún	22353
楼市	lóushì	33484
楼台	lóutái	32207
楼堂馆所	lóu-táng-guǎn-suǒ	37198
楼梯	lóutī	6858
楼宇	lóuyǔ	25438
耧	lóu	45721
蝼蛄	lóugū	45426
蝼蚁	lóuyǐ	42120
搂	lǒu	5803
搂抱	lǒubào	21717
篓	lǒu	22789
篓子	lǒuzi	29849
陋规	lòuguī	53578
陋室	lòushì	35590
陋俗	lòusú	44133
陋习	lòuxí	14463
陋巷	lòuxiàng	41664
镂花	lòuhuā	42610
镂刻	lòukè	45427
镂空	lòukōng	35475
漏	lòu	5029
漏报	lòubào	34131
漏电	lòudiàn	40555
漏洞	lòudòng	6667
漏斗	lòudǒu	18166
漏风	lòufēng	41444
漏光	lòuguāng	54609
漏检	lòujiǎn	53579
漏勺	lòusháo	54610
漏失	lòushī	51803
漏税	lòushuì	22790
漏网	lòuwǎng	26912
漏夜	lòuyè	53087
漏子	lòuzi	37564
露	lòu	4148
露白	lòubái	56144
露丑	lòuchǒu	56145
露底	lòudǐ	53088
露富	lòufù	54100
露脸	lòuliǎn	23967
露马脚	lòumǎjiǎo	47823
露面	lòumiàn	13113
露头	lòutóu	24608
露馅儿	lòuxiànr	43129
露一手	lòuyīshǒu	31742
撸	lū	12876
卢布	lúbù	12746
芦	lú	23374
芦柴	lúchái	47824
芦荡	lúdàng	47517
芦柑	lúgān	56146
芦根	lúgēn	45140
芦花	lúhuā	20430
芦荟	lúhuì	39071
芦笙	lúshēng	34414
芦笋	lúsǔn	33612
芦苇	lúwěi	10574
芦席	lúxí	38280
庐山真面目	Lúshān zhēn miànmù	54101
炉	lú	6029
炉箅子	lúbìzi	55146
炉灰	lúhuī	45141
炉火	lúhuǒ	18480
炉火纯青	lúhuǒ-chúnqīng	29338
炉具	lújù	48771
炉门	lúmén	52638
炉台	lútái	43130
炉膛	lútáng	33366
炉瓦	lúwǎ	56147
炉温	lúwēn	53089
炉灶	lúzào	24838

炉渣	lúzhā	37199
炉子	lúzi	10550
鸬鹚	lúcí	47204
颅骨	lúgǔ	33105
鲈鱼	lúyú	37023
卤	lǔ	13943
卤菜	lǔcài	52212
卤鸡	lǔjī	51804
卤肉	lǔròu	50999
卤水	lǔshuǐ	34557
卤素	lǔsù	38281
卤味	lǔwèi	56530
掳掠	lǔlüè	29139
鲁	lǔ	6274
鲁班	Lǔ Bān	29850
鲁菜	lǔcài	55634
鲁钝	lǔdùn	54611
鲁莽	lǔmǎng	27668
橹	lǔ	13710
陆	lù	3966
陆地	lùdì	7049
陆基	lùjī	56779
陆军	lùjūn	7369
陆路	lùlù	16919
陆续	lùxù	2707
陆运	lùyùn	50255
陆战队	lùzhànduì	19323
录	lù	4204
录放	lùfàng	53580
录取	lùqǔ	6101
录取线	lùqǔxiàn	49518
录入	lùrù	21908
录像	lùxiàng	8867
录像带	lùxiàngdài	16342
录像机	lùxiàngjī	25612
录像片	lùxiàngpiàn	33106
录音	lùyīn	10582
录音带	lùyīndài	22879
录音机	lùyīnjī	15714
录用	lùyòng	8561
录制	lùzhì	17059
鹿	lù	7409
鹿角	lùjiǎo	34270
鹿茸	lùróng	40775
鹿死谁手	lùsǐ-shéishǒu	46320
绿林	lùlín	25771
碌碌	lùlù	32596
路	lù	274
路霸	lùbà	55147
路标	lùbiāo	24776
路不拾遗	lùbùshíyí	52213
路程	lùchéng	10050
路灯	lùdēng	10895
路堤	lùdī	50256
路段	lùduàn	8716
路费	lùfèi	15056
路风	lùfēng	42121
路规	lùguī	56742
路轨	lùguǐ	40556
路过	lùguò	8294
路基	lùjī	14142
路肩	lùjiān	43752
路警	lùjǐng	49138
路径	lùjìng	11162
路考	lùkǎo	56707
路口	lùkǒu	8385
路况	lùkuàng	23183
路面	lùmiàn	7638
路牌	lùpái	36533
路卡	lùqiǎ	52639
路人	lùrén	16320
路上	lùshang	8124
路数	lùshù	31498
路条	lùtiáo	45428
路途	lùtú	16207
路网	lùwǎng	16665
路线	lùxiàn	1632
路遇	lùyù	48772
路障	lùzhàng	27763
路政	lùzhèng	32994
路子	lùzi	4135
漉	lù	40557
辘辘	lùlù	44381
辘轳	lùlu	27764
戮力	lùlì	49139
鹭鸶	lùsī	35159
露	lù	3112
露骨	lùgǔ	22791
露酒	lùjiǔ	52640
露水	lùshui	16857
露宿	lùsù	27919
露天	lùtiān	9281
露天矿	lùtiānkuàng	48121
露头角	lùtóujiǎo	56148
露营	lùyíng	36852
露珠	lùzhū	21909
驴	lǘ	5482
驴打滚儿	lǘdǎgǔnr	49898
驴肝肺	lǘgānfèi	50606
驴友	lǘyǒu	16938
闾里	lǘlǐ	50607
吕剧	lǚjù	35313
捋	lǚ	15501
旅	lǚ	2864
旅伴	lǚbàn	36853
旅程	lǚchéng	16978
旅店	lǚdiàn	14061
旅费	lǚfèi	32597
旅馆	lǚguǎn	5341
旅居	lǚjū	15927
旅客	lǚkè	2886
旅人	lǚrén	28870
旅途	lǚtú	12597
旅行	lǚxíng	5386
旅行包	lǚxíngbāo	25044
旅行袋	lǚxíngdài	33885
旅行社	lǚxíngshè	6292
旅游	lǚyóu	1559
旅游车	lǚyóuchē	36534
旅游团	lǚyóutuán	20274
旅游鞋	lǚyóuxié	32465
旅游业	lǚyóuyè	4524
铝	lǚ	6034
铝箔	lǚbó	34415
铝锅	lǚguō	45429
铝合金	lǚhéjīn	21910
屡	lǚ	4600
屡次	lǚcì	12265
屡次三番	lǚcì-sānfān	55148
屡见不鲜	lǚjiàn-bùxiān	16146
屡教不改	lǚjiào-bùgǎi	35314
屡禁不绝	lǚjìn-bùjué	36051
屡禁不止	lǚjìn-bùzhǐ	13277
屡屡	lǚlǚ	10485
屡试不爽	lǚshì-bùshuǎng	47518
屡遭	lǚzāo	25772
屡战屡败	lǚzhàn-lǚbài	49140
屡战屡胜	lǚzhàn-lǚshèng	49899

缕	lǚ	7265
缕缕	lǚlǚ	25613
缕述	lǚshù	50257
缕析	lǚxī	53581
膂力	lǚlì	37200
履带	lǚdài	38111
履历	lǚlì	21669
履历表	lǚlìbiǎo	39279
履新	lǚxīn	44134
履行	lǚxíng	2202
履约	lǚyuē	18524
履职	lǚzhí	19991
律	lǜ	6072
律动	lǜdòng	27348
律己	lǜjǐ	36202
律例	lǜlì	51000
律令	lǜlìng	37924
律师	lǜshī	1979
律诗	lǜshī	35160
绿	lǜ	1168
绿宝石	lǜbǎoshí	37925
绿茶	lǜchá	25113
绿葱葱	lǜcōngcōng	53090
绿道	lǜdào	13930
绿灯	lǜdēng	18121
绿地	lǜdì	7141
绿豆	lǜdòu	21471
绿豆蝇	lǜdòuyíng	55149
绿肥	lǜféi	26703
绿化	lǜhuà	2961
绿化带	lǜhuàdài	19107
绿卡	lǜkǎ	19514
绿篱	lǜlí	49900
绿帽子	lǜmàozi	48462
绿盘	lǜpán	56600
绿茸茸	lǜróngróng	48463
绿色	lǜsè	1455
绿色食品	lǜsè shípǐn	18815
绿色通道	lǜsè tōngdào	10051
绿松石	lǜsōngshí	55150
绿野	lǜyě	35896
绿叶	lǜyè	12738
绿阴	lǜyīn	53582
绿茵场	lǜyīnchǎng	31743
绿茵茵	lǜyīnyīn	35161
绿莹莹	lǜyíngyíng	42122
绿油油	lǜyóuyóu	20924
绿藻	lǜzǎo	43610
绿洲	lǜzhōu	9509
氯	lǜ	11347
氯霉素	lǜméisù	38479
氯气	lǜqì	22004
滤	lǜ	14406
滤波	lǜbō	41896
滤波器	lǜbōqì	46016
孪生	luánshēng	23375
孪生子	luánshēngzǐ	50258
挛缩	luánsuō	49141
卵	luǎn	6696
卵巢	luǎncháo	19833
卵磷脂	luǎnlínzhī	49901
卵生	luǎnshēng	46321
卵石	luǎnshí	25045
卵细胞	luǎnxìbāo	23743
卵翼	luǎnyì	56149
卵子	luǎnzǐ	20925
乱	luàn	626
乱兵	luànbīng	28333
乱臣贼子	luànchén-zéizǐ	56531
乱党	luàndǎng	55635
乱纷纷	luànfēnfēn	35162
乱搞	luàngǎo	44135
乱哄哄	luànhōnghōng	22707
乱砍滥伐	luànkǎn-lànfá	24658
乱来	luànlái	31744
乱伦	luànlún	48773
乱麻	luànmá	29962
乱码	luànmǎ	53583
乱蓬蓬	luànpéngpéng	30619
乱七八糟	luànqībāzāo	13465
乱世	luànshì	19028
乱摊子	luàntānzi	54612
乱弹琴	luàntánqín	41897
乱套	luàntào	35316
乱象	luànxiàng	12417
乱糟糟	luànzāozāo	21343
乱真	luànzhēn	35317
乱子	luànzi	19834
乱作一团	luànzuò-yītuán	51384
掠	lüè	6909
掠夺	lüèduó	10935
掠过	lüèguò	18672
掠取	lüèqǔ	38112
掠影	lüèyǐng	31499
略	lüè	2296
略见一斑	lüèjiàn-yībān	48464
略略	lüèlüè	13185
略胜一筹	lüèshèng-yīchóu	47519
略图	lüètú	54102
略微	lüèwēi	15327
略为	lüèwéi	26256
略逊一筹	lùexùn-yīchóu	52214
略语	lüèyǔ	55151
略知一二	lüèzhī-yī'èr	41445
抡	lūn	11785
伦常	lúncháng	47825
伦敦	Lúndūn	3794
伦理	lúnlǐ	6358
沦落	lúnluò	21958
沦丧	lúnsàng	34271
沦亡	lúnwáng	37201
沦陷	lúnxiàn	19768
轮	lún	1065
轮班	lúnbān	32598
轮船	lúnchuán	8659
轮次	lúncì	43381
轮渡	lúndù	23633
轮番	lúnfān	16833
轮岗	lúngǎng	21911
轮毂	lúngǔ	51385
轮换	lúnhuàn	15891
轮回	lúnhuí	20431
轮机	lúnjī	29963
轮奸	lúnjiān	32856
轮空	lúnkōng	36692
轮廓	lúnkuò	9282
轮流	lúnliú	7578
轮牧	lúnmù	30285
轮盘	lúnpán	51001
轮胎	lúntāi	9825
轮替	lúntì	42628
轮休	lúnxiū	34693
轮训	lúnxùn	18662
轮椅	lúnyǐ	12118
轮值	lúnzhí	12304
轮转	lúnzhuàn	42890
轮子	lúnzi	15184
轮作	lúnzuò	35006

论	lùn	796
论辩	lùnbiàn	41215
论处	lùnchǔ	27427
论道	lùndào	37024
论敌	lùndí	55636
论点	lùndiǎn	16779
论调	lùndiào	16799
论断	lùnduàn	7622
论功行赏	lùngōng-xíngshǎng	38282
论及	lùnjí	22792
论价	lùnjià	41446
论据	lùnjù	25547
论理	lùnlǐ	26561
论难	lùnnàn	43700
论述	lùnshù	3682
论说	lùnshuō	33613
论坛	lùntán	2575
论题	lùntí	28502
论文	lùnwén	3234
论战	lùnzhàn	21633
论争	lùnzhēng	26119
论证	lùnzhèng	4000
论证会	lùnzhènghuì	22837
论著	lùnzhù	15083
论资排辈	lùnzī-páibèi	25548
论罪	lùnzuì	37368
捋	luō	44854
啰唆	luōsuo	56532
罗	luó	2268
罗非鱼	luófēiyú	39072
罗锅儿	luóguōr	20215
罗锅	luóguo	24070
罗汉	luóhàn	25238
罗汉豆	luóhàndòu	55637
罗汉果	luóhànguǒ	55152
罗汉松	luóhànsōng	48465
罗列	luóliè	22931
罗马	Luómǎ	5528
罗曼蒂克	luómàndìkè	41014
罗曼史	luómànshǐ	48122
罗盘	luópán	10005
罗圈儿腿	luóquānrtuǐ	56743
罗网	luówǎng	26913
罗织	luózhī	36693
罗致	luózhì	48123
萝卜	luóbo	8781
萝卜花	luóbohuā	47520
逻辑	luóji	3989
逻辑性	luójixìng	32466
锣	luó	10502
锣鼓	luógǔ	10569
锣鼓喧天	luógǔ-xuāntiān	26257
箩	luó	23184
箩筐	luókuāng	24777
骡	luó	18950
骡马	luómǎ	18816
骡子	luózi	13978
螺	luó	16078
螺钉	luódīng	42123
螺号	luóhào	56533
螺母	luómǔ	54613
螺栓	luóshuān	37025
螺丝	luósī	25046
螺丝刀	luósīdāo	42362
螺丝钉	luósīdīng	26765
螺丝帽	luósīmào	52215
螺蛳	luósī	34838
螺纹	luówén	35897
螺纹钢	luówéngāng	47826
螺旋	luóxuán	15467
螺旋桨	luóxuánjiǎng	27765
螺旋式	luóxuánshì	47827
螺旋体	luóxuántǐ	40336
螺旋藻	luóxuánzǎo	35753
裸	luǒ	13224
裸奔	luǒbēn	28052
裸官	luǒguān	21148
裸婚	luǒhūn	25489
裸机	luǒjī	26871
裸捐	luǒjuān	54655
裸考	luǒkǎo	39288
裸露	luǒlù	11540
裸聊	luǒliáo	38763
裸体	luǒtǐ	15615
裸退	luǒtuì	47706
裸眼	luǒyǎn	54614
裸照	luǒzhào	23410
瘰疬	luǒlì	54103
洛阳纸贵	luòyáng-zhǐguì	49142
骆驼草	luòtuocǎo	53584
骆驼刺	luòtuocì	51002
骆驼	luòtuo	7567
络	luò	11331
络腮胡	luòsāihú	55153
络腮胡子	luòsāi húzi	25835
络绎	luòyì	14726
络绎不绝	luòyì-bùjué	11493
珞巴族	Luòbāzú	39280
落	luò	1457
落榜	luòbǎng	23131
落笔	luòbǐ	26258
落草	luòcǎo	41898
落差	luòchā	19077
落潮	luòcháo	40135
落成	luòchéng	9277
落槌	luòchuí	53585
落得	luòde	25700
落地	luòdì	7996
落地窗	luòdìchuāng	42363
落地灯	luòdìdēng	47521
落地扇	luòdìshàn	56708
落地生根	luòdì-shēnggēn	39909
落地式	luòdìshì	53586
落第	luòdì	47522
落点	luòdiǎn	52641
落发	luòfà	53091
落后	luòhòu	1648
落户	luòhù	6782
落花	luòhuā	23801
落花流水	luòhuā-liúshuǐ	31500
落花生	luòhuāshēng	41665
落荒而逃	luòhuāng'értáo	34839
落脚	luòjiǎo	18375
落脚点	luòjiǎodiǎn	8801
落井下石	luòjǐng-xiàshí	37739
落空	luòkōng	16116
落款	luòkuǎn	25773
落泪	luòlèi	12798
落落大方	luòluò-dàfāng	30727
落落寡合	luòluò-guǎhé	52642
落马	luòmǎ	17060
落寞	luòmò	29635
落墨	luòmò	53587
落幕	luòmù	10949
落难	luònàn	27590
落聘	luòpìn	40136
落魄	luòpò	41015

落日	luòrì	16268
落山	luòshān	36363
落实	luòshí	1343
落市	luòshì	56775
落水	luòshuǐ	14464
落水狗	luòshuǐgǒu	46621
落俗套	luòsútào	50259
落锁	luòsuǒ	56534
落汤鸡	luòtāngjī	40137
落拓	luòtuò	48466
落网	luòwǎng	19324
落伍	luòwǔ	15446
落霞	luòxiá	50260
落选	luòxuǎn	16651
落叶	luòyè	11332
落叶归根	luòyè-guīgēn	45430
落叶松	luòyèsōng	27349
落英	luòyīng	48774
落英缤纷	luòyīng-bīnfēn	43437
落座	luòzuò	17720
摞	luò	12945
妈	mā	2005
妈妈	māma	1010
妈祖	Māzǔ	23376
抹	mā	12963
抹布	mābù	21589
抹脸	māliǎn	55638
摩挲	māsa	33886
吗	má	12058
麻	má	5991
麻包	mábāo	39703
麻痹	mábì	13900
麻布	mábù	33107
麻袋	mádài	16064
麻袋片儿	mádàipiànr	54615
麻刀	mádao	54616
麻豆腐	mádòufu	46322
麻烦	máfan	3047
麻纺	máfǎng	52216
麻风	máfēng	26333
麻秆儿	mágǎnr	45431
麻花	máhuā	29046
麻黄	máhuáng	30286
麻将	májiàng	9736
麻酱	májiàng	50261
麻辣	málà	35898
麻利	máli	21086
麻脸	máliǎn	29749
麻麻亮	mámaliàng	41447
麻木	mámù	9073
麻木不仁	mámù-bùrén	24778
麻雀	máquè	9965
麻纱	máshā	44382
麻绳	máshéng	18738
麻酥酥	másūsū	46622
麻糖	mátáng	43611
麻线	máxiàn	41899
麻药	máyào	40138
麻油	máyóu	31745
麻疹	mázhěn	27844
麻织品	mázhīpǐn	56535
麻子	mázi	10557
麻醉	mázuì	12336
麻醉剂	mázuìjì	33242
麻醉品	mázuìpǐn	41900
麻醉师	mázuìshī	48775
马	mǎ	571
马鞍	mǎ'ān	26488
马帮	mǎbāng	38863
马鞭	mǎbiān	30067
马鞭子	mǎbiānzi	54617
马弁	mǎbiàn	56151
马不停蹄	mǎbùtíngtí	19730
马步	mǎbù	45432
马槽	mǎcáo	52643
马车	mǎchē	8607
马车夫	mǎchēfū	38671
马齿苋	mǎchǐxiàn	46623
马刺	mǎcì	31618
马达	mǎdá	19155
马大哈	mǎdàhā	49143
马刀	mǎdāo	35754
马到成功	mǎdào-chénggōng	31383
马灯	mǎdēng	26617
马镫	mǎdèng	38480
马队	mǎduì	17568
马粪	mǎfèn	44383
马粪纸	mǎfènzhǐ	51003
马蜂	mǎfēng	35007
马蜂窝	mǎfēngwō	39073
马夫	mǎfū	23034
马革裹尸	mǎgé-guǒshī	54805
马褂	mǎguà	18224
马海毛	mǎhǎimáo	56536
马号	mǎhào	28503
马后炮	mǎhòupào	50608
马虎	mǎhu	13358
马甲	mǎjiǎ	32995
马脚	mǎjiǎo	28171
马厩	mǎjiù	35476
马驹	mǎjū	10902
马圈	mǎjuàn	47828
马克思主义	Mǎkèsī zhǔyì	1536
马口铁	mǎkǒutiě	46929
马裤	mǎkù	42611
马拉松	mǎlāsōng	14326
马来西亚	Mǎláixīyà	5949
马兰	mǎlán	21135
马力	mǎlì	18951
马列	Mǎ-Liè	16343
马列主义	Mǎ-Liè zhǔyì	7082
马铃薯	mǎlíngshǔ	13979
马鹿	mǎlù	37369
马路	mǎlù	3514
马路新闻	mǎlù xīnwén	55639
马路牙子	mǎlù yázi	49902
马马虎虎	mǎmǎhūhū	19876
马尼拉	Mǎnílā	13406
马棚	mǎpéng	30177
马匹	mǎpǐ	17634
马屁精	mǎpìjīng	56709
马前卒	mǎqiánzú	45722
马枪	mǎqiāng	51386
马球	mǎqiú	48467
马群	mǎqún	25836
马赛克	mǎsàikè	41016
马上	mǎshàng	1274
马失前蹄	mǎshīqiántí	44603
马首是瞻	mǎshǒushìzhān	45142
马术	mǎshù	24071
马蹄	mǎtí	17664
马蹄表	mǎtíbiǎo	56537
马蹄莲	mǎtílián	44384
马蹄铁	mǎtítiě	52217
马蹄袖	mǎtíxiù	56152
马桶	mǎtǒng	18817
马头琴	mǎtóuqín	42124
马尾辫	mǎwěibiàn	56710

马尾松	mǎwěisōng	29140
马戏	mǎxì	24974
马靴	mǎxuē	37926
马扎	mǎzhá	35899
马掌	mǎzhǎng	43131
吗啡	mǎfēi	25774
玛瑙	mǎnǎo	19226
码	mǎ	7640
码放	mǎfàng	43612
码头	mǎtou	4182
码子	mǎzi	37740
蚂蟥	mǎhuáng	41216
蚂蚁	mǎyǐ	8914
蚂蚱	màzha	31167
骂	mà	2322
骂大街	màdàjiē	56538
骂架	màjià	56711
骂街	màjiē	32722
骂骂咧咧	màmaliēliē	30846
骂名	màmíng	37370
骂娘	màniáng	30620
吗	ma	642
嘛	ma	2274
埋	mái	3059
埋藏	máicáng	14407
埋单	máidān	29339
埋伏	máifú	11036
埋名	máimíng	49519
埋没	máimò	18924
埋设	máishè	29255
埋头	máitóu	10158
埋头苦干	máitóu-kǔgàn	21185
埋葬	máizàng	13114
买	mǎi	303
买办	mǎibàn	20667
买单	mǎidān	28334
买椟还珠	mǎidú-huánzhū	54618
买断	mǎiduàn	22458
买方	mǎifāng	14695
买方市场	mǎifāng shìchǎng	27277
买好	mǎihǎo	45723
买家	mǎijiā	3881
买价	mǎijià	55154
买进	mǎijìn	22142
买空卖空	mǎikōng-màikōng	47829
买路钱	mǎilùqián	48468
买卖	mǎimai	4810
买卖人	mǎimairén	37202
买通	mǎitōng	29964
买账	mǎizhàng	43132
买主	mǎizhǔ	15580
买醉	mǎizuì	56712
迈	mài	5436
迈步	màibù	19488
迈进	màijìn	6699
麦	mài	6142
麦草	màicǎo	30502
麦茬	màichá	48124
麦当劳	Màidāngláo	14930
麦冬	màidōng	44136
麦垛	màiduò	40139
麦饭石	màifànshí	54619
麦麸	màifū	46624
麦秆儿	màigǎnr	45724
麦秸	màijiē	19429
麦酒	màijiǔ	56540
麦糠	màikāng	53092
麦克风	màikèfēng	24122
麦客	màikè	49144
麦浪	màilàng	37203
麦粒	màilì	38283
麦芒	màimáng	43900
麦苗	màimiáo	23035
麦片	màipiàn	36364
麦秋	màiqiū	53588
麦乳精	màirǔjīng	45433
麦收	màishōu	20779
麦穗儿	màisuìr	22143
麦芽	màiyá	43901
麦芽糖	màiyátáng	46323
麦子	màizi	6871
卖	mài	573
卖场	màichǎng	28776
卖唱	màichàng	31271
卖点	màidiǎn	35477
卖方	màifāng	20576
卖方市场	màifāng shìchǎng	36694
卖乖	màiguāi	36535
卖关子	màiguānzi	40558
卖官鬻爵	màiguān-yùjué	52644
卖国	màiguó	18064
卖国求荣	màiguó-qiúróng	44604
卖国贼	màiguózéi	26059
卖好	màihǎo	46930
卖价	màijià	37741
卖劲	màijìn	47523
卖苦力	màikǔlì	49903
卖老	màilǎo	35008
卖力	màilì	20145
卖力气	màilìqi	26991
卖命	màimìng	25114
卖弄	màinong	19769
卖钱	màiqián	24188
卖俏	màiqiào	49145
卖身	màishēn	29256
卖身契	màishēnqì	49520
卖身投靠	màishēn-tóukào	51004
卖笑	màixiào	43382
卖艺	màiyì	23905
卖淫	màiyín	15432
卖友求荣	màiyǒu-qiúróng	52218
卖主	màizhǔ	26828
卖嘴	màizuǐ	55155
卖座	màizuò	44137
脉	mài	7344
脉案	mài'àn	54620
脉搏	màibó	10271
脉冲	màichōng	17602
脉动	màidòng	31746
脉管炎	màiguǎnyán	53093
脉络	màiluò	10200
脉息	màixī	51387
脉象	màixiàng	48469
颟顸	mānhān	48470
埋怨	mányuàn	8020
蛮	mán	6690
蛮缠	mánchán	41218
蛮干	mángàn	26489
蛮横	mánhèng	20311
蛮荒	mánhuāng	34272
蛮劲	mánjìn	48471
蛮子	mánzi	37371
馒头	mántou	8306
瞒	mán	6311
瞒报	mánbào	21718
瞒产	mánchǎn	54621
瞒哄	mánhǒng	51005
瞒骗	mánpiàn	25993

瞒天过海	mántiān-guòhǎi	35318
鳗鲡	mánlí	56153
鳗鱼	mányú	33485
满	mǎn	671
满不在乎	mǎnbùzàihu	17546
满仓	mǎncāng	54095
满城风雨	mǎnchéng-fēngyǔ	36365
满处	mǎnchù	45725
满打满算	mǎndǎ-mǎnsuàn	42125
满当当	mǎndāngdāng	53094
满地	mǎndì	53768
满额	mǎn'é	49146
满分	mǎnfēn	25115
满负荷	mǎnfùhè	29851
满腹	mǎnfù	18312
满腹经纶	mǎnfù-jīnglún	40559
满贯	mǎnguàn	26562
满怀	mǎnhuái	8415
满口	mǎnkǒu	25047
满满当当	mǎnmǎndāngdāng	31053
满门	mǎnmén	39074
满面	mǎnmiàn	15411
满面春风	mǎnmiàn-chūnfēng	27195
满目	mǎnmù	16734
满目疮痍	mǎnmù-chuāngyí	30728
满期	mǎnqī	47830
满腔	mǎnqiāng	14186
满勤	mǎnqín	55640
满山遍野	mǎnshān-biànyě	31856
满身	mǎnshēn	11638
满师	mǎnshī	55156
满世界	mǎnshìjie	34800
满堂	mǎntáng	6323
满堂彩	mǎntángcǎi	43902
满堂红	mǎntánghóng	43383
满天飞	mǎntiānfēi	23802
满文	Mǎnwén	38113
满心	mǎnxīn	17156
满眼	mǎnyǎn	15616
满意	mǎnyì	1088
满员	mǎnyuán	39281
满月	mǎnyuè	17472
满载	mǎnzài	13964
满载而归	mǎnzài'érguī	32996
满足	mǎnzú	882
满族	Mǎnzú	11051
满座	mǎnzuò	30178
螨虫	mǎnchóng	55157
曼谷	Màngǔ	6333
曼丽	mànlì	20839
曼妙	mànmiào	42612
曼声	mànshēng	42364
曼舞	mànwǔ	42613
谩骂	mànmà	21671
蔓生	mànshēng	52219
蔓延	mànyán	5107
幔帐	mànzhàng	47831
幔子	mànzi	45726
漫	màn	7317
漫笔	mànbǐ	17515
漫不经心	mànbùjīngxīn	16047
漫步	mànbù	10037
漫长	màncháng	5501
漫道	màndào	45434
漫灌	mànguàn	35478
漫画	mànhuà	6524
漫话	mànhuà	49521
漫卷	mànjuǎn	41017
漫流	mànliú	49147
漫漫	mànmàn	13397
漫山遍野	mànshān-biànyě	25304
漫说	mànshuō	47524
漫谈	mántán	32321
漫天	màntiān	15817
漫无边际	mànwúbiānjì	34014
漫溢	mànyì	40776
漫游	mànyóu	14727
慢	màn	2410
慢车	mànchē	43133
慢车道	mànchēdào	46625
慢待	màndài	41666
慢火	mànhuǒ	54622
慢镜头	mànjìngtóu	43384
慢慢	mànmàn	2119
慢慢腾腾	mànmantēngtēng	47205
慢坡	mànpō	45143
慢腾腾	mànténgténg	31272
慢条斯理	màntiáo-sīlǐ	22838
慢吞吞	màntūntūn	18434
慢性	mànxìng	10120
慢性病	mànxìngbìng	23132
慢性子	mànxìngzi	54623
慢悠悠	mànyōuyōu	26490
慢走	mànzǒu	33243
芒草	mángcǎo	56154
芒刺	mángcì	39075
芒刺在背	mángcì-zàibèi	51805
芒硝	mángxiāo	41839
芒种	mángzhòng	43385
忙	máng	855
忙不迭	mángbùdié	22252
忙乎	mánghu	27196
忙活	mánghuo	18763
忙里偷闲	mánglǐ-tōuxián	35479
忙碌	mánglù	6417
忙乱	mángluàn	17157
忙人	mángrén	35009
忙音	mángyīn	44138
忙于	mángyú	11096
盲肠	mángcháng	35319
盲肠炎	mángchángyán	46324
盲从	mángcóng	23479
盲打	mángdǎ	56744
盲道	mángdào	28172
盲点	mángdiǎn	29141
盲动	mángdòng	37204
盲流	mángliú	35341
盲目	mángmù	3875
盲棋	mángqí	50262
盲区	mángqū	23852
盲人	mángrén	10797
盲人摸象	mángrén-mōxiàng	51388
盲童	mángtóng	35320
盲文	mángwén	31619
茫茫	mángmáng	7884
茫然	mángrán	8249
茫然若失	mángrán-ruòshī	51806
茫无头绪	mángwútóuxù	45144
莽汉	mǎnghàn	40140
莽莽	mǎngmǎng	24497
莽原	mǎngyuán	25837
莽撞	mǎngzhuàng	29750
蟒	mǎng	25048
蟒袍	mǎngpáo	48125
蟒蛇	mǎngshé	31747
猫	māo	2768
猫步	māobù	51389

猫耳洞	māo'ěrdòng	53095
猫腻	māonì	14964
猫头鹰	māotóuyīng	18663
猫眼	māoyǎn	42365
猫儿眼	māoryǎn	54104
毛	máo	980
毛白杨	máobáiyáng	35900
毛背心	máobèixīn	46626
毛笔	máobǐ	15581
毛笔字	máobǐzì	36203
毛边	máobiān	42892
毛边纸	máobiānzhǐ	49522
毛病	máobìng	4590
毛玻璃	máobōli	47832
毛布	máobù	55158
毛糙	máocao	50263
毛虫	máochóng	38114
毛刺	máocì	46017
毛豆	máodòu	24905
毛发	máofà	21087
毛纺	máofǎng	28006
毛骨悚然	máogǔ-sǒngrán	20883
毛孩子	máoháizi	41219
毛蚶	máohān	52220
毛烘烘	máohōnghōng	56541
毛活儿	máohuór	55159
毛尖	máojiān	46627
毛巾	máojīn	8098
毛巾被	máojīnbèi	36695
毛孔	máokǒng	25305
毛裤	máokù	40777
毛蓝	máolán	54105
毛利	máolì	26259
毛料	máoliào	33486
毛驴	máolǘ	13871
毛毛虫	máomaochóng	31384
毛毛雨	máomaoyǔ	34694
毛南族	Máonánzú	53096
毛囊	máonáng	45727
毛呢	máoní	51390
毛坯	máopī	35901
毛皮	máopí	28173
毛片	máopiàn	54624
毛票	máopiào	42893
毛茸茸	máoróngróng	22625
毛衫	máoshān	48776
毛手毛脚	máoshǒu-máojiǎo	46325
毛遂自荐	máosuì-zìjiàn	34015
毛毯	máotǎn	21472
毛细管	máoxìguǎn	32723
毛细血管	máoxì xuèguǎn	27428
毛线	máoxiàn	19699
毛线衣	máoxiànyī	42894
毛丫头	máoyātou	41448
毛衣	máoyī	12241
毛躁	máozao	47206
毛泽东思想	Máozédōng Sīxiǎng	3916
毛贼	máozéi	50264
毛毡	máozhān	41901
毛织品	máozhīpǐn	46326
毛重	máozhòng	56155
毛竹	máozhú	23480
矛	máo	18525
矛盾	máodùn	702
矛头	máotóu	20216
茅	máo	21088
茅草	máocǎo	17179
茅房	máofáng	30391
茅坑	máokēng	30957
茅庐	máolú	43903
茅棚	máopéng	38284
茅塞顿开	máosè-dùnkāi	36366
茅舍	máoshè	33367
茅屋	máowū	16299
牦牛	máoniú	16979
锚	máo	19349
锚泊	máobó	54106
锚地	máodì	44605
锚固	máogù	54107
锚链	máoliàn	49148
卯	mǎo	26563
卯榫	mǎosǔn	56658
铆	mǎo	26829
铆钉	mǎodīng	44385
铆工	mǎogōng	51807
铆焊	mǎohàn	55160
铆接	mǎojiē	55161
铆劲儿	mǎojìnr	55641
茂密	màomì	14745
茂盛	màoshèng	15288
冒	mào	2117
冒充	màochōng	12877
冒顶	màodǐng	30504
冒犯	màofàn	23634
冒风险	màofēngxiǎn	34558
冒汗	màohàn	25549
冒号	màohào	50609
冒火	màohuǒ	24839
冒尖	màojiān	30847
冒进	màojìn	32997
冒领	màolǐng	24498
冒昧	màomèi	19078
冒名	màomíng	39910
冒名顶替	màomíng-dǐngtì	36696
冒牌	màopái	29636
冒牌货	màopáihuò	42614
冒泡	màopào	47525
冒认	màorèn	48742
冒失	màoshi	18002
冒失鬼	màoshiguǐ	41667
冒死	màosǐ	43904
冒头	màotóu	43613
冒险	màoxiǎn	7595
冒烟	màoyān	16942
冒用	màoyòng	28589
贸然	màorán	17665
贸易	màoyì	1558
贸易壁垒	màoyì bìlěi	17113
贸易战	màoyìzhàn	3491
帽	mào	6344
帽徽	màohuī	40779
帽盔儿	màokuīr	50265
帽檐	màoyán	35480
帽子	màozi	4483
貌不惊人	màobùjīngrén	52221
貌合神离	màohé-shénlí	46018
貌似	màosì	18626
貌相	màoxiàng	51808
没	méi	623
没边儿	méibiānr	44386
没词儿	méicír	44855
没错	méicuò	10143
没大没小	méidà-méixiǎo	44856
没的说	méideshuō	51006
没底	méidǐ	31273
没法儿	méifǎr	11720
没关系	méiguānxi	9161

没好气	méihǎoqì	39704
没话找话	méihuà-zhǎohuà	35755
没家没业	méijiā-méiyè	56542
没劲	méijìn	16667
没精打采	méijīng-dǎcǎi	28421
没脸	méiliǎn	21344
没门儿	méiménr	30621
没命	méimìng	22708
没皮没脸	méipí-méiliǎn	50610
没谱儿	méipǔr	47833
没轻没重	méiqīng-méizhòng	52222
没趣	méiqù	24564
没日没夜	méirì-méiyè	35902
没臊	méisào	55162
没商量	méishāngliang	36536
没什么	méishénme	4432
没事	méishì	5928
没事人	méishìrén	36697
没说的	méishuōde	34016
没挑儿	méitiāor	48472
没头苍蝇	méitóu-cāngying	48126
没头没脑	méitóu-méinǎo	24499
没完	méiwán	14907
没完没了	méiwán-méiliǎo	14387
没问题	méiwèntí	21809
没戏	méixì	30287
没心没肺	méixīn-méifèi	43386
没羞	méixiū	49149
没样儿	méiyàngr	55642
没意思	méiyìsi	16876
没影儿	méiyǐngr	31385
没用	méiyòng	8413
没有	méiyǒu	34
没缘	méiyuán	53589
没辙	méizhé	29751
没治	méizhì	39282
没准儿	méizhǔnr	16190
没着落	méizhuóluò	41018
玫瑰	méigui	7122
玫瑰红	méiguihóng	35756
玫瑰香	méiguixiāng	53590
玫瑰紫	méiguizǐ	51007
枚	méi	1947
枚举	méijǔ	24704
眉	méi	5684
眉笔	méibǐ	48777
眉飞色舞	méifēi-sèwǔ	21276
眉峰	méifēng	42615
眉睫	méijié	46628
眉开眼笑	méikāi-yǎnxiào	24500
眉来眼去	méilái-yǎnqù	40337
眉毛	méimao	7434
眉目	méimù	46327
眉目	méimu	17252
眉批	méipī	46629
眉清目秀	méiqīng-mùxiù	32322
眉梢	méishāo	27502
眉头	méitóu	7024
眉心	méixīn	32323
眉眼	méiyǎn	17962
眉宇	méiyǔ	24189
梅	méi	3217
梅毒	méidú	24906
梅干菜	méigāncài	55643
梅花	méihuā	9657
梅花奖	Méihuājiǎng	24453
梅花鹿	méihuālù	29531
梅雨	méiyǔ	22094
梅子	méizi	33108
媒介	méijiè	8258
媒婆	méipó	32724
媒人	méiren	19350
媒妁	méishuò	45435
媒体	méitǐ	1989
煤	méi	2072
煤饼	méibǐng	51391
煤层	méicéng	23536
煤尘	méichén	33887
煤矸石	méigānshí	24016
煤耗	méihào	40780
煤核儿	méihúr	34017
煤灰	méihuī	35010
煤火	méihuǒ	42895
煤焦油	méijiāoyóu	53591
煤矿	méikuàng	3003
煤炉	méilú	31274
煤末	méimò	56543
煤气	méiqì	9584
煤气表	méiqìbiǎo	49904
煤气灯	méiqìdēng	44857
煤气管	méiqìguǎn	53592
煤气罐	méiqìguàn	35011
煤气炉	méiqìlú	49150
煤气灶	méiqìzào	34132
煤球	méiqiú	26766
煤炭	méitàn	3250
煤田	méitián	24017
煤屑	méixiè	43387
煤烟	méiyān	26992
煤窑	méiyáo	16024
煤油	méiyóu	20066
煤油灯	méiyóudēng	18793
煤油炉	méiyóulú	43905
煤渣	méizhā	31386
酶	méi	9457
霉	méi	10983
霉斑	méibān	49905
霉变	méibiàn	32998
霉菌	méijūn	28590
霉烂	méilàn	31275
霉气	méiqì	44858
霉天	méitiān	55163
霉雨	méiyǔ	55644
糜子	méizi	50611
每	měi	149
每当	měidāng	5104
每逢	měiféng	6369
每况愈下	měikuàng-yùxià	25179
每每	měiměi	9975
美	měi	193
美不胜收	měibùshèngshōu	25614
美餐	měicān	37927
美差	měichāi	38672
美称	měichēng	19458
美德	měidé	7077
美发	měifà	23537
美感	měigǎn	10426
美工	měigōng	37205
美观	měiguān	11756
美国	Měiguó	213
美好	měihǎo	1834
美猴儿王	měihóurwáng	56544
美化	měihuà	6500
美甲	měijiǎ	36522
美金	měijīn	16269
美景	měijǐng	12079
美酒	měijiǔ	18043
美丽	měilì	1355

美轮美奂	měilún-měihuàn	32208
美满	měimǎn	14557
美貌	měimào	16079
美眉	měiméi	32119
美梦	měimèng	20107
美妙	měimiào	8012
美名	měimíng	21345
美男子	měinánzǐ	30848
美女	měinǚ	10999
美其名曰	měiqímíngyuē	30503
美人	měirén	24565
美人蕉	měirénjiāo	42366
美人计	měirénjì	37928
美人鱼	měirényú	30068
美容	měiróng	10194
美容师	měiróngshī	37742
美色	měisè	27845
美声	měishēng	34695
美食	měishí	15274
美食家	měishíjiā	36052
美事	měishì	39493
美术	měishù	3091
美术馆	měishùguǎn	17202
美术家	měishùjiā	20926
美术界	měishùjiè	24779
美术片	měishùpiàn	41668
美术字	měishùzì	48778
美谈	měitán	33368
美体	měitǐ	30426
美味	měiwèi	13819
美学	měixué	5421
美言	měiyán	41220
美艳	měiyàn	34133
美意	měiyì	35757
美玉	měiyù	37206
美育	měiyù	15542
美誉	měiyù	13596
美元	měiyuán	1249
美中不足	měizhōng-bùzú	28007
美洲	Měizhōu	7543
美滋滋	měizīzī	33109
镁	měi	13583
镁光灯	měiguāngdēng	45728
妹	mèi	5135
妹夫	mèifu	22760
妹妹	mèimei	3324
妹婿	mèixù	52645
妹子	mèizi	7598
昧良心	mèiliángxīn	43388
昧心	mèixīn	40141
媚	mèi	9565
媚骨	mèigǔ	52223
媚气	mèiqì	50612
媚俗	mèisú	24123
媚态	mèitài	41669
媚外	mèiwài	38673
媚笑	mèixiào	39076
媚眼	mèiyǎn	30069
魅惑	mèihuò	48779
魅力	mèilì	3371
魅人	mèirén	53097
闷	mēn	4322
闷气	mēnqi	56776
闷热	mēnrè	16622
闷声不响	mēnshēng-bùxiǎng	41902
闷声闷气	mēnshēng-mēnqì	49906
闷头儿	mēntóur	33888
门	mén	330
门巴族	Ménbāzú	47207
门板	ménbǎn	16920
门鼻儿	ménbír	56156
门匾	ménbiǎn	53098
门窗	ménchuāng	11803
门当户对	méndāng-hùduì	30288
门道	méndào	45436
门道	méndao	21346
门灯	méndēng	45437
门第	méndì	28335
门店	méndiàn	54075
门钉	méndīng	52646
门洞	méndòng	19400
门斗	méndǒu	54108
门墩	méndūn	50613
门额	mén'é	53593
门阀	ménfá	39283
门房	ménfáng	13453
门扉	ménfēi	45438
门风	ménfēng	41670
门缝	ménfèng	15140
门岗	méngǎng	48780
门户	ménhù	9744
门户之见	ménhùzhījiàn	41903
门环	ménhuán	37207
门将	ménjiàng	18526
门禁	ménjìn	45729
门警	ménjǐng	50266
门径	ménjìng	37565
门镜	ménjìng	51008
门槛	ménkǎn	6225
门可罗雀	ménkěluóquè	33487
门口	ménkǒu	1992
门框	ménkuàng	15818
门廊	ménláng	40338
门类	ménlèi	9382
门帘	ménlián	16117
门联	ménlián	45145
门脸儿	ménliǎnr	36204
门铃	ménlíng	19669
门楼	ménlóu	15982
门路	ménlu	9383
门楣	ménméi	27350
门面	ménmian	13381
门面房	ménmianfáng	36698
门面话	ménmianhuà	55164
门牌	ménpái	23377
门派	ménpài	53099
门票	ménpiào	6852
门球	ménqiú	26060
门人	ménrén	35163
门神	ménshén	30505
门生	ménshēng	27351
门市	ménshì	32857
门市部	ménshìbù	19459
门闩	ménshuān	26491
门锁	ménsuǒ	20966
门厅	méntīng	30289
门庭	méntíng	29444
门庭冷落	méntíng-lěngluò	38115
门庭若市	méntíng-ruòshì	33244
门徒	méntú	28422
门外汉	ménwàihàn	34273
门卫	ménwèi	20463
门下	ménxià	15447
门牙	ményá	23036
门诊	ménzhěn	7477
门诊部	ménzhěnbù	25550
门子	ménzi	20668
闷	mèn	9688

闷罐车	mènguànchē	54625
闷罐子	mènguànzi	56545
闷棍	mèngùn	38481
闷葫芦	mènhúlu	41221
闷酒	mènjiǔ	43614
闷雷	mènléi	41671
闷闷不乐	mènmèn-bùlè	26704
闷气	mènqì	20841
闷坐	mènzuò	36537
焖	mèn	24705
蒙	mēng，měng	18313
蒙蒙亮	mēngmēngliàng	30070
蒙骗	mēngpiàn	20842
蒙人	mēngrén	36699
萌动	méngdòng	27591
萌发	méngfā	13099
萌生	méngshēng	18887
萌芽	méngyá	9989
蒙蔽	méngbì	18952
蒙尘	méngchén	41222
蒙汗药	ménghànyào	49151
蒙哄	ménghǒng	54109
蒙混	ménghùn	42367
蒙混过关	ménghùn-guòguān	32858
蒙胧	ménglóng	39570
蒙昧	méngmèi	30071
蒙蒙	méngméng	18343
蒙难	méngnàn	43389
蒙师	méngshī	48781
蒙受	méngshòu	14286
蒙太奇	méngtàiqí	34274
蒙羞	méngxiū	39911
蒙药	méngyào	55165
蒙冤	méngyuān	35164
盟	méng	7205
盟国	méngguó	12448
盟军	méngjūn	22046
盟誓	méngshì	38482
盟书	méngshū	54110
盟兄弟	méngxiōngdì	47834
盟友	méngyǒu	14746
盟员	méngyuán	37372
盟约	méngyuē	37743
盟主	méngzhǔ	28008
朦胧	ménglóng	7413
猛	měng	3144
猛不防	měngbufáng	45439
猛攻	měnggōng	18201
猛虎	měnghǔ	14287
猛将	měngjiàng	29852
猛进	měngjìn	14712
猛劲儿	měngjìnr	51392
猛力	měnglì	27278
猛烈	měngliè	7654
猛男	měngnán	54111
猛禽	měngqín	42616
猛然	měngrán	7212
猛士	měngshì	41672
猛兽	měngshòu	23241
猛醒	měngxǐng	32087
猛增	měngzēng	12902
猛子	měngzi	35481
蒙古	Měnggǔ	3810
蒙古包	měnggǔbāo	25486
蒙古族	Měnggǔzú	12350
蒙文	Měngwén	43615
蒙医	měngyī	49907
蒙语	Měngyǔ	38864
锰	měng	16208
懵懂	měngdǒng	25701
蠓虫	měngchóng	49152
孟	mèng	4885
孟春	mèngchūn	49523
孟冬	mèngdōng	51809
孟加拉	Mèngjiālā	29257
孟浪	mènglàng	37373
孟秋	mèngqiū	51009
孟夏	mèngxià	46019
孟子	Mèngzǐ	30425
梦	mèng	1208
梦话	mènghuà	34275
梦幻	mènghuàn	10757
梦魂萦绕	mènghún-yíngrào	42730
梦见	mèngjiàn	10209
梦境	mèngjìng	12536
梦寐	mèngmèi	39494
梦寐以求	mèngmèiyǐqiú	19371
梦乡	mèngxiāng	23803
梦想	mèngxiǎng	3844
梦魇	mèngyǎn	28336
梦遗	mèngyí	56157
梦呓	mèngyì	31387
梦游	mèngyóu	31501
咪咪	mīmī	22005
眯	mī	5860
眯缝	mīfeng	26830
弥补	míbǔ	5873
弥缝	míféng	46328
弥合	míhé	24190
弥勒	Mílè	36701
弥勒佛	Mílèfó	36205
弥留	míliú	23906
弥漫	mímàn	7333
弥撒	mísa	37744
弥散	mísàn	28423
弥天大谎	mítiān-dàhuǎng	45440
弥天大罪	mítiān-dàzuì	50614
弥陀	Mítuó	44606
迷	mí	3522
迷彩	mícǎi	49153
迷彩服	mícǎifú	37208
迷宫	mígōng	18976
迷航	míháng	50615
迷糊	míhu	19135
迷幻	míhuàn	38865
迷幻药	míhuànyào	46630
迷魂汤	míhúntāng	45441
迷魂阵	míhúnzhèn	37929
迷惑	míhuò	10722
迷津	míjīn	33110
迷离	mílí	18977
迷恋	míliàn	14007
迷路	mílù	23185
迷乱	míluàn	26618
迷漫	mímàn	37374
迷茫	mímáng	16896
迷蒙	míméng	21432
迷梦	mímèng	39912
迷你	mínǐ	31748
迷人	mírén	7986
迷失	míshī	12472
迷途	mítú	27061
迷途知返	mítú-zhīfǎn	35758
迷惘	míwǎng	15289
迷误	míwù	49908
迷雾	míwù	22459
迷信	míxìn	4856
迷眩	míxuàn	54626

迷眼	míyǎn	46631
迷阵	mízhèn	49909
迷醉	mízuì	28251
眯	mí	36854
猕猴	míhóu	26411
猕猴桃	míhóutáo	24124
谜	mí	7552
谜底	mídǐ	21347
谜面	mímiàn	48127
谜团	mítuán	33488
谜语	míyǔ	30958
糜	mí	20967
糜烂	mílàn	23744
麋鹿	mílù	30506
米	mǐ	415
米尺	mǐchǐ	51010
米醋	mǐcù	53100
米袋子	mǐdàizi	35903
米豆腐	mǐdòufu	56546
米饭	mǐfàn	16380
米粉	mǐfěn	23581
米粉肉	mǐfěnròu	55645
米糕	mǐgāo	54112
米黄	mǐhuáng	47526
米酒	mǐjiǔ	27592
米糠	mǐkāng	38866
米老鼠	Mǐlǎoshǔ	32209
米粮川	mǐliángchuān	52647
米面	mǐmiàn	28101
米色	mǐsè	32324
米汤	mǐtāng	29340
米线	mǐxiàn	42368
靡费	mífèi	54861
靡靡	mǐmǐ	49154
靡靡之音	mǐmǐzhīyīn	52648
觅	mì	11739
觅取	mìqǔ	51393
觅食	mìshí	19352
泌尿	mìniào	31620
秘	mì	10052
秘宝	mìbǎo	54113
秘本	mìběn	50267
秘藏	mìcáng	46020
秘传	mìchuán	52649
秘而不宣	mì'érbùxuān	42617
秘方	mìfāng	25116
秘诀	mìjué	15502
秘密	mìmì	2359
秘史	mìshǐ	31857
秘书	mìshū	3170
秘书处	mìshūchù	11271
秘书长	mìshūzhǎng	2631
秘闻	mìwén	44607
密	mì	3215
密报	mìbào	32325
密闭	mìbì	25615
密不透风	mìbùtòufēng	42896
密布	mìbù	16005
密电	mìdiàn	33889
密度	mìdù	5724
密封	mìfēng	13791
密封圈	mìfēngquān	56158
密封条	mìfēngtiáo	53594
密告	mìgào	41449
密函	mìhán	49910
密级	mìjí	47527
密集	mìjí	6996
密集型	mìjíxíng	15448
密件	mìjiàn	50268
密林	mìlín	18225
密令	mìlìng	27134
密麻麻	mìmámá	49155
密码	mìmǎ	8533
密码箱	mìmǎxiāng	35165
密密层层	mìmicéngcéng	35759
密密麻麻	mìmimámá	15788
密谋	mìmóu	16897
密切	mìqiè	1522
密商	mìshāng	26412
密使	mìshǐ	25180
密室	mìshì	28591
密实	mìshi	39913
密谈	mìtán	25181
密探	mìtàn	38285
密信	mìxìn	46632
密议	mìyì	28504
密友	mìyǒu	31168
密语	mìyǔ	28424
密约	mìyuē	31621
密匝匝	mìzāzā	42897
密植	mìzhí	28425
幂	mì	41019
蜜	mì	11121
蜜蜂	mìfēng	12119
蜜柑	mìgān	45442
蜜供	mìgòng	51810
蜜罐儿	mìguànr	56547
蜜饯	mìjiàn	37026
蜜橘	mìjú	51394
蜜色	mìsè	49156
蜜糖	mìtáng	40339
蜜桃	mìtáo	39915
蜜月	mìyuè	22095
蜜枣	mìzǎo	42126
蜜汁	mìzhī	46021
绵白糖	miánbáitáng	56159
绵薄	miánbó	37930
绵长	miáncháng	27593
绵绸	miánchóu	56160
绵亘	miángèn	38483
绵里藏针	miánlǐ-cángzhēn	49157
绵密	miánmì	40560
绵绵	miánmián	14216
绵软	miánruǎn	29047
绵延	miányán	12987
绵羊	miányáng	16209
绵纸	miánzhǐ	50616
棉	mián	5241
棉袄	mián'ǎo	12090
棉被	miánbèi	11730
棉布	miánbù	21545
棉绸	miánchóu	56161
棉纺	miánfǎng	26619
棉猴儿	miánhóur	55166
棉花	miánhuā	2916
棉裤	miánkù	22144
棉铃	miánlíng	51011
棉铃虫	miánlíngchóng	33111
棉毛裤	miánmáokù	54627
棉毛衫	miánmáoshān	55167
棉农	miánnóng	20501
棉袍	miánpáo	23037
棉签	miánqiān	51811
棉球	miánqiú	49158
棉区	miánqū	43390
棉绒	miánróng	55646
棉纱	miánshā	27503
棉桃	miántáo	47835

棉套	miántào	55647
棉田	miántián	21764
棉纤维	miánxiānwéi	49911
棉线	miánxiàn	41904
棉鞋	miánxié	28426
棉絮	miánxù	22006
棉衣	miányī	12764
棉织品	miánzhīpǐn	48782
棉籽	miánzǐ	41450
免	miǎn	2992
免不得	miǎnbude	14288
免不了	miǎnbuliǎo	10558
免除	miǎnchú	11348
免单	miǎndān	27886
免得	miǎnde	7334
免费	miǎnfèi	3064
免冠	miǎnguān	40142
免检	miǎnjiǎn	23088
免礼	miǎnlǐ	45146
免票	miǎnpiào	27920
免去	miǎnqù	9078
免试	miǎnshì	32725
免收	miǎnshōu	14217
免受	miǎnshòu	17365
免税	miǎnshuì	14678
免税店	miǎnshuìdiàn	44608
免俗	miǎnsú	38868
免刑	miǎnxíng	51812
免验	miǎnyàn	54628
免役	miǎnyì	43134
免疫	miǎnyì	6174
免疫力	miǎnyìlì	16687
免予	miǎnyǔ	30507
免遭	miǎnzāo	21089
免战牌	miǎnzhànpái	52650
免征	miǎnzhēng	11298
免职	miǎnzhí	11649
免罪	miǎnzuì	34696
勉力	miǎnlì	30179
勉励	miǎnlì	11256
勉强	miǎnqiǎng	4380
勉为其难	miǎnwéiqínán	37745
娩出	miǎnchū	54629
缅甸	Miǎndiàn	6032
缅怀	miǎnhuái	9487
腼腆	miǎntiǎn	15349
面	miàn	378
面板	miànbǎn	27921
面包	miànbāo	7646
面包车	miànbāochē	15449
面包房	miànbāofáng	48783
面壁	miànbì	37375
面茶	miànchá	56548
面陈	miànchén	38869
面呈	miànchéng	41223
面斥	miànchì	53595
面点	miàndiǎn	41673
面对	miànduì	781
面对面	miànduìmiàn	7688
面额	miàn'é	21810
面肥	miànféi	51813
面粉	miànfěn	9855
面告	miàngào	53101
面馆	miànguǎn	45147
面红耳赤	miànhóng-ěrchì	22578
面糊	miànhù	46329
面糊	miànhu	51395
面黄肌瘦	miànhuáng-jīshòu	39916
面积	miànjī	1234
面颊	miànjiá	16436
面交	miànjiāo	46022
面巾	miànjīn	51396
面巾纸	miànjīnzhǐ	52651
面筋	miànjin	40561
面具	miànjù	15007
面孔	miànkǒng	4652
面料	miànliào	11897
面临	miànlín	1516
面码儿	miànmǎr	55168
面貌	miànmào	2975
面门	miànmén	54630
面面观	miànmiànguān	41224
面面俱到	miànmiàn-jùdào	34416
面面相觑	miànmiàn-xiāngqù	16496
面膜	miànmó	45730
面目	miànmù	8065
面目全非	miànmù-quánfēi	22515
面目一新	miànmù-yīxīn	44139
面庞	miànpáng	18145
面皮	miànpí	26061
面片儿	miànpiànr	42369
面洽	miànqià	53102
面前	miànqián	643
面签	miànqiān	27372
面人儿	miànrénr	14969
面容	miànróng	10583
面如死灰	miànrúsǐhuī	48128
面如土色	miànrútǔsè	37566
面软	miànruǎn	54114
面色	miànsè	10675
面纱	miànshā	18255
面善	miànshàn	41451
面商	miànshāng	48473
面神经	miànshénjīng	53596
面生	miànshēng	42370
面食	miànshí	27922
面世	miànshì	14771
面市	miànshì	33758
面试	miànshì	12868
面授	miànshòu	30072
面授机宜	miànshòu-jīyí	46023
面熟	miànshú	26120
面塑	miànsù	49524
面瘫	miàntān	56549
面谈	miàntán	21590
面汤	miàntāng	43391
面条儿	miàntiáor	11222
面团	miàntuán	36367
面晤	miànwù	55648
面向	miànxiàng	2131
面相	miànxiàng	27923
面谢	miànxiè	49159
面议	miànyì	40143
面有难色	miànyǒu-nánsè	41674
面罩	miànzhào	27429
面值	miànzhí	18888
面砖	miànzhuān	52652
面子	miànzi	5355
喵	miāo	43616
苗	miáo	4218
苗床	miáochuáng	46633
苗木	miáomù	10695
苗圃	miáopǔ	13466
苗期	miáoqī	47208
苗情	miáoqíng	42618
苗条	miáotiao	18627
苗头	miáotou	15328
苗语	Miáoyǔ	49160

苗寨	miáozhài	34276
苗子	miáozi	14465
苗族	Miáozú	12449
描	miáo	13637
描红	miáohóng	46024
描画	miáohuà	25616
描绘	miáohuì	5311
描金	miáojīn	34840
描眉	miáoméi	44387
描摹	miáomó	24454
描述	miáoshù	4692
描图	miáotú	51814
描写	miáoxiě	3252
瞄	miáo	13613
瞄准	miáozhǔn	7614
秒	miǎo	2689
秒表	miǎobiǎo	47209
秒杀	miǎoshā	16788
秒针	miǎozhēn	41905
渺茫	miǎománg	14408
渺渺	miǎomiǎo	37567
渺无人烟	miǎowúrényān	49912
渺小	miǎoxiǎo	15350
藐视	miǎoshì	20351
邈远	miǎoyuǎn	54115
妙	miào	5872
妙笔	miàobǐ	37568
妙笔生花	miàobǐ-shēnghuā	49161
妙不可言	miàobùkěyán	31169
妙策	miàocè	40781
妙处	miàochù	30180
妙法	miàofǎ	32088
妙方	miàofāng	49162
妙计	miàojì	22096
妙境	miàojìng	50269
妙诀	miàojué	56550
妙龄	miàolíng	33890
妙论	miàolùn	49163
妙年	miàonián	49913
妙品	miàopǐn	50617
妙趣	miàoqù	46330
妙趣横生	miàoqù-héngshēng	29532
妙手回春	miàoshǒu-huíchūn	44140
妙算	miàosuàn	49164
妙药	miàoyào	46331
妙用	miàoyòng	33369
妙语	miàoyǔ	33759
妙招儿	miàozhāor	50270
庙	miào	3934
庙会	miàohuì	10733
庙堂	miàotáng	26914
庙宇	miàoyǔ	15635
庙祝	miàozhù	49165
乜斜	miēxie	39077
咩	miē	40782
灭	miè	3343
灭顶	mièdǐng	28174
灭顶之灾	mièdǐngzhīzāi	25439
灭火	mièhuǒ	12643
灭火剂	mièhuǒjì	51012
灭火器	mièhuǒqì	31054
灭迹	mièjì	39284
灭绝	mièjué	11564
灭菌	mièjūn	25551
灭口	mièkǒu	38286
灭门	mièmén	38484
灭杀	mièshā	51013
灭亡	mièwáng	9716
灭种	mièzhǒng	41225
灭族	mièzú	38870
蔑称	mièchēng	48474
蔑视	mièshì	14038
篾篓	mièlǒu	56551
篾片	mièpiàn	47210
民	mín	637
民办	mínbàn	4742
民变	mínbiàn	44859
民兵	mínbīng	3877
民不聊生	mínbùliáoshēng	29341
民调	míndiào	9224
民法	mínfǎ	11419
民房	mínfáng	16395
民愤	mínfèn	32599
民风	mínfēng	15773
民夫	mínfū	39705
民歌	míngē	8860
民工	míngōng	3635
民国	Mínguó	6351
民航	mínháng	4837
民家	mínjiā	37569
民间	mínjiān	1378
民警	mínjǐng	2942
民居	mínjū	13266
民力	mínlì	23186
民品	mínpǐn	25377
民企	mínqǐ	6007
民气	mínqì	32326
民情	mínqíng	7221
民权	mínquán	23853
民生	mínshēng	9606
民事	mínshì	4610
民事法庭	mínshì fǎtíng	50271
民事权利	mínshì quánlì	29637
民事诉讼	mínshì sùsòng	12206
民事责任	mínshì zérèn	17473
民俗	mínsú	4317
民宿	mínsù	26268
民团	míntuán	30181
民望	mínwàng	40340
民校	mínxiào	49914
民心	mínxīn	5118
民选	mínxuǎn	25182
民谚	mínyàn	37570
民谣	mínyáo	20464
民意	mínyì	4874
民意测验	mínyì cèyàn	19156
民营	mínyíng	3596
民用	mínyòng	7113
民怨	mínyuàn	34417
民约	mínyuē	46025
民乐	mínyuè	15731
民运	mínyùn	28777
民贼	mínzéi	50618
民宅	mínzhái	22145
民政	mínzhèng	7319
民脂民膏	mínzhī-míngāo	46931
民智	mínzhì	19029
民众	mínzhòng	2501
民主	mínzhǔ	969
民主党派	mínzhǔ dǎngpài	5258
民主改革	mínzhǔ gǎigé	21348
民主革命	mínzhǔ gémìng	11786
民主集中制	mínzhǔ jízhōngzhì	8788
民主人士	mínzhǔ rénshì	25838
民资	mínzī	19651
民族	mínzú	361
民族共同语	mínzú gòngtóngyǔ	56162
民族英雄	mínzú yīngxióng	19054

民族运动	mínzú yùndòng	46026
民族主义	mínzú zhǔyì	12878
民族资本	mínzú zīběn	42127
民族自决权	mínzúzìjuéquán	40562
抿	mǐn	10115
抿嘴	mǐnzuǐ	21433
泯灭	mǐnmiè	21765
泯没	mǐnmò	55169
闽	Mǐn	8697
闽方言	mǐnfāngyán	56777
闽剧	mǐnjù	48475
敏	mǐn	5980
敏感	mǐngǎn	4020
敏慧	mǐnhuì	48476
敏捷	mǐnjié	11606
敏锐	mǐnruì	7589
名	míng	102
名不副实	míngbùfùshí	36206
名不见经传	míng bùjiàn jīngzhuàn	23635
名不虚传	míngbùxūchuán	26414
名菜	míngcài	33370
名册	míngcè	26564
名茶	míngchá	33891
名产	míngchǎn	46932
名称	míngchēng	3412
名城	míngchéng	7703
名厨	míngchú	45732
名垂千古	míngchuí-qiāngǔ	51397
名垂青史	míngchuí-qīngshǐ	42619
名词	míngcí	6922
名次	míngcì	11396
名存实亡	míngcún-shíwáng	28505
名单	míngdān	3706
名旦	míngdàn	34697
名额	míng'é	8475
名分	míngfèn	21005
名副其实	míngfùqíshí	10676
名贵	míngguì	15084
名号	mínghào	20968
名讳	mínghuì	48784
名家	míngjiā	8028
名将	míngjiàng	6732
名节	míngjié	31388
名酒	míngjiǔ	26915
名句	míngjù	23968
名角	míngjué	24501
名利	mínglì	12363
名利场	mínglìchǎng	48477
名列	mínglìè	7092
名列前茅	mínglìè-qiánmáo	14289
名流	míngliú	17412
名录	mínglù	13251
名落孙山	míngluò-sūnshān	37027
名满天下	míngmǎn-tiānxià	47528
名门	míngmén	29638
名模	míngmó	43906
名目	míngmù	11388
名牌	míngpái	4727
名篇	míngpiān	22354
名片	míngpiàn	7712
名品	míngpǐn	36368
名气	míngqi	9895
名曲	míngqǔ	22047
名人	míngrén	4117
名人效应	míngrén xiàoyìng	47211
名儒	míngrú	44609
名山大川	míngshān-dàchuān	31055
名声	míngshēng	9174
名胜	míngshèng	13158
名胜古迹	míngshèng-gǔjì	18628
名师	míngshī	16623
名实	míngshí	39495
名实相符	míngshí-xiāngfú	48129
名士	míngshì	14857
名手	míngshǒu	36369
名宿	míngsù	43392
名堂	míngtang	13668
名特优新	míng-tè-yōu-xīn	37571
名帖	míngtiě	53103
名头	míngtóu	24590
名望	míngwàng	23854
名位	míngwèi	32089
名闻遐迩	míngwén-xiá'ěr	37376
名物	míngwù	49166
名下	míngxià	22516
名校	míngxiào	20620
名言	míngyán	10646
名扬四海	míngyáng-sìhǎi	46634
名扬中外	míngyáng-zhōngwài	52736
名医	míngyī	19055
名义	míngyì	3461
名优	míngyōu	13115
名优产品	míngyōu chǎnpǐn	35482
名誉	míngyù	5334
名誉权	míngyùquán	27062
名誉扫地	míngyù-sǎodì	46027
名噪一时	míngzào-yīshí	37746
名正言顺	míngzhèng-yánshùn	19947
名著	míngzhù	8839
名状	míngzhuàng	30290
名字	míngzi	1216
名嘴	míngzuǐ	55649
名作	míngzuò	19430
明	míng	1091
明儿	míngr	15693
明摆着	míngbǎizhe	16995
明白	míngbai	989
明白人	míngbairén	20432
明补	míngbǔ	53597
明察	míngchá	30291
明察秋毫	míngchá-qiūháo	37931
明澈	míngchè	36207
明处	míngchù	30729
明春	míngchūn	41020
明达	míngdá	40783
明灯	míngdēng	28948
明断	míngduàn	48785
明矾	míngfán	42620
明沟	mínggōu	48786
明后天	míng-hòutiān	33614
明黄	mínghuáng	49167
明晃晃	mínghuǎnghuǎng	21811
明慧	mínghuì	29853
明火	mínghuǒ	26767
明火执仗	mínghuǒ-zhízhàng	46933
明鉴	míngjiàn	47212
明胶	míngjiāo	25994
明净	míngjìng	25925
明镜	míngjìng	22097
明镜高悬	míngjìng-gāoxuán	51815
明快	míngkuài	14908
明朗	mínglǎng	11614
明理	mínglǐ	32091
明丽	mínglì	27924
明亮	míngliàng	5402

明了	míngliǎo	12503
明令	mínglìng	16877
明码	míngmǎ	22202
明媒正娶	míngméi-zhèngqǔ	39496
明媚	míngmèi	12847
明面	míngmiàn	48787
明灭	míngmiè	41452
明明	míngmíng	5626
明眸皓齿	míngmóu-hàochǐ	46028
明目张胆	míngmù-zhāngdǎn	20502
明年	míngnián	2222
明器	míngqì	56163
明前	míngqián	27669
明枪暗箭	míngqiāng-ànjiàn	52653
明抢	míngqiǎng	51014
明渠	míngqú	25995
明确	míngquè	1022
明人	míngrén	26768
明日	míngrì	7128
明日黄花	míngrì-huánghuā	44141
明示	míngshì	24502
明说	míngshuō	18889
明天	míngtiān	1155
明瓦	míngwǎ	47529
明文	míngwén	43393
明晰	míngxī	12171
明细	míngxì	34841
明细表	míngxìbiǎo	43617
明细账	míngxìzhàng	45443
明显	míngxiǎn	764
明信片	míngxìnpiàn	19948
明星	míngxīng	4324
明星队	míngxīngduì	41453
明言	míngyán	48130
明眼人	míngyǎnrén	26620
明艳	míngyàn	43394
明喻	míngyù	56164
明月	míngyuè	10749
明早	míngzǎo	24566
明朝	míngzhāo	7177
明哲保身	míngzhé-bǎoshēn	31056
明争暗斗	míngzhēng-àndòu	36855
明证	míngzhèng	23286
明知	míngzhī	8095
明知故犯	míngzhī-gùfàn	39706
明知故问	míngzhī-gùwèn	33489
明志	míngzhì	44610
明智	míngzhì	12069
明珠	míngzhū	9558
明珠暗投	míngzhū-àntóu	56552
鸣	míng	4821
鸣不平	míngbùpíng	32600
鸣笛	míngdí	28102
鸣放	míngfàng	14466
鸣叫	míngjiào	21181
鸣金收兵	míngjīn-shōubīng	45733
鸣锣开道	míngluó-kāidào	45734
鸣炮	míngpào	45735
鸣枪	míngqiāng	25552
鸣禽	míngqín	52654
鸣谢	míngxiè	56713
鸣冤	míngyuān	41226
鸣冤叫屈	míngyuān-jiàoqū	46934
鸣啭	míngzhuàn	50619
冥币	míngbì	47836
冥钞	míngchāo	54631
冥府	míngfǔ	46935
冥器	míngqì	54632
冥寿	míngshòu	55650
冥思	míngsī	37747
冥思苦想	míngsī-kǔxiǎng	37572
冥顽	míngwán	43135
冥顽不灵	míngwán-bùlíng	50620
冥王星	míngwángxīng	39285
冥想	míngxiǎng	29342
铭感	mínggǎn	51016
铭记	míngjì	14430
铭刻	míngkè	22460
铭文	míngwén	25617
铭心	míngxīn	18282
瞑目	míngmù	24706
螟虫	míngchóng	45736
螟蛉	mínglíng	47530
酩酊大醉	mǐngdǐng-dàzuì	34842
命	mìng	2122
命案	mìng'àn	17474
命笔	mìngbǐ	39707
命薄	mìngbó	42128
命大	mìngdà	52224
命定	mìngdìng	33245
命根子	mìnggēnzi	25049
命令	mìnglìng	1835
命令主义	mìnglìng zhǔyì	51816
命里注定	mìnglǐzhùdìng	38867
命脉	mìngmài	16300
命门	mìngmén	52225
命名	mìngmíng	4664
命题	mìngtí	7428
命途多舛	mìngtú-duōchuǎn	55170
命相	mìngxiàng	33760
命运	mìngyùn	1465
命在旦夕	mìngzàidànxī	54116
命中注定	mìngzhōng-zhùdìng	25118
命中	mìngzhòng	14098
命中率	mìngzhònglǜ	23378
谬奖	miùjiǎng	54830
谬论	miùlùn	17439
谬误	miùwù	20669
摸	mō	2013
摸彩	mōcǎi	53104
摸底	mōdǐ	13201
摸高	mōgāo	47837
摸黑儿	mōhēir	38287
摸奖	mōjiǎng	54117
摸门儿	mōménr	55171
摸爬滚打	mō-pá-gǔn-dǎ	24659
摸索	mōsuǒ	7206
摸头	mōtóu	43907
摸透	mōtòu	32044
摸着石头过河	mōzhe shítou guò hé	8674
摸准	mōzhǔn	35591
馍	mó	12146
馍馍	mómo	23690
摹本	móběn	46332
摹绘	móhuì	52226
摹写	móxiě	40144
模	mó	6602
模范	mófàn	2882
模仿	mófǎng	7156
模糊	móhu	4084
模块	mókuài	18003
模棱两可	móléng-liǎngkě	26916
模拟	mónǐ	5093
模式	móshì	1586
模特儿	mótèr	21912
模型	móxíng	4527

模压	móyā	51017
膜	mó	5676
膜拜	móbài	31502
摩擦	mócā	8994
摩擦力	mócālì	28103
摩登	módēng	20621
摩的	módī	19750
摩肩接踵	mójiān-jiēzhǒng	27766
摩拳擦掌	móquán-cāzhǎng	27846
摩丝	mósī	44388
摩挲	mósuō	44982
摩天大楼	mótiān dàlóu	28949
摩托	mótuō	13517
摩托车	mótuōchē	5143
摩托化	mótuōhuà	48478
摩托艇	mótuōtǐng	30730
磨	mó	3616
磨蹭	móceng	23907
磨床	móchuáng	48131
磨刀霍霍	módāo-huòhuò	50621
磨刀石	módāoshí	48479
磨合	móhé	20670
磨具	mójù	51018
磨砺	mólì	18435
磨炼	móliàn	17666
磨灭	mómiè	29344
磨难	mónàn	11532
磨人	mórén	44389
磨砂玻璃	móshā bōli	54118
磨损	mósǔn	17851
磨洗	móxǐ	51019
磨牙	móyá	34559
磨洋工	móyánggōng	48132
磨制	mózhì	44611
磨嘴皮	mózuǐpí	53598
蘑菇	mógu	13060
蘑菇云	móguyún	42371
魔	mó	7469
魔法	mófǎ	24503
魔方	mófāng	41675
魔怪	móguài	48133
魔鬼	móguǐ	9650
魔幻	móhuàn	30292
魔窟	mókū	42898
魔力	mólì	17114
魔术	móshù	15819
魔术师	móshùshī	23855
魔头	mótóu	44612
魔王	mówáng	29752
魔影	móyǐng	44142
魔芋	móyù	29753
魔掌	mózhǎng	39708
魔杖	mózhàng	47838
魔障	mózhàng	49168
魔爪	mózhǎo	32601
魔咒	mózhòu	18575
抹	mǒ	3892
抹脖子	mǒbózi	33112
抹粉	mǒfěn	43136
抹黑	mǒhēi	23038
抹灰	mǒhuī	40784
抹杀	mǒshā	21277
抹稀泥	mǒxīní	51817
抹子	mǒzi	53599
末	mò	1717
末儿	mòr	48480
末班车	mòbānchē	35012
末代	mòdài	28778
末端	mòduān	17781
末伏	mòfú	56659
末后	mòhòu	32092
末节	mòjié	38674
末了	mòliǎo	14008
末流	mòliú	41906
末路	mòlù	34418
末年	mònián	16321
末期	mòqī	12787
末日	mòrì	18794
末梢	mòshāo	34277
末世	mòshì	36053
末尾	mòwěi	21719
末叶	mòyè	35760
末子	mòzi	46029
末座	mòzuò	49525
没	mò	15238
没齿不忘	mòchǐ-bùwàng	56165
没落	mòluò	14467
没奈何	mònàihé	13989
没世	mòshì	51818
没收	mòshōu	5476
抹	mò	13829
抹不开	mòbukāi	46635
抹墙	mòqiáng	56166
茉莉	mòlì	31170
茉莉花	mòlìhuā	23804
沫	mò	21473
沫儿	mòr	50272
沫子	mòzi	40785
陌路	mòlù	40342
陌生	mòshēng	4475
脉脉	mòmò	35321
莫	mò	2907
莫不	mòbù	13990
莫不是	mòbùshì	31171
莫测高深	mòcè-gāoshēn	42899
莫此为甚	mòcǐwéishèn	52227
莫大	mòdà	12799
莫非	mòfēi	8975
莫过于	mòguòyú	14772
莫可名状	mòkě-míngzhuàng	52655
莫名其妙	mòmíng-qímiào	6523
莫明其妙	mòmíng-qímiào	38923
莫逆之交	mònìzhījiāo	43395
莫如	mòrú	20242
莫斯科	Mòsīkē	3167
莫须有	mòxūyǒu	12699
莫衷一是	mòzhōng-yīshì	31057
秣马厉兵	mòmǎ-lìbīng	47213
蓦地	mòdì	13436
蓦然	mòrán	16572
漠不关心	mòbùguānxīn	23287
漠不相关	mòbùxiāngguān	52656
漠漠	mòmò	37573
漠然	mòrán	21812
漠然置之	mòrán-zhìzhī	44613
漠视	mòshì	15892
墨	mò	5010
墨宝	mòbǎo	36208
墨笔	mòbǐ	37028
墨斗	mòdǒu	54633
墨斗鱼	mòdǒuyú	54119
墨盒	mòhé	28009
墨黑	mòhēi	35166
墨迹	mòjì	27063
墨迹未干	mòjì-wèigān	47214
墨家	Mòjiā	39709
墨晶	mòjīng	54120
墨镜	mòjìng	22461

墨菊	mòjú	56167
墨客	mòkè	36702
墨绿	mòlǜ	27670
墨守成规	mòshǒu-chéngguī	29533
墨水	mòshuǐ	17569
墨线	mòxiàn	49526
墨鱼	mòyú	34560
墨汁	mòzhī	26334
墨竹	mòzhú	41676
墨渍	mòzì	54121
默	mò	9182
默哀	mò'āi	25553
默不作声	mòbùzuòshēng	29258
默祷	mòdǎo	38288
默读	mòdú	51398
默记	mòjì	45444
默默	mòmò	3427
默默无闻	mòmò-wúwén	16423
默默无言	mòmò-wúyán	32210
默念	mòniàn	25487
默片	mòpiàn	54634
默契	mòqì	12179
默然	mòrán	10534
默认	mòrèn	21634
默诵	mòsòng	39710
默算	mòsuàn	56168
默想	mòxiǎng	26565
默写	mòxiě	44143
默许	mòxǔ	24907
磨	mò	24981
磨叨	mòdao	48789
磨烦	mòfan	50622
磨坊	mòfáng	38289
磨盘	mòpán	26993
磨扇	mòshàn	49527
哞	mōu	44390
牟利	móulì	20388
牟取	móuqǔ	25378
眸子	móuzi	18795
谋	móu	1955
谋财害命	móucái-hàimìng	43137
谋臣	móuchén	43908
谋反	móufǎn	23089
谋害	móuhài	26183
谋划	móuhuà	9936
谋利	móulì	20389
谋虑	móulǜ	50623
谋略	móulüè	17475
谋面	móumiàn	30959
谋求	móuqiú	7175
谋取	móuqǔ	10106
谋杀	móushā	16147
谋生	móushēng	12775
谋士	móushì	32467
谋事	móushì	29048
谋私	móusī	29639
谋算	móusuàn	43618
谋职	móuzhí	45445
某	mǒu	593
某个	mǒugè	6205
某某	mǒumǒu	9446
某人	mǒurén	17547
某些	mǒuxiē	1397
模板	múbǎn	23691
模具	mújù	18065
模样	múyàng	4249
模子	múzi	28592
母	mǔ	2189
母爱	mǔ'ài	16943
母本	mǔběn	34698
母畜	mǔchù	46333
母带	mǔdài	42621
母机	mǔjī	45446
母老虎	mǔlǎohǔ	39078
母女	mǔnǚ	10094
母亲	mǔqīn	513
母亲节	Mǔqīn Jié	38485
母乳	mǔrǔ	23420
母体	mǔtǐ	17494
母系	mǔxì	28679
母校	mǔxiào	15582
母性	mǔxìng	26335
母夜叉	mǔyèchā	45447
母语	mǔyǔ	22656
母子	mǔzǐ	9183
牡丹	mǔdan	9184
牡丹花	mǔdanhuā	24840
牡蛎	mǔlì	23481
亩	mǔ	930
亩产	mǔchǎn	9506
拇指	mǔzhǐ	17516
木	mù	2165
木板	mùbǎn	8663
木版	mùbǎn	28104
木棒	mùbàng	26415
木本	mùběn	34699
木材	mùcái	5548
木柴	mùchái	26769
木船	mùchuán	19583
木呆呆	mùdāidāi	43396
木雕	mùdiāo	21278
木耳	mù'ěr	23636
木筏	mùfá	28105
木工	mùgōng	18852
木瓜	mùguā	26336
木棍	mùgùn	16459
木化石	mùhuàshí	56170
木屐	mùjī	40563
木简	mùjiǎn	51020
木匠	mùjiàng	12070
木槿	mùjǐn	53105
木刻	mùkè	11981
木兰	mùlán	5351
木立	mùlì	55172
木莲	mùlián	50273
木料	mùliào	17253
木马	mùmǎ	23090
木棉	mùmián	39079
木模	mùmú	47839
木乃伊	mùnǎiyī	29259
木讷	mùnè	32468
木偶	mù'ǒu	18890
木偶戏	mù'ǒuxì	41021
木排	mùpái	36209
木片	mùpiàn	36856
木器	mùqì	24609
木桥	mùqiáo	27279
木琴	mùqín	51819
木然	mùrán	20969
木梳	mùshū	39497
木薯	mùshǔ	35483
木栓	mùshuān	49169
木炭	mùtàn	20352
木糖醇	mùtángchún	52228
木桶	mùtǒng	28506
木头木脑	mùtóu-mùnǎo	49170
木头	mùtou	8282
木头人儿	mùtourénr	31276

木屋	mùwū	16921
木樨	mùxi	48790
木锨	mùxiān	49528
木屑	mùxiè	34018
木星	mùxīng	23288
木已成舟	mùyǐchéngzhōu	39498
木鱼	mùyú	30508
木桩	mùzhuāng	22048
目	mù	2661
目标	mùbiāo	732
目不忍睹	mùbùrěndǔ	45148
目不识丁	mùbùshídīng	37748
目不暇接	mùbùxiájiē	19988
目不斜视	mùbùxiéshì	36857
目不转睛	mùbùzhuǎnjīng	20503
目测	mùcè	36210
目次	mùcì	56553
目瞪口呆	mùdèng-kǒudāi	14622
目的	mùdì	614
目的地	mùdìdì	8592
目的性	mùdìxìng	24383
目睹	mùdǔ	8958
目光	mùguāng	1503
目光短浅	mùguāng-duǎnqiǎn	40786
目光如豆	mùguāng-rúdòu	56171
目光如炬	mùguāng-rújù	48791
目击	mùjī	20843
目击者	mùjīzhě	15222
目空一切	mùkōngyīqiè	35484
目力	mùlì	36538
目录	mùlù	6368
目前	mùqián	342
目送	mùsòng	16800
目无法纪	mùwúfǎjì	45448
目眩	mùxuàn	29640
目验	mùyàn	46030
目中无人	mùzhōng-wúrén	33490
仫佬族	Mùlǎozú	46936
牟	mù	14792
沐浴	mùyù	11513
沐浴露	mùyùlù	54793
苜蓿	mùxu	19200
牧	mù	6236
牧草	mùcǎo	12571
牧场	mùchǎng	10465
牧笛	mùdí	51399
牧放	mùfàng	56554
牧歌	mùgē	29854
牧工	mùgōng	46334
牧民	mùmín	6936
牧区	mùqū	10116
牧人	mùrén	26184
牧师	mùshī	11122
牧童	mùtóng	28337
牧畜	mùxù	47215
牧羊犬	mùyángquǎn	47216
牧业	mùyè	16922
牧主	mùzhǔ	54122
募股	mùgǔ	51820
募化	mùhuà	52657
募集	mùjí	11320
募捐	mùjuān	12351
墓	mù	3953
墓碑	mùbēi	16396
墓表	mùbiǎo	51021
墓道	mùdào	31389
墓地	mùdì	11223
墓室	mùshì	23482
墓穴	mùxué	27847
墓葬	mùzàng	13872
墓志	mùzhì	31390
墓志铭	mùzhìmíng	33761
墓冢	mùzhǒng	55173
幕	mù	2699
幕布	mùbù	30073
幕府	mùfǔ	24908
幕后	mùhòu	12337
幕僚	mùliáo	17879
睦邻	mùlín	12473
慕	mù	11939
慕名	mùmíng	18664
暮霭	mù'ǎi	34700
暮春	mùchūn	26705
暮鼓晨钟	mùgǔ-chénzhōng	50624
暮景	mùjǐng	53106
暮年	mùnián	27671
暮气	mùqì	35761
暮气沉沉	mùqì-chénchén	50274
暮秋	mùqiū	46636
暮色	mùsè	14679
穆	mù	13762
穆斯林	mùsīlín	7971
那	Nā	53600
拿	ná	280
拿办	nábàn	47217
拿不准	nábuzhǔn	27352
拿大	nádà	56555
拿大顶	nádàdǐng	55174
拿刀动杖	nádāo-dòngzhàng	55175
拿获	náhuò	42622
拿架子	nájiàzi	48792
拿来主义	nálái zhǔyì	34843
拿捏	nániē	39917
拿腔拿调	náqiāng-nádiào	52229
拿腔作势	náqiāng-zuòshì	56172
拿乔	náqiáo	56556
拿人	nárén	48134
拿手	náshǒu	19056
拿手好戏	náshǒu hǎoxì	33892
拿手戏	náshǒuxì	45737
拿问	náwèn	42623
拿下	náxià	7764
拿一把	náyībǎ	36211
拿主意	názhǔyi	28680
哪	nǎ	1147
哪儿	nǎr	2518
哪个	nǎge	2553
哪会儿	nǎhuìr	56557
哪里	nǎlǐ	976
哪能	nǎnéng	10575
哪怕	nǎpà	5592
哪些	nǎxiē	2964
哪样	nǎyàng	20275
那	nà	557
那般	nàbān	16118
那边	nàbiān	3740
那达慕	nàdámù	26416
那个	nàge	960
那会儿	nàhuìr	14232
那里	nàlǐ	667
那么	nàme	269
那么点儿	nàmediǎnr	43138
那么些	nàmexiē	29641
那么样	nàmeyàng	38486
那么着	nàmezhe	38290
那儿	nàr	6201
那时	nàshí	1391
那些	nàxiē	299

那样	nàyàng	530
那阵儿	nàzhènr	20545
那阵子	nàzhènzi	28338
呐喊	nàhǎn	10006
呐喊助威	nàhǎn-zhùwēi	32327
纳	nà	4307
纳粹	Nàcuì	9732
纳福	nàfú	48135
纳贡	nàgòng	46031
纳罕	nàhǎn	55651
纳贿	nàhuì	35322
纳谏	nàjiàn	32999
纳凉	nàliáng	26185
纳粮	nàliáng	43397
纳闷	nàmèn	12816
纳米	nàmǐ	7754
纳米技术	nàmǐ jìshù	50625
纳妾	nàqiè	34844
纳入	nàrù	2896
纳税	nàshuì	5045
纳税人	nàshuìrén	5282
纳西族	Nàxīzú	27197
纳降	nàxiáng	49171
纳新	nàxīn	44614
钠	nà	9976
捺	nà	22203
哪	na	5416
乃	nǎi	2255
乃是	nǎishì	5041
乃至	nǎizhì	2715
乃至于	nǎizhìyú	29445
奶	nǎi	3151
奶茶	nǎichá	30849
奶豆腐	nǎidòufu	56558
奶粉	nǎifěn	10427
奶糕	nǎigāo	56559
奶酒	nǎijiǔ	54635
奶酪	nǎilào	27064
奶妈	nǎimā	12326
奶名	nǎimíng	53107
奶奶	nǎinai	2873
奶娘	nǎiniáng	37932
奶牛	nǎiniú	6739
奶品	nǎipǐn	51821
奶瓶	nǎipíng	32726
奶声奶气	nǎishēng-nǎiqì	51022
奶水	nǎishuǐ	27504
奶糖	nǎitáng	45449
奶头	nǎitóu	32859
奶腥	nǎixīng	55176
奶羊	nǎiyáng	45738
奶油	nǎiyóu	22253
奶油小生	nǎiyóu xiǎoshēng	49529
奶罩	nǎizhào	53601
奶汁	nǎizhī	36858
奶制品	nǎizhìpǐn	28106
奶子	nǎizi	23039
奶嘴	nǎizuǐ	53602
氖	nǎi	7591
奈何	nàihé	7722
耐	nài	3889
耐穿	nàichuān	48136
耐烦	nàifán	34019
耐寒	nàihán	29642
耐旱	nàihàn	32602
耐火	nàihuǒ	37377
耐火砖	nàihuǒzhuān	45149
耐饥	nàijī	51400
耐久	nàijiǔ	30392
耐看	nàikàn	33491
耐劳	nàiláo	37029
耐力	nàilì	19555
耐磨	nàimó	30182
耐热	nàirè	31172
耐人寻味	nàirénxúnwèi	15141
耐心	nàixīn	4295
耐性	nàixìng	25379
耐用	nàiyòng	18504
男	nán	1012
男宾	nánbīn	43139
男厕	náncè	51822
男单	nándān	10700
男盗女娼	nándào-nǚchāng	45450
男儿	nán'ér	17203
男方	nánfāng	18818
男工	nángōng	36859
男孩儿	nánháir	5702
男妓	nánjì	55119
男家	nánjiā	38291
男科	nánkē	52230
男篮	nánlán	11834
男模	nánmó	49530
男男女女	nánnánnǚnǚ	18256
男女	nánnǚ	2088
男女关系	nánnǚ guānxì	30622
男女老少	nánnǚ-lǎoshào	15142
男排	nánpái	13991
男朋友	nánpéngyou	10031
男乒	nánpīng	47531
男人	nánrén	5756
男人	nánren	24983
男生	nánshēng	9993
男声	nánshēng	36054
男士	nánshì	15583
男式	nánshì	32860
男双	nánshuāng	14664
男性	nánxìng	6402
男性病	nánxìngbìng	54636
男婴	nányīng	30393
男友	nányǒu	3771
男装	nánzhuāng	24707
男子	nánzǐ	1233
男子汉	nánzǐhàn	11361
男足	nánzú	29142
男尊女卑	nánzūn-nǚbēi	41907
南	nán	480
南半球	nánbànqiú	25119
南北	nánběi	3169
南北朝	Nán-Běi Cháo	19877
南边	nánbian	13476
南部	nánbù	3100
南昌	Nánchāng	5617
南朝	Nán Cháo	20780
南方	nánfāng	2143
南非	Nán Fēi	3866
南瓜	nánguā	14988
南国	nánguó	16996
南海	nánhǎi	8103
南货	nánhuò	44615
南极	nánjí	7460
南极洲	Nánjízhōu	27505
南京	Nánjīng	1318
南柯一梦	nánkē-yīmèng	49172
南来北往	nánlái-běiwǎng	33113
南麓	nánlù	25306
南美洲	Nánměizhōu	16230
南面	nánmiàn	14360
南宁	Nánníng	5824

南欧	Nán Ōu	34134
南腔北调	nánqiāng-běidiào	34561
南拳	nánquán	44860
南式	nánshì	55652
南宋	Nán Sòng	14247
南头	nántóu	35904
南纬	nánwěi	43398
南味儿	nánwèir	55653
南温带	nánwēndài	56790
南戏	nánxì	36212
南下	nánxià	6875
南亚	Nán Yà	7694
南洋	Nányáng	16169
南音	nányīn	47218
南辕北辙	nányuán-běizhé	34562
南征北战	nánzhēng-běizhàn	33114
难	nán	758
难熬	nán'áo	21349
难保	nánbǎo	16688
难缠	nánchán	33246
难产	nánchǎn	21813
难处	nánchù	49531
难处	nánchu	10962
难道	nándào	2114
难得	nándé	2986
难点	nándiǎn	5186
难度	nándù	3802
难分难解	nánfēn-nánjiě	42129
难怪	nánguài	6950
难关	nánguān	9132
难过	nánguò	4880
难解难分	nánjiě-nánfēn	32093
难堪	nánkān	8692
难看	nánkàn	8827
难免	nánmiǎn	4979
难耐	nánnài	21766
难能可贵	nánnéng-kěguì	14844
难忍	nánrěn	19770
难色	nánsè	30293
难上难	nánshàngnán	56173
难舍难分	nánshě-nánfēn	38675
难事	nánshì	13820
难受	nánshòu	5935
难说	nánshuō	38292
难说话	nánshuōhuà	52231
难题	nántí	2817
难听	nántīng	15069
难忘	nánwàng	5930
难为情	nánwéiqíng	13501
难为	nánwei	31503
难言	nányán	16668
难言之隐	nányánzhīyǐn	34845
难以	nányǐ	918
难以启齿	nányǐ-qǐchǐ	39499
难以置信	nányǐ-zhìxìn	20146
难于	nányú	10822
难字	nánzì	52658
喃喃	nánnán	9552
楠木	nánmù	26121
赧然	nǎnrán	49532
赧颜	nǎnyán	48137
难	nàn	14155
难民	nànmín	6026
难民营	nànmínyíng	16437
难侨	nànqiáo	48804
难兄难弟	nànxiōng-nàndì	43140
难友	nànyǒu	30183
囊	náng	6156
囊虫	nángchóng	50626
囊空如洗	nángkōng-rúxǐ	53603
囊括	nángkuò	16170
囊中物	nángzhōngwù	53108
囊中羞涩	nángzhōng-xiūsè	37378
囊肿	nángzhǒng	37379
馕	náng	16541
攮	nǎng	47840
孬	nāo	23483
孬种	nāozhǒng	34419
挠	náo	9531
挠钩	náogōu	55177
挠头	náotóu	34135
挠痒	náoyǎng	51023
铙	náo	49915
铙钹	náobó	53604
蛲虫	náochóng	56560
恼	nǎo	7441
恼恨	nǎohèn	32861
恼火	nǎohuǒ	15223
恼怒	nǎonù	15928
恼人	nǎorén	33000
恼羞成怒	nǎoxiū-chéngnù	23133
脑	nǎo	2343
脑残	nǎocán	30759
脑充血	nǎochōngxuè	53109
脑出血	nǎochūxuè	40343
脑袋	nǎodai	3249
脑袋瓜儿	nǎodaiguār	37933
脑电波	nǎodiànbō	38871
脑电图	nǎodiàntú	39500
脑干	nǎogàn	34420
脑瓜儿	nǎoguār	48482
脑海	nǎohǎi	8891
脑积水	nǎojīshuǐ	55178
脑际	nǎojì	27767
脑浆	nǎojiāng	32328
脑筋	nǎojīn	11426
脑壳	nǎoké	15929
脑力	nǎolì	24610
脑瘤	nǎoliú	37749
脑满肠肥	nǎomǎn-chángféi	48483
脑门儿	nǎoménr	24728
脑门子	nǎoménzi	32727
脑膜	nǎomó	38293
脑膜炎	nǎomóyán	29049
脑勺儿	nǎosháor	20927
脑神经	nǎoshénjīng	30731
脑室	nǎoshì	49533
脑死亡	nǎosǐwáng	39711
脑髓	nǎosuǐ	39501
脑瘫	nǎotān	31622
脑体倒挂	nǎotǐ-dàoguà	55179
脑血管	nǎoxuèguǎn	22007
脑血栓	nǎoxuèshuān	31623
脑炎	nǎoyán	34421
脑溢血	nǎoyìxuè	28681
脑震荡	nǎozhèndàng	43909
脑汁	nǎozhī	40787
脑子	nǎozi	4111
闹	nào	1590
闹别扭	nàobièniu	28427
闹病	nàobìng	41454
闹洞房	nàodòngfáng	44861
闹肚子	nàodùzi	39918
闹房	nàofáng	42130
闹鬼	nàoguǐ	34278
闹哄哄	nàohōnghōng	32094
闹哄	nàohong	29643
闹饥荒	nàojīhuang	43619

闹剧	nàojù	17388
闹乱子	nàoluànzi	50275
闹脾气	nàopíqi	36703
闹气	nàoqì	39919
闹情绪	nàoqíngxù	38487
闹嚷嚷	nàorāngrāng	40145
闹市	nàoshì	18283
闹市区	nàoshìqū	25775
闹事	nàoshì	12485
闹腾	nàoteng	24455
闹戏	nàoxì	53110
闹笑话	nàoxiàohua	40564
闹心	nàoxīn	44391
闹新房	nàoxīnfáng	47532
闹意见	nàoyìjiàn	39920
闹意气	nàoyìqì	53605
闹灾	nàozāi	54123
闹着玩儿	nàozhewánr	20805
闹钟	nàozhōng	23745
哪吒	Nézhā	33371
讷讷	nènè	34136
呢	ne	1711
内	nèi	110
内宾	nèibīn	53606
内部	nèibù	1289
内查外调	nèichá-wàidiào	49916
内城	nèichéng	25996
内出血	nèichūxuè	50627
内存	nèicún	22408
内当家	nèidāngjiā	53111
内地	nèidì	2504
内弟	nèidì	21279
内定	nèidìng	34563
内耳	nèi'ěr	48138
内分泌	nèifēnmì	21913
内服	nèifú	40788
内阁	nèigé	4482
内功	nèigōng	19460
内海	nèihǎi	36704
内涵	nèihán	2799
内行	nèiháng	13569
内耗	nèihào	35762
内河	nèihé	16119
内核	nèihé	20738
内讧	nèihòng	30184
内画	nèihuà	36055
内急	nèijí	47533
内奸	nèijiān	34279
内景	nèijǐng	47534
内径	nèijìng	51401
内疚	nèijiù	14195
内聚力	nèijùlì	53607
内眷	nèijuàn	51823
内科	nèikē	12915
内控	nèikòng	22204
内裤	nèikù	26831
内窥镜	nèikuījìng	47219
内愧	nèikuì	49917
内涝	nèilào	42372
内里	nèilǐ	44392
内力	nèilì	32728
内敛	nèiliǎn	35763
内陆	nèilù	11138
内陆国	nèilùguó	53112
内陆河	nèilùhé	33492
内陆湖	nèilùhú	54124
内乱	nèiluàn	18595
内贸	nèimào	37934
内蒙	Nèiměng	24780
内蒙古	Nèiměnggǔ	3728
内幕	nèimù	17570
内迁	nèiqiān	42373
内亲	nèiqīn	55654
内勤	nèiqín	38488
内情	nèiqíng	22049
内燃机	nèiránjī	24660
内热	nèirè	46637
内人	nèirén	45739
内容	nèiróng	422
内伤	nèishāng	37574
内室	nèishì	23746
内胎	nèitāi	48794
内廷	nèitíng	31277
内退	nèituì	49534
内外	nèiwài	3404
内外夹攻	nèiwài-jiāgōng	46638
内外交困	nèiwài-jiāokùn	41455
内务	nèiwù	14639
内线	nèixiàn	15033
内陷	nèixiàn	56174
内详	nèixiáng	53113
内向	nèixiàng	17880
内向型	nèixiàngxíng	45451
内销	nèixiāo	25183
内心	nèixīn	2146
内省	nèixǐng	32211
内兄	nèixiōng	49535
内秀	nèixiù	47535
内需	nèixū	6819
内衣	nèiyī	11888
内因	nèiyīn	20844
内应	nèiyìng	30294
内忧外患	nèiyōu-wàihuàn	35323
内蕴	nèiyùn	31504
内在	nèizài	3330
内在美	nèizàiměi	48484
内脏	nèizàng	17721
内宅	nèizhái	32212
内债	nèizhài	44144
内战	nèizhàn	7342
内掌柜	nèizhǎngguì	52232
内争	nèizhēng	46639
内政	nèizhèng	6222
内侄	nèizhí	46335
内痔	nèizhì	53608
内中	nèizhōng	36539
内助	nèizhù	32729
内装修	nèizhuāngxiū	49536
内资	nèizī	20353
嫩	nèn	7579
嫩白	nènbái	44862
嫩红	nènhóng	52233
嫩滑	nènhuá	52659
嫩黄	nènhuáng	39712
嫩绿	nènlǜ	22008
嫩弱	nènruò	52234
嫩芽	nènyá	31058
能	néng	29
能动	néngdòng	16858
能否	néngfǒu	2416
能干	nénggàn	11907
能歌善舞	nénggē-shànwǔ	31505
能工巧匠	nénggōng-qiǎojiàng	27353
能够	nénggòu	249
能耗	nénghào	9826
能见度	néngjiàndù	21136
能力	nénglì	402

能量	néngliàng	4617
能耐	néngnai	12242
能掐会算	néngqiā-huìsuàn	54125
能屈能伸	néngqū-néngshēn	44616
能人	néngrén	19157
能上能下	néngshàng-néngxià	17098
能手	néngshǒu	8351
能说会道	néngshuō-huìdào	34422
能效	néngxiào	48139
能言善辩	néngyán-shànbiàn	40789
能源	néngyuán	1749
能者多劳	néngzhě-duōláo	50628
妮子	nīzi	28950
尼泊尔	Níbó'ěr	7920
尼姑	nígū	14873
尼姑庵	nígū'ān	35167
尼古丁	nígǔdīng	39502
尼龙	nílóng	22793
尼龙布	nílóngbù	54126
尼龙袋	nílóngdài	50276
尼龙绳	nílóngshéng	45452
尼龙袜	nílóngwà	46032
尼龙网	nílóngwǎng	47536
呢料	níliào	51824
呢喃	nínán	31506
呢绒	níróng	35764
呢子	nízi	37209
泥	ní	1330
泥巴	níba	16573
泥饭碗	nífànwǎn	56175
泥垢	nígòu	50277
泥浆	níjiāng	19515
泥坑	níkēng	26492
泥淖	nínào	38872
泥泞	nínìng	14248
泥牛入海	níniú-rùhǎi	45453
泥坯	nípī	46336
泥菩萨	nípúsà	40146
泥鳅	níqiu	22462
泥人	nírén	25554
泥沙	níshā	9414
泥沙俱下	níshā-jùxià	38489
泥石流	níshíliú	15008
泥水匠	níshuǐjiàng	33372
泥塑	nísù	21960
泥胎	nítāi	47537
泥潭	nítán	18953
泥炭	nítàn	37210
泥塘	nítáng	37575
泥土	nítǔ	7383
泥腿子	nítuǐzi	37380
泥瓦工	níwǎgōng	47538
泥瓦匠	níwǎjiàng	35013
泥污	níwū	46640
泥沼	nízhǎo	29754
霓虹	níhóng	31624
霓虹灯	níhóngdēng	17548
拟	nǐ	2532
拟订	nǐdìng	20622
拟定	nǐdìng	10647
拟稿	nǐgǎo	42625
拟古	nǐgǔ	47539
拟人	nǐrén	36370
拟声词	nǐshēngcí	56778
拟态	nǐtài	54637
拟议	nǐyì	31278
拟于	nǐyú	27925
拟作	nǐzuò	40147
你	nǐ	69
你来我往	nǐlái-wǒwǎng	35485
你们	nǐmen	369
你死我活	nǐsǐ-wǒhuó	23134
你争我夺	nǐzhēng-wǒduó	41677
你追我赶	nǐzhuī-wǒgǎn	31507
泥	nì	24661
泥子	nìzi	56715
昵称	nìchēng	43399
逆	nì	4545
逆差	nìchā	14623
逆党	nìdǎng	47220
逆耳	nì'ěr	36705
逆反	nìfǎn	31508
逆反心理	nìfǎn xīnlǐ	29345
逆风	nìfēng	32730
逆光	nìguāng	41678
逆境	nìjìng	16080
逆来顺受	nìlái-shùnshòu	32862
逆料	nìliào	35168
逆流	nìliú	21506
逆流而上	nìliú'érshàng	37030
逆时针	nìshízhēn	43400
逆势	nìshì	11023
逆水	nìshuǐ	40565
逆水行舟	nìshuǐ-xíngzhōu	38490
逆天	nìtiān	40594
逆袭	nìxí	20575
逆向	nìxiàng	24975
逆行	nìxíng	34846
逆贼	nìzéi	46641
逆转	nìzhuǎn	15671
逆子	nìzǐ	36706
匿报	nìbào	56561
匿藏	nìcáng	43910
匿迹	nìjì	50278
匿名	nìmíng	22982
匿名信	nìmíngxìn	31173
睨视	nìshì	44617
腻	nì	10098
腻烦	nìfan	37576
腻人	nìrén	45454
腻味	nìwei	36707
溺	nì	17413
溺爱	nì'ài	22205
溺水	nìshuǐ	26417
溺死	nìsǐ	27198
溺婴	nìyīng	52660
拈	niān	13747
拈花惹草	niānhuā-rěcǎo	46937
拈阄	niānjiū	55180
拈轻怕重	niānqīng-pàzhòng	53114
蔫	niān	18853
蔫巴	niānba	55655
蔫头耷脑	niāntóu-dānǎo	49918
年	nián	25
年报	niánbào	24978
年表	niánbiǎo	30850
年产	niánchǎn	6398
年产值	niánchǎnzhí	12926
年成	niáncheng	23747
年初	niánchū	4040
年代	niándài	580
年底	niándǐ	3268
年度	niándù	2883
年饭	niánfàn	28252
年份	niánfèn	11804
年富力强	niánfù-lìqiáng	22099
年高德劭	niángāo-déshào	53115

年糕	niángāo	24909
年根	niángēn	42374
年庚	niángēng	44618
年关	niánguān	18399
年号	niánhào	22517
年华	niánhuá	11993
年画	niánhuà	11889
年会	niánhuì	5688
年货	niánhuò	13318
年级	niánjí	3808
年纪	niánjì	3542
年假	niánjià	38116
年间	niánjiān	6639
年检	niánjiǎn	14575
年鉴	niánjiàn	21434
年节	niánjié	22983
年届	niánjiè	29755
年金	niánjīn	19878
年景	niánjǐng	22579
年均	niánjūn	5473
年刊	niánkān	42626
年来	niánlái	42900
年老力衰	niánlǎo-lìshuāi	43401
年礼	niánlǐ	38676
年历	niánlì	35905
年利	niánlì	50279
年龄	niánlíng	1486
年龄段	niánlíngduàn	17517
年轮	niánlún	22463
年迈	niánmài	18226
年末	niánmò	12964
年内	niánnèi	6453
年年	niánnián	6784
年谱	niánpǔ	32095
年前	niánqián	4558
年轻	niánqīng	697
年轻气盛	niánqīng-qìshèng	35014
年轻人	niánqīngrén	2418
年三十	niánsānshí	42131
年少	niánshào	20623
年深日久	niánshēn-rìjiǔ	40344
年审	niánshěn	14168
年事	niánshì	42629
年收入	niánshōurù	9527
年岁	niánsuì	15166
年头儿	niántóur	8213
年尾	niánwěi	46337
年味	niánwèi	22833
年息	niánxī	42375
年下	niánxia	22709
年限	niánxiàn	10971
年薪	niánxīn	14015
年夜	niányè	41908
年夜饭	niányèfàn	18854
年幼	niányòu	18344
年月	niányuè	12686
年长	niánzhǎng	15732
年中	niánzhōng	11010
年终	niánzhōng	8786
年资	niánzī	46938
鲇鱼	niányú	37381
黏	nián	24979
黏稠	niánchóu	41456
黏度	niándù	54127
黏附	niánfù	55656
黏合剂	niánhéjì	52235
黏糊	niánhu	49537
黏米	niánmǐ	56562
黏膜	niánmó	37382
黏黏糊糊	niánnianhūhū	51402
黏土	niántǔ	44393
黏性	niánxìng	56660
黏液	niányè	51403
黏着	niánzhuó	54128
捻	niǎn	11623
捻子	niǎnzi	39503
撵	niǎn	11197
碾	niǎn	12903
碾坊	niǎnfáng	33247
碾盘	niǎnpán	31625
碾子	niǎnzi	34847
廿	niàn	30185
念	niàn	2226
念白	niànbái	39080
念叨	niàndao	16472
念佛	niànfó	25184
念及	niànjí	28339
念经	niànjīng	19516
念旧	niànjiù	39081
念念不忘	niànniàn-bùwàng	19879
念念有词	niànniàn-yǒucí	27594
念书	niànshū	8525
念诵	niànsòng	46939
念头	niàntou	5384
念物	niànwù	45150
念咒	niànzhòu	36708
念珠	niànzhū	38873
埝	niàn	28951
娘	niáng	2730
娘家	niángjiā	8321
娘儿们	niángrmen	21720
娘娘腔	niángniangqiāng	46940
娘亲	niángqīn	47221
娘胎	niángtāi	41457
娘子	niángzǐ	9887
娘子军	niángzǐjūn	24708
酿	niàng	16397
酿成	niàngchéng	10654
酿酒	niàngjiǔ	16669
酿造	niàngzào	18855
酿制	niàngzhì	36213
鸟	niǎo	2277
鸟巢	niǎocháo	23582
鸟铳	niǎochòng	46033
鸟尽弓藏	niǎojìn-gōngcáng	54638
鸟瞰	niǎokàn	27065
鸟类	niǎolèi	7544
鸟笼	niǎolóng	18739
鸟枪	niǎoqiāng	39082
鸟枪换炮	niǎoqiāng-huànpào	42376
鸟雀	niǎoquè	32603
鸟兽	niǎoshòu	24191
鸟兽散	niǎoshòusàn	43141
鸟语花香	niǎoyǔ-huāxiāng	28507
袅袅	niǎoniǎo	17079
袅袅婷婷	niǎoniǎotíngtíng	39286
袅娜	niǎonuó	36540
尿	niào	3752
尿布	niàobù	25307
尿床	niàochuáng	44145
尿道	niàodào	33248
尿毒症	niàodúzhèng	29143
尿壶	niàohú	55181
尿急	niàojí	49538
尿检	niàojiǎn	49919
尿尿	niàoniào	36709
尿盆	niàopén	36056
尿频	niàopín	51825

尿失禁	niàoshījìn	52236
尿素	niàosù	15733
尿酸	niàosuān	47540
尿血	niàoxiě	52661
尿液	niàoyè	35015
捏	niē	4622
捏把汗	niēbǎhàn	47841
捏合	niēhé	46642
捏弄	niēnòng	49539
捏一把汗	niē yī bǎ hàn	34848
捏造	niēzào	15749
聂	Niè	19949
涅槃	nièpán	31059
嗫嚅	nièrú	18665
镊子	nièzi	32863
镍	niè	18044
镍币	nièbì	54129
蹑	niè	20108
蹑手蹑脚	nièshǒu-nièjiǎo	23908
蹑足	nièzú	46034
孽根	niègēn	56176
孽债	nièzhài	50629
孽障	nièzhàng	41909
孽种	nièzhǒng	40790
您	nín	443
宁	níng	20755
宁静	níngjìng	6693
宁日	Níngrì	31970
宁夏	Níngxià	3838
拧	níng,nǐng,nìng	6320
狞笑	níngxiào	24662
柠檬	níngméng	29346
柠檬酸	níngméngsuān	38677
柠檬汁	níngméngzhī	51024
凝	níng	9464
凝冻	níngdòng	52237
凝固	nínggù	10176
凝固剂	nínggùjì	56563
凝集	níngjí	33001
凝结	níngjié	10613
凝聚	níngjù	3923
凝聚力	níngjùlì	4931
凝练	níngliàn	32469
凝眸	níngmóu	30509
凝目	níngmù	47541
凝神	níngshén	16250
凝视	níngshì	9055
凝思	níngsī	36057
凝缩	níngsuō	53116
凝望	níngwàng	15910
凝想	níngxiǎng	49173
凝脂	níngzhī	42377
凝滞	níngzhì	32731
凝重	níngzhòng	12890
宁	nìng	1611
宁可	nìngkě	8778
宁肯	nìngkěn	14388
宁缺毋滥	nìngquē-wúlàn	46643
宁死不屈	nìngsǐ-bùqū	38678
宁为玉碎， 不为瓦全	nìngwéiyùsuì， bùwéiwǎquán	51404
宁愿	nìngyuàn	10559
佞臣	nìngchén	39287
佞人	nìngrén	51405
妞	niū	6600
妞妞	niūniū	32470
牛	niú	1128
牛蒡	niúbàng	43402
牛鼻子	niúbízi	30510
牛脖子	niúbózi	51025
牛车	niúchē	20243
牛刀小试	niúdāo-xiǎoshì	52662
牛痘	niúdòu	42132
牛犊	niúdú	17852
牛犊子	niúdúzi	53609
牛肝菌	niúgānjùn	56564
牛倌	niúguān	46644
牛鬼蛇神	niúguǐ-shéshén	21814
牛黄	niúhuáng	34701
牛角	niújiǎo	26122
牛角尖	niújiǎojiān	46035
牛筋	niújīn	48485
牛劲	niújìn	45151
牛圈	niújuàn	37577
牛栏	niúlán	28871
牛郎星	niúlángxīng	48140
牛郎织女	niúláng zhīnǚ	35169
牛马	niúmǎ	18314
牛毛	niúmáo	40148
牛虻	niúméng	37750
牛奶	niúnǎi	7561
牛扒	niúpá	56565
牛排	niúpái	34423
牛棚	niúpéng	17782
牛皮	niúpí	16859
牛皮癣	niúpíxuǎn	27135
牛皮纸	niúpízhǐ	32213
牛脾气	niúpíqi	48141
牛气	niúqi	38117
牛市	niúshì	42901
牛头马面	niútóu-mǎmiàn	46941
牛蛙	niúwā	41458
牛瘟	niúwēn	51406
牛性子	niúxìngzi	53610
牛饮	niúyǐn	50280
牛仔	niúzǎi	23583
牛仔服	niúzǎifú	46338
牛仔裤	niúzǎikù	19802
扭	niǔ	4507
扭摆	niǔbǎi	49540
扭打	niǔdǎ	34280
扭动	niǔdòng	17204
扭结	niǔjié	46339
扭亏	niǔkuī	11696
扭亏为盈	niǔkuīwéiyíng	16801
扭亏增盈	niǔkuī-zēngyíng	25120
扭捏	niǔnie	31509
扭曲	niǔqū	9937
扭伤	niǔshāng	28952
扭送	niǔsòng	35906
扭头	niǔtóu	10375
扭秧歌	niǔyāngge	29446
扭转	niǔzhuǎn	6413
忸怩	niǔní	26337
纽	niǔ	17303
纽带	niǔdài	6672
纽扣	niǔkòu	23242
纽子	niǔzi	52663
钮	niǔ	26493
拗	niù	52238
拗不过	niùbuguò	28953
农产品	nóngchǎnpǐn	2232
农场	nóngchǎng	4506
农村	nóngcūn	416
农贷	nóngdài	29447
农夫	nóngfū	20546
农妇	nóngfù	21225
农副产品	nóng-fù chǎnpǐn	7345

农副业	nóng-fùyè	27926
农耕	nónggēng	21474
农工	nónggōng	15715
农工商	nóng-gōng-shāng	26832
农户	nónghù	2795
农会	nónghuì	22206
农活儿	nónghuór	29347
农机	nóngjī	7662
农机站	nóngjīzhàn	54130
农机具	nóngjījù	19950
农家	nóngjiā	5149
农家肥	nóngjiāféi	28107
农家乐	nóngjiālè	12051
农具	nóngjù	13901
农垦	nóngkěn	11061
农历	nónglì	10188
农林	nónglín	12219
农忙	nóngmáng	20845
农贸市场	nóngmào shìchǎng	14233
农民	nóngmín	298
农民工	nóngmíngōng	2042
农民战争	nóngmín zhànzhēng	34137
农膜	nóngmó	32214
农奴	nóngnú	16598
农奴主	nóngnúzhǔ	40345
农轻重	nóng-qīng-zhòng	55182
农舍	nóngshè	22355
农时	nóngshí	24456
农事	nóngshì	23243
农田	nóngtián	4535
农闲	nóngxián	19372
农谚	nóngyàn	50630
农药	nóngyào	4132
农业	nóngyè	756
农业国	nóngyèguó	38491
农业化	nóngyèhuà	52239
农业社	nóngyèshè	19057
农业税	nóngyèshuì	6867
农艺	nóngyì	33115
农艺师	nóngyìshī	28176
农用	nóngyòng	12024
农友	nóngyǒu	44619
农运会	nóngyùnhuì	18560
农转非	nóngzhuǎnfēi	24841
农庄	nóngzhuāng	22009
农资	nóngzī	6265
农作物	nóngzuòwù	6341
哝哝	nóngnong	33373
浓	nóng	4563
浓淡	nóngdàn	30186
浓度	nóngdù	6964
浓厚	nónghòu	5769
浓烈	nóngliè	14813
浓绿	nónglǜ	31626
浓眉	nóngméi	26260
浓眉大眼	nóngméi-dàyǎn	39921
浓密	nóngmì	19517
浓墨重彩	nóngmò-zhòngcǎi	22580
浓缩	nóngsuō	11582
浓雾	nóngwù	23289
浓香	nóngxiāng	32732
浓烟	nóngyān	15750
浓艳	nóngyàn	38679
浓阴	nóngyīn	53611
浓郁	nóngyù	7511
浓重	nóngzhòng	12504
浓妆	nóngzhuāng	32329
浓妆艳抹	nóngzhuāng-yànmǒ	34702
脓	nóng	17722
脓包	nóngbāo	44863
脓疮	nóngchuāng	46340
脓肿	nóngzhǒng	51026
弄	nòng	1199
弄潮儿	nòngcháo'ér	27595
弄鬼	nòngguǐ	44394
弄假成真	nòngjiǎ-chéngzhēn	38680
弄巧成拙	nòngqiǎo-chéngzhuō	32330
弄权	nòngquán	37031
弄虚作假	nòngxū-zuòjiǎ	9104
奴	nú	7495
奴婢	núbì	15143
奴才	núcai	13186
奴化	núhuà	49920
奴隶	núlì	6414
奴隶社会	núlì shèhuì	24842
奴隶主	núlìzhǔ	16106
奴仆	núpú	20276
奴性	núxìng	42133
奴颜婢膝	núyán-bìxī	48142
奴颜媚骨	núyán-mèigǔ	56177
奴役	núyì	16670
驽钝	núdùn	53612
努力	nǔlì	353
努嘴	nǔzuǐ	33493
怒	nù	5465
怒不可遏	nùbùkě'è	23856
怒潮	nùcháo	36541
怒斥	nùchì	32096
怒冲冲	nùchōngchōng	35907
怒发冲冠	nùfà-chōngguān	37211
怒放	nùfàng	24125
怒号	nùháo	43911
怒喝	nùhè	39504
怒吼	nùhǒu	18436
怒火	nùhuǒ	15734
怒火中烧	nùhuǒ-zhōngshāo	39922
怒骂	nùmà	30394
怒目	nùmù	19920
怒目而视	nùmù'érshì	38681
怒气	nùqì	13225
怒容	nùróng	27768
怒色	nùsè	44395
怒视	nùshì	33374
怒涛	nùtāo	39505
怒形于色	nùxíngyúsè	47842
怒族	Nùzú	49541
女	nǚ	329
女伴	nǚbàn	23637
女宾	nǚbīn	31510
女兵	nǚbīng	11571
女厕	nǚcè	46645
女车	nǚchē	49542
女单	nǚdān	10940
女儿	nǚ'ér	933
女儿墙	nǚ'érqiáng	55183
女方	nǚfāng	16270
女工	nǚgōng	6734
女公子	nǚgōngzǐ	47542
女红	nǚgōng	35765
女孩儿	nǚháir	3879
女汉子	nǚhànzi	25159
女皇	nǚhuáng	24457
女家	nǚjiā	42630
女监	nǚjiān	51826
女将	nǚjiàng	15503

女眷	nǚjuàn	32098
女角	nǚjué	31279
女篮	nǚlán	12527
女郎	nǚláng	11420
女里女气	nǚlinǚqì	54639
女流	nǚliú	31511
女能人	nǚnéngrén	52664
女奴	nǚnú	44146
女排	nǚpái	6976
女朋友	nǚpéngyou	18666
女仆	nǚpú	15239
女气	nǚqi	47222
女强人	nǚqiángrén	32215
女墙	nǚqiáng	49921
女权	nǚquán	27848
女人	nǚrén	1820
女人	nǚren	20465
女人家	nǚrénjia	28340
女色	nǚsè	27769
女神	nǚshén	12688
女生	nǚshēng	6926
女声	nǚshēng	27927
女士	nǚshì	1867
女式	nǚshì	31858
女双	nǚshuāng	14597
女娲	Nǚwā	26833
女王	nǚwáng	14327
女巫	nǚwū	33002
女相	nǚxiàng	32471
女校	nǚxiào	32604
女性	nǚxìng	2141
女婿	nǚxu	7539
女婴	nǚyīng	27199
女佣	nǚyōng	18284
女优	nǚyōu	49922
女友	nǚyǒu	12338
女招待	nǚzhāodài	30511
女真	Nǚzhēn	20806
女主人	nǚzhǔrén	14132
女装	nǚzhuāng	24018
女子	nǚzǐ	856
女足	nǚzú	6512
暖	nuǎn	3220
暖冬	nuǎndōng	28682
暖房	nuǎnfáng	45455
暖风	nuǎnfēng	35324
暖风机	nuǎnfēngjī	53613
暖阁	nuǎngé	21350
暖烘烘	nuǎnhōnghōng	33116
暖乎乎	nuǎnhūhū	53117
暖壶	nuǎnhú	34564
暖和	nuǎnhuo	12276
暖炕	nuǎnkàng	51407
暖流	nuǎnliú	17254
暖男	nuǎnnán	28988
暖棚	nuǎnpéng	36861
暖瓶	nuǎnpíng	32472
暖气	nuǎnqì	14534
暖气片	nuǎnqìpiàn	39507
暖融融	nuǎnróngróng	34703
暖色	nuǎnsè	42134
暖水袋	nuǎnshuǐdài	56178
暖水壶	nuǎnshuǐhú	54131
暖水瓶	nuǎnshuǐpíng	38492
暖洋洋	nuǎnyángyáng	32099
暖意	nuǎnyì	21591
疟疾	nüèji	15120
疟蚊	nüèwén	54640
疟原虫	nüèyuánchóng	44147
虐待	nüèdài	9547
虐杀	nüèshā	38493
挪	nuó	6306
挪步	nuóbù	44864
挪动	nuódong	18376
挪借	nuójiè	54132
挪窝儿	nuówōr	44148
挪用	nuóyòng	6843
诺贝尔奖	Nuòbèi'ěrjiǎng	13558
诺言	nuòyán	15368
懦夫	nuòfū	28683
懦弱	nuòruò	16735
糯稻	nuòdào	54133
糯米	nuòmǐ	19584
噢	ō	5620
哦	ó	33003
哦	ò	3687
区	Ōu	50281
讴歌	ōugē	10863
欧	Ōu	2784
欧共体	Ōugòngtǐ	22880
欧化	ōuhuà	43620
欧美	Ōu-Měi	9888
欧盟	Ōuméng	2590
欧姆	ōumǔ	24781
欧阳	Ōuyáng	19835
欧元	ōuyuán	4636
欧洲	Ōuzhōu	1078
殴打	ōudǎ	12658
殴斗	ōudòu	44149
呕	ǒu	12108
呕吐	ǒutù	11376
呕心沥血	ǒuxīn-lìxuè	18561
呕血	ǒuxuè	40791
偶	ǒu	8650
偶尔	ǒu'ěr	5591
偶发	ǒufā	38682
偶感	ǒugǎn	44620
偶合	ǒuhé	47843
偶或	ǒuhuò	46036
偶然	ǒurán	3709
偶然性	ǒuránxìng	17745
偶数	ǒushù	43621
偶像	ǒuxiàng	11660
偶一为之	ǒuyī-wéizhī	49923
偶遇	ǒuyù	36862
耦合	ǒuhé	21767
藕	ǒu	13139
藕断丝连	ǒuduàn-sīlián	40346
藕粉	ǒufěn	44621
藕荷	ǒuhé	42632
藕色	ǒusè	48143
沤	òu	15329
沤肥	òuféi	53614
怄	òu	34704
怄气	òuqì	33249
趴	pā	6880
趴窝	pāwō	51408
啪	pā	9305
啪嚓	pāchā	56179
啪嗒	pādā	47224
啪啦	pālā	28779
扒	pá	17089
扒鸡	pájī	51409
扒拉	pála	49985
扒窃	páqiè	33375
扒手	páshǒu	31627
爬	pá	2019
爬虫	páchóng	36214

爬格子	págézi	42633
爬犁	páli	34281
爬坡	pápō	27280
爬山虎	páshānhǔ	36863
爬升	páshēng	41679
爬行	páxíng	16599
耙	pá	12378
耙子	pázi	41022
帕	pà	13559
帕金森病	pàjīnsēnbìng	46942
怕	pà	853
怕人	pàrén	19401
怕生	pàshēng	44396
怕事	pàshì	36371
怕是	pàshì	6934
怕羞	pàxiū	31971
拍	pāi	1167
拍案	pāi'àn	21635
拍案而起	pāi'àn'érqǐ	33762
拍案叫绝	pāi'àn-jiàojué	37578
拍板	pāibǎn	16689
拍打	pāidǎ	14609
拍档	pāidàng	31903
拍发	pāifā	42902
拍花	pāihuā	52665
拍击	pāijī	40056
拍马	pāimǎ	25488
拍马屁	pāimǎpì	33615
拍卖	pāimài	5081
拍卖行	pāimàiháng	27354
拍品	pāipǐn	14205
拍摄	pāishè	4265
拍手	pāishǒu	15107
拍手称快	pāishǒu-chēngkuài	23748
拍拖	pāituō	24732
拍戏	pāixì	32100
拍胸脯	pāixiōngpú	31060
拍照	pāizhào	12419
拍砖	pāizhuān	21874
拍桌子	pāizhuōzi	25308
拍子	pāizi	26621
俳句	páijù	49543
排	pái	857
排班	páibān	38683
排版	páibǎn	30851
排比	páibǐ	39508
排笔	páibǐ	54641
排查	páichá	9227
排场	páichǎng	19921
排斥	páichì	7380
排除	páichú	4592
排挡	páidǎng	48795
排档	páidàng	34849
排毒	páidú	48796
排队	páiduì	7136
排放	páifàng	4022
排风扇	páifēngshàn	53118
排骨	páigǔ	30852
排行	páiháng	21305
排行榜	páihángbǎng	14409
排号	páihào	55658
排挤	páijǐ	17881
排解	páijiě	23857
排空	páikōng	37212
排涝	páilào	25997
排雷	páiléi	31061
排练	páiliàn	10984
排练场	páiliànchǎng	47543
排量	páiliàng	39713
排列	páiliè	6152
排卵	páiluǎn	30960
排卵期	páiluǎnqī	56180
排名	páimíng	5051
排难解纷	páinàn-jiěfēn	47844
排炮	páipào	50631
排气	páiqì	25309
排气扇	páiqìshàn	55659
排遣	páiqiǎn	28010
排枪	páiqiāng	44150
排球	páiqiú	8963
排山倒海	páishān-dǎohǎi	29448
排水	páishuǐ	11362
排水量	páishuǐliàng	35486
排他	páitā	30295
排他性	páitāxìng	31972
排头	páitóu	40566
排头兵	páitóubīng	17571
排外	páiwài	24663
排尾	páiwěi	51027
排污	páiwū	8623
排戏	páixì	29855
排险	páixiǎn	41910
排箫	páixiāo	50632
排泄	páixiè	18954
排序	páixù	20577
排演	páiyǎn	14970
排椅	páiyǐ	56181
排印	páiyìn	35766
排忧	páiyōu	46943
排忧解难	páiyōu-jiěnàn	39923
排阵	páizhèn	43403
排字	páizì	36864
徘徊	páihuái	7011
牌	pái	1599
牌儿	páir	38684
牌匾	páibiǎn	19489
牌坊	páifāng	19642
牌号	páihào	25702
牌价	páijià	37032
牌九	páijiǔ	34282
牌局	páijú	40567
牌楼	páilou	19922
牌位	páiwèi	21721
牌照	páizhào	14496
牌子	páizi	5987
迫击炮	pǎijīpào	23290
排子车	pǎizichē	52666
派	pài	606
派别	pàibié	10045
派不是	pàibùshi	56182
派出所	pàichūsuǒ	3218
派定	pàidìng	39714
派对	pàiduì	40347
派发	pàifā	37751
派饭	pàifàn	38294
派购	pàigòu	56566
派活儿	pàihuór	47544
派款	pàikuǎn	52240
派力司	pàilìsī	54642
派遣	pàiqiǎn	6025
派任	pàirèn	49174
派生	pàishēng	21914
派送	pàisòng	43622
派头	pàitóu	16780
派系	pàixì	24910
派性	pàixìng	34424
派员	pàiyuán	16520
派驻	pàizhù	11948

潘	Pān	7266	盘整	pánzhěng	15870	庞然大物	pángrán-dàwù	30188
攀	pān	7852	盘子	pánzi	10272	庞杂	pángzá	27202
攀比	pānbǐ	15070	盘坐	pánzuò	40792	旁	páng	1907
攀扯	pānchě	54134	磐石	pánshí	32216	旁白	pángbái	34021
攀登	pāndēng	8268	蹒跚	pánshān	17080	旁边	pángbiān	2455
攀附	pānfù	39083	蟠龙	pánlóng	31859	旁出	pángchū	53119
攀高枝儿	pāngāozhīr	53615	蟠桃	pántáo	32331	旁顾	pánggù	35593
攀龙附凤	pānlóng-fùfèng	41911	判	pàn	4755	旁观	pángguān	25776
攀爬	pānpá	34020	判案	pàn'àn	40568	旁观者清	pángguānzhěqīng	41460
攀亲	pānqīn	39084	判别	pànbié	24843	旁及	pángjí	48486
攀升	pānshēng	9556	判处	pànchǔ	5356	旁路	pánglù	51827
攀谈	pāntán	21475	判词	pàncí	47225	旁落	pángluò	37383
攀岩	pānyán	18315	判定	pàndìng	11678	旁门	pángmén	41023
攀援	pānyuán	24782	判读	pàndú	55186	旁门左道	pángmén-zuǒdào	47845
攀越	pānyuè	41459	判断	pànduàn	2206	旁敲侧击	pángqiāo-cèjī	36865
攀折	pānzhé	46341	判断力	pànduànlì	25239	旁人	pángrén	8552
盘	pán	1945	判罚	pànfá	27201	旁若无人	pángruòwúrén	25240
盘剥	pánbō	30187	判分	pànfēn	55187	旁听	pángtīng	9566
盘儿菜	pánrcài	56183	判官	pànguān	22518	旁听生	pángtīngshēng	44865
盘查	pánchá	23135	判决	pànjué	3439	旁通	pángtōng	46037
盘缠	pánchan	33250	判决书	pànjuéshū	17440	旁系	pángxì	45456
盘秤	pánchèng	56745	判例	pànlì	42903	旁征博引	pángzhēng-bóyǐn	38685
盘存	páncún	56184	判明	pànmíng	39509	旁证	pángzhèng	39510
盘底	pándǐ	49175	判若两人	pànruòliǎngrén	31750	旁支	pángzhī	48797
盘点	pándiǎn	22254	判刑	pànxíng	14931	膀胱	pángguāng	25926
盘店	pándiàn	49728	判罪	pànzuì	47545	磅礴	pángbó	25777
盘费	pánfèi	49544	盼	pàn	4308	螃蟹	pángxiè	12420
盘根错节	pángēn-cuòjié	31391	盼头	pàntou	34425	耪	pǎng	29449
盘根问底	pángēn-wèndǐ	56661	盼望	pànwàng	5720	胖	pàng	4229
盘古	Pángǔ	31749	叛变	pànbiàn	18667	胖嘟嘟	pàngdūdū	47846
盘桓	pánhuán	27200	叛党	pàndǎng	32605	胖墩儿	pàngdūnr	40569
盘活	pánhuó	11710	叛匪	pànfěi	48144	胖墩墩	pàngdūndūn	48798
盘货	pánhuò	53616	叛国	pànguó	33004	胖乎乎	pànghūhū	33251
盘诘	pánjié	45740	叛军	pànjūn	20739	胖子	pàngzi	8508
盘踞	pánjù	21546	叛离	pànlí	49924	抛	pāo	4091
盘空	pánkōng	55184	叛乱	pànluàn	14971	抛光	pāoguāng	38494
盘马弯弓	pánmǎ-wāngōng	55185	叛逆	pànnì	20884	抛荒	pāohuāng	26917
盘弄	pánnòng	52241	叛逃	pàntáo	35325	抛离	pāolí	52667
盘曲	pánqū	46342	叛徒	pàntú	11448	抛锚	pāomáo	28684
盘绕	pánrào	37033	叛贼	pànzéi	37935	抛弃	pāoqì	6772
盘算	pánsuan	11158	乓	pāng	30125	抛却	pāoquè	43404
盘腿	pántuǐ	23969	滂沱	pāngtuó	31860	抛洒	pāosǎ	37034
盘问	pánwèn	16898	膀	pāng	20885	抛撒	pāosǎ	37384
盘香	pánxiāng	56185	彷徨	pánghuáng	16997	抛射	pāoshè	39506
盘旋	pánxuán	11596	庞	páng	15240	抛售	pāoshòu	25927
盘账	pánzhàng	56716	庞大	pángdà	4998	抛头露面	pāotóu-lùmiàn	29965

抛物线	pāowùxiàn	37035
抛掷	pāozhì	31861
抛砖引玉	pāozhuān-yǐnyù	41227
泡	pāo	17205
泡桐	pāotóng	31628
泡子	pāozi	51828
刨	páo	7949
刨除	páochú	55660
刨根儿	páogēnr	37213
刨根问底	páogēn-wèndǐ	32606
刨食	páoshí	38118
咆哮	páoxiào	14773
狍子	páozi	36866
庖厨	páochú	47847
炮	páo	28216
炮烙	páoluò	51829
炮制	páozhì	17807
袍子	páozi	16345
跑	pǎo	528
跑步	pǎobù	13147
跑车	pǎochē	25928
跑单帮	pǎodānbāng	48799
跑道	pǎodào	13140
跑电	pǎodiàn	56567
跑调儿	pǎodiàor	46646
跑动	pǎodòng	27355
跑肚	pǎodù	51410
跑反	pǎofǎn	55188
跑光	pǎoguāng	43405
跑旱船	pǎohànchuán	49545
跑江湖	pǎojiānghú	49546
跑街	pǎojiē	50282
跑龙套	pǎolóngtào	40149
跑路	pǎolù	17934
跑马	pǎomǎ	24980
跑码头	pǎomǎtou	49176
跑买卖	pǎomǎimai	47848
跑冒滴漏	pǎo-mào-dī-lòu	36215
跑跑颠颠	pǎopǎodiāndiān	56186
跑生意	pǎoshēngyi	52242
跑堂儿	pǎotángr	52243
跑题	pǎotí	53120
跑腿儿	pǎotuǐr	27506
跑外	pǎowài	46038
跑鞋	pǎoxié	47546
跑圆场	pǎoyuánchǎng	53617
泡	pào	2231
泡吧	pàobā	44866
泡菜	pàocài	24385
泡饭	pàofàn	44151
泡蘑菇	pàomógu	56568
泡沫	pàomò	8521
泡沫经济	pàomò jīngjì	33376
泡沫塑料	pàomò sùliào	36058
泡泡纱	pàopaoshā	55189
泡泡糖	pàopaotáng	39715
泡汤	pàotāng	32864
泡影	pàoyǐng	25618
泡制	pàozhì	41912
泡子	pàozi	42904
炮	pào	1637
炮兵	pàobīng	10282
炮车	pàochē	43142
炮弹	pàodàn	10655
炮轰	pàohōng	30512
炮灰	pàohuī	43143
炮火	pàohuǒ	11097
炮击	pàojī	21351
炮舰	pàojiàn	39085
炮口	pàokǒu	38495
炮楼	pàolóu	33893
炮手	pàoshǒu	32733
炮塔	pàotǎ	48487
炮台	pàotái	14713
炮膛	pàotáng	53618
炮艇	pàotǐng	50633
炮筒子	pàotǒngzi	53121
炮位	pàowèi	49925
炮眼	pàoyǎn	41461
炮战	pàozhàn	43912
炮仗	pàozhang	29348
炮竹	pàozhú	52244
疱	pào	37385
疱疹	pàozhěn	38496
呸	pēi	13837
胚胎	pēitāi	9153
胚芽	pēiyá	37752
胚子	pēizi	42135
陪	péi	2542
陪伴	péibàn	10376
陪绑	péibǎng	47226
陪衬	péichèn	24019
陪床	péichuáng	46944
陪都	péidū	39086
陪读	péidú	41228
陪房	péifang	51028
陪护	péihù	26994
陪祭	péijì	53619
陪嫁	péijià	24664
陪酒	péijiǔ	41680
陪客	péikè	25555
陪练	péiliàn	37386
陪聊	péiliáo	37534
陪审	péishěn	37036
陪审团	péishěntuán	38686
陪审员	péishěnyuán	14887
陪侍	péishì	38497
陪送	péisòng	42136
陪送	péisong	53122
陪同	péitóng	3885
陪葬	péizàng	28872
陪住	péizhù	56569
培	péi	10696
培土	péitǔ	28428
培训	péixùn	1683
培训班	péixùnbān	5227
培养	péiyǎng	975
培养基	péiyǎngjī	22881
培育	péiyù	2447
培植	péizhí	10413
赔	péi	6127
赔本	péiběn	23749
赔不是	péibùshi	34426
赔偿	péicháng	3005
赔付	péifù	16398
赔话	péihuà	39576
赔款	péikuǎn	17030
赔礼	péilǐ	31973
赔钱	péiqián	22010
赔钱货	péiqiánhuò	51029
赔情	péiqíng	48145
赔小心	péixiǎoxīn	52668
赔笑	péixiào	32101
赔笑脸	péixiàoliǎn	51411
赔罪	péizuì	37753
佩	pèi	6551
佩带	pèidài	22984
佩戴	pèidài	17882

佩刀	pèidāo	32607
佩服	pèifú	6497
佩剑	pèijiàn	23584
佩饰	pèishì	46945
配	pèi	2259
配备	pèibèi	5129
配比	pèibǐ	40793
配餐	pèicān	44622
配搭	pèidā	45152
配电	pèidiàn	29756
配电网	pèidiànwǎng	51830
配殿	pèidiàn	43623
配对	pèiduì	23638
配额	pèi'é	8749
配发	pèifā	21006
配方	pèifāng	14558
配股	pèigǔ	12820
配合	pèihé	1594
配货	pèihuò	49547
配给	pèijǐ	26918
配给制	pèijǐzhì	55662
配件	pèijiàn	10911
配角	pèijué	18122
配料	pèiliào	26919
配楼	pèilóu	55663
配偶	pèi'ǒu	9444
配色	pèisè	45741
配膳	pèishàn	53123
配售	pèishòu	28011
配属	pèishǔ	47227
配送	pèisòng	9031
配套	pèitào	2792
配套成龙	pèitào-chénglóng	56570
配伍	pèiwǔ	40570
配戏	pèixì	46343
配药	pèiyào	32865
配音	pèiyīn	34705
配乐	pèiyuè	34565
配载	pèizài	51030
配制	pèizhì	15694
配置	pèizhì	3145
配种	pèizhǒng	29644
辔头	pèitóu	45153
喷	pēn	1405
喷薄	pēnbó	37936
喷薄而出	pēnbó'érchū	35915
喷灯	pēndēng	56571
喷发	pēnfā	17414
喷饭	pēnfàn	50634
喷管	pēnguǎn	47547
喷灌	pēnguàn	24567
喷壶	pēnhú	52245
喷溅	pēnjiàn	44152
喷口	pēnkǒu	45742
喷墨	pēnmò	43144
喷漆	pēnqī	35594
喷气	pēnqì	25778
喷气式	pēnqìshì	34566
喷枪	pēnqiāng	53620
喷泉	pēnquán	16671
喷洒	pēnsǎ	19136
喷射	pēnshè	18257
喷射器	pēnshèqì	52669
喷水池	pēnshuǐchí	35595
喷嚏	pēntì	20277
喷头	pēntóu	38874
喷涂	pēntú	26494
喷吐	pēntǔ	35016
喷雾器	pēnwùqì	33117
喷涌	pēnyǒng	22985
喷云吐雾	pēnyún-tǔwù	51412
喷子	pēnzi	52767
喷嘴	pēnzuǐ	45457
盆	pén	3899
盆地	péndì	11123
盆花	pénhuā	28508
盆景	pénjǐng	15185
盆腔	pénqiāng	45743
盆腔炎	pénqiāngyán	55190
盆浴	pényù	56717
盆栽	pénzāi	28685
盆子	pénzi	20433
喷	pèn	43145
喷香	pènxiāng	38119
抨击	pēngjī	12257
怦然	pēngrán	27849
砰	pēng	13851
烹	pēng	19585
烹饪	pēngrèn	17476
烹调	pēngtiáo	18596
烹制	pēngzhì	36216
烹煮	pēngzhǔ	50283
嘭	pēng	26622
朋辈	péngbèi	54643
朋比为奸	péngbǐ-wéijiān	45458
朋党	péngdǎng	39511
朋友	péngyou	452
彭	Péng	8732
棚	péng	6106
棚户	pénghù	43406
棚户区	pénghùqū	32473
棚圈	péngjuàn	37937
棚子	péngzi	17518
蓬	péng	9977
蓬勃	péngbó	5213
蓬蒿	pénghāo	42905
蓬莱	Pénglái	23970
蓬乱	péngluàn	26338
蓬蓬	péngpéng	19108
蓬散	péngsǎn	53124
蓬松	péngsōng	21476
蓬松松	péngsōngsōng	42137
蓬头垢面	péngtóu-gòumiàn	27850
硼	péng	39512
硼砂	péngshā	50635
硼酸	péngsuān	47228
鹏程万里	péngchéng-wànlǐ	53621
澎湃	péngpài	16362
篷	péng	15543
篷布	péngbù	52246
篷车	péngchē	53125
篷船	péngchuán	39087
篷子	péngzi	42138
膨大	péngdà	31751
膨化	pénghuà	53126
膨体纱	péngtǐshā	55664
膨胀	péngzhàng	6568
捧	pěng	2966
捧杯	pěngbēi	43624
捧场	pěngchǎng	20578
捧读	pěngdú	42378
捧腹	pěngfù	47849
捧腹大笑	pěngfù-dàxiào	29202
捧哏	pěnggén	48800
捧红	pěnghóng	51413
捧角	pěngjué	35326
捧杀	pěngshā	54135
碰	pèng	3334

碰杯	pèngbēi	30961
碰壁	pèngbì	20708
碰瓷	pèngcí	27705
碰钉子	pèngdīngzi	31974
碰击	pèngjī	37754
碰见	pèngjiàn	9350
碰面	pèngmiàn	29144
碰碰车	pèngpengchē	51831
碰巧	pèngqiǎo	21090
碰头	pèngtóu	21137
碰头会	pèngtóuhuì	35596
碰硬	pèngyìng	22011
碰运气	pèngyùnqi	29966
碰撞	pèngzhuàng	7863
批	pī	496
批办	pībàn	40571
批驳	pībó	20278
批捕	pībǔ	19923
批次	pīcì	26770
批点	pīdiǎn	52670
批斗	pīdòu	15308
批发	pīfā	4689
批复	pīfù	13043
批改	pīgǎi	26995
批号	pīhào	33118
批件	pījiàn	39924
批量	pīliàng	13241
批零	pīlíng	34023
批判	pīpàn	3194
批评	pīpíng	987
批示	pīshì	6347
批售	pīshòu	41371
批条	pītiáo	44623
批条子	pītiáozi	42906
批文	pīwén	28780
批语	pīyǔ	28954
批阅	pīyuè	28873
批注	pīzhù	35327
批转	pīzhuǎn	22050
批准	pīzhǔn	1538
纰漏	pīlòu	31062
坯	pī	23291
坯布	pībù	52247
坯子	pīzi	34427
披	pī	4029
披风	pīfēng	39716
披肝沥胆	pīgān-lìdǎn	42907
披挂	pīguà	24665
披挂上阵	pīguà-shàngzhèn	40348
披红	pīhóng	32217
披红挂绿	pīhóng-guàlù	51832
披甲	pījiǎ	39088
披坚执锐	pījiān-zhíruì	53622
披肩	pījiān	20185
披肩发	pījiānfà	40150
披巾	pījīn	50636
披荆斩棘	pījīng-zhǎnjí	32102
披露	pīlù	6276
披麻戴孝	pīmá-dàixiào	47229
披靡	pīmǐ	26771
披散	pīsan	27507
披沙拣金	pīshā-jiǎnjīn	53127
披头散发	pītóu-sànfà	29967
披星戴月	pīxīng-dàiyuè	38120
披阅	pīyuè	41913
砒霜	pīshuāng	38295
劈	pī	9639
劈波斩浪	pībō-zhǎnlàng	41462
劈面	pīmiàn	37214
劈杀	pīshā	51414
劈山	pīshān	41681
劈手	pīshǒu	38121
劈头	pītóu	22932
劈头盖脸	pītóu-gàiliǎn	35597
噼里啪啦	pīlipālā	45154
噼啪	pīpā	35908
霹雷	pīléi	50637
霹雳	pīlì	20970
霹雳舞	pīlìwǔ	51833
皮	pí	2246
皮袄	pí’ǎo	25121
皮包	píbāo	11541
皮包公司	píbāo gōngsī	41024
皮包骨	píbāogǔ	38687
皮鞭	píbiān	23909
皮层	pícéng	31629
皮尺	píchǐ	44624
皮大衣	pídàyī	24254
皮带	pídài	15034
皮带轮	pídàilún	54136
皮蛋	pídàn	38498
皮垫	pídiàn	53623
皮筏	pífá	53624
皮肤	pífū	3927
皮肤病	pífūbìng	26623
皮革	pígé	15504
皮猴儿	píhóur	53128
皮划艇	píhuátǐng	22882
皮黄	píhuáng	48488
皮货	píhuò	33894
皮夹	píjiā	32608
皮夹克	píjiākè	31174
皮件	píjiàn	49548
皮匠	píjiàng	32866
皮筋儿	píjīnr	38875
皮具	píjù	38296
皮开肉绽	píkāi-ròuzhàn	41229
皮里阳秋	pílǐ-yángqiū	53129
皮毛	pímáo	17099
皮帽	pímào	39925
皮棉	pímián	28429
皮囊	pínáng	40349
皮袍	pípáo	33494
皮球	píqiú	17031
皮肉	píròu	16690
皮肉之苦	píròuzhīkǔ	44153
皮褥子	pírùzi	46039
皮试	píshì	52671
皮实	píshi	46040
皮糖	pítáng	47230
皮条	pítiáo	36059
皮下	píxià	26772
皮箱	píxiāng	16498
皮相	píxiàng	47231
皮笑肉不笑	pí xiào ròu bù xiào	41914
皮鞋	píxié	6687
皮癣	píxuǎn	52514
皮靴	píxuē	27672
皮炎	píyán	38688
皮衣	píyī	25929
皮影戏	píyǐngxì	38297
皮张	pízhāng	45155
皮疹	pízhěn	42379
皮脂	pízhī	51031
皮纸	pízhǐ	44867
皮质	pízhì	22305
皮子	pízi	26123

枇杷	pípa	18764
毗连	pílián	31063
毗邻	pílín	13359
蚍蜉	pífú	54644
疲惫	píbèi	9447
疲乏	pífá	13531
疲倦	píjuàn	7427
疲劳	píláo	7161
疲软	píruǎn	13584
疲弱	píruò	43625
疲沓	píta	53625
疲态	pítài	44625
疲于奔命	píyúbēnmìng	32734
啤酒	píjiǔ	5845
啤酒肚	píjiǔdù	55665
啤酒花	píjiǔhuā	47232
琵琶	pípa	13425
脾	pí	15290
脾气	píqi	4757
脾胃	píwèi	27851
脾性	píxìng	28781
脾脏	pízàng	36710
匹	pǐ	4016
匹敌	pǐdí	31392
匹夫	pǐfū	30962
匹夫之勇	pǐfūzhīyǒng	51415
匹配	pǐpèi	14544
否极泰来	pǐjí-tàilái	48489
痞	pǐ	30296
痞子	pǐzi	29260
劈	pǐ	10314
劈叉	pǐchà	53626
劈柴	pǐchái	25241
劈腿	pǐtuǐ	30449
癖好	pǐhào	34138
癖性	pǐxìng	53130
屁	pì	7507
屁股	pìgu	4906
屁滚尿流	pìgǔn-niàoliú	40794
屁话	pìhuà	39717
屁事	pìshì	33616
睥睨	pìnì	37387
辟谣	pìyáo	36060
媲美	pìměi	16691
僻静	pìjìng	16923
僻壤	pìrǎng	45744
僻巷	pìxiàng	54645
僻远	pìyuǎn	40795
譬如	pìrú	6036
譬喻	pìyù	31064
片儿	piānr	52248
片子	piānzi	10963
扁舟	piānzhōu	37579
偏	piān	858
偏爱	piān'ài	15869
偏安	piān'ān	40151
偏差	piānchā	10436
偏殿	piāndiàn	42908
偏饭	piānfàn	55191
偏方	piānfāng	29856
偏房	piānfáng	42139
偏废	piānfèi	39289
偏好	piānhào	30963
偏护	piānhù	55666
偏激	piānjī	23323
偏见	piānjiàn	9435
偏科	piānkē	53627
偏劳	piānláo	48801
偏离	piānlí	12495
偏旁	piānpáng	34706
偏僻	piānpì	9969
偏偏	piānpiān	5630
偏颇	piānpō	20390
偏巧	piānqiǎo	40350
偏生	piānshēng	49177
偏师	piānshī	35909
偏食	piānshí	39513
偏瘫	piāntān	40351
偏袒	piāntǎn	20279
偏题	piāntí	55192
偏听偏信	piāntīng-piānxìn	47850
偏头痛	piāntóutòng	45745
偏狭	piānxiá	38298
偏向	piānxiàng	16624
偏斜	piānxié	45746
偏心	piānxīn	28430
偏心眼儿	piānxīnyǎnr	50638
偏信	piānxìn	44868
偏移	piānyí	40152
偏于	piānyú	27136
偏远	piānyuǎn	9548
偏执	piānzhí	25242
偏重	piānzhòng	13597
偏转	piānzhuǎn	29145
篇	piān	621
篇幅	piānfú	10283
篇目	piānmù	29146
篇章	piānzhāng	8814
翩翩起舞	piānpiān-qǐwǔ	21516
翩然	piānrán	31280
翩跹	piānxiān	41025
便宜	piányi	4414
骈体	piántǐ	40796
骈文	piánwén	40572
胼手胝足	piánshǒu-zhīzú	52249
蹁跹	piánxiān	53131
片	piàn	403
片儿	piànr	22100
片酬	piànchóu	56187
片段	piànduàn	16834
片断	piànduàn	16666
片剂	piànjì	41026
片甲不留	piànjiǎ-bùliú	51416
片儿警	piànrjǐng	51032
片刻	piànkè	5216
片面	piànmiàn	6770
片儿汤	piànrtāng	56572
片头	piàntóu	37938
片言只语	piànyán-zhīyǔ	43626
片约	piànyuē	54646
片纸只字	piànzhǐzhīzì	55667
骗	piàn	3763
骗局	piànjú	18696
骗取	piànqǔ	9289
骗人	piànrén	12147
骗术	piànshù	27928
骗腿儿	piàntuǐr	55193
骗子	piànzi	11139
剽悍	piāohàn	32735
剽掠	piāolüè	42140
剽窃	piāoqiè	24020
漂	piāo	2559
漂泊	piāobó	16574
漂浮	piāofú	13620
漂流	piāoliú	11282
漂移	piāoyí	25998
漂游	piāoyóu	46344
缥缈	piāomiǎo	30189

飘	piāo	3984
飘带	piāodài	28874
飘荡	piāodàng	14143
飘动	piāodòng	19227
飘拂	piāofú	34707
飘浮	piāofú	15309
飘忽	piāohū	21226
飘零	piāolíng	28686
飘落	piāoluò	17667
飘飘然	piāopiāorán	26624
飘飘欲仙	piāopiāo-yùxiān	38499
飘然	piāorán	24504
飘洒	piāosǎ	34139
飘散	piāosàn	23805
飘逝	piāoshì	43147
飘舞	piāowǔ	29857
飘扬	piāoyáng	9871
飘摇	piāoyáo	29534
飘曳	piāoyè	50284
飘移	piāoyí	41027
飘逸	piāoyì	15330
飘溢	piāoyì	41915
飘悠	piāoyou	47233
嫖	piáo	14990
嫖娼	piáochāng	22933
嫖客	piáokè	28687
嫖宿	piáosù	29950
瓢	piáo	10929
瓢虫	piáochóng	41028
瓢泼大雨	piáopō dàyǔ	41029
漂	piǎo	26996
漂白	piǎobái	31512
漂白粉	piǎobáifěn	33119
漂白剂	piǎobáijì	52250
漂染	piǎorǎn	51033
漂洗	piǎoxǐ	39514
瞟	piǎo	10881
票	piào	1625
票额	piào'é	45459
票贩子	piàofànzi	22101
票房	piàofáng	11740
票根	piàogēn	51834
票号	piàohào	46647
票价	piàojià	8555
票据	piàojù	11552
票款	piàokuǎn	37388
票面	piàomiàn	21477
票箱	piàoxiāng	35767
票选	piàoxuǎn	49178
票友	piàoyǒu	24323
票证	piàozhèng	25619
票子	piàozi	11037
漂亮	piàoliang	2174
漂亮话	piàolianghuà	43407
撇	piē	19137
撇开	piēkāi	19291
撇下	piēxià	21138
瞥	piē	7967
瞥见	piējiàn	18045
苤蓝	piělan	56662
撇	piě	7536
撇嘴	piězuǐ	21044
拼	pīn	4715
拼搏	pīnbó	5580
拼车	pīnchē	20006
拼凑	pīncòu	19771
拼读	pīndú	56573
拼合	pīnhé	41230
拼接	pīnjiē	31630
拼力	pīnlì	44397
拼命	pīnmìng	5535
拼命三郎	pīnmìng sānláng	44626
拼盘	pīnpán	36061
拼抢	pīnqiǎng	23421
拼杀	pīnshā	29050
拼死	pīnsǐ	23136
拼死拼活	pīnsǐ-pīnhuó	39718
拼图	pīntú	42634
拼写	pīnxiě	33377
拼音	pīnyīn	17366
拼音文字	pīnyīn wénzì	47851
拼音字母	pīnyīn zìmǔ	50285
拼争	pīnzhēng	34140
拼装	pīnzhuāng	19266
姘夫	pīnfū	55668
姘妇	pīnfù	50286
姘居	pīnjū	48490
姘头	pīntou	31752
贫	pín	5293
贫病交迫	pínbìng-jiāopò	56188
贫病交加	pínbìng-jiāojiā	43627
贫乏	pínfá	12927
贫富悬殊	pínfù-xuánshū	30074
贫寒	pínhán	16761
贫瘠	pínjí	15672
贫贱	pínjiàn	26834
贫苦	pínkǔ	14680
贫矿	pínkuàng	54647
贫困	pínkùn	1871
贫困线	pínkùnxiàn	23858
贫民	pínmín	22255
贫民窟	pínmínkū	30964
贫农	pínnóng	14518
贫穷	pínqióng	6277
贫弱	pínruò	28253
贫下中农	pín-xiàzhōngnóng	12714
贫血	pínxuè	15108
贫油	pínyóu	53132
贫嘴	pínzuǐ	28108
频传	pínchuán	43628
频带	píndài	41682
频道	píndào	6218
频度	píndù	41463
频段	pínduàn	32332
频发	pínfā	34567
频繁	pínfán	4112
频率	pínlǜ	6182
频频	pínpín	6304
频谱	pínpǔ	26920
频仍	pínréng	27596
嫔妃	pínfēi	40573
品	pǐn	3392
品茶	pǐnchá	31175
品尝	pǐncháng	9817
品德	pǐndé	6741
品第	pǐndì	54137
品格	pǐngé	6042
品红	pǐnhóng	52672
品级	pǐnjí	31631
品鉴	pǐnjiàn	16460
品酒	pǐnjiǔ	43629
品类	pǐnlèi	31393
品貌	pǐnmào	41916
品名	pǐnmíng	31513
品茗	pǐnmíng	35328
品目	pǐnmù	45460
品牌	pǐnpái	2526
品评	pǐnpíng	27508

评功	pínggōng	43149
评功摆好	pínggōng-bǎihǎo	52673
评估	pínggū	3537
评级	píngjí	17158
评价	píngjià	1499
评奖	píngjiǎng	9596
评介	píngjiè	15965
评剧	píngjù	19030
评卷	píngjuàn	34428
评理	pínglǐ	42382
评论	pínglùn	2381
评论员	pínglùnyuán	9764
评判	píngpàn	11140
评判员	píngpànyuán	52674
评聘	píngpìn	34024
评审	píngshěn	6532
评书	píngshū	16120
评述	píngshù	20807
评说	píngshuō	14728
评弹	píngtán	23484
评头论足	píngtóu-lùnzú	41683
评头品足	píngtóu-pǐnzú	41231
评为	píngwéi	3826
评委	píngwěi	11471
评委会	píngwěihuì	17723
评析	píngxī	28254
评选	píngxuǎn	3549
评议	píngyì	4371
评优	píngyōu	27510
评语	píngyǔ	21636
评阅	píngyuè	49927
评注	píngzhù	50639
评传	píngzhuàn	32609
坪	píng	8848
坪坝	píngbà	49180
苹果	píngguǒ	5268
苹果绿	píngguǒlǜ	43409
凭	píng	1938
凭单	píngdān	47549
凭吊	píngdiào	20579
凭借	píngjiè	5888
凭据	píngjù	25779
凭空	píngkōng	16717
凭栏	pínglán	37756
凭恃	píngshì	52251
凭依	píngyī	53628
凭仗	píngzhàng	49550
凭着	píngzhe	6763
凭证	píngzhèng	8987
屏	píng	2317
屏蔽	píngbì	26626
屏藩	píngfān	41232
屏风	píngfēng	18146
屏幕	píngmù	6279
屏条	píngtiáo	53133
屏障	píngzhàng	9044
瓶	píng	2950
瓶胆	píngdǎn	56574
瓶盖	pínggài	34283
瓶颈	píngjǐng	7756
瓶瓶罐罐	píngpíngguànguàn	41917
瓶塞	píngsāi	41030
瓶装	píngzhuāng	26124
瓶子	píngzi	10095
萍	píng	26960
萍水相逢	píngshuǐ-xiāngféng	39515
萍踪	píngzōng	47550
坡	pō	3074
坡道	pōdào	38122
坡地	pōdì	18697
坡度	pōdù	18765
坡跟	pōgēn	54652
泼	pō	7791
泼妇	pōfù	33252
泼辣	pōlà	21722
泼冷水	Pōlěngshuǐ	39721
泼墨	pōmò	26062
泼皮	pōpí	41233
泼洒	pōsǎ	32103
泼水节	Pōshuǐ Jié	33895
泼脏水	pōzāngshuǐ	42656
颇	pō	1505
颇具	pōjù	11731
颇为	pōwéi	6893
婆家	pójiā	16499
婆罗门教	Póluóménjiào	45461
婆母	pómǔ	31177
婆娘	póniáng	16802
婆婆	pópo	5463
婆婆妈妈	pópomāmā	26627
婆婆嘴	pópozuǐ	53134
婆娑	pósuō	21915
婆媳	póxí	20740
婆子	pózi	38690
叵测	pǒcè	30855
笸箩	pǒluo	35910
迫	pò	7249
迫不得已	pòbùdéyǐ	24844
迫不及待	pòbùjídài	12879
迫害	pòhài	9532
迫降	pòjiàng	38500
迫近	pòjìn	29148
迫令	pòlìng	30190
迫切	pòqiè	3519
迫使	pòshǐ	7553
迫降	pòxiáng	56783
迫于	pòyú	16210
迫在眉睫	pòzàiméijié	15331
破	pò	1173
破案	pò'àn	9970
破败	pòbài	20971
破冰船	pòbīngchuán	36217
破财	pòcái	44627
破产	pòchǎn	4271
破除	pòchú	9604
破处	pòchǔ	56603
破费	pòfèi	26125
破釜沉舟	pòfǔ-chénzhōu	34284
破格	pògé	18437
破罐破摔	pòguàn-pòshuāi	49928
破坏	pòhuài	1069
破获	pòhuò	7304
破解	pòjiě	11697
破戒	pòjiè	50289
破镜重圆	pòjìng-chóngyuán	40797
破旧	pòjiù	9083
破局	pòjú	39575
破口大骂	pòkǒu-dàmà	23910
破烂	pòlàn	11110
破烂儿	pòlànr	47234
破浪	pòlàng	23750
破例	pòlì	17699
破裂	pòliè	10614
破陋	pòlòu	53135
破落	pòluò	30965
破落户	pòluòhù	44628
破灭	pòmiè	13398
破伤风	pòshāngfēng	33617

破碎	pòsuì	11141
破损	pòsǔn	18597
破题	pòtí	33120
破涕为笑	pòtìwéixiào	35911
破天荒	pòtiānhuāng	20624
破铜烂铁	pòtóng-làntiě	50640
破土	pòtǔ	29349
破网	pòwǎng	46946
破五	pòwǔ	46346
破相	pòxiàng	53136
破晓	pòxiǎo	34429
破鞋	pòxié	26261
破衣烂衫	pòyī-lànshān	46347
破译	pòyì	17603
破绽	pòzhàn	17255
破绽百出	pòzhàn-bǎichū	51421
破折号	pòzhéhào	51422
魄力	pòlì	14480
剖	pōu	15450
剖白	pōubái	42383
剖腹	pōufù	34708
剖腹产	pōufùchǎn	33253
剖面	pōumiàn	16860
剖析	pōuxī	8459
扑	pū	2814
扑鼻	pūbí	19558
扑哧	pūchī	28782
扑打	pūdǎ	36372
扑打	pūda	37215
扑倒	pūdǎo	24255
扑粉	pūfěn	47852
扑救	pūjiù	17724
扑克	pūkè	18438
扑空	pūkōng	36218
扑棱	pūleng	46348
扑噜	pūlū	50641
扑满	pūmǎn	47853
扑面	pūmiàn	24984
扑灭	pūmiè	11967
扑闪	pūshan	36867
扑朔迷离	pūshuò-mílí	21139
扑簌	pūsù	36219
扑腾	pūtēng	32737
扑腾	pūteng	43913
扑通	pūtōng	14747
铺	pū	3459
铺陈	pūchén	31281
铺衬	pūchen	56189
铺垫	pūdiàn	21140
铺盖	pūgai	16251
铺盖卷儿	pūgaijuǎnr	27929
铺轨	pūguǐ	18400
铺路	pūlù	18856
铺路石	pūlùshí	41918
铺排	pūpái	34852
铺砌	pūqì	48808
铺设	pūshè	11084
铺摊子	pūtānzi	39291
铺天盖地	pūtiān-gàidì	15789
铺叙	pūxù	47236
铺展	pūzhǎn	32867
铺张	pūzhāng	24126
铺张浪费	pūzhāng-làngfèi	17746
铺筑	pūzhù	47551
噗	pū	13852
仆	pú	8102
仆从	púcóng	33378
仆人	púrén	8507
仆役	púyì	28509
匍匐	púfú	19004
菩萨	púsà	8636
菩提	pútí	24611
菩提树	pútíshù	34025
脯子	púzi	39090
葡萄	pútao	5576
葡萄干	pútaogān	38877
葡萄灰	pútaohuī	56190
葡萄酒	pútaojiǔ	9651
葡萄球菌	pútaoqiújūn	38123
葡萄糖	pútaotáng	19373
蒲包	púbāo	45156
蒲草	púcǎo	51423
蒲公英	púgōngyīng	25840
蒲剧	pújù	50290
蒲柳	púliǔ	51034
蒲扇	púshàn	27511
蒲团	pútuán	31862
朴厚	pǔhòu	55194
朴实	pǔshí	8498
朴实无华	pǔshí-wúhuá	24325
朴素	pǔsù	7792
朴质	pǔzhì	38124
浦	pǔ	14302
普	pǔ	8251
普遍	pǔbiàn	1205
普遍性	pǔbiànxìng	10367
普查	pǔchá	5246
普度	pǔdù	46648
普洱茶	pǔ'ěrchá	47237
普法	pǔfǎ	6495
普及	pǔjí	2709
普及本	pǔjíběn	53629
普及率	pǔjílǜ	13883
普降	pǔjiàng	29645
普教	pǔjiào	46042
普快	pǔkuài	54138
普米族	Pǔmǐzú	43150
普天同庆	pǔtiān-tóngqìng	41234
普天下	pǔtiānxià	37580
普天之下	pǔtiānzhīxià	39292
普通	pǔtōng	1096
普通话	pǔtōnghuà	7486
普通人	pǔtōngrén	6384
普选	pǔxuǎn	21815
普照	pǔzhào	25380
谱	pǔ	6630
谱儿	pǔr	30732
谱表	pǔbiǎo	55674
谱曲	pǔqǔ	36868
谱系	pǔxì	35170
谱写	pǔxiě	8545
谱子	pǔzi	50291
氆氇	pǔlu	49929
蹼	pǔ	38878
蹼泳	pǔyǒng	33254
铺	pù	24982
铺板	pùbǎn	30192
铺保	pùbǎo	48809
铺户	pùhù	29450
铺面	pùmiàn	23292
铺面房	pùmiànfáng	53137
铺位	pùwèi	24666
铺子	pùzi	9664
瀑布	pùbù	9469
曝晒	pùshài	29451
七	qī	478
七彩	qīcǎi	23324
七绝	qījué	31065

七老八十	qīlǎobāshí	42635
七零八落	qīlíngbāluò	26628
七零八碎	qīlíngbāsuì	51035
七律	qīlǜ	32104
七扭八歪	qīniǔ-bāwāi	52252
七拼八凑	qīpīn-bācòu	47854
七巧板	qīqiǎobǎn	48810
七窍	qīqiào	35768
七窍生烟	qīqiào-shēngyān	43630
七情六欲	qīqíng-liùyù	36869
七上八下	qīshàng-bāxià	26495
七十二行	qīshí'èrháng	51424
七手八脚	qīshǒu-bājiǎo	25930
七夕	qīxī	37038
七弦琴	qīxiánqín	49930
七言诗	qīyánshī	45462
七一	Qī-Yī	4662
七折八扣	qīzhé-bākòu	49551
七嘴八舌	qīzuǐ-bāshé	17604
沏	qī	18316
沏茶	qīchá	25841
妻	qī	2884
妻弟	qīdì	41031
妻儿老小	qī'ér-lǎoxiǎo	44629
妻管严	qīguǎnyán	52253
妻舅	qījiù	48811
妻离子散	qīlí-zǐsàn	38691
妻妾	qīqiè	22794
妻室	qīshì	24612
妻小	qīxiǎo	42141
妻子	qīzi	1924
柒	qī	50642
栖身	qīshēn	24326
栖息	qīxī	13123
凄惨	qīcǎn	16148
凄楚	qīchǔ	23091
凄怆	qīchuàng	36711
凄风苦雨	qīfēng-kǔyǔ	43914
凄惶	qīhuáng	33255
凄苦	qīkǔ	29149
凄冷	qīlěng	51425
凄厉	qīlì	22051
凄凉	qīliáng	8952
凄迷	qīmí	37216
凄凄	qīqī	26340
凄切	qīqiè	39722
凄清	qīqīng	30513
凄然	qīrán	20741
凄婉	qīwǎn	32738
萋萋	qīqī	43631
戚	qī	14376
期	qī	515
期待	qīdài	3052
期房	qīfáng	37581
期货	qīhuò	8534
期冀	qījì	44154
期间	qījiān	891
期刊	qīkān	7844
期考	qīkǎo	55195
期满	qīmǎn	11249
期末	qīmò	18527
期年	qīnián	47855
期盼	qīpàn	7742
期票	qīpiào	51426
期期艾艾	qīqī'ài'ài	45157
期市	qīshì	21926
期望	qīwàng	4160
期望值	qīwàngzhí	22519
期限	qīxiàn	4028
期许	qīxǔ	37757
期中	qīzhōng	36542
期终	qīzhōng	42910
欺	qī	7475
欺负	qīfu	9126
欺行霸市	qīháng-bàshì	30624
欺哄	qīhǒng	48812
欺凌	qīlíng	21390
欺瞒	qīmán	41032
欺骗	qīpiàn	5695
欺人太甚	qīrén-tàishèn	41235
欺人之谈	qīrénzhītán	48813
欺辱	qīrǔ	39927
欺软怕硬	qīruǎn-pàyìng	44870
欺上瞒下	qīshàng-mánxià	29968
欺生	qīshēng	47856
欺世盗名	qīshì-dàomíng	36870
欺侮	qīwǔ	13083
欺压	qīyā	20709
欺诈	qīzhà	8820
嘁嘁喳喳	qīqīchāchā	39293
漆	qī	7950
漆包线	qībāoxiàn	54653
漆布	qībù	55196
漆雕	qīdiāo	56191
漆黑	qīhēi	10472
漆黑一团	qīhēi-yītuán	40574
漆画	qīhuà	41033
漆匠	qījiang	51036
漆皮	qīpí	43410
漆器	qīqì	26063
漆树	qīshù	55675
蹊跷	qīqiao	21306
齐	qí	2555
齐备	qíbèi	20186
齐步走	qíbùzǒu	40575
齐唱	qíchàng	39516
齐集	qíjí	25703
齐鲁	qílǔ	21768
齐名	qímíng	26341
齐全	qíquán	6643
齐声	qíshēng	11321
齐头并进	qítóu-bìngjìn	25381
齐心	qíxīn	24387
齐心协力	qíxīn-xiélì	11650
齐整	qízhěng	21547
齐抓共管	qízhuā-gòngguǎn	12891
齐奏	qízòu	43632
其	qí	68
其次	qícì	2116
其后	qíhòu	8660
其间	qíjiān	5435
其乐无穷	qílè-wúqióng	34853
其貌不扬	qímào-bùyáng	32868
其人	qírén	10016
其时	qíshí	15085
其实	qíshí	551
其他	qítā	297
其余	qíyú	2805
其中	qízhōng	238
奇	qí	3588
奇案	qí'àn	46947
奇兵	qíbīng	29150
奇才	qícái	27137
奇耻大辱	qíchǐ-dàrǔ	38501
奇峰	qífēng	29646
奇功	qígōng	28109
奇怪	qíguài	2726
奇观	qíguān	14559

奇光异彩	qíguāng-yìcǎi	55676
奇诡	qíguǐ	48147
奇花异草	qíhuā-yìcǎo	41236
奇幻	qíhuàn	36064
奇货可居	qíhuò-kějū	49552
奇计	qíjì	44155
奇技	qíjì	48491
奇迹	qíjì	4259
奇景	qíjǐng	29151
奇绝	qíjué	40352
奇丽	qílì	39091
奇妙	qímiào	11732
奇谋	qímóu	45158
奇葩	qípā	24192
奇巧	qíqiǎo	38502
奇趣	qíqù	41034
奇缺	qíquē	27139
奇山异水	qíshān-yìshuǐ	42658
奇事	qíshì	29261
奇谈	qítán	43633
奇谈怪论	qítán-guàilùn	38299
奇特	qítè	9252
奇伟	qíwěi	40353
奇文	qíwén	44398
奇闻	qíwén	24127
奇袭	qíxí	33618
奇想	qíxiǎng	26186
奇效	qíxiào	35769
奇形怪状	qíxíng-guàizhuàng	29535
奇秀	qíxiù	49181
奇勋	qíxūn	52254
奇异	qíyì	9326
奇遇	qíyù	27356
奇招儿	qízhāor	29343
奇珍	qízhēn	45749
奇珍异宝	qízhēn-yìbǎo	48148
奇志	qízhì	47238
奇装异服	qízhuāng-yìfú	39294
歧路	qílù	36065
歧视	qíshì	6385
歧途	qítú	24327
歧义	qíyì	33256
歧异	qíyì	43411
祈祷	qídǎo	10210
祈福	qífú	27357
祈盼	qípàn	38879
祈求	qíqiú	18258
祈望	qíwàng	40576
祈愿	qíyuàn	36543
耆老	qílǎo	45463
耆宿	qísù	47857
颀长	qícháng	28255
脐橙	qíchéng	20147
脐带	qídài	29262
畦	qí	20886
畦田	qítián	54654
崎岖	qíqū	14156
骑	qí	2423
骑兵	qíbīng	6866
骑缝	qífèng	56663
骑虎难下	qíhǔ-nánxià	39517
骑警	qíjǐng	36066
骑楼	qílóu	43151
骑马找马	qímǎ-zhǎomǎ	54139
骑墙	qíqiáng	48149
骑射	qíshè	31632
骑士	qíshì	15224
骑手	qíshǒu	23040
骑术	qíshù	44399
棋	qí	4403
棋风	qífēng	47239
棋逢对手	qíféngduìshǒu	48492
棋高一着	qígāo-yīzhāo	50292
棋局	qíjú	26187
棋具	qíjù	56575
棋类	qílèi	29152
棋路	qílù	47858
棋迷	qímí	28431
棋盘	qípán	16575
棋谱	qípǔ	41684
棋赛	qísài	41237
棋圣	qíshèng	42636
棋手	qíshǒu	5113
棋艺	qíyì	27770
棋友	qíyǒu	34568
棋苑	qíyuàn	55677
棋子	qízǐ	20580
蛴螬	qícáo	44871
旗	qí	2797
旗杆	qígān	22581
旗鼓相当	qígǔ-xiāngdāng	36067
旗号	qíhào	11669
旗舰	qíjiàn	27066
旗开得胜	qíkāi-déshèng	30733
旗袍	qípáo	11062
旗人	Qírén	21091
旗手	qíshǒu	28177
旗语	qíyǔ	51427
旗帜	qízhì	2974
旗帜鲜明	qízhì-xiānmíng	13821
旗装	qízhuāng	53630
旗子	qízi	20710
鳍	qí	18562
麒麟	qílín	26836
乞丐	qǐgài	12727
乞怜	qǐlián	31178
乞巧	qǐqiǎo	55197
乞求	qǐqiú	18629
乞食	qǐshí	37217
乞讨	qǐtǎo	13560
乞降	qǐxiáng	22052
乞援	qǐyuán	25243
岂	qǐ	3822
岂不	qǐbù	6178
岂不是	qǐbùshì	9480
岂但	qǐdàn	35912
岂非	qǐfēi	18004
岂敢	qǐgǎn	27853
岂可	qǐkě	20312
岂肯	qǐkěn	29757
岂料	qǐliào	32333
岂能	qǐnéng	13141
岂有此理	qǐyǒucǐlǐ	20547
岂知	qǐzhī	38503
岂止	qǐzhǐ	20148
企鹅	qǐ'é	20280
企管	qǐguǎn	51037
企划	qǐhuà	42911
企及	qǐjí	28688
企慕	qǐmù	53631
企盼	qǐpàn	13570
企求	qǐqiú	35171
企事业	qǐ-shìyè	7109
企图	qǐtú	3310
企望	qǐwàng	30193
企稳	qǐwěn	10595
企业	qǐyè	541
企业化	qǐyèhuà	15735

企业家	qǐyèjiā	3551
企业界	qǐyèjiè	7110
企业主	qǐyèzhǔ	13417
杞柳	qǐliǔ	51837
杞人忧天	qǐrén-yōutiān	31282
启	qǐ	4975
启禀	qǐbǐng	34569
启程	qǐchéng	11299
启齿	qǐchǐ	34026
启迪	qǐdí	9830
启碇	qǐdìng	56192
启动	qǐdòng	2340
启发	qǐfā	5811
启发式	qǐfāshì	43152
启封	qǐfēng	39518
启航	qǐháng	29969
启口	qǐkǒu	41464
启蒙	qǐméng	11679
启明星	qǐmíngxīng	42142
启示	qǐshì	5284
启示录	qǐshìlù	37390
启事	qǐshì	14972
启行	qǐxíng	43634
启用	qǐyòng	9911
启运	qǐyùn	30734
起	qǐ	72
起岸	qǐ’àn	54656
起爆	qǐbào	34141
起笔	qǐbǐ	53138
起兵	qǐbīng	19431
起搏器	qǐbóqì	53632
起步	qǐbù	5369
起步价	qǐbùjià	23765
起草	qǐcǎo	5085
起承转合	qǐ-chéng-zhuǎn-hé	45750
起初	qǐchū	6490
起床	qǐchuáng	7126
起点	qǐdiǎn	4713
起点站	qǐdiǎnzhàn	52675
起吊	qǐdiào	42384
起端	qǐduān	51038
起飞	qǐfēi	8618
起伏	qǐfú	6599
起稿	qǐgǎo	49182
起锅	qǐguō	45159
起旱	qǐhàn	50293
起哄	qǐhòng	18563
起火	qǐhuǒ	27930
起火	qǐhuo	54991
起货	qǐhuò	50643
起获	qǐhuò	52255
起家	qǐjiā	15695
起价	qǐjià	37758
起见	qǐjiàn	11757
起降	qǐjiàng	23188
起劲	qǐjìn	13711
起敬	qǐjìng	38692
起居	qǐjū	18088
起居室	qǐjūshì	42385
起来	qǐlái	91
起立	qǐlì	13383
起灵	qǐlíng	49931
起落	qǐluò	21769
起落架	qǐluòjià	39519
起码	qǐmǎ	5932
起锚	qǐmáo	41238
起名儿	qǐmíngr	29350
起拍	qǐpāi	43635
起跑	qǐpǎo	27512
起跑线	qǐpǎoxiàn	20887
起泡	qǐpào	32334
起讫	qǐqì	55678
起色	qǐsè	21507
起身	qǐshēn	4195
起始	qǐshǐ	15871
起事	qǐshì	20217
起誓	qǐshì	30395
起首	qǐshǒu	48493
起死回生	qǐsǐ-huíshēng	21045
起诉	qǐsù	5323
起诉书	qǐsùshū	22626
起诉状	qǐsùzhuàng	48494
起跳	qǐtiào	33766
起头	qǐtóu	5901
起网	qǐwǎng	49183
起舞	qǐwǔ	19374
起先	qǐxiān	14774
起兴	qǐxìng	51428
起眼	qǐyǎn	14560
起夜	qǐyè	47240
起疑	qǐyí	34430
起义	qǐyì	5456
起意	qǐyì	44400
起因	qǐyīn	14361
起用	qǐyòng	19606
起源	qǐyuán	6920
起赃	qǐzāng	42980
起早	qǐzǎo	20742
起早贪黑	qǐzǎo-tānhēi	31395
起征	qǐzhēng	35487
起征点	qǐzhēngdiǎn	35913
起止	qǐzhǐ	41465
起重	qǐzhòng	27597
起重机	qǐzhòngjī	27358
起皱	qǐzhòu	41685
起子	qǐzi	44401
绮丽	qǐlì	27673
气	qì	596
气昂昂	qì’áng’áng	33495
气泵	qìbèng	52676
气不过	qìbùguò	37218
气层	qìcéng	42386
气场	qìchǎng	17800
气冲冲	qìchōngchōng	26629
气冲牛斗	qìchōngniúdǒu	51039
气冲霄汉	qìchōngxiāohàn	53139
气喘	qìchuǎn	23911
气窗	qìchuāng	47552
气锤	qìchuí	55679
气粗	qìcū	25704
气垫	qìdiàn	35172
气垫船	qìdiànchuán	38125
气动	qìdòng	38693
气度	qìdù	16231
气短	qìduǎn	25780
气阀	qìfá	37219
气氛	qìfēn	1857
气愤	qìfèn	7918
气概	qìgài	10399
气根	qìgēn	54140
气功	qìgōng	13437
气鼓鼓	qìgǔgǔ	37939
气管	qìguǎn	17853
气管炎	qìguǎnyán	29858
气贯长虹	qìguànchánghóng	46649
气焊	qìhàn	51838
气哼哼	qìhēnghēng	33379
气候	qìhòu	2028

气呼呼	qìhūhū	20313
气化	qìhuà	19353
气话	qìhuà	31633
气急	qìjí	20281
气急败坏	qìjí-bàihuài	23092
气节	qìjié	15952
气井	qìjǐng	45751
气绝	qìjué	35173
气孔	qìkǒng	26342
气口	qìkǒu	46948
气浪	qìlàng	38126
气力	qìlì	10248
气量	qìliàng	27140
气流	qìliú	10325
气轮机	qìlúnjī	56193
气脉	qìmài	49184
气门	qìmén	36220
气门芯	qìménxīn	46717
气闷	qìmèn	29859
气囊	qìnáng	22986
气恼	qìnǎo	18528
气馁	qìněi	19803
气派	qìpài	9682
气泡	qìpào	21007
气魄	qìpò	11994
气枪	qìqiāng	46043
气球	qìqiú	13792
气人	qìrén	35017
气色	qìsè	19989
气盛	qìshèng	34285
气势	qìshì	7303
气势磅礴	qìshì-pángbó	21916
气势汹汹	qìshì-xiōngxiōng	24985
气数	qìshu	33121
气态	qìtài	31066
气体	qìtǐ	4890
气田	qìtián	18698
气筒	qìtǒng	51040
气头上	qìtóushang	37220
气团	qìtuán	25382
气吞山河	qìtūnshānhé	40153
气味	qìwèi	6013
气味相投	qìwèi-xiāngtóu	51041
气温	qìwēn	4033
气息	qìxī	4066
气息奄奄	qìxī-yǎnyǎn	38504
气象	qìxiàng	2376
气象台	qìxiàngtái	12148
气象万千	qìxiàng-wànqiān	33767
气象站	qìxiàngzhàn	36871
气性	qìxing	46044
气汹汹	qìxiōngxiōng	48150
气胸	qìxiōng	54658
气咻咻	qìxiūxiū	32739
气吁吁	qìxūxū	49932
气虚	qìxū	37221
气旋	qìxuán	19924
气血	qìxuè	24505
气压	qìyā	12776
气眼	qìyǎn	56194
气焰	qìyàn	16271
气宇	qìyǔ	35488
气宇轩昂	qìyǔ-xuān'áng	36373
气韵	qìyùn	23379
气质	qìzhì	7368
气滞	qìzhì	40354
气壮如牛	qìzhuàngrúniú	54659
气壮山河	qìzhuàngshānhé	36872
迄今	qìjīn	5832
迄今为止	qìjīn-wéizhǐ	7799
弃	qì	4406
弃暗投明	qì'àn-tóumíng	47553
弃儿	qì'ér	42387
弃妇	qìfù	46045
弃官	qìguān	40154
弃甲曳兵	qìjiǎ-yèbīng	52677
弃旧图新	qìjiù-túxīn	54660
弃绝	qìjué	48151
弃权	qìquán	19058
弃舍	qìshě	55680
弃世	qìshì	49185
弃学	qìxué	44872
弃婴	qìyīng	33005
弃置	qìzhì	32105
汽	qì	10802
汽车	qìchē	429
汽车站	qìchēzhàn	17747
汽船	qìchuán	38694
汽锤	qìchuí	56195
汽灯	qìdēng	40798
汽笛	qìdí	19607
汽缸	qìgāng	37039
汽化	qìhuà	33768
汽轮机	qìlúnjī	28178
汽配	qìpèi	36873
汽水	qìshuǐ	20711
汽艇	qìtǐng	33770
汽油	qìyóu	7774
汽油弹	qìyóudàn	50644
泣不成声	qìbùchéngshēng	20671
泣诉	qìsù	42637
亟	qì	8585
契丹	Qìdān	12928
契合	qìhé	20846
契机	qìjī	5301
契据	qìjù	54141
契税	qìshuì	38127
契约	qìyuē	12044
砌	qì	8500
砌筑	qìzhù	49186
器	qì	3355
器材	qìcái	7003
器官	qìguān	6336
器件	qìjiàn	16322
器具	qìjù	13669
器皿	qìmǐn	21092
器物	qìwù	19403
器械	qìxiè	7613
器用	qìyòng	55198
器乐	qìyuè	20149
器质性	qìzhìxìng	36874
器重	qìzhòng	14016
憩息	qìxī	49187
掐	qiā	9607
掐算	qiāsuàn	46650
掐头去尾	qiātóu-qùwěi	51429
掐指	qiāzhǐ	39520
卡	qiǎ	6548
卡脖子	qiǎbózi	39928
卡壳	qiǎké	42143
卡口	qiǎkǒu	40155
卡子	qiǎzi	36712
洽商	qiàshāng	48152
洽谈	qiàtán	8915
洽谈会	qiàtánhuì	7990
恰	qià	5628
恰当	qiàdàng	8112
恰逢	qiàféng	29153

恰好	qiàhǎo	6603
恰恰	qiàqià	6030
恰巧	qiàqiǎo	13763
恰如	qiàrú	18564
恰如其分	qiàrúqífèn	24911
恰似	qiàsì	21093
千	qiān	706
千变万化	qiānbiàn-wànhuà	19292
千层底	qiāncéngdǐ	44156
千差万别	qiānchā-wànbié	19992
千疮百孔	qiānchuāng-bǎikǒng	28013
千锤百炼	qiānchuí-bǎiliàn	29051
千刀万剐	qiāndāo-wànguǎ	42144
千恩万谢	qiān'ēn-wànxiè	39295
千儿八百	qiān'er-bābǎi	45160
千方百计	qiānfāng-bǎijì	4225
千夫所指	qiānfū-suǒzhǐ	48153
千伏	qiānfú	37759
千古	qiāngǔ	11142
千赫	qiānhè	47859
千呼万唤	qiānhū-wànhuàn	33006
千户	qiānhù	21508
千家万户	qiānjiā-wànhù	8888
千娇百媚	qiānjiāo-bǎimèi	43636
千斤	qiānjīn	29647
千斤顶	qiānjīndǐng	41919
千金	qiānjīn	13661
千军万马	qiānjūn-wànmǎ	19993
千钧一发	qiānjūn-yīfà	30735
千卡	qiānkǎ	39521
千克	qiānkè	17572
千里驹	qiānlǐjū	54142
千里马	qiānlǐmǎ	22839
千里迢迢	qiānlǐ-tiáotiáo	21435
千里眼	qiānlǐyǎn	31975
千米	qiānmǐ	14269
千难万险	qiānnán-wànxiǎn	37760
千篇一律	qiānpiān-yīlǜ	21548
千奇百怪	qiānqí-bǎiguài	30856
千千万万	qiānqiān-wànwàn	11038
千秋	qiānqiū	12628
千秋万代	qiānqiū-wàndài	41239
千山万壑	qiānshān-wànhè	51430
千山万水	qiānshān-wànshuǐ	28342
千丝万缕	qiānsī-wànlǚ	25932
千头万绪	qiāntóu-wànxù	21391
千瓦	qiānwǎ	12862
千瓦时	qiānwǎshí	17496
千瓦小时	qiānwǎ xiǎoshí	53140
千万	qiānwàn	2566
千辛万苦	qiānxīn-wànkǔ	19772
千言万语	qiānyán-wànyǔ	26566
千载难逢	qiānzǎi-nánféng	20504
千真万确	qiānzhēn-wànquè	21917
千姿百态	qiānzī-bǎitài	20354
仟	qiān	41920
阡陌	qiānmò	35489
阡陌纵横	qiānmò-zònghéng	50294
扦插	qiānchā	40156
芊芊	qiānqiān	53141
迁	qiān	3269
迁出	qiānchū	18819
迁都	qiāndū	19490
迁建	qiānjiàn	25185
迁就	qiānjiù	17441
迁居	qiānjū	20035
迁离	qiānlí	47860
迁怒	qiānnù	29452
迁入	qiānrù	15369
迁徙	qiānxǐ	13278
迁延	qiānyán	25781
迁移	qiānyí	8496
迁葬	qiānzàng	51431
钎子	qiānzi	41921
牵	qiān	2937
牵缠	qiānchán	51839
牵肠挂肚	qiāncháng-guàdù	30075
牵扯	qiānchě	16323
牵动	qiāndòng	9481
牵挂	qiānguà	11929
牵记	qiānjì	56196
牵累	qiānlěi	37223
牵连	qiānlián	14062
牵念	qiānniàn	51042
牵牛花	qiānniúhuā	30736
牵牛星	qiānniúxīng	55682
牵强	qiānqiǎng	32610
牵强附会	qiānqiǎng-fùhuì	35914
牵涉	qiānshè	13902
牵头	qiāntóu	7519
牵系	qiānxì	49553
牵线	qiānxiàn	29536
牵线搭桥	qiānxiàn-dāqiáo	19643
牵线人	qiānxiànrén	50645
牵引	qiānyǐn	12421
牵引力	qiānyǐnlì	41686
牵制	qiānzhì	14681
铅	qiān	8630
铅笔	qiānbǐ	11968
铅笔刀	qiānbǐdāo	56197
铅笔画	qiānbǐhuà	50295
铅弹	qiāndàn	50646
铅封	qiānfēng	44402
铅灰	qiānhuī	45464
铅球	qiānqiú	25705
铅丝	qiānsī	44873
铅印	qiānyìn	41035
铅字	qiānzì	31396
悭吝	qiānlìn	41922
谦卑	qiānbēi	25310
谦称	qiānchēng	56576
谦词	qiāncí	52678
谦辞	qiāncí	52256
谦恭	qiāngōng	21046
谦和	qiānhé	23380
谦谦君子	qiānqiān-jūnzǐ	45752
谦让	qiānràng	21770
谦虚	qiānxū	10677
谦逊	qiānxùn	16835
签	qiān	4075
签单	qiāndān	43915
签到	qiāndào	38880
签到簿	qiāndàobù	53633
签订	qiāndìng	2356
签发	qiānfā	15035
签名	qiānmíng	6298
签收	qiānshōu	36544
签署	qiānshǔ	2825
签筒	qiāntǒng	49554
签押	qiānyā	39093
签约	qiānyuē	6956
签证	qiānzhèng	9408
签注	qiānzhù	34854
签字	qiānzì	4632
签字笔	qiānzìbǐ	51043
签子	qiānzi	38300
荨麻	qiánmá	51432

前	qián	83
前半夜	qiánbànyè	45161
前辈	qiánbèi	10377
前臂	qiánbì	39929
前边	qiánbian	7957
前不久	qiánbùjiǔ	4674
前朝	qiáncháo	28510
前车之鉴	qiánchēzhījiàn	31976
前程	qiánchéng	11624
前仇	qiánchóu	52679
前此	qiáncǐ	26418
前导	qiándǎo	28593
前敌	qiándí	24328
前端	qiánduān	25186
前额	qián'é	16861
前方	qiánfāng	7470
前房	qiánfáng	45465
前锋	qiánfēng	9872
前夫	qiánfū	26773
前俯后仰	qiánfǔ-hòuyǎng	47861
前赴后继	qiánfù-hòujì	26262
前功尽弃	qiángōng-jìnqì	29263
前滚翻	qiángǔnfān	56198
前汉	Qián Hàn	35916
前后	qiánhòu	2458
前后脚儿	qiánhòujiǎor	48154
前呼后拥	qiánhū-hòuyōng	30194
前脚	qiánjiǎo	25933
前襟	qiánjīn	32335
前进	qiánjìn	1113
前景	qiánjǐng	2544
前倨后恭	qiánjù-hòugōng	56577
前科	qiánkē	35329
前来	qiánlái	1908
前例	qiánlì	38695
前脸	qiánliǎn	15729
前列	qiánliè	5481
前列腺	qiánlièxiàn	24388
前茅	qiánmáo	25706
前门	qiánmén	14341
前面	qiánmiàn	1818
前年	qiánnián	7738
前仆后继	qiánpū-hòujì	21047
前妻	qiánqī	23244
前期	qiánqī	6525
前前后后	qiánqián-hòuhòu	19731
前秦	qiánqín	44157
前倾	qiánqīng	29758
前驱	qiánqū	19608
前去	qiánqù	14196
前人	qiánrén	8304
前任	qiánrèn	13478
前日	qiánrì	18565
前哨	qiánshào	24506
前身	qiánshēn	10727
前生	qiánshēng	34286
前世	qiánshì	23692
前思后想	qiánsī-hòuxiǎng	50296
前所未见	qiánsuǒwèijiàn	43916
前所未闻	qiánsuǒwèiwén	51840
前所未有	qiánsuǒwèiyǒu	5433
前台	qiántái	17519
前提	qiántí	2303
前天	qiántiān	9470
前头	qiántou	9056
前途	qiántú	3207
前腿	qiántuǐ	36374
前往	qiánwǎng	2611
前卫	qiánwèi	13712
前无古人	qiánwúgǔrén	21392
前夕	qiánxī	4136
前贤	qiánxián	39930
前嫌	qiánxián	30396
前线	qiánxiàn	6186
前行	qiánxíng	9332
前胸	qiánxiōng	24256
前言	qiányán	17368
前沿	qiányán	5491
前仰后合	qiányǎng-hòuhé	30076
前夜	qiányè	20929
前因后果	qiányīn-hòuguǒ	34855
前缘	qiányuán	35598
前院	qiányuàn	17808
前瞻	qiánzhān	25490
前站	qiánzhàn	44403
前爪	qiánzhǎo	38128
前兆	qiánzhào	36221
前赵	qiánzhào	49188
前者	qiánzhě	5378
前肢	qiánzhī	27931
前奏	qiánzòu	24389
前奏曲	qiánzòuqǔ	41924
虔诚	qiánchéng	9978
虔敬	qiánjìng	36068
虔心	qiánxīn	46651
钱	qián	181
钱包	qiánbāo	15370
钱币	qiánbì	19732
钱财	qiáncái	9634
钱串子	qiánchuànzi	53142
钱柜	qiánguì	46652
钱款	qiánkuǎn	39931
钱粮	qiánliáng	23586
钱数	qiánshù	28014
钱物	qiánwù	18346
钱眼儿	qiányǎnr	36713
钱庄	qiánzhuāng	22306
钳	qián	19354
钳工	qiángōng	22761
钳制	qiánzhì	35018
钳子	qiánzi	28876
掮客	qiánkè	36875
乾坤	qiánkūn	19228
潜	qián	7312
潜藏	qiáncáng	21141
潜返	qiánfǎn	53634
潜伏	qiánfú	13167
潜伏期	qiánfúqī	27675
潜规则	qiánguīzé	12687
潜航	qiánháng	56578
潜回	qiánhuí	40355
潜力	qiánlì	2788
潜流	qiánliú	36545
潜能	qiánnéng	12437
潜入	qiánrù	14610
潜水	qiánshuǐ	15451
潜水泵	qiánshuǐbèng	52680
潜水艇	qiánshuǐtǐng	32476
潜水衣	qiánshuǐyī	53143
潜水员	qiánshuǐyuán	25244
潜台词	qiántáicí	33122
潜逃	qiántáo	18766
潜艇	qiántǐng	10803
潜望镜	qiánwàngjìng	46653
潜心	qiánxīn	11867
潜行	qiánxíng	38881
潜移默化	qiányí-mòhuà	13585
潜意识	qiányìshí	14932

潜隐	qiányǐn	50297
潜泳	qiányǒng	51044
潜在	qiánzài	5814
潜质	qiánzhì	27513
潜滋暗长	qiánzī-ànzhǎng	53144
潜踪	qiánzōng	55199
黔	qián	11680
黔剧	qiánjù	52681
黔驴技穷	qiánlǘ-jìqióng	47241
浅	qiǎn	3475
浅白	qiǎnbái	49556
浅表	qiǎnbiǎo	51841
浅薄	qiǎnbó	14933
浅尝辄止	qiǎncháng-zhézhǐ	33380
浅淡	qiǎndàn	45162
浅海	qiǎnhǎi	24507
浅见	qiǎnjiàn	44630
浅近	qiǎnjìn	38129
浅陋	qiǎnlòu	38882
浅露	qiǎnlù	51842
浅色	qiǎnsè	31179
浅说	qiǎnshuō	55200
浅滩	qiǎntān	29351
浅谈	qiǎntán	37940
浅析	qiǎnxī	45466
浅显	qiǎnxiǎn	23325
浅笑	qiǎnxiào	39932
遣词	qiǎncí	44404
遣词造句	qiǎncí-zàojù	55201
遣返	qiǎnfǎn	20067
遣散	qiǎnsàn	28877
遣送	qiǎnsòng	19952
谴责	qiǎnzé	4051
缱绻	qiǎnquǎn	39522
欠	qiàn	2328
欠安	qiàn'ān	50298
欠产	qiànchǎn	56579
欠火	qiànhuǒ	55202
欠佳	qiànjiā	18377
欠款	qiànkuǎn	14342
欠缺	qiànquē	12689
欠伸	qiànshēn	54661
欠身	qiànshēn	23245
欠条	qiàntiáo	31180
欠妥	qiàntuǒ	34709
欠薪	qiànxīn	16178
欠债	qiànzhài	20972
欠账	qiànzhàng	15774
欠资	qiànzī	55203
纤	qiàn	11711
纤夫	qiànfū	31397
纤绳	qiànshéng	50299
纤手	qiànshǒu	39094
芡实	qiànshí	55683
茜草	qiàncǎo	55684
倩影	qiànyǐng	31283
堑壕	qiànháo	35330
嵌	qiàn	8894
嵌入	qiànrù	22582
歉疚	qiànjiù	24129
歉年	qiànnián	51433
歉收	qiànshōu	34710
歉意	qiànyì	14343
呛	qiāng	51987
羌笛	qiāngdí	52682
羌族	Qiāngzú	34142
枪	qiāng	1782
枪把	qiāngbà	38130
枪毙	qiāngbì	11949
枪刺	qiāngcì	35174
枪弹	qiāngdàn	17825
枪法	qiāngfǎ	27359
枪杆子	qiānggǎnzi	28511
枪击	qiāngjī	14874
枪机	qiāngjī	47242
枪决	qiāngjué	28512
枪口	qiāngkǒu	14858
枪林弹雨	qiānglín-dànyǔ	29052
枪榴弹	qiāngliúdàn	49933
枪炮	qiāngpào	16736
枪杀	qiāngshā	16301
枪伤	qiāngshāng	39523
枪声	qiāngshēng	9455
枪手	qiāngshǒu	21352
枪术	qiāngshù	48495
枪栓	qiāngshuān	37941
枪膛	qiāngtáng	40157
枪替	qiāngtì	54777
枪托	qiāngtuō	33123
枪械	qiāngxiè	27854
枪眼	qiāngyǎn	39095
枪战	qiāngzhàn	29154
枪支	qiāngzhī	9857
枪子儿	qiāngzǐr	28513
戗	qiāng	40158
戕害	qiānghài	33007
腔	qiāng	5195
腔肠动物	qiāngcháng dòngwù	56580
腔调	qiāngdiào	15872
蜣螂	qiāngláng	49934
镪水	qiāngshuǐ	54662
强	qiáng	286
强暴	qiángbào	24912
强撑	qiángchēng	37942
强大	qiángdà	1852
强盗	qiángdào	10249
强敌	qiángdí	19644
强调	qiángdiào	978
强度	qiángdù	4654
强渡	qiángdù	33619
强夺	qiángduó	45163
强风	qiángfēng	33496
强攻	qiánggōng	16762
强固	qiánggù	43637
强国	qiángguó	5333
强悍	qiánghàn	21771
强横	qiánghèng	43638
强化	qiánghuà	2196
强击	qiángjī	55204
强击机	qiángjījī	49189
强记	qiángjì	45164
强加	qiángjiā	15351
强加于人	qiángjiāyúrén	31863
强奸	qiángjiān	11185
强健	qiángjiàn	16980
强将	qiángjiàng	41687
强劲	qiángjìng	5735
强力	qiánglì	12750
强梁	qiángliáng	52683
强烈	qiángliè	925
强令	qiánglìng	24072
强弩之末	qiángnǔzhīmò	41036
强强联合	qiángqiáng-liánhé	23806
强取豪夺	qiángqǔ-háoduó	50647
强权	qiángquán	22520
强热带风暴	qiángrèdàifēngbào	51434
强人	qiángrén	22583

强忍	qiángrěn	20068
强身	qiángshēn	29053
强盛	qiángshèng	12045
强势	qiángshì	2593
强手	qiángshǒu	17325
强似	qiángsì	43153
强酸	qiángsuān	48155
强项	qiángxiàng	18227
强心剂	qiángxīnjì	40577
强心针	qiángxīnzhēn	43639
强行	qiángxíng	6802
强行军	qiángxíngjūn	52257
强压	qiángyā	36876
强硬	qiángyìng	8900
强硬派	qiángyìngpài	37943
强有力	qiángyǒulì	5731
强占	qiángzhàn	26126
强者	qiángzhě	15121
强震	qiángzhèn	42145
强直	qiángzhí	39723
强制	qiángzhì	4569
强制性	qiángzhìxìng	8647
强壮	qiángzhuàng	13920
墙	qiáng	1404
墙报	qiángbào	28015
墙壁	qiángbì	6460
墙根	qiánggēn	16781
墙基	qiángjī	46349
墙角	qiángjiǎo	10368
墙脚	qiángjiǎo	31284
墙面	qiángmiàn	29648
墙裙	qiángqún	52684
墙头	qiángtóu	16998
墙头草	qiángtóucǎo	53145
墙围	qiángwéi	43640
墙垣	qiángyuán	47554
墙纸	qiángzhǐ	41925
蔷薇	qiángwēi	17668
抢	qiǎng	1678
抢白	qiǎngbái	30625
抢答	qiǎngdá	45165
抢点	qiǎngdiǎn	42638
抢渡	qiǎngdù	42639
抢断	qiǎngduàn	7341
抢夺	qiǎngduó	17100
抢匪	qiǎngfěi	45753
抢工	qiǎnggōng	56581
抢攻	qiǎnggōng	41926
抢购	qiǎnggòu	21870
抢建	qiǎngjiàn	45754
抢劫	qiǎngjié	6238
抢镜头	qiǎngjìngtóu	55685
抢救	qiǎngjiù	3863
抢掠	qiǎnglüè	28594
抢拍	qiǎngpāi	44159
抢亲	qiǎngqīn	46949
抢墒	qiǎngshāng	52685
抢时间	qiǎngshíjiān	37224
抢收	qiǎngshōu	27360
抢手	qiǎngshǒu	26064
抢手货	qiǎngshǒuhuò	24913
抢滩	qiǎngtān	26630
抢位	qiǎngwèi	24316
抢先	qiǎngxiān	12226
抢险	qiǎngxiǎn	6179
抢修	qiǎngxiū	14270
抢眼	qiǎngyǎn	22934
抢运	qiǎngyùn	27771
抢占	qiǎngzhàn	11111
抢种	qiǎngzhòng	28432
抢注	qiǎngzhù	16576
抢嘴	qiǎngzuǐ	55686
强逼	qiǎngbī	45467
强辩	qiǎngbiàn	41037
强词夺理	qiǎngcí-duólǐ	35331
强迫	qiǎngpò	5867
强求	qiǎngqiú	21723
强人所难	qiǎngrén-suǒnán	45166
强使	qiǎngshǐ	45468
强颜欢笑	qiǎngyán-huānxiào	49935
襁褓	qiǎngbǎo	25491
呛	qiàng	16149
戗	qiàng	36375
戗面	qiàngmiàn	56582
炝	qiàng	23246
炝锅	qiàngguō	42158
跄踉	qiàngliàng	49557
悄悄	qiāoqiāo	3262
悄悄话	qiāoqiāohuà	26567
雀子	qiāozi	49558
跷	qiāo	15225
跷跷板	qiāoqiāobǎn	49936
锹	qiāo	15254
敲	qiāo	3278
敲边鼓	qiāobiāngǔ	45755
敲打	qiāodǎ	14519
敲定	qiāodìng	23247
敲击	qiāojī	20889
敲锣打鼓	qiāoluó-dǎgǔ	24257
敲门砖	qiāoménzhuān	36877
敲山震虎	qiāoshān-zhènhǔ	49190
敲诈	qiāozhà	22584
敲诈勒索	qiāozhàlèsuǒ	24709
敲竹杠	qiāozhúgàng	42146
乔	qiáo	7940
乔扮	qiáobàn	55205
乔木	qiáomù	19325
乔其纱	qiáoqíshā	53635
乔迁	qiáoqiān	30077
乔迁之喜	qiáoqiānzhīxǐ	46654
乔装	qiáozhuāng	38883
侨胞	qiáobāo	8984
侨汇	qiáohuì	44874
侨居	qiáojū	29860
侨眷	qiáojuàn	12161
侨领	qiáolǐng	27772
侨民	qiáomín	20282
侨商	qiáoshāng	46350
侨属	qiáoshǔ	53146
侨务	qiáowù	13793
侨乡	qiáoxiāng	24986
侨资	qiáozī	39933
荞麦	qiáomài	27281
荞面	qiáomiàn	48814
桥	qiáo	1660
桥洞	qiáodòng	34027
桥墩	qiáodūn	24710
桥拱	qiáogǒng	55687
桥涵	qiáohán	37040
桥基	qiáojī	55207
桥孔	qiáokǒng	48496
桥栏	qiáolán	44405
桥梁	qiáoliáng	4333
桥牌	qiáopái	15412
桥身	qiáoshēn	43412
桥头	qiáotóu	15696
桥头堡	qiáotóubǎo	26997
桥桩	qiáozhuāng	52686

翘	qiáo	20218
翘楚	qiáochǔ	37225
翘盼	qiáopàn	54663
翘企	qiáoqǐ	52687
翘首	qiáoshǒu	23248
翘首以待	qiáoshǒuyǐdài	38131
翘望	qiáowàng	51435
憔悴	qiáocuì	11670
樵夫	qiáofū	31753
瞧	qiáo	2530
瞧病	qiáobìng	46046
瞧不起	qiáobuqǐ	13360
瞧得起	qiáodeqǐ	38301
瞧见	qiáojiàn	11956
巧	qiǎo	4236
巧辩	qiǎobiàn	56199
巧夺	qiǎoduó	35490
巧夺天工	qiǎoduó-tiāngōng	32611
巧干	qiǎogàn	42640
巧合	qiǎohé	16346
巧计	qiǎojì	45469
巧匠	qiǎojiàng	48815
巧劲儿	qiǎojìnr	53636
巧克力	qiǎokèlì	18566
巧立名目	qiǎolì-míngmù	25842
巧妙	qiǎomiào	7485
巧取	qiǎoqǔ	39096
巧取豪夺	qiǎoqǔ-háoduó	41466
巧舌如簧	qiǎoshé-rúhuáng	49191
巧手	qiǎoshǒu	32740
巧思	qiǎosī	45756
巧言	qiǎoyán	40799
巧言令色	qiǎoyán-lìngsè	46351
巧遇	qiǎoyù	25934
悄没声儿	qiǎomoshēngr	34431
悄然	qiǎorán	8995
悄声	qiǎoshēng	15057
悄无声息	qiǎowúshēngxī	23539
愀然	qiǎorán	43641
壳	qiào	19609
俏	qiào	8531
俏货	qiàohuò	45757
俏丽	qiàolì	27598
俏皮	qiàopi	19461
俏皮话	qiàopihuà	27361
峭拔	qiàobá	50300
峭壁	qiàobì	20581
峭立	qiàolì	54143
窍门	qiàomén	25383
翘	qiào	7363
翘辫子	qiàobiànzi	55208
翘尾巴	qiàowěiba	44875
撬	qiào	11283
撬动	qiàodòng	29026
撬杠	qiàogàng	54664
撬棍	qiàogùn	49192
鞘	qiào	11039
切	qiē	1442
切除	qiēchú	14009
切磋	qiēcuō	17442
切点	qiēdiǎn	43917
切断	qiēduàn	10245
切分	qiēfēn	41927
切糕	qiēgāo	50648
切割	qiēgē	15332
切花	qiēhuā	36376
切换	qiēhuàn	28257
切口	qiēkǒu	28514
切面	qiēmiàn	30514
切片	qiēpiàn	22795
切入	qiērù	19462
切线	qiēxiàn	28016
切削	qiēxiāo	35019
茄子	qiézi	15167
且	qiě	597
且慢	qiěmàn	21961
且说	qiěshuō	9609
切	qiè	9516
切齿	qièchǐ	15333
切肤之痛	qièfūzhītòng	35599
切合	qièhé	15255
切记	qièjì	33896
切忌	qièjì	16600
切近	qièjìn	36878
切脉	qièmài	51436
切莫	qièmò	21307
切盼	qièpàn	32477
切切	qièqiè	24711
切身	qièshēn	11143
切实	qièshí	1810
切题	qiètí	48156
切望	qièwàng	45167
切勿	qièwù	23640
切要	qièyào	15371
切中	qièzhòng	26127
妾	qiè	26293
怯	qiè	9465
怯场	qièchǎng	39296
怯懦	qiènuò	22409
怯弱	qièruò	29970
怯生	qièshēng	31285
怯生生	qièshēngshēng	26568
怯阵	qièzhèn	50649
窃	qiè	6227
窃案	qiè'àn	51437
窃国	qièguó	40578
窃据	qièjù	45758
窃密	qièmì	53147
窃窃	qièqiè	23807
窃窃私语	qièqiè-sīyǔ	28343
窃取	qièqǔ	17826
窃听	qiètīng	24712
窃听器	qiètīngqì	43154
窃笑	qièxiào	30078
窃贼	qièzéi	26263
惬意	qièyì	14114
锲而不舍	qiè'érbùshě	17748
钦差	qīnchāi	29155
钦差大臣	qīnchāi dàchén	29264
钦敬	qīnjìng	38302
钦慕	qīnmù	46352
钦佩	qīnpèi	8824
钦羡	qīnxiàn	46655
侵夺	qīnduó	43918
侵犯	qīnfàn	3544
侵害	qīnhài	5457
侵略	qīnlüè	3287
侵权	qīnquán	6131
侵扰	qīnrǎo	27067
侵入	qīnrù	10298
侵蚀	qīnshí	8210
侵吞	qīntūn	18285
侵袭	qīnxí	14099
侵越	qīnyuè	53637
侵占	qīnzhàn	9377
亲	qīn	1294
亲爱	qīn'ài	7901
亲本	qīnběn	26496

亲笔	qīnbǐ	13426
亲代	qīndài	46656
亲睹	qīndǔ	46657
亲耳	qīn'ěr	30626
亲骨肉	qīngǔròu	36714
亲故	qīngù	42912
亲和	qīnhé	25311
亲和力	qīnhélì	19491
亲近	qīnjìn	8287
亲眷	qīnjuàn	46353
亲口	qīnkǒu	23972
亲历	qīnlì	16191
亲临	qīnlín	12438
亲聆	qīnlíng	53638
亲密	qīnmì	6998
亲密无间	qīnmì-wújiàn	29861
亲昵	qīnnì	16968
亲娘	qīnniáng	27141
亲朋	qīnpéng	20069
亲朋好友	qīnpéng-hǎoyǒu	10085
亲戚	qīnqi	3842
亲切	qīnqiè	1758
亲切感	qīnqiègǎn	26065
亲情	qīnqíng	7653
亲热	qīnrè	7878
亲人	qīnrén	3912
亲善	qīnshàn	27282
亲身	qīnshēn	7238
亲生	qīnshēng	12659
亲事	qīnshì	18891
亲手	qīnshǒu	7900
亲疏	qīnshū	29649
亲属	qīnshǔ	5366
亲随	qīnsuí	39724
亲王	qīnwáng	8815
亲吻	qīnwěn	15636
亲信	qīnxìn	12415
亲眼	qīnyǎn	7605
亲友	qīnyǒu	7795
亲缘	qīnyuán	26998
亲政	qīnzhèng	34856
亲子	qīnzǐ	30966
亲子鉴定	qīnzǐ jiàndìng	47555
亲自	qīnzì	1412
亲族	qīnzú	32106
亲嘴	qīnzuǐ	26921
芹菜	qíncài	24914
秦	Qín	3939
秦晋之好	qínjìnzhīhǎo	49937
秦腔	qínqiāng	25492
秦俑	qínyǒng	31181
琴	qín	4171
琴弓	qíngōng	46950
琴键	qínjiàn	38696
琴谱	qínpǔ	50650
琴曲	qínqǔ	38885
琴瑟	qínsè	44876
琴声	qínshēng	18529
琴师	qínshī	40579
琴书	qínshū	44631
琴弦	qínxián	23093
禽	qín	13116
禽蛋	qíndàn	25935
禽流感	qínliúgǎn	5327
禽兽	qínshòu	19492
勤	qín	4960
勤奋	qínfèn	6911
勤工俭学	qíngōng-jiǎnxué	16944
勤工助学	qíngōng-zhùxué	26188
勤俭	qínjiǎn	12938
勤谨	qínjin	44632
勤恳	qínkěn	36879
勤苦	qínkǔ	33771
勤快	qínkuai	21094
勤劳	qínláo	7987
勤勉	qínmiǎn	25782
勤务	qínwù	19059
勤学苦练	qínxué-kǔliàn	33008
勤于	qínyú	16945
勤杂	qínzá	35917
勤杂工	qínzágōng	34711
勤杂人员	qínzá rényuán	53639
勤政	qínzhèng	11698
擒	qín	6798
擒敌	qíndí	43919
擒获	qínhuò	23540
擒拿	qínná	34432
噙	qín	14682
噙泪	qínlèi	51045
寝具	qǐnjù	55688
寝食	qǐnshí	31182
寝食不安	qǐnshí-bù'ān	40356
寝室	qǐnshì	15584
吣	qìn	39297
沁	qìn	27392
沁人肺腑	qìnrénfèifǔ	44877
沁人心脾	qìnrénxīnpí	26922
青	qīng	1894
青帮	Qīngbāng	44406
青菜	qīngcài	16500
青草	qīngcǎo	12305
青茶	qīngchá	54665
青虫	qīngchóng	41467
青出于蓝	qīngchūyúlán	47556
青春	qīngchūn	2656
青春痘	qīngchūndòu	44160
青春期	qīngchūnqī	16692
青瓷	qīngcí	32741
青葱	qīngcōng	43642
青翠	qīngcuì	24258
青翠欲滴	qīngcuì-yùdī	38303
青黛	qīngdài	50651
青灯	qīngdēng	37582
青豆	qīngdòu	37944
青工	qīnggōng	18699
青光眼	qīngguāngyǎn	39097
青果	qīngguǒ	36377
青海	Qīnghǎi	4553
青蒿	qīnghāo	27362
青红皂白	qīnghóng-zàobái	29650
青黄不接	qīnghuáng-bùjiē	26774
青灰	qīnghuī	36378
青椒	qīngjiāo	27430
青筋	qīngjīn	23422
青稞	qīngkē	12880
青睐	qīnglài	8414
青龙	qīnglóng	30195
青楼	qīnglóu	32612
青绿	qīnglǜ	29156
青麻	qīngmá	37041
青梅	qīngméi	39524
青梅竹马	qīngméi-zhúmǎ	35332
青霉素	qīngméisù	22585
青面獠牙	qīngmiàn-liáoyá	45759
青苗	qīngmiáo	22146
青年	qīngnián	294
青年宫	qīngniángōng	49559
青年节	Qīngnián Jié	29265

青年人	qīngniánrén	6794
青年团	qīngniántuán	16025
青皮	qīngpí	35600
青色	qīngsè	16121
青涩	qīngsè	50652
青纱帐	qīngshāzhàng	31754
青山	qīngshān	8402
青山绿水	qīngshān-lǜshuǐ	21869
青少年	qīngshàonián	2047
青史	qīngshǐ	29862
青丝	qīngsī	32869
青饲料	qīngsìliào	47557
青松	qīngsōng	25936
青蒜	qīngsuàn	50653
青苔	qīngtái	24193
青堂瓦舍	qīngtáng wǎshè	56200
青天	qīngtiān	15544
青天白日	qīngtiān-báirì	28258
青田石	qīngtiánshí	54666
青铜	qīngtóng	14446
青铜器	qīngtóngqì	19700
青蛙	qīngwā	11600
青虾	qīngxiā	49938
青杨	qīngyáng	52688
青衣	qīngyī	21816
青鱼	qīngyú	33257
青云	qīngyún	31067
青云直上	qīngyún-zhíshàng	47558
青冢	qīngzhǒng	54144
青贮	qīngzhù	28179
青砖	qīngzhuān	22883
青紫	qīngzǐ	33497
轻	qīng	1163
轻便	qīngbiàn	22053
轻薄	qīngbó	23423
轻车简从	qīngchē-jiǎncóng	26775
轻车熟路	qīngchē-shúlù	38132
轻淡	qīngdàn	39725
轻敌	qīngdí	25783
轻度	qīngdù	23912
轻而易举	qīng'éryìjǔ	15893
轻纺	qīngfǎng	21436
轻风	qīngfēng	32478
轻浮	qīngfú	24073
轻抚	qīngfǔ	28595
轻歌曼舞	qīnggē-mànwǔ	44633
轻工业	qīnggōngyè	15469
轻轨	qīngguǐ	19670
轻忽	qīnghū	48497
轻活儿	qīnghuór	52258
轻机枪	qīngjīqiāng	41038
轻贱	qīngjiàn	48816
轻捷	qīngjié	31183
轻金属	qīngjīnshǔ	56583
轻举妄动	qīngjǔ-wàngdòng	31755
轻看	qīngkàn	33772
轻快	qīngkuài	13671
轻狂	qīngkuáng	39525
轻量级	qīngliàngjí	38304
轻慢	qīngmàn	41468
轻描淡写	qīngmiáo-dànxiě	19463
轻蔑	qīngmiè	13031
轻判	qīngpàn	48498
轻飘	qīngpiāo	35918
轻飘飘	qīngpiāopiāo	24458
轻骑	qīngqí	21772
轻骑兵	qīngqíbīng	41240
轻巧	qīngqiǎo	19158
轻取	qīngqǔ	20219
轻柔	qīngróu	16521
轻软	qīngruǎn	46047
轻纱	qīngshā	30967
轻伤	qīngshāng	21182
轻身	qīngshēn	44161
轻生	qīngshēng	29863
轻声	qīngshēng	7924
轻省	qīngsheng	52259
轻视	qīngshì	8771
轻手轻脚	qīngshǒu-qīngjiǎo	29971
轻率	qīngshuài	19701
轻松	qīngsōng	2527
轻佻	qīngtiāo	27932
轻微	qīngwēi	9597
轻武器	qīngwǔqì	37583
轻侮	qīngwǔ	47862
轻闲	qīngxián	41241
轻信	qīngxìn	16999
轻型	qīngxíng	15036
轻扬	qīngyáng	48817
轻易	qīngyì	5585
轻音乐	qīngyīnyuè	31514
轻吟	qīngyín	50654
轻盈	qīngyíng	13638
轻悠悠	qīngyōuyōu	54667
轻油	qīngyóu	55209
轻于鸿毛	qīngyúhóngmáo	51843
轻重	qīngzhòng	12327
轻重倒置	qīngzhòng-dàozhì	56584
轻重缓急	qīngzhòng-huǎnjí	25620
轻舟	qīngzhōu	35919
轻装	qīngzhuāng	24713
轻装上阵	qīngzhuāng-shàngzhèn	34287
氢	qīng	6974
氢弹	qīngdàn	22884
氢气	qīngqì	14624
氢氧化物	qīngyǎnghuàwù	51046
倾	qīng	5740
倾侧	qīngcè	49193
倾巢	qīngcháo	40800
倾巢出动	qīngcháo-chūdòng	49194
倾巢而出	qīngcháo'érchū	49560
倾城	qīngchéng	25937
倾城倾国	qīngchéng-qīngguó	52260
倾倒	qīngdǎo	19355
倾倒	qīngdào	21095
倾动	qīngdòng	53640
倾耳	qīng'ěr	44878
倾覆	qīngfù	28110
倾国倾城	qīngguó-qīngchéng	45168
倾家荡产	qīngjiā-dàngchǎn	23913
倾角	qīngjiǎo	33259
倾慕	qīngmù	31864
倾囊	qīngnáng	43155
倾盆大雨	qīngpén-dàyǔ	33009
倾洒	qīngsǎ	50655
倾诉	qīngsù	11850
倾塌	qīngtā	53641
倾谈	qīngtán	46048
倾听	qīngtīng	5584
倾吐	qīngtǔ	19493
倾向	qīngxiàng	3016
倾向性	qīngxiàngxìng	17809
倾销	qīngxiāo	5245
倾斜	qīngxié	5759
倾泻	qīngxiè	20187
倾心	qīngxīn	14115
倾轧	qīngyà	29537

倾注	qīngzhù	10844
卿	qīng	25885
卿卿我我	qīngqīngwǒwǒ	37391
清	qīng	686
清白	qīngbái	11721
清仓	qīngcāng	42147
清册	qīngcè	50656
清茶	qīngchá	25312
清查	qīngchá	9683
清产核资	qīngchǎn-hézī	44162
清偿	qīngcháng	16737
清场	qīngchǎng	45470
清唱	qīngchàng	28515
清炒	qīngchǎo	52689
清澈	qīngchè	10835
清晨	qīngchén	5694
清除	qīngchú	5890
清楚	qīngchu	759
清纯	qīngchún	21437
清醇	qīngchún	49561
清脆	qīngcuì	10741
清单	qīngdān	10454
清淡	qīngdàn	19230
清道	qīngdào	41928
清道夫	qīngdàofū	44163
清点	qīngdiǎn	19031
清炖	qīngdùn	46049
清肺	qīngfèi	53642
清风	qīngfēng	14157
清福	qīngfú	34433
清高	qīnggāo	19005
清官	qīngguān	20672
清规	qīngguī	50301
清规戒律	qīngguī-jièlǜ	42148
清寒	qīnghán	43920
清还	qīnghuán	43643
清火	qīnghuǒ	51047
清寂	qīngjì	46354
清剿	qīngjiǎo	23485
清教徒	qīngjiàotú	37584
清洁	qīngjié	4163
清洁车	qīngjiéchē	51844
清洁工	qīngjiégōng	23486
清净	qīngjìng	22885
清静	qīngjìng	11342
清口	qīngkǒu	49562
清苦	qīngkǔ	23859
清库	qīngkù	37585
清朗	qīnglǎng	30968
清冷	qīnglěng	20355
清理	qīnglǐ	2538
清丽	qīnglì	22987
清涟	qīnglián	53643
清廉	qīnglián	15352
清凉	qīngliáng	13061
清凉油	qīngliángyóu	42388
清亮	qīngliàng	28180
清亮	qīngliang	47984
清冽	qīngliè	35770
清流	qīngliú	22102
清明	qīngmíng	12091
清明节	Qīngmíng Jié	19326
清盘	qīngpán	53148
清贫	qīngpín	15617
清平	qīngpíng	48818
清漆	qīngqī	52261
清欠	qīngqiàn	35333
清秋	qīngqiū	35771
清癯	qīngqú	35020
清泉	qīngquán	18347
清热	qīngrè	27514
清润	qīngrùn	55210
清扫	qīngsǎo	14431
清神	qīngshén	55689
清瘦	qīngshòu	22935
清爽	qīngshuǎng	16081
清水衙门	qīngshuǐ yámen	47243
清算	qīngsuàn	9143
清谈	qīngtán	31515
清汤	qīngtāng	41688
清汤寡水	qīngtāng-guǎshuǐ	54145
清甜	qīngtián	51845
清退	qīngtuì	16438
清挖	qīngwā	55211
清晰	qīngxī	3497
清洗	qīngxǐ	11225
清闲	qīngxián	21672
清香	qīngxiāng	12598
清心	qīngxīn	43921
清新	qīngxīn	7085
清馨	qīngxīn	54146
清醒	qīngxǐng	2556
清秀	qīngxiù	15226
清雅	qīngyǎ	32218
清样	qīngyàng	47863
清夜	qīngyè	45760
清一色	qīngyīsè	16782
清逸	qīngyì	47864
清音	qīngyīn	29538
清幽	qīngyōu	26419
清油	qīngyóu	39934
清淤	qīngyū	23587
清誉	qīngyù	55212
清越	qīngyuè	51438
清早	qīngzǎo	14625
清账	qīngzhàng	41242
清障	qīngzhàng	38133
清真	qīngzhēn	28783
清真教	Qīngzhēnjiào	56201
清真寺	qīngzhēnsì	13438
清蒸	qīngzhēng	38886
清正	qīngzhèng	29864
清浊	qīngzhuó	45169
蜻蜓	qīngtíng	16969
蜻蜓点水	qīngtíng-diǎnshuǐ	30397
情	qíng	811
情爱	qíng'ài	21438
情报	qíngbào	4301
情变	qíngbiàn	33817
情不自禁	qíngbùzìjīn	10393
情操	qíngcāo	7871
情场	qíngchǎng	31068
情痴	qíngchī	49563
情敌	qíngdí	32870
情调	qíngdiào	11421
情窦初开	qíngdòu-chūkāi	43644
情分	qíngfèn	27431
情夫	qíngfū	40580
情妇	qíngfù	20434
情感	qínggǎn	1710
情歌	qínggē	22410
情海	qínghǎi	48157
情话	qínghuà	28516
情怀	qínghuái	7673
情急	qíngjí	21142
情急智生	qíngjí-zhìshēng	49564
情节	qíngjié	2668
情结	qíngjié	12339

情景	qíngjǐng	3061
情景交融	qíngjǐng-jiāoróng	39098
情境	qíngjìng	12080
情况	qíngkuàng	145
情郎	qíngláng	40581
情理	qínglǐ	13822
情侣	qínglǚ	17443
情面	qíngmiàn	21280
情趣	qíngqù	8295
情人	qíngrén	7718
情杀	qíngshā	42641
情商	qíngshāng	36222
情深意长	qíngshēn-yìcháng	56202
情诗	qíngshī	34857
情势	qíngshì	13980
情事	qíngshì	19518
情书	qíngshū	20582
情丝	qíngsī	41929
情思	qíngsī	20808
情愫	qíngsù	22464
情随事迁	qíngsuíshìqiān	54668
情态	qíngtài	29352
情同手足	qíngtóngshǒuzú	38305
情投意合	qíngtóu-yìhé	38306
情网	qíngwǎng	33124
情味	qíngwèi	28344
情形	qíngxing	1906
情绪	qíngxù	1399
情义	qíngyì	26497
情谊	qíngyì	9614
情意	qíngyì	14748
情由	qíngyóu	26631
情有独钟	qíngyǒudúzhōng	19231
情有可原	qíngyǒukěyuán	31865
情欲	qíngyù	17285
情缘	qíngyuán	26264
情愿	qíngyuàn	7329
情韵	qíngyùn	37392
情真意切	qíngzhēn-yìqiè	26837
情知	qíngzhī	42642
情致	qíngzhì	32107
情种	qíngzhǒng	39099
情状	qíngzhuàng	18630
晴	qíng	2452
晴好	qínghǎo	31634
晴和	qínghé	46658
晴空	qíngkōng	23041
晴空万里	qíngkōng-wànlǐ	35920
晴朗	qínglǎng	14063
晴明	qíngmíng	45471
晴天	qíngtiān	14249
晴天霹雳	qíngtiān-pīlì	33381
晴雨表	qíngyǔbiǎo	26265
晴雨伞	qíngyǔsǎn	56203
氰化物	qínghuàwù	48499
擎	qíng	16970
擎天柱	qíngtiānzhù	53149
顷	qǐng	15452
顷刻	qǐngkè	17550
请	qǐng	308
请安	qǐng'ān	20220
请便	qǐngbiàn	36069
请调	qǐngdiào	44879
请功	qǐnggōng	42643
请假	qǐngjià	11712
请假条	qǐngjiàtiáo	48158
请柬	qǐngjiǎn	22147
请教	qǐngjiào	8296
请君入瓮	qǐngjūn-rùwèng	43922
请客	qǐngkè	8365
请命	qǐngmìng	26498
请求	qǐngqiú	2725
请赏	qǐngshǎng	39526
请示	qǐngshì	9788
请帖	qǐngtiě	30515
请托	qǐngtuō	32336
请问	qǐngwèn	6952
请勿	qǐngwù	29054
请降	qǐngxiáng	28345
请缨	qǐngyīng	23042
请援	qǐngyuán	47244
请愿	qǐngyuàn	17159
请战	qǐngzhàn	25707
请罪	qǐngzuì	23094
庆	qìng	5146
庆大霉素	qìngdàméisù	47865
庆典	qìngdiǎn	8435
庆功	qìnggōng	22521
庆贺	qìnghè	11464
庆生	qìngshēng	56221
庆幸	qìngxìng	11449
庆祝	qìngzhù	2759
亲家	qìngjia	13561
亲家公	qìngjiagōng	34858
亲家母	qìngjiamǔ	35921
罄尽	qìngjìn	54669
罄竹难书	qìngzhú-nánshū	43413
穷	qióng	1856
穷棒子	qióngbàngzi	47559
穷兵黩武	qióngbīng-dúwǔ	40801
穷愁	qióngchóu	43645
穷乏	qióngfá	54670
穷根	qiónggēn	36223
穷骨头	qiónggǔtou	52262
穷光蛋	qióngguāngdàn	28433
穷鬼	qióngguǐ	36880
穷极无聊	qióngjíwúliáo	53644
穷讲究	qióngjiǎngjiu	53645
穷尽	qióngjìn	25843
穷开心	qióngkāixīn	37535
穷寇	qióngkòu	44164
穷苦	qióngkǔ	17828
穷困	qióngkùn	16424
穷年累月	qióngnián-lěiyuè	52690
穷期	qióngqī	51846
穷人	qióngrén	7513
穷山恶水	qióngshān-èshuǐ	41689
穷奢极欲	qióngshē-jíyù	48159
穷酸	qióngsuān	35334
穷途末路	qióngtú-mòlù	37042
穷乡僻壤	qióngxiāng-pìrǎng	27676
穷凶极恶	qióngxiōng-jí'è	28784
穷则思变	qióngzésībiàn	41039
穷追	qióngzhuī	27432
穷追不舍	qióngzhuī-bùshě	32337
茕茕孑立	qióngqióng-jiélì	53646
穹顶	qióngdǐng	36546
穹隆	qiónglóng	52263
穹庐	qíonglú	52691
琼	qióng	3056
琼剧	qióngjù	51847
琼楼玉宇	qiónglóu-yùyǔ	48160
琼脂	qióngzhī	45472
丘	qiū	14561
丘八	qiūbā	37586
丘壑	qiūhè	43156
丘陵	qiūlíng	11769
丘疹	qiūzhěn	46355

秋	qiū	2624
秋波	qiūbō	39298
秋播	qiūbō	37043
秋菜	qiūcài	51848
秋蝉	qiūchán	39726
秋分	qiūfēn	42149
秋风	qiūfēng	12610
秋风扫落叶	qiūfēng sǎo luòyè	52264
秋高气爽	qiūgāo-qìshuǎng	31516
秋光	qiūguāng	45170
秋海棠	qiūhǎitáng	41469
秋毫	qiūháo	46659
秋后算账	qiūhòu-suànzhàng	56718
秋季	qiūjì	7897
秋景	qiūjǐng	46050
秋裤	qiūkù	54671
秋老虎	qiūlǎohǔ	44880
秋凉	qiūliáng	40159
秋粮	qiūliáng	27599
秋千	qiūqiān	24783
秋日	qiūrì	23043
秋色	qiūsè	26128
秋收	qiūshōu	15037
秋水	qiūshuǐ	24074
秋天	qiūtiān	5359
秋汛	qiūxùn	45171
秋衣	qiūyī	56204
秋意	qiūyì	39100
秋游	qiūyóu	54147
秋种	qiūzhòng	30079
秋庄稼	qiūzhuāngjia	45473
秋装	qiūzhuāng	55213
蚯蚓	qiūyǐn	16090
仇	Qiú	7047
囚	qiú	11572
囚车	qiúchē	32479
囚犯	qiúfàn	13011
囚服	qiúfú	46951
囚禁	qiújìn	21143
囚牢	qiúláo	44881
囚笼	qiúlóng	40160
囚室	qiúshì	34028
囚徒	qiútú	24194
囚衣	qiúyī	48819
求	qiú	777
求爱	qiú'ài	22103
求得	qiúdé	10166
求告	qiúgào	40357
求购	qiúgòu	37587
求和	qiúhé	27142
求欢	qiúhuān	44882
求婚	qiúhūn	18066
求见	qiújiàn	21724
求教	qiújiào	19610
求解	qiújiě	22762
求救	qiújiù	15953
求偶	qiú'ǒu	43646
求乞	qiúqǐ	43157
求签	qiúqiān	47866
求亲	qiúqīn	42913
求情	qiúqíng	19356
求取	qiúqǔ	46051
求全	qiúquán	36070
求全责备	qiúquán-zébèi	32219
求饶	qiúráo	24987
求人	qiúrén	22763
求神拜佛	qiúshén-bàifó	42914
求生	qiúshēng	16601
求胜	qiúshèng	32871
求师	qiúshī	50657
求实	qiúshí	10896
求是	qiúshì	15058
求售	qiúshòu	52692
求索	qiúsuǒ	20466
求同存异	qiútóng-cúnyì	13370
求稳	qiúwěn	44165
求贤若渴	qiúxián-ruòkě	40583
求新	qiúxīn	30398
求学	qiúxué	10773
求医	qiúyī	19702
求雨	qiúyǔ	40802
求援	qiúyuán	18202
求战	qiúzhàn	46356
求真	qiúzhēn	21183
求诊	qiúzhěn	42389
求证	qiúzhèng	19109
求之不得	qiúzhī-bùdé	25784
求知	qiúzhī	13838
求知欲	qiúzhīyù	26420
求职	qiúzhí	10336
求治	qiúzhì	31517
求助	qiúzhù	9794
泅	qiú	29055
泅渡	qiúdù	41470
泅水	qiúshuǐ	35601
酋长	qiúzhǎng	14520
酋长国	qiúzhǎngguó	24989
球	qiú	1592
球操	qiúcāo	49565
球场	qiúchǎng	11397
球蛋白	qiúdànbái	34288
球队	qiúduì	3730
球果	qiúguǒ	52265
球技	qiújì	34570
球茎	qiújīng	45474
球菌	qiújūn	37761
球类	qiúlèi	25051
球路	qiúlù	44407
球门	qiúmén	19559
球迷	qiúmí	4733
球面	qiúmiàn	29157
球拍	qiúpāi	33499
球赛	qiúsài	21549
球市	qiúshì	29651
球台	qiútái	41471
球坛	qiútán	55214
球体	qiútǐ	28346
球网	qiúwǎng	46660
球鞋	qiúxié	31398
球星	qiúxīng	13598
球形	qiúxíng	24390
球衣	qiúyī	31635
球艺	qiúyì	44166
球员	qiúyuán	3517
球状	qiúzhuàng	34143
遒劲	qiújìng	36547
裘皮	qiúpí	38887
区	qū	664
区别	qūbié	2662
区分	qūfēn	7083
区划	qūhuà	17963
区徽	qūhuī	46357
区间	qūjiān	16399
区块链	qūkuàiliàn	49121
区旗	qūqí	35335
区区	qūqū	14683
区位	qūwèi	10809
区域	qūyù	1596

曲	qū	2605
曲笔	qūbǐ	54672
曲别针	qūbiézhēn	54148
曲尺	qūchǐ	47245
曲棍球	qūgùnqiú	27283
曲解	qūjiě	23293
曲径	qūjìng	37588
曲径通幽	qūjìng-tōngyōu	40584
曲里拐弯	qūliguǎiwān	39299
曲霉	qūméi	53150
曲面	qūmiàn	36548
曲曲弯弯	qūqūwānwān	38505
曲线	qūxiàn	7487
曲线美	qūxiànměi	43649
曲意逢迎	qūyì-féngyíng	53647
曲折	qūzhé	5193
曲直	qūzhí	36881
驱	qū	7394
驱策	qūcè	44883
驱车	qūchē	10229
驱驰	qūchí	46661
驱虫剂	qūchóngjì	56585
驱除	qūchú	25621
驱动	qūdòng	8194
驱动器	qūdòngqì	32480
驱赶	qūgǎn	18925
驱寒	qūhán	50302
驱迫	qūpò	50658
驱散	qūsàn	19032
驱使	qūshǐ	11333
驱邪	qūxié	37762
驱逐	qūzhú	9144
驱逐舰	qūzhújiàn	20314
驱逐令	qūzhúlìng	54149
屈	qū	9092
屈才	qūcái	51049
屈从	qūcóng	24259
屈打成招	qūdǎ-chéngzhāo	46358
屈服	qūfú	11639
屈驾	qūjià	52266
屈节	qūjié	48161
屈就	qūjiù	46359
屈居	qūjū	26066
屈辱	qūrǔ	12660
屈身	qūshēn	43414
屈死	qūsǐ	32338
屈膝	qūxī	25844
屈心	qūxīn	54673
屈指	qūzhǐ	31977
屈指可数	qūzhǐ-kěshǔ	24915
屈尊	qūzūn	36379
祛斑	qūbān	49566
祛病	qūbìng	43158
祛除	qūchú	41472
祛风	qūfēng	47560
祛暑	qūshǔ	55690
祛痰	qūtán	55215
祛邪	qūxié	35336
蛆	qū	22586
蛆虫	qūchóng	32742
躯干	qūgàn	23137
躯壳	qūqiào	24260
躯体	qūtǐ	11733
趋	qū	3776
趋避	qūbì	35021
趋奉	qūfèng	43415
趋附	qūfù	36380
趋缓	qūhuǎn	23424
趋紧	qūjǐn	35922
趋利避害	qūlì-bìhài	17669
趋时	qūshí	47867
趋势	qūshì	1750
趋同	qūtóng	21439
趋向	qūxiàng	7886
趋炎附势	qūyán-fùshì	41243
趋于	qūyú	7793
趋之若鹜	qūzhī-ruòwù	30080
蛐蛐儿	qūqur	14576
黢黑	qūhēi	52693
劬劳	qúláo	55216
渠	qú	8135
渠道	qúdào	2576
曲	qǔ	2339
曲调	qǔdiào	18378
曲高和寡	qǔgāo-hèguǎ	42150
曲剧	qǔjù	31399
曲目	qǔmù	16461
曲牌	qǔpái	36882
曲谱	qǔpǔ	33773
曲艺	qǔyì	8959
曲终人散	qǔzhōng-rénsàn	53648
曲子	qǔzi	12836
取	qǔ	965
取保	qǔbǎo	24329
取保候审	qǔbǎo hòushěn	31069
取材	qǔcái	15873
取长补短	qǔcháng-bǔduǎn	15874
取代	qǔdài	5315
取道	qǔdào	29353
取得	qǔdé	712
取缔	qǔdì	5322
取而代之	qǔ'érdàizhī	17477
取法	qǔfǎ	34144
取火	qǔhuǒ	36549
取经	qǔjīng	15875
取景	qǔjǐng	42644
取景器	qǔjǐngqì	56586
取决	qǔjué	37393
取款机	qǔkuǎnjī	16682
取乐	qǔlè	22148
取名	qǔmíng	15505
取闹	qǔnào	31518
取暖	qǔnuǎn	12690
取暖器	qǔnuǎnqì	49567
取齐	qǔqí	54674
取巧	qǔqiǎo	34145
取舍	qǔshě	17415
取胜	qǔshèng	7522
取向	qǔxiàng	7215
取消	qǔxiāo	2195
取笑	qǔxiào	16899
取信	qǔxìn	24667
取信于民	qǔxìnyúmín	20150
取样	qǔyàng	21281
取悦	qǔyuè	23381
取证	qǔzhèng	12139
取之不尽，用之不竭	qǔzhī-bùjìn，yòngzhī-bùjié	47561
取之于民，用之于民	qǔzhīyúmín，yòngzhīyúmín	47868
取自	qǔzì	23189
娶	qǔ	4551
娶亲	qǔqīn	26266
龋齿	qǔchǐ	40161
去	qù	62
去病	qùbìng	36883
去除	qùchú	23095
去处	qùchù	11124

去粗取精	qùcū-qǔjīng	38888
去火	qùhuǒ	52694
去留	qùliú	22149
去路	qùlù	17000
去年	qùnián	526
去皮	qùpí	40803
去声	qùshēng	51050
去世	qùshì	4514
去势	qùshì	52267
去岁	qùsuì	38506
去痛片	qùtòngpiàn	53151
去伪存真	qùwěi-cúnzhēn	34434
去污粉	qùwūfěn	54150
去芜存菁	qùwú-cúnjīng	55217
去向	qùxiàng	17348
去职	qùzhí	29652
趣	qù	9905
趣话	qùhuà	44634
趣事	qùshì	24714
趣谈	qùtán	45761
趣味	qùwèi	6807
趣闻	qùwén	31636
圈	quān	1472
圈儿	quānr	14064
圈地	quāndì	30857
圈点	quāndiǎn	39727
圈定	quāndìng	35175
圈套	quāntào	15954
圈椅	quānyǐ	34289
圈阅	quānyuè	52695
圈占	quānzhàn	34859
圈子	quānzi	9269
权	quán	792
权变	quánbiàn	49569
权柄	quánbǐng	38307
权臣	quánchén	40162
权当	quándāng	26067
权贵	quánguì	25122
权衡	quánhéng	16400
权奸	quánjiān	39935
权力	quánlì	1305
权利	quánlì	1112
权门	quánmén	48500
权谋	quánmóu	40358
权能	quánnéng	41690
权钱交易	quánqián-jiāoyì	23808
权且	quánqiě	37589
权时	quánshí	25999
权势	quánshì	15086
权术	quánshù	34146
权威	quánwēi	2909
权位	quánwèi	38308
权限	quánxiàn	7705
权宜	quányí	47869
权宜之计	quányízhījì	25313
权益	quányì	2459
权欲	quányù	49570
权责	quánzé	17180
权杖	quánzhàng	46952
权作	quánzuò	44167
全	quán	159
全本	quánběn	39527
全部	quánbù	419
全才	quáncái	40163
全长	quáncháng	7295
全称	quánchēng	32481
全程	quánchéng	7313
全都	quándōu	4402
全额	quán'é	14197
全方位	quánfāngwèi	4860
全份	quánfèn	47562
全副	quánfù	19703
全国	quánguó	333
全会	quánhuì	6552
全活儿	quánhuór	43416
全集	quánjí	11553
全家福	quánjiāfú	26632
全价	quánjià	43159
全歼	quánjiān	26190
全景	quánjǐng	14083
全境	quánjìng	21144
全局	quánjú	2954
全军	quánjūn	3819
全科医生	quánkē yīshēng	48501
全力	quánlì	3453
全力以赴	quánlìyǐfù	9448
全貌	quánmào	20356
全面	quánmiàn	910
全民	quánmín	3655
全民公决	quánmín gōngjué	32743
全名	quánmíng	36550
全能	quánnéng	11868
全年	quánnián	3261
全盘	quánpán	13823
全篇	quánpiān	26499
全票	quánpiào	27284
全勤	quánqín	53649
全球	quánqiú	1667
全球定位系统	quánqiú dìngwèi xìtǒng	41244
全球化	quánqiúhuà	13998
全球性	quánqiúxìng	9757
全权	quánquán	10734
全权大使	quánquán dàshǐ	16026
全然	quánrán	9517
全日	quánrì	41245
全日制	quánrìzhì	18631
全身	quánshēn	3935
全身心	quánshēnxīn	14171
全神贯注	quánshén-guànzhù	20036
全胜	quánshèng	13921
全盛	quánshèng	33260
全食	quánshí	48162
全始全终	quánshǐ-quánzhōng	55218
全数	quánshù	26923
全速	quánsù	39936
全套	quántào	15186
全体	quántǐ	1372
全天候	quántiānhòu	13361
全托	quántuō	44884
全文	quánwén	7771
全武行	quánwǔháng	54151
全息	quánxī	34860
全线	quánxiàn	7538
全心全意	quánxīn-quányì	4706
全新	quánxīn	4862
全休	quánxiū	51849
全优	quányōu	35176
全员	quányuán	12364
全运会	quányùnhuì	10543
全责	quánzé	32744
全知全能	quánzhī-quánnéng	52268
全职	quánzhí	43651
全资	quánzī	7320
全自动	quánzìdòng	23294
诠释	quánshì	10230
泉	quán	4955
泉水	quánshuǐ	10789

泉眼	quányǎn	35337
泉涌	quányǒng	30196
泉源	quányuán	35923
拳	quán	4701
拳棒	quánbàng	53152
拳打脚踢	quándǎ-jiǎotī	29653
拳击	quánjī	15071
拳脚	quánjiǎo	22796
拳拳	quánquán	41246
拳师	quánshī	42390
拳手	quánshǒu	44168
拳术	quánshù	36551
拳头	quántou	6960
拳头产品	quántou chǎnpǐn	23860
痊愈	quányù	15673
蜷伏	quánfú	37590
蜷曲	quánqū	31286
蜷缩	quánsuō	22207
颧骨	quángǔ	21509
犬	quǎn	9006
犬齿	quǎnchǐ	42151
犬吠	quǎnfèi	31287
犬马	quǎnmǎ	40804
犬马之劳	quǎnmǎzhīláo	47246
犬儒	quǎnrú	48820
犬牙	quǎnyá	48821
犬牙交错	quǎnyá-jiāocuò	42645
劝	quàn	2444
劝导	quàndǎo	22657
劝告	quàngào	12916
劝和	quànhé	34435
劝架	quànjià	35602
劝谏	quànjiàn	41930
劝解	quànjiě	16803
劝诫	quànjiè	38507
劝酒	quànjiǔ	31519
劝勉	quànmiǎn	44635
劝募	quànmù	51439
劝让	quànràng	55219
劝善	quànshàn	42152
劝说	quànshuō	10046
劝退	quàntuì	42153
劝慰	quànwèi	14952
劝降	quànxiáng	27515
劝学	quànxué	43160
劝诱	quànyòu	40359
劝止	quànzhǐ	40360
劝阻	quànzǔ	11713
券商	quànshāng	30297
缺	quē	2169
缺编	quēbiān	44885
缺德	quēdé	21008
缺点	quēdiǎn	5305
缺额	quē'é	38134
缺乏	quēfá	1131
缺憾	quēhàn	18167
缺货	quēhuò	39101
缺斤短两	quējīn-duǎnliǎng	42646
缺斤少两	quējīn-shǎoliǎng	45762
缺课	quēkè	42915
缺口	quēkǒu	7655
缺漏	quēlòu	52696
缺门	quēmén	54152
缺欠	quēqiàn	32613
缺勤	quēqín	48822
缺少	quēshǎo	2496
缺失	quēshī	13044
缺损	quēsǔn	23425
缺位	quēwèi	45475
缺席	quēxí	17349
缺陷	quēxiàn	4877
缺血	quēxiě	28878
缺心眼儿	quēxīnyǎnr	49939
缺一不可	quēyī-bùkě	19494
缺员	quēyuán	56205
缺阵	quēzhèn	36224
缺嘴	quēzuǐ	46052
阙如	quērú	43417
瘸	qué	11851
瘸腿	quétuǐ	32339
瘸子	quézi	32220
却	què	87
却步	quèbù	38508
却说	quèshuō	14084
却之不恭	quèzhī-bùgōng	49195
雀	què	14888
雀斑	quèbān	29972
雀跃	quèyuè	30627
确	què	2607
确保	quèbǎo	2021
确当	quèdàng	43161
确定	quèdìng	1084
确非	quèfēi	41931
确乎	quèhū	24508
确立	quèlì	2658
确切	quèqiè	8454
确认	quèrèn	4116
确实	quèshí	1242
确系	quèxì	36071
确信	quèxìn	12352
确凿	quèzáo	14100
确诊	quèzhěn	9439
确证	quèzhèng	30628
鹊巢鸠占	quècháo-jiūzhàn	56206
鹊起	quèqǐ	32745
鹊桥	quèqiáo	39728
逡巡	qūnxún	33620
裙带	qúndài	39937
裙带风	qúndàifēng	48707
裙带关系	qúndài guānxi	45763
裙裤	qúnkù	56207
裙子	qúnzi	8254
群	qún	761
群策群力	qúncè-qúnlì	21673
群岛	qúndǎo	17520
群雕	qúndiāo	39938
群芳	qúnfāng	28785
群峰	qúnfēng	27433
群婚	qúnhūn	48823
群集	qúnjí	38309
群居	qúnjū	35603
群聚	qúnjù	44169
群口相声	qúnkǒu xiàngsheng	55220
群龙无首	qúnlóng-wúshǒu	42916
群落	qúnluò	15736
群氓	qúnméng	55221
群魔乱舞	qúnmó-luànwǔ	53650
群殴	qún'ōu	51440
群起	qúnqǐ	30629
群情	qúnqíng	22710
群山	qúnshān	12661
群体	qúntǐ	2640
群像	qúnxiàng	31288
群星	qúnxīng	19519
群雄	qúnxióng	21871
群言堂	qúnyántáng	55222
群众	qúnzhòng	325
群众关系	qúnzhòng guānxì	47563

群众路线	qúnzhòng lùxiàn	9971
群众运动	qúnzhòng yùndòng	21872
群众组织	qúnzhòng zǔzhī	21962
然	rán	3471
然而	rán'ér	317
然后	ránhòu	560
然诺	ránnuò	53651
然则	ránzé	18796
燃	rán	7430
燃爆	ránbào	54675
燃点	rándiǎn	46360
燃放	ránfàng	16946
燃料	ránliào	4675
燃眉之急	ránméizhījí	17573
燃煤	ránméi	16122
燃气	ránqì	11625
燃气轮机	ránqìlúnjī	34712
燃烧	ránshāo	3895
燃烧弹	ránshāodàn	42647
燃烧瓶	ránshāopíng	56208
燃油	rányóu	13794
冉冉	rǎnrǎn	19138
染	rǎn	5276
染病	rǎnbìng	26999
染发	rǎnfà	43162
染发剂	rǎnfàjì	46361
染坊	rǎnfáng	37226
染缸	rǎngāng	45172
染料	rǎnliào	20712
染色	rǎnsè	19293
染色体	rǎnsètǐ	20973
染织	rǎnzhī	46053
染指	rǎnzhǐ	30630
嚷嚷	rāngrang	12869
瓤	ráng	27285
瓤子	rángzi	24845
攘夺	rǎngduó	48502
攘外	rǎngwài	33500
嚷	rǎng	5652
嚷叫	rǎngjiào	31289
让	ràng	67
让步	ràngbù	9725
让价	ràngjià	53153
让利	rànglì	18892
让路	rànglù	23693
让位	ràngwèi	21550
让贤	ràngxián	39102
让座	ràngzuò	21145
饶	ráo	9361
饶命	ráomìng	32872
饶人	ráorén	49196
饶舌	ráoshé	33261
饶恕	ráoshù	23138
饶有	ráoyǒu	23694
扰	rǎo	9112
扰动	rǎodòng	19880
扰乱	rǎoluàn	7255
扰民	rǎomín	19267
绕	rào	2735
绕场	ràochǎng	38697
绕道	ràodào	16693
绕口令	ràokǒulìng	44636
绕梁三日	ràoliáng-sānrì	54676
绕路	ràolù	47247
绕圈子	ràoquānzi	39103
绕弯儿	ràowānr	52269
绕弯子	ràowānzi	44408
绕行	ràoxíng	29453
绕远儿	ràoyuǎnr	51850
绕嘴	ràozuǐ	50659
惹	rě	3867
惹不起	rěbuqǐ	31400
惹火烧身	rěhuǒ-shāoshēn	52697
惹祸	rěhuò	26838
惹气	rěqì	50303
惹人	rěrén	16738
惹事	rěshì	32108
惹是非	rěshìfēi	42917
惹是生非	rěshì-shēngfēi	37227
惹眼	rěyǎn	29056
热	rè	696
热爱	rè'ài	2902
热病	rèbìng	33501
热播	rèbō	32109
热菜	rècài	37044
热肠	rècháng	41473
热潮	rècháo	6161
热炒	rèchǎo	38889
热忱	rèchén	14410
热诚	rèchéng	16804
热处理	rèchǔlǐ	28259
热带	rèdài	6832
热带风暴	rèdài fēngbào	31290
热带鱼	rèdàiyú	40164
热带雨林	rèdài yǔlín	20625
热岛效应	rèdǎo xiàoyìng	47248
热得快	rèdekuài	54153
热点	rèdiǎn	3163
热电厂	rèdiànchǎng	28017
热毒	rèdú	50660
热度	rèdù	20890
热风	rèfēng	24668
热敷	rèfū	48503
热狗	règǒu	46662
热烘烘	rèhōnghōng	23914
热乎乎	rèhūhū	20809
热乎	rèhu	26191
热火朝天	rèhuǒ-cháotiān	18567
热火	rèhuo	33774
热和	rèhuo	48504
热加工	rèjiāgōng	50304
热裤	rèkù	38907
热辣辣	rèlàlà	25622
热浪	rèlàng	17206
热泪	rèlèi	9351
热泪盈眶	rèlèi-yíngkuàng	16302
热力	rèlì	16739
热恋	rèliàn	23326
热量	rèliàng	7919
热烈	rèliè	1342
热流	rèliú	25052
热卖	rèmài	43163
热门	rèmén	9194
热门货	rèménhuò	49197
热闹	rènao	2898
热能	rènéng	13884
热气	rèqì	9831
热气球	rèqìqiú	33621
热钱	rèqián	14977
热切	rèqiè	10921
热情	rèqíng	923
热身	rèshēn	18797
热身赛	rèshēnsài	14039
热水	rèshuǐ	9533
热水袋	rèshuǐdài	46054
热水瓶	rèshuǐpíng	26343
热水器	rèshuǐqì	12765
热腾腾	rèténgténg	22711

热天	rètiān	23541
热土	rètǔ	14934
热望	rèwàng	25845
热舞	rèwǔ	28389
热线	rèxiàn	4867
热线电话	rèxiàn diànhuà	14684
热销	rèxiāo	20221
热效应	rèxiàoyìng	41691
热心	rèxīn	5188
热心肠	rèxīncháng	33897
热血	rèxuè	8698
热压	rèyā	45764
热议	rèyì	7748
热饮	rèyǐn	53154
热源	rèyuán	24459
热轧	rèzhá	28955
热战	rèzhàn	51441
热衷	rèzhōng	10211
人	rén	12
人才	réncái	683
人才辈出	réncái-bèichū	22150
人才济济	réncái-jǐjǐ	26924
人才市场	réncái shìchǎng	10599
人潮	réncháo	23327
人称	rénchēng	12965
人次	réncì	2921
人丛	réncóng	26500
人大	réndà	2163
人丹	réndān	52698
人道	réndào	8535
人道主义	réndào zhǔyì	6406
人地生疏	réndì-shēngshū	40805
人丁	réndīng	34436
人丁兴旺	réndīng-xīngwàng	45173
人定胜天	réndìngshèngtiān	46953
人多势众	rénduō-shìzhòng	39300
人多嘴杂	rénduō-zuǐzá	48163
人犯	rénfàn	23044
人贩子	rénfànzi	22658
人防工程	rénfáng gōngchéng	45765
人浮于事	rénfúyúshì	30737
人高马大	réngāo-mǎdà	33898
人格	réngé	2876
人格化	réngéhuà	34571
人各有志	réngèyǒuzhì	45174
人工	réngōng	2934
人工呼吸	réngōng hūxī	36552
人工湖	réngōnghú	33382
人工降雨	réngōng jiàngyǔ	35338
人工流产	réngōng liúchǎn	37228
人工授精	réngōng shòujīng	33125
人工智能	réngōng zhìnéng	25384
人海	rénhǎi	22764
人海战术	rénhǎi zhànshù	45476
人和	rénhé	23328
人欢马叫	rénhuān-mǎjiào	53155
人寰	rénhuán	31520
人祸	rénhuò	33775
人机对话	rén-jī duìhuà	48824
人际	rénjì	15674
人迹	rénjì	24130
人迹罕至	rénjì-hǎnzhì	29973
人家	rénjiā	3546
人家	rénjia	1828
人间	rénjiān	3765
人杰	rénjié	24568
人杰地灵	rénjié-dìlíng	35491
人尽其才	rénjìnqícái	19611
人精	rénjīng	48825
人均	rénjūn	2434
人口	rénkǒu	914
人困马乏	rénkùn-mǎfá	46663
人来疯	rénláifēng	53652
人来人往	rénlái-rénwǎng	25245
人老珠黄	rénlǎo-zhūhuáng	44170
人类	rénlèi	390
人力	rénlì	3113
人力车	rénlìchē	19733
人流	rénliú	9270
人伦	rénlún	25785
人马	rénmǎ	4859
人脉	rénmài	17878
人满为患	rénmǎn-wéihuàn	25556
人们	rénmen	112
人面兽心	rénmiàn-shòuxīn	46055
人民	rénmín	136
人民币	rénmínbì	2245
人民代表大会	rénmín dàibiǎo dàhuì	3964
人民法院	rénmín fǎyuàn	2765
人民公社	rénmín gōngshè	14040
人民检察院	rénmín jiǎncháyuàn	4965
人民团体	rénmín tuántǐ	11842
人民战争	rénmín zhànzhēng	19006
人民政府	rénmín zhèngfǔ	2492
人名	rénmíng	20673
人命	rénmìng	14481
人命关天	rénmìng-guāntiān	26344
人模狗样	rénmú-gǒuyàng	42648
人品	rénpǐn	13020
人气	rénqì	14793
人前人后	rénqián-rénhòu	44886
人墙	rénqiáng	37945
人情	rénqíng	6215
人情世故	rénqíng-shìgù	31521
人情味儿	rénqíngwèir	27434
人情债	rénqíngzhài	45767
人权	rénquán	2889
人群	rénqún	2121
人人	rénrén	2393
人瑞	rénruì	51442
人山人海	rénshān-rénhǎi	21963
人身	rénshēn	5201
人身保险	rénshēn bǎoxiǎn	30631
人身自由	rénshēn zìyóu	21873
人参	rénshēn	14468
人生	rénshēng	791
人生观	rénshēngguān	6338
人声鼎沸	rénshēng-dǐngfèi	23115
人士	rénshì	1649
人氏	rénshì	24669
人世	rénshì	10623
人世间	rénshìjiān	15790
人事	rénshì	2664
人手	rénshǒu	10782
人寿年丰	rénshòu-niánfēng	53653
人数	rénshù	1985
人所不齿	rēnsuǒbùchǐ	52270
人所共知	rénsuǒgòngzhī	28879
人梯	réntī	37045
人体	réntǐ	2957
人体炸弹	réntǐ zhàdàn	51851
人头	réntóu	9268
人头税	réntóushuì	50661
人望	rénwàng	34861
人微言轻	rénwēi-yánqīng	43923
人为	rénwéi	4602

人味儿	rénwèir	28956
人文	rénwén	3676
人文科学	rénwén kēxué	25314
人物	rénwù	455
人像	rénxiàng	17479
人心	rénxīn	2899
人心不古	rénxīn-bùgǔ	40806
人心惶惶	rénxīn-huánghuáng	27435
人心所向	rénxīn-suǒxiàng	24131
人心向背	rénxīn-xiàngbèi	23915
人行道	rénxíngdào	13885
人行横道	rénxíng héngdào	30632
人性	rénxìng	5364
人选	rénxuǎn	5649
人烟	rényān	28689
人烟稀少	rényān-xīshǎo	33576
人言可畏	rényán-kěwèi	46664
人仰马翻	rényǎng-mǎfān	35339
人样儿	rényàngr	23973
人妖	rényāo	40807
人意	rényì	22712
人影儿	rényǐngr	8704
人鱼	rényú	43164
人欲	rényù	30858
人员	rényuán	439
人缘儿	rényuánr	18700
人云亦云	rényún-yìyún	28347
人赃俱获	rénzāng-jùhuò	45477
人造	rénzào	10529
人造革	rénzàogé	28786
人造棉	rénzàomián	55223
人造丝	rénzàosī	45768
人造卫星	rénzào wèixīng	19645
人造纤维	rénzào xiānwéi	44887
人渣	rénzhā	44171
人证	rénzhèng	36884
人之常情	rénzhīchángqíng	26633
人质	rénzhì	7717
人治	rénzhì	16123
人中	rénzhōng	16272
人种	rénzhǒng	25786
壬	rén	22013
仁	rén	5639
仁儿	rénr	43418
仁爱	rén'ài	26129
仁慈	réncí	21009
仁厚	rénhòu	37763
仁人君子	rénrén-jūnzǐ	53654
仁人志士	rénrén-zhìshì	27203
仁兄	rénxiōng	31637
仁义	rényi	14991
仁义道德	rényì-dàodé	41247
仁义之师	rényìzhīshī	47564
仁政	rénzhèng	36885
仁至义尽	rénzhì-yìjìn	38890
任	Rén	5244
忍	rěn	3897
忍冬	rěndōng	49198
忍饥挨饿	rěnjī-ái'è	45175
忍俊不禁	rěnjùn-bùjīn	28111
忍耐	rěnnài	8205
忍气吞声	rěnqì-tūnshēng	26000
忍让	rěnràng	30738
忍辱	rěnrǔ	23751
忍辱负重	rěnrǔ-fùzhòng	28517
忍受	rěnshòu	5898
忍痛	rěntòng	20109
忍无可忍	rěnwúkěrěn	18893
忍心	rěnxīn	10632
荏苒	rěnrǎn	36553
稔熟	rěnshú	48826
刃	rèn	13193
刃口	rènkǒu	52271
认	rèn	2737
认床	rènchuáng	49726
认得	rènde	9076
认错	rèncuò	16900
认定	rèndìng	3031
认罚	rènfá	40165
认负	rènfù	46056
认购	rèngòu	16363
认股	rèngǔ	43743
认脚	rènjiǎo	46728
认捐	rènjuān	43652
认可	rènkě	4372
认领	rènlǐng	29539
认命	rènmìng	29057
认亲	rènqīn	38891
认生	rènshēng	47249
认识	rènshi	202
认输	rènshū	21010
认死理	rènsǐlǐ	49199
认同	rèntóng	5894
认同感	rèntónggǎn	22840
认头	rèntóu	51852
认为	rènwéi	138
认养	rènyǎng	46665
认贼作父	rènzéizuòfù	54154
认账	rènzhàng	31291
认真	rènzhēn	469
认证	rènzhèng	3600
认知	rènzhī	8129
认准	rènzhǔn	20583
认罪	rènzuì	16625
仞	rèn	30399
任	rèn	1351
任便	rènbiàn	41932
任从	rèncóng	48164
任何	rènhé	312
任教	rènjiào	10624
任课	rènkè	29058
任劳任怨	rènláo-rènyuàn	22988
任免	rènmiǎn	8450
任命	rènmìng	3888
任凭	rènpíng	13252
任期	rènqī	6005
任其自然	rènqízìrán	42918
任人摆布	rènrén-bǎibù	49571
任人唯亲	rènrén-wéiqīn	32340
任人唯贤	rènrén-wéixián	27286
任人宰割	rènrén-zǎigē	34147
任随	rènsuí	51051
任务	rènwu	507
任性	rènxìng	15393
任选	rènxuǎn	40166
任意	rènyì	7545
任用	rènyòng	4649
任由	rènyóu	26130
任职	rènzhí	5782
任重道远	rènzhòng-dàoyuǎn	11858
韧带	rèndài	29540
韧度	rèndù	55691
韧劲	rènjìn	27773
韧性	rènxìng	20070
妊娠	rènshēn	20222
扔	rēng	3205
扔弃	rēngqì	48827

仍	réng	260
仍旧	réngjiù	5831
仍然	réngrán	523
日	rì	131
日班	rìbān	48165
日报	rìbào	3301
日本	Rìběn	173
日薄西山	rìbóxīshān	47565
日产	rìchǎn	12284
日常	rìcháng	3050
日场	rìchǎng	52272
日程	rìchéng	8497
日程表	rìchéngbiǎo	33126
日出	rìchū	9673
日戳	rìchuō	56209
日耳曼人	rì'ěrmànrén	44172
日工	rìgōng	50662
日光	rìguāng	11573
日光灯	rìguāngdēng	29354
日光浴	rìguāngyù	45176
日后	rìhòu	6516
日积月累	rìjī-yuèlěi	28260
日记	rìjì	5203
日记本	rìjìběn	22797
日记账	rìjìzhàng	52273
日间	rìjiān	24330
日见	rìjiàn	22014
日渐	rìjiàn	7204
日久天长	rìjiǔ-tiāncháng	37394
日均	rìjūn	15059
日理万机	rìlǐ-wànjī	35924
日历	rìlì	19881
日落	rìluò	19232
日暮途穷	rìmù-túqióng	48166
日内	rìnèi	22256
日偏食	rìpiānshí	49572
日期	rìqī	1674
日前	rìqián	1929
日趋	rìqū	4910
日全食	rìquánshí	26634
日日夜夜	rìrì-yèyè	14875
日晒	rìshài	37229
日晒雨淋	rìshài-yǔlín	42391
日上三竿	rìshàngsāngān	47250
日甚一日	rìshènyīrì	38509
日食	rìshí	23588
日头	rìtou	16462
日托	rìtuō	46057
日文	Rìwén	19586
日夕	rìxī	19804
日新月异	rìxīn-yuèyì	8509
日薪	rìxīn	56587
日夜	rìyè	6586
日以继夜	rìyǐjìyè	38310
日益	rìyì	1767
日用	rìyòng	15275
日用品	rìyòngpǐn	18740
日语	Rìyǔ	15894
日元	rìyuán	6181
日月	rìyuè	10437
日月如梭	rìyuèrúsuō	49200
日晕	rìyùn	55224
日杂	rìzá	45478
日照	rìzhào	17032
日臻	rìzhēn	24021
日臻完美	rìzhēnwánměi	55225
日志	rìzhì	31070
日子	rìzi	890
戎	róng	20810
戎机	róngjī	42919
戎马	róngmǎ	35177
戎马倥偬	róngmǎ-kǒngzǒng	42392
戎装	róngzhuāng	27774
茸毛	róngmáo	38892
茸茸	róngróng	37046
荣	róng	5527
荣登	róngdēng	31638
荣光	róngguāng	35340
荣归	róngguī	49573
荣归故里	róngguī-gùlǐ	42416
荣华	rónghuá	30197
荣华富贵	rónghuá-fùguì	34065
荣获	rónghuò	5254
荣枯	róngkū	43924
荣立	rónglì	11930
荣任	róngrèn	52274
荣辱	róngrǔ	21510
荣辱与共	róngrǔ-yǔgòng	24715
荣升	róngshēng	43655
荣退	róngtuì	50305
荣幸	róngxìng	12586
荣耀	róngyào	14411
荣膺	róngyīng	28112
荣誉	róngyù	3192
荣誉感	róngyùgǎn	25623
荣誉军人	róngyù jūnrén	48828
绒	róng	10705
绒布	róngbù	31071
绒花	rónghuā	37591
绒毛	róngmáo	18259
绒线	róngxiàn	23190
绒衣	róngyī	39729
容	róng	3855
容错	róngcuò	38386
容光	róngguāng	51052
容光焕发	róngguāng-huànfā	31072
容积	róngjī	19139
容量	róngliàng	5614
容留	róngliú	35342
容貌	róngmào	14521
容纳	róngnà	8337
容器	róngqì	11389
容情	róngqíng	37764
容人	róngrén	38510
容忍	róngrěn	8074
容身	róngshēn	40808
容许	róngxǔ	13684
容颜	róngyán	22257
容易	róngyì	547
容姿	róngzī	48722
溶	róng	10353
溶洞	róngdòng	24261
溶合	rónghé	39939
溶化	rónghuà	20357
溶剂	róngjì	18046
溶解	róngjiě	9812
溶溶	róngróng	44637
溶蚀	róngshí	54155
溶血	róngxuè	40809
溶液	róngyè	7219
榕树	róngshù	20391
熔	róng	16381
熔点	róngdiǎn	26345
熔断	róngduàn	54677
熔化	rónghuà	20316
熔炼	róngliàn	38893
熔炉	rónglú	21440
熔融	róngróng	34437

熔岩	róngyán	31292
熔铸	róngzhù	24846
蝾螈	róngyuán	52275
融	róng	5726
融合	rónghé	4428
融和	rónghé	35178
融化	rónghuà	11722
融汇	rónghuì	20847
融会	rónghuì	28348
融会贯通	rónghuì-guàntōng	24916
融解	róngjiě	40167
融媒体	róngméitǐ	51015
融洽	róngqià	11000
融融	róngróng	19327
融通	róngtōng	23542
融为一体	róngwéi-yītǐ	11969
融资	róngzī	4744
冗长	rǒngcháng	24331
冗官	rǒngguān	48806
冗员	rǒngyuán	28261
冗杂	rǒngzá	55226
柔	róu	9795
柔肠	róucháng	41474
柔肠寸断	róucháng-cùnduàn	50306
柔道	róudào	15087
柔和	róuhé	9154
柔滑	róuhuá	44638
柔美	róuměi	24917
柔媚	róumèi	27143
柔嫩	róunèn	33262
柔情	róuqíng	14172
柔韧	róurèn	29158
柔软	róuruǎn	8608
柔润	róurùn	43419
柔弱	róuruò	17304
柔顺	róushùn	26421
柔婉	róuwǎn	48506
柔细	róuxì	50307
柔姿纱	róuzīshā	56210
揉	róu	6435
揉搓	róucuo	26346
糅合	róuhé	35492
蹂躏	róulìn	14714
肉	ròu	1520
肉案	ròu'àn	51053
肉饼	ròubǐng	37395
肉搏	ròubó	36554
肉弹	ròudàn	52769
肉丁	ròudīng	53156
肉脯	ròufǔ	52276
肉感	ròugǎn	36225
肉鸽	ròugē	53655
肉桂	ròuguì	45177
肉红	ròuhóng	48507
肉乎乎	ròuhūhū	48508
肉鸡	ròujī	21875
肉酱	ròujiàng	43420
肉类	ròulèi	12800
肉瘤	ròuliú	37396
肉麻	ròumá	24195
肉末儿	ròumòr	52699
肉泥	ròuní	45179
肉牛	ròuniú	18820
肉片儿	ròupiànr	33622
肉票	ròupiào	36226
肉铺	ròupù	40168
肉禽	ròuqín	43421
肉色	ròusè	38511
肉身	ròushēn	30400
肉食	ròushí	22258
肉松	ròusōng	49201
肉体	ròutǐ	7751
肉头	ròutou	53157
肉丸	ròuwán	53656
肉馅儿	ròuxiànr	42393
肉刑	ròuxíng	49940
肉眼	ròuyǎn	17700
肉欲	ròuyù	32110
肉汁	ròuzhī	50308
肉制品	ròuzhìpǐn	26501
肉质	ròuzhì	30633
肉中刺	ròuzhōngcì	45180
肉猪	ròuzhū	37047
肉孜节	Ròuzī Jié	54156
如	rú	104
如常	rúcháng	21964
如痴如醉	rúchī-rúzuì	24646
如出一辙	rúchūyīzhé	25440
如初	rúchū	22522
如此	rúcǐ	406
如此而已	rúcǐ-éryǐ	29865
如此说来	rúcǐ-shuōlái	33899
如次	rúcì	53657
如法炮制	rúfǎ-páozhì	36886
如隔三秋	rúgésānqiū	54157
如故	rúgù	16718
如果	rúguǒ	121
如果说	rúguǒshuō	5642
如何	rúhé	226
如虎添翼	rúhǔtiānyì	30516
如花似锦	rúhuā-sìjǐn	55227
如花似玉	rúhuā-sìyù	31073
如火如荼	rúhuǒ-rútú	17001
如获至宝	rúhuòzhìbǎo	30859
如饥似渴	rújī-sìkě	27287
如箭在弦	rújiànzàixián	49202
如胶似漆	rújiāo-sìqī	43925
如今	rújīn	578
如旧	rújiù	23139
如来	rúlái	40361
如狼似虎	rúláng-sìhǔ	41040
如雷贯耳	rúléiguàn'ěr	37765
如临大敌	rúlíndàdí	34029
如临深渊	rúlínshēnyuān	44173
如履薄冰	rúlǚbóbīng	29654
如履平地	rúlǚpíngdì	51054
如芒在背	rúmángzàibèi	54158
如梦初醒	rúmèngchūxǐng	34030
如鸟兽散	rúniǎoshòusàn	54678
如牛负重	rúniúfùzhòng	56588
如期	rúqī	7609
如其	rúqí	29655
如泣如诉	rúqì-rúsù	32873
如前所述	rúqiánsuǒshù	26502
如日中天	rúrìzhōngtiān	34572
如若	rúruò	18530
如丧考妣	rúsàngkǎobǐ	46666
如上	rúshàng	37048
如实	rúshí	8397
如释重负	rúshìzhòngfù	23974
如数家珍	rúshǔjiāzhēn	21282
如数	rúshù	19734
如同	rútóng	2608
如下	rúxià	3332
如许	rúxǔ	31978
如一	rúyī	7209
如意	rúyì	8830
如意算盘	rúyì-suànpán	34713

如影随形	rúyǐngsuíxíng	37592
如鱼得水	rúyúdéshuǐ	27855
如愿	rúyuàn	13733
如愿以偿	rúyuànyǐcháng	16783
如约	rúyuē	21674
如醉如痴	rúzuì-rúchī	32111
如坐针毡	rúzuòzhēnzhān	38698
茹	rú	40249
茹苦含辛	rúkǔ-hánxīn	52277
茹毛饮血	rúmáo-yǐnxuè	44409
儒家	Rújiā	8575
儒将	rújiàng	41933
儒教	Rújiào	26131
儒林	rúlín	37049
儒商	rúshāng	48167
儒生	rúshēng	31866
儒释道	rú-shì-dào	51443
儒术	rúshù	40169
儒学	rúxué	15775
儒雅	rúyǎ	22936
儒者	rúzhě	30517
嚅动	rúdòng	49203
濡染	rúrǎn	49204
濡湿	rúshī	42154
孺子	rúzǐ	38699
孺子可教	rúzǐ-kějiào	55228
孺子牛	rúzǐniú	37397
蠕虫	rúchóng	20891
蠕动	rúdòng	14344
蠕蠕	rúrú	40170
汝	rǔ	6797
乳	rǔ	7603
乳白	rǔbái	34573
乳齿	rǔchǐ	54679
乳儿	rǔ'ér	53158
乳房	rǔfáng	11472
乳化	rǔhuà	28518
乳黄色	rǔhuángsè	53159
乳剂	rǔjì	50663
乳胶	rǔjiāo	40362
乳胶漆	rǔjiāoqī	47870
乳酪	rǔlào	47251
乳名	rǔmíng	32341
乳母	rǔmǔ	27600
乳牛	rǔniú	38894
乳品	rǔpǐn	19882
乳酸	rǔsuān	35343
乳糖	rǔtáng	35179
乳头	rǔtóu	20584
乳腺	rǔxiàn	31756
乳臭	rǔxiù	51055
乳臭未干	rǔxiù-wèigān	49574
乳牙	rǔyá	48509
乳燕	rǔyàn	51853
乳罩	rǔzhào	32342
乳汁	rǔzhī	19060
乳制品	rǔzhìpǐn	25246
乳猪	rǔzhū	46058
辱骂	rǔmà	18926
辱命	rǔmìng	54680
辱没	rǔmò	36555
入	rù	394
入保	rùbǎo	45181
入不敷出	rùbùfūchū	29266
入仓	rùcāng	49941
入场	rùchǎng	17701
入场券	rùchǎngquàn	12988
入场式	rùchǎngshì	48168
入超	rùchāo	51056
入党	rùdǎng	4863
入档	rùdàng	49942
入道	rùdào	27204
入定	rùdìng	40810
入队	rùduì	31639
入耳	rù'ěr	22587
入伏	rùfú	47871
入港	rùgǎng	43926
入阁	rùgé	25247
入彀	rùgòu	45182
入股	rùgǔ	10615
入骨	rùgǔ	39104
入关	rùguān	14329
入海口	rùhǎikǒu	26839
入户	rùhù	8114
入画	rùhuà	32614
入伙	rùhuǒ	36227
入籍	rùjí	45479
入境	rùjìng	7357
入镜	rùjìng	53658
入口	rùkǒu	12140
入寇	rùkòu	22356
入库	rùkù	10323
入殓	rùliàn	34714
入列	rùliè	52278
入流	rùliú	38512
入门	rùmén	19836
入梦	rùmèng	29454
入迷	rùmí	27205
入魔	rùmó	35022
入木三分	rùmù-sānfēn	32482
入侵	rùqīn	7566
入情入理	rùqíng-rùlǐ	30634
入神	rùshén	30860
入时	rùshí	31979
入世	rùshì	5712
入室	rùshì	17160
入手	rùshǒu	4799
入睡	rùshuì	11503
入土	rùtǔ	29866
入土为安	rùtǔwéi'ān	30811
入团	rùtuán	25938
入托	rùtuō	27000
入网	rùwǎng	17574
入微	rùwēi	21393
入围	rùwéi	16719
入味儿	rùwèir	54681
入伍	rùwǔ	9179
入席	rùxí	27601
入戏	rùxì	41934
入乡随俗	rùxiāng-suísú	35344
入邪	rùxié	50664
入选	rùxuǎn	8392
入学	rùxué	6024
入汛	rùxùn	44639
入眼	rùyǎn	37398
入药	rùyào	38135
入夜	rùyè	18228
入狱	rùyù	16694
入院	rùyuàn	19612
入账	rùzhàng	20930
入主	rùzhǔ	21048
入住	rùzhù	13217
入驻	rùzhù	7158
入赘	rùzhuì	46954
入座	rùzuò	21184
溽热	rùrè	52279
溽暑	rùshǔ	48169
褥疮	rùchuāng	41248

褥单	rùdān	48510
褥套	rùtào	50665
褥子	rùzi	25123
软	ruǎn	2596
软包装	ruǎnbāozhuāng	47566
软尺	ruǎnchǐ	56746
软蛋	ruǎndàn	47252
软刀子	ruǎndāozi	46362
软钉子	ruǎndīngzi	48170
软缎	ruǎnduàn	42155
软膏	ruǎngāo	45183
软骨	ruǎngǔ	23809
软骨病	ruǎngǔbìng	52280
软骨头	ruǎngǔtou	48171
软管	ruǎnguǎn	41475
软乎乎	ruǎnhūhū	46955
软化	ruǎnhuà	20548
软话	ruǎnhuà	46956
软和	ruǎnhuo	39730
软件	ruǎnjiàn	1949
软件包	ruǎnjiànbāo	42156
软禁	ruǎnjìn	26347
软科学	ruǎnkēxué	29355
软绵绵	ruǎnmiánmián	23487
软磨硬泡	ruǎnmó-yìngpào	51057
软木	ruǎnmù	33623
软木塞	ruǎnmùsāi	39940
软盘	ruǎnpán	29059
软片	ruǎnpiàn	54682
软驱	ruǎnqū	49205
软弱	ruǎnruò	9253
软实力	ruǎnshílì	14626
软水	ruǎnshuǐ	56589
软糖	ruǎntáng	49943
软梯	ruǎntī	49944
软体	ruǎntǐ	37399
软卧	ruǎnwò	34715
软席	ruǎnxí	47872
软椅	ruǎnyǐ	41041
软饮料	ruǎnyǐnliào	49945
软硬不吃	ruǎnyìng-bùchī	47873
软硬兼施	ruǎnyìng-jiānshī	33263
软指标	ruǎnzhǐbiāo	47253
软着陆	ruǎnzhuólù	25053
软组织	ruǎnzǔzhī	35023
软座	ruǎnzuò	52281
锐不可当	ruìbùkědāng	37946
锐减	ruìjiǎn	16048
锐角	ruìjiǎo	39105
锐利	ruìlì	15372
锐气	ruìqì	13242
锐眼	ruìyǎn	54159
锐意	ruìyì	15776
锐意进取	ruìyì-jìnqǔ	18821
瑞雪	ruìxuě	23861
睿智	ruìzhì	18481
闰	rùn	24075
闰年	rùnnián	47254
闰月	rùnyuè	48172
润	rùn	4820
润笔	rùnbǐ	47567
润滑	rùnhuá	27288
润滑剂	rùnhuájì	34438
润滑油	rùnhuáyóu	21096
润色	rùnsè	32483
润湿	rùnshī	27775
润饰	rùnshì	51444
润泽	rùnzé	27933
若	ruò	946
若非	ruòfēi	19328
若干	ruògān	2218
若何	ruòhé	31867
若即若离	ruòjí-ruòlí	35180
若明若暗	ruòmíng-ruò'àn	42920
若是	ruòshì	4315
若无其事	ruòwúqíshì	17854
若隐若现	ruòyǐn-ruòxiàn	28349
若有所失	ruòyǒusuǒshī	38136
若有所思	ruòyǒusuǒsī	20071
偌大	ruòdà	13748
弱	ruò	2421
弱不禁风	ruòbùjīnfēng	33900
弱不胜衣	ruòbùshèngyī	55229
弱点	ruòdiǎn	8075
弱化	ruòhuà	15751
弱肉强食	ruòròu-qiángshí	38895
弱势	ruòshì	4604
弱视	ruòshì	27677
弱项	ruòxiàng	28957
弱小	ruòxiǎo	17286
弱者	ruòzhě	12917
弱智	ruòzhì	25315
箬笠	ruòlì	53659
仨	sā	18169
撒	sā	2468
撒旦	sādàn	45769
撒欢儿	sāhuānr	50666
撒谎	sāhuǎng	12700
撒娇	sājiāo	16981
撒酒疯	sājiǔfēng	54160
撒拉族	Sālāzú	43656
撒赖	sālài	48829
撒尿	sāniào	20931
撒泼	sāpō	41935
撒气	sāqì	44174
撒手	sāshǒu	17911
撒手锏	sāshǒujiǎn	48511
撒腿	sātuǐ	28787
撒网	sāwǎng	36381
撒野	sāyě	31868
洒	sǎ	5693
洒泪	sǎlèi	38700
洒落	sǎluò	29356
洒扫	sǎsǎo	42394
洒水车	sǎshuǐchē	44410
洒脱	sǎtuō	15060
撒	sǎ	12319
撒播	sǎbō	40811
撒落	sǎluò	40363
撒种	sǎzhǒng	49946
卅	sà	34031
飒飒	sàsà	31522
飒爽	sàshuǎng	49947
腮	sāi	9342
腮帮子	sāibāngzi	25248
腮腺	sāixiàn	47568
腮腺炎	sāixiànyán	48173
塞	sāi	2471
塞车	sāichē	31869
塞牙	sāiyá	54161
塞子	sāizi	37766
鳃	sāi	21511
塞北	Sàiběi	30861
塞上	sàishàng	31980
塞外	Sàiwài	16626
塞翁失马	sàiwēng-shīmǎ	47569
赛	sài	2577
赛场	sàichǎng	5307

赛车 sàichē 12549
赛程 sàichéng 16049
赛船 sàichuán 53160
赛点 sàidiǎn 46957
赛会 sàihuì 23191
赛季 sàijì 6374
赛况 sàikuàng 32721
赛璐珞 sàilùluò 53161
赛马 sàimǎ 16401
赛跑 sàipǎo 20435
赛期 sàiqī 50309
赛球 sàiqiú 47874
赛区 sàiqū 9864
赛事 sàishì 4098
赛艇 sàitǐng 17702
赛制 sàizhì 35181
三 sān 38
三八妇女节 Sān-Bā Fùnǚ Jié 54162
三八式 sānbāshì 51854
三百六十行 sānbǎi liùshí háng 41476
三班倒 sānbāndǎo 38311
三包 sānbāo 15506
三宝 sānbǎo 24847
三北 Sān Běi 12474
三不管 sānbùguǎn 37767
三部曲 sānbùqǔ 20626
三餐 sāncān 20932
三叉戟 sānchājǐ 47875
三岔路口 sānchà lùkǒu 45770
三产 sānchǎn 19671
三长两短 sāncháng-liǎngduǎn 28350
三重唱 sānchóngchàng 55692
三重奏 sānchóngzòu 45184
三点式 sāndiǎnshì 43657
三番两次 sānfān-liǎngcì 50310
三番五次 sānfān-wǔcì 27363
三废 sānfèi 28690
三伏 sānfú 37230
三伏天 sānfútiān 35925
三副 sānfù 44640
三个代表 sāngè dàibiǎo 3973
三更 sāngēng 13886
三更半夜 sāngēng-bànyè 39731
三姑六婆 sāngū-liùpó 54683
三顾茅庐 sāngù-máolú 42649
三国 sānguó 6968
三好生 sānhǎoshēng 43165
三合板 sānhébǎn 47255
三合土 sānhétǔ 48174
三花脸 sānhuāliǎn 54163
三皇五帝 sānhuáng-wǔdì 43166
三级片 sānjípiàn 48793
三级跳远 sānjí tiàoyuǎn 35772
三缄其口 sānjiān-qíkǒu 46363
三角 sānjiǎo 6290
三角板 sānjiǎobǎn 51058
三角裤 sānjiǎokù 41249
三角恋爱 sānjiǎo liàn'ài 39528
三角铁 sānjiǎotiě 55230
三角形 sānjiǎoxíng 9610
三角债 sānjiǎozhài 32746
三角洲 sānjiǎozhōu 11951
三脚架 sānjiǎojià 47876
三教九流 sānjiào-jiǔliú 31401
三节 sānjié 38896
三九 sānjiǔ 16273
三九天 sānjiǔtiān 48512
三军 sānjūn 24990
三棱镜 sānléngjìng 54684
三联单 sānliándān 55693
三令五申 sānlìng-wǔshēn 22713
三六九等 sānliùjiǔděng 43659
三轮儿 sānlúnr 33383
三轮车 sānlúnchē 11024
三民主义 sānmín zhǔyì 26068
三明治 sānmíngzhì 40364
三农 sānnóng 5058
三陪 sānpéi 38897
三七 sānqī 29060
三亲六故 sānqīn-liùgù 55694
三秋 sānqiū 39941
三三两两 sānsānliǎngliǎng 19613
三生有幸 sānshēng-yǒuxìng 42650
三思 sānsī 18090
三思而行 sānsī'érxíng 42395
三天两头 sāntiān-liǎngtóu 22465
三通 sāntōng 6857
三头六臂 sāntóu-liùbì 34862
三围 sānwéi 48513
三维 sānwéi 13824
三维打印 sānwéi dǎyìn 19797
三维空间 sānwéi kōngjiān 42396
三位一体 sānwèi-yītǐ 14497
三五成群 sānwǔ-chéngqún 24784
三下五除二 sān xià wǔ chú èr 34864
三夏 sānxià 26503
三鲜 sānxiān 41477
三弦 sānxián 27516
三线 sānxiàn 26267
三相 sānxiàng 36556
三心二意 sānxīn-èryì 31640
三言两语 sānyán-liǎngyǔ 22357
三原色 sānyuánsè 50667
三月三 sānyuèsān 31184
三灾八难 sānzāi-bānàn 55695
三只手 sānzhīshǒu 45480
三资企业 sānzī qǐyè 21186
三字经 sānzìjīng 26422
三足鼎立 sānzú-dǐnglì 31870
叁 sān 18978
伞 sǎn 6281
伞兵 sǎnbīng 34290
伞骨 sǎngǔ 55231
散 sǎn 3033
散板 sǎnbǎn 51445
散兵游勇 sǎnbīng-yóuyǒng 38137
散打 sǎndǎ 9972
散放 sǎnfàng 35773
散工 sǎngōng 52700
散光 sǎnguāng 43660
散户 sǎnhù 6545
散记 sǎnjì 27776
散剂 sǎnjì 56211
散架 sǎnjià 39529
散见 sǎnjiàn 35926
散件 sǎnjiàn 33384
散居 sǎnjū 27144
散客 sǎnkè 19809
散乱 sǎnluàn 16740
散漫 sǎnmàn 21817
散曲 sǎnqǔ 49948
散射 sǎnshè 17181
散文 sǎnwén 4030
散文诗 sǎnwénshī 30635
散养 sǎnyǎng 38138
散置 sǎnzhì 53660
散装 sǎnzhuāng 17081

散座	sǎnzuò	43661
馓子	sǎnzi	52701
散	sàn	2027
散播	sànbō	37768
散布	sànbù	9750
散步	sànbù	7666
散场	sànchǎng	24670
散发	sànfā	5494
散工	sàngōng	52702
散会	sànhuì	16522
散伙	sànhuǒ	27436
散落	sànluò	14696
散闷	sànmèn	49949
散热器	sànrèqì	42651
散失	sànshī	28113
散摊子	sàntānzi	55232
散亡	sànwáng	47877
散席	sànxí	39106
散戏	sànxì	45185
散心	sànxīn	34439
散学	sànxué	49575
散佚	sànyì	36887
丧服	sāngfú	39107
丧家	sāngjiā	30198
丧假	sāngjià	55233
丧礼	sānglǐ	27206
丧乱	sāngluàn	42397
丧事	sāngshì	12997
丧葬	sāngzàng	22259
丧钟	sāngzhōng	39530
桑	sāng	7185
桑蚕	sāngcán	30401
桑拿	sāngná	19805
桑拿浴	sāngnáyù	51855
桑葚	sāngshèn	40813
桑田	sāngtián	38898
桑叶	sāngyè	21592
桑园	sāngyuán	30402
桑梓	sāngzǐ	34148
搡	sǎng	21876
嗓	sǎng	22260
嗓门儿	sǎngménr	21192
嗓音	sǎngyīn	12701
嗓子	sǎngzi	5796
嗓子眼儿	sǎngziyǎnr	21227
丧胆	sàngdǎn	30518

丧魂落魄	sànghún-luòpò	45771
丧家犬	sàngjiāquǎn	52703
丧家之犬	sàngjiāzhīquǎn	41250
丧尽天良	sàngjìn-tiānliáng	39108
丧门星	sàngménxīng	50311
丧命	sàngmìng	29867
丧偶	sàng'ǒu	36382
丧气	sàngqì	17521
丧气	sàngqi	22151
丧权辱国	sàngquán-rǔguó	35774
丧身	sàngshēn	46364
丧生	sàngshēng	10985
丧失	sàngshī	3878
丧亡	sàngwáng	43167
丧心病狂	sàngxīn-bìngkuáng	34291
丧志	sàngzhì	50668
搔	sāo	14432
搔首弄姿	sāoshǒu-nòngzī	42652
搔头	sāotóu	34440
搔痒	sāoyǎng	36383
骚	sāo	15256
骚动	sāodòng	14345
骚货	sāohuò	38513
骚乱	sāoluàn	16150
骚扰	sāorǎo	11116
缫	sāo	25493
缫丝	sāosī	27934
臊	sāo	17829
臊气	sāoqi	50669
扫	sǎo	4242
扫除	sǎochú	10639
扫荡	sǎodàng	11805
扫地	sǎodì	15485
扫地出门	sǎodì-chūmén	37947
扫毒	sǎodú	32343
扫黄	sǎohuáng	17137
扫黄打非	sǎohuáng-dǎfēi	17305
扫雷	sǎoléi	22714
扫盲	sǎománg	17138
扫描	sǎomiáo	9297
扫描仪	sǎomiáoyí	26925
扫墓	sǎomù	25316
扫平	sǎopíng	41692
扫清	sǎoqīng	21725
扫射	sǎoshè	19294
扫视	sǎoshì	22153

扫尾	sǎowěi	39531
扫兴	sǎoxìng	16501
嫂	sǎo	4879
嫂夫人	sǎofūren	40365
嫂嫂	sǎosao	12751
嫂子	sǎozi	5682
扫帚	sàozhou	15876
扫帚星	sàozhouxīng	48514
瘙痒	sàoyǎng	40814
臊	sào	48984
臊子	sàozi	48830
色	sè	1695
色笔	sèbǐ	47878
色彩	sècǎi	2171
色差	sèchā	43662
色带	sèdài	50312
色胆	sèdǎn	46667
色调	sèdiào	15009
色度	sèdù	46958
色光	sèguāng	30081
色鬼	sèguǐ	37231
色拉	sèlā	46959
色拉油	sèlāyóu	43927
色狼	sèláng	44888
色厉内荏	sèlì-nèirěn	50670
色盲	sèmáng	37593
色眯眯	sèmīmī	39942
色魔	sèmó	53162
色谱	sèpǔ	23140
色情	sèqíng	7012
色情狂	sèqíngkuáng	49576
色素	sèsù	18439
色相	sèxiàng	30403
色欲	sèyù	45772
色泽	sèzé	14973
涩	sè	12109
瑟瑟	sèsè	18822
瑟缩	sèsuō	37050
塞责	sèzé	27289
森林	sēnlín	1641
森然	sēnrán	37949
森森	sēnsēn	28880
森严	sēnyán	16124
僧	sēng	9362
僧多粥少	sēngduō-zhōushǎo	40171

僧侣	sēnglǚ	17830
僧帽	sēngmào	52704
僧尼	sēngní	32221
僧人	sēngrén	17964
僧俗	sēngsú	39301
僧徒	sēngtú	40586
杀	shā	1219
杀虫剂	shāchóngjì	23382
杀跌	shādiē	10630
杀毒	shādú	16577
杀伐	shāfá	46365
杀富济贫	shāfù-jìpín	51446
杀害	shāhài	7630
杀机	shājī	29455
杀鸡取卵	shājī-qǔluǎn	43663
杀鸡吓猴	shājī-xiàhóu	55696
杀价	shājià	45481
杀戒	shājiè	45482
杀菌	shājūn	17749
杀戮	shālù	17883
杀掠	shālüè	42921
杀气	shāqì	25317
杀气腾腾	shāqì-téngténg	35927
杀青	shāqīng	50313
杀人不见血	shā rén bù jiàn xiě	47570
杀人不眨眼	shā rén bù zhǎ yǎn	39109
杀人灭口	shārén-mièkǒu	46668
杀人如麻	shārén-rúmá	48831
杀人越货	shārén-yuèhuò	43168
杀伤	shāshāng	16303
杀伤力	shāshānglì	26706
杀身成仁	shāshēn-chéngrén	42398
杀身之祸	shāshēnzhīhuò	37594
杀生	shāshēng	35775
杀手	shāshǒu	13454
杀手锏	shāshǒujiǎn	27001
杀熟	shāshú	55234
杀头	shātóu	22841
杀一儆百	shāyī-jǐngbǎi	45773
杉篙	shāgāo	56212
杉木	shāmù	19806
沙	shā	3024
沙包	shābāo	33264
沙暴	shābào	30862
沙场	shāchǎng	23045
沙尘	shāchén	12823
沙尘暴	shāchénbào	8956
沙袋	shādài	31293
沙雕	shādiāo	31641
沙丁鱼	shādīngyú	40587
沙俄	Shā'é	26192
沙发	shāfā	4343
沙发床	shāfāchuáng	48832
沙发椅	shāfāyǐ	29541
沙果	shāguǒ	51856
沙害	shāhài	49206
沙化	shāhuà	8544
沙荒	shāhuāng	44889
沙皇	shāhuáng	18701
沙棘	shājí	22358
沙金	shājīn	53163
沙坑	shākēng	37400
沙里淘金	shālǐ-táojīn	51059
沙砾	shālì	36072
沙柳	shāliǔ	36228
沙龙	shālóng	5125
沙门	shāmén	31981
沙弥	shāmí	44175
沙漠	shāmò	3437
沙鸥	shā'ōu	42157
沙盘	shāpán	28181
沙碛	shāqì	54164
沙丘	shāqiū	11770
沙沙	shāshā	15486
沙参	shāshēn	51060
沙石	shāshí	23488
沙滩	shātān	6933
沙滩排球	shātān páiqiú	27935
沙田	shātián	38899
沙土	shātǔ	17884
沙文主义	Shāwén zhǔyì	43664
沙哑	shāyǎ	18401
沙眼	shāyǎn	41478
沙浴	shāyù	56590
沙灾	shāzāi	53164
沙枣	shāzǎo	44890
沙洲	shāzhōu	28596
沙子	shāzi	12837
纱	shā	8403
纱布	shābù	18286
纱窗	shāchuāng	33385
纱灯	shādēng	43665
纱锭	shādìng	38900
纱巾	shājīn	27936
纱笼	shālóng	53165
纱帽	shāmào	40366
纱线	shāxiàn	43666
纱帐	shāzhàng	48175
纱罩	shāzhào	46669
刹	shā	6468
刹把	shābǎ	53661
刹车	shāchē	17233
砂	shā	7099
砂罐	shāguàn	55235
砂锅	shāguō	34441
砂浆	shājiāng	43422
砂轮	shālún	37595
砂糖	shātáng	46366
砂岩	shāyán	27678
砂眼	shāyǎn	52705
砂纸	shāzhǐ	46960
痧	shā	36715
煞	shā, shà	8501
煞车	shāchē	50671
煞风景	shāfēngjǐng	37769
煞尾	shāwěi	50314
煞住	shāzhù	39532
鲨鱼	shāyú	15637
啥	shá	1702
傻	shǎ	4110
傻大黑粗	shǎdà-hēicū	46059
傻瓜	shǎguā	11591
傻瓜相机	shǎguā xiàngjī	54165
傻呵呵	shǎhēhē	47256
傻乎乎	shǎhūhū	27290
傻话	shǎhuà	34442
傻劲儿	shǎjìnr	55697
傻愣愣	shǎlènglèng	51447
傻里傻气	shǎlishǎqì	46060
傻气	shǎqì	32615
傻事	shǎshì	25226
傻头傻脑	shǎtóu-shǎnǎo	46961
傻笑	shǎxiào	21965
傻眼	shǎyǎn	34443
傻子	shǎzi	10024
歃血	shàxuè	45483
煞白	shàbái	23862
煞费苦心	shàfèi-kǔxīn	25054

煞费心机	shàfèi-xīnjī	55236
煞气	shàqì	52282
煞有介事	shàyǒu-jièshì	23810
霎	shà	37950
霎时	shàshí	19495
霎时间	shàshíjiān	20151
筛	shāi	12266
筛查	shāichá	11537
筛糠	shāikāng	34865
筛选	shāixuǎn	8799
筛子	shāizi	29357
色酒	shǎijiǔ	55237
色子	shǎizi	49950
晒	shài	4686
晒场	shàicháng	45774
晒台	shàitái	38514
晒图	shàitú	56591
山	shān	461
山坳	shān'ào	23811
山包	shānbāo	28434
山崩	shānbēng	31982
山崩地裂	shānbēng-dìliè	37673
山茶	shānchá	40367
山城	shānchéng	14017
山川	shānchuān	7882
山村	shāncūn	6984
山大王	shāndàiwang	46061
山地	shāndì	7822
山巅	shāndiān	25318
山顶	shāndǐng	8163
山东	Shāndōng	1548
山东快书	Shāndōng kuàishū	51448
山洞	shāndòng	14250
山风	shānfēng	19464
山峰	shānfēng	12644
山旮旯儿	shāngālár	41479
山冈	shāngāng	38139
山高水低	shāngāo-shuǐdī	56592
山歌	shāngē	15545
山沟	shāngōu	10455
山谷	shāngǔ	9356
山光水色	shānguāng-shuǐsè	51449
山果	shānguǒ	46670
山河	shānhé	13032
山核桃	shānhétao	44641
山洪	shānhóng	20848
山花	shānhuā	25624
山荒	shānhuāng	53662
山火	shānhuǒ	31402
山货	shānhuò	33776
山鸡	shānjī	33010
山脊	shānjǐ	28881
山涧	shānjiàn	27937
山脚	shānjiǎo	18229
山景	shānjǐng	41042
山径	shānjìng	38701
山口	shānkǒu	15850
山岚	shānlán	51061
山梁	shānliáng	22261
山里红	shānlihóng	46367
山林	shānlín	9674
山陵	shānlíng	40172
山岭	shānlǐng	18047
山路	shānlù	8160
山麓	shānlù	22411
山峦	shānluán	16672
山脉	shānmài	11771
山毛榉	shānmáojǔ	50672
山门	shānmén	17522
山盟海誓	shānméng-hǎishì	47571
山民	shānmín	18067
山南海北	shānnán-hǎiběi	48833
山炮	shānpào	38702
山坡	shānpō	6317
山墙	shānqiáng	29159
山清水秀	shānqīng-shuǐxiù	25494
山穷水尽	shānqióng-shuǐjìn	29542
山丘	shānqiū	22262
山区	shānqū	2511
山泉	shānquán	22466
山雀	shānquè	33777
山色	shānsè	30299
山神	shānshén	26840
山石	shānshí	18668
山势	shānshì	23812
山水	shānshuǐ	5536
山水画	shānshuǐhuà	15983
山塘	shāntáng	40173
山桃	shāntáo	51062
山头	shāntóu	8438
山洼	shānwā	35776
山窝	shānwō	46062
山西	Shānxī	2539
山西梆子	Shānxī bāngzi	54685
山系	shānxì	38703
山险	shānxiǎn	54686
山乡	shānxiāng	15353
山响	shānxiǎng	33011
山魈	shānxiāo	54687
山崖	shānyá	20811
山岩	shānyán	31074
山羊	shānyáng	11410
山羊胡子	shānyáng húzi	49577
山腰	shānyāo	18979
山药	shānyao	35024
山药蛋	shānyaodàn	36888
山野	shānyě	11734
山阴	shānyīn	33127
山芋	shānyù	22467
山岳	shānyuè	29358
山楂	shānzhā	19587
山楂糕	shānzhāgāo	56213
山寨	shānzhài	13873
山珍海味	shānzhēn-hǎiwèi	28262
山庄	shānzhuāng	14974
山嘴	shānzuǐ	46962
杉树	shānshù	32484
删	shān	14729
删除	shānchú	16924
删定	shāndìng	50673
删繁就简	shānfán-jiùjiǎn	47257
删改	shāngǎi	27938
删减	shānjiǎn	38140
删节	shānjié	32485
删削	shānxuē	48834
衫	shān	7743
姗姗	shānshān	31757
姗姗来迟	shānshānláichí	34292
珊瑚	shānhú	11349
珊瑚虫	shānhúchóng	55238
珊瑚岛	shānhúdǎo	43928
珊瑚礁	shānhújiāo	26069
舢板	shānbǎn	33502
扇	shān	5859
扇动	shāndòng	35777
煽	shān	19110
煽动	shāndòng	10584
煽风点火	shānfēng-diǎnhuǒ	41043

煽惑	shānhuò	30969
煽情	shānqíng	39943
潸然	shānrán	28597
潸然泪下	shānránlèixià	28882
潸潸	shānshān	47258
膻	shān	46671
膻味	shānwèi	52706
闪	shǎn	3105
闪避	shǎnbì	36716
闪存	shǎncún	31453
闪道	shǎndào	56214
闪电	shǎndiàn	9994
闪电战	shǎndiànzhàn	52283
闪动	shǎndòng	15851
闪躲	shǎnduǒ	40607
闪光	shǎnguāng	9261
闪光灯	shǎnguāngdēng	30863
闪光点	shǎnguāngdiǎn	34574
闪婚	shǎnhūn	24618
闪击	shǎnjī	45186
闪开	shǎnkāi	22307
闪离	shǎnlí	47696
闪亮	shǎnliàng	12328
闪念	shǎnniàn	51450
闪闪	shǎnshǎn	8970
闪射	shǎnshè	34293
闪身	shǎnshēn	27679
闪失	shǎnshī	24613
闪烁	shǎnshuò	6107
闪烁其词	shǎnshuò-qící	46063
闪现	shǎnxiàn	13639
闪眼	shǎnyǎn	51451
闪耀	shǎnyào	12777
陕	Shǎn	10107
陕西	Shǎnxī	2773
讪讪	shànshàn	29759
讪笑	shànxiào	33128
苫	shàn	23329
苫布	shànbù	48835
疝气	shànqì	47879
单	Shàn	10710
扇	shàn	5206
扇贝	shànbèi	28018
扇面儿	shànmiànr	52284
扇形	shànxíng	29868
扇坠	shànzhuì	54166
扇子	shànzi	14290
善	shàn	1986
善罢甘休	shànbà-gānxiū	35928
善报	shànbào	40368
善本	shànběn	23295
善待	shàndài	15144
善恶	shàn'è	16473
善感	shàngǎn	28519
善后	shànhòu	10922
善解人意	shànjiě-rényì	25625
善举	shànjǔ	28435
善款	shànkuǎn	51452
善类	shànlèi	49578
善良	shànliáng	5512
善男信女	shànnán-xìnnǚ	37051
善人	shànrén	29656
善始善终	shànshǐ-shànzhōng	34294
善事	shànshì	30199
善忘	shànwàng	47572
善心	shànxīn	28958
善行	shànxíng	38141
善意	shànyì	10065
善于	shànyú	2413
善战	shànzhàn	22208
善终	shànzhōng	35345
禅让	shànràng	43668
骟	shàn	51857
缮写	shànxiě	45187
擅	shàn	8661
擅长	shàncháng	11681
擅离职守	shànlí-zhíshǒu	43169
擅权	shànquán	32747
擅入	shànrù	49579
擅自	shànzì	5157
膳费	shànfèi	52707
膳食	shànshí	16192
膳宿	shànsù	50315
嬗变	shànbiàn	26569
赡养	shànyǎng	15276
鳝鱼	shànyú	37596
伤	shāng	1664
伤疤	shāngbā	17965
伤悲	shāngbēi	40588
伤兵	shāngbīng	19007
伤病员	shāng-bìngyuán	26707
伤财	shāngcái	19111
伤残	shāngcán	11742
伤残人	shāngcánrén	45775
伤悼	shāngdào	56215
伤风	shāngfēng	26841
伤风败俗	shāngfēng-bàisú	42653
伤感	shānggǎn	10082
伤害	shānghài	2878
伤寒	shānghán	19773
伤号	shānghào	45188
伤耗	shānghao	55239
伤痕	shānghén	12092
伤痕文学	shānghén wénxué	50674
伤怀	shānghuái	41693
伤筋动骨	shāngjīn-dònggǔ	44411
伤口	shāngkǒu	8576
伤脑筋	shāngnǎojīn	27068
伤情	shāngqíng	24509
伤人	shāngrén	15227
伤神	shāngshén	40589
伤生	shāngshēng	51858
伤势	shāngshì	14498
伤天害理	shāngtiān-hàilǐ	33386
伤痛	shāngtòng	17670
伤亡	shāngwáng	4688
伤心	shāngxīn	4758
伤愈	shāngyù	10445
伤员	shāngyuán	8976
商	shāng	1564
商办	shāngbàn	39302
商标	shāngbiāo	3828
商埠	shāngbù	29061
商场	shāngchǎng	3998
商城	shāngchéng	16324
商船	shāngchuán	21918
商店	shāngdiàn	3405
商调	shāngdiào	39732
商定	shāngdìng	9262
商队	shāngduì	42654
商法	shāngfǎ	42159
商贩	shāngfàn	14346
商港	shānggǎng	46672
商贾	shānggǔ	25319
商海	shānghǎi	30519
商行	shāngháng	24332
商号	shānghào	27602
商户	shānghù	34032

商会	shānghuì	7879
商机	shāngjī	26269
商计	shāngjì	56216
商家	shāngjiā	5342
商检	shāngjiǎn	19112
商界	shāngjiè	13226
商借	shāngjiè	51063
商量	shāngliang	3115
商路	shānglù	53166
商旅	shānglǚ	34034
商贸	shāngmào	7583
商品	shāngpǐn	1264
商品房	shāngpǐnfáng	9553
商品化	shāngpǐnhuà	15394
商品经济	shāngpǐn jīngjì	9660
商品粮	shāngpǐnliáng	17497
商洽	shāngqià	49207
商情	shāngqíng	35604
商请	shāngqǐng	44176
商圈	shāngquān	43929
商榷	shāngquè	21097
商人	shāngrén	5088
商厦	shāngshà	19140
商社	shāngshè	33503
商谈	shāngtán	12537
商讨	shāngtǎo	11542
商亭	shāngtíng	42399
商务	shāngwù	4119
商业	shāngyè	1282
商业街	shāngyèjiē	17416
商业界	shāngyèjiè	47573
商议	shāngyì	7360
商用	shāngyòng	13713
商誉	shāngyù	46368
商约	shāngyuē	55240
商战	shāngzhàn	31758
商酌	shāngzhuó	47259
墒情	shāngqíng	32344
垧	shǎng	37770
晌	shǎng	13599
晌午	shǎngwǔ	19329
赏	shǎng	4673
赏赐	shǎngcì	14627
赏罚	shǎngfá	29359
赏罚分明	shǎngfá-fēnmíng	41251
赏光	shǎngguāng	33012
赏花	shǎnghuā	24333
赏鉴	shǎngjiàn	34295
赏金	shǎngjīn	39303
赏脸	shǎngliǎn	31871
赏钱	shǎngqián	29160
赏识	shǎngshí	18006
赏玩	shǎngwán	32222
赏析	shǎngxī	36717
赏心悦目	shǎngxīn-yuèmù	18741
赏月	shǎngyuè	29456
上	shàng	9
上班	shàngbān	3346
上班族	shàngbānzú	30970
上半年	shàngbànnián	3316
上半时	shàngbànshí	20781
上半天	shàngbàntiān	36384
上半夜	shàngbànyè	44891
上半月	shàngbànyuè	52285
上报	shàngbào	7635
上辈	shàngbèi	44177
上辈子	shàngbèizi	46369
上臂	shàngbì	44412
上边	shàngbian	8119
上膘	shàngbiāo	51064
上宾	shàngbīn	32616
上部	shàngbù	19295
上不去	shàngbuqù	25124
上菜	shàngcài	28959
上苍	shàngcāng	28263
上操	shàngcāo	45484
上策	shàngcè	19588
上层	shàngcéng	10201
上层建筑	shàngcéng jiànzhù	10167
上场	shàngchǎng	8558
上乘	shàngchéng	22359
上传	shàngchuán	19837
上唇	shàngchún	38312
上蹿下跳	shàngcuān-xiàtiào	48176
上窜下跳	shàngcuàn-xiàtiào	46064
上达	shàngdá	25187
上代	shàngdài	50316
上当	shàngdàng	8177
上档次	shàngdàngcì	25125
上等	shàngděng	19079
上帝	Shàngdì	3804
上吊	shàngdiào	16982
上调	shàngdiào	37401
上冻	shàngdòng	46963
上端	shàngduān	23192
上颚	shàng'è	52708
上方	shàngfāng	13253
上房	shàngfáng	12848
上访	shàngfǎng	5532
上肥	shàngféi	53167
上坟	shàngfén	28019
上粪	shàngfèn	52709
上风	shàngfēng	16439
上峰	shàngfēng	39304
上浮	shàngfú	16474
上感	shànggǎn	55698
上纲	shànggāng	35929
上纲上线	shànggāng-shàngxiàn	41480
上岗	shànggǎng	5226
上告	shànggào	34444
上工	shànggōng	22468
上供	shànggòng	39944
上钩	shànggōu	24132
上古	shànggǔ	25126
上光	shàngguāng	43669
上轨道	shàngguǐdào	45776
上海	Shànghǎi	251
上好	shànghǎo	25127
上合组织	Shànghé zǔzhí	46004
上颌	shànghé	53168
上呼吸道	shànghūxīdào	39533
上回	shànghuí	32617
上火	shànghuǒ	23426
上货	shànghuò	42400
上机	shàngjī	32874
上级	shàngjí	2327
上集	shàngjí	46065
上家	shàngjiā	49580
上架	shàngjià	25853
上将	shàngjiàng	9333
上交	shàngjiāo	10273
上缴	shàngjiǎo	8687
上街	shàngjiē	8754
上紧	shàngjǐn	36718
上进	shàngjìn	14065
上进心	shàngjìnxīn	35930
上劲	shàngjìn	31075

上镜	shàngjìng	42401
上课	shàngkè	4892
上空	shàngkōng	6280
上口	shàngkǒu	32748
上款	shàngkuǎn	46066
上蜡	shànglà	53663
上来	shànglái	1229
上篮	shànglán	35025
上联	shànglián	32875
上脸	shàngliǎn	30404
上梁	shàngliáng	27603
上流	shàngliú	20317
上路	shànglù	9733
上马	shàngmǎ	7808
上门	shàngmén	4346
上面	shàngmiàn	1371
上年	shàngnián	3010
上年纪	shàngniánji	34716
上牌	shàngpái	12173
上品	shàngpǐn	26635
上坡路	shàngpōlù	53664
上铺	shàngpù	28436
上千	shàngqiān	7007
上情	shàngqíng	43670
上去	shàngqù	2015
上任	shàngrèn	6573
上色	shàngsè	56747
上色	shàngshǎi	49208
上山	shàngshān	6475
上善若水	shàngshàn-ruòshuǐ	39976
上上	shàngshàng	48515
上身	shàngshēn	14198
上升	shàngshēng	1751
上士	shàngshì	28788
上世	shàngshì	49209
上市	shàngshì	2683
上手	shàngshǒu	28691
上首	shàngshǒu	30971
上寿	shàngshòu	38142
上书	shàngshū	8849
上述	shàngshù	1616
上水	shàngshui	26708
上税	shàngshuì	41044
上司	shàngsi	12766
上诉	shàngsù	6456
上溯	shàngsù	26776
上算	shàngsuàn	38143
上岁数	shàngsuìshu	49581
上锁	shàngsuǒ	33624
上台	shàngtái	5942
上膛	shàngtáng	44178
上套	shàngtào	31185
上天	shàngtiān	16720
上调	shàngtiáo	18506
上头	shàngtóu	53990
上头	shàngtou	10716
上吐下泻	shàngtù-xiàxiè	47880
上网	shàngwǎng	4013
上尉	shàngwèi	23641
上文	shàngwén	16721
上午	shàngwǔ	1042
上下	shàngxià	2098
上下级	shàngxiàjí	26193
上下其手	shàngxià-qíshǒu	51859
上下水	shàng-xiàshuǐ	49951
上下文	shàng-xiàwén	35778
上弦	shàngxián	41481
上限	shàngxiàn	16304
上线	shàngxiàn	24510
上香	shàngxiāng	28598
上相	shàngxiàng	48177
上校	shàngxiào	17750
上心	shàngxīn	22798
上刑	shàngxíng	51065
上行	shàngxíng	20223
上行下效	shàngxíng-xiàxiào	42655
上学	shàngxué	3053
上旬	shàngxún	9283
上眼药	shàngyǎnyào	55699
上演	shàngyǎn	6535
上扬	shàngyáng	14116
上药	shàngyào	37232
上衣	shàngyī	11398
上议院	shàngyìyuàn	32618
上瘾	shàngyǐn	27069
上映	shàngyìng	21394
上油	shàngyóu	35605
上游	shàngyóu	5542
上元节	Shàngyuán Jié	53665
上载	shàngzài	37233
上贼船	shàngzéichuán	56217
上涨	shàngzhǎng	3951
上账	shàngzhàng	51066
上照	shàngzhào	40631
上阵	shàngzhèn	12645
上证	shàngzhèng	3473
上肢	shàngzhī	33778
上中农	shàngzhōngnóng	46964
上周	shàngzhōu	11235
上装	shàngzhuāng	38515
上座	shàngzuò	35779
上座儿	shàngzuòr	47260
上座率	shàngzuòlǜ	28265
尚	shàng	955
尚存	shàngcún	20974
尚待	shàngdài	20782
尚方宝剑	shàngfāng bǎojiàn	30405
尚可	shàngkě	35931
尚且	shàngqiě	13455
尚未	shàngwèi	1557
尚武	shàngwǔ	38313
绱	shàng	24076
捎	shāo	9979
捎带	shāodài	29161
捎话	shāohuà	37052
烧	shāo	1739
烧饼	shāobing	13456
烧杯	shāobēi	41694
烧饭	shāofàn	20674
烧高香	shāogāoxiāng	49582
烧锅	shāoguō	38144
烧化	shāohuà	46370
烧荒	shāohuāng	46371
烧毁	shāohuǐ	14173
烧火	shāohuǒ	17703
烧碱	shāojiǎn	42402
烧酒	shāojiǔ	19465
烧烤	shāokǎo	23046
烧卖	shāomai	49210
烧瓶	shāopíng	34149
烧伤	shāoshāng	12141
烧香	shāoxiāng	15955
烧心	shāoxīn	54167
烧纸	shāozhǐ	26710
烧制	shāozhì	27145
烧灼	shāozhuó	39733
梢	shāo	8506
梢头	shāotóu	41045

稍	shāo	2417
稍后	shāohòu	22412
稍候	shāohòu	34035
稍加	shāojiā	23383
稍稍	shāoshāo	7336
稍事	shāoshì	30300
稍微	shāowēi	8370
稍许	shāoxǔ	36385
稍逊	shāoxùn	40369
稍纵即逝	shāozòng-jíshì	26926
筲箕	shāojī	50675
艄公	shāogōng	35182
鞘	shāo	36889
勺	sháo	10494
勺子	sháozi	23047
芍药	sháoyao	27680
韶光	sháoguāng	52710
韶华	sháohuá	47574
少	shǎo	1808
少安毋躁	shǎo'ān-wúzào	49211
少不得	shǎobudé	21187
少不了	shǎobuliǎo	11583
少见	shǎojiàn	8842
少见多怪	shǎojiàn-duōguài	37771
少礼	shǎolǐ	53666
少量	shǎoliàng	8376
少陪	shǎopéi	44642
少顷	shǎoqǐng	46067
少时	shǎoshí	25708
少数	shǎoshù	2029
少数民族	shǎoshù mínzú	2500
少许	shǎoxǔ	20783
少言寡语	shǎoyán-guǎyǔ	40174
少有	shǎoyǒu	6773
少于	shǎoyú	9845
少	shào	11655
少白头	shàobáitóu	54168
少不更事	shàobùgēngshì	44892
少东家	shàodōngjia	53667
少儿	shào'ér	7247
少妇	shàofù	13293
少管所	shàoguǎnsuǒ	34445
少将	shàojiàng	11682
少林拳	shàolínquán	47575
少奶奶	shàonǎinai	8522
少男	shàonán	35183
少年	shàonián	1999
少年法庭	shàonián fǎtíng	37597
少年犯	shàoniánfàn	28960
少年宫	shàoniángōng	26636
少年老成	shàonián-lǎochéng	46372
少年先锋队	shàonián xiānfēngduì	52711
少女	shàonǚ	4709
少帅	shàoshuài	18394
少尉	shàowèi	33901
少相	shàoxiang	54688
少校	shàoxiào	23330
少爷	shàoye	5658
少掌柜	shàozhǎngguì	48178
少壮	shàozhuàng	35346
少壮派	shàozhuàngpài	44643
邵	shào	12422
绍剧	shàojù	49212
捎	shào	25846
哨	shào	8892
哨兵	shàobīng	15241
哨卡	shàoqiǎ	23642
哨声	shàoshēng	28182
哨所	shàosuǒ	16402
哨位	shàowèi	26842
哨子	shàozi	23752
稍息	shàoxī	36719
奢侈	shēchǐ	12918
奢侈品	shēchǐpǐn	27604
奢华	shēhuá	20675
奢靡	shēmí	26253
奢求	shēqiú	45189
奢谈	shētán	47881
奢望	shēwàng	18568
奢想	shēxiǎng	51860
赊	shē	20933
赊购	shēgòu	53169
赊欠	shēqiàn	44644
赊售	shēshòu	52759
赊销	shēxiāo	40370
赊账	shēzhàng	33902
猞猁	shēlì	46373
畲族	Shēzú	25709
舌	shé	7763
舌敝唇焦	shébì-chúnjiāo	53668
舌根	shégēn	39734
舌尖	shéjiān	25385
舌苔	shétāi	36720
舌头	shétou	6845
舌战	shézhàn	35493
折	shé	24671
折本	shéběn	48836
佘	Shé	38901
蛇	shé	4453
蛇胆	shédǎn	38516
蛇毒	shédú	44179
蛇头	shétóu	19560
蛇蜕	shétuì	54169
蛇蝎	shéxiē	39534
蛇行	shéxíng	43671
蛇形	shéxíng	42922
蛇足	shézú	54689
舍	shě	2912
舍本逐末	shěběn-zhúmò	43672
舍不得	shěbude	6509
舍得	shěde	10764
舍己救人	shějǐ-jiùrén	30200
舍近求远	shějìn-qiúyuǎn	34150
舍命	shěmìng	27856
舍弃	shěqì	15984
舍身	shěshēn	23589
舍身求法	shěshēn-qiúfǎ	53170
舍生取义	shěshēng-qǔyì	39945
舍生忘死	shěshēng-wàngsǐ	24133
设	shè	1162
设备	shèbèi	1126
设点	shèdiǎn	26001
设定	shèdìng	9498
设法	shèfǎ	5631
设防	shèfáng	19008
设伏	shèfú	27939
设岗	shègǎng	52286
设或	shèhuò	52712
设计	shèjì	864
设计师	shèjìshī	8092
设局	shèjú	51453
设立	shèlì	1786
设卡	shèqiǎ	24848
设若	shèruò	15122
设色	shèsè	44893
设身处地	shèshēn-chǔdì	20110
设施	shèshī	1566

设使	shèshǐ	51861
设摊	shètān	49952
设限	shèxiàn	25441
设想	shèxiǎng	4415
设宴	shèyàn	19033
设有	shèyǒu	6352
设障	shèzhàng	46965
设置	shèzhì	2800
社	shè	1316
社队企业	shèduì qǐyè	39535
社会	shèhuì	97
社会保险	shèhuì bǎoxiǎn	8185
社会保障	shèhuì bǎozhàng	21637
社会存在	shèhuì cúnzài	29267
社会福利	shèhuì fúlì	12587
社会工作	shèhuì gōngzuò	48837
社会关系	shèhuì guānxì	10923
社会化	shèhuìhuà	4270
社会活动	shèhuì huódòng	15985
社会教育	shèhuì jiàoyù	38704
社会科学	shèhuì kēxué	3597
社会青年	shèhuì qīngnián	53171
社会效益	shèhuì xiàoyì	7064
社会制度	shèhuì zhìdù	7931
社会主义	shèhuì zhǔyì	579
社火	shèhuǒ	22469
社稷	shèjì	12752
社交	shèjiāo	14665
社交圈	shèjiāoquān	41252
社论	shèlùn	6813
社情	shèqíng	33350
社区	shèqū	2272
社群	shèqún	48516
社团	shètuán	7008
社戏	shèxì	43170
社员	shèyuán	4222
舍	shè	2754
舍弟	shèdì	49583
舍利	shèlì	23384
舍下	shèxià	36229
射	shè	2641
射程	shèchéng	21773
射电望远镜	shèdiàn wàngyuǎnjìng	30739
射击	shèjī	6103
射击场	shèjīchǎng	33387
射箭	shèjiàn	13305
射精	shèjīng	51454
射猎	shèliè	44645
射流	shèliú	43673
射门	shèmén	15618
射频	shèpín	34296
射入	shèrù	23916
射杀	shèshā	37402
射手	shèshǒu	21283
射线	shèxiàn	8539
涉	shè	4784
涉案	shè'àn	10414
涉及	shèjí	1729
涉及面	shèjímiàn	15833
涉猎	shèliè	24022
涉世	shèshì	37053
涉讼	shèsòng	55700
涉外	shèwài	10836
涉外婚姻	shèwài hūnyīn	49584
涉嫌	shèxián	5948
涉险	shèxiǎn	39536
涉足	shèzú	13992
赦令	shèlìng	48517
赦免	shèmiǎn	22413
赦罪	shèzuì	37403
摄	shè	1896
摄录	shèlù	42657
摄取	shèqǔ	19994
摄入	shèrù	19268
摄生	shèshēng	48838
摄食	shèshí	28183
摄氏度	shèshìdù	6745
摄像	shèxiàng	20849
摄像机	shèxiàngjī	12892
摄影	shèyǐng	2857
摄影机	shèyǐngjī	23863
摄影棚	shèyǐngpéng	40815
摄影师	shèyǐngshī	18798
摄政	shèzhèng	28520
摄制	shèzhì	12611
慑服	shèfú	41936
慑于	shèyú	35606
麝	shè	42659
麝牛	shèniú	55701
麝香	shèxiāng	38902
谁	shéi，shuí	627
谁个	shéigè	30201
谁料	shéiliào	19269
谁人	shéirén	26711
谁知	shéizhī	5583
申	shēn	8998
申办	shēnbàn	5513
申报	shēnbào	4128
申辩	shēnbiàn	20152
申斥	shēnchì	33504
申购	shēngòu	3686
申领	shēnlǐng	20188
申明	shēnmíng	18981
申请	shēnqǐng	1916
申请书	shēnqǐngshū	12071
申时	shēnshí	54690
申述	shēnshù	36721
申说	shēnshuō	41482
申诉	shēnsù	7054
申讨	shēntǎo	55241
申雪	shēnxuě	20934
申遗	shēnyí	16187
申冤	shēnyuān	41483
伸	shēn	3282
伸懒腰	shēnlǎnyāo	40175
伸手	shēnshǒu	4699
伸缩	shēnsuō	23590
伸头探脑	shēntóu-tànnǎo	55702
伸腿	shēntuǐ	39946
伸腰	shēnyāo	44413
伸展	shēnzhǎn	14749
伸张	shēnzhāng	21919
身	shēn	1005
身败名裂	shēnbài-míngliè	27777
身板	shēnbǎn	35347
身边	shēnbiān	1240
身不由己	shēnbùyóujǐ	21049
身材	shēncái	6137
身长	shēncháng	24262
身段	shēnduàn	16232
身份	shēnfèn	2162
身份证	shēnfènzhèng	6256
身高	shēngāo	8932
身后	shēnhòu	3806
身怀绝技	shēhuái-juéjì	41484
身怀六甲	shēnhuái-liùjiǎ	45777
身家性命	shēnjiā-xìngmìng	34036

身价	shēnjià	14303
身价百倍	shēnjià-bǎibèi	43674
身架	shēnjià	40590
身教	shēnjiào	40899
身经百战	shēnjīngbǎizhàn	30302
身居	shēnjū	21551
身量	shēnliang	22414
身临其境	shēnlínqíjìng	24460
身强力壮	shēnqiáng-lìzhuàng	31759
身躯	shēnqū	10616
身上	shēnshang	728
身世	shēnshì	14433
身手	shēnshǒu	17704
身手不凡	shēnshǒu-bùfán	43423
身首异处	shēnshǒu-yìchù	45485
身受	shēnshòu	23385
身体	shēntǐ	639
身体力行	shēntǐ-lìxíng	10473
身条儿	shēntiáor	45486
身外之物	shēnwàizhīwù	34575
身亡	shēnwáng	9334
身无分文	shēnwú-fēnwén	33625
身先士卒	shēnxiānshìzú	20283
身心	shēnxīn	7580
身影	shēnyǐng	5232
身孕	shēnyùn	36230
身姿	shēnzī	28114
身子	shēnzi	2625
呻吟	shēnyín	8945
参	shēn	43872
参商	shēnshāng	51862
绅士	shēnshì	7964
莘莘学子	shēnshēn-xuézǐ	27517
深	shēn	456
深谙	shēn'ān	26194
深奥	shēn'ào	19807
深不可测	shēnbùkěcè	28437
深层	shēncéng	9737
深长	shēncháng	25188
深沉	shēnchén	7988
深仇大恨	shēnchóu-dàhèn	42660
深处	shēnchù	3568
深冬	shēndōng	38145
深度	shēndù	4579
深翻	shēnfān	48839
深更半夜	shēngēng-bànyè	24716
深耕	shēngēng	37234
深耕细作	shēngēng-xìzuò	52287
深沟高垒	shēngōu-gāolěi	46374
深谷	shēngǔ	23917
深广	shēnguǎng	28115
深闺	shēnguī	29162
深海	shēnhǎi	16065
深壑	shēnhè	52288
深厚	shēnhòu	4042
深呼吸	shēnhūxī	33129
深化	shēnhuà	2090
深加工	shēnjiāgōng	23813
深涧	shēnjiàn	44180
深交	shēnjiāo	41046
深究	shēnjiū	23753
深居简出	shēnjū-jiǎnchū	39110
深刻	shēnkè	1017
深恐	shēnkǒng	38314
深蓝	shēnlán	23354
深绿	shēnlǜ	30154
深明大义	shēnmíng-dàyì	36557
深谋远虑	shēnmóu-yuǎnlǜ	31403
深浅	shēnqiǎn	18482
深切	shēnqiè	5555
深情	shēnqíng	5357
深情厚谊	shēnqíng-hòuyì	22765
深秋	shēnqiū	14018
深入	shēnrù	841
深入浅出	shēnrù-qiǎnchū	16653
深色	shēnsè	26070
深山	shēnshān	10603
深山老林	shēnshān-lǎolín	38146
深深	shēnshēn	1825
深受	shēnshòu	4631
深受其害	shēnshòuqíhài	41695
深思	shēnsī	8901
深思熟虑	shēnsī-shúlǜ	20505
深邃	shēnsuì	11597
深谈	shēntán	36073
深通	shēntōng	43424
深透	shēntòu	48518
深望	shēnwàng	46068
深为	shēnwéi	17444
深恶痛绝	shēnwù-tòngjué	19838
深陷	shēnxiàn	19159
深信	shēnxìn	11322
深信不疑	shēnxìn-bùyí	26071
深省	shēnxǐng	25128
深夜	shēnyè	5764
深意	shēnyì	17551
深幽	shēnyōu	50676
深渊	shēnyuān	12340
深远	shēnyuǎn	4393
深造	shēnzào	11683
深宅大院	shēnzhái-dàyuàn	41696
深湛	shēnzhàn	44646
深知	shēnzhī	8225
深挚	shēnzhì	34576
深重	shēnzhòng	15038
什么	shénme	94
什么的	shénmede	6383
什么样	shénmeyàng	2763
神	shén	849
神笔	shénbǐ	46673
神不守舍	shénbùshǒushè	39305
神采	shéncǎi	22937
神采奕奕	shéncǎi-yìyì	30202
神驰	shénchí	43171
神出鬼没	shénchū-guǐmò	30082
神道	shéndào	29062
神道	shéndao	38517
神道碑	shéndàobēi	53669
神佛	shénfó	35348
神父	shénfù	20244
神怪	shénguài	40591
神化	shénhuà	26504
神话	shénhuà	5893
神魂颠倒	shénhún-diāndǎo	35184
神乎其神	shénhūqíshén	39306
神机妙算	shénjī-miàosuàn	46966
神交	shénjiāo	43930
神经	shénjīng	3995
神经病	shénjīngbìng	18402
神经错乱	shénjīng cuòluàn	38518
神经过敏	shénjīng guòmǐn	27605
神经衰弱	shénjīng shuāiruò	23864
神经痛	shénjīngtòng	48519
神经质	shénjīngzhì	23695
神龛	shénkān	29163
神来之笔	shénláizhībǐ	38315
神力	shénlì	27681

神聊	shénliáo	48520
神灵	shénlíng	14562
神秘	shénmì	3288
神妙	shénmiào	39735
神明	shénmíng	20850
神农氏	shénnóngshì	48179
神女	shénnǚ	30406
神品	shénpǐn	51067
神奇	shénqí	6228
神气	shénqì	5912
神枪手	shénqiāngshǒu	32749
神气活现	shénqì-huóxiàn	33505
神清气爽	shénqīng-qìshuǎng	36231
神情	shénqíng	4581
神权	shénquán	32486
神人	shénrén	28020
神色	shénsè	6539
神社	shénshè	8005
神神叨叨	shénshendāodāo	45015
神神道道	shénshendàodào	48180
神圣	shénshèng	4026
神思	shénsī	27940
神似	shénsì	30520
神速	shénsù	24023
神算	shénsuàn	47576
神态	shéntài	8021
神探	shéntàn	41697
神通	shéntōng	26637
神通广大	shéntōng-guǎngdà	29289
神童	shéntóng	21228
神往	shénwǎng	19735
神威	shénwēi	22154
神位	shénwèi	37772
神物	shénwù	43172
神仙	shénxiān	7408
神像	shénxiàng	22155
神效	shénxiào	49213
神学	shénxué	16805
神医	shényī	29268
神异	shényì	42160
神勇	shényǒng	44894
神游	shényóu	37054
神韵	shényùn	14845
神职	shénzhí	39537
神志	shénzhì	20506
神智	shénzhì	30972
神州	Shénzhōu	8423
神主	shénzhǔ	27364
沈	Shěn	4536
沈阳	Shěnyáng	3200
审	shěn	4977
审查	shěnchá	2711
审察	shěnchá	44895
审处	shěnchǔ	53172
审订	shěndìng	52289
审定	shěndìng	8345
审读	shěndú	42403
审度	shěnduó	47577
审改	shěngǎi	44896
审稿	shěngǎo	35349
审核	shěnhé	5450
审计	shěnjì	3521
审计师	shěnjìshī	44414
审校	shěnjiào	55242
审结	shěnjié	13371
审看	shěnkàn	54691
审理	shěnlǐ	4355
审美	shěnměi	3329
审判	shěnpàn	2910
审判员	shěnpànyuán	18091
审判长	shěnpànzhǎng	15716
审批	shěnpī	2649
审慎	shěnshèn	15470
审时度势	shěnshí-duóshì	13502
审视	shěnshì	7094
审题	shěntí	56218
审问	shěnwèn	14814
审讯	shěnxùn	10972
审议	shěnyì	2819
审阅	shěnyuè	25847
哂笑	shěnxiào	50677
婶儿	shěnr	32112
婶母	shěnmǔ	37235
婶娘	shěnniáng	27437
婶婶	shěnshen	22015
婶子	shěnzi	18260
肾	shèn	7168
肾病	shènbìng	25055
肾结石	shènjiéshí	48840
肾亏	shènkuī	56219
肾炎	shènyán	35780
肾盂	shènyú	53670
肾脏	shènzàng	18379
甚	shèn	1950
甚而	shèn'ér	23141
甚而至于	shèn'érzhìyú	33626
甚或	shènhuò	24263
甚为	shènwéi	20245
甚嚣尘上	shènxiāo-chénshàng	36386
甚于	shènyú	22470
甚至	shènzhì	255
甚至于	shènzhìyú	11300
渗	shèn	12728
渗出	shènchū	16523
渗流	shènliú	51863
渗漏	shènlòu	23331
渗入	shènrù	17445
渗水	shènshuǐ	31760
渗透	shèntòu	4548
慎独	shèndú	33779
慎密	shènmì	51455
慎行	shènxíng	33265
慎言	shènyán	52290
慎之又慎	shènzhīyòushèn	32619
慎重	shènzhòng	7442
升	shēng	2130
升班	shēngbān	50678
升班马	shēngbānmǎ	12348
升幅	shēngfú	25249
升格	shēnggé	24569
升官	shēngguān	18230
升华	shēnghuá	7785
升级	shēngjí	4008
升级换代	shēngjí-huàndài	21966
升降	shēngjiàng	15471
升降机	shēngjiàngjī	45190
升空	shēngkōng	13187
升力	shēnglì	44415
升平	shēngpíng	25557
升旗	shēngqí	17161
升迁	shēngqiān	18441
升任	shēngrèn	21638
升势	shēngshì	42404
升腾	shēngténg	16171
升天	shēngtiān	20892
升位	shēngwèi	42661
升温	shēngwēn	11377

升学	shēngxué	12863
升学率	shēngxuélǜ	19953
升压	shēngyā	49953
升值	shēngzhí	13571
生	shēng	398
生搬硬套	shēngbān-yìngtào	33627
生编硬造	shēngbiān-yìngzào	56220
生变	shēngbiàn	22471
生病	shēngbìng	7714
生不逢时	shēngbùféngshí	39736
生财	shēngcái	19704
生财有道	shēngcái-yǒudào	47261
生菜	shēngcài	32487
生产	shēngchǎn	466
生产方式	shēngchǎn fāngshì	10735
生产工具	shēngchǎn gōngjù	19296
生产关系	shēngchǎn guānxì	7203
生产过剩	shēngchǎn guòshèng	33013
生产力	shēngchǎnlì	1770
生产率	shēngchǎnlǜ	16542
生产线	shēngchǎnxiàn	6249
生产资料	shēngchǎn zīliào	5805
生辰	shēngchén	30741
生辰八字	shēngchén bāzì	39307
生成	shēngchéng	6513
生吃	shēngchī	24024
生词	shēngcí	53671
生存	shēngcún	1439
生动	shēngdòng	2148
生儿育女	shēng'ér-yùnǚ	26505
生发	shēngfā	23386
生分	shēngfen	38705
生俘	shēngfú	54692
生父	shēngfù	28692
生根	shēnggēn	15145
生光	shēngguāng	37598
生花妙笔	shēnghuā-miàobǐ	53672
生还	shēnghuán	21229
生荒	shēnghuāng	56222
生活	shēnghuó	71
生活方式	shēnghuó fāngshì	5286
生活费	shēnghuófèi	8782
生活照	shēnghuózhào	49954
生活资料	shēnghuó zīliào	19736
生火	shēnghuǒ	24785
生机	shēngjī	4842
生机勃勃	shēngjī-bóbó	14101
生计	shēngjì	11350
生姜	shēngjiāng	25710
生就	shēngjiù	28599
生客	shēngkè	41698
生恐	shēngkǒng	52713
生拉硬拽	shēnglā-yìngzhuài	52714
生来	shēnglái	18403
生老病死	shēng-lǎo-bìng-sǐ	29164
生冷	shēnglěng	40593
生离死别	shēnglí-sǐbié	30864
生理	shēnglǐ	5382
生理盐水	shēnglǐ yánshuǐ	54170
生力军	shēnglìjūn	14522
生灵	shēnglíng	18442
生灵涂炭	shēnglíng-tútàn	37055
生龙活虎	shēnglóng-huóhǔ	27438
生路	shēnglù	19201
生闷气	shēng mènqì	36558
生猛	shēngměng	38706
生命	shēngmìng	351
生命力	shēngmìnglì	5137
生命线	shēngmìngxiàn	13418
生母	shēngmǔ	18261
生怕	shēngpà	8953
生皮	shēngpí	56223
生啤酒	shēngpíjiǔ	48521
生僻	shēngpì	41485
生平	shēngpíng	8831
生漆	shēngqī	47262
生气	shēngqì	3363
生气勃勃	shēngqì-bóbó	23427
生前	shēngqián	5910
生擒	shēngqín	26003
生趣	shēngqù	32876
生人	shēngrén	18318
生日	shēngrì	4302
生荣死哀	shēngróng-sǐ'āi	54171
生色	shēngsè	38903
生涩	shēngsè	36074
生杀予夺	shēngshā-yǔduó	40176
生身	shēngshēn	25848
生生不息	shēngshēng-bùxī	21552
生生世世	shēngshēngshìshì	49955
生石灰	shēngshíhuī	39737
生事	shēngshì	31872
生手	shēngshǒu	46069
生疏	shēngshū	16741
生水	shēngshuǐ	38519
生丝	shēngsī	40177
生死	shēngsǐ	5657
生死簿	shēngsǐbù	51864
生死存亡	shēngsǐ-cúnwáng	16983
生死观	shēngsǐguān	47578
生死未卜	shēngsǐ-wèibǔ	50679
生死攸关	shēngsǐ-yōuguān	33780
生死与共	shēngsǐ-yǔgòng	39738
生死之交	shēngsǐzhījiāo	44416
生态	shēngtài	1473
生态工程	shēngtài gōngchéng	18531
生态环境	shēngtài huánjìng	3974
生态科学	shēngtài kēxué	50680
生态旅游	shēngtài lǚyóu	43425
生态农业	shēngtài nóngyè	42923
生态平衡	shēngtài pínghéng	15168
生疼	shēngténg	33130
生铁	shēngtiě	21353
生土	shēngtǔ	48841
生吞活剥	shēngtūn-huóbō	41486
生物	shēngwù	1589
生物电	shēngwùdiàn	49585
生物防治	shēngwù fángzhì	28693
生物链	shēngwùliàn	47263
生物圈	shēngwùquān	20549
生物武器	shēngwù wǔqì	28521
生物制品	shēngwù zhìpǐn	24511
生物钟	shēngwùzhōng	29760
生息	shēngxī	20935
生鲜	shēngxiān	16126
生肖	shēngxiào	24264
生效	shēngxiào	7076
生性	shēngxìng	18203
生锈	shēngxiù	24849
生涯	shēngyá	5861
生养	shēngyǎng	23918
生疑	shēngyí	26506
生意	shēngyì	6432
生意	shēngyi	3182
生意经	shēngyijīng	33266
生硬	shēngyìng	14251
生油	shēngyóu	49214

生于	shēngyú	7525
生鱼片	shēngyúpiàn	42161
生育	shēngyù	6554
生源	shēngyuán	15088
生造	shēngzào	44647
生长	shēngzhǎng	2260
生长点	shēngzhǎngdiǎn	27518
生长期	shēngzhǎngqī	23754
生长素	shēngzhǎngsù	37951
生殖	shēngzhí	7911
生殖器	shēngzhíqì	30973
生猪	shēngzhū	9938
生字	shēngzì	33781
声	shēng	399
声辩	shēngbiàn	47264
声波	shēngbō	23755
声部	shēngbù	28266
声称	shēngchēng	7025
声带	shēngdài	28961
声道	shēngdào	13532
声调	shēngdiào	12258
声东击西	shēngdōng-jīxī	39111
声符	shēngfú	52715
声卡	shēngkǎ	56224
声控	shēngkòng	43676
声浪	shēnglàng	18348
声泪俱下	shēnglèi-jùxià	27857
声门	shēngmén	51068
声名	shēngmíng	18287
声名狼藉	shēngmíng-lángjí	40595
声名鹊起	shēngmíng-quèqǐ	37056
声明	shēngmíng	2069
声母	shēngmǔ	50681
声气	shēngqì	27365
声腔	shēngqiāng	40596
声情并茂	shēngqíng-bìngmào	28600
声色	shēngsè	23756
声色俱厉	shēngsè-jùlì	30083
声色犬马	shēngsè-quǎnmǎ	45191
声势	shēngshì	11272
声嘶力竭	shēngsī-lìjié	25626
声速	shēngsù	39538
声讨	shēngtǎo	17417
声望	shēngwàng	16193
声威	shēngwēi	24717
声息	shēngxī	17115
声响	shēngxiǎng	7600
声言	shēngyán	23096
声扬	shēngyáng	42405
声音	shēngyīn	802
声誉	shēngyù	8236
声援	shēngyuán	15010
声源	shēngyuán	44897
声乐	shēngyuè	13685
声张	shēngzhāng	23643
牲畜	shēngchù	6703
牲口	shēngkou	10096
笙	shēng	22263
笙歌	shēnggē	40597
甥女	shēngnǚ	42162
绳	shéng	6980
绳墨	shéngmò	54172
绳索	shéngsuǒ	15658
绳套	shéngtào	40816
绳梯	shéngtī	54693
绳之以法	shéngzhīyǐfǎ	21920
绳子	shéngzi	7801
省	shěng	766
省报	shěngbào	33132
省城	shěngchéng	8637
省吃俭用	shěngchī-jiǎnyòng	24134
省得	shěngde	12550
省份	shěngfèn	6682
省府	shěngfǔ	36232
省会	shěnghuì	10121
省力	shěnglì	25627
省略	shěnglüè	22209
省略号	shěnglüèhào	51865
省钱	shěngqián	18507
省区	shěngqū	4813
省却	shěngquè	39308
省事	shěngshì	15585
省辖市	shěngxiáshì	27439
省心	shěngxīn	25849
圣	shèng	24352
圣诞	shèngdàn	18170
圣诞节	Shèngdàn Jié	16050
圣诞卡	shèngdànkǎ	52291
圣诞老人	Shèngdàn Lǎorén	29165
圣诞树	shèngdànshù	37404
圣地	shèngdì	10122
圣火	shènghuǒ	15146
圣洁	shèngjié	15373
圣经	Shèngjīng	11952
圣灵	shènglíng	40178
圣明	shèngmíng	28267
圣人	shèngrén	10212
圣手	shèngshǒu	43173
圣水	shèngshuǐ	33628
圣贤	shèngxián	18823
圣战	shèngzhàn	39309
圣旨	shèngzhǐ	18007
胜	shèng	1365
胜败	shèngbài	22938
胜出	shèngchū	16836
胜地	shèngdì	12538
胜负	shèngfù	9295
胜过	shèngguò	14815
胜迹	shèngjì	39947
胜景	shèngjǐng	29269
胜境	shèngjìng	42163
胜局	shèngjú	27519
胜利	shènglì	842
胜率	shènglǜ	35781
胜券	shèngquàn	38904
胜任	shèngrèn	11473
胜似	shèngsì	26638
胜诉	shèngsù	18349
胜算	shèngsuàn	32345
胜选	shèngxuǎn	18980
胜仗	shèngzhàng	13457
盛	shèng	3179
盛产	shèngchǎn	16403
盛传	shèngchuán	35494
盛大	shèngdà	8893
盛典	shèngdiǎn	23543
盛会	shènghuì	6853
盛极一时	shèngjí-yīshí	39739
盛举	shèngjǔ	38520
盛开	shèngkāi	10864
盛况	shèngkuàng	16463
盛名	shèngmíng	17207
盛年	shèngnián	37952
盛怒	shèngnù	30521
盛气凌人	shèngqì-língrén	29166
盛情	shèngqíng	14859
盛情难却	shèngqíng-nánquè	37599

盛世	shèngshì	12475
盛事	shèngshì	15717
盛暑	shèngshǔ	41253
盛衰	shèngshuāi	24918
盛夏	shèngxià	13084
盛行	shèngxíng	8999
盛宴	shèngyàn	22016
盛意	shèngyì	38707
盛誉	shèngyù	36559
盛赞	shèngzàn	17208
盛装	shèngzhuāng	15586
剩	shèng	3872
剩男	shèngnán	28264
剩女	shèngnǚ	19554
剩下	shèngxia	2706
剩余	shèngyú	7032
尸	shī	6641
尸骨	shīgǔ	24334
尸骸	shīhái	31404
尸横遍野	shīhéngbiànyě	42164
尸检	shījiǎn	37773
尸身	shīshēn	24718
尸首	shīshou	15546
尸体	shītǐ	5899
尸位素餐	shīwèi-sùcān	47882
失	shī	2111
失败	shībài	1888
失策	shīcè	29063
失察	shīchá	25442
失常	shīcháng	16067
失宠	shīchǒng	37600
失传	shīchuán	20153
失聪	shīcōng	41699
失措	shīcuò	25056
失当	shīdàng	26639
失盗	shīdào	52716
失道寡助	shīdào-guǎzhù	45487
失地	shīdì	11085
失掉	shīdiào	12060
失独	shīdú	26353
失范	shīfàn	28808
失和	shīhé	35607
失衡	shīhéng	10818
失欢	shīhuān	51866
失魂落魄	shīhún-luòpò	30865
失火	shīhuǒ	20318
失计	shījì	40817
失检	shījiǎn	47265
失脚	shījiǎo	52717
失节	shījié	33388
失禁	shījìn	35932
失敬	shījìng	37953
失控	shīkòng	12702
失口	shīkǒu	38905
失礼	shīlǐ	27440
失利	shīlì	8439
失联	shīlián	7899
失恋	shīliàn	19737
失灵	shīlíng	17705
失落	shīluò	11521
失密	shīmì	48842
失眠	shīmián	12849
失明	shīmíng	16125
失偶	shī'ǒu	55134
失陪	shīpéi	42924
失窃	shīqiè	31873
失去	shīqù	1045
失却	shīquè	26270
失群	shīqún	54694
失散	shīsàn	26271
失色	shīsè	20585
失墒	shīshāng	54173
失身	shīshēn	37601
失神	shīshén	25939
失声	shīshēng	12929
失时	shīshí	51069
失实	shīshí	21967
失势	shīshì	30522
失事	shīshì	13749
失收	shīshōu	54695
失手	shīshǒu	19883
失守	shīshǒu	14750
失算	shīsuàn	36722
失态	shītài	26004
失蹄	shītí	34483
失调	shītiáo	13329
失望	shīwàng	3677
失物	shīwù	39948
失误	shīwù	4366
失陷	shīxiàn	23814
失笑	shīxiào	33133
失效	shīxiào	13408
失信	shīxìn	10936
失修	shīxiū	34866
失序	shīxù	50682
失学	shīxué	9973
失学率	shīxuélǜ	56225
失血	shīxuè	27520
失言	shīyán	27606
失业	shīyè	2839
失业率	shīyèlǜ	7139
失宜	shīyí	49215
失意	shīyì	18824
失音	shīyīn	55703
失迎	shīyíng	46070
失语	shīyǔ	35495
失语症	shīyǔzhèng	53673
失约	shīyuē	32620
失责	shīzé	49956
失着	shīzhāo	48181
失贞	shīzhēn	54174
失真	shīzhēn	19233
失之交臂	shīzhī-jiāobì	27521
失职	shīzhí	10007
失重	shīzhòng	29064
失主	shīzhǔ	24025
失准	shīzhǔn	49216
失踪	shīzōng	7692
失足	shīzú	18262
师	shī	1089
师表	shībiǎo	30974
师承	shīchéng	33629
师出无名	shīchū-wúmíng	46071
师传	shīchuán	44898
师从	shīcóng	24786
师道尊严	shīdào-zūnyán	51867
师德	shīdé	14330
师弟	shīdì	28522
师法	shīfǎ	37954
师范	shīfàn	9939
师父	shīfu	11301
师傅	shīfu	3073
师哥	shīgē	42165
师姐	shījiě	23757
师妹	shīmèi	27778
师门	shīmén	49957
师母	shīmǔ	19614
师娘	shīniáng	39539

师生	shīshēng	4714
师事	shīshì	28962
师徒	shītú	19738
师兄	shīxiōng	18443
师兄弟	shīxiōngdì	37955
师训	shīxùn	51070
师爷	shīyé	18172
师友	shīyǒu	36387
师长	shīzhǎng	5821
师资	shīzī	9093
诗	shī	985
诗抄	shīchāo	40371
诗词	shīcí	8181
诗歌	shīgē	4104
诗画	shīhuà	35782
诗话	shīhuà	30636
诗会	shīhuì	37602
诗集	shījí	11090
诗境	shījìng	38147
诗句	shījù	10284
诗剧	shījù	33903
诗刊	shīkān	32877
诗律	shīlǜ	51868
诗篇	shīpiān	14816
诗情画意	shīqíng-huàyì	22886
诗人	shīrén	2037
诗社	shīshè	26423
诗史	shīshǐ	39540
诗书	shīshū	23428
诗坛	shītán	25057
诗体	shītǐ	37405
诗文	shīwén	13488
诗兴	shīxìng	35185
诗选	shīxuǎn	33134
诗意	shīyì	8445
诗友	shīyǒu	43931
诗韵	shīyùn	42662
诗作	shīzuò	18532
虱子	shīzi	20154
狮子	shīzi	7676
狮子大开口	shīzi dà kāi kǒu	51071
狮子狗	shīzigǒu	48843
狮子头	shīzitóu	37057
狮子舞	shīziwǔ	49586
施	shī	3195
施暴	shībào	44417
施放	shīfàng	25129
施肥	shīféi	8933
施粉	shīfěn	50683
施工	shīgōng	2057
施加	shījiā	10823
施教	shījiào	38708
施救	shījiù	44418
施礼	shīlǐ	29974
施舍	shīshě	21146
施威	shīwēi	48844
施行	shīxíng	4304
施压	shīyā	17350
施用	shīyòng	12285
施与	shīyǔ	45778
施展	shīzhǎn	9590
施政	shīzhèng	10431
施治	shīzhì	33389
施主	shīzhǔ	39949
湿	shī	3263
湿地	shīdì	4737
湿度	shīdù	12629
湿乎乎	shīhūhū	48182
湿淋淋	shīlínlín	26507
湿漉漉	shīlùlù	16382
湿气	shīqì	34446
湿热	shīrè	26272
湿润	shīrùn	9928
湿疹	shīzhěn	44899
十	shí	205
十八般武艺	shíbā bān wǔyì	40372
十八罗汉	shíbā luóhàn	50317
十冬腊月	shídōnglàyuè	46375
十恶不赦	shí'è-bùshè	39310
十二生肖	shí'èr shēngxiào	36890
十二分	shí'èrfēn	20936
十二指肠	shí'èrzhǐcháng	35933
十分	shífēn	204
十佳	shíjiā	9647
十进制	shíjìnzhì	56719
十拿九稳	shíná-jiǔwěn	38521
十年动乱	shínián dòngluàn	25628
十年寒窗	shínián-hánchuāng	45779
十年浩劫	shínián hàojié	25712
十年树木，百年树人	shínián-shùmù，bǎinián-shùrén	45192
十全十美	shíquán-shíměi	27146
十三陵	shísānlíng	27441
十室九空	shíshì-jiǔkōng	49587
十万八千里	shíwàn bāqiān lǐ	36233
十万火急	shíwàn-huǒjí	29869
十一	Shí-Yī	2140
十之八九	shízhībājiǔ	26843
十指连心	shízhǐ-liánxīn	54696
十字镐	shízìgǎo	50318
十字架	shízìjià	17810
十字街头	shízì jiētóu	34867
十字军	shízìjūn	33390
十字路口	shízì lùkǒu	16543
十足	shízú	7091
什锦	shíjǐn	40818
什物	shíwù	28184
石	shí	1292
石斑鱼	shíbānyú	49217
石板	shíbǎn	13125
石版	shíbǎn	51869
石碑	shíbēi	14563
石笔	shíbǐ	54175
石壁	shíbì	21230
石材	shícái	19954
石槽	shícáo	43174
石沉大海	shíchéndàhǎi	34577
石雕	shídiāo	18444
石墩	shídūn	42166
石方	shífāng	48522
石坊	shífāng	54697
石舫	shífǎng	52718
石膏	shígāo	18008
石拱桥	shígǒngqiáo	40373
石磙	shígǔn	42925
石花菜	shíhuācài	55704
石灰	shíhuī	13825
石灰石	shíhuīshí	33267
石级	shíjí	32488
石家庄	Shíjiāzhuāng	5595
石匠	shíjiang	23296
石臼	shíjiù	40598
石刻	shíkè	16127
石窟	shíkū	12678
石蜡	shílà	34717
石料	shíliào	21188
石林	shílín	19466
石榴	shíliu	19467

石榴裙	shíliuqún	45193
石棉	shímián	33630
石棉瓦	shímiánwǎ	47266
石墨	shímò	22799
石磨	shímò	29761
石女	shínǚ	56593
石破天惊	shípò-tiānjīng	33135
石器	shíqì	19925
石器时代	shíqì shídài	28601
石桥	shíqiáo	15930
石蕊	shíruǐ	39950
石狮	shíshī	19141
石笋	shísǔn	37956
石锁	shísuǒ	47883
石炭酸	shítànsuān	52719
石头	shítou	2588
石头子儿	shítouzǐr	48183
石像	shíxiàng	26508
石印	shíyìn	31642
石英	shíyīng	23249
石英表	shíyīngbiǎo	53674
石英钟	shíyīngzhōng	37957
石油	shíyóu	1858
石油气	shíyóuqì	32878
石钟乳	shízhōngrǔ	49588
石竹	shízhú	42406
石柱	shízhù	22989
石子儿	shízǐr	50319
时	shí	33
时报	shíbào	7456
时弊	shíbì	28021
时不我待	shíbùwǒdài	25850
时不再来	shíbùzàilái	40179
时不时	shíbùshí	13993
时差	shíchā	26005
时常	shícháng	4330
时辰	shíchen	13540
时代	shídài	288
时代感	shídàigǎn	19270
时点	shídiǎn	41047
时调	shídiào	51870
时段	shíduàn	10495
时而	shí'ér	6631
时分	shífēn	8288
时光	shíguāng	5635
时过境迁	shíguò-jìngqiān	29657
时候	shíhou	180
时机	shíjī	4019
时价	shíjià	45780
时间	shíjiān	111
时间表	shíjiānbiǎo	11940
时间差	shíjiānchā	29167
时间性	shíjiānxìng	36723
时节	shíjié	4811
时局	shíjú	16524
时刻	shíkè	1709
时刻表	shíkèbiǎo	40180
时空	shíkōng	4804
时来运转	shílái-yùnzhuǎn	36891
时令	shílìng	25250
时髦	shímáo	8226
时评	shípíng	11159
时期	shíqī	482
时起时伏	shíqǐ-shífú	48184
时区	shíqū	38906
时人	shírén	46376
时日	shírì	13148
时尚	shíshàng	5026
时时	shíshí	5496
时时刻刻	shíshí-kèkè	15487
时世	shíshì	44181
时势	shíshì	19955
时事	shíshì	11953
时蔬	shíshū	32445
时俗	shísú	51456
时速	shísù	12646
时态	shítài	46377
时文	shíwén	47884
时务	shíwù	34037
时下	shíxià	8883
时鲜	shíxiān	40181
时限	shíxiàn	11078
时效	shíxiào	15697
时新	shíxīn	40182
时兴	shíxīng	18569
时行	shíxíng	53675
时序	shíxù	33904
时宜	shíyí	39112
时疫	shíyì	46674
时隐时现	shíyǐn-shíxiàn	26006
时运	shíyùn	34151
时针	shízhēn	26509
时政	shízhèng	11309
时值	shízhí	20713
时至今日	shízhì-jīnrì	15354
时钟	shízhōng	20743
时装	shízhuāng	7997
时装表演	shízhuāng biǎoyǎn	34718
识	shí	4164
识别	shíbié	6628
识大体	shídàtǐ	32346
识货	shíhuò	35934
识破	shípò	19672
识趣	shíqù	36560
识时务	shíshíwù	36075
识文断字	shíwén-duànzì	45781
识相	shíxiàng	33631
识字	shízì	9883
实	shí	1036
实报实销	shíbào-shíxiāo	47885
实测	shícè	19080
实诚	shícheng	41254
实处	shíchù	19297
实词	shící	52720
实打实	shídǎshí	30303
实弹	shídàn	26570
实地	shídì	6033
实感	shígǎn	17575
实干	shígàn	12423
实干家	shígànjiā	34719
实话	shíhuà	9000
实话实说	shíhuà-shíshuō	18204
实惠	shíhuì	5444
实际	shíjì	500
实际上	shíjìshang	1171
实绩	shíjì	10503
实价	shíjià	41048
实践	shíjiàn	952
实景	shíjǐng	27366
实据	shíjù	44648
实况	shíkuàng	15170
实力	shílì	1932
实例	shílì	14598
实录	shílù	19808
实名	shímíng	23142
实情	shíqíng	10535
实权	shíquán	22800
实施	shíshī	1085

始祖	shǐzǔ	21396
始作俑者	shǐzuòyǒngzhě	36234
驶	shǐ	10250
驶离	shǐlí	27858
屎	shǐ	7744
屎壳郎	shǐkeláng	51872
士	shì	3406
士兵	shìbīng	2408
士大夫	shìdàfū	16404
士官	shìguān	12662
士气	shìqì	9215
士人	shìrén	25058
士绅	shìshēn	23048
士卒	shìzú	15433
氏	shì	4012
氏族	shìzú	11178
示爱	shì'ài	40602
示波器	shìbōqì	53677
示范	shìfàn	2860
示警	shìjǐng	41256
示例	shìlì	55706
示人	shìrén	27002
示弱	shìruò	20246
示威	shìwēi	6656
示意	shìyì	10025
示意图	shìyìtú	20319
示众	shìzhòng	20436
世	shì	1425
世仇	shìchóu	40820
世传	shìchuán	44182
世代	shìdài	9726
世道	shìdào	17287
世风	shìfēng	36724
世风日下	shìfēng-rìxià	42664
世故	shìgù	26008
世故	shìgu	20358
世纪	shìjì	392
世家	shìjiā	15834
世间	shìjiān	9955
世交	shìjiāo	36076
世界	shìjiè	720
世界杯	shìjièbēi	3825
世界观	shìjièguān	4658
世界贸易组织	Shìjiè Màoyì Zǔzhī	5997
世界语	Shìjièyǔ	21231
世面	shìmiàn	18263
世情	shìqíng	29762
世人	shìrén	5181
世上	shìshàng	6872
世世代代	shìshì-dàidài	14832
世事	shìshì	11806
世俗	shìsú	9510
世态	shìtài	28022
世态炎凉	shìtài-yánliáng	41937
世外桃源	shìwài-táoyuán	24196
世袭	shìxí	19926
世系	shìxì	34870
世兄	shìxiōng	42167
世族	shìzú	44650
仕女	shìnǚ	29270
仕途	shìtú	21877
市	shì	356
市场	shìchǎng	487
市场经济	shìchǎng jīngjì	1755
市场体系	shìchǎng tǐxì	10536
市尺	shìchǐ	56665
市花	shìhuā	40183
市话	shìhuà	20586
市价	shìjià	22472
市郊	shìjiāo	14876
市斤	shìjīn	46676
市井	shìjǐng	21512
市侩	shìkuài	30743
市里	shìlǐ	6262
市两	shìliǎng	49589
市貌	shìmào	29747
市面	shìmiàn	17002
市民	shìmín	1975
市情	shìqíng	31761
市区	shìqū	3571
市容	shìróng	11661
市升	shìshēng	56748
市辖区	shìxiáqū	28789
市镇	shìzhèn	16027
市政	shìzhèng	7401
市值	shìzhí	3085
市制	shìzhì	54176
市中心	shìzhōngxīn	7271
式	shì	688
式微	shìwēi	33014
式样	shìyàng	12691
式子	shìzi	38316
似的	shìde	1692
势	shì	2180
势必	shìbì	7026
势不可当	shìbùkědāng	46968
势不可挡	shìbùkědǎng	27941
势不两立	shìbùliǎnglì	31405
势均力敌	shìjūn-lìdí	32621
势力	shìlì	1588
势利	shìli	26009
势利小人	shìli xiǎorén	49590
势利眼	shìliyǎn	41701
势能	shìnéng	25386
势如破竹	shìrúpòzhú	29763
势态	shìtài	43932
势头	shìtóu	3203
势在必行	shìzàibìxíng	13228
事	shì	137
事半功倍	shìbàn-gōngbèi	19299
事倍功半	shìbèi-gōngbàn	30407
事必躬亲	shìbìgōngqīn	41051
事变	shìbiàn	11236
事不宜迟	shìbùyíchí	31644
事出有因	shìchū-yǒuyīn	34152
事到临头	shìdàolíntóu	40821
事端	shìduān	19404
事功	shìgōng	40603
事故	shìgù	1823
事过境迁	shìguò-jìngqiān	37603
事后	shìhòu	5379
事机	shìjī	37774
事迹	shìjì	3092
事假	shìjià	43933
事件	shìjiàn	922
事理	shìlǐ	23644
事例	shìlì	9018
事略	shìlüè	48185
事前	shìqián	11117
事情	shìqing	386
事实	shìshí	699
事事	shìshì	10798
事态	shìtài	10897
事体	shìtǐ	25059
事无巨细	shìwújùxì	34298
事务	shìwù	2204
事务所	shìwùsuǒ	6581

事物	shìwù	2286
事先	shìxiān	5096
事项	shìxiàng	3798
事业	shìyè	428
事业单位	shìyè dānwèi	5717
事业心	shìyèxīn	14482
事宜	shìyí	6536
事由	shìyóu	24920
事与愿违	shìyǔyuànwéi	22360
事在人为	shìzàirénwéi	33268
事主	shìzhǔ	36235
侍从	shìcóng	23696
侍奉	shìfèng	22659
侍候	shìhòu	12379
侍立	shìlì	28790
侍弄	shìnòng	30637
侍女	shìnǚ	16627
侍卫	shìwèi	18767
侍应	shìyìng	49591
侍者	shìzhě	21098
饰	shì	7199
饰词	shìcí	53175
饰品	shìpǐn	26195
饰物	shìwù	26072
饰演	shìyǎn	15911
试	shì	1812
试办	shìbàn	29065
试表	shìbiǎo	56226
试播	shìbō	52723
试产	shìchǎn	45488
试场	shìchǎng	54177
试车	shìchē	23388
试点	shìdiǎn	2776
试读	shìdú	50684
试飞	shìfēi	22939
试工	shìgōng	54698
试管	shìguǎn	11482
试管婴儿	shìguǎn yīng'ér	31874
试航	shìháng	39113
试婚	shìhūn	41275
试机	shìjī	53678
试剂	shìjì	18894
试讲	shìjiǎng	49958
试金石	shìjīnshí	22523
试镜	shìjìng	34219
试卷	shìjuàn	18319
试看	shìkàn	20812
试手	shìshǒu	51072
试探	shìtàn	17937
试探	shìtan	16051
试题	shìtí	14075
试听	shìtīng	47579
试图	shìtú	5205
试问	shìwèn	18352
试想	shìxiǎng	10774
试销	shìxiāo	39542
试行	shìxíng	6242
试演	shìyǎn	43934
试验	shìyàn	1775
试验田	shìyàntián	21726
试养	shìyǎng	51873
试样	shìyàng	25131
试营业	shìyíngyè	44419
试映	shìyìng	49218
试用	shìyòng	14218
试用期	shìyòngqī	19061
试纸	shìzhǐ	36561
试制	shìzhì	15413
试种	shìzhòng	19840
视	shì	1873
视察	shìchá	4326
视唱	shìchàng	54699
视窗	shìchuāng	16578
视点	shìdiǎn	3510
视而不见	shì'érbùjiàn	15619
视角	shìjiǎo	7572
视界	shìjiè	32489
视距	shìjù	38824
视觉	shìjué	7574
视力	shìlì	12120
视盘	shìpán	41938
视频	shìpín	11112
视若无睹	shìruòwúdǔ	45782
视神经	shìshénjīng	42168
视事	shìshì	33269
视死如归	shìsǐ-rúguī	28524
视听	shìtīng	15737
视同	shìtóng	20628
视图	shìtú	28963
视网膜	shìwǎngmó	24512
视为	shìwéi	3444
视线	shìxiàn	7137
视野	shìyě	4046
视域	shìyù	39788
拭目以待	shìmùyǐdài	24513
柿饼	shìbǐng	39742
柿霜	shìshuāng	54178
柿子	shìzi	15089
柿子椒	shìzijiāo	49592
是	shì	2
是不是	shìbùshì	1642
是凡	shìfán	28603
是非	shìfēi	5097
是非曲直	shìfēi-qūzhí	33632
是非窝	shìfēiwō	56227
是否	shìfǒu	603
是味儿	shìwèir	55245
适才	shìcái	23297
适当	shìdàng	2124
适得其反	shìdé-qífǎn	20507
适度	shìdù	7133
适逢其会	shìféng-qíhuì	53679
适合	shìhé	2681
适可而止	shìkě'érzhǐ	29870
适口	shìkǒu	39952
适量	shìliàng	17003
适龄	shìlíng	13944
适时	shìshí	6068
适销	shìxiāo	41702
适宜	shìyí	5488
适意	shìyì	38317
适应	shìyìng	1071
适用	shìyòng	2665
适于	shìyú	12293
适值	shìzhí	17498
适中	shìzhōng	19884
恃才傲物	shìcái-àowù	48847
恃强凌弱	shìqiáng-língruò	46378
室	shì	1214
室内	shìnèi	4176
室内乐	shìnèiyuè	38908
室外	shìwài	12380
室温	shìwēn	20437
逝世	shìshì	4057
舐犊情深	shìdú-qíngshēn	55246
释	shì	9327
释放	shìfàng	4044
释怀	shìhuái	38522

释迦牟尼	Shìjiāmóuní	23193
释然	shìrán	26571
释文	shìwén	42407
释疑	shìyí	21639
释义	shìyì	33905
谥号	shìhào	49593
嗜好	shìhào	14640
嗜酒	shìjiǔ	31762
嗜血	shìxuè	44901
嗜欲	shìyù	51073
誓	shì	8818
誓不罢休	shìbùbàxiū	45195
誓不两立	shìbùliǎnglì	51074
誓词	shìcí	24672
誓师	shìshī	27442
誓死	shìsǐ	20851
誓言	shìyán	12172
誓愿	shìyuàn	47268
誓约	shìyuē	46677
收	shōu	680
收报	shōubào	51458
收编	shōubiān	31294
收兵	shōubīng	19009
收藏	shōucáng	5879
收场	shōuchǎng	17966
收车	shōuchē	46969
收成	shōucheng	11807
收存	shōucún	43177
收到	shōudào	1995
收发	shōufā	19957
收发室	shōufāshì	33270
收方	shōufāng	55247
收费	shōufèi	2347
收服	shōufú	42926
收复	shōufù	13614
收割	shōugē	10912
收割机	shōugējī	18092
收工	shōugōng	20629
收购	shōugòu	2766
收官	shōuguān	8734
收归	shōuguī	33506
收回	shōuhuí	4866
收获	shōuhuò	3492
收集	shōují	3536
收监	shōujiān	46379
收缴	shōujiǎo	7642
收紧	shōujǐn	8149
收据	shōujù	14641
收看	shōukàn	12486
收口	shōukǒu	48848
收款	shōukuǎn	17751
收款机	shōukuǎnjī	40376
收揽	shōulǎn	44902
收礼	shōulǐ	31875
收敛	shōuliǎn	12779
收殓	shōuliàn	40822
收留	shōuliú	21050
收拢	shōulǒng	26641
收录	shōulù	12801
收录机	shōulùjī	24514
收罗	shōuluó	37058
收买	shōumǎi	13176
收纳	shōunà	36562
收盘	shōupán	21011
收讫	shōuqì	55707
收取	shōuqǔ	4735
收容	shōuróng	14010
收容所	shōuróngsuǒ	31983
收入	shōurù	776
收审	shōushěn	43935
收尸	shōushī	33271
收市	shōushì	34578
收视	shōushì	15123
收视率	shōushìlǜ	17033
收拾	shōushi	4239
收手	shōushǒu	43677
收受	shōushòu	9290
收税	shōushuì	23866
收缩	shōusuō	10018
收摊儿	shōutānr	37958
收条	shōutiáo	34448
收听	shōutīng	19202
收尾	shōuwěi	24515
收文	shōuwén	55708
收悉	shōuxī	53680
收效	shōuxiào	17101
收心	shōuxīn	44651
收押	shōuyā	46678
收阳	shōuyáng	42439
收养	shōuyǎng	15718
收益	shōuyì	4724
收阴	shōuyīn	41923
收音	shōuyīn	51874
收音机	shōuyīnjī	11723
收银台	shōuyíntái	55248
收银员	shōuyínyuán	39114
收账	shōuzhàng	42665
收支	shōuzhī	5413
收执	shōuzhí	46072
收治	shōuzhì	13734
收转	shōuzhuǎn	48186
收租	shōuzū	32879
手	shǒu	289
手把手	shǒubǎshǒu	19995
手板	shǒubǎn	44420
手包	shǒubāo	37775
手背	shǒubèi	13641
手笔	shǒubǐ	20320
手臂	shǒubì	7038
手边	shǒubiān	21441
手表	shǒubiǎo	9231
手柄	shǒubǐng	44903
手不释卷	shǒubùshìjuàn	41487
手册	shǒucè	9873
手抄	shǒuchāo	25320
手抄本	shǒuchāoběn	36725
手持	shǒuchí	9239
手戳	shǒuchuō	49594
手大	shǒudà	27684
手袋	shǒudài	32880
手到病除	shǒudào-bìngchú	49959
手到擒来	shǒudào-qínlái	46679
手底下	shǒudǐxia	41939
手电筒	shǒudiàntǒng	19010
手段	shǒuduàn	928
手法	shǒufǎ	5145
手风琴	shǒufēngqín	27367
手感	shǒugǎn	35186
手稿	shǒugǎo	14833
手工	shǒugōng	8562
手工业	shǒugōngyè	11763
手工艺	shǒugōngyì	30304
手鼓	shǒugǔ	42169
手黑	shǒuhēi	47887
手机	shǒujī	2676
手疾眼快	shǒují-yǎnkuài	48187
手记	shǒujì	21921
手技	shǒujì	54700

首付款	shǒufùkuǎn	14435
首富	shǒufù	28185
首功	shǒugōng	36564
首航	shǒuháng	27003
首级	shǒují	44906
首季	shǒujì	31295
首届	shǒujiè	4275
首肯	shǒukěn	29360
首例	shǒulì	16784
首领	shǒulǐng	10415
首脑	shǒunǎo	3446
首批	shǒupī	24851
首期	shǒuqī	8499
首屈一指	shǒuqū-yīzhǐ	24570
首任	shǒurèn	18231
首日封	shǒurìfēng	37605
首善之区	shǒushànzhīqū	42666
首饰	shǒushi	10291
首鼠两端	shǒushǔ-liǎngduān	44654
首推	shǒutuī	26349
首尾	shǒuwěi	23049
首尾相应	shǒuwěi-xiāngyìng	54703
首位	shǒuwèi	5638
首席	shǒuxí	5616
首先	shǒuxiān	514
首相	shǒuxiàng	3605
首秀	shǒuxiù	13950
首选	shǒuxuǎn	12207
首演	shǒuyǎn	17725
首要	shǒuyào	4663
首义	shǒuyì	32348
首映	shǒuyìng	32622
首映式	shǒuyìngshì	28791
首战	shǒuzhàn	18264
首长	shǒuzhǎng	6264
首座	shǒuzuò	26073
寿	shòu	8662
寿斑	shòubān	55249
寿比南山	shòubǐnánshān	43178
寿材	shòucái	42667
寿辰	shòuchén	27779
寿诞	shòudàn	46380
寿酒	shòujiǔ	50323
寿礼	shòulǐ	43179
寿面	shòumiàn	50324
寿命	shòumìng	6823
寿木	shòumù	46683
寿山石	shòushānshí	39116
寿司	shòusī	21058
寿桃	shòutáo	41704
寿险	shòuxiǎn	14144
寿星	shòuxing	29271
寿筵	shòuyán	50325
寿衣	shòuyī	31645
寿幛	shòuzhàng	55250
寿终	shòuzhōng	37236
寿终正寝	shòuzhōng-zhèngqǐn	32223
受	shòu	189
受病	shòubìng	48525
受不了	shòubuliǎo	7706
受潮	shòucháo	37959
受宠	shòuchǒng	34579
受宠若惊	shòuchǒng-ruòjīng	23919
受挫	shòucuò	16425
受到	shòudào	454
受敌	shòudí	32490
受罚	shòufá	23975
受粉	shòufěn	55251
受雇	shòugù	31076
受过	shòuguò	6461
受害	shòuhài	10686
受害人	shòuhàirén	5454
受寒	shòuhán	48526
受旱	shòuhàn	26074
受话器	shòuhuàqì	55709
受贿	shòuhuì	7772
受惠	shòuhuì	21818
受检	shòujiǎn	35026
受奖	shòujiǎng	22264
受教	shòujiào	21479
受戒	shòujiè	35496
受惊	shòujīng	24336
受精	shòujīng	19810
受窘	shòujiǒng	37960
受看	shòukàn	51876
受苦	shòukǔ	11163
受困	shòukùn	32881
受累	shòulěi	26424
受累	shòulèi	31077
受礼	shòulǐ	42668
受理	shòulǐ	4095
受凉	shòuliáng	36077
受领	shòulǐng	40184
受命	shòumìng	10369
受难	shòunàn	16838
受虐	shòunüè	40185
受骗	shòupiàn	10678
受聘	shòupìn	16948
受气	shòuqì	21593
受气包	shòuqìbāo	48189
受穷	shòuqióng	29658
受屈	shòuqū	35497
受权	shòuquán	26844
受热	shòurè	24921
受辱	shòurǔ	24852
受伤	shòushāng	3089
受赏	shòushǎng	44183
受审	shòushěn	23194
受事	shòushì	49219
受损	shòusǔn	10060
受胎	shòutāi	52724
受体	shòutǐ	20285
受听	shòutīng	48849
受托	shòutuō	23143
受洗	shòuxǐ	47582
受降	shòuxiáng	34299
受刑	shòuxíng	24922
受训	shòuxùn	22104
受邀	shòuyāo	37776
受业	shòuyè	40823
受益	shòuyì	4738
受用	shòuyòng，shòuyong	24720
受冤	shòuyuān	45489
受援	shòuyuán	39545
受阅	shòuyuè	41705
受孕	shòuyùn	32882
受灾	shòuzāi	5689
受制	shòuzhì	20587
受治	shòuzhì	46684
受阻	shòuzǔ	14412
受罪	shòuzuì	15738
狩猎	shòuliè	14794
授	shòu	5005
授粉	shòufěn	24077
授奖	shòujiǎng	33393
授精	shòujīng	33272

授课	shòukè	11504
授命	shòumìng	47269
授旗	shòuqí	41941
授权	shòuquán	4759
授受	shòushòu	45783
授衔	shòuxián	37961
授勋	shòuxūn	29659
授意	shòuyì	20852
授予	shòuyǔ	3675
售	shòu	6534
售后	shòuhòu	39743
售汇	shòuhuì	32114
售货	shòuhuò	24137
售货员	shòuhuòyuán	12155
售价	shòujià	8693
售卖	shòumài	36391
售票	shòupiào	11351
售票处	shòupiàochù	28604
售票员	shòupiàoyuán	17967
售罄	shòuqìng	43180
兽	shòu	6555
兽环	shòuhuán	54704
兽类	shòulèi	27147
兽行	shòuxíng	47270
兽性	shòuxìng	30410
兽药	shòuyào	46685
兽医	shòuyī	10663
兽欲	shòuyù	46073
绶带	shòudài	33782
瘦	shòu	3703
瘦长	shòucháng	21354
瘦骨嶙峋	shòugǔ-línxún	38319
瘦猴儿	shòuhóur	42408
瘦瘠	shòují	54705
瘦肉	shòuròu	19705
瘦肉型	shòuròuxíng	33015
瘦弱	shòuruò	15820
瘦身	shòushēn	31984
瘦小	shòuxiǎo	16233
瘦削	shòuxuē	18288
瘦子	shòuzi	30744
书	shū	228
书案	shū'àn	33783
书吧	shūbā	35352
书包	shūbāo	8502
书报	shūbào	16763
书本	shūběn	9306
书场	shūchǎng	30203
书橱	shūchú	23645
书呆子	shūdāizi	20321
书店	shūdiàn	5511
书法	shūfǎ	4884
书房	shūfáng	7125
书稿	shūgǎo	20155
书柜	shūguì	22473
书函	shūhán	46074
书号	shūhào	34872
书画	shūhuà	7335
书画展	shūhuàzhǎn	22801
书籍	shūjí	3198
书脊	shūjǐ	45784
书记	shūjì	322
书记员	shūjìyuán	22716
书架	shūjià	11226
书简	shūjiǎn	40186
书局	shūjú	16325
书卷	shūjuàn	28186
书卷气	shūjuànqì	37060
书刊	shūkān	10066
书库	shūkù	28438
书眉	shūméi	48766
书迷	shūmí	53681
书面	shūmiàn	4642
书面语	shūmiànyǔ	35187
书名	shūmíng	13479
书名号	shūmínghào	56228
书目	shūmù	15109
书皮	shūpí	39546
书评	shūpíng	25852
书签	shūqiān	34580
书社	shūshè	38911
书生	shūshēng	14447
书生气	shūshēngqì	37962
书市	shūshì	15753
书摊儿	shūtānr	27780
书亭	shūtíng	43181
书屋	shūwū	19082
书香	shūxiāng	24673
书香门第	shūxiāng-méndì	34300
书箱	shūxiāng	39547
书写	shūxiě	7366
书信	shūxìn	10810
书页	shūyè	25132
书院	shūyuàn	13306
书札	shūzhá	46381
书斋	shūzhāi	16128
书展	shūzhǎn	27208
书证	shūzhèng	37963
书桌	shūzhuō	11187
抒发	shūfā	12026
抒怀	shūhuái	28792
抒情	shūqíng	10067
抒情诗	shuqíngshī	24078
抒写	shūxiě	22802
枢纽	shūniǔ	9084
枢要	shūyào	53176
叔	shū	4106
叔伯	shūbai	30868
叔伯兄弟	shūbó xiōngdì	45490
叔父	shūfù	11257
叔公	shūgōng	29764
叔母	shūmǔ	49220
叔婆	shūpó	54706
叔嫂	shūsǎo	43679
叔叔	shūshu	5319
叔祖	shūzǔ	49962
殊	shū	9482
殊不知	shūbùzhī	17234
殊荣	shūróng	12802
殊死	shūsǐ	29458
殊途同归	shūtú-tóngguī	37606
殊勋	shūxūn	49598
倏地	shūdì	22660
倏忽	shūhū	24674
倏然	shūrán	27942
梳	shū	7981
梳辫子	shūbiànzi	46075
梳理	shūlǐ	10053
梳头	shūtóu	17938
梳洗	shūxǐ	22803
梳妆	shūzhuāng	22990
梳妆台	shūzhuāngtái	27005
梳子	shūzi	23815
淑静	shūjìng	52293
淑女	shūnǚ	23429
舒	shū	10570
舒畅	shūchàng	12515
舒服	shūfu	4224

舒缓	shūhuǎn	20508
舒筋活血	shūjīn-huóxuè	53177
舒卷	shūjuǎn	48850
舒散	shūsàn	55710
舒适	shūshì	6096
舒爽	shūshuǎng	50685
舒松	shūsōng	56667
舒坦	shūtan	19706
舒心	shūxīn	17004
舒展	shūzhǎn	12572
舒张	shūzhāng	34039
疏	shū	5372
疏导	shūdǎo	12647
疏忽	shūhu	12110
疏解	shūjiě	42928
疏浚	shūjùn	23332
疏狂	shūkuáng	55252
疏懒	shūlǎn	47888
疏朗	shūlǎng	39312
疏理	shūlǐ	50326
疏漏	shūlòu	23250
疏略	shūlüè	53178
疏落	shūluò	37237
疏密	shūmì	32224
疏散	shūsàn	13295
疏松	shūsōng	19811
疏通	shūtōng	12692
疏于	shūyú	19012
疏远	shūyuǎn	13928
输	shū	2427
输出	shūchū	4800
输电	shūdiàn	14085
输家	shūjiā	35608
输精管	shūjīngguǎn	48190
输卵管	shūluǎnguǎn	35188
输尿管	shūniàoguǎn	44907
输入	shūrù	5686
输送	shūsòng	7010
输血	shūxuè	14817
输氧	shūyǎng	44184
输液	shūyè	14483
输赢	shūyíng	20588
输油管	shūyóuguǎn	37607
蔬菜	shūcài	2267
秫秸	shújiē	36392
孰料	shúliào	33394
赎	shú	15171
赎当	shúdàng	51877
赎金	shújīn	37406
赎买	shúmǎi	42929
赎身	shúshēn	42669
赎罪	shúzuì	21819
熟	shú，shóu	1740
熟谙	shú'ān	38149
熟菜	shúcài	52725
熟地	shúdì	41942
熟化	shúhuà	46970
熟记	shújì	38709
熟客	shúkè	42170
熟练	shúliàn	7668
熟料	shúliào	29619
熟路	shúlù	40604
熟虑	shúlǜ	23545
熟门熟路	shúmén-shúlù	45196
熟能生巧	shúnéngshēngqiǎo	46971
熟女	shúnǚ	32191
熟人	shúrén	7080
熟稔	shúrěn	31985
熟石灰	shúshíhuī	56229
熟识	shúshi	16028
熟食	shúshí	27943
熟视无睹	shúshì-wúdǔ	26132
熟手	shúshǒu	49963
熟睡	shúshuì	18093
熟铁	shútiě	56230
熟土	shútǔ	54180
熟悉	shúxi	1726
熟习	shúxí	21727
熟语	shúyǔ	56668
熟知	shúzhī	13903
暑伏	shǔfú	54181
暑假	shǔjià	7667
暑期	shǔqī	10775
暑气	shǔqì	31646
暑热	shǔrè	35189
暑天	shǔtiān	41943
黍子	shǔzi	52294
属	shǔ	837
属地	shǔdì	19927
属国	shǔguó	39744
属实	shǔshí	16006
属下	shǔxià	22717
属相	shǔxiang	40606
属性	shǔxìng	7377
属于	shǔyú	878
属员	shǔyuán	44655
署	shǔ	6261
署理	shǔlǐ	36726
署名	shǔmíng	7693
蜀	Shǔ	7226
蜀汉	Shǔ-Hàn	38710
蜀锦	shǔjǐn	51878
鼠	shǔ	7462
鼠辈	shǔbèi	49964
鼠标	shǔbiāo	14890
鼠标器	shǔbiāoqì	51879
鼠窜	shǔcuàn	39117
鼠害	shǔhài	29660
鼠类	shǔlèi	41257
鼠目寸光	shǔmù-cùnguāng	43426
鼠疫	shǔyì	22308
数	shǔ	3950
数不胜数	shǔbùshèngshǔ	27522
数得上	shǔdeshàng	56231
数得着	shǔdezháo	46382
数典忘祖	shǔdiǎn-wàngzǔ	43681
数九	shǔjiǔ	47583
数九寒天	shǔjiǔ-hántiān	43682
数来宝	shǔláibǎo	44185
数落	shǔluo	23144
数说	shǔshuō	42409
数一数二	shǔyī-shǔ'èr	29976
曙光	shǔguāng	9200
曙色	shǔsè	34040
术	shù	5340
术后	shùhòu	24464
术士	shùshì	25787
术语	shùyǔ	11188
戍边	shùbiān	19520
戍守	shùshǒu	44422
束	shù	4928
束缚	shùfù	6170
束身	shùshēn	45785
束手	shùshǒu	13600
束手待毙	shùshǒu-dàibì	42670
束手就擒	shùshǒu-jiùqín	35609
束手束脚	shùshǒu-shùjiǎo	48851
束手无策	shùshǒu-wúcè	16602

束腰	shùyāo	39118
束之高阁	shùzhīgāogé	27209
束装	shùzhuāng	47271
述而不作	shù'érbùzuò	53682
述怀	shùhuái	37407
述评	shùpíng	13904
述说	shùshuō	14413
述职	shùzhí	8851
树	shù	645
树碑立传	shùbēi-lìzhuàn	35784
树杈	shùchà	31296
树丛	shùcóng	17116
树大招风	shùdà-zhāofēng	47272
树倒猢狲散	shù dǎo húsūn sàn	46076
树敌	shùdí	42930
树墩	shùdūn	53179
树干	shùgàn	11514
树根	shùgēn	17576
树挂	shùguà	48191
树冠	shùguān	19468
树胶	shùjiāo	49221
树立	shùlì	1961
树林	shùlín	6123
树龄	shùlíng	27523
树苗	shùmiáo	11063
树木	shùmù	4562
树皮	shùpí	16673
树人	shùrén	35353
树梢	shùshāo	17446
树身	shùshēn	28352
树丫	shùyā	55711
树叶	shùyè	8355
树阴	shùyīn	40377
树葬	shùzàng	36236
树枝	shùzhī	7727
树脂	shùzhī	17605
树种	shùzhǒng	9518
树桩	shùzhuāng	30524
竖	shù	7244
竖井	shùjǐng	43937
竖立	shùlì	16949
竖琴	shùqín	35610
竖直	shùzhí	29661
竖子	shùzǐ	38912
恕	shù	7658
恕罪	shùzuì	38150
庶出	shùchū	48192
庶几	shùjī	27524
庶民	shùmín	31297
庶务	shùwù	36727
庶子	shùzǐ	43680
数	shù	1797
数词	shùcí	54182
数额	shù'é	6197
数据	shùjù	1848
数据库	shùjùkù	6428
数控	shùkòng	15836
数理逻辑	shùlǐ luójí	34720
数理统计	shùlǐ tǒngjì	52295
数量	shùliàng	1572
数量级	shùliàngjí	33784
数列	shùliè	42671
数码	shùmǎ	9940
数码相机	shùmǎ xiàngjī	23333
数目	shùmù	6185
数目字	shùmùzì	26425
数学	shùxué	2745
数值	shùzhí	10858
数字	shùzì	1780
数字化	shùzìhuà	6977
数罪并罚	shùzuì-bìngfá	34873
漱	shù	17671
漱口	shùkǒu	26426
漱洗	shùxǐ	40378
刷	shuā	5847
刷卡	shuākǎ	15563
刷拉	shuālā	48852
刷屏	shuāpíng	29372
刷洗	shuāxǐ	35785
刷新	shuāxīn	15698
刷牙	shuāyá	20937
刷子	shuāzi	25251
耍	shuǎ	4437
耍把戏	shuǎbǎxì	50686
耍笔杆儿	shuǎbǐgǎnr	51880
耍猴儿	shuǎhóur	39953
耍花样	shuǎhuāyàng	55253
耍花招儿	shuǎhuāzhāor	47584
耍滑	shuǎhuá	41706
耍滑头	shuǎhuátóu	48193
耍奸	shuǎjiān	53180
耍赖	shuǎlài	36393
耍流氓	shuǎliúmáng	46686
耍弄	shuǎnòng	31987
耍脾气	shuǎpíqi	49599
耍贫嘴	shuǎpínzuǐ	43182
耍钱	shuǎqián	49965
耍人	shuǎrén	53683
耍手段	shuǎshǒuduàn	56669
耍手艺	shuǎshǒuyì	53684
耍态度	shuǎtàidu	53685
耍威风	shuǎwēifēng	45491
耍无赖	shuǎwúlài	48853
耍笑	shuǎxiào	40824
耍心眼儿	shuǎxīnyǎnr	55254
耍嘴皮子	shuǎzuǐpízi	45492
刷白	shuàbái	46077
衰败	shuāibài	20037
衰变	shuāibiàn	24721
衰减	shuāijiǎn	24079
衰竭	shuāijié	16628
衰老	shuāilǎo	10837
衰落	shuāiluò	13853
衰弱	shuāiruò	17183
衰颓	shuāituí	40187
衰退	shuāituì	7779
衰亡	shuāiwáng	25444
衰微	shuāiwēi	28964
衰朽	shuāixiǔ	46078
摔	shuāi	4589
摔打	shuāida	27368
摔跟头	shuāigēntou	42931
摔跤	shuāijiāo	12497
甩	shuǎi	5725
甩包袱	shuǎibāofu	51460
甩掉	shuǎidiào	17552
甩卖	shuǎimài	37408
甩手	shuǎishǒu	24080
甩手掌柜	shuǎishǒu zhǎngguì	50327
甩脱	shuǎituō	46972
帅	shuài	7499
帅才	shuàicái	37409
帅哥	shuàigē	38711
帅旗	shuàiqí	44656
帅气	shuàiqi	35190
帅印	shuàiyìn	36893
率部	shuàibù	14086

率领	shuàilǐng	2461
率先	shuàixiān	3347
率性	shuàixìng	38321
率真	shuàizhēn	28793
率直	shuàizhí	33136
闩	shuān	26273
拴	shuān	7497
拴马桩	shuānmǎzhuāng	49600
栓	shuān	16806
栓剂	shuānjì	55255
栓塞	shuānsè	39954
栓子	shuānzi	46973
涮	shuàn	15011
涮锅子	shuànguōzi	54707
涮肉	shuànròu	56232
涮洗	shuànxǐ	53686
涮羊肉	shuànyángròu	37777
双	shuāng	444
双百方针	shuāngbǎi fāngzhēn	45786
双胞胎	shuāngbāotāi	20286
双边	shuāngbiān	3034
双层	shuāngcéng	18895
双重	shuāngchóng	5981
双重国籍	shuāngchóng guójí	42932
双重人格	shuāngchóng réngé	50687
双打	shuāngdǎ	10950
双方	shuāngfāng	870
双杠	shuānggàng	25713
双拐	shuāngguǎi	38523
双关	shuāngguān	36078
双关语	shuāngguānyǔ	42171
双管齐下	shuāngguǎn-qíxià	24923
双规	shuāngguī	26413
双轨	shuāngguǐ	30745
双轨制	shuāngguǐzhì	43427
双簧	shuānghuáng	34041
双簧管	shuānghuángguǎn	49223
双季稻	shuāngjìdào	48194
双肩挑	shuāngjiāntiāo	54183
双开	shuāngkāi	9318
双料	shuāngliào	30525
双轮	shuānglún	33137
双面	shuāngmiàn	32115
双目	shuāngmù	14042
双抢	shuāngqiǎng	33906
双亲	shuāngqīn	21232
双全	shuāngquán	29272
双人床	shuāngrénchuáng	30869
双人舞	shuāngrénwǔ	28439
双刃剑	shuāngrènjiàn	22718
双生	shuāngshēng	44423
双生子	shuāngshēngzǐ	48195
双手	shuāngshǒu	2574
双数	shuāngshù	52296
双双	shuāngshuāng	9384
双喜临门	shuāngxǐ-línmén	35611
双响	shuāngxiǎng	54184
双向	shuāngxiàng	6945
双向选择	shuāngxiàng xuǎnzé	24026
双薪	shuāngxīn	52297
双星	shuāngxīng	16925
双休日	shuāngxiūrì	13159
双学位	shuāngxuéwèi	50328
双眼皮	shuāngyǎnpí	37238
双氧水	shuāngyǎngshuǐ	48854
双赢	shuāngyíng	8200
双拥	shuāngyōng	7755
双语	shuāngyǔ	22309
双月刊	shuāngyuèkān	43683
双职工	shuāngzhígōng	39313
霜	shuāng	9001
霜冻	shuāngdòng	25189
霜花	shuānghuā	44186
霜降	shuāngjiàng	34301
霜期	shuāngqī	40825
霜雪	shuāngxuě	34302
霜叶	shuāngyè	50688
孀妇	shuāngfù	44658
孀居	shuāngjū	49225
爽	shuǎng	10130
爽脆	shuǎngcuì	49966
爽口	shuǎngkǒu	34450
爽快	shuǎngkuai	11343
爽朗	shuǎnglǎng	15638
爽利	shuǎnglì	35612
爽目	shuǎngmù	53181
爽气	shuǎngqì	42172
爽然若失	shuǎngrán-ruòshī	51881
爽身粉	shuǎngshēnfěn	51077
爽性	shuǎngxìng	36237
爽约	shuǎngyuē	49226
爽直	shuǎngzhí	29543
水	shuǐ	143
水吧	shuǐbā	36728
水坝	shuǐbà	26510
水泵	shuǐbèng	19469
水笔	shuǐbǐ	42173
水边	shuǐbiān	17635
水表	shuǐbiǎo	22887
水滨	shuǐbīn	52298
水兵	shuǐbīng	20156
水波	shuǐbō	23251
水彩	shuǐcǎi	31523
水彩画	shuǐcǎihuà	26196
水槽	shuǐcáo	32491
水草	shuǐcǎo	14642
水层	shuǐcéng	24853
水产	shuǐchǎn	7848
水产品	shuǐchǎnpǐn	10508
水车	shuǐchē	17606
水城	shuǐchéng	23758
水池	shuǐchí	13981
水床	shuǐchuáng	49967
水葱	shuǐcōng	53182
水到渠成	shuǐdào-qúchéng	26511
水道	shuǐdào	16274
水稻	shuǐdào	4356
水滴石穿	shuǐdī-shíchuān	52299
水电	shuǐdiàn	5924
水电站	shuǐdiànzhàn	9127
水貂	shuǐdiāo	54708
水痘	shuǐdòu	48196
水发	shuǐfā	32751
水房	shuǐfáng	36565
水肥	shuǐféi	39314
水粉画	shuǐfěnhuà	48197
水分	shuǐfèn	6711
水浮莲	shuǐfúlián	48855
水缸	shuǐgāng	21051
水沟	shuǐgōu	17636
水垢	shuǐgòu	49601
水管	shuǐguǎn	16383
水果	shuǐguǒ	4143
水果刀	shuǐguǒdāo	36894
水果糖	shuǐguǒtáng	41707
水害	shuǐhài	38323
水旱	shuǐhàn	22804

水红	shuǐhóng	39548
水壶	shuǐhú	17812
水葫芦	shuǐhúlu	32752
水花	shuǐhuā	20894
水患	shuǐhuàn	24722
水荒	shuǐhuāng	29662
水火	shuǐhuǒ	17785
水火无情	shuǐhuǒ-wúqíng	51461
水货	shuǐhuò	30411
水剂	shuǐjì	38913
水浇地	shuǐjiāodì	25788
水饺	shuǐjiǎo	30526
水解	shuǐjiě	25321
水晶	shuǐjīng	13489
水晶宫	shuǐjīnggōng	34581
水晶石	shuǐjīngshí	50689
水井	shuǐjǐng	13929
水警	shuǐjǐng	48527
水酒	shuǐjiǔ	42174
水军	shuǐjūn	30870
水坑	shuǐkēng	27292
水库	shuǐkù	3942
水牢	shuǐláo	54709
水涝	shuǐlào	50690
水雷	shuǐléi	32492
水冷	shuǐlěng	41489
水力	shuǐlì	20072
水利	shuǐlì	3560
水量	shuǐliàng	8283
水疗	shuǐliáo	51882
水淋淋	shuǐlínlín	33016
水灵	shuǐling	29765
水流	shuǐliú	9956
水龙	shuǐlóng	39745
水龙头	shuǐlóngtóu	17235
水陆	shuǐlù	17553
水路	shuǐlù	15931
水绿	shuǐlǜ	41258
水轮机	shuǐlúnjī	43684
水落石出	shuǐluò-shíchū	19375
水门	shuǐmén	39549
水蜜桃	shuǐmìtáo	39119
水面	shuǐmiàn	4417
水磨石	shuǐmóshí	46687
水墨画	shuǐmòhuà	24465
水磨	shuǐmò	35354
水母	shuǐmǔ	35936
水幕电影	shuǐmù diànyǐng	49602
水泥	shuǐní	3669
水碾	shuǐniǎn	53183
水鸟	shuǐniǎo	21052
水牛	shuǐniú	22105
水暖	shuǐnuǎn	44424
水暖工	shuǐnuǎngōng	50691
水疱	shuǐpào	50692
水瓢	shuǐpiáo	46688
水平	shuǐpíng	633
水平面	shuǐpíngmiàn	38524
水平线	shuǐpíngxiàn	30305
水平仪	shuǐpíngyí	55256
水汽	shuǐqì	12715
水枪	shuǐqiāng	34721
水禽	shuǐqín	31647
水情	shuǐqíng	24924
水球	shuǐqiú	28268
水曲柳	shuǐqūliǔ	52726
水渠	shuǐqú	17061
水溶性	shuǐróngxìng	44425
水乳交融	shuǐrǔ-jiāoróng	28269
水色	shuǐsè	27607
水杉	shuǐshān	35027
水上运动	shuǐshàng yùndòng	34722
水蛇	shuǐshé	42672
水蛇腰	shuǐshéyāo	50329
水深火热	shuǐshēn-huǒrè	27369
水生	shuǐshēng	15675
水势	shuǐshì	24614
水手	shuǐshǒu	11214
水松	shuǐsōng	54710
水塔	shuǐtǎ	28883
水獭	shuǐtǎ	35613
水潭	shuǐtán	34582
水塘	shuǐtáng	19034
水天一色	shuǐtiān-yīsè	38572
水田	shuǐtián	13126
水桶	shuǐtǒng	14643
水头	shuǐtóu	31648
水土	shuǐtǔ	5074
水土保持	shuǐtǔ bǎochí	18570
水土流失	shuǐtǔ liúshī	7225
水汪汪	shuǐwāngwāng	24516
水网	shuǐwǎng	35191
水位	shuǐwèi	6620
水温	shuǐwēn	12551
水文	shuǐwén	12401
水文站	shuǐwénzhàn	29663
水纹	shuǐwén	50693
水雾	shuǐwù	30084
水洗布	shuǐxǐbù	54185
水系	shuǐxì	15472
水仙	shuǐxiān	21676
水仙花	shuǐxiānhuā	28270
水线	shuǐxiàn	33507
水乡	shuǐxiāng	13995
水箱	shuǐxiāng	25252
水泄不通	shuǐxièbùtōng	19142
水榭	shuǐxiè	39550
水星	shuǐxīng	25714
水性	shuǐxìng	23298
水性杨花	shuǐxìng-yánghuā	46383
水袖	shuǐxiù	41708
水锈	shuǐxiù	54711
水靴	shuǐxuē	51883
水循环	shuǐxúnhuán	38525
水压	shuǐyā	29871
水压机	shuǐyājī	48528
水鸭	shuǐyā	31649
水烟	shuǐyān	37239
水烟袋	shuǐyāndài	28794
水样	shuǐyàng	29361
水舀子	shuǐyǎozi	56233
水翼船	shuǐyìchuán	56234
水银	shuǐyín	19083
水银灯	shuǐyíndēng	46079
水银柱	shuǐyínzhù	48198
水印	shuǐyìn	32225
水域	shuǐyù	7975
水源	shuǐyuán	5414
水运	shuǐyùn	18446
水灾	shuǐzāi	14174
水葬	shuǐzàng	50694
水藻	shuǐzǎo	38914
水泽	shuǐzé	52300
水闸	shuǐzhá	32349
水战	shuǐzhàn	42410
水涨船高	shuǐzhǎng-chuángāo	28695
水蒸气	shuǐzhēngqì	21878

水质	shuǐzhì	5156
水蛭	shuǐzhì	43428
水中捞月	shuǐzhōng-lāoyuè	53687
水肿	shuǐzhǒng	20975
水珠	shuǐzhū	18353
水柱	shuǐzhù	26572
水准	shuǐzhǔn	6859
水族	Shuǐzú	34583
水族馆	shuǐzúguǎn	32753
税	shuì	2845
税案	shuì'àn	54186
税单	shuìdān	53184
税额	shuì'é	20467
税法	shuìfǎ	12027
税费	shuìfèi	4797
税负	shuìfù	25388
税后	shuìhòu	36394
税金	shuìjīn	13149
税款	shuìkuǎn	7406
税利	shuìlì	26197
税率	shuìlǜ	8070
税目	shuìmù	33634
税票	shuìpiào	41259
税收	shuìshōu	2453
税务	shuìwù	3786
税源	shuìyuán	14834
税则	shuìzé	33785
税制	shuìzhì	12824
税种	shuìzhǒng	21233
睡	shuì	1555
睡袋	shuìdài	42411
睡觉	shuìjiào	3783
睡裤	shuìkù	53688
睡懒觉	shuìlǎnjiào	34155
睡莲	shuìlián	36895
睡帽	shuìmào	56235
睡梦	shuìmèng	16475
睡眠	shuìmián	6861
睡袍	shuìpáo	40826
睡裙	shuìqún	43686
睡容	shuìróng	54712
睡相	shuìxiàng	48199
睡醒	shuìxǐng	24081
睡眼	shuìyǎn	26010
睡眼惺忪	shuìyǎn-xīngsōng	43183
睡衣	shuìyī	18571
睡椅	shuìyǐ	42673
睡意	shuìyì	18742
睡着	shuìzháo	5664
睡姿	shuìzī	49227
吮	shǔn	17082
吮吸	shǔnxī	25716
吮咂	shǔnzā	53185
顺	shùn	2110
顺便	shùnbiàn	9099
顺差	shùnchā	12386
顺产	shùnchǎn	48200
顺畅	shùnchàng	13714
顺次	shùncì	48856
顺从	shùncóng	14644
顺带	shùndài	41944
顺当	shùndang	30638
顺道	shùndào	31079
顺耳	shùn'ěr	35498
顺访	shùnfǎng	43429
顺风	shùnfēng	20224
顺风耳	shùnfēng'ěr	40188
顺服	shùnfú	50695
顺和	shùnhe	51884
顺乎	shùnhū	30871
顺脚	shùnjiǎo	49228
顺境	shùnjìng	35937
顺口	shùnkǒu	19996
顺口溜	shùnkǒuliū	17968
顺理成章	shùnlǐ-chéngzhāng	18381
顺利	shùnlì	1580
顺流	shùnliú	27148
顺溜	shùnliu	37778
顺路	shùnlù	26075
顺民	shùnmín	34156
顺气	shùnqì	39746
顺情	shùnqíng	52727
顺时针	shùnshízhēn	50330
顺势	shùnshì	17939
顺手	shùnshǒu	8026
顺手牵羊	shùnshǒu-qiānyáng	40608
顺水	shùnshuǐ	24138
顺水人情	shùnshuǐ-rénqíng	46689
顺水推舟	shùnshuǐ-tuīzhōu	29544
顺遂	shùnsuì	42674
顺藤摸瓜	shùnténg-mōguā	32116
顺心	shùnxīn	19013
顺序	shùnxù	8314
顺叙	shùnxù	55257
顺延	shùnyán	37779
顺眼	shùnyǎn	18533
顺意	shùnyì	54187
顺应	shùnyìng	6708
顺嘴	shùnzuǐ	56664
瞬间	shùnjiān	5920
瞬时	shùnshí	23920
瞬息	shùnxī	33907
瞬息万变	shùnxī-wànbiàn	23759
说	shuō	15
说白	shuōbái	42412
说白了	shuōbáile	35499
说不得	shuōbude	45787
说不定	shuōbudìng	5174
说不过去	shuōbuguòqù	25322
说不来	shuōbulái	43689
说不上	shuōbushàng	16807
说不着	shuōbuzháo	53689
说不准	shuōbuzhǔn	23334
说长道短	shuōcháng-dàoduǎn	37410
说唱	shuōchàng	21308
说穿	shuōchuān	25717
说辞	shuōcí	39955
说大话	shuōdàhuà	28525
说到底	shuōdàodǐ	9925
说到做到	shuōdào-zuòdào	30976
说道	shuōdao	2618
说得过去	shuōdeguòqù	27859
说得来	shuōdelái	41709
说得上	shuōdeshàng	32493
说东道西	shuōdōng-dàoxī	48857
说法	shuōfa	2449
说服	shuōfú	6301
说服力	shuōfúlì	10551
说好说歹	shuōhǎo-shuōdǎi	55258
说合	shuōhe	38324
说和	shuōhe	19841
说话	shuōhuà	1252
说谎	shuōhuǎng	13267
说教	shuōjiào	14877
说开	shuōkāi	20895
说客	shuōkè	29977

说来话长	shuōlái huàcháng	33508
说了算	shuōlesuàn	10633
说理	shuōlǐ	19014
说媒	shuōméi	34584
说梦话	shuōmènghuà	33273
说明	shuōmíng	567
说明书	shuōmíngshū	11843
说明文	shuōmíngwén	51462
说破	shuōpò	26427
说起来	shuōqǐlái	9085
说亲	shuōqīn	45197
说清楚	shuōqīngchǔ	12267
说情	shuōqíng	17326
说三道四	shuōsān-dàosì	23489
说实话	shuōshíhuà	11293
说实在的	shuōshízàide	19886
说书	shuōshū	32754
说头儿	shuōtour	49229
说戏	shuōxì	34585
说瞎话	shuōxiāhuà	34874
说闲话	shuōxiánhuà	22991
说项	shuōxiàng	41260
说笑	shuōxiào	15039
说笑话	shuōxiàohua	19496
说一不二	shuōyī-bù'èr	37412
说真的	shuōzhēnde	18768
说嘴	shuōzuǐ	51463
朔方	shuòfāng	23490
朔风	shuòfēng	33786
朔日	shuòrì	38151
朔望	shuòwàng	39747
硕大	shuòdà	14304
硕大无朋	shuòdà-wúpéng	46690
硕果	shuòguǒ	13887
硕果仅存	shuòguǒ-jǐncún	48858
硕士	shuòshì	5474
数见不鲜	shuòjiàn-bùxiān	53690
司乘人员	sīchéng rényuán	33274
司法	sīfǎ	2091
司号员	sīhàoyuán	44659
司机	sījī	2284
司空见惯	sīkōng-jiànguàn	17499
司库	sīkù	54188
司令	sīlìng	4408
司令部	sīlìngbù	6774
司令员	sīlìngyuán	6319
司炉	sīlú	35192
司马	Sīmǎ	13319
司马昭之心，路人皆知	Sīmǎ Zhāo zhī xīn, lùrén jiē zhī	56784
司售人员	sīshòu rényuán	49603
司徒	Sītú	21923
司务	sīwù	24723
司药	sīyào	54189
司仪	sīyí	32883
丝	sī	2166
丝绸	sīchóu	11001
丝绸之路	sīchóuzhīlù	10937
丝带	sīdài	25495
丝糕	sīgāo	56236
丝瓜	sīguā	32884
丝光	sīguāng	43690
丝毫	sīháo	4334
丝巾	sījīn	35786
丝棉	sīmián	42933
丝绒	sīróng	25060
丝丝入扣	sīsī-rùkòu	41054
丝袜	sīwà	25558
丝弦	sīxián	41710
丝线	sīxiàn	23697
丝织	sīzhī	30746
丝织品	sīzhīpǐn	33908
丝竹	sīzhú	30306
私	sī	2945
私奔	sībēn	31080
私藏	sīcáng	28526
私产	sīchǎn	30204
私车	sīchē	43938
私仇	sīchóu	35193
私党	sīdǎng	36729
私邸	sīdǐ	49968
私法	sīfǎ	37240
私方	sīfāng	41261
私房	sīfáng	26573
私房话	sīfánghuà	48859
私房钱	sīfángqián	39748
私访	sīfǎng	34303
私愤	sīfèn	55259
私话	sīhuà	46691
私活儿	sīhuór	49814
私货	sīhuò	32350
私家	sījiā	18632
私家车	sījiāchē	7281
私见	sījiàn	41945
私交	sījiāo	34451
私立	sīlì	17969
私利	sīlì	10328
私了	sīliǎo	37061
私密	sīmì	17465
私囊	sīnáng	39551
私念	sīniàn	49604
私企	sīqǐ	25629
私情	sīqíng	22805
私人	sīrén	3661
私商	sīshāng	46080
私生活	sīshēnghuó	28795
私生子	sīshēngzǐ	37780
私事	sīshì	17327
私塾	sīshú	18702
私通	sītōng	28796
私吞	sītūn	48529
私下	sīxià	9240
私下里	sīxiàlǐ	22361
私心	sīxīn	17637
私心杂念	sīxīn-zániàn	32226
私刑	sīxíng	39749
私学	sīxué	53691
私盐	sīyán	31298
私营	sīyíng	4391
私营经济	sīyíng jīngjì	13439
私有	sīyǒu	10783
私有制	sīyǒuzhì	15518
私语	sīyǔ	25445
私欲	sīyù	23195
私怨	sīyuàn	43691
私宅	sīzhái	39750
私章	sīzhāng	43184
私自	sīzì	11367
咝	sī	24571
思	sī	2265
思辨	sībiàn	20550
思潮	sīcháo	7017
思春	sīchūn	54713
思忖	sīcǔn	18669
思凡	sīfán	44660
思古	sīgǔ	51464
思考	sīkǎo	1715
思考题	sīkǎotí	50696

思恋	sīliàn	43939
思量	sīliang	18382
思路	sīlù	2283
思虑	sīlǜ	22055
思谋	sīmóu	35614
思慕	sīmù	46384
思念	sīniàn	8638
思前想后	sīqián-xiǎnghòu	34042
思索	sīsuǒ	5101
思维	sīwéi	2031
思乡	sīxiāng	24082
思想	sīxiǎng	117
思想家	sīxiǎngjiā	10790
思想体系	sīxiǎng tǐxì	20630
思想性	sīxiǎngxìng	11427
思绪	sīxù	10656
思议	sīyì	12402
斯拉夫人	Sīlāfūrén	44426
斯文	sīwén	16764
斯文扫地	sīwén-sǎodì	48530
厮打	sīdǎ	31988
厮混	sīhùn	35787
厮磨	sīmó	42413
厮杀	sīshā	14199
厮熟	sīshú	53186
厮守	sīshǒu	26927
撕	sī	6016
撕扯	sīchě	25496
撕打	sīdǎ	40827
撕肝裂肺	sīgān-lièfèi	54191
撕裂	sīliè	15023
撕毁	sīhuǐ	26198
撕票	sīpiào	44661
撕破脸	sīpòliǎn	43430
嘶喊	sīhǎn	44908
嘶叫	sījiào	29664
嘶鸣	sīmíng	29545
嘶哑	sīyǎ	19775
死	sǐ	360
死板	sǐbǎn	24337
死不悔改	sǐbùhuǐgǎi	55260
死不瞑目	sǐbùmíngmù	30977
死缠硬磨	sǐchán-yìngmó	55712
死沉	sǐchén	43940
死党	sǐdǎng	26574
死得其所	sǐdéqísuǒ	49969
死敌	sǐdí	38526
死地	sǐdì	16808
死读书	sǐdúshū	54192
死对头	sǐduìtou	38712
死而后已	sǐ'érhòuyǐ	27685
死鬼	sǐguǐ	22156
死胡同	sǐhútòng	27686
死缓	sǐhuǎn	34043
死灰	sǐhuī	32885
死灰复燃	sǐhuī-fùrán	17672
死活	sǐhuó	13854
死火山	sǐhuǒshān	48860
死机	sǐjī	53187
死记	sǐjì	49230
死记硬背	sǐjì-yìngbèi	33138
死寂	sǐjì	23976
死角	sǐjiǎo	15791
死结	sǐjié	34875
死劲儿	sǐjìnr	51885
死扣儿	sǐkòur	53188
死牢	sǐláo	51465
死老虎	sǐlǎohǔ	46692
死里逃生	sǐlǐ-táoshēng	29665
死力	sǐlì	34452
死路	sǐlù	28527
死面	sǐmiàn	52728
死灭	sǐmiè	40189
死命	sǐmìng	23145
死难	sǐnàn	26846
死脑筋	sǐnǎojīn	46974
死皮赖脸	sǐpí-làiliǎn	42175
死期	sǐqī	33635
死棋	sǐqí	50697
死气	sǐqì	30085
死气沉沉	sǐqì-chénchén	30307
死钱	sǐqián	50698
死乞白赖	sǐqibáilài	44187
死囚	sǐqiú	34586
死球	sǐqiú	53189
死去活来	sǐqù-huólái	23430
死人	sǐrén	6775
死伤	sǐshāng	12539
死神	sǐshén	14846
死尸	sǐshī	15895
死守	sǐshǒu	16839
死水	sǐshuǐ	29273
死胎	sǐtāi	48861
死亡	sǐwáng	1211
死亡率	sǐwánglǜ	9189
死亡线	sǐwángxiàn	33909
死无对证	sǐwúduìzhèng	48531
死心	sǐxīn	20976
死心塌地	sǐxīn-tādì	25789
死心眼儿	sǐxīnyǎnr	43692
死信	sǐxìn	51886
死刑	sǐxíng	6328
死性	sǐxing	54714
死讯	sǐxùn	35615
死因	sǐyīn	23252
死硬	sǐyìng	44662
死有余辜	sǐyǒuyúgū	38527
死于非命	sǐyúfēimìng	29666
死战	sǐzhàn	28696
死者	sǐzhě	6694
死猪不怕开水烫	sǐzhū bùpà kāishuǐ tàng	51887
死罪	sǐzuì	18896
巳	sì	15242
巳时	sìshí	43941
四	sì	100
四边	sìbiān	31406
四边形	sìbiānxíng	18743
四不像	sìbùxiàng	40379
四重奏	sìchóngzòu	38528
四出	sìchū	22310
四处	sìchù	5403
四川	Sìchuān	1831
四大皆空	sìdàjiēkōng	48862
四方	sìfāng	7951
四方步	sìfāngbù	49970
四方脸	sìfāngliǎn	46975
四分五裂	sìfēn-wǔliè	27860
四个现代化	sìgè xiàndàihuà	17673
四顾	sìgù	21442
四海	sìhǎi	9519
四海为家	sìhǎi-wéijiā	40828
四合院	sìhéyuàn	15777
四化	sìhuà	13341
四环素	sìhuánsù	41946
四季	sìjì	10073
四季豆	sìjìdòu	42934
四季如春	sìjì-rúchūn	41055

四溅	sìjiàn	29667
四郊	sìjiāo	43185
四角	sìjiǎo	21924
四脚蛇	sìjiǎoshé	56237
四近	sìjìn	50699
四邻	sìlín	23760
四面	sìmiàn	7273
四面八方	sìmiàn-bāfāng	8910
四面楚歌	sìmiàn-chǔgē	37062
四旁	sìpáng	46976
四平八稳	sìpíng-bāwěn	36896
四起	sìqǐ	33787
四清	sìqīng	22940
四人帮	sìrénbāng	6470
四散	sìsàn	19143
四舍五入	sìshě-wǔrù	55713
四射	sìshè	19432
四时	sìshí	20714
四世同堂	sìshì-tóngtáng	29067
四书	Sìshū	25497
四书五经	Sìshū Wǔjīng	38915
四通八达	sìtōng-bādá	20631
四外	sìwài	27781
四围	sìwéi	17940
四下里	sìxiàli	24788
四乡	sìxiāng	28697
四言诗	sìyánshī	49231
四野	sìyě	28965
四则	sìzé	47273
四则运算	sìzé yùnsuàn	55714
四肢	sìzhī	10648
四至	sìzhì	40190
四周	sìzhōu	4285
四周围	sìzhouwéi	33139
四座	sìzuò	29546
寺	sì	4648
寺观	sìguàn	41490
寺庙	sìmiào	12320
寺院	sìyuàn	13855
似	sì	1302
似曾相识	sìcéngxiāngshí	23050
似懂非懂	sìdǒng-fēidǒng	32351
似乎	sìhū	620
似是而非	sìshì-érfēi	23491
伺机	sìjī	20977
饲草	sìcǎo	19234
饲料	sìliào	4515
饲养	sìyǎng	5844
饲养员	sìyǎngyuán	21355
肆	sì	12450
肆虐	sìnüè	10664
肆无忌惮	sìwú-jìdàn	17447
肆行	sìxíng	39956
肆意	sìyì	13342
嗣后	sìhòu	24338
嗣位	sìwèi	20676
嗣子	sìzǐ	34044
松	sōng	4004
松柏	sōngbǎi	20715
松绑	sōngbǎng	32227
松包	sōngbāo	56238
松弛	sōngchí	12729
松脆	sōngcuì	51078
松动	sōngdòng	17752
松果	sōngguǒ	41106
松花蛋	sōnghuādàn	48863
松节油	sōngjiéyóu	47274
松紧	sōngjǐn	34453
松紧带	sōngjǐndài	50331
松劲	sōngjìn	26575
松口	sōngkǒu	32886
松口气	sōngkǒuqì	39957
松快	sōngkuai	36730
松明	sōngmíng	41947
松气	sōngqì	51079
松仁	sōngrén	56670
松软	sōngruǎn	18858
松散	sōngsǎn	16194
松手	sōngshǒu	22588
松鼠	sōngshǔ	21309
松树	sōngshù	11227
松松垮垮	sōngsōngkuǎkuǎ	37608
松塔儿	sōngtǎr	56239
松涛	sōngtāo	31081
松香	sōngxiāng	38529
松懈	sōngxiè	11787
松心	sōngxīn	45788
松烟	sōngyān	54193
松针	sōngzhēn	36079
松枝	sōngzhī	32352
松脂	sōngzhī	43186
松子	sōngzǐ	39958
嵩山	Sōngshān	24789
怂恿	sǒngyǒng	14291
耸	sǒng	7276
耸动	sǒngdòng	34454
耸肩	sǒngjiān	20813
耸立	sǒnglì	14391
耸人听闻	sǒngréntīngwén	30639
耸身	sǒngshēn	48864
悚然	sǒngrán	19646
讼案	sòng'àn	52301
宋	sòng	2767
宋体字	sòngtǐzì	53692
送	sòng	319
送别	sòngbié	17480
送殡	sòngbìn	33509
送呈	sòngchéng	50700
送达	sòngdá	12180
送电	sòngdiàn	18955
送风	sòngfēng	39959
送话器	sònghuàqì	51466
送还	sònghuán	25630
送货	sònghuò	20716
送检	sòngjiǎn	42176
送交	sòngjiāo	15932
送客	sòngkè	25253
送礼	sònglǐ	9233
送命	sòngmìng	34876
送气	sòngqì	40380
送亲	sòngqīn	37241
送人情	sòngrénqíng	49605
送丧	sòngsāng	44909
送审	sòngshěn	24790
送死	sòngsǐ	26847
送往迎来	sòngwǎng-yínglái	51467
送行	sòngxíng	8096
送一程	sòngyīchéng	44910
送葬	sòngzàng	22524
送灶	sòngzào	47275
送展	sòngzhǎn	53190
送站	sòngzhàn	52302
送终	sòngzhōng	30872
诵读	sòngdú	19235
诵经	sòngjīng	24466
颂词	sòngcí	42177
颂歌	sònggē	20589
颂诗	sòngshī	50332

颂扬	sòngyáng	17257
颂赞	sòngzàn	46693
搜	sōu	5772
搜捕	sōubǔ	17726
搜查	sōuchá	11437
搜肠刮肚	sōucháng-guādù	45493
搜刮	sōuguā	30527
搜集	sōují	7619
搜缴	sōujiǎo	56240
搜救	sōujiù	12663
搜罗	sōuluó	26576
搜拿	sōuná	56241
搜求	sōuqiú	38152
搜身	sōushēn	31763
搜索	sōusuǒ	9057
搜索枯肠	sōusuǒ-kūcháng	45198
搜寻	sōuxún	9689
嗖	sōu	18897
馊	sōu	22415
馊主意	sōuzhǔyi	37242
飕	sōu	37964
艘	sōu	3273
嗾使	sǒushǐ	39751
苏	sū	3297
苏打	sūdá	38916
苏剧	sūjù	55715
苏联	Sūlián	2276
苏区	sūqū	13362
苏铁	sūtiě	43187
苏维埃	sūwéi'āi	10811
苏醒	sūxǐng	15124
苏绣	sūxiù	42414
酥	sū	12174
酥脆	sūcuì	43694
酥麻	sūmá	48865
酥软	sūruǎn	37781
酥糖	sūtáng	49606
酥油	sūyóu	33140
酥油茶	sūyóuchá	37782
酥油花	sūyóuhuā	56242
俗	sú	5052
俗不可耐	súbùkěnài	33395
俗称	súchēng	11749
俗话	súhuà	20677
俗话说	súhuàshuō	10337
俗名	súmíng	35500
俗气	súqi	19113
俗人	súrén	24724
俗尚	súshàng	55716
俗套	sútào	31764
俗文学	súwénxué	42179
俗谚	súyàn	45199
俗语	súyǔ	16052
夙兴夜寐	sùxīng-yèmèi	47276
夙夜	sùyè	43695
夙愿	sùyuàn	19160
诉	sù	5718
诉苦	sùkǔ	17351
诉求	sùqiú	19615
诉说	sùshuō	8503
诉讼	sùsòng	3318
诉讼法	sùsòngfǎ	20718
诉讼状	sùsòngzhuàng	54715
诉冤	sùyuān	42180
诉诸	sùzhū	19739
诉状	sùzhuàng	19958
肃毒	sùdú	46081
肃反	sùfǎn	29274
肃静	sùjìng	23196
肃立	sùlì	20111
肃穆	sùmù	13343
肃清	sùqīng	16544
肃然	sùrán	24083
肃然起敬	sùrán-qǐjìng	19015
肃杀	sùshā	33788
素	sù	2941
素白	sùbái	44911
素不相识	sùbùxiāngshí	21480
素材	sùcái	10845
素菜	sùcài	33275
素餐	sùcān	49971
素常	sùcháng	46977
素称	sùchēng	35938
素淡	sùdàn	47277
素洁	sùjié	51080
素净	sùjing	34157
素来	sùlái	16902
素昧平生	sùmèi-píngshēng	40381
素描	sùmiáo	16903
素朴	sùpǔ	27782
素日	sùrì	44912
素色	sùsè	41711
素食	sùshí	32494
素雅	sùyǎ	35194
素颜	sùyán	27952
素养	sùyǎng	8322
素油	sùyóu	56243
素有	sùyǒu	9225
素愿	sùyuàn	54194
素质	sùzhì	1346
素妆	sùzhuāng	29406
素装	sùzhuāng	52303
速	sù	3428
速成	sùchéng	23977
速成班	sùchéngbān	45494
速递	sùdì	5196
速冻	sùdòng	28966
速度	sùdù	1148
速滑	sùhuá	18265
速记	sùjì	43942
速决	sùjué	43943
速决战	sùjuézhàn	53191
速率	sùlǜ	12424
速配	sùpèi	38737
速溶	sùróng	48532
速射	sùshè	44188
速生	sùshēng	32353
速生林	sùshēnglín	50333
速食面	sùshímiàn	53693
速算	sùsuàn	36897
速效	sùxiào	31650
速写	sùxiě	19161
速战速决	sùzhàn-sùjué	33396
宿	sù	5154
宿仇	sùchóu	54716
宿敌	sùdí	39315
宿疾	sùjí	55261
宿将	sùjiàng	31876
宿命	sùmìng	27687
宿命论	sùmìnglùn	38713
宿儒	sùrú	34482
宿舍	sùshè	3529
宿营	sùyíng	24392
宿营地	sùyíngdì	34587
宿怨	sùyuàn	45789
宿主	sùzhǔ	24572
粟	sù	18703
粟米	sùmǐ	43944

粟子	sùzi	56594
嗉囊	sùnáng	56244
塑	sù	11457
塑封	sùfēng	47585
塑钢	sùgāng	48866
塑胶	sùjiāo	27861
塑料	sùliào	5325
塑料布	sùliàobù	26928
塑像	sùxiàng	12072
塑性	sùxìng	29978
塑造	sùzào	3815
簌簌	sùsù	23492
酸	suān	3618
酸菜	suāncài	24393
酸臭	suānchòu	43188
酸楚	suānchǔ	19959
酸苦	suānkǔ	37413
酸辣汤	suānlàtāng	46385
酸溜溜	suānliūliū	25323
酸麻	suānmá	45790
酸梅	suānméi	38917
酸梅汤	suānméitāng	39752
酸奶	suānnǎi	30308
酸牛奶	suānniúnǎi	48201
酸软	suānruǎn	38530
酸涩	suānsè	37609
酸甜	suāntián	20678
酸甜苦辣	suān-tián-kǔ-là	22766
酸痛	suāntòng	20719
酸味	suānwèi	38918
酸性	suānxìng	18534
酸雨	suānyǔ	17258
酸枣	suānzǎo	25498
酸胀	suānzhàng	50701
蒜	suàn	14847
蒜瓣儿	suànbànr	49232
蒜黄	suànhuáng	53192
蒜苗	suànmiáo	37965
蒜泥	suànní	51468
蒜薹	suàntái	39120
蒜头	suàntóu	37610
算	suàn	625
算草	suàncǎo	56245
算尺	suànchǐ	55262
算法	suànfǎ	16580
算卦	suànguà	32755
算话	suànhuà	35028
算计	suànji	16007
算了	suànle	4241
算命	suànmìng	13296
算盘	suànpán	14448
算盘珠	suànpánzhū	38531
算式	suànshì	44189
算是	suànshì	2705
算术	suànshù	18769
算数	suànshù	14975
算账	suànzhàng	13021
尿	suī	9581
尿泡	suīpao	42181
虽	suī	601
虽然	suīrán	211
虽说	suīshuō	5214
虽则	suīzé	19497
隋	suí	13856
随	suí	971
随笔	suíbǐ	10882
随便	suíbiàn	3150
随波逐流	suíbō-zhúliú	26350
随处	suíchù	19084
随从	suícóng	16211
随大溜	suídàliù	56671
随地	suídì	15395
随访	suífǎng	27862
随份子	suífènzi	55263
随风倒	suífēngdǎo	54195
随感	suígǎn	17885
随行就市	suíháng-jiùshì	36395
随和	suíhe	20468
随后	suíhòu	2016
随机	suíjī	9640
随机应变	suíjī-yìngbiàn	31082
随即	suíjí	3523
随叫随到	suíjiào-suídào	28797
随军	suíjūn	13519
随口	suíkǒu	12194
随迁	suíqiān	47278
随身	suíshēn	9889
随身听	suíshēntīng	40382
随声附和	suíshēng-fùhè	34045
随时	suíshí	2332
随时随地	suíshí-suídì	16107
随手	suíshǒu	8228
随俗	suísú	38325
随同	suítóng	12227
随想	suíxiǎng	32623
随心	suíxīn	19498
随心所欲	suíxīnsuǒyù	17209
随行	suíxíng	11204
随意	suíyì	3937
随遇而安	suíyù'ér'ān	34877
随员	suíyuán	32624
随缘	suíyuán	40383
随葬	suízàng	33780
随着	suízhe	411
随之而来	suízhī'érlái	19035
岁	suì	164
岁初	suìchū	53193
岁末	suìmò	15435
岁暮	suìmù	39753
岁首	suìshǒu	38532
岁数	suìshu	12946
岁尾	suìwěi	34158
岁月	suìyuè	3859
遂	suì	2756
遂心	suìxīn	44913
遂意	suìyì	55264
遂愿	suìyuàn	51469
碎	suì	4418
碎步	suìbù	37783
碎花	suìhuā	29459
碎裂	suìliè	30747
碎末儿	suìmòr	54717
碎片	suìpiàn	11772
碎石	suìshí	21284
碎屑	suìxiè	28798
碎嘴子	suìzuǐzi	53694
隧道	suìdào	5745
隧洞	suìdòng	33017
燧人氏	Suìrénshì	49607
燧石	suìshí	40609
穗	suì	11844
穗子	suìzi	33790
孙	sūn	2104
孙女	sūnnǚ	14578
孙女婿	sūnnǚxu	54718
孙媳妇	sūnxífu	39121
孙子	sūnzi	5685
损	sǔn	7019

损兵折将	sǔnbīng-zhéjiàng	44914
损公肥私	sǔngōng-féisī	34159
损害	sǔnhài	2383
损耗	sǔnhào	16252
损坏	sǔnhuài	8927
损毁	sǔnhuǐ	18859
损人	sǔnrén	26011
损人利己	sǔnrén-lìjǐ	32495
损伤	sǔnshāng	8245
损失	sǔnshī	1206
损益	sǔnyì	31651
损招儿	sǔnzhāor	43541
笋	sǔn	16464
笋干儿	sǔngānr	53194
榫头	sǔntou	54719
莎草	suōcǎo	51470
唆使	suōshǐ	23389
桫椤	suōluó	39960
梭镖	suōbiāo	36396
梭子	suōzi	33791
梭子蟹	suōzixiè	39754
蓑衣	suōyī	31524
缩	suō	5275
缩编	suōbiān	44663
缩短	suōduǎn	5160
缩减	suōjiǎn	18898
缩略	suōlüè	46386
缩略语	suōlüèyǔ	50334
缩手	suōshǒu	39122
缩手缩脚	suōshǒu-suōjiǎo	36731
缩水	suōshuǐ	22311
缩水率	suōshuǐlǜ	53195
缩头缩脑	suōtóu-suōnǎo	46082
缩微	suōwēi	43945
缩小	suōxiǎo	4474
缩写	suōxiě	21285
缩写本	suōxiěběn	54720
缩印	suōyìn	54721
缩印本	suōyìnběn	52304
缩影	suōyǐng	9430
所	suǒ	52
所部	suǒbù	25631
所到之处	suǒdàozhīchù	15792
所得	suǒdé	3894
所得税	suǒdéshuì	10011
所剩无几	suǒshèng-wújǐ	24992
所属	suǒshǔ	9409
所谓	suǒwèi	612
所向披靡	suǒxiàng-pīmǐ	28440
所向无敌	suǒxiàng-wúdí	35501
所以	suǒyǐ	262
所以然	suǒyǐrán	20590
所有	suǒyǒu	268
所有权	suǒyǒuquán	7914
所有者	suǒyǒuzhě	11957
所有制	suǒyǒuzhì	4826
所在	suǒzài	1866
所在地	suǒzàidì	5806
所致	suǒzhì	8870
所作所为	suǒzuò-suǒwéi	14449
索	suǒ	25659
索酬	suǒchóu	55265
索道	suǒdào	20853
索还	suǒhuán	40610
索贿	suǒhuì	28353
索价	suǒjià	46978
索解	suǒjiě	41491
索赔	suǒpéi	13888
索桥	suǒqiáo	40191
索求	suǒqiú	49233
索取	suǒqǔ	11205
索然	suǒrán	27293
索然无味	suǒrán-wúwèi	33397
索讨	suǒtǎo	53196
索性	suǒxìng	6294
索要	suǒyào	13100
索引	suǒyǐn	26713
唢呐	suǒnà	17706
琐事	suǒshì	17390
琐碎	suǒsuì	15986
琐闻	suǒwén	51888
琐细	suǒxì	40384
琐屑	suǒxiè	31189
锁	suǒ	4373
锁边	suǒbiān	53695
锁定	suǒdìng	13373
锁骨	suǒgǔ	39316
锁国	suǒguó	41712
锁链	suǒliàn	27443
锁头	suǒtóu	49234
锁钥	suǒyuè	46387
他	tā	11
他们	tāmen	31
他年	tānián	48533
他人	tārén	2157
他日	tārì	18704
他杀	tāshā	21728
他伤	tāshāng	51471
他乡	tāxiāng	18266
他用	tāyòng	22210
他指	tāzhǐ	13775
它	tā	75
它们	tāmen	479
她	tā	55
她们	tāmen	815
趿拉	tāla	44190
塌	tā	7660
塌方	tāfāng	19647
塌落	tāluò	45791
塌陷	tāxiàn	18232
踏实	tāshi	8014
塔	tǎ	3284
塔吊	tǎdiào	35616
塔顶	tǎdǐng	34046
塔吉克斯坦	Tǎjíkèsītǎn	11334
塔吉克族	Tǎjíkèzú	37784
塔林	tǎlín	36397
塔楼	tǎlóu	32117
塔松	tǎsōng	49609
塔塔尔族	Tǎtǎ'ěrzú	56246
塔台	tǎtái	39317
拓	tà	13945
拓本	tàběn	39961
拓片	tàpiàn	37243
拓印	tàyìn	43696
挞伐	tàfá	39318
踏	tà	3750
踏板	tàbǎn	23761
踏步	tàbù	30205
踏春	tàchūn	50335
踏访	tàfǎng	30748
踏勘	tàkān	32228
踏看	tàkàn	53696
踏空	tàkōng	49972
踏青	tàqīng	30749
踏雪	tàxuě	31083
胎	tāi	8772
胎动	tāidòng	50336

胎儿	tāi'ér	11954
胎发	tāifà	54196
胎记	tāijì	45495
胎教	tāijiào	45200
胎毛	tāimáo	53697
胎盘	tāipán	26012
胎气	tāiqì	51472
胎生	tāishēng	37785
胎死腹中	tāisǐfùzhōng	56247
胎位	tāiwèi	51889
胎衣	tāiyī	53698
台	tái	405
台胞	táibāo	13946
台北	Táiběi	6223
台布	táibù	34878
台步	táibù	39319
台秤	táichèng	56595
台词	táicí	13857
台灯	táidēng	20322
台地	táidì	34047
台风	táifēng	7482
台基	táijī	40611
台鉴	táijiàn	54197
台阶	táijiē	3417
台历	táilì	33636
台面	táimiàn	29362
台盘	táipán	50337
台球	táiqiú	19499
台扇	táishàn	53699
台商	táishāng	7650
台上	táishàng	4888
台式	táishì	23921
台属	táishǔ	42182
台湾	Táiwān	851
台下	táixià	7371
台柱	táizhù	39320
台柱子	táizhùzi	42415
台资	táizī	18233
台子	táizi	16253
抬	tái	2506
抬爱	tái'ài	52729
抬杠	táigàng	30640
抬价	táijià	41948
抬轿	táijiào	37611
抬轿子	táijiàozi	46083
抬举	táiju	23922
抬头	táitóu	4056
抬头纹	táitóuwén	54198
抬腿	táituǐ	29460
苔藓	táixiǎn	23816
跆拳道	táiquándào	17259
太	tài	237
太白星	tàibáixīng	51473
太公	tàigōng	24394
太古	tàigǔ	28271
太后	tàihòu	5687
太湖石	tàihúshí	42183
太极	tàijí	11918
太极剑	tàijíjiàn	43697
太极拳	tàijíquán	8810
太极图	tàijítú	42184
太监	tàijian	26734
太空	tàikōng	5237
太空步	tàikōngbù	56672
太空舱	tàikōngcāng	45496
太空船	tàikōngchuán	40612
太空服	tàikōngfú	49973
太空垃圾	tàikōng lājī	46388
太空棉	tàikōngmián	56673
太空人	tàikōngrén	36081
太空站	tàikōngzhàn	43946
太庙	tàimiào	25446
太平	tàipíng	6080
太平鼓	tàipínggǔ	52730
太平间	tàipíngjiān	30750
太平门	tàipíngmén	49974
太平洋	Tàipíngyáng	4816
太婆	tàipó	50338
太上皇	tàishànghuáng	26577
太甚	tàishèn	26714
太师椅	tàishīyǐ	27863
太太	tàitai	2629
太息	tàixī	28967
太虚	tàixū	38714
太阳	tàiyáng	1286
太阳灯	tàiyángdēng	55266
太阳地儿	tàiyángdìr	48867
太阳电池	tàiyáng diànchí	53700
太阳镜	tàiyángjìng	42935
太阳帽	tàiyángmào	50339
太阳能	tàiyángnéng	6792
太阳系	tàiyángxì	15172
太阳穴	tàiyángxué	23051
太阳灶	tàiyángzào	51890
太爷	tàiyé	23762
太阴	tàiyīn	45201
太原	Tàiyuán	4461
太子	tàizǐ	4671
太子参	tàizǐshēn	53701
态	tài	5347
态度	tàidu	562
态势	tàishì	4881
钛	tài	24265
钛白	tàibái	36398
钛合金	tàihéjīn	45792
泰	tài	3707
泰斗	tàidǒu	24725
泰国	Tàiguó	3111
泰然	tàirán	29766
泰然处之	tàirán-chǔzhī	42417
泰然自若	tàirán-zìruò	37612
泰山	Tàishān	8632
泰山北斗	tàishān-běidǒu	55717
泰山压顶	tàishān-yādǐng	47279
坍塌	tāntā	15754
坍陷	tānxiàn	53702
贪	tān	6263
贪杯	tānbēi	44427
贪财	tāncái	29547
贪吃	tānchī	33910
贪大求洋	tāndà-qiúyáng	55267
贪得无厌	tāndé-wúyàn	34455
贪官	tānguān	14715
贪官污吏	tānguān wūlì	25389
贪婪	tānlán	11098
贪恋	tānliàn	31190
贪求	tānqiú	50702
贪色	tānsè	43947
贪生怕死	tānshēng-pàsǐ	36732
贪睡	tānshuì	45793
贪天之功	tāntiānzhīgōng	55718
贪图	tāntú	14200
贪玩	tānwán	23845
贪污	tānwū	5700
贪污犯	tānwūfàn	41713
贪污腐化	tānwū-fǔhuà	37414
贪小	tānxiǎo	46694
贪小失大	tānxiǎo-shīdà	55268

贪心	tānxīn	32229
贪欲	tānyù	25940
贪赃枉法	tānzāng-wǎngfǎ	22056
贪占	tānzhàn	50340
贪嘴	tānzuǐ	44664
摊	tān	4429
摊档	tāndàng	46389
摊点	tāndiǎn	16234
摊贩	tānfàn	22627
摊放	tānfàng	49610
摊牌	tānpái	33018
摊派	tānpài	10017
摊位	tānwèi	11859
摊主	tānzhǔ	18068
摊子	tānzi	12142
滩	tān	6055
滩地	tāndì	28884
滩头	tāntóu	28885
滩涂	tāntú	14860
滩羊	tānyáng	53703
瘫	tān	13624
瘫痪	tānhuàn	9658
瘫软	tānruǎn	25499
瘫子	tānzi	44915
坛	tán	7020
坛坛罐罐	tántánguànguàn	42675
坛子	tánzi	20814
昙花	tánhuā	39755
昙花一现	tánhuā-yīxiàn	26428
谈	tán	412
谈锋	tánfēng	40613
谈何容易	tánhéróngyì	18354
谈虎色变	tánhǔ-sèbiàn	40385
谈话	tánhuà	1490
谈及	tánjí	9796
谈经论道	tánjīng-lùndào	41644
谈开	tánkāi	44428
谈论	tánlùn	6229
谈判	tánpàn	2241
谈情说爱	tánqíng-shuō'ài	27525
谈天	tántiān	20287
谈天说地	tántiān-shuōdì	41949
谈吐	tántǔ	21820
谈笑风生	tánxiào-fēngshēng	23390
谈笑自若	tánxiào-zìruò	42185
谈心	tánxīn	9369
谈兴	tánxìng	39962
谈资	tánzī	39123
弹	tán	3515
弹唱	tánchàng	26430
弹词	táncí	36082
弹钢琴	tángāngqín	32625
弹冠相庆	tánguān-xiāngqìng	52305
弹劾	tánhé	14730
弹簧	tánhuáng	16603
弹簧秤	tánhuángchèng	56749
弹簧床	tánhuángchuáng	49611
弹簧钢	tánhuánggāng	50341
弹簧门	tánhuángmén	54199
弹簧锁	tánhuángsuǒ	52731
弹力	tánlì	30086
弹琴	tánqín	20679
弹射	tánshè	36733
弹跳	tántiào	29872
弹跳力	tántiàolì	54722
弹性	tánxìng	8009
弹压	tányā	31191
弹指	tánzhǐ	30206
弹奏	tánzòu	23299
覃	tán	31989
痰	tán	7207
痰盂	tányú	22992
谭	tán	10544
潭	tán	13279
檀木	tánmù	34048
檀香	tánxiāng	25854
檀香木	tánxiāngmù	48203
檀香扇	tánxiāngshàn	52732
忐忑	tǎntè	27370
忐忑不安	tǎntè bù'ān	19997
坦白	tǎnbái	10504
坦白从宽	tǎnbái-cóngkuān	40614
坦陈	tǎnchén	34588
坦诚	tǎnchéng	10299
坦诚相待	tǎnchéng-xiāngdài	49235
坦承	tǎnchéng	37063
坦荡	tǎndàng	18173
坦克	tǎnkè	7353
坦露	tǎnlù	46084
坦然	tǎnrán	9890
坦率	tǎnshuài	10522
坦途	tǎntú	28799
坦言	tǎnyán	14234
坦直	tǎnzhí	52733
袒护	tǎnhù	20469
袒露	tǎnlù	22265
袒胸露臂	tǎnxiōng-lòubì	56248
毯子	tǎnzi	21879
叹	tàn	3401
叹词	tàncí	56596
叹服	tànfú	26715
叹号	tànhào	37415
叹气	tànqì	13012
叹赏	tànshǎng	41714
叹为观止	tànwéiguānzhǐ	23493
叹息	tànxī	5596
叹惜	tànxī	34304
炭	tàn	10706
炭笔	tànbǐ	55269
炭化	tànhuà	51081
炭画	tànhuà	54723
炭火	tànhuǒ	23146
炭火盆	tànhuǒpén	48868
炭疽	tànjū	19998
炭盆	tànpén	51082
炭窑	tànyáo	49236
探	tàn	3874
探案	tàn'àn	49237
探病	tànbìng	37244
探测	tàncè	6668
探测器	tàncèqì	12893
探测仪	tàncèyí	37786
探查	tànchá	33019
探察	tànchá	42418
探访	tànfǎng	19162
探风	tànfēng	56597
探戈	tàngē	37613
探花	tànhuā	34978
探家	tànjiā	31990
探监	tànjiān	34160
探井	tànjǐng	37064
探究	tànjiū	13764
探口气	tàn kǒuqì	54724
探矿	tànkuàng	26929
探雷	tànléi	47280
探路	tànlù	28187
探秘	tànmì	37966
探囊取物	tànnáng-qǔwù	46979

探亲	tànqīn	10145
探亲访友	tànqīnfǎngyǒu	35617
探亲假	tànqīnjià	37614
探求	tànqiú	14253
探伤	tànshāng	49238
探身	tànshēn	33637
探胜	tànshèng	53197
探视	tànshì	17369
探索	tànsuǒ	1436
探讨	tàntǎo	2673
探听	tàntīng	16275
探头	tàntóu	17117
探头探脑	tàntóu-tànnǎo	32354
探望	tànwàng	10416
探问	tànwèn	21968
探悉	tànxī	32626
探险	tànxiǎn	10776
探寻	tànxún	15125
探询	tànxún	26013
探幽	tànyōu	46390
探照灯	tànzhàodēng	31765
探针	tànzhēn	33020
探子	tànzi	33141
碳	tàn	8080
碳黑	tànhēi	54200
碳水化合物	tànshuǐ-huàhéwù	29668
碳素钢	tànsùgāng	55719
碳酸	tànsuān	26716
汤	tāng	3911
汤包	tāngbāo	45202
汤池	tāngchí	52734
汤匙	tāngchí	34723
汤锅	tāngguō	44429
汤剂	tāngjì	56249
汤料	tāngliào	52306
汤面	tāngmiàn	38919
汤泉	tāngquán	55720
汤勺	tāngsháo	51474
汤水	tāngshuǐ	40829
汤团	tāngtuán	41492
汤药	tāngyào	34589
汤圆	tāngyuán	30979
嘡	tāng	46085
蹚浑水	tānghúnshuǐ	52837
唐	táng	2462
唐人街	tángrénjiē	22157
唐三彩	tángsāncǎi	41715
唐诗	tángshī	17481
唐突	tángtū	24615
唐装	tángzhuāng	33510
堂	táng	3181
堂弟	tángdì	31877
堂而皇之	táng'érhuángzhī	19929
堂房	tángfáng	44430
堂倌	tángguān	31766
堂皇	tánghuáng	25133
堂会	tánghuì	29669
堂姐	tángjiě	45203
堂姐妹	tángjiěmèi	55271
堂客	tángkè	43431
堂妹	tángmèi	42419
堂上	tángshàng	26512
堂叔	tángshū	32230
堂堂	tángtáng	13874
堂堂正正	tángtáng zhèngzhèng	16722
堂屋	tángwū	12462
堂兄	tángxiōng	29873
堂兄弟	tángxiōngdi	39963
堂侄	tángzhí	51891
棠棣	tángdì	55272
塘	táng	6044
塘坝	tángbà	32118
塘泥	tángní	52735
塘堰	tángyàn	52737
搪瓷	tángcí	25324
搪塞	tángsè	19776
糖	táng	4231
糖包	tángbāo	53704
糖醋	tángcù	41056
糖弹	tángdàn	51083
糖瓜	tángguā	49239
糖果	tángguǒ	14469
糖葫芦	tánghúlu	33399
糖化	tánghuà	44431
糖浆	tángjiāng	37615
糖精	tángjīng	38326
糖块儿	tángkuàir	43189
糖类	tánglèi	31878
糖尿病	tángniàobìng	8033
糖人儿	tángrénr	45497
糖食	tángshí	46391
糖蒜	tángsuàn	54725
糖稀	tángxī	51084
糖业	tángyè	26578
糖衣	tángyī	43698
糖衣炮弹	tángyī pàodàn	36566
糖纸	tángzhǐ	40192
螳臂当车	tángbì-dāngchē	53198
螳螂	tángláng	25390
倘	tǎng	6014
倘或	tǎnghuò	29767
倘若	tǎngruò	4565
倘使	tǎngshǐ	17554
淌	tǎng	7720
淌汗	tǎnghàn	47281
淌泪	tǎnglèi	46695
躺	tǎng	2149
躺柜	tǎngguì	55273
躺枪	tǎngqiāng	39615
躺椅	tǎngyǐ	24616
烫	tàng	6644
烫发	tàngfà	33638
烫金	tàngjīn	37065
烫面	tàngmiàn	51892
烫伤	tàngshāng	25855
烫手	tàngshǒu	26930
烫头	tàngtóu	47586
趟	tàng	3032
叨光	tāoguāng	49612
叨陪	tāopéi	50769
叨扰	tāorǎo	44191
绦虫	tāochóng	40615
掏	tāo	3293
掏摸	tāomō	44665
掏心	tāoxīn	42936
掏腰包	tāoyāobāo	19376
滔滔	tāotāo	13399
滔滔不绝	tāotāobùjué	16276
滔天	tāotiān	20470
韬光养晦	tāoguāng-yǎnghuì	45794
韬晦	tāohuì	48204
韬略	tāolüè	33276
逃	táo	2186
逃奔	táobèn	40386
逃避	táobì	6764
逃兵	táobīng	24027
逃窜	táocuàn	18927

逃敌	táodí	55274
逃遁	táodùn	30087
逃犯	táofàn	15933
逃荒	táohuāng	24925
逃婚	táohūn	47889
逃课	táokè	43948
逃离	táolí	14043
逃命	táomìng	18770
逃难	táonàn	14579
逃匿	táonì	31879
逃跑	táopǎo	9501
逃票	táopiào	48205
逃散	táosàn	31299
逃生	táoshēng	16212
逃税	táoshuì	24617
逃脱	táotuō	11890
逃亡	táowáng	15277
逃席	táoxí	50703
逃学	táoxué	22842
逃逸	táoyì	20288
逃债	táozhài	38920
逃之夭夭	táozhī-yāoyāo	26931
逃走	táozǒu	7992
桃	táo	7230
桃符	táofú	51085
桃红	táohóng	26848
桃红柳绿	táohóng-liǔlǜ	47282
桃花	táohuā	8431
桃花源	táohuāyuán	28800
桃花运	táohuāyùn	42676
桃李	táolǐ	24028
桃仁	táorén	53199
桃色	táosè	28968
桃树	táoshù	19500
桃酥	táosū	53705
桃子	táozi	15987
陶	táo	6779
陶瓷	táocí	6546
陶工	táogōng	55721
陶器	táoqì	18983
陶然	táorán	41716
陶塑	táosù	55275
陶陶	táotáo	52307
陶土	táotǔ	47890
陶文	táowén	53706
陶冶	táoyě	12162
陶艺	táoyì	34049
陶俑	táoyǒng	39552
陶醉	táozuì	9615
淘	táo	11465
淘金	táojīn	20157
淘米	táomǐ	28188
淘气	táoqì	14305
淘气包	táoqìbāo	56250
淘气鬼	táoqìguǐ	53200
淘神	táoshén	55276
淘汰	táotài	4287
淘汰赛	táotàisài	21189
讨	tǎo	2938
讨伐	tǎofá	21969
讨饭	tǎofàn	18009
讨好	tǎohǎo	12463
讨还	tǎohuán	38921
讨价	tǎojià	46980
讨价还价	tǎojià-huánjià	13735
讨教	tǎojiào	27608
讨论	tǎolùn	711
讨便宜	tǎopiányi	51893
讨巧	tǎoqiǎo	48206
讨饶	tǎoráo	46392
讨人嫌	tǎorénxián	41717
讨生活	tǎoshēnghuó	38922
讨嫌	tǎoxián	46393
讨薪	tǎoxīn	19928
讨厌	tǎoyàn	5502
讨债	tǎozhài	24926
讨账	tǎozhàng	52738
套	tào	654
套餐	tàocān	26199
套车	tàochē	43699
套房	tàofáng	27371
套服	tàofú	46981
套购	tàogòu	46982
套管	tàoguǎn	41950
套红	tàohóng	49975
套话	tàohuà	19521
套汇	tàohuì	33639
套间	tàojiān	23335
套交情	tào jiāoqing	53201
套近乎	tào jìnhu	34305
套裤	tàokù	52308
套牢	tàoláo	43190
套利	tàolì	14041
套路	tàolù	17970
套马杆	tàomǎgān	48869
套票	tàopiào	54726
套曲	tàoqǔ	44916
套取	tàoqǔ	27609
套裙	tàoqún	38153
套色	tàoshǎi	48534
套衫	tàoshān	54727
套绳	tàoshéng	53707
套数	tàoshù	44192
套索	tàosuǒ	55277
套套	tàotao	40616
套筒	tàotǒng	49240
套头衫	tàotóushān	51087
套现	tàoxiàn	11147
套鞋	tàoxié	45795
套袖	tàoxiù	50704
套印	tàoyìn	44917
套用	tàoyòng	22017
套语	tàoyǔ	49976
套种	tàozhòng	22158
套装	tàozhuāng	26200
套子	tàozi	26849
特	tè	1645
特别	tèbié	162
特别快车	tèbié kuàichē	45796
特别行政区	tèbié xíngzhèngqū	9137
特藏	tècáng	54058
特产	tèchǎn	16091
特长	tècháng	8964
特长生	tèchángshēng	39321
特出	tèchū	43191
特此	tècǐ	23494
特大	tèdà	4037
特等	tèděng	25391
特地	tèdì	7838
特点	tèdiǎn	1056
特定	tèdìng	4090
特稿	tègǎo	15388
特工	tègōng	23763
特行	tèháng	49614
特护	tèhù	47587
特惠	tèhuì	50342
特级	tèjí	11898
特辑	tèjí	45498

特技	tèjì	20073
特价	tèjià	26351
特警	tèjǐng	26133
特刊	tèkān	6520
特快	tèkuài	23052
特快专递	tèkuài zhuāndì	18670
特困	tèkùn	5961
特例	tèlì	31767
特命	tèmìng	12704
特派	tèpài	15013
特派员	tèpàiyuán	11601
特批	tèpī	38327
特聘	tèpìn	23431
特遣部队	tèqiǎn bùduì	50705
特区	tèqū	3918
特权	tèquán	8227
特色	tèsè	1288
特设	tèshè	23253
特赦	tèshè	30528
特赦令	tèshèlìng	49615
特使	tèshǐ	9353
特首	tèshǒu	40830
特殊	tèshū	934
特殊化	tèshūhuà	33142
特殊性	tèshūxìng	10576
特体	tètǐ	55278
特为	tèwèi	26513
特务	tèwù	47891
特务	tèwu	8041
特效	tèxiào	27688
特写	tèxiě	11958
特型演员	tèxíng yǎnyuán	52739
特性	tèxìng	5013
特需	tèxū	37616
特许	tèxǔ	12716
特邀	tèyāo	10758
特异	tèyì	20323
特异功能	tèyì gōngnéng	29169
特意	tèyì	5629
特优	tèyōu	39323
特有	tèyǒu	5042
特约	tèyuē	15507
特招	tèzhāo	34523
特征	tèzhēng	1865
特指	tèzhǐ	36567
特制	tèzhì	14878
特质	tèzhì	14044
特种	tèzhǒng	7165
特种兵	tèzhǒngbīng	36083
特种工艺	tèzhǒng gōngyì	54728
特种警察	tèzhǒng jǐngchá	55279
特种邮票	tèzhǒng yóupiào	38154
特准	tèzhǔn	47588
疼	téng	4421
疼爱	téng'ài	15278
疼痛	téngtòng	6331
疼惜	téngxī	46086
腾	téng	7254
腾达	téngdá	46394
腾飞	téngfēi	8764
腾空	téngkōng	19648
腾空而起	téngkōng'érqǐ	27747
腾挪	téngnuó	34050
腾腾	téngténg	24197
腾跃	téngyuè	36568
腾越	téngyuè	48535
腾云驾雾	téngyún-jiàwù	36569
誊	téng	35195
誊录	ténglù	52740
誊清	téngqīng	47589
誊写	téngxiě	39324
滕	téng	16674
藤	téng	9134
藤编	téngbiān	56251
藤萝	téngluó	27944
藤牌	téngpái	48207
藤球	téngqiú	51475
藤条	téngtiáo	38533
藤蔓	téngwàn	35788
藤箱	téngxiāng	54729
藤椅	téngyǐ	15547
藤子	téngzi	47892
体己	tīji	35789
剔	tī	19300
剔除	tīchú	18174
剔透	tītòu	25325
梯度	tīdù	18175
梯队	tīduì	18094
梯恩梯	tī'ēntī	53708
梯级	tījí	25632
梯田	tītián	13776
梯形	tīxíng	25856
梯子	tīzi	17211
锑	tī	36570
踢	tī	3790
踢蹬	tīdeng	48536
踢皮球	tīpíqiú	45797
踢踏舞	tītàwǔ	35196
踢腾	tīteng	49616
提	tí	779
提案	tí'àn	3986
提拔	tíbá	6426
提包	tíbāo	17448
提倡	tíchàng	2968
提成	tíchéng	17139
提纯	tíchún	30641
提词	tící	50706
提单	tídān	30088
提调	tídiào	46984
提兜	tídōu	45204
提法	tífǎ	14347
提干	tígàn	27070
提纲	tígāng	17162
提纲挈领	tígāng-qièlǐng	41951
提高	tígāo	495
提供	tígōng	710
提灌	tíguàn	47590
提盒	tíhé	48208
提花	tíhuā	42420
提婚	tíhūn	51894
提货	tíhuò	23300
提货单	tíhuòdān	44666
提及	tíjí	9363
提级	tíjí	42677
提价	tíjià	23978
提交	tíjiāo	4087
提款	tíkuǎn	33511
提款机	tíkuǎnjī	22562
提篮	tílán	31768
提炼	tíliàn	9488
提梁	tíliáng	55280
提留	tíliú	22661
提名	tímíng	7002
提前	tíqián	2295
提挈	tíqiè	53709
提亲	tíqīn	30873
提琴	tíqín	23979
提请	tíqǐng	7327

提取	tíqǔ	6450
提任	tírèn	42937
提神	tíshén	34161
提审	tíshěn	27864
提升	tíshēng	2927
提示	tíshì	7839
提手	tíshǒu	50707
提速	tísù	9138
提问	tíwèn	5699
提现	tíxiàn	17210
提线木偶	tíxiàn mù'ǒu	53710
提箱	tíxiāng	43432
提携	tíxié	26134
提心吊胆	tíxīn-diàodǎn	16195
提醒	tíxǐng	2633
提讯	tíxùn	51476
提要	tíyào	19036
提议	tíyì	5933
提意见	tíyìjiàn	20854
提早	tízǎo	16581
提振	tízhèn	10516
提职	tízhí	42678
啼饥号寒	tíjī-háohán	52741
啼哭	tíkū	18447
啼鸣	tímíng	41262
啼笑皆非	tíxiào-jiēfēi	24927
鹈鹕	tíhú	47283
题	tí	1842
题跋	tíbá	41718
题材	tícái	3055
题词	tící	8346
题记	tíjì	27610
题解	tíjiě	52309
题库	tíkù	39756
题名	tímíng	20324
题目	tímù	5326
题签	tíqiān	43192
题诗	tíshī	30751
题写	tíxiě	14201
题型	tíxíng	47893
题意	tíyì	48209
题旨	tízhǐ	38715
题字	tízì	23147
醍醐灌顶	tíhú-guàndǐng	49617
蹄	tí	10083
蹄筋	tíjīn	54730
蹄子	tízi	24726
体	tǐ	1165
体表	tǐbiǎo	29548
体裁	tǐcái	13344
体操	tǐcāo	6870
体察	tǐchá	13374
体罚	tǐfá	23923
体改	tǐgǎi	35618
体格	tǐgé	18599
体会	tǐhuì	2592
体积	tǐjī	8023
体检	tǐjiǎn	8586
体检表	tǐjiǎnbiǎo	49977
体力	tǐlì	6458
体例	tǐlì	25134
体谅	tǐliàng	14751
体貌	tǐmào	39964
体面	tǐmiàn	8045
体能	tǐnéng	9727
体念	tǐniàn	49241
体魄	tǐpò	17831
体腔	tǐqiāng	39553
体认	tǐrèn	47284
体式	tǐshì	37416
体态	tǐtài	16347
体坛	tǐtán	4956
体贴	tǐtiē	11919
体贴入微	tǐtiē-rùwēi	35790
体统	tǐtǒng	29979
体外循环	tǐwài xúnhuán	44432
体位	tǐwèi	39124
体味	tǐwèi	12803
体温	tǐwēn	9698
体温计	tǐwēnjì	39125
体无完肤	tǐwúwánfū	35791
体悟	tǐwù	31880
体系	tǐxì	1158
体现	tǐxiàn	1134
体校	tǐxiào	18799
体形	tǐxíng	24517
体型	tǐxíng	24139
体恤	tǐxù	26014
体验	tǐyàn	2714
体液	tǐyè	29363
体育	tǐyù	1270
体育场	tǐyùchǎng	7088
体育馆	tǐyùguǎn	7741
体征	tǐzhēng	29461
体制	tǐzhì	1189
体质	tǐzhì	8099
体重	tǐzhòng	8272
屉	tì	34162
屉子	tìzi	51895
剃	tì	12046
剃刀	tìdāo	36084
剃度	tìdù	42938
剃光头	tìguāngtóu	45798
剃头	tìtóu	14564
剃头刀	tìtóudāo	47894
剃须刀	tìxūdāo	37967
倜傥	tìtǎng	33640
涕泪	tìlèi	29670
涕零	tìlíng	34660
替	tì	1913
替班	tìbān	52742
替补	tìbǔ	18899
替代	tìdài	4311
替工	tìgōng	49978
替换	tìhuàn	16070
替考	tìkǎo	47591
替身	tìshēn	31300
替手	tìshǒu	52310
替死鬼	tìsǐguǐ	46696
替罪羊	tìzuìyáng	34880
嚏喷	tìpen	47592
天	tiān	74
天安门	tiān'ānmén	9234
天崩地裂	tiānbēng-dìliè	46697
天边	tiānbiān	14117
天兵	tiānbīng	45499
天兵天将	tiānbīng-tiānjiàng	43433
天才	tiāncái	6676
天差地远	tiānchā-dìyuǎn	54201
天长地久	tiāncháng-dìjiǔ	35939
天长日久	tiāncháng-rìjiǔ	31652
天车	tiānchē	49618
天窗	tiānchuāng	23924
天敌	tiāndí	16926
天底下	tiāndǐxia	23148
天地	tiāndì	2118
天帝	tiāndì	38924
天鹅	tiān'é	11574

天鹅绒	tiān'éróng	35197
天翻地覆	tiānfān-dìfù	22888
天方夜谭	tiānfāng-yètán	27071
天分	tiānfèn	31769
天府之国	tiānfǔzhīguó	37066
天赋	tiānfù	13244
天干	tiāngān	42421
天高地厚	tiāngāo-dìhòu	34724
天高气爽	tiāngāo-qìshuǎng	45500
天各一方	tiāngèyīfāng	38716
天公	tiāngong	25559
天公地道	tiāngōng-dìdào	55722
天宫	tiāngōng	25560
天光	tiānguāng	25254
天国	tiānguó	17034
天寒地冻	tiānhán-dìdòng	27783
天旱	tiānhàn	31770
天河	tiānhé	15257
天黑	tiānhēi	9574
天候	tiānhòu	48537
天花	tiānhuā	22416
天花板	tiānhuābǎn	14019
天花乱坠	tiānhuā-luànzhuì	28441
天荒地老	tiānhuāng-dìlǎo	54731
天皇	tiānhuáng	15755
天昏地暗	tiānhūn-dì'àn	28528
天火	tiānhuǒ	44667
天机	tiānjī	26431
天际	tiānjì	16765
天价	tiānjià	28886
天津	Tiānjīn	1124
天经地义	tiānjīng-dìyì	18825
天井	tiānjǐng	13085
天空	tiānkōng	2939
天籁	tiānlài	24727
天蓝	tiānlán	26135
天狼星	tiānlángxīng	41952
天理	tiānlǐ	22362
天良	tiānliáng	29768
天亮	tiānliàng	9431
天灵盖	tiānlínggài	42422
天伦	tiānlún	39965
天伦之乐	tiānlúnzhīlè	27373
天罗地网	tiānluó-dìwǎng	28969
天麻	tiānmá	26274
天马行空	tiānmǎ-xíngkōng	36571
天明	tiānmíng	11724
天命	tiānmìng	16008
天幕	tiānmù	22993
天南地北	tiānnán-dìběi	31525
天南海北	tiānnán-hǎiběi	30642
天年	tiānnián	33512
天怒人怨	tiānnù-rényuàn	46985
天女散花	tiānnǚ-sànhuā	35619
天棚	tiānpéng	37067
天平	tiānpíng	14953
天气	tiānqì	1073
天气预报	tiānqì yùbào	5387
天堑	tiānqiàn	32496
天桥	tiānqiáo	11970
天青	tiānqīng	48870
天穹	tiānqióng	31192
天球	tiānqiú	44668
天趣	tiānqù	44918
天然	tiānrán	3608
天然林	tiānránlín	8310
天然气	tiānránqì	4310
天然橡胶	tiānrán xiàngjiāo	28272
天壤	tiānrǎng	47895
天壤之别	tiānrǎngzhībié	28023
天人合一	tiānrén-héyī	39126
天日	tiānrì	25633
天色	tiānsè	8868
天上	tiānshàng	4175
天神	tiānshén	23925
天生	tiānshēng	7615
天时	tiānshí	19707
天使	tiānshǐ	11125
天书	tiānshū	22941
天数	tiānshù	13715
天塌地陷	tiāntā-dìxiàn	47896
天堂	tiāntáng	6918
天梯	tiāntī	42186
天体	tiāntǐ	9474
天天	tiāntiān	3368
天条	tiāntiáo	45501
天庭	tiāntíng	35029
天头	tiāntóu	53202
天外	tiānwài	19842
天外有天	tiānwài-yǒutiān	46986
天王	tiānwáng	17083
天王星	tiānwángxīng	39325
天网恢恢	tiānwǎng-huīhuī	43701
天文	tiānwén	6389
天文馆	tiānwénguǎn	31193
天文数字	tiānwén shùzì	28442
天文台	tiānwéntái	10434
天文望远镜	tiānwén wàngyuǎnjìng	20471
天下	tiānxià	1677
天下为公	tiānxià-wéigōng	34069
天仙	tiānxiān	27149
天险	tiānxiǎn	30207
天线	tiānxiàn	12321
天象	tiānxiàng	20680
天晓得	tiānxiǎode	34163
天性	tiānxìng	10560
天旋地转	tiānxuán-dìzhuàn	33277
天涯	tiānyá	15508
天涯海角	tiānyá-hǎijiǎo	20591
天衣无缝	tiānyī-wúfèng	25500
天意	tiānyì	16604
天宇	tiānyǔ	28887
天渊之别	tiānyuānzhībié	48871
天灾	tiānzāi	20896
天灾人祸	tiānzāi-rénhuò	26076
天葬	tiānzàng	47285
天造地设	tiānzào-dìshè	41263
天真	tiānzhēn	6566
天真烂漫	tiānzhēn-lànmàn	24928
天真无邪	tiānzhēn-wúxié	31194
天之骄子	tiānzhījiāozǐ	35620
天知道	tiānzhīdao	25634
天职	tiānzhí	17786
天诛地灭	tiānzhū-dìmiè	45799
天竺葵	tiānzhúkuí	52311
天主	Tiānzhǔ	33278
天主教	Tiānzhǔjiào	10523
天姿	tiānzī	51896
天资	tiānzī	29068
天子	tiānzǐ	7757
天字第一号	tiān zì dì-yī hào	44433
天足	tiānzú	43434
天作之合	tiānzuòzhīhé	46698
添	tiān	3335
添补	tiānbǔ	48210
添彩	tiāncǎi	26077
添丁	tiāndīng	49979

添堵	tiāndǔ	51088
添加	tiānjiā	13101
添加剂	tiānjiājì	13022
添乱	tiānluàn	28116
添色	tiānsè	50343
添设	tiānshè	45502
添油加醋	tiānyóu-jiācù	36898
添枝加叶	tiānzhī-jiāyè	45800
添置	tiānzhì	15620
添砖加瓦	tiānzhuān-jiāwǎ	34051
田	tián	1315
田产	tiánchǎn	31881
田畴	tiánchóu	41264
田地	tiándì	9771
田赋	tiánfù	29549
田埂	tiángěng	20472
田鸡	tiánjī	40193
田家	tiánjiā	20632
田间	tiánjiān	6970
田径	tiánjìng	6006
田径运动	tiánjìng yùndòng	32756
田坎	tiánkǎn	47593
田猎	tiánliè	52312
田垄	tiánlǒng	48211
田螺	tiánluó	36399
田亩	tiánmǔ	34052
田契	tiánqì	48872
田赛	tiánsài	49242
田舍	tiánshè	47286
田鼠	tiánshǔ	37068
田头	tiántóu	18984
田野	tiányě	6321
田园	tiányuán	11505
田园诗	tiányuánshī	40387
田庄	tiánzhuāng	37245
恬不知耻	tiánbùzhīchǐ	41954
恬淡	tiándàn	31084
恬静	tiánjìng	18826
恬然	tiánrán	46699
恬适	tiánshì	50708
甜	tián	4188
甜菜	tiáncài	26201
甜橙	tiánchéng	52743
甜点	tiándiǎn	45503
甜瓜	tiánguā	27784
甜椒	tiánjiāo	49243
甜酒	tiánjiǔ	38925
甜美	tiánměi	17727
甜蜜	tiánmì	10084
甜面酱	tiánmiànjiàng	52744
甜品	tiánpǐn	56598
甜润	tiánrùn	38926
甜食	tiánshí	36572
甜水	tiánshuǐ	34456
甜丝丝	tiánsīsī	38717
甜头	tiántou	12947
甜味儿	tiánwèir	30752
甜味剂	tiánwèijì	47594
甜言蜜语	tiányán-mìyǔ	29550
甜滋滋	tiánzīzī	45205
填	tián	4130
填报	tiánbào	22628
填表	tiánbiǎo	28698
填补	tiánbǔ	7562
填充	tiánchōng	20744
填词	tiáncí	35940
填发	tiánfā	52313
填方	tiánfāng	54202
填房	tiánfáng	46987
填空	tiánkòng	38155
填料	tiánliào	40388
填塞	tiánsè	33792
填写	tiánxiě	8426
填鸭	tiányā	48212
填鸭式	tiányāshì	49620
舔	tiǎn	10400
挑	tiāo	2505
挑刺儿	tiāocìr	48873
挑错儿	tiāocuòr	54203
挑担子	tiāodànzi	34481
挑肥拣瘦	tiāoféi-jiǎnshòu	43435
挑夫	tiāofū	38156
挑拣	tiāojiǎn	34457
挑三拣四	tiāosān-jiǎnsì	49244
挑食	tiāoshí	43193
挑剔	tiāoti	12705
挑选	tiāoxuǎn	5995
挑眼	tiāoyǎn	37968
挑子	tiāozi	27689
条	tiáo	89
条案	tiáo'àn	42423
条播	tiáobō	53203
条陈	tiáochén	37969
条凳	tiáodèng	30980
条分缕析	tiáofēn-lǚxī	43702
条幅	tiáofú	20225
条规	tiáoguī	36085
条件	tiáojiàn	336
条件反射	tiáojiàn fǎnshè	21397
条款	tiáokuǎn	5328
条理	tiáolǐ	20938
条例	tiáolì	2101
条令	tiáolìng	21553
条码	tiáomǎ	20512
条目	tiáomù	25501
条绒	tiáoróng	51089
条石	tiáoshí	42939
条条杠杠	tiáotiáogànggàng	56720
条条块块	tiáotiáokuàikuài	56252
条条框框	tiáotiáo kuàngkuàng	32627
条文	tiáowén	9778
条纹	tiáowén	20939
条形码	tiáoxíngmǎ	38718
条约	tiáoyuē	2647
条桌	tiáozhuō	35621
条子	tiáozi	10231
迢迢	tiáotiáo	30208
调	tiáo	2236
调处	tiáochǔ	13947
调幅	tiáofú	50344
调羹	tiáogēng	43194
调和	tiáohé	11327
调护	tiáohù	43703
调级	tiáojí	50709
调剂	tiáojì	12978
调价	tiáojià	23764
调教	tiáojiào	26078
调节	tiáojié	3095
调节税	tiáojiéshuì	40617
调解	tiáojiě	4480
调侃	tiáokǎn	17260
调控	tiáokòng	3117
调理	tiáolǐ	22719
调料	tiáoliào	29364
调弄	tiáonòng	50710
调配	tiáopèi	10711
调皮	tiáopí	13662

调皮鬼	tiáopíguǐ	54732
调频	tiáopín	34458
调情	tiáoqíng	26932
调色板	tiáosèbǎn	35198
调试	tiáoshì	12130
调速	tiáosù	34590
调唆	tiáosuō	55281
调停	tiáotíng	16971
调味	tiáowèi	35503
调戏	tiáoxì	27210
调笑	tiáoxiào	31195
调谐	tiáoxié	31771
调养	tiáoyǎng	31407
调匀	tiáoyún	45801
调整	tiáozhěng	1024
调制	tiáozhì	26432
调制解调器	tiáozhì-jiětiáoqì	36734
调治	tiáozhì	39966
调资	tiáozī	37787
笤帚	tiáozhou	28354
挑	tiǎo	3723
挑拨	tiǎobō	20438
挑拨离间	tiǎobō-líjiàn	40619
挑大梁	tiǎodàliáng	32628
挑灯	tiǎodēng	34881
挑动	tiǎodòng	28443
挑逗	tiǎodòu	22266
挑花	tiǎohuā	41493
挑明	tiǎomíng	33641
挑事	tiǎoshì	32966
挑唆	tiǎosuō	35355
挑头	tiǎotóu	46087
挑衅	tiǎoxìn	11258
挑战	tiǎozhàn	1807
挑战书	tiǎozhànshū	51897
眺望	tiàowàng	13127
跳	tiào	1198
跳板	tiàobǎn	16950
跳槽	tiàocáo	20439
跳荡	tiàodàng	35792
跳动	tiàodòng	8828
跳房子	tiàofángzi	54204
跳高	tiàogāo	21729
跳级	tiàojí	42424
跳脚	tiàojiǎo	39326
跳梁	tiàoliáng	44669
跳楼	tiàolóu	22363
跳楼价	tiàolóujià	52314
跳马	tiàomǎ	26079
跳皮筋儿	tiàopíjīnr	54205
跳棋	tiàoqí	45206
跳伞	tiàosǎn	21677
跳神	tiàoshén	38157
跳绳	tiàoshéng	30753
跳水	tiàoshuǐ	9117
跳台	tiàotái	20784
跳舞	tiàowǔ	6069
跳崖	tiàoyá	38927
跳远	tiàoyuǎn	25857
跳跃	tiàoyuè	9343
跳蚤	tiàozao	27294
跳蚤市场	tiàozao shìchǎng	40389
跳闸	tiàozhá	46988
贴	tiē	1919
贴本儿	tiēběnr	54206
贴边	tiēbiān	54733
贴标签	tiēbiāoqiān	52745
贴饼子	tiēbǐngzi	47897
贴补	tiēbǔ	29671
贴合	tiēhé	51090
贴画	tiēhuà	48213
贴金	tiējīn	33642
贴近	tiējìn	4362
贴面	tiēmiàn	42425
贴钱	tiēqián	45802
贴切	tiēqiè	21443
贴身	tiēshēn	16582
贴水	tiēshuǐ	51091
贴息	tiēxī	11825
贴现	tiēxiàn	25326
贴现率	tiēxiànlǜ	35030
贴心	tiēxīn	19377
贴心话	tiēxīnhuà	56253
贴心人	tiēxīnrén	20247
帖	tiě	14611
帖子	tiězi	23301
铁	tiě	1376
铁案	tiě'àn	36735
铁板钉钉	tiěbǎn-dìngdīng	53204
铁板一块	tiěbǎn-yīkuài	41494
铁笔	tiěbǐ	52315
铁壁铜墙	tiěbì-tóngqiáng	53205
铁臂	tiěbì	43195
铁饼	tiěbǐng	31772
铁蚕豆	tiěcándòu	48874
铁窗	tiěchuāng	29980
铁锤	tiěchuí	21099
铁打	tiědǎ	25502
铁道	tiědào	13045
铁道兵	tiědàobīng	34725
铁定	tiědìng	39127
铁饭碗	tiěfànwǎn	20897
铁杆	tiěgǎn	30754
铁镐	tiěgǎo	46088
铁哥们儿	tiěgēmenr	41265
铁工	tiěgōng	49980
铁公鸡	tiěgōngjī	45504
铁箍	tiěgū	45505
铁骨铮铮	tiěgǔ-zhēngzhēng	49981
铁观音	tiěguānyīn	44919
铁轨	tiěguǐ	19999
铁柜	tiěguì	53206
铁锅	tiěguō	23053
铁汉	tiěhàn	44193
铁环	tiěhuán	31883
铁灰	tiěhuī	48538
铁蒺藜	tiějíli	52746
铁甲	tiějiǎ	29462
铁将军	tiějiāngjūn	44920
铁匠	tiějiàng	15739
铁交椅	tiějiāoyǐ	46989
铁脚板	tiějiǎobǎn	51092
铁军	tiějūn	12554
铁矿	tiěkuàng	15548
铁链	tiěliàn	21147
铁流	tiěliú	28355
铁路	tiělù	1322
铁马	tiěmǎ	39554
铁锚	tiěmáo	46700
铁面无私	tiěmiàn-wúsī	28024
铁幕	tiěmù	49245
铁皮	tiěpí	19016
铁骑	tiěqí	26514
铁器	tiěqì	23149
铁锹	tiěqiāo	19357
铁青	tiěqīng	19330
铁拳	tiěquán	34459
铁人	tiěrén	11845

铁人三项	tiěrén sānxiàng	26717
铁纱	tiěshā	54734
铁砂	tiěshā	39967
铁杉	tiěshān	48214
铁石心肠	tiěshí-xīncháng	33143
铁树	tiěshù	34726
铁树开花	tiěshù-kāihuā	55282
铁水	tiěshuǐ	31773
铁丝	tiěsī	16695
铁丝网	tiěsīwǎng	18147
铁算盘	tiěsuànpán	53207
铁索	tiěsuǒ	29170
铁索桥	tiěsuǒqiáo	39555
铁塔	tiětǎ	21100
铁蹄	tiětí	29874
铁腕	tiěwàn	37246
铁腕人物	tiěwàn rénwù	52747
铁锨	tiěxiān	20940
铁心	tiěxīn	42940
铁锈	tiěxiù	38928
铁血	tiěxuè	31197
铁砧	tiězhēn	48215
铁证	tiězhèng	31884
铁证如山	tiězhèng-rúshān	38328
铁嘴	tiězuǐ	27785
厅	tīng	3870
厅堂	tīngtáng	23336
听	tīng	256
听便	tīngbiàn	49982
听差	tīngchāi	12648
听从	tīngcóng	10590
听而不闻	tīng'érbùwén	43704
听候	tīnghòu	23150
听话	tīnghuà	10149
听会	tīnghuì	41495
听见	tīngjiàn	2562
听讲	tīngjiǎng	18771
听觉	tīngjué	15040
听课	tīngkè	15912
听力	tīnglì	16743
听命	tīngmìng	20249
听凭	tīngpíng	30412
听其自然	tīngqízìrán	40620
听取	tīngqǔ	2798
听任	tīngrèn	21444
听审	tīngshěn	46701
听书	tīngshū	40194
听说	tīngshuō	1481
听天由命	tīngtiān-yóumìng	25561
听筒	tīngtǒng	19203
听闻	tīngwén	20289
听戏	tīngxì	17674
听写	tīngxiě	52316
听信	tīngxìn	20509
听诊	tīngzhěn	47287
听诊器	tīngzhěnqì	32120
听证	tīngzhèng	8406
听政	tīngzhèng	29981
听之任之	tīngzhī-rènzhī	26850
听众	tīngzhòng	6146
听装	tīngzhuāng	53711
亭	tíng	6322
亭台楼阁	tíngtái-lóugé	38929
亭亭玉立	tíngtíng-yùlì	26515
亭子	tíngzi	17577
亭子间	tíngzijiān	27690
庭	tíng	6726
庭审	tíngshěn	15374
庭训	tíngxùn	48875
庭园	tíngyuán	32497
庭院	tíngyuàn	9397
停	tíng	990
停摆	tíngbǎi	48216
停板	tíngbǎn	53712
停办	tíngbàn	20159
停播	tíngbō	46702
停泊	tíngbó	15396
停产	tíngchǎn	8811
停车	tíngchē	8759
停车场	tíngchēchǎng	11960
停车位	tíngchēwèi	7616
停当	tíngdang	21149
停电	tíngdiàn	11335
停顿	tíngdùn	8783
停发	tíngfā	33144
停放	tíngfàng	18535
停飞	tíngfēi	36400
停付	tíngfù	52317
停工	tínggōng	15587
停航	tíngháng	40621
停火	tínghuǒ	7277
停机	tíngjī	23391
停机坪	tíngjīpíng	29463
停建	tíngjiàn	25790
停刊	tíngkān	18536
停靠	tíngkào	18483
停课	tíngkè	25392
停灵	tínglíng	49983
停留	tíngliú	5043
停牌	tíngpái	5918
停赛	tíngsài	32121
停食	tíngshí	55723
停驶	tíngshǐ	44434
停水	tíngshuǐ	31991
停妥	tíngtuǒ	49621
停息	tíngxī	24029
停歇	tíngxiē	23817
停薪	tíngxīn	44672
停薪留职	tíngxīn liúzhí	37417
停学	tíngxué	44673
停业	tíngyè	12163
停战	tíngzhàn	18267
停职	tíngzhí	23197
停止	tíngzhǐ	1494
停滞	tíngzhì	12540
挺	tǐng	2025
挺拔	tǐngbá	14219
挺进	tǐngjìn	12505
挺举	tǐngjǔ	23392
挺括	tǐngkuò	42426
挺立	tǐnglì	17855
挺身	tǐngshēn	21554
挺身而出	tǐngshēn'érchū	15414
挺尸	tǐngshī	52318
挺秀	tǐngxiù	40195
挺直	tǐngzhí	15793
铤而走险	tǐng'érzǒuxiǎn	19301
艇	tǐng	12788
通	tōng	1424
通报	tōngbào	3540
通便	tōngbiàn	49984
通病	tōngbìng	22767
通才	tōngcái	37617
通常	tōngcháng	2815
通畅	tōngchàng	18148
通车	tōngchē	6738
通称	tōngchēng	28025
通吃	tōngchī	28495

通存	tōngcún	46395
通存通兑	tōngcún tōngduì	43705
通达	tōngdá	19331
通道	tōngdào	3281
通敌	tōngdí	42187
通电	tōngdiàn	10486
通牒	tōngdié	44675
通都大邑	tōngdū-dàyì	53208
通读	tōngdú	31301
通兑	tōngduì	43436
通分	tōngfēn	54735
通风	tōngfēng	9916
通风报信	tōngfēng-bàoxìn	31526
通风口	tōngfēngkǒu	49246
通告	tōnggào	10561
通共	tōnggòng	42679
通关	tōngguān	7173
通关节	tōngguānjié	45506
通观	tōngguān	42427
通过	tōngguò	277
通航	tōngháng	10687
通好	tōnghǎo	31085
通红	tōnghóng	8725
通话	tōnghuà	11699
通婚	tōnghūn	29171
通货	tōnghuò	15110
通货紧缩	tōnghuò jǐnsuō	18404
通货膨胀	tōnghuò péngzhàng	10038
通缉	tōngjī	16785
通缉令	tōngjīlìng	25393
通假	tōngjiǎ	55283
通奸	tōngjiān	28273
通解	tōngjiě	51898
通经	tōngjīng	42941
通栏	tōnglán	40831
通览	tōnglǎn	54207
通力	tōnglì	24198
通例	tōnglì	39128
通亮	tōngliàng	39757
通令	tōnglìng	21398
通路	tōnglù	19960
通论	tōnglùn	36899
通名	tōngmíng	46089
通明	tōngmíng	17971
通盘	tōngpán	25503
通篇	tōngpiān	20000
通票	tōngpiào	48539
通铺	tōngpù	38158
通气	tōngqì	17607
通窍	tōngqiào	56254
通勤	tōngqín	43949
通勤车	tōngqínchē	53713
通情达理	tōngqíng-dálǐ	24140
通衢	tōngqú	30309
通权达变	tōngquán-dábiàn	54208
通融	tōngróng	20633
通商	tōngshāng	14254
通身	tōngshēn	32498
通史	tōngshǐ	21594
通水	tōngshuǐ	22525
通顺	tōngshùn	31885
通俗	tōngsú	6164
通体	tōngtǐ	22417
通天	tōngtiān	24518
通条	tōngtiáo	52319
通通	tōngtōng	22418
通同	tōngtóng	42942
通透	tōngtòu	46703
通途	tōngtú	30413
通往	tōngwǎng	7677
通向	tōngxiàng	9865
通宵	tōngxiāo	16927
通宵达旦	tōngxiāo-dádàn	27865
通晓	tōngxiǎo	25447
通心粉	tōngxīnfěn	51899
通信	tōngxìn	2014
通信兵	tōngxìnbīng	44435
通信卫星	tōngxìn wèixīng	25504
通信员	tōngxìnyuán	23591
通行	tōngxíng	5976
通行证	tōngxíngzhèng	14045
通性	tōngxìng	44921
通讯	tōngxùn	3106
通讯兵	tōngxùnbīng	54736
通讯社	tōngxùnshè	10964
通讯网	tōngxùnwǎng	45207
通讯卫星	tōngxùn wèixīng	39968
通讯员	tōngxùnyuán	13673
通夜	tōngyè	42680
通用	tōngyòng	4962
通用字	tōngyòngzì	56255
通邮	tōngyóu	32499
通则	tōngzé	15147
通胀	tōngzhàng	22994
通知	tōngzhī	1187
通知单	tōngzhīdān	28801
通知书	tōngzhīshū	8924
嗵	tōng	26579
同	tóng	99
同案犯	tóng'ànfàn	38329
同班	tóngbān	17482
同伴	tóngbàn	8460
同胞	tóngbāo	2599
同辈	tóngbèi	27526
同比	tóngbǐ	10976
同病相怜	tóngbìng-xiānglián	32757
同步	tóngbù	4912
同仇敌忾	tóngchóu-díkài	31653
同出一辙	tóngchūyīzhé	48876
同窗	tóngchuāng	21310
同床异梦	tóngchuáng-yìmèng	41719
同党	tóngdǎng	31198
同道	tóngdào	30529
同等	tóngděng	7044
同等学力	tóngděng xuélì	55284
同调	tóngdiào	43438
同犯	tóngfàn	48877
同房	tóngfáng	40390
同甘共苦	tónggān-gòngkǔ	23766
同感	tónggǎn	19163
同庚	tónggēng	53209
同工同酬	tónggōng-tóngchóu	41496
同归于尽	tóngguīyújìn	22629
同行	tóngháng	5283
同好	tónghào	39129
同化	tónghuà	15988
同伙	tónghuǒ	18048
同级	tóngjí	10466
同居	tóngjū	13297
同乐	tónglè	25791
同类	tónglèi	5202
同理	tónglǐ	36401
同僚	tóngliáo	23098
同龄	tónglíng	20360
同龄人	tónglíngrén	20001
同流合污	tóngliú-héwū	32629

同路	tónglù	42188
同路人	tónglùrén	32887
同门	tóngmén	47288
同盟	tóngméng	9618
同盟军	tóngméngjūn	32758
同盟者	tóngméngzhě	41720
同名	tóngmíng	18705
同谋	tóngmóu	25190
同年	tóngnián	5567
同期	tóngqī	2684
同前	tóngqián	27945
同情	tóngqíng	3344
同人	tóngrén	38930
同仁	tóngrén	16809
同上	tóngshàng	39327
同生共死	tóngshēng-gòngsǐ	50345
同声	tóngshēng	16029
同时	tóngshí	125
同事	tóngshì	3171
同室操戈	tóngshì-cāogē	43439
同岁	tóngsuì	35941
同位素	tóngwèisù	19332
同屋	tóngwū	31527
同喜	tóngxǐ	46704
同乡	tóngxiāng	9385
同乡会	tóngxiānghuì	38534
同心	tóngxīn	11982
同心同德	tóngxīn-tóngdé	13363
同心协力	tóngxīn-xiélì	19649
同心圆	tóngxīnyuán	42428
同行	tóngxíng	8446
同性	tóngxìng	24993
同性恋	tóngxìngliàn	21311
同姓	tóngxìng	26718
同学	tóngxué	812
同学会	tóngxuéhuì	32355
同样	tóngyàng	748
同业	tóngyè	16878
同业公会	tóngyè gōnghuì	33021
同义词	tóngyìcí	27527
同意	tóngyì	948
同音字	tóngyīnzì	45507
同源	tóngyuán	19561
同志	tóngzhì	170
同舟共济	tóngzhōu-gòngjì	22018
同桌	tóngzhuō	22589
同宗	tóngzōng	29275
同族	tóngzú	28605
佟	tóng	12353
彤红	tónghóng	47898
彤云	tóngyún	48878
茼蒿	tónghāo	52320
桐树	tóngshù	24199
桐油	tóngyóu	27295
铜	tóng	3463
铜板	tóngbǎn	19589
铜版	tóngbǎn	46090
铜版画	tóngbǎnhuà	50346
铜版纸	tóngbǎnzhǐ	40391
铜币	tóngbì	46990
铜鼓	tónggǔ	24141
铜管乐	tóngguǎnyuè	47595
铜壶	tónghú	37247
铜活	tónghuó	51477
铜匠	tóngjiàng	42943
铜镜	tóngjìng	31528
铜矿	tóngkuàng	21640
铜绿	tónglǜ	53714
铜锣	tóngluó	29672
铜牌	tóngpái	10487
铜器	tóngqì	28274
铜钱	tóngqián	11494
铜墙铁壁	tóngqiáng-tiěbì	30755
铜丝	tóngsī	35942
铜像	tóngxiàng	15111
铜臭	tóngxiù	37069
铜锈	tóngxiù	55724
铜元	tóngyuán	28802
铜子儿	tóngzǐr	17261
童	tóng	9058
童便	tóngbiàn	53715
童车	tóngchē	37788
童工	tónggōng	21312
童话	tónghuà	8087
童蒙	tóngméng	52748
童男	tóngnán	45803
童年	tóngnián	6431
童女	tóngnǚ	50711
童趣	tóngqù	30981
童山	tóngshān	50712
童声	tóngshēng	36573
童叟无欺	tóngsǒu-wúqī	46091
童心	tóngxīn	20112
童星	tóngxīng	43196
童养媳	tóngyǎngxí	31529
童谣	tóngyáo	14414
童音	tóngyīn	41955
童贞	tóngzhēn	43197
童真	tóngzhēn	37618
童稚	tóngzhì	35793
童装	tóngzhuāng	31654
童子	tóngzǐ	20681
童子鸡	tóngzǐjī	55725
瞳孔	tóngkǒng	25061
瞳仁	tóngrén	42681
统	tǒng	2702
统包	tǒngbāo	44922
统编	tǒngbiān	47899
统舱	tǒngcāng	45208
统称	tǒngchēng	16030
统筹	tǒngchóu	3494
统筹兼顾	tǒngchóu-jiāngù	12354
统共	tǒnggòng	29982
统购	tǒnggòu	33400
统观	tǒngguān	42944
统管	tǒngguǎn	26719
统合	tǒnghé	39969
统计	tǒngjì	1529
统计表	tǒngjìbiǎo	33643
统考	tǒngkǎo	24995
统揽	tǒnglǎn	23302
统领	tǒnglǐng	8371
统配	tǒngpèi	40196
统摄	tǒngshè	42429
统收	tǒngshōu	39130
统属	tǒngshǔ	46991
统帅	tǒngshuài	13931
统帅部	tǒngshuàibù	44194
统率	tǒngshuài	21774
统统	tǒngtǒng	8705
统辖	tǒngxiá	27444
统销	tǒngxiāo	44923
统一	tǒngyī	672
统一体	tǒngyītǐ	22419
统一战线	tǒngyī zhànxiàn	5023
统战	tǒngzhàn	10924
统招	tǒngzhāo	54737
统制	tǒngzhì	18268

统治	tǒngzhì	3313
捅	tǒng	8939
捅娄子	tǒnglóuzi	55285
捅马蜂窝	tǒngmǎfēngwō	51093
桶	tǒng	4350
筒	tǒng	7359
筒裤	tǒngkù	51900
筒裙	tǒngqún	51478
筒瓦	tǒngwǎ	53210
筒子	tǒngzi	25858
筒子楼	tǒngzilóu	23646
恸哭	tòngkū	25255
通	tòng	5864
痛	tòng	2407
痛不欲生	tòngbùyùshēng	28117
痛斥	tòngchì	25562
痛楚	tòngchǔ	17306
痛处	tòngchù	32630
痛打	tòngdǎ	28803
痛悼	tòngdào	45209
痛定思痛	tòngdìng-sītòng	22889
痛风	tòngfēng	47596
痛改前非	tònggǎi-qiánfēi	38535
痛感	tònggǎn	29069
痛恨	tònghèn	13177
痛悔	tònghuǐ	38330
痛击	tòngjī	34882
痛经	tòngjīng	51094
痛觉	tòngjué	43950
痛哭	tòngkū	9162
痛哭流涕	tòngkū-liútì	29875
痛苦	tòngkǔ	1622
痛快淋漓	tòngkuài-línlí	34591
痛快	tòngkuài	5711
痛骂	tòngmà	24519
痛切	tòngqiè	28444
痛失	tòngshī	25191
痛恶	tòngwù	50347
痛惜	tòngxī	20941
痛心	tòngxīn	9818
痛心疾首	tòngxīn-jíshǒu	22159
痛痒	tòngyǎng	38931
痛饮	tòngyǐn	31086
偷	tōu	2944
偷安	tōu'ān	45804
偷盗	tōudào	21399
偷渡	tōudù	9912
偷工减料	tōugōng-jiǎnliào	26851
偷汉子	tōuhànzi	54738
偷换	tōuhuàn	38159
偷鸡摸狗	tōujī-mōgǒu	39328
偷看	tōukàn	17370
偷空	tōukòng	47900
偷窥	tōukuī	16348
偷懒	tōulǎn	19777
偷梁换柱	tōuliáng-huànzhù	36574
偷猎	tōuliè	36238
偷漏	tōulòu	31655
偷摸	tōumō	25792
偷拍	tōupāi	32888
偷巧	tōuqiǎo	53786
偷窃	tōuqiè	24395
偷情	tōuqíng	33644
偷生	tōushēng	31774
偷税	tōushuì	12555
偷天换日	tōutiān-huànrì	55286
偷听	tōutīng	22942
偷偷	tōutōu	5261
偷偷摸摸	tōutōumōmō	22806
偷袭	tōuxí	24854
偷闲	tōuxián	39556
偷眼	tōuyǎn	22526
偷营	tōuyíng	54209
偷越	tōuyuè	40622
偷运	tōuyùn	28606
偷嘴	tōuzuǐ	53716
头	tóu	245
头儿	tóur	7200
头班车	tóubānchē	48879
头版	tóubǎn	16426
头彩	tóucǎi	42682
头筹	tóuchóu	31775
头寸	tóucùn	43951
头等	tóuděng	11543
头顶	tóudǐng	6337
头发	tóufa	2604
头伏	tóufú	56599
头盖骨	tóugàigǔ	31530
头功	tóugōng	37970
头骨	tóugǔ	19144
头号	tóuhào	12003
头昏	tóuhūn	24467
头昏脑涨	tóuhūn-nǎozhàng	42189
头昏眼花	tóuhūn-yǎnhuā	36575
头角	tóujiǎo	46092
头巾	tóujīn	17352
头盔	tóukuī	24520
头里	tóuli	26516
头脸	tóuliǎn	30414
头领	tóulǐng	28118
头颅	tóulú	10990
头路	tóulù	41266
头面人物	tóumiàn rénwù	30415
头名	tóumíng	51095
头目	tóumù	7715
头脑	tóunǎo	2687
头年	tóunián	48540
头帕	tóupà	52321
头牌	tóupái	34883
头皮	tóupí	15588
头皮屑	tóupíxiè	54739
头破血流	tóupò-xuèliú	27296
头前	tóuqián	28275
头钱	tóuqián	48217
头球	tóuqiú	19843
头人	tóurén	16629
头纱	tóushā	47901
头生	tóushēng	45508
头绳	tóushéng	36402
头饰	tóushì	35622
头胎	tóutāi	42683
头疼	tóuténg	10640
头疼脑热	tóuténg-nǎorè	43706
头天	tóutiān	24468
头痛	tóutòng	9165
头头儿	tóutour	13458
头头脑脑	tóutóunǎonǎo	38536
头头是道	tóutóu-shìdào	24855
头尾	tóuwěi	34884
头衔	tóuxián	12649
头像	tóuxiàng	17418
头绪	tóuxù	15896
头癣	tóuxuǎn	52322
头雁	tóuyàn	40832
头羊	tóuyáng	40392
头油	tóuyóu	50714
头晕	tóuyūn	14499
头重脚轻	tóuzhòng-jiǎoqīng	37248

头子	tóuzi	16675
投	tóu	1493
投案	tóu'àn	22106
投保	tóubǎo	9745
投奔	tóubèn	16071
投笔从戎	tóubǐ-cóngróng	38331
投畀豺虎	tóubì-cháihǔ	53211
投标	tóubiāo	8164
投产	tóuchǎn	5260
投诚	tóuchéng	20815
投弹	tóudàn	30310
投档	tóudàng	18171
投敌	tóudí	34592
投递	tóudì	16696
投递员	tóudìyuán	39557
投毒	tóudú	26777
投放	tóufàng	7235
投稿	tóugǎo	17212
投工	tóugōng	26642
投合	tóuhé	40833
投河	tóuhé	32231
投机	tóujī	10274
投机倒把	tóujī-dǎobǎ	26933
投机取巧	tóujī-qǔqiǎo	25635
投寄	tóujì	37619
投井	tóujǐng	39758
投井下石	tóujǐng-xiàshí	52323
投军	tóujūn	33401
投考	tóukǎo	34460
投靠	tóukào	20978
投篮	tóulán	25859
投料	tóuliào	39759
投拍	tóupāi	40623
投票	tóupiào	4031
投其所好	tóuqísuǒhào	33793
投枪	tóuqiāng	41497
投亲	tóuqīn	50348
投亲靠友	tóuqīn-kàoyǒu	44195
投入	tóurù	1004
投射	tóushè	19812
投身	tóushēn	5661
投生	tóushēng	44924
投师	tóushī	51479
投石问路	tóushí-wènlù	43952
投书	tóushū	32759
投鼠忌器	tóushǔ-jìqì	43953
投水	tóushuǐ	28119
投送	tóusòng	36403
投诉	tóusù	4107
投诉率	tóusùlǜ	45805
投宿	tóusù	32356
投胎	tóutāi	37789
投桃报李	tóutáo-bàolǐ	47902
投喂	tóuwèi	49622
投降	tóuxiáng	5541
投向	tóuxiàng	7114
投药	tóuyào	48541
投医	tóuyī	42430
投影	tóuyǐng	17500
投影仪	tóuyǐngyí	42684
投映	tóuyìng	55287
投缘	tóuyuán	39131
投掷	tóuzhì	18572
投注	tóuzhù	35794
投资	tóuzī	892
骰子	tóuzi	28607
透	tòu	2319
透彻	tòuchè	12742
透底	tòudǐ	47597
透顶	tòudǐng	24396
透风	tòufēng	21821
透骨	tòugǔ	43954
透光	tòuguāng	28529
透汗	tòuhàn	52324
透镜	tòujìng	15794
透亮	tòuliang	20898
透漏	tòulòu	54740
透露	tòulù	3486
透明	tòumíng	3938
透明度	tòumíngdù	6800
透辟	tòupì	46396
透气	tòuqì	23546
透射	tòushè	25793
透视	tòushì	11860
透水	tòushuǐ	24929
透析	tòuxī	31776
透心儿凉	tòuxīnrliáng	47289
透雨	tòuyǔ	41956
透支	tòuzhī	17941
凸	tū	9665
凸版	tūbǎn	55726
凸出	tūchū	26433
凸轮	tūlún	54741
凸起	tūqǐ	28804
凸显	tūxiǎn	11758
凸现	tūxiàn	12165
秃	tū	8504
秃笔	tūbǐ	44676
秃顶	tūdǐng	28970
秃鹫	tūjiù	45509
秃瓢儿	tūpiáor	49623
秃山	tūshān	27946
秃头	tūtóu	21150
秃尾巴	tūwěibā	51096
秃鹰	tūyīng	44436
秃子	tūzi	18176
突	tū	4157
突变	tūbiàn	11428
突出	tūchū	1077
突发	tūfā	5660
突飞猛进	tūfēi-měngjìn	12487
突击	tūjī	8176
突击队	tūjīduì	13168
突击手	tūjīshǒu	42431
突进	tūjìn	29276
突厥	Tūjué	12599
突破	tūpò	1706
突破口	tūpòkǒu	6683
突起	tūqǐ	19085
突然	tūrán	741
突如其来	tūrú-qílái	10354
突入	tūrù	19740
突审	tūshěn	45510
突突	tūtū	20440
突围	tūwéi	10986
突兀	tūwù	19470
突袭	tūxí	20682
突显	tūxiǎn	31656
突现	tūxiàn	31531
突遇	tūyù	37971
图	tú	400
图案	tú'àn	5966
图板	túbǎn	38719
图版	túbǎn	51480
图表	túbiǎo	17886
图册	túcè	33513
图存	túcún	32500
图典	túdiǎn	52749

图钉	túdīng	42685
图画	túhuà	8317
图籍	tújí	46397
图卷	tújuàn	49986
图鉴	tújiàn	55727
图解	tújiě	29172
图景	tújǐng	18123
图利	túlì	44925
图例	túlì	54742
图录	túlù	43955
图谋	túmóu	9926
图谋不轨	túmóu-bùguǐ	47903
图片	túpiàn	2112
图谱	túpǔ	22807
图示	túshì	39329
图书	túshū	3221
图书馆	túshūguǎn	3306
图说	túshuō	27072
图腾	túténg	20002
图文并茂	túwén-bìngmào	20816
图像	túxiàng	6973
图形	túxíng	10124
图样	túyàng	26580
图章	túzhāng	21445
图纸	túzhǐ	12121
荼毒	túdú	36404
徒	tú	5520
徒步	túbù	14580
徒弟	túdì	11052
徒工	túgōng	39132
徒劳	túláo	20189
徒劳无功	túláo-wúgōng	47290
徒然	túrán	21313
徒手	túshǒu	28530
徒孙	túsūn	53212
徒托空言	, túituō-kōngyán	54210
徒刑	túxíng	20592
徒有其表	túyǒu-qíbiǎo	49624
徒有虚名	túyǒu-xūmíng	38160
徒子徒孙	túzǐ-túsūn	53717
途程	túchéng	46398
途经	tújīng	12664
途径	tújìng	1964
途中	túzhōng	5568
涂	tú	5680
涂层	túcéng	22943
涂改	túgǎi	24791
涂料	túliào	11961
涂抹	túmǒ	16928
涂片	túpiàn	52325
涂饰	túshì	46992
涂炭	tútàn	30756
涂写	túxiě	42686
涂鸦	túyā	32889
涂脂抹粉	túzhī-mǒfěn	36405
屠	tú	14175
屠城	túchéng	40197
屠刀	túdāo	28276
屠夫	túfū	33022
屠户	túhù	31777
屠戮	túlù	25505
屠杀	túshā	9891
屠宰	túzǎi	12093
屠宰场	túzǎichǎng	24930
土	tǔ	968
土坝	tǔbà	44926
土包	tǔbāo	48880
土包子	tǔbāozi	41057
土崩瓦解	tǔbēng-wǎjiě	32232
土鳖	tǔbiē	48218
土拨鼠	tǔbōshǔ	41058
土布	tǔbù	29551
土层	tǔcéng	20979
土产	tǔchǎn	27006
土地	tǔdì	1905
土地改革	tǔdì gǎigé	24266
土地证	tǔdìzhèng	43198
土地	Tǔdi	5447
土地庙	Tǔdimiào	30530
土地爷	Tǔdiyé	37418
土豆	tǔdòu	9155
土墩	tǔdūn	44196
土法	tǔfǎ	26136
土方	tǔfāng	19844
土房	tǔfáng	34053
土肥	tǔféi	33794
土匪	tǔfěi	7610
土改	tǔgǎi	13467
土岗	tǔgǎng	29365
土疙瘩	tǔgēda	51097
土埂	tǔgěng	51481
土豪	tǔháo	23818
土豪劣绅	tǔháo-lièshēn	32233
土话	tǔhuà	23819
土皇帝	tǔhuángdì	46993
土黄	tǔhuáng	45511
土货	tǔhuò	49987
土家族	Tǔjiāzú	18205
土建	tǔjiàn	23980
土炕	tǔkàng	21190
土坷垃	tǔkēla	47291
土坑	tǔkēng	27211
土老帽儿	tǔlǎomàor	54743
土里土气	tǔlitǔqì	42190
土路	tǔlù	19501
土霉素	tǔméisù	49625
土名	tǔmíng	54211
土木	tǔmù	25860
土木工程	tǔmù gōngchéng	29983
土坯	tǔpī	17707
土坡	tǔpō	24142
土气	tǔqi	26352
土丘	tǔqiū	28971
土壤	tǔrǎng	2871
土人	tǔrén	24030
土山	tǔshān	33145
土生土长	tǔshēng-tǔzhǎng	20593
土石方	tǔshífāng	25794
土司	tǔsī	5828
土俗	tǔsú	55728
土特产	tǔ-tèchǎn	22808
土头土脑	tǔtóu-tǔnǎo	49626
土温	tǔwēn	54744
土星	tǔxīng	22107
土腥气	tǔxīngqì	54212
土腥味儿	tǔxīngwèir	51901
土性	tǔxìng	55729
土药	tǔyào	54745
土语	tǔyǔ	27374
土葬	tǔzàng	31199
土造	tǔzào	46994
土政策	tǔzhèngcè	29673
土质	tǔzhì	18671
土著	tǔzhù	15621
土专家	tǔzhuānjiā	33514
土族	Tǔzú	30757
吐	tǔ	3429
吐蕃	Tǔbō	16009

吐槽	tǔcáo	17647
吐故纳新	tǔgù-nàxīn	46399
吐口	tǔkǒu	35795
吐露	tǔlù	21191
吐气	tǔqì	22019
吐丝	tǔsī	35031
吐穗	tǔsuì	53718
吐痰	tǔtán	16766
吐絮	tǔxù	55288
吐字	tǔzì	34727
吐	tù	4476
吐沫	tùmo	38332
吐血	tùxiě	25795
兔	tù	6788
兔唇	tùchún	54213
兔死狗烹	tùsǐ-gǒupēng	53213
兔死狐悲	tùsǐ-húbēi	38932
兔儿爷	tùryé	41059
兔崽子	tùzǎizi	29366
兔子	tùzi	9344
菟丝子	tùsīzǐ	51482
湍急	tuānjí	22996
湍流	tuānliú	20594
团	tuán	769
团拜	tuánbài	39558
团代会	tuándàihuì	52750
团队	tuánduì	6965
团费	tuánfèi	35356
团粉	tuánfěn	56721
团歌	tuángē	53214
团购	tuángòu	4987
团徽	tuánhuī	49988
团伙	tuánhuǒ	6230
团籍	tuánjí	54214
团结	tuánjié	1207
团聚	tuánjù	10827
团练	tuánliàn	33645
团旗	tuánqí	44437
团日	tuánrì	42945
团扇	tuánshàn	37419
团体	tuántǐ	1982
团体操	tuántǐcāo	34164
团体赛	tuántǐsài	12028
团团转	tuántuánzhuàn	22843
团校	tuánxiào	38333
团员	tuányuán	9379
团圆	tuányuán	13194
团圆饭	tuányuánfàn	33279
团圆节	Tuányuán Jié	54215
团章	tuánzhāng	53215
团中央	tuánzhōngyāng	7021
团子	tuánzi	34728
推	tuī	1125
推波助澜	tuībō-zhùlán	22364
推测	tuīcè	10061
推陈出新	tuīchén-chūxīn	17912
推迟	tuīchí	6969
推崇	tuīchóng	13280
推出	tuīchū	1912
推辞	tuīcí	13298
推戴	tuīdài	29173
推导	tuīdǎo	23647
推倒	tuīdǎo	15173
推定	tuīdìng	23592
推动	tuīdòng	1247
推断	tuīduàn	14292
推翻	tuīfān	6429
推广	tuīguǎng	1700
推及	tuījí	49989
推己及人	tuījǐ-jírén	45512
推挤	tuījǐ	49627
推见	tuījiàn	50715
推荐	tuījiàn	3160
推荐书	tuījiànshū	51483
推介	tuījiè	10032
推进	tuījìn	1377
推进器	tuījìnqì	37249
推究	tuījiū	44438
推举	tuījǔ	13490
推开	tuīkāi	5127
推理	tuīlǐ	11422
推力	tuīlì	24856
推论	tuīlùn	17787
推拿	tuīná	37972
推普	tuīpǔ	47904
推敲	tuīqiāo	14645
推求	tuīqiú	52326
推却	tuīquè	39330
推让	tuīràng	28699
推三阻四	tuīsān-zǔsì	48542
推搡	tuīsǎng	34306
推说	tuīshuō	25861
推算	tuīsuàn	14118
推头	tuītóu	55730
推土机	tuītǔjī	16605
推托	tuītuō	25636
推脱	tuītuō	28531
推诿	tuīwěi	12706
推想	tuīxiǎng	24200
推销	tuīxiāo	7643
推销员	tuīxiāoyuán	20074
推卸	tuīxiè	14697
推心置腹	tuīxīn-zhìfù	27528
推行	tuīxíng	2300
推选	tuīxuǎn	11995
推延	tuīyán	45806
推演	tuīyǎn	33147
推移	tuīyí	14020
推知	tuīzhī	39970
推重	tuīzhòng	37070
推子	tuīzi	47292
颓败	tuíbài	32890
颓废	tuífèi	18289
颓靡	tuímǐ	54216
颓然	tuírán	20473
颓丧	tuísàng	24267
颓势	tuíshì	26643
颓唐	tuítáng	24931
颓垣断壁	tuíyuán-duànbì	55672
腿	tuǐ	1502
腿肚子	tuǐdùzi	33911
腿脚	tuǐjiǎo	19522
腿子	tuǐzi	24619
退	tuì	827
退避	tuìbì	29552
退避三舍	tuìbì-sānshè	35943
退兵	tuìbīng	21595
退步	tuìbù	24996
退场	tuìchǎng	27150
退潮	tuìcháo	31532
退党	tuìdǎng	41957
退耕	tuìgēng	4215
退耕还林	tuìgēng-huánlín	4824
退后	tuìhòu	17856
退化	tuìhuà	8182
退还	tuìhuán	9258
退换	tuìhuàn	29674
退回	tuìhuí	7864

退婚	tuìhūn	39331
退货	tuìhuò	16697
退居	tuìjū	23303
退款	tuìkuǎn	27073
退礼	tuìlǐ	55289
退路	tuìlù	19086
退赔	tuìpéi	31992
退票	tuìpiào	26202
退亲	tuìqīn	50349
退却	tuìquè	17307
退让	tuìràng	17857
退热	tuìrè	44197
退烧	tuìshāo	39760
退市	tuìshì	7713
退守	tuìshǒu	25563
退缩	tuìsuō	12919
退堂鼓	tuìtánggǔ	38334
退庭	tuìtíng	53719
退团	tuìtuán	53720
退位	tuìwèi	21356
退伍	tuìwǔ	12767
退席	tuìxí	42191
退休	tuìxiū	3083
退休金	tuìxiūjīn	16277
退学	tuìxué	18069
退役	tuìyì	8874
退隐	tuìyǐn	36900
退赃	tuìzāng	47598
退职	tuìzhí	28805
退走	tuìzǒu	22211
蜕变	tuìbiàn	17638
蜕化	tuìhuà	34165
蜕皮	tuìpí	38720
煺	tuì	35944
褪	tuì	8290
褪色	tuìsè	20474
吞	tūn	7037
吞并	tūnbìng	22212
吞吃	tūnchī	34461
吞服	tūnfú	45807
吞金	tūnjīn	50350
吞灭	tūnmiè	53721
吞没	tūnmò	19164
吞声	tūnshēng	25257
吞食	tūnshí	24143
吞蚀	tūnshí	53722
吞噬	tūnshì	13716
吞吐	tūntǔ	21053
吞吐量	tūntǔliàng	14524
吞吞吐吐	tūntūntǔtǔ	17942
吞咽	tūnyàn	25718
吞云吐雾	tūnyún-tǔwù	40624
屯	tún	6193
屯兵	túnbīng	18772
屯积	túnjī	49247
屯聚	túnjù	53723
屯垦	túnkěn	28189
屯粮	túnliáng	52327
屯守	túnshǒu	45210
屯田	túntián	30311
囤	tún	21641
囤积	túnjī	27445
囤积居奇	túnjī-jūqí	38335
豚鼠	túnshǔ	44198
臀	tún	17788
臀尖	túnjiān	53724
臀围	túnwéi	48543
托	tuō	2642
托儿	tuōr	30089
托庇	tuōbì	47905
托病	tuōbìng	40834
托词	tuōcí	23867
托底	tuōdǐ	52328
托儿所	tuō'érsuǒ	21513
托福	tuōfú	30874
托付	tuōfù	20683
托孤	tuōgū	43440
托故	tuōgù	42687
托管	tuōguǎn	12387
托拉斯	tuōlāsī	28277
托老所	tuōlǎosuǒ	46400
托门子	tuōménzi	55290
托梦	tuōmèng	43707
托名	tuōmíng	34593
托盘	tuōpán	23254
托人	tuōrén	15112
托人情	tuōrénqíng	48219
托身	tuōshēn	50716
托生	tuōshēng	40393
托收	tuōshōu	46401
托运	tuōyùn	20720
托子	tuōzi	47293
拖	tuō	2182
拖把	tuōbǎ	38336
拖布	tuōbù	47294
拖车	tuōchē	29277
拖船	tuōchuán	43956
拖带	tuōdài	41498
拖斗	tuōdǒu	48220
拖儿带女	tuō'ér-dàinǚ	44927
拖后腿	tuōhòutuǐ	47906
拖家带口	tuōjiā-dàikǒu	48881
拖拉	tuōlā	23648
拖拉机	tuōlājī	6658
拖累	tuōlěi	19741
拖轮	tuōlún	45513
拖泥带水	tuōní-dàishuǐ	30312
拖欠	tuōqiàn	4048
拖腔	tuōqiāng	52329
拖沓	tuōtà	31657
拖堂	tuōtáng	54217
拖拖拉拉	tuōtuolālā	40198
拖网	tuōwǎng	41060
拖鞋	tuōxié	14992
拖延	tuōyán	9608
拖曳	tuōyè	42192
拖运	tuōyùn	55291
脱	tuō	2190
脱靶	tuōbǎ	52330
脱产	tuōchǎn	22213
脱党	tuōdǎng	48544
脱档	tuōdàng	43667
脱发	tuōfà	40835
脱岗	tuōgǎng	41837
脱稿	tuōgǎo	36406
脱钩	tuōgōu	14628
脱轨	tuōguǐ	39761
脱胶	tuōjiāo	54218
脱节	tuōjié	13468
脱臼	tuōjiù	45514
脱壳	tuōké	42432
脱口	tuōkǒu	15509
脱口而出	tuōkǒu'érchū	18900
脱口秀	tuōkǒuxiù	53725
脱困	tuōkùn	8388
脱离	tuōlí	2918
脱粒	tuōlì	34307
脱漏	tuōlòu	54219

脱落	tuōluò	12381
脱盲	tuōmáng	44928
脱毛	tuōmáo	45808
脱帽	tuōmào	34729
脱坯	tuōpī	54746
脱皮	tuōpí	37420
脱贫	tuōpín	8052
脱贫致富	tuōpín-zhìfù	7001
脱色	tuōsè	40836
脱身	tuōshēn	16151
脱手	tuōshǒu	31993
脱水	tuōshuǐ	20075
脱俗	tuōsú	31658
脱胎	tuōtāi	28608
脱胎换骨	tuōtāi-huàngǔ	18633
脱逃	tuōtáo	26778
脱兔	tuōtù	53726
脱位	tuōwèi	49628
脱险	tuōxiǎn	22662
脱销	tuōxiāo	29675
脱卸	tuōxiè	54220
脱盐	tuōyán	53727
脱氧	tuōyǎng	43957
脱氧核糖	tuōyǎng-hétáng	
核酸	hésuān	32234
脱瘾	tuōyǐn	41617
脱颖而出	tuōyǐng'érchū	7474
脱脂	tuōzhī	39332
脱脂棉	tuōzhīmián	54747
驮	tuó	10604
驮运	tuóyùn	42688
陀螺	tuóluó	26354
坨子	tuózi	47907
沱茶	tuóchá	56256
驼背	tuóbèi	18573
驼峰	tuófēng	40837
驼铃	tuólíng	37421
驼毛	tuómáo	54748
驼绒	tuóróng	37973
驼色	tuósè	47908
鸵鸟	tuóniǎo	24573
妥	tuǒ	8610
妥当	tuǒdàng	10852
妥善	tuǒshàn	4141
妥帖	tuǒtiē	33795
妥协	tuǒxié	8416
椭圆	tuǒyuán	23255
椭圆形	tuǒyuánxíng	20113
拓荒	tuòhuāng	32357
拓荒者	tuòhuāngzhě	35796
拓宽	tuòkuān	4803
拓展	tuòzhǎn	3775
唾骂	tuòmà	31659
唾沫	tuòmo	11237
唾沫星子	tuòmo xīngzi	33280
唾弃	tuòqì	21822
唾手可得	tuòshǒu-kědé	48545
唾液	tuòyè	22057
挖	wā	1993
挖补	wābǔ	53216
挖掘	wājué	4844
挖坑	wākēng	35149
挖空心思	wākōng-xīnsī	25719
挖苦	wāku	15676
挖泥船	wāníchuán	41721
挖潜	wāqián	20942
挖墙脚	wāqiángjiǎo	49990
挖土机	wātǔjī	47909
哇	wā	21446
哇啦	wālā	25327
哇哇	wāwā	19961
洼	wā	12528
洼地	wādì	19271
蛙	wā	13330
蛙鸣	wāmíng	37071
蛙人	wārén	53217
蛙泳	wāyǒng	15956
娃	wá	5830
娃娃	wáwa	5409
娃娃脸	wáwaliǎn	41958
娃娃亲	wáwaqīn	53218
娃娃鱼	wáwayú	41959
娃子	wázi	11310
瓦	wǎ	2133
瓦当	wǎdāng	47599
瓦房	wǎfáng	15852
瓦工	wǎgōng	36576
瓦罐	wǎguàn	27375
瓦灰	wǎhuī	52331
瓦匠	wǎjiàng	37974
瓦解	wǎjiě	13076
瓦蓝	wǎlán	41960
瓦楞	wǎléng	46402
瓦砾	wǎlì	20595
瓦盆	wǎpén	31660
瓦片	wǎpiàn	30982
瓦斯	wǎsī	9312
瓦特	wǎtè	28609
佤族	Wǎzú	34462
瓦	wà	6754
瓦刀	wàdāo	44439
袜带	wàdài	55292
袜筒	wàtǒng	54221
袜子	wàzi	9619
哇	wa	4942
歪	wāi	5235
歪打正着	wāidǎ-zhèngzháo	41722
歪道	wāidào	43441
歪点子	wāidiǎnzi	48221
歪风	wāifēng	17449
歪风邪气	wāifēng-xiéqì	29876
歪理	wāilǐ	14158
歪门邪道	wāimén-xiédào	32891
歪七扭八	wāiqī-niǔbā	52751
歪曲	wāiqū	8178
歪歪扭扭	wāiwāiniǔniǔ	30531
歪斜	wāixié	28356
外	wài	157
外币	wàibì	13440
外边	wàibian	5696
外表	wàibiǎo	9216
外宾	wàibīn	18070
外部	wàibù	3639
外埠	wàibù	26934
外财	wàicái	49629
外层	wàicéng	28445
外层空间	wàicéng kōngjiān	28357
外场	wàichǎng	34594
外钞	wàichāo	55731
外城	wàichéng	27074
外出	wàichū	3741
外传	wàichuán	31196
外存	wàicún	53728
外带	wàidài	32631
外道	wàidao	40394
外敌	wàidí	32122
外地	wàidì	3407
外电	wàidiàn	28888

外调	wàidiào	25192
外耳	wài'ěr	55293
外方	wàifāng	13281
外敷	wàifū	44677
外感	wàigǎn	43199
外港	wàigǎng	53729
外公	wàigōng	17972
外功	wàigōng	50351
外观	wàiguān	10202
外国	wàiguó	919
外国语	wàiguóyǔ	22720
外行	wàiháng	14716
外行话	wàihánghuà	43958
外号	wàihào	16254
外患	wàihuàn	32501
外汇	wàihuì	3615
外活儿	wàihuór	34885
外货	wàihuò	51484
外籍	wàijí	9685
外籍华人	wàijí huárén	51098
外加	wàijiā	14176
外家	wàijiā	37790
外嫁	wàijià	51902
外间	wàijiān	18673
外交	wàijiāo	2053
外交辞令	wàijiāo cílìng	42433
外交官	wàijiāoguān	9699
外交特权	wàijiāo tèquán	54749
外教	wàijiào	37250
外界	wàijiè	5709
外借	wàijiè	40625
外景	wàijǐng	25506
外径	wàijìng	55732
外科	wàikē	7033
外壳	wàiké	23495
外寇	wàikòu	46403
外快	wàikuài	33912
外来	wàilái	3348
外来词	wàiláicí	51099
外来户	wàiláihù	43442
外来人	wàiláirén	43959
外来语	wàiláiyǔ	39333
外力	wàilì	16010
外流	wàiliú	17608
外路	wàilù	43708
外露	wàilù	27007
外轮	wàilún	39133
外卖	wàimài	35357
外贸	wàimào	3913
外貌	wàimào	21054
外面	wàimiàn	2203
外面儿光	wàimiànrguāng	54750
外派	wàipài	32892
外聘	wàipìn	41267
外婆	wàipó	8109
外戚	wàiqī	26935
外企	wàiqǐ	13996
外迁	wàiqiān	27008
外强中干	wàiqiáng-zhōnggān	43709
外侨	wàiqiáo	45809
外亲	wàiqīn	37072
外勤	wàiqín	37422
外人	wàirén	7193
外伤	wàishāng	24144
外商	wàishāng	3665
外设	wàishè	26625
外甥	wàisheng	16606
外甥女	wàishengnǚ	30313
外史	wàishǐ	29553
外事	wàishì	9466
外孙	wàisūn	19650
外孙女	wàisūnnǚ	28190
外孙子	wàisūnzi	40838
外胎	wàitāi	56257
外逃	wàitáo	22663
外套	wàitào	15228
外头	wàitou	11662
外围	wàiwéi	10634
外文	wàiwén	15334
外屋	wàiwū	22420
外侮	wàiwǔ	32123
外务	wàiwù	23432
外线	wàixiàn	19204
外乡	wàixiāng	29984
外乡人	wàixiāngrén	23698
外向	wàixiàng	20510
外向型	wàixiàngxíng	13717
外销	wàixiāo	16862
外泄	wàixiè	39334
外心	wàixīn	44440
外星人	wàixīngrén	27009
外形	wàixíng	12600
外姓	wàixìng	42946
外姓人	wàixìngrén	49991
外沿	wàiyán	53219
外扬	wàiyáng	37423
外衣	wàiyī	11808
外溢	wàiyì	40839
外因	wàiyīn	23198
外引	wàiyǐn	40840
外用	wàiyòng	31994
外语	wàiyǔ	6669
外域	wàiyù	51100
外遇	wàiyù	23649
外援	wàiyuán	9068
外缘	wàiyuán	38337
外院	wàiyuàn	36577
外运	wàiyùn	20250
外在	wàizài	11575
外债	wàizhài	10467
外罩	wàizhào	39335
外痔	wàizhì	56258
外传	wàizhuàn	52408
外资	wàizī	2630
外族	wàizú	31661
外祖父	wàizǔfù	29769
外祖母	wàizǔmǔ	21596
外海	wàihǎi	30875
弯	wān	4153
弯道	wāndào	31886
弯度	wāndù	54222
弯路	wānlù	21286
弯曲	wānqū	11506
弯头	wāntóu	54223
弯腰	wānyāo	11356
弯子	wānzi	29070
剜	wān	21823
剜肉补疮	wānròu-bǔchuāng	53730
湾	wān	5510
蜿蜒	wānyán	12195
豌豆	wāndòu	20076
豌豆黄	wāndòuhuáng	55733
丸	wán	11474
丸剂	wánjì	54224
丸药	wányào	39971
丸子	wánzi	28889
纨绔	wánkù	38933

纨绔子弟	wánkù-zǐdì	42193
完	wán	835
完败	wánbài	56601
完备	wánbèi	7533
完毕	wánbì	5965
完璧归赵	wánbì-guīzhào	42689
完成	wánchéng	501
完蛋	wándàn	22809
完稿	wángǎo	39134
完工	wángōng	8259
完好	wánhǎo	11390
完婚	wánhūn	35358
完结	wánjié	16305
完了	wánliǎo	11056
完满	wánmǎn	26644
完美	wánměi	5852
完美无缺	wánměi-wúquē	29985
完全	wánquán	241
完全小学	wánquán xiǎoxué	46705
完人	wánrén	38537
完善	wánshàn	1394
完胜	wánshèng	35508
完事	wánshì	15966
完税	wánshuì	24997
完整	wánzhěng	1994
玩	wán	1437
玩儿不转	wánrbuzhuàn	56722
玩法	wánfǎ	13382
玩忽	wánhū	18149
玩忽职守	wánhū-zhíshǒu	14935
玩花样	wánhuāyàng	50352
玩火	wánhuǒ	34595
玩火自焚	wánhuǒ-zìfén	50353
玩具	wánjù	6576
玩乐	wánlè	33646
玩儿命	wánrmìng	44441
玩弄	wánnòng	12382
玩偶	wán'ǒu	34730
玩儿票	wánrpiào	56259
玩赏	wánshǎng	34054
玩世不恭	wánshì-bùgōng	27529
玩耍	wánshuǎ	11411
玩儿完	wánrwán	54225
玩味	wánwèi	25796
玩物	wánwù	24932
玩物丧志	wánwù-sàngzhì	42194
玩笑	wánxiào	7745
玩意儿	wányìr	13601
顽敌	wándí	47295
顽固	wángù	8767
顽固派	wángùpài	26852
顽疾	wánjí	30209
顽抗	wánkàng	30416
顽劣	wánliè	41061
顽民	wánmín	53220
顽皮	wánpí	13625
顽强	wánqiáng	4370
顽石	wánshí	33281
顽童	wántóng	27866
顽症	wánzhèng	17887
宛	wǎn	27010
宛然	wǎnrán	34596
宛如	wǎnrú	13033
宛若	wǎnruò	22890
挽	wǎn	6897
挽词	wǎncí	51101
挽歌	wǎngē	31533
挽回	wǎnhuí	7340
挽救	wǎnjiù	7228
挽联	wǎnlián	24729
挽留	wǎnliú	14976
挽幛	wǎnzhàng	49992
莞尔	wǎn'ěr	30090
晚	wǎn	787
晚安	wǎn'ān	33516
晚班	wǎnbān	47296
晚报	wǎnbào	9045
晚辈	wǎnbèi	20003
晚餐	wǎncān	12451
晚场	wǎnchǎng	47297
晚车	wǎnchē	53221
晚春	wǎnchūn	49630
晚稻	wǎndào	20361
晚点	wǎndiǎn	29278
晚饭	wǎnfàn	5062
晚会	wǎnhuì	3485
晚婚	wǎnhūn	32502
晚间	wǎnjiān	11684
晚节	wǎnjié	35032
晚近	wǎnjìn	45211
晚景	wǎnjǐng	39135
晚礼服	wǎnlǐfú	40199
晚年	wǎnnián	8100
晚期	wǎnqī	11002
晚秋	wǎnqiū	37073
晚上	wǎnshang	752
晚生	wǎnshēng	40395
晚熟	wǎnshú	36578
晚霞	wǎnxiá	15415
晚香玉	wǎnxiāngyù	27212
晚宴	wǎnyàn	13541
晚育	wǎnyù	40626
晚自习	wǎnzìxí	37074
惋惜	wǎnxī	10605
婉词	wǎncí	52332
婉拒	wǎnjù	32503
婉劝	wǎnquàn	50717
婉顺	wǎnshùn	54226
婉谢	wǎnxiè	49993
婉言	wǎnyán	27213
婉转	wǎnzhuǎn	17609
绾	wǎn	16440
皖	Wǎn	11011
碗	wǎn	2271
碗橱	wǎnchú	48222
碗柜	wǎnguì	44199
碗碗腔	wǎnwǎnqiāng	53222
万	wàn	267
万般	wànbān	24574
万般无奈	wànbān-wúnài	26936
万不得已	wànbùdéyǐ	21730
万代	wàndài	35623
万端	wànduān	28120
万恶	wàn'è	27446
万恶不赦	wàn'è-bùshè	33464
万儿八千	wàn'er-bāqiān	47910
万方	wànfāng	28700
万分	wànfēn	9728
万福	wànfú	40841
万古	wàngǔ	28278
万古长青	wàngǔ-chángqīng	33647
万古流芳	wàngǔ-liúfāng	54751
万贯	wànguàn	40842
万国	wànguó	12498
万户侯	wànhùhóu	50718
万花筒	wànhuātǒng	32235
万家灯火	wànjiā-dēnghuǒ	29770
万劫不复	wànjié-bùfù	40200

万金油	wànjīnyóu	41062
万籁	wànlài	38538
万籁俱寂	wànlài-jùjì	37791
万里长城	Wànlǐ Chángchéng	24201
万里长征	wànlǐ chángzhēng	32358
万里无云	wànlǐ-wúyún	39559
万马奔腾	wànmǎ-bēnténg	32236
万马齐喑	wànmǎ-qíyīn	52333
万民	wànmín	22891
万难	wànnán	31302
万能	wànnéng	17501
万能胶	wànnéngjiāo	54227
万年	wànnián	18095
万年历	wànniánlì	56675
万年青	wànniánqīng	44442
万念俱灰	wànniàn-jùhuī	41961
万千	wànqiān	14202
万顷	wànqǐng	25720
万全	wànquán	30643
万全之策	wànquánzhīcè	44443
万人坑	wànrénkēng	44929
万人空巷	wànrén-kōngxiàng	36407
万世	wànshì	22664
万事大吉	wànshì-dàjí	29771
万事亨通	wànshì-hēngtōng	50719
万事俱备，只欠东风	wànshì-jùbèi，zhǐqiàn-dōngfēng	50720
万事如意	wànshì-rúyì	33023
万事通	wànshìtōng	51102
万寿无疆	wànshòu-wújiāng	39336
万水千山	wànshuǐ-qiānshān	31087
万死不辞	wànsǐ-bùcí	50721
万岁	wànsuì	10026
万万	wànwàn	9432
万无一失	wànwú-yīshī	17502
万物	wànwù	7731
万物之灵	wànwùzhīlíng	35509
万象	wànxiàng	13674
万象更新	wànxiàng-gēngxīn	36579
万幸	wànxìng	30210
万一	wànyī	5744
万用表	wànyòngbiǎo	55294
万有引力	wànyǒu yǐnlì	32359
万元户	wànyuánhù	28806

万丈	wànzhàng	19471
万丈深渊	wànzhàng-shēnyuān	38161
万众	wànzhòng	22630
万众一心	wànzhòng-yīxīn	13282
万状	wànzhuàng	25862
万紫千红	wànzǐ-qiānhóng	30417
腕	wàn	12556
腕儿	wànr	44200
腕力	wànlì	46093
腕子	wànzi	35510
蔓儿	wànr	51103
汪	wāng	6395
汪汪	wāngwāng	22844
汪洋	wāngyáng	18405
亡故	wánggù	33648
亡国	wángguó	11072
亡国奴	wángguónú	25135
亡魂	wánghún	39136
亡灵	wánglíng	24857
亡命	wángmìng	25637
亡命之徒	wángmìngzhītú	37424
亡失	wángshī	49248
亡羊补牢	wángyáng-bǔláo	25863
亡友	wángyǒu	38539
王	wáng	327
王八	wángba	13229
王朝	wángcháo	8342
王储	wángchǔ	20290
王道	wángdào	24730
王法	wángfǎ	30211
王妃	wángfēi	21151
王府	wángfǔ	11259
王公	wánggōng	16951
王宫	wánggōng	13858
王冠	wángguān	31995
王国	wángguó	7452
王侯	wánghóu	30532
王后	wánghòu	13840
王浆	wángjiāng	55734
王母娘娘	Wángmǔ Niángniang	42195
王牌	wángpái	19302
王权	wángquán	36239
王室	wángshì	14362
王水	wángshuǐ	50722

王孙	wángsūn	22665
王位	wángwèi	25394
王爷	wángye	9095
王子	wángzǐ	11429
王族	wángzú	42690
网	wǎng	1116
网吧	wǎngbā	5605
网虫	wǎngchóng	41953
网袋	wǎngdài	42691
网点	wǎngdiǎn	6820
网店	wǎngdiàn	18997
网兜	wǎngdōu	32124
网格	wǎnggé	12882
网购	wǎnggòu	8001
网关	wǎngguān	48765
网管	wǎngguǎn	47600
网巾	wǎngjīn	46404
网警	wǎngjǐng	32475
网具	wǎngjù	39972
网卡	wǎngkǎ	37975
网开一面	wǎngkāiyīmiàn	30983
网篮	wǎnglán	42692
网恋	wǎngliàn	34863
网聊	wǎngliáo	35459
网罗	wǎngluó	25864
网络	wǎngluò	1110
网络电话	wǎngluò diànhuà	55735
网络化	wǎngluòhuà	10846
网络警察	wǎngluò jǐngchá	52752
网络营销	wǎngluò yíngxiāo	48223
网络游戏	wǎngluò yóuxì	14891
网迷	wǎngmí	54752
网民	wǎngmín	9719
网膜	wǎngmó	42196
网球	wǎngqiú	6966
网上	wǎngshàng	2704
网绳	wǎngshéng	55295
网速	wǎngsù	20836
网箱	wǎngxiāng	20115
网眼	wǎngyǎn	37792
网页	wǎngyè	12220
网银	wǎngyín	13994
网友	wǎngyǒu	8773
网约车	wǎngyuēchē	17996
网站	wǎngzhàn	2865
网址	wǎngzhǐ	16929

网状	wǎngzhuàng	27611
网子	wǎngzi	45212
枉	wǎng	11671
枉法	wǎngfǎ	17524
枉费	wǎngfèi	39137
枉费心机	wǎngfèi-xīnjī	46995
枉驾	wǎngjià	55296
枉然	wǎngrán	33649
枉杀	wǎngshā	46707
枉死	wǎngsǐ	32760
枉自	wǎngzì	49249
往	wǎng	467
往常	wǎngcháng	9185
往返	wǎngfǎn	9175
往复	wǎngfù	28807
往后	wǎnghòu	7541
往还	wǎnghuán	30314
往来	wǎnglái	2853
往年	wǎngnián	6574
往日	wǎngrì	7339
往时	wǎngshí	43710
往事	wǎngshì	6473
往往	wǎngwǎng	677
往昔	wǎngxī	16072
惘然	wǎngrán	18773
惘然若失	wǎngrán-ruòshī	51903
魍魉	wǎngliǎng	44678
妄	wàng	9364
妄称	wàngchēng	45515
妄动	wàngdòng	36408
妄断	wàngduàn	53731
妄加	wàngjiā	32632
妄念	wàngniàn	45213
妄求	wàngqiú	52334
妄取	wàngqǔ	55297
妄说	wàngshuō	49994
妄谈	wàngtán	47298
妄图	wàngtú	12517
妄为	wàngwéi	25062
妄想	wàngxiǎng	15934
妄言	wàngyán	27530
妄议	wàngyì	48802
妄语	wàngyǔ	45516
妄自菲薄	wàngzì-fěibó	36580
妄自尊大	wàngzì-zūndà	38162
忘	wàng	1361
忘本	wàngběn	28610
忘掉	wàngdiào	10285
忘恩负义	wàng'ēn-fùyì	26137
忘乎所以	wànghūsuǒyǐ	26355
忘怀	wànghuái	20392
忘记	wàngjì	1887
忘年交	wàngniánjiāo	42693
忘年之交	wàngniánzhījiāo	48224
忘情	wàngqíng	21447
忘却	wàngquè	9666
忘我	wàngwǒ	14666
忘形	wàngxíng	25564
忘性	wàngxìng	53732
旺	wàng	5344
旺季	wàngjì	14565
旺盛	wàngshèng	7504
旺销	wàngxiāo	37075
望	wàng	950
望尘莫及	wàngchén-mòjí	32761
望而却步	wàng'érquèbù	21970
望而生畏	wàng'érshēngwèi	26434
望风	wàngfēng	23699
望风捕影	wàngfēng-bǔyǐng	54753
望风而逃	wàngfēng'értáo	48882
望风披靡	wàngfēng-pīmǐ	55736
望见	wàngjiàn	9746
望梅止渴	wàngméi-zhǐkě	49995
望其项背	wàngqíxiàngbèi	44444
望日	wàngrì	24268
望文生义	wàngwén-shēngyì	46405
望闻问切	wàng-wén-wèn-qiè	49250
望眼欲穿	wàngyǎnyùchuān	38163
望洋兴叹	wàngyáng-xīngtàn	44679
望远镜	wàngyuǎnjìng	7942
望月	wàngyuè	40843
望子成龙	wàngzǐ-chénglóng	25193
望族	wàngzú	34886
危	wēi	6210
危城	wēichéng	46094
危房	wēifáng	10074
危害	wēihài	2470
危机	wēijī	2211
危及	wēijí	9156
危急	wēijí	9884
危局	wēijú	34463
危楼	wēilóu	43200
危难	wēinàn	12355
危情	wēiqíng	51904
危如累卵	wēirúlěiluǎn	53223
危亡	wēiwáng	22721
危险	wēixiǎn	1251
危言	wēiyán	46406
危言耸听	wēiyán-sǒngtīng	26015
危在旦夕	wēizàidànxī	28121
危重	wēizhòng	17555
危坐	wēizuò	28446
威	wēi	5679
威逼	wēibī	27214
威风	wēifēng	10370
威风凛凛	wēifēng-lǐnlǐn	24521
威风扫地	wēifēng-sǎodì	54754
威吓	wēihè	24998
威力	wēilì	8678
威名	wēimíng	26435
威迫	wēipò	47299
威慑	wēishè	18634
威士忌	wēishìjì	30418
威势	wēishì	30315
威望	wēiwàng	12221
威武	wēiwǔ	12365
威武不屈	wēiwǔ-bùqū	45214
威胁	wēixié	1821
威胁性	wēixiéxìng	43711
威信	wēixìn	9217
威信扫地	wēixìn-sǎodì	52753
威严	wēiyán	10759
威仪	wēiyí	33796
威震	wēizhèn	28447
逶迤	wēiyí	26356
偎	wēi	14145
偎依	wēiyī	35359
葳蕤	wēiruí	51485
微	wēi	2433
微波	wēibō	12948
微波炉	wēibōlú	20077
微博	wēibó	5015
微薄	wēibó	18150
微不足道	wēibùzúdào	17213
微创	wēichuāng	13803
微词	wēicí	29676
微电影	wēidiànyǐng	53323
微电子	wēidiànzǐ	17556

微雕	wēidiāo	44445
微风	wēifēng	12243
微服	wēifú	33517
微服私访	wēifú-sīfǎng	36240
微观	wēiguān	8417
微观世界	wēiguān shìjiè	35624
微光	wēiguāng	24522
微乎其微	wēihūqíwēi	24397
微火	wēihuǒ	53733
微机	wēijī	11040
微贱	wēijiàn	37976
微轿	wēijiào	45070
微利	wēilì	26720
微粒	wēilì	16676
微量	wēiliàng	20817
微量元素	wēiliàng yuánsù	20038
微妙	wēimiào	10717
微末	wēimò	55737
微弱	wēiruò	9157
微生物	wēishēngwù	7830
微缩	wēisuō	34166
微调	wēitiáo	31408
微微	wēiwēi	4220
微细	wēixì	27612
微小	wēixiǎo	11880
微笑	wēixiào	2257
微信	wēixìn	2999
微行	wēixíng	40201
微型	wēixíng	10649
微血管	wēixuèguǎn	45517
微循环	wēixúnhuán	35199
微言大义	wēiyán-dàyì	49631
煨	wēi	19378
巍峨	wēi'é	16654
巍然	wēirán	27867
巍然屹立	wēirán-yìlì	33183
巍巍	wēiwēi	19887
韦	wéi	14655
为	wéi	1197
为非作歹	wéifēi-zuòdǎi	31662
为富不仁	wéifù-bùrén	41962
为害	wéihài	18206
为患	wéihuàn	18706
为难	wéinán	6663
为期	wéiqī	3663
为期不远	wéiqī-bùyuǎn	35945
为人	wéirén	10260
为人处世	wéirén-chǔshì	34504
为人师表	wéirénshībiǎo	25865
为生	wéishēng	11920
为时	wéishí	12920
为首	wéishǒu	4964
为数	wéishù	11430
为所欲为	wéisuǒyùwéi	23767
为伍	wéiwǔ	23099
为限	wéixiàn	31778
为止	wéizhǐ	4124
为重	wéizhòng	9966
为主	wéizhǔ	1406
圩堤	wéidī	47911
圩子	wéizi	53224
违	wéi	7611
违碍	wéi'ài	52335
违拗	wéi'ào	38164
违背	wéibèi	5285
违法	wéifǎ	2074
违法乱纪	wéifǎ-luànjì	18827
违反	wéifǎn	2357
违犯	wéifàn	20362
违规	wéiguī	4261
违纪	wéijì	4722
违禁	wéijìn	16677
违禁品	wéijìnpǐn	44201
违抗	wéikàng	22108
违例	wéilì	45518
违令	wéilìng	31996
违逆	wéinì	50354
违宪	wéixiàn	30876
违心	wéixīn	24933
违心之论	wéixīnzhīlùn	53734
违约	wéiyuē	13345
违约金	wéiyuējīn	28701
违章	wéizhāng	6091
围	wéi	1971
围脖儿	wéibór	39762
围捕	wéibǔ	37251
围场	wéichǎng	40396
围城	wéichéng	17140
围堵	wéidǔ	31997
围攻	wéigōng	9415
围观	wéiguān	14535
围裹	wéiguǒ	42197
围击	wéijī	53735
围歼	wéijiān	33282
围剿	wéijiǎo	11025
围巾	wéijīn	16583
围聚	wéijù	40397
围垦	wéikěn	25136
围困	wéikùn	12122
围栏	wéilán	18448
围猎	wéiliè	41268
围拢	wéilǒng	22997
围屏	wéipíng	50355
围棋	wéiqí	5397
围墙	wéiqiáng	8996
围裙	wéiqún	18707
围绕	wéirào	1983
围网	wéiwǎng	42947
围魏救赵	wéiwèi-jiùzhào	49632
围堰	wéiyàn	20745
围腰	wéiyāo	40844
围追堵截	wéi-zhuī-dǔ-jié	32762
围桌	wéizhuō	46407
围嘴儿	wéizuǐr	52754
围坐	wéizuò	18406
帏幕	wéimù	55738
桅灯	wéidēng	49251
桅杆	wéigān	29174
唯	wéi	4786
唯独	wéidú	14861
唯恐	wéikǒng	14892
唯利是图	wéilìshìtú	27376
唯美	wéiměi	13257
唯命是从	wéimìngshìcóng	41723
唯其如此	wéiqírúcǐ	41499
唯唯诺诺	wéiwéinuònuò	31534
唯我独尊	wéiwǒ-dúzūn	35797
唯物	wéiwù	29772
唯物论	wéiwùlùn	15187
唯物史观	wéiwù-shǐguān	13086
唯物主义	wéiwù zhǔyì	11817
唯心	wéixīn	34597
唯心论	wéixīnlùn	27786
唯心史观	wéixīn-shǐguān	42198
唯心主义	wéixīn zhǔyì	13520
唯一	wéiyī	56750
唯有	wéiyǒu	8237
帷幔	wéimàn	42694

帷幕	wéimù	5728
帷幄	wéiwò	41500
帷帐	wéizhàng	49633
惟妙惟肖	wéimiào-wéixiào	27613
维持	wéichí	2054
维和	wéihé	5570
维护	wéihù	1301
维尼纶	wéinílún	55298
维权	wéiquán	5885
维生素	wéishēngsù	8466
维稳	wéiwěn	12040
维吾尔文	Wéiwú'ěrwén	52755
维吾尔族	Wéiwú'ěrzú	15473
维系	wéixì	13169
维新	wéixīn	15126
维修	wéixiū	4552
伟岸	wěi'àn	28279
伟大	wěidà	615
伟哥	wěigē	20660
伟绩	wěijì	46708
伟力	wěilì	34055
伟人	wěirén	7898
伟业	wěiyè	7860
伪	wěi	6362
伪币	wěibì	48546
伪钞	wěichāo	48883
伪称	wěichēng	44446
伪军	wěijūn	13384
伪君子	wěijūnzǐ	33024
伪科学	wěikēxué	22161
伪劣	wěiliè	14484
伪满	Wěi Mǎn	33797
伪娘	wěiniáng	39648
伪善	wěishàn	31088
伪饰	wěishì	46408
伪书	wěishū	24999
伪托	wěituō	44447
伪造	wěizào	7480
伪证	wěizhèng	32763
伪政权	wěizhèngquán	39337
伪装	wěizhuāng	13663
伪作	wěizuò	41963
苇箔	wěibó	53225
苇丛	wěicóng	39973
苇荡	wěidàng	48225
苇塘	wěitáng	34056
苇席	wěixí	38338
苇子	wěizi	31998
尾	wěi	3470
尾巴	wěiba	4332
尾大不掉	wěidà-bùdiào	49252
尾灯	wěidēng	43712
尾骨	wěigǔ	53226
尾款	wěikuǎn	32018
尾气	wěiqì	13809
尾声	wěishēng	12499
尾市	wěishì	19972
尾数	wěishù	44680
尾随	wěisuí	19333
尾翼	wěiyì	42199
尾音	wěiyīn	41269
尾追	wěizhuī	38165
尾椎	wěizhuī	55739
纬度	wěidù	13626
纬线	wěixiàn	41501
委	wěi	2221
委顿	wěidùn	41270
委决不下	wěijuébùxià	51486
委派	wěipài	13736
委培	wěipéi	54228
委曲	wěiqū	27868
委曲求全	wěiqū-qiúquán	35360
委屈	wěiqu	5222
委任	wěirèn	16053
委任状	wěirènzhuàng	43713
委身	wěishēn	34464
委实	wěishí	20721
委托	wěituō	3128
委托人	wěituōrén	21012
委托书	wěituōshū	28026
委婉	wěiwǎn	15778
委以	wěiyǐ	32893
委员	wěiyuán	1262
委员会	wěiyuánhuì	1087
娓娓	wěiwěi	26779
娓娓动听	wěiwěi-dòngtīng	38721
萎靡	wěimǐ	31303
萎蔫	wěiniān	51104
萎缩	wěisuō	9538
萎谢	wěixiè	49996
猥琐	wěisuǒ	32360
猥亵	wěixiè	28532
诿过	wěiguò	46095
卫	wèi	4802
卫兵	wèibīng	16502
卫道	wèidào	35625
卫道士	wèidàoshì	50723
卫队	wèiduì	16810
卫国	wèiguó	25000
卫护	wèihù	36241
卫冕	wèimiǎn	12452
卫生	wèishēng	1130
卫生间	wèishēngjiān	10524
卫生巾	wèishēngjīn	43960
卫生筷	wèishēngkuài	46709
卫生球	wèishēngqiú	56602
卫生香	wèishēngxiāng	55740
卫生衣	wèishēngyī	55741
卫生员	wèishēngyuán	22527
卫生院	wèishēngyuàn	9317
卫生纸	wèishēngzhǐ	25866
卫士	wèishì	7700
卫视	wèishì	16952
卫戍	wèishù	39338
卫戍区	wèishùqū	32237
卫星	wèixīng	2377
卫星城	wèixīngchéng	28027
卫星电视	wèixīng diànshì	23593
卫星通信	wèixīng tōngxìn	34731
卫星云图	wèixīng yúntú	41271
卫星站	wèixīngzhàn	55742
为	wèi	1279
为此	wèicǐ	4244
为国捐躯	wèiguó juānqū	31779
为何	wèihé	3573
为虎作伥	wèihǔ-zuòchāng	39560
为了	wèile	130
为民请命	wèimín-qǐngmìng	40398
为人作嫁	wèirén-zuòjià	55299
为什么	wèishénme	410
为着	wèizhe	17728
未	wèi	276
未必	wèibì	4194
未便	wèibiàn	19406
未卜	wèibǔ	10447
未卜先知	wèibǔ-xiānzhī	49634
未曾	wèicéng	6325
未尝	wèicháng	8825

未成年	wèichéngnián	12541
未成年人	wèichéngniánrén	3649
未定	wèidìng	18600
未果	wèiguǒ	20160
未婚	wèihūn	18290
未婚夫	wèihūnfū	23199
未婚妻	wèihūnqī	20393
未几	wèijǐ	54062
未经	wèijīng	4924
未竟	wèijìng	28702
未决	wèijué	20161
未可	wèikě	15188
未可厚非	wèikě-hòufēi	54755
未来	wèilái	911
未老先衰	wèilǎo-xiānshuāi	42200
未了	wèiliǎo	19813
未免	wèimiǎn	5442
未能	wèinéng	2743
未然	wèirán	18071
未时	wèishí	48226
未始	wèishǐ	20551
未遂	wèisuì	23256
未亡人	wèiwángrén	45810
未详	wèixiáng	29554
未有	wèiyǒu	8800
未雨绸缪	wèiyǔ-chóumóu	16984
未知	wèizhī	9690
未知数	wèizhīshù	24084
位	wèi	90
位卑	wèibēi	41272
位次	wèicì	25137
位居	wèijū	7164
位能	wèinéng	46096
位移	wèiyí	15878
位于	wèiyú	2115
位置	wèizhi	1057
位子	wèizi	12634
味	wèi	2812
味儿	wèir	7014
味道	wèidào	4520
味精	wèijīng	22722
味觉	wèijué	28972
味蕾	wèilěi	45215
味同嚼蜡	wèitóngjiáolà	40845
畏	wèi	9981
畏避	wèibì	52336
畏光	wèiguāng	55743
畏寒	wèihán	48227
畏惧	wèijù	12904
畏难	wèinán	23304
畏怯	wèiqiè	27215
畏首畏尾	wèishǒu-wèiwěi	41063
畏缩	wèisuō	21234
畏缩不前	wèisuō-bùqián	41724
畏途	wèitú	48228
畏葸不前	wèixǐ-bùqián	55300
畏友	wèiyǒu	53736
畏罪	wèizuì	30533
胃	wèi	7300
胃病	wèibìng	20190
胃穿孔	wèichuānkǒng	56260
胃镜	wèijìng	37793
胃口	wèikǒu	12081
胃溃疡	wèikuìyáng	40202
胃酸	wèisuān	39561
胃炎	wèiyán	30091
胃液	wèiyè	41502
谓	wèi	4296
谓语	wèiyǔ	26138
尉	wèi	9534
尉官	wèiguān	50356
喂	wèi	5308
喂奶	wèinǎi	27947
喂食	wèishí	30092
喂养	wèiyǎng	13521
蔚蓝	wèilán	19673
蔚然	wèirán	39339
蔚然成风	wèirán-chéngfēng	18601
蔚为大观	wèiwéidàguan	45519
蔚为壮观	wèiwéizhuàngguān	40846
慰安	wèi'ān	21400
慰安妇	wèi'ānfù	11973
慰藉	wèijiè	16584
慰劳	wèiláo	17973
慰勉	wèimiǎn	40203
慰问	wèiwèn	3563
慰问电	wèiwèndiàn	24620
慰问品	wèiwènpǐn	22998
魏	wèi	5086
魏碑	wèibēi	47601
温	wēn	3265
温饱	wēnbǎo	6350
温差	wēnchā	19674
温床	wēnchuáng	22312
温存	wēncún	18928
温带	wēndài	18574
温度	wēndù	2302
温度计	wēndùjì	22528
温故知新	wēngù-zhīxīn	47602
温和	wēnhé	8344
温厚	wēnhòu	33518
温乎	wēnhu	56261
温酒	wēnjiǔ	47912
温课	wēnkè	54229
温控	wēnkòng	45811
温良	wēnliáng	39974
温暖	wēnnuǎn	2212
温情	wēnqíng	12573
温情脉脉	wēnqíng-mòmò	36086
温泉	wēnquán	9520
温热	wēnrè	18860
温柔	wēnróu	5612
温软	wēnruǎn	37252
温润	wēnrùn	33283
温湿	wēnshī	44930
温室	wēnshì	7143
温室效应	wēnshì xiàoyìng	22529
温书	wēnshū	50357
温水	wēnshuǐ	26357
温水煮青蛙	wēnshuǐ zhǔ qīngwā	35692
温顺	wēnshùn	20325
温吞水	wēntunshuǐ	53738
温文尔雅	wēnwén-ěryǎ	25867
温习	wēnxí	24339
温馨	wēnxīn	7119
温煦	wēnxù	40627
温驯	wēnxùn	43714
瘟病	wēnbìng	48884
瘟神	wēnshén	32894
瘟疫	wēnyì	18901
文	wén	775
文案	wén'àn	38722
文本	wénběn	7396
文笔	wénbǐ	17353
文不对题	wénbùduìtí	46097
文不加点	wénbùjiādiǎn	53739
文才	wéncái	30877

文采	wéncǎi	23926
文场	wénchǎng	48885
文抄公	wénchāogōng	49997
文传	wénchuán	28612
文辞	wéncí	30534
文档	wéndàng	24731
文德	wéndé	43201
文牍	wéndú	37620
文法	wénfǎ	22892
文房四宝	wénfáng sìbǎo	34167
文风	wénfēng	14392
文稿	wéngǎo	16879
文告	wéngào	26645
文蛤	wéngé	47913
文工团	wéngōngtuán	17328
文官	wénguān	15259
文过饰非	wénguò-shìfēi	42948
文豪	wénháo	22631
文化	wénhuà	167
文化大革命	wénhuà dàgémìng	6353
文化革命	wénhuà gémìng	22632
文化宫	wénhuàgōng	15639
文化馆	wénhuàguǎn	10428
文化界	wénhuàjiè	17832
文化景观	wénhuà jǐngguān	34168
文化课	wénhuàkè	28028
文化垃圾	wénhuà lājī	38934
文化人	wénhuàrén	20394
文化沙漠	wénhuà shāmò	50724
文化衫	wénhuàshān	41503
文化站	wénhuàzhàn	14685
文火	wénhuǒ	40399
文集	wénjí	10261
文件	wénjiàn	1307
文件夹	wénjiànjiā	35626
文件名	wénjiànmíng	51905
文教	wénjiào	12082
文教界	wénjiàojiè	55744
文静	wénjìng	19778
文句	wénjù	28358
文具	wénjù	19407
文具盒	wénjùhé	41273
文卷	wénjuàn	52756
文科	wénkē	14255
文库	wénkù	22109
文理	wénlǐ	24202
文盲	wénmáng	11003
文眉	wénméi	41157
文秘	wénmì	29877
文庙	wénmiào	33402
文明	wénmíng	927
文明人	wénmíngrén	29464
文墨	wénmò	28029
文凭	wénpíng	8136
文气	wénqì	39562
文气	wénqi	46997
文契	wénqì	54230
文人	wénrén	5458
文人墨客	wénrén-mòkè	34887
文人相轻	wénrén-xiāngqīng	37253
文如其人	wénrúqírén	45812
文弱	wénruò	34888
文山会海	wénshān-huìhǎi	31409
文身	wénshēn	41504
文史	wénshǐ	14450
文史馆	wénshǐguǎn	32504
文饰	wénshì	41505
文书	wénshū	6751
文思	wénsī	33650
文思泉涌	wénsī-quányǒng	55745
文坛	wéntán	8284
文体	wéntǐ	7625
文武	wénwǔ	9425
文武全才	wénwǔ-quáncái	47603
文武双全	wénwǔ-shuāngquán	44931
文物	wénwù	2270
文戏	wénxì	46998
文献	wénxiàn	3829
文献片	wénxiànpiàn	43202
文胸	wénxiōng	54231
文选	wénxuǎn	11921
文学	wénxué	364
文学家	wénxuéjiā	9245
文雅	wényǎ	17308
文言	wényán	16630
文言文	wényánwén	35361
文艺	wényì	424
文艺复兴	wényì fùxīng	14377
文艺批评	wényì pīpíng	26853
文娱	wényú	21314
文员	wényuán	50725
文摘	wénzhāi	21514
文章	wénzhāng	689
文职	wénzhí	24858
文质彬彬	wénzhì-bīnbīn	28703
文治	wénzhì	34308
文绉绉	wénzhōuzhōu	41725
文竹	wénzhú	47604
文字	wénzì	1137
文字改革	wénzì gǎigé	49998
文字狱	wénzìyù	35627
纹	wén	8843
纹理	wénlǐ	33913
纹路	wénlù	30984
纹身	wénshēn	52757
纹饰	wénshì	34169
纹丝不动	wénsī-bùdòng	27297
纹样	wényàng	40205
闻	wén	2285
闻风而动	wénfēng'érdòng	34732
闻风丧胆	wénfēng-sàngdǎn	37794
闻过则喜	wénguòzéxǐ	43961
闻鸡起舞	wénjī-qǐwǔ	44681
闻见	wénjiàn	42949
闻名	wénmíng	7690
闻名遐迩	wénmíng-xiá'ěr	21597
闻人	wénrén	45813
闻所未闻	wénsuǒwèiwén	27787
闻讯	wénxùn	11826
蚊虫	wénchóng	22058
蚊香	wénxiāng	34057
蚊蝇	wényíng	32505
蚊帐	wénzhàng	21315
蚊子	wénzi	10883
刎颈交	wěnjǐngjiāo	53740
吻	wěn	5927
吻别	wěnbié	44448
吻合	wěnhé	13218
紊乱	wěnluàn	15488
稳	wěn	3438
稳便	wěnbiàn	55301
稳步	wěnbù	4909
稳操胜券	wěncāo-shèngquàn	37621
稳产	wěnchǎn	20596
稳当	wěndang	23257
稳定	wěndìng	988

稳固	wěngù	11228
稳健	wěnjiàn	7695
稳居	wěnjū	18440
稳拿	wěnná	47914
稳如泰山	wěnrútàishān	43962
稳妥	wěntuǒ	7798
稳扎稳打	wěnzhā-wěndǎ	33798
稳重	wěnzhòng	18383
问	wèn	208
问安	wèn'ān	31304
问案	wèn'àn	45814
问卜	wènbǔ	46409
问长问短	wèncháng-wènduǎn	29677
问答	wèndá	13750
问答题	wèndátí	52337
问鼎	wèndǐng	29071
问寒问暖	wènhán-wènnuǎn	33148
问好	wènhǎo	20597
问号	wènhào	17525
问候	wènhòu	4035
问话	wènhuà	12850
问及	wènjí	11632
问津	wènjīn	24621
问句	wènjù	36087
问卷	wènjuàn	15489
问来问去	wènlái-wènqù	53741
问路	wènlù	29555
问难	wènnàn	52758
问世	wènshì	6544
问题	wèntí	64
问心无愧	wènxīn-wúkuì	31410
问询	wènxún	31663
问讯	wènxùn	39563
问责	wènzé	33149
问诊	wènzhěn	38166
问罪	wènzuì	26937
翁	wēng	7627
翁姑	wēnggū	48229
翁婿	wēngxù	44932
嗡	wēng	17888
蓊郁	wěngyù	45216
瓮	wèng	16364
瓮城	wèngchéng	39340
瓮声瓮气	wèngshēng-wèngqì	35362
瓮中之鳖	wèngzhōngzhībiē	51105
瓮中捉鳖	wèngzhōng-zhuōbiē	52338
蕹菜	wèngcài	54756
莴苣	wōjù	38540
莴笋	wōsǔn	43963
倭瓜	wōguā	36409
倭寇	wōkòu	27151
涡流	wōliú	37622
涡轮机	wōlúnjī	50358
喔	wō	13905
窝	wō	3468
窝边草	wōbiāncǎo	47300
窝藏	wōcáng	29465
窝点	wōdiǎn	24269
窝工	wōgōng	54232
窝火	wōhuǒ	35033
窝里斗	wōlidòu	43964
窝里反	wōlifǎn	56262
窝里横	wōlihèng	56263
窝囊	wōnang	15640
窝囊废	wōnangfèi	22162
窝囊气	wōnangqì	40400
窝棚	wōpeng	17371
窝铺	wōpù	44449
窝气	wōqì	51906
窝头	wōtóu	24622
窝心	wōxīn	40401
窝赃	wōzāng	49253
窝主	wōzhǔ	55746
蜗居	wōjū	40847
蜗牛	wōniú	24398
我	wǒ	16
我们	wǒmen	20
我行我素	wǒxíng-wǒsù	21824
沃土	wòtǔ	15416
沃野	wòyě	39975
卧	wò	6449
卧病	wòbìng	28973
卧车	wòchē	36901
卧床	wòchuáng	22666
卧底	wòdǐ	46410
卧房	wòfáng	19888
卧佛	wòfó	52760
卧轨	wòguǐ	46710
卧具	wòjù	42950
卧铺	wòpù	23981
卧室	wòshì	7393
卧薪尝胆	wòxīn-chángdǎn	29175
握	wò	3781
握别	wòbié	39564
握力	wòlì	46411
握拳	wòquán	43203
握手	wòshǒu	5446
握手言和	wòshǒu-yánhé	25001
握手言欢	wòshǒu-yánhuān	47915
渥太华	Wòtàihuá	13841
斡旋	wòxuán	13230
龌龊	wòchuò	23982
乌	wū	3314
乌龟	wūguī	15061
乌合之众	wūhézhīzhòng	33651
乌黑	wūhēi	13533
乌鸡	wūjī	37425
乌金	wūjīn	43443
乌桕	wūjiù	46098
乌兰巴托	Wūlánbātuō	22810
乌亮	wūliàng	35946
乌溜溜	wūliūliū	39977
乌龙	wūlóng	12516
乌龙茶	wūlóngchá	36581
乌鲁木齐	Wūlǔmùqí	5571
乌梅	wūméi	48230
乌木	wūmù	42434
乌七八糟	wūqībāzāo	40848
乌青	wūqīng	44682
乌纱帽	wūshāmào	26517
乌托邦	wūtuōbāng	28890
乌鸦	wūyā	11908
乌烟瘴气	wūyān-zhàngqì	27298
乌油油	wūyóuyóu	46412
乌有	wūyǒu	22667
乌鱼	wūyú	50359
乌云	wūyún	11788
乌贼	wūzéi	39341
乌孜别克族	Wūzībiékèzú	56264
污点	wūdiǎn	27869
污垢	wūgòu	26938
污痕	wūhén	51907
污秽	wūhuì	21448
污迹	wūjì	45217
污蔑	wūmiè	21357

污名	wūmíng	53227
污泥	wūní	20441
污泥浊水	wūní-zhuóshuǐ	42695
污染	wūrǎn	1618
污辱	wūrǔ	21449
污水	wūshuǐ	3849
污损	wūsǔn	43444
污物	wūwù	28704
污言秽语	wūyán-huìyǔ	42435
污浊	wūzhuó	20251
污渍	wūzì	40849
巫	wū	14066
巫婆	wūpó	28891
巫师	wūshī	24934
巫术	wūshù	26780
巫医	wūyī	41964
呜	wū	14612
呜呼	wūhū	20078
呜呼哀哉	wūhū-āizāi	33150
呜噜呜噜	wūlū-wūlū	51487
呜咽	wūyè	13178
钨	wū	26646
钨丝	wūsī	55302
诬告	wūgào	23393
诬害	wūhài	53228
诬赖	wūlài	42201
诬蔑	wūmiè	18010
诬陷	wūxiàn	21642
诬指	wūzhǐ	54233
屋	wū	2335
屋顶	wūdǐng	7149
屋基	wūjī	48886
屋脊	wūjǐ	21731
屋架	wūjià	52761
屋檐	wūyán	13189
屋宇	wūyǔ	35034
屋子	wūzi	3142
无	wú	123
无本之木	wúběnzhīmù	53742
无比	wúbǐ	5031
无边	wúbiān	11363
无边无际	wúbiān-wújì	21235
无病呻吟	wúbìng-shēnyín	35035
无补	wúbǔ	27377
无不	wúbù	4083
无产阶级	wúchǎn jiējí	2985
无产者	wúchǎnzhě	22020
无常	wúcháng	15205
无偿	wúcháng	5553
无耻	wúchǐ	12949
无从	wúcóng	5484
无敌	wúdí	22267
无底洞	wúdǐdòng	32895
无地自容	wúdì-zìróng	22313
无的放矢	wúdì-fàngshǐ	41064
无动于衷	wúdòngyúzhōng	14835
无毒	wúdú	16465
无独有偶	wúdú-yǒu'ǒu	22163
无度	wúdù	28280
无端	wúduān	11336
无恶不作	wú'è-bùzuò	31089
无法	wúfǎ	481
无法无天	wúfǎ-wútiān	26939
无方	wúfāng	36736
无妨	wúfáng	20395
无非	wúfēi	4901
无风不起浪	wú fēng bù qǐ làng	48547
无干	wúgān	31887
无公害蔬菜	wúgōnghài shūcài	16476
无功受禄	wúgōng-shòulù	52762
无辜	wúgū	7733
无故	wúgù	13459
无怪	wúguài	21101
无怪乎	wúguàihu	33799
无关	wúguān	6671
无关宏旨	wúguān-hóngzhǐ	43965
无关紧要	wúguān-jǐnyào	22365
无关痛痒	wúguān-tòngyǎng	42202
无轨电车	wúguǐ diànchē	41506
无害	wúhài	17354
无核区	wúhéqū	46711
无花果	wúhuāguǒ	41507
无话可说	wúhuàkěshuō	16306
无悔	wúhuǐ	22999
无机	wújī	15967
无机可乘	wújī-kěchéng	49254
无机物	wújīwù	30535
无稽之谈	wújīzhītán	32633
无几	wújǐ	14451
无计可施	wújì-kěshī	28809
无记名	wújìmíng	17858
无记名投票	wújìmíng tóupiào	19652
无际	wújì	26854
无济于事	wújìyúshì	17639
无家可归	wújiā-kěguī	17943
无价	wújià	25138
无价宝	wújiàbǎo	54757
无坚不摧	wújiān-bùcuī	31090
无间	wújiàn	26518
无疆	wújiāng	36242
无尽	wújìn	13859
无尽无休	wújìn-wúxiū	51106
无精打采	wújīng-dǎcǎi	21643
无拘无束	wújū-wúshù	23594
无菌	wújūn	23595
无可比拟	wúkěbǐnǐ	30985
无可非议	wúkěfēiyì	28030
无可奉告	wúkěfènggào	41726
无可厚非	wúkěhòufēi	19616
无可讳言	wúkěhuìyán	51908
无可奈何	wúkěnàihé	7796
无可挑剔	wúkětiāoti	39342
无可无不可	wú kě wú bù kě	41065
无可争辩	wúkězhēngbiàn	32896
无可指责	wúkězhǐzé	41965
无可置疑	wúkězhìyí	39138
无可争议	wúkězhēngyì	33652
无孔不入	wúkǒng-bùrù	30093
无愧	wúkuì	22059
无赖	wúlài	14271
无礼	wúlǐ	22530
无理	wúlǐ	14272
无理取闹	wúlǐ-qǔnào	28613
无力	wúlì	4949
无力回天	wúlì-huítiān	42696
无利可图	wúlì-kětú	36737
无量	wúliàng	21732
无聊	wúliáo	5886
无论	wúlùn	941
无论如何	wúlùn-rúhé	5297
无米之炊	wúmǐzhīchuī	39343
无冕之王	wúmiǎnzhīwáng	42436
无名	wúmíng	11302
无名火	wúmínghuǒ	35511
无名氏	wúmíngshì	35798
无名之辈	wúmíngzhībèi	48887
无名指	wúmíngzhǐ	32764

无奈	wúnài	4211
无奈何	wúnàihé	48888
无能	wúnéng	13231
无能为力	wúnéngwéilì	15041
无期	wúqī	33284
无期徒刑	wúqī túxíng	16840
无奇不有	wúqí-bùyǒu	34309
无牵无挂	wúqiān-wúguà	39565
无铅汽油	wúqiān qìyóu	44683
无亲无故	wúqīn-wúgù	44202
无情	wúqíng	6415
无情无义	wúqíng-wúyì	37254
无穷	wúqióng	7398
无穷无尽	wúqióng-wújìn	19433
无权	wúquán	10562
无缺	wúquē	28122
无人过问	wúrén-guòwèn	32506
无人机	wúrénjī	4988
无人区	wúrénqū	25258
无人问津	wúrén-wènjīn	25721
无日	wúrì	37795
无伤大体	wúshāng-dàtǐ	55747
无伤大雅	wúshāng-dàyǎ	40402
无上	wúshàng	40403
无神论	wúshénlùn	19236
无声	wúshēng	6252
无声无息	wúshēng-wúxī	20039
无声无臭	wúshēng-wúxiù	53743
无师自通	wúshī-zìtōng	42437
无时无刻	wúshí-wúkè	23983
无事不登三宝殿	wú shì bù dēng sānbǎodiàn	45218
无事生非	wúshì-shēngfēi	37796
无视	wúshì	9201
无数	wúshù	2354
无双	wúshuāng	28031
无霜期	wúshuāngqī	45815
无私	wúsī	8679
无私无畏	wúsī-wúwèi	24623
无损	wúsǔn	21358
无所不包	wúsuǒbùbāo	31780
无所不能	wúsuǒbùnéng	31999
无所不为	wúsuǒbùwéi	41066
无所不用其极	wú suǒ bù yòng qí jí	45520
无所不有	wúsuǒbùyǒu	41642
无所不在	wúsuǒbùzài	26358
无所不知	wúsuǒbùzhī	37426
无所不至	wúsuǒbùzhì	39978
无所措手足	wú suǒ cuò shǒu zú	50727
无所顾忌	wúsuǒgùjì	28032
无所事事	wúsuǒshìshì	21925
无所适从	wúsuǒshìcóng	19930
无所畏惧	wúsuǒwèijù	29986
无所谓	wúsuǒwèi	9218
无所用心	wúsuǒyòngxīn	39566
无所作为	wúsuǒzuòwéi	18576
无题	wútí	33800
无条件	wútiáojiàn	11206
无头案	wútóu'àn	49255
无头苍蝇	wútóu-cāngying	54234
无土栽培	wútǔ zāipéi	38541
无往不胜	wúwǎng-bùshèng	49635
无妄之灾	wúwàngzhīzāi	52339
无望	wúwàng	12574
无微不至	wúwēi-bùzhì	20004
无为	wúwéi	15756
无为而治	wúwéi'érzhì	40850
无味	wúwèi	16972
无畏	wúwèi	16054
无谓	wúwèi	19408
无物	wúwù	26940
无误	wúwù	19779
无隙可乘	wúxì-kěchéng	38542
无瑕	wúxiá	30316
无暇	wúxiá	12870
无限	wúxiàn	3068
无线电	wúxiàndiàn	9386
无效	wúxiào	5401
无懈可击	wúxiè-kějī	25722
无心	wúxīn	10804
无形	wúxíng	6482
无形中	wúxíngzhōng	15879
无形资产	wúxíng zīchǎn	19618
无休无止	wúxiū-wúzhǐ	36410
无休止	wúxiūzhǐ	25328
无须	wúxū	9246
无需	wúxū	10750
无序	wúxù	10401
无涯	wúyá	20475
无烟	wúyān	8197
无烟工业	wúyān gōngyè	50728
无烟煤	wúyānméi	41966
无言以对	wúyányǐduì	26647
无业	wúyè	22268
无一例外	wúyīlìwài	26648
无一是处	wúyīshìchù	53229
无依无靠	wúyī-wúkào	29556
无遗	wúyí	17944
无疑	wúyí	2352
无以	wúyǐ	14011
无以复加	wúyǐfùjiā	37797
无以为报	wúyǐwéibào	50729
无以为生	wúyǐwéishēng	51909
无异	wúyì	15397
无益	wúyì	11891
无意	wúyì	6305
无意间	wúyìjiān	22944
无意识	wúyìshí	19845
无垠	wúyín	23200
无影灯	wúyǐngdēng	51107
无影无踪	wúyǐng-wúzōng	16723
无用	wúyòng	18011
无用功	wúyònggōng	51488
无忧无虑	wúyōu-wúlǜ	19962
无由	wúyóu	38935
无余	wúyú	22590
无与伦比	wúyǔlúnbǐ	24575
无语	wúyǔ	34022
无援	wúyuán	28705
无缘	wúyuán	10951
无缘无故	wúyuán-wúgù	19742
无源之水，无本之木	wúyuánzhīshuǐ, wúběnzhīmù	53230
无照	wúzhào	20476
无政府主义	wúzhèngfǔ zhǔyì	24733
无知	wúzhī	8844
无止境	wúzhǐjìng	30536
无中生有	wúzhōng-shēngyǒu	22021
无助	wúzhù	12529
无着	wúzhuó	30758
无足轻重	wúzú-qīngzhòng	28533
无阻	wúzǔ	16985
无罪	wúzuì	10238
毋	wú	13642
毋宁	wúnìng	34170

毋庸	wúyōng	30317
毋庸讳言	wúyōng-huìyán	22945
毋庸置疑	wúyōng-zhìyí	23201
芜菁	wújīng	54235
芜杂	wúzá	39139
吾	wú	5210
吴	Wú	1680
梧桐	wútóng	19963
蜈蚣	wúgōng	26721
鼯鼠	wúshǔ	55748
五	wǔ	135
五爱	wǔ'ài	40851
五保	wǔbǎo	19889
五保户	wǔbǎohù	18407
五倍子	wǔbèizǐ	48548
五彩	wǔcǎi	15589
五彩缤纷	wǔcǎi-bīnfēn	15699
五大三粗	wǔdà-sāncū	38936
五代	Wǔdài	16503
五代十国	Wǔdài shíguó	46099
五帝	Wǔdì	30419
五斗橱	wǔdǒuchú	48231
五斗柜	wǔdǒuguì	49636
五毒	wǔdú	37255
五短身材	wǔduǎn shēncái	44684
五方	wǔfāng	46100
五方杂处	wǔfāng-záchǔ	54236
五服	wǔfú	46712
五更	wǔgēng	21102
五更天	wǔgēngtiān	51489
五谷	wǔgǔ	23927
五谷丰登	wǔgǔ-fēngdēng	35628
五谷杂粮	wǔgǔ záliáng	38339
五官	wǔguān	16213
五官科	wǔguānkē	49999
五光十色	wǔguāng-shísè	20511
五行八作	wǔháng-bāzuō	49256
五湖四海	wǔhú-sìhǎi	26649
五花八门	wǔhuā-bāmén	14753
五花大绑	wǔhuā-dàbǎng	33403
五花肉	wǔhuāròu	52340
五讲四美	wǔjiǎng-sìměi	38723
五角大楼	Wǔjiǎo Dàlóu	17610
五角星	wǔjiǎoxīng	36902
五金	wǔjīn	21193
五雷轰顶	wǔléi-hōngdǐng	43204

五里雾	wǔlǐwù	41508
五粮液	wǔliángyè	26581
五岭	Wǔlǐng	50000
五伦	wǔlún	49257
五马分尸	wǔmǎ-fēnshī	47605
五色	wǔsè	17062
五十步笑百步	wǔshí bù xiào bǎi bù	52763
五四青年节	Wǔ-Sì Qīngnián Jié	51108
五四运动	Wǔ-Sì Yùndòng	16655
五体投地	wǔtǐ-tóudì	29878
五味	wǔwèi	40404
五味子	wǔwèizǐ	45521
五线谱	wǔxiànpǔ	40853
五香	wǔxiāng	33801
五星	wǔxīng	22366
五星红旗	Wǔxīng-Hóngqí	12029
五星级	wǔxīngjí	6159
五行	wǔxíng	19472
五言诗	wǔyánshī	46101
五颜六色	wǔyán-liùsè	15853
五一	Wǔ-Yī	4972
五一国际劳动节	Wǔ-Yī Guójì Láodòng Jié	56604
五一节	Wǔyī Jié	37977
五音	wǔyīn	39140
五月节	Wǔyuè Jié	44933
五岳	wǔyuè	32238
五脏	wǔzàng	25941
五脏六腑	wǔzàng-liùfǔ	27216
五指	wǔzhǐ	23928
五洲	wǔzhōu	19303
五洲四海	wǔzhōu-sìhǎi	47916
五子棋	wǔzǐqí	50360
午	wǔ	10884
午餐	wǔcān	11983
午餐肉	wǔcānròu	53231
午饭	wǔfàn	7282
午后	wǔhòu	10952
午间	wǔjiān	30212
午觉	wǔjiào	28706
午门	wǔmén	21194
午前	wǔqián	36088
午膳	wǔshàn	33151
午时	wǔshí	31888

午睡	wǔshuì	24203
午休	wǔxiū	25565
午宴	wǔyàn	27447
午夜	wǔyè	11789
伍	wǔ	10903
怃然	wǔrán	46413
忤逆	wǔnì	40206
妩媚	wǔmèi	12789
武	wǔ	4938
武备	wǔbèi	34598
武昌鱼	wǔchāngyú	39979
武丑	wǔchǒu	53744
武打	wǔdǎ	26941
武旦	wǔdàn	45816
武斗	wǔdòu	20634
武断	wǔduàn	21678
武夫	wǔfū	27152
武工队	wǔgōngduì	42951
武功	wǔgōng	18902
武官	wǔguān	17102
武汉	Wǔhàn	2132
武将	wǔjiàng	20363
武警	wǔjǐng	3644
武库	wǔkù	38937
武力	wǔlì	6487
武林	wǔlín	24792
武器	wǔqì	1539
武生	wǔshēng	30420
武师	wǔshī	56265
武士	wǔshì	15490
武士道	wǔshìdào	41727
武术	wǔshù	5273
武戏	wǔxì	33285
武侠	wǔxiá	17262
武艺	wǔyì	16504
武装	wǔzhuāng	1781
武装带	wǔzhuāngdài	45522
侮慢	wǔmàn	49637
侮蔑	wǔmiè	45219
侮辱	wǔrǔ	8022
捂	wǔ	8593
捂盖子	wǔgàizi	55749
舞	wǔ	2330
舞伴	wǔbàn	29176
舞弊	wǔbì	17526
舞步	wǔbù	26016

舞场	wǔchǎng	23100
舞池	wǔchí	27378
舞蹈	wǔdǎo	2278
舞动	wǔdòng	19846
舞会	wǔhuì	16092
舞剑	wǔjiàn	35363
舞剧	wǔjù	9019
舞盲	wǔmáng	56653
舞美	wǔměi	18234
舞迷	wǔmí	54237
舞弄	wǔnòng	49258
舞女	wǔnǚ	21152
舞曲	wǔqǔ	20855
舞狮	wǔshī	25797
舞台	wǔtái	1459
舞厅	wǔtīng	11284
舞文弄墨	wǔwén-nòngmò	41509
舞星	wǔxīng	53745
舞姿	wǔzī	16881
兀立	wùlì	33152
兀自	wùzì	21236
勿	wù	5167
乌拉草	wùlacǎo	56266
务	wù	3440
务必	wùbì	6132
务工	wùgōng	5839
务农	wùnóng	17309
务期	wùqī	43966
务请	wùqǐng	34889
务求	wùqiú	13777
务实	wùshí	5217
务使	wùshǐ	38543
务须	wùxū	38938
务虚	wùxū	27217
务要	wùyào	19590
物	wù	1031
物产	wùchǎn	20598
物阜民丰	wùfù-mínfēng	55303
物耗	wùhào	39567
物候	wùhòu	54758
物化	wùhuà	16607
物换星移	wùhuàn-xīngyí	48889
物极必反	wùjí-bìfǎn	41510
物价	wùjià	5291
物价指数	wùjià zhǐshù	32361
物件	wùjiàn	14363
物尽其用	wùjìnqíyòng	39568
物竞天择	wùjìng-tiānzé	38216
物理	wùlǐ	4038
物力	wùlì	8239
物联网	wùliánwǎng	41196
物料	wùliào	22668
物流	wùliú	4957
物美价廉	wùměi-jiàlián	24270
物品	wùpǐn	4150
物权	wùquán	14319
物色	wùsè	19062
物伤其类	wùshāngqílèi	50361
物是人非	wùshì-rénfēi	47301
物态	wùtài	54759
物体	wùtǐ	5884
物外	wùwài	33653
物象	wùxiàng	24734
物业	wùyè	6647
物业管理	wùyè guǎnlǐ	31535
物以类聚	wùyǐlèijù	44934
物语	wùyǔ	38827
物欲	wùyù	24271
物证	wùzhèng	24523
物质	wùzhì	1102
物质文明	wùzhì wénmíng	5736
物种	wùzhǒng	6759
物主	wùzhǔ	49259
物资	wùzī	2897
误	wù	3562
误餐	wùcān	51109
误差	wùchā	10977
误传	wùchuán	41967
误导	wùdǎo	9896
误读	wùdú	19473
误工	wùgōng	30421
误国	wùguó	21055
误会	wùhuì	8106
误解	wùjiě	7563
误判	wùpàn	36243
误期	wùqī	52764
误区	wùqū	9390
误人子弟	wùrénzǐdì	36089
误认	wùrèn	34465
误入歧途	wùrù-qítú	26855
误杀	wùshā	43205
误伤	wùshāng	30423
误食	wùshí	37427
误事	wùshì	23768
误听	wùtīng	44450
误信	wùxìn	26650
误用	wùyòng	37256
误诊	wùzhěn	29466
悟	wù	7491
悟出	wùchū	18072
悟性	wùxìng	21733
晤见	wùjiàn	53746
晤面	wùmiàn	40854
晤谈	wùtán	31411
焐	wù	26359
痦子	wùzi	49260
婺剧	wùjù	55750
雾	wù	4158
雾霭	wù'ǎi	35364
雾沉沉	wùchénchén	53232
雾化	wùhuà	46414
雾里看花	wùlǐ-kànhuā	40855
雾霾	wùmái	2364
雾茫茫	wùmángmáng	54238
雾蒙蒙	wùméngméng	40405
雾气	wùqì	17503
雾凇	wùsōng	37428
雾腾腾	wùténgténg	42204
夕	xī	8071
夕烟	xīyān	54760
夕阳	xīyáng	8934
夕阳红	xīyánghóng	24793
夕照	xīzhào	28892
西	xī	662
西安	Xī'ān	2519
西半球	xībànqiú	33153
西北	xīběi	2387
西边	xībian	10456
西部	xībù	1453
西部片	xībùpiàn	52765
西菜	xīcài	41511
西餐	xīcān	21555
西侧	xīcè	18320
西点	xīdiǎn	35799
西法	xīfǎ	48232
西番莲	xīfānlián	55751
西方	xīfāng	1276
西非	Xī Fēi	15590

西风	xīfēng	13932
西服	xīfú	10865
西瓜	xī guā	6795
西汉	Xī Hàn	15090
西红柿	xīhóngshì	11126
西葫芦	xīhúlu	40207
西化	xīhuà	17675
西画	xīhuà	33654
西晋	Xī Jìn	32239
西经	xījīng	41274
西裤	xīkù	35629
西历	xīlì	37978
西门	Xīmén	21013
西面	xīmiàn	18744
西南	xīnán	3411
西宁	Xīníng	7246
西欧	Xī Ōu	8206
西皮	xīpí	36903
西晒	xīshài	52766
西施	Xīshī	21927
西式	xīshì	20746
西天	xītiān	21734
西头	xītóu	26856
西王母	Xīwángmǔ	33519
西魏	Xī Wèi	38167
西文	xīwén	30878
西夏	Xī Xià	14119
西学	xīxué	31200
西亚	Xī Yà	11113
西洋	Xīyáng	6814
西洋画	xīyánghuà	32362
西洋景	xīyángjǐng	43445
西洋参	xīyángshēn	43206
西药	xīyào	20635
西医	xīyī	14836
西域	Xīyù	11735
西元	xīyuán	52341
西乐	xīyuè	53233
西藏	Xīzàng	2070
西周	Xī Zhōu	19334
西装	xīzhuāng	9247
西装革履	xīzhuāng-gélǚ	27448
西子	Xīzǐ	38939
吸	xī	2831
吸尘器	xīchénqì	37257
吸储	xīchǔ	37327
吸顶灯	xīdǐngdēng	54239
吸毒	xīdú	8664
吸附	xīfù	11912
吸附剂	xīfùjì	53747
吸管	xīguǎn	41728
吸金	xījīn	19229
吸睛	xījīng	45817
吸力	xīlì	36582
吸墨纸	xīmòzhǐ	54240
吸纳	xīnà	6678
吸盘	xīpán	36738
吸气	xīqì	27788
吸取	xīqǔ	6278
吸热	xīrè	33802
吸入	xīrù	17263
吸湿	xīshī	41276
吸食	xīshí	25139
吸收	xīshōu	2126
吸水	xīshuǐ	23547
吸水性	xīshuǐxìng	45523
吸吮	xīshǔn	26942
吸铁石	xītiěshí	50001
吸血鬼	xīxuèguǐ	42952
吸烟	xīyān	7063
吸氧	xīyǎng	36739
吸引	xīyǐn	1393
吸引力	xīyǐnlì	5788
希冀	xījì	18012
希腊	Xīlà	4424
希求	xīqiú	39569
希图	xītú	34310
希望	xīwàng	209
希望工程	Xīwàng Gōngchéng	12753
昔年	xīnián	41277
昔日	xīrì	4994
析出	xīchū	29557
析疑	xīyí	54241
矽肺	xīfèi	45524
唏嘘	xīxū	20599
牺牲	xīshēng	1973
牺牲品	xīshēngpǐn	20162
息	xī	5184
息兵	xībīng	46102
息肩	xījiān	49638
息怒	xīnù	34466
息肉	xīròu	46103
息事宁人	xīshì-níngrén	34467
息讼	xīsòng	44657
息息相关	xīxī-xiāngguān	11285
息息相通	xīxī-xiāngtōng	34890
息影	xīyǐng	51910
奚	xī	39611
奚落	xīluò	21014
硒	xī	25868
悉	xī	7411
悉力	xīlì	48549
悉数	xīshù	15795
悉听尊便	xītīng-zūnbiàn	48233
悉心	xīxīn	15796
淅沥	xīlì	36904
淅淅	xīxī	41512
淅淅沥沥	xīxī-lìlì	29240
惜败	xībài	26857
惜别	xībié	29678
惜贷	xīdài	33219
惜老怜贫	xīlǎo-liánpín	55304
惜力	xīlì	49639
惜墨如金	xīmò-rújīn	51911
惜售	xīshòu	45818
稀	xī	6753
稀巴烂	xībālàn	44685
稀薄	xībó	18745
稀饭	xīfàn	17557
稀罕	xīhan	14076
稀客	xīkè	35947
稀烂	xīlàn	32125
稀里糊涂	xīlihútú	25063
稀里哗啦	xīlihuālā	38544
稀溜溜	xīliūliū	52768
稀落	xīluò	36905
稀泥	xīní	30213
稀奇	xīqí	16841
稀奇古怪	xīqí-gǔguài	29279
稀缺	xīquē	19847
稀少	xīshǎo	12825
稀世	xīshì	31781
稀释	xīshì	20513
稀疏	xīshū	14775
稀松	xīsōng	36906
稀稀拉拉	xīxilālā	30424
稀有	xīyǒu	18408

稀有金属	xīyǒu jīnshǔ	40628
稀粥	xīzhōu	32126
翕动	xīdòng	34311
犀角	xījiǎo	49640
犀利	xīlì	20600
犀牛	xīniú	32765
锡	xī	13765
锡伯族	Xībózú	47302
锡箔	xībó	45220
锡剧	xījù	50362
锡矿	xīkuàng	39141
锡器	xīqì	53234
锡纸	xīzhǐ	45525
溪	xī	6443
溪涧	xījiàn	40629
溪流	xīliú	17676
溪水	xīshuǐ	15797
熙来攘往	xīlái-rǎngwǎng	37623
熙熙攘攘	xīxīrǎngrǎng	17184
蜥蜴	xīyì	28359
熄	xī	12557
熄灯	xīdēng	25395
熄火	xīhuǒ	28707
熄灭	xīmiè	11931
嘻	xī	20226
嘻闹	xīnào	48890
嘻嘻哈哈	xīxīhāhā	18096
嘻笑	xīxiào	28614
膝	xī	8794
膝盖	xīgài	10068
膝关节	xīguānjié	35200
膝下	xīxià	28123
嬉闹	xīnào	34733
嬉皮士	xīpíshì	51490
嬉皮笑脸	xīpí-xiàoliǎn	37429
嬉耍	xīshuǎ	55752
嬉戏	xīxì	15260
嬉笑	xīxiào	25507
嬉笑怒骂	xīxiào-nùmà	43715
嬉游	xīyóu	51491
熹微	xīwēi	40406
蹊径	xījìng	29072
蟋蟀	xīshuài	16786
习	xí	7766
习得	xídé	34599
习惯	xíguàn	1023

习惯法	xíguànfǎ	41278
习惯性	xíguànxìng	23868
习惯于	xíguànyú	11399
习好	xíhào	52770
习见	xíjiàn	37979
习气	xíqì	17419
习染	xírǎn	52342
习尚	xíshàng	47917
习俗	xísú	7849
习题	xítí	28360
习武	xíwǔ	24340
习习	xíxí	25869
习性	xíxìng	14415
习以为常	xíyǐwéicháng	18537
习艺	xíyì	44935
习用	xíyòng	45819
习字	xízì	43716
习作	xízuò	24031
席	xí	3138
席次	xícì	44686
席地而坐	xídì'érzuò	29367
席间	xíjiān	19523
席卷	xíjuǎn	14306
席梦思	xímèngsī	33286
席面	xímiàn	37980
席棚	xípéng	35201
席位	xíwèi	9254
席子	xízi	22164
袭	xí	4875
袭击	xíjī	2614
袭来	xílái	13491
袭取	xíqǔ	37798
袭扰	xírǎo	34312
袭用	xíyòng	41729
媳妇	xífù	3356
檄文	xíwén	24341
洗	xǐ	1409
洗白	xǐbái	31882
洗尘	xǐchén	36090
洗涤	xǐdí	14818
洗涤剂	xǐdíjì	28191
洗涤灵	xǐdílíng	55753
洗耳恭听	xǐ'ěr-gōngtīng	38340
洗发水	xǐfàshuǐ	42205
洗发剂	xǐfàjì	55754
洗发精	xǐfàjīng	54242

洗劫	xǐjié	30986
洗礼	xǐlǐ	12094
洗练	xǐliàn	37799
洗煤	xǐméi	40630
洗面奶	xǐmiànnǎi	48550
洗牌	xǐpái	30879
洗钱	xǐqián	13062
洗染	xǐrǎn	46415
洗染店	xǐrǎndiàn	56605
洗手	xǐshǒu	14348
洗手不干	xǐshǒu-bùgàn	43717
洗手间	xǐshǒujiān	25064
洗漱	xǐshù	25329
洗刷	xǐshuā	17677
洗涮	xǐshuàn	41968
洗烫	xǐtàng	53235
洗碗机	xǐwǎnjī	43718
洗心革面	xǐxīn-gémiàn	39577
洗雪	xǐxuě	43446
洗衣板	xǐyībǎn	53236
洗衣店	xǐyīdiàn	35630
洗衣粉	xǐyīfěn	22214
洗衣机	xǐyījī	10617
洗印	xǐyìn	41279
洗浴	xǐyù	22531
洗冤	xǐyuān	52343
洗澡	xǐzǎo	7229
洗濯	xǐzhuó	47303
铣床	xǐchuáng	39578
铣工	xǐgōng	45526
喜	xǐ	1874
喜爱	xǐ'ài	3489
喜报	xǐbào	29558
喜不自禁	xǐbùzìjīn	34600
喜出望外	xǐchūwàngwài	14646
喜从天降	xǐcóngtiānjiàng	45221
喜好	xǐhào	21056
喜欢	xǐhuan	771
喜结良缘	xǐjiéliángyuán	37981
喜酒	xǐjiǔ	21880
喜剧	xǐjù	8583
喜剧片	xǐjùpiàn	39344
喜乐	xǐlè	40632
喜联	xǐlián	51110
喜眉笑眼	xǐméi-xiàoyǎn	54761
喜娘	xǐniáng	55305

喜怒哀乐	xǐ-nù-āi-lè	18269
喜怒无常	xǐnù-wúcháng	40856
喜气	xǐqì	20980
喜气洋洋	xǐqì-yángyáng	15622
喜钱	xǐqián	52771
喜庆	xǐqìng	7599
喜鹊	xǐquè	17141
喜人	xǐrén	10012
喜丧	xǐsāng	52772
喜色	xǐsè	24085
喜上眉梢	xǐshàngméishāo	32363
喜事	xǐshì	10345
喜糖	xǐtáng	35365
喜帖	xǐtiě	49641
喜闻乐见	xǐwén-lèjiàn	11053
喜笑颜开	xǐxiào-yánkāi	26652
喜新厌旧	xǐxīn-yànjiù	35036
喜信	xǐxìn	40634
喜形于色	xǐxíngyúsè	27299
喜讯	xǐxùn	12131
喜筵	xǐyán	49642
喜洋洋	xǐyángyáng	36244
喜盈门	xǐyíngmén	53237
喜盈盈	xǐyíngyíng	49643
喜雨	xǐyǔ	48551
喜悦	xǐyuè	4984
喜幛	xǐzhàng	51912
喜滋滋	xǐzīzī	27870
戏	xì	1166
戏班	xìbān	31412
戏本	xìběn	51492
戏称	xìchēng	18384
戏词	xìcí	38545
戏单	xìdān	54762
戏法	xìfǎ	27614
戏服	xìfú	52775
戏剧	xìjù	1837
戏剧性	xìjùxìng	13906
戏楼	xìlóu	28615
戏路	xìlù	48234
戏码	xìmǎ	45222
戏迷	xìmí	21644
戏弄	xìnòng	20191
戏票	xìpiào	39142
戏评	xìpíng	43719
戏曲	xìqǔ	3972
戏曲界	xìqǔjiè	40208
戏曲片	xìqǔpiàn	50363
戏耍	xìshuǎ	38724
戏水	xìshuǐ	39980
戏说	xìshuō	20981
戏台	xìtái	12851
戏文	xìwén	23496
戏侮	xìwǔ	55755
戏校	xìxiào	34171
戏谑	xìxuè	24859
戏言	xìyán	27300
戏衣	xìyī	55306
戏园子	xìyuánzi	27789
戏院	xìyuàn	15474
戏装	xìzhuāng	38546
戏子	xìzi	19743
系	xì	1532
系列	xìliè	1822
系列化	xìlièhuà	23869
系列片	xìlièpiàn	28974
系铃人	xìlíngrén	40857
系念	xìniàn	43207
系数	xìshù	7925
系统	xìtǒng	784
系统工程	xìtǒng gōngchéng	7073
系统化	xìtǒnghuà	19848
系统性	xìtǒngxìng	14795
细	xì	1535
细胞	xìbāo	2996
细布	xìbù	48235
细菜	xìcài	50002
细长	xìcháng	13842
细瓷	xìcí	44687
细点	xìdiǎn	48236
细高挑儿	xìgāotiǎor	53238
细工	xìgōng	51493
细故	xìgù	53239
细化	xìhuà	10069
细活儿	xìhuór	46999
细嚼慢咽	xìjiáo-mànyàn	49261
细节	xìjié	4608
细究	xìjiū	38940
细菌	xìjūn	7123
细菌武器	xìjūn wǔqì	49644
细菌战	xìjūnzhàn	32240
细粮	xìliáng	37624
细溜溜	xìliūliū	55756
细流	xìliú	35382
细毛	xìmáo	31889
细密	xìmì	21598
细目	xìmù	44936
细嫩	xìnèn	26360
细腻	xìnì	9195
细皮嫩肉	xìpí-nènròu	43208
细巧	xìqiǎo	45820
细情	xìqíng	35366
细柔	xìróu	49645
细软	xìruǎn	27379
细润	xìrùn	50003
细弱	xìruò	37258
细纱	xìshā	38725
细声细气	xìshēng-xìqì	39981
细水长流	xìshuǐ-chángliú	39763
细说	xìshuō	19017
细碎	xìsuì	21450
细挑	xìtiao	53748
细微	xìwēi	11515
细问	xìwèn	27301
细小	xìxiǎo	12366
细心	xìxīn	7628
细腰	xìyāo	29280
细腰蜂	xìyāofēng	47918
细雨	xìyǔ	10828
细语	xìyǔ	23433
细则	xìzé	8256
细账	xìzhàng	34601
细枝末节	xìzhī-mòjié	35512
细致	xìzhì	4511
隙地	xìdì	41730
隙缝	xìfèng	43447
虾	xiā	6793
虾兵蟹将	xiābīng-xièjiàng	54763
虾酱	xiājiàng	54765
虾米	xiāmi	30987
虾皮	xiāpí	51111
虾仁	xiārén	33520
虾子	xiāzǐ	39764
瞎	xiā	5221
瞎掰	xiābāi	46713
瞎编	xiābiān	36740
瞎扯	xiāchě	26519
瞎吹	xiāchuī	40209

瞎话	xiāhuà	31413
瞎火	xiāhuǒ	39982
瞎聊	xiāliáo	52776
瞎忙	xiāmáng	42206
瞎闹	xiānào	37076
瞎说	xiāshuō	15206
瞎说八道	xiāshuō-bādào	52777
瞎眼	xiāyǎn	29177
瞎指挥	xiāzhǐhuī	36245
瞎诌	xiāzhōu	53749
瞎子	xiāzi	14103
瞎子摸象	xiāzi-mōxiàng	55307
匣子	xiázi	13766
匣子枪	xiáziqiāng	56267
侠肝义胆	xiágān-yìdǎn	52778
侠客	xiákè	33154
侠气	xiáqì	50364
侠义	xiáyì	33914
狎妓	xiájì	53240
狎昵	xiánì	50730
峡	xiá	11634
峡谷	xiágǔ	9365
狭	xiá	11566
狭隘	xiá'ài	12166
狭长	xiácháng	19619
狭路相逢	xiálù-xiāngféng	32766
狭小	xiáxiǎo	12588
狭义	xiáyì	14893
狭窄	xiázhǎi	8366
遐迩	xiá'ěr	19620
遐迩闻名	xiá'ěr-wénmíng	48738
遐思	xiásī	31536
遐想	xiáxiǎng	16767
瑕不掩瑜	xiábùyǎnyú	49646
瑕疵	xiácī	30094
瑕瑜互见	xiáyú-hùjiàn	55757
暇时	xiáshí	40407
辖	xiá	8742
辖区	xiáqū	6074
辖制	xiázhì	53750
霞	xiá	8324
霞光	xiáguāng	16477
下	xià	41
下巴	xiàba	10183
下巴颏儿	xiàbakēr	36907
下摆	xiàbǎi	28534
下班	xiàbān	6226
下半场	xiàbànchǎng	29073
下半截	xiàbànjié	37625
下半年	xiàbànnián	5993
下半旗	xiàbànqí	42438
下半时	xiàbànshí	17578
下半天	xiàbàntiān	37259
下半夜	xiàbànyè	31664
下半月	xiàbànyuè	44203
下辈	xiàbèi	49647
下辈子	xiàbèizi	31414
下本儿	xiàběnr	41731
下笔	xiàbǐ	19434
下边	xiàbian	8207
下拨	xiàbō	14525
下不为例	xiàbùwéilì	33915
下不来	xiàbulái	27449
下不了台	xiàbuliǎotái	37430
下部	xiàbù	17974
下操	xiàcāo	47000
下策	xiàcè	28535
下层	xiàcéng	12004
下场	xiàchǎng	9800
下场门	xiàchǎngmén	53241
下车伊始	xiàchē-yīshǐ	54243
下沉	xiàchén	13268
下乘	xiàchéng	49648
下厨	xiàchú	36246
下处	xiàchù	52344
下船	xiàchuán	22893
下床	xiàchuáng	15148
下垂	xiàchuí	18291
下唇	xiàchún	25942
下存	xiàcún	55758
下挫	xiàcuò	28124
下达	xiàdá	6386
下大力气	xiàdàlìqi	14416
下单	xiàdān	13191
下蛋	xiàdàn	23202
下等	xiàděng	38548
下地	xiàdì	17236
下跌	xiàdiē	7280
下毒手	xiàdúshǒu	32000
下端	xiàduān	26017
下颚	xià'è	39983
下发	xiàfā	5519
下凡	xiàfán	29281
下饭	xiàfàn	27450
下方	xiàfāng	15989
下房	xiàfáng	35037
下放	xiàfàng	8850
下风	xiàfēng	25065
下浮	xiàfú	30427
下岗	xiàgǎng	2464
下工	xiàgōng	34891
下功夫	xiàgōngfu	39984
下馆子	xiàguǎnzi	40408
下跪	xiàguì	19165
下锅	xiàguō	25566
下海	xiàhǎi	13087
下颌	xiàhé	20116
下狠心	xiàhěnxīn	38341
下滑	xiàhuá	7935
下怀	xiàhuái	36583
下回	xiàhuí	9207
下级	xiàjí	8165
下集	xiàjí	49262
下家	xiàjiā	41067
下架	xiàjià	45855
下嫁	xiàjià	36091
下贱	xiàjiàn	19780
下江	Xiàjiāng	40409
下降	xiàjiàng	1568
下脚	xiàjiǎo	30214
下脚料	xiàjiǎoliào	38342
下界	xiàjiè	36247
下劲	xiàjìn	54766
下九流	xiàjiǔliú	49649
下酒	xiàjiǔ	27948
下酒菜	xiàjiǔcài	44688
下卷	xiàjuàn	41068
下决心	xiàjuéxīn	7443
下课	xiàkè	13400
下款	xiàkuǎn	43720
下来	xiàlái	385
下礼拜	xiàlǐbài	44204
下里巴人	xiàlǐ-bārén	43448
下力	xiàlì	42440
下联	xiàlián	30760
下列	xiàliè	4601
下令	xiàlìng	6065
下流	xiàliú	13023

下楼	xiàlóu	8821
下落	xiàluò	9241
下落不明	xiàluò-bùmíng	19358
下马	xiàmǎ	12453
下马威	xiàmǎwēi	32897
下毛毛雨	xiàmáomaoyǔ	54767
下面	xiàmiàn	2209
下奶	xiànǎi	49650
下品	xiàpǐn	42207
下聘	xiàpìn	54244
下坡	xiàpō	27949
下坡路	xiàpōlù	41280
下铺	xiàpù	33916
下棋	xiàqí	12665
下潜	xiàqián	44451
下欠	xiàqiàn	56268
下情	xiàqíng	27871
下去	xiàqù	604
下人	xiàrén	18355
下任	xiàrèn	42953
下三烂	xiàsānlàn	56723
下山	xiàshān	8440
下身	xiàshēn	12852
下渗	xiàshèn	44452
下生	xiàshēng	35631
下士	xiàshì	29368
下世	xiàshì	41969
下市	xiàshì	51494
下手	xiàshǒu	9652
下首	xiàshǒu	47606
下书	xiàshū	30428
下属	xiàshǔ	6168
下述	xiàshù	24399
下水	xiàshuǐ	8651
下水	xiàshui	25066
下水道	xiàshuǐdào	21287
下塌	xiàtā	50732
下榻	xiàtà	12294
下台	xiàtái	10812
下台阶	xiàtáijiē	33803
下套	xiàtào	50010
下调	xiàtiáo	10866
下同	xiàtóng	21679
下头	xiàtou	12905
下文	xiàwén	11852
下问	xiàwèn	34892
下午	xiàwǔ	624
下辖	xiàxiá	21481
下弦	xiàxián	47607
下限	xiàxiàn	26080
下陷	xiàxiàn	33155
下乡	xiàxiāng	2979
下泄	xiàxiè	28810
下泻	xiàxiè	41513
下星期	xiàxīngqī	32768
下行	xiàxíng	23305
下学	xiàxué	35513
下旬	xiàxún	6060
下眼皮	xiàyǎnpí	35038
下咽	xiàyàn	33655
下腰	xiàyāo	25870
下药	xiàyào	41732
下野	xiàyě	26582
下一步	xiàyībù	6757
下一代	xiàyīdài	8611
下议院	xiàyìyuàn	34172
下意识	xiàyìshí	10742
下游	xiàyóu	6167
下雨	xiàyǔ	7267
下狱	xiàyù	16278
下月	xiàyuè	20396
下载	xiàzài	14220
下葬	xiàzàng	29559
下账	xiàzhàng	55759
下肢	xiàzhī	20601
下中农	xiàzhōngnóng	34734
下种	xiàzhǒng	32127
下周	xiàzhōu	33025
下注	xiàzhù	41281
下箸	xiàzhù	48891
下装	xiàzhuāng	48892
下坠	xiàzhuì	31201
下作	xiàzuo	37077
吓	xià	3907
吓唬	xiàhu	15042
吓人	xiàrén	14021
夏	xià	2581
夏播	xiàbō	43967
夏布	xiàbù	37982
夏初	xiàchū	39345
夏季	xiàjì	4754
夏历	xiàlì	45527
夏粮	xiàliáng	15375
夏令	xiàlìng	37626
夏令时	xiàlìngshí	53751
夏令营	xiàlìngyíng	12717
夏日	xiàrì	13046
夏收	xiàshōu	18124
夏天	xiàtiān	3469
夏娃	xiàwá	24524
夏夜	xiàyè	30537
夏衣	xiàyī	51112
夏至	xiàzhì	35632
夏种	xiàzhòng	38550
夏装	xiàzhuāng	41733
罅隙	xiàxì	44937
仙	xiān	4902
仙丹	xiāndān	39985
仙方	xiānfāng	48237
仙风道骨	xiānfēng-dàogǔ	48552
仙姑	xiāngū	29879
仙鹤	xiānhè	27011
仙境	xiānjìng	20192
仙客来	xiānkèlái	51495
仙女	xiānnǚ	15757
仙人	xiānrén	18013
仙人球	xiānrénqiú	48553
仙人掌	xiānrénzhǎng	19435
仙逝	xiānshì	39579
仙子	xiānzǐ	29679
先	xiān	257
先辈	xiānbèi	17678
先导	xiāndǎo	11086
先睹为快	xiāndǔ-wéikuài	40858
先发制人	xiānfā-zhìrén	15453
先锋	xiānfēng	5288
先锋队	xiānfēngduì	9521
先父	xiānfù	37627
先河	xiānhé	16235
先后	xiānhòu	1051
先见之明	xiānjiànzhīmíng	36248
先进	xiānjìn	920
先决	xiānjué	46416
先觉	xiānjué	35039
先来后到	xiānlái-hòudào	47001
先礼后兵	xiānlǐ-hòubīng	48238
先例	xiānlì	12966
先烈	xiānliè	14599

先令	xiānlìng	29560
先民	xiānmín	21971
先期	xiānqī	12666
先前	xiānqián	6441
先遣	xiānqiǎn	22060
先遣队	xiānqiǎnduì	32128
先秦	Xiān Qín	20722
先驱	xiānqū	13331
先人	xiānrén	13778
先入为主	xiānrù-wéizhǔ	35040
先声夺人	xiānshēng-duórén	30095
先生	xiānsheng	240
先世	xiānshì	46104
先是	xiānshi	5578
先天	xiāntiān	13948
先天不足	xiāntiān-bùzú	23337
先天性	xiāntiānxìng	18828
先头	xiāntóu	23929
先贤	xiānxián	21972
先行	xiānxíng	5900
先行官	xiānxíngguān	45821
先行先试	xiānxíng-xiānshì	19956
先行者	xiānxíngzhě	20684
先意承志	xiānyì-chéngzhì	54768
先斩后奏	xiānzhǎn-hòuzòu	38941
先兆	xiānzhào	31415
先哲	xiānzhé	29369
先知	xiānzhī	23769
先知先觉	xiānzhī-xiānjué	37800
先祖	xiānzǔ	28975
纤尘	xiānchén	39346
纤毫	xiānháo	48893
纤毛	xiānmáo	42954
纤巧	xiānqiǎo	33917
纤柔	xiānróu	51496
纤弱	xiānruò	33287
纤瘦	xiānshòu	48239
纤维	xiānwéi	6748
纤维板	xiānwéibǎn	47304
纤维瘤	xiānwéiliú	50365
纤维素	xiānwéisù	27153
纤细	xiānxì	17579
纤纤	xiānxiān	34893
纤小	xiānxiǎo	49263
纤秀	xiānxiù	50004
籼稻	xiāndào	34313
籼米	xiānmǐ	50005
掀	xiān	9038
掀动	xiāndòng	30096
掀起	xiānqǐ	4829
锨	xiān	19114
鲜	xiān	3637
鲜卑	Xiānbēi	19781
鲜果	xiānguǒ	27790
鲜红	xiānhóng	10432
鲜花	xiānhuā	3204
鲜活	xiānhuó	8648
鲜货	xiānhuò	48894
鲜丽	xiānlì	46105
鲜亮	xiānliang	24860
鲜绿	xiānlǜ	49264
鲜美	xiānměi	20227
鲜明	xiānmíng	2803
鲜嫩	xiānnèn	21237
鲜啤	xiānpí	56676
鲜肉	xiānròu	25798
鲜润	xiānrùn	49651
鲜血	xiānxuè	7197
鲜艳	xiānyàn	8357
闲	xián	4344
闲步	xiánbù	43209
闲扯	xiánchě	32507
闲愁	xiánchóu	47608
闲荡	xiándàng	49265
闲饭	xiánfàn	37983
闲工夫	xiángōngfu	35948
闲逛	xiánguàng	24469
闲话	xiánhuà	8916
闲居	xiánjū	34894
闲空	xiánkòng	38168
闲聊	xiánliáo	17789
闲篇	xiánpiān	50006
闲气	xiánqì	36092
闲钱	xiánqián	40410
闲情	xiánqíng	27154
闲情逸致	xiánqíng-yìzhì	38343
闲人	xiánrén	17005
闲散	xiánsǎn	18861
闲事	xiánshì	21645
闲适	xiánshì	26081
闲书	xiánshū	31305
闲谈	xiántán	12950
闲田	xiántián	45822
闲庭信步	xiántíng-xìnbù	34629
闲暇	xiánxiá	14819
闲心	xiánxīn	32129
闲言碎语	xiányán-suìyǔ	41970
闲逸	xiányì	40635
闲员	xiányuán	56270
闲云野鹤	xiányún-yěhè	49652
闲杂	xiánzá	40411
闲杂人员	xiánzárényuán	48895
闲职	xiánzhí	52779
闲置	xiánzhì	9739
贤	xián	4894
贤才	xiáncái	37984
贤臣	xiánchén	40636
贤达	xiándá	37628
贤德	xiándé	43449
贤弟	xiándì	37431
贤惠	xiánhuì	28125
贤良	xiánliáng	28708
贤明	xiánmíng	34735
贤内助	xiánnèizhù	35800
贤能	xiánnéng	40859
贤妻良母	xiánqī-liángmǔ	31665
贤人	xiánrén	31666
贤士	xiánshì	43210
贤淑	xiánshū	38169
贤哲	xiánzhé	50733
弦	xián	6930
弦歌	xiángē	40637
弦索	xiánsuǒ	45823
弦外之音	xiánwàizhīyīn	32634
弦乐	xiányuè	34314
弦乐队	xiányuèduì	55760
弦乐器	xiányuèqì	51913
弦子	xiánzi	30761
咸	xián	8470
咸菜	xiáncài	17310
咸淡	xiándàn	46106
咸肉	xiánròu	46714
咸水湖	xiánshuǐhú	50366
咸盐	xiányán	51914
咸鱼	xiányú	38344
涎皮赖脸	xiánpí-làiliǎn	55308
涎水	xiánshuǐ	35633
涎着脸	xiánzheliǎn	42441

娴静	xiánjìng	34895
娴熟	xiánshú	16768
娴雅	xiányǎ	44453
衔	xián	8428
衔恨	xiánhèn	41971
衔接	xiánjiē	6994
衔命	xiánmìng	51497
衔冤	xiányuān	54245
舷	xián	24861
舷窗	xiánchuāng	33404
舷梯	xiántī	21556
嫌	xián	3435
嫌烦	xiánfán	41514
嫌犯	xiánfàn	7182
嫌弃	xiánqì	20747
嫌恶	xiánwù	31202
嫌隙	xiánxì	36093
嫌疑	xiányí	9591
嫌疑犯	xiányífàn	20748
嫌疑人	xiányírén	4789
显	xiǎn	2622
显摆	xiǎnbai	25399
显出	xiǎnchū	5757
显达	xiǎndá	41069
显得	xiǎnde	1118
显而易见	xiǎn'éryìjiàn	12306
显贵	xiǎnguì	31782
显赫	xiǎnhè	16631
显豁	xiǎnhuò	52780
显见	xiǎnjiàn	30097
显灵	xiǎnlíng	36094
显露	xiǎnlù	9653
显明	xiǎnmíng	25067
显能	xiǎnnéng	55761
显然	xiǎnrán	1510
显身手	xiǎnshēnshǒu	19849
显圣	xiǎnshèng	47609
显示	xiǎnshì	1256
显示屏	xiǎnshìpíng	17163
显示器	xiǎnshìqì	15700
显微镜	xiǎnwēijìng	12939
显现	xiǎnxiàn	6286
显像管	xiǎnxiàngguǎn	34736
显效	xiǎnxiào	44205
显形	xiǎnxíng	46715
显性	xiǎnxìng	29773
显学	xiǎnxué	46107
显眼	xiǎnyǎn	14978
显要	xiǎnyào	31203
显耀	xiǎnyào	51113
显影	xiǎnyǐng	43211
显著	xiǎnzhù	1884
险	xiǎn	3749
险隘	xiǎn'ài	52345
险地	xiǎndì	51498
险毒	xiǎndú	51114
险恶	xiǎn'è	12693
险峰	xiǎnfēng	34058
险固	xiǎngù	47919
险关	xiǎnguān	46716
险境	xiǎnjìng	25723
险局	xiǎnjú	56271
险峻	xiǎnjùn	22215
险棋	xiǎnqí	44206
险峭	xiǎnqiào	56272
险情	xiǎnqíng	12095
险胜	xiǎnshèng	17288
险滩	xiǎntān	29561
险象	xiǎnxiàng	49267
险象环生	xiǎnxiàng-huánshēng	34468
险些	xiǎnxiē	13686
险要	xiǎnyào	22216
险遭	xiǎnzāo	42442
险诈	xiǎnzhà	51499
险种	xiǎnzhǒng	17640
险阻	xiǎnzǔ	28536
鲜	xiǎn	22035
鲜见	xiǎnjiàn	20856
鲜为人知	xiǎnwéirénzhī	18674
鲜有	xiǎnyǒu	24794
苋菜	xiàncài	45824
县	xiàn	305
县城	xiànchéng	3238
县份	xiànfèn	35634
县府	xiànfǔ	29178
县官	xiànguān	25002
县级市	xiànjíshì	38170
县界	xiànjiè	50734
县立	xiànlì	38726
县太爷	xiàntàiyé	31416
县委	xiànwěi	2293
县长	xiànzhǎng	4005
县志	xiànzhì	26361
县治	xiànzhì	51115
现	xiàn	1175
现场	xiànchǎng	1713
现场会	xiànchǎnghuì	13796
现钞	xiànchāo	22669
现成	xiànchéng	9449
现成饭	xiànchéngfàn	54246
现丑	xiànchǒu	56273
现出	xiànchū	9113
现存	xiàncún	9765
现大洋	xiàndàyáng	42443
现代	xiàndài	418
现代化	xiàndàihuà	1058
现代派	xiàndàipài	17945
现代舞	xiàndàiwǔ	24470
现代戏	xiàndàixì	17975
现房	xiànfáng	47610
现汇	xiànhuì	34315
现货	xiànhuò	23101
现价	xiànjià	37629
现今	xiànjīn	10262
现金	xiànjīn	4376
现款	xiànkuǎn	24525
现况	xiànkuàng	48896
现买	xiànmǎi	46718
现卖	xiànmài	46417
现年	xiànnián	13889
现钱	xiànqián	23000
现任	xiànrèn	6099
现身说法	xiànshēn-shuōfǎ	19850
现时	xiànshí	15355
现实	xiànshí	565
现实性	xiànshíxìng	19237
现实主义	xiànshí zhǔyì	7241
现世	xiànshì	24204
现世报	xiànshìbào	50367
现下	xiànxià	44207
现象	xiànxiàng	690
现行	xiànxíng	4003
现行法	xiànxíngfǎ	40210
现行犯	xiànxíngfàn	51500
现形	xiànxíng	37260
现眼	xiànyǎn	44690
现役	xiànyì	12322

相等	xiāngděng	8715
相抵	xiāngdǐ	18635
相对	xiāngduì	1458
相对真理	xiāngduì zhēnlǐ	44940
相烦	xiāngfán	55310
相反	xiāngfǎn	2920
相反相成	xiāngfǎn-xiāngchéng	52782
相仿	xiāngfǎng	20117
相逢	xiāngféng	16930
相符	xiāngfú	13170
相辅而行	xiāngfǔ'érxíng	53753
相辅相成	xiāngfǔ-xiāngchéng	11458
相干	xiānggān	24625
相隔	xiānggé	13751
相顾	xiānggù	41517
相关	xiāngguān	1487
相好	xiānghǎo	36584
相合	xiānghé	19964
相互	xiānghù	979
相会	xiānghuì	14077
相继	xiāngjì	2838
相加	xiāngjiā	21359
相见	xiāngjiàn	8173
相见恨晚	xiāngjiàn-hènwǎn	41518
相间	xiāngjiàn	15913
相交	xiāngjiāo	16031
相较	xiāngjiào	37630
相接	xiāngjiē	18985
相近	xiāngjìn	8791
相敬如宾	xiāngjìng-rúbīn	44208
相距	xiāngjù	9145
相聚	xiāngjù	12951
相看	xiāngkàn	12894
相类	xiānglèi	31417
相连	xiānglián	6629
相联	xiānglián	17084
相恋	xiāngliàn	42208
相邻	xiānglín	11127
相瞒	xiāngmán	47004
相配	xiāngpèi	24205
相碰	xiāngpèng	32241
相片	xiàngpiàn	14616
相扑	xiāngpū	25508
相亲	xiāngqīn	20163
相亲相爱	xiāngqīn-xiāng'ài	33026
相去	xiāngqù	19851
相劝	xiāngquàn	27791
相让	xiāngràng	30645
相扰	xiāngrǎo	50368
相认	xiāngrèn	38346
相容	xiāngróng	16525
相濡以沫	xiāngrú-yǐmò	32130
相商	xiāngshāng	41284
相生相克	xiāngshēng-xiāngkè	46418
相识	xiāngshí	8148
相视	xiāngshì	20899
相熟	xiāngshú	34737
相率	xiāngshuài	15072
相思	xiāngsī	19205
相思病	xiāngsībìng	44455
相思豆	xiāngsīdòu	56275
相思鸟	xiāngsīniǎo	49268
相似	xiāngsì	3858
相送	xiāngsòng	27792
相随	xiāngsuí	24735
相提并论	xiāngtí-bìnglùn	19037
相通	xiāngtōng	9801
相同	xiāngtóng	1610
相投	xiāngtóu	28126
相托	xiāngtuō	40414
相望	xiāngwàng	17730
相违	xiāngwéi	37432
相向	xiāngxiàng	24676
相像	xiāngxiàng	23434
相偕	xiāngxié	38552
相信	xiāngxìn	532
相形见绌	xiāngxíng-jiànchù	32770
相形之下	xiāngxíngzhīxià	28976
相许	xiāngxǔ	42444
相沿	xiāngyán	37261
相邀	xiāngyāo	33919
相依	xiāngyī	20228
相依为命	xiāngyī-wéimìng	20749
相宜	xiāngyí	20750
相迎	xiāngyíng	18746
相应	xiāngyìng	1880
相映	xiāngyìng	25799
相映成趣	xiāngyìng-chéngqù	34173
相与	xiāngyǔ	38171
相遇	xiāngyù	8140
相约	xiāngyuē	13232
相悦	xiāngyuè	45223
相知	xiāngzhī	21515
相中	xiāngzhòng	24400
相助	xiāngzhù	17035
相撞	xiāngzhuàng	15014
相左	xiāngzuǒ	30538
香	xiāng	1829
香案	xiāng'àn	30215
香槟	xiāngbīn	30880
香波	xiāngbō	48555
香菜	xiāngcài	38727
香草	xiāngcǎo	35203
香肠	xiāngcháng	23258
香橙	xiāngchéng	54248
香椿	xiāngchūn	31204
香醇	xiāngchún	49653
香醋	xiāngcù	56276
香袋	xiāngdài	52346
香肚	xiāngdǔ	54249
香饵	xiāng'ěr	45826
香粉	xiāngfěn	35204
香干儿	xiānggānr	55311
香港	Xiānggǎng	531
香菇	xiānggū	20291
香瓜	xiāngguā	34060
香花	xiānghuā	31783
香灰	xiānghuī	43212
香会	xiānghuì	51501
香火	xiānghuǒ	17311
香蕉	xiāngjiāo	12464
香精	xiāngjīng	39347
香客	xiāngkè	28617
香料	xiāngliào	20636
香炉	xiānglú	19931
香茗	xiāngmíng	50369
香囊	xiāngnáng	48556
香喷喷	xiāngpēnpēn	24206
香片	xiāngpiàn	38172
香气	xiāngqì	11102
香水	xiāngshuǐ	15174
香甜	xiāngtián	19359
香味	xiāngwèi	10650
香烟	xiāngyān	5908
香艳	xiāngyàn	39348

香油	xiāngyóu	26018
香云纱	xiāngyúnshā	52783
香皂	xiāngzào	25638
香樟	xiāngzhāng	33288
香脂	xiāngzhī	51502
香纸	xiāngzhǐ	48557
香烛	xiāngzhú	30539
厢房	xiāngfáng	13737
湘	Xiāng	6071
湘菜	xiāngcài	54250
湘方言	xiāngfāngyán	56785
湘妃竹	xiāngfēizhú	47005
湘剧	xiāngjù	54771
湘莲	xiānglián	51916
湘绣	xiāngxiù	44941
箱	xiāng	4232
箱包	xiāngbāo	33920
箱底	xiāngdǐ	33804
箱笼	xiānglǒng	41519
箱式	xiāngshì	46419
箱体	xiāngtǐ	44456
箱子	xiāngzi	6115
襄理	xiānglǐ	45529
镶	xiāng	10417
镶边	xiāngbiān	37801
镶金	xiāngjīn	42209
镶嵌	xiāngqiàn	13269
镶牙	xiāngyá	51917
详	xiáng	6707
详备	xiángbèi	56277
详见	xiángjiàn	25640
详解	xiángjiě	50737
详尽	xiángjìn	12061
详略	xiánglüè	47922
详密	xiángmì	48558
详明	xiángmíng	43213
详情	xiángqíng	18929
详述	xiángshù	34603
详谈	xiángtán	44692
详图	xiángtú	51918
详细	xiángxì	2627
降	xiáng	6247
降表	xiángbiǎo	41072
降伏	xiángfú	34061
降服	xiángfú	29881
降将	xiángjiàng	28893
祥和	xiánghé	9255
祥瑞	xiángruì	36249
祥云	xiángyún	14993
翔实	xiángshí	16842
享	xiǎng	7855
享福	xiǎngfú	17611
享乐	xiǎnglè	13364
享年	xiǎngnián	10195
享受	xiǎngshòu	1382
享用	xiǎngyòng	14546
享有	xiǎngyǒu	3836
享誉	xiǎngyù	13907
响	xiǎng	1407
响板	xiǎngbǎn	50008
响鼻	xiǎngbí	48559
响鞭	xiǎngbiān	49654
响彻	xiǎngchè	19239
响彻云霄	xiǎngchè-yúnxiāo	41972
响当当	xiǎngdāngdāng	25567
响动	xiǎngdong	18014
响遏行云	xiǎng'èxíngyún	54772
响箭	xiǎngjiàn	45530
响雷	xiǎngléi	39986
响亮	xiǎngliàng	7781
响锣	xiǎngluó	54773
响器	xiǎngqì	46420
响晴	xiǎngqíng	48898
响声	xiǎngshēng	8917
响尾蛇	xiǎngwěishé	45531
响应	xiǎngyìng	5016
饷	xiǎng	9450
饷银	xiǎngyín	42445
想	xiǎng	103
想必	xiǎngbì	10635
想不到	xiǎngbudào	4944
想不开	xiǎngbukāi	27615
想当然	xiǎngdāngrán	28537
想得到	xiǎngdedào	23203
想得开	xiǎngdekāi	38347
想法	xiǎngfǎ	2703
想方设法	xiǎngfāng-shèfǎ	8743
想见	xiǎngjiàn	11607
想开	xiǎngkāi	22811
想来	xiǎnglái	6923
想念	xiǎngniàn	10530
想入非非	xiǎngrùfēifēi	25140
想头	xiǎngtou	31418
想望	xiǎngwàng	39143
想象	xiǎngxiàng	1689
想象力	xiǎngxiànglì	10496
向	xiàng	47
向背	xiàngbèi	20252
向导	xiàngdǎo	12277
向来	xiànglái	6411
向钱看	xiàngqiánkàn	36250
向日葵	xiàngrìkuí	23338
向上	xiàngshàng	4522
向上爬	xiàngshàngpá	38944
向晚	xiàngwǎn	41285
向往	xiàngwǎng	6360
向午	xiàngwǔ	50009
向心力	xiàngxīnlì	24032
向学	xiàngxué	40211
向阳	xiàngyáng	18508
向阳花	xiàngyánghuā	54774
向隅	xiàngyú	40638
向隅而泣	xiàngyú'érqì	56278
向着	xiàngzhe	5509
项	xiàng	374
项背	xiàngbèi	39765
项链	xiàngliàn	14235
项目	xiàngmù	860
项圈	xiàngquān	39766
巷	xiàng	4925
巷口	xiàngkǒu	26438
巷战	xiàngzhàn	26781
巷子	xiàngzi	16365
相	xiàng	2006
相册	xiàngcè	29467
相机	xiàngjī	9874
相机行事	xiàngjī-xíngshì	46421
相貌	xiàngmào	11164
相面	xiàngmiàn	29987
相声	xiàngsheng	7060
相术	xiàngshù	48899
相纸	xiàngzhǐ	49655
象	xiàng	1354
象鼻虫	xiàngbíchóng	55312
象脚鼓	xiàngjiǎogǔ	52347
象棋	xiàngqí	8127
象形文字	xiàngxíng wénzì	36251
象形字	xiàngxíngzì	51503

象牙	xiàngyá	15243
象牙塔	xiàngyátǎ	31890
象牙之塔	xiàngyázhītǎ	39349
象征	xiàngzhēng	3229
象征性	xiàngzhēngxìng	16384
像	xiàng	140
像话	xiànghuà	47006
像模像样	xiàngmú-xiàngyàng	34604
像片	xiàngpiàn	24471
像素	xiàngsù	7279
像样	xiàngyàng	13299
像章	xiàngzhāng	35515
橡胶	xiàngjiāo	10039
橡皮	xiàngpí	16811
橡皮擦	xiàngpícā	54775
橡皮筏	xiàngpífá	50011
橡皮膏	xiàngpígāo	46109
橡皮筋	xiàngpíjīn	36742
橡皮泥	xiàngpíní	52348
橡皮圈	xiàngpíquān	56606
橡皮糖	xiàngpítáng	56607
橡皮艇	xiàngpítǐng	43968
橡皮图章	xiàngpí túzhāng	46719
橡树	xiàngshù	29680
橡子	xiàngzi	49656
枭雄	xiāoxióng	35636
削	xiāo	6985
削面	xiāomiàn	52349
削球	xiāoqiú	43214
骁悍	xiāohàn	44209
骁将	xiāojiàng	30988
骁骑	xiāoqí	36743
骁勇	xiāoyǒng	24401
骁勇善战	xiāoyǒng-shànzhàn	34268
逍遥	xiāoyáo	17753
逍遥法外	xiāoyáo-fǎwài	25568
逍遥自在	xiāoyáo-zìzài	33027
消	xiāo	4921
消沉	xiāochén	17420
消愁	xiāochóu	44210
消除	xiāochú	2365
消磁	xiāocí	49269
消毒	xiāodú	5091
消毒柜	xiāodúguì	44457
消毒剂	xiāodújì	25569
消防	xiāofáng	4086
消防车	xiāofángchē	24626
消防队	xiāofángduì	21928
消防栓	xiāofángshuān	46422
消费	xiāofèi	1385
消费结构	xiāofèi jiégòu	17976
消费品	xiāofèipǐn	6725
消费税	xiāofèishuì	22894
消耗	xiāohào	3846
消化	xiāohuà	5377
消化道	xiāohuàdào	24145
消火栓	xiāohuǒshuān	38348
消极	xiāojí	4922
消减	xiāojiǎn	35367
消解	xiāojiě	20515
消弭	xiāomǐ	32131
消灭	xiāomiè	3190
消磨	xiāomó	13982
消纳	xiāonà	33146
消气	xiāoqì	36411
消遣	xiāoqiǎn	12667
消融	xiāoróng	19379
消散	xiāosàn	17813
消声器	xiāoshēngqì	54251
消失	xiāoshī	2307
消食	xiāoshí	47611
消蚀	xiāoshí	50738
消逝	xiāoshì	14936
消释	xiāoshì	43969
消受	xiāoshòu	31537
消瘦	xiāoshòu	16505
消暑	xiāoshǔ	39580
消停	xiāoting	31538
消退	xiāotuì	22165
消亡	xiāowáng	14500
消息	xiāoxi	717
消夏	xiāoxià	30989
消闲	xiāoxián	27616
消歇	xiāoxiē	54252
消协	xiāoxié	12164
消炎	xiāoyán	30646
消夜	xiāoyè	41073
消音器	xiāoyīnqì	52784
消灾	xiāozāi	31667
消长	xiāozhǎng	27380
消肿	xiāozhǒng	35205
宵禁	xiāojìn	32771
宵夜	xiāoyè	39581
宵衣旰食	xiāoyī-gànshí	51504
萧	xiāo	13300
萧规曹随	xiāoguī-cáosuí	54253
萧墙	xiāoqiáng	44693
萧瑟	xiāosè	26583
萧疏	xiāoshū	44694
萧索	xiāosuǒ	37985
萧条	xiāotiáo	14501
萧萧	xiāoxiāo	20785
硝	xiāo	27531
硝化甘油	xiāohuà-gānyóu	50370
硝石	xiāoshí	45532
硝酸	xiāosuān	20637
硝酸甘油	xiāosuān gānyóu	48900
硝烟	xiāoyān	12668
硝盐	xiāoyán	54776
销	xiāo	4886
销差	xiāochāi	48560
销号	xiāohào	54778
销户	xiāohù	30301
销毁	xiāohuǐ	7326
销魂	xiāohún	31091
销货	xiāohuò	31539
销价	xiāojià	46423
销假	xiāojià	46720
销量	xiāoliàng	7683
销路	xiāolù	10904
销纳	xiāonà	47612
销声匿迹	xiāoshēng-nìjì	21775
销蚀	xiāoshí	52350
销势	xiāoshì	53754
销售	xiāoshòu	1602
销售处	xiāoshòuchù	51117
销售额	xiāoshòu'é	6375
销售一空	xiāoshòu-yīkōng	33805
销行	xiāoxíng	47613
销赃	xiāozāng	30762
销账	xiāozhàng	56724
销子	xiāozi	56279
箫	xiāo	20326
潇洒	xiāosǎ	7765
潇潇	xiāoxiāo	29988
霄汉	xiāohàn	49270
霄壤之别	xiāorǎngzhībié	51919

小气	xiǎoqi	20229
小气鬼	xiǎoqìguǐ	48904
小气候	xiǎoqìhòu	32242
小汽车	xiǎoqìchē	11790
小憩	xiǎoqì	27691
小钱	xiǎoqián	21735
小瞧	xiǎoqiáo	29564
小巧	xiǎoqiǎo	16843
小巧玲珑	xiǎoqiǎo-línglóng	30429
小青年	xiǎoqīngnián	19852
小清新	xiǎoqīngxīn	24221
小球	xiǎoqiú	20818
小区	xiǎoqū	4094
小曲儿	xiǎoqǔr	28977
小觑	xiǎoqù	27076
小圈子	xiǎoquānzi	27077
小人	xiǎorén	22633
小人儿	xiǎorénr	26944
小人儿书	xiǎorénrshū	40212
小人得志	xiǎorén-dézhì	46722
小人物	xiǎorénwù	18321
小日子	xiǎorìzi	37263
小商贩	xiǎoshāngfàn	28034
小商品	xiǎoshāngpǐn	17118
小舌	xiǎoshé	56677
小生	xiǎoshēng	19409
小生产	xiǎoshēngchǎn	25003
小声	xiǎoshēng	6409
小时	xiǎoshí	619
小时候	xiǎoshíhou	6408
小食	xiǎoshí	43971
小市	xiǎoshì	52786
小市民	xiǎoshìmín	29990
小事	xiǎoshì	3926
小试锋芒	xiǎoshì-fēngmáng	56281
小视	xiǎoshì	24795
小手小脚	xiǎoshǒu-xiǎojiǎo	51921
小叔	xiǎoshū	27692
小叔子	xiǎoshūzi	34175
小暑	xiǎoshǔ	49271
小数	xiǎoshù	31668
小数点	xiǎoshùdiǎn	39350
小水电	xiǎoshuǐdiàn	37631
小睡	xiǎoshuì	44211
小说	xiǎoshuō	1172
小苏打	xiǎosūdá	55315
小算盘	xiǎosuànpan	33656
小摊儿	xiǎotānr	27013
小淘气	xiǎotáoqì	51922
小提琴	xiǎotíqín	12367
小题大做	xiǎotí-dàzuò	31093
小天地	xiǎotiāndì	31669
小艇	xiǎotǐng	30098
小同乡	xiǎotóngxiāng	49657
小童	xiǎotóng	42697
小偷儿	xiǎotōur	14203
小偷小摸	xiǎotōu-xiǎomō	40415
小头	xiǎotóu	39989
小腿	xiǎotuǐ	17006
小我	xiǎowǒ	41074
小卧车	xiǎowòchē	43722
小巫见大巫	xiǎowū jiàn dàwū	42448
小五金	xiǎowǔjīn	41974
小溪	xiǎoxī	14012
小媳妇	xiǎoxífu	19436
小戏	xiǎoxì	23394
小小说	xiǎoxiǎoshuō	39990
小小子	xiǎoxiǎozi	46111
小鞋	xiǎoxié	33806
小写	xiǎoxiě	47615
小心	xiǎoxīn	4197
小心谨慎	xiǎoxīn-jǐnshèn	24342
小心眼儿	xiǎoxīnyǎnr	30216
小心翼翼	xiǎoxīn-yìyì	10054
小行星	xiǎoxíngxīng	15454
小型	xiǎoxíng	5014
小型张	xiǎoxíngzhāng	30647
小兄弟	xiǎoxiōngdi	22634
小熊猫	xiǎoxióngmāo	48241
小修	xiǎoxiū	47923
小学	xiǎoxué	1489
小学生	xiǎoxuéshēng	5575
小雪	xiǎoxuě	10402
小循环	xiǎoxúnhuán	53757
小丫头	xiǎoyātou	22475
小阳春	xiǎoyángchūn	48564
小样	xiǎoyàng	42698
小业主	xiǎoyèzhǔ	39582
小叶杨	xiǎoyèyáng	55316
小夜曲	xiǎoyèqǔ	37079
小姨	xiǎoyí	21057
小姨子	xiǎoyízi	32635
小意思	xiǎoyìsi	28128
小引	xiǎoyǐn	30990
小影	xiǎoyǐng	50740
小于	xiǎoyú	9593
小雨	xiǎoyǔ	2994
小院儿	xiǎoyuànr	11640
小月	xiǎoyuè	38728
小崽子	xiǎozǎizi	42449
小灶	xiǎozào	33657
小账	xiǎozhàng	40640
小照	xiǎozhào	46424
小指	xiǎozhǐ	32243
小住	xiǎozhù	33807
小注	xiǎozhù	48565
小传	xiǎozhuàn	29371
小篆	xiǎozhuàn	48905
小酌	xiǎozhuó	42450
小字	xiǎozì	18903
小字辈	xiǎozìbèi	41521
小子	xiǎozi	4007
小宗	xiǎozōng	48242
小卒	xiǎozú	40641
小组	xiǎozǔ	1506
小坐	xiǎozuò	37632
晓	xiǎo	27631
晓畅	xiǎochàng	43451
晓得	xiǎode	4021
晓示	xiǎoshì	44458
晓市	xiǎoshì	52352
晓事	xiǎoshì	52353
晓行夜宿	xiǎoxíng-yèsù	55762
晓以利害	xiǎoyǐlìhài	54255
晓月	xiǎoyuè	45827
晓之以理	xiǎozhīyǐlǐ	28192
孝	xiào	8079
孝道	xiàodào	33156
孝服	xiàofú	41075
孝敬	xiàojìng	14954
孝廉	xiàolián	47308
孝女	xiàonǚ	39767
孝顺	xiàoshùn	16326
孝悌	xiàotì	47616
孝心	xiàoxīn	21238
孝衣	xiàoyī	41975
孝子	xiàozǐ	16406
孝子贤孙	xiàozǐ-xiánsūn	41522

肖	xiào	5002
肖像	xiàoxiàng	13219
肖像画	xiàoxiànghuà	28193
肖像权	xiàoxiàngquán	34317
校	xiào	1227
校车	xiàochē	5338
校方	xiàofāng	17755
校风	xiàofēng	25068
校服	xiàofú	25724
校歌	xiàogē	42956
校官	xiàoguān	50741
校规	xiàoguī	32132
校花	xiàohuā	43216
校徽	xiàohuī	38350
校际	xiàojì	30217
校刊	xiàokān	39768
校门	xiàomén	11507
校旗	xiàoqí	51506
校庆	xiàoqìng	21973
校区	xiàoqū	8043
校舍	xiàoshè	10914
校史	xiàoshǐ	46112
校务	xiàowù	27382
校训	xiàoxùn	26276
校医	xiàoyī	38174
校友	xiàoyǒu	17977
校友会	xiàoyǒuhuì	38175
校园	xiàoyuán	3311
校长	xiàozhǎng	1410
校址	xiàozhǐ	36252
哮喘	xiàochuǎn	22218
笑	xiào	641
笑柄	xiàobǐng	34738
笑哈哈	xiàohāhā	42957
笑呵呵	xiàohēhē	24403
笑话	xiàohua	5123
笑剧	xiàojù	51923
笑里藏刀	xiàolǐ-cángdāo	49658
笑脸	xiàoliǎn	8195
笑脸相迎	xiàoliǎn-xiāngyíng	31419
笑料	xiàoliào	29991
笑骂	xiàomà	26277
笑貌	xiàomào	44696
笑眯眯	xiàomīmī	15455
笑面虎	xiàomiànhǔ	50373
笑纳	xiàonà	38553
笑容	xiàoróng	3854
笑容可掬	xiàoróng-kějū	24677
笑容满面	xiàoróng-mǎnmiàn	28281
笑声	xiàoshēng	4983
笑谈	xiàotán	29373
笑纹	xiàowén	29681
笑窝	xiàowō	49272
笑嘻嘻	xiàoxīxī	10218
笑星	xiàoxīng	37433
笑颜	xiàoyán	32244
笑靥	xiàoyè	29374
笑意	xiàoyì	11054
笑吟吟	xiàoyínyín	22110
笑盈盈	xiàoyíngyíng	29992
笑语	xiàoyǔ	17036
笑逐颜开	xiàozhúyánkāi	30218
效法	xiàofǎ	22670
效仿	xiàofǎng	19814
效果	xiàoguǒ	1038
效劳	xiàoláo	23700
效力	xiàolì	5853
效率	xiàolǜ	1859
效命	xiàomìng	33921
效能	xiàonéng	7826
效死	xiàosǐ	32364
效验	xiàoyàn	35802
效益	xiàoyì	1849
效益工资	xiàoyì gōngzī	49273
效应	xiàoyìng	3415
效用	xiàoyòng	16545
效尤	xiàoyóu	31420
效忠	xiàozhōng	20786
啸	xiào	14393
啸聚	xiàojù	42451
些	xiē	464
些个	xiēge	53244
些微	xiēwēi	26654
些小	xiēxiǎo	12341
些许	xiēxǔ	19087
楔形文字	xiēxíng wénzì	48243
楔子	xiēzi	36412
歇	xiē	5506
歇班	xiēbān	54780
歇伏	xiēfú	55763
歇工	xiēgōng	46113
歇后语	xiēhòuyǔ	36585
歇脚	xiējiǎo	29074
歇凉	xiēliáng	49274
歇气	xiēqì	41734
歇手	xiēshǒu	42210
歇斯底里	xiēsīdǐlǐ	23054
歇宿	xiēsù	51507
歇腿	xiētuǐ	46114
歇息	xiēxi	17527
歇夏	xiēxià	53245
歇业	xiēyè	29993
蝎虎	xiēhǔ	51118
蝎子	xiēzi	25725
叶韵	xiéyùn	55317
协办	xiébàn	12123
协查	xiéchá	35368
协定	xiédìng	4109
协管	xiéguǎn	25069
协和	xiéhé	14436
协会	xiéhuì	2075
协警	xiéjǐng	21658
协理	xiélǐ	39769
协理员	xiélǐyuán	42958
协力	xiélì	19360
协商	xiéshāng	2929
协调	xiétiáo	1497
协同	xiétóng	8137
协议	xiéyì	1670
协议书	xiéyìshū	12952
协约	xiéyuē	32509
协约国	xiéyuēguó	35950
协助	xiézhù	3478
协奏	xiézòu	47617
协奏曲	xiézòuqǔ	18484
协作	xiézuò	3366
邪	xié	6066
邪财	xiécái	55764
邪道	xiédào	46425
邪恶	xié'è	9700
邪乎	xiéhu	48906
邪火	xiéhuǒ	41287
邪教	xiéjiào	3341
邪路	xiélù	30991
邪门儿	xiéménr	43723
邪门歪道	xiémén-wāidào	51119

邪魔	xiémó	46115
邪念	xiéniàn	34606
邪气	xiéqì	22421
邪说	xiéshuō	12488
邪祟	xiésuì	54781
邪心	xiéxīn	51508
邪行	xiéxíng	55765
胁从	xiécóng	37080
胁肩谄笑	xiéjiān-chǎnxiào	55766
胁迫	xiépò	18485
挟	xié	8008
挟持	xiéchí	25871
挟带	xiédài	36413
挟嫌	xiéxián	43972
挟嫌报复	xiéxián-bàofù	55318
挟制	xiézhì	36744
偕	xié	10941
偕老	xiélǎo	34739
偕同	xiétóng	38554
斜	xié	3952
斜刺里	xiécìlǐ	37434
斜度	xiédù	48566
斜风细雨	xiéfēng-xìyǔ	37536
斜角	xiéjiǎo	48907
斜街	xiéjiē	44942
斜井	xiéjǐng	44943
斜拉桥	xiélāqiáo	35638
斜路	xiélù	51924
斜面	xiémiàn	28709
斜睨	xiénì	41076
斜坡	xiépō	18449
斜射	xiéshè	34897
斜视	xiéshì	31421
斜纹布	xiéwénbù	49659
斜线	xiéxiàn	40642
斜眼	xiéyǎn	28538
斜阳	xiéyáng	23055
谐剧	xiéjù	52787
谐美	xiéměi	53758
谐趣	xiéqù	43724
谐声	xiéshēng	51925
谐调	xiétiáo	33405
谐谑	xiéxuè	46426
谐音	xiéyīn	22813
携	xié	7188
携带	xiédài	5266
携家带口	xiéjiā-dàikǒu	48908
携手	xiéshǒu	6437
撷取	xiéqǔ	35369
撷英	xiéyīng	34740
鞋	xié	2674
鞋拔子	xiébázi	55319
鞋帮	xiébāng	39144
鞋带	xiédài	33406
鞋底	xiédǐ	15591
鞋垫	xiédiàn	27617
鞋跟儿	xiégēnr	34064
鞋匠	xiéjiàng	30648
鞋面	xiémiàn	39770
鞋刷	xiéshuā	53759
鞋袜	xiéwà	21401
鞋样	xiéyàng	47924
鞋油	xiéyóu	45828
鞋子	xiézi	10329
写	xiě	203
写本	xiěběn	34066
写法	xiěfǎ	17708
写稿	xiěgǎo	25943
写家	xiějiā	54256
写景	xiějǐng	35206
写生	xiěshēng	13844
写实	xiěshí	12228
写意	xiěyì	15798
写照	xiězhào	10973
写真	xiězhēn	24405
写字间	xiězìjiān	35951
写字楼	xiězìlóu	22219
写字台	xiězìtái	14221
写作	xiězuò	2771
血糊糊	xiěhūhū	54257
血淋淋	xiělínlín	19272
泄	xiè	4227
泄愤	xièfèn	41077
泄恨	xièhèn	44697
泄洪	xièhóng	21929
泄洪道	xièhóngdào	50374
泄洪闸	xièhóngzhá	56678
泄漏	xièlòu	13013
泄露	xièlòu	11438
泄密	xièmì	25570
泄气	xièqì	21195
泻	xiè	10965
泻肚	xièdù	52354
泻肚子	xièdùzi	54258
泻药	xièyào	46427
卸	xiè	7809
卸包袱	xièbāofu	53246
卸车	xièchē	32245
卸除	xièchú	51120
卸货	xièhuò	28895
卸磨杀驴	xièmò-shālǘ	52355
卸任	xièrèn	23597
卸载	xièzài	36414
卸责	xièzé	49275
卸职	xièzhí	38729
卸妆	xièzhuāng	44698
卸装	xièzhuāng	45533
械斗	xièdòu	27533
亵渎	xièdú	16108
谢	xiè	3078
谢忱	xièchén	47618
谢词	xiècí	43776
谢顶	xièdǐng	56679
谢恩	xiè'ēn	20253
谢绝	xièjué	13492
谢客	xièkè	50375
谢礼	xièlǐ	51509
谢幕	xièmù	25509
谢却	xièquè	56282
谢世	xièshì	28618
谢天谢地	xiètiān-xièdì	26363
谢谢	xièxie	4283
谢仪	xièyí	52788
谢意	xièyì	16724
谢罪	xièzuì	16327
解	xiè	4808
解数	xièshù	27155
邂逅	xièhòu	21600
懈怠	xièdài	13997
蟹	xiè	8577
蟹黄	xièhuáng	45224
蟹苗	xièmiáo	34176
蟹青	xièqīng	56283
蟹肉	xièròu	49276
心	xīn	270
心爱	xīn'ài	10974
心安	xīn'ān	27014
心安理得	xīn'ān-lǐdé	20723

心包	xīnbāo	36586
心病	xīnbìng	15150
心不在焉	xīnbùzàiyān	18862
心裁	xīncái	51121
心肠	xīncháng	14022
心潮	xīncháo	29375
心潮澎湃	xīncháo-péngpài	30541
心潮起伏	xīncháo-qǐfú	33922
心驰神往	xīnchí-shénwǎng	37264
心慈	xīncí	37987
心慈手软	xīncí-shǒuruǎn	38351
心存芥蒂	xīncún-jièdì	48567
心胆俱裂	xīndǎn-jùliè	51926
心到神知	xīndào-shénzhī	53760
心得	xīndé	12921
心底	xīndǐ	7440
心地	xīndì	13160
心电图	xīndiàntú	28035
心定	xīndìng	46116
心动	xīndòng	14600
心毒	xīndú	51927
心烦	xīnfán	19380
心烦意乱	xīnfán-yìluàn	26520
心房	xīnfáng	19591
心扉	xīnfēi	21059
心服	xīnfú	32773
心服口服	xīnfú-kǒufú	24576
心浮	xīnfú	38352
心腹	xīnfù	12940
心腹之患	xīnfùzhīhuàn	37633
心甘	xīngān	16366
心甘情愿	xīngān-qíngyuàn	15510
心肝	xīngān	20005
心广体胖	xīnguǎng-tǐpán	53247
心寒	xīnhán	30649
心黑	xīnhēi	47010
心狠	xīnhěn	33808
心狠手辣	xīnhěn-shǒulà	40213
心花怒放	xīnhuā-nùfàng	28361
心怀	xīnhuái	15854
心怀鬼胎	xīnhuái-guǐtāi	43452
心怀叵测	xīnhuái-pǒcè	47925
心慌	xīnhuāng	19890
心慌意乱	xīnhuāng-yìluàn	27452
心灰意懒	xīnhuī-yìlǎn	36415
心灰意冷	xīnhuī-yìlěng	28282
心火	xīnhuǒ	37081
心机	xīnjī	25571
心肌梗死	xīnjī gěngsǐ	40861
心肌炎	xīnjīyán	39771
心急	xīnjí	22367
心急火燎	xīnjí-huǒliǎo	35370
心急如焚	xīnjí-rúfén	22269
心计	xīnjì	21601
心迹	xīnjì	26019
心悸	xīnjì	27218
心尖	xīnjiān	42959
心间	xīnjiān	26858
心焦	xīnjiāo	28811
心绞痛	xīnjiǎotòng	34177
心结	xīnjié	18445
心劲儿	xīnjìnr	35639
心惊胆战	xīnjīng-dǎnzhàn	34318
心惊肉跳	xīnjīng-ròutiào	24272
心静	xīnjìng	26203
心境	xīnjìng	9300
心坎	xīnkǎn	15935
心口	xīnkǒu	17889
心口如一	xīnkǒu-rúyī	52789
心宽	xīnkuān	40214
心宽体胖	xīnkuān-tǐpán	56608
心旷神怡	xīnkuàng-shényí	22062
心劳日拙	xīnláo-rìzhuō	53761
心理	xīnlǐ	594
心理医生	xīnlǐ yīshēng	29682
心理战	xīnlǐzhàn	36909
心力	xīnlì	20751
心力交瘁	xīnlì-jiāocuì	36910
心力衰竭	xīnlì shuāijié	28362
心里	xīnli	636
心里话	xīnlihuà	10991
心连心	xīnliánxīn	15189
心灵	xīnlíng	2026
心灵鸡汤	xīnlíng jītāng	28718
心灵手巧	xīnlíng-shǒuqiǎo	33521
心领	xīnlǐng	20007
心领神会	xīnlǐng-shénhuì	26364
心路	xīnlù	20638
心律	xīnlǜ	28710
心率	xīnlǜ	30219
心乱如麻	xīnluàn-rúmá	35640
心满意足	xīnmǎn-yìzú	17237
心明眼亮	xīnmíng-yǎnliàng	43973
心目	xīnmù	7492
心目中	xīnmùzhōng	6963
心平气和	xīnpíng-qìhé	18450
心魄	xīnpò	26783
心气	xīnqì	22166
心窍	xīnqiào	34178
心切	xīnqiè	17504
心情	xīnqíng	1513
心曲	xīnqū	31670
心如刀割	xīnrúdāogē	44699
心如刀绞	xīnrúdāojiǎo	36912
心软	xīnruǎn	25510
心善	xīnshàn	42212
心上	xīnshàng	5371
心上人	xīnshàngrén	29774
心神	xīnshén	21602
心声	xīnshēng	6189
心事	xīnshì	7065
心室	xīnshì	26365
心术	xīnshù	30319
心衰	xīnshuāi	22315
心思	xīnsi	4896
心酸	xīnsuān	16633
心算	xīnsuàn	38353
心态	xīntài	4484
心疼	xīnténg	8116
心田	xīntián	18409
心跳	xīntiào	9020
心痛	xīntòng	22334
心头	xīntóu	4186
心头肉	xīntóuròu	45534
心窝	xīnwo	24406
心细	xīnxì	30881
心弦	xīnxián	20516
心想	xīnxiǎng	4933
心心念念	xīnxīnniànniàn	54782
心心相连	xīnxīn-xiānglián	51928
心心相印	xīnxīn-xiāngyìn	26439
心性	xīnxìng	24207
心胸	xīnxiōng	14820
心虚	xīnxū	16214
心绪	xīnxù	15310
心血	xīnxuè	5836
心血管	xīnxuèguǎn	11922
心血来潮	xīnxuè-láicháo	26521

心眼儿	xīnyǎnr	8833
心仪	xīnyí	28619
心意	xīnyì	11328
心音	xīnyīn	41735
心硬	xīnyìng	46117
心有余悸	xīnyǒuyújì	26083
心语	xīnyǔ	25448
心猿意马	xīnyuán-yìmǎ	38555
心愿	xīnyuàn	6583
心悦诚服	xīnyuè-chéngfú	28129
心脏	xīnzàng	5271
心脏病	xīnzàngbìng	8594
心照不宣	xīnzhào-bùxuān	27219
心直口快	xīnzhí-kǒukuài	35371
心志	xīnzhì	32246
心智	xīnzhì	20254
心中有鬼	xīnzhōng-yǒuguǐ	50012
心中有数	xīnzhōng-yǒushù	18538
心重	xīnzhòng	43725
心子	xīnzi	45535
心醉	xīnzuì	27534
芯	xīn	11881
芯片	xīnpiàn	7103
辛	xīn	11809
辛亥革命	Xīnhài Gémìng	11041
辛苦	xīnkǔ	4878
辛苦费	xīnkǔfèi	48909
辛辣	xīnlà	22533
辛劳	xīnláo	17142
辛勤	xīnqín	6900
辛酸	xīnsuān	14308
欣	xīn	13245
欣慕	xīnmù	54783
欣然	xīnrán	10723
欣赏	xīnshǎng	2355
欣慰	xīnwèi	6760
欣闻	xīnwén	33923
欣悉	xīnxī	48910
欣喜	xīnxǐ	7483
欣喜若狂	xīnxǐ-ruòkuáng	28130
欣羡	xīnxiàn	45829
欣欣然	xīnxīnrán	42960
欣欣向荣	xīnxīn-xiàngróng	17103
欣幸	xīnxìng	47309
欣悦	xīnyuè	33157
锌	xīn	10688
新	xīn	51
新编	xīnbiān	15701
新兵	xīnbīng	9410
新茶	xīnchá	26798
新常态	xīnchángtài	16547
新长征	xīnchángzhēng	31891
新潮	xīncháo	14581
新陈代谢	xīnchén-dàixiè	17391
新宠	xīnchǒng	33292
新春	xīnchūn	5653
新词	xīncí	22023
新大陆	Xīn Dàlù	30320
新德里	Xīndélǐ	8476
新低	xīndī	32636
新房	xīnfáng	8191
新风	xīnfēng	8885
新妇	xīnfù	34319
新功	xīngōng	23770
新寡	xīnguǎ	53248
新冠肺炎	xīnguānfèiyán	13321
新贵	xīnguì	37634
新欢	xīnhuān	41523
新婚	xīnhūn	11685
新婚燕尔	xīnhūn-yàn'ěr	45536
新纪元	xīnjìyuán	18863
新加坡	Xīnjiāpō	3767
新建	xīnjiàn	3701
新疆	Xīnjiāng	2173
新交	xīnjiāo	34741
新近	xīnjìn	8869
新居	xīnjū	11495
新款	xīnkuǎn	24935
新来乍到	xīnlái-zhàdào	47011
新郎	xīnláng	11198
新郎官	xīnlángguān	47926
新老交替	xīnlǎo-jiāotì	19166
新历	xīnlì	52790
新绿	xīnlǜ	22111
新论	xīnlùn	45537
新名词	xīnmíngcí	23497
新能源	xīnnéngyuán	7306
新年	xīnnián	4328
新娘	xīnniáng	8019
新娘子	xīnniángzi	16073
新奇	xīnqí	10203
新巧	xīnqiǎo	54784
新区	xīnqū	8433
新人	xīnrén	5451
新任	xīnrèn	9094
新锐	xīnruì	26204
新生	xīnshēng	5608
新生代	xīnshēngdài	22024
新生儿	xīnshēng'ér	16657
新生力量	xīnshēng lìliàng	26139
新诗	xīnshī	11984
新式	xīnshì	10346
新手	xīnshǒu	22946
新书	xīnshū	11899
新四军	Xīn Sì Jūn	9675
新闻	xīnwén	536
新闻片	xīnwénpiàn	51122
新闻纸	xīnwénzhǐ	30321
新西兰	Xīnxīlán	7631
新媳妇儿	xīnxífur	56284
新禧	xīnxǐ	53249
新鲜	xīnxiān	2890
新兴	xīnxīng	4423
新星	xīnxīng	19815
新型	xīnxíng	2314
新秀	xīnxiù	12295
新学	xīnxué	29179
新芽	xīnyá	37802
新颜	xīnyán	28711
新药	xīnyào	11175
新义	xīnyì	51510
新异	xīnyì	44459
新意	xīnyì	11615
新颖	xīnyǐng	7576
新约	xīnyuē	37988
新月	xīnyuè	17164
新正	xīnzhēng	55320
新政	xīnzhèng	24208
新知	xīnzhī	23701
新殖民主义	xīnzhímín zhǔyì	47310
新址	xīnzhǐ	33658
新著	xīnzhù	23306
新装	xīnzhuāng	26945
新姿	xīnzī	42213
新作	xīnzuò	11892
薪	xīn	6839
薪酬	xīnchóu	19816
薪俸	xīnfèng	42452

薪给	xīnjǐ	50742
薪金	xīnjīn	22422
薪水	xīnshui	12730
薪炭林	xīntànlín	42700
薪饷	xīnxiǎng	53762
薪资	xīnzī	40643
馨香	xīnxiāng	32510
芯子	xìnzi	52791
信	xìn	395
信笔	xìnbǐ	39145
信步	xìnbù	24343
信不过	xìnbuguò	30992
信从	xìncóng	47311
信贷	xìndài	3840
信贷员	xìndàiyuán	28036
信得过	xìndeguò	16255
信而有征	xìn'éryǒuzhēng	55767
信访	xìnfǎng	3954
信风	xìnfēng	36416
信封	xìnfēng	8297
信奉	xìnfèng	14394
信服	xìnfú	18098
信鸽	xìngē	36096
信函	xìnhán	16129
信号	xìnhào	3715
信号弹	xìnhàodàn	34320
信号灯	xìnhàodēng	20857
信号旗	xìnhàoqí	56285
信号枪	xìnhàoqiāng	55768
信汇	xìnhuì	56286
信笺	xìnjiān	22591
信件	xìnjiàn	9079
信教	xìnjiào	13150
信口	xìnkǒu	22768
信口雌黄	xìnkǒu-cíhuáng	41078
信口开河	xìnkǒu-kāihé	27793
信赖	xìnlài	7068
信马由缰	xìnmǎ-yóujiāng	42961
信念	xìnniàn	3159
信女	xìnnǚ	44944
信皮儿	xìnpír	51123
信任	xìnrèn	2077
信任感	xìnrèngǎn	30763
信任投票	xìnrèn tóupiào	41079
信赏必罚	xìnshǎng-bìfá	53763
信实	xìnshí	42962
信史	xìnshǐ	40644
信使	xìnshǐ	22316
信誓旦旦	xìnshì-dàndàn	29282
信手	xìnshǒu	28620
信手拈来	xìnshǒu-niānlái	36097
信守	xìnshǒu	18829
信天翁	xìntiānwēng	47312
信天游	xìntiānyóu	30099
信条	xìntiáo	18322
信筒	xìntǒng	54259
信徒	xìntú	10992
信托	xìntuō	8436
信物	xìnwù	36253
信息	xìnxī	840
信息化	xìnxīhuà	3134
信息技术	xìnxī jìshù	20230
信息库	xìnxīkù	25194
信息论	xìnxīlùn	35641
信息社会	xìnxī shèhuì	18956
信息战	xìnxīzhàn	48244
信箱	xìnxiāng	8669
信心	xìnxīn	1850
信仰	xìnyǎng	3271
信以为真	xìnyǐwéizhēn	23151
信义	xìnyì	26278
信用	xìnyòng	2708
信用卡	xìnyòngkǎ	9575
信用社	xìnyòngshè	6113
信誉	xìnyù	6047
信札	xìnzhá	37989
信纸	xìnzhǐ	16973
信众	xìnzhòng	25372
兴办	xīngbàn	7761
兴兵	xīngbīng	44212
兴废	xīngfèi	44213
兴奋	xīngfèn	1915
兴奋剂	xīngfènjì	8681
兴风作浪	xīngfēng-zuòlàng	27535
兴工	xīnggōng	34898
兴建	xīngjiàn	4916
兴利除弊	xīnglì-chúbì	35042
兴隆	xīnglóng	14309
兴起	xīngqǐ	4357
兴盛	xīngshèng	16256
兴师	xīngshī	20397
兴师动众	xīngshī-dòngzhòng	31541
兴师问罪	xīngshī-wènzuì	42214
兴衰	xīngshuāi	12743
兴叹	xīngtàn	27220
兴替	xīngtì	44700
兴亡	xīngwáng	19437
兴旺	xīngwàng	9790
兴修	xīngxiū	20398
兴许	xīngxǔ	17859
兴学	xīngxué	43217
兴妖作怪	xīngyāo-zuòguài	51929
星	xīng	2009
星辰	xīngchén	23204
星斗	xīngdǒu	27453
星光	xīngguāng	11064
星汉	xīnghàn	53250
星号	xīnghào	54785
星河	xīnghé	38354
星火	xīnghuǒ	16931
星火计划	xīnghuǒ jìhuà	24033
星火燎原	xīnghuǒ-liáoyuán	48245
星级	xīngjí	13999
星际	xīngjì	21930
星空	xīngkōng	16585
星罗棋布	xīngluó-qíbù	20686
星期	xīngqī	4134
星期天	xīngqītiān	9122
星球	xīngqiú	14452
星球大战	xīngqiú dàzhàn	32774
星散	xīngsàn	50376
星体	xīngtǐ	30100
星图	xīngtú	50377
星团	xīngtuán	40645
星系	xīngxì	13332
星相	xīngxiàng	46118
星象	xīngxiàng	39351
星星	xīngxing	7794
星星点点	xīngxīngdiǎndiǎn	26366
星星之火	xīngxīngzhīhuǒ	30882
星宿	xīngxiù	35642
星夜	xīngyè	20231
星移斗转	xīngyí-dǒuzhuǎn	53765
星云	xīngyún	19744
星子	xīngzi	8465
星座	xīngzuò	17913
猩红	xīnghóng	26859
猩红热	xīnghóngrè	41080

形象化	xíngxiànghuà	27536
形象思维	xíngxiàng sīwéi	20602
形象性	xíngxiàngxìng	50014
形销骨立	xíngxiāo-gǔlì	47733
形形色色	xíngxíngsèsè	12278
形影	xíngyǐng	36255
形影不离	xíngyǐng-bùlí	28448
形影相吊	xíngyǐng-xiāngdiào	47619
形影相随	xíngyǐng-xiāngsuí	52795
形制	xíngzhì	33924
形状	xíngzhuàng	6093
型	xíng	1145
型钢	xínggāng	39991
型号	xínghào	10159
省	xǐng	10311
省察	xǐngchá	50381
省亲	xǐngqīn	39772
省视	xǐngshì	42701
省悟	xǐngwù	26784
醒	xǐng	3231
醒酒	xǐngjiǔ	46428
醒木	xǐngmù	54261
醒目	xǐngmù	8274
醒脑	xǐngnǎo	48568
醒悟	xǐngwù	12998
擤	xǐng	29180
兴冲冲	xìngchōngchōng	18540
兴高采烈	xìnggāo-cǎiliè	11971
兴趣	xìngqù	1791
兴头	xìngtou	28621
兴头儿上	xìngtóurshang	53767
兴味	xìngwèi	15262
兴致	xìngzhì	9641
兴致勃勃	xìngzhì-bóbó	10448
杏	xìng	8166
杏脯	xìngfǔ	55322
杏核	xìnghé	44214
杏红	xìnghóng	55323
杏花	xìnghuā	21239
杏黄	xìnghuáng	40648
杏仁	xìngrén	29283
杏仁茶	xìngrénchá	55324
杏树	xìngshù	28449
杏坛	xìngtán	35507
杏眼	xìngyǎn	43219
杏子	xìngzi	32133
幸	xìng	5168
幸臣	xìngchén	43453
幸存	xìngcún	22896
幸存者	xìngcúnzhě	16864
幸而	xìng'ér	10040
幸福	xìngfú	1241
幸好	xìnghǎo	13826
幸会	xìnghuì	40862
幸亏	xìngkuī	9472
幸免	xìngmiǎn	16257
幸事	xìngshì	24034
幸喜	xìngxǐ	41737
幸运	xìngyùn	6990
幸运儿	xìngyùn'ér	30884
幸灾乐祸	xìngzāi-lèhuò	19411
性	xìng	652
性爱	xìng'ài	21777
性变态	xìngbiàntài	45227
性别	xìngbié	7155
性病	xìngbìng	13651
性感	xìnggǎn	17329
性格	xìnggé	2079
性激素	xìngjīsù	39992
性急	xìngjí	18747
性价比	xìngjiàbǐ	56680
性交	xìngjiāo	29284
性解放	xìngjiěfàng	38355
性灵	xìnglíng	24273
性命	xìngmìng	7121
性能	xìngnéng	3869
性虐待	xìngnüèdài	45538
性器官	xìngqìguān	41738
性侵	xìngqīn	18168
性情	xìngqíng	8515
性骚扰	xìngsāorǎo	28363
性生活	xìngshēnghuó	25801
性腺	xìngxiàn	29469
性行为	xìngxíngwéi	26205
性欲	xìngyù	18541
性征	xìngzhēng	45539
性质	xìngzhì	1591
性状	xìngzhuàng	13427
性子	xìngzi	12465
姓	xìng	1944
姓名	xìngmíng	4593
姓氏	xìngshì	13469
悻然	xìngrán	42963
悻悻	xìngxìng	18509
凶	xiōng	5296
凶案	xiōng'àn	49660
凶巴巴	xiōngbābā	51512
凶暴	xiōngbào	36747
凶残	xiōngcán	20040
凶多吉少	xiōngduō-jíshǎo	28450
凶恶	xiōng'è	17104
凶犯	xiōngfàn	29376
凶光	xiōngguāng	41739
凶悍	xiōnghàn	32001
凶耗	xiōnghào	54262
凶狠	xiōnghěn	15659
凶横	xiōnghèng	40863
凶狂	xiōngkuáng	54786
凶蛮	xiōngmán	52796
凶猛	xiōngměng	13385
凶年	xiōngnián	52797
凶气	xiōngqì	52356
凶器	xiōngqì	26785
凶人	xiōngrén	51513
凶杀	xiōngshā	24209
凶煞	xiōngshà	46121
凶神恶煞	xiōngshén-èshà	35207
凶手	xiōngshǒu	11303
凶死	xiōngsǐ	55325
凶顽	xiōngwán	45540
凶险	xiōngxiǎn	24736
凶相	xiōngxiàng	40215
凶相毕露	xiōngxiàng-bìlù	47313
凶信	xiōngxìn	51514
凶讯	xiōngxùn	56287
凶焰	xiōngyàn	46429
凶宅	xiōngzhái	54263
凶兆	xiōngzhào	48247
兄	xiōng	4650
兄弟	xiōngdì	2534
兄弟	xiōngdi	4088
兄弟阋墙	xiōngdì-xìqiáng	52798
兄妹	xiōngmèi	12979
兄嫂	xiōngsǎo	36417
兄长	xiōngzhǎng	19145
匈奴	Xiōngnú	9990
汹汹	xiōngxiōng	26861
汹涌	xiōngyǒng	11412

汹涌澎湃	xiōngyǒng-péngpài	26084
胸	xiōng	4250
胸部	xiōngbù	12768
胸骨	xiōnggǔ	40416
胸花	xiōnghuā	53769
胸怀	xiōnghuái	7937
胸徽	xiōnghuī	56782
胸襟	xiōngjīn	14310
胸径	xiōngjìng	33959
胸卡	xiōngkǎ	39993
胸科	xiōngkē	35516
胸口	xiōngkǒu	10168
胸闷	xiōngmèn	26656
胸膜	xiōngmó	49277
胸膜炎	xiōngmóyán	54264
胸牌	xiōngpái	43454
胸片	xiōngpiàn	40649
胸脯	xiōngpú	7558
胸腔	xiōngqiāng	21825
胸饰	xiōngshì	55772
胸膛	xiōngtáng	10651
胸透	xiōngtòu	51515
胸围	xiōngwéi	40417
胸无大志	xiōngwúdàzhì	43455
胸无点墨	xiōngwúdiǎnmò	53770
胸腺	xiōngxiàn	36914
胸像	xiōngxiàng	49278
胸臆	xiōngyì	30542
胸有成竹	xiōngyǒuchéngzhú	18207
胸章	xiōngzhāng	48569
胸罩	xiōngzhào	30994
胸椎	xiōngzhuī	52799
雄	xióng	6097
雄辩	xióngbiàn	19038
雄兵	xióngbīng	44215
雄才大略	xióngcái-dàlüè	36748
雄风	xióngfēng	16109
雄蜂	xióngfēng	50015
雄关	xióngguān	30765
雄厚	xiónghòu	7338
雄黄	xiónghuáng	44701
雄黄酒	xiónghuángjiǔ	52357
雄浑	xiónghún	17814
雄鸡	xióngjī	23152
雄健	xióngjiàn	32134
雄杰	xióngjié	51931
雄劲	xióngjìng	48248
雄赳赳	xióngjiūjiū	29285
雄居	xióngjū	39353
雄踞	xióngjù	28451
雄奇	xióngqí	29566
雄蕊	xióngruǐ	31542
雄师	xióngshī	35208
雄狮	xióngshī	28037
雄视	xióngshì	54265
雄图	xióngtú	51516
雄威	xióngwēi	52358
雄伟	xióngwěi	10853
雄文	xióngwén	49661
雄心	xióngxīn	16658
雄心勃勃	xióngxīn-bóbó	20164
雄心壮志	xióngxīn-zhuàngzhì	24627
雄性	xióngxìng	16074
雄鹰	xióngyīng	22897
雄峙	xióngzhì	55326
雄壮	xióngzhuàng	12559
雄姿	xióngzī	23395
雄姿英发	xióngzī-yīngfā	48911
熊	xióng	7577
熊包	xióngbāo	52800
熊胆	xióngdǎn	52359
熊猫	xióngmāo	16546
熊罴	xióngpí	50745
熊市	xióngshì	41976
熊熊	xióngxióng	13161
熊掌	xióngzhǎng	26723
休	xiū	4911
休班	xiūbān	54787
休耕	xiūgēng	51932
休怪	xiūguài	54266
休会	xiūhuì	33925
休假	xiūjià	9659
休刊	xiūkān	52801
休克	xiūkè	21104
休眠	xiūmián	22112
休戚相关	xiūqī-xiāngguān	32002
休戚与共	xiūqī-yǔgòng	34607
休憩	xiūqì	31205
休市	xiūshì	49768
休书	xiūshū	47927
休息	xiūxi	1771
休息室	xiūxishì	19502
休闲	xiūxián	5840
休想	xiūxiǎng	19381
休学	xiūxué	32365
休养	xiūyǎng	13270
休养生息	xiūyǎng-shēngxī	22947
休养所	xiūyǎngsuǒ	46724
休渔	xiūyú	27537
休战	xiūzhàn	29075
休整	xiūzhěng	21240
休止	xiūzhǐ	22769
休止符	xiūzhǐfú	45228
修	xiū	1504
修补	xiūbǔ	14453
修长	xiūcháng	19063
修辞	xiūcí	17528
修道	xiūdào	32366
修道院	xiūdàoyuàn	23598
修订	xiūdìng	4587
修订版	xiūdìngbǎn	50016
修订本	xiūdìngběn	41082
修读	xiūdú	50017
修复	xiūfù	5974
修改	xiūgǎi	1826
修盖	xiūgài	53771
修好	xiūhǎo	11641
修剪	xiūjiǎn	18748
修建	xiūjiàn	3735
修脚	xiūjiǎo	37990
修旧利废	xiūjiù-lìfèi	54788
修理	xiūlǐ	7084
修炼	xiūliàn	15073
修路	xiūlù	9628
修眉	xiūméi	55327
修面	xiūmiàn	54789
修明	xiūmíng	51125
修女	xiūnǚ	35644
修配	xiūpèi	35373
修葺	xiūqì	28038
修缮	xiūshàn	12601
修身	xiūshēn	23102
修身养性	xiūshēn-yǎngxìng	39146
修史	xiūshǐ	38556
修士	xiūshì	37435
修饰	xiūshì	14222
修书	xiūshū	48249
修宪	xiūxiàn	22063

修行	xiūxíng	22592
修养	xiūyǎng	4865
修业	xiūyè	43976
修造	xiūzào	29994
修整	xiūzhěng	22898
修正	xiūzhèng	8513
修正案	xiūzhèng'àn	7000
修正主义	xiūzhèng zhǔyì	12466
修枝	xiūzhī	45830
修治	xiūzhì	44702
修竹	xiūzhú	44703
修筑	xiūzhù	12476
羞	xiū	7941
羞惭	xiūcán	27383
羞耻	xiūchǐ	16700
羞答答	xiūdādā	39773
羞愤	xiūfèn	45831
羞愧	xiūkuì	13333
羞赧	xiūnǎn	43726
羞恼	xiūnǎo	48912
羞怯	xiūqiè	18749
羞人	xiūrén	50746
羞人答答	xiūréndādā	55328
羞辱	xiūrǔ	15592
羞臊	xiūsào	52360
羞涩	xiūsè	14331
羞于	xiūyú	30543
朽	xiǔ	19675
朽坏	xiǔhuài	55329
朽烂	xiǔlàn	53772
朽木	xiǔmù	35804
宿	xiǔ	7555
秀	xiù	2880
秀才	xiùcai	8670
秀发	xiùfà	29076
秀慧	xiùhuì	53253
秀俊	xiùjùn	56288
秀丽	xiùlì	9832
秀美	xiùměi	8523
秀媚	xiùmèi	45541
秀气	xiùqi	21974
秀色	xiùsè	30430
秀色可餐	xiùsè-kěcān	43977
秀挺	xiùtǐng	54267
秀外慧中	xiùwài-huìzhōng	45542
秀雅	xiùyǎ	42964
秀逸	xiùyì	48570
袖	xiù	9402
袖标	xiùbiāo	36418
袖箍	xiùgū	55330
袖管	xiùguǎn	42453
袖口	xiùkǒu	17756
袖手旁观	xiùshǒu-pángguān	22845
袖套	xiùtào	51126
袖筒	xiùtǒng	36256
袖头	xiùtóu	45229
袖章	xiùzhāng	28283
袖珍	xiùzhēn	25449
袖珍本	xiùzhēnběn	54268
袖子	xiùzi	10058
绣	xiù	7237
绣房	xiùfáng	49662
绣花	xiùhuā	15207
绣花鞋	xiùhuāxié	37436
绣花针	xiùhuāzhēn	43978
绣花枕头	xiùhuā zhěntou	50382
绣品	xiùpǐn	42215
绣球	xiùqiú	30220
绣像	xiùxiàng	42454
绣鞋	xiùxié	36419
绣制	xiùzhì	47012
锈	xiù	15113
锈斑	xiùbān	52361
锈病	xiùbìng	39354
锈迹	xiùjì	31422
锈蚀	xiùshí	34608
嗅	xiù	10047
嗅觉	xiùjué	18410
圩	xū	20603
戌	xū	47928
戌时	xūshí	56289
吁	xū	15677
吁吁	xūxū	34322
须	xū	1469
须发	xūfà	31892
须根	xūgēn	46725
须眉	xūméi	26862
须生	xūshēng	38947
须要	xūyào	17119
须臾	xūyú	19336
须知	xūzhī	15641
须子	xūzi	50018
虚	xū	3130
虚报	xūbào	13334
虚词	xūcí	43727
虚度	xūdù	36420
虚浮	xūfú	37991
虚构	xūgòu	11114
虚汗	xūhàn	31306
虚耗	xūhào	51127
虚怀若谷	xūhuái-ruògǔ	36257
虚幻	xūhuàn	15091
虚火	xūhuǒ	42216
虚假	xūjiǎ	5212
虚惊	xūjīng	30221
虚空	xūkōng	22899
虚夸	xūkuā	43728
虚礼	xūlǐ	55773
虚名	xūmíng	17393
虚拟	xūnǐ	8167
虚胖	xūpàng	51128
虚飘	xūpiāo	51933
虚飘飘	xūpiāopiāo	54269
虚情假意	xūqíng-jiǎyì	40650
虚热	xūrè	51129
虚荣	xūróng	18577
虚荣心	xūróngxīn	23056
虚弱	xūruò	12329
虚设	xūshè	30650
虚实	xūshí	15335
虚数	xūshù	52802
虚岁	xūsuì	40864
虚脱	xūtuō	32637
虚妄	xūwàng	27538
虚伪	xūwěi	10086
虚位以待	xūwèiyǐdài	49663
虚无	xūwú	17890
虚无缥缈	xūwú-piāomiǎo	37082
虚无主义	xūwú zhǔyì	27539
虚线	xūxiàn	33028
虚心	xūxīn	11026
虚悬	xūxuán	50747
虚言	xūyán	50019
虚掩	xūyǎn	26085
虚应故事	xūyìng-gùshì	56290
虚有其表	xūyǒu-qíbiǎo	52803
虚与委蛇	xūyǔwēiyí	46122
虚造	xūzào	53254

虚张声势	xūzhāng-shēngshì	25642
虚掷	xūzhì	47314
虚字	xūzì	51517
需	xū	1210
需求	xūqiú	1551
需要	xūyào	126
需用	xūyòng	22846
嘘	xū	14159
嘘寒问暖	xūhán-wènnuǎn	31095
嘘声	xūshēng	36098
徐	xú	2508
徐步	xúbù	45543
徐缓	xúhuǎn	47929
徐娘半老	xúniáng-bànlǎo	46430
徐图	xútú	43456
徐徐	xúxú	11100
许	xǔ	1998
许多	xǔduō	109
许婚	xǔhūn	48571
许久	xǔjiǔ	7351
许可	xǔkě	3713
许可证	xǔkězhèng	4556
许诺	xǔnuò	10591
许配	xǔpèi	32638
许亲	xǔqīn	54790
许愿	xǔyuàn	26206
栩栩如生	xǔxǔ-rúshēng	16152
旭日	xùrì	30885
序	xù	5148
序跋	xùbá	35805
序号	xùhào	18177
序列	xùliè	8835
序论	xùlùn	55774
序目	xùmù	53255
序幕	xùmù	7361
序曲	xùqǔ	19817
序数	xùshù	35374
序文	xùwén	28978
序言	xùyán	13401
叙	xù	3391
叙别	xùbié	50748
叙功	xùgōng	43729
叙家常	xùjiācháng	49664
叙旧	xùjiù	35517
叙事	xùshì	9780
叙事诗	xùshìshī	36258
叙事文	xùshìwén	55331
叙述	xùshù	4734
叙说	xùshuō	20364
叙谈	xùtán	32900
恤金	xùjīn	51934
恤衫	xùshān	30431
畜产	xùchǎn	39355
畜产品	xùchǎnpǐn	14862
畜牧	xùmù	8016
畜牧业	xùmùyè	5783
畜养	xùyǎng	48913
酗酒	xùjiǔ	20517
绪	xù	19382
绪论	xùlùn	47620
绪言	xùyán	54791
续	xù	4571
续编	xùbiān	32775
续貂	xùdiāo	53256
续订	xùdìng	44704
续稿	xùgǎo	53773
续航	xùháng	46431
续后	xùhòu	54792
续会	xùhuì	47930
续集	xùjí	31423
续假	xùjià	53774
续建	xùjiàn	25643
续借	xùjiè	55332
续篇	xùpiān	41083
续聘	xùpìn	47931
续期	xùqī	22755
续签	xùqiān	33158
续娶	xùqǔ	44947
续弦	xùxián	37266
续约	xùyuē	44948
絮	xù	11972
絮叨	xùdao	36749
絮烦	xùfan	52362
絮聒	xùguō	42965
絮棉	xùmián	35645
絮絮	xùxù	23930
絮语	xùyǔ	21288
蓄	xù	8120
蓄电池	xùdiànchí	26441
蓄发	xùfà	50750
蓄洪	xùhóng	17860
蓄积	xùjī	17355
蓄谋	xùmóu	31424
蓄能	xùnéng	37437
蓄势	xùshì	46123
蓄势待发	xùshì-dàifā	48914
蓄水	xùshuǐ	8390
蓄水池	xùshuǐchí	25511
蓄水量	xùshuǐliàng	29470
蓄养	xùyǎng	41977
蓄意	xùyì	16407
蓄志	xùzhì	53257
煦煦	xùxù	56291
轩昂	xuān'áng	31543
轩敞	xuānchǎng	50383
轩然大波	xuānrán-dàbō	27015
轩辕	Xuānyuán	28539
宣	xuān	4893
宣布	xuānbù	1041
宣称	xuānchēng	8712
宣传	xuānchuán	719
宣传队	xuānchuánduì	14937
宣传画	xuānchuánhuà	21517
宣传品	xuānchuánpǐn	18602
宣读	xuāndú	9328
宣告	xuāngào	6138
宣讲	xuānjiǎng	6626
宣教	xuānjiào	20119
宣明	xuānmíng	49279
宣判	xuānpàn	11431
宣示	xuānshì	22025
宣誓	xuānshì	7983
宣泄	xuānxiè	17757
宣言	xuānyán	3227
宣言书	xuānyánshū	41740
宣扬	xuānyáng	8713
宣战	xuānzhàn	14349
宣纸	xuānzhǐ	23820
喧宾夺主	xuānbīn-duózhǔ	34900
喧哗	xuānhuá	14647
喧叫	xuānjiào	54794
喧闹	xuānnào	13504
喧嚷	xuānrǎng	29077
喧扰	xuānrǎo	52363
喧腾	xuānténg	39774
喧天	xuāntiān	23103
喧嚣	xuānxiāo	12922
喧笑	xuānxiào	51130

喧噪	xuānzào	50020
煊赫	xuānhè	46432
玄	xuán	10571
玄奥	xuán'ào	44216
玄关	xuánguān	34196
玄乎	xuánhu	40216
玄机	xuánjī	19273
玄妙	xuánmiào	29471
玄鸟	xuánniǎo	52364
玄青	xuánqīng	53775
玄色	xuánsè	43220
玄孙	xuánsūn	46726
玄武	xuánwǔ	38557
玄想	xuánxiǎng	42702
玄虚	xuánxū	26657
玄之又玄	xuánzhīyòuxuán	54270
悬	xuán	5330
悬案	xuán'àn	31893
悬臂	xuánbì	56714
悬揣	xuánchuǎi	53258
悬垂	xuánchuí	44218
悬灯结彩	xuándēng-jiécǎi	53259
悬吊	xuándiào	45230
悬而未决	xuán'érwèijué	22423
悬浮	xuánfú	18178
悬挂	xuánguà	7232
悬棺	xuánguān	45544
悬河	xuánhé	29078
悬空	xuánkōng	20165
悬梁	xuánliáng	36750
悬念	xuánniàn	11593
悬赏	xuánshǎng	17758
悬殊	xuánshū	12330
悬索桥	xuánsuǒqiáo	42966
悬梯	xuántī	52804
悬腕	xuánwàn	53776
悬望	xuánwàng	55333
悬想	xuánxiǎng	50751
悬心	xuánxīn	52805
悬崖	xuányá	12908
悬崖绝壁	xuányá-juébì	47013
悬崖勒马	xuányá-lèmǎ	28622
旋儿	xuánr	42703
旋即	xuánjí	17483
旋律	xuánlǜ	7505
旋钮	xuánniǔ	39356
旋绕	xuánrào	51131
旋梯	xuántī	55775
旋舞	xuánwǔ	44460
旋转	xuánzhuǎn	6716
旋转餐厅	xuánzhuǎn cāntīng	50752
旋转门	xuánzhuǎnmén	48572
漩涡	xuánwō	15897
选	xuǎn	1287
选拔	xuǎnbá	3184
选拔赛	xuǎnbásài	18236
选本	xuǎnběn	32511
选编	xuǎnbiān	15519
选材	xuǎncái	23057
选场	xuǎnchǎng	53260
选登	xuǎndēng	23931
选点	xuǎndiǎn	46124
选调	xuǎndiào	21451
选定	xuǎndìng	8918
选读	xuǎndú	40217
选段	xuǎnduàn	31671
选发	xuǎnfā	52806
选购	xuǎngòu	11176
选集	xuǎnjí	12575
选辑	xuǎnjí	47932
选举	xuǎnjǔ	1784
选举权	xuǎnjǔquán	16974
选刊	xuǎnkān	33926
选矿	xuǎnkuàng	33159
选料	xuǎnliào	39357
选留	xuǎnliú	55334
选录	xuǎnlù	44949
选美	xuǎnměi	28195
选民	xuǎnmín	4443
选民证	xuǎnmínzhèng	39994
选派	xuǎnpài	8391
选配	xuǎnpèi	25726
选票	xuǎnpiào	7530
选聘	xuǎnpìn	19562
选区	xuǎnqū	12967
选曲	xuǎnqǔ	46125
选取	xuǎnqǔ	11286
选任	xuǎnrèn	20120
选收	xuǎnshōu	51518
选手	xuǎnshǒu	2249
选送	xuǎnsòng	18270
选题	xuǎntí	12650
选贤	xuǎnxián	31786
选贤任能	xuǎnxián-rènnéng	50384
选项	xuǎnxiàng	28452
选修	xuǎnxiū	26863
选修课	xuǎnxiūkè	24864
选秀	xuǎnxiù	34179
选用	xuǎnyòng	8057
选优	xuǎnyōu	33160
选育	xuǎnyù	14821
选载	xuǎnzǎi	52807
选择	xuǎnzé	592
选择题	xuǎnzétí	35646
选址	xuǎnzhǐ	16507
选种	xuǎnzhǒng	25450
选中	xuǎnzhòng	13322
癣	xuǎn	31307
癣疥之疾	xuǎnjièzhījí	54795
泫然	xuànrán	46433
炫目	xuànmù	32776
炫示	xuànshì	53777
炫耀	xuànyào	13493
绚烂	xuànlàn	25141
绚丽	xuànlì	12030
绚丽多彩	xuànlì-duōcǎi	23437
绚丽多姿	xuànlì-duōzī	33522
眩惑	xuànhuò	45832
眩目	xuànmù	38948
眩晕	xuànyùn	23549
旋	xuàn	7405
旋风	xuànfēng	13034
旋子	xuànzi	45545
渲染	xuànrǎn	11459
削壁	xuēbì	53261
削发	xuēfà	35955
削价	xuējià	39358
削肩	xuējiān	54271
削减	xuējiǎn	7140
削平	xuēpíng	29884
削弱	xuēruò	7095
削瘦	xuēshòu	41978
削铁如泥	xuētiě-rúní	53262
削职	xuēzhí	42704
削足适履	xuēzú-shìlǚ	44219
靴	xuē	15880
靴子	xuēzi	22113
薛	Xuē	7853

穴	xué	10665
穴播	xuébō	54272
穴道	xuédào	52365
穴居	xuéjū	40418
穴居野处	xuéjū-yěchǔ	54796
穴头	xuétóu	54797
穴位	xuéwèi	28540
学	xué	239
学报	xuébào	22064
学步	xuébù	31672
学部	xuébù	23104
学潮	xuécháo	33161
学成	xuéchéng	18099
学而不厌	xué'érbùyàn	52366
学阀	xuéfá	55335
学费	xuéfèi	6467
学分	xuéfēn	21603
学分制	xuéfēnzhì	33660
学风	xuéfēng	8510
学府	xuéfǔ	13810
学富五车	xuéfùwǔchē	46434
学乖	xuéguāi	46435
学贯中西	xuéguànzhōngxī	43221
学海	xuéhǎi	27794
学号	xuéhào	49280
学会	xuéhuì	2108
学籍	xuéjí	21557
学监	xuéjiān	34742
学界	xuéjiè	10233
学究	xuéjiū	33927
学究气	xuéjiūqì	50753
学科	xuékē	2128
学理	xuélǐ	22026
学力	xuélì	38356
学历	xuélì	4531
学龄	xuélíng	27156
学名	xuémíng	27016
学年	xuénián	16932
学派	xuépài	10190
学期	xuéqī	7198
学前班	xuéqiánbān	42967
学前教育	xuéqián jiàoyù	27950
学区	xuéqū	34067
学人	xuérén	16678
学舌	xuéshé	44705
学社	xuéshè	39775
学生	xuésheng	148
学生会	xuéshēnghuì	18385
学生腔	xuéshēngqiāng	47933
学生证	xuéshēngzhèng	31096
学生装	xuéshēngzhuāng	44461
学时	xuéshí	27873
学识	xuéshí	11598
学士	xuéshì	10263
学术	xuéshù	1546
学术界	xuéshùjiè	8954
学术性	xuéshùxìng	25451
学说	xuéshuō	5523
学堂	xuétáng	9108
学童	xuétóng	35043
学徒	xuétú	14046
学徒工	xuétúgōng	49281
学位	xuéwèi	4959
学问	xuéwen	4627
学无止境	xuéwúzhǐjìng	50021
学习	xuéxí	259
学习班	xuéxíbān	13718
学习机	xuéxíjī	47621
学系	xuéxì	16236
学衔	xuéxián	52808
学校	xuéxiào	217
学养	xuéyǎng	34770
学业	xuéyè	8447
学以致用	xuéyǐzhìyòng	20442
学艺	xuéyì	20858
学友	xuéyǒu	33661
学有专长	xuéyǒu zhuāncháng	48250
学员	xuéyuán	3671
学院	xuéyuàn	2467
学杂费	xué-záfèi	17120
学长	xuézhǎng	18323
学者	xuézhě	1129
学制	xuézhì	20552
学子	xuézǐ	8589
噱头	xuétóu	31206
雪	xuě	2023
雪白	xuěbái	7735
雪豹	xuěbào	45546
雪暴	xuěbào	53778
雪崩	xuěbēng	26786
雪藏	xuěcáng	52367
雪耻	xuěchǐ	37438
雪地	xuědì	11941
雪雕	xuědiāo	40585
雪峰	xuěfēng	20443
雪糕	xuěgāo	25727
雪恨	xuěhèn	50754
雪花	xuěhuā	7463
雪花膏	xuěhuāgāo	33029
雪茄	xuějiā	21361
雪景	xuějǐng	29181
雪梨	xuělí	40651
雪里蕻	xuělǐhóng	50022
雪里送炭	xuělǐ-sòngtàn	51935
雪莲	xuělián	29079
雪莲花	xuěliánhuā	46126
雪亮	xuěliàng	17679
雪盲	xuěmáng	56292
雪泥鸿爪	xuění-hóngzhǎo	55336
雪片	xuěpiàn	21196
雪橇	xuěqiāo	33162
雪青	xuěqīng	42705
雪球	xuěqiú	34609
雪人	xuěrén	30995
雪山	xuěshān	9819
雪上加霜	xuěshàng-jiāshuāng	17143
雪水	xuěshuǐ	26442
雪松	xuěsōng	33293
雪天	xuětiān	28896
雪线	xuěxiàn	29776
雪野	xuěyě	35956
雪夜	xuěyè	33030
雪冤	xuěyuān	51519
雪原	xuěyuán	21402
雪灾	xuězāi	23702
雪中送炭	xuězhōng-sòngtàn	17946
血	xuè,xiě	1579
血癌	xuè'ái	46727
血案	xuè'àn	26787
血本	xuèběn	35209
血崩	xuèbēng	56681
血常规	xuèchángguī	34673
血沉	xuèchén	55337
血仇	xuèchóu	51132
血防	xuèfáng	34323
血管	xuèguǎn	9616

血海	xuèhǎi	39359
血海深仇	xuèhǎi-shēnchóu	48915
血汗	xuèhàn	16442
血汗钱	xuèhànqián	20399
血痕	xuèhén	28131
血红	xuèhóng	18324
血红蛋白	xuèhóng dànbái	30323
血红素	xuèhóngsù	53779
血迹	xuèjì	14067
血痂	xuèjiā	54798
血浆	xuèjiāng	18636
血口喷人	xuèkǒu-pēnrén	42706
血库	xuèkù	36259
血块	xuèkuài	47014
血泪	xuèlèi	20365
血量	xuèliàng	35375
血流如注	xuèliú-rúzhù	41979
血路	xuèlù	25802
血脉	xuèmài	13602
血尿	xuèniào	47934
血泡	xuèpào	31544
血盆大口	xuèpén-dàkǒu	43979
血拼	xuèpīn	23578
血泊	xuèpō	22220
血气	xuèqì	29472
血气方刚	xuèqì-fānggāng	34180
血亲	xuèqīn	33810
血清	xuèqīng	17815
血球	xuèqiú	49282
血染	xuèrǎn	23599
血肉	xuèròu	6391
血肉横飞	xuèròu-héngfēi	36260
血肉相连	xuèròu-xiānglián	32247
血肉之躯	xuèròuzhīqū	28284
血色	xuèsè	18125
血色素	xuèsèsù	48251
血书	xuèshū	36421
血栓	xuèshuān	30544
血栓病	xuèshuānbìng	55338
血水	xuèshuǐ	26724
血丝	xuèsī	21882
血糖	xuètáng	19653
血统	xuètǒng	19526
血统论	xuètǒnglùn	51520
血污	xuèwū	28196
血吸虫	xuèxīchóng	15855
血洗	xuèxǐ	38949
血细胞	xuèxìbāo	40218
血象	xuèxiàng	42663
血小板	xuèxiǎobǎn	31207
血腥	xuèxīng	14364
血型	xuèxíng	25260
血性	xuèxìng	21241
血虚	xuèxū	56293
血压	xuèyā	11663
血压计	xuèyājì	46436
血样	xuèyàng	36099
血液	xuèyè	4615
血液病	xuèyèbìng	42217
血衣	xuèyī	41084
血印	xuèyìn	40219
血友病	xuèyǒubìng	40652
血雨腥风	xuèyǔ-xīngfēng	40865
血缘	xuèyuán	15376
血晕	xuèyùn	56786
血债	xuèzhài	31894
血战	xuèzhàn	19965
血站	xuèzhàn	20315
血证	xuèzhèng	52368
血脂	xuèzhī	23339
血肿	xuèzhǒng	39995
血渍	xuèzì	39147
勋爵	xūnjué	36915
勋劳	xūnláo	48916
勋业	xūnyè	48917
勋章	xūnzhāng	11012
熏	xūn	9345
熏风	xūnfēng	51133
熏鸡	xūnjī	52369
熏染	xunrǎn	37267
熏肉	xūnròu	48252
熏陶	xūntáo	12388
熏鱼	xūnyú	45547
熏蒸	xūnzhēng	37992
薰	xūn	20752
醺然	xūnrán	52809
旬	xún	9109
旬刊	xúnkān	39996
旬日	xúnrì	49283
寻	xún	3080
寻常	xúncháng	7984
寻短见	xúnduǎnjiàn	37083
寻访	xúnfǎng	17037
寻根	xúngēn	21518
寻根究底	xúngēn-jiūdǐ	47015
寻呼	xúnhū	23703
寻呼机	xúnhūjī	31787
寻呼台	xúnhūtái	39583
寻花问柳	xúnhuā-wènliǔ	43980
寻欢	xúnhuān	43457
寻欢作乐	xúnhuān-zuòlè	36100
寻获	xúnhuò	48918
寻机	xúnjī	43458
寻见	xúnjiàn	47016
寻开心	xúnkāixīn	40220
寻觅	xúnmì	11145
寻摸	xúnmo	55339
寻亲	xúnqīn	44706
寻求	xúnqiú	3370
寻声	xúnshēng	47017
寻事	xúnshì	48573
寻死	xúnsǐ	24408
寻死觅活	xúnsǐ-mìhuó	46437
寻思	xúnsi	18709
寻味	xúnwèi	47935
寻问	xúnwèn	45231
寻隙	xúnxì	49665
寻衅	xúnxìn	25397
寻章摘句	xúnzhāng-zhāijù	54273
寻找	xúnzhǎo	1537
寻踪	xúnzōng	47018
寻租	xúnzū	16909
巡	xún	6082
巡捕	xúnbǔ	17891
巡查	xúnchá	13461
巡察	xúnchá	39997
巡防	xúnfáng	32248
巡访	xúnfǎng	41085
巡风	xúnfēng	53782
巡航	xúnháng	34901
巡航导弹	xúnháng dǎodàn	28712
巡回	xúnhuí	8479
巡检	xúnjiǎn	33662
巡街	xúnjiē	54799
巡警	xúnjǐng	7806
巡礼	xúnlǐ	19676
巡逻	xúnluó	6237
巡逻艇	xúnluótǐng	36261

巡哨	xúnshào	55340
巡视	xúnshì	7952
巡守	xúnshǒu	53263
巡天	xúntiān	48574
巡行	xúnxíng	34324
巡演	xúnyǎn	20255
巡洋舰	xúnyángjiàn	27078
巡夜	xúnyè	44707
巡弋	xúnyì	50755
巡游	xúnyóu	24936
巡展	xúnzhǎn	25398
巡诊	xúnzhěn	26658
询价	xúnjià	8795
询问	xúnwèn	3360
荨麻疹	xúnmázhěn	43981
循	xún	7989
循规蹈矩	xúnguī-dǎojǔ	30651
循环	xúnhuán	2863
循环赛	xúnhuánsài	23438
循环往复	xúnhuán-wǎngfù	29286
循环系统	xúnhuán xìtǒng	30545
循例	xúnlì	41980
循声	xúnshēng	32135
循序渐进	xúnxù-jiànjìn	12229
循循善诱	xúnxún-shànyòu	26788
训	xùn	5390
训斥	xùnchì	14979
训词	xùncí	47622
训导	xùndǎo	24577
训诂	xùngǔ	32136
训话	xùnhuà	22724
训诲	xùnhuì	51521
训诫	xùnjiè	33163
训练	xùnliàn	1104
训令	xùnlìng	34469
训示	xùnshì	32901
训条	xùntiáo	50023
训责	xùnzé	50024
讯	xùn	2089
讯号	xùnhào	32512
讯问	xùnwèn	23105
讯息	xùnxī	27618
汛	xùn	22168
汛期	xùnqī	13505
汛情	xùnqíng	30324
迅即	xùnjí	24086
迅疾	xùnjí	31545
迅捷	xùnjié	30886
迅雷不及	xùnléi bù jí	
掩耳	yǎn ěr	34902
迅猛	xùnměng	6446
迅跑	xùnpǎo	48575
迅速	xùnsù	836
驯服	xùnfú	21316
驯化	xùnhuà	23650
驯良	xùnliáng	38730
驯鹿	xùnlù	31788
驯兽	xùnshòu	47019
驯顺	xùnshùn	39776
驯养	xùnyǎng	24409
徇情	xùnqíng	47623
徇私	xùnsī	35044
徇私舞弊	xùnsī-wǔbì	18904
逊	xùn	12790
逊色	xùnsè	17421
逊位	xùnwèi	43982
殉道	xùndào	43730
殉国	xùnguó	22534
殉节	xùnjié	33523
殉难	xùnnàn	22900
殉情	xùnqíng	41741
殉葬	xùnzàng	32639
殉葬品	xùnzàngpǐn	41288
殉职	xùnzhí	27221
丫环	yāhuan	22901
丫头	yātou	7245
压	yā	1567
压仓	yācāng	55341
压产	yāchǎn	28453
压场	yāchǎng	56294
压车	yāchē	54274
压担子	yādànzi	39777
压倒	yādǎo	10330
压倒多数	yādǎo duōshù	37439
压顶	yādǐng	40866
压服	yāfú	33524
压港	yāgǎng	54800
压级	yājí	41086
压价	yājià	23002
压惊	yājīng	41981
压境	yājìng	33663
压库	yākù	44708
压垮	yākuǎ	35376
压力	yālì	1471
压力锅	yālìguō	40221
压路机	yālùjī	40868
压迫	yāpò	5183
压气	yāqì	41525
压岁钱	yāsuìqián	20900
压缩	yāsuō	6192
压缩饼干	yāsuō bǐnggān	45232
压缩机	yāsuōjī	22270
压缩空气	yāsuō kōngqì	42218
压台	yātái	49284
压腿	yātuǐ	47020
压延	yāyán	41742
压抑	yāyì	7737
压榨	yāzhà	26946
压阵	yāzhèn	43983
压制	yāzhì	11584
压轴	yāzhòu	38731
压轴戏	yāzhòuxì	38357
呀	yā	8128
押	yā	6162
押宝	yābǎo	42455
押车	yāchē	40419
押赴	yāfù	42456
押解	yājiè	20640
押金	yājīn	19621
押款	yākuǎn	43222
押送	yāsòng	22424
押题	yātí	55776
押运	yāyùn	25872
押韵	yāyùn	27795
鸦片	yāpiàn	9059
鸦片战争	Yāpiàn Zhànzhēng	15678
鸦雀无声	yāquè-wúshēng	20444
鸭	yā	4183
鸭蛋	yādàn	26725
鸭梨	yālí	24087
鸭苗	yāmiáo	49285
鸭绒	yāróng	41743
鸭绒被	yāróngbèi	52370
鸭肉	yāròu	45548
鸭舌帽	yāshémào	37084
鸭肫	yāzhūn	55342
鸭子	yāzi	9180
鸭嘴兽	yāzuǐshòu	50385

牙	yá	3303
牙碜	yáchen	52810
牙齿	yáchǐ	6149
牙床	yáchuáng	37635
牙雕	yádiāo	51134
牙粉	yáfěn	41289
牙缝	yáfèng	24410
牙缸	yágāng	55777
牙膏	yágāo	17978
牙根	yágēn	35045
牙垢	yágòu	56611
牙关	yáguān	29182
牙花子	yáhuāzi	56295
牙慧	yáhuì	52811
牙具	yájù	49286
牙科	yákē	32367
牙口	yákou	51135
牙轮	yálún	52812
牙签	yáqiān	29287
牙刷	yáshuā	22065
牙牙学语	yáyá-xuéyǔ	49287
牙医	yáyī	39360
牙龈	yáyín	34610
牙印	yáyìn	49288
牙周病	yázhōubìng	48576
牙周炎	yázhōuyán	55778
伢子	yázi	34743
芽	yá	8374
芽子	yázi	48577
蚜虫	yáchóng	30432
崖	yá	9511
崖壁	yábì	32137
崖刻	yákè	54801
衙门	yámen	7893
哑	yǎ	8760
哑巴	yǎba	14629
哑巴亏	yǎbakuī	46127
哑场	yǎchǎng	52371
哑剧	yǎjù	30887
哑口无言	yǎkǒu-wúyán	27619
哑铃	yǎlíng	35647
哑谜	yǎmí	39584
哑炮	yǎpào	46128
哑然	yǎrán	34903
哑然失笑	yǎrán-shīxiào	33928
哑嗓	yǎsǎng	46129
哑语	yǎyǔ	43984
雅	yǎ	4835
雅观	yǎguān	33294
雅号	yǎhào	31097
雅加达	Yǎjiādá	10925
雅静	yǎjìng	48253
雅量	yǎliàng	41982
雅皮士	yǎpíshì	55779
雅气	yǎqì	48920
雅趣	yǎqù	46438
雅人	yǎrén	37440
雅士	yǎshì	32003
雅思	yǎsī	50025
雅俗共赏	yǎsú-gòngshǎng	24796
雅兴	yǎxìng	33525
雅言	yǎyán	46439
雅意	yǎyì	49289
雅正	yǎzhèng	55780
雅致	yǎzhi	19167
雅座	yǎzuò	30652
轧	yà	13151
轧花机	yàhuājī	42219
轧马路	yàmǎlù	50713
亚	yà	2807
亚当	Yàdāng	19168
亚非拉	Yà-Fēi-Lā	32513
亚健康	yàjiànkāng	25728
亚军	yàjūn	7465
亚麻	yàmá	28813
亚麻布	yàmábù	52813
亚热带	yàrèdài	16367
亚太地区	Yà-Tài dìqū	6063
亚裔	yàyì	34325
亚于	yàyú	34068
亚运村	Yàyùncūn	24274
亚运会	Yàyùnhuì	6372
亚洲	Yàzhōu	1609
压	yà	5080
压根儿	yàgēnr	18578
氩	yà	25400
揠苗助长	yàmiáo-zhùzhǎng	48578
呀	ya	1370
咽	yān	13860
咽喉	yānhóu	14601
咽喉炎	yānhóuyán	54275
咽炎	yānyán	45233
恹恹	yānyān	35806
殷红	yānhóng	30740
胭脂	yānzhi	13283
胭脂红	yānzhihóng	52372
烟	yān	1476
烟霭	yān'ǎi	51136
烟波	yānbō	41983
烟波浩渺	yānbō-hàomiǎo	45549
烟草	yāncǎo	7674
烟尘	yānchén	14133
烟囱	yāncōng	11686
烟袋	yāndài	15491
烟袋锅	yāndàiguō	38358
烟道	yāndào	42457
烟灯	yāndēng	43985
烟蒂	yāndì	27540
烟斗	yāndǒu	19708
烟贩	yānfàn	48921
烟膏	yāngāo	44950
烟馆	yānguǎn	40420
烟鬼	yānguǐ	30996
烟锅	yānguō	26020
烟盒	yānhé	22770
烟花	yānhuā	9378
烟灰	yānhuī	19783
烟灰缸	yānhuīgāng	31546
烟火	yānhuǒ	16548
烟酒	yānjiǔ	17529
烟具	yānjù	40869
烟卷儿	yānjuǎnr	14754
烟煤	yānméi	43986
烟民	yānmín	34470
烟幕	yānmù	34070
烟幕弹	yānmùdàn	50026
烟农	yānnóng	46729
烟屁股	yānpìgu	39585
烟气	yānqì	24737
烟枪	yānqiāng	29885
烟色	yānsè	53783
烟丝	yānsī	32640
烟酸	yānsuān	49666
烟筒	yāntong	25944
烟头	yāntóu	18411
烟土	yāntǔ	28814
烟雾	yānwù	10169
烟霞	yānxiá	47021

烟消云散	yānxiāo-yúnsàn	23260
烟熏火燎	yānxūn-huǒliǎo	36751
烟叶	yānyè	16032
烟瘾	yānyǐn	24526
烟雨	yānyǔ	28039
烟云	yānyún	26522
烟柱	yānzhù	46130
烟子	yānzi	43223
烟嘴儿	yānzuǐr	35957
阉	yān	15092
阉割	yāngē	37803
阉鸡	yānjī	51522
阉人	yānrén	32641
淹	yān	10799
淹没	yānmò	7933
腌	yān	14417
腌菜	yāncài	32777
腌肉	yānròu	51523
腌制	yānzhì	31547
湮灭	yānmiè	37441
湮没	yānmò	24678
嫣红	yānhóng	37085
嫣然	yānrán	43731
嫣然一笑	yānrán-yīxiào	30101
延	yán	6488
延长	yáncháng	4434
延迟	yánchí	18358
延宕	yándàng	30102
延搁	yángē	50027
延后	yánhòu	51137
延缓	yánhuǎn	17680
延揽	yánlǎn	35210
延绵	yánmián	39998
延年益寿	yánnián-yìshòu	34611
延聘	yánpìn	45833
延期	yánqī	14602
延请	yánqǐng	48254
延伸	yánshēn	4023
延时	yánshí	39586
延寿	yánshòu	29183
延误	yánwù	11432
延性	yánxìng	51138
延续	yánxù	6133
延展	yánzhǎn	40421
芫荽	yánsuī	52814
严	yán	2269
严办	yánbàn	37086
严查	yánchá	17330
严惩	yánchéng	8768
严惩不贷	yánchéng-bùdài	31895
严处	yánchǔ	46731
严词	yáncí	37087
严打	yándǎ	5795
严冬	yándōng	18710
严防	yánfáng	11287
严父	yánfù	42968
严格	yángé	1139
严寒	yánhán	10150
严加	yánjiā	18930
严紧	yánjǐn	46732
严谨	yánjǐn	7451
严禁	yánjìn	6165
严峻	yánjùn	2969
严控	yánkòng	55781
严酷	yánkù	13922
严厉	yánlì	2789
严令	yánlìng	44220
严密	yánmì	5467
严明	yánmíng	12543
严命	yánmìng	53264
严师	yánshī	43224
严实	yánshi	29777
严守	yánshǒu	16725
严霜	yánshuāng	43225
严丝合缝	yánsī-héfèng	40422
严肃	yánsù	1614
严肃音乐	yánsù yīnyuè	50756
严刑	yánxíng	26726
严以律己	yányǐlǜjǐ	31425
严于律己	yányúlǜjǐ	20256
严阵以待	yánzhènyǐdài	28197
严整	yánzhěng	24797
严正	yánzhèng	11714
严重	yánzhòng	546
言	yán	871
言不及义	yánbùjíyì	48579
言不由衷	yánbùyóuzhōng	31789
言传身教	yánchuán-shēnjiào	27222
言辞	yáncí	17833
言而无信	yán'érwúxìn	39778
言归于好	yánguīyúhǎo	37636
言归正传	yánguī-zhèngzhuàn	35648
言过其实	yánguòqíshí	32778
言和	yánhé	32249
言欢	yánhuān	50028
言简意赅	yánjiǎn-yìgāi	26585
言教	yánjiào	36422
言路	yánlù	34612
言论	yánlùn	6110
言情	yánqíng	33164
言说	yánshuō	22948
言谈	yántán	17642
言听计从	yántīng-jìcóng	32368
言外之意	yánwàizhīyì	30888
言为心声	yánwéixīnshēng	48580
言无二价	yánwú'èrjià	52373
言笑	yánxiào	50386
言行	yánxíng	8113
言犹在耳	yányóuzài'ěr	42707
言语	yányǔ	7891
言语	yányu	7494
言者无罪	yánzhě-wúzuì	49290
言之成理	yánzhī-chénglǐ	42220
言之无物	yánzhī-wúwù	50387
言之有据	yánzhī-yǒujù	49291
言之有理	yánzhī-yǒulǐ	35377
言之有物	yánzhī-yǒuwù	38732
言之凿凿	yánzhī-záozáo	41290
言志	yánzhì	41526
言中	yánzhòng	23870
言重	yánzhòng	37804
言状	yánzhuàng	39999
妍丽	yánlì	54276
岩	yán	5320
岩壁	yánbì	27303
岩层	yáncéng	23439
岩茶	yánchá	55681
岩洞	yándòng	23058
岩画	yánhuà	23984
岩浆	yánjiāng	23550
岩石	yánshí	7387
岩心	yánxīn	44951
岩盐	yányán	51936
岩羊	yányáng	55343
炎	yán	8211
炎帝	Yándì	33165

炎黄	Yán-Huáng	27223
炎黄子孙	Yán-Huáng zǐsūn	20943
炎凉	yánliáng	46131
炎热	yánrè	11900
炎暑	yánshǔ	55344
炎夏	yánxià	36101
炎炎	yányán	19018
炎症	yánzhèng	20193
沿	yán	2224
沿岸	yán'àn	8273
沿边儿	yánbiānr	31548
沿革	yángé	25644
沿海	yánhǎi	3307
沿江	yánjiāng	20604
沿街	yánjiē	21681
沿例	yánlì	54802
沿路	yánlù	28623
沿途	yántú	8252
沿袭	yánxí	17643
沿线	yánxiàn	7325
沿用	yányòng	12791
沿着	yánzhe	3266
研	yán	7308
研读	yándú	19438
研发	yánfā	4672
研究	yánjiū	201
研究生	yánjiūshēng	3625
研究室	yánjiūshì	6789
研究所	yánjiūsuǒ	3367
研究员	yánjiūyuán	5560
研究院	yánjiūyuàn	7810
研磨	yánmó	34471
研判	yánpàn	25031
研讨	yántǎo	5106
研讨班	yántǎobān	15312
研讨会	yántǎohuì	2866
研习	yánxí	30889
研修	yánxiū	23932
研修班	yánxiūbān	28624
研修生	yánxiūshēng	44221
研制	yánzhì	2185
盐	yán	2762
盐巴	yánbā	40870
盐场	yánchǎng	21604
盐池	yánchí	29778
盐分	yánfèn	30997
盐工	yángōng	47624
盐湖	yánhú	22477
盐花	yánhuā	52815
盐碱地	yánjiǎndì	19709
盐碱滩	yánjiǎntān	37805
盐井	yánjǐng	51524
盐矿	yánkuàng	47625
盐类	yánlèi	30433
盐卤	yánlǔ	52816
盐商	yánshāng	49292
盐酸	yánsuān	17007
盐滩	yántān	54277
盐田	yántián	29886
盐业	yányè	26789
阎	Yán	13615
阎王	Yánwang	20687
阎王殿	Yánwangdiàn	45550
阎王债	Yánwangzhài	48255
筵席	yánxí	26021
筵宴	yányàn	38733
颜	yán	11324
颜料	yánliào	17085
颜面	yánmiàn	27541
颜容	yánróng	53784
颜色	yánsè	5255
颜色	yánshai	5838
颜值	yánzhí	56610
檐	yán	12167
檐口	yánkǒu	53785
檐下	yánxià	19240
奄奄	yǎnyǎn	42708
奄奄一息	yǎnyǎn-yīxī	23261
俨然	yǎnrán	10514
俨如	yǎnrú	45234
衍化	yǎnhuà	42969
衍射	yǎnshè	18179
衍生	yǎnshēng	17063
衍生物	yǎnshēngwù	29995
衍文	yǎnwén	56296
掩	yǎn	5713
掩鼻	yǎnbí	47315
掩蔽	yǎnbì	30998
掩蔽部	yǎnbìbù	50029
掩藏	yǎncáng	26367
掩耳盗铃	yǎn'ěr-dàolíng	38359
掩盖	yǎngài	7701
掩护	yǎnhù	10292
掩埋	yǎnmái	16904
掩面	yǎnmiàn	27157
掩泣	yǎnqì	55345
掩人耳目	yǎnrén'ěrmù	38558
掩饰	yǎnshì	7594
掩体	yǎntǐ	27620
掩映	yǎnyìng	14686
眼	yǎn	896
眼巴巴	yǎnbābā	19439
眼白	yǎnbái	36211
眼病	yǎnbìng	32514
眼波	yǎnbō	32369
眼馋	yǎnchán	33166
眼袋	yǎndài	43226
眼底	yǎndǐ	23933
眼底下	yǎndǐxia	54803
眼风	yǎnfēng	43733
眼福	yǎnfú	35807
眼高	yǎngāo	39148
眼高手低	yǎngāo-shǒudī	47626
眼观六路，耳听八方	yǎnguān-liùlù, ěrtīng-bāfāng	49667
眼光	yǎnguāng	2102
眼红	yǎnhóng	22317
眼花	yǎnhuā	25330
眼花缭乱	yǎnhuā-liáoluàn	14160
眼疾手快	yǎnjí-shǒukuài	40000
眼尖	yǎnjiān	34744
眼睑	yǎnjiǎn	24937
眼见	yǎnjiàn	13752
眼见得	yǎnjiànde	19169
眼角	yǎnjiǎo	9585
眼角膜	yǎnjiǎomó	40871
眼睫毛	yǎnjiémáo	37993
眼界	yǎnjiè	9391
眼镜	yǎnjìng	4770
眼镜蛇	yǎnjìngshé	36752
眼睛	yǎnjing	846
眼看	yǎnkàn	4764
眼科	yǎnkē	16093
眼库	yǎnkù	53265
眼快	yǎnkuài	33811
眼眶	yǎnkuàng	9995
眼眶子	yǎnkuàngzi	44222
眼泪	yǎnlèi	2733

眼里	yǎnlǐ	3257
眼力	yǎnlì	19440
眼帘	yǎnlián	15520
眼眉	yǎnméi	42458
眼面前	yǎnmiànqián	35958
眼明手快	yǎnmíng-shǒukuài	43734
眼目	yǎnmù	28198
眼泡	yǎnpāo	37442
眼皮	yǎnpí	8219
眼皮底下	yǎnpí-dǐxia	27542
眼皮子	yǎnpízi	35378
眼前	yǎnqián	1427
眼前亏	yǎnqiánkuī	35379
眼浅	yǎnqiǎn	56297
眼球	yǎnqiú	15093
眼圈	yǎnquān	13323
眼热	yǎnrè	34326
眼色	yǎnsè	10075
眼梢	yǎnshāo	38177
眼神	yǎnshén	5732
眼生	yǎnshēng	52374
眼屎	yǎnshǐ	43987
眼熟	yǎnshú	33167
眼跳	yǎntiào	53266
眼窝	yǎnwō	19412
眼下	yǎnxià	3817
眼线	yǎnxiàn	39779
眼压	yǎnyā	50388
眼药	yǎnyào	35959
眼影	yǎnyǐng	39149
眼晕	yǎnyùn	42709
眼罩儿	yǎnzhàor	27796
眼睁睁	yǎnzhēngzhēng	15476
眼中钉	yǎnzhōngdīng	27017
眼珠	yǎnzhū	7823
眼珠子	yǎnzhūzi	13209
眼拙	yǎnzhuō	51139
偃旗息鼓	yǎnqí-xīgǔ	34071
偃武修文	yǎnwǔ-xiūwén	49293
演	yǎn	2329
演变	yǎnbiàn	6154
演兵场	yǎnbīngchǎng	43227
演播	yǎnbō	38734
演播厅	yǎnbōtīng	43228
演唱	yǎnchàng	6258
演唱会	yǎnchànghuì	14909
演出	yǎnchū	1122
演化	yǎnhuà	9493
演技	yǎnjì	22672
演讲	yǎnjiǎng	3626
演进	yǎnjìn	15593
演剧	yǎnjù	20983
演练	yǎnliàn	9982
演期	yǎnqī	54278
演示	yǎnshì	11522
演说	yǎnshuō	8652
演算	yǎnsuàn	31790
演武	yǎnwǔ	46733
演习	yǎnxí	4572
演戏	yǎnxì	11439
演义	yǎnyì	14047
演艺	yǎnyì	18957
演绎	yǎnyì	8058
演绎法	yǎnyìfǎ	51140
演员	yǎnyuán	1563
演职员	yǎnzhíyuán	29473
演奏	yǎnzòu	6273
演奏家	yǎnzòujiā	19019
鼹鼠	yǎnshǔ	47022
厌	yàn	8141
厌烦	yànfán	14718
厌恨	yànhèn	48256
厌倦	yànjuàn	12953
厌弃	yànqì	37637
厌食	yànshí	41087
厌世	yànshì	29080
厌恶	yànwù	8537
厌学	yànxué	37638
厌战	yànzhàn	39361
砚	yàn	20041
砚池	yànchí	46734
砚台	yàntai	31549
咽	yàn	4598
咽气	yànqì	31673
艳	yàn	8619
艳福	yànfú	35518
艳红	yànhóng	28132
艳丽	yànlì	13908
艳情	yànqíng	52817
艳诗	yànshī	54804
艳史	yànshǐ	49668
艳闻	yànwén	52375
艳舞	yànwǔ	40204
艳羡	yànxiàn	27621
艳阳	yànyáng	27693
艳阳天	yànyángtiān	34745
艳冶	yànyě	52818
艳遇	yànyù	43459
艳照	yànzhào	27462
艳装	yànzhuāng	47023
唁电	yàndiàn	22725
唁函	yànhán	54279
宴	yàn	8242
宴会	yànhuì	6705
宴客	yànkè	47316
宴请	yànqǐng	14395
宴席	yànxí	19337
宴饮	yànyǐn	33929
验	yàn	8003
验查	yànchá	55346
验钞机	yànchāojī	54280
验方	yànfāng	35212
验放	yànfàng	25945
验关	yànguān	46735
验光	yànguāng	42221
验核	yànhé	53267
验货	yànhuò	44709
验看	yànkàn	40222
验明	yànmíng	34613
验明正身	yànmíng-zhèngshēn	47627
验票	yànpiào	29996
验讫	yànqì	51937
验伤	yànshāng	56298
验尸	yànshī	38950
验收	yànshōu	4788
验算	yànsuàn	54806
验血	yànxiě	44710
验照	yànzhào	54807
验证	yànzhèng	8977
验证码	yànzhèngmǎ	15012
验资	yànzī	37088
谚语	yànyǔ	21883
堰	yàn	18293
堰塞湖	yànsèhú	38029
雁	yàn	8240
雁过拔毛	yànguò-bámáo	48922
雁行	yànháng	49669

雁阵	yànzhèn	38559
焰火	yànhuǒ	17892
酽	yàn	29377
酽茶	yànchá	47936
燕	yàn	7079
燕麦	yànmài	26140
燕雀	yànquè	47937
燕尾服	yànwěifú	44952
燕窝	yànwō	26443
燕子	yànzi	14256
赝品	yànpǐn	34472
央告	yānggao	27951
央行	yāngháng	9661
央求	yāngqiú	15898
泱泱大国	yāngyāng-dàguó	37806
殃及	yāngjí	24411
殃及池鱼	yāngjí-chíyú	53268
秧	yāng	12425
秧歌	yāngge	14204
秧歌剧	yānggejù	52819
秧苗	yāngmiáo	20944
秧田	yāngtián	33526
秧子	yāngzi	27454
扬	yáng	4313
扬鞭	yángbiān	27622
扬波	yángbō	55347
扬长避短	yángcháng-bìduǎn	19170
扬长而去	yángcháng'érqù	24345
扬场	yángcháng	53787
扬尘	yángchén	25142
扬程	yángchéng	50030
扬帆	yángfān	25512
扬花	yánghuā	42459
扬剧	yángjù	46440
扬眉吐气	yángméi-tǔqì	23340
扬名	yángmíng	27543
扬旗	yángqí	40653
扬弃	yángqì	22425
扬琴	yángqín	40654
扬声器	yángshēngqì	36102
扬手	yángshǒu	23106
扬水站	yángshuǐzhàn	48257
扬汤止沸	yángtāng-zhǐfèi	54808
扬威	yángwēi	33408
扬言	yángyán	14613
扬子鳄	yángzǐ'è	38178
羊	yáng	1785
羊肠小道	yángcháng xiǎodào	33930
羊羔	yánggāo	22066
羊羹	yánggēng	55782
羊倌	yángguān	28199
羊毫	yángháo	50031
羊角风	yángjiǎofēng	56751
羊圈	yángjuàn	23651
羊毛衫	yángmáoshān	28285
羊毛毯	yángmáotǎn	51525
羊奶	yángnǎi	41527
羊皮筏	yángpífá	53269
羊皮纸	yángpízhǐ	54810
羊绒衫	yángróngshān	36753
羊肉串	yángròuchuàn	40223
羊水	yángshuǐ	40655
阳	yáng	4082
阳春	yángchūn	22635
阳春白雪	yángchūn-báixuě	37807
阳春面	yángchūnmiàn	52820
阳电	yángdiàn	53270
阳奉阴违	yángfèng-yīnwéi	32004
阳刚	yánggāng	29474
阳刚之气	yánggāngzhīqì	37808
阳沟	yánggōu	36103
阳关大道	yángguān dàdào	52821
阳光	yángguāng	1310
阳极	yángjí	35519
阳间	yángjiān	40001
阳离子	yánglízǐ	52376
阳历	yánglì	26022
阳历年	yánglìnián	48258
阳面	yángmiàn	43988
阳坡	yángpo	43989
阳伞	yángsǎn	42222
阳世	yángshì	44953
阳寿	yángshòu	48259
阳台	yángtái	8673
阳痿	yángwěi	37639
阳文	yángwén	51526
阳性	yángxìng	15279
阳虚	yángxū	45834
杨	yáng	1422
杨柳	yángliǔ	14187
杨梅	yángméi	23771
杨木	yángmù	47938
杨树	yángshù	13949
杨桃	yángtáo	32642
佯败	yángbài	53271
佯称	yángchēng	42710
佯动	yángdòng	43732
佯攻	yánggōng	46736
佯言	yángyán	50032
佯装	yángzhuāng	23440
佯作	yángzuò	28897
洋	yáng	2472
洋财	yángcái	42711
洋场	yángchǎng	34181
洋车	yángchē	17038
洋葱	yángcōng	25331
洋房	yángfáng	18711
洋服	yángfú	20859
洋鬼子	yángguǐzi	21931
洋行	yángháng	23498
洋红	yánghóng	44711
洋化	yánghuà	40872
洋槐	yánghuái	36104
洋灰	yánghuī	36754
洋火	yánghuǒ	29997
洋货	yánghuò	25513
洋泾浜	yángjīngbāng	44462
洋酒	yángjiǔ	27455
洋蜡	yánglà	45551
洋里洋气	yángliyángqì	55783
洋流	yángliú	30325
洋楼	yánglóu	20901
洋奴	yángnú	37089
洋气	yángqì	32005
洋钱	yángqián	21932
洋腔洋调	yángqiāng-yángdiào	56299
洋人	yángrén	8946
洋式	yángshì	35046
洋铁	yángtiě	36105
洋娃娃	yángwáwa	31791
洋为中用	yángwéizhōngyòng	33931
洋味儿	yángwèir	43990
洋文	yángwén	27623
洋务	yángwù	29779
洋相	yángxiàng	33812
洋洋	yángyáng	24865
洋洋大观	yángyáng-dàguān	45235
洋洋得意	yángyáng-déyì	32006

洋洋洒洒	yángyángsǎsǎ	29887
洋洋自得	yángyáng-zìdé	42223
洋溢	yángyì	7928
洋油	yángyóu	37994
洋芋	yángyù	27079
洋装	yángzhuāng	35808
仰	yǎng	5903
仰八叉	yǎngbachā	53272
仰脖	yǎngbó	37809
仰承	yǎngchéng	50757
仰光	yǎngguāng	22847
仰给	yǎngjǐ	51141
仰靠	yǎngkào	39362
仰赖	yǎnglài	42712
仰面	yǎngmiàn	20641
仰慕	yǎngmù	21482
仰人鼻息	yǎngrénbíxī	52377
仰视	yǎngshì	23499
仰首	yǎngshǒu	42460
仰躺	yǎngtǎng	41291
仰天	yǎngtiān	25070
仰头	yǎngtóu	19892
仰望	yǎngwàng	13441
仰卧	yǎngwò	26279
仰卧起坐	yǎngwò qǐzuò	45552
仰泳	yǎngyǒng	24035
仰仗	yǎngzhàng	27874
养	yǎng	1027
养兵	yǎngbīng	41292
养病	yǎngbìng	19039
养成	yǎngchéng	5586
养分	yǎngfèn	13386
养父	yǎngfù	29683
养父母	yǎngfùmǔ	43460
养汉	yǎnghàn	47939
养虎遗患	yǎnghǔ-yíhuàn	55348
养护	yǎnghù	12989
养活	yǎnghuo	9791
养家	yǎngjiā	21736
养家糊口	yǎngjiā-húkǒu	30326
养精蓄锐	yǎngjīng-xùruì	40002
养老	yǎnglǎo	4469
养老金	yǎnglǎojīn	7201
养老院	yǎnglǎoyuàn	24738
养廉	yǎnglián	50758
养料	yǎngliào	18958
养路	yǎnglù	36262
养路费	yǎnglùfèi	30766
养路工	yǎnglùgōng	39363
养母	yǎngmǔ	26023
养女	yǎngnǚ	25332
养气	yǎngqì	43461
养人	yǎngrén	17039
养伤	yǎngshāng	29567
养神	yǎngshén	39780
养生	yǎngshēng	15679
养息	yǎngxī	46738
养心	yǎngxīn	41744
养性	yǎngxìng	31550
养畜	yǎngxù	36423
养颜	yǎngyán	45553
养眼	yǎngyǎn	54281
养育	yǎngyù	13462
养殖	yǎngzhí	3165
养殖场	yǎngzhíchǎng	12718
养殖业	yǎngzhíyè	8965
养子	yǎngzǐ	20257
养尊处优	yǎngzūn-chǔyōu	36106
氧	yǎng	5905
氧吧	yǎngbā	32515
氧化	yǎnghuà	9105
氧化剂	yǎnghuàjì	28898
氧化物	yǎnghuàwù	19304
氧气	yǎngqì	8971
氧气瓶	yǎngqìpíng	38951
痒	yǎng	12073
痒痒	yǎngyang	18294
怏怏	yàngyàng	19891
怏怏不乐	yàngyàng-bùlè	44463
样	yàng	2170
样板	yàngbǎn	13428
样板戏	yàngbǎnxì	26947
样报	yàngbào	42843
样本	yàngběn	10728
样带	yàngdài	36916
样稿	yànggǎo	56752
样机	yàngjī	25572
样刊	yàngkān	42731
样片	yàngpiàn	45236
样品	yàngpǐn	8035
样式	yàngshì	9411
样书	yàngshū	42224
样张	yàngzhāng	32299
样子	yàngzi	1803
漾	yàng	18712
幺	yāo	24412
夭亡	yāowáng	46441
夭折	yāozhé	19088
吆喝	yāohe	9086
吆呼	yāohu	51142
吆唤	yāohuàn	45237
吆五喝六	yāowǔ-hèliù	47940
妖	yāo	10315
妖法	yāofǎ	52378
妖风	yāofēng	54282
妖怪	yāoguài	26141
妖精	yāojing	16011
妖里妖气	yāoliyāoqì	51938
妖媚	yāomèi	38952
妖魔	yāomó	26444
妖魔鬼怪	yāomó-guǐguài	41088
妖孽	yāoniè	41984
妖婆	yāopó	46739
妖气	yāoqì	42225
妖娆	yāoráo	34072
妖术	yāoshù	46132
妖物	yāowù	53273
妖雾	yāowù	53274
妖言	yāoyán	40224
妖言惑众	yāoyán-huòzhòng	42226
妖艳	yāoyàn	33664
妖冶	yāoyě	35960
要求	yāoqiú	158
要挟	yāoxié	20518
哟	yāo	6143
哟嗬	yāohē	47941
唷	yāo	16787
腰	yāo	2533
腰板儿	yāobǎnr	26142
腰包	yāobāo	14755
腰部	yāobù	19818
腰缠万贯	yāochánwànguàn	35961
腰带	yāodài	12990
腰袋	yāodài	56300
腰刀	yāodāo	40656
腰杆子	yāogǎnzi	45835
腰鼓	yāogǔ	22426
腰果	yāoguǒ	49670

腰花	yāohuā	51527
腰肌劳损	yāojī láosǔn	52822
腰身	yāoshēn	22478
腰酸	yāosuān	31426
腰围	yāowéi	33813
腰眼	yāoyǎn	41985
腰斩	yāozhǎn	36107
腰肢	yāozhī	22318
腰椎	yāozhuī	30767
腰子	yāozi	39150
邀	yāo	5262
邀宠	yāochǒng	38360
邀功	yāogōng	34327
邀集	yāojí	32779
邀请	yāoqǐng	1953
邀请赛	yāoqǐngsài	10438
邀请信	yāoqǐngxìn	42713
邀赏	yāoshǎng	47628
邀约	yāoyuē	35213
尧舜	Yáo-Shùn	27875
尧天舜日	yáotiān-shùnrì	56612
姚	Yáo	7051
窑	yáo	5524
窑顶	yáodǐng	44464
窑洞	yáodòng	9668
窑姐儿	yáojiěr	41528
窑坑	yáokēng	53275
谣	yáo	20400
谣传	yáochuán	23262
谣言	yáoyán	7985
谣谚	yáoyàn	55349
摇	yáo	2573
摇把	yáobà	46133
摇摆	yáobǎi	15208
摇摆舞	yáobǎiwǔ	55350
摇笔杆儿	yáobǐgǎnr	54283
摇船	yáochuán	33932
摇唇鼓舌	yáochún-gǔshé	54284
摇荡	yáodàng	28815
摇动	yáodòng	12755
摇鹅毛扇	yáo'émáoshàn	55784
摇滚	yáogǔn	23307
摇滚乐	yáogǔnyuè	30768
摇撼	yáohàn	28625
摇晃	yáohuàng	10592
摇篮	yáolán	10204
摇篮曲	yáolánqǔ	44223
摇橹	yáolǔ	42970
摇旗呐喊	yáoqí-nàhǎn	36424
摇钱树	yáoqiánshù	21605
摇身一变	yáoshēn-yībiàn	25261
摇手	yáoshǒu	21015
摇头	yáotóu	4588
摇头摆尾	yáotóu-bǎiwěi	37810
摇头晃脑	yáotóu-huàngnǎo	28454
摇头丸	yáotóuwán	28713
摇尾乞怜	yáowěi-qǐlián	43991
摇摇欲坠	yáoyáo-yùzhuì	28200
摇曳	yáoyè	13603
摇椅	yáoyǐ	43229
徭役	yáoyì	40873
遥测	yáocè	28816
遥感	yáogǎn	9624
遥控	yáokòng	16812
遥控器	yáokòngqì	29184
遥望	yáowàng	15822
遥相呼应	yáoxiānghūyìng	30546
遥想	yáoxiǎng	30547
遥遥	yáoyáo	18905
遥遥领先	yáoyáo-lǐngxiān	26280
遥遥无期	yáoyáo-wúqī	30769
遥远	yáoyuǎn	4889
遥指	yáozhǐ	42971
遥祝	yáozhù	47942
瑶池	yáochí	42714
瑶民	Yáomín	51528
瑶族	Yáozú	22114
杳然	yǎorán	45836
杳如黄鹤	yǎorúhuánghè	51143
杳无音信	yǎowúyīnxìn	38361
杳无音讯	yǎowúyīnxùn	44224
咬	yǎo	2685
咬定	yǎodìng	24088
咬耳朵	yǎo'ěrduo	42461
咬合	yǎohé	44954
咬紧牙关	yǎojǐn-yáguān	23600
咬舌	yǎoshé	54285
咬文嚼字	yǎowén-jiáozì	31674
咬牙切齿	yǎoyá-qièchǐ	16905
咬字	yǎozì	42972
咬嘴	yǎozuǐ	41293
舀	yǎo	13543
舀子	yǎozi	51939
窈窕	yǎotiǎo	25573
疟子	yàozi	53276
药	yào	1002
药补	yàobǔ	47943
药材	yàocái	9917
药草	yàocǎo	41089
药茶	yàochá	55785
药典	yàodiǎn	37268
药店	yàodiàn	7877
药饵	yào'ěr	49671
药方	yàofāng	14938
药房	yàofáng	12954
药费	yàofèi	23107
药粉	yàofěn	37269
药膏	yàogāo	38179
药工	yàogōng	38953
药罐子	yàoguànzi	44712
药害	yàohài	40003
药剂	yàojì	19474
药剂师	yàojìshī	42715
药检	yàojiǎn	30103
药酒	yàojiǔ	34328
药具	yàojù	46740
药理	yàolǐ	27224
药力	yàolì	39781
药棉	yàomián	44955
药面	yàomiàn	48923
药捻子	yàoniǎnzi	55786
药农	yàonóng	44713
药片	yàopiàn	26445
药品	yàopǐn	2315
药瓶	yàopíng	29288
药铺	yàopù	32643
药膳	yàoshàn	46741
药师	yàoshī	27953
药石	yàoshí	46442
药水	yàoshuǐ	19383
药丸	yàowán	32780
药味	yàowèi	42227
药物	yàowù	3304
药箱	yàoxiāng	26586
药效	yàoxiào	28541
药械	yàoxiè	49672
药性	yàoxìng	36587
药液	yàoyè	29378

药引子	yàoyǐnzi	52823
药用	yàoyòng	18295
药浴	yàoyù	51940
药皂	yàozào	53277
药渣	yàozhā	53278
药针	yàozhēn	46742
要	yào	17
要隘	yào'ài	36263
要案	yào'àn	32007
要不	yàobù	8491
要不得	yàobude	29081
要不然	yàobùrán	10301
要不是	yàobùshì	7709
要冲	yàochōng	24578
要道	yàodào	17331
要得	yàodé	41529
要地	yàodì	38560
要点	yàodiǎn	10394
要端	yàoduān	53789
要犯	yàofàn	31208
要饭	yàofàn	20642
要害	yàohài	10885
要好	yàohǎo	18603
要价	yàojià	24527
要件	yàojiàn	23871
要津	yàojīn	47317
要紧	yàojǐn	5775
要诀	yàojué	50389
要脸	yàoliǎn	14863
要领	yàolǐng	20121
要略	yàolüè	44956
要么	yàome	5791
要面子	yàomiànzi	28817
要命	yàomìng	9549
要目	yàomù	52379
要强	yàoqiáng	27954
要人	yàorén	32138
要塞	yàosài	21933
要事	yàoshì	42973
要是	yàoshi	2833
要死	yàosǐ	13346
要死不活	yàosǐ-bùhuó	54811
要素	yàosù	3235
要图	yàotú	50033
要位	yàowèi	12097
要闻	yàowén	2394
要务	yàowù	7190
要言	yàoyán	39151
要言不烦	yàoyán-bùfán	53279
要义	yàoyì	26281
要员	yàoyuán	22479
要则	yàozé	52380
要账	yàozhàng	47629
要职	yàozhí	24146
要旨	yàozhǐ	32902
要子	yàozi	54812
钥匙	yàoshi	5242
鹞鹰	yàoyīng	51144
鹞子	yàozi	42462
耀	yào	15313
耀斑	yàobān	26282
耀目	yàomù	40657
耀武扬威	yàowǔ-yángwēi	30890
耀眼	yàoyǎn	9576
耶和华	Yēhéhuá	42463
耶稣	Yēsū	11725
耶稣教	Yēsūjiào	46443
掖	yē	12576
椰林	yēlín	33409
椰蓉	yēróng	55351
椰树	yēshù	28201
椰枣	yēzǎo	39152
椰汁	yēzhī	53280
椰子	yēzi	24413
噎	yē	17979
爷	yé	3350
爷儿	yé'ér	44225
爷们儿	yémenr	11996
爷娘	yéniáng	43992
爷爷	yéye	2874
揶揄	yéyú	25946
也	yě	10
也罢	yěbà	8516
也好	yěhǎo	4363
也就是说	yějiùshìshuō	5110
也是	yěshì	610
也许	yěxǔ	828
冶	yě	14454
冶金	yějīn	8352
冶炼	yěliàn	14146
冶铸	yězhù	55787
野	yě	2983
野菜	yěcài	13077
野餐	yěcān	35380
野草	yěcǎo	14547
野炊	yěchuī	41745
野地	yědì	23059
野狗	yěgǒu	22535
野果	yěguǒ	32008
野汉子	yěhànzi	45837
野花	yěhuā	15190
野火	yěhuǒ	33410
野鸡	yějī	23205
野驴	yělú	37270
野马	yěmǎ	14223
野蛮	yěmán	9010
野猫	yěmāo	29999
野牛	yěniú	32139
野葡萄	yěpútao	52824
野蔷薇	yěqiángwēi	47024
野趣	yěqù	37995
野人	yěrén	19893
野山参	yěshānshēn	55788
野生	yěshēng	4049
野食	yěshí	46743
野史	yěshǐ	33665
野兽	yěshòu	11545
野兔	yětù	24210
野外	yěwài	8784
野味	yěwèi	22067
野物	yěwù	40225
野心	yěxīn	11576
野心勃勃	yěxīn-bóbó	34329
野心家	yěxīnjiā	30327
野性	yěxìng	20292
野鸭	yěyā	23441
野营	yěyíng	36426
野战	yězhàn	18604
野战军	yězhànjūn	20401
野战医院	yězhàn yīyuàn	39364
野雉	yězhì	55789
野种	yězhǒng	46134
野猪	yězhū	16865
业	yè	1179
业大	yèdà	41530
业户	yèhù	21170
业绩	yèjì	3993
业界	yèjiè	3456

业经	yèjīng	34614
业精于勤	yèjīngyúqín	51145
业内	yènèi	25071
业师	yèshī	53281
业态	yètài	8565
业务	yèwù	1101
业务员	yèwùyuán	19338
业已	yèyǐ	7551
业余	yèyú	4640
业主	yèzhǔ	5594
叶	yè	1772
叶公好龙	yègōng-hàolóng	45554
叶绿素	yèlǜsù	26368
叶轮	yèlún	41986
叶落归根	yèluò-guīgēn	43230
叶脉	yèmài	36108
叶面	yèmiàn	29888
叶片	yèpiàn	11508
叶酸	yèsuān	45838
叶芽	yèyá	44465
叶子	yèzi	6134
叶子烟	yèziyān	51146
页	yè	1514
页码	yèmǎ	45238
页面	yèmiàn	25196
页岩	yèyán	33411
曳光弹	yèguāngdàn	54813
夜	yè	897
夜班	yèbān	13562
夜半	yèbàn	14648
夜不闭户	yèbùbìhù	48924
夜餐	yècān	38954
夜叉	yècha	44466
夜长梦多	yècháng-mèngduō	41531
夜场	yèchǎng	47630
夜车	yèchē	37271
夜大学	yèdàxué	52381
夜饭	yèfàn	28133
夜工	yègōng	38362
夜光杯	yèguāngbēi	48581
夜光表	yèguāngbiǎo	54286
夜航	yèháng	36109
夜壶	yèhú	36917
夜话	yèhuà	38955
夜间	yèjiān	3097
夜景	yèjǐng	20008
夜空	yèkōng	11042
夜来香	yèláixiāng	24346
夜阑	yèlán	50759
夜郎自大	yèláng-zìdà	37443
夜里	yèli	4121
夜盲症	yèmángzhèng	56301
夜猫子	yèmāozi	31792
夜明珠	yèmíngzhū	41987
夜幕	yèmù	12838
夜曲	yèqǔ	47944
夜色	yèsè	10151
夜深人静	yèshēn-rénjìng	20402
夜生活	yèshēnghuó	32644
夜市	yèshì	20688
夜视仪	yèshìyí	51941
夜宿	yèsù	31427
夜晚	yèwǎn	4347
夜袭	yèxí	34182
夜宵	yèxiāo	33295
夜校	yèxiào	16130
夜行	yèxíng	28286
夜以继日	yèyǐjìrì	19146
夜莺	yèyīng	32009
夜游	yèyóu	32250
夜游神	yèyóushén	51147
夜战	yèzhàn	38561
夜总会	yèzǒnghuì	17893
液氮	yèdàn	39153
液化	yèhuà	15016
液化气	yèhuàqì	18774
液晶	yèjīng	14332
液态	yètài	17394
液体	yètǐ	7424
液压	yèyā	24211
谒见	yèjiàn	37640
腋	yè	23601
腋臭	yèchòu	56682
腋毛	yèmáo	55790
腋窝	yèwō	43462
腋下	yèxià	21682
一	yī	4
一把好手	yībǎ hǎoshǒu	44957
一把手	yībǎshǒu	5854
一把抓	yībǎzhuā	29780
一败涂地	yībài-túdì	28455
一般	yībān	282
一般化	yībānhuà	29568
一般见识	yībān jiànshi	32370
一般来说	yībān láishuō	12439
一斑	yībān	25333
一板一眼	yībǎn-yīyǎn	39154
一半	yībàn	1452
一半天	yībàntiān	41532
一饱眼福	yībǎoyǎnfú	40004
一辈子	yībèizi	3633
一本正经	yīběn-zhèngjīng	18049
一鼻孔出气	yī bíkǒng chūqì	47318
一笔带过	yībǐ-dàiguò	44958
一笔勾销	yībǐ-gōuxiāo	33412
一笔抹杀	yībǐ-mǒshā	50034
一臂之力	yībìzhīlì	29781
一边	yībiān	744
一边倒	yībiāndǎo	26446
一表人才	yībiǎo-réncái	44959
一并	yībìng	10395
一病不起	yībìng-bùqǐ	36588
一波三折	yībō-sānzhé	24938
一步到位	yībù-dàowèi	25004
一步登天	yībù-dēngtiān	40005
一部分	yībùfen	1434
一侧	yīcè	9060
一差二错	yīchā-èrcuò	56302
一刹那	yīchànà	13128
一场空	yīchángkōng	33168
一唱百和	yīchàng-bǎihè	55352
一唱一和	yīchàng-yīhè	40423
一尘不染	yīchén-bùrǎn	22169
一成不变	yīchéng-bùbiàn	17332
一程子	yīchéngzi	42974
一筹莫展	yīchóu-mòzhǎn	20079
一触即发	yīchù-jífā	27694
一触即溃	yīchù-jíkuì	53282
一锤定音	yīchuí-dìngyīn	32251
一锤子买卖	yī chuízi mǎimai	46136
一次性	yīcìxìng	6008
一蹴而就	yīcù'érjiù	18675
一大批	yīdàpī	4293
一大早	yīdàzǎo	9929
一代	yīdài	4272
一带	yīdài	2832
一带一路	yī dài yī lù	6378

一旦	yīdàn	1438
一刀两断	yīdāo-liǎngduàn	31551
一刀切	yīdāoqiē	15521
一道	yīdào	3666
一得之见	yīdézhījiàn	54287
一点儿	yīdiǎnr	6302
一点一滴	yīdiǎn-yīdī	17914
一丁点儿	yīdīngdiǎnr	35649
一定	yīdìng	120
一定之规	yīdìngzhīguī	43735
一动不动	yīdòngbùdòng	11773
一肚子	yīdùzi	11797
一度	yīdù	4159
一多半	yīduōbàn	32645
一二	yī'èr	9219
一二·九运动	Yī'èr-Jiǔ Yùndòng	51148
一发千钧	yīfà-qiānjūn	54814
一帆风顺	yīfān-fēngshùn	16328
一番	yīfān	6908
一反常态	yīfǎn-chángtài	28364
一方	yīfāng	3426
一方面	yīfāngmiàn	1764
一分为二	yīfēnwéi'èr	21105
一风吹	yīfēngchuī	51529
一改	yīgǎi	11027
一概	yīgài	9577
一概而论	yīgài'érlùn	31209
一干	yīgān	18015
一干二净	yīgān-èrjìng	23704
一竿子插到底	yī gānzi chā dào dǐ	55353
一个劲儿	yīgejìnr	18931
一个心眼儿	yī gè xīnyǎnr	42228
一根筋	yīgēnjīn	46744
一共	yīgòng	6849
一骨碌	yīgūlu	26727
一股劲儿	yīgǔjìnr	45839
一股脑儿	yīgǔnǎor	36589
一鼓作气	yīgǔ-zuòqì	24147
一贯	yīguàn	3656
一贯道	yīguàndào	52382
一贯性	yīguànxìng	43993
一棍子打死	yī gùnzi dǎ sǐ	53283
一锅端	yīguōduān	54288
一锅粥	yīguōzhōu	37090
一锅煮	yīguōzhǔ	51942
一国两制	yīguó-liǎngzhì	5050
一哄而起	yīhòng'érqǐ	25947
一哄而散	yīhòng'érsàn	36110
一哄而上	yīhòng'érshàng	26207
一呼百诺	yīhū-bǎinuò	51149
一呼百应	yīhū-bǎiyìng	39155
一晃	yīhuàng	13365
一挥而就	yīhuī'érjiù	36590
一回事	yīhuíshì	7670
一会儿	yīhuìr	2024
一伙儿	yīhuǒr	13024
一级	yījí	3500
一己	yījǐ	20787
一技之长	yījìzhīcháng	18271
一家人	yījiārén	5706
一家言	yījiāyán	40582
一家一户	yījiā-yīhù	18510
一家之言	yījiāzhīyán	41294
一家子	yījiāzi	18959
一见倾心	yījiàn-qīngxīn	39156
一见如故	yījiàn-rúgù	29684
一见钟情	yījiàn-zhōngqíng	26143
一箭双雕	yījiàn-shuāngdiāo	38956
一角	yījiǎo	7108
一经	yījīng	7349
一径	yījìng	40006
一举	yījǔ	5813
一举成名	yījǔ-chéngmíng	35650
一举两得	yījǔ-liǎngdé	23985
一句话	yījùhuà	5140
一决雌雄	yījué-cíxióng	42975
一蹶不振	yījué-bùzhèn	27955
一卡通	yīkǎtōng	11792
一孔之见	yīkǒngzhījiàn	53284
一口	yīkǒu	3002
一口气	yīkǒuqì	3532
一块儿	yīkuàir	6085
一来二去	yīlái-èrqù	28287
一览	yīlǎn	31098
一览表	yīlǎnbiǎo	37996
一览无余	yīlǎn-wúyú	27384
一揽子	yīlǎnzi	15881
一劳永逸	yīláo-yǒngyì	21934
一连	yīlián	7070
一连串	yīliánchuàn	10993
一连气儿	yīliánqìr	51530
一了百了	yīliǎo-bǎiliǎo	41533
一鳞半爪	yīlín-bànzhǎo	49294
一流	yīliú	3603
一溜儿	yīliùr	29185
一溜烟	yīliùyān	21060
一路	yīlù	2739
一路货	yīlùhuò	51943
一路顺风	yīlù-shùnfēng	37444
一律	yīlǜ	2693
一落千丈	yīluò-qiānzhàng	28818
一马当先	yīmǎ-dāngxiān	27876
一马平川	yīmǎ-píngchuān	40874
一码事	yīmǎshì	44467
一脉相承	yīmài-xiāngchéng	13088
一脉相传	yīmài-xiāngchuán	47319
一脉相通	yīmài-xiāngtōng	55791
一毛不拔	yīmáo-bùbá	42976
一门心思	yīmén-xīnsi	25574
一米线	yīmǐxiàn	51150
一面	yīmiàn	1456
一面之词	yīmiànzhīcí	44226
一面之交	yīmiànzhījiāo	48260
一鸣惊人	yīmíng-jīngrén	25873
一命呜呼	yīmìng-wūhū	37091
一模一样	yīmú-yīyàng	14147
一目了然	yīmù-liǎorán	14566
一目十行	yīmù-shíháng	51151
一年半载	yīnián-bànzǎi	28134
一年到头	yīnián-dàotóu	19441
一年生	yīniánshēng	51152
一念之差	yīniànzhīchā	42229
一诺千金	yīnuò-qiānjīn	45239
一拍即合	yīpāi-jíhé	30434
一盘棋	yīpánqí	24798
一盘散沙	yīpán-sǎnshā	31099
一旁	yīpáng	5554
一炮打响	yīpào-dǎxiǎng	36918
一片冰心	yīpiàn-bīngxīn	53790
一瞥	yīpiē	14656
一贫如洗	yīpín-rúxǐ	30104
一品红	yīpǐnhóng	47025
一齐	yīqí	5003
一起	yīqǐ	266
一气呵成	yīqì-hēchéng	27080
一钱不值	yīqián-bùzhí	30999

一窍不通	yīqiào-bùtōng	28626
一切	yīqiè	200
一清二白	yīqīng-èrbái	50390
一清二楚	yīqīng-èrchǔ	19171
一清早	yīqīngzǎo	24799
一穷二白	yīqióng-èrbái	33296
一丘之貉	yīqiūzhīhé	48261
一去不返	yīqù-bùfǎn	29087
一任	yīrèn	12426
一日千里	yīrì-qiānlǐ	32903
一如	yīrú	13616
一如既往	yīrú-jìwǎng	7556
一扫而光	yīsǎo'érguāng	26369
一扫而空	yīsǎo'érkōng	40658
一色	yīsè	16033
一霎	yīshà	31308
一闪念	yīshǎnniàn	47631
一身	yīshēn	5000
一生	yīshēng	1697
一生一世	yīshēng-yīshì	29569
一声不响	yīshēng-bùxiǎng	17709
一声令下	yīshēng-lìngxià	20083
一失足成千古恨	yī shīzú chéng qiāngǔ hèn	44468
一石二鸟	yīshí-èrniǎo	51944
一时	yīshí	2055
一时半会儿	yīshí-bànhuìr	39157
一时半刻	yīshí-bànkè	50760
一时间	yīshíjiān	8769
一时一刻	yīshí-yīkè	43994
一世	yīshì	5919
一事无成	yīshì-wúchéng	25143
一视同仁	yīshì-tóngrén	14120
一手	yīshǒu	2616
一手包办	yīshǒu-bāobàn	44469
一手遮天	yīshǒu-zhētiān	41295
一顺儿	yīshùnr	55792
一瞬	yīshùn	15017
一瞬间	yīshùnjiān	8978
一丝不苟	yīsī-bùgǒu	13387
一丝不挂	yīsī-bùguà	28456
一丝一毫	yīsī-yīháo	30331
一塌糊涂	yītāhútú	20080
一潭死水	yītán-sǐshuǐ	43995
一体	yītǐ	3924
一体化	yītǐhuà	3929
一天到晚	yītiān-dàowǎn	11091
一条龙	yītiáolóng	10458
一条心	yītiáoxīn	23206
一通百通	yītōng-bǎitōng	52825
一同	yītóng	3876
一统天下	yītǒng-tiānxià	25262
一通	yītòng	9346
一头	yītóu	5797
一头雾水	yītóu-wùshuǐ	35520
一吐为快	yītǔwéikuài	42977
一团和气	yītuán-héqì	33297
一团漆黑	yītuán-qīhēi	43737
一团糟	yītuánzāo	34746
一碗水端平	yī wǎn shuǐ duān píng	51531
一网打尽	yīwǎng-dǎjìn	25197
一往情深	yīwǎng-qíngshēn	27081
一往无前	yīwǎng-wúqián	23396
一望无边	yīwàng-wúbiān	46444
一望无际	yīwàng-wújì	18713
一望无垠	yīwàng-wúyín	39587
一味	yīwèi	7728
一文不名	yīwén-bùmíng	46745
一文不值	yīwén-bùzhí	30595
一窝蜂	yīwōfēng	22221
一无是处	yīwúshìchù	33298
一无所得	yīwúsuǒdé	43996
一无所获	yīwúsuǒhuò	24275
一无所见	yīwúsuǒjiàn	55793
一无所能	yīwúsuǒnéng	52827
一无所求	yīwúsuǒqiú	55794
一无所有	yīwúsuǒyǒu	18412
一无所知	yīwúsuǒzhī	17372
一五一十	yīwǔ-yīshí	22170
一物降一物	yī wù xiáng yī wù	50391
一息尚存	yīxī-shàngcún	43231
一席话	yīxíhuà	16215
一席谈	yīxítán	43738
一席之地	yīxízhīdì	14756
一系列	yīxìliè	3131
一下	yīxià	575
一下子	yīxiàzi	3720
一显身手	yīxiǎn-shēnshǒu	41296
一线	yīxiàn	4216
一厢情愿	yīxiāng-qíngyuàn	24472
一向	yīxiàng	3777
一小撮	yīxiǎocuō	22068
一笑置之	yīxiào-zhìzhī	39782
一些	yīxiē	86
一泻千里	yīxiè-qiānlǐ	36919
一心	yīxīn	7050
一心一德	yīxīn-yīdé	52383
一心一意	yīxīn-yīyì	10505
一新	yīxīn	5778
一星儿	yīxīngr	16307
一星半点儿	yīxīng-bàndiǎnr	45240
一行	yīxíng	2324
一宿	yīxiǔ	20945
一言九鼎	yīyán-jiǔdǐng	43463
一言难尽	yīyán-nánjìn	31552
一言堂	yīyántáng	32646
一言为定	yīyánwéidìng	30653
一言一行	yīyán-yīxíng	19413
一言以蔽之	yī yán yǐ bì zhī	34183
一眼	yīyǎn	5722
一氧化碳	yīyǎnghuàtàn	20366
一样	yīyàng	224
一叶知秋	yīyè-zhīqiū	54289
一一	yīyī	3801
一衣带水	yīyīdàishuǐ	35214
一意孤行	yīyì-gūxíng	19745
一应	yīyīng	22427
一应俱全	yīyīng-jùquán	18386
一拥而上	yīyōng'érshàng	22090
一语道破	yīyǔ-dàopò	31896
一语破的	yīyǔ-pòdì	52828
一语双关	yīyǔ-shuāngguān	41297
一语中的	yīyǔ-zhòngdì	44960
一元化	yīyuánhuà	32140
一再	yīzài	3917
一早	yīzǎo	8152
一眨眼	yīzhǎyǎn	24528
一展身手	yīzhǎn-shēnshǒu	50392
一张一弛	yīzhāng-yīchí	47632
一朝	yīzhāo	16368
一朝一夕	yīzhāo-yīxī	22673
一者	yīzhě	47320
一针见血	yīzhēn-jiànxiě	18800
一阵	yīzhèn	1819
一阵风	yīzhènfēng	13604
一阵子	yīzhènzi	9347
一争高低	yīzhēnggāodī	48262

一整套	yīzhěngtào	9676
一怔	yīzhèng	12230
一知半解	yīzhī-bànjiě	32517
一直	yīzhí	258
一纸空文	yīzhǐ-kōngwén	26864
一致	yīzhì	1105
一掷千金	yīzhì-qiānjīn	38180
一专多能	yīzhuān-duōnéng	33666
一砖一瓦	yīzhuān-yīwǎ	38957
一转眼	yīzhuǎnyǎn	26948
一准	yīzhǔn	24212
一字不差	yīzì-bùchà	39454
一字长蛇阵	yīzì chángshézhèn	51945
一字千金	yīzì-qiānjīn	50761
一总	yīzǒng	40226
一走了之	yīzǒu-liǎozhī	35521
伊	yī	2058
伊甸园	yīdiànyuán	30105
伊人	yīrén	16933
伊始	yīshǐ	10378
伊斯兰堡	Yīsīlánbǎo	9272
伊斯兰教	Yīsīlánjiào	10305
衣	yī	2995
衣摆	yībǎi	52829
衣钵	yībō	36111
衣不蔽体	yībùbìtǐ	48925
衣不解带	yībùjiědài	55795
衣橱	yīchú	29290
衣带	yīdài	30548
衣袋	yīdài	12931
衣兜	yīdōu	24347
衣服	yīfu	1556
衣钩	yīgōu	50393
衣冠	yīguān	17008
衣冠楚楚	yīguān-chǔchǔ	33169
衣冠禽兽	yīguān-qínshòu	47945
衣冠冢	yīguānzhǒng	47321
衣柜	yīguì	19503
衣架	yījià	27158
衣角	yījiǎo	22848
衣襟	yījīn	11774
衣锦还乡	yījǐn-huánxiāng	37272
衣扣	yīkòu	37273
衣裤	yīkù	18413
衣料	yīliào	21242
衣领	yīlǐng	19527
衣帽间	yīmàojiān	56303
衣裙	yīqún	21016
衣衫	yīshān	13768
衣裳	yīshang	6155
衣食	yīshí	16012
衣食住行	yī-shí-zhù-xíng	20519
衣饰	yīshì	30106
衣物	yīwù	11440
衣箱	yīxiāng	30654
衣袖	yīxiù	17395
衣着	yīzhuó	12489
衣装	yīzhuāng	33131
医	yī	3509
医案	yī'àn	55354
医保	yībǎo	6558
医道	yīdào	37445
医德	yīdé	12955
医方	yīfāng	45840
医改	yīgǎi	26189
医护	yīhù	6394
医科	yīkē	15837
医理	yīlǐ	50394
医疗	yīliáo	1727
医疗队	yīliáoduì	10777
医生	yīshēng	736
医师	yīshī	9190
医士	yīshì	41534
医书	yīshū	32781
医术	yīshù	15191
医务	yīwù	5033
医务室	yīwùshì	25452
医学	yīxué	2516
医药	yīyào	3629
医院	yīyuàn	519
医治	yīzhì	8353
医嘱	yīzhǔ	29475
依	yī	2073
依傍	yībàng	30549
依此类推	yīcǐ-lèituī	42978
依次	yīcì	7100
依从	yīcóng	28202
依存	yīcún	13089
依法	yīfǎ	1485
依附	yīfù	13643
依旧	yījiù	3944
依据	yījù	1879
依靠	yīkào	1688
依赖	yīlài	4144
依恋	yīliàn	16172
依凭	yīpíng	51153
依然	yīrán	1141
依然故我	yīrán-gùwǒ	38958
依然如故	yīrán-rúgù	30000
依山傍水	yīshān-bàngshuǐ	34615
依顺	yīshùn	47633
依托	yītuō	4449
依偎	yīwēi	21317
依稀	yīxī	16173
依依	yīyī	17530
依依不舍	yīyī-bùshě	22271
依依惜别	yīyī-xībié	36920
依仗	yīzhàng	26086
依照	yīzhào	3043
咿呀	yīyā	38181
铱	yī	28040
揖	yī	9069
揖让	yīràng	45841
壹	yī	22368
噫	yī	31553
仪表	yíbiǎo	12368
仪表堂堂	yíbiǎo-tángtáng	41298
仪礼	yílǐ	36921
仪器	yíqì	5279
仪容	yíróng	37997
仪式	yíshì	1921
仪态	yítài	33299
仪态万方	yítài-wànfāng	47634
仪仗	yízhàng	23705
仪仗队	yízhàngduì	19064
夷灭	yímiè	47026
夷为平地	yíwéipíngdì	30655
饴糖	yítáng	55796
怡然	yírán	31210
怡然自得	yírán-zìdé	33498
怡人	yírén	47946
怡悦	yíyuè	53285
宜	yí	3015
宜人	yírén	14350
宜于	yíyú	22902
咦	yí	10867
贻害	yíhài	29889
贻害无穷	yíhài-wúqióng	40007

以此类推	yǐcǐ-lèituī	39783
以次	yǐcì	44714
以德报怨	yǐdé-bàoyuàn	46137
以东	yǐdōng	15263
以毒攻毒	yǐdú-gōngdú	43739
以讹传讹	yǐ'é-chuán'é	36922
以防不测	yǐfángbùcè	41536
以防万一	yǐfángwànyī	41537
以工代干	yǐgōng-dàigàn	51154
以工代赈	yǐgōng-dàizhèn	40228
以攻为守	yǐgōng-wéishǒu	45243
以观后效	yǐguānhòuxiào	45842
以后	yǐhòu	292
以及	yǐjí	234
以假乱真	yǐjiǎ-luànzhēn	33668
以近	yǐjìn	45843
以儆效尤	yǐjǐngxiàoyóu	43740
以来	yǐlái	440
以泪洗面	yǐlèi-xǐmiàn	37642
以礼相待	yǐlǐ-xiāngdài	37998
以理服人	yǐlǐ-fúrén	30770
以利于	yǐlìyú	18605
以邻为壑	yǐlín-wéihè	46138
以卵击石	yǐluǎn-jīshí	50395
以貌取人	yǐmào-qǔrén	47027
以免	yǐmiǎn	7372
以南	yǐnán	10108
以内	yǐnèi	6621
以偏概全	yǐpiān-gàiquán	37643
以期	yǐqī	12651
以前	yǐqián	649
以强凌弱	yǐqiáng-língruò	42464
以求	yǐqiú	8871
以权谋私	yǐquán-móusī	12143
以人废言	yǐrén-fèiyán	55355
以柔克刚	yǐróu-kègāng	44470
以弱胜强	yǐruò-shèngqiáng	39589
以上	yǐshàng	477
以少胜多	yǐshǎo-shèngduō	43997
以身试法	yǐshēn-shìfǎ	34905
以身相许	yǐshēn-xiāngxǔ	50035
以身许国	yǐshēn-xǔguó	48263
以身殉职	yǐshēn-xùnzhí	31897
以身作则	yǐshēn-zuòzé	13102
以退为进	yǐtuì-wéijìn	40424
以外	yǐwài	1956
以往	yǐwǎng	2524
以为	yǐwéi	945
以西	yǐxī	15114
以下	yǐxià	1018
以小见大	yǐxiǎo-jiàndà	42231
以眼还眼，以牙还牙	yǐyǎn-huányǎn, yǐyá-huányá	54815
以一当十	yǐyī-dāngshí	41990
以逸待劳	yǐyì-dàiláo	31794
以远	yǐyuǎn	48582
以怨报德	yǐyuàn-bàodé	46139
以正视听	yǐzhèngshìtīng	46445
以至	yǐzhì	5423
以至于	yǐzhìyú	9567
以致	yǐzhì	6176
以致于	yǐzhìyú	32010
以资鼓励	yǐzīgǔlì	55797
迤逦	yǐlǐ	31554
蚁	yǐ	15899
蚁后	yǐhòu	55798
倚	yǐ	6610
倚靠	yǐkào	27695
倚赖	yǐlài	40659
倚老卖老	yǐlǎo-màilǎo	41991
倚势	yǐshì	42232
倚仗	yǐzhàng	33936
倚重	yǐzhòng	28899
椅垫	yǐdiàn	44227
椅子	yǐzi	4240
旖旎	yǐnǐ	31428
亿	yì	2772
亿万	yìwàn	6740
亿万斯年	yìwànsīnián	53289
义	yì	2154
义不容辞	yìbùróngcí	11311
义仓	yìcāng	42765
义齿	yìchǐ	50764
义愤	yìfèn	21061
义愤填膺	yìfèn-tiányīng	25645
义父	yìfù	28716
义工	yìgōng	45244
义和团	yìhétuán	17792
义举	yìjǔ	25576
义捐	yìjuān	52832
义军	yìjūn	10371
义理	yìlǐ	16408
义卖	yìmài	27696
义母	yìmǔ	48583
义女	yìnǚ	35651
义旗	yìqí	39159
义气	yìqi	17215
义赛	yìsài	26747
义师	yìshī	39590
义士	yìshì	26370
义无反顾	yìwúfǎngù	16726
义务	yìwù	1768
义务兵	yìwùbīng	25198
义务工	yìwùgōng	28717
义务教育	yìwù jiàoyù	4410
义务劳动	yìwù láodòng	21362
义项	yìxiàng	53792
义学	yìxué	49296
义演	yìyǎn	22069
义勇	yìyǒng	36113
义勇军	yìyǒngjūn	20009
义诊	yìzhěn	16701
义正词严	yìzhèng-cíyán	36923
义冢	yìzhǒng	51534
义子	yìzǐ	35381
艺	yì	5500
艺妓	yìjì	50765
艺林	yìlín	51155
艺名	yìmíng	42979
艺人	yìrén	8612
艺术	yìshù	232
艺术家	yìshùjiā	2297
艺术片	yìshùpiàn	37277
艺术品	yìshùpǐn	9705
艺术体操	yìshù tǐcāo	51948
艺术性	yìshùxìng	11483
艺术照	yìshùzhào	54816
艺徒	yìtú	54818
艺校	yìxiào	41300
艺苑	yìyuàn	32519
忆	yì	9169
忆苦思甜	yìkǔ-sītián	41992
忆述	yìshù	54819
议	yì	2697
议案	yì'àn	4256
议程	yìchéng	7454
议定	yìdìng	17760
议定书	yìdìngshū	7841

议而不决	yì'érbùjué	55799
议购	yìgòu	50396
议和	yìhé	14293
议会	yìhuì	2584
议会制	yìhuìzhì	37811
议价	yìjià	33669
议决	yìjué	22536
议论	yìlùn	3575
议论文	yìlùnwén	42719
议事	yìshì	8471
议题	yìtí	5603
议席	yìxí	17312
议员	yìyuán	3736
议院	yìyuàn	24213
议长	yìzhǎng	4149
议政	yìzhèng	9706
屹立	yìlì	14294
屹然	yìrán	43464
亦	yì	1263
亦步亦趋	yìbù-yìqū	30328
亦即	yìjí	14237
亦然	yìrán	28900
亦庄亦谐	yìzhuāng-yìxié	52833
异	yì	3436
异邦	yìbāng	38182
异才	yìcái	52834
异彩	yìcǎi	24277
异常	yìcháng	2463
异地	yìdì	10126
异读	yìdú	55356
异端	yìduān	27624
异端邪说	yìduān-xiéshuō	46140
异国	yìguó	14657
异国他乡	yìguó-tāxiāng	24214
异乎寻常	yìhū-xúncháng	24215
异化	yìhuà	16634
异己	yìjǐ	25646
异见	yìjiàn	53793
异教	yìjiào	43741
异军突起	yìjūn-tūqǐ	20367
异口同声	yìkǒu-tóngshēng	16385
异类	yìlèi	33413
异曲同工	yìqǔ-tónggōng	33937
异趣	yìqù	47635
异人	yìrén	41538
异日	yìrì	54290
异体	yìtǐ	31795
异体字	yìtǐzì	46141
异同	yìtóng	25144
异味	yìwèi	26283
异文	yìwén	50397
异闻	yìwén	45245
异物	yìwù	23500
异乡	yìxiāng	18676
异香	yìxiāng	37644
异想天开	yìxiǎng-tiānkāi	26144
异心	yìxīn	35652
异型	yìxíng	43742
异性	yìxìng	11853
异姓	yìxìng	34473
异言	yìyán	36755
异样	yìyàng	9941
异议	yìyì	9313
异于	yìyú	18677
异域	yìyù	24628
异族	yìzú	25577
抑或	yìhuò	15314
抑扬	yìyáng	34330
抑扬顿挫	yìyángdùncuò	29571
抑郁	yìyù	13480
抑郁症	yìyùzhèng	23264
抑止	yìzhǐ	33815
抑制	yìzhì	4210
呓语	yìyǔ	31898
佚名	yìmíng	47028
佚失	yìshī	56307
佚文	yìwén	43998
役	yì	8727
役畜	yìchù	53290
役使	yìshǐ	35047
译	yì	4336
译本	yìběn	10666
译电	yìdiàn	52386
译稿	yìgǎo	34906
译介	yìjiè	36756
译码	yìmǎ	47947
译名	yìmíng	28542
译述	yìshù	54820
译文	yìwén	13129
译音	yìyīn	36114
译员	yìyuán	37092
译者	yìzhě	14023
译制	yìzhì	46142
译制片	yìzhìpiàn	50398
译注	yìzhù	47029
译著	yìzhù	31796
译作	yìzuò	19274
易	yì	1628
易爆	yìbào	36591
易地	yìdì	27385
易货	yìhuò	44471
易货贸易	yìhuò màoyì	50036
易拉罐	yìlāguàn	23446
易燃	yìrán	30107
易燃物	yìránwù	52387
易如反掌	yìrúfǎnzhǎng	38364
易手	yìshǒu	43999
易守难攻	yìshǒu-nángōng	47030
易损	yìsǔn	39365
易位	yìwèi	42720
易姓	yìxìng	51949
易于	yìyú	9740
易帜	yìzhì	48927
易主	yìzhǔ	40229
驿道	yìdào	41993
驿站	yìzhàn	20477
轶事	yìshì	24415
轶闻	yìwén	36429
奕	yì	38183
奕奕	yìyì	43233
疫病	yìbìng	9560
疫苗	yìmiáo	6221
疫情	yìqíng	3464
疫区	yìqū	9984
益	yì	4681
益虫	yìchóng	47323
益处	yìchù	13890
益发	yìfā	31555
益母草	yìmǔcǎo	55357
益鸟	yìniǎo	45844
益寿	yìshòu	44961
益友	yìyǒu	44962
益智	yìzhì	30329
逸趣	yìqù	53794
翌年	yìnián	25578
翌日	yìrì	18452
肄业	yìyè	36430
意	yì	1387

意表	yìbiǎo	44715
意大利	Yìdàlì	2350
意会	yìhuì	30108
意见	yìjiàn	359
意见簿	yìjiànbù	45845
意见箱	yìjiànxiāng	27544
意境	yìjìng	9370
意料	yìliào	10838
意马心猿	yìmǎ-xīnyuán	54821
意念	yìniàn	17612
意气	yìqì	23207
意气风发	yìqì-fēngfā	22726
意气相投	yìqì-xiāngtóu	52388
意气用事	yìqì-yòngshì	40875
意趣	yìqù	29379
意识	yìshí	553
意识流	yìshíliú	35963
意识形态	yìshí xíngtài	6424
意思	yìsi	1746
意态	yìtài	44716
意图	yìtú	8097
意外	yìwài	2528
意味	yìwèi	4857
意味着	yìwèizhe	3481
意味深长	yìwèi-shēncháng	15244
意下	yìxià	31211
意想	yìxiǎng	37278
意向	yìxiàng	9242
意向书	yìxiàngshū	23003
意象	yìxiàng	12006
意兴	yìxìng	42233
意义	yìyì	334
意译	yìyì	36115
意犹未尽	yìyóuwèijìn	26371
意愿	yìyuàn	5099
意蕴	yìyùn	19089
意在言外	yìzàiyánwài	50399
意旨	yìzhǐ	22115
意志	yìzhì	2292
意中人	yìzhōngrén	34907
溢	yì	8017
溢出	yìchū	19172
溢美	yìměi	35383
溢于言表	yìyúyánbiǎo	20820
缢死	yìsǐ	42699
毅力	yìlì	10275
毅然	yìrán	8029
毅然决然	yìrán-juérán	29186
熠熠	yìyì	23208
熠熠生辉	yìyì-shēnghuī	22344
薏米	yìmǐ	54291
臆测	yìcè	40876
臆断	yìduàn	33301
臆说	yìshuō	55358
臆想	yìxiǎng	33529
臆造	yìzào	33816
翼	yì	9205
癔病	yìbìng	53291
因	yīn	163
因材施教	yīncái-shījiào	25874
因此	yīncǐ	175
因地制宜	yīndì-zhìyí	6533
因而	yīn'ér	1375
因公	yīngōng	17484
因故	yīngù	22537
因果	yīnguǒ	11364
因祸得福	yīnhuò-défú	42722
因陋就简	yīnlòu-jiùjiǎn	34908
因人成事	yīnrén-chéngshì	50037
因人而异	yīnrén'éryì	25401
因人制宜	yīnrén-zhìyí	46143
因时制宜	yīnshí-zhìyí	40009
因势利导	yīnshì-lìdǎo	17816
因事制宜	yīnshì-zhìyí	52835
因素	yīnsù	1026
因特网	Yīntèwǎng	7075
因为	yīnwèi	106
因袭	yīnxí	31212
因小失大	yīnxiǎo-shīdà	39784
因循	yīnxún	20478
因循守旧	yīnxún-shǒujiù	20643
因噎废食	yīnyē-fèishí	36116
因由	yīnyóu	37279
因缘	yīnyuán	23108
因之	yīnzhī	12208
因子	yīnzǐ	9050
阴	yīn	1970
阴暗	yīn'àn	11288
阴暗面	yīn'ànmiàn	35215
阴部	yīnbù	46446
阴惨	yīncǎn	53292
阴曹	yīncáo	39591
阴差阳错	yīnchā-yángcuò	38564
阴沉	yīnchén	13522
阴沉沉	yīnchénchén	25647
阴错阳差	yīncuò-yángchā	50038
阴道	yīndào	28627
阴德	yīndé	44963
阴电	yīndiàn	55359
阴毒	yīndú	44000
阴风	yīnfēng	34474
阴干	yīngān	53795
阴功	yīngōng	52836
阴沟	yīngōu	30771
阴晦	yīnhuì	46447
阴魂	yīnhún	36117
阴极	yīnjí	24529
阴间	yīnjiān	24278
阴茎	yīnjīng	42981
阴冷	yīnlěng	20520
阴历	yīnlì	22272
阴历年	yīnlìnián	32444
阴凉	yīnliáng	26208
阴霾	yīnmái	20042
阴毛	yīnmáo	51535
阴门	yīnmén	54822
阴面	yīnmiàn	51156
阴谋	yīnmóu	6815
阴谋诡计	yīnmóu-guǐjì	34617
阴谋家	yīnmóujiā	34184
阴囊	yīnnáng	51157
阴平	yīnpíng	50039
阴柔	yīnróu	34909
阴森	yīnsēn	22369
阴森森	yīnsēnsēn	25145
阴湿	yīnshī	34748
阴司	yīnsī	48584
阴私	yīnsī	43745
阴天	yīntiān	21646
阴文	yīnwén	56308
阴险	yīnxiǎn	19528
阴笑	yīnxiào	55360
阴性	yīnxìng	28203
阴虚	yīnxū	40010
阴阳	yīnyáng	8940
阴阳怪气	yīnyáng-guàiqì	33414
阴阳人	yīnyángrén	55800
阴阳先生	yīnyáng xiānsheng	31556

引而不发	yǐn'érbùfā	49297
引发	yǐnfā	3338
引吭高歌	yǐnháng-gāogē	32011
引航	yǐnháng	48265
引号	yǐnhào	40011
引火	yǐnhuǒ	34331
引火烧身	yǐnhuǒ-shāoshēn	42726
引火线	yǐnhuǒxiàn	49298
引见	yǐnjiàn	28457
引荐	yǐnjiàn	33415
引进	yǐnjìn	1836
引经据典	yǐnjīng-jùdiǎn	35049
引颈	yǐnjǐng	34185
引咎	yǐnjiù	42982
引狼入室	yǐnláng-rùshì	39160
引力	yǐnlì	14351
引领	yǐnlǐng	3823
引流	yǐnliú	38566
引路	yǐnlù	15594
引论	yǐnlùn	48929
引起	yǐnqǐ	502
引桥	yǐnqiáo	39592
引擎	yǐnqíng	20294
引燃	yǐnrán	34910
引人入胜	yǐnrén-rùshèng	18678
引人深思	yǐnrén-shēnsī	33670
引人瞩目	yǐnrén-zhǔmù	24800
引人注目	yǐnrén-zhùmù	6686
引入	yǐnrù	4325
引蛇出洞	yǐnshé-chūdòng	48930
引申	yǐnshēn	25334
引申义	yǐnshēnyì	56683
引述	yǐnshù	27956
引水	yǐnshuǐ	11378
引水渠	yǐnshuǐqú	36682
引退	yǐntuì	30435
引文	yǐnwén	25199
引线	yǐnxiàn	27225
引向	yǐnxiàng	9522
引信	yǐnxìn	43235
引言	yǐnyán	24279
引以为戒	yǐnyǐwéijiè	27697
引以为荣	yǐnyǐwéiróng	34332
引以为自豪	yǐnyǐwéizìháo	35050
引用	yǐnyòng	7641
引诱	yǐnyòu	12062
引语	yǐnyǔ	47032
引证	yǐnzhèng	29082
引致	yǐnzhì	40230
引智	yǐnzhì	26548
引种	yǐnzhòng	17185
引资	yǐnzī	13014
引自	yǐnzì	30223
引子	yǐnzi	29291
引座	yǐnzuò	55363
饮	yǐn	1765
饮弹	yǐndàn	52838
饮恨	yǐnhèn	37813
饮酒	yǐnjiǔ	10497
饮料	yǐnliào	6842
饮片	yǐnpiàn	28365
饮品	yǐnpǐn	24866
饮泣	yǐnqì	36118
饮食	yǐnshí	5153
饮食业	yǐnshíyè	34749
饮水思源	yǐnshuǐ-sīyuán	39368
饮宴	yǐnyàn	51537
饮用	yǐnyòng	10385
饮誉	yǐnyù	40012
饮鸩止渴	yǐnzhèn-zhǐkě	40013
隐	yǐn	5675
隐蔽	yǐnbì	9167
隐避	yǐnbì	54825
隐藏	yǐncáng	7721
隐遁	yǐndùn	45850
隐恶扬善	yǐn'è-yángshàn	56309
隐伏	yǐnfú	30550
隐含	yǐnhán	21827
隐患	yǐnhuàn	4605
隐讳	yǐnhuì	31429
隐晦	yǐnhuì	37093
隐疾	yǐnjí	52391
隐居	yǐnjū	20902
隐瞒	yǐnmán	8747
隐秘	yǐnmì	16744
隐没	yǐnmò	26950
隐匿	yǐnnì	18960
隐情	yǐnqíng	23341
隐忍	yǐnrěn	25649
隐身	yǐnshēn	25804
隐士	yǐnshì	24530
隐私	yǐnsī	11974
隐私权	yǐnsīquán	20690
隐痛	yǐntòng	28902
隐退	yǐntuì	36924
隐现	yǐnxiàn	30109
隐形	yǐnxíng	20946
隐形飞机	yǐnxíng fēijī	53796
隐形眼镜	yǐnxíng yǎnjìng	48931
隐性	yǐnxìng	19894
隐姓埋名	yǐnxìng-máimíng	35654
隐逸	yǐnyì	39369
隐隐	yǐnyǐn	8718
隐忧	yǐnyōu	23004
隐语	yǐnyǔ	29292
隐喻	yǐnyù	29572
隐约	yǐnyuē	11602
隐衷	yǐnzhōng	40877
瘾	yǐn	11190
瘾君子	yǐnjūnzǐ	42467
瘾头	yǐntóu	48932
印	yìn	1320
印儿	yìnr	42468
印把子	yìnbàzi	48266
印本	yìnběn	34186
印第安人	Yìndì'ānrén	17683
印度	Yìndù	1384
印度教	Yìndùjiào	28289
印度尼西亚	Yìndùníxīyà	8807
印度洋	Yìndùyáng	10338
印发	yìnfā	8667
印痕	yìnhén	28903
印花	yìnhuā	16608
印花布	yìnhuābù	40660
印花税	yìnhuāshuì	26284
印记	yìnjì	18639
印件	yìnjiàn	45851
印鉴	yìnjiàn	37094
印刻	yìnkè	50770
印尼	Yìnní	4300
印泥	yìnní	47950
印欧语	Yìn-Ōu yǔ	48933
印染	yìnrǎn	20553
印色	yìnse	55803
印数	yìnshù	28719
印刷	yìnshuā	5809
印刷品	yìnshuāpǐn	22070
印刷体	yìnshuātǐ	45852

印堂	yìntáng	43236
印玺	yìnxǐ	53797
印象	yìnxiàng	1699
印信	yìnxìn	38567
印行	yìnxíng	18830
印油	yìnyóu	55804
印张	yìnzhāng	48585
印章	yìnzhāng	10813
印证	yìnzhèng	12506
印制	yìnzhì	9802
印子	yìnzi	34911
印子钱	yìnziqián	49299
饮	yìn	9643
饮马	yìnmǎ	36925
荫庇	yìnbì	48267
荫蔽	yìnbì	44228
荫凉	yìnliáng	31899
荫翳	yìnyì	54295
应	yīng	1221
应当	yīngdāng	326
应得	yīngdé	17580
应分	yīngfèn	41994
应否	yīngfǒu	37814
应该	yīnggāi	191
应届	yīngjiè	13347
应声	yìngshēng	15292
应许	yīngxǔ	43237
应有尽有	yīngyǒu-jìnyǒu	18100
应允	yīngyǔn	18387
英	yīng	996
英镑	yīngbàng	15210
英才	yīngcái	16549
英尺	yīngchǐ	21683
英寸	yīngcùn	13534
英国	Yīngguó	723
英豪	yīngháo	32782
英魂	yīnghún	38568
英杰	yīngjié	35964
英俊	yīngjùn	12342
英里	yīnglǐ	19442
英联邦	Yīngliánbāng	32783
英烈	yīngliè	17835
英灵	yīnglíng	27159
英名	yīngmíng	28366
英明	yīngmíng	12181
英模	yīngmó	14396
英亩	yīngmǔ	31309
英年	yīngnián	54296
英气	yīngqì	30772
英文	Yīngwén	4167
英武	yīngwǔ	21318
英雄	yīngxióng	1090
英雄气短	yīngxióng-qìduǎn	46145
英雄主义	yīngxióng zhǔyì	21017
英勇	yīngyǒng	6112
英语	Yīngyǔ	3036
英制	yīngzhì	54826
英姿	yīngzī	22116
英姿飒爽	yīngzī-sàshuǎng	35655
莺歌燕舞	yīnggē-yànwǔ	44229
婴儿	yīng'ér	4871
婴孩	yīnghái	24036
嘤嘤	yīngyīng	25514
罂粟	yīngsù	17040
缨子	yīngzi	48934
璎珞	yīngluò	46448
樱花	yīnghuā	17396
樱桃	yīngtao	12307
鹦哥	yīngge	37815
鹦鹉	yīngwǔ	16550
鹦鹉螺	yīngwǔluó	47324
鹦鹉学舌	yīngwǔ-xuéshé	46449
鹰	yīng	8051
鹰派	yīngpài	26002
鹰犬	yīngquǎn	38736
鹰隼	yīngsǔn	43238
鹰洋	yīngyáng	51161
鹰爪	yīngzhǎo	45246
迎	yíng	2342
迎宾馆	yíngbīnguǎn	41746
迎春	yíngchūn	9467
迎春花	yíngchūnhuā	37448
迎风	yíngfēng	13644
迎合	yínghé	11207
迎候	yínghòu	20947
迎击	yíngjī	28135
迎接	yíngjiē	2258
迎来送往	yínglái-sòngwǎng	32371
迎面	yíngmiàn	8861
迎亲	yíngqīn	32784
迎娶	yíngqǔ	39789
迎刃而解	yíngrèn'érjiě	19746
迎送	yíngsòng	26728
迎头	yíngtóu	25805
迎头赶上	yíngtóu-gǎnshàng	27698
迎头痛击	yíngtóu-tòngjī	36593
迎新	yíngxīn	26865
迎迓	yíngyà	51162
迎战	yíngzhàn	9907
荧光	yíngguāng	17238
荧光灯	yíngguāngdēng	38188
荧光粉	yíngguāngfěn	47033
荧光屏	yíngguāngpíng	23501
荧幕	yíngmù	52839
荧屏	yíngpíng	10123
盈	yíng	8714
盈亏	yíngkuī	19415
盈利	yínglì	6776
盈门	yíngmén	27878
盈盈	yíngyíng	18987
盈余	yíngyú	17613
莹莹	yíngyíng	28819
萤	yíng	30110
萤光	yíngguāng	45247
萤火	yínghuǒ	38189
萤火虫	yínghuǒchóng	25072
萤石	yíngshí	52392
营	yíng	1805
营部	yíngbù	38569
营地	yíngdì	12296
营房	yíngfáng	15522
营建	yíngjiàn	26660
营救	yíngjiù	11079
营垒	yínglěi	25806
营利	yínglì	16237
营盘	yíngpán	24739
营区	yíngqū	17373
营生	yíngshēng, yíngsheng	21558
营私	yíngsī	35384
营私舞弊	yíngsī-wǔbì	37280
营销	yíngxiāo	4732
营养	yíngyǎng	2682
营养品	yíngyǎngpǐn	27699
营养素	yíngyǎngsù	25876
营业	yíngyè	4728
营业额	yíngyè'é	11289
营业税	yíngyèshuì	17086

营业员	yíngyèyuán	13617
营运	yíngyùn	10606
营造	yíngzào	2989
营寨	yíngzhài	27456
营长	yíngzhǎng	7926
营帐	yíngzhàng	38570
萦怀	yínghuái	50771
萦回	yínghuí	43747
萦绕	yíngrào	18486
楹联	yínglián	29573
蝇	yíng	24148
蝇拍	yíngpāi	56613
蝇头	yíngtóu	41302
蝇营狗苟	yíngyíng-gǒugǒu	44230
蝇子	yíngzi	48935
赢	yíng	2546
赢得	yíngdé	2567
赢家	yíngjiā	33938
颖悟	yǐngwù	47637
影	yǐng	3843
影壁	yǐngbì	25264
影带	yǐngdài	48936
影帝	yǐngdì	50772
影碟	yǐngdié	31676
影碟机	yǐngdiéjī	31677
影后	yǐnghòu	47034
影集	yǐngjí	33416
影剧	yǐngjù	21153
影剧院	yǐngjùyuàn	26088
影楼	yǐnglóu	43465
影迷	yǐngmí	37816
影片	yǐngpiàn	2569
影评	yǐngpíng	33819
影人	yǐngrén	32012
影射	yǐngshè	27799
影视	yǐngshì	5223
影视界	yǐngshìjiè	34187
影视圈	yǐngshìquān	40878
影坛	yǐngtán	25579
影响	yǐngxiǎng	236
影像	yǐngxiàng	9539
影写	yǐngxiě	55805
影星	yǐngxīng	21106
影印	yǐngyìn	29476
影印本	yǐngyìnběn	45853
影印件	yǐngyìnjiàn	52840
影影绰绰	yǐngyǐngchuòchuò	26450
影院	yǐngyuàn	13698
影展	yǐngzhǎn	33417
影子	yǐngzi	4618
影子内阁	yǐngzi nèigé	48586
影踪	yǐngzōng	39161
应	yìng	1587
应变	yìngbiàn	12031
应承	yìngcheng	21319
应酬	yìngchou	9523
应从	yìngcóng	14121
应答	yìngdá	22538
应敌	yìngdí	50040
应对	yìngduì	4502
应付	yìngfu	5277
应付裕如	yìngfù-yùrú	49675
应和	yìnghè	36264
应急	yìngjí	4768
应季	yìngjì	56310
应接	yìngjiē	34073
应接不暇	yìngjiē-bùxiá	27226
应届生	yīngjièshēng	55364
应景	yìngjǐng	32372
应考	yìngkǎo	32905
应力	yìnglì	14732
应门	yìngmén	53295
应募	yìngmù	44231
应诺	yìngnuò	47325
应聘	yìngpìn	14910
应声	yīngshēng	19090
应声虫	yìngshēngchóng	47951
应时	yìngshí	13130
应市	yìngshì	15377
应试	yìngshì	14567
应手	yìngshǒu	28720
应诉	yìngsù	13861
应验	yìngyàn	24473
应邀	yìngyāo	6010
应用	yìngyòng	1340
应用科学	yìngyòng kēxué	35810
应用题	yìngyòngtí	44718
应用文	yìngyòngwén	41303
应运	yìngyùn	15990
应运而生	yìngyùn'érshēng	11260
应战	yìngzhàn	22539
应招	yìngzhāo	48268
应召	yìngzhào	30773
应诊	yìngzhěn	47952
应征	yìngzhēng	15719
映	yìng	6850
映衬	yìngchèn	18865
映山红	yìngshānhóng	35965
映射	yìngshè	31213
映现	yìngxiàn	35385
映照	yìngzhào	15957
硬	yìng	1319
硬邦邦	yìngbāngbāng	32373
硬笔	yìngbǐ	37411
硬笔书法	yìngbǐ shūfǎ	54827
硬币	yìngbì	14864
硬撑	yìngchēng	31557
硬充	yìngchōng	53296
硬顶	yìngdǐng	50401
硬度	yìngdù	20984
硬功	yìnggōng	44965
硬功夫	yìnggōngfu	34750
硬骨头	yìnggǔtou	20166
硬汉	yìnghàn	31798
硬化	yìnghuà	15018
硬话	yìnghuà	56311
硬环境	yìnghuánjìng	21107
硬件	yìngjiàn	7066
硬结	yìngjié	51538
硬朗	yìnglang	21519
硬面	yìngmiàn	46146
硬木	yìngmù	36926
硬盘	yìngpán	14956
硬碰硬	yìngpèngyìng	35051
硬拼	yìngpīn	39790
硬气	yìngqi	35217
硬任务	yìngrènwù	47953
硬伤	yìngshāng	47035
硬是	yìngshì	9074
硬实	yìngshi	44232
硬说	yìngshuō	28979
硬挺	yìngtǐng	34333
硬通货	yìngtōnghuò	48937
硬卧	yìngwò	38571
硬席	yìngxí	55806
硬性	yìngxìng	16444
硬要	yìngyào	15315
硬仗	yìngzhàng	24629

硬纸板	yìngzhǐbǎn	42983
硬指标	yìngzhǐbiāo	30001
硬着陆	yìngzhuólù	44966
硬座	yìngzuò	32785
佣工	yōnggōng	40661
佣人	yōngrén	16953
拥	yōng	4719
拥抱	yōngbào	7163
拥戴	yōngdài	16351
拥堵	yōngdǔ	17684
拥护	yōnghù	3557
拥挤	yōngjǐ	7162
拥军	yōngjūn	9621
拥军优属	yōngjūn-yōushǔ	20521
拥立	yōnglì	33820
拥塞	yōngsè	35811
拥有	yōngyǒu	1323
拥政爱民	yōngzhèng-àimín	20860
痈	yōng	25807
痈疽	yōngjū	54297
庸才	yōngcái	40014
庸碌	yōnglù	37817
庸人	yōngrén	32520
庸人自扰	yōngrén-zìrǎo	41090
庸俗	yōngsú	10825
庸医	yōngyī	40879
雍容	yōngróng	26523
雍容华贵	yōngróng-huáguì	34188
慵懒	yōnglǎn	32521
壅塞	yōngsè	40015
臃肿	yōngzhǒng	18679
喁喁	yóngyóng	35522
永	yǒng	3110
永葆青春	yǒngbǎo-qīngchūn	33032
永别	yǒngbié	25515
永不	yǒngbù	6464
永垂不朽	yǒngchuí-bùxiǔ	34189
永存	yǒngcún	31310
永恒	yǒnghéng	6388
永久	yǒngjiǔ	6035
永诀	yǒngjué	36594
永生	yǒngshēng	17264
永生永世	yǒngshēng-yǒngshì	44233
永世	yǒngshì	27306
永远	yǒngyuǎn	745
永志不忘	yǒngzhì-bùwàng	50041
永驻	yǒngzhù	34074
甬道	yǒngdào	21363
甬路	yǒnglù	40425
咏	yǒng	13797
咏唱	yǒngchàng	44719
咏怀	yǒnghuái	55365
咏叹	yǒngtàn	36595
咏叹调	yǒngtàndiào	32142
泳池	yǒngchí	33033
泳道	yǒngdào	47036
泳镜	yǒngjìng	52841
泳帽	yǒngmào	55807
泳衣	yǒngyī	38738
泳装	yǒngzhuāng	32786
勇	yǒng	5009
勇夫	yǒngfū	42984
勇敢	yǒnggǎn	3932
勇冠三军	yǒngguànsānjūn	53798
勇悍	yǒnghàn	40662
勇将	yǒngjiàng	51163
勇猛	yǒngměng	18414
勇气	yǒngqì	2716
勇士	yǒngshì	11442
勇往直前	yǒngwǎng-zhíqián	19529
勇武	yǒngwǔ	40016
勇毅	yǒngyì	52842
勇于	yǒngyú	4868
涌	yǒng	3322
涌潮	yǒngcháo	50043
涌动	yǒngdòng	10331
涌流	yǒngliú	23821
涌现	yǒngxiàn	4651
蛹	yǒng	21647
踊跃	yǒngyuè	6563
用	yòng	50
用兵	yòngbīng	12427
用材	yòngcái	34476
用材林	yòngcáilín	22222
用餐	yòngcān	17105
用茶	yòngchá	36927
用场	yòngchǎng	17531
用处	yòngchù	9418
用词	yòngcí	29782
用典	yòngdiǎn	47954
用度	yòngdù	37449
用法	yòngfǎ	11791
用饭	yòngfàn	36758
用费	yòngfèi	37999
用工	yònggōng	7953
用功	yònggōng	14122
用户	yònghù	1868
用计	yòngjì	19853
用劲	yòngjìn	20295
用具	yòngjù	13575
用来	yònglái	4634
用力	yònglì	5418
用量	yòngliàng	14333
用料	yòngliào	31102
用脑	yòngnǎo	34751
用品	yòngpǐn	4827
用钱	yòngqián	29083
用人	yòngrén	3483
用膳	yòngshàn	37450
用事	yòngshì	35386
用途	yòngtú	6931
用武	yòngwǔ	42469
用武之地	yòngwǔzhīdì	19622
用项	yòngxiàng	51164
用心	yòngxīn	7554
用心良苦	yòngxīn-liángkǔ	41540
用心思	yòngxīnsi	44002
用刑	yòngxíng	36759
用药	yòngyào	7966
用以	yòngyǐ	8722
用意	yòngyì	9967
用印	yòngyìn	38573
用于	yòngyú	1640
用语	yòngyǔ	12383
用字	yòngzì	21154
用做	yòngzuò	36431
佣金	yòngjīn	24089
佣钱	yòngqián	52393
优	yōu	3541
优待	yōudài	10607
优等	yōuděng	37451
优点	yōudiǎn	6584
优抚	yōufǔ	19384
优抚金	yōufǔjīn	48587
优厚	yōuhòu	20903
优化	yōuhuà	2565
优惠	yōuhuì	3079
优价	yōujià	44967

优良	yōuliáng	2623
优劣	yōuliè	12769
优伶	yōulíng	36265
优美	yōuměi	4306
优盘	yōupán	56753
优缺点	yōu-quēdiǎn	34912
优容	yōuróng	47037
优柔	yōuróu	43466
优柔寡断	yōuróu-guǎduàn	33171
优生	yōushēng	28041
优胜	yōushèng	27307
优胜劣汰	yōushèng-liètài	16131
优势	yōushì	1269
优渥	yōuwò	53298
优先	yōuxiān	3664
优秀	yōuxiù	1177
优选	yōuxuǎn	28820
优选法	yōuxuǎnfǎ	49300
优雅	yōuyǎ	12007
优异	yōuyì	7521
优于	yōuyú	15398
优育	yōuyù	31900
优遇	yōuyù	51165
优裕	yōuyù	33821
优越	yōuyuè	7929
优越感	yōuyuègǎn	22849
优越性	yōuyuèxìng	8398
优哉游哉	yōuzāiyóuzāi	47326
优质	yōuzhì	2557
攸关	yōuguān	29783
忧	yōu	3550
忧愁	yōuchóu	12440
忧愤	yōufèn	35523
忧国忧民	yōuguó-yōumín	29084
忧患	yōuhuàn	8988
忧惧	yōujù	43748
忧苦	yōukǔ	52843
忧虑	yōulǜ	6128
忧闷	yōumèn	44003
忧伤	yōushāng	11509
忧思	yōusī	30774
忧心	yōuxīn	23652
忧心忡忡	yōuxīn-chōngchōng	15356
忧心如焚	yōuxīn-rúfén	38574
忧郁	yōuyù	7671
忧郁症	yōuyùzhèng	36266
呦	yōu	38000
幽暗	yōu'àn	19020
幽闭	yōubì	51166
幽谷	yōugǔ	33531
幽会	yōuhuì	23986
幽魂	yōuhún	44968
幽寂	yōujì	49676
幽禁	yōujìn	33532
幽径	yōujìng	50402
幽静	yōujìng	14911
幽居	yōujū	44004
幽灵	yōulíng	15642
幽美	yōuměi	39162
幽门	yōumén	47038
幽冥	yōumíng	50773
幽默	yōumò	4729
幽默感	yōumògǎn	23342
幽僻	yōupì	47039
幽情	yōuqíng	37818
幽深	yōushēn	21108
幽思	yōusī	46450
幽邃	yōusuì	52844
幽婉	yōuwǎn	54298
幽微	yōuwēi	42234
幽香	yōuxiāng	29187
幽雅	yōuyǎ	22480
幽咽	yōuyè	52394
幽幽	yōuyōu	14980
幽远	yōuyuǎn	41091
幽怨	yōuyuàn	29085
悠长	yōucháng	18801
悠荡	yōudàng	49677
悠久	yōujiǔ	5453
悠然	yōurán	17644
悠然自得	yōurán-zìdé	30775
悠闲	yōuxián	13388
悠扬	yōuyáng	13753
悠悠	yōuyōu	9163
悠悠荡荡	yōuyōu-dàngdàng	53800
悠悠忽忽	yōuyōu-hūhū	47638
悠悠然	yōuyōurán	40426
悠游	yōuyóu	47639
悠远	yōuyuǎn	22482
尤	yóu	4321
尤其	yóuqí	629
尤甚	yóushèn	27957
尤为	yóuwéi	6135
尤物	yóuwù	31430
由	yóu	63
由表及里	yóubiǎo-jílǐ	35387
由不得	yóubude	21684
由此	yóucǐ	2235
由此及彼	yóucǐ-jíbǐ	42727
由此看来	yóucǐ-kànlái	19206
由此可见	yóucǐ-kějiàn	8735
由得	yóude	18073
由来	yóulái	15019
由来已久	yóulái-yǐjiǔ	20081
由头	yóutou	35389
由于	yóuyú	220
由衷	yóuzhōng	7697
由衷之言	yóuzhōngzhīyán	50044
邮	yóu	8595
邮包	yóubāo	32013
邮编	yóubiān	19092
邮册	yóucè	42235
邮车	yóuchē	40427
邮船	yóuchuán	44472
邮戳	yóuchuō	27958
邮袋	yóudài	50403
邮递	yóudì	29784
邮递员	yóudìyuán	26209
邮电	yóudiàn	11932
邮电局	yóudiànjú	28628
邮费	yóufèi	35812
邮购	yóugòu	23774
邮集	yóují	52845
邮寄	yóujì	14048
邮件	yóujiàn	7192
邮局	yóujú	9024
邮路	yóulù	35966
邮轮	yóulún	38190
邮票	yóupiào	5826
邮品	yóupǐn	26285
邮市	yóushì	28367
邮售	yóushòu	53801
邮亭	yóutíng	50774
邮筒	yóutǒng	38739
邮箱	yóuxiāng	20479
邮展	yóuzhǎn	39791
邮政	yóuzhèng	5957
邮政编码	yóuzhèng biānmǎ	23343

邮政储蓄	yóuzhèng chǔxù	29477
邮政局	yóuzhèngjú	11759
邮资	yóuzī	27227
犹	yóu	5483
犹大	Yóudà	44234
犹如	yóurú	5671
犹太教	Yóutàijiào	30111
犹太人	Yóutàirén	7874
犹疑	yóuyí	23153
犹豫	yóuyù	6208
犹自	yóuzì	45854
油	yóu	1224
油泵	yóubèng	46147
油饼	yóubǐng	30224
油布	yóubù	31799
油彩	yóucǎi	32906
油菜	yóucài	10386
油菜花	yóucàihuā	31103
油菜籽	yóucàizǐ	30330
油层	yóucéng	43239
油茶	yóuchá	35218
油船	yóuchuán	30551
油灯	yóudēng	12804
油豆腐	yóudòufu	51539
油坊	yóufáng	26451
油橄榄	yóugǎnlǎn	49678
油膏	yóugāo	48269
油垢	yóugòu	44235
油管	yóuguǎn	35813
油罐	yóuguàn	24149
油罐车	yóuguànchē	50404
油光	yóuguāng	24801
油光水滑	yóuguāng-shuǐhuá	47640
油耗	yóuhào	25335
油黑	yóuhēi	39163
油乎乎	yóuhūhū	50775
油花	yóuhuā	48938
油滑	yóuhuá	31901
油画	yóuhuà	6942
油鸡	yóujī	49679
油迹	yóujì	51952
油井	yóujǐng	24150
油库	yóukù	26524
油矿	yóukuàng	44969
油亮	yóuliàng	30332
油料	yóuliào	14105
油篓	yóulǒu	51953
油路	yóulù	24679
油绿	yóulǜ	41092
油轮	yóulún	19340
油毛毡	yóumáozhān	47641
油门	yóumén	23551
油墨	yóumò	23653
油泥	yóuní	40428
油腻	yóunì	24280
油票儿	yóupiàor	54828
油品	yóupǐn	23502
油漆	yóuqī	12956
油漆匠	yóuqījiàng	43467
油气流	yóuqìliú	55366
油气田	yóuqìtián	27082
油腔滑调	yóuqiāng-huádiào	40429
油区	yóuqū	32374
油然而生	yóurán'érshēng	21079
油饰	yóushì	51954
油水	yóushui	20554
油松	yóusōng	31104
油酥	yóusū	52395
油田	yóutián	5573
油条	yóutiáo	18016
油桐	yóutóng	44473
油桶	yóutǒng	38366
油头粉面	yóutóu-fěnmiàn	44236
油头滑脑	yóutóu-huánǎo	55367
油汪汪	yóuwāngwāng	42236
油污	yóuwū	22320
油箱	yóuxiāng	32907
油香	yóuxiang	47040
油星	yóuxīng	53802
油性	yóuxìng	42728
油烟	yóuyān	20948
油盐酱醋	yóu-yán-jiàng-cù	31902
油印	yóuyìn	28904
油印机	yóuyìnjī	52846
油渣	yóuzhā	54829
油炸	yóuzhá	25336
油毡	yóuzhān	41995
油脂	yóuzhī	17614
油脂麻花	yóuzhimáhuā	55808
油纸	yóuzhǐ	43468
油质	yóuzhì	41747
油渍	yóuzì	31558
油子	yóuzi	43240
油棕	yóuzōng	45248
油嘴	yóuzuǐ	44970
油嘴儿	yóuzuǐr	38740
油嘴滑舌	yóuzuǐ-huáshé	44474
柚木	yóumù	47327
莜麦	yóumài	51540
铀	yóu	8829
鱿鱼	yóuyú	31904
游	yóu	1773
游伴	yóubàn	50045
游程	yóuchéng	48270
游船	yóuchuán	18775
游春	yóuchūn	48271
游荡	yóudàng	17685
游动	yóudòng	18750
游逛	yóuguàng	36760
游击	yóujī	12560
游击队	yóujīduì	8404
游击战	yóujīzhàn	23060
游记	yóujì	15720
游街	yóujiē	23154
游客	yóukè	2718
游览	yóulǎn	7702
游廊	yóuláng	35524
游乐	yóulè	19747
游乐场	yóulèchǎng	28980
游乐园	yóulèyuán	31105
游离	yóulí	15074
游历	yóulì	20788
游猎	yóuliè	34618
游轮	yóulún	31905
游民	yóumín	32647
游牧	yóumù	15595
游人	yóurén	5945
游刃有余	yóurèn-yǒuyú	25580
游山玩水	yóushān-wánshuǐ	29785
游手好闲	yóushǒu-hàoxián	33302
游水	yóushuǐ	35525
游说	yóushuì	17009
游丝	yóusī	28981
游艇	yóutǐng	25337
游玩	yóuwán	14667
游戏	yóuxì	2888
游戏机	yóuxìjī	23655
游戏卡	yóuxìkǎ	56312

游侠	yóuxiá	40663
游行	yóuxíng	5304
游兴	yóuxìng	34477
游学	yóuxué	46148
游医	yóuyī	36761
游移	yóuyí	26089
游弋	yóuyì	27457
游艺	yóuyì	21606
游艺会	yóuyìhuì	40430
游艺机	yóuyìjī	42470
游泳	yóuyǒng	4025
游泳池	yóuyǒngchí	15436
游勇	yóuyǒng	44721
游鱼	yóuyú	34752
游园	yóuyuán	17289
游园会	yóuyuánhuì	31678
游资	yóuzī	35814
游子	yóuzǐ	19933
友	yǒu	4146
友爱	yǒu'ài	12149
友邦	yǒubāng	28629
友好	yǒuhǎo	1690
友军	yǒujūn	35219
友邻	yǒulín	44971
友情	yǒuqíng	10008
友人	yǒurén	6988
友善	yǒushàn	15523
友谊	yǒuyì	1878
有	yǒu	6
有碍	yǒu'ài	28290
有板有眼	yǒubǎn-yǒuyǎn	31214
有备无患	yǒubèi-wúhuàn	35390
有悖于	yǒubèiyú	25454
有别	yǒubié	15799
有病	yǒubìng	11165
有偿	yǒucháng	8524
有偿新闻	yǒucháng xīnwén	33822
有成	yǒuchéng	14455
有待	yǒudài	6674
有胆有识	yǒudǎn-yǒushí	41748
有得	yǒudé	11760
有的	yǒude	302
有的是	yǒudeshì	7263
有底	yǒudǐ	42729
有的放矢	yǒudì-fàngshǐ	18961
有点儿	yǒudiǎnr	4621
有毒	yǒudú	8110
有方	yǒufāng	22483
有分寸	yǒufēncùn	33225
有份	yǒufèn	31106
有感	yǒugǎn	18831
有功	yǒugōng	10099
有关	yǒuguān	348
有轨电车	yǒuguǐ diànchē	38001
有鬼	yǒuguǐ	22949
有害	yǒuhài	4805
有恒	yǒuhéng	33671
有机	yǒujī	2636
有机玻璃	yǒujī bōli	39164
有机肥	yǒujīféi	22370
有机可乘	yǒujīkěchéng	33303
有机食品	yǒujī shípǐn	21737
有机体	yǒujītǐ	22904
有机物	yǒujīwù	13779
有价证券	yǒujià zhèngquàn	19819
有鉴于此	yǒujiànyúcǐ	25729
有奖	yǒujiǎng	27308
有奖销售	yǒujiǎng xiāoshòu	44005
有教无类	yǒujiào-wúlèi	51167
有劲	yǒujìn	18181
有惊无险	yǒujīng-wúxiǎn	17827
有救	yǒujiù	28204
有据	yǒujù	19531
有空儿	yǒukòngr	11818
有口皆碑	yǒukǒu-jiēbēi	29380
有口难辩	yǒukǒu-nánbiàn	48588
有口无心	yǒukǒu-wúxīn	46749
有愧	yǒukuì	26866
有赖	yǒulài	18296
有赖于	yǒulàiyú	14776
有劳	yǒuláo	38741
有棱有角	yǒuléng-yǒujiǎo	44722
有礼	yǒulǐ	15800
有理	yǒulǐ	8620
有力	yǒulì	1468
有利	yǒulì	2520
有脸	yǒuliǎn	19147
有两下子	yǒuliǎngxiàzi	37281
有零	yǒulíng	31431
有眉目	yǒuméimù	45249
有门道	yǒuméndào	40341
有门儿	yǒuménr	50776
有名	yǒumíng	4653
有名无实	yǒumíng-wúshí	30002
有目共睹	yǒumù-gòngdǔ	15680
有奶便是娘	yǒu nǎi biàn shì niáng	51955
有你的	yǒunǐde	19784
有年	yǒunián	20861
有谱儿	yǒupǔr	46451
有期徒刑	yǒuqī túxíng	7142
有气	yǒuqì	16727
有气无力	yǒuqì-wúlì	21520
有钱	yǒuqián	12871
有情人	yǒuqíngrén	29686
有顷	yǒuqǐng	44723
有请	yǒuqǐng	39370
有求必应	yǒuqiú-bìyìng	26951
有趣	yǒuqù	4400
有染	yǒurǎn	44972
有人	yǒurén	471
有人家儿	yǒurénjiār	33823
有日子	yǒurìzi	49301
有如	yǒurú	8489
有若	yǒuruò	22540
有色金属	yǒusè jīnshǔ	14078
有色人种	yǒusè rénzhǒng	42732
有色眼镜	yǒusè yǎnjìng	43749
有伤风化	yǒushāng-fēnghuà	43241
有神	yǒushén	24151
有生	yǒushēng	36596
有生力量	yǒushēng lìliàng	36267
有生以来	yǒushēngyǐlái	22371
有生之年	yǒushēngzhīnián	27018
有声	yǒushēng	15623
有声读物	yǒushēng dúwù	55368
有声有色	yǒushēng-yǒusè	13586
有时	yǒushí	1016
有识之士	yǒushízhīshì	12083
有史以来	yǒushǐyǐlái	12323
有始无终	yǒushǐ-wúzhōng	51168
有始有终	yǒushǐ-yǒuzhōng	42733
有事	yǒushì	5897
有恃无恐	yǒushì-wúkǒng	26729
有数	yǒushù	15378
有损于	yǒusǔnyú	33034
有所	yǒusuǒ	1185
有条不紊	yǒutiáo-bùwěn	15020

有头脑	yǒutóunǎo	29381
有头有脸	yǒutóu-yǒuliǎn	38002
有头有尾	yǒutóu-yǒuwěi	43242
有望	yǒuwàng	6617
有为	yǒuwéi	14503
有味儿	yǒuwèir	12864
有闻必录	yǒuwén-bìlù	50405
有无	yǒuwú	6646
有喜	yǒuxǐ	37095
有戏	yǒuxì	33304
有隙可乘	yǒuxìkěchéng	48939
有闲	yǒuxián	18714
有限	yǒuxiàn	2379
有线电视	yǒuxiàn diànshì	10306
有线广播	yǒuxiàn guǎngbō	37819
有效	yǒuxiào	1055
有效期	yǒuxiàoqī	14837
有些	yǒuxiē	275
有心	yǒuxīn	31215
有心人	yǒuxīnrén	21289
有形	yǒuxíng	11433
有幸	yǒuxìng	10239
有序	yǒuxù	3882
有血有肉	yǒuxuè-yǒuròu	21063
有言在先	yǒuyánzàixiān	37820
有眼不识	yǒu yǎn bù shí	
泰山	Tàishān	50046
有眼无珠	yǒuyǎn-wúzhū	44724
有一手	yǒuyīshǒu	44475
有益	yǒuyì	3738
有意	yǒuyì	4199
有意识	yǒuyìshí	14079
有意思	yǒuyìsi	7782
有意无意	yǒuyì-wúyì	16352
有用	yǒuyòng	7647
有余	yǒuyú	10127
有缘	yǒuyuán	19677
有增无减	yǒuzēng-wújiǎn	21018
有章可循	yǒuzhāng-kěxún	20368
有朝一日	yǒuzhāo-yīrì	17265
有辙	yǒuzhé	55809
有着	yǒuzhe	1451
有种	yǒuzhǒng	24939
有助于	yǒuzhùyú	3564
酉	yǒu	31432
酉时	yǒushí	53299

黝黑	yǒuhēi	18906
又	yòu	30
又红又专	yòuhóng-yòuzhuān	32014
又及	yòují	41093
右	yòu	1501
右边	yòubian	9568
右侧	yòucè	14757
右方	yòufāng	40431
右面	yòumiàn	30333
右派	yòupài	6919
右倾	yòuqīng	16369
右首	yòushǒu	42471
右翼	yòuyì	7607
幼	yòu	6051
幼虫	yòuchóng	11764
幼雏	yòuchú	55810
幼畜	yòuchù	55811
幼儿	yòu'ér	9426
幼儿园	yòu'éryuán	6357
幼教	yòujiào	32375
幼林	yòulín	30003
幼苗	yòumiáo	17313
幼年	yòunián	13389
幼女	yòunǚ	30776
幼弱	yòuruò	40432
幼师	yòushī	47955
幼时	yòushí	24281
幼体	yòutǐ	33533
幼童	yòutóng	31559
幼小	yòuxiǎo	15229
幼芽	yòuyá	40433
幼稚	yòuzhì	9701
幼稚病	yòuzhìbìng	51541
幼子	yòuzǐ	29478
柚子	yòuzi	23822
囿于	yòuyú	20555
诱逼	yòubī	45748
诱捕	yòubǔ	44725
诱导	yòudǎo	13645
诱敌	yòudí	31002
诱饵	yòu'ěr	20167
诱发	yòufā	10954
诱供	yòugòng	50047
诱拐	yòuguǎi	48940
诱惑	yòuhuò	5921
诱奸	yòujiān	46149

诱骗	yòupiàn	25730
诱迫	yòupò	54831
诱人	yòurén	10515
诱杀	yòushā	32908
诱使	yòushǐ	25731
诱降	yòuxiáng	41541
诱因	yòuyīn	22171
诱引	yòuyǐn	50406
釉	yòu	18715
釉面砖	yòumiànzhuān	53803
釉陶	yòutáo	54832
釉质	yòuzhì	55812
釉子	yòuzi	55813
迂	yū	21364
迂夫子	yūfūzǐ	55369
迂腐	yūfǔ	30004
迂缓	yūhuǎn	47642
迂回	yūhuí	18127
迂阔	yūkuò	49302
迂论	yūlùn	53300
迂曲	yūqū	55370
淤	yū	13064
淤积	yūjī	17686
淤泥	yūní	18051
淤塞	yūsè	40017
淤血	yūxuè	40880
瘀血	yūxuè	41094
于	yú	59
于今	yújīn	25581
于事无补	yúshì-wúbǔ	34753
于是	yúshì	451
于是乎	yúshìhū	19785
于心不忍	yúxīn-bùrěn	35220
余	yú	300
余波	yúbō	27160
余党	yúdǎng	37452
余地	yúdì	8919
余毒	yúdú	47956
余额	yú'é	6494
余风	yúfēng	54299
余光	yúguāng	32376
余晖	yúhuī	35526
余悸	yújì	43750
余烬	yújìn	40231
余款	yúkuǎn	33534
余力	yúlì	30334

余利	yúlì	53301
余粮	yúliáng	19093
余年	yúnián	14796
余孽	yúniè	33305
余钱	yúqián	39593
余缺	yúquē	34190
余热	yúrè	20753
余生	yúshēng	25200
余剩	yúshèng	48941
余威	yúwēi	38367
余味	yúwèi	39792
余暇	yúxiá	38742
余下	yúxià	16279
余兴	yúxìng	38003
余音	yúyīn	26952
余音绕梁	yúyīn-ràoliáng	47643
余勇可贾	yúyǒng-kěgǔ	54300
余韵	yúyùn	39793
余震	yúzhèn	30335
鱼	yú	1160
鱼叉	yúchā	41095
鱼池	yúchí	20822
鱼翅	yúchì	25146
鱼虫	yúchóng	40018
鱼刺	yúcì	38191
鱼肚	yúdǔ	43753
鱼肚白	yúdùbái	42237
鱼饵	yú’ěr	45250
鱼粉	yúfěn	37821
鱼肝油	yúgānyóu	38959
鱼缸	yúgāng	30657
鱼钩	yúgōu	38368
鱼贯	yúguàn	29687
鱼贯而入	yúguàn’érrù	41304
鱼花	yúhuā	55814
鱼雷	yúléi	26026
鱼雷艇	yúléitǐng	49680
鱼类	yúlèi	8034
鱼鳞	yúlín	26145
鱼鳞坑	yúlínkēng	53302
鱼龙混杂	yúlóng-hùnzá	28982
鱼卵	yúluǎn	47041
鱼米之乡	yúmǐzhīxiāng	30658
鱼苗	yúmiáo	23061
鱼目混珠	yúmù-hùnzhū	36432
鱼皮	yúpí	36597
鱼片儿	yúpiànr	48272
鱼漂	yúpiāo	52396
鱼群	yúqún	27800
鱼肉	yúròu	18237
鱼水	yúshuǐ	22321
鱼水情	yúshuǐqíng	38960
鱼死网破	yúsǐ-wǎngpò	45251
鱼塘	yútáng	17010
鱼尾纹	yúwěiwén	42734
鱼腥草	yúxīngcǎo	48942
鱼汛	yúxùn	54834
鱼鹰	yúyīng	43754
鱼油	yúyóu	40881
鱼跃	yúyuè	38575
鱼种	yúzhǒng	24867
鱼子	yúzǐ	46150
娱乐	yúlè	3020
娱乐城	yúlèchéng	30005
娱乐厅	yúlètīng	55371
娱悦	yúyuè	53804
渔	yú	9206
渔霸	yúbà	54835
渔场	yúchǎng	21019
渔船	yúchuán	7767
渔村	yúcūn	20369
渔夫	yúfū	32787
渔妇	yúfù	52847
渔港	yúgǎng	24802
渔歌	yúgē	38576
渔鼓	yúgǔ	52848
渔火	yúhuǒ	38961
渔家	yújiā	28983
渔具	yújù	36119
渔利	yúlì	36762
渔猎	yúliè	40882
渔轮	yúlún	42735
渔民	yúmín	7078
渔区	yúqū	33535
渔人	yúrén	37645
渔人之利	yúrénzhīlì	49303
渔网	yúwǎng	31216
渔翁	yúwēng	38004
渔业	yúyè	5078
渔政	yúzhèng	22850
渔舟	yúzhōu	40232
逾	yú	5669
逾常	yúcháng	55372
逾期	yúqī	12098
逾越	yúyuè	22372
渝	yú	5915
愉快	yúkuài	3149
愉悦	yúyuè	11943
瑜伽	yújiā	40664
榆	yú	19786
榆木疙瘩	yúmù gēda	53303
榆钱	yúqián	43243
榆树	yúshù	16609
榆叶梅	yúyèméi	51542
虞	yú	13687
虞美人	yúměirén	46151
愚	yú	9063
愚笨	yúbèn	33536
愚不可及	yúbùkějí	42985
愚蠢	yúchǔn	10134
愚钝	yúdùn	38577
愚公移山	yúgōng-yíshān	28543
愚见	yújiàn	40883
愚陋	yúlòu	51543
愚鲁	yúlǔ	52849
愚昧	yúmèi	10847
愚蒙	yúméng	53304
愚民	yúmín	30225
愚弄	yúnòng	21778
愚人	yúrén	34619
愚人节	Yúrén Jié	47644
愚顽	yúwán	44726
愚妄	yúwàng	54836
愚忠	yúzhōng	44727
愚拙	yúzhuō	49304
舆论	yúlùn	2390
舆论界	yúlùnjiè	22223
舆情	yúqíng	31217
舆图	yútú	45556
与此同时	yǔcǐ-tóngshí	3153
与此相反	yǔcǐ-xiāngfǎn	29786
与否	yǔfǒu	9284
与虎谋皮	yǔhǔ-móupí	55815
与民同乐	yǔmín-tónglè	45557
与其	yǔqí	7117
与人为善	yǔrén-wéishàn	31003
与日俱增	yǔrì-jùzēng	18272
与生俱来	yǔshēng-jùlái	32377

与时俱进	yǔshí-jùjìn	38578
与世长辞	yǔshì-chángcí	31906
与世隔绝	yǔshì-géjué	26587
与世无争	yǔshì-wúzhēng	35967
与众不同	yǔzhòng-bùtóng	11616
予	yǔ	5868
予以	yǔyǐ	2207
伛偻	yǔlǚ	47703
宇	yǔ	12244
宇航	yǔháng	19854
宇航服	yǔhángfú	44973
宇航员	yǔhángyuán	11701
宇宙	yǔzhòu	3742
宇宙飞船	yǔzhòu fēichuán	23442
宇宙观	yǔzhòuguān	32253
羽	yǔ	9766
羽化	yǔhuà	35527
羽毛	yǔmáo	11004
羽毛球	yǔmáoqiú	8875
羽绒	yǔróng	26452
羽绒服	yǔróngfú	19116
羽纱	yǔshā	54301
羽扇	yǔshàn	50048
羽扇纶巾	yǔshàn-guānjīn	56313
羽坛	yǔtán	32909
羽翼	yǔyì	23443
雨	yǔ	1312
雨布	yǔbù	38962
雨带	yǔdài	32254
雨点	yǔdiǎn	16034
雨过天晴	yǔguò-tiānqíng	37822
雨后春笋	yǔhòu-chūnsǔn	18238
雨花石	yǔhuāshí	38192
雨季	yǔjì	14630
雨脚	yǔjiǎo	51956
雨景	yǔjǐng	53805
雨具	yǔjù	45558
雨量	yǔliàng	18325
雨林	yǔlín	29688
雨露	yǔlù	20480
雨帽	yǔmào	53806
雨蒙蒙	yǔméngméng	41305
雨幕	yǔmù	42736
雨披	yǔpī	51169
雨前	yǔqián	35221
雨情	yǔqíng	44006
雨区	yǔqū	45559
雨伞	yǔsǎn	17581
雨声	yǔshēng	18907
雨势	yǔshì	46750
雨刷	yǔshuā	50049
雨水	yǔshuǐ	7086
雨丝	yǔsī	29293
雨天	yǔtiān	15823
雨雾	yǔwù	32522
雨鞋	yǔxié	43755
雨靴	yǔxuē	45856
雨雪	yǔxuě	17532
雨燕	yǔyàn	50050
雨衣	yǔyī	18908
雨意	yǔyì	49681
雨云	yǔyún	42737
雨珠儿	yǔzhūr	41996
语	yǔ	956
语病	yǔbìng	40434
语词	yǔcí	25808
语调	yǔdiào	10729
语法	yǔfǎ	9611
语感	yǔgǎn	43756
语汇	yǔhuì	19966
语惊四座	yǔjīng-sìzuò	49682
语境	yǔjìng	18832
语句	yǔjù	18606
语料	yǔliào	51957
语料库	yǔliàokù	56614
语流	yǔliú	41306
语录	yǔlù	15192
语气	yǔqì	7145
语气词	yǔqìcí	55373
语塞	yǔsè	27019
语速	yǔsù	47042
语体	yǔtǐ	44007
语文	yǔwén	7169
语无伦次	yǔwúlúncì	28458
语序	yǔxù	56314
语焉不详	yǔyān-bùxiáng	38963
语言	yǔyán	705
语言关	yǔyánguān	50407
语义	yǔyì	15437
语意	yǔyì	28905
语音	yǔyīn	7696
语源	yǔyuán	43244
语种	yǔzhǒng	25005
语重心长	yǔzhòng-xīncháng	15968
与会	yùhuì	3474
与闻	yùwén	39794
玉	yù	2887
玉帛	yùbó	26210
玉成	yùchéng	37823
玉带	yùdài	26453
玉雕	yùdiāo	32788
玉皇大帝	Yùhuáng Dàdì	36268
玉洁冰清	yùjié-bīngqīng	52397
玉兰	yùlán	17041
玉兰花	yùlánhuā	38579
玉兰片	yùlánpiàn	55374
玉立	yùlì	40233
玉米	yùmǐ	3289
玉米花儿	yùmǐhuār	49683
玉米秸	yùmǐjiē	44008
玉米面	yùmǐmiàn	31679
玉米螟	yùmǐmíng	50051
玉米油	yùmǐyóu	52850
玉女	yùnǚ	41307
玉佩	yùpèi	47645
玉器	yùqì	22541
玉石	yùshí	21885
玉石俱焚	yùshí-jùfén	41749
玉蜀黍	yùshǔshǔ	39165
玉碎	yùsuì	42986
玉体	yùtǐ	45252
玉兔	yùtù	40435
玉玺	yùxǐ	28205
玉液	yùyè	41750
玉簪	yùzān	38369
玉照	yùzhào	45857
玉镯	yùzhuó	36433
驭手	yùshǒu	54302
芋头	yùtou	35052
吁请	yùqǐng	29086
郁	yù	14994
郁愤	yùfèn	50408
郁积	yùjī	37824
郁结	yùjié	37282
郁金香	yùjīnxiāng	24803
郁闷	yùmèn	20481
郁热	yùrè	53807
郁郁	yùyù	26730

郁郁苍苍	yùyùcāngcāng	48943
郁郁葱葱	yùyùcōngcōng	17761
郁郁寡欢	yùyù-guǎhuān	36763
育	yù	4693
育才	yùcái	16445
育雏	yùchú	48273
育儿	yù'ér	33035
育肥	yùféi	28206
育林	yùlín	28906
育龄	yùlíng	20949
育苗	yùmiáo	12231
育秧	yùyāng	27386
育婴	yùyīng	43469
育婴堂	yùyīngtáng	46152
育种	yùzhǒng	9654
狱	yù	9707
狱警	yùjǐng	43245
狱医	yùyī	49684
浴场	yùchǎng	16386
浴池	yùchí	23209
浴缸	yùgāng	26525
浴巾	yùjīn	31907
浴盆	yùpén	39795
浴室	yùshì	13627
浴血	yùxuè	28630
浴血奋战	yùxuè-fènzhàn	21685
浴液	yùyè	44974
浴衣	yùyī	41096
预案	yù'àn	8542
预报	yùbào	2672
预备	yùbèi	3946
预备队	yùbèiduì	33537
预备期	yùbèiqī	41751
预备役	yùbèiyì	12968
预卜	yùbǔ	45253
预测	yùcè	2991
预产期	yùchǎnqī	47328
预订	yùdìng	14687
预定	yùdìng	7157
预防	yùfáng	2159
预防针	yùfángzhēn	38370
预付	yùfù	23210
预付款	yùfùkuǎn	37283
预感	yùgǎn	13047
预告	yùgào	15779
预购	yùgòu	27879
预估	yùgū	33538
预后	yùhòu	33306
预计	yùjì	2848
预检	yùjiǎn	45254
预见	yùjiàn	10135
预警	yùjǐng	6590
预警机	yùjǐngjī	42738
预决算	yù-juésuàn	50777
预考	yùkǎo	55375
预科	yùkē	27700
预料	yùliào	7568
预留	yùliú	20370
预谋	yùmóu	21243
预期	yùqī	4869
预热	yùrè	36434
预赛	yùsài	9677
预设	yùshè	34620
预审	yùshěn	20823
预示	yùshì	11775
预收	yùshōu	39166
预售	yùshòu	22273
预算	yùsuàn	2791
预习	yùxí	38964
预先	yùxiān	8708
预想	yùxiǎng	17374
预行	yùxíng	46153
预选	yùxuǎn	22636
预言	yùyán	9473
预言家	yùyánjiā	38743
预演	yùyǎn	30894
预应力	yùyìnglì	35528
预约	yùyuē	13131
预展	yùzhǎn	45858
预兆	yùzhào	23444
预征	yùzhēng	50409
预支	yùzhī	32523
预知	yùzhī	30006
预制	yùzhì	28907
预制板	yùzhìbǎn	42987
预置	yùzhì	46154
预祝	yùzhù	17947
域名	yùmíng	11400
域外	yùwài	37096
域中	yùzhōng	20862
欲	yù	1655
欲罢不能	yùbà-bùnéng	29891
欲盖弥彰	yùgài-mízhāng	38965
欲壑	yùhè	41752
欲壑难填	yùhè-nántián	54303
欲火	yùhuǒ	31560
欲加之罪，何患无辞	yùjiāzhīzuì，héhuàn-wúcí	54837
欲念	yùniàn	28544
欲擒故纵	yùqín-gùzòng	42739
欲求	yùqiú	27387
欲速则不达	yù sù zé bù dá	37825
欲望	yùwàng	5134
欲言又止	yùyán-yòuzhǐ	28821
遇	yù	2398
遇刺	yùcì	27388
遇害	yùhài	17731
遇见	yùjiàn	6731
遇救	yùjiù	51544
遇难	yùnàn	7999
遇事	yùshì	23308
遇险	yùxiǎn	17615
喻示	yùshì	54838
喻义	yùyì	56615
御笔	yùbǐ	39594
御赐	yùcì	43758
御敌	yùdí	30112
御寒	yùhán	22172
御花园	yùhuāyuán	41308
御驾	yùjià	25650
御侮	yùwǔ	37826
御医	yùyī	30336
御用	yùyòng	30337
御苑	yùyuàn	53808
御制	yùzhì	43246
寓	yù	8960
寓居	yùjū	33036
寓所	yùsuǒ	18388
寓言	yùyán	14583
寓意	yùyì	13891
寓于	yùyú	23872
裕固族	Yùgùzú	43759
裕如	yùrú	47646
愈	yù	2392
愈发	yùfā	17144
愈合	yùhé	18933
愈加	yùjiā	11523
愈演愈烈	yùyǎn-yùliè	13646

愈益	yùyì	22675
誉为	yùwéi	5417
熨帖	yùtiē	42988
豫	Yù	8278
豫剧	yùjù	18866
鹬蚌相争，渔翁得利	yùbàng-xiāngzhēng, yúwēng-délì	56787
鸢	yuān	38744
鸢尾	yuānwěi	51958
鸳鸯	yuānyāng	13719
鸳鸯楼	yuānyānglóu	54839
冤	yuān	7549
冤案	yuān'àn	23445
冤仇	yuānchóu	33672
冤大头	yuāndàtóu	41309
冤魂	yuānhún	28368
冤家	yuānjia	18487
冤家路窄	yuānjiā-lùzhǎi	45255
冤假错案	yuān-jiǎ-cuò'àn	25582
冤苦	yuānkǔ	51545
冤孽	yuānniè	47647
冤情	yuānqíng	34913
冤屈	yuānqū	21779
冤枉	yuānwang	9366
冤枉路	yuānwanglù	30978
冤枉钱	yuānwangqián	23523
冤狱	yuānyù	34191
渊	yuān	9930
渊博	yuānbó	18017
渊深	yuānshēn	49685
渊薮	yuānsǒu	39167
渊源	yuānyuán	13179
元	yuán	95
元宝	yuánbǎo	18488
元朝	Yuán Cháo	16954
元旦	Yuándàn	6502
元件	yuánjiàn	18453
元老	yuánlǎo	19710
元年	yuánnián	10938
元气	yuánqì	16075
元器件	yuánqìjiàn	22676
元曲	yuánqǔ	36764
元首	yuánshǒu	5179
元帅	yuánshuài	9629
元素	yuánsù	5540
元宵	yuánxiāo	17145
元宵节	Yuánxiāo Jié	21935
元凶	yuánxiōng	26731
元勋	yuánxūn	29892
元夜	yuányè	52851
元音	yuányīn	39168
元月	yuányuè	23344
园	yuán	1967
园地	yuándì	14179
园丁	yuándīng	21686
园林	yuánlín	5982
园陵	yuánlíng	47329
园圃	yuánpǔ	47330
园田	yuántián	40436
园艺	yuányì	15293
园艺师	yuányìshī	51959
园子	yuánzi	13035
员	yuán	2586
员额	yuán'é	27625
员工	yuángōng	3087
袁	Yuán	4214
原	yuán	421
原案	yuán'àn	52398
原班人马	yuánbān-rénmǎ	37827
原版	yuánbǎn	28042
原本	yuánběn	4190
原材料	yuáncáiliào	6423
原唱	yuánchàng	55376
原创	yuánchuàng	33307
原地	yuándì	13132
原地踏步	yuándì-tàbù	40884
原点	yuándiǎn	19538
原定	yuándìng	9524
原动力	yuándònglì	22428
原发性	yuánfāxìng	42472
原封	yuánfēng	38193
原封不动	yuánfēng-bùdòng	27173
原稿	yuángǎo	21521
原告	yuángào	5464
原话	yuánhuà	41310
原籍	yuánjí	17186
原价	yuánjià	26661
原件	yuánjiàn	24282
原来	yuánlái	465
原理	yuánlǐ	3286
原粮	yuánliáng	39371
原谅	yuánliàng	6151
原料	yuánliào	3193
原貌	yuánmào	20122
原煤	yuánméi	16551
原棉	yuánmián	49686
原名	yuánmíng	15564
原木	yuánmù	25201
原判	yuánpàn	19173
原配	yuánpèi	44476
原任	yuánrèn	37453
原色	yuánsè	39595
原审	yuánshěn	24531
原始	yuánshǐ	3290
原始积累	yuánshǐ jīlěi	33673
原始林	yuánshǐlín	46155
原始社会	yuánshǐ shèhuì	21828
原汤	yuántāng	54840
原委	yuánwěi	19678
原文	yuánwén	13419
原物	yuánwù	25948
原先	yuánxiān	5294
原形	yuánxíng	25265
原形毕露	yuánxíng-bìlù	39596
原型	yuánxíng	15193
原盐	yuányán	43760
原样	yuányàng	21687
原野	yuányě	10766
原意	yuányì	20482
原因	yuányīn	381
原油	yuányóu	5166
原有	yuányǒu	3140
原宥	yuányòu	53810
原原本本	yuányuánběnběn	25403
原则	yuánzé	747
原则上	yuánzéshang	12756
原则性	yuánzéxìng	15043
原值	yuánzhí	47043
原职	yuánzhí	37097
原址	yuánzhǐ	26090
原种	yuánzhǒng	38194
原主	yuánzhǔ	38005
原著	yuánzhù	15721
原装	yuánzhuāng	33418
原装货	yuánzhuānghuò	55669
原状	yuánzhuàng	21688
原子	yuánzǐ	5651
原子弹	yuánzǐdàn	12612

院墙	yuànqiáng	17710
院士	yuànshì	3452
院线	yuànxiàn	54915
院校	yuànxiào	4397
院长	yuànzhǎng	2050
院子	yuànzi	3230
愿	yuàn	809
愿景	yuànjǐng	17055
愿望	yuànwàng	2107
愿心	yuànxīn	47046
愿意	yuànyì	782
曰	yuē	8309
约	yuē	320
约定	yuēdìng	5267
约定俗成	yuēdìng-súchéng	25266
约法	yuēfǎ	17793
约法三章	yuēfǎ-sānzhāng	25732
约稿	yuēgǎo	29382
约合	yuēhé	14758
约会	yuēhuì	16906
约集	yuējí	33309
约计	yuējì	42989
约见	yuējiàn	22322
约略	yuēlüè	21976
约莫	yuēmo	20522
约请	yuēqǐng	22274
约束	yuēshù	3565
约束力	yuēshùlì	15857
约数	yuēshù	47331
约谈	yuētán	36928
约同	yuētóng	32143
约言	yuēyán	49688
月	yuè	127
月白风清	yuèbái-fēngqīng	51960
月半	yuèbàn	42990
月报	yuèbào	20328
月饼	yuèbing	9087
月产	yuèchǎn	41754
月产量	yuèchǎnliàng	44009
月初	yuèchū	11554
月底	yuèdǐ	8078
月度	yuèdù	29690
月份	yuèfèn	4624
月份牌儿	yuèfènpáir	41755
月俸	yuèfèng	54841
月工	yuègōng	52400
月宫	yuègōng	36598
月供	yuègōng	21291
月光	yuèguāng	6172
月光如水	yuèguāngrúshuǐ	45256
月桂	yuèguì	44010
月黑天	yuèhēitiān	55816
月华	yuèhuá	38747
月季	yuèjì	23265
月经	yuèjīng	22677
月均	yuèjūn	32255
月刊	yuèkān	10859
月老	yuèlǎo	44477
月历	yuèlì	54842
月例	yuèlì	55817
月亮	yuèliang	4765
月亮门	yuèliangmén	37829
月令	yuèlìng	47649
月轮	yuèlún	49689
月明星稀	yuèmíng-xīngxī	49690
月末	yuèmò	21738
月偏食	yuèpiānshí	55379
月票	yuèpiào	32015
月钱	yuèqián	50779
月琴	yuèqín	38748
月球	yuèqiú	8302
月全食	yuèquánshí	30552
月色	yuèsè	14295
月食	yuèshí	37285
月台	yuètái	27020
月台票	yuètáipiào	53307
月头儿	yuètóur	53308
月尾	yuèwěi	53309
月息	yuèxī	45560
月下老人	yuèxià lǎorén	46453
月薪	yuèxīn	17266
月牙儿	yuèyár	34827
月夜	yuèyè	23873
月晕	yuèyùn	51171
月中	yuèzhōng	14485
月终	yuèzhōng	53310
月子	yuèzi	24283
乐	yuè	5178
乐池	yuèchí	51547
乐队	yuèduì	9128
乐府	yuèfǔ	27959
乐感	yuè gǎn	38197
乐句	yuèjù	40234
乐理	yuèlǐ	44239
乐律	yuèlǜ	56316
乐谱	yuèpǔ	30895
乐器	yuèqì	8481
乐曲	yuèqǔ	9114
乐师	yuèshī	32524
乐手	yuèshǒu	31107
乐坛	yuètán	23707
乐团	yuètuán	8603
乐音	yuèyīn	30113
乐章	yuèzhāng	12614
岳	yuè	11073
岳父	yuèfù	9721
岳父母	yuèfùmǔ	41542
岳家	yuèjiā	41097
岳庙	yuèmiào	37830
岳母	yuèmǔ	13770
岳丈	yuèzhàng	36435
阅	yuè	5765
阅报栏	yuèbàolán	29188
阅兵	yuèbīng	17762
阅兵式	yuèbīngshì	27880
阅读	yuèdú	3851
阅卷	yuèjuàn	29893
阅览	yuèlǎn	26091
阅览室	yuèlǎnshì	13798
阅历	yuèlì	14568
悦耳	yuè'ěr	13845
悦服	yuèfú	39169
悦目	yuèmù	29574
跃	yuè	5947
跃动	yuèdòng	29575
跃进	yuèjìn	12286
跃居	yuèjū	12757
跃马	yuèmǎ	38749
跃然	yuèrán	35391
跃然纸上	yuèrán-zhǐshàng	31108
跃升	yuèshēng	18273
跃跃欲试	yuèyuè-yùshì	20484
越	yuè	271
越冬	yuèdōng	13171
越发	yuèfā	7055
越轨	yuèguǐ	27083
越级	yuèjí	21404
越加	yuèjiā	17267

越界	yuèjiè	27084
越境	yuèjìng	27021
越剧	yuèjù	18297
越来越	yuèláiyuè	577
越南	Yuènán	3124
越权	yuèquán	18182
越是	yuèshì	5471
越位	yuèwèi	19504
越野	yuèyě	14614
越野车	yuèyěchē	22073
越野赛	yuèyěsài	30660
越狱	yuèyù	35968
越职	yuèzhí	45561
越俎代庖	yuèzǔ-dàipáo	35392
粤	Yuè	6796
粤菜	yuècài	45257
粤剧	yuèjù	29576
晕	yūn	5032
晕倒	yūndǎo	15357
晕厥	yūnjué	35393
晕头晕脑	yūntóu-yūnnǎo	51548
晕头转向	yūntóu-zhuànxiàng	31908
云	yún	521
云鬓	yúnbìn	44011
云彩	yúncai	16238
云层	yúncéng	19117
云端	yúnduān	28984
云朵	yúnduǒ	26092
云海	yúnhǎi	24090
云汉	yúnhàn	53812
云集	yúnjí	10439
云计算	yúnjìsuàn	10981
云际	yúnjì	42239
云锦	yúnjǐn	35053
云量	yúnliàng	30661
云母	yúnmǔ	37099
云南	Yúnnán	2482
云片糕	yúnpiàngāo	54843
云气	yúnqì	36765
云雀	yúnquè	31311
云散	yúnsàn	27161
云山雾罩	yúnshān-wùzhào	41756
云杉	yúnshān	28460
云梯	yúntī	25074
云天	yúntiān	21829
云头	yúntóu	40438
云图	yúntú	41997
云团	yúntuán	31680
云雾	yúnwù	13967
云霞	yúnxiá	27801
云消雾散	yúnxiāo-wùsàn	50780
云霄	yúnxiāo	25202
云崖	yúnyá	54305
云烟	yúnyān	31800
云翳	yúnyì	45562
云游	yúnyóu	30896
云雨	yúnyǔ	38371
云云	yúnyún	9392
云遮雾障	yúnzhē-wùzhàng	55818
云蒸霞蔚	yúnzhēng-xiáwèi	50781
匀	yún	9278
匀称	yúnchèn	21064
匀净	yúnjing	51961
匀速	yúnsù	24417
匀整	yúnzhěng	49307
芸豆	yúndòu	44012
芸香	yúnxiāng	51172
芸芸众生	yúnyún-zhòngshēng	27802
允当	yǔndàng	56616
允诺	yǔnnuò	17711
允许	yǔnxǔ	1696
允准	yǔnzhǔn	34621
陨落	yǔnluò	32016
陨石	yǔnshí	17861
陨星	yǔnxīng	44975
殒命	yǔnmìng	40665
孕	yùn	10975
孕妇	yùnfù	12854
孕期	yùnqī	32256
孕穗	yùnsuì	51173
孕育	yùnyù	8192
运	yùn	1335
运笔	yùnbǐ	40666
运筹	yùnchóu	27228
运筹帷幄	yùnchóu-wéiwò	26027
运单	yùndān	38372
运道	yùndao	46751
运抵	yùndǐ	18934
运动	yùndòng	420
运动场	yùndòngchǎng	20445
运动服	yùndòngfú	29691
运动会	yùndònghuì	5059
运动健将	yùndòng jiànjiàng	39170
运动量	yùndòngliàng	21648
运动衫	yùndòngshān	45563
运动袜	yùndòngwà	55819
运动鞋	yùndòngxié	26147
运动衣	yùndòngyī	40886
运动员	yùndòngyuán	2281
运动战	yùndòngzhàn	35969
运费	yùnfèi	19208
运河	yùnhé	8216
运价	yùnjià	24579
运力	yùnlì	11250
运量	yùnliàng	17794
运能	yùnnéng	31681
运气	yùnqì	44728
运气	yùnqi	8168
运球	yùnqiú	46156
运输	yùnshū	1668
运输机	yùnshūjī	22678
运输舰	yùnshūjiàn	51962
运输线	yùnshūxiàn	32017
运数	yùnshù	52855
运送	yùnsòng	7894
运算	yùnsuàn	11997
运销	yùnxiāo	19385
运行	yùnxíng	1763
运营	yùnyíng	4207
运用	yùnyòng	1260
运载	yùnzài	15969
运载火箭	yùnzài huǒjiàn	12895
运转	yùnzhuǎn	5169
运作	yùnzuò	3394
晕	yùn	8736
晕车	yùnchē	41757
晕船	yùnchuán	35657
晕机	yùnjī	56617
晕血	yùnxiě	56725
晕针	yùnzhēn	56788
酝酿	yùnniàng	7181
愠怒	yùnnù	35054
愠色	yùnsè	38198
韵	yùn	7656
韵白	yùnbái	48274
韵调	yùndiào	53813
韵脚	yùnjiǎo	41758

韵律	yùnlǜ	17763
韵律操	yùnlǜcāo	50053
韵母	yùnmǔ	49691
韵事	yùnshì	45258
韵书	yùnshū	53814
韵味	yùnwèi	12957
韵文	yùnwén	28045
韵致	yùnzhì	34075
蕴藏	yùncáng	9456
蕴含	yùnhán	10800
蕴涵	yùnhán	15438
蕴藉	yùnjiè	35222
蕴蓄	yùnxù	35970
蕴意	yùnyì	50782
熨	yùn	24152
熨斗	yùndǒu	42992
熨烫	yùntàng	46454
熨贴	yùntiē	37648
扎	zā	4834
扎染	zārǎn	43248
咂	zā	13720
咂舌	zāshé	49692
咂嘴	zāzuǐ	32144
杂	zá	4466
杂拌儿	zábànr	47957
杂草	zácǎo	15062
杂陈	záchén	40887
杂处	záchǔ	44976
杂凑	zácòu	51963
杂肥	záféi	52401
杂费	záfèi	16552
杂感	zágǎn	23552
杂工	zágōng	37831
杂烩	záhuì	46752
杂活儿	záhuór	46753
杂货	záhuò	27881
杂货店	záhuòdiàn	25651
杂货铺	záhuòpù	30114
杂记	zájì	25652
杂技	zájì	9329
杂家	zájiā	42993
杂交	zájiāo	8319
杂居	zájū	26211
杂剧	zájù	23110
杂粮	záliáng	17087
杂乱	záluàn	14504
杂乱无章	záluàn-wúzhāng	24418
杂毛	zámáo	43763
杂面	zámiàn	44013
杂木	zámù	44240
杂念	zániàn	30338
杂牌	zápái	44977
杂牌军	zápáijūn	47332
杂品	zápǐn	47047
杂七杂八	záqī-zábā	37286
杂糅	záróu	50054
杂色	zásè	30437
杂食	záshí	55380
杂事	záshì	26212
杂书	záshū	44978
杂耍	záshuǎ	28369
杂税	záshuì	53815
杂说	záshuō	45859
杂碎	zásui	32019
杂沓	zátà	29692
杂谈	zátán	29895
杂文	záwén	10641
杂务	záwù	37649
杂物	záwù	15780
杂项	záxiàng	48944
杂役	záyì	34478
杂音	záyīn	28721
杂用	záyòng	47958
杂院儿	záyuànr	25949
杂症	zázhèng	46754
杂志	zázhì	2289
杂志社	zázhìshè	10563
杂质	zázhì	15801
杂种	zázhǒng	13348
砸	zá	4151
砸饭碗	záfànwǎn	55820
砸锅	záguō	37455
砸锅卖铁	záguō-màitiě	42994
砸烂	zálàn	25653
砸牌子	zápáizi	55821
砸碎	zásuì	25733
咋	zǎ	3576
咋办	zǎbàn	14505
灾	zāi	4853
灾变	zāibiàn	37456
灾害	zāihài	3396
灾患	zāihuàn	51174
灾荒	zāihuāng	23934
灾祸	zāihuò	22815
灾民	zāimín	7400
灾难	zāinàn	4345
灾年	zāinián	45259
灾情	zāiqíng	9913
灾区	zāiqū	4781
灾险	zāixiǎn	43654
灾星	zāixīng	43249
灾殃	zāiyāng	51175
栽	zāi	3931
栽插	zāichā	48945
栽倒	zāidǎo	22323
栽跟头	zāigēntou	41998
栽培	zāipéi	6061
栽绒	zāiróng	52856
栽树	zāishù	25584
栽秧	zāiyāng	47650
栽赃	zāizāng	39372
栽植	zāizhí	15075
栽种	zāizhòng	14418
载	zǎi	3619
宰	zǎi	8138
宰割	zǎigē	30339
宰客	zǎikè	31312
宰人	zǎirén	47651
宰杀	zǎishā	20010
宰牲节	Zǎishēng Jié	41312
宰相	zǎixiàng	10942
崽儿	zǎir	48275
崽子	zǎizi	34914
再	zài	80
再版	zàibǎn	21245
再不然	zàibùrán	30662
再次	zàicì	1373
再度	zàidù	5857
再犯	zàifàn	27085
再会	zàihuì	46455
再婚	zàihūn	27702
再嫁	zàijià	27803
再见	zàijiàn	6938
再教育	zàijiàoyù	26148
再接再厉	zàijiē-zàilì	12074
再就业	zàijiùyè	3722
再利用	zàilìyòng	22275
再娶	zàiqǔ	31561

再认识	zàirènshi	28722
再三	zàisān	6986
再三再四	zàisān-zàisì	41759
再审	zàishěn	16094
再生	zàishēng	5248
再生产	zàishēngchǎn	12999
再生稻	zàishēngdào	47742
再世	zàishì	42473
再说	zàishuō	2695
再现	zàixiàn	6064
再议	zàiyì	35055
再有	zàiyǒu	11199
再造	zàizào	9820
再则	zàizé	29480
再者	zàizhě	17268
再植	zàizhí	37100
在	zài	3
在案	zài'àn	22173
在编	zàibiān	25203
在册	zàicè	25204
在场	zàichǎng	5955
在读	zàidú	27309
在岗	zàigǎng	19787
在行	zàiháng	31313
在乎	zàihu	13254
在即	zàijí	13152
在家	zàijiā	7851
在建	zàijiàn	9403
在教	zàijiào	43250
在劫难逃	zàijié-nántáo	35658
在理	zàilǐ	27086
在内	zàinèi	2120
在聘	zàipìn	47652
在任	zàirèn	28175
在世	zàishì	18909
在手	zàishǒu	8675
在所不辞	zàisuǒbùcí	47959
在所不计	zàisuǒbùjì	52402
在所不惜	zàisuǒbùxī	30777
在所难免	zàisuǒnánmiǎn	22484
在逃	zàitáo	16466
在逃犯	zàitáofàn	46755
在天之灵	zàitiānzhīlíng	28631
在外	zàiwài	8941
在望	zàiwàng	19623
在位	zàiwèi	29693
在握	zàiwò	25734
在下	zàixià	13827
在先	zàixiān	18867
在线	zàixiàn	7305
在校	zàixiào	6791
在心	zàixīn	24685
在学	zàixué	8855
在押	zàiyā	18607
在押犯	zàiyāfàn	43470
在野	zàiyě	26953
在野党	zàiyědǎng	17106
在业	zàiyè	33172
在意	zàiyì	8492
在于	zàiyú	1094
在在	zàizài	35849
在职	zàizhí	8579
在座	zàizuò	5990
载	zài	2094
载波	zàibō	38581
载歌载舞	zàigē-zàiwǔ	18988
载荷	zàihè	24037
载客	zàikè	19711
载体	zàitǐ	4723
载誉	zàiyù	38006
载运	zàiyùn	32910
载重	zàizhòng	20011
载重量	zàizhòngliàng	36269
载重汽车	zàizhòngqìchē	41098
糌粑	zānba	41760
簪花	zānhuā	45860
簪子	zānzi	40439
咱	zán	1922
咱家	zánjiā	16446
咱俩	zánliǎ	10930
咱们	zánmen	1806
攒	zǎn	18239
攒钱	zǎnqián	39171
暂	zàn	4614
暂定	zàndìng	29294
暂缓	zànhuǎn	17422
暂且	zànqiě	15127
暂缺	zànquē	55822
暂时	zànshí	2480
暂停	zàntíng	7856
暂行	zànxíng	5925
暂用	zànyòng	53311
暂住	zànzhù	16813
暂住证	zànzhùzhèng	27229
赞	zàn	7516
赞不绝口	zànbùjuékǒu	19895
赞成	zànchéng	3361
赞歌	zàngē	18101
赞礼	zànlǐ	44241
赞美	zànměi	7814
赞美诗	zànměishī	38966
赞佩	zànpèi	45564
赞赏	zànshǎng	3827
赞颂	zànsòng	18208
赞叹	zàntàn	8573
赞同	zàntóng	5983
赞许	zànxǔ	14879
赞扬	zànyáng	5477
赞语	zànyǔ	39797
赞誉	zànyù	9176
赞助	zànzhù	6619
赃官	zāngguān	46756
赃款	zāngkuǎn	16745
赃物	zāngwù	19174
赃证	zāngzhèng	51549
脏	zāng	4348
脏病	zāngbìng	14698
脏话	zānghuà	24681
脏活儿	zānghuór	50783
脏乱	zāngluàn	30438
脏乱差	zāng-luàn-chà	25338
脏钱	zāngqián	40670
脏水	zāngshuǐ	33674
脏土	zāngtǔ	51176
脏污	zāngwū	47048
脏字儿	zāngzìr	46456
臧	zāng	20296
臧否	zāngpǐ	54306
脏	zàng	43340
脏腑	zàngfǔ	24153
脏器	zàngqì	24869
葬	zàng	6455
葬礼	zànglǐ	14257
葬身	zàngshēn	23309
葬身鱼腹	zàngshēn-yúfù	51964
葬送	zàngsòng	22485
葬仪	zàngyí	48589
藏	zàng	3416

藏胞	zàngbāo	32911
藏红花	zànghónghuā	50055
藏蓝	zànglán	51965
藏历	Zànglì	32257
藏袍	zàngpáo	54307
藏青	zàngqīng	41543
藏文	Zàngwén	22224
藏戏	zàngxì	42474
藏香	zàngxiāng	50784
藏药	zàngyào	28207
藏医	zàngyī	29481
藏语	Zàngyǔ	28985
藏族	Zàngzú	6335
遭	zāo	2266
遭到	zāodào	2402
遭逢	zāoféng	38967
遭劫	zāojié	36599
遭难	zāonàn	35815
遭受	zāoshòu	3270
遭殃	zāoyāng	21246
遭遇	zāoyù	3690
遭遇战	zāoyùzhàn	37287
遭灾	zāozāi	35394
遭罪	zāozuì	35971
糟	zāo	6959
糟糕	zāogāo	10509
糟践	zāojian	33824
糟糠	zāokāng	48946
糟粕	zāopò	20082
糟蹋	zāotà	12840
糟心	zāoxīn	48947
凿	záo	10246
凿凿	záozáo	41313
凿子	záozi	41761
早	zǎo	328
早安	zǎo'ān	37101
早班	zǎobān	38007
早搏	zǎobó	54308
早餐	zǎocān	10886
早操	zǎocāo	37457
早茶	zǎochá	33310
早产	zǎochǎn	36270
早产儿	zǎochǎn'ér	42995
早车	zǎochē	48948
早晨	zǎochen	2893
早出晚归	zǎochū-wǎnguī	25256
早春	zǎochūn	16478
早稻	zǎodào	13336
早点	zǎodiǎn	8633
早饭	zǎofàn	8737
早慧	zǎohuì	42881
早婚	zǎohūn	38750
早就	zǎojiù	3512
早恋	zǎoliàn	36123
早年	zǎonián	8989
早期	zǎoqī	4329
早起	zǎoqǐ	15418
早日	zǎorì	3792
早上	zǎoshang	3999
早市	zǎoshì	30008
早逝	zǎoshì	31682
早熟	zǎoshú	16196
早衰	zǎoshuāi	36766
早霜	zǎoshuāng	54844
早死	zǎosǐ	35395
早退	zǎotuì	30009
早晚	zǎowǎn	9592
早先	zǎoxiān	18018
早泄	zǎoxiè	54845
早已	zǎoyǐ	1450
早早	zǎozǎo	40235
早造	zǎozào	54309
早自习	zǎozìxí	46457
枣	zǎo	7657
枣糕	zǎogāo	53816
枣核	zǎohé	44979
枣红	zǎohóng	35816
枣红色	zǎohóngsè	45260
枣木	zǎomù	39798
枣泥	zǎoní	48590
枣树	zǎoshù	15094
枣子	zǎozi	30340
澡盆	zǎopén	28370
澡堂	zǎotáng	22324
藻井	zǎojǐng	52403
藻类	zǎolèi	17216
藻饰	zǎoshì	54310
皂白	zàobái	36767
皂荚	zàojiá	44478
皂角	zàojiǎo	40888
灶	zào	6342
灶火	zàohuo	33311
灶间	zàojiān	34479
灶具	zàojù	33940
灶君	Zàojūn	43765
灶神	Zàoshén	39373
灶台	zàotái	30115
灶膛	zàotáng	38751
灶头	zàotou	44014
灶王爷	Zàowángyé	37288
灶屋	zàowū	46458
造	zào	1845
造册	zàocè	23447
造成	zàochéng	602
造次	zàocì	36600
造地	zàodì	40852
造反	zàofǎn	8241
造访	zàofǎng	22074
造福	zàofú	5926
造化	zàohuà	52826
造化	zàohua	27703
造假	zàojiǎ	10360
造价	zàojià	12075
造就	zàojiù	5177
造句	zàojù	30010
造林	zàolín	4067
造孽	zàoniè	32020
造市	zàoshì	42740
造势	zàoshì	43471
造田	zàotián	22118
造物主	zàowùzhǔ	32378
造像	zàoxiàng	27882
造型	zàoxíng	6083
造血	zàoxuè	13202
造谣	zàoyáo	18151
造谣惑众	zàoyáo-huòzhòng	41762
造谣中伤	zàoyáo-zhòngshāng	47333
造诣	zàoyì	15456
造影	zàoyǐng	36601
造字	zàozì	41544
造作	zàozuo	26954
噪声	zàoshēng	9226
噪音	zàoyīn	10160
燥热	zàorè	23005
躁动	zàodòng	27389
则	zé	128
则声	zéshēng	44729

责	zé	3909
责备	zébèi	8551
责编	zébiān	41999
责成	zéchéng	10441
责打	zédǎ	41314
责罚	zéfá	32379
责怪	zéguài	14777
责令	zélìng	5190
责骂	zémà	23006
责难	zénàn	22727
责权利	zé-quán-lì	32145
责任	zérèn	504
责任编辑	zérèn biānjí	38008
责任感	zérèngǎn	3853
责任人	zérènrén	6202
责任事故	zérèn shìgù	21290
责任书	zérènshū	13628
责任田	zérèntián	18102
责任心	zérènxīn	9957
责任制	zérènzhì	3751
责任状	zérènzhuàng	18152
责问	zéwèn	21780
责无旁贷	zéwúpángdài	17042
择	zé	2216
择吉	zéjí	43766
择交	zéjiāo	50056
择偶	zé'ǒu	37650
择期	zéqī	49693
择善而从	zéshàn'ércóng	47334
择校	zéxiào	17544
择业	zéyè	13828
择优	zéyōu	12719
择友	zéyǒu	54311
咋舌	zéshé	28723
泽国	zéguó	46157
啧有烦言	zéyǒufányán	44242
啧啧称羡	zézé-chēngxiàn	52857
贼	zéi	3662
贼船	zéichuán	39172
贼胆	zéidǎn	40667
贼喊捉贼	zéihǎnzhuōzéi	51550
贼寇	zéikòu	46158
贼亮	zéiliàng	36124
贼溜溜	zéiliūliū	49694
贼眉鼠眼	zéiméi-shǔyǎn	50410
贼人	zéirén	35972
贼头贼脑	zéitóu-zéinǎo	50057
贼窝	zéiwō	52404
贼心	zéixīn	36436
贼星	zéixīng	55823
贼眼	zéiyǎn	44730
怎	zěn	3017
怎的	zěndi	17687
怎么	zěnme	311
怎么得了	zěnme-déliǎo	38373
怎么的	zěnmedì	18910
怎么样	zěnmeyàng	2900
怎么着	zěnmezhe	13307
怎奈	zěnnài	17064
怎能	zěnnéng	5408
怎样	zěnyàng	449
怎知	zěnzhī	33675
曾	zēng	2821
曾孙	zēngsūn	30897
曾孙女	zēngsūnnǚ	53817
曾祖	zēngzǔ	44731
曾祖父	zēngzǔfù	33312
曾祖母	zēngzǔmǔ	44479
增	zēng	2478
增白	zēngbái	39597
增白剂	zēngbáijì	41545
增编	zēngbiān	54846
增兵	zēngbīng	28371
增拨	zēngbō	36768
增补	zēngbǔ	18075
增产	zēngchǎn	4512
增持	zēngchí	6287
增大	zēngdà	5646
增调	zēngdiào	54847
增订	zēngdìng	44015
增多	zēngduō	3650
增幅	zēngfú	4751
增高	zēnggāo	12518
增光	zēngguāng	27545
增光添彩	zēngguāng-tiāncǎi	44980
增辉	zēnghuī	33037
增加	zēngjiā	475
增减	zēngjiǎn	20232
增建	zēngjiàn	41546
增进	zēngjìn	3585
增刊	zēngkān	36437
增量	zēngliàng	14238
增派	zēngpài	21065
增强	zēngqiáng	1363
增容	zēngróng	32525
增色	zēngsè	33419
增删	zēngshān	41763
增设	zēngshè	9875
增生	zēngshēng	26454
增收	zēngshōu	2981
增收节支	zēngshōu-jiézhī	20950
增速	zēngsù	2142
增添	zēngtiān	5035
增温	zēngwēn	32021
增效	zēngxiào	11585
增修	zēngxiū	46757
增选	zēngxuǎn	21649
增压	zēngyā	36769
增益	zēngyì	27704
增盈	zēngyíng	45861
增援	zēngyuán	16844
增长	zēngzhǎng	1013
增长点	zēngzhǎngdiǎn	7649
增长率	zēngzhǎnglǜ	5295
增支	zēngzhī	45862
增值	zēngzhí	6896
增值税	zēngzhíshuì	7350
增殖	zēngzhí	17121
增至	zēngzhì	9598
增资	zēngzī	17712
憎	zēng	19209
憎恨	zēnghèn	15400
憎恶	zēngwù	16789
锃光瓦亮	zèngguāng-wǎliàng	54848
锃亮	zèngliàng	24870
赠	zèng	6730
赠别	zèngbié	53818
赠给	zènggěi	20724
赠款	zèngkuǎn	30011
赠礼	zènglǐ	48591
赠品	zèngpǐn	30778
赠券	zèngquàn	51966
赠书	zèngshū	25006
赠送	zèngsòng	5729
赠言	zèngyán	36438
赠予	zèngyǔ	36125
赠阅	zèngyuè	38374

甑子	zèngzi	53312
扎	zhā	2915
扎堆	zhāduī	42000
扎根	zhāgēn	8443
扎花	zhāhuā	53313
扎啤	zhāpí	52405
扎实	zhāshi	4010
扎手	zhāshǒu	46758
扎眼	zhāyǎn	34622
扎营	zhāyíng	30226
扎针	zhāzhēn	40020
咋呼	zhāhu	42741
渣	zhā	10361
渣土	zhātǔ	42001
渣滓	zhāzǐ	30663
渣子	zhāzi	32380
札记	zhájì	14733
轧	zhá	11603
轧钢	zhágāng	33676
轧辊	zhágǔn	37102
轧机	zhájī	50058
轧制	zházhì	38009
闸	zhá	8468
闸刀	zhádāo	55381
闸口	zhákǒu	41315
闸门	zhámén	15858
炸	zhá	14797
炸糕	zhágāo	51967
炸酱	zhájiàng	51551
铡	zhá	17450
铡刀	zhádāo	32022
眨	zhǎ	8153
眨巴	zhǎba	18680
眨眼	zhǎyǎn	13754
眨眼间	zhǎyǎnjiān	31909
乍	zhà	9025
乍暖还寒	zhànuǎn-huánhán	49695
诈	zhà	12259
诈称	zhàchēng	34623
诈唬	zhàhu	53819
诈骗	zhàpiàn	8399
诈取	zhàqǔ	48949
诈尸	zhàshī	53820
诈降	zhàxiáng	40889
栅栏	zhàlan	16153
炸	zhà	1694
炸弹	zhàdàn	5618
炸锅	zhàguō	55824
炸毁	zhàhuǐ	17165
炸雷	zhàléi	33313
炸裂	zhàliè	32912
炸窝	zhàwō	55770
炸药	zhàyào	11261
炸药包	zhàyàobāo	33941
蚱蜢	zhàměng	23345
榨	zhà	20084
榨菜	zhàcài	26455
榨取	zhàqǔ	28822
榨油	zhàyóu	31562
斋	zhāi	10110
斋饭	zhāifàn	51177
斋戒	zhāijiè	36602
斋月	zhāiyuè	32146
摘	zhāi	3900
摘报	zhāibào	43472
摘编	zhāibiān	8540
摘抄	zhāichāo	34754
摘除	zhāichú	27627
摘登	zhāidēng	21559
摘发	zhāifā	44732
摘记	zhāijì	54849
摘录	zhāilù	23448
摘帽子	zhāimàozi	43473
摘牌	zhāipái	28823
摘取	zhāiqǔ	15991
摘桃子	zhāitáozi	50411
摘要	zhāiyào	10189
摘译	zhāiyì	49308
摘引	zhāiyǐn	46759
宅	zhái	8990
宅邸	zháidǐ	50059
宅地	zháidì	50786
宅第	zháidì	42002
宅基	zháijī	20556
宅基地	zháijīdì	15419
宅门	zháimén	28292
宅男	zháinán	22152
宅女	zháinǚ	32767
宅院	zháiyuàn	20691
宅子	zháizi	19654
择	zhái	6588
择菜	zháicài	50060
窄	zhǎi	6569
窄幅	zhǎifú	56317
窄狭	zhǎixiá	39598
窄小	zhǎixiǎo	24630
债	zhài	5459
债户	zhàihù	49696
债款	zhàikuǎn	44480
债权	zhàiquán	7811
债权人	zhàiquánrén	13090
债券	zhàiquàn	5659
债台高筑	zhàitái gāozhù	32913
债务	zhàiwù	4120
债务人	zhàiwùrén	18240
债主	zhàizhǔ	25339
寨	zhài	4630
寨主	zhàizhǔ	28986
寨子	zhàizi	16769
占	zhān	6577
占卜	zhānbǔ	27310
占卦	zhānguà	48592
占星术	zhānxīngshù	52406
沾	zhān	5582
沾边	zhānbiān	32648
沾光	zhānguāng	32649
沾花惹草	zhānhuā-rěcǎo	54312
沾亲带故	zhānqīn-dàigù	43474
沾染	zhānrǎn	23503
沾手	zhānshǒu	52858
沾沾自喜	zhānzhān-zìxǐ	25007
毡包	zhānbāo	45565
毡房	zhānfáng	36271
毡笠	zhānlì	56318
毡帽	zhānmào	30012
毡靴	zhānxuē	53821
毡帐	zhānzhàng	51178
毡子	zhānzi	37832
粘	zhān	5837
粘连	zhānlián	29789
粘贴	zhāntiē	26213
詹	Zhān	24216
谵妄	zhānwàng	54313
谵语	zhānyǔ	47335
瞻	zhān	18209
瞻前顾后	zhānqián-gùhòu	30664
瞻望	zhānwàng	36770
瞻仰	zhānyǎng	15492

斩	zhǎn	5428
斩草除根	zhǎncǎo-chúgēn	38199
斩钉截铁	zhǎndīng-jiétiě	17980
斩断	zhǎnduàn	22593
斩获	zhǎnhuò	39374
斩尽杀绝	zhǎnjìn-shājué	44733
斩首	zhǎnshǒu	11313
盏	zhǎn	5526
展	zhǎn	2406
展播	zhǎnbō	31004
展翅	zhǎnchì	19565
展出	zhǎnchū	5038
展馆	zhǎnguǎn	18128
展柜	zhǎnguì	52407
展开	zhǎnkāi	1444
展宽	zhǎnkuān	49697
展览	zhǎnlǎn	2808
展览馆	zhǎnlǎnguǎn	18052
展览会	zhǎnlǎnhuì	7285
展露	zhǎnlù	30779
展卖	zhǎnmài	42475
展品	zhǎnpǐn	11555
展评	zhǎnpíng	39173
展期	zhǎnqī	27311
展区	zhǎnqū	17534
展商	zhǎnshāng	29685
展示	zhǎnshì	2167
展室	zhǎnshì	30780
展台	zhǎntái	14584
展厅	zhǎntīng	10737
展望	zhǎnwàng	6709
展位	zhǎnwèi	15493
展现	zhǎnxiàn	3714
展销	zhǎnxiāo	16882
展销会	zhǎnxiāohuì	19788
展映	zhǎnyìng	44243
崭露头角	zhǎnlù-tóujiǎo	21247
崭新	zhǎnxīn	4625
辗转	zhǎnzhuǎn	10718
辗转反侧	zhǎnzhuǎn-fǎncè	29088
占	zhàn	820
占比	zhànbǐ	30298
占地	zhàndì	5547
占据	zhànjù	4554
占理	zhànlǐ	51552
占领	zhànlǐng	3294
占领军	zhànlǐngjūn	31801
占便宜	zhànpiányi	24154
占山为王	zhànshān-wéiwáng	50061
占上风	zhànshàngfēng	26955
占先	zhànxiān	38968
占线	zhànxiàn	39375
占用	zhànyòng	5842
占有	zhànyǒu	3283
栈道	zhàndào	24871
栈房	zhànfáng	44734
栈桥	zhànqiáo	33825
战	zhàn	885
战败	zhànbài	15802
战报	zhànbào	36272
战备	zhànbèi	14123
战表	zhànbiǎo	41547
战场	zhànchǎng	3832
战车	zhànchē	18511
战船	zhànchuán	27960
战刀	zhàndāo	47049
战地	zhàndì	16174
战抖	zhàndǒu	33942
战斗	zhàndòu	1423
战斗机	zhàndòujī	12428
战斗舰	zhàndòujiàn	55825
战斗力	zhàndòulì	5075
战斗员	zhàndòuyuán	40021
战而胜之	zhàn'érshèngzhī	46459
战犯	zhànfàn	12826
战俘	zhànfú	14668
战歌	zhàngē	39174
战功	zhàngōng	15702
战鼓	zhàngǔ	25877
战国	Zhànguó	9866
战果	zhànguǒ	16610
战壕	zhànháo	22429
战后	zhànhòu	5819
战火	zhànhuǒ	11726
战祸	zhànhuò	32526
战机	zhànjī	10642
战绩	zhànjì	8911
战舰	zhànjiàn	16526
战将	zhànjiàng	22637
战局	zhànjú	19655
战况	zhànkuàng	28372
战利品	zhànlìpǐn	29295
战例	zhànlì	32258
战栗	zhànlì	23062
战列舰	zhànlièjiàn	49309
战乱	zhànluàn	11496
战略	zhànlüè	1072
战略物资	zhànlüè wùzī	41548
战马	zhànmǎ	14506
战袍	zhànpáo	35223
战旗	zhànqí	35056
战前	zhànqián	14912
战勤	zhànqín	50062
战区	zhànqū	15624
战胜	zhànshèng	2213
战时	zhànshí	11687
战史	zhànshǐ	36273
战士	zhànshì	938
战事	zhànshì	8613
战书	zhànshū	43251
战术	zhànshù	5139
战死	zhànsǐ	14865
战无不胜	zhànwúbùshèng	32914
战线	zhànxiàn	3994
战役	zhànyì	5219
战友	zhànyǒu	4852
战云	zhànyún	42996
战战兢兢	zhànzhànjīngjīng	18608
战争	zhànzhēng	561
战争贩子	zhànzhēng fànzi	54314
站	zhàn	206
站队	zhànduì	33173
站岗	zhàngǎng	17836
站柜台	zhànguìtái	40668
站立	zhànlì	7431
站牌	zhànpái	30898
站票	zhànpiào	49698
站哨	zhànshào	53822
站台	zhàntái	15280
站台票	zhàntáipiào	48950
站相	zhànxiàng	43252
站长	zhànzhǎng	8161
站住	zhànzhù	6680
绽放	zhànfàng	16197
绽开	zhànkāi	20485
绽露	zhànlù	53823
湛蓝	zhànlán	21453
蘸	zhàn	11642

招待会	zhāodàihuì	3555
招待所	zhāodàisuǒ	11177
招风	zhāofēng	47961
招抚	zhāofǔ	23656
招干	zhāogàn	50063
招工	zhāogōng	12909
招供	zhāogòng	33420
招股	zhāogǔ	42742
招呼	zhāohu	4369
招魂	zhāohún	27706
招祸	zhāohuò	45261
招集	zhāojí	22594
招架	zhāojià	21936
招考	zhāokǎo	14526
招徕	zhāolái	20789
招揽	zhāolǎn	21607
招领	zhāolǐng	43253
招募	zhāomù	13233
招纳	zhāonà	51556
招女婿	zhāonǚxu	53315
招牌	zhāopai	8532
招聘	zhāopìn	5742
招亲	zhāoqīn	51180
招惹	zhāorě	24475
招认	zhāorèn	40440
招商	zhāoshāng	7293
招生	zhāoshēng	4494
招式	zhāoshì	48951
招收	zhāoshōu	8048
招手	zhāoshǒu	10994
招数	zhāoshù	20864
招贴	zhāotiē	35819
招贴画	zhāotiēhuà	35398
招贤	zhāoxián	38752
招降	zhāoxiáng	21483
招笑儿	zhāoxiàor	42242
招眼	zhāoyǎn	54315
招摇	zhāoyáo	28908
招摇过市	zhāoyáo-guòshì	32259
招摇撞骗	zhāoyáo-zhuàngpiàn	35660
招引	zhāoyǐn	29383
招灾	zhāozāi	47962
招展	zhāozhǎn	22119
招之即来	zhāozhī-jílái	48594
招致	zhāozhì	15914
招赘	zhāozhuì	50064
招租	zhāozū	43254
昭然	zhāorán	39799
昭然若揭	zhāorán-ruòjiē	38582
昭示	zhāoshì	12855
昭雪	zhāoxuě	30554
昭彰	zhāozhāng	39377
昭著	zhāozhù	31109
着	zhāo	9030
着数	zhāoshù	47336
朝	zhāo	10087
朝不保夕	zhāobùbǎoxī	41766
朝发夕至	zhāofā-xīzhì	47963
朝晖	zhāohuī	37651
朝令夕改	zhāolìng-xīgǎi	39175
朝暮	zhāomù	44017
朝气	zhāoqì	11985
朝气蓬勃	zhāoqì-péngbó	15596
朝秦暮楚	zhāoqín-mùchǔ	44482
朝日	zhāorì	15915
朝三暮四	zhāosān-mùsì	44018
朝思暮想	zhāosī-mùxiǎng	34916
朝夕	zhāoxī	20824
朝夕相处	zhāoxī-xiāngchǔ	21614
朝霞	zhāoxiá	22276
朝阳	zhāoyáng	7189
朝朝暮暮	zhāozhāo-mùmù	39800
着	zháo	31910
着慌	zháohuāng	37289
着火	zháohuǒ	14669
着急	zháojí	4444
着凉	zháoliáng	27087
着忙	zháománg	37290
着迷	zháomí	20085
着魔	zháomó	45262
爪	zhǎo，zhuǎ	11651
爪牙	zhǎoyá	21608
找	zhǎo	278
找补	zhǎobu	41767
找不着北	zhǎobuzháoběi	28044
找茬儿	zhǎochár	44735
找碴儿	zhǎochár	43693
找错	zhǎocuò	37291
找零	zhǎolíng	45864
找麻烦	zhǎomáfan	28208
找门路	zhǎoménlù	41550
找米下锅	zhǎo mǐ xià guō	54316
找平	zhǎopíng	54317
找婆家	zhǎopójia	51557
找齐	zhǎoqí	46159
找钱	zhǎoqián	31802
找窍门	zhǎoqiàomén	54318
找事	zhǎoshì	21782
找死	zhǎosǐ	36126
找头	zhǎotou	51181
找寻	zhǎoxún	13065
沼气	zhǎoqì	9678
沼泽	zhǎozé	17915
沼泽地	zhǎozédì	27230
召	zhào	4771
召唤	zhàohuàn	12670
召回	zhàohuí	10801
召集	zhàojí	5545
召集人	zhàojírén	29694
召见	zhàojiàn	11882
召开	zhàokāi	1161
兆	zhào	13605
兆赫	zhàohè	46462
兆头	zhàotou	28209
诏令	zhàolìng	18776
诏书	zhàoshū	17217
赵	zhào	1573
赵公元帅	Zhàogōng yuánshuài	52859
笊篱	zhàoli	44019
照	zhào	1390
照搬	zhàobān	12389
照办	zhàobàn	17424
照本宣科	zhàoběn-xuānkē	35973
照壁	zhàobì	39378
照常	zhàocháng	12008
照抄	zhàochāo	19625
照登	zhàodēng	48277
照发	zhàofā	37103
照拂	zhàofú	45263
照付	zhàofù	50065
照顾	zhàogù	2648
照管	zhàoguǎn	25205
照葫芦画瓢	zhào húlu huà piáo	51558
照护	zhàohù	47964
照会	zhàohuì	20865
照旧	zhàojiù	13652

照看	zhàokàn	17315
照理	zhàolǐ	24631
照例	zhàolì	6826
照亮	zhàoliàng	10396
照料	zhàoliào	9404
照临	zhàolín	47337
照猫画虎	zhàomāo-huàhǔ	42997
照面儿	zhàomiànr	24533
照明	zhàomíng	9451
照明弹	zhàomíngdàn	38010
照明灯	zhàomíngdēng	39379
照排	zhàopái	36929
照排机	zhàopáijī	51559
照片	zhàopiàn	1545
照墙	zhàoqiáng	50788
照射	zhàoshè	10537
照实	zhàoshí	34624
照说	zhàoshuō	35225
照相	zhàoxiàng	10027
照相簿	zhàoxiàngbù	51560
照相馆	zhàoxiàngguǎn	24872
照相机	zhàoxiàngjī	11761
照样	zhàoyàng	6808
照妖镜	zhàoyāojìng	48278
照耀	zhàoyào	10161
照应	zhàoyìng	15660
照应	zhàoying	37104
照着	zhàozhe	10264
照直	zhàozhí	39801
照准	zhàozhǔn	30555
罩	zhào	7297
罩袍	zhàopáo	47965
罩衫	zhàoshān	43767
罩衣	zhàoyī	44244
罩子	zhàozi	33174
肇祸	zhàohuò	49311
肇始	zhàoshǐ	38201
肇事	zhàoshì	14735
折	zhē	6452
折腾	zhēteng	7846
蜇	zhē	26093
遮	zhē	7262
遮蔽	zhēbì	22120
遮丑	zhēchǒu	42743
遮挡	zhēdǎng	18609
遮断	zhēduàn	47966
遮盖	zhēgài	18053
遮光	zhēguāng	40238
遮护	zhēhù	55384
遮拦	zhēlán	27163
遮天蔽日	zhētiān-bìrì	32381
遮天盖地	zhētiān-gàidì	51182
遮羞	zhēxiū	35661
遮羞布	zhēxiūbù	41768
遮掩	zhēyǎn	14024
遮阳	zhēyáng	32790
遮阳镜	zhēyángjìng	56754
遮阳帽	zhēyángmào	46160
遮阳篷	zhēyángpéng	55830
遮阳伞	zhēyángsǎn	37458
折	zhé	1634
折冲	zhéchōng	52409
折冲樽俎	zhéchōng-zūnzǔ	54853
折叠	zhédié	19175
折叠床	zhédiéchuáng	54319
折叠式	zhédiéshì	46760
折叠椅	zhédiéyǐ	45567
折返	zhéfǎn	37105
折服	zhéfú	20605
折福	zhéfú	54854
折光	zhéguāng	38375
折桂	zhéguì	35530
折合	zhéhé	12652
折戟沉沙	zhéjǐ-chénshā	53316
折价	zhéjià	26526
折旧	zhéjiù	21830
折旧费	zhéjiùfèi	36127
折旧率	zhéjiùlǜ	42003
折扣	zhékòu	12814
折磨	zhémó	6136
折扇	zhéshàn	30228
折射	zhéshè	9046
折寿	zhéshòu	54855
折算	zhésuàn	25735
折损	zhésǔn	44245
折头	zhétou	46737
折腰	zhéyāo	35399
折页	zhéyè	51968
折纸	zhézhǐ	49701
折中	zhézhōng	32260
折中主义	zhézhōng zhǔyì	52410
折皱	zhézhòu	47653
折子	zhézi	33421
折子戏	zhézixì	31911
哲理	zhélǐ	11046
哲人	zhérén	18415
哲学	zhéxué	1127
哲言	zhéyán	48788
蛰伏	zhéfú	30556
蛰居	zhéjū	38011
谪居	zhéjū	48595
辙	zhé	15565
者	zhě	307
赭黄色	zhěhuángsè	53317
赭石	zhěshí	52411
褶皱	zhězhòu	28987
褶子	zhězi	38970
这	zhè	7
这儿	zhèr	1984
这般	zhèbān	7178
这个	zhège	70
这会儿	zhèhuìr	11215
这就是说	zhèjiùshìshuō	9999
这里	zhèlǐ	150
这么	zhème	460
这么点儿	zhèmediǎnr	47967
这么些	zhèmexiē	20403
这么样	zhèmeyàng	36930
这么着	zhèmezhe	19820
这些	zhèxiē	85
这样	zhèyàng	73
这样一来	zhèyàng yīlái	9686
这一阵	zhèyīzhèn	19748
浙	Zhè	8262
浙江	Zhèjiāng	2084
蔗农	zhènóng	50413
蔗糖	zhètáng	24156
蔗田	zhètián	53318
鹧鸪	zhègū	32915
着	zhe	556
着哩	zheli	19176
着呢	zhene	10355
贞操	zhēncāo	27628
贞节	zhēnjié	31005
贞洁	zhēnjié	34336
贞烈	zhēnliè	55831
针	zhēn	4467
针鼻儿	zhēnbír	51969

针砭	zhēnbiān	39802
针对	zhēnduì	1788
针法	zhēnfǎ	49702
针锋相对	zhēnfēng-xiāngduì	18129
针管	zhēnguǎn	52412
针剂	zhēnjì	31433
针尖儿对麦芒儿	zhēnjiānr duì màimángr	54856
针脚	zhēnjiao	44246
针灸	zhēnjiǔ	13780
针孔	zhēnkǒng	42744
针头	zhēntóu	24419
针头线脑	zhēntóu-xiànnǎo	43476
针线	zhēnxiàn	18298
针线包	zhēnxiànbāo	51183
针线活儿	zhēnxiànhuór	37652
针眼	zhēnyǎn	40441
针药	zhēnyào	52860
针叶树	zhēnyèshù	48952
针织	zhēnzhī	20725
针织品	zhēnzhīpǐn	43768
侦办	zhēnbàn	39380
侦查	zhēnchá	5339
侦察	zhēnchá	8183
侦察兵	zhēnchábīng	30013
侦察机	zhēnchájī	14397
侦察卫星	zhēnchá wèixīng	44483
侦察员	zhēncháyuán	20404
侦缉	zhēnjī	38583
侦破	zhēnpò	8706
侦探	zhēntàn	13172
侦探片	zhēntànpiàn	54857
侦探小说	zhēntàn xiǎoshuō	15420
侦听	zhēntīng	51561
侦讯	zhēnxùn	51562
珍爱	zhēn'ài	17732
珍宝	zhēnbǎo	17239
珍本	zhēnběn	35820
珍藏	zhēncáng	11392
珍贵	zhēnguì	4470
珍品	zhēnpǐn	13284
珍奇	zhēnqí	29896
珍禽	zhēnqín	28373
珍禽异兽	zhēnqín-yìshòu	44484
珍摄	zhēnshè	50414
珍视	zhēnshì	9948
珍玩	zhēnwán	41769
珍闻	zhēnwén	52413
珍惜	zhēnxī	4985
珍稀	zhēnxī	11652
珍馐	zhēnxiū	41770
珍异	zhēnyì	50066
珍邮	zhēnyóu	35505
珍重	zhēnzhòng	20606
珍珠	zhēnzhū	7040
珍珠贝	zhēnzhūbèi	56319
珍珠霜	zhēnzhūshuāng	53824
帧	zhēn	13402
真	zhēn	296
真本事	zhēnběnshi	30117
真才实学	zhēncái-shíxué	25736
真诚	zhēnchéng	3177
真传	zhēnchuán	37833
真谛	zhēndì	15044
真格的	zhēngéde	26287
真个	zhēngè	16659
真迹	zhēnjì	29897
真假	zhēnjiǎ	13910
真菌	zhēnjūn	20645
真空	zhēnkōng	11240
真空管	zhēnkōngguǎn	54858
真理	zhēnlǐ	2643
真面目	zhēnmiànmù	17582
真名实姓	zhēnmíng-shíxìng	48279
真皮	zhēnpí	26956
真品	zhēnpǐn	31315
真凭实据	zhēnpíng-shíjù	36439
真切	zhēnqiè	9110
真情	zhēnqíng	5678
真情实感	zhēnqíng-shígǎn	26949
真确	zhēnquè	37834
真人	zhēnrén	16907
真善美	zhēn-shàn-měi	18640
真实	zhēnshí	1133
真实性	zhēnshíxìng	10667
真是	zhēnshi	2263
真率	zhēnshuài	31436
真丝	zhēnsī	21109
真伪	zhēnwěi	15316
真相	zhēnxiàng	6874
真相大白	zhēnxiàng-dàbái	32650
真心	zhēnxīn	6894
真心话	zhēnxīnhuà	26957
真心实意	zhēnxīn-shíyì	13210
真凶	zhēnxiōng	43769
真意	zhēnyì	28136
真正	zhēnzhèng	345
真知	zhēnzhī	27312
真知灼见	zhēnzhī-zhuójiàn	22175
真挚	zhēnzhì	9809
真主	zhēnzhǔ	28461
砧板	zhēnbǎn	42004
砧木	zhēnmù	35974
砧子	zhēnzi	33943
斟	zhēn	12430
斟酒	zhēnjiǔ	27023
斟酌	zhēnzhuó	15294
甄	zhēn	33944
甄别	zhēnbié	24039
甄选	zhēnxuǎn	45568
榛子	zhēnzi	42243
箴言	zhēnyán	29578
诊察	zhěnchá	39803
诊断	zhěnduàn	4305
诊断书	zhěnduànshū	42244
诊费	zhěnfèi	35822
诊疗	zhěnliáo	14124
诊疗所	zhěnliáosuǒ	54320
诊脉	zhěnmài	45569
诊视	zhěnshì	54859
诊室	zhěnshì	24091
诊所	zhěnsuǒ	10707
诊治	zhěnzhì	11798
枕	zhěn	7573
枕边风	zhěnbiānfēng	50067
枕戈待旦	zhěngē-dàidàn	47654
枕骨	zhěngǔ	53825
枕巾	zhěnjīn	35823
枕木	zhěnmù	37459
枕套	zhěntào	41771
枕头	zhěntou	8053
枕席	zhěnxí	40239
疹子	zhěnzi	45264
缜密	zhěnmì	18019
阵	zhèn	3548
阵地	zhèndì	3697
阵地战	zhèndìzhàn	37653

阵法	zhènfǎ	43477
阵风	zhènfēng	33175
阵脚	zhènjiǎo	21831
阵容	zhènróng	7023
阵式	zhènshì	53826
阵势	zhènshì	18210
阵痛	zhèntòng	21405
阵亡	zhènwáng	15681
阵线	zhènxiàn	11497
阵营	zhènyíng	14025
阵雨	zhènyǔ	12969
阵阵	zhènzhèn	8030
阵子	zhènzi	32382
鸩毒	zhèndú	47338
振	zhèn	4743
振臂	zhènbì	36771
振荡	zhèndàng	16132
振动	zhèndòng	9002
振奋	zhènfèn	6169
振奋人心	zhènfèn-rénxīn	21670
振幅	zhènfú	48596
振聋发聩	zhènlóng-fākuì	28137
振兴	zhènxīng	3157
振振有词	zhènzhèn-yǒucí	26588
振作	zhènzuò	14866
赈济	zhènjì	26867
赈灾	zhènzāi	23936
震	zhèn	4848
震波	zhènbō	53319
震颤	zhènchàn	19679
震荡	zhèndàng	15095
震动	zhèndòng	6418
震耳	zhèn'ěr	21406
震耳欲聋	zhèn'ěr-yùlóng	22728
震感	zhèngǎn	38971
震古烁今	zhèngǔ-shuòjīn	55385
震撼	zhènhàn	7414
震级	zhènjí	36931
震惊	zhènjīng	5719
震怒	zhènnù	24940
震情	zhènqíng	45865
震区	zhènqū	34337
震慑	zhènshè	13666
震天价	zhèntiānjie	53827
震响	zhènxiǎng	31803
震源	zhènyuán	34076
震灾	zhènzāi	40442
震中	zhènzhōng	25455
镇	zhèn	932
镇尺	zhènchǐ	56320
镇定	zhèndìng	10767
镇定自若	zhèndìng-zìruò	35057
镇反	zhènfǎn	48597
镇静	zhènjìng	9846
镇静剂	zhènjìngjì	42005
镇流器	zhènliúqì	47339
镇守	zhènshǒu	17981
镇痛	zhèntòng	30781
镇压	zhènyā	9135
镇长	zhènzhǎng	8418
镇纸	zhènzhǐ	45570
镇子	zhènzi	18681
正	zhēng	7210
正月	zhēngyuè	6307
争	zhēng	1418
争霸	zhēngbà	25585
争辩	zhēngbiàn	13587
争长论短	zhēngcháng-lùnduǎn	55832
争吵	zhēngchǎo	9900
争持	zhēngchí	35400
争宠	zhēngchǒng	44485
争创	zhēngchuàng	19713
争斗	zhēngdòu	14913
争端	zhēngduān	6811
争夺	zhēngduó	4170
争分夺秒	zhēngfēn-duómiǎo	26589
争风吃醋	zhēngfēng-chīcù	37835
争购	zhēnggòu	39381
争冠	zhēngguàn	11950
争光	zhēngguāng	13000
争脸	zhēngliǎn	56321
争论	zhēnglùn	5159
争名夺利	zhēngmíng-duólì	47655
争鸣	zhēngmíng	21740
争奇斗艳	zhēngqí-dòuyàn	32023
争气	zhēngqì	15175
争强	zhēngqiáng	55386
争强好胜	zhēngqiáng-hàoshèng	36274
争抢	zhēngqiǎng	19680
争取	zhēngqǔ	1663
争权夺利	zhēngquán-duólì	33422
争上游	zhēngshàngyóu	51563
争胜	zhēngshèng	38753
争先	zhēngxiān	14957
争先恐后	zhēngxiān-kǒnghòu	315063
争相	zhēngxiāng	10538
争雄	zhēngxióng	34917
争艳	zhēngyàn	48280
争议	zhēngyì	4943
争战	zhēngzhàn	50789
争执	zhēngzhí	9931
争嘴	zhēngzuǐ	54321
征	zhēng	2875
征兵	zhēngbīng	12157
征尘	zhēngchén	42476
征程	zhēngchéng	10652
征地	zhēngdì	6868
征调	zhēngdiào	38202
征订	zhēngdìng	15281
征发	zhēngfā	50415
征伐	zhēngfá	32261
征服	zhēngfú	6688
征稿	zhēnggǎo	30665
征购	zhēnggòu	27546
征管	zhēngguǎn	6677
征候	zhēnghòu	40669
征婚	zhēnghūn	26094
征集	zhēngjí	6397
征剿	zhēngjiǎo	46761
征粮	zhēngliáng	36932
征募	zhēngmù	52861
征聘	zhēngpìn	55387
征求	zhēngqiú	3887
征收	zhēngshōu	4489
征税	zhēngshuì	11664
征讨	zhēngtǎo	30782
征途	zhēngtú	15838
征文	zhēngwén	6592
征象	zhēngxiàng	36772
征询	zhēngxún	17088
征引	zhēngyǐn	54322
征用	zhēngyòng	8587
征战	zhēngzhàn	13799
征召	zhēngzhào	26662
征兆	zhēngzhào	19855

怔忡	zhēngchōng	42998
挣扎	zhēngzhá	5068
峥嵘	zhēngróng	27961
峥嵘岁月	zhēngróng-suìyuè	35226
狰狞	zhēngníng	19626
症结	zhēngjié	11776
睁	zhēng	3945
睁眼	zhēngyǎn	14603
睁眼瞎	zhēngyǎnxiā	44247
铮铮	zhēngzhēng	24476
铮铮铁骨	zhēngzhēng-tiěgǔ	44486
蒸	zhēng	8581
蒸饼	zhēngbǐng	55833
蒸发	zhēngfā	9273
蒸锅	zhēngguō	47968
蒸饺	zhēngjiǎo	50068
蒸馏	zhēngliú	25206
蒸馏水	zhēngliúshuǐ	30341
蒸笼	zhēnglóng	28210
蒸气	zhēngqì	17916
蒸汽	zhēngqì	14050
蒸汽机	zhēngqìjī	22277
蒸汽浴	zhēngqìyù	55834
蒸腾	zhēngténg	19681
蒸蒸日上	zhēngzhēng-rìshàng	20168
拯救	zhěngjiù	8796
整	zhěng	1718
整版	zhěngbǎn	25267
整备	zhěngbèi	31684
整编	zhěngbiān	24092
整饬	zhěngchì	30666
整党	zhěngdǎng	23988
整地	zhěngdì	24284
整点	zhěngdiǎn	54860
整队	zhěngduì	33038
整顿	zhěngdùn	2405
整风	zhěngfēng	12981
整复	zhěngfù	51970
整改	zhěnggǎi	4359
整个	zhěnggè	1314
整合	zhěnghé	4439
整机	zhěngjī	22176
整纪	zhěngjì	51971
整洁	zhěngjié	8902
整垮	zhěngkuǎ	52414
整理	zhěnglǐ	2721
整流	zhěngliú	45571
整齐	zhěngqí	5774
整人	zhěngrén	25878
整日	zhěngrì	14258
整容	zhěngróng	28545
整饰	zhěngshì	51564
整数	zhěngshù	26663
整肃	zhěngsù	24632
整套	zhěngtào	23937
整体	zhěngtǐ	1549
整天	zhěngtiān	5415
整形	zhěngxíng	22226
整修	zhěngxiū	12792
整宿	zhěngxiǔ	51184
整训	zhěngxùn	44983
整夜	zhěngyè	16259
整衣	zhěngyī	44020
整月	zhěngyuè	50416
整整	zhěngzhěng	4309
整枝	zhěngzhī	50069
整治	zhěngzhì	3009
整装	zhěngzhuāng	37654
整装待发	zhěngzhuāng-dàifā	30557
正	zhèng	2227
正版	zhèngbǎn	17218
正本	zhèngběn	34480
正本清源	zhèngběn-qīngyuán	36933
正比	zhèngbǐ	25340
正比例	zhèngbǐlì	51565
正编	zhèngbiān	55388
正步	zhèngbù	35975
正餐	zhèngcān	41101
正常	zhèngcháng	1066
正大	zhèngdà	32651
正大光明	zhèngdà-guāngmíng	34625
正当	zhèngdāng	10860
正当年	zhèngdāngnián	48953
正当时	zhèngdāngshí	43255
正当中	zhèngdāngzhōng	51972
正当	zhèngdàng	4341
正当防卫	zhèngdàng fángwèi	34077
正道	zhèngdào	18130
正点	zhèngdiǎn	29790
正电	zhèngdiàn	34626
正殿	zhèngdiàn	24285
正儿八经	zhèng'erbājīng	31564
正法	zhèngfǎ	23007
正犯	zhèngfàn	48955
正方	zhèngfāng	39804
正方体	zhèngfāngtǐ	56789
正方形	zhèngfāngxíng	23398
正房	zhèngfáng	26149
正负	zhèngfù	25879
正高	zhènggāo	43675
正告	zhènggào	36440
正宫	zhènggōng	46762
正骨	zhènggǔ	50790
正规	zhèngguī	7311
正规军	zhèngguījūn	28724
正轨	zhèngguǐ	21560
正果	zhèngguǒ	36605
正好	zhènghǎo	3487
正极	zhèngjí	40671
正襟危坐	zhèngjīn-wēizuò	29384
正经	zhèngjing	8184
正经八百	zhèngjīng-bābǎi	48919
正经话	zhèngjīnghuà	48954
正经事	zhèngjīngshì	41167
正剧	zhèngjù	35058
正楷	zhèngkǎi	45265
正课	zhèngkè	55389
正理	zhènglǐ	39599
正路	zhènglù	24217
正论	zhènglùn	45266
正门	zhèngmén	22638
正面	zhèngmiàn	5422
正面人物	zhèngmiàn rénwù	30118
正名	zhèngmíng	19712
正能量	zhēngnéngliàng	10842
正牌	zhèngpái	46763
正派	zhèngpài	9136
正片	zhèngpiàn	51973
正品	zhèngpǐn	37655
正气	zhèngqì	6486
正气凛然	zhèngqì-lǐnrán	39176
正巧	zhèngqiǎo	21292
正确	zhèngquè	838

正人君子	zhèngrén-jūnzǐ	22542
正日子	zhèngrìzi	53828
正如	zhèngrú	2818
正色	zhèngsè	15937
正身	zhèngshēn	38584
正史	zhèngshǐ	25654
正式	zhèngshì	983
正事	zhèngshì	22543
正视	zhèngshì	8383
正是	zhèngshì	453
正手	zhèngshǒu	50417
正数	zhèngshù	46463
正堂	zhèngtáng	48281
正题	zhèngtí	26288
正体	zhèngtǐ	52862
正厅	zhèngtīng	31316
正统	zhèngtǒng	16154
正途	zhèngtú	55390
正文	zhèngwén	1733
正屋	zhèngwū	34338
正午	zhèngwǔ	16260
正误	zhèngwù	41316
正凶	zhèngxiōng	53830
正颜厉色	zhèngyán-lìsè	51566
正眼	zhèngyǎn	36934
正要	zhèngyào	10668
正业	zhèngyè	42245
正义	zhèngyì	4018
正义感	zhèngyìgǎn	21689
正音	zhèngyīn	51974
正在	zhèngzài	221
正直	zhèngzhí	11401
正值	zhèngzhí	7242
正职	zhèngzhí	18020
正中	zhèngzhōng	10459
正中下怀	zhèngzhòng-xiàhuái	45267
正传	zhèngzhuàn	22851
正装	zhèngzhuāng	28745
正字	zhèngzì	47656
正宗	zhèngzōng	17065
正座	zhèngzuò	52415
证词	zhèngcí	26958
证婚	zhènghūn	47657
证婚人	zhènghūnrén	43478
证件	zhèngjiàn	7056
证交所	zhèngjiāosuǒ	28211
证据	zhèngjù	2541
证明	zhèngmíng	695
证明人	zhèngmíngrén	44021
证明书	zhèngmíngshū	32024
证明信	zhèngmíngxìn	47969
证券	zhèngquàn	3402
证人	zhèngrén	12615
证实	zhèngshí	3378
证书	zhèngshū	3570
证物	zhèngwù	41102
证言	zhèngyán	21832
证章	zhèngzhāng	35227
证照	zhèngzhào	8289
郑	Zhèng	3640
郑重	zhèngzhòng	6416
郑重其事	zhèngzhòng-qíshì	21833
郑州	Zhèngzhōu	4162
怔	zhèng	7547
怔怔	zhèngzhèng	14822
诤言	zhèngyán	26374
诤友	zhèngyǒu	38012
政	zhèng	2655
政变	zhèngbiàn	10669
政策	zhèngcè	492
政出多门	zhèngchū-duōmén	30558
政党	zhèngdǎng	2982
政敌	zhèngdí	36275
政法	zhèngfǎ	4745
政风	zhèngfēng	17122
政府	zhèngfǔ	183
政府军	zhèngfǔjūn	12356
政改	zhènggǎi	32941
政纲	zhènggāng	34078
政工	zhènggōng	14778
政纪	zhèngjì	21522
政绩	zhèngjì	5208
政见	zhèngjiàn	27458
政教	zhèngjiào	36441
政界	zhèngjiè	12048
政局	zhèngjú	9357
政客	zhèngkè	13892
政令	zhènglìng	15457
政论	zhènglùn	28909
政论家	zhènglùnjiā	38013
政企	zhèngqǐ	11510
政区	zhèngqū	40240
政权	zhèngquán	2399
政审	zhèngshěn	34627
政事	zhèngshì	13375
政坛	zhèngtán	13494
政体	zhèngtǐ	16679
政通人和	zhèngtōng-rénhé	27231
政委	zhèngwěi	3727
政务	zhèngwù	4139
政务院	zhèngwùyuàn	30441
政协	zhèngxié	2351
政要	zhèngyào	13688
政制	zhèngzhì	47340
政治	zhèngzhì	194
政治避难	zhèngzhì bìnàn	43770
政治犯	zhèngzhìfàn	29898
政治家	zhèngzhìjiā	6691
政治体制	zhèngzhì tǐzhì	10088
政治文明	zhèngzhì wénmíng	5869
政治协商会议	zhèngzhì xiéshāng huìyì	11703
挣	zhèng	3598
挣钱	zhèngqián	7041
挣脱	zhèngtuō	11586
症	zhèng	2214
症候	zhènghòu	36442
症状	zhèngzhuàng	5094
之	zhī	36
之后	zhīhòu	247
之乎者也	zhī-hū-zhě-yě	40022
之极	zhījí	18989
之际	zhījì	2547
之间	zhījiān	207
之流	zhīliú	18581
之内	zhīnèi	3820
之前	zhīqián	957
之上	zhīshàng	4251
之首	zhīshǒu	10170
之所以	zhīsuǒyǐ	2264
之外	zhīwài	1445
之下	zhīxià	2298
之一	zhīyī	609
之中	zhīzhōng	682
支	zhī	413
支边	zhībiān	32528
支部	zhībù	5144

支差	zhīchāi	51185
支撑	zhīchēng	3173
支持	zhīchí	485
支出	zhīchū	2892
支绌	zhīchù	51567
支点	zhīdiǎn	18021
支店	zhīdiàn	55835
支队	zhīduì	3980
支付	zhīfù	2731
支付宝	Zhīfùbǎo	8761
支行	zhīháng	9301
支架	zhījià	20986
支教	zhījiào	13390
支局	zhījú	31685
支棱	zhīleng	51975
支离	zhīlí	28546
支离破碎	zhīlí-pòsuì	25008
支流	zhīliú	10506
支路	zhīlù	41317
支脉	zhīmài	45268
支派	zhīpài	44984
支配	zhīpèi	4661
支票	zhīpiào	11128
支气管	zhīqìguǎn	37656
支气管炎	zhīqìguǎnyán	32147
支前	zhīqián	24633
支渠	zhīqú	48956
支取	zhīqǔ	23823
支使	zhīshi	45766
支书	zhīshū	6891
支委	zhīwěi	26150
支委会	zhīwěihuì	35531
支吾	zhīwu	19361
支线	zhīxiàn	13255
支应	zhīyìng	48957
支援	zhīyuán	3398
支招儿	zhīzhāor	55836
支支吾吾	zhīzhīwūwū	25022
支柱	zhīzhù	4352
支子	zhīzi	55837
只	zhī	3976
只身	zhīshēn	18751
只身一人	zhīshēn-yīrén	41318
只言片语	zhīyán-piànyǔ	39382
只字不提	zhīzì-bùtí	35059
汁	zhī	9587
汁水	zhīshui	50418
汁液	zhīyè	28462
芝麻	zhīma	12063
芝麻官	zhīmaguān	39805
芝麻酱	zhīmajiàng	41772
芝麻油	zhīmayóu	47341
芝士	zhīshì	25176
吱	zhī	7355
吱扭	zhīniū	39383
吱吱喳喳	zhīzhī-chāchā	45269
吱吱嘎嘎	zhīzhī-gāgā	46161
枝	zhī	3419
枝杈	zhīchà	35060
枝繁叶茂	zhīfán-yèmào	26664
枝干	zhīgàn	27707
枝节	zhījié	28463
枝蔓	zhīmàn	40890
枝条	zhītiáo	14134
枝头	zhītóu	15916
枝丫	zhīyā	42477
枝叶	zhīyè	13481
枝子	zhīzi	25404
知	zhī	1043
知道	zhīdào	214
知底	zhīdǐ	44736
知恩图报	zhī’ēn-túbào	35999
知法犯法	zhīfǎ-fànfǎ	37836
知根知底	zhīgēn-zhīdǐ	42246
知更鸟	zhīgēngniǎo	48598
知会	zhīhui	42999
知己	zhījǐ	14670
知己话	zhījǐhuà	49777
知己知彼	zhījǐ-zhībǐ	28294
知交	zhījiāo	40443
知觉	zhījué	10887
知冷知热	zhīlěng-zhīrè	54862
知了	zhīliǎo	35401
知名	zhīmíng	3987
知名度	zhīmíngdù	8671
知命	zhīmìng	38754
知难而进	zhīnán’érjìn	20904
知难而退	zhīnán’értuì	34918
知青	zhīqīng	6642
知青点	zhīqīngdiǎn	28725
知情	zhīqíng	7373
知情权	zhīqíngquán	39600
知情人	zhīqíngrén	25147
知趣	zhīqù	22771
知人论世	zhīrén-lùnshì	52416
知人善任	zhīrén-shànrèn	31804
知人之明	zhīrénzhīmíng	51976
知识	zhīshi	508
知识产权	zhīshi chǎnquán	6396
知识产业	zhīshi chǎnyè	54863
知识分子	zhīshi fènzǐ	2617
知识界	zhīshijiè	24580
知识经济	zhīshi jīngjì	12182
知识面	zhīshimiàn	23874
知识青年	zhīshi qīngnián	15064
知书达理	zhīshū-dálǐ	43000
知无不言，言无不尽	zhīwúbùyán, yánwúbùjìn	48599
知悉	zhīxī	26456
知晓	zhīxiǎo	12268
知心	zhīxīn	15076
知心话	zhīxīnhuà	35976
知心人	zhīxīnrén	42745
知音	zhīyīn	16329
知友	zhīyǒu	53320
知遇	zhīyù	28910
知遇之恩	zhīyùzhī’ēn	40023
知照	zhīzhào	47050
知足	zhīzú	17645
知足常乐	zhīzú-chánglè	44737
肢解	zhījiě	26457
肢体	zhītǐ	14026
织	zhī	6865
织补	zhībǔ	55838
织布	zhībù	21834
织机	zhījī	28464
织锦	zhījǐn	32791
织锦缎	zhījǐnduàn	44985
织女	zhīnǚ	32792
织女星	zhīnǚxīng	41551
织品	zhīpǐn	47970
织染	zhīrǎn	48282
织物	zhīwù	23938
织造	zhīzào	30119
栀子	zhīzi	42746
栀子花	zhīzihuā	43256
脂肪	zhīfáng	10078
脂肪肝	zhīfánggān	34192

脂肪瘤	zhīfángliú	50791
脂肪酸	zhīfángsuān	22374
脂粉	zhīfěn	18682
脂膏	zhīgāo	47658
脂油	zhīyóu	52417
蜘蛛	zhīzhū	13576
蜘蛛网	zhīzhūwǎng	29695
执	zhí	3883
执棒	zhíbàng	37292
执笔	zhíbǐ	16216
执鞭	zhíbiān	46162
执导	zhídǎo	17316
执罚	zhífá	45866
执法	zhífǎ	1870
执法犯法	zhífǎ-fànfǎ	44248
执法如山	zhífǎ-rúshān	33826
执教	zhíjiào	12064
执迷不悟	zhímí-bùwù	24873
执牛耳	zhíniú'ěr	49312
执拗	zhíniù	17375
执勤	zhíqín	9040
执委	zhíwěi	23346
执委会	zhíwěihuì	13066
执行	zhíxíng	943
执业	zhíyè	7569
执意	zhíyì	10926
执掌	zhízhǎng	20086
执照	zhízhào	12183
执政	zhízhèng	2372
执政党	zhízhèngdǎng	5998
执著	zhízhuó	11146
直	zhí	1007
直奔	zhíbèn	10070
直逼	zhíbī	26868
直拨	zhíbō	40444
直播	zhíbō	8375
直肠	zhícháng	39384
直肠子	zhíchángzi	48958
直尺	zhíchǐ	50792
直达	zhídá	13442
直待	zhídài	42478
直到	zhídào	1235
直瞪瞪	zhídèngdèng	43771
直飞	zhífēi	28726
直感	zhígǎn	40241
直贡呢	zhígòngní	55391
直勾勾	zhígōugōu	29791
直观	zhíguān	10219
直航	zhíháng	13246
直击	zhíjī	46163
直角	zhíjiǎo	18802
直接	zhíjiē	489
直接经验	zhíjiē jīngyàn	52418
直接税	zhíjiēshuì	50070
直接选举	zhíjiē xuǎnjǔ	21835
直截了当	zhíjié-liǎodàng	16447
直径	zhíjìng	7800
直撅撅	zhíjuējuē	55839
直觉	zhíjué	9630
直快	zhíkuài	54864
直来直去	zhílái-zhíqù	37106
直愣愣	zhílènglèng	53831
直立	zhílì	16013
直流	zhíliú	15992
直流电	zhíliúdiàn	39177
直溜	zhíliu	52419
直眉瞪眼	zhíméi-dèngyǎn	52420
直面	zhímiàn	13983
直拍	zhípāi	35662
直升机	zhíshēngjī	6844
直视	zhíshì	22227
直书	zhíshū	48959
直属	zhíshǔ	7571
直率	zhíshuài	17451
直爽	zhíshuǎng	27164
直说	zhíshuō	23266
直挺挺	zhítǐngtǐng	23111
直通	zhítōng	13951
直通通	zhítōngtōng	50071
直筒子	zhítǒngzi	52863
直系	zhíxì	26289
直系亲属	zhíxì qīnshǔ	31565
直辖	zhíxiá	22905
直辖市	zhíxiáshì	3779
直线	zhíxiàn	6882
直销	zhíxiāo	20726
直性子	zhíxìngzi	51977
直选	zhíxuǎn	14032
直言	zhíyán	12477
直言不讳	zhíyán-bùhuì	21523
直译	zhíyì	32383
直至	zhízhì	4669
侄儿	zhír	12144
侄女	zhínǚ	14631
侄女婿	zhínǚxu	51186
侄孙	zhísūn	43772
侄孙女	zhísūnnü	51187
侄媳妇	zhíxífu	46764
侄子	zhízi	16409
值	zhí	1560
值班	zhíbān	6003
值班室	zhíbānshì	18962
值当	zhídàng	51568
值得	zhídé	1064
值钱	zhíqián	10379
值勤	zhíqín	14848
值日	zhírì	33314
值日生	zhírìshēng	48283
值守	zhíshǒu	14950
值星	zhíxīng	55392
值夜	zhíyè	38376
职称	zhíchēng	7404
职大	zhídà	53832
职代会	zhídàihuì	19021
职高	zhígāo	30899
职工	zhígōng	1011
职教	zhíjiào	27547
职能	zhínéng	2177
职权	zhíquán	4666
职守	zhíshǒu	16611
职司	zhísī	41773
职位	zhíwèi	6198
职务	zhíwù	1930
职务工资	zhíwù gōngzī	54323
职衔	zhíxián	30342
职校	zhíxiào	31686
职业	zhíyè	1217
职业病	zhíyèbìng	9228
职业大学	zhíyè dàxué	56322
职业高中	zhíyè gāozhōng	28046
职业化	zhíyèhuà	12872
职业装	zhíyèzhuāng	50419
职员	zhíyuán	7388
职责	zhízé	2403
职掌	zhízhǎng	39806
植	zhí	7432
植保	zhíbǎo	28047
植被	zhíbèi	5960

植根	zhígēn	30667
植棉	zhímián	34486
植苗	zhímiáo	54865
植皮	zhípí	42479
植入	zhírù	15839
植树	zhíshù	5480
植树节	Zhíshù Jié	47051
植物	zhíwù	2234
植物群落	zhíwù qúnluò	48600
植物人	zhíwùrén	33315
植物纤维	zhíwù xiānwéi	43001
植物油	zhíwùyóu	25950
植物园	zhíwùyuán	19789
植株	zhízhū	16702
殖民	zhímín	9942
殖民地	zhímíndì	10619
殖民者	zhímínzhě	19682
殖民主义	zhímín zhǔyì	15380
踯躅	zhízhú	31687
止	zhǐ	2895
止步	zhǐbù	19934
止境	zhǐjìng	17646
止痛	zhǐtòng	24286
止痛片	zhǐtòngpiàn	48284
止息	zhǐxī	36773
止泻	zhǐxiè	51978
止血	zhǐxuè	25075
只	zhǐ	854
只当	zhǐdàng	27165
只得	zhǐdé	3896
只顾	zhǐgù	6914
只管	zhǐguǎn	6540
只好	zhǐhǎo	1414
只怕	zhǐpà	10294
只是	zhǐshì	437
只消	zhǐxiāo	31566
只要	zhǐyào	363
只因	zhǐyīn	13337
只有	zhǐyǒu	156
只争朝夕	zhǐzhēng-zhāoxī	23709
旨	zhǐ	5681
旨趣	zhǐqù	38972
旨要	zhǐyào	54324
旨意	zhǐyì	22177
旨在	zhǐzài	4900
纸	zhǐ	1482
纸板	zhǐbǎn	32916
纸版	zhǐbǎn	50072
纸杯	zhǐbēi	14502
纸币	zhǐbì	15840
纸浆	zhǐjiāng	26590
纸巾	zhǐjīn	26527
纸老虎	zhǐlǎohǔ	40445
纸媒	zhǐméi	56323
纸面	zhǐmiàn	30014
纸捻	zhǐniǎn	44986
纸牌	zhǐpái	26790
纸片	zhǐpiàn	18054
纸钱	zhǐqián	23989
纸上谈兵	zhǐshàng-tánbīng	27313
纸条	zhǐtiáo	9191
纸箱	zhǐxiāng	23347
纸型	zhǐxíng	45867
纸烟	zhǐyān	17535
纸样	zhǐyàng	54866
纸张	zhǐzhāng	12856
纸醉金迷	zhǐzuì-jīnmí	42247
指	zhǐ	370
指北针	zhǐběizhēn	50420
指标	zhǐbiāo	2000
指不定	zhǐbudìng	46164
指斥	zhǐchì	36276
指出	zhǐchū	753
指导	zhǐdǎo	995
指导员	zhǐdǎoyuán	5794
指点	zhǐdiǎn	8550
指定	zhǐdìng	3962
指法	zhǐfǎ	46165
指腹为婚	zhǐfù-wéihūn	53321
指骨	zhǐgǔ	49313
指画	zhǐhuà	47342
指环	zhǐhuán	36935
指挥	zhǐhuī	1121
指挥棒	zhǐhuībàng	27548
指挥部	zhǐhuībù	6257
指挥刀	zhǐhuīdāo	35663
指挥官	zhǐhuīguān	16635
指挥家	zhǐhuījiā	20405
指挥若定	zhǐhuī-ruòdìng	41552
指挥员	zhǐhuīyuán	10872
指甲	zhǐjia	11498
指甲盖儿	zhǐjiagàir	45572
指甲油	zhǐjiayóu	44022
指教	zhǐjiào	20044
指靠	zhǐkào	40672
指控	zhǐkòng	9007
指令	zhǐlìng	8655
指令性计划	zhǐlìngxìng jìhuà	32384
指鹿为马	zhǐlùwéimǎ	44487
指名	zhǐmíng	31567
指名道姓	zhǐmíng-dàoxìng	38203
指明	zhǐmíng	6485
指南	zhǐnán	7374
指南针	zhǐnánzhēn	30120
指派	zhǐpài	16239
指认	zhǐrèn	40024
指日可待	zhǐrì-kědài	29579
指桑骂槐	zhǐsāng-màhuái	39178
指使	zhǐshǐ	13203
指示	zhǐshì	2306
指示灯	zhǐshìdēng	38014
指手画脚	zhǐshǒu-huàjiǎo	24941
指数	zhǐshù	4481
指头	zhǐtou	8323
指望	zhǐwàng	7679
指纹	zhǐwén	14188
指向	zhǐxiàng	11241
指引	zhǐyǐn	6354
指印	zhǐyìn	41103
指责	zhǐzé	4775
指摘	zhǐzhāi	24420
指战员	zhǐzhànyuán	12695
指针	zhǐzhēn	11405
指正	zhǐzhèng	32917
指证	zhǐzhèng	47343
指指点点	zhǐzhǐ-diǎndiǎn	24977
咫尺	zhǐchǐ	27314
咫尺天涯	zhǐchǐ-tiānyá	45270
趾高气扬	zhǐgāo-qìyáng	26215
趾骨	zhǐgǔ	55393
趾甲	zhǐjiǎ	45271
至	zhì	118
至爱	zhì'ài	31688
至宝	zhìbǎo	38973
至诚	zhìchéng	35402
至迟	zhìchí	38755
至此	zhìcǐ	3604
至当	zhìdàng	44488

至多	zhìduō	18935
至高无上	zhìgāo-wúshàng	19656
至关重要	zhìguānzhòngyào	6268
至好	zhìhǎo	54867
至极	zhìjí	22430
至交	zhìjiāo	41104
至今	zhìjīn	1192
至理	zhìlǐ	32793
至理名言	zhìlǐ-míngyán	29385
至亲	zhìqīn	26458
至善至美	zhìshàn-zhìměi	47971
至上	zhìshàng	11557
至少	zhìshǎo	1151
至深	zhìshēn	31912
至圣	zhìshèng	38377
至死不渝	zhìsǐ-bùyú	53780
至孝	zhìxiào	56760
至友	zhìyǒu	45868
至于	zhìyú	1620
至尊	zhìzūn	25655
志	zhì	2136
志哀	zhì'āi	47659
志大才疏	zhìdà-cáishū	51979
志得意满	zhìdé-yìmǎn	42006
志气	zhìqì	12467
志趣	zhìqù	24682
志士	zhìshì	19362
志士仁人	zhìshì-rénrén	37460
志同道合	zhìtóng-dàohé	27804
志向	zhìxiàng	14161
志愿	zhìyuàn	4992
志愿兵	zhìyuànbīng	34919
志愿军	zhìyuànjūn	10653
志愿书	zhìyuànshū	37293
志愿者	zhìyuànzhě	1585
制	zhì	622
制版	zhìbǎn	33540
制备	zhìbèi	14632
制表	zhìbiǎo	45573
制裁	zhìcái	4973
制成品	zhìchéngpǐn	25456
制导	zhìdǎo	21836
制订	zhìdìng	3919
制定	zhìdìng	1225
制动	zhìdòng	16770
制动器	zhìdòngqì	42480
制度	zhìdù	617
制服	zhìfú	8748
制高点	zhìgāodiǎn	13103
制革	zhìgé	29580
制海权	zhìhǎiquán	46464
制衡	zhìhéng	18183
制剂	zhìjì	12009
制假	zhìjiǎ	8068
制件	zhìjiàn	46166
制空权	zhìkōngquán	36277
制冷	zhìlěng	17733
制片	zhìpiàn	19714
制片厂	zhìpiànchǎng	19387
制片人	zhìpiànrén	22639
制品	zhìpǐn	4656
制热	zhìrè	49314
制胜	zhìshèng	18543
制式	zhìshì	23824
制售	zhìshòu	9440
制图	zhìtú	20905
制宪	zhìxiàn	16586
制药	zhìyào	8644
制约	zhìyuē	2436
制造	zhìzào	1337
制止	zhìzhǐ	3756
制种	zhìzhǒng	21484
制作	zhìzuò	2229
质	zhì	1844
质变	zhìbiàn	19443
质地	zhìdì	14470
质对	zhìduì	37107
质感	zhìgǎn	23939
质检	zhìjiǎn	9499
质量	zhìliàng	886
质料	zhìliào	34487
质朴	zhìpǔ	11325
质问	zhìwèn	10854
质询	zhìxún	11043
质疑	zhìyí	8590
质优	zhìyōu	17012
质证	zhìzhèng	20717
炙烤	zhìkǎo	50421
炙热	zhìrè	50793
炙手可热	zhìshǒu-kěrè	35664
治	zhì	1111
治安	zhì'ān	2237
治保	zhìbǎo	20045
治本	zhìběn	8657
治标	zhìbiāo	19566
治病	zhìbìng	6981
治病救人	zhìbìng-jiùrén	26028
治服	zhìfú	40891
治国	zhìguó	3433
治国安邦	zhìguō-ānbāng	48285
治黄	zhìhuáng	42007
治家	zhìjiā	29386
治理	zhìlǐ	2007
治疗	zhìliáo	1507
治穷	zhìqióng	27962
治丧	zhìsāng	29482
治沙	zhìshā	6547
治山	zhìshān	44987
治世	zhìshì	36443
治水	zhìshuǐ	13409
治外法权	zhìwài-fǎquán	43479
治污	zhìwū	10760
治下	zhìxià	37837
治学	zhìxué	14548
治印	zhìyìn	55394
治愈	zhìyù	10679
治装	zhìzhuāng	53322
治罪	zhìzuì	22852
栉风沐雨	zhìfēng-mùyǔ	42008
挚爱	zhì'ài	18990
挚诚	zhìchéng	50422
挚情	zhìqíng	36128
挚友	zhìyǒu	26216
桎梏	zhìgù	17013
致	zhì	1332
致哀	zhì'āi	36444
致癌	zhì'ái	19305
致病	zhìbìng	12881
致病菌	zhìbìngjūn	37461
致残	zhìcán	20447
致词	zhìcí	13349
致辞	zhìcí	7466
致电	zhìdiàn	10055
致富	zhìfù	3001
致函	zhìhán	15096
致贺	zhìhè	39807
致敬	zhìjìng	16308
致力	zhìlì	4070

致力于	zhìlìyú	4223
致密	zhìmì	30900
致命	zhìmìng	10403
致命伤	zhìmìngshāng	35403
致歉	zhìqiàn	27459
致使	zhìshǐ	3988
致死	zhìsǐ	11450
致谢	zhìxiè	21886
致以	zhìyǐ	7669
致意	zhìyì	13015
致用	zhìyòng	37108
秩序	zhìxù	1519
鸷鸟	zhìniǎo	53833
掷	zhì	7664
掷弹筒	zhìdàntǒng	50794
掷地有声	zhìdì-yǒushēng	26290
痔疮	zhìchuāng	29189
痔漏	zhìlòu	56324
窒闷	zhìmèn	51188
窒息	zhìxī	11273
智	zhì	4794
智多星	zhìduōxīng	38974
智慧	zhìhuì	2288
智库	zhìkù	14989
智力	zhìlì	4114
智谋	zhìmóu	29387
智囊	zhìnáng	31913
智囊团	zhìnángtuán	30783
智能	zhìnéng	7546
智能化	zhìnénghuà	13781
智能型	zhìnéngxíng	34339
智擒	zhìqín	53834
智取	zhìqǔ	31317
智商	zhìshāng	19242
智勇双全	zhìyǒng-shuāngquán	38378
智育	zhìyù	25405
智障	zhìzhàng	35824
智者	zhìzhě	18582
痣	zhì	25809
滞洪	zhìhóng	31805
滞后	zhìhòu	6248
滞留	zhìliú	13091
滞纳金	zhìnàjīn	28048
滞销	zhìxiāo	22816
滞胀	zhìzhàng	47972

置	zhì	2780
置办	zhìbàn	24634
置备	zhìbèi	39385
置辩	zhìbiàn	52421
置放	zhìfàng	46465
置换	zhìhuàn	13629
置喙	zhìhuì	51189
置评	zhìpíng	53324
置若罔闻	zhìruòwǎngwén	23710
置身	zhìshēn	8907
置信	zhìxìn	35532
置业	zhìyè	29697
置疑	zhìyí	16866
置于	zhìyú	7590
置于死地	zhìyú-sǐdì	37462
置之不理	zhìzhī-bùlǐ	22121
置之度外	zhìzhī-dùwài	27232
置之脑后	zhìzhī-nǎohòu	49315
置诸高阁	zhìzhū-gāogé	54868
雉鸡	zhìjī	49703
稚嫩	zhìnèn	17290
稚气	zhìqì	18544
稚童	zhìtóng	51569
稚拙	zhìzhuō	41774
稚子	zhìzǐ	46765
中	zhōng	534
中巴	zhōngbā	9077
中班	zhōngbān	37463
中饱	zhōngbǎo	30343
中饱私囊	zhōngbǎo-sīnáng	33827
中表	zhōngbiǎo	27233
中波	zhōngbō	43002
中部	zhōngbù	4422
中餐	zhōngcān	24093
中草药	zhōngcǎoyào	16387
中策	zhōngcè	42747
中层	zhōngcéng	11274
中产阶级	zhōngchǎn jiējí	25517
中长跑	zhōng-chángpǎo	31806
中长期	zhōng-chángqī	9617
中常	zhōngcháng	19592
中成药	zhōngchéngyào	22906
中程	zhōngchéng	35533
中档	zhōngdàng	28911
中稻	zhōngdào	33423
中等	zhōngděng	5984

中低档	zhōng-dīdàng	34340
中点	zhōngdiǎn	29190
中东	Zhōngdōng	3019
中端	zhōngduān	46167
中断	zhōngduàn	6251
中队	zhōngduì	6484
中耳	zhōng'ěr	49704
中耳炎	zhōng'ěryán	48287
中幡	zhōngfān	53325
中饭	zhōngfàn	23267
中锋	zhōngfēng	16370
中缝	zhōngfèng	49316
中伏	zhōngfú	50073
中高档	zhōng-gāodàng	21155
中耕	zhōnggēng	27460
中共	zhōnggòng	2570
中古	zhōnggǔ	16035
中国	Zhōngguó	44
中国画	zhōngguóhuà	6067
中国话	zhōngguóhuà	25406
中国梦	Zhōngguómèng	1150
中国人民解放军	Zhōngguó Rénmín Jiěfàngjūn	7030
中国通	zhōngguótōng	43257
中和	zhōnghé	29483
中华	Zhōnghuá	1990
中华民族	Zhōnghuá Mínzú	2290
中华鲟	zhōnghuáxún	25207
中级	zhōngjí	5818
中技	zhōngjì	48288
中继线	zhōngjìxiàn	48960
中继站	zhōngjìzhàn	47052
中坚	zhōngjiān	15045
中间	zhōngjiān	1334
中间派	zhōngjiānpài	46466
中间人	zhōngjiānrén	31568
中间商	zhōngjiānshāng	34628
中将	zhōngjiàng	11092
中介	zhōngjiè	3841
中介人	zhōngjièrén	47053
中楷	zhōngkǎi	55840
中看	zhōngkàn	30559
中考	zhōngkǎo	20646
中科院	Zhōngkēyuàn	5690
中空	zhōngkōng	31006
中老年	zhōng-lǎonián	21783

中立	zhōnglì	12099
中立国	zhōnglìguó	45272
中流	zhōngliú	25518
中流砥柱	zhōngliú-dǐzhù	28138
中路	zhōnglù	19040
中落	zhōngluò	23504
中南	Zhōngnán	13092
中年	zhōngnián	5825
中年人	zhōngniánrén	11344
中农	zhōngnóng	17713
中盘	zhōngpán	15938
中篇	zhōngpiān	25737
中篇小说	zhōngpiān xiǎoshuō	17166
中频	zhōngpín	50795
中期	zhōngqī	5383
中气	zhōngqì	36606
中青年	zhōng-qīngnián	7993
中秋	Zhōngqiū	10995
中秋节	Zhōngqiū Jié	17146
中人	zhōngrén	14437
中山服	zhōngshānfú	44023
中山狼	zhōngshānláng	56325
中山装	zhōngshānzhuāng	23875
中上层	zhōng-shàngcéng	42481
中士	zhōngshì	33541
中世纪	zhōngshìjì	13482
中式	zhōngshì	18545
中枢	zhōngshū	16553
中枢神经	zhōngshū shénjīng	23603
中水	zhōngshuǐ	17397
中提琴	zhōngtíqín	54325
中听	zhōngtīng	44249
中途	zhōngtú	10154
中外	zhōngwài	2830
中外合资	zhōngwài-hézī	11986
中晚期	zhōng-wǎnqī	49317
中卫	zhōngwèi	25457
中尉	zhōngwèi	21784
中文	Zhōngwén	3051
中文信息处理	Zhōngwén xìnxī chǔlǐ	51570
中午	zhōngwǔ	2816
中西	zhōngxī	8878
中西合璧	zhōngxī-hébì	37109
中下旬	zhōng-xiàxún	28374
中下游	zhōng-xiàyóu	12175
中线	zhōngxiàn	16509
中小型	zhōng-xiǎoxíng	14759
中校	zhōngxiào	26029
中心	zhōngxīn	582
中兴	zhōngxīng	12269
中型	zhōngxíng	15939
中性	zhōngxìng	15703
中学	zhōngxué	1474
中学生	zhōngxuéshēng	5161
中雪	zhōngxuě	25656
中旬	zhōngxún	5238
中央	zhōngyāng	432
中央集权	zhōngyāng jíquán	24581
中央银行	zhōngyāng yínháng	37657
中药	zhōngyào	4814
中药材	zhōngyàocái	11013
中药店	zhōngyàodiàn	52422
中药房	zhōngyàofáng	53326
中叶	zhōngyè	9932
中医	zhōngyī	5549
中医师	zhōngyīshī	41553
中医药	zhōngyīyào	5817
中医院	zhōngyīyuàn	17948
中音	zhōngyīn	46168
中庸	zhōngyōng	21320
中庸之道	zhōngyōngzhīdào	42009
中用	zhōngyòng	16198
中游	zhōngyóu	14800
中雨	zhōngyǔ	8640
中原	Zhōngyuán	5025
中允	zhōngyǔn	52864
中止	zhōngzhǐ	9729
中指	zhōngzhǐ	14801
中专	zhōngzhuān	10873
中专生	zhōngzhuānshēng	36774
中转	zhōngzhuǎn	19177
中转站	zhōngzhuǎnzhàn	29296
中装	zhōngzhuāng	50074
中资	zhōngzī	10552
中子	zhōngzǐ	14068
中子弹	zhōngzǐdàn	41319
忠	zhōng	4208
忠臣	zhōngchén	13755
忠诚	zhōngchéng	5239
忠告	zhōnggào	17066
忠骨	zhōnggǔ	49705
忠厚	zhōnghòu	15917
忠魂	zhōnghún	30668
忠良	zhōngliáng	30015
忠烈	zhōngliè	38204
忠实	zhōngshí	5760
忠恕	zhōngshù	54869
忠顺	zhōngshùn	44024
忠孝	zhōngxiào	25738
忠心	zhōngxīn	16175
忠心耿耿	zhōngxīn-gěnggěng	23268
忠言	zhōngyán	35404
忠言逆耳	zhōngyán-nì'ěr	47973
忠义	zhōngyì	20647
忠勇	zhōngyǒng	34920
忠于	zhōngyú	8000
忠贞	zhōngzhēn	22729
忠贞不贰	zhōngzhēn-bù'èr	54870
忠贞不渝	zhōngzhēn-bùyú	36278
忠直	zhōngzhí	38756
终	zhōng	2456
终场	zhōngchǎng	18834
终点	zhōngdiǎn	10553
终点站	zhōngdiǎnzhàn	34193
终端	zhōngduān	9512
终归	zhōngguī	18583
终极	zhōngjí	16176
终将	zhōngjiāng	16955
终结	zhōngjié	11290
终究	zhōngjiū	9212
终久	zhōngjiǔ	41554
终局	zhōngjú	36775
终老	zhōnglǎo	49318
终了	zhōngliǎo	28824
终年	zhōngnián	13506
终日	zhōngrì	10643
终身	zhōngshēn	5115
终身大事	zhōngshēn dàshì	28727
终身制	zhōngshēnzhì	23112
终审	zhōngshěn	15358
终生	zhōngshēng	8409
终岁	zhōngsuì	41105
终天	zhōngtiān	44489
终席	zhōngxí	56326
终夜	zhōngyè	46467

重利	zhònglì	42010
重量	zhòngliàng	7397
重量级	zhòngliàngjí	21741
重判	zhòngpàn	43259
重炮	zhòngpào	39179
重拳	zhòngquán	35667
重任	zhòngrèn	5939
重伤	zhòngshāng	9901
重赏	zhòngshǎng	23876
重视	zhòngshì	862
重水	zhòngshuǐ	29792
重听	zhòngtīng	50797
重头	zhòngtóu	37659
重头戏	zhòngtóuxì	16095
重托	zhòngtuō	11854
重武器	zhòngwǔqì	35977
重孝	zhòngxiào	47054
重心	zhòngxīn	8856
重型	zhòngxíng	13117
重压	zhòngyā	21485
重要	zhòngyào	129
重音	zhòngyīn	35228
重用	zhòngyòng	12125
重油	zhòngyóu	23877
重灾	zhòngzāi	46170
重载	zhòngzài	31689
重责	zhòngzé	39180
重镇	zhòngzhèn	13577
舟	zhōu	5170
舟车	zhōuchē	40673
舟楫	zhōují	37110
舟桥	zhōuqiáo	39602
州	zhōu	1257
州长	zhōuzhǎng	11827
诌	zhōu	35063
周	zhōu	509
周报	zhōubào	18022
周边	zhōubiān	3961
周遍	zhōubiàn	56328
周波	zhōubō	47661
周长	zhōucháng	30345
周到	zhōudào	7422
周而复始	zhōu'érfùshǐ	28826
周济	zhōujì	16845
周刊	zhōukān	2514
周密	zhōumì	7932
周末	zhōumò	4248
周年	zhōunián	1968
周期	zhōuqī	4142
周全	zhōuquán	15841
周日	zhōurì	18835
周身	zhōushēn	14823
周岁	zhōusuì	9146
周天	zhōutiān	43480
周围	zhōuwéi	1281
周详	zhōuxiáng	36607
周旋	zhōuxuán	13578
周延	zhōuyán	47345
周游	zhōuyóu	26095
周遭	zhōuzāo	36608
周折	zhōuzhé	19243
周正	zhōuzhèng	33039
周知	zhōuzhī	41555
周转	zhōuzhuǎn	11688
周转房	zhōuzhuǎnfáng	50076
周转金	zhōuzhuǎnjīn	40892
洲	zhōu	6440
洲际	zhōujì	24683
洲际导弹	zhōujì dǎodàn	40674
啁啾	zhōujiū	40893
粥	zhōu	8111
妯娌	zhóuli	27805
轴	zhóu	7686
轴承	zhóuchéng	18803
轴承钢	zhóuchénggāng	51572
轴距	zhóujù	50423
轴线	zhóuxiàn	26291
轴心	zhóuxīn	17917
肘	zhǒu	17838
肘关节	zhǒuguānjié	49319
肘窝	zhǒuwō	56329
肘腋	zhǒuyè	41775
肘腋之患	zhǒuyèzhīhuàn	55396
肘子	zhǒuzi	33040
咒	zhòu	13025
咒骂	zhòumà	15151
咒语	zhòuyǔ	25810
绉纱	zhòushā	51984
昼	zhòu	19444
昼伏夜出	zhòufú-yèchū	43481
昼夜	zhòuyè	6721
皱	zhòu	5172
皱巴巴	zhòubābā	32385
皱痕	zhòuhén	54871
皱眉	zhòuméi	16814
皱纹	zhòuwén	8935
皱折	zhòuzhé	40026
皱褶	zhòuzhě	28547
骤变	zhòubiàn	38015
骤降	zhòujiàng	31218
骤起	zhòuqǐ	31112
骤然	zhòurán	9235
骤雨	zhòuyǔ	31569
骤增	zhòuzēng	33317
朱	zhū	1597
朱笔	zhūbǐ	33542
朱红	zhūhóng	24874
朱鹮	zhūhuán	55397
朱门	zhūmén	39809
朱批	zhūpī	47055
朱漆	zhūqī	32795
朱雀	zhūquè	39386
朱砂	zhūshā	29899
朱文	zhūwén	41776
侏儒	zhūrú	26459
诛	zhū	25270
诛戮	zhūlù	34079
诛杀	zhūshā	46171
茱萸	zhūyú	52867
珠	zhū	3503
珠蚌	zhūbàng	52423
珠宝	zhūbǎo	13800
珠宝商	zhūbǎoshāng	50798
珠翠	zhūcuì	44250
珠峰	zhūfēng	9625
珠光宝气	zhūguāng-bǎoqì	37464
珠花	zhūhuā	48603
珠玑	zhūjī	43482
珠江	Zhūjiāng	9810
珠兰	zhūlán	53835
珠帘	zhūlián	40028
珠联璧合	zhūlián-bìhé	36776
珠算	zhūsuàn	39181
珠圆玉润	zhūyuán-yùrùn	51573
珠子	zhūzi	15511
株	zhū	2728
株距	zhūjù	54872
株连	zhūlián	27234

株式会社	zhūshìhuìshè	21454
诸	zhū	2261
诸多	zhūduō	3947
诸葛	Zhūgě	30560
诸葛亮	Zhūgě Liàng	13247
诸公	zhūgōng	30561
诸侯	zhūhóu	13067
诸君	zhūjūn	16036
诸如	zhūrú	5891
诸如此类	zhūrú-cǐlèi	18241
诸位	zhūwèi	9858
诸子	zhūzǐ	25076
诸子百家	zhūzǐ-bǎijiā	42748
猪	zhū	1890
猪八戒	zhūbājiè	27806
猪草	zhūcǎo	34921
猪场	zhūchǎng	23711
猪肚儿	zhūdǔr	48289
猪肝儿	zhūgānr	29089
猪倌儿	zhūguānr	54327
猪圈	zhūjuàn	16554
猪栏	zhūlán	40446
猪猡	zhūluó	40447
猪排	zhūpái	46172
猪舍	zhūshè	32149
猪食	zhūshí	35405
猪蹄	zhūtí	42482
猪头肉	zhūtóuròu	33829
猪娃	zhūwá	39603
猪瘟	zhūwēn	41107
猪窝	zhūwō	53836
猪油	zhūyóu	28989
猪崽	zhūzǎi	39182
猪鬃	zhūzōng	46468
蛛丝马迹	zhūsī-mǎjì	25739
蛛网	zhūwǎng	24421
潴留	zhūliú	54873
竹	zhú	3818
竹板	zhúbǎn	33543
竹编	zhúbiān	34755
竹帛	zhúbó	49320
竹布	zhúbù	36129
竹凳	zhúdèng	44988
竹雕	zhúdiāo	53837
竹筏	zhúfá	42749
竹竿	zhúgān	16612
竹杠	zhúgàng	34342
竹鸡	zhújī	51190
竹简	zhújiǎn	32025
竹节	zhújié	42483
竹刻	zhúkè	51985
竹筷	zhúkuài	37294
竹筐	zhúkuāng	34080
竹篮	zhúlán	24287
竹篱	zhúlí	37838
竹笠	zhúlì	51986
竹帘	zhúlián	33424
竹帘子	zhúliánzi	48290
竹林	zhúlín	12279
竹笼	zhúlóng	41556
竹楼	zhúlóu	36936
竹马	zhúmǎ	45275
竹排	zhúpái	36280
竹器	zhúqì	43260
竹签儿	zhúqiānr	43004
竹荪	zhúsūn	51191
竹笋	zhúsǔn	23155
竹榻	zhútà	43261
竹筒	zhútǒng	22279
竹席	zhúxí	47662
竹箱	zhúxiāng	54328
竹叶	zhúyè	26528
竹叶青	zhúyèqīng	40448
竹椅	zhúyǐ	32386
竹纸	zhúzhǐ	53327
竹制品	zhúzhìpǐn	49321
竹子	zhúzi	13153
逐	zhú	6605
逐步	zhúbù	1431
逐次	zhúcì	43773
逐个	zhúgè	18023
逐户	zhúhù	21742
逐级	zhújí	14398
逐渐	zhújiàn	1246
逐句	zhújù	43774
逐客令	zhúkèlìng	37839
逐鹿	zhúlù	38586
逐年	zhúnián	5800
逐日	zhúrì	21561
逐条	zhútiáo	24348
逐项	zhúxiàng	19896
逐一	zhúyī	11329
逐月	zhúyuè	22595
逐字逐句	zhúzì-zhújù	38975
烛	zhú	14914
烛光	zhúguāng	15842
烛花	zhúhuā	51192
烛火	zhúhuǒ	40242
烛泪	zhúlèi	54874
烛台	zhútái	31318
主	zhǔ	881
主儿	zhǔr	15804
主办	zhǔbàn	2869
主笔	zhǔbǐ	28990
主编	zhǔbiān	5721
主播	zhǔbō	15366
主裁	zhǔcái	50799
主产	zhǔchǎn	26592
主场	zhǔchǎng	5552
主唱	zhǔchàng	47346
主持	zhǔchí	1659
主持人	zhǔchírén	5645
主厨	zhǔchú	53328
主创	zhǔchuàng	25519
主创人员	zhǔchuàng rényuán	27315
主次	zhǔcì	26375
主从	zhǔcóng	39387
主打	zhǔdǎ	26217
主刀	zhǔdāo	34081
主导	zhǔdǎo	3139
主调	zhǔdiào	46173
主动	zhǔdòng	1180
主动脉	zhǔdòngmài	34194
主动权	zhǔdòngquán	10356
主动性	zhǔdòngxìng	7770
主队	zhǔduì	24943
主罚	zhǔfá	33831
主犯	zhǔfàn	21156
主峰	zhǔfēng	22640
主妇	zhǔfù	15128
主干	zhǔgàn	16771
主干线	zhǔgànxiàn	18389
主根	zhǔgēn	42484
主攻	zhǔgōng	11871
主攻手	zhǔgōngshǒu	27390
主顾	zhǔgù	21455
主观	zhǔguān	4062

主观能动性	zhǔguān néngdòngxìng	22681
主观世界	zhǔguān shìjiè	17616
主观性	zhǔguānxìng	38587
主观主义	zhǔguān zhǔyì	16680
主管	zhǔguǎn	2412
主航道	zhǔhángdào	39604
主河道	zhǔhédào	48604
主婚	zhǔhūn	50424
主婚人	zhǔhūnrén	44989
主机	zhǔjī	14939
主祭	zhǔjì	40029
主见	zhǔjiàn	19388
主讲	zhǔjiǎng	20754
主将	zhǔjiàng	19210
主教	zhǔjiào	16934
主教练	zhǔjiàoliàn	5321
主角	zhǔjué	6624
主考	zhǔkǎo	34756
主客观	zhǔ-kèguān	24477
主课	zhǔkè	39388
主理	zhǔlǐ	51193
主力	zhǔlì	5171
主力舰	zhǔlìjiàn	54875
主力军	zhǔlìjūn	11643
主粮	zhǔliáng	47976
主流	zhǔliú	5039
主楼	zhǔlóu	24741
主谋	zhǔmóu	28827
主脑	zhǔnǎo	44739
主桥	zhǔqiáo	35825
主渠道	zhǔqúdào	14051
主权	zhǔquán	3037
主权国	zhǔquánguó	53838
主人	zhǔrén	2086
主人公	zhǔréngōng	7461
主人家	zhǔrénjiā	30901
主人翁	zhǔrénwēng	10751
主任	zhǔrèn	426
主食	zhǔshí	22431
主使	zhǔshǐ	30669
主事	zhǔshì	20448
主帅	zhǔshuài	14649
主诉	zhǔsù	30670
主题	zhǔtí	1635
主题词	zhǔtící	43262
主题歌	zhǔtígē	27708
主体	zhǔtǐ	1604
主文	zhǔwén	52868
主席	zhǔxí	545
主席台	zhǔxítái	10874
主席团	zhǔxítuán	7130
主线	zhǔxiàn	7129
主项	zhǔxiàng	46469
主销	zhǔxiāo	31319
主心骨	zhǔxīngǔ	19749
主修	zhǔxiū	42750
主旋律	zhǔxuánlǜ	7955
主演	zhǔyǎn	12222
主要	zhǔyào	243
主要矛盾	zhǔyào máodùn	12209
主业	zhǔyè	11242
主页	zhǔyè	17014
主义	zhǔyì	1464
主意	zhǔyi	3423
主因	zhǔyīn	25148
主营	zhǔyíng	34922
主语	zhǔyǔ	23505
主宰	zhǔzǎi	12589
主责	zhǔzé	53839
主战	zhǔzhàn	26030
主战场	zhǔzhànchǎng	17425
主张	zhǔzhāng	1020
主政	zhǔzhèng	33041
主枝	zhǔzhī	49708
主旨	zhǔzhǐ	12910
主治	zhǔzhì	28295
主治医生	zhǔzhì yīshēng	33678
主轴	zhǔzhóu	30229
主子	zhǔzi	11819
拄	zhǔ	13256
煮	zhǔ	5362
煮沸	zhǔfèi	31007
属意	zhǔyì	47056
嘱咐	zhǔfù	6612
嘱托	zhǔtuō	14760
瞩目	zhǔmù	8942
瞩望	zhǔwàng	44251
伫候	zhùhòu	48963
伫立	zhùlì	16056
苎麻	zhùmá	34343
助	zhù	3420
助残	zhùcán	14259
助产	zhùchǎn	41777
助产士	zhùchǎnshì	46768
助词	zhùcí	51194
助动词	zhùdòngcí	55842
助攻	zhùgōng	24742
助教	zhùjiào	22682
助桀为虐	zhùjié-wéinüè	54329
助理	zhùlǐ	5130
助理工程师	zhùlǐ gōngchéngshī	47347
助理研究员	zhùlǐ yánjiūyuán	49322
助跑	zhùpǎo	42249
助燃	zhùrán	45276
助人为乐	zhùrén-wéilè	20195
助手	zhùshǒu	8066
助听器	zhùtīngqì	29698
助推火箭	zhùtuī huǒjiàn	55398
助推器	zhùtuīqì	25149
助威	zhùwēi	18641
助兴	zhùxìng	21785
助选	zhùxuǎn	42011
助学	zhùxué	5215
助学金	zhùxuéjīn	17688
助研	zhùyán	47057
助战	zhùzhàn	33945
助长	zhùzhǎng	11028
助阵	zhùzhèn	28375
助纣为虐	zhùzhòu-wéinüè	40894
住	zhù	250
住持	zhùchí	32529
住处	zhùchù	8291
住地	zhùdì	23712
住读	zhùdú	44490
住房	zhùfáng	2568
住户	zhùhù	11115
住家	zhùjiā	24041
住口	zhùkǒu	26376
住手	zhùshǒu	25740
住宿	zhùsù	9752
住所	zhùsuǒ	11653
住校	zhùxiào	31219
住院	zhùyuàn	4774
住院部	zhùyuànbù	36777
住宅	zhùzhái	4043
住址	zhùzhǐ	15597

住嘴	zhùzuǐ	28912
贮备	zhùbèi	37840
贮藏	zhùcáng	16177
贮存	zhùcún	12653
贮量	zhùliàng	52424
贮运	zhùyùn	44491
注	zhù	3326
注册	zhùcè	3118
注定	zhùdìng	7905
注脚	zhùjiǎo	27549
注解	zhùjiě	20649
注明	zhùmíng	11314
注目	zhùmù	14736
注目礼	zhùmùlǐ	39389
注入	zhùrù	4690
注射	zhùshè	8832
注射器	zhùshèqì	27316
注射液	zhùshèyè	24875
注视	zhùshì	5420
注释	zhùshì	14880
注疏	zhùshū	43775
注水	zhùshuǐ	19275
注塑	zhùsù	44252
注文	zhùwén	48964
注销	zhùxiāo	15598
注意	zhùyì	375
注意力	zhùyìlì	8298
注音	zhùyīn	31915
注音字母	zhùyīn zìmǔ	47663
注重	zhùzhòng	2039
注资	zhùzī	8174
驻	zhù	1092
驻村	zhùcūn	50522
驻地	zhùdì	6422
驻防	zhùfáng	27089
驻华	zhùhuá	4698
驻军	zhùjūn	6962
驻留	zhùliú	35229
驻守	zhùshǒu	11901
驻屯	zhùtún	51574
驻外	zhùwài	10712
驻在国	zhùzàiguó	36609
驻扎	zhùzhā	8517
驻足	zhùzú	12707
柱	zhù	6088
柱廊	zhùláng	52869
柱石	zhùshí	30902
柱头	zhùtóu	34195
柱子	zhùzi	6755
炷	zhù	26791
祝	zhù	5095
祝词	zhùcí	24288
祝祷	zhùdǎo	42751
祝福	zhùfú	6471
祝告	zhùgào	56330
祝贺	zhùhè	2786
祝捷	zhùjié	41108
祝酒	zhùjiǔ	38757
祝酒词	zhùjiǔcí	50077
祝酒歌	zhùjiǔgē	49709
祝寿	zhùshòu	22853
祝颂	zhùsòng	54876
祝愿	zhùyuàn	5117
著	zhù	3147
著称	zhùchēng	12084
著录	zhùlù	18024
著名	zhùmíng	984
著书	zhùshū	19593
著书立说	zhùshū-lìshuō	33544
著述	zhùshù	17015
著文	zhùwén	33545
著者	zhùzhě	21486
著作	zhùzuò	2722
著作等身	zhùzuò-děngshēn	45277
著作权	zhùzuòquán	7759
著作人	zhùzuòrén	54330
蛀	zhù	25077
蛀虫	zhùchóng	27461
蛀蚀	zhùshí	55399
蛀牙	zhùyá	51988
铸	zhù	8049
铸币	zhùbì	38016
铸成	zhùchéng	21365
铸工	zhùgōng	52425
铸件	zhùjiàn	41109
铸铁	zhùtiě	27166
铸造	zhùzào	12270
筑	zhù	4555
筑巢	zhùcháo	26655
筑巢引凤	zhùcháo-yǐnfèng	35978
筑堤	zhùdī	37295
筑路	zhùlù	17453
抓	zhuā	474
抓辫子	zhuābiànzi	51575
抓捕	zhuābǔ	13699
抓差	zhuāchāi	54331
抓典型	zhuādiǎnxíng	37660
抓点	zhuādiǎn	51195
抓斗	zhuādǒu	52870
抓赌	zhuādǔ	51196
抓耳挠腮	zhuā'ěr-náosāi	40243
抓饭	zhuāfàn	50078
抓获	zhuāhuò	5352
抓髻	zhuāji	54877
抓紧	zhuājǐn	2813
抓阄儿	zhuājiūr	42752
抓举	zhuājǔ	23713
抓空儿	zhuākòngr	53329
抓狂	zhuākuáng	36911
抓拍	zhuāpāi	42753
抓手	zhuāshǒu	12151
抓瞎	zhuāxiā	46769
抓药	zhuāyào	32026
抓住	zhuāzhù	888
抓壮丁	zhuāzhuàngdīng	53840
爪子	zhuǎzi	20906
转	zhuǎi	6476
转文	zhuǎiwén	55400
拽	zhuài	8275
专	zhuān	1204
专案	zhuān'àn	24534
专案组	zhuān'ànzǔ	5610
专版	zhuānbǎn	10888
专才	zhuāncái	53841
专差	zhuānchāi	53842
专长	zhuāncháng	15882
专场	zhuānchǎng	11365
专车	zhuānchē	18103
专诚	zhuānchéng	45870
专程	zhuānchéng	6982
专宠	zhuānchǒng	43777
专电	zhuāndiàn	14206
专断	zhuānduàn	33425
专访	zhuānfǎng	7621
专稿	zhuāngǎo	34488
专攻	zhuāngōng	24422
专供	zhuāngòng	26959
专管	zhuānguǎn	28465

专柜	zhuānguì	22325
专号	zhuānhào	38205
专横	zhuānhèng	28728
专横跋扈	zhuānhèng-báhù	48605
专机	zhuānjī	8300
专集	zhuānjí	31808
专辑	zhuānjí	19969
专家	zhuānjiā	861
专刊	zhuānkān	24289
专科	zhuānkē	11047
专科生	zhuānkēshēng	40675
专款	zhuānkuǎn	10357
专栏	zhuānlán	7876
专利	zhuānlì	3054
专利权	zhuānlìquán	11148
专列	zhuānliè	14824
专论	zhuānlùn	21609
专卖	zhuānmài	17269
专卖店	zhuānmàidiàn	15421
专门	zhuānmén	964
专门家	zhuānménjiā	45574
专名	zhuānmíng	52871
专区	zhuānqū	22280
专权	zhuānquán	29900
专人	zhuānrén	8723
专任	zhuānrèn	30016
专擅	zhuānshàn	38758
专使	zhuānshǐ	30230
专署	zhuānshǔ	31434
专题	zhuāntí	3248
专题片	zhuāntípiàn	16155
专线	zhuānxiàn	11944
专项	zhuānxiàng	2764
专心	zhuānxīn	12671
专心致志	zhuānxīn-zhìzhì	22122
专修	zhuānxiū	29581
专修科	zhuānxiūkē	55843
专业	zhuānyè	1107
专业户	zhuānyèhù	11644
专业化	zhuānyèhuà	6031
专业课	zhuānyèkè	28828
专页	zhuānyè	15758
专一	zhuānyī	26031
专营	zhuānyíng	21157
专用	zhuānyòng	3658
专有	zhuānyǒu	22907
专员	zhuānyuán	9022
专责	zhuānzé	33426
专政	zhuānzhèng	9011
专职	zhuānzhí	7392
专指	zhuānzhǐ	32027
专制	zhuānzhì	9569
专制主义	zhuānzhì zhǔyì	36281
专注	zhuānzhù	11486
专著	zhuānzhù	9489
专座	zhuānzuò	51989
砖	zhuān	4065
砖茶	zhuānchá	49710
砖雕	zhuāndiāo	39810
砖坯	zhuānpī	40449
砖石	zhuānshí	28050
砖头	zhuāntóu	12390
砖瓦	zhuānwǎ	20371
砖窑	zhuānyáo	25268
转	zhuǎn	2908
转氨酶	zhuǎn'ānméi	49711
转包	zhuǎnbāo	17485
转变	zhuǎnbiàn	1498
转播	zhuǎnbō	11645
转播台	zhuǎnbōtái	43778
转产	zhuǎnchǎn	21067
转场	zhuǎnchǎng	33946
转车	zhuǎnchē	37111
转呈	zhuǎnchéng	45575
转乘	zhuǎnchéng	41321
转存	zhuǎncún	40450
转达	zhuǎndá	5514
转道	zhuǎndào	39390
转递	zhuǎndì	44492
转调	zhuǎndiào	47058
转动	zhuǎndòng	28633
转而	zhuǎn'ér	12403
转发	zhuǎnfā	12883
转干	zhuǎngàn	41322
转岗	zhuǎngǎng	20487
转告	zhuǎngào	13308
转关系	zhuǎnguānxi	52426
转轨	zhuǎnguǐ	12010
转行	zhuǎnháng	38588
转化	zhuǎnhuà	2096
转圜	zhuǎnhuán	30903
转换	zhuǎnhuàn	4266
转会	zhuǎnhuì	21837
转机	zhuǎnjī	11304
转嫁	zhuǎnjià	20987
转交	zhuǎnjiāo	12805
转角	zhuǎnjiǎo	33679
转借	zhuǎnjiè	40244
转口	zhuǎnkǒu	25951
转口贸易	zhuǎnkǒu màoyì	42012
转脸	zhuǎnliǎn	17839
转录	zhuǎnlù	28991
转卖	zhuǎnmài	31113
转年	zhuǎnnián	51576
转念	zhuǎnniàn	18489
转暖	zhuǎnnuǎn	36282
转晴	zhuǎnqíng	7606
转让	zhuǎnràng	4382
转入	zhuǎnrù	8088
转身	zhuǎnshēn	3754
转生	zhuǎnshēng	46174
转世	zhuǎnshì	26593
转手	zhuǎnshǒu	23449
转述	zhuǎnshù	31809
转瞬	zhuǎnshùn	25269
转瞬即逝	zhuǎnshùn-jíshì	27826
转送	zhuǎnsòng	24684
转体	zhuǎntǐ	36778
转托	zhuǎntuō	51197
转弯	zhuǎnwān	16479
转弯抹角	zhuǎnwān-mòjiǎo	36610
转弯子	zhuǎnwānzi	55844
转危为安	zhuǎnwēi-wéi'ān	27463
转为	zhuǎnwéi	7501
转向	zhuǎnxiàng	11777
转写	zhuǎnxiě	55845
转型	zhuǎnxíng	6346
转学	zhuǎnxué	24424
转眼	zhuǎnyǎn	12100
转眼间	zhuǎnyǎnjiān	17188
转业	zhuǎnyè	8169
转移	zhuǎnyí	1707
转译	zhuǎnyì	43263
转阴	zhuǎnyīn	6836
转引	zhuǎnyǐn	48291
转忧为喜	zhuǎnyōu-wéixǐ	45576
转院	zhuǎnyuàn	37841
转运	zhuǎnyùn	16703

转运站	zhuǎnyùnzhàn	40676
转载	zhuǎnzǎi	20087
转赠	zhuǎnzèng	38017
转战	zhuǎnzhàn	15599
转账	zhuǎnzhàng	21487
转折	zhuǎnzhé	9648
转折点	zhuǎnzhédiǎn	18390
转诊	zhuǎnzhěn	35406
转正	zhuǎnzhèng	23269
转制	zhuǎnzhì	12369
转注	zhuǎnzhù	53330
转租	zhuǎnzū	34923
传	zhuàn	4710
传记	zhuànjì	10680
传记片	zhuànjìpiàn	51577
传略	zhuànlüè	41323
转	zhuàn	3298
转动	zhuàndòng	7995
转筋	zhuànjīn	51198
转炉	zhuànlú	29297
转门	zhuànmén	51199
转盘	zhuànpán	34082
转圈	zhuànquān	34344
转圈子	zhuànquānzi	47664
转速	zhuànsù	28376
转台	zhuàntái	51200
转向	zhuànxiàng	4337
转椅	zhuànyǐ	32652
转悠	zhuànyou	16975
转轴	zhuànzhóu	43264
转子	zhuànzǐ	33832
赚	zhuàn	3610
赚钱	zhuànqián	5851
赚取	zhuànqǔ	20727
赚头	zhuàntou	33546
撰	zhuàn	9490
撰稿	zhuàngǎo	31810
撰稿人	zhuàngǎorén	31114
撰述	zhuànshù	38589
撰文	zhuànwén	16410
撰写	zhuànxiě	6366
撰著	zhuànzhù	25880
篆刻	zhuànkè	24042
篆书	zhuànshū	39811
篆体	zhuàntǐ	52872
篆文	zhuànwén	48965
篆字	zhuànzì	41324
妆奁	zhuānglián	43779
妆饰	zhuāngshì	44990
庄	zhuāng	5747
庄户	zhuānghù	30231
庄户人	zhuānghùrén	35065
庄家	zhuāngjiā	29090
庄稼	zhuāngjia	6084
庄稼地	zhuāngjiadì	24157
庄稼汉	zhuāngjiahàn	24944
庄稼人	zhuāngjiarén	10460
庄稼院	zhuāngjiayuàn	44740
庄严	zhuāngyán	4431
庄园	zhuāngyuán	15381
庄园主	zhuāngyuánzhǔ	44991
庄院	zhuāngyuàn	53331
庄重	zhuāngzhòng	10324
庄子	Zhuāngzi	9758
桩	zhuāng	4854
桩子	zhuāngzi	41778
装	zhuāng	935
装扮	zhuāngbàn	13026
装备	zhuāngbèi	2545
装裱	zhuāngbiǎo	37842
装病	zhuāngbìng	36130
装车	zhuāngchē	16846
装点	zhuāngdiǎn	16217
装订	zhuāngdìng	23063
装疯卖傻	zhuāngfēng-màishǎ	46175
装裹	zhuāngguo	53843
装糊涂	zhuānghútu	29901
装潢	zhuānghuáng	16847
装货	zhuānghuò	38206
装机	zhuāngjī	16014
装甲	zhuāngjiǎ	15745
装甲兵	zhuāngjiǎbīng	27550
装甲车	zhuāngjiǎchē	18025
装假	zhuāngjiǎ	43780
装殓	zhuāngliàn	38379
装聋作哑	zhuānglóng-zuòyǎ	38759
装门面	zhuāngménmian	45871
装模作样	zhuāngmú-zuòyàng	22817
装配	zhuāngpèi	14224
装配工	zhuāngpèigōng	50425
装配线	zhuāngpèixiàn	45278
装腔作势	zhuāngqiāng-zuòshì	28992
装傻	zhuāngshǎ	26792
装傻充愣	zhuāngshǎ-chōnglèng	50800
装设	zhuāngshè	38018
装神弄鬼	zhuāngshén-nòngguǐ	40895
装饰	zhuāngshì	5162
装饰布	zhuāngshìbù	50079
装饰品	zhuāngshìpǐn	25407
装束	zhuāngshù	15245
装蒜	zhuāngsuàn	41110
装填	zhuāngtián	48606
装箱	zhuāngxiāng	35826
装相	zhuāngxiàng	44026
装卸	zhuāngxiè	15722
装卸工	zhuāngxiègōng	34631
装熊	zhuāngxióng	36519
装修	zhuāngxiū	5265
装样子	zhuāngyàngzi	48607
装运	zhuāngyùn	23156
装载	zhuāngzài	16555
装帧	zhuāngzhēn	23450
装置	zhuāngzhì	3657
装作	zhuāngzuò	12076
壮	zhuàng	5793
壮大	zhuàngdà	4257
壮胆	zhuàngdǎn	29191
壮丁	zhuàngdīng	21562
壮工	zhuànggōng	52427
壮观	zhuàngguān	8710
壮汉	zhuànghàn	25952
壮健	zhuàngjiàn	36611
壮锦	zhuàngjǐn	29192
壮举	zhuàngjǔ	11923
壮阔	zhuàngkuò	25408
壮劳力	zhuàngláolì	37112
壮丽	zhuànglì	9100
壮烈	zhuàngliè	13875
壮美	zhuàngměi	18055
壮门面	zhuàngménmian	55846
壮苗	zhuàngmiáo	45577
壮年	zhuàngnián	22854
壮士	zhuàngshì	13544

壮士断腕	zhuàngshì-duànwàn	11959
壮实	zhuàngshi	22641
壮硕	zhuàngshuò	46470
壮乡	zhuàngxiāng	32262
壮心	zhuàngxīn	39605
壮阳	zhuàngyáng	47665
壮语	zhuàngyǔ	29388
壮志	zhuàngzhì	19567
壮志未酬	zhuàngzhì-wèichóu	43005
壮族	Zhuàngzú	14981
状	zhuàng	4591
状况	zhuàngkuàng	1243
状貌	zhuàngmào	36283
状态	zhuàngtài	997
状语	zhuàngyǔ	42485
状元	zhuàngyuan	9914
状纸	zhuàngzhǐ	46471
状子	zhuàngzi	32918
撞	zhuàng	3133
撞车	zhuàngchē	26733
撞击	zhuàngjī	10554
撞见	zhuàngjiàn	26032
撞脸	zhuàngliǎn	54293
撞骗	zhuàngpiàn	54332
撞墙	zhuàngqiáng	41325
撞针	zhuàngzhēn	54333
撞钟	zhuàngzhōng	42754
幢	zhuàng	4971
追	zhuī	1703
追奔逐北	zhuībēn-zhúběi	54878
追本溯源	zhuīběn-sùyuán	47059
追逼	zhuībī	40030
追兵	zhuībīng	20523
追补	zhuībǔ	53332
追捕	zhuībǔ	14549
追查	zhuīchá	16110
追悼	zhuīdào	22855
追悼会	zhuīdàohuì	15682
追堵	zhuīdǔ	32387
追肥	zhuīféi	25150
追赶	zhuīgǎn	7318
追根	zhuīgēn	31435
追根究底	zhuīgēn-jiūdǐ	47666
追怀	zhuīhuái	40896
追悔	zhuīhuǐ	31115
追悔莫及	zhuīhuǐ-mòjí	43781
追魂	zhuīhún	51990
追击	zhuījī	13588
追缉	zhuījī	54334
追记	zhuījì	25459
追加	zhuījiā	14312
追歼	zhuījiān	48966
追剿	zhuījiǎo	32388
追缴	zhuījiǎo	16556
追究	zhuījiū	2859
追念	zhuīniàn	35668
追捧	zhuīpěng	31320
追求	zhuīqiú	1030
追认	zhuīrèn	28829
追杀	zhuīshā	20728
追授	zhuīshòu	21158
追述	zhuīshù	31690
追思	zhuīsī	27963
追诉	zhuīsù	36779
追溯	zhuīsù	13367
追随	zhuīsuí	11846
追索	zhuīsuǒ	22772
追逃	zhuītáo	26709
追讨	zhuītǎo	38019
追尾	zhuīwěi	40897
追问	zhuīwèn	8085
追想	zhuīxiǎng	41326
追星	zhuīxīng	28061
追星族	zhuīxīngzú	34345
追叙	zhuīxù	50426
追寻	zhuīxún	12896
追忆	zhuīyì	15600
追赃	zhuīzāng	35669
追责	zhuīzé	24168
追赠	zhuīzèng	24349
追逐	zhuīzhú	9070
追踪	zhuīzōng	9012
椎骨	zhuīgǔ	44253
椎间盘	zhuījiānpán	44254
锥体	zhuītǐ	47060
锥形	zhuīxíng	36131
锥子	zhuīzi	32530
坠	zhuì	7734
坠地	zhuìdì	31691
坠毁	zhuìhuǐ	14650
坠楼	zhuìlóu	48608
坠落	zhuìluò	15805
坠马	zhuìmǎ	46770
坠入	zhuìrù	16935
坠子	zhuìzi	36780
惴惴不安	zhuìzhuì-bù'ān	27235
赘肉	zhuìròu	53333
赘述	zhuìshù	36446
赘婿	zhuìxù	51991
赘言	zhuìyán	47977
赘疣	zhuìyóu	51201
谆谆	zhūnzhūn	28729
准	zhǔn	1388
准儿	zhǔnr	24535
准保	zhǔnbǎo	25586
准备	zhǔnbèi	318
准点	zhǔndiǎn	42250
准定	zhǔndìng	34757
准话	zhǔnhuà	55401
准假	zhǔnjià	49712
准将	zhǔnjiàng	32389
准考证	zhǔnkǎozhèng	38207
准谱儿	zhǔnpǔr	55847
准确	zhǔnquè	1934
准入	zhǔnrù	52922
准绳	zhǔnshéng	23714
准时	zhǔnshí	12210
准是	zhǔnshì	10931
准数	zhǔnshù	47348
准头	zhǔntou	42486
准尉	zhǔnwèi	50427
准信儿	zhǔnxìnr	51202
准星	zhǔnxīng	43265
准许	zhǔnxǔ	16156
准予	zhǔnyǔ	20194
准则	zhǔnzé	4712
拙	zhuō	16353
拙笨	zhuōbèn	44992
拙稿	zhuōgǎo	54833
拙见	zhuōjiàn	56331
拙劣	zhuōliè	25009
拙著	zhuōzhù	48292
拙作	zhuōzuò	44255
捉	zhuō	4718
捉刀	zhuōdāo	43483
捉对	zhuōduì	43757

捉奸	zhuōjiān	38976
捉襟见肘	zhuō jīn jiànzhǒu	23451
捉迷藏	zhuōmícáng	32390
捉摸	zhuōmō	18184
捉拿	zhuōná	22730
捉弄	zhuōnòng	21110
桌	zhuō	4368
桌案	zhuō'àn	47061
桌布	zhuōbù	29485
桌面	zhuōmiàn	12391
桌面上	zhuōmiànshang	18490
桌椅	zhuōyǐ	14296
桌椅板凳	zhuō yǐ bǎndèng	41779
桌子	zhuōzi	3569
灼见	zhuójiàn	48967
灼热	zhuórè	19821
灼伤	zhuóshāng	35534
灼痛	zhuótòng	45872
灼灼	zhuózhuó	26594
茁实	zhuóshi	54879
茁壮	zhuózhuàng	16636
卓	zhuó	15129
卓尔不群	zhuó'ěr-bùqún	44493
卓见	zhuójiàn	44494
卓绝	zhuójué	38380
卓立	zhuólì	50080
卓然	zhuórán	36284
卓识	zhuóshí	44256
卓有成效	zhuóyǒu-chéngxiào	8264
卓有成就	zhuóyǒu-chéngjiù	39606
卓越	zhuóyuè	7636
卓著	zhuózhù	15046
浊	zhuó	13068
浊浪	zhuólàng	39812
浊流	zhuóliú	35066
浊世	zhuóshì	48968
浊水	zhuóshuǐ	44741
酌定	zhuódìng	39183
酌减	zhuójiǎn	53844
酌量	zhuóliang	35535
酌情	zhuóqíng	27167
啄	zhuó	16480
啄木鸟	zhuómùniǎo	21838
啄食	zhuóshí	30122
着笔	zhuóbǐ	40451
着床	zhuóchuáng	39607
着地	zhuódì	13142
着力	zhuólì	3861
着力于	zhuólìyú	24536
着陆	zhuólù	13324
着落	zhuóluò	13301
着墨	zhuómò	31321
着色	zhuósè	27464
着实	zhuóshí	9691
着手	zhuóshǒu	3430
着想	zhuóxiǎng	7523
着眼	zhuóyǎn	3018
着眼点	zhuóyǎndiǎn	16354
着眼于	zhuóyǎnyú	5865
着意	zhuóyì	21610
着重	zhuózhòng	4419
着重点	zhuózhòngdiǎn	36132
着重号	zhuózhònghào	54880
着装	zhuózhuāng	15524
琢磨	zhuómó	11191
擢升	zhuóshēng	46176
擢用	zhuóyòng	47978
濯濯	zhuózhuó	54335
镯子	zhuózi	14838
吱	zī	56618
吱声	zīshēng	23064
孜然	zīrán	51578
孜孜	zīzī	32391
孜孜不倦	zīzī-bùjuàn	22028
孜孜以求	zīzīyǐqiú	23065
咨文	zīwén	22326
咨询	zīxún	2652
姿容	zīróng	32531
姿色	zīsè	19683
姿势	zīshì	8229
姿态	zītài	4779
兹	zī	11379
资	zī	4831
资本	zīběn	1793
资本家	zīběnjiā	7102
资本主义	zīběn zhǔyì	2161
资不抵债	zī bù dǐzhài	25520
资材	zīcái	53334
资财	zīcái	29486
资产	zīchǎn	2279
资产阶级	zīchǎn jiējí	3267
资产评估	zīchǎn pínggū	43484
资方	zīfāng	33947
资费	zīfèi	13470
资格	zīgé	1731
资金	zījīn	994
资金链	zījīnliàn	12520
资力	zīlì	50081
资历	zīlì	17817
资料	zīliào	1144
资深	zīshēn	11847
资望	zīwàng	40452
资信	zīxìn	17734
资讯	zīxùn	10196
资源	zīyuán	1046
资质	zīzhì	8763
资助	zīzhù	3787
辎重	zīzhòng	18185
孳乳	zīrǔ	56619
滋补	zībǔ	27024
滋补品	zībǔpǐn	43782
滋蔓	zīmàn	54336
滋扰	zīrǎo	37843
滋润	zīrùn	12101
滋生	zīshēng	8047
滋事	zīshì	19363
滋味	zīwèi	5240
滋养	zīyǎng	16790
滋阴	zīyīn	42251
滋长	zīzhǎng	17398
趑趄	zījū	50801
锱铢必较	zīzhū-bìjiào	46177
龇牙	zīyá	47979
龇牙咧嘴	zīyá-liězuǐ	33318
子	zǐ	676
子丑寅卯	zǐ-chǒu-yín-mǎo	45873
子代	zǐdài	37844
子弹	zǐdàn	6670
子堤	zǐdī	50802
子弟	zǐdì	6529
子弟兵	zǐdìbīng	15940
子房	zǐfáng	33427
子公司	zǐgōngsī	11924
子宫	zǐgōng	13738
子宫颈	zǐgōngjǐng	43485
子规	zǐguī	41327
子爵	zǐjué	45279
子口	zǐkou	28548

子母弹	zǐmǔdàn	43128
子目	zǐmù	46771
子囊	zǐnáng	54337
子女	zǐnǚ	2325
子时	zǐshí	12530
子嗣	zǐsì	31220
子孙	zǐsūn	6733
子午线	zǐwǔxiàn	36447
子息	zǐxī	52873
子系统	zǐxìtǒng	20406
子虚乌有	zǐxū-wūyǒu	32028
子夜	zǐyè	18391
子侄	zǐzhí	34489
仔畜	zǐchù	56431
仔鸡	zǐjī	56685
仔细	zǐxì	2243
仔猪	zǐzhū	32029
姊妹	zǐmèi	8744
姊妹篇	zǐmèipiān	45874
籽粒	zǐlì	49323
籽棉	zǐmián	55848
籽实	zǐshí	52428
紫	zǐ	4133
紫菜	zǐcài	25151
紫貂	zǐdiāo	47980
紫丁香	zǐdīngxiāng	38977
紫红	zǐhóng	23715
紫花苜蓿	zǐhuā mùxu	39813
紫禁城	Zǐjìnchéng	15900
紫荆	zǐjīng	23008
紫罗兰	zǐluólán	33319
紫色	zǐsè	10915
紫砂	zǐshā	25657
紫穗槐	zǐsuìhuái	50082
紫檀	zǐtán	28466
紫藤	zǐténg	31692
紫铜	zǐtóng	42487
紫外线	zǐwàixiàn	14273
紫薇	zǐwēi	37296
紫药水	zǐyàoshuǐ	52874
紫云英	zǐyúnyīng	47667
紫竹	zǐzhú	37113
自	zì	182
自爱	zì'ài	23452
自傲	zì'ào	23506
自拔	zìbá	23009
自白	zìbái	25521
自保	zìbǎo	26292
自暴自弃	zìbào-zìqì	26595
自爆	zìbào	53335
自卑	zìbēi	13846
自卑感	zìbēigǎn	30346
自备	zìbèi	21198
自贬	zìbiǎn	50428
自便	zìbiàn	34083
自不待言	zìbùdàiyán	31322
自不量力	zìbùliànglì	46472
自裁	zìcái	40245
自残	zìcán	32653
自惭	zìcán	26596
自惭形秽	zìcán-xínghuì	30017
自测	zìcè	48609
自查	zìchá	14274
自产	zìchǎn	31693
自产自销	zìchǎn-zìxiāo	41328
自嘲	zìcháo	19148
自沉	zìchén	39391
自称	zìchēng	6125
自成体系	zìchéng-tǐxì	36285
自成一家	zìchéng-yījiā	40898
自成一体	zìchéng-yītǐ	42252
自乘	zìchéng	44027
自持	zìchí	26218
自筹	zìchóu	11799
自创	zìchuàng	25341
自吹自擂	zìchuī-zìléi	41329
自从	zìcóng	2724
自忖	zìcǔn	40677
自打	zìdǎ	18991
自大	zìdà	24158
自得	zìdé	23991
自得其乐	zìdé-qílè	29582
自动	zìdòng	2755
自动步枪	zìdòng bùqiāng	37465
自动化	zìdònghuà	7153
自动控制	zìdòng kòngzhì	23825
自动门	zìdòngmén	53336
自动铅笔	zìdòng qiānbǐ	56332
自发	zìfā	6259
自肥	zìféi	52875
自费	zìfèi	9811
自费生	zìfèishēng	40453
自焚	zìfén	9821
自封	zìfēng	30347
自奉	zìfèng	42013
自负	zìfù	17189
自负盈亏	zìfù yíngkuī	17426
自高自大	zìgāo-zìdà	44257
自告奋勇	zìgào-fènyǒng	23270
自个儿	zìgěr	23686
自耕农	zìgēngnóng	29091
自供	zìgòng	43266
自古	zìgǔ	9913
自顾不暇	zìgù-bùxiá	42253
自顾自	zìgùzì	29193
自豪	zìháo	4619
自豪感	zìháogǎn	15230
自画像	zìhuàxiàng	42254
自毁	zìhuǐ	30442
自己	zìjǐ	42
自己人	zìjǐrén	50803
自给	zìjǐ	17240
自给自足	zìjǐ-zìzú	24582
自家	zìjiā	4409
自家人	zìjiārén	24945
自驾游	zìjiàyóu	8328
自检	zìjiǎn	40246
自荐	zìjiàn	27236
自矜	zìjīn	42755
自尽	zìjìn	10743
自经	zìjīng	37845
自纠	zìjiū	26151
自咎	zìjiù	54338
自疚	zìjiù	54881
自救	zìjiù	11861
自居	zìjū	12758
自决	zìjué	35827
自决权	zìjuéquán	32030
自觉	zìjué	1417
自觉性	zìjuéxìng	6303
自绝	zìjué	31437
自考	zìkǎo	15258
自控	zìkòng	24805
自夸	zìkuā	28377
自况	zìkuàng	54339
自愧不如	zìkuì-bùrú	46473
自愧弗如	zìkuì-fúrú	50429
自来	zìlái	15097

自来红	zìláihóng	54882
自来水	zìláishuǐ	7015
自来水笔	zìláishuǐbǐ	32263
自理	zìlǐ	16280
自力更生	zìlì-gēngshēng	9892
自立	zìlì	8276
自立门户	zìlì-ménhù	43006
自励	zìlì	20907
自恋	zìliàn	48293
自量	zìliàng	41111
自留	zìliú	23399
自留地	zìliúdì	18242
自留山	zìliúshān	46178
自流	zìliú	24350
自流灌溉	zìliú guàngài	52429
自律	zìlǜ	6648
自卖自夸	zìmài-zìkuā	49713
自满	zìmǎn	19178
自贸区	zìmàoqū	52021
自媒体	zìméitǐ	44090
自勉	zìmiǎn	35979
自鸣得意	zìmíng-déyì	34084
自鸣钟	zìmíngzhōng	36937
自命	zìmìng	24351
自命不凡	zìmìng-bùfán	37466
自谋	zìmóu	13173
自馁	zìněi	47668
自拍	zìpāi	50430
自曝	zìbào	20840
自欺	zìqī	29902
自欺欺人	zìqī-qīrén	25460
自谦	zìqiān	35230
自戕	zìqiāng	39392
自强	zìqiáng	7778
自强不息	zìqiáng-bùxī	10814
自轻自贱	zìqīng-zìjiàn	47981
自取	zìqǔ	28051
自然	zìrán	887
自然	zìran	4503
自然保护区	zìrán bǎohùqū	6737
自然村	zìráncūn	16848
自然段	zìránduàn	42014
自然而然	zìrán'érrán	12133
自然规律	zìrán guīlǜ	15843
自然界	zìránjiè	6506
自然经济	zìrán jīngjì	35536
自然科学	zìrán kēxué	5906
自然力	zìránlì	31811
自然美	zìránměi	26219
自然人	zìránrén	18642
自然灾害	zìrán zāihài	7013
自燃	zìrán	33948
自认	zìrèn	17506
自如	zìrú	11380
自杀	zìshā	4278
自伤	zìshāng	30784
自上而下	zìshàng'érxià	17187
自身	zìshēn	1120
自生自灭	zìshēng-zìmiè	29389
自食其果	zìshí-qíguǒ	43783
自食其力	zìshí-qílì	23992
自食其言	zìshí-qíyán	48610
自始至终	zìshǐ-zhìzhōng	14585
自视	zìshì	33176
自是	zìshì	16157
自恃	zìshì	20123
自首	zìshǒu	14915
自述	zìshù	18416
自说自话	zìshuō-zìhuà	39393
自私	zìsī	10155
自私自利	zìsī-zìlì	23878
自诉	zìsù	27709
自讨苦吃	zìtǎo-kǔchī	33547
自讨没趣	zìtǎo-méiqù	39608
自投罗网	zìtóu-luówǎng	36448
自外	zìwài	38020
自卫	zìwèi	12287
自慰	zìwèi	22281
自刎	zìwěn	24806
自问	zìwèn	21020
自我	zìwǒ	1272
自我标榜	zìwǒ-biāobǎng	42488
自我吹嘘	zìwǒ-chuīxū	48294
自我解嘲	zìwǒ-jiěcháo	38381
自我批评	zìwǒ pīpíng	11381
自我陶醉	zìwǒ-táozuì	38760
自我牺牲	zìwǒ-xīshēng	30123
自我作古	zìwǒ-zuògǔ	55402
自习	zìxí	23775
自下而上	zìxià'érshàng	24218
自相残杀	zìxiāng-cánshā	34490
自相矛盾	zìxiāng-máodùn	23453
自相鱼肉	zìxiāng-yúròu	53845
自销	zìxiāo	39184
自小	zìxiǎo	19211
自新	zìxīn	34924
自信	zìxìn	3915
自信心	zìxìnxīn	13048
自行	zìxíng	4678
自行车	zìxíngchē	2694
自行火炮	zìxíng huǒpào	47669
自行其是	zìxíng-qíshì	38208
自省	zìxǐng	15723
自修	zìxiū	25881
自许	zìxǔ	40678
自诩	zìxǔ	22951
自序	zìxù	23400
自叙	zìxù	39609
自选	zìxuǎn	19897
自选动作	zìxuǎn dòngzuò	36938
自选商场	zìxuǎn shāngchǎng	50431
自学	zìxué	8858
自学考试	zìxué kǎoshì	22327
自寻短见	zìxún-duǎnjiàn	51203
自寻烦恼	zìxún-fánnǎo	39185
自言自语	zìyán-zìyǔ	8689
自已	zìyǐ	10730
自以为是	zìyǐwéishì	18417
自缢	zìyì	25882
自用	zìyòng	20407
自由	zìyóu	554
自由度	zìyóudù	28139
自由港	zìyóugǎng	38761
自由化	zìyóuhuà	9847
自由竞争	zìyóu jìngzhēng	28467
自由民	zìyóumín	44742
自由市场	zìyóu shìchǎng	24537
自由体操	zìyóu tǐcāo	33548
自由王国	zìyóu wángguó	38590
自由泳	zìyóuyǒng	12731
自由职业	zìyóu zhíyè	36449
自由主义	zìyóu zhǔyì	15704
自由自在	zìyóu-zìzài	18643
自有	zìyǒu	10681
自幼	zìyòu	12297
自娱	zìyú	22683
自娱自乐	zìyú-zìlè	33680

自语	zìyǔ	12196
自圆其说	zìyuán-qíshuō	31323
自怨自艾	zìyuàn-zìyì	46474
自愿	zìyuàn	4238
自在	zìzài	32031
自在	zìzai	6706
自责	zìzé	16791
自找	zìzhǎo	24095
自珍	zìzhēn	48611
自斟	zìzhēn	42255
自知之明	zìzhīzhīmíng	25409
自制	zìzhì	12223
自治	zìzhì	3729
自治区	zìzhìqū	2388
自治县	zìzhìxiàn	11166
自治州	zìzhìzhōu	13545
自重	zìzhòng	14849
自主	zìzhǔ	2680
自主权	zìzhǔquán	10525
自助	zìzhù	18076
自助餐	zìzhùcān	30671
自传	zìzhuàn	16481
自转	zìzhuàn	17862
自足	zìzú	20692
自尊	zìzūn	10041
自尊心	zìzūnxīn	10955
自作聪明	zìzuò-cōngmíng	31694
自作多情	zìzuò-duōqíng	34758
自作主张	zìzuò-zhǔzhāng	30562
自作自受	zìzuò-zìshòu	33681
字	zì	349
字词	zìcí	38382
字典	zìdiǎn	13104
字符	zìfú	33549
字符集	zìfújí	47982
字号	zìhao	16482
字画	zìhuà	15759
字汇	zìhuì	37114
字迹	zìjì	15152
字节	zìjié	34197
字句	zìjù	16037
字据	zìjù	31324
字库	zìkù	47062
字里行间	zìlǐ-hángjiān	19276
字谜	zìmí	55849
字面	zìmiàn	21839
字模	zìmú	52430
字母	zìmǔ	11048
字母表	zìmǔbiǎo	50804
字母词	zìmǔcí	40867
字幕	zìmù	20908
字书	zìshū	48612
字体	zìtǐ	16956
字条	zìtiáo	17536
字帖	zìtiè	42489
字形	zìxíng	15643
字眼	zìyǎn	13546
字样	zìyàng	8358
字义	zìyì	37467
字音	zìyīn	31916
字斟句酌	zìzhēn-jùzhuó	40247
字正腔圆	zìzhèng-qiāngyuán	41330
字纸	zìzhǐ	36286
字纸篓	zìzhǐlǒu	35231
恣情	zìqíng	45875
恣肆	zìsì	32264
恣睢	zìsuī	54883
恣意	zìyì	23507
宗	zōng	3158
宗祠	zōngcí	38591
宗法	zōngfǎ	23454
宗教	zōngjiào	1099
宗教界	zōngjiàojiè	12519
宗庙	zōngmiào	21366
宗派	zōngpài	27090
宗谱	zōngpǔ	47349
宗亲	zōngqīn	27465
宗师	zōngshī	27710
宗室	zōngshì	20012
宗旨	zōngzhǐ	2823
宗主国	zōngzhǔguó	42256
宗主权	zōngzhǔquán	54340
宗族	zōngzú	18104
综观	zōngguān	19568
综合	zōnghé	1317
综合大学	zōnghé dàxué	40031
综合国力	zōnghé guólì	6211
综合征	zōnghézhèng	31438
综合治理	zōnghé zhìlǐ	4479
综上所述	zōngshàngsuǒshù	18911
综述	zōngshù	9271
综艺	zōngyì	18211
棕黑	zōnghēi	52876
棕红	zōnghóng	47983
棕黄	zōnghuáng	46772
棕榈	zōnglǘ	21611
棕榈油	zōnglǘyóu	42490
棕毛	zōngmáo	56333
棕色	zōngsè	17983
棕绳	zōngshéng	53337
棕树	zōngshù	53846
棕熊	zōngxióng	49714
踪迹	zōngjì	14779
踪影	zōngyǐng	12431
鬃毛	zōngmáo	38383
总	zǒng	174
总编	zǒngbiān	17894
总部	zǒngbù	3812
总裁	zǒngcái	4458
总参	zǒngcān	17764
总产	zǒngchǎn	15021
总产值	zǒngchǎnzhí	6017
总厂	zǒngchǎng	15993
总称	zǒngchēng	25010
总的	zǒngde	6856
总的来说	zǒngdeláishuō	18326
总的说来	zǒngdeshuōlái	25011
总得	zǒngděi	8069
总动员	zǒngdòngyuán	26152
总督	zǒngdū	7976
总队	zǒngduì	4930
总额	zǒng'é	3046
总而言之	zǒng'éryánzhī	15077
总方针	zǒngfāngzhēn	36133
总分	zǒngfēn	15422
总纲	zǒnggāng	29194
总工	zǒnggōng	32032
总工程师	zǒnggōngchéngshī	11975
总工会	zǒnggōnghuì	8957
总公司	zǒnggōngsī	6560
总攻	zǒnggōng	34491
总共	zǒnggòng	8279
总管	zǒngguǎn	11665
总归	zǒngguī	21786
总行	zǒngháng	16179
总合	zǒnghé	50805
总和	zǒnghé	8614

总汇	zǒnghuì	37468
总机	zǒngjī	35980
总集	zǒngjí	38762
总计	zǒngjì	9772
总价	zǒngjià	35670
总监	zǒngjiān	11315
总结	zǒngjié	1517
总经理	zǒngjīnglǐ	2515
总括	zǒngkuò	36288
总揽	zǒnglǎn	13001
总理	zǒnglǐ	907
总量	zǒngliàng	2904
总领馆	zǒnglǐngguǎn	21407
总领事	zǒnglǐngshì	17016
总路线	zǒnglùxiàn	20449
总论	zǒnglùn	33833
总目	zǒngmù	35828
总评	zǒngpíng	29298
总起来看	zǒngqǐláikàn	54341
总是	zǒngshì	605
总收入	zǒngshōurù	8312
总书记	zǒngshūjì	2441
总署	zǒngshǔ	9797
总数	zǒngshù	3211
总司令	zǒngsīlìng	9867
总算	zǒngsuàn	5259
总台	zǒngtái	38209
总体	zǒngtǐ	2093
总统	zǒngtǒng	684
总统套房	zǒngtǒng tàofáng	44743
总务	zǒngwù	19684
总务长	zǒngwùzhǎng	53847
总校	zǒngxiào	47350
总则	zǒngzé	15844
总责	zǒngzé	20650
总站	zǒngzhàn	16483
总长	zǒngzhǎng	7506
总账	zǒngzhàng	43784
总政	zǒngzhèng	17147
总之	zǒngzhī	3122
总支	zǒngzhī	29299
总值	zǒngzhí	9041
总指挥	zǒngzhǐhuī	10555
总装	zǒngzhuāng	17376
纵	zòng	5349
纵队	zòngduì	12331
纵观	zòngguān	13689
纵贯	zòngguàn	25208
纵横	zònghéng	3164
纵横捭阖	zònghéng-bǎihé	36939
纵横驰骋	zònghéng-chíchěng	38210
纵横交错	zònghéng-jiāocuò	18212
纵虎归山	zònghǔguīshān	56334
纵火	zònghuǒ	16180
纵酒	zòngjiǔ	41331
纵览	zònglǎn	35232
纵令	zònglìng	38978
纵论	zònglùn	44993
纵马	zòngmǎ	43486
纵目	zòngmù	50083
纵情	zòngqíng	24876
纵然	zòngrán	10213
纵容	zòngróng	12577
纵身	zòngshēn	19416
纵深	zòngshēn	10387
纵使	zòngshǐ	19179
纵谈	zòngtán	45876
纵向	zòngxiàng	12897
纵欲	zòngyù	33682
粽子	zòngzi	18131
走	zǒu	84
走板	zǒubǎn	44744
走笔	zǒubǐ	22596
走避	zǒubì	53848
走遍	zǒubiàn	14069
走步	zǒubù	47063
走村串户	zǒucūn-chuànhù	22488
走道	zǒudào	21887
走低	zǒudī	20909
走调儿	zǒudiàor	50432
走动	zǒudòng	9398
走读	zǒudú	21159
走读生	zǒudúshēng	53338
走访	zǒufǎng	4951
走风	zǒufēng	55403
走钢丝	zǒugāngsī	40679
走高	zǒugāo	22075
走狗	zǒugǒu	14471
走过场	zǒuguòchǎng	14136
走好	zǒuhǎo	18936
走红	zǒuhóng	21021
走后门	zǒuhòumén	21651
走火	zǒuhuǒ	30443
走火入魔	zǒuhuǒ-rùmó	37661
走极端	zǒujíduān	33550
走江湖	zǒujiānghú	41557
走街串巷	zǒujiē-chuànxiàng	26460
走捷径	zǒujiéjìng	40248
走廊	zǒuláng	5602
走老路	zǒulǎolù	44994
走漏	zǒulòu	32392
走路	zǒulù	5392
走马	zǒumǎ	13069
走马灯	zǒumǎdēng	25658
走马观花	zǒumǎ-guānhuā	25953
走马看花	zǒumǎ-kànhuā	47351
走马上任	zǒumǎ-shàngrèn	21743
走南闯北	zǒunán-chuǎngběi	26793
走棋	zǒuqí	53849
走强	zǒuqiáng	12005
走俏	zǒuqiào	22597
走亲戚	zǒuqīnqi	27466
走人	zǒurén	22282
走散	zǒusàn	33177
走神儿	zǒushénr	34632
走失	zǒushī	32654
走时	zǒushí	16613
走势	zǒushì	11167
走兽	zǒushòu	38384
走水	zǒushuǐ	51992
走私	zǒusī	3414
走私犯	zǒusīfàn	46475
走台	zǒutái	46476
走题	zǒutí	33048
走投无路	zǒutóu-wúlù	19445
走弯路	zǒuwānlù	25078
走下坡路	zǒuxiàpōlù	32033
走险	zǒuxiǎn	21111
走向	zǒuxiàng	1275
走形	zǒuxíng	34198
走形式	zǒuxíngshì	38592
走穴	zǒuxué	30904
走眼	zǒuyǎn	51993
走样	zǒuyàng	24583
走油	zǒuyóu	55404
走运	zǒuyùn	27711
走账	zǒuzhàng	56620

走着瞧	zǒuzheqiáo	26220
走卒	zǒuzú	38211
走嘴	zǒuzuǐ	55850
奏	zòu	3679
奏捷	zòujié	35829
奏鸣曲	zòumíngqǔ	26461
奏效	zòuxiào	16057
奏乐	zòuyuè	27391
揍	zòu	11533
租	zū	3719
租佃	zūdiàn	56335
租户	zūhù	42257
租价	zūjià	46773
租界	zūjiè	10927
租借	zūjiè	23348
租借地	zūjièdì	44745
租金	zūjīn	12308
租赁	zūlìn	6746
租钱	zūqian	51579
租税	zūshuì	39186
租用	zūyòng	14052
租约	zūyuē	50806
租种	zūzhòng	53850
租子	zūzi	48613
足	zú	1479
足本	zúběn	54884
足不出户	zúbùchūhù	22544
足彩	zúcǎi	14208
足赤	zúchì	45578
足额	zú'é	8584
足跟	zúgēn	51204
足够	zúgòu	3441
足迹	zújì	7481
足见	zújiàn	17558
足金	zújīn	54342
足球	zúqiú	1714
足坛	zútán	15336
足下	zúxià	15098
足以	zúyǐ	3979
足印	zúyìn	31917
足月	zúyuè	48614
足智多谋	zúzhì-duōmóu	31221
足足	zúzú	11762
卒	zú	6817
卒年	zúnián	49324
卒业	zúyè	44746

卒子	zúzi	44995
族	zú	2926
族规	zúguī	46477
族类	zúlèi	43487
族谱	zúpǔ	36450
族亲	zúqīn	53339
族权	zúquán	49715
族群	zúqún	20910
族人	zúrén	15494
族长	zúzhǎng	23157
诅咒	zǔzhòu	13204
阻碍	zǔ'ài	5109
阻挡	zǔdǎng	8991
阻断	zǔduàn	16728
阻遏	zǔ'è	42491
阻隔	zǔgé	19627
阻击	zǔjī	21612
阻击战	zǔjīzhàn	33042
阻截	zǔjié	36289
阻绝	zǔjué	51580
阻抗	zǔkàng	44258
阻拦	zǔlán	14940
阻力	zǔlì	8755
阻挠	zǔnáo	9535
阻燃	zǔrán	34199
阻塞	zǔsè	16427
阻止	zǔzhǐ	5001
阻滞	zǔzhì	27629
组	zǔ	826
组办	zǔbàn	53340
组成	zǔchéng	1106
组雕	zǔdiāo	53852
组队	zǔduì	22908
组稿	zǔgǎo	35067
组歌	zǔgē	29903
组阁	zǔgé	18644
组合	zǔhé	3496
组合柜	zǔhéguì	46478
组合家具	zǔhé jiājù	52431
组合式	zǔhéshì	45579
组合音响	zǔhé yīnxiǎng	45580
组画	zǔhuà	36940
组件	zǔjiàn	30232
组建	zǔjiàn	3013
组曲	zǔqǔ	34759
组诗	zǔshī	44028

组团	zǔtuán	11913
组委会	zǔwěihuì	5278
组员	zǔyuán	31695
组长	zǔzhǎng	3893
组织	zǔzhī	218
组织关系	zǔzhī guānxì	25522
组织上	zǔzhīshang	9759
组织生活	zǔzhī shēnghuó	20046
组织性	zǔzhīxìng	30905
组装	zǔzhuāng	12288
祖	zǔ	7604
祖辈	zǔbèi	22773
祖产	zǔchǎn	48969
祖传	zǔchuán	19685
祖坟	zǔfén	20988
祖父	zǔfù	6724
祖父母	zǔfùmǔ	27883
祖国	zǔguó	998
祖籍	zǔjí	20488
祖居	zǔjū	42258
祖庙	zǔmiào	47985
祖母	zǔmǔ	8538
祖母绿	zǔmǔlǜ	47986
祖上	zǔshàng	20169
祖师	zǔshī	32034
祖师爷	zǔshīyé	37846
祖孙	zǔsūn	26221
祖先	zǔxiān	7147
祖业	zǔyè	36941
祖宗	zǔzong	8046
祖祖辈辈	zǔzǔbèibèi	16038
钻	zuān	2078
钻劲儿	zuānjìnr	54343
钻井	zuānjǐng	18804
钻井船	zuānjǐngchuán	55851
钻井队	zuānjǐngduì	29390
钻井平台	zuānjǐng píngtái	42756
钻孔	zuānkǒng	22952
钻空子	zuānkòngzi	30906
钻牛角尖	zuānniújiǎojiān	43007
钻探	zuāntàn	18077
钻天杨	zuāntiānyáng	53341
钻心	zuānxīn	29699
钻研	zuānyán	8170
钻营	zuānyíng	28378
纂修	zuǎnxiū	36451

钻	zuàn	5985
钻床	zuànchuáng	53853
钻杆	zuàngǎn	47670
钻工	zuàngōng	53342
钻机	zuànjī	24043
钻戒	zuànjiè	29583
钻石	zuànshí	11316
钻塔	zuàntǎ	49325
钻台	zuàntái	53856
钻头	zuàntóu	29793
攥	zuàn	10089
嘴	zuǐ	1629
嘴儿	zuǐr	25209
嘴巴	zuǐba	5521
嘴笨	zuǐbèn	46179
嘴馋	zuǐchán	38385
嘴唇	zuǐchún	4108
嘴刁	zuǐdiāo	38391
嘴乖	zuǐguāi	35502
嘴尖	zuǐjiān	43267
嘴角	zuǐjiǎo	7585
嘴紧	zuǐjǐn	52432
嘴快	zuǐkuài	41112
嘴脸	zuǐliǎn	18132
嘴皮子	zuǐpízi	31918
嘴软	zuǐruǎn	45877
嘴松	zuǐsōng	51790
嘴碎	zuǐsuì	54344
嘴损	zuǐsǔn	54809
嘴甜	zuǐtián	50084
嘴头	zuǐtóu	43268
嘴稳	zuǐwěn	49735
嘴严	zuǐyán	53857
嘴硬	zuǐyìng	34492
嘴直	zuǐzhí	47671
最	zuì	58
最初	zuìchū	2700
最低工资	zuìdī gōngzī	17648
最好	zuìhǎo	2688
最后	zuìhòu	265
最后通牒	zuìhòu tōngdié	24219
最惠国	zuìhuìguó	27467
最惠国待遇	zuìhuìguó dàiyù	34346
最佳	zuìjiā	2894
最近	zuìjìn	773
最为	zuìwéi	3232
最终	zuìzhōng	1259
罪	zuì	1478
罪不容诛	zuìbùróngzhū	48970
罪大恶极	zuìdà-èjí	30672
罪恶	zuì'è	6607
罪犯	zuìfàn	6219
罪该万死	zuìgāiwànsǐ	37847
罪过	zuìguo	12197
罪魁	zuìkuí	36134
罪魁祸首	zuìkuí-huòshǒu	23993
罪名	zuìmíng	9158
罪孽	zuìniè	24044
罪人	zuìrén	13782
罪行	zuìxíng	6750
罪有应得	zuìyǒuyīngdé	36612
罪责	zuìzé	22228
罪证	zuìzhèng	22909
罪状	zuìzhuàng	14569
醉	zuì	4064
醉鬼	zuìguǐ	34760
醉汉	zuìhàn	32393
醉话	zuìhuà	44495
醉驾	zuìjià	13867
醉酒	zuìjiǔ	25342
醉生梦死	zuìshēng-mèngsǐ	38021
醉态	zuìtài	42015
醉翁之意不在酒	zuìwēng zhī yì bù zài jiǔ	41558
醉乡	zuìxiāng	49716
醉心	zuìxīn	25152
醉醺醺	zuìxūnxūn	30563
醉眼	zuìyǎn	32796
醉意	zuìyì	23401
尊	zūn	3773
尊卑	zūnbēi	32150
尊称	zūnchēng	23455
尊崇	zūnchóng	22684
尊奉	zūnfèng	49326
尊夫人	zūnfūrén	44747
尊贵	zūnguì	18418
尊号	zūnhào	36135
尊驾	zūnjià	54345
尊敬	zūnjìng	5967
尊口	zūnkǒu	54885
尊容	zūnróng	32919
尊师	zūnshī	27884
尊师重道	zūnshī-zhòngdào	50433
尊师重教	zūnshī-zhòngjiào	32532
尊姓大名	zūnxìng-dàmíng	43269
尊严	zūnyán	4736
尊长	zūnzhǎng	41780
尊重	zūnzhòng	1401
遵从	zūncóng	19657
遵纪守法	zūnjì-shǒufǎ	12616
遵命	zūnmìng	24807
遵守	zūnshǒu	2963
遵行	zūnxíng	30124
遵循	zūnxún	3803
遵章守纪	zūnzhāng-shǒujì	46479
遵照	zūnzhào	10738
遵嘱	zūnzhǔ	52877
鳟鱼	zūnyú	51581
作坊	zuōfang	11862
嘬	zuō	26794
昨日	zuórì	9452
昨天	zuótiān	1512
昨晚	zuówǎn	6124
昨夜	zuóyè	9655
琢磨	zuómo	10433
左	zuǒ	1528
左膀右臂	zuǒbǎng-yòubì	47064
左边	zuǒbian	8981
左侧	zuǒcè	13309
左道旁门	zuǒdào-pángmén	55405
左顾右盼	zuǒgù-yòupàn	26377
左近	zuǒjìn	48615
左邻右舍	zuǒlín-yòushè	20911
左轮	zuǒlún	48616
左面	zuǒmiàn	29904
左派	zuǒpài	17795
左撇子	zuǒpiězi	46774
左倾	zuǒqīng	31439
左首	zuǒshǒu	41113
左思右想	zuǒsī-yòuxiǎng	29905
左袒	zuǒtǎn	50807
左翼	zuǒyì	11055
左右	zuǒyòu	445
左右逢源	zuǒyòu-féngyuán	36136
左右开弓	zuǒyòu-kāigōng	38764
左右手	zuǒ-yòushǒu	40032
左右为难	zuǒyòu-wéinán	25883
左支右绌	zuǒzhī-yòuchù	51582

佐餐	zuǒcān	47987
佐理	zuǒlǐ	52878
佐料	zuǒliào	27468
佐证	zuǒzhèng	20866
撮	zuǒ	18455
作	zuò	134
作案	zuò'àn	8338
作罢	zuòbà	23508
作保	zuòbǎo	40454
作弊	zuòbì	15295
作壁上观	zuòbìshàngguān	40033
作别	zuòbié	28913
作成	zuòchéng	15740
作词	zuòcí	32394
作答	zuòdá	20524
作对	zuòduì	17617
作恶	zuò'è	24946
作伐	zuòfá	55406
作法	zuòfǎ	10784
作废	zuòfèi	21249
作风	zuòfēng	1654
作梗	zuògěng	36452
作古	zuògǔ	34761
作怪	zuòguài	16614
作画	zuòhuà	13700
作家	zuòjiā	818
作家协会	zuòjiā xiéhuì	14850
作假	zuòjiǎ	24220
作价	zuòjià	21690
作奸犯科	zuòjiān-fànkē	50085
作茧自缚	zuòjiǎn-zìfù	37848
作践	zuòjian	34347
作客	zuòkè	22545
作乐	zuòlè	28468
作脸	zuòliǎn	54346
作料	zuòliao	39610
作乱	zuòluàn	19118
作美	zuòměi	34200
作难	zuònán	29584
作孽	zuòniè	34348
作弄	zuònòng	33320
作呕	zuò'ǒu	37469
作陪	zuòpéi	28469
作品	zuòpǐn	290
作曲	zuòqǔ	15705
作曲家	zuòqǔjiā	10585
作色	zuòsè	37470
作声	zuòshēng	11208
作诗	zuòshī	35068
作势	zuòshì	25884
作数	zuòshù	30018
作死	zuòsǐ	51583
作速	zuòsù	53343
作祟	zuòsuì	20489
作态	zuòtài	18456
作痛	zuòtòng	35407
作威作福	zuòwēi-zuòfú	33321
作为	zuòwéi	939
作伪	zuòwěi	34349
作文	zuòwén	8011
作物	zuòwù	4926
作息	zuòxī	33683
作响	zuòxiǎng	12289
作协	zuòxié	17735
作兴	zuòxing	44259
作秀	zuòxiù	53344
作业	zuòyè	2670
作业本	zuòyèběn	21524
作揖	zuòyī	33684
作俑	zuòyǒng	55407
作用	zuòyòng	404
作用力	zuòyònglì	22731
作乐	zuòyuè	40680
作战	zuòzhàn	1833
作者	zuòzhě	306
作证	zuòzhèng	11476
作准	zuòzhǔn	44496
坐	zuò	379
坐班	zuòbān	37115
坐班房	zuòbānfáng	50808
坐标	zuòbiāo	11511
坐标系	zuòbiāoxì	29487
坐禅	zuòchán	46180
坐吃山空	zuòchī-shānkōng	36781
坐大	zuòdà	36942
坐待	zuòdài	34762
坐等	zuòděng	23509
坐地分赃	zuòdì-fēnzāng	55408
坐垫	zuòdiàn	39187
坐而论道	zuò'érlùndào	44996
坐骨神经	zuògǔ shénjīng	45878
坐观成败	zuòguān-chéngbài	52879
坐果	zuòguǒ	51584
坐化	zuòhuà	46775
坐怀不乱	zuòhuái-bùluàn	48617
坐机关	zuòjīguān	52433
坐监	zuòjiān	38387
坐江山	zuòjiāngshān	47352
坐井观天	zuòjǐng-guāntiān	47354
坐具	zuòjù	47353
坐蜡	zuòlà	51994
坐牢	zuòláo	18213
坐冷板凳	zuòlěngbǎndèng	39814
坐立不安	zuòlì-bù'ān	23349
坐落	zuòluò	9236
坐骑	zuòqí	27317
坐山观虎斗	zuò shān guān hǔ dòu	51995
坐商	zuòshāng	47672
坐失	zuòshī	46730
坐失良机	zuòshī-liángjī	41781
坐视	zuòshì	22328
坐收渔利	zuòshōu-yúlì	53345
坐守	zuòshǒu	51205
坐台	zuòtái	32571
坐探	zuòtàn	48971
坐堂	zuòtáng	30785
坐天下	zuòtiānxià	45280
坐卧不安	zuòwò-bù'ān	40034
坐卧不宁	zuòwò-bùníng	46480
坐席	zuòxí	34763
坐享其成	zuòxiǎng-qíchéng	37116
坐像	zuòxiàng	42016
坐夜	zuòyè	53346
坐以待毙	zuòyǐdàibì	41114
坐椅	zuòyǐ	27964
坐月子	zuòyuèzi	35830
坐赃	zuòzāng	53347
坐镇	zuòzhèn	16485
坐庄	zuòzhuāng	37117
坐姿	zuòzī	35537
柞蚕	zuòcán	52434
柞木	zuòmù	51206
柞树	zuòshù	45581
座	zuò	332
座舱	zuòcāng	34493
座次	zuòcì	31325
座号	zuòhào	52435

座机	zuòjī	41559
座驾	zuòjià	20114
座上客	zuòshàngkè	44997
座谈	zuòtán	5191
座谈会	zuòtánhuì	2282
座位	zuòwèi	6140
座无虚席	zuòwúxūxí	15806
座椅	zuòyǐ	18546
座右铭	zuòyòumíng	21160
座钟	zuòzhōng	41332
座子	zuòzi	38022
做	zuò	77
做爱	zuò'ài	19244
做伴	zuòbàn	26378
做大	zuòdà	30422
做东	zuòdōng	43270
做法	zuòfǎ	2038
做饭	zuòfàn	6916
做工	zuògōng	12991
做工作	zuògōngzuò	12085
做功	zuògōng	29300
做官	zuòguān	9985
做鬼	zuòguǐ	37118
做鬼脸	zuòguǐliǎn	49717
做活儿	zuòhuór	23605
做绝	zuòjué	53737
做客	zuòkè	13630
做礼拜	zuòlǐbài	36613
做买卖	zuòmǎimai	20330
做媒	zuòméi	27630
做梦	zuòmèng	7512
做派	zuòpài	30923
做亲	zuòqīn	47065
做人	zuòrén	5792
做人情	zuòrénqíng	47988
做生日	zuòshēngri	48295
做生意	zuòshēngyi	8665
做事	zuòshì	5493
做手脚	zuòshǒujiǎo	35408
做寿	zuòshòu	38212
做文章	zuòwénzhāng	10785
做戏	zuòxì	26462
做学问	zuòxuéwen	21613
做贼	zuòzéi	25811
做贼心虚	zuòzéi-xīnxū	38593
做针线	zuòzhēnxian	34633
做证	zuòzhèng	45582
做主	zuòzhǔ	6209
做作	zuòzuo	18457

《现代汉语常用词表（草案）》研制报告

一　研制背景

为给语文应用和有关政策的制定提供科学的词汇依据，积极服务于汉语规范化、推广普通话，积极服务于中小学语文教学、扫盲教育、汉语教学、中文信息处理和辞书编纂等工作，1998 年 7 月国家语言文字工作委员会批准立项，成立《现代汉语通用词表》研制课题组。该词表作为国家已经公布的《现代汉语通用字表》等的配套规范，是我国语言文字规范化、语文教育和研究方面的基本建设项目。研制工作自 1998 年 7 月启动，于 2001 年年底完成并通过了专家鉴定。

鉴于 5 年来汉语词语发展变化很大，研究和统计手段又有很大提高，为把词表研制工作做得更加扎实完善，课题组希望对原词表进行修订。2005 年 6 月，教育部语信司决定在原词表的基础上进行修订，此项工作由原课题组和新立项的《现代汉语通用词量与分级》课题组合作进行，共同研制一个常用词表。根据 5 年来语言发展变化的情况和对词条增删调整，按新的统计处理方法确定其常用度并以此重新排序，使之能更真实地反映我国现代汉语词汇系统的概貌。这次修订工作进行了一年半，主要是对词语做了较大规模的增删调整，并根据词频调查结果确定了使用频级。修订的主体工作于 2007 年 1 月完成，之后又根据有关专家和部门的意见陆续做了增补和修改。

二　研制过程

（一）初稿的形成

本词表初稿的研制工作，主要包含下列几方面的内容：

（1）搜集有关文献资料，研究前人制订各种词表的经验和教训；

（2）比较现有的、在社会上影响较大的辞书的词目，并研究它们的取舍标准；

（3）进行社会调查，了解群众使用汉语词汇的具体情况；

（4）在把《现代汉语规范词典》开编时的词目和其他10多本词典、词表进行对比后进行增删的基础上，用山西大学和清华大学计算机中心所储存的语料进行词汇覆盖率的检验。

对条目的增删，除了利用计算机之外，同时进行人工干预，逐条审核。

通过以上工作，形成了总词目为61 000多个的“词表”。2000年2月26日在北京经专家鉴定通过。鉴定委员有陆俭明、陈章太、曹先擢、常宝儒、林杏光和苏培成，由苏培成主持。

（二）词表的修订

2005年春天，为了加快词表研制工作的进度和提高质量，在教育部语言文字信息管理司的组织下，研制组联合苏新春主持的《现代汉语通用词量与分级》课题组对原词表做了修订并再次进行词频统计工作。

将“词表”同国家语委研制的“通用语料库”的核心语料库所收词语进行比对。核心语料库约有15万多个词语，除去专有名词、行业词语、人名、地名等以外，语文类词语约10万个。将“词表”同这10万个词语进行逐一比对，按照常用词表既定的收录原则逐条筛选。在审慎分析各词语在通用语料库中词频的基础上，考察社会语文生活中的实际使用情况，经过人工干预增选出约4 000多个词语。

将“词表”同《现代汉语规范词典》、《现代汉语词典》（第5版）、《新华词典》等所收词语进一步比对。排除其中的方言词语、专有名词、行业词语以及现代语文生活中存活率或使用率明显偏低的文言词语，再按照常用词表既定的收录原则进行审核，增补了500多个词语。

将“词表”同新词语语料库所收新词语进行比对。利用厦门大学研制的新词语语料库，按照课题组既定的收录原则进行筛选，经现代汉语通用语料库检测，增补了1 000余个词语。至此，“词表”的词语收录总数扩展到了66 000多个。

对“词表”词语进行综合审读，必要时查验了该词在人民网《人民日报》报系网页以及Google网简体中文网页、百度网等常用网页上的使用情况，做了再次调整（主要是删除尚不具备本表所界定的“常用”规格的词语），另外也考虑到作为常用性词表的词，不宜像一般词典那样因语音或语法的细小差异而将词目做过细的区分。后来在送专家和有关部门审读中，又根据审读意见陆续做了调整和删减。

最终形成的《现代汉语常用词表》，收录词语共56 008个。[①]其中，单音节词3 181

① 相同词形的词语因意义不同或读音不同出现在不同位置时，算作不同词条。

个，双音节词语 40 351 个，三音节词语 6 459 个，四音节词语 5 855 个，五音节和五音节以上词语 162 个。

调查所有词语的使用频次。用来检测词频的语料库有三种：第一种是国家语委主持研制的“通用语料库”中经分词标注的 4 500 万字语料。第二种是《人民日报》2001 ～ 2005 年约 1.35 亿字的分词标注语料。第三种是厦门大学研制的现当代文学作品语料库，约 7 000 万字的语料。总共 2.5 亿字。以上三种语料均做了分词与标注，从中获得词频数据。对以下两种情况做了人工检测。第一种是分词后在该语料中没有出现的词语。做法是将被检词放到未做分词标注的原始语料中以查检字符串的方式调出所有用例进行人工甄别，从而避免原始语料中有词却因软件分词而消失了。在查检时对数量大的语例则用随机抽样的方法抽检。第二种是同形词。对同形异义词在实际语例中进行人工干预，区分意义，分别统计词频。

三　研制原则和方法

（一）收词原则

本词表所称的“常用词”是指以汉语为母语的中等文化程度的人，在社会语文生活中经常见到和使用的现代汉语普通话词语。本词表要求给现当代社会语文生活中通用的、稳定性较强、使用频率较高的汉语普通话词语划出一个范围，作为现代汉语词汇系统的基干部分，从而为语言应用和有关语言文字政策的制订提供科学的词汇依据。在研制中，既注重了书面词语的收集，也兼顾了常用口语词语的考察，还适当收了一些在现代社会大众传媒中时有出现，跟语文生活有所关联的行业性、历史性词语。至于更专业些的词语将另行研制，作为《现代汉语常用词表》的附表。

本词表以收录单音节词和双音节词为主。同时，根据语言交际实际也收录一些使用频率明显较高的缩略语、成语、惯用语等熟语，以及表达整体概念名称的其他固定短语。

1. 鉴于汉语词语本身在缩略、扩展、拆用，以及跟别的词语组合成新的固定语等方面的灵活性和复杂情况，本词表的词语筛选还贯彻了以下规则：

（1）对于带有词根性质的词语（如“群众化”“群众性”中的“群众”）和它们的扩展词形、组合短语，从词语构成的能产性考虑，优先收录带有词根性质的词语，对它们的扩展词形或组合短语，根据实际使用频度和规范状况等有选择地收录，原则上双音节者适当从宽，三音节及其以上者适度从严。

（2）对于简缩词语或简称和它们的原形词语，根据实际使用频度和规范状况等做出不同的选择。如:“安理会”“安全理事会”“联合国安全理事会”，收录“安理会”，而不再收录“安全理事会”和“联合国安全理事会”;“福利彩票”和“福彩”，收录“福利彩票”，而不收录“福彩”。

（3）可以拆用的四字以上的固定语（多是八字熟语），原则上收录其完整式，而不分别收录拆用式。如：收录“种瓜得瓜，种豆得豆”，不分别收录“种瓜得瓜”和“种豆得豆”。

（4）经常出现的双音节结构，如果其中一个组成语素在现代汉语中基本不单用，则把该结构视为词加以收录，如“乌云、李子、鲫鱼、松树”等；如果该结构中有一个成分的意义已经虚化，也视为词加以收录，如“达到、酿成、成为、致以、觉得”等。

2. 鉴于本词表的研制目的和使用价值，对于确实存活在社会语文生活中、但较为特殊的几类词语，采用以下处理办法：

（1）人名。原则上不予收录，但有比喻、借代等引申意义的，适当收录其中稳定而高频的，如“阿Q”“诸葛亮”等。

（2）地名。原则上不予收录，但收录使用频率相对较高的我国各省（及其省会）、自治区（及其首府）、直辖市名称，以及它们常用的别称或简称。

（3）国名。只收录我国周边国家以及在社会语文生活中出现频率明显较高的一些国家和城市的名称。

（4）我国各历史朝代名称。只收录历史上影响较大、在现当代社会语文生活中出现频率明显较高的朝代名称。

（5）党、国家、社会团体和企事业各机构的名称，以及这些机构的领导职务的名称。原则上不予收录，但在现当代社会语文生活中明显稳定而高频的“支部”、有着明确比喻意义的“班长”等，则予以收录。

本词表的词语收录，既注意词语的系统性，又注意词语在语用中的实用性。如以表示季节为根词的一些词，全部收录它的加缀词“初春”“初冬”“初秋”“初夏”，但对于“晚＋季节”的词语，只收录“晚春”“晚秋”未收录“晚冬”“晚夏”；对于“残＋季节”的词语，只收录“残冬”未收录“残春”“残秋”“残夏”。总之，在词语收录的具体操作中，尽量处理好词语的系统性和词语的常用性的相互关系，特别注意词频的高低，一切从语言使用实际出发。

本词表的词语收录，既充分尊重社会语文生活的客观实际，又严格控制不符合规范以及格调低俗的词语，切实起到促进社会语文生活向着规范、文明方向发展的积极作用。

本词表所收录的词语，在用字上基本涵盖了《现代汉语常用字表》中的全部汉字，不超出《现代汉语通用字表》的范围。凡是独立成词的字，列出单音节词；不能独立成词的字，收录于复音词中。单音节词条中包括了某些只做常用姓氏的字，如“邓”。

(二)根据“词频频级排序法”确定词语的使用频度顺序

本词表确定词语的使用频度顺序使用的是“词频频级排序法”。由于词语的来源面比较宽，各种语料都有自己的覆盖面与构成特点，词表中的词语不能在每种语料中都得到全部显现。同一个词语在不同语料库中的频次也可能相差较大，因而不同语料库中的具体频次之间缺乏严格的可比性。用频级统计则能较客观地显示每个词语的使用情况。频级排序法就是同一语料库中所有词语按频次数的多少进行排列的一种排位方法。相同频次的为一个频级。频级统计分两步施行。第一步形成不同类型语料的频级，检测语料有“通用语料库”“人民日报”“文学作品”三种，这样每一个词语就有了三个不同的原始频级。第二步形成总语料的频级，就是将每个词语的三种语料的频级之和除以三。总语料的频级共有2 969级，1级为最高，2 969级为最低。同一频级的词语最多有1 781条，最少的每个频级只有1条词语。相同频级的词语，根据总频次的多少由高到低排序，相同频次的根据读音按字母升序排列。

四　研制的内容

本词表包括“频级序号”“词语”等内容。“频级序号”是根据“频级统计法”排序，其方法详见上文。由于“频级统计法”是根据一个词在三个语料库中的平均频级来决定的，那些总频次相同或相近的词，如果在三个库中分布不匀等，则在“频级”的排名上会稍显排后。

(一)用字

词表使用的汉字总数为5 144个，涵盖了《现代汉语常用字表》的所有有构词能力的字，并均在《现代汉语通用字表》的用字范围。

词表全部使用规范汉字，即符合《第一批异体字整理表》(1955年12月22日中华人民共和国文化部、中国文字改革委员会发布)、《简化字总表》(1986年10月10日经国务院批准国家语言文字工作委员会重新发表)、《现代汉语常用字表》(1988年1月26日国家语言文字工作委员会、国家教育委员会发布)、《现代汉语通用字表》(1988年3月25日国家语言文字工作委员会、中华人民共和国新闻出版署发布)的规定。

（二）词形

全部词语使用规范词形。对于异形词，执行《第一批异形词整理表》(GF 1001—2001 中华人民共和国教育部、国家语言文字工作委员会 2001 年 12 月 19 日发布）的规定。对一些仍在使用且有一定使用频率的异形词，则附列在正形词后并用括号表示。

在条件成熟时将再进行“附表”的研制。计划中的“附表”包括五部分:(a) 常用科技词表;(b) 常用方言词（实为方源词）表;(c) 常用人名、地名表;(d) 常用文言词表;(e) 常用字母词表。考虑到字母开头的词语（习惯上称之为“字母词”）在社会语文生活中使用虽较频繁，但多数尚不够稳定，语言学界的认识也不一致，所以本词表没有收录这类词语，将在日后把这类词语列为附表。

五　相关资料

研制单位:《现代汉语规范词典》编写组

厦门大学国家语言资源监测与研究教育教材中心

研制人:

前期研制人员

负 责 人:李行健

参加成员:陈松岑、季恒铨、余志鸿、谢自立、张卫国、郑宝倩、孙茂松（兼计算机工作）、程荣、叶根祥、刘开瑛（计算机工作）

后期修订人员

负 责 人:李行健、苏新春

参加成员:季恒铨、余志鸿、钮葆、朱振平、程国甡、徐婷、刘扬涛、钟安妮、李连伟

学术顾问:胡明扬、曹先擢、傅永和

本词表立项研制过程中，始终得到教育部、国家语委的支持。许嘉璐、陈章太、陆俭明、徐通锵、苏培成、韩敬体、晁继周、黄昌宁、李宇明、王铁琨等同志先后参加过制定“词表”的研讨会，给制定工作很多指导和帮助；商务印书馆、语文出版社、外语教学与研究出版社等单位也给予了支持和协助；责编余桂林同志做了不少不可或缺的工作。在本词表出版之际，谨向上述同志和单位表示衷心的感谢！

《现代汉语常用词表》课题组

2008 年 6 月 24 日

《现代汉语常用词表》(第2版)修订报告

一、修订缘由

《现代汉语常用词表(草案)》的研制工作启动于1998年,完成于2007年,历时10年。2008年正式出版后又过去了近14年。原词表本身存有若干不足,如常用词漏收失收;词表的词语来源于词典的词目,对现实语言生活的用词用语反映不够及时;在关注词的同时对常用语反映还不足。特别是这段时间我国政治经济社会发展很快,语言特别是词汇使用上有了很大的发展变化,语言研究与规范工作也取得不少新的成果。为了使"词表"能真实反映语言实况,进一步完善,更好地在服务于社会,国家语委在2015年启动了"词表"的修订工作,设立了"《现代汉语常用词表》修订"的研究项目。修订工作仍由原研制单位《现代汉语规范词典》编写组与厦门大学国家语言资源监测与研究教育教材中心负责,具体由李行健、苏新春主持。

二、修订原则

修订工作主要对原词表进行了"增、删、改"三项工作。增补随语言发展而新产生或趋于稳定下来的通用词语,包括为原版明显漏收的词语;删除已经不太使用的冷僻、罕用、陈旧或语用、表意不适宜的词语;更改、替换、修订某些不合规范、不准确或不统一的词形、读音、标示。并重新排定了表内所有词语的频序号。

修订工作仍遵循原词表收录常用词的原则,主要考虑词语的"通用""常用""语文性"的特性,以实际社会生活的语用状况为主要依据对象。对一些带有明显口语化、地域性、尚未完全稳定的词语不收或慎收。对要做出增删变更和调整的词语都要求做到提供变更依据与调查数据,在统计的基础上进行了人工干预。对新增词的频序号在语料抽样统计的基础上来确定其频序位置。在“词表”原有收词不大动的前提下适度增减，增删词语的原则与原词表收词的宽严松紧标准大体一致。在注意吸收各种词典的定形、注音、释义材料和其他研究成果时，也根据词表不同于词典的性质、功能与形式的要求与限制，做出有针对性的取舍。修订工作的主要目的是使词表更加贴近当代语言实际，完善内容和体例，以满足各方对词表使用的需求。

三、修订过程

修订工作大致经过以下三个阶段：

第一阶段为2015年下半年至2017年初。课题组经讨论后确定了修订原则与工作步骤，依据新研制的语料库提取常用词表，并与原《词表》词语进行比对甄别筛选，对拟增收、删除或修订的词语进行逐条审查，并附上调查数据，形成新的词表后再做专项检查。2017年5月19日项目结题专家审定会在教育部语言文字应用研究所举行，专家组成员有傅永和（组长）、张世平、孙茂松、谢仁友、盛玉麒、余桂林等先生。专家组经认真审读认为：“课题组制定的修订原则正确可行。在保持原词表总体格局下，增加当代语言生活中的常用词语，删除已不常用的词语，调整不合现行规范或语用实际的注音和词形。修订后的《词表》更符合语文规范化的原则，更能在实际中发挥规范引导作用。”“课题组采用的机器统计和人工干预相结合的方法科学可行。通过扩大语料库、词语的频率和分布统计，词语的频级排序及数据的相互参照比较等手段使修订结果更为准确可靠，更好地反映了现代汉语常用词语的面貌。”同时，也对儿化词、轻声词、字母词、新词的收录等问题提出了进一步完善的建议。

第二阶段，2017年中至2018年。主要是对专家组提出的意见进行专项调查，对同类现象及相邻问题做出处理。决定只收录确有区别意义的轻声词、儿化词。对原表中儿化与非儿化并列的，删儿化词。一般不收入字母词，待条件成熟后再行收录。增补重点放在已经稳定的新词上。定稿后将修订结果向专家组报告，于2018年7月向出版社报送稿件。

第三阶段，2020年7月至9月。在稿件进入编辑加工程序后做了进一步大规模校订，并根据词目之间比对及新的词汇使用状况再次做了增删调整。

修订原则的拟定及修订过程中遇到重要问题由李行健和苏新春共同商量，李先生定夺，苏新春负责具体修订工作。第一阶段的修订由北京课题组和厦门课题组共同完成，第二、三阶段的修订工作主要由厦门课题组完成。参加修订工作的人员主要有李行健、苏新春、朱振平、严小香、龙东华、银晴、赵树元、周飞、张远洋等。

四、修订内容

（一）增收词语 1050 条左右

主要有：新产生的政治经济社会事物及思想观念习俗认识方面的新词，如：保障房、充电宝、充电桩、大卖场、大数据、电商、动车、二维码、非遗、富二代、高铁、公众号、官媒、广场舞、闺蜜、海归、冷链、裸官、农民工、暖男、潜规则、区块链、实体店、网店、微信、无人机、线上、线下、心灵鸡汤、新冠肺炎、颜值、一带一路、院线、愿景、宅男、支付宝、抓手、自贸区、自媒体。

新产生的行为习俗方面的新词，如：白菜价、摆拍、暴走、爆表、爆料、备胎、蹭饭、炒房、充值、错峰、点赞、反腐、防控、给力、疾控、家暴、拉动、零容忍、留置、裸捐、裸退、秒杀、民调、碰瓷、拼车、闪婚、失联、双开、套现、偷窥、脱岗、网购、网恋、微博、显摆、引领、云计算、追逃、追星、追责、醉驾。

漏收的常用词语，如：挨家挨户、爱巢、爱侣、安家费、安家落户、暗渠、熬冬、奥林匹克、半工半读、半晌、榜单、博弈、断码、风流人物、高尔夫、环比、减仓、路肩、裸照、天下为公、慰安妇、物竞天择、雾霾、下单、杏坛、堰塞湖、硬笔。

（二）删除词语 220 余条

组合性强的搭配性词语，如：本市、本校、此人、单另、换发球、蓝牙技术、六月、区政府、赛似、市政府、县政府、小公共、新课、饮牲口、臧否人物、最快。

少用罕用的旧词，如：捣腾、富强粉、黄历、藐小、六六六、三青团、食品街、通匪、五七干校、正经（指传统经书义）、执政府、字盘。

不再常用的新词语，如：审评、系列剧、秀拔、准高速。

不能独立成词并较少用的单音语素，如：洑、蒿、泓、劓、擢、匡、讵、努、劁、鞣、祥、澡、掘。

（三）修改拼音

“德行”原收 déxíng、déxing 两个音项；现删去 déxing。

“绷”原收 bēng、bèng 音项；现增收 běng 音项（绷脸）。

“拧”原收 níng、nǐng 音项；现增收 nìng 音项（倔强）。

“宿”原收 sù、xiù 音项；现增收 xiǔ 音项（量词，一夜）。

（四）修改词形

如："下工夫" 改为 "下功夫"，已经不太使用的异形词，"核实验" 改为 "核试验"。

（五）重新排序

对新增词语做小规模抽样语料的调查，编入总词表后再重新确定总频序号。

五、使用的语料

所利用的材料除了研制《现代汉语常用词表（草案）》所用语料外，还增加了以下几种：

1.《中国语言生活状况报告》2005—2019 年间的词语表，每年词语约 200 万条。它们来自同年的国家语言资源语料库，共约 150 亿字。

2.《现代汉语词典》第 5、6、7 版，《现代汉语规范词典》第 2、3 版，以及其他多种语文词典的收词。

3.《现代汉语分类词典》8 万条语文词，及《现代汉语分类词典》（修订稿）的 10 万条语文词。

4.《义务教育学习词表（草案）》15 114 条。

5. 汉语国际教育用等级词表（9 631 条词）。

6. 厦门大学中小学教材语料库（约 1 500 万字）。

六、《现代汉语常用词表》（第 2 版）概况

《现代汉语常用词表》（第 2 版）共收词 56 790 个。包括单音节词 3 149 个，双音节词 40 924 个，三音节词 6 583 个，四音节词 5 966 个，五音节以及五音节以上词语 168 个。

《现代汉语常用词表》（第 2 版）修订组

执笔人　苏新春

（厦门大学嘉庚学院、厦门大学国家语言资源监测与研究教育教材中心）

2021 年 5 月 27 日

图书在版编目（CIP）数据

现代汉语常用词表 / 李行健，苏新春主编 . —2 版 .
— 北京：商务印书馆，2021（2025.7 重印）
ISBN 978-7-100-20011-0

Ⅰ . ①现… Ⅱ . ①李… ②苏… Ⅲ . ①现代汉语—
词汇 Ⅳ . ① H136

中国版本图书馆 CIP 数据核字（2021）第 119811 号

现代汉语常用词表
（第 2 版）
李行健 苏新春 主编

商 务 印 书 馆 出 版
（北京王府井大街 36 号 邮政编码 100710）
商 务 印 书 馆 发 行
北 京 中 科 印 刷 有 限 公 司 印 刷
ISBN 978-7-100-20011-0

2021 年 8 月第 1 版 开本 787×1092 1/16
2025 年 7 月北京第 2 次印刷 印张 42 3/4

定价：188.00 元